Este *Catecismo* pertenece a:

_____

_____
NOMBRE

Nacido el: _____
FECHA

en: _____
LUGAR

Sus papás son: _____
MAMÁ

_____
PAPÁ

Bautizado el: _____
FECHA

en: _____
LUGAR

por: _____
MINISTRO

Confirmado el: _____
FECHA

en: _____
LUGAR

por: _____
MINISTRO

Recibió la Primera Comunión: _____
FECHA

en: _____
LUGAR

por: _____
MINISTRO

Contrajo Matrimonio el: _____
FECHA

con: _____
CÓNYUGE

siendo presidido por: _____
MINISTRO

_____
DAMA DE HONOR

_____
PADRINO

CATECISMO
de la
IGLESIA CATÓLICA

EDICIÓN DE ASCENSION

West Chester, PA

CATECISMO
de la
IGLESIA CATÓLICA

EDICIÓN DE ASCENSION

Revisado según el texto oficial en latín promulgado por el papa Juan Pablo II

Incluye la revisión del párrafo no. 2267
promulgada por el papa Francisco

LIBRERIA EDITRICE VATICANA

Esta versión oficial en español es propiedad de la Santa Sede.

Fue preparada por un grupo de teólogos y catequistas presidido por el arzobispo José Manuel Estepa Llaurens, con quien han colaborado el arzobispo Karlic (Paraná-Argentina) y el obispo Medina (Rancagua-Chile).

Fueron miembros del grupo: Antonio Cañizares Llovera, obispo de Ávila; Manuel del Campo Guilarte, director del Secretariado Nacional de Catequesis de España; Mariano Herranz Marco y César A. Franco Martínez.

Las citas bíblicas fueron tomadas principalmente de la edición española de la Biblia de Jerusalén editada por Editorial Desclée de Brouwer, S.A. de Bilbao (España).

El logotipo de la portada ha sido diseñado según una lápida sepulcral cristiana de las catacumbas de Domitila, en Roma, al del siglo III. Esta figura bucólica, de origen pagano, se utilizó desde el comienzo por los cristianos como símbolo del descanso y de la felicidad que el alma del difunto encuentra en la vida eterna.

Esta imagen sugiere también algunos aspectos que caracterizan el presente Catecismo: Jesucristo, Buen Pastor, que guía y protege a sus fieles (las ovejas) con su autoridad (el cayado), las atrae con la sinfonía melodiosa de la verdad (la flauta) y les hace reposar a la sombra del *"árbol de la vida"* (*su cruz redentora que abre las puertas del paraíso*).

© Libreria Editrice Vaticana omnia sibi vindicat iura. Sine eiusdem licentia scripto data nemini liceat hunc Catechismum denuo imprimere aut in aliam linguam vertere. 1992.

Traducción al español del *Catecismo de la Iglesia Católica: modificaciones basadas en la Editio Typica*, © 1997, United States Catholic Conference, Inc.—Libreria Editrice Vaticana.

La traducción al español de *Laetamur magnopere* es del *L'Observatore Romano*.

La traducción del *Index Analyticus* se usa con el debido permiso de la Conferencia Episcopal Española.

El Glosario © 2001, United States Catholic Conference, Inc. Todos los derechos reservados.

COEDITORES LITURGICOS ET ALII-LIBRERIA EDITRICE VATICANA:
Editorial Alfredo Ortells - Editorial Atenas - Editorial Balmes - Biblioteca de Autores Cristianos (BAC) - Editorial Carlos Hofmann - Editorial Claret - Editorial Desclée de Brouwer - Ediciones Beta (EDIBESA) - Edice - Edicep - Ediciones Encuentro - Editorial Eset - EUNSA (Ediciones Universidad de Navarra) - Ediciones Marova - Ediciones Mensajero - Ediciones Palabra - Ediciones Paulinas - Editorial El Perpetuo Socorro - Promoción Popular Cristiana (PPC) - Editorial Regina - Ediciones Rialp - Ediciones Sígueme - Editorial Verbo Divino.

Por invitación de la Conferencia Episcopal Española, estas editoriales han constituido la Asociación de Editores del Catecismo de la Iglesia Católica.

En 2020, el *Catecismo de la Iglesia Católica, segunda edición*, se actualizó para reflejar la revisión del párrafo no. 2267 sobre la pena de muerte.

© 2022 Ascension Publishing Group, LLC.
Coordinador editorial: Marco Batta

Ascension
PO Box 1990
West Chester, PA 19380
1-800-376-0520
ascensionpress.com
Impreso en China
24 25 26 27 28 6 5 4 3 2 1
ISBN 978-1-954881-90-7

CONTENIDO

INTRODUCCIÓN AL *CATECISMO DE LA IGLESIA CATÓLICA*, edición de Ascension 1

    CARTA APOSTÓLICA LAETAMUR MAGNOPERE
    Por la que se aprueba la edición típica latina del
    Catecismo de la Iglesia Católica 5

    CONSTITUCIÓN APOSTÓLICA FIDEI DEPOSITUM
    Para la publicación del Catecismo de la Iglesia Católica 9

PRÓLOGO 15
    I. La vida del hombre: conocer y amar a Dios 15
    II. Transmitir la fe: la catequesis 15
    III. Fin y destinatarios de este Catecismo 17
    IV. La estructura del "Catecismo de la Iglesia Católica" 17
    V. Indicaciones prácticas para el uso de este Catecismo ... 18
    VI. Las necesarias adaptaciones 19

PRIMERA PARTE: LA PROFESIÓN DE LA FE 21
PRIMERA SECCIÓN: "CREO" - "CREEMOS" 23

Capítulo primero: El hombre es "capaz" de Dios 25
    I. El deseo de Dios 25
    II. Las vías de acceso al conocimiento de Dios 26
    III. El conocimiento de Dios según la Iglesia 27
    IV. ¿Cómo hablar de Dios? 28
    RESUMEN 29

Capítulo segundo: Dios al encuentro del hombre 30
ARTÍCULO 1: LA REVELACIÓN DE DIOS 31
    I. Dios revela su designio amoroso 31
    II. Las etapas de la revelación 32
    III. Cristo Jesús, "mediador y plenitud de toda la Revelación" ... 34
    RESUMEN 35

ARTÍCULO 2: LA TRANSMISIÓN DE LA REVELACIÓN DIVINA ... 36
    I. La Tradición apostólica 37
    II. La Revelación entre la Tradición y la Sagrada Escritura ... 38
    III. La interpretación del depósito de la fe 39
    RESUMEN 41

ARTÍCULO 3: LA SAGRADA ESCRITURA 42
    I. Cristo, palabra única de la Sagrada Escritura 42
    II. Inspiración y verdad de la Sagrada Escritura 44
    III. El Espíritu Santo, intérprete de la Escritura 44
    IV. El Canon de las Escrituras 47
    V. La Sagrada Escritura en la vida de la Iglesia 49
    RESUMEN 50

Capítulo tercero: La respuesta del hombre a Dios 51
   ARTÍCULO 1: CREO 52
      I. La obediencia de la fe 52
      II. "Yo sé en quién tengo puesta mi fe" (2 Tm 1, 12) 53
      III. Las características de la fe 54
   ARTÍCULO 2: CREEMOS 58
      I. "Mira, Señor, la fe de tu Iglesia" 59
      II. El lenguaje de la fe 59
      III. Una sola fe 60
      RESUMEN 61
      Los Credos 62

SEGUNDA SECCIÓN: LA PROFESIÓN DE LA FE CRISTIANA LOS SIMBOLOS DE LA FE 65

   Capítulo primero: Creo en Dios Padre 69
   ARTÍCULO 1: "CREO EN DIOS, PADRE TODOPODEROSO, CREADOR DEL CIELO Y DE LA TIERRA" 69
      Párrafo 1: Creo en Dios 69
        I. "Creo en un solo Dios" 69
        II. Dios revela su nombre 70
        III. Dios, "el que es", es Verdad y Amor 72
        IV. Consecuencias de la fe en el Dios único 73
        RESUMEN 75
      Párrafo 2: El Padre 75
        I. "En el nombre del Padre y del Hijo y Espíritu Santo" 75
        II. La revelación de Dios como Trinidad 78
        III. La Santísima Trinidad en la doctrina de la fe 80
        IV. Las obras divinas y las misiones trinitarias 82
        RESUMEN 84
      Párrafo 3: El Todopoderoso 85
        RESUMEN 87
      Párrafo 4: El Creador 87
        I. La catequesis sobre la Creación 90
        II. La Creación: obra de la Santísima Trinidad 91
        III. "El mundo ha sido creado para la gloria de Dios" 92
        IV. El misterio de la Creación 93
        V. Dios realiza su designio: La divina providencia 95
        RESUMEN 98
      Párrafo 5: El cielo y la tierra 99
        I. Los ángeles 101
        II. El mundo visible 103
        RESUMEN 105
      Párrafo 6: El hombre 105
        I. "A imagen de Dios" 107
        II. "Corpore et anima unus" 108
        III. "Hombre y mujer los creó" 109
        IV. El hombre en el Paraíso 110
        RESUMEN 111

Párrafo 7: La caída 112
    I. Donde abundó el pecado, sobreabundó la gracia. 114
    II. La caída de los ángeles 115
    III. El pecado original 116
    IV. "No lo abandonaste al poder de la muerte" 119
    RESUMEN 120

Capítulo segundo: Creo en Jesucristo, hijo único de Dios 121
ARTÍCULO 2: "Y EN JESUCRISTO, SU ÚNICO HIJO, NUESTRO SEÑOR" 124
    I. Jesús 124
    II. Cristo 125
    III. Hijo único de Dios. 127
    IV. Señor 128
    RESUMEN 129

ARTÍCULO 3: "JESUCRISTO FUE CONCEBIDO POR OBRA Y GRACIA DEL ESPÍRITU SANTO Y NACIÓ DE SANTA MARÍA VIRGEN" 130
Párrafo 1: El Hijo de Dios se hizo hombre 130
    I. Por qué el Verbo se hizo carne 130
    II. La Encarnación 132
    III. Verdadero Dios y verdadero hombre 133
    IV. Cómo es hombre el Hijo de Dios 134
    RESUMEN 137
Párrafo 2: "…Concebido por obra y gracia del Espíritu Santo, nació de Santa María Virgen 137
    I. Concebido por obra y gracia del Espíritu Santo. 137
    II. Nacido de la Virgen María 139
    RESUMEN 144
Párrafo 3: Los misterios de la vida de Cristo 145
    I. Toda la vida de Cristo es misterio 147
    II. Los misterios de la infancia y de la vida oculta de Jesús 149
    III. Los misterios de la vida pública de Jesús 152
    RESUMEN 159

ARTÍCULO 4: "JESUCRISTO PADECIÓ BAJO EL PODER DE PONCIO PILATO, FUE CRUCIFICADO, MUERTO Y SEPULTADO" 160
Párrafo 1: Jesús e Israel 162
    I. Jesús y la Ley 163
    II. Jesús y el Templo 164
    III. Jesús y le fe de Israel en el Dios único y Salvador 165
    RESUMEN 166
Párrafo 2: Jesús murió crucificado 167
    I. El proceso de Jesús 167
    II. La muerte redentora de Cristo en el designio divino de salvación . . 170
    III. Cristo se ofreció a su Padre por nuestros pecados 172
    RESUMEN 175
Párrafo 3: Jesucristo fue sepultado. 176
    RESUMEN 178

ARTÍCULO 5: "JESUCRISTO DESCENDIÓ A LOS INFIERNOS, AL TERCER DÍA RESUCITÓ DE ENTRE LOS MUERTOS" 178
   Párrafo 1: Cristo descendió a los infiernos 179
      RESUMEN 181
   Párrafo 2: Al tercer día resucitó de entre los muertos 181
      I. El acontecimiento histórico y trascendente 182
      II. La resurrección, obra de la Santísima Trinidad 185
      III. Sentido y alcance salvífico de la Resurrección 186
      RESUMEN 187

ARTÍCULO 6: "JESUCRISTO SUBIÓ A LOS CIELOS, Y ESTÁ SENTADO A LA DERECHA DE DIOS, PADRE TODOPODEROSO" 187
      RESUMEN 190

ARTÍCULO 7: "DESDE ALLÍ HA DE VENIR A JUZGAR A VIVOS Y MUERTOS" 190
      I. Volverá en gloria 190
      II. Para juzgar a vivos y muertos 194
      RESUMEN 195

Capítulo tercero: Creo en el Espíritu Santo 196
ARTÍCULO 8: "CREO EN EL ESPÍRITU SANTO" 199
      I. La misión conjunta del hijo y del Espíritu 200
      II. El nombre, los apelativos y los símbolos del Espíritu Santo 201
      III. El Espíritu y la Palabra de Dios en el tiempo de las promesas 204
      IV. El Espíritu de Cristo en la plenitud de los tiempos 207
      V. El Espíritu y la Iglesia en los últimos tiempos 209
      RESUMEN 212

ARTÍCULO 9: "CREO EN LA SANTA IGLESIA CATÓLICA" 213
   Párrafo 1: La Iglesia en el designio de Dios 215
      I. Los nombres y las imágenes de la Iglesia 215
      II. Origen, fundación y misión de la Iglesia 216
      III. El misterio de la Iglesia 219
      RESUMEN 221
   Párrafo 2: La Iglesia, Pueblo de Dios, Cuerpo de Cristo, Templo del Espíritu Santo 222
      I. La Iglesia, Pueblo de Dios 222
      II. La Iglesia, Cuerpo de Cristo 225
      III. La Iglesia, Templo del Espíritu Santo 228
      RESUMEN 229
   Párrafo 3: La Iglesia es una, santa, católica y apostólica 230
      I. La Iglesia es una 232
      II. La Iglesia es santa 235
      III. La Iglesia es católica 237
      IV. La Iglesia es apostólica 243
      RESUMEN 245
   Párrafo 4: Los fieles de Cristo: jerarquía, laicos, vida consagrada 246
      I. La constitución jerárquica de la Iglesia 249

    II. Los fieles laicos 253
    III. La vida consagrada 257
    RESUMEN 260
Párrafo 5: La comunión de los santos 262
    I. La comunión de los bienes espirituales 263
    II. La comunión entre la Iglesia del cielo y la de la tierra 264
    RESUMEN 266
Párrafo 6: María, Madre de Cristo, Madre de la Iglesia 266
    I. La maternidad de María respecto de la Iglesia 267
    II. El culto a la Santísima Virgen 269
    III. María, icono escatológico de la Iglesia 269
    RESUMEN 269

ARTÍCULO 10: "CREO EN EL PERDÓN DE LOS PECADOS" 270
    I. Un solo bautismo para el perdón de los pecados 271
    II. El poder de las llaves 272
    RESUMEN 273

ARTÍCULO 11: "CREO EN LA RESURRECCIÓN DE LA CARNE" . . .273
    I. La resurrección de Cristo y la nuestra 275
    II. Morir en Cristo Jesús 278
    RESUMEN 280

ARTÍCULO 12: "CREO EN LA VIDA ETERNA" 281
    I. El juicio particular 284
    II. El cielo 284
    III. La purificación final o Purgatorio 286
    IV. El infierno 287
    V. El Juicio final 288
    VI. La esperanza de los cielos nuevos y de la tierra nueva 289
    RESUMEN 291
    "Amén" 292

SEGUNDA PARTE: LA CELEBRACIÓN DEL MISTERIO CRISTIANO 293

PRIMERA SECCIÓN: LA ECONOMIA SACRAMENTAL 299

Capítulo primero: El misterio pascual en el tiempo de la Iglesia 299

ARTÍCULO 1: LA LITURGIA, OBRA DE LA SANTÍSIMA TRINIDAD . . . 299
    I. El Padre, fuente y fin de la Liturgia 299
    II. La obra de Cristo en la Liturgia 301
    III. El Espíritu Santo y la Iglesia en la Liturgia 302
    RESUMEN 306

ARTÍCULO 2: EL MISTERIO PASCUAL EN LOS SACRAMENTOS DE LA IGLESIA 307
    I. Los sacramentos de Cristo 308
    II. Los sacramentos de la Iglesia 309
    III. Los sacramentos de la fe 310
    IV. Los sacramentos de la salvación 310
    V. Los sacramentos de la vida eterna 311
    RESUMEN 312

Capítulo segundo: La celebración sacramental del misterio pascual ... 313
   ARTÍCULO 1:   CELEBRAR LA LITURGIA DE LA IGLESIA 315
       I. ¿Quién celebra? 315
       II. ¿Cómo celebrar? 317
       III. ¿Cuándo celebrar? 321
       IV. ¿Dónde celebrar? 324
           RESUMEN 326
   ARTÍCULO 2: DIVERSIDAD LITÚRGICA Y UNIDAD
   DEL MISTERIO 328
           RESUMEN 330

SEGUNDA SECCIÓN: LOS SIETE SACRAMENTOS DE LA IGLESIA 332

Capítulo primero: Los sacramentos de iniciación cristiana 334
   ARTÍCULO 1:   EL SACRAMENTO DE BAUTISMO 335
       I. El nombre de este sacramento 335
       II. El Bautismo en la economía de la salvación. 336
       III. La celebración del sacramento del Bautismo 338
       IV. Quién puede recibir el Bautismo..................... 341
       V. Quién puede bautizar. 343
       VI. La necesidad del Bautismo 343
       VII. La gracia del Bautismo 344
           RESUMEN 346
   ARTÍCULO 2: EL SACRAMENTO DE LA CONFIRMACIÓN 348
       I. La Confirmación en la economía dé la salvación 350
       II. Los signos y el rito de la Confirmación 351
       III. Los efectos de la Confirmación.....................353
       IV. Quién puede recibir este sacramento 354
       V. El ministro de la Confirmación......................355
           RESUMEN 356
   ARTÍCULO 3:   EL SACRAMENTO DE LA EUCARISTÍA....... 357
       I. La Eucaristía, fuente y cumbre de la vida eclesial. 360
       II. El nombre de este sacramento 361
       III. La Eucaristía en la economía de la salvación 362
       IV. La celebración litúrgica de la Eucaristía 365
       V. El sacrificio sacramental: acción de gracias, memorial, presencia. ..368
       VI. El banquete pascual 374
       VII. La Eucaristía, "Pignus futurae gloriae". 379
           RESUMEN 380

Capítulo segundo: Los sacramentos de curación 382
   ARTÍCULO 4: EL SACRAMENTO DE LA PENITENCIA
   Y DE LA RECONCILIACIÓN 382
       I. El nombre de este sacramento 385
       II. Por qué un sacramento de la reconciliación después del bautismo..385
       III. La conversión de los bautizados....................386
       IV. La penitencia interior............................387
       V. Diversas formas de Penitencia en la vida cristiana 387

    VI. El sacramento de la Penitencia y de la Reconciliación 389
    VII. Los actos del penitente 391
    VIII. El ministro de este sacramento. .394
    IX. Los efectos de este sacramento. .395
    X. Las indulgencias. 396
    XI. La celebración del sacramento de la Penitencia 398
    RESUMEN 400
ARTÍCULO 5: LA UNCIÓN DE LOS ENFERMOS. 401
    I. Fundamentos en la economía de la salvación. 403
    II. Quién recibe y quién administra este sacramento 406
    III. La celebración del sacramento 406
    IV. Efectos de la celebración de este sacramento 407
    V. El viático, ultimo sacramento del cristiano 408
    RESUMEN 409

Capítulo tercero: Los sacramentos al servicio de la comunidad 410
ARTÍCULO 6: EL SACRAMENTO DEL ORDEN. 412
    I. El nombre de sacramento del Orden. 413
    II. El sacramento del Orden en la economía de la salvación 413
    III. Los tres grados del sacramento del Orden. 417
    IV. La celebración de este sacramento 421
    V. El ministro de este sacramento. 421
    VI. Quién puede recibir este sacramento 422
    VII. Los efectos del sacramento del Orden 423
    RESUMEN 425
ARTICULO 7: EL SACRAMENTO DEL MATRIMONIO 427
    I. El Matrimonio en el plan de Dios 428
    II. La celebración del Matrimonio. 432
    III. El consentimiento matrimonial 433
    IV. Los efectos del sacramento del Matrimonio. 436
    V. Los bienes y las exigencias del amor conyugal 437
    VI. La Iglesia doméstica. 440
    RESUMEN 441

Capítulo cuarto: Otras celebraciones litúrgicas 443
ARTÍCULO 1: LOS SACRAMENTALES 443
    RESUMEN 446
ARTÍCULO 2: LAS EXEQUIAS CRISTIANAS 447
    I. La última Pascua del cristiano 448
    II. La celebración de las exequias 448

TERCERA PARTE: LA VIDA EN CRISTO 451
PRIMERA SECCIÓN: LA VOCACION DEL HOMBRE: LA VIDA EN EL ESPÍRITU 457

Capítulo primero: La dignidad de la persona humana 457
ARTÍCULO 1: EL HOMBRE, IMAGEN DE DIOS. 457
    RESUMEN 459

ARTÍCULO 2: NUESTRA VOCACIÓN A LA BIENAVENTURANZA ... 459
    I. Las bienaventuranzas. 459
    II. El deseo de felicidad 461
    III. La bienaventuranza cristiana 461
    RESUMEN 463

ARTÍCULO 3: LA LIBERTAD DEL HOMBRE 463
    I. Libertad y responsabilidad. 464
    II. La libertad humana en la economía de la salvación 465
    RESUMEN 466

ARTÍCULO 4: LA MORALIDAD DE LOS ACTOS HUMANOS 467
    I. Las fuentes de la moralidad .468
    II. Los actos buenos y los actos malos 469
    RESUMEN 469

ARTÍCULO 5: LA MORALIDAD DE LAS PASIONES 470
    I. Las pasiones 470
    II. Pasiones y vida moral. 471
    RESUMEN 471

ARTÍCULO 6: LA CONCIENCIA MORAL 472
    I. El dictamen de la conciencia .473
    II. La formación de la conciencia 474
    III. Decidir en conciencia 475
    IV. El juicio erróneo 475
    RESUMEN 476

ARTÍCULO 7: LAS VIRTUDES 477
    I. Las virtudes humanas 479
    II. Las virtudes teologales 481
    III. Dones y frutos del Espíritu Santo 484
    RESUMEN 485

ARTÍCULO 8: EL PECADO 486
    I. La misericordia y el pecado. 486
    II. Definición de pecado 488
    III. La diversidad de pecados. 489
    IV. La gravedad del pecado: pecado mortal y venial 489
    V. La proliferación del pecado. 491
    RESUMEN 492

Capítulo segundo: La comunidad humana 493

ARTÍCULO 1: LA PERSONA Y LA SOCIEDAD 494
    I. El carácter comunitario de la vocación humana 494
    II. La conversión y la sociedad 495
    RESUMEN 496

ARTÍCULO 2: LA PARTICIPACIÓN EN LA VIDA SOCIAL. 497
    I. La autoridad 498
    II. El bien común 499
    III. Responsabilidad y participación: 500
    RESUMEN 501

ARTÍCULO 3: LA JUSTICIA SOCIAL 502
    I. El respeto de la persona humana. 503

    II. Igualdad y diferencias entre los hombres 504
   III. La solidaridad humana 505
        RESUMEN 506

Capítulo tercero: La salvación de Dios: la ley y la gracia 507
ARTÍCULO 1: LA LEY MORAL 508
     I. La Ley moral natural 509
    II. La Ley antigua 511
   III. La Ley nueva o Ley evangélica 512
        RESUMEN 514
ARTÍCULO 2: GRACIA Y JUSTIFICACIÓN 515
     I. La justificación 516
    II. La gracia 518
   III. El mérito 521
   IV. La santidad cristiana 522
        RESUMEN 523
ARTÍCULO 3: LA IGLESIA, MADRE Y EDUCADORA 524
     I. Vida moral y magisterio de la Iglesia 526
    II. Los Mandamientos de la Iglesia .527
   III. Vida moral y testimonio misionero 528
        RESUMEN 529
        Los Diez Mandamientos 530

SEGUNDA SECCIÓN: LOS DIEZ MANDAMIENTOS 533
        RESUMEN 539
Capítulo primero: "Amarás al Señor tu Dios con todo tu corazón, con toda tu alma y con todas tus fuerzas" 540
ARTÍCULO 1: EL PRIMER MANDAMIENTO 542
     I. "Adorarás al Señor tu Dios, y le servirás" 542
    II. "A Él solo darás culto" 545
   III. "No habrá para ti otros dioses delante de mí" 548
   IV. "No te harás escultura alguna..." 551
        RESUMEN 552
ARTÍCULO 2: EL SEGUNDO MANDAMIENTO 553
     I. El nombre del Señor es santo 554
    II. Tomar el nombre del Señor en vano 555
   III. El nombre cristiano 556
        RESUMEN 557
ARTÍCULO 3: EL TERCER MANDAMIENTO 558
     I. El día del Sábado 559
    II. El día del Señor 560
        RESUMEN 564

Capítulo segundo: "Amarás a tu prójimo como a ti mismo" 565
ARTÍCULO 4: EL CUARTO MANDAMIENTO 566
     I. La familia en el plan de Dios 567
    II. La familia y la sociedad 568
   III. Deberes de los miembros de la familia 570

  IV. La familia y el Reino de Dios 573
  V. Las autoridades en la sociedad civil 574
  RESUMEN 577
ARTÍCULO 5: EL QUINTO MANDAMIENTO 578
  I. El respeto de la vida humana. 579
  II. El respeto de la dignidad de las personas 585
  III. La defensa de la paz. 589
  RESUMEN 592
ARTÍCULO 6: EL SEXTO MANDAMIENTO 593
  I. "Hombre y mujer los creó ... ". 593
  II. La vocación a la castidad 596
  III. El amor de los esposos 600
  IV. Las ofensas a la dignidad del matrimonio 605
  RESUMEN 607
ARTÍCULO 7: EL SÉPTIMO MANDAMIENTO 608
  I. El destino universal y la propiedad privada de los bienes 610
  II. El respeto de las personas y de sus bienes. 611
  III. La Doctrina Social de la Iglesia 613
  IV. La actividad económica y la justicia social 615
  V. Justicia y solidaridad entre las naciones. 617
  VI. El amor a los pobres. 618
  RESUMEN 621
ARTÍCULO 8: EL OCTAVO MANDAMIENTO 622
  I. Vivir en la verdad 623
  II. "Dar testimonio de la verdad" 624
  III. Las ofensas a la verdad 625
  IV. El respeto de la verdad 627
  V. El uso de los medios de comunicación social 628
  VI. Verdad, belleza y arte sacro. 629
  RESUMEN 631
ARTÍCULO 9: EL NOVENO MANDAMIENTO 632
  I. La purificación del corazón. 633
  II. El combate por la pureza 634
  RESUMEN 636
ARTÍCULO 10: EL DÉCIMO MANDAMIENTO 636
  I. El desorden de la concupiscencia 638
  II. Los deseos del Espíritu 639
  III. La pobreza de corazón 640
  IV. "Quiero ver a Dios" 640
  RESUMEN 641

CUARTA PARTE: LA ORACIÓN CRISTIANA 643
PRIMERA SECCIÓN: LA ORACION EN LA VIDA CRISTIANA 645
Capítulo primero: La revelación de la oración 649
LA LLAMADA UNIVERSAL A LA ORACION 649
ARTÍCULO 1: EN EL ANTIGUO TESTAMENTO 649
  RESUMEN 654
ARTÍCULO 2: EN LA PLENITUD DE LOS TIEMPOS 655

RESUMEN	661
ARTÍCULO 3: EN EL TIEMPO DE LA IGLESIA	**662**
I. La bendición y la adoración	664
II. La oración de petición	664
III. La oración de intercesión	665
IV. La oración de acción de gracias	666
V. La oración de alabanza	666
RESUMEN	667

Capítulo segundo: La tradición de la oración 669
- **ARTÍCULO 1: LAS FUENTES DE LA ORACIÓN** 670
  - RESUMEN 672
- **ARTÍCULO 2: EL CAMINO DE LA ORACIÓN** 672
  - RESUMEN 677
- **ARTÍCULO 3: MAESTROS Y LUGARES DE ORACIÓN** 677
  - RESUMEN 680

Capítulo tercero: La vida de oración 681
- **ARTÍCULO 1: LAS EXPRESIONES DE LA ORACIÓN** 682
  - I. La oración vocal 682
  - II. La meditación 683
  - III. La oración de contemplación 684
  - RESUMEN 685
- **ARTÍCULO 2: EL COMBATE DE LA ORACIÓN** 686
  - I. Las objeciones a la oración 687
  - II. Necesidad de una humilde vigilancia 688
  - III. La confianza filial 689
  - IV. Perseverar en el amor 690
  - La oración de la hora de Jesús 692
  - RESUMEN 693

SEGUNDA SECCIÓN: LA ORACION DEL SEÑOR: "PADRE NUESTRO" 695
- **ARTÍCULO 1: "RESUMEN DE TODO EL EVANGELIO"** 696
  - I. Corazón de las Sagradas Escrituras 697
  - II. "La oración del Señor" 697
  - III. Oración de la Iglesia 698
  - RESUMEN 699
- **ARTÍCULO 2: "PADRE NUESTRO QUE ESTÁS EN EL CIELO"** ... 700
  - I. Acercarse a Él con toda confianza 700
  - II. "¡Padre!" 701
  - III. Padre "nuestro" 703
  - IV. "Que estás en el cielo" 705
  - RESUMEN 706
- **ARTÍCULO 3: LAS SIETE PETICIONES** 706
  - I. Santificado sea tu nombre 709
  - II. Venga a nosotros tu reino 711
  - III. Hágase tu voluntad en la tierra como en el cielo 713

xix

  IV. Danos hoy nuestro pan de cada día 714
  V. Perdona nuestras ofensas como también nosotros perdonamos
    a los que nos ofenden 716
  VI. No nos dejes caer en la tentación 718
 VII. Y líbranos del mal 719
    La doxología final 721
    RESUMEN 722

ÍNDICES 723
 Orden alfabético de los libros sagrados 725
 Orden alfabético de los documentos de la Iglesia 726
 Índice de textos 727
 Una traducción del *Index analyticus* 794

GLOSARIO 901

APÉNDICE: FUENTES DE LA ESCRITURA Y DE LA IGLESIA 936

INTRODUCCIÓN AL CATECISMO DE LA IGLESIA CATÓLICA

Edición de Ascension

Introducción

El *Catecismo de la Iglesia Católica* es un tesoro extraordinario de nuestra fe. Cuando fue promulgado por san Juan Pablo II en 1992, se convirtió en el primer catecismo universal de la Iglesia en más de 400 años. El *Catecismo*, que se nos presenta como un sumario orgánico y sistemático de la doctrina esencial de la Iglesia Católica, transmite la verdad, la belleza, la bondad y la plenitud de nuestra fe de una forma que, aun siendo siempre antigua, es también nueva.

Al abrir las páginas de este *Catecismo*, estás dando un paso decisivo en tu camino de fe, un camino que te llevará a una mayor comprensión y aprecio de la fe católica y te acercará más a Nuestro Señor.

Cómo usar este Catecismo

El *Catecismo de la Iglesia Católica* se presenta como un seguro punto de referencia de la enseñanza católica. Si bien ya ha producido abundantes frutos en la vida de la Iglesia, muchas personas admitirían fácilmente que puede ser difícil leerlo. Algunas veces puede ser difícil ver cómo embonan las distintas piezas. Los 2865 párrafos numerados pueden parecer las piezas de un inmenso rompecabezas. Así como una fotografía del rompecabezas ya terminado puede ser útil a la hora de armarlo, así también una visión general del *Catecismo* puede ayudarnos a entender dónde colocar cada pieza.

Este *Catecismo de la Iglesia Católica* publicado por Ascension ofrece esa visión general. Nos ofrece un medio para entender cómo embonan todas las partes. Usando un cuadro único con un código de colores, esta edición del *Catecismo* desglosa la complejidad del *Catecismo* en partes fáciles de identificar.

EL CUADRO

El *Catecismo de la Iglesia Católica*, editado por Ascension, sigue el cuadro con el código de colores, editado también por Ascension, que ofrece una visión de conjunto de todo el *Catecismo*. La doctrina contenida en el *Catecismo* fue organizada por sus autores en cuatro partes o "pilares", esto es, conjuntos de doctrina que son como los pilares que sostienen un gran y hermoso edificio. El cuadro de Ascension le asigna a cada pilar un color para ayudar a ubicar todas las enseñanzas que forman parte de ese pilar y para ayudar a entender la organización y lógica de por qué esas enseñanzas pertenecen a ese pilar. Los colores de los cuatro pilares son:

Color	Parte
Azul	Primera parte: la Profesión de la fe (lo que creemos)
Rojo	Segunda parte: la celebración del misterio cristiano (cómo damos culto)
Verde	Tercera parte: la vida en Cristo (cómo debemos vivir)
Violeta	Cuarta parte: la oración cristiana (cómo oramos)

Introducción

El cuadro ofrece una visión general de todo el *Catecismo*, que ilustra la forma sistemática en que este presenta la amplitud de la doctrina católica. El cuadro organiza no solo cada pilar, sino también las subdivisiones dentro de este. Nombra cada sección y capítulo, con los correspondientes números de párrafo y señala los artículos que siguen. El cuadro hace sencillo lo complejo simplemente con mostrar cómo cada párrafo encaja en el *Catecismo* como un todo.

CONTINUANDO

Mientras el cuadro ofrece una visión de conjunto de todo el *Catecismo*, una parte de él se coloca antes de cada sección para ofrecer una visión general de lo que se verá en esa sección.

En la parte superior de cada página aparece un breve recordatorio de dónde te encuentras. En las páginas pares, en la parte superior izquierda, aparece el número del primer párrafo; y en las nones, el número del último. Los números aparecen sobre un recuadro con el color del pilar correspondiente según el cuadro. Esta referencia te ayudará a saber rápidamente dónde te encuentras. Y las páginas nones presentan una secuencia que nombra la página de acuerdo con su pilar, sección y capítulo, ayudándote a volver al pilar establecido por el cuadro.

Tanto el pilar como la secuencia usan términos fáciles de reconocer como "Lo que creemos", "Cómo damos culto", "Cómo debemos vivir" y "Cómo oramos" para ayudar a explicar el lenguaje del *Catecismo*.

CÓMO RECONOCER LAS FUENTES

Una de las características del *Catecismo* que lo hace un recurso tan importante para la fe, es la riqueza de referencias a la Escritura, profesiones de fe, concilios ecuménicos, concilios particulares y sínodos; documentos pontificios, documentos eclesiásticos, Derecho Canónico, textos litúrgicos y escritores eclesiásticos. Sin embargo, si bien estos recursos hacen una grandísima aportación al *Catecismo*, pueden parecer abrumadores.

Esta edición del *Catecismo* resalta el tesoro de la Sagrada Escritura y de los escritos de la Iglesia que permean todo el *Catecismo*. En decenas de puntos a lo largo del *Catecismo*, se presentan listas de fuentes como una instantánea de la Escritura y de los documentos de la Iglesia de los que el *Catecismo* echará mano en los párrafos siguientes. El apéndice "Fuentes de la Escritura y de la Iglesia", que se añade al final del libro, explica con mayor detalle lo que son estas fuentes y arroja luz sobre cómo el *Catecismo* las cita.

Además, a lo largo del *Catecismo*, se indican palabras clave junto con los números de párrafo en que aparecen en el texto. Las definiciones de estas palabras se ofrecen en el Glosario.

El Apéndice, el Glosario, los índices y esta Introducción son ayudas adicionales para usar el *Catecismo*. Estos elementos, si bien son fieles a la enseñanza católica, no participan de la aprobación magisterial que recibió en su momento el texto del

Introducción

Catecismo, una aprobación otorgada con la Constitución apostólica *Fidei depositum* de san Juan Pablo II.

Verdad y belleza

Esta edición del *Catecismo* ha sido diseñada cuidadosamente para facilitar la lectura del texto, mostrar con más claridad su estructura y volverlo más atractivo. La belleza de su diseño está al servicio de la majestuosa verdad y belleza de la fe católica contenida en sus páginas.

Deseamos sinceramente que este *Catecismo* te ayude a tener una comprensión más profunda de la riqueza de nuestra fe y su fundamento en la Sagrada Escritura y en la Sagrada Tradición. También oramos para que te ayude a descubrir el lugar que tienes en el maravilloso plan de Dios.

¡Que Dios te bendiga!
Equipo de Ascension

CARTA APOSTÓLICA
LAETAMUR MAGNOPERE

por la que se aprueba
la edición típica latina del
Catecismo de la Iglesia Católica

Juan Pablo, obispo
siervo de los siervos de Dios
para perpetua memoria

PREFACIO ⟶ Carta Apostólica *Laetamur Magnopere*

A los Venerables Hermanos Cardenales, Patriarcas, Arzobispos, Obispos, Presbíteros, Diáconos y demás miembros del Pueblo de Dios

Es motivo de gran alegría la publicación de la edición típica latina del Catecismo de la Iglesia Católica, que apruebo y promulgo con esta Carta apostólica, y que se convierte así en el texto definitivo de dicho Catecismo. Esto tiene lugar casi cinco años después de la promulgación de la Constitución Apostólica *Fidei depositum*, del día 11 de octubre de 1992, la cual encabezaba la publicación del texto del Catecismo universal, redactado en lengua francesa, y editado con ocasión del trigésimo aniversario de la apertura del Concilio Vaticano II.

Todos hemos podido comprobar felizmente la acogida positiva general y la vasta difusión que el Catecismo ha tenido durante estos años, especialmente en las Iglesias particulares, que han procedido a la traducción a sus respectivas lenguas, para hacerlo más accesible a las diversas comunidades lingüísticas del mundo. Este hecho confirma cuán oportuna fue la petición que me presentó la Asamblea extraordinaria del Sínodo de los Obispos de 1985, proponiéndome que se elaborara un Catecismo o compendio de toda la doctrina católica, tanto de la fe como de la moral.

Con la citada Constitución Apostólica, que conserva aún hoy su validez y actualidad, y encuentra su aplicación definitiva en la presente edición típica, aprobé y promulgué el Catecismo, que fue elaborado por la correspondiente Comisión de cardenales y obispos instituida en 1986.

Esta edición la ha preparado una Comisión formada por miembros de los diversos dicasterios de la Sede Apostólica, que constituí con dicha finalidad en 1993. Presidida por el cardenal Joseph Ratzinger, dicha comisión ha trabajado asiduamente para cumplir el mandato recibido. Ha dedicado particular atención al examen de las numerosas propuestas de modificación de los contenidos del texto, que durante estos años han llegado de varias partes del mundo y de diferentes componentes del ámbito eclesial.

A este respecto, se puede notar oportunamente que el envío tan considerable de propuestas de mejora manifiesta, en primer lugar, el notable interés que el Catecismo ha suscitado en todo el mundo, incluso en ambientes no cristianos. Confirma, además, la finalidad del Catecismo de presentarse como una exposición completa e íntegra de la doctrina católica, gracias a lo cual, cualquiera pueda conocer aquello que la Iglesia profesa y celebra, lo que vive y ora en su quehacer diaria. Al mismo tiempo, muestra el gran esfuerzo de todos por querer ofrecer su contribución, para que la fe cristiana, cuyos contenidos esenciales y fundamentales se resumen en el Catecismo, pueda presentarse en nuestros días a los hombres de nuestro tiempo del modo más adecuado posible. A través de esta colaboración múltiple y complementaria de los diversos miembros de la Iglesia se realiza así, una vez más, cuanto escribí en la Constitución

PREFACIO ⟶ Carta Apostólica *Laetamur Magnopere*

Apostólica *Fidei depositum*: «El concurso de tantas voces expresa verdaderamente lo que se puede llamar sinfonía de la fe» (*Fidei depositum* 2).

También por estos motivos, la comisión ha tomado en seria consideración las propuestas enviadas, las ha examinado atentamente a través de las diversas instancias, y ha sometido a mi aprobación sus conclusiones. He aprobado estas conclusiones en la medida en que permiten expresar mejor los contenidos del Catecismo respecto al depósito de la fe católica, o formular algunas verdades de la misma fe del modo más conveniente a las exigencias de la catequesis actual. Y, por tanto, han entrado a formar parte de la presente edición típica latina. Esta repite fielmente los contenidos doctrinales que presenté oficialmente a la Iglesia y al mundo en diciembre de 1992. Con esta promulgación de la edición típica latina concluye, pues, el camino de elaboración del Catecismo, comenzado en 1986, y se cumple felizmente el deseo de la referida Asamblea extraordinaria del Sínodo de los Obispos. La Iglesia dispone ahora de esta nueva exposición autorizada de la única y perenne fe apostólica, que servirá de «instrumento válido y legítimo al servicio de la comunión eclesial» y de «regla segura para la enseñanza de la fe», así como de «texto de referencia seguro y auténtico» para la elaboración de los catecismos locales (*Fidei depositum* 4).

En esta presentación auténtica y sistemática de la fe y de la doctrina católica la catequesis encontrará un camino plenamente seguro para presentar con renovado impulso a los hombres de nuestro tiempo el mensaje cristiano en todas y cada una de sus partes. Todo catequista podrá recibir de este texto una sólida ayuda para transmitir, en el ámbito de la Iglesia local, el único y perenne depósito de la fe, tratando de conjugar, con la ayuda del Espíritu Santo, la admirable unidad del misterio cristiano con la multiplicidad de las necesidades y de las condiciones de vida de aquellos a quienes va destinado este anuncio. Toda la actividad catequética podrá experimentar un nuevo y amplio impulso en el Pueblo de Dios si acierta a valorar y a utilizar rectamente este Catecismo postconciliar.

Todo esto resulta aún más importante hoy en los umbrales del tercer milenio. En efecto, es urgente un compromiso extraordinario de evangelización, para que todos puedan conocer y acoger el anuncio del Evangelio, y cada uno pueda llegar «a la madurez de la plenitud de Cristo» (*Ef* 4, 13).

Por tanto, exhorto encarecidamente a mis venerables hermanos en el episcopado, a quienes de manera especial queda encomendado el Catecismo de la Iglesia Católica, para que, aprovechando esta notable ocasión de la promulgación de la edición típica, intensifiquen su compromiso a favor de una mayor difusión del texto, y, sobre todo, de su cordial acogida, como don privilegiado para las comunidades a ellos encomendadas, las cuales podrán redescubrir aún más las inagotables riquezas de la fe.

Quiera Dios que, gracias al compromiso concorde y complementario de todos los sectores que componen el Pueblo de Dios, el Catecismo sea conocido y aceptado por todos, para que se fortalezca y se propague hasta los confines del mundo la unidad en la fe que tiene su modelo y principio supremo en la unidad trinitaria.

A María, Madre de Cristo, a quien hoy celebramos elevada al cielo en cuerpo y alma, encomiendo estos deseos, a fin de que se realicen para el bien de toda la humanidad.

Castelgandolfo, 15 de agosto de 1997, año decimonoveno de mi pontificado.

Joannes Paulus PP. II

CONSTITUCIÓN APOSTÓLICA
FIDEI DEPOSITUM

por la que se promulga y establece, después del Concilio Vaticano II, y con carácter de instrumento de derecho público, el *Catecismo de la Iglesia Católica*

Juan Pablo II, obispo
siervo de los siervos de Dios
para perpetua memoria

PREFACIO ⟶ **Constitución Apostólica** *Fidei Depositum*

A los Venerables Hermanos Cardenales, Arzobispos, Obispos, Presbíteros, Diáconos y demás miembros del Pueblo de Dios

1. INTRODUCCIÓN

Conservar el depósito de la fe es la misión que el Señor confió a su Iglesia y que ella realiza en todo tiempo. El Concilio Ecuménico Vaticano II, inaugurado hace treinta años por mi predecesor Juan XXIII, de feliz memoria, tenía como propósito y deseo hacer patente la misión apostólica y pastoral de la Iglesia, y conducir a todos los hombres, mediante el resplandor de la verdad del Evangelio, a la búsqueda y acogida del amor de Cristo que está sobre toda cosa (cf. *Ef* 3, 19).

A esta asamblea el Papa Juan XXIII le fijó como principal tarea la de custodiar y explicar mejor el depósito precioso de la doctrina cristiana, con el fin de hacerlo más accesible a los fieles de Cristo y a todos los hombres de buena voluntad. Para ello, el Concilio no debía comenzar por condenar los errores de la época, sino, ante todo, debía dedicarse a mostrar serenamente la fuerza y la belleza de la doctrina de la fe. «Confiamos que la Iglesia —decía él—, iluminada por la luz de este Concilio, crecerá en riquezas espirituales, cobrará nuevas fuerzas y mirará sin miedo hacia el futuro [...]; debemos dedicarnos con alegría, sin temor, al trabajo que exige nuestra época, prosiguiendo el camino que la Iglesia ha recorrido desde hace casi veinte siglos»[1].

Con la ayuda de Dios, los padres conciliares pudieron elaborar, a lo largo de cuatro años de trabajo, un conjunto considerable de exposiciones doctrinales y directrices pastorales ofrecidas a toda la Iglesia. Pastores y fieles encuentran en ellas orientaciones para la «renovación de pensamiento, de actividad, de costumbres, de fuerza moral, de renovación de alegría y de la esperanza, que ha sido el objetivo del Concilio»[2].

Desde su clausura, el Concilio no ha cesado de inspirar la vida eclesial. En 1985, yo pude afirmar: «Para mí —que tuve la gracia especial de participar en él y colaborar activamente en su desarrollo—, el Vaticano II ha sido siempre, y es de una manera particular en estos años de mi pontificado, el punto constante de referencia de toda mi acción pastoral, en un esfuerzo consciente por traducir sus directrices en aplicaciones concretas y fieles, en el seno de cada Iglesia particular y de toda la Iglesia Católica. Es preciso volver sin cesar a esa fuente»[3].

En este espíritu, el 25 de enero de 1985 convoqué una asamblea extraordinaria del Sínodo de los Obispos, con ocasión del vigésimo aniversario de la clausura del Concilio. El fin de esta asamblea era dar gracias y celebrar los frutos

---

1 Juan XXIII, Discurso de apertura del Concilio Ecuménico Vaticano II, 11 de octubre de 1962: *AAS* 54 (1962), pág. 788.

2 Pablo VI, Discurso de clausura del Concilio Ecuménico Vaticano II, 8 de diciembre de 1965: *AAS* 58 (1966), págs. 7-8.

3 Discurso del 30 de mayo de 1986, n. 5: *AAS* 78 (1986), pág. 1273.

PREFACIO ⟶ Constitución Apostólica *Fidei Depositum*

espirituales del concilio Vaticano II, profundizando en sus enseñanzas para una más perfecta adhesión a ellas y promoviendo el conocimiento y aplicación de las mismas por parte de todos los fieles cristianos.

En la celebración de esta asamblea, los padres del Sínodo expresaron el deseo de que fuese redactado un Catecismo o compendio de toda la doctrina católica, tanto sobre la fe como sobre la moral, que sería como el punto de referencia para los catecismos o compendios que se redacten en los diversos países. La presentación de la doctrina debería ser bíblica y litúrgica, exponiendo una doctrina segura y, al mismo tiempo, adaptada a la vida actual de los cristianos[4]. Desde la clausura del Sínodo, hice mío este deseo juzgando que «responde enteramente a una verdadera necesidad de la Iglesia universal y de las Iglesias particulares»[5].

De todo corazón hay que dar gracias al Señor, en este día en que podemos ofrecer a toda la Iglesia, con el título de «Catecismo de la Iglesia católica», este «texto de referencia» para una catequesis renovada en las fuentes vivas de la fe.

Tras la renovación de la Liturgia y el nuevo Código de Derecho Canónico de la Iglesia latina y de los Cánones de las Iglesias Orientales Católicas, este Catecismo es una contribución importantísima a la obra de renovación de la vida eclesial, promovida y llevada a la práctica por el Concilio Vaticano II.

2. ITINERARIO Y ESPÍRITU DE LA PREPARACIÓN DEL TEXTO

El Catecismo de la Iglesia católica es fruto de una amplísima colaboración. Es el resultado de seis años de trabajo intenso, llevado a cabo en un espíritu de atenta apertura y con perseverante ánimo.

El año 1986, confié a una Comisión de doce cardenales y obispos, presidida por el cardenal Joseph Ratzinger, la tarea de preparar un proyecto del Catecismo solicitado por los padres sinodales. Un Comité de redacción de siete obispos de diócesis, expertos en teología y en catequesis, fue encargado de realizar el trabajo junto a la Comisión.

La Comisión, encargada de dar directrices y de velar por el desarrollo de los trabajos, ha seguido atentamente todas las etapas de la redacción de las nueve versiones sucesivas. El Comité de redacción, por su parte, recibió el encargo de escribir el texto, de introducir en él las modificaciones indicadas por la Comisión y de examinar las observaciones que numerosos teólogos y maestros en la presentación de la doctrina cristiana, diversas instituciones y, sobre todo, obispos del mundo entero, formularon en orden al perfeccionamiento el texto.

---

4 Relación final del Sínodo extraordinario, 7 diciembre de 1985, II, B, a, n. 4: *Enchiridion Vaticanum*, vol. 9, pág. 1758, n. 1797.

5 Discurso de clausura del Sínodo extraordinario, 7 de diciembre de 1985, n. 6: *ASS* 78 (1986), página 435.

PREFACIO ⟶ **Constitución Apostólica** *Fidei Depositum*

Los miembros del Comité redactor han llevado a cabo su tarea en un intercambio enriquecedor y fructuoso que ha contribuido a garantizar la unidad y homogeneidad del texto.

El proyecto fue objeto de una amplia consulta a todos los obispos católicos, a sus Conferencias Episcopales o Sínodos, a institutos de teología y de catequesis. En su conjunto, el proyecto recibió una acogida considerablemente favorable por parte de los obispos. Puede decirse ciertamente que este Catecismo es fruto de la colaboración de todo el Episcopado de la Iglesia católica, que ha acogido cumplidamente mi invitación a corresponsabilizarse en una iniciativa que atañe de cerca a toda la vida eclesial. Esa respuesta suscita en mí un profundo sentimiento de gozo, porque el concurso de tantas voces expresa verdaderamente lo que se puede llamar *sinfonía de la fe*. Aún más, la realización de este Catecismo refleja la naturaleza colegial del Episcopado: atestigua la catolicidad de la Iglesia.

3. DISTRIBUCIÓN DE LA MATERIA

Un Catecismo debe presentar fiel y orgánicamente la enseñanza de la Sagrada Escritura, de la Tradición viva de la Iglesia y del Magisterio auténtico, así como la herencia espiritual de los Padres, de los santos y santas de la Iglesia, para que se conozcan mejor los misterios cristianos y se reavive la fe del Pueblo de Dios. Debe recoger aquellas explicitaciones de la doctrina que el Espíritu Santo ha sugerido a la Iglesia a lo largo de los siglos. Es preciso también que ayude a iluminar con la luz de la fe las situaciones nuevas y los problemas que en el pasado aún no se habían planteado.

El Catecismo, por tanto, contiene «lo nuevo y lo viejo» (cf. *Mt* 13, 52), pues la fe es siempre la misma y fuente siempre de luces nuevas.

Para responder a esa doble exigencia, el Catecismo de la Iglesia católica, por una parte recoge el orden antiguo, tradicional, y seguido ya por el Catecismo de san Pío V, dividiendo el contenido en cuatro partes: el *Credo*, la *Sagrada Liturgia*, con los Sacramentos en primer plano; el *obrar cristiano*, expuesto a partir de los mandamientos, y, finalmente, la *oración cristiana*. Pero, al mismo tiempo, es expresado con frecuencia de una forma «nueva», con el fin de responder a los interrogantes de nuestra época.

Las cuatro partes se articulan entre sí: el misterio cristiano es el objeto de la fe (primera parte); es celebrado y comunicado mediante acciones litúrgicas (segunda parte); está presente para iluminar y sostener a los hijos de Dios en su obrar (tercera parte); es el fundamento de nuestra oración, cuya expresión principal es el "Padre Nuestro", que expresa el objeto de nuestra súplica, nuestra alabanza y nuestra intercesión (cuarta parte).

La liturgia es, por sí misma, oración; la confesión de fe tiene su justo lugar en la celebración del culto. La gracia, fruto de los sacramentos, es la condición insustituible del obrar cristiano, igual que la participación en la liturgia de la

PREFACIO ⟶ Constitución Apostólica *Fidei Depositum*

Iglesia requiere la fe. Si la fe no se concreta en obras permanece muerta (cf. *St* 2, 14-26). Y no puede dar frutos de vida eterna.

En la lectura del Catecismo de la Iglesia católica se puede percibir la admirable unidad del misterio de Dios, de su designio de salvación, así como el lugar central de Jesucristo, Hijo único de Dios, enviado por el Padre, hecho hombre en el seno de la Virgen María por el Espíritu Santo, para ser nuestro Salvador. Muerto y resucitado, está siempre presente en su Iglesia, particularmente en los Sacramentos; es la fuente de la fe, el modelo del obrar cristiano y el Maestro de nuestra oración.

4. VALOR DOCTRINAL DEL TEXTO

El Catecismo de la Iglesia católica que aprobé el 25 de junio pasado, y cuya publicación ordeno hoy en virtud de la autoridad apostólica, es la exposición de la fe de la Iglesia y de la doctrina católica, atestiguadas e iluminadas por la sagrada Escritura, la Tradición apostólica y el Magisterio de la Iglesia. Lo declaro como regla segura para la enseñanza de la fe y como instrumento válido y legítimo al servicio de la comunión eclesial. Dios quiera que sirva para la renovación a la que el Espíritu Santo llama sin cesar a la Iglesia, Cuerpo de Cristo, en peregrinación a la luz sin sombra del Reino.

Aprobar el Catecismo de la Iglesia católica, y publicarlo con carácter de instrumento de derecho público pertenece al ministerio que el sucesor de Pedro quiere prestar a la Santa Iglesia Católica, a todas las Iglesias particulares en paz y comunión con la Sede Apostólica: es decir, el ministerio de sostener y confirmar la fe de todos los discípulos del Señor Jesús (cf. *Lc* 22, 32), así como fortalecer los lazos de unidad en la misma fe apostólica.

Pido, por tanto, a los pastores de la Iglesia, y a los fieles, que reciban este Catecismo con espíritu de comunión y lo utilicen constantemente cuando realicen su misión de anunciar la fe y llamar a la vida evangélica. Este Catecismo les es dado para que les sirva de texto de referencia seguro y auténtico en la enseñanza de la doctrina católica, y muy particularmente, para la composición de los catecismos locales. Se ofrece también, a todos aquellos fieles que deseen conocer mejor las riquezas inagotables de la salvación (cf. *Jn* 8, 32). Quiere proporcionar un punto de apoyo a los esfuerzos ecuménicos animados por el santo deseo de unidad de todos los cristianos, mostrando con diligencia el contenido y la coherencia suma y admirable de la fe católica. El Catecismo de la Iglesia Católica es finalmente ofrecido a todo hombre que nos pide razón de la esperanza que hay en nosotros (cf. *1 P* 3, 15) y que quiera conocer lo que cree la Iglesia católica.

Este Catecismo no está destinado a sustituir los catecismos locales debidamente aprobados por las autoridades eclesiásticas, los Obispos diocesanos o las Conferencias episcopales, sobre todo cuando estos catecismos han sido aprobados por la Sede Apostólica. El Catecismo de la Iglesia católica se destina a alentar y facilitar la redacción de nuevos catecismos locales que tengan en

PREFACIO ⟶ **Constitución Apostólica** *Fidei Depositum*

cuenta las diversas situaciones y culturas, siempre que guarden cuidadosamente la unidad de la fe y la fidelidad a la doctrina católica.

5. CONCLUSIÓN

Al concluir este documento, que presenta el Catecismo de la Iglesia católica, pido a la Santísima Virgen María, Madre del Verbo Encarnado y Madre de la Iglesia, que sostenga con su poderosa intercesión el trabajo catequético de la Iglesia entera en todos sus niveles, en este tiempo en que es llamada a un nuevo esfuerzo de evangelización. Que la luz de la fe verdadera libre a los hombres de la ignorancia y de la esclavitud del pecado, para conducirlos a la única libertad digna de este nombre (cf. *Jn* 8, 32): la de la vida en Jesucristo bajo la guía del Espíritu Santo, aquí y en el Reino de los cielos, en la plenitud de la bienaventuranza de la visión de Dios cara a cara (cf. *1 Co* 13, 12; *2 Co* 5, 6-8).

Dado el 11 de octubre de 1992, trigésimo aniversario de la apertura del Concilio Ecuménico Vaticano II y año decimocuarto de mi pontificado.

Joannes Paulus PP. II

PRÓLOGO

"PADRE, ésta es la vida eterna: que te conozcan a ti, el único Dios verdadero y a tu enviado Jesucristo" (*Jn* 17, 3). "Dios, nuestro Salvador... quiere que todos los hombres se salven y lleguen al conocimiento pleno de la verdad" (*1 Tm* 2, 3-4). "No hay bajo el cielo otro nombre dado a los hombres por el que nosotros debamos salvarnos" (*Hch* 4, 12), sino el nombre de JESUS.

I. LA VIDA DEL HOMBRE: CONOCER Y AMAR A DIOS

1 Dios, infinitamente Perfecto y Bienaventurado en sí mismo, en un designio de pura bondad ha creado libremente al hombre para que tenga parte en su vida bienaventurada. Por eso, en todo tiempo y en todo lugar, está cerca del hombre. Le llama y le ayuda a buscarlo, a conocerle y a amarle con todas sus fuerzas. Convoca a todos los hombres, que el pecado dispersó, a la unidad de su familia, la Iglesia. Lo hace mediante su Hijo que envió como Redentor y Salvador al llegar la plenitud de los tiempos. En El y por El, llama a los hombres a ser, en el Espíritu Santo, sus hijos de adopción, y por tanto los herederos de su vida bienaventurada.

2 Para que esta llamada resuene en toda la tierra, Cristo envió a los apóstoles que había escogido, dándoles el mandato de anunciar el Evangelio: "Id, pues, y haced discípulos a todas las gentes bautizándolas en el nombre del Padre y del Hijo y del Espíritu Santo, y enseñándoles a guardar todo lo que yo os he mandado. Y sabed que yo estoy con vosotros todos los días hasta el fin del mundo" (*Mt* 28, 19-20). Fortalecidos con esta misión, los apóstoles "salieron a predicar por todas partes, colaborando el Señor con ellos y confirmando la Palabra con las señales que la acompañaban" (*Mc* 16, 20).

3 Quienes con la ayuda de Dios han acogido el llamamiento de Cristo y han respondido libremente a ella, se sienten por su parte urgidos por el amor de Cristo a anunciar por todas partes en el mundo la Buena Nueva. Este tesoro recibido de los apóstoles ha sido guardado fielmente por sus sucesores. Todos los fieles de Cristo son llamados a transmitirlo de generación en generación, anunciando la fe, viviéndola en la comunión fraterna y celebrándola en la liturgia y en la oración.[1]

II. TRANSMITIR LA FE: LA CATEQUESIS

4 Muy pronto se llamó *catequesis* al conjunto de los esfuerzos realizados en la Iglesia para hacer discípulos, para ayudar a los hombres a creer que Jesús es el Hijo de Dios a fin de que, por la fe, tengan la vida en su nombre, y para educarlos e instruirlos en esta vida y construir así el Cuerpo de Cristo.[2]

5 "La catequesis es una *educación en la fe* de los niños, de los jóvenes y adultos, que comprende especialmente una enseñanza de la doctrina cristiana, dada

---

[1] Cf *Hch* 2, 42
[2] Cf JUAN PABLO II, exh. ap. *Catechesi tradendae*, 1 ; 2.

generalmente de modo orgánico y sistemático con miras a iniciarlos en la plenitud de la vida cristiana".[3]

6 Sin confundirse con ellos, la catequesis se articula dentro de un cierto número de elementos de la misión pastoral de la Iglesia, que tienen un aspecto catequético, que preparan para la catequesis o que derivan de ella: primer anuncio del Evangelio o predicación misionera para suscitar la fe; búsqueda de razones para creer; experiencia de vida cristiana: celebración de los sacramentos; integración en la comunidad eclesial; testimonio apostólico y misionero.[4]

7 "La catequesis está unida íntimamente a toda la vida de la Iglesia. No sólo la extensión geográfica y el aumento numérico de la Iglesia, sino también y más aún su crecimiento interior, su correspondencia con el designio de Dios dependen esencialmente de ella".[5]

8 Los períodos de renovación de la Iglesia son también tiempos fuertes de la catequesis. Así, en la gran época de los Padres de la Iglesia, vemos a santos obispos consagrar una parte importante de su ministerio a la catequesis. Es la época de san Cirilo de Jerusalén y de san Juan Crisós-tomo, de san Ambrosio y de san Agustín, y de muchos otros Padres cuyas obras catequéticas siguen siendo modelos.

9 El ministerio de la catequesis saca energías siempre nuevas de los concilios. El Concilio de Trento constituye a este respecto un ejemplo digno de ser destacado: dio a la catequesis una prioridad en sus constituciones y sus decretos; de él nació el Catecismo Romano que lleva también su nombre y que constituye una obra de primer orden como resumen de la doctrina cristiana; este Concilio suscitó en la Iglesia una organización notable de la catequesis; promovió, gracias a santos obispos y teólogos como san Pedro Canisio, san Carlos Borromeo, santo Toribio de Mogrovejo, san Roberto Belarmino, la publicación de numerosos catecismos.

10 No es extraño, por ello, que, en el dinamismo del Concilio Vaticano II (que el Papa Pablo VI consideraba como el gran catecismo de los tiempos modernos), la catequesis de la Iglesia haya atraído de nuevo la atención. El "Directorio general de la catequesis" de 1971, las sesiones del Sínodo de los Obispos consagradas a la evangelización (1974) y a la catequesis (1977), las exhortaciones apostólicas correspondientes, "Evangelii nuntiandi" (1975) y "Catechesi tradendae" (1979), dan testimonio de ello. La sesión extraordinaria del Sínodo de los Obispos de 1985 pidió "que sea redactado un catecismo o compendio de toda la doctrina católica tanto sobre la fe como sobre la moral".[6] El Santo Padre, Juan Pablo II, hizo

---

[3] Ibid., 18
[4] Cf. ibid.
[5] Ibid., 13
[6] Sínodo de los Obispos 1985, Relación final II, B, a, 4.

Prólogo

suyo este deseo emitido por el Sínodo de los Obispos reconociendo que "responde totalmente a una verdadera necesidad de la Iglesia universal y de las Iglesias particulares".[7] El Papa dispuso todo lo necesario para que se realizara la petición de los padres sinodales.

III. FIN Y DESTINATARIOS DE ESTE CATECISMO

11 Este catecismo tiene por fin presentar una exposición orgánica y sintética de los contenidos esenciales y fundamentales de la doctrina católica, tanto sobre la fe como sobre la moral, a la luz del Concilio Vaticano II y del conjunto de la Tradición de la Iglesia. Sus fuentes principales son la Sagrada Escritura, los Santos Padres, la Liturgia y el Magisterio de la Iglesia. Está destinado a servir "como un punto de referencia para los catecismos o compendios que sean compuestos en los diversos países".[8]

12 El presente catecismo está destinado principalmente a los responsables de la catequesis: en primer lugar a los obispos, en cuanto doctores de la fe y pastores de la Iglesia. Les es ofrecido como instrumento en la realización de su tarea de enseñar al Pueblo de Dios. A través de los obispos, se dirige a los redactores de catecismos, a los sacerdotes y a los catequistas. Será también de útil lectura para todos los demás fieles cristianos.

IV. LA ESTRUCTURA DEL "CATECISMO DE LA IGLESIA CATÓLICA"

13 El plan de este catecismo se inspira en la gran tradición de los catecismos, los cuales articulan la catequesis en torno a cuatro "pilares": la profesión de la fe bautismal (el Símbolo), los Sacramentos de la fe, la vida de fe (los Mandamientos), la oración del creyente (el Padre Nuestro).

Primera parte: La profesión de la fe

14 Los que por la fe y el Bautismo pertenecen a Cristo deben confesar su fe bautismal delante de los hombres.[9] Para esto, el catecismo expone en primer lugar en qué consiste la Revelación por la que Dios se dirige y se da al hombre, y la fe, por la cual el hombre responde a Dios (Primera sección). El Símbolo de la fe resume los dones que Dios hace al hombre como Autor de todo bien, como Redentor, como Santificador y los articula en torno a los "tres capítulos" de nuestro Bautismo —la fe en un solo Dios: el Padre Todopoderoso, el Creador; y Jesucristo, su Hijo, nuestro Señor y Salvador; y el Espíritu Santo, en la Santa Iglesia (Segunda sección).

---

[7] JUAN PABLO II, Discurso al Sínodo de los Obispos del 7 diciembre 1985.

[8] Sínodo de los Obispos 1985, Relación final II, B, a, 4.

[9] Cf Mt 10, 32; Rm 10, 9.

Segunda parte: Los sacramentos de la fe

15 La segunda parte del catecismo expone cómo la salvación de Dios, realizada una vez por todas por Cristo Jesús y por el Espíritu Santo, se hace presente en las acciones sagradas de la liturgia de la Iglesia (Primera sección), particularmente en los siete sacramentos (Segunda sección).

Tercera parte: La vida de fe

16 La tercera parte del catecismo presenta el fin último del hombre, creado a imagen de Dios: la bienaventuranza, y los caminos para llegar a ella: mediante un obrar recto y libre, con la ayuda de la ley y de la gracia de Dios (Primera sección); mediante un obrar que realiza el doble mandamiento de la caridad, desarrollado en los diez Mandamientos de Dios (Segunda sección).

Cuarta parte: La oración en la vida de la fe

17 La última parte del catecismo trata del sentido y la importancia de la oración en la vida de los creyentes (Primera sección). Se cierra con un breve comentario de las siete peticiones de la oración del Señor (Segunda sección). En ellas, en efecto, encontramos la suma de los bienes que debemos esperar y que nuestro Padre celestial quiere concedernos.

V. INDICACIONES PRÁCTICAS PARA EL USO DE ESTE CATECISMO

18 Este catecismo está concebido como una *exposición orgánica* de toda la fe católica. Es preciso, por tanto, leerlo como una unidad. Numerosas referencias en el interior del texto y el índice analítico al final del volumen permiten ver cada tema en su vinculación con el conjunto de la fe.

19 Con frecuencia, los textos de la Sagrada Escritura no son citados literalmente, sino indicando sólo la referencia (mediante cf). Para una inteligencia más profunda de esos pasajes, es preciso recurrir a los textos mismos. Estas referencias bíblicas son un instrumento de trabajo para la catequesis.

20 Cuando, en ciertos pasajes, se emplea letra pequeña, con ello se indica que se trata de puntualizaciones de tipo histórico, apologético o de exposiciones doctrinales complementarias.

21 Las citas, en letra pequeña, de fuentes patrísticas, litúrgicas, magisteriales o hagiográficas tienen como fin enriquecer la exposición doctrinal. Con frecuencia estos textos han sido escogidos con miras a un uso directamente catequético.

22 Al final de cada unidad temática, una serie de textos breves resumen en fórmulas condensadas lo esencial de la enseñanza. Estos "resúmenes" tienen como finalidad ofrecer sugerencias para fórmulas sintéticas y memorizables en la catequesis de cada lugar.

Prólogo

VI. LAS NECESARIAS ADAPTACIONES

23 El acento de este catecismo se pone en la exposición doctrinal. Quiere, en efecto, ayudar a profundizar el conocimiento de la fe. Por lo mismo está orientado a la maduración de esta fe, su enraizamiento en la vida y su irradiación en el testimonio.[10]

24 Por su misma finalidad, este catecismo no se propone realizar las adaptaciones del contenido y de los métodos catequéticos que exigen las diferencias de culturas, de edades, de la vida espiritual, de situaciones sociales y eclesiales de aquellos a quienes se dirige la catequesis. Estas indispensables adaptaciones corresponden a catecismos propios de cada lugar, y más aún a aquellos que toman a su cargo instruir a los fieles:

> El que enseña debe "hacerse todo a todos" (*1 Co* 9, 22), para ganarlos a todos para Jesucristo... ¡Sobre todo que no se imagine que le ha sido confiada una sola clase de almas, y que, por consiguiente, le es lícito enseñar y formar igualmente a todos los fieles en la verdadera piedad, con un único método y siempre el mismo! Que sepa bien que unos son, en Jesucristo, como niños recién nacidos, otros como adolescentes, otros finalmente como poseedores ya de todas sus fuerzas... Los que son llamados al ministerio de la predicación deben, al transmitir la enseñanza del misterio de la fe y de las reglas de las costumbres, acomodar sus palabras al espíritu y a la inteligencia de sus oyentes.[11]

25 Por encima de todo, la Caridad. Para concluir esta presentación es oportuno recordar el principio pastoral que enuncia el Catecismo Romano:

> Toda la finalidad de la doctrina y de la enseñanza debe ser puesta en el amor que no acaba. Porque se puede muy bien exponer lo que es preciso creer, esperar o hacer; pero sobre todo se debe siempre hacer aparecer el Amor de Nuestro Señor, a fin de que cada uno comprenda que todo acto de virtud perfectamente cristiano no tiene otro origen que el Amor, ni otro término que el Amor.[12]

---

[10] Cf JUAN PABLO II, exh. ap. Catechesi tradendae, 20-22; 25.
[11] Catecismo Romano, Prefacio, 11.
[12] Catecismo Romano, Prefacio, 10.

PRIMERA PARTE

La profesión de la fe

Qué creemos

Qué creemos

PRIMERA PARTE: LA PROFESIÓN DE LA FE

LA REVELACIÓN DIVINA

Primera sección: "creo" – "creemos"

La búsqueda	La Revelación	La respuesta
Capítulo primero: el hombre es "capaz" de Dios	*Capítulo segundo: Dios al encuentro del hombre*	*Capítulo tercero: la respuesta del hombre a Dios*
El deseo de Dios	La revelación de Dios *(Artículo 1)*	Creo *(Artículo 1)*
Conocer a Dios		
El conocimiento de Dios	La transmisión de la Revelación divina *(Artículo 2)*	La fe de la Iglesia *(Artículo 2)*
Cómo hablar de Dios		
	La Sagrada Escritura *(Artículo 3)*	
CIC 26-49	CIC 50-141	CIC 142-184

PRIMERA SECCIÓN "CREO" – "CREEMOS"

FUENTES DE LA ESCRITURA Y DE LA IGLESIA

La siguiente parte del *Catecismo* utiliza estas fuentes de la Sagrada Escritura y de la Iglesia. Véase el índice de citas para una lista completa de las citas.

Antiguo Testamento	Citadas en el *Catecismo*
Génesis	CIC 29, 36
Salmos	CIC 30
Sabiduría	CIC 32, 41
Jonás	CIC 29

Nuevo Testamento
Mateo	CIC 29
Hechos de los Apóstoles	CIC 28, 32
Romanos	CIC 32

Concilios ecuménicos
Letrán IV (1215)	CIC 43
Vaticano I (1869-1870)	CIC 36, 38, 47
Vaticano II (1962-1965)	CIC 27, 29, 33, 36, 38, 49

Documentos pontificios
Pío XII (1939-1958)	CIC 37, 38

Liturgia
Liturgia de san Juan Crisóstomo	CIC 42

Escritores eclesiásticos
San Agustín	CIC 30, 32, 45
Santo Tomás de Aquino	CIC 34, 38, 43

PALABRAS CLAVE

La siguiente parte del *Catecismo* utiliza estas palabras clave. Véase el "Glosario" para su significado.

Palabras	Citadas en el *Catecismo*
Fe	CIC 26

26 Cuando profesamos nuestra fe, comenzamos diciendo: "Creo" o "Creemos". Antes de exponer la fe de la Iglesia tal como es confesada en el Credo, celebrada en la Liturgia, vivida en la práctica de los Mandamientos y en la oración, nos preguntamos qué significa "creer". La fe es la respuesta del hombre a Dios que se revela y se entrega a él, dando al mismo tiempo una luz sobreabundante al hombre que busca el sentido último de su vida. Por ello consideramos primeramente esta búsqueda del hombre (Capítulo primero), a continuación la Revelación divina, por la cual Dios viene al encuentro del hombre (Capítulo segundo), y finalmente la respuesta de la fe (Capítulo tercero).

QUÉ CREEMOS ⟶ La Revelación divina ⟶ La búsqueda

CAPÍTULO PRIMERO
EL HOMBRE ES "CAPAZ" DE DIOS

I. EL DESEO DE DIOS

27 El deseo de Dios está inscrito en el corazón del hombre, porque el hombre ha sido creado por Dios y para Dios; y Dios no cesa de atraer al hombre hacia sí, y sólo en Dios encontrará el hombre la verdad y la dicha que no cesa de buscar:

> La razón más alta de la dignidad humana consiste en la vocación del hombre a la comunión con Dios. El hombre es invitado al diálogo con Dios desde su nacimiento; pues no existe sino porque, creado por Dios por amor, es conservado siempre por amor; y no vive plenamente según la verdad si no reconoce libremente aquel amor y se entrega a su Creador.[1]

28 De múltiples maneras, en su historia, y hasta el día de hoy, los hombres han expresado su búsqueda de Dios por medio de sus creencias y sus comportamientos religiosos (oraciones, sacrificios, cultos, meditaciones, etc.). A pesar de las ambigüedades que pueden entrañar, estas formas de expresión son tan universales que se puede llamar al hombre *un ser religioso*:

843; 2566
2095-2109

> Él creó, de un solo principio, todo el linaje humano, para que habitase sobre toda la faz de la tierra y determinó con exactitud el tiempo y los límites del lugar donde habían de habitar, con el fin de que buscasen a Dios, para ver si a tientas le buscaban y le hallaban; por más que no se encuentra lejos de cada uno de nosotros; pues en él vivimos, nos movemos y existimos (*Hch* 17, 26-28).

29 Pero esta "unión íntima y vital con Dios"[2] puede ser olvidada, desconocida e incluso rechazada explícitamente por el hombre. Tales actitudes pueden tener orígenes muy diversos:[3] la rebelión contra el mal en el mundo, la ignorancia o la indiferencia religiosas, los afanes del mundo y de las riquezas,[4] el mal ejemplo de los creyentes, las corrientes de pensamiento hostiles a la religión, y finalmente esa actitud del hombre pecador que, por miedo, se oculta de Dios[5] y huye ante su llamada.[6]

2123-2128

398

30 "Se alegre el corazón de los que buscan a Dios" (*Sal* 105, 3). Si el hombre puede olvidar o rechazar a Dios, Dios no cesa de llamar a todo hombre a buscarle para que viva y encuentre la dicha. Pero esta búsqueda exige del hombre todo el esfuerzo de su inteligencia, la rectitud de su voluntad, "un corazón recto", y también el testimonio de otros que le enseñen a buscar a Dios.

2567
845
368

---

[1] Concilio Vaticano II, *Gaudium et spes*, 19, 1.
[2] Concilio Vaticano II, *Gaudium et spes*, 19, 1.
[3] Cf. *ibid.*, 19-21.
[4] Cf. *Mt* 3, 22
[5] Cf. *Gn* 3, 8-10
[6] Cf. *Jon* 1, 3

Tú eres grande, Señor, y muy digno de alabanza: grande es tu poder, y tu sabiduría no tiene medida. Y el hombre, pequeña parte de tu creación, pretende alabarte, precisamente el hombre que, revestido de su condición mortal, lleva en sí el testimonio de su pecado y el testimonio de que tú resistes a los soberbios. A pesar de todo, el hombre, pequeña parte de tu creación, quiere alabarte. Tú mismo le incitas a ello, haciendo que encuentre sus delicias en tu alabanza, porque nos has hecho para ti y nuestro corazón está inquieto mientras no descansa en ti.[7]

II. LAS VÍAS DE ACCESO AL CONOCIMIENTO DE DIOS

31 Creado a imagen de Dios, llamado a conocer y amar a Dios, el hombre que busca a Dios descubre ciertas "vías" para acceder al conocimiento de Dios. Se las llama también "pruebas de la existencia de Dios", no en el sentido de las pruebas propias de las ciencias naturales, sino en el sentido de "argumentos convergentes y convincentes" que permiten llegar a verdaderas certezas.

Estas "vías" para acercarse a Dios tienen como punto de partida la creación: el mundo material y la persona humana.

54; 337

32 El *mundo:* A partir del movimiento y del devenir, de la contingencia, del orden y de la belleza del mundo se puede conocer a Dios como origen y fin del universo.

San Pablo afirma refiriéndose a los paganos: "Lo que de Dios se puede conocer, está en ellos manifiesto: Dios se lo manifestó. Porque lo invisible de Dios, desde la creación del mundo se deja ver a la inteligencia a través de sus obras: su poder eterno y su divinidad" (*Rm* 1, 19-20).[8]

Y San Agustín: "Interroga a la belleza de la tierra, interroga a la belleza del mar, interroga a la belleza del aire que se dilata y se difunde, interroga a la belleza del cielo... interroga a todas estas realidades. Todas te responden: Ve, nosotras somos bellas. Su belleza es una profesión ('confessio'). Estas bellezas sujetas a cambio, ¿quién las ha hecho sino la Suma Belleza ('Pulcher'), no sujeta a cambio?".[9]

2500
1730; 1776

1703

366

33 El *hombre:* Con su apertura a la verdad y a la belleza, con su sentido del bien moral, con su libertad y la voz de su conciencia, con su aspiración al infinito y a la dicha, el hombre se interroga sobre la existencia de Dios. En estas aperturas, percibe signos de su alma espiritual. La "semilla de eternidad que lleva en sí, al ser irreducible a la sola materia",[10] su alma, no puede tener origen más que en Dios.

34 El mundo y el hombre atestiguan que no tienen en ellos mismos ni su primer principio ni su fin último, sino que participan de Aquel que es el Ser

---

[7] SAN AGUSTÍN, *Confessiones*, 1, 1, 1.
[8] Cf. *Hch* 14, 15.17; 17, 27-28; *Sb* 13, 1-9.
[9] Cf. SAN AGUSTÍN, *Sermones*, 241, 2: PL 38, 1134.
[10] Concilio Vaticano II, *Gaudium et spes*, 18, 1; cf. 14, 2.

en sí, sin origen y sin fin. Así, por estas diversas "vías", el hombre puede acceder al conocimiento de la existencia de una realidad que es la causa primera y el fin último de todo, "y que todos llaman Dios".[11]

35 Las facultades del hombre lo hacen capaz de conocer la existencia de un Dios personal. Pero para que el hombre pueda entrar en su intimidad, Dios ha querido revelarse al hombre y darle la gracia de poder acoger en la fe esa revelación. Sin embargo, las pruebas de la existencia de Dios pueden disponer a la fe y ayudar a ver que la fe no se opone a la razón humana.

III. EL CONOCIMIENTO DE DIOS SEGÚN LA IGLESIA

36 "La santa Iglesia, nuestra madre, mantiene y enseña que Dios, principio y fin de todas las cosas, puede ser conocido con certeza mediante la luz natural de la razón humana a partir de las cosas creadas".[12] Sin esta capacidad, el hombre no podría acoger la revelación de Dios. El hombre tiene esta capacidad porque ha sido creado "a imagen de Dios".[13]

37 Sin embargo, en las condiciones históricas en que se encuentra, el hombre experimenta muchas dificultades para conocer a Dios con la sola luz de su razón:

> A pesar de que la razón humana, hablando simplemente, pueda verdaderamente, por sus fuerzas y su luz naturales, llegar a un conocimiento verdadero y cierto de un Dios personal, que protege y gobierna el mundo por su providencia, así como de una ley natural puesta por el Creador en nuestras almas, sin embargo hay muchos obstáculos que impiden a esta misma razón usar eficazmente y con fruto su poder natural; porque las verdades que se refieren a Dios y a los hombres sobrepasan absolutamente el orden de las cosas sensibles y cuando deben traducirse en actos y proyectarse en la vida exigen que el hombre se entregue y renuncie a sí mismo. El espíritu humano, para adquirir semejantes verdades, padece dificultad por parte de los sentidos y de la imaginación, así como de los malos deseos nacidos del pecado original. De ahí procede que en semejantes materias los hombres se persuadan fácilmente de la falsedad o al menos de la incertidumbre de las cosas que no quisieran que fuesen verdaderas.[14]

38 Por esto el hombre necesita ser iluminado por la revelación de Dios, no solamente acerca de lo que supera su entendimiento, sino también sobre "las verdades religiosas y morales que de suyo no son inaccesibles a la razón, a fin de que puedan ser, en el estado actual del género humano, conocidas de todos sin dificultad, con una certeza firme y sin mezcla de error".[15]

---

[11] SANTO TOMÁS DE AQUINO, *Summa theologiae*, 1, 2, 3.
[12] Concilio Vaticano I: DS, 3004; cf. 3026; Concilio Vaticano II, *Dei Verbum*, 6.
[13] Cf. *Gn* l, 26ss
[14] PÍO XII, enc. *Humani generis*: DS, 3875.
[15] *Ibid.*, 3876; cf. Concilio Vaticano I: DS, 3005; Concilio Vaticano II, *Dei Verbum*, 6; SANTO TOMÁS DE AQUINO, *Summa theologiae*, 1, 1, 1.

IV. ¿CÓMO HABLAR DE DIOS?

39 Al defender la capacidad de la razón humana para conocer a Dios, la Iglesia expresa su confianza en la posibilidad de hablar de Dios a todos los hombres y con todos los hombres. Esta convicción está en la base de su diálogo con las otras religiones, con la filosofía y las ciencias, y también con los no creyentes y los ateos.

40 Puesto que nuestro conocimiento de Dios es limitado, nuestro lenguaje sobre Dios lo es también. No podemos nombrar a Dios sino a partir de las criaturas, y según nuestro modo humano limitado de conocer y de pensar.

41 *Todas las criaturas poseen una cierta semejanza con Dios,* muy especialmente el hombre creado a imagen y semejanza de Dios. Las múltiples perfecciones de las criaturas (su verdad, su bondad, su belleza) reflejan, por tanto, la perfección infinita de Dios. Por ello, podemos nombrar a Dios a partir de las perfecciones de sus criaturas, "pues de la grandeza y hermosura de las criaturas se llega, por analogía, a contemplar a su Autor" (*Sb* 13, 5).

42 *Dios trasciende toda criatura.* Es preciso, pues, purificar sin cesar nuestro lenguaje de todo lo que tiene de limitado, de expresión por medio de imágenes, de imperfecto, para no confundir al Dios "que está por encima de todo nombre y más allá de todo entendimiento, el invisible y fuera de todo alcance"[16] con nuestras representaciones humanas. Nuestras palabras humanas quedan siempre más acá del Misterio de Dios.

43 Al hablar así de Dios, nuestro lenguaje se expresa ciertamente de modo humano, pero capta realmente a Dios mismo, sin poder, no obstante, expresarlo en su infinita simplicidad. Es preciso recordar, en efecto, que "entre el Creador y la criatura no se puede señalar una semejanza tal que la desemejanza entre ellos no sea mayor todavía"[17], y que "nosotros no podemos captar de Dios lo que Él es, sino solamente lo que no es y cómo los otros seres se sitúan con relación a Él".[18]

---

[16] Liturgia de san Juan Crisóstomo, Anáfora.
[17] Concilio de Letrán IV: DS, 806.
[18] SANTO TOMÁS DE AQUINO, *Summa contra gentiles*, 1, 30.

QUÉ CREEMOS ⟶ La Revelación divina ⟶ La búsqueda

RESUMEN

44 El hombre es por naturaleza y por vocación un ser religioso. Viniendo de Dios y yendo hacia Dios, el hombre no vive una vida plenamente humana si no vive libremente su vínculo con Dios.

45 El hombre está hecho para vivir en comunión con Dios, en quien encuentra su dicha."Cuando yo me adhiera a ti con todo mi ser, no habrá ya para mí penas ni pruebas, y mi vida, toda llena de ti, será plena"[19]

46 Cuando el hombre escucha el mensaje de las criaturas y la voz de su conciencia, entonces puede alcanzar la certeza de la existencia de Dios, causa y fin de todo.

47 La Iglesia enseña que el Dios único y verdadero, nuestro Creador y Señor, puede ser conocido con certeza por sus obras, gracias a la luz natural de la razón humana.[20]

48 Nosotros podemos realmente nombrar a Dios partiendo de las múltiples perfecciones de las criaturas, semejanzas del Dios infinitamente perfecto, aunque nuestro lenguaje limitado no agote su misterio.

49 "Sin el Creador la criatura se diluye".[21] He aquí por qué los creyentes saben que son impulsados por el amor de Cristo a llevar la luz del Dios vivo a los que no le conocen o le rechazan.

---

[19] SAN AGUSTÍN, *Confessiones*, 10, 28, 39.
[20] Cf. Concilio Vaticano I: DS, 3026.
[21] Concilio Vaticano II, *Gaudium et spes*, 36.

Primera parte: La profesión de la fe

CAPÍTULO SEGUNDO
DIOS AL ENCUENTRO DEL HOMBRE

FUENTES DE LA ESCRITURA Y DE LA IGLESIA

La siguiente parte del *Catecismo* utiliza estas fuentes de la Escritura y de la Iglesia. Véase el "Índice de citas" para una lista completa de referencias

Antiguo Testamento	Citadas en el *Catecismo*
Génesis	CIC 56-59, 70, 71
Éxodo	CIC 63
Deuteronomio	CIC 57, 63
Sabiduría	CIC 57
Isaías	CIC 64
Jeremías	CIC 64
Ezequiel	CIC 58, 64
Sofonías	CIC 64

Nuevo Testamento	
Mateo	CIC 57
Lucas	CIC 58, 64
Juan	CIC 58, 60
Hechos de los Apóstoles	CIC 57
Romanos	CIC 57, 60
Gálatas	CIC 59
Efesios	CIC 52
1 Timoteo	CIC 52
Hebreos	CIC 58, 64, 65

Concilios ecuménicos	
Vaticano I (1869-1870)	CIC 50
Vaticano II (1962-1965)	CIC 51, 53-55, 62, 64, 66

Liturgia	
Misal Romano	CIC 55, 63

Escritores eclesiásticos	
San Ireneo de Lyon	CIC 53
San Juan de la Cruz	CIC 65

QUÉ CREEMOS ⟶ La Revelación divina ⟶ La Revelación

CIC 52

PALABRAS CLAVE

La siguiente parte del *Catecismo* utiliza estas palabras clave.
Véase el "Glosario" para su definición.

Palabras	Citadas en el *Catecismo*
Abraham	CIC 59, 72
Alianza	CIC 56, 62, 66
Éxodo	CIC 62
Israel	CIC 62
Moisés	CIC 62
Patriarcas	CIC 61
Palabra de Dios	CIC 65
Profeta	CIC 64
Revelaciones	CIC 50
Revelaciones privadas	CIC 67

---

50 Mediante la razón natural, el hombre puede conocer a Dios con certeza a partir de sus obras. Pero existe otro orden de conocimiento que el hombre no puede de ningún modo alcanzar por sus propias fuerzas, el de la Revelación divina.[1] Por una decisión enteramente libre, Dios se revela y se da al hombre. Lo hace revelando su misterio, su designio benevolente que estableció desde la eternidad en Cristo en favor de todos los hombres. Revela plenamente su designio enviando a su Hijo amado, nuestro Señor Jesucristo, y al Espíritu Santo.

36

1066

ARTÍCULO 1
LA REVELACIÓN DE DIOS

I. DIOS REVELA SU DESIGNIO AMOROSO

51 "Dispuso Dios en su bondad y sabiduría revelarse a sí mismo y dar a conocer el misterio de su voluntad, mediante el cual los hombres, por medio de Cristo, Verbo encarnado, tienen acceso al Padre en el Espíritu Santo y se hacen partícipes de la naturaleza divina".[2]

2823

1996

52 Dios, que "habita una luz inaccesible" (*1 Tm* 6, 16), quiere comunicar su propia vida divina a los hombres libremente creados por él, para hacer de ellos, en su Hijo único, hijos adoptivos.[3] Al revelarse a sí mismo, Dios quiere hacer a los hombres capaces de responderle, de conocerle y de amarle más allá de lo que ellos serían capaces por sus propias fuerzas.

---

[1] Cf. Concilio Vaticano 1: DS, 3015.
[2] Concilio Vaticano II, *Dei Verbum*, 2.
[3] Cf. *Ef* 1, 4-5.

53 El designio divino de la revelación se realiza a la vez "mediante acciones y palabras", íntimamente ligadas entre sí y que se esclarecen mutuamente.[4] Este designio comporta una "pedagogía divina" particular: Dios se comunica gradualmente al hombre, lo prepara por etapas para acoger la Revelación sobrenatural que hace de sí mismo y que culminará en la Persona y la misión del Verbo encarnado, Jesucristo.

> San Ireneo de Lyón habla en varias ocasiones de esta pedagogía divina bajo la imagen de un mutuo acostumbrarse entre Dios y el hombre: "El Verbo de Dios ha habitado en el hombre y se ha hecho Hijo del hombre para acostumbrar al hombre a comprender a Dios y para acostumbrar a Dios a habitar en el hombre, según la voluntad del Padre".[5]

II. LAS ETAPAS DE LA REVELACIÓN

Desde el origen, Dios se da a conocer

54 "Dios, creándolo todo y conservándolo por su Verbo, da a los hombres testimonio perenne de sí en las cosas creadas, y, queriendo abrir el camino de la salvación sobrenatural, se manifestó, además, personalmente a nuestros primeros padres ya desde el principio".[6] Los invitó a una comunión íntima con Él revistiéndolos de una gracia y de una justicia resplandecientes.

55 Esta revelación no fue interrumpida por el pecado de nuestros primeros padres. Dios, en efecto, "después de su caída alentó en ellos la esperanza de la salvación con la promesa de la redención, y tuvo incesante cuidado del género humano, para dar la vida eterna a todos los que buscan la salvación con la perseverancia en las buenas obras".[7]

> Cuando por desobediencia perdió tu amistad, no lo abandonaste al poder de la muerte... Reiteraste, además, tu alianza a los hombres.[8]

La alianza con Noé

56 Una vez rota la unidad del género humano por el pecado, Dios decide desde el comienzo salvar a la humanidad a través de una serie de etapas. La alianza con Noé después del diluvio[9] expresa el principio de la Economía divina con las "naciones", es decir, con los hombres agrupados "según sus países, cada uno según su lengua, y según sus clanes" (*Gn* 10, 5).[10]

57 Este orden a la vez cósmico, social y religioso de la pluralidad de las naciones,[11] está destinado a limitar el orgullo de una humanidad caída que, unánime en su perversidad,[12] quisiera hacer por sí misma su unidad a la

---

[4] Concilio Vaticano II, *Dei Verbum*, 2.
[5] SAN IRENEO DE LYÓN, *Adversus haereses*, 3, 20, 2; cf. por ejemplo 3, 17, 1; 4, 12, 4; 4, 21, 3.
[6] Concilio Vaticano II, *Dei Verbum*, 3.
[7] *Ibid.*
[8] *Misal Romano*, Plegaria eucarística IV, 118.
[9] Cf. *Gn* 9, 9.
[10] Cf. *Gn* 10, 20-31.
[11] Cf. *Hch* 17, 26-27.
[12] Cf. *Sb* 10, 5.

QUÉ CREEMOS ⟶ La Revelación divina ⟶ La Revelación

CIC 64

manera de Babel.[13] Pero, a causa del pecado,[14] el politeísmo así como la idolatría de la nación y de su jefe son una amenaza constante de vuelta al paganismo para esta economía aún no definitiva.

58 La alianza con Noé permanece en vigor mientras dura el tiempo de las naciones,[15] hasta la proclamación universal del Evangelio. La Biblia venera algunas grandes figuras de las "naciones", como "Abel el justo", el rey-sacerdote Melquisedec,[16] figura de Cristo,[17] o los justos "Noé, Daniel y Job" (*Ez* 14, 14). De esta manera, la Escritura expresa qué altura de santidad pueden alcanzar los que viven según la alianza de Noé en la espera de que Cristo "reúna en uno a todos los hijos de Dios dispersos" (*Jn* 11, 52).

674

2569

Dios elige a Abraham

59 Para reunir a la humanidad dispersa, Dios elige a Abram llamándolo "fuera de su tierra, de su patria y de su casa",[18] para hacer de él "Abraham", es decir, "el padre de una multitud de naciones" (*Gn* 17, 5): "En ti serán benditas todas las naciones de la tierra" (*Gn* 12, 3).[19]

145; 2570

60 El pueblo nacido de Abraham será el depositario de la promesa hecha a los patriarcas, el pueblo de la elección,[20] llamado a preparar la reunión un día de todos los hijos de Dios en la unidad de la Iglesia;[21] ese pueblo será la raíz en la que serán injertados los paganos hechos creyentes.[22]

760

762; 781

61 Los patriarcas, los profetas y otros personajes del Antiguo Testamento han sido y serán siempre venerados como santos en todas las tradiciones litúrgicas de la Iglesia.

Dios forma a su pueblo Israel

62 Después de la etapa de los patriarcas, Dios constituyó a Israel como su pueblo salvándolo de la esclavitud de Egipto. Estableció con él la alianza del Sinaí y le dio por medio de Moisés su Ley, para que lo reconociese y le sirviera como al único Dios vivo y verdadero, Padre providente y juez justo, y para que esperase al Salvador prometido.[23]

2060

2574

1961

63 Israel es el pueblo sacerdotal de Dios[24] el que "lleva el Nombre del Señor" (*Dt* 28, 10). Es el pueblo de aquellos "a quienes Dios habló primero"[25] el pueblo de los "hermanos mayores" en la fe de Abraham.

204; 2801

839

64 Por los profetas, Dios forma a su pueblo en la esperanza de la salvación, en la espera de una Alianza nueva y eterna destinada a todos los hombres,[26]

711

---

[13] Cf. *Gn* 11, 4-6.
[14] Cf. *Rm* 1, 18-25.
[15] Cf. *Lc* 21, 24.
[16] Cf. *Gn* 14, 18.
[17] Cf. *Hb* 7, 3.
[18] Cf. *Gn* 12, 1.
[19] Cf. *Ga* 3, 8.
[20] Cf. *Rm* 11, 28.
[21] Cf. *Jn* 11, 52; 10, 16.
[22] Cf. *Rm* 11, 17-18.24.
[23] Cf. Concilio Vaticano II, *Dei Verbum,* 3.
[24] Cf. *Ex* 19, 6.
[25] *Misal Romano,* Viernes Santo 13: oración universal VI.
[26] Cf. *Is* 2, 2-4.

y que será grabada en los corazones.[27] Los profetas anuncian una redención radical del pueblo de Dios, la purificación de todas sus infidelidades,[28] una salvación que incluirá a todas las naciones.[29] Serán sobre todo los pobres y los humildes del Señor[30] quienes mantendrán esta esperanza. Las mujeres santas como Sara, Rebeca, Raquel, Miriam, Débora, Ana, Judit y Ester conservaron viva la esperanza de la salvación de Israel. De ellas la figura más pura es María.[31]

III. CRISTO JESÚS, "MEDIADOR Y PLENITUD DE TODA LA REVELACIÓN"[32]

Dios ha dicho todo en su Verbo

65 "De una manera fragmentaria y de muchos modos habló Dios en el pasado a nuestros padres por medio de los profetas; en estos últimos tiempos nos ha hablado por su Hijo" (*Hb* 1, 1-2). Cristo, el Hijo de Dios hecho hombre, es la Palabra única, perfecta e insuperable del Padre. En Él lo dice todo, no habrá otra palabra más que ésta. San Juan de la Cruz, después de otros muchos, lo expresa de manera luminosa, comentando (*Hb* 1, 1-2):

> Porque en darnos, como nos dio, a su Hijo, que es una Palabra suya, que no tiene otra, todo nos lo habló junto y de una vez en esta sola Palabra, y no tiene más que hablar... porque lo que hablaba antes en partes a los Profetas ya lo ha hablado todo en Él, dándonos al Todo, que es su Hijo. Por lo cual, el que ahora quisiese preguntar a Dios, o querer alguna visión o revelación, no sólo haría una necedad, sino haría agravio a Dios, no poniendo los ojos totalmente en Cristo, sin querer otra alguna cosa o novedad.[33]

No habrá otra revelación

66 "La economía cristiana, por ser alianza nueva y definitiva, nunca pasará; ni hay que esperar otra revelación pública antes de la gloriosa manifestación de nuestro Señor Jesucristo".[34] Sin embargo, aunque la Revelación esté acabada, no está completamente explicitada; corresponderá a la fe cristiana comprender gradualmente todo su contenido en el transcurso de los siglos.

67 A lo largo de los siglos ha habido revelaciones llamadas "privadas", algunas de las cuales han sido reconocidas por la autoridad de la Iglesia. Estas, sin embargo, no pertenecen al depósito de la fe. Su función no es la de "mejorar" o "completar" la Revelación definitiva de Cristo, sino la de ayudar a vivirla más plenamente en una cierta época de la historia. Guiado por el Magisterio de la Iglesia, el sentir de los fieles (*sensus fidelium*) sabe discernir y

---

[27] Cf. *Jr* 31, 31-34; *Hb* 10, 16.
[28] Cf. *Ez* 36.
[29] Cf. *Is* 49, 5-6; 53, 11.
[30] Cf. *Sb* 2, 3.
[31] Cf. *Lc* 1, 38.
[32] Concilio Vaticano II, *Dei Verbum*, 2.
[33] SAN JUAN DE LA CRUZ, *Subida del monte Carmelo*, 2, 22, 3-5: Biblioteca Mística Carmelitana, v. 11 (Burgos 1929), p. 184.
[34] Concilio Vaticano II, *Dei Verbum*, 4.

QUÉ CREEMOS ⟶ **La Revelación divina** ⟶ La Revelación

acoger lo que en estas revelaciones constituye una llamada auténtica de Cristo o de sus santos a la Iglesia.

La fe cristiana no puede aceptar "revelaciones" que pretenden superar o corregir la Revelación de la que Cristo es la plenitud. Es el caso de ciertas religiones no cristianas y también de ciertas sectas recientes que se fundan en semejantes "revelaciones".

RESUMEN

68 Por amor, Dios se ha revelado y se ha entregado al hombre. De este modo da una respuesta definitiva y sobreabundante a las cuestiones que el hombre se plantea sobre el sentido y la finalidad de su vida.

69 Dios se ha revelado al hombre comunicándole gradualmente su propio Misterio mediante obras y palabras.

70 Más allá del testimonio que Dios da de sí mismo en las cosas creadas, se manifestó a nuestros primeros padres. Les habló y, después de la caída, les prometió la salvación,[35] y les ofreció su alianza.

71 Dios selló con Noé una alianza eterna entre Él y todos los seres vivientes.[36] Esta alianza durará tanto como dure el mundo.

72 Dios eligió a Abraham y selló una alianza con él y su descendencia. De él formó a su pueblo, al que reveló su ley por medio de Moisés. Lo preparó por los profetas para acoger la salvación destinada a toda la humanidad.

73 Dios se ha revelado plenamente enviando a su propio Hijo, en quien ha establecido su alianza para siempre. El Hijo es la Palabra definitiva del Padre, de manera que no habrá ya otra Revelación después de Él.

---

[35] Cf. *Gn* 3, 15.   [36] Cf. *Gn* 9, 16.

Primera parte: La profesión de la fe

ARTÍCULO 2
LA TRANSMISIÓN DE LA REVELACIÓN DIVINA

FUENTES DE LA ESCRITURA Y DE LA IGLESIA

La siguiente parte del *Catecismo* utiliza estas fuentes de la Escritura y de la Iglesia. Véase el "Índice de citas" para una lista completa de referencias

Nuevo Testamento	Citadas en el *Catecismo*
Mateo	CIC 80
Lucas	CIC 87
Juan	CIC 74, 89, 91
1 Timoteo	CIC 74, 84
2 Timoteo	CIC 84
1 Juan	CIC 91

Concilios ecuménicos	
Vaticano I (1869-1870)	CIC 90
Vaticano II (1962-1965)	CIC 74-82, 84-87, 90, 92-95, 97, 98

Escritores eclesiásticos	
San Gregorio Magno	CIC 94

PALABRAS CLAVE

La siguiente parte del *Catecismo* utiliza estas palabras clave. Véase el "Glosario" para su definición.

Palabras	Citadas en el *Catecismo*
Depósito de la fe	CIC 84
Desarrollo doctrinal	CIC 94
Doctrina/dogma	CIC 88
Evangelio	CIC 75
Infalibilidad	CIC 92
Jerarquía de verdades	CIC 90
Magisterio	CIC 85
Magisterio de la Iglesia	CIC 85
Padres de la Iglesia	CIC 78
Palabra de Dios	CIC 81
Patrístico	CIC 78
Sensus fidel	CIC 92
Sucesión apostólica	CIC 77
Tradición	CIC 75-83

QUÉ CREEMOS ⟶ La Revelación divina ⟶ La Revelación

CIC 78

74 Dios "quiere que todos los hombres se salven y lleguen al conocimiento de la verdad" (*1 Tm* 2, 4), es decir, al conocimiento de Cristo Jesús.[37] *Es preciso, pues, que Cristo sea anunciado a todos los pueblos y a todos los hombres y que así la Revelación llegue hasta los confines del mundo:*

851

> Dios quiso que lo que había revelado para salvación de todos los pueblos se conservara por siempre íntegro y fuera transmitido a todas las edades.[38]

I. LA TRADICIÓN APOSTÓLICA

75 "Cristo nuestro Señor, plenitud de la revelación, mandó a los apóstoles predicar a todos los hombres el Evangelio como fuente de toda verdad salvadora y de toda norma de conducta, comunicándoles así los bienes divinos: el Evangelio prometido por los profetas, que Él mismo cumplió y promulgó con su voz".[39]

171

La predicación apostólica...

76 La transmisión del Evangelio, según el mandato del Señor, se hizo de dos maneras:

— *oralmente:* "los apóstoles, con su predicación, sus ejemplos, sus instituciones, transmitieron de palabra lo que habían aprendido de las obras y palabras de Cristo y lo que el Espíritu Santo les enseñó";

— *por escrito:* "los mismos apóstoles y otros de su generación pusieron por escrito el mensaje de la salvación inspirados por el Espíritu Santo".[40]

... continuada en la sucesión apostólica

77 "Para que este Evangelio se conservara siempre vivo y entero en la Iglesia, los apóstoles nombraron como sucesores a los obispos, 'dejándoles su cargo en el magisterio'". En efecto, "la predicación apostólica, expresada de un modo especial en los libros sagrados, se ha de conservar por transmisión continua hasta el fin de los tiempos".[42]

861

78 Esta transmisión viva, llevada a cabo en el Espíritu Santo, es llamada la Tradición en cuanto distinta de la Sagrada Escritura, aunque estrechamente ligada a ella. Por ella, "la Iglesia con su enseñanza, su vida, su culto, conserva y transmite a todas las edades lo que es y lo que cree".[43] "Las palabras de los Santos Padres atestiguan la presencia viva de esta Tradición, cuyas riquezas van pasando a la práctica y a la vida de la Iglesia que cree y ora".[44]

174

1124; 2651

---

[37] Cf. *Jn* 14,6.
[38] Concilio Vaticano II, *Dei Verbum*, 7.
[39] Ibid.
[40] Concilio Vaticano II, *Dei Verbum*, 7.
[41] *Ibid.*
[42] *Ibid*, 8.
[43] *Ibid.*
[44] *Ibid.*

79 Así, la comunicación que el Padre ha hecho de sí mismo por su Verbo en el Espíritu Santo sigue presente y activa en la Iglesia: "Dios, que habló en otros tiempos, sigue conversando siempre con la Esposa de su Hijo amado; así el Espíritu Santo, por quien la voz viva del Evangelio resuena en la Iglesia, y por ella en el mundo entero, va introduciendo a los creyentes en la verdad plena y hace que habite en ellos intensamente la palabra de Cristo".[45]

II. LA RELACION ENTRE LA TRADICIÓN Y LA SAGRADA ESCRITURA

Una fuente común...

80 La Tradición y la Sagrada Escritura "están íntimamente unidas y compenetradas. Porque surgiendo ambas de la misma fuente, se funden en cierto modo y tienden a un mismo fin".[46] Una y otra hacen presente y fecundo en la Iglesia el misterio de Cristo que ha prometido estar con los suyos "para siempre hasta el fin del mundo" (*Mt* 28, 20).

... dos modos distintos de transmisión

81 "La *Sagrada Escritura* es la palabra de Dios, en cuanto escrita por inspiración del Espíritu Santo".

113

"La *Tradición* recibe la palabra de Dios, encomendada por Cristo y el Espíritu Santo a los apóstoles, y la transmite íntegra a los sucesores; para que ellos, iluminados por el Espíritu de la verdad, la conserven, la expongan y la difundan fielmente en su predicación".

82 De ahí resulta que la Iglesia, a la cual está confiada la transmisión y la interpretación de la Revelación, "no saca exclusivamente de la Escritura la certeza de todo lo revelado. Y así se han de recibir y respetar con el mismo espíritu de devoción"[47]

Tradición apostólica y tradiciones eclesiales

83 La Tradición de que hablamos aquí es la que viene de los apóstoles y transmite lo que éstos recibieron de las enseñanzas y del ejemplo de Jesús y lo que aprendieron por el Espíritu Santo. En efecto, la primera generación de cristianos no tenía aún un Nuevo Testamento escrito, y el Nuevo Testamento mismo atestigua el proceso de la Tradición viva.

1202;
2041;
2684

Es preciso distinguir de ella las "tradiciones" teológicas, disciplinares, litúrgicas o devocionales nacidas en el transcurso del tiempo en las Iglesias locales. Estas constituyen formas particulares en las que la gran Tradición recibe expresiones adaptadas a los diversos lugares y a las diversas épocas. Sólo a la luz de la gran Tradición aquéllas pueden ser mantenidas, modificadas o también abandonadas bajo la guía del Magisterio de la Iglesia.

---

[45] *Ibid.*
[46] *Ibid.*, 9.
[47] Concilio Vaticano II, *Dei Verbum*, 7.

QUÉ CREEMOS ⟶ La Revelación divina ⟶ La Revelación

CIC 90

III. LA INTERPRETACIÓN DEL DEPÓSITO DE LA FE

El depósito de la fe confiado a la totalidad de la Iglesia

84 "El depósito sagrado"[48] de la fe (*depositum fidei*), contenido en la Sagrada Tradición y en la Sagrada Escritura, fue confiado por los apóstoles al conjunto de la Iglesia. "Fiel a dicho depósito, todo el pueblo santo, unido a sus pastores, persevera constantemente en la doctrina de los apóstoles y en la comunión, en la fracción del pan y en las oraciones, de modo que se cree una particular concordia entre pastores y fieles en conservar, practicar y profesar la fe recibida".[49]

857; 871

2033

El Magisterio de la Iglesia

85 "El oficio de interpretar auténticamente la palabra de Dios, oral o escrita, ha sido encomendado sólo al Magisterio vivo de la Iglesia, el cual lo ejercita en nombre de Jesucristo"[50], es decir, a los obispos en comunión con el sucesor de Pedro, el obispo de Roma.

888-892
2032-2040

86 "El Magisterio no está por encima de la palabra de Dios, sino a su servicio, para enseñar solamente lo transmitido, pues por mandato divino y con la asistencia del Espíritu Santo, lo escucha devotamente, lo custodia celosamente, lo explica fielmente; y de este único depósito de la fe saca todo lo que propone como revelado por Dios para ser creído".[51]

688

87 Los fieles, recordando la palabra de Cristo a sus apóstoles: "El que a vosotros escucha a mí me escucha" (*Lc* 10, 16),[52] reciben con docilidad las enseñanzas y directrices que sus pastores les dan de diferentes formas.

1548

2037

Los dogmas de la fe

88 El Magisterio de la Iglesia ejerce plenamente la autoridad que tiene de Cristo cuando define dogmas, es decir, cuando propone, de una forma que obliga al pueblo cristiano a una adhesión irrevocable de fe, verdades contenidas en la Revelación divina o también cuando propone de manera definitiva verdades que tienen con ellas un vínculo necesario.

888-892
2032-2040

89 Existe un vínculo orgánico entre nuestra vida espiritual y los dogmas. Los dogmas son luces en el camino de nuestra fe, lo iluminan y lo hacen seguro. De modo inverso, si nuestra vida es recta, nuestra inteligencia y nuestro corazón estarán abiertos para acoger la luz de los dogmas de la fe.[53]

2625

90 Los vínculos mutuos y la coherencia de los dogmas pueden ser hallados en el conjunto de la Revelación del Misterio de Cristo.[54] "Existe un orden o

114; 158

---

[48] Cf. *1 Tm* 6, 20; *2 Tm* 1, 12-14.
[49] Concilio Vaticano II, *Dei Verbum*, 10.
[50] *Ibid*.
[51] *Ibid*.
[52] Cf. Concilio Vaticano II, *Lumen gentium*, 20.
[53] Cf. *Jn* 8, 31-32.
[54] Cf. Concilio Vaticano 1: DS, 3016: "nexus mysteriorum"; Concilio Vaticano II, *Lumen gentium*, 25.

234 'jerarquía' de las verdades de la doctrina católica, puesto que es diversa su conexión con el fundamento de la fe cristiana".[55]

El sentido sobrenatural de la fe

91 Todos los fieles tienen parte en la comprensión y en la transmisión de la verdad revelada. Han recibido la unción del Espíritu Santo que los instruye[56] y los conduce "a la verdad completa" (*Jn* 16, 13).

92 "La totalidad de los fieles... no puede equivocarse en la fe. Se manifiesta esta propiedad suya, tan peculiar, en el sentido sobrenatural de la fe de todo el pueblo: cuando 'desde los obispos hasta el último de los laicos cristianos' muestran estar totalmente de acuerdo en cuestiones de fe y de moral".[57]

93 "El Espíritu de la verdad suscita y sostiene este sentido de la fe. Con él, el Pueblo de Dios, bajo la dirección del Magisterio..., se adhiere indefectiblemente a la fe transmitida a los santos de una vez para siempre, la profundiza con un juicio recto y la aplica cada día más plenamente en la vida".[58]

El crecimiento en la inteligencia de la fe

94 Gracias a la asistencia del Espíritu Santo, la inteligencia tanto de las realidades como de las palabras del depósito de la fe puede crecer en la vida de la Iglesia:

— "Cuando los fieles las contemplan y estudian meditándolas en su corazón";[59] es en particular la investigación teológica la que debe "profundizar en el conocimiento de la verdad revelada".[60]

— Cuando los fieles "comprenden internamente los misterios que viven";[61] "Divina eloquia cum legente crescunt" ("la comprensión de las palabras divinas crece con su reiterada lectura")[62]

— "Cuando las proclaman los obispos, que con la sucesión apostólica reciben un carisma de la verdad".[63]

95 "La Tradición, la Escritura y el Magisterio de la Iglesia, según el plan prudente de Dios, están unidos y ligados, de modo que ninguno puede subsistir sin los otros; los tres, cada uno según su carácter, y bajo la acción del único Espíritu Santo, contribuyen eficazmente a la salvación de las almas".[64]

---

[55] Concilio Vaticano II, *Unitatis redintegratio*, 11.
[56] Cf. *l Jn* 2, 20.27.
[57] Concilio Vaticano II, *Lumen gentium*, 12.
[58] Ibid.
[59] Concilio Vaticano II, *Dei Verbum*, 8.
[60] Concilio Vaticano II, *Gaudium et spes*, 62, 7; cf. 44, 2; ID., *Dei Verbum*, 23; 24; ID., *Unitatis redintegratio*, 4.
[61] Concilio Vaticano II, *Dei Verbum*, 8.
[62] SAN GREGORIO MAGNO, *Homiliae in Ezechielem*, 1, 7, 8: PL 76, 843 D.
[63] Concilio Vaticano II, *Dei Verbum*, 8.
[64] Ibid., 10, 3.

QUÉ CREEMOS ⟶ La Revelación divina ⟶ La Revelación

RESUMEN

96 Lo que Cristo confió a los apóstoles, éstos lo transmitieron por su predicación y por escrito, bajo la inspiración del Espíritu Santo, a todas las generaciones hasta el retorno glorioso de Cristo.

97 "La Tradición y la Sagrada Escritura constituyen un único depósito sagrado de la palabra de Dios"[65] en el cual, como en un espejo, la Iglesia peregrinante contempla a Dios, fuente de todas sus riquezas.

98 "La Iglesia con su enseñanza, su vida, su culto, conserva y transmite a todas las edades lo que es y lo que cree".[66]

99 En virtud de su sentido sobrenatural de la fe, todo el Pueblo de Dios no cesa de acoger el don de la Revelación divina, de penetrarla más profundamente y de vivirla de modo más pleno.

100 El oficio de interpretar auténticamente la Palabra de Dios ha sido confiado únicamente al Magisterio de la Iglesia, al Papa y a los obispos en comunión con él.

---

[65] *Ibid.*, 10, 1.   [66] *Ibid.*, 8.

Primera parte: La profesión de la fe

ARTÍCULO 3
LA SAGRADA ESCRITURA

I. CRISTO, PALABRA ÚNICA DE LA SAGRADA ESCRITURA

FUENTES DE LA ESCRITURA Y DE LA IGLESIA

La siguiente parte del *Catecismo* utiliza estas fuentes de la Escritura y de la Iglesia. Véase el "Índice de citas" para una lista completa de referencias

Antiguo Testamento	Citadas en el *Catecismo*
Salmos	CIC 112, 141
Isaías	CIC 141
Nuevo Testamento	
Marcos	CIC 129
Lucas	CIC 108, 112
Romanos	CIC 114
1 Corintios	CIC 117, 128-130
Filipenses	CIC 133
1 Tesalonicenses	CIC 104
Hebreos	CIC 102, 117, 128
1 Pedro	CIC 128
Apocalipsis	CIC 117
Concilios ecuménicos	
Florencia (1439-1445)	CIC 120
Trento (1545-1563)	CIC 120
Vaticano II (1962-1965)	CIC 101, 103-107, 109-111, 119-122, 124-126, 129, 131-133, 135, 136, 141
Concilios y sínodos particulares	
Sínodo de Roma (382)	CIC 120
Escritores eclesiásticos	
San Agustín	CIC 102, 119, 129
San Bernardo de Claraval	CIC 108
Santa Cesárea la Joven	CIC 127
Hugo de San Víctor	CIC 134
San Jerónimo	CIC 133
Orígenes	CIC 113, 137
Santa Teresa (del Niño Jesús) de Lisieux	CIC 127
Santo Tomás de Aquino	CIC 112, 116

QUÉ CREEMOS ⟶ La Revelación divina ⟶ La Revelación

CIC 103

PALABRAS CLAVE

La siguiente parte del *Catecismo* utiliza estas palabras clave.
Véase el "Glosario" para su definición.

Palabras	Citadas en el *Catecismo*
Analogía de la fe	CIC 114
Antiguo Testamento	CIC 120, 121
Biblia	CIC 105, 120
Canon de las Escrituras	CIC 120
Evangelio	CIC 124
Evangelista	CIC 120
Evangelista	CIC 125
Génesis	CIC 120
Homilía	CIC 132
Inerrancia	CIC 107
Inspiración	CIC 105
Inspiración bíblica	CIC 105
Nuevo Testamento	CIC 124, 128
Palabra de Dios	CIC 101
Pentateuco	CIC 120
Profeta	CIC 120
Sabiduría	CIC 120
Sagradas Escrituras	CIC 101
Testamento	CIC 120, 121, 124
Tipología	CIC 128

---

101 En la condescendencia de su bondad, Dios, para revelarse a los hombres, les habla en palabras humanas: "La palabra de Dios, expresada en lenguas humanas, se hace semejante al lenguaje humano, como la Palabra del eterno Padre asumiendo nuestra débil condición humana, se hizo semejante a los hombres"[67]

102 A través de todas las palabras de la Sagrada Escritura, Dios dice sólo una palabra, su Verbo único, en quien él se dice en plenitud:[68]

65; 2763

Recordad que es una misma Palabra de Dios la que se extiende en todas las escrituras, que es un mismo Verbo que resuena en la boca de todos los escritores sagrados, el que, siendo al comienzo Dios junto a Dios, no necesita sílabas porque no está sometido al tiempo.[69]

426-429

103 Por esta razón, la Iglesia ha venerado siempre las divinas Escrituras como venera también el Cuerpo del Señor. No cesa de presentar a los fieles el Pan de vida que se distribuye en la mesa de la Palabra de Dios y del Cuerpo de Cristo.[70]

1100; 1184
1378

---

[67] Concilio Vaticano II, *Dei Verbum*, 13.
[68] Cf. *Hb* 1, 1-3.
[69] SAN AGUSTÍN, *Enarratio in Psalmos*, 103, 4, 1.
[70] Cf. Concilio Vaticano II, *Dei Verbum*, 21.

104 En la Sagrada Escritura, la Iglesia encuentra sin cesar su alimento y su fuerza,[71] porque, en ella, no recibe solamente una palabra humana, sino que es realmente: la "Palabra de Dios" (*1 Ts* 2, 13). "En los libros sagrados, el Padre que está en el cielo sale amorosamente al encuentro de sus hijos para conversar con ellos".[72]

II. INSPIRACIÓN Y VERDAD DE LA SAGRADA ESCRITURA

105 *Dios es el autor de la Sagrada Escritura.* "Las verdades reveladas por Dios, que se contienen y manifiestan en la Sagrada Escritura, se consignaron por inspiración del Espíritu Santo".

"La santa madre Iglesia, según la fe de los apóstoles, reconoce que todos los libros del Antiguo y del Nuevo Testamento, con todas sus partes, son sagrados y canónicos, en cuanto que, escritos por inspiración del Espíritu Santo, tienen a Dios como autor, y como tales han sido confiados a la Iglesia".[73]

106 Dios ha inspirado a los autores humanos de los libros sagrados. "En la composición de los libros sagrados, Dios se valió de hombres elegidos, que usaban de todas sus facultades y talentos; de este modo, obrando Dios en ellos y por ellos, como verdaderos autores, pusieron por escrito todo y sólo lo que Dios quería".[74]

107 *Los libros inspirados enseñan la verdad.* "Como todo lo que afirman los hagiógrafos, o autores inspirados, lo afirma el Espíritu Santo, se sigue que los libros sagrados enseñan sólidamente, fielmente y sin error la verdad que Dios hizo consignar en dichos libros para salvación nuestra".[75]

108 Sin embargo, la fe cristiana no es una "religión del Libro". El cristianismo es la religión de la "Palabra" de Dios, "no de un verbo escrito y mudo, sino del Verbo encarnado y vivo".[76] Para que las Escrituras no queden en letra muerta, es preciso que Cristo, Palabra eterna del Dios vivo, por el Espíritu Santo, nos abra el espíritu a la inteligencia de las mismas.[77]

III. EL ESPÍRITU SANTO, INTÉRPRETE DE LA ESCRITURA

109 En la Sagrada Escritura, Dios habla al hombre a la manera de los hombres. Por tanto, para interpretar bien la Escritura, es preciso estar atento a lo que los autores humanos quisieron verdaderamente afirmar y a lo que Dios quiso manifestarnos mediante sus palabras.[78]

---

[71] Cf. *Ibid*, 24.
[72] Concilio Vaticano II, *Dei Verbum*, 21.
[73] Concilio Vaticano II, *Dei Verbum*, 11.
[74] *Ibid*.
[75] *Ibid*.
[76] SAN BERNARDO DE CLARA VAL, *Homilía super missus est*, 4, 11: PL 183, 86B.
[77] Cf. *Lc* 24, 45.
[78] Cf. Concilio Vaticano II, *Dei Verbum*, 12, 1.

QUÉ CREEMOS ⟶ La Revelación divina ⟶ La Revelación

110 Para descubrir *la intención de los autores sagrados* es preciso tener en cuenta las condiciones de su tiempo y de su cultura, los "géneros literarios" usados en aquella época, las maneras de sentir, de hablar y de narrar en aquel tiempo. "Pues la verdad se presenta y se enuncia de modo diverso en obras de diversa índole histórica, en libros proféticos o poéticos, o en otros géneros literarios".[79]

111 Pero, dado que la Sagrada Escritura es inspirada, hay otro principio de la recta interpretación, no menos importante que el precedente, y sin el cual la Escritura sería letra muerta: "La Escritura se ha de leer e interpretar con el mismo Espíritu con que fue escrita".

El Concilio Vaticano II señala *tres criterios* para una interpretación de la Escritura conforme al Espíritu que la inspiró.[81]

112 1. *Prestar una gran atención "al contenido y a la unidad de toda la Escritura".* En efecto, por muy diferentes que sean los libros que la componen, la Escritura es una en razón de la unidad del designio de Dios, del que Cristo Jesús es el centro y el corazón, abierto desde su Pascua.[82]

128
368

> El corazón[83] de Cristo designa la Sagrada Escritura que hace conocer el corazón de Cristo. Este corazón estaba cerrado antes de la Pasión porque la Escritura era oscura. Pero la Escritura fue abierta después de la Pasión, porque los que en adelante tienen inteligencia de ella consideran y disciernen de qué manera deben ser interpretadas las profecías.[84]

113 2. *Leer la Escritura en "la Tradición viva de toda la Iglesia".* Según un adagio de los Padres, "Sacra Scriptura principalius est in corde Ecclesiae quam in materialibus instrumentis scripta" ("La Sagrada Escritura está más en el corazón de la Iglesia que en la materialidad de los libros escritos"). En efecto, la Iglesia encierra en su Tradición la memoria viva de la Palabra de Dios, y el Espíritu Santo le da la interpretación espiritual de la Escritura.[85]

81

114 3. *Estar atento "a la analogía de la fe".*[86] Por "analogía de la fe" entendemos la cohesión de las verdades de la fe entre sí y en el proyecto total de la Revelación.

90

El sentido de la Escritura

115 Según una antigua tradición, se pueden distinguir dos *sentidos* de la Escritura: el sentido literal y el sentido espiritual; este último se subdivide en sentido alegórico, moral y anagógico. La concordancia profunda de los cuatro sentidos asegura toda su riqueza a la lectura viva de la Escritura en la Iglesia.

---

[79] *Ibid.*, 12, 2.
[80] Concilio Vaticano II, *Dei Verbum*, 12, 3.
[81] Cf. *Ibid.*
[82] Cf. *Lc* 24, 25-27.44-46.
[83] Cf. *Sal* 22, 15.
[84] SANTO TOMÁS DE AQUINO, *Expositio in Psalmos*, 21, 11.
[85] "... secundum spiritualem sensum quem Spiritus donat Ecclesiae": ORÍGENES, *Homiliae in Leviticum*, 5, 5.
[86] Cf. *Rm* 12, 6.

110-114 **116** El sentido literal. Es el sentido significado por las palabras de la Escritura y descubierto por la exégesis que sigue las reglas de la justa interpretación. "Omnes sensus (sc. sacrae Scripturae) fundentur super litteralem". ("Todos los sentidos de la Sagrada Escritura se fundan sobre el sentido literal").[87]

1101 **117** El *sentido espiritual*. Gracias a la unidad del designio de Dios, no solamente el texto de la Escritura, sino también las realidades y los acontecimientos de que habla pueden ser signos.

1. El *sentido alegórico*. Podemos adquirir una comprensión más profunda de los acontecimientos reconociendo su significación en Cristo; así, el paso del mar Rojo es un signo de la victoria de Cristo y por ello del Bautismo.[88]

2. El *sentido moral*. Los acontecimientos narrados en la Escritura pueden conducirnos a un obrar justo. Fueron escritos "para nuestra instrucción" (*1 Co* 10, 11).[89]

3. El *sentido anagógico*. Podemos ver realidades y acontecimientos en su significación eterna, que nos conduce (en griego: "anagoge") hacia nuestra Patria. Así, la Iglesia en la tierra es signo de la Jerusalén celeste.[90]

118 Un dístico medieval resume la significación de los cuatro sentidos:

"Littera gesta docet, quid credas allegoria,
Moralis quid agas, quo tendas anagogia".[91]
(La letra enseña los hechos,
la alegoría lo que has de creer,
el sentido moral lo que has de hacer,
y la anagogía a dónde has de tender).

94 **119** "A los exegetas toca aplicar estas normas en su trabajo para ir penetrando y exponiendo el sentido de la Sagrada Escritura, de modo que con dicho estudio pueda madurar el juicio de la Iglesia. Todo lo dicho sobre la interpretación de la Escritura queda sometido al juicio definitivo de la Iglesia, que recibió de Dios el encargo y el oficio de conservar e interpretar la Palabra de Dios": [92]

113 Ego vero Evangelio non crederem, nisi me catholicae Ecclesiae commoveret auctoritas. (No creería en el Evangelio, si no me moviera a ello la autoridad de la Iglesia católica).[93]

---

[87] SANTO TOMÁS DE AQUINO, *Summa theologiae*, 1, 1, 10, ad 1.
[88] Cf. *1 Co* 10, 2
[89] Cf. *Hb* 3-4, 11.
[90] Cf. *Ap* 21, 1-22, 5.
[91] AGUSTÍN DE DACIA, *Rotuluspugillaris*, I: ed. A. WALZ: Angelicum 6 (1929), 256.
[92] Concilio Vaticano II, *Dei Verbum*, 12, 3.
[93] SAN AGUSTÍN, *Contra epistulam Manichaei quam vocant fundamenti*, 5, 6: PL42, 176.

IV. EL CANON DE LAS ESCRITURAS

120 La Tradición apostólica hizo discernir a la Iglesia qué escritos constituyen la lista de los Libros Santos.[94] Esta lista integral es llamada "Canon" de las Escrituras. Comprende para el Antiguo Testamento 46 escritos (45 si se cuentan como uno solo), y 27 para el Nuevo:[95]

> Génesis, Éxodo, Levítico, Números, Deuteronomio, Josué, Jueces, Rut, los dos libros de Samuel, los dos libros de los Reyes, los dos libros de las Crónicas, Esdras y Nehemías, Tobías, Judit, Ester, los dos libros de los Macabeos, Job, los Salmos, los Proverbios, el Eclesiastés, el Cantar de los Cantares, la Sabiduría, el Eclesiástico, Isaías, Jeremías, las Lamentaciones, Baruc, Ezequiel, Daniel, Oseas, Joel, Amós, Abdías, Jonás, Miqueas, Nahúm, Habacuc, Sofonías, Ageo, Zacarías, Malaquías para el Antiguo Testamento;

> los Evangelios de Mateo, de Marcos, de Lucas y de Juan, los Hechos de los Apóstoles, las cartas de Pablo a los Romanos, la primera y segunda a los Corintios, a los Gálatas, a los Efesios, a los Filipenses, a los Colosenses, la primera y la segunda a los Tesalonicenses, la primera y la segunda a Timoteo, a Tito, a Filemón, la carta a los Hebreos, la carta de Santiago, la primera y la segunda de Pedro, las tres cartas de Juan, la carta de Judas y el Apocalipsis para el Nuevo Testamento.

El Antiguo Testamento

121 El Antiguo Testamento es una parte de la Sagrada Escritura de la que no se puede prescindir. Sus libros son divinamente inspirados y conservan un valor permanente,[96] porque la Antigua Alianza no ha sido revocada.

122 En efecto, "el fin principal de la economía antigua era preparar la venida de Cristo, redentor universal". "Aunque contienen elementos imperfectos y pasajeros", los libros del Antiguo Testamento dan testimonio de toda la divina pedagogía del amor salvífico de Dios: "Contienen enseñanzas sublimes sobre Dios y una sabiduría salvadora acerca del hombre, encierran tesoros de oración y esconden el misterio de nuestra salvación".[97]

123 Los cristianos veneran el Antiguo Testamento como verdadera Palabra de Dios. La Iglesia ha rechazado siempre vigorosamente la idea de prescindir del Antiguo Testamento so pretexto de que el Nuevo lo habría hecho caduco (marcionismo).

El Nuevo Testamento

124 "La Palabra de Dios, que es fuerza de Dios para la salvación del que cree, se encuentra y despliega su fuerza de modo privilegiado en el Nuevo

---

[94] Cf. Concilio Vaticano II, *Dei Verbum*, 8, 3.
[95] Cf. *Decretum Damasi*: DS, 179; Concilio de Florencia, año 1442: *ibid.*, 1334-1336; Concilio de Trento: *ibid*, 1501-1504.
[96] Cf. Concilio Vaticano II, *Dei Verbum*, 14.
[97] *Ibid.*, 15.

Testamento".[98] Estos escritos nos ofrecen la verdad definitiva de la Revelación divina. Su objeto central es Jesucristo, el Hijo de Dios encarnado, sus obras, sus enseñanzas, su pasión y su glorificación, así como los comienzos de su Iglesia bajo la acción del Espíritu Santo.[99]

125 Los *Evangelios* son el corazón de todas las Escrituras "por ser el testimonio principal de la vida y doctrina de la Palabra hecha carne, nuestro Salvador".[100]

126 En la formación de los Evangelios se pueden distinguir tres etapas:

1. La vida y la enseñanza de Jesús. La Iglesia mantiene firmemente que los cuatro evangelios, "cuya historicidad afirma sin vacilar, comunican fielmente lo que Jesús, Hijo de Dios, viviendo entre los hombres, hizo y enseñó realmente para la salvación de ellos, hasta el día en que fue levantado al cielo".

2. La tradición oral. "Los apóstoles ciertamente después de la ascensión del Señor predicaron a sus oyentes lo que Él había dicho y obrado, con aquella crecida inteligencia de que ellos gozaban, amaestrados por los acontecimientos gloriosos de Cristo y por la luz del Espíritu de verdad".

3. Los evangelios escritos. "Los autores sagrados escribieron los cuatro evangelios escogiendo algunas cosas de las muchas que ya se transmitían de palabra o por escrito, sintetizando otras, o explicándolas atendiendo a la condición de las Iglesias, conservando por fin la forma de proclamación, de manera que siempre nos comunicaban la verdad sincera acerca de Jesús".[101]

127 El Evangelio cuadriforme ocupa en la Iglesia un lugar único; de ello dan testimonio la veneración de que lo rodea la liturgia y el atractivo incomparable que ha ejercido en todo tiempo sobre los santos:

No hay ninguna doctrina que sea mejor, más preciosa y más espléndida que el texto del Evangelio. Ved y retened lo que nuestro Señor y Maestro, Cristo, ha enseñado mediante sus palabras y realizado mediante sus obras.[102]

Es sobre todo el Evangelio lo que me ocupa durante mis oraciones; en él encuentro todo lo que es necesario a mi pobre alma. En él descubro siempre nuevas luces, sentidos escondidos y misteriosos.[103]

La unidad del Antiguo y del Nuevo Testamento

128 La Iglesia, ya en los tiempos apostólicos,[104] y después constantemente en su tradición, esclareció la unidad del plan divino en los dos Testamentos

---

[98] Concilio Vaticano II, *Dei Verbum,* 17.
[99] Cf. *ibid.,* 20.
[100] *Ibid.,* 18.
[101] *Ibid.,* 19
[102] SANTA CESÁREA LA JOVEN, á *Ste Richilde et Ste Radegonde,* Sources chrétiennes, 345, 480.
[103] SANTA TERESA DEL NIÑO JESÚS, *Manuscrits Autobiographiques,* A, 83v.
[104] Cf. *1 Co* 10, 6.11; *Hb* 10, l; *1 P* 3, 21.

QUÉ CREEMOS ⟶ La Revelación divina ⟶ La Revelación

CIC 133

gracias a la *tipología*. Esta reconoce, en las obras de Dios en la Antigua Alianza, prefiguraciones de lo que Dios realizó en la plenitud de los tiempos en la persona de su Hijo encarnado.

129 Los cristianos, por tanto, leen el Antiguo Testamento a la luz de Cristo muerto y resucitado. Esta lectura tipológica manifiesta el contenido inagotable del Antiguo Testamento. Ella no debe hacer olvidar que el Antiguo Testamento conserva su valor propio de revelación que nuestro Señor mismo reafirmó.[105] Por otra parte, el Nuevo Testamento exige ser leído también a la luz del Antiguo. La catequesis cristiana primitiva recurrirá constantemente a él.[106] Según un viejo adagio, el Nuevo Testamento está escondido en el Antiguo, mientras que el Antiguo se hace manifiesto en el Nuevo: "Novum in Vetere latet et in Novo Vetus patet".[107]

651

2055

1968

130 La tipología significa un dinamismo que se orienta al cumplimiento del plan divino cuando "Dios sea todo en todos" (*1 Co* 15, 28). Así la vocación de los patriarcas y el éxodo de Egipto, por ejemplo, no pierden su valor propio en el plan de Dios por el hecho de que son al mismo tiempo etapas intermedias.

V. LA SAGRADA ESCRITURA EN LA VIDA DE LA IGLESIA

131 "Es tan grande el poder y la fuerza de la palabra de Dios, que constituye sustento y vigor de la Iglesia, firmeza de fe para sus hijos, alimento del alma, fuente límpida y perenne de vida espiritual".[108] "Los fieles han de tener fácil acceso a la Sagrada Escritura".[109]

132 "La Escritura debe ser el alma de la teología. El ministerio de la palabra, que incluye la predicación pastoral, la catequesis, toda la instrucción cristiana y en puesto privilegiado, la homilía, recibe de la palabra de la Escritura alimento saludable y por ella da frutos de santidad".[110]

94

133 La Iglesia "recomienda insistentemente a todos los fieles… la lectura asidua de la Escritura para que adquieran 'la ciencia suprema de Jesucristo' (*Flp* 3, 8), 'pues desconocer la Escritura es desconocer a Cristo' (San Jerónimo)".[111]

2653

1792

---

[105] Cf. *Mc* 12, 29-31.
[106] Cf. *1 Co* 5, 6-8; 10, 1-11.
[107] SAN AGUSTÍN, *Quaestiones in Heptateuchum*, 2, 73: PL 34, 623; cf. Concilio Vaticano II, *Dei Verbum*, 16.
[108] Concilio Vaticano II, *Dei Verbum*, 21.
[109] *Ibid.*, 22.
[110] Concilio Vaticano II, *Dei Verbum*, 24.
[111] *Ibid.*, 25.

RESUMEN

134 Toda la Escritura divina es un libro y este libro es Cristo, "porque toda la Escritura divina habla de Cristo, y toda la Escritura divina se cumple en Cristo".[112]

135 "La Sagrada Escritura contiene la Palabra de Dios y, en cuanto inspirada, es realmente Palabra de Dios".[113]

136 Dios es el Autor de la Sagrada Escritura porque inspira a sus autores humanos: actúa en ellos y por ellos. Da así la seguridad de que sus escritos enseñan sin error la verdad salvífica.[114]

137 La interpretación de las Escrituras inspiradas debe estar sobre todo atenta a lo que Dios quiere revelar por medio de los autores sagrados para nuestra salvación. Lo que viene del Espíritu sólo es plenamente percibido por la acción del Espíritu.[115]

138 La Iglesia recibe y venera como inspirados los cuarenta y seis libros del Antiguo Testamento y los veintisiete del Nuevo.

139 Los cuatro evangelios ocupan un lugar central, pues su centro es Cristo Jesús.

140 La unidad de los dos Testamentos se deriva de la unidad del plan de Dios y de su Revelación. El Antiguo Testamento prepara el Nuevo mientras que éste da cumplimiento al Antiguo; los dos se esclarecen mutuamente; los dos son verdadera Palabra de Dios.

141 "La Iglesia siempre ha venerado la Sagrada Escritura, como lo ha hecho con el Cuerpo de Cristo":[116] aquélla y éste alimentan y rigen toda la vida cristiana. "Para mis pies antorcha es tu palabra, luz para mi sendero" (*Sal* 119, 105).[117]

---

[112] HUGO DE SAN VÍCTOR, *De arca Noe*, 2, 8: PL 176, 642C.
[113] Concilio Vaticano II, *Dei Verbum*, 24.
[114] Cf. *ibid*, 11.
[115] Cf. ORÍGENES, Homiliae in Exodum, 4, 5.
[116] Concilio Vaticano II, *Dei Verbum*, 21.
[117] Cf. *Is* 50, 4.

QUÉ CREEMOS ⟶ La Revelación divina ⟶ La respuesta

CAPÍTULO TERCERO
LA RESPUESTA
DEL HOMBRE A DIOS

FUENTES DE LA ESCRITURA Y DE LA IGLESIA

La siguiente parte del *Catecismo* utiliza estas fuentes de la Escritura y de la Iglesia. Véase el "Índice de citas" para una lista completa de referencias

Antiguo Testamento   **Citadas en el *Catecismo***
Génesis   CIC 145, 146, 148
Salmos   CIC 150
Jeremías   CIC 150

Nuevo Testamento
Mateo   CIC 151, 153, 161
Marcos   CIC 151, 156, 161, 162
Lucas   CIC 148, 149, 162
Juan   CIC 151, 161
Romanos   CIC 143, 146, 162, 165
1 Corintios   CIC 152, 163, 164
2 Corintios   CIC 164
Gálatas   CIC 153, 162
Efesios   CIC 158
1 Timoteo   CIC 162
2 Timoteo   CIC 149
Hebreos   CIC 145-147, 156, 161, 165
Santiago   CIC 162
1 Juan   CIC 163

Concilios ecuménicos
Trento (1545-1563)   CIC 161
Vaticano I (1869-1870)   CIC 154-156, 159, 161
Vaticano II (1962-1965)   CIC 142, 143, 153, 158-160, 165

Documentos pontificios
Juan Pablo II (1978-2005)   CIC 165

Derecho Canónico
Código de Derecho Canónico CIC 160

Escritores eclesiásticos
San Anselmo de Canterbury   CIC 158
San Agustín   CIC 158
San Basilio de Cesarea   CIC 163
  en Capadocia
Beato Juan Henry Newman   CIC 157
Santo Tomás de Aquino   CIC 155, 157, 163

Primera parte: La profesión de la fe

PALABRAS CLAVE

La siguiente parte del *Catecismo* utiliza estas palabras clave.
Véase el "Glosario" para su definición.

Palabras	Citadas en el *Catecismo*
Abraham	CIC 145
Espíritu Santo	CIC 152
Fe	CIC 142, 150
María	CIC 148
Nuestra Señora	CIC 148
Obediencia	CIC 144
Espíritu	CIC 152

---

142 *Por su revelación,* "Dios invisible habla a los hombres como a amigos, movido por su gran amor y mora con ellos para invitarlos a la comunión consigo y en ella recibirlos".[1] La respuesta adecuada a esta invitación es la fe.

143 *Por la fe,* el hombre somete completamente su inteligencia y su voluntad a Dios. Con todo su ser, el hombre da su asentimiento a Dios que revela.[2] La Sagrada Escritura llama "obediencia de la fe" a esta respuesta del hombre a Dios que revela.[3]

ARTÍCULO 1
CREO

I. LA OBEDIENCIA DE LA FE

144 Obedecer ("ob-audire") en la fe, es someterse libremente a la palabra escuchada, porque su verdad está garantizada por Dios, la Verdad misma. De esta obediencia, Abraham es el modelo que nos propone la Sagrada Escritura. La Virgen María es la realización más perfecta de la misma.

Abraham, "el padre de todos los creyentes"

145 La carta a los Hebreos, en el gran elogio de la fe de los antepasados, insiste particularmente en la fe de Abraham: "Por la fe, Abraham *obedeció* y salió para el lugar que había de recibir en herencia, y salió sin saber a dónde iba" (*Hb* 11, 8).[4] Por la fe, vivió como extranjero y peregrino en la Tierra prometida.[5] Por la fe, a Sara se otorgó el concebir al hijo de la promesa. Por la fe, finalmente, Abraham ofreció a su hijo único en sacrificio.[6]

---

[1] Concilio Vaticano II, *Dei Verbum,* 2.
[2] Cf. *ibid.,* 5.
[3] Cf. *Rm* 1, 5; 16, 26.
[4] Cf. *Gn* 12, 1-4.
[5] Cf. *Gn* 23, 4.
[6] Cf. *Hb* 1, 17.

QUÉ CREEMOS ⟶ La Revelación divina ⟶ La respuesta

CIC 151

146 Abraham realiza así la definición de la fe dada por la carta a los Hebreos: "La fe es garantía de lo que se espera; la prueba de las realidades que no se ven" (*Hb* 11, 1). "Creyó Abraham en Dios y le fue reputado como justicia" (*Rm* 4, 3).[7] Gracias a esta "fe poderosa",[8] Abraham vino a ser "el padre de todos los creyentes" (*Rm* 4, 11.18).[9]

1819

147 El Antiguo Testamento es rico en testimonios acerca de esta fe. La carta a los Hebreos proclama el elogio de la fe ejemplar de los antiguos, por la cual "fueron alabados" (*Hb* 11, 2.39). Sin embargo, "Dios tenía ya dispuesto algo mejor": la gracia de creer en su Hijo Jesús, "el que inicia y consuma la fe" (*Hb* 11, 40; 12, 2).

839

María: "Dichosa la que ha creído"

148 La Virgen María realiza de la manera más perfecta la obediencia de la fe. En la fe, María acogió el anuncio y la promesa que le traía el ángel Gabriel, creyendo que "nada es imposible para Dios" (*Lc* 1, 37),[10] y dando su asentimiento: "He aquí la esclava del Señor; hágase en mí según tu palabra" (*Lc* 1, 38). Isabel la saludó: "¡Dichosa la que ha creído que se cumplirían las cosas que le fueron dichas de parte del Señor!" (*Lc* 1, 45). Por esta fe todas las generaciones la proclamarán bienaventurada.[11]

494; 2617

506

149 Durante toda su vida, y hasta su última prueba[12] cuando Jesús, su hijo, murió en la cruz, su fe no vaciló. María no cesó de creer en el "cumplimiento" de la palabra de Dios. Por todo ello, la Iglesia venera en María la realización más pura de la fe.

969

507; 829

II. "YO SÉ EN QUIÉN TENGO PUESTA MI FE" (*2 TM* 1, 12)

Creer sólo en Dios

150 La fe es ante todo una *adhesión personal* del hombre a Dios; es al mismo tiempo e inseparablemente *el asentimiento libre a toda la verdad que Dios ha revelado*. En cuanto adhesión personal a Dios y asentimiento a la verdad que Él ha revelado, la fe cristiana difiere de la fe en una persona humana. Es justo y bueno confiarse totalmente a Dios y creer absolutamente lo que Él dice. Sería vano y errado poner una fe semejante en una criatura.[13]

222

Creer en Jesucristo, el Hijo de Dios

151 Para el cristiano, creer en Dios es inseparablemente creer en Aquel que Él ha enviado, "su Hijo amado", en quien ha puesto toda su complacencia (*Mc* 1, 11). Dios nos ha dicho que le escuchemos.[14] El Señor mismo dice a

---

[7] Cf. *Gn* 15, 6.
[8] Cf. *Rm* 4, 20.
[9] Cf. *Gn* 15, 5.
[10] Cf. *Gn* 18, 14.
[11] Cf. *Lc* 1, 48.
[12] Cf. *Lc* 2, 35.
[13] Cf. *Jr* 17, 5-6; *Sal* 40, 5; 146, 3-4.
[14] Cf. *Mc* 9, 7.

424 sus discípulos: "Creed en Dios, creed también en mi" (*Jn* 14, 1). Podemos creer en Jesucristo porque es Dios, el Verbo hecho carne: "A Dios nadie le ha visto jamás: el Hijo único, que está en el seno del Padre, Él lo ha contado" (*Jn* 1, 18). Porque "ha visto al Padre" (*Jn* 6, 46), Él es único en conocerlo y en poderlo revelar.[15]

Creer en el Espíritu Santo

243; 683 **152** No se puede creer en Jesucristo sin tener parte en su Espíritu. Es el Espíritu Santo quien revela a los hombres quién es Jesús. Porque "nadie puede decir: 'Jesús es Señor' sino bajo la acción del Espíritu Santo" (*1 Co* 12, 3). "El Espíritu todo lo sondea, hasta las profundidades de Dios... Nadie conoce lo íntimo de Dios, sino el Espíritu de Dios" (*1 Co* 2, 10-11). Sólo Dios conoce a Dios enteramente. Nosotros creemos *en* el Espíritu Santo porque es Dios.

232 *La Iglesia no cesa de confesar su fe en un solo Dios, Padre, Hijo y Espíritu Santo.*

II. LAS CARACTERÍSTICAS DE LA FE

La fe es una gracia

153 Cuando san Pedro confiesa que Jesús es el Cristo, el Hijo de Dios vivo,
552 Jesús le declara que esta revelación no le ha venido "de la carne y de la sangre, sino de mi Padre que está en los cielos" (*Mt* 16, 17).[16] La fe es un don de Dios,
1814 una virtud sobrenatural infundida por Él. "Para dar esta respuesta de la fe es
1996 necesaria la gracia de Dios, que se adelanta y nos ayuda, junto con el auxilio
2606 interior del Espíritu Santo, que mueve el corazón, lo dirige a Dios, abre los ojos del espíritu y concede 'a todos gusto en aceptar y creer la verdad'".[17]

La fe es un acto humano

154 Sólo es posible creer por la gracia y los auxilios interiores del Espíritu Santo. Pero no es menos cierto que creer es un acto auténticamente humano.
1749 No es contrario ni a la libertad ni a la inteligencia del hombre depositar la confianza en Dios y adherirse a las verdades por Él reveladas. Ya en las relaciones humanas no es contrario a nuestra propia dignidad creer lo que
2126 otras personas nos dicen sobre ellas mismas y sobre sus intenciones, y prestar confianza a sus promesas (como, por ejemplo, cuando un hombre y una mujer se casan), para entrar así en comunión mutua. Por ello, es todavía menos contrario a nuestra dignidad "presentar por la fe la sumisión plena de nuestra inteligencia y de nuestra voluntad al Dios que revela"[18] y entrar así en comunión íntima con Él.

---

[15] Cf. *Mt* 1, 27.
[16] Cf. *Ga* 1, 15; *Mt*, 25.
[17] Concilio Vaticano II, *Dei Verbum*, 5.
[18] Concilio Vaticano I: DS, 3008.

QUÉ CREEMOS ⟶ La Revelación divina ⟶ La respuesta

155 En la fe, la inteligencia y la voluntad humanas cooperan con la gracia divina: "Creer es un acto del entendimiento que asiente a la verdad divina por imperio de la voluntad movida por Dios mediante la gracia".[19]

La fe y la inteligencia

156 El *motivo* de creer no radica en el hecho de que las verdades reveladas aparezcan como verdaderas e inteligibles a la luz de nuestra razón natural. Creemos "a causa de la autoridad de Dios mismo que revela y que no Puede engañarse ni engañarnos". "Sin embargo, para que el homenaje de nuestra fe fuese conforme a la razón, Dios ha querido que los auxilios interiores del Espíritu Santo vayan acompañados de las pruebas exteriores de su revelación".[20] Los milagros de Cristo y de los santos,[21] las profecías, la propagación y la santidad de la Iglesia, su fecundidad y su estabilidad "son signos ciertos de la revelación, adaptados a la inteligencia de todos", "motivos de credibilidad que muestran que el asentimiento de la fe no es en modo alguno un movimiento ciego del espíritu".[22]

157 La fe es *cierta,* más cierta que todo conocimiento humano, porque se funda en la Palabra misma de Dios, que no puede mentir. Ciertamente las verdades reveladas pueden parecer oscuras a la razón y a la experiencia humanas, pero "la certeza que da la luz divina es mayor que la que da la luz de la razón natural".[23] "Diez mil dificultades no hacen una sola duda".[24]

158 "La fe *trata de comprender"*:[25] es inherente a la fe que el creyente desee conocer mejor a aquel en quien ha puesto su fe, y comprender mejor lo que le ha sido revelado; un conocimiento más penetrante suscitará a su vez una fe mayor, cada vez más encendida de amor. La gracia de la fe abre "los ojos del corazón" (*Ef* 1, 18) para una inteligencia viva de los contenidos de la Revelación, es decir, del conjunto del designio de Dios y de los misterios de la fe, de su conexión entre sí y con Cristo, centro del Misterio revelado. Ahora bien, "para que la inteligencia de la Revelación sea más profunda, el mismo Espíritu Santo perfecciona constantemente la fe por medio de sus dones".[26] Así, según el adagio de san Agustín,[27] "creo para comprender y comprendo para creer mejor".

159 *Fe y ciencia.* "A pesar de que la fe esté por encima de la razón, jamás puede haber desacuerdo entre ellas. Puesto que el mismo Dios que revela los misterios y comunica la fe ha hecho descender en el espíritu humano la luz de la razón, Dios no podría negarse a sí mismo ni lo verdadero contradecir

---

[19] SANTO TOMÁS DE AQUINO, *Summa theologiae,* II-II, 2, 9; cf. Concilio Vaticano I: DS, 3010.
[20] Concilio Vaticano I: DS, 3009.
[21] Cf. *Mc* 16, 20; *Hch* 2, 4.
[22] Concilio Vaticano I: DS, 3008-3010.
[23] SANTO TOMÁS DE AQUINO, *Summa theologiae,* II-II, 171, 5, ad 3.
[24] JOHN HENRY NEWMAN, *Apología pro vita sua.*
[25] SAN ANSELMO DE CANTORBERY, *Proslogion,* proem: PL 153, 225A.
[26] Concilio Vaticano II, *Dei Verbum,* 5.
[27] SAN AGUSTÍN, *Sermones,* 43, 7, 9: PL 38, 258.

jamás a lo verdadero".[28] "Por eso, la investigación metódica en todas las disciplinas, si se procede de un modo realmente científico y según las normas morales, nunca estará realmente en oposición con la fe, porque las realidades profanas y las realidades de fe tienen su origen en el mismo Dios. Más aún, quien con espíritu humilde y ánimo constante se esfuerza por escrutar lo escondido de las cosas, aun sin saberlo, está como guiado por la mano de Dios, que, sosteniendo todas las cosas, hace que sean lo que son".[29]

La libertad de la fe

160 "El hombre, al creer, debe responder voluntariamente a Dios; nadie debe estar obligado contra su voluntad a abrazar la fe. En efecto, el acto de fe es voluntario por su propia naturaleza".[30] "Ciertamente, Dios llama a los hombres a servirle en espíritu y en verdad. Por ello, quedan vinculados por su conciencia, pero no coaccionados... Esto se hizo patente, sobre todo, en Cristo Jesús".[31] En efecto, Cristo invitó a la fe y a la conversión, Él no forzó jamás a nadie. "Dio testimonio de la verdad, pero no quiso imponerla por la fuerza a los que le contradecían. Pues su reino... crece por el amor con que Cristo, exaltado en la cruz, atrae a los hombres hacia Él".[32]

La necesidad de la fe

161 Creer en Cristo Jesús y en Aquel que lo envió para salvarnos es necesario para obtener esa salvación.[33] "Puesto que 'sin la fe... es imposible agradar a Dios' (*Hb* 11, 6) y llegar a participar en la condición de sus hijos, nadie es justificado sin ella y nadie, a no ser que 'haya perseverado en ella hasta el fin' (*Mt* 10, 22; 24, 13), obtendrá la vida eterna".[34]

La perseverancia en la fe

162 La fe es un don gratuito que Dios hace al hombre. Este don inestimable podemos perderlo; San Pablo advierte de ello a Timoteo: "Combate el buen combate, conservando la fe y la conciencia recta; algunos, por haberla rechazado, naufragaron en la fe" (*1 Tm* 1, 18-19). Para vivir, crecer y perseverar hasta el fin en la fe debemos alimentarla con la Palabra de Dios; debemos pedir al Señor que la aumente;[35] debe' 'actuar por la caridad" (*Ga* 5, 6),[36] ser sostenida por la esperanza[37] y estar enraizada en la fe de la Iglesia.

La fe, comienzo de la vida eterna

163 La fe nos hace gustar de antemano el gozo y la luz de la visión beatífica, fin de nuestro caminar aquí abajo. Entonces veremos a Dios "cara a cara"

---

[28] Concilio Vaticano I: DS, 3017.
[29] Concilio Vaticano II, *Gaudium et spes*, 36, 2
[30] Concilio Vaticano II, *Dignitatis humanae*, 10; cf. CDC, 748, 2.
[31] Concilio Vaticano II, *Dignitatis humanae*, 11.
[32] *Ibid.*
[33] Cf. *Mc* 16, 16; *Jn* 3, 36; 6, 40 e.a.
[34] Concilio Vaticano I: DS, 3012; cf. Concilio de Trento: *ibid.*, 1532.
[35] Cf. *Mc* 9, 24; *Lc* 17, 5; 22, 32.
[36] Cf. *St* 2, 14-26.
[37] Cf. *Rm* 15, 13.

(*1 Co* 13, 12), "tal cual es" (*1 Jn* 3, 2). La fe es, pues, ya el comienzo de la vida eterna:

> Mientras que ahora contemplamos las bendiciones de la fe como el reflejo en un espejo, es como si poseyéramos ya las cosas maravillosas de que nuestra fe nos asegura que gozaremos un día.[38]

164 Ahora, sin embargo, "caminamos en la fe y no en la visión" (*2 Co* 5, 7), y conocemos a Dios "como en un espejo, de una manera confusa..., imperfecta" (*1 Co* 13, 12). Luminosa por aquel en quien cree, la fe es vivida con frecuencia en la oscuridad. La fe puede ser puesta a prueba. El mundo en que vivimos parece con frecuencia muy lejos de lo que la fe nos asegura; las experiencias del mal y del sufrimiento, de las injusticias y de la muerte parecen contradecir la buena nueva, pueden estremecer la fe y llegar a ser para ella una tentación.

2846
309
1502; *1006*

165 Entonces es cuando debemos volvernos hacia los *testigos de la fe:* Abraham, que creyó, "esperando contra toda esperanza" (*Rm* 4, 18); la Virgen María que, en "la peregrinación de la fe",[39] llegó hasta la "noche de la fe"[40] participando en el sufrimiento de su Hijo y en la noche de su sepulcro; y tantos otros testigos de la fe: "También nosotros, teniendo en torno nuestro tan gran nube de testigos, sacudamos todo lastre y el pecado que nos asedia, y corramos con fortaleza la prueba que se nos propone, fijos los ojos en Jesús, el que inicia y consuma la fe" (*Hb* 12, 1-2).

2719

---

[38] SAN BASILIO DE CESAREA, *Líber de Spiritu Sancto,* 15, 36: PG 32, 132; cf. SANTO TOMÁS DE AQUINO, *Summa theologiae,* II-II, 4, 1.

[39] Concilio Vaticano II, *Lumen gentium,* 58.
[40] JUAN PABLO II, enc. *Redemptoris Mater,* 18.

Primera parte: La profesión de la fe

ARTÍCULO 2
CREEMOS

FUENTES DE LA ESCRITURA Y DE LA IGLESIA

La siguiente parte del *Catecismo* utiliza estas fuentes de la Escritura y de la Iglesia. Véase el "Índice de citas" para una lista completa de referencias.

Nuevo Testamento	Citadas en el *Catecismo*
Marcos	CIC 183
Efesios	CIC 172
1 Timoteo	CIC 171
Judas	CIC 171

Profesiones de fe	
Credo de los Apóstoles	CIC 167

Concilios ecuménicos	
Constantinopla I (381)	CIC 167

Documentos pontificios	
Pablo VI (1963-1978)	CIC 182

Liturgia	
Liturgia de las Horas	CIC 168
Rito Romano	CIC 168, 168

Escritores eclesiásticos	
San Cipriano de Cartago	CIC 181
Fausto de Riez	CIC 169
San Ireneo de Lyon	CIC 173-175
Santo Tomás de Aquino	CIC 170, 184

PALABRAS CLAVE

La siguiente parte del *Catecismo* utiliza estas palabras clave. Véase el "Glosario" para su definición.

Palabras	Citadas en el *Catecismo*
Jesucristo	CIC 184
Salvación	CIC 169

QUÉ CREEMOS ⟶ La Revelación divina ⟶ La respuesta

166 La fe es un acto personal: la respuesta libre del hombre a la iniciativa de Dios que se revela. Pero la fe no es un acto aislado. Nadie puede creer solo, como nadie puede vivir solo. Nadie se ha dado la fe a sí mismo, como nadie se ha dado la vida a sí mismo. El creyente ha recibido la fe de otro, debe transmitirla a otro. Nuestro amor a Jesús y a los hombres nos impulsa a hablar a los demás de nuestra fe. Cada creyente es como un eslabón en la gran cadena de los creyentes. Yo no puedo creer sin ser sostenido por la fe de los otros, y por mi fe yo contribuyo a sostener la fe de los otros.

875

167 "Creo":[41] Es la fe de la Iglesia profesada personalmente por cada creyente, principalmente en su bautismo. "Creemos":[42] Es la fe de la Iglesia confesada por los obispos reunidos en Concilio o, más generalmente, por la asamblea litúrgica de los creyentes. "Creo", es también la Iglesia, nuestra Madre, que responde a Dios por su fe y que nos enseña a decir: "creo", "creemos".

1124

2040

I. "MIRA, SEÑOR, LA FE DE TU IGLESIA"

168 La Iglesia es la primera que cree, y así conduce, alimenta y sostiene mi fe. La Iglesia es la primera que, en todas partes, confiesa al Señor ("Te per orbem terrarum sancta confitetur Ecclesia, —A Ti te confiesa la Santa Iglesia por toda la tierra"— cantamos en el Te Deum),[43] y con ella y en ella somos impulsados y llevados a confesar también: "creo", "creemos". Por medio de la Iglesia recibimos la fe y la vida nueva en Cristo por el bautismo. En el Ritual Romano, el ministro del bautismo pregunta al catecúmeno: "¿Qué pides a la Iglesia de Dios?" Y la respuesta es: "La fe". "¿Qué te da la fe?" "La vida eterna".

1253

169 La salvación viene sólo de Dios; pero como recibimos la vida de la fe a través de la Iglesia, ésta es nuestra madre: "Creemos en la Iglesia como la madre de nuestro nuevo nacimiento, y no en la Iglesia como si ella fuese el autor de nuestra salvación".[44] Porque es nuestra madre, es también la educadora de nuestra fe.

750

2030

II. EL LENGUAJE DE LA FE

170 No creemos en las fórmulas, sino en las realidades que éstas expresan y que la fe nos permite "tocar". "El acto (de fe) del creyente no se detiene en el enunciado, sino en la realidad (enunciada)".[45] Sin embargo, nos acercamos a estas realidades con la ayuda de las formulaciones de la fe. Estas permiten expresar y transmitir la fe, celebrarla en comunidad, asimilarla y vivir de ella cada vez más.

186

---

[41] Símbolo de los Apóstoles.
[42] Símbolo de Nicea-Constantinopla, en el original griego.
[43] *Liturgia de las Horas,* Himno Te Deum.
[44] FAUSTO DE RIEZ, *De Spiritu Sancto,* 1, 2: CSEL 21, 104.
[45] SANTO TOMÁS DE AQUINO, *Summa theologiae,* II-II, 1, 2, ad 2.

171 La Iglesia, que es "columna y fundamento de la verdad" (*1 Tm* 3, 15), guarda fielmente "la fe transmitida a los santos de una vez para siempre" (*Judas* 3). Ella es la que guarda la memoria de las palabras de Cristo, la que transmite de generación en generación la confesión de fe de los apóstoles. Como una madre que enseña a sus hijos a hablar y con ello a comprender y a comunicar, la Iglesia, nuestra Madre, nos enseña el lenguaje de la fe para introducirnos en la inteligencia y la vida de la fe.

III. UNA SOLA FE

172 Desde siglos, a través de muchas lenguas, culturas, pueblos y naciones, la Iglesia no cesa de confesar su única fe, recibida de un solo Señor, transmitida por un solo bautismo, enraizada en la convicción de que todos los hombres no tienen más que un solo Dios y Padre[46] San Ireneo de Lyón, testigo de esta fe, declara:

173 "La Iglesia, en efecto, aunque dispersa por el mundo entero hasta los confines de la tierra, habiendo recibido de los apóstoles y de sus discípulos la fe... guarda (esta predicación y esta fe) con cuidado, como no habitando más que una sola casa, cree en ella de una manera idéntica, como no teniendo más que una sola alma y un solo corazón, la predica, la enseña y la transmite con una voz unánime, como no poseyendo más que una sola boca".[47]

174 "Porque, si las lenguas difieren a través del mundo, el contenido de la Tradición es uno e idéntico. Y ni las Iglesias establecidas en Germania tienen otra fe u otra Tradición, ni las que están entre los iberos, ni las que están entre los celtas, ni las de Oriente, de Egipto, de Libia, ni las que están establecidas en el centro del mundo...".[48] "El mensaje de la Iglesia es, pues, verídico y sólido, ya que en ella aparece un solo camino de salvación a través del mundo entero".[49]

175 "Esta fe que hemos recibido de la Iglesia, la guardamos con cuidado, porque sin cesar, bajo la acción del Espíritu de Dios, como un contenido de gran valor encerrado en un vaso excelente, rejuvenece y hace rejuvenecer el vaso mismo que la contiene".[50]

---

[46] Cf. *Ef* 4, 4-6.
[47] SAN IRENEO DE LYÓN, *Adversus haereses*, 1, 10, 1-2.
[48] *Ibid.*
[49] *Ibid.*, 5, 20, 1.
[50] SAN IRENEO DE LYÓN, *Adversus haereses*, 3, 24, 1.

QUÉ CREEMOS ⟶ La Revelación divina ⟶ La respuesta

CIC 184

RESUMEN

176 La fe es una adhesión personal del hombre entero a Dios que se revela. Comprende una adhesión de la inteligencia y de la voluntad a la Revelación que Dios ha hecho de sí mismo mediante sus obras y sus palabras.

177 "Creer" entraña, pues, una doble referencia: a la persona y a la verdad; a la verdad por confianza en la persona que la atestigua.

178 No debemos creer en ningún otro que no sea Dios, Padre, Hijo y Espíritu Santo.

179 La fe es un don sobrenatural de Dios. Para creer, el hombre necesita los auxilios interiores del Espíritu Santo.

180 "Creer" es un acto humano, consciente y libre, que corresponde a la dignidad de la persona humana.

181 "Creer" es un acto eclesial. La fe de la Iglesia precede, engendra, conduce y alimenta nuestra fe. La Iglesia es la madre de todos los creyentes. "Nadie puede tener a Dios por Padre si no tiene a la Iglesia por madre".[51]

182 "Creemos todas aquellas cosas que se contienen en la Palabra de Dios escrita o transmitida y son propuestas por la Iglesia... para ser creídas como divinamente reveladas".[52]

183 La fe es necesaria para la salvación. El Señor mismo lo afirma: "El que crea y sea bautizado, se salvará; el que no crea, se condenará" (*Mc* 16, 16).

184 "La fe es un gusto anticipado del conocimiento que nos hará bienaventurados en la vida futura".[53]

---

[51] SAN CIPRIANO DE CARTAGO, *De catholicae unitate Ecclesiae:* PL 4, 503A.
[52] PABLO VI, *Credo del Pueblo de Dios*, 20.
[53] SANTO TOMÁS DE AQUINO, *Compendium theologiae*, 1, 2.

LOS CREDOS

Símbolo de los Apóstoles

Creo en Dios,
Padre Todopoderoso,
Creador del cielo y de la tierra.

Creo en Jesucristo, su único Hijo,
Nuestro Señor,

que fue concebido por obra y
gracia del Espíritu Santo,
nació de Santa María Virgen,

padeció bajo el poder de Poncio
Pilato,
fue crucificado,
muerto y sepultado,

descendió a los infiernos,
al tercer día resucitó de entre
los muertos,

subió a los cielos
y está sentado a la derecha
de Dios, Padre todopoderoso.

Credo de Nicea-Constantinopla

Creo en un solo Dios,
Padre Todopoderoso,
Creador del cielo y de la tierra, de
todo lo visible y lo invisible.

Creo en un solo Señor, Jesucristo,
Hijo único de Dios,
nacido del Padre antes de todos los
siglos: Dios de Dios, Luz de Luz,
Dios verdadero de Dios verdadero,
engendrado, no creado,
de la misma naturaleza del Padre,
por quien todo fue hecho;
que por nosotros, los hombres, y
por nuestra salvación bajó del cielo,

y por obra del Espíritu Santo se
encarnó de María, la Virgen, y se
hizo hombre;

y por nuestra causa fue crucificado
en tiempos de Poncio Pilato;
padeció
y fue sepultado,

y resucitó al tercer día, según
 las Escrituras,

y subió al cielo,
y está sentado a la derecha del Padre;

QUÉ CREEMOS → El Credo

Símbolo de los Apóstoles

Desde allí ha de venir a
juzgar a vivos y muertos.

Creo en el Espíritu Santo,

la santa Iglesia católica,
la comunión de los santos,

el perdón de los pecados,
la resurrección de la carne
y la vida eterna.
Amén.

Credo de Nicea-Constantinopla

y de nuevo vendrá con gloria para
juzgar a vivos y muertos,
y su reino no tendrá fin.

Creo en el Espíritu Santo,
Señor y dador de vida,
que procede del Padre y del Hijo,
que con el Padre y el hijo recibe
una misma adoración y gloria,
y que habló por los profetas.

Creo en la Iglesia, que es una,
santa, católica y apostólica.

Confieso que hay un solo Bautismo
para el perdón de los pecados.
Espero la resurrección de los
muertos
y la vida del mundo futuro.
Amén.

Qué creemos

PRIMERA PARTE: LA PROFESIÓN DE LA FE

EL CREDO

Segunda sección: la profesión de la fe cristiana

El Padre	El Hijo	El Espíritu Santo
Capítulo primero: creo en Dios Padre	*Capítulo segundo: creo en Jesucristo, Hijo único de Dios*	*Capítulo tercero: creo en el Espíritu Santo*
Creo en Dios, Padre todopoderoso, creador del cielo y de la tierra *(Artículo 1)*	Y en Jesucristo, su único Hijo, Nuestro Señor	El Espíritu Santo
	Concebido por obra del Espíritu Santo y nacido de María Virgen	La santa Iglesia Católica
	Padeció bajo Poncio Pilato, fue crucificado, muerto y sepultado	El perdón de los pecados
	Descendió a los infiernos (…) resucitó de entre los muertos	La resurrección de la carne
	Subió a los cielos (…) está sentado a la derecha del Padre	La vida eterna *(Artículos 8-12)*
	Ha de venir a juzgar a vivos y muertos *(Artículos 2-7)*	
CIC 185-421	CIC 422-682	CIC 683-1065

SEGUNDA SECCIÓN
LA PROFESIÓN DE LA FE CRISTIANA

LOS SIMBOLOS DE LA FE

FUENTES DE LA ESCRITURA Y DE LA IGLESIA

La siguiente parte del *Catecismo* utiliza estas fuentes de la Escritura y de la Iglesia. Véase el "Índice de citas" para una lista completa de referencias

Antiguo Testamento	**Citadas en el *Catecismo***
Génesis	CIC 225
Éxodo	CIC 205, 207, 208, 210, 211, 214, 231
Deuteronomio	CIC 201, 215, 218, 228
Jueces	CIC 206
2 Samuel	CIC 215
Job	CIC 223
Salmos	CIC 212, 214-216, 224
Sabiduría	CIC 216
Isaías	CIC 198, 201, 206, 208, 212, 218-220
Jeremías	CIC 220
Ezequiel	CIC 219
Oseas	CIC 208, 218, 219
Malaquías	CIC 217
Nuevo Testamento	
Mateo	CIC 189, 226
Marcos	CIC 202, 228
Lucas	CIC 208
Juan	CIC 211, 217, 219
Romanos	CIC 186, 197
1 Corintios	CIC 186, 221, 224
Efesios	CIC 211, 221
Filipenses	CIC 201
Santiago	CIC 212
1 Juan	CIC 208, 214, 217, 221

Primera parte: La profesión de la fe

FUENTES DE LA ESCRITURA Y DE LA IGLESIA

(continuación)

Profesiones de fe	Citadas en el *Catecismo*
Credo de los Apóstoles	CIC 194, 196
Credos	CIC 192
Fides Damasi	CIC 192
Quicumque	CIC 192

Concilios ecuménicos
Constantinopla I (381)	CIC 195, 196
Letrán IV (1215)	CIC 192-202
Lyon II (1274)	CIC 192

Concilios y sínodos particulares
Sínodo de Toledo XI (675)	CIC 192

Documentos pontificios
Pío IV (1559-1565)	CIC 192
Pablo VI (1963-1978)	CIC 192

Documentos eclesiásticos
Catecismo Romano	CIC 190, 191, 199, 200

Escritores eclesiásticos
San Ambrosio	CIC 191, 194, 197
San Agustín	CIC 230
San Cirilo de Jerusalén	CIC 186
San Ireneo de Lyon	CIC 190
Santa Juana de Arco	CIC 223
San Nicolás de Flüe	CIC 226
Santa Teresa (de Jesús) de Ávila	CIC 227
Tertuliano	CIC 228

PALABRAS CLAVE

La siguiente parte del *Catecismo* utiliza estas palabras clave.
Véase el "Glosario" para su definición.

Palabras	Citadas en el *Catecismo*
Credo	CIC 187
Credo de los Apóstoles	CIC 194
Credo Niceno	CIC 195, 196
Dios	CIC 198
Moisés	CIC 204
Patriarcas	CIC 205
Profesión de fe	CIC 187
Señor	CIC 209
Septuaginta	CIC 213
Yahvé	CIC 205

QUÉ CREEMOS ⟶ El Credo ⟶ El Padre

185 Quien dice "Yo creo", dice "Yo me adhiero a lo que nosotros creemos". La comunión en la fe necesita un lenguaje común de la fe, normativo para todos y que nos una en la misma confesión de fe.

171; 949

186 Desde su origen, la Iglesia apostólica expresó y transmitió su propia fe en fórmulas breves y normativas para todos.[1] Pero muy pronto, la Iglesia quiso también recoger lo esencial de su fe en resúmenes orgánicos y articulados destinados sobre todo a los candidatos al bautismo:

> Esta síntesis de la fe no ha sido hecha según las opiniones humanas, sino que de toda la Escritura ha sido recogido lo que hay en ella de más importante, para dar en su integridad la única enseñanza de la fe. Y como el grano de mostaza contiene en un grano muy pequeño gran número de ramas, de igual modo este resumen de la fe encierra en pocas palabras todo el conocimiento de la verdadera piedad contenida en el Antiguo y el Nuevo Testamento.[2]

187 A estas síntesis de la fe se las llama "profesiones de fe" porque resumen la fe que profesan los cristianos. Se les llama "Credo" por razón de que en ellas la primera palabra es normalmente: "Creo". Se les denomina igualmente "símbolos de la fe".

188 La palabra griega "symbolon" significaba la mitad de un objeto partido (por ejemplo, un sello) que se presentaba como una señal para darse a conocer. Las partes rotas se ponían juntas para verificar la identidad del portador. El "símbolo de la fe" es, pues, un signo de identificación y de comunión entre los creyentes. "Symbolon" significa también recopilación, colección o sumario. El "símbolo de la fe" es la recopilación de las principales verdades de la fe. De ahí el hecho de que sirva de punto de referencia primero y fundamental de la catequesis.

189 La primera "profesión de fe" se hace en el Bautismo. El "símbolo de la fe" es ante todo el símbolo *bautismal*. Puesto que el Bautismo es dado "en el nombre del Padre y del Hijo y del Espíritu Santo" (*Mt* 28, 19), las verdades de fe profesadas en el Bautismo son articuladas según su referencia a las tres personas de la Santísima Trinidad.

1237
232

190 El Símbolo se divide, por tanto, en tres partes: "primero habla de la primera Persona divina y de la obra admirable de la creación; a continuación, de la segunda Persona divina y del Misterio de la Redención de los hombres; finalmente, de la tercera Persona divina, fuente y principio de nuestra santificación".[3] Son "los tres capítulos de nuestro sello (bautismal)".[4]

191 "Estas tres partes son distintas aunque están ligadas entre sí. Según una comparación empleada con frecuencia por los Padres, las llamamos *artículos*. De igual modo, en efecto, que en nuestros miembros hay ciertas articulaciones que los distinguen y los separan, así también, en esta profesión de fe, se ha

---

[1] Cf. *Rm* 10, 9; *1 Co* 15, 3-5.
[2] SAN CIRILO DE JERUSALÉN, *Catecheses illuminandorum*, 5, 12: PG 33, 521-524.
[3] *Catecismo Romano*, 1, 1, 3.
[4] SAN IRENEO DE LYÓN, *Demonstratio apostólica*, 100.

dado con propiedad y razón el nombre de artículos a las verdades que debemos creer en particular y de una manera distinta".[5] Según una antigua tradición, atestiguada ya por san Ambrosio, se acostumbra a enumerar *doce* artículos del Credo, simbolizando con el número de los doce apóstoles el conjunto de la fe apostólica.[6]

192 A lo largo de los siglos, en respuesta a las necesidades de diferentes épocas, han sido numerosas las profesiones o símbolos de la fe: los símbolos de las diferentes Iglesias apostólicas y antiguas,[7] el Símbolo "Quicumque", llamado de san Atanasio,[8] las profesiones de fe de ciertos Concilios[9] o de ciertos Papas, como la "fides Damasi"[10] o el "Credo del Pueblo de Dios" de Pablo VI (1968).

193 Ninguno de los símbolos de las diferentes etapas de la vida de la Iglesia puede ser considerado como superado e inútil. Nos ayudan a captar y profundizar hoy la fe de siempre a través de los diversos resúmenes que de ella se han hecho.

Entre todos los símbolos de la fe, dos ocupan un lugar muy particular en la vida de la Iglesia:

194 El *Símbolo de los Apóstoles,* llamado así porque es considerado con justicia como el resumen fiel de la fe de los apóstoles. Es el antiguo símbolo bautismal de la Iglesia de Roma. Su gran autoridad le viene de este hecho: "Es el símbolo que guarda la Iglesia romana, la que fue sede de Pedro, el primero de los apóstoles, y a la cual él llevó la doctrina común".[11]

242; 245; 465

195 El *Símbolo llamado de Nicea-Constantinopla* debe su gran autoridad al hecho de que es fruto de los dos primeros Concilios ecuménicos (325 y 381). Sigue siendo todavía hoy el símbolo común a todas las grandes Iglesias de Oriente y Occidente.

196 Nuestra exposición de la fe seguirá el *Símbolo de los Apóstoles,* que constituye, por así decirlo, "el más antiguo catecismo romano". No obstante, la exposición será completada con referencias constantes al *Símbolo de Nicea-Constantinopla,* que con frecuencia es más explícito y más detallado.

1064

197 Como en el día de nuestro Bautismo, cuando toda nuestra vida fue confiada "a la regla de doctrina", acogemos el símbolo de esta fe nuestra que da la vida. Recitar con fe el Credo es entrar en comunión con Dios Padre, Hijo y Espíritu Santo, es entrar también en comunión con toda la Iglesia que nos transmite la fe y en el seno de la cual creemos:

1274

> Este símbolo es el sello espiritual, es la meditación de nuestro corazón y el guardián siempre presente, es, con toda certeza, el tesoro de nuestra alma.[13]

---

[5] *Catecismo Romano,* 1, 1, 4.
[6] Cf. SAN AMBROSIO, *Explanado Symboli,* 8: PL 17, 1158D.
[7] Cf. DS, 1-64.
[8] Cf. *ibid.,* 75-76.
[9] Concilio de Toledo XI: DS, 525-541; Concilio de Letrán IV: *ibid.,* 800-802;
Concilio de Lyón II: *ibid.,* 851-861; Concilio de Trento: *ibid.,* 1862-1870.
[10] Cf. DS, 71-72.
[11] SAN AMBROSIO, *Explanado Symboli,* 7: PL 17, 1158D.
[12] Cf. *Rm* 6, 17.
[13] SAN AMBROSIO, *Explanado Symboli,* 1: PL 17, 1155C.

QUÉ CREEMOS → El Credo → El Padre

CAPÍTULO PRIMERO
CREO EN DIOS PADRE

198 Nuestra profesión de fe comienza por *Dios,* porque Dios es "el Primero y el Ultimo" (*Is* 44, 6), el Principio y el Fin de todo. El Credo comienza por Dios *Padre,* porque el Padre es la Primera Persona Divina de la Santísima Trinidad; nuestro Símbolo se inicia con la creación del cielo y de la tierra, ya que la creación es el comienzo y el fundamento de todas las obras de Dios.

ARTÍCULO 1
"CREO EN DIOS, PADRE TODOPODEROSO, CREADOR DEL CIELO Y DE LA TIERRA"

Parrafo 1. Creo en Dios

199 "Creo en Dios": Esta primera afirmación de la profesión de fe es también la más fundamental. Todo el Símbolo habla de Dios, y si habla también del hombre y del mundo, lo hace por relación a Dios. Todos los artículos del Credo dependen del primero, así como los mandamientos son explicitaciones del primero. Los demás artículos nos hacen conocer mejor a Dios tal como se reveló progresivamente a los hombres. "Los fieles hacen primero profesión de creer en Dios".[1]

I. "CREO EN UN SOLO DIOS"

200 Con estas palabras comienza el Símbolo de Nicea-Constantinopla. La confesión de la unicidad de Dios, que tiene su raíz en la Revelación Divina en la Antigua Alianza, es inseparable de la confesión de la existencia de Dios y asimismo también fundamental. Dios es Único: no hay más que un solo Dios: "La fe cristiana confiesa que hay un solo Dios, por naturaleza, por substancia y por esencia".[2]

201 A Israel, su elegido, Dios se reveló como el Único: "Escucha Israel: el Señor nuestro Dios es el único Señor. Amarás al Señor tu Dios con todo tu corazón, con toda tu alma y con toda tu fuerza" (*Dt* 6, 4-5). Por los profetas, Dios llama a Israel y a todas las naciones a volverse a Él, el Único: "Volveos a mí y seréis salvados, confines todos de la tierra, porque yo soy Dios, no existe ningún otro... ante mí se doblará toda rodilla y toda lengua jurará diciendo: ¡Sólo en Dios hay victoria y fuerza!" (*Is* 45, 22-24).[3]

---

[1] *Catecismo Romano,* 1, 2, 2.
[2] *Ibid.*
[3] Cf. *Flp* 2, 10-11.

202 Jesús mismo confirma que Dios es "el único Señor" y que es preciso amarle con todo el corazón, con toda el alma, con todo el espíritu y todas las fuerzas.[4] Deja al mismo tiempo entender que Él mismo es "el Señor". Confesar que "Jesús es Señor"[5] es lo propio de la fe cristiana. Esto no es contrario a la fe en el Dios Único. Creer en el Espíritu Santo, "que es Señor y dador de vida", no introduce ninguna división en el Dios único:

> Creemos firmemente y afirmamos sin ambages que hay un solo verdadero Dios, inmenso e inmutable, incomprensible, todopoderoso e inefable, Padre, Hijo y Espíritu Santo: Tres Personas, pero una Esencia, una Substancia o Naturaleza absolutamente simple.[6]

II. DIOS REVELA SU NOMBRE

203 Dios se reveló a su pueblo Israel dándole a conocer su Nombre. El nombre expresa la esencia, la identidad de la persona y el sentido de su vida. Dios tiene un nombre. No es una fuerza anónima. Comunicar su nombre es darse a conocer a los otros. Es, en cierta manera, comunicarse a sí mismo haciéndose accesible, capaz de ser más íntimamente conocido y de ser invocado personalmente.

204 Dios se reveló progresivamente y bajo diversos nombres a su pueblo, pero la revelación del Nombre Divino, hecha a Moisés en la teofanía de la zarza ardiente, en el umbral del Éxodo y de la Alianza del Sinaí, demostró ser la revelación fundamental tanto para la Antigua como para la Nueva Alianza.

El Dios vivo

205 Dios llama a Moisés desde una zarza que arde sin consumirse. Dios dice a Moisés: "Yo soy el Dios de tus padres, el Dios de Abraham, el Dios de Isaac y el Dios de Jacob" (*Ex* 3, 6). Dios es el Dios de los padres. El que había llamado y guiado a los patriarcas en sus peregrinaciones. Es el Dios fiel y compasivo que se acuerda de ellos y de sus promesas; viene para librar a sus descendientes de la esclavitud. Es el Dios que más allá del espacio y del tiempo lo puede y lo quiere, y que pondrá en obra toda su Omnipotencia para este designio.

"Yo soy el que soy"

> Moisés dijo a Dios: "Si voy a los hijos de Israel y les digo: 'El Dios de vuestros padres me ha enviado a vosotros'; cuando me pregunten: '¿Cuál es su nombre?', ¿qué les responderé?" Dijo Dios a Moisés: "Yo soy el que soy". Y añadió: "Así dirás a los hijos de Israel: 'Yo soy' me ha enviado a vosotros... Este es mi nombre para siempre, por él seré invocado de generación en generación" (*Ex* 3, 13-15).

---

[4] Cf. *Mc* 12, 29-30.
[5] Cf. *Mc* 12, 35-37.
[6] Concilio de Letrán IV: DS, 800.

QUÉ CREEMOS ⟶ El Credo ⟶ El Padre

206 Al revelar su nombre misterioso de YHWH, "Yo soy el que es" o "Yo soy el que soy" o también "Yo soy el que Yo soy", Dios dice quién es y con qué nombre se le debe llamar. Este Nombre Divino es misterioso como Dios es Misterio. Es a la vez un nombre revelado y como el rechazo de un nombre propio, y por esto mismo expresa mejor a Dios como lo que Él es, infinitamente por encima de todo lo que podemos comprender o decir: es el "Dios escondido" (*Is* 45, 15), su nombre es inefable,[7] y es el Dios que se acerca a los hombres.

207 Al revelar su nombre, Dios revela, al mismo tiempo, su fidelidad que es de siempre y para siempre, valedera para el pasado ("Yo soy el Dios de tus padres", *Ex* 3, 6) como para el porvenir ("Yo estaré contigo", *Ex* 3, 12). Dios, que revela su nombre como "Yo soy", se revela como el Dios que está siempre allí, presente junto a su pueblo para salvarlo.

208 Ante la presencia atrayente y misteriosa de Dios, el hombre descubre su pequeñez. Ante la zarza ardiente, Moisés se quita las sandalias y se cubre el rostro[8] delante de la Santidad Divina. Ante la gloria del Dios tres veces santo, Isaías exclama: "¡Ay de mí, que estoy perdido, pues soy un hombre de labios impuros!" (*Is* 6, 5). Ante los signos divinos que Jesús realiza, Pedro exclama: "Aléjate de mí, Señor, que soy un hombre pecador" (*Lc* 5, 8). Pero porque Dios es santo, puede perdonar al hombre que se descubre pecador delante de Él: "No ejecutaré el ardor de mi cólera... porque soy Dios, no hombre; en medio de ti yo el Santo" (*Os* 11, 9). El apóstol Juan dirá igualmente: "Tranquilizaremos nuestra conciencia ante él, en caso de que nos condene nuestra conciencia, pues Dios es mayor que nuestra conciencia y conoce todo" (*1 Jn* 3, 19-20).

209 Por respeto a su santidad el pueblo de Israel no pronuncia el Nombre de Dios. En la lectura de la Sagrada Escritura, el Nombre revelado es sustituido por el título divino "Señor" ("Adonai", en griego "Kyrios"). Con este título será aclamada la divinidad de Jesús: "Jesús es Señor".

"Dios misericordioso y clemente"

210 Tras el pecado de Israel, que se apartó de Dios para adorar al becerro de oro,[9] Dios escucha la intercesión de Moisés y acepta marchar en medio de un pueblo infiel, manifestando así su amor.[10] A Moisés, que pide ver su gloria, Dios le responde: "Yo haré pasar ante tu vista toda mi bondad (belleza) y pronunciaré delante de ti el nombre de YHWH" (*Ex* 33, 18-19). Y el Señor pasa delante de Moisés, y proclama: "YHWH, YHWH, Dios misericordioso y clemente, tardo a la cólera y rico en amor y fidelidad" (*Ex* 34, 5-6). Moisés confiesa entonces que el Señor es un Dios que perdona.[11]

---

[7] Cf. *Jc* 13, 18.
[8] Cf. *Ex* 3, 5-6.
[9] Cf. *Ex* 32.
[10] Cf. *Ex* 33, 12-17.
[11] Cf. *Ex* 34, 9.

211 El Nombre divino "Yo soy" o "Él es" expresa la fidelidad de Dios que, a pesar de la infidelidad del pecado de los hombres y del castigo que merece, "mantiene su amor por mil generaciones" (*Ex* 34, 7). Dios revela que es "rico en misericordia" (*Ef* 2, 4) llegando hasta dar su propio Hijo. Jesús, dando su vida para librarnos del pecado, revelará que Él mismo lleva el Nombre divino: "Cuando hayáis levantado al Hijo del hombre, entonces sabréis que Yo soy" (*Jn* 8, 28).

Solo Dios ES

212 En el transcurso de los siglos, la fe de Israel pudo desarrollar y profundizar las riquezas contenidas en la revelación del Nombre divino. Dios es único; fuera de Él no hay dioses.[12] Dios trasciende el mundo y la historia. Él es quien ha hecho el cielo y la tierra: "Ellos perecen, mas tú quedas, todos ellos como la ropa se desgastan... pero tú siempre el mismo, no tienen fin tus años" (*Sal* 102, 27-28). En Él "no hay cambios ni sombras de variaciones" (*St* 1, 17). Él es "Él que es", desde siempre y para siempre y por eso permanece siempre fiel a sí mismo y a sus promesas.

213 Por tanto, la revelación del Nombre inefable "Yo soy el que soy" contiene la verdad de que sólo Dios ES. En este mismo sentido, ya la traducción de los Setenta y, siguiéndola, la Tradición de la Iglesia han entendido el Nombre divino: Dios es la plenitud del Ser y de toda perfección, sin origen y sin fin. Mientras todas las criaturas han recibido de Él todo su ser y su poseer, Él solo es su ser mismo y es por sí mismo todo lo que es.

III. DIOS, "EL QUE ES", ES VERDAD Y AMOR

214 Dios, "El que es", se reveló a Israel como el que es "rico en amor y fidelidad" (*Ex* 34, 6). Estos dos términos expresan de forma condensada las riquezas del Nombre divino. En todas sus obras, Dios muestra su benevolencia, su bondad, su gracia, su amor; pero también su fiabilidad, su constancia, su fidelidad, su verdad. "Doy gracias a tu nombre por tu amor y tu verdad" (*Sal* 138, 2). Él es la Verdad, porque "Dios es Luz, en él no hay tiniebla alguna" (*1 Jn* 1, 5); él es "Amor", como lo enseña el apóstol Juan (*1 Jn* 4, 8).

Dios es la Verdad

215 "Es verdad el principio de tu palabra, por siempre, todos tus justos juicios" (*Sal* 119, 160). "Ahora, mi Señor Dios, tú eres Dios, tus palabras son verdad" (*2 S* 7, 28); por eso las promesas de Dios se realizan siempre.[14] Dios es la Verdad misma, sus palabras no pueden engañar. Por ello el hombre se puede entregar con toda confianza a la verdad y a la fidelidad de la palabra de Dios en todas las cosas. El comienzo del pecado y de la caída del hombre fue una mentira del tentador que indujo a dudar de la palabra de Dios, de su benevolencia y de su fidelidad.

---

[12] Cf. *Is* 44, 6.
[13] Cf. *Sal* 85, 11.
[14] Cf. *Dt* 7, 9.

QUÉ CREEMOS ⟶ El Credo ⟶ El Padre

216 La verdad de Dios es su sabiduría que rige todo el orden de la creación y del gobierno del mundo.[15] Dios, único Creador del cielo y de la tierra (cf. *Sal* 115, 15), es el único que puede dar el conocimiento verdadero de todas las cosas creadas en su relación con Él.[16]

217 Dios es también verdadero cuando se revela: la enseñanza que viene de Dios es "una doctrina de verdad" (*Mt* 2, 6). Cuando envíe su Hijo al mundo, será para "dar testimonio de la Verdad" (*Jn* 18, 37): "Sabemos que el Hijo de Dios ha venido y nos ha dado inteligencia para que conozcamos al Verdadero" (*1 Jn* 5, 20).[17]

Dios es Amor

218 A lo largo de su historia, Israel pudo descubrir que Dios sólo tenía una razón para revelársele y escogerlo entre todos los pueblos como pueblo suyo: su amor gratuito.[18] E Israel comprendió, gracias a sus profetas, que también por amor Dios no cesó de salvarlo[19] y de perdonarle su infidelidad y sus pecados.[20]

219 El amor de Dios a Israel es comparado al amor de un padre a su hijo.[21] Este amor es más fuerte que el amor de una madre a sus hijos.[22] Dios ama a su Pueblo más que un esposo a su amada;[23] este amor vencerá incluso las peores infidelidades;[24] llegará hasta el don más precioso: "Tanto amó Dios al mundo que dio a su Hijo único" (*Jn* 3, 16).

220 El amor de Dios es "eterno" (*Is* 54, 8). "Porque los montes se correrán y las colinas se moverán, mas mi amor de tu lado no se apartará" (*Is* 54, 10). "Con amor eterno te he amado: por eso he reservado gracia para ti" (*Jr* 31, 3).

221 Pero san Juan irá todavía más lejos al afirmar: "Dios es Amor" (*1 Jn* 4, 8.16); el ser mismo de Dios es Amor. Al enviar en la plenitud de los tiempos a su Hijo único y al Espíritu de Amor, Dios revela su secreto más íntimo;[25] Él mismo es una eterna comunicación de amor: Padre, Hijo y Espíritu Santo, y nos ha destinado a participar en Él.

IV. CONSECUENCIAS DE LA FE EN EL DIOS ÚNICO

222 Creer en Dios, el Único, y amarlo con todo el ser tiene consecuencias inmensas para toda nuestra vida:

223 *Es reconocer la grandeza y la majestad de Dios*: "Sí, Dios es tan grande que supera nuestra ciencia" (*Jb* 36, 26). Por esto Dios debe ser "el primer servido".[26]

---

[15] Cf. *Sb* 13, 1-9.
[16] Cf. *Sb* 7, 17-21.
[17] Cf. *Jn* 17, 3.
[18] Cf. *Dt* 4, 37; 7, 8; 10, 15.
[19] Cf. *Is* 43, 1-7.
[20] Cf. *Os* 2.
[21] Cf. *Os* 11, 1.
[22] Cf. *Is* 49, 14-15.
[23] Cf. *Is* 62, 4-5.
[24] Cf. *Ez* 16; *Os* 11.
[25] Cf. *1 Co* 2, 7-16; *Ef* 3, 9-12.
[26] SANTA JUANA DE ARCO, *Dictum*.

Primera parte: La profesión de la fe

224 *Es vivir en acción de gracias:* Si Dios es el Único, todo lo que somos y todo lo que poseemos viene de Él: "¿Qué tienes que no hayas recibido?" (*1 Co* 4, 7). "¿Cómo pagaré al Señor todo el bien que me ha hecho?" (*Sal* 116, 12).

225 *Es reconocer la unidad y la verdadera dignidad de todos los hombres:* Todos han sido hechos "a imagen y semejanza de Dios" (*Gn* 1, 26).

226 *Es usar bien de las cosas creadas:* La fe en Dios, el Único, nos lleva a usar de todo lo que no es Él en la medida en que nos acerca a Él, y a separarnos de ello en la medida en que nos aparta de Él:[27]

> Señor mío y Dios mío, quítame todo lo que me aleja de ti. Señor mío y Dios mío, dame todo lo que me acerca a ti. Señor mío y Dios mío, despójame de mí mismo para darme todo a ti.[28]

227 *Es confiar en Dios en todas las circunstancias,* incluso en la adversidad. Una oración de santa Teresa de Jesús lo expresa admirablemente:

> Nada te turbe, Nada te espante,
> Todo se pasa, Dios no se muda,
> La paciencia, Todo lo alcanza;
> Quien a Dios tiene / Nada le falta:
> Sólo Dios basta.[29]

---

[27] Cf. *Mt* 5, 29-30; 16, 24; 19, 23-24.
[28] SAN NICOLÁS DE FLÜE, *Oración*.
[29] SANTA TERESA DE JESÚS, *Poesía*, 30.

QUÉ CREEMOS ⟶ El Credo ⟶ El Padre

CIC 231

RESUMEN

228 "Escucha, Israel, el Señor nuestro Dios es el Único Señor..." (*Dt* 6, 4; *Mc* 12, 29). "Es absolutamente necesario que el Ser supremo sea único, es decir, sin igual... Si Dios no es único, no es Dios".[30]

229 La fe en Dios nos mueve a volvernos sólo a Él como a nuestro primer origen y nuestro fin último; y a no preferir nada a Él ni sustituirle con nada.

230 Dios al revelarse sigue siendo Misterio inefable: "Si lo comprendieras, no sería Dios".[31]

231 El Dios de nuestra fe se ha revelado como El que es; se ha dado a conocer como "rico en amor y fidelidad" (*Ex* 34, 6). Su Ser mismo es Verdad y Amor.

Párrafo 2. El Padre

I. "EN EL NOMBRE DEL PADRE Y DEL HIJO Y DEL ESPÍRITU SANTO"

FUENTES DE LA ESCRITURA Y DE LA IGLESIA

La siguiente parte del *Catecismo* utiliza estas fuentes de la Escritura y de la Iglesia. Véase el "Índice de citas" para una lista completa de referencias

Antiguo Testamento	Citadas en el *Catecismo*
Génesis	CIC 243
Éxodo	CIC 238
Deuteronomio	CIC 238
2 Samuel	CIC 238
Salmos	CIC 238, 239
Isaías	CIC 239
Malaquías	CIC 238
Nuevo Testamento	
Mateo	CIC 232, 240
Juan	CIC 241, 243, 244, 248, 259, 260, 263
Romanos	CIC 257, 259
1 Corintios	CIC 249, 258
2 Corintios	CIC 249
Efesios	CIC 239, 249, 257

---

[30] TERTULIANO, *Adversus Marcionem*, 1, 3.

[31] SAN AGUSTÍN, *Sermones*, 52, 6, 16: PL 38, 360.

Primera parte: La profesión de la fe

FUENTES DE LA ESCRITURA Y DE LA IGLESIA

(continuación)

Nuevo Testamento	Citadas en el *Catecismo*
Colosenses	CIC 241
2 Timoteo	CIC 257
Hebreos	CIC 241

Profesiones de fe

Fides Damasi	CIC 254
Quicumque	CIC 266

Concilios ecuménicos

Constantinopla I (381)	CIC 242, 243, 245
Constantinopla II (553)	CIC 253, 258
Florencia (1439-1445)	CIC 246, 248, 255, 258
Letrán IV (1215)	CIC 253, 254
Lyon II (1274)	CIC 248
Vaticano I (1869-1870)	CIC 237
Vaticano II (1962-1965)	CIC 248, 257

Concilios y sínodos particulares

Sínodo de Toledo VI (638)	CIC 245
Sínodo de Toledo XI (675)	CIC 245, 253-255

Documentos pontificios

León Magno (440-461)	CIC 247
Vigilio (537-555)	CIC 233
Pablo VI (1963-1978)	CIC 251, 265

Documentos eclesiásticos

Directorio General para la Catequesis	CIC 234

Liturgia

Liturgia de las Horas	CIC 257

Escritores eclesiásticos

San Agustín	CIC 264
San Cesáreo de Arlés	CIC 232
Beata Isabel de la Trinidad	CIC 260
San Gregorio Nacianceno	CIC 256

QUÉ CREEMOS ⟶ El Credo ⟶ El Padre

CIC 235

PALABRAS CLAVE

La siguiente parte del *Catecismo* utiliza estas palabras clave.
Véase el "Glosario" para su definición.

Palabras	Citadas en el *Catecismo*
Economía de la salvación (economía divina)	CIC 236, 258
Espíritu	CIC 243
Espíritu Santo	CIC 243
Filioque	CIC 246
Jerarquía de verdades	CIC 234
Misión	CIC 257
Naturaleza	CIC 253
Padre, Dios	CIC 240, 242
Palabra de Dios	CIC 241
Persona, divina	CIC 252
Teología	CIC 236
Trinidad	CIC 232, 237, 249, 253-256
Unión hipostática	CIC 252

---

232 Los cristianos son bautizados "en el nombre del Padre y del Hijo y del Espíritu Santo" (*Mt* 28, 19). Antes responden "Creo" a la triple pregunta que les pide confesar su fe en el Padre, en el Hijo y en el Espíritu: "Fides omnium christianorum in Trinitate consistit" ("La fe de todos los cristianos se cimenta en la Santísima Trinidad").[32]

189; 1223

233 Los cristianos son bautizados en "el nombre" del Padre y del Hijo y del Espíritu Santo y no en "los nombres" de éstos,[33] pues no hay más que un solo Dios, el Padre todopoderoso y su Hijo único y el Espíritu Santo: la Santísima Trinidad.

234 El misterio de la Santísima Trinidad es el misterio central de la fe y de la vida cristiana. Es el misterio de Dios en sí mismo. Es, pues, la fuente de todos los otros misterios de la fe; es la luz que los ilumina. Es la enseñanza más fundamental y esencial en la "jerarquía de las verdades de fe".[34] "Toda la historia de la salvación no es otra cosa que la historia del camino y los medios por los cuales el Dios verdadero y único, Padre, Hijo y Espíritu Santo, se revela, reconcilia consigo a los hombres, apartados por el pecado, y se une con ellos".[35]

2157

90

1449

235 En este párrafo, se expondrá brevemente de qué manera es revelado el misterio de la Bienaventurada Trinidad (I), cómo la Iglesia ha formulado la doctrina de la fe sobre este misterio (II), y finalmente cómo, por las misiones

---

[32] SAN CESÁREO DE ARLES, *Expositio symboli* (*sermo 9):* CCL 103, 48.
[33] Cf. Profesión de fe del Papa Vigilio en 552: DS, 415.
[34] CONGREGACIÓN PARA EL CLERO, *Directorio Catequístico General,* 43.
[35] *Ibid.,* 47.

divinas del Hijo y del Espíritu Santo, Dios Padre realiza su "designio amoroso" de creación, de redención, y de santificación (III).

236 Los Padres de la Iglesia distinguen entre la "Theologia" y la "Oikonomia", designando con el primer término el misterio de la vida íntima del Dios-Trinidad, con el segundo todas las obras de Dios por las que se revela y comunica su vida. Por la "Oikonomia" nos es revelada la "Theologia"; pero inversamente, es la "Theologia", la que esclarece toda la "Oik-onomia". Las obras de Dios revelan quién es en sí mismo; e inversamente, el misterio de su Ser íntimo ilumina la inteligencia de todas sus obras. Así sucede, analógicamente, entre las personas humanas. La persona se muestra en su obrar y a medida que conocemos mejor a una persona, mejor comprendemos su obrar.

237 La Trinidad es un misterio de fe en sentido estricto, uno de los "misterios escondidos en Dios, que no pueden ser conocidos si no son revelados desde lo alto".[36] Dios, ciertamente, ha dejado huellas de su ser trinitario en su obra creadora y en su Revelación a lo largo del Antiguo Testamento. Pero la intimidad de su Ser como Trinidad Santa constituye un misterio inaccesible a la sola razón e incluso a la fe de Israel antes de la Encarnación del Hijo de Dios y el envío del Espíritu Santo.

II. LA REVELACIÓN DE DIOS COMO TRINIDAD

El Padre revelado por el Hijo

238 La invocación de Dios como "Padre" es conocida en muchas religiones. La divinidad es con frecuencia considerada como "padre de los dioses y de los hombres". En Israel, Dios es llamado Padre en cuanto Creador del mundo.[37] Pues aún más, es Padre en razón de la alianza y del don de la Ley a Israel, su "primogénito" (*Ex* 4, 22). Es llamado también Padre del rey de Israel.[38] Es muy especialmente "el Padre de los pobres", del huérfano y de la viuda, que están bajo su protección amorosa.[39]

239 Al designar a Dios con el nombre de "Padre", el lenguaje de la fe indica principalmente dos aspectos: que Dios es origen primero de todo y autoridad trascendente y que es al mismo tiempo bondad y solicitud amorosa para todos sus hijos. Esta ternura paternal de Dios puede ser expresada también mediante la imagen de la maternidad[40] que indica más expresivamente la inmanencia de Dios, la intimidad entre Dios y su criatura. El lenguaje de la fe se sirve así de la experiencia humana de los padres que son en cierta manera los primeros representantes de Dios para el hombre. Pero esta experiencia dice también que los padres humanos son falibles y que pueden desfigurar la imagen de la paternidad y de la maternidad. Conviene recordar, entonces, que Dios trasciende la distinción humana de los sexos. No es hombre ni

---

[36] Concilio Vaticano I: DS, 3015.
[37] Cf. *Dt* 32, 6; *Mt* 2, 10.
[38] Cf. *2 S* 7, 14.
[39] Cf. *Sal* 68, 6.
[40] Cf. *Is* 66, 13; *Sal* 131, 2.

QUÉ CREEMOS ⟶ El Credo ⟶ El Padre

CIC 245

mujer, es Dios. Trasciende también la paternidad y la maternidad humanas,[41] aunque sea su origen y medida:[42] Nadie es padre como lo es Dios.

370; 2779

240 Jesús ha revelado que Dios es "Padre" en un sentido nuevo: no lo es sólo en cuanto Creador; Él es eternamente Padre en relación a su Hijo único, el cual eternamente es Hijo sólo en relación a su Padre: "Nadie conoce al Hijo sino el Padre, ni al Padre le conoce nadie sino el Hijo, y aquel a quien el Hijo se lo quiera revelar" (*Mt* 11, 27).

2780

441-445

241 Por eso los apóstoles confiesan a Jesús como "el Verbo que en el principio estaba junto a Dios y que era Dios" (*Jn* 1, 1), como "la imagen del Dios invisible" (*Col* 1, 15), como "el resplandor de su gloria y la impronta de su esencia" (*Hb* 1, 3).

242 Después de ellos, siguiendo la tradición apostólica, la Iglesia confesó en el año 325 en el primer Concilio Ecuménico de Nicea que el Hijo es "consubstancial" al Padre, es decir, un solo Dios con él. El segundo Concilio Ecuménico, reunido en Constantinopla en el año 381, conservó esta expresión en su formulación del Credo de Nicea y confesó "al Hijo Único de Dios, engendrado del Padre antes de todos los siglos, luz de luz, Dios verdadero de Dios verdadero, engendrado no creado, consubstancial al Padre".[43]

465

El Padre y el Hijo revelados por el Espíritu

243 Antes de su Pascua, Jesús anuncia el envío de "otro Paráclito" (Defensor), el Espíritu Santo. Este, que actuó ya en la Creación[44] y "por los profetas" (Credo de Nicea-Constantinopla), estará ahora junto a los discípulos y en ellos[45] para enseñarles[46] y conducirlos "hasta la verdad completa" (*Jn* 16, 13). El Espíritu Santo es revelado así como otra persona divina con relación a Jesús y al Padre.

683

2780

687

244 El origen eterno del Espíritu se revela en su misión temporal. El Espíritu Santo es enviado a los apóstoles y a la Iglesia tanto por el Padre en nombre del Hijo, como por el Hijo en persona, una vez que vuelve junto al Padre.[47] El envío de la persona del Espíritu tras la glorificación de Jesús[48] revela en plenitud el misterio de la Santísima Trinidad.

732

245 La fe apostólica relativa al Espíritu fue confesada por el segundo Concilio Ecuménico en el año 381 en Constantinopla: "Creemos en el Espíritu Santo, Señor y dador de vida, que procede del Padre".[49] La Iglesia reconoce así al Padre como "la fuente y el origen de toda la divinidad".[50] Sin embargo, el origen eterno del Espíritu Santo está en conexión con el del Hijo: "El Espíritu Santo, que es la tercera persona de la Trinidad, es Dios, uno e igual al Padre y al Hijo, de la misma substancia y también de la misma naturaleza. Por eso, no se dice que es sólo el Espíritu del Padre, sino a la vez el Espíritu del Padre y del

152

---

[41] Cf. *Sal* 27, 10.
[42] Cf. *Ef* 3, 14; *Is* 49, 15.
[43] DS, 150.
[44] Cf. *Gn* 1, 2.
[45] Cf. *Jn* 14, 17.
[46] Cf. *Jn* 14, 26.
[47] Cf. *Jn* 14, 26; 15, 26; 16, 14.
[48] Cf. *Jn* 7, 39.
[49] DS, 150.
[50] Concilio de Toledo VI, año 638: DS, 490.

685 Hijo".⁵¹ El Credo del Concilio de Constantinopla (año 381) confiesa: "Con el Padre y el Hijo recibe una misma adoración y gloria".⁵²

246 La tradición latina del Credo confiesa que el Espíritu "procede del Padre y *del Hijo (filioque)*". El Concilio de Florencia, en el año 1438, explícita: "El Espíritu Santo tiene su esencia y su ser a la vez del Padre y del Hijo y procede eternamente tanto del Uno como del Otro como de un solo Principio y por una sola espiración... Y porque todo lo que pertenece al Padre, el Padre lo dio a su Hijo único, al engendrarlo, a excepción de su ser de Padre, esta procesión misma del Espíritu Santo a partir del Hijo, éste la tiene eternamente de su Padre que lo engendró eternamente".⁵³

247 La afirmación del *filioque* no figuraba en el símbolo confesado el año 381 en Constantinopla. Pero sobre la base de una antigua tradición latina y alejandrina, el Papa san León la había ya confesado dogmáticamente el año 447⁵⁴ antes incluso que Roma conociese y recibiese el año 451, en el Concilio de Calcedonia, el símbolo del 381. El uso de esta fórmula en el Credo fue poco a poco admitido en la liturgia latina (entre los siglos VIII y XI). La introducción del Filioque en el Símbolo de Nicea-Constantinopla por la liturgia latina constituye, todavía hoy, un motivo de no convergencia con las Iglesias ortodoxas.

248 La tradición oriental expresa en primer lugar el carácter de origen primero del Padre por relación al Espíritu Santo. Al confesar al Espíritu como "salido del Padre" (*Jn* 15, 26), esa tradición afirma que éste *procede* del Padre *por* el Hijo.⁵⁵ La tradición occidental expresa en primer lugar la comunión consubstancial entre el Padre y el Hijo diciendo que el Espíritu procede del Padre y del Hijo (Filioque). Lo dice "de manera legítima y razonable",⁵⁶ porque el orden eterno de las personas divinas en su comunión consubstancial implica que el Padre sea el origen primero del Espíritu en tanto que "principio sin principio",⁵⁷ pero también que, en cuanto Padre del Hijo Único, sea con él "el único principio del que procede el Espíritu Santo".⁵⁸ Esta legítima complementariedad, si no se desorbita, no afecta a la identidad de la fe en la realidad del mismo misterio confesado.

III. LA SANTÍSIMA TRINIDAD EN LA DOCTRINA DE LA FE

La formación del dogma trinitario

249 La verdad revelada de la Santísima Trinidad ha estado desde los orígenes en la raíz de la fe viva de la Iglesia, principalmente en el acto del bautismo. Encuentra su expresión en la regla de la fe bautismal, formulada en la predicación, la catequesis y la oración de la Iglesia. Estas formulaciones

---

⁵¹ Concilio de Toledo XI, año 675: DS, 527.
⁵² DS, 150.
⁵³ Concilio de Florencia: DS, 1300-1301.
⁵⁴ Cf. SAN LEÓN MAGNO, c. *Quam laudabiliter*: DS, 284.
⁵⁵ Cf. CONCILIO VATICANO II, *Ad gentes*, 2.
⁵⁶ Concilio de Florencia, año 1439: DS, 1302.
⁵⁷ Concilio de Florencia, año 1442: DS, 1331.
⁵⁸ Concilio de Lyón II, año 1274: DS, 850.

QUÉ CREEMOS ⟶ El Credo ⟶ El Padre

CIC 255

se encuentran ya en los escritos apostólicos, como este saludo recogido en la liturgia eucarística: "La gracia del Señor Jesucristo, el amor de Dios Padre y la comunión del Espíritu Santo sean con todos vosotros" (*2 Co* 13, 13).[59]

250 Durante los primeros siglos, la Iglesia formula más explícitamente su fe trinitaria tanto para profundizar su propia inteligencia de la fe como para defenderla contra los errores que la deformaban. Esta fue la obra de los Concilios antiguos, ayudados por el trabajo teológico de los Padres de la Iglesia y sostenidos por el sentido de la fe del pueblo cristiano.

94

251 Para la formulación del dogma de la Trinidad, la Iglesia debió crear una terminología propia con ayuda de nociones de origen filosófico: "substancia", "persona" o "hipóstasis", "relación", etc. Al hacer esto, no sometía la fe a una sabiduría humana, sino que daba un sentido nuevo, sorprendente, a estos términos destinados también a significar en adelante un Misterio inefable, "infinitamente más allá de todo lo que podemos concebir según la medida humana".[60]

170

252 La Iglesia utiliza el término "substancia" (traducido a veces también por "esencia" o por "naturaleza") para designar el ser divino en su unidad; el término "persona" o "hipóstasis" para designar al Padre, al Hijo y al Espíritu Santo en su distinción real entre sí; el término "relación" para designar el hecho de que su distinción reside en la referencia de cada uno a los otros.

El dogma de la Santísima Trinidad

253 *La Trinidad es una*. No confesamos tres dioses sino un solo Dios en tres personas: "la Trinidad consubstancial".[61] Las personas divinas no se reparten la única divinidad, sino que cada una de ellas es enteramente Dios: "El Padre es lo mismo que es el Hijo, el Hijo lo mismo que es el Padre, el Padre y el Hijo lo mismo que el Espíritu Santo, es decir, un solo Dios por naturaleza".[62] "Cada una de las tres personas es esta realidad, es decir, la substancia, la esencia o la naturaleza divina".[63]

2789

590

254 *Las personas divinas son realmente distintas entre sí*. "Dios es único pero no solitario".[64] "Padre", "Hijo", "Espíritu Santo" no son simplemente nombres que designan modalidades del ser divino, pues son realmente distintos entre sí: "El que es el Hijo no es el Padre, y el que es el Padre no es el Hijo, ni el Espíritu Santo el que es el Padre o el Hijo".[65] Son distintos entre sí por sus relaciones de origen: "El Padre es quien engendra, el Hijo quien es engendrado, y el Espíritu Santo es quien procede".[66] *La Unidad divina es Trina*.

468; 689

255 *Las personas divinas son relativas unas a otras*. La distinción real de las personas entre sí, puesto que no divide la unidad divina, reside únicamente en las relaciones que las refieren unas a otras: "En los nombres relativos de las

240

---

[59] Cf. *1 Co* 12, 4-6; *Ef* 4, 4-6.
[60] PABLO VI, *Credo del Pueblo de Dios*, 2.
[61] Concilio de Constantinopla II, año 553: DS, 421.
[62] Concilio de Toledo XI, año 675: DS, 530.
[63] Concilio de Letrán IV, año 1215: DS, 804.
[64] *Fides Damasi:* DS, 71.
[65] Concilio de Toledo XI, año 675: DS, 530.
[66] Concilio de Letrán IV, año 1215: DS, 804.

personas, el Padre es referido al Hijo, el Hijo lo es al Padre, el Espíritu Santo lo es a los dos; sin embargo, cuando se habla de estas tres personas considerando las relaciones se cree en una sola naturaleza o substancia".[67] En efecto, "todo es uno (en ellos) donde no existe oposición de relación".[68] "A causa de esta unidad, el Padre está todo en el Hijo, todo en el Espíritu Santo; el Hijo está todo en el Padre, todo en el Espíritu Santo; el Espíritu Santo está todo en el Padre, todo en el Hijo".[69]

256 A los catecúmenos de Constantinopla, san Gregorio Nacianceno, llamado también "el Teólogo", confía este resumen de la fe trinitaria:

> Ante todo, guardadme este buen depósito, por el cual vivo y combato, con el cual quiero morir, que me hace soportar todos los males y despreciar todos los placeres: quiero decir la profesión de fe en el Padre y el Hijo y el Espíritu Santo. Os la confío hoy. Por ella os introduciré dentro de poco en el agua y os sacaré de ella. Os la doy como compañera y patrona de toda vuestra vida. Os doy una sola Divinidad y Poder, que existe Una en los Tres, y contiene los Tres de una manera distinta. Divinidad sin distinción de substancia o de naturaleza, sin grado superior que eleve o grado inferior que abaje... Es la infinita connaturalidad de tres infinitos. Cada uno, considerado en sí mismo, es Dios todo entero... Dios los Tres considerados en conjunto... No he comenzado a pensar en la Unidad cuando ya la Trinidad me baña con su esplendor. No he comenzado a pensar en la Trinidad cuando ya la unidad me posee de nuevo...[70]

IV. LAS OBRAS DIVINAS Y LAS MISIONES TRINITARIAS

257 "O lux beata Trinitas et principalis Unitas!" ("¡Oh Trinidad, luz bienaventurada y unidad esencial!").[71] Dios es eterna beatitud, vida inmortal, luz sin ocaso. Dios es amor: Padre, Hijo y Espíritu Santo. Dios quiere comunicar libremente la gloria de su vida bienaventurada. Tal es el "designio benevolente"[72] que concibió antes de la creación del mundo en su Hijo amado, "predestinándonos a la adopción filial en él" (*Ef* 1, 4-5), es decir, "a reproducir la imagen de su Hijo" (*Rm* 8, 29), gracias al "Espíritu de adopción filial" (*Rm* 8, 15). Este designio es una "gracia dada antes de todos los siglos" (*2 Tm* 1, 9-10), nacido inmediatamente del amor trinitario. Se despliega en la obra de la creación, en toda la historia de la salvación después de la caída, en las misiones del Hijo y del Espíritu, cuya prolongación es la misión de la Iglesia.[73]

258 Toda la economía divina es la obra común de las tres personas divinas. Porque la Trinidad, del mismo modo que tiene una sola y misma naturaleza, así también tiene una sola y misma operación.[74] "El Padre, el Hijo y el Espíritu

---

[67] Concilio de Toledo XI, año 675: DS, 528.
[68] Concilio de Florencia, año 1442: DS, 1330.
[69] *Ibid.*, 1331.
[70] SAN GREGORIO NACIANCENO, *Orationes*, 40, 41: PG 36, 417.
[71] *Liturgia de las Horas*, Himno de vísperas "O lux beata Trinitas".
[72] Cf. *Ef* 1, 9.
[73] Cf. Concilio Vaticano II, *Ad gentes*, 2-9.
[74] Cf. Concilio de Constantinopla II, año 553: DS, 421.

QUÉ CREEMOS ⟶ El Credo ⟶ El Padre

CIC 260

Santo no son tres principios de las criaturas, sino un solo principio".[75] Sin embargo, cada persona divina realiza la obra común según su propiedad personal. Así la Iglesia confiesa, siguiendo al Nuevo Testamento:[76]"uno es Dios y Padre de quien proceden todas las cosas, un solo el Señor Jesucristo por el cual son todas las cosas, y uno el Espíritu Santo en quien son todas las cosas.[77]Son, sobre todo, las misiones divinas de la Encarnación del Hijo y del don del Espíritu Santo las que manifiestan las propiedades de las personas divinas.

686

259 Toda la economía divina, obra a la vez común y personal, da a conocer la propiedad de las personas divinas y su naturaleza única. Así, toda la vida cristiana es comunión con cada una de las personas divinas, sin separarlas de ningún modo. El que da gloria al Padre lo hace por el Hijo en el Espíritu Santo; el que sigue a Cristo, lo hace porque el Padre lo atrae [78] *y el Espíritu lo mueve.*[79]

236

260 El fin último de toda la economía divina es el acceso de las criaturas a la unidad perfecta de la Bienaventurada Trinidad.[80] Pero desde ahora somos llamados a ser habitados por la Santísima Trinidad: "Si alguno me ama —dice el Señor— guardará mi Palabra, y mi Padre le amará, y vendremos a él, y haremos morada en él" (*Jn* 14, 23).

1050; *1721*

1997

> Dios mío, Trinidad que adoro, ayúdame a olvidarme enteramente de mí mismo para establecerme en ti, inmóvil y apacible como si mi alma estuviera ya en la eternidad; que nada pueda turbar mi paz, ni hacerme salir de ti, mi inmutable, sino que cada minuto me lleve más lejos en la profundidad de tu Misterio. Pacifica mi alma. Haz de ella tu cielo, tu morada amada y el lugar de tu reposo. Que yo no te deje jamás solo en ella, sino que yo esté allí enteramente, totalmente despierta en mi fe, en adoración, entregada sin reservas a tu acción creadora.[81]

2565

---

[75] Concilio de Florencia, año 1442: DS, 1331.
[76] Cf. *1 Co* 8, 6.
[77] Concilio de Constantinopla II: DS, 421.
[78] Cf. *Jn* 6, 44.
[79] Cf. *Rm* 8, 14.
[80] Cf. *Jn* 17, 21-23.
[81] BEATA ISABEL DE LA TRINIDAD, *Oración*.

RESUMEN

261 El misterio de la Santísima Trinidad es el misterio central de la fe y de la vida cristiana. Sólo Dios puede dárnoslo a conocer revelándose como Padre, Hijo y Espíritu Santo.

262 La Encarnación del Hijo de Dios revela que Dios es el Padre eterno, y que el Hijo es consubstancial al Padre, es decir, que es en él y con él el mismo y único Dios.

263 La misión del Espíritu Santo, enviado por el Padre en nombre del Hijo,[82] y por el Hijo "de junto al Padre" (*Jn* 15, 26), revela que él es con ellos el mismo Dios único. "Con el Padre y el Hijo recibe una misma adoración y gloria".

264 "El Espíritu Santo procede del Padre en cuanto fuente primera y, por el don eterno de éste al Hijo, del Padre y del Hijo en comunión".[83]

265 Por la gracia del bautismo "en el nombre del Padre y del Hijo y del Espíritu Santo" somos llamados a participar en la vida de la Bienaventurada Trinidad, aquí abajo en la oscuridad de la fe, y después de la muerte, en la luz eterna.[85]

266 "La fe católica es ésta: que veneremos un Dios en la Trinidad y la Trinidad en la unidad, no confundiendo las personas, ni separando las substancias; una es la persona del Padre, otra la del Hijo, otra la del Espíritu Santo; pero del Padre y del Hijo y del Espíritu Santo una es la divinidad, igual la gloria, coeterna la majestad".

267 Las personas divinas, inseparables en su ser, son también inseparables en su obrar. Pero en la única operación divina cada una manifiesta lo que le es propio en la Trinidad, sobre todo en las misiones divinas de la Encarnación del Hijo y del don del Espíritu Santo.

---

[82] Cf. *Jn* 14, 26.
[83] SAN AGUSTÍN, *De Trinitate*, 15, 26, 47.
[84] Cf. PABLO VI, *Credo del Pueblo de Dios*, 9.
[85] Símbolo "Quicumque": DS, 75.

QUÉ CREEMOS ⟶ El Credo ⟶ El Padre

CIC 269

Párrafo 3. El Todopoderoso

> **FUENTES DE LA ESCRITURA Y DE LA IGLESIA**
>
> La siguiente parte del *Catecismo* utiliza estas fuentes de la Escritura y de la Iglesia. Véase el "Índice de citas" para una lista completa de referencias
>
> **Antiguo Testamento** — **Citadas en el *Catecismo***
> Génesis — CIC 268, 269, 276
> Tobías — CIC 269
> Ester — CIC 269
> Job — CIC 275
> Salmos — CIC 268, 269
> Proverbios — CIC 269
> Sabiduría — CIC 269
> Isaías — CIC 269
> Jeremías — CIC 269
>
> **Nuevo Testamento**
> Mateo — CIC 268, 270, 276
> Lucas — CIC 269, 273, 276
> Juan — CIC 268
> 1 Corintios — CIC 268, 272
> 2 Corintios — CIC 268, 270, 273
> Efesios — CIC 272
> Filipenses — CIC 273
>
> **Documentos eclesiásticos**
> *Catecismo Romano* — CIC 274
>
> **Liturgia**
> Misal Romano — CIC 277
>
> **Escritores eclesiásticos**
> Santo Tomás de Aquino — CIC 271

268 De todos los atributos divinos, sólo la omnipotencia de Dios es nombrada en el Símbolo: confesarla tiene un gran alcance para nuestra vida. Creemos que esa omnipotencia es *universal,* porque Dios, que ha creado todo,[86] rige todo y lo puede todo; es *amorosa,* porque Dios es nuestro Padre;[87] es *misteriosa,* porque sólo la fe puede descubrirla cuando "se manifiesta en la debilidad" (*2 Co* 12, 9).[88]

222

"Todo lo que Él quiere, lo hace" (*Sal* 115, 3)

269 Las Sagradas Escrituras confiesan con frecuencia el poder *universal* de Dios. Es llamado "el Poderoso de Jacob" (*Gn* 49, 24; *Is* 1, 24), "el Señor de los

---

[86] Cf. *Gn* 1, 1; *Jn* 1, 3.
[87] Cf. *Mt* 6, 9.
[88] Cf. *1 Co* 1, 18.

85

ejércitos", "el Fuerte, el Valeroso" (*Sal* 24, 8-10). Si Dios es Todopoderoso "en el cielo y en la tierra" (*Sal* 135, 6), es porque Él los ha hecho. Por tanto, nada le es imposible,[89] y dispone de su obra según su voluntad;[90] es el Señor del universo, cuyo orden ha establecido, que le permanece enteramente sometido y disponible; es el Señor de la historia: gobierna los corazones y los acontecimientos según su voluntad:[91] "El actuar con inmenso poder siempre está en tu mano. ¿Quién podrá resistir la fuerza de tu brazo?" (*Sb* 11, 21).

"Te compadeces de todos porque lo puedes todo" (*Sb* 11, 23)

270 Dios es el *Padre* todopoderoso. Su paternidad y su poder se esclarecen mutuamente. Muestra, en efecto, su omnipotencia paternal por la manera como cuida de nuestras necesidades;[92] por la adopción filial que nos da ("Yo seré para vosotros padre, y vosotros seréis para mí hijos e hijas, dice el Señor todopoderoso", 2 *Co* 6, 18); finalmente, por su misericordia infinita, pues muestra su poder en el más alto grado perdonando libremente los pecados.

271 La omnipotencia divina no es en modo alguno arbitraria: "En Dios el poder y la esencia, la voluntad y la inteligencia, la sabiduría y la justicia son una sola cosa, de suerte que nada puede haber en el poder divino que no pueda estar en la justa voluntad de Dios o en su sabia inteligencia".[93]

El misterio de la aparente impotencia de Dios

272 La fe en Dios Padre Todopoderoso puede ser puesta a prueba por la experiencia del mal y del sufrimiento. A veces Dios puede parecer ausente e incapaz de impedir el mal. Ahora bien, Dios Padre ha revelado su omnipotencia de la manera más *misteriosa* en el anonadamiento voluntario y en la Resurrección de su Hijo, por los cuales ha vencido el mal. Así, Cristo crucificado es "poder de Dios y sabiduría de Dios. Porque la necedad divina es más sabia que la sabiduría de los hombres, y la debilidad divina, más fuerte que la fuerza de los hombres" (*1 Co* 2, 24-25). En la Resurrección y en la exaltación de Cristo es donde el Padre "desplegó el vigor de su fuerza" y manifestó "la soberana grandeza de su poder para con nosotros, los creyentes" (*Ef* 1, 19-22).

273 Sólo la fe puede adherir a las vías misteriosas de la omnipotencia de Dios. Esta fe se gloría de sus debilidades con el fin de atraer sobre sí el poder de Cristo.[94] De esta fe, la Virgen María es el modelo supremo: ella creyó que "nada es imposible para Dios" (*Lc* 1, 37) y pudo proclamar las grandezas del Señor: "el Poderoso ha hecho obras grandes por mí; su nombre es Santo" (*Lc* 1, 49).

274 "Nada es, pues, más propio para afianzar nuestra Fe y nuestra Esperanza que la convicción profundamente arraigada en nuestras almas de que nada es imposible para Dios. Porque todo lo que (el Credo) propondrá luego a

---

[89] Cf. *Jr* 32, 17; *Lc* 1, 37.
[90] Cf. *Jr* 27, 5.
[91] Cf. *Est* 4, 17b; *Tb* 21, 1; *Tb* 13, 2.
[92] Cf. *Mt* 6, 32.

[93] SANTO TOMÁS DE AQUINO, *Summa theologiae*, , 25, 5, ad 1.
[94] Cf. *2 Co* 12, 9; *Flp* 4, 13.

QUÉ CREEMOS ⟶ El Credo ⟶ El Padre

CIC 278

nuestra fe, las cosas más grandes, las más incomprensibles, así como las más elevadas por encima de las leyes ordinarias de la naturaleza, en la medida en que nuestra razón tenga la idea de la omnipotencia divina, las admitirá fácilmente y sin vacilación alguna".[95]

211

RESUMEN

275 Con Job, el justo, confesamos: "Sé que eres Todopoderoso: loque piensas, lo puedes realizar" (*Job* 42, 2).

276 Fiel al testimonio de la Escritura, la Iglesia dirige con frecuencia su oración al "Dios todopoderoso y eterno" ("omnipotens sempiterne Deus..."), creyendo firmemente que "nada es imposible para Dios" (*Gn* 18, 14; *Lc* 1, 37; *Mt* 19, 26).

277 Dios manifiesta su omnipotencia convirtiéndonos de nuestros pecados y restableciéndonos en su amistad por la gracia ("Deus, qui omnipotentiam tuam parcendo máxime et miserando manifestas...", "Oh Dios, que manifiestas especialmente tu poder con el perdón y la misericordia...").[96]

278 De no ser por nuestra fe en que el amor de Dios es todopoderoso, ¿cómo creer que el Padre nos ha podido crear, el Hijo rescatar, el Espíritu Santo santificar?

Párrafo 4. El Creador

FUENTES DE LA ESCRITURA Y DE LA IGLESIA

La siguiente parte del *Catecismo* utiliza estas fuentes de la Escritura y de la Iglesia. Véase el "Índice de citas" para una lista completa de referencias

Antiguo Testamento	Citadas en el *Catecismo*
Génesis 292, 298, 299, 307, 312,	CIC 279, 280, 288, 290, 292, 314
Deuteronomio	CIC 304
Tobías	CIC 312
2 Macabeos	CIC 297
Job	CIC 299
Salmos 298-300, 303, 304, 322	CIC 287, 288, 292, 295,
Proverbios	CIC 288, 303
Sabiduría	CIC 283, 295, 299, 301, 302

---

[95] *Catecismo Romano*, 1, 2, 13.   [96] *Misal Romano*, Colecta del domingo XXVI.

Primera parte: La profesión de la fe

---- **FUENTES DE LA ESCRITURA Y DE LA IGLESIA** ----

(continuación)

Antiguo Testamento	Citadas en el *Catecismo*
Eclesiástico	CIC 300, 304
Isaías	CIC 287, 288, 304
Jeremías	CIC 288

Nuevo Testamento	
Mateo	CIC 305, 308, 322
Juan	CIC 291, 308
Hechos de los Apóstoles	CIC 287, 300
Romanos	CIC 280, 287, 298, 312, 313
1 Corintios	CIC 294, 307, 308, 314
2 Corintios	CIC 298
Efesios	CIC 294
Filipenses	CIC 308
Colosenses	CIC 291, 299, 307
1 Tesalonicenses	CIC 307
Hebreos	CIC 286, 302, 320
1 Pedro	CIC 322
Apocalipsis	CIC 295, 303

Concilios ecuménicos	
Constantinopla I (381)	CIC 291
Letrán IV (1215)	CIC 296, 299
Florencia (1439-1445)	CIC 299
Vaticano I (1869-1870)	CIC 286, 293, 296, 299, 302
Vaticano II (1962-1965)	CIC 294, 308

Concilios y sínodos particulares	
Sínodo de Braga I (561)	CIC 299

Documentos pontificios	
León Magno (440-461)	CIC 299

Documentos eclesiásticos	
Congregación para la Educación Católica	CIC 318
Directorio General para la Catequesis	CIC 280

Liturgia	
Liturgia bizantina	CIC 291
Liturgia de las Horas	CIC 291

Escritores eclesiásticos	
San Agustín	CIC 281, 300, 311
San Buenaventura	CIC 293
Santa Catalina de Siena	CIC 313

QUÉ CREEMOS ⟶ El Credo ⟶ El Padre

CIC 281

FUENTES DE LA ESCRITURA Y DE LA IGLESIA

(continuación)

Escritores eclesiásticos	Citadas en el *Catecismo*
Egeria	CIC 281
San Ireneo de Lyon	CIC 292, 294
Juliana de Norwich	CIC 313
San Teófilo de Antioquía	CIC 296
Santo Tomás de Aquino	CIC 293, 310, 311
Santo Tomás Moro	CIC 313

PALABRAS CLAVE

La siguiente parte del *Catecismo* utiliza estas palabras clave.
Véase el "Glosario" para su definición.

Palabras	Citadas en el *Catecismo*
Creación	CIC 290
Dios	CIC 279
Génesis	CIC 289
Mal	CIC 309-311
Mundo	CIC 282, 295
Providencia	CIC 302

---

279 "En el principio, Dios creó el cielo y la tierra" (*Gn* 1, 1). Con estas palabras solemnes comienza la Sagrada Escritura. El Símbolo de la fe las recoge confesando a Dios Padre Todopoderoso como "el Creador del cielo y de la tierra", "de todo lo visible y lo invisible". Hablaremos, pues, primero del Creador, luego de su creación, finalmente de la caída del pecado de la que Jesucristo, el Hijo de Dios, vino a levantarnos.

280 La creación es el *fundamento* de "todos los designios salvíficos de Dios", "el comienzo de la historia de la salvación"[97] que culmina en Cristo. Inversamente, el Misterio de Cristo es la luz decisiva sobre el Misterio de la creación; revela el fin en vista del cual, "al principio, Dios creó el cielo y la tierra" (*Gn* 1, 1): desde el principio Dios preveía la gloria de la nueva creación en Cristo.[98]

288

1043

281 Por esto, las lecturas de la Noche Pascual, celebración de la creación nueva en Cristo, comienzan con el relato de la creación; de igual modo, en la liturgia bizantina, el relato de la creación constituye siempre la primera lectura de las vigilias de las grandes fiestas del Señor. Según el testimonio de los antiguos, la instrucción de los catecúmenos para el bautismo sigue el mismo camino.[99]

1095

---

[97] CONGREGACIÓN PARA EL CLERO, *Directorio Catequístico General,* 51.
[98] Cf. *Rm* 8, 18-23.
[99] Cf. ETERIA, *Peregrinado ad loca sancta,* 46: PLS 1, 1047; SAN AGUSTÍN, *De catechizandis rudibus,* 3, 5.

I. LA CATEQUESIS SOBRE LA CREACIÓN

282 La catequesis sobre la Creación reviste una importancia capital. Se refiere a los fundamentos mismos de la vida humana y cristiana: explícita la respuesta de la fe cristiana a la pregunta básica que los hombres de todos los tiempos se han formulado: "¿De dónde venimos?" "¿A dónde vamos?" "¿Cuál es nuestro origen?" "¿Cuál es nuestro fin?" "¿De dónde viene y a dónde va todo lo que existe?" Las dos cuestiones, la del origen y la del fin, son inseparables. Son decisivas para el sentido y la orientación de nuestra vida y nuestro obrar.

283 La cuestión sobre los orígenes del mundo y del hombre es objeto de numerosas investigaciones científicas que han enriquecido magníficamente nuestros conocimientos sobre la edad y las dimensiones del cosmos, el devenir de las formas vivientes, la aparición del hombre. Estos descubrimientos nos invitan a admirar más la grandeza del Creador, a darle gracias por todas sus obras y por la inteligencia y la sabiduría que da a los sabios e investigadores. Con Salomón, éstos pueden decir: "Fue él quien me concedió el conocimiento verdadero de cuanto existe, quien me dio a conocer la estructura del mundo y las propiedades de los elementos... porque la que todo lo hizo, la Sabiduría, me lo enseñó" (*Sb* 7, 17-21).

284 El gran interés que despiertan estas investigaciones está fuertemente estimulado por una cuestión de otro orden, y que supera el dominio propio de las ciencias naturales. No se trata sólo de saber cuándo y cómo ha surgido materialmente el cosmos, ni cuándo apareció el hombre, sino más bien de descubrir cuál es el sentido de tal origen: si está gobernado por el azar, un destino ciego, una necesidad anónima, o bien por un Ser trascendente, inteligente y bueno, llamado Dios. Y si el mundo procede de la sabiduría y de la bondad de Dios, ¿por qué existe el mal?, ¿de dónde viene?, ¿quién es responsable de él?, ¿dónde está la posibilidad de liberarse del mal?

285 Desde sus comienzos, la fe cristiana se ha visto confrontada a respuestas distintas de las suyas sobre la cuestión de los orígenes. Así, en las religiones y culturas antiguas encontramos numerosos mitos referentes a los orígenes. Algunos filósofos han dicho que todo es Dios, que el mundo es Dios, o que el devenir del mundo es el devenir de Dios (panteísmo); otros han dicho que el mundo es una emanación necesaria de Dios, que brota de esta fuente y retorna a ella; otros han afirmado incluso la existencia de dos principios eternos, el Bien y el Mal, la Luz y las Tinieblas, en lucha permanente (dualismo, maniqueísmo); según algunas de estas concepciones, el mundo (al menos el mundo material) sería malo, producto de una caída, y por tanto se ha de rechazar y superar (gnosis); otros admiten que el mundo ha sido hecho por Dios, pero a la manera de un relojero que, una vez hecho, lo habría abandonado a él mismo (deísmo); otros, finalmente, no aceptan ningún origen trascendente del mundo, sino que ven en él el puro juego de una materia que ha existido siempre (materialismo). Todas estas tentativas dan testimonio de la permanencia y de la universalidad de la cuestión de los orígenes. Esta búsqueda es inherente al hombre.

QUÉ CREEMOS → El Credo → El Padre

286 La inteligencia humana puede ciertamente encontrar por sí misma una respuesta a la cuestión de los orígenes. En efecto, la existencia de Dios Creador puede ser conocida con certeza por sus obras gracias a la luz de la razón humana,[100] aunque este conocimiento es con frecuencia oscurecido y desfigurado por el error. Por eso la fe viene a confirmar y a esclarecer la razón para la justa inteligencia de esta verdad: "Por la fe, sabemos que el universo fue formado por la palabra de Dios, de manera que lo que se ve resultase de lo que no aparece" (*Hb* 11, 3).

287 La verdad en la creación es tan importante para toda la vida humana que Dios, en su ternura, quiso revelar a su pueblo todo lo que es saludable conocer a este respecto. Más allá del conocimiento natural que todo hombre puede tener del Creador,[101] Dios reveló progresivamente a Israel el misterio de la creación. El que eligió a los patriarcas, el que hizo salir a Israel de Egipto y que, al escoger a Israel, lo creó y formó,[102] se revela como aquel a quien pertenecen todos los pueblos de la tierra y la tierra entera, como el único Dios que "hizo el cielo y la tierra" (*Sal* 115, 15; 124, 8; 134, 3).

288 Así, la revelación de la creación es inseparable de la revelación y de la realización de la Alianza del Dios único, con su Pueblo. La creación es revelada como el primer paso hacia esta Alianza, como el primero y universal testimonio del amor todopoderoso de Dios.[103] Por eso, la verdad de la creación se expresa con un vigor creciente en el mensaje de los profetas,[104] en la oración de los salmos[105] y de la liturgia, en la reflexión de la sabiduría[106] del Pueblo elegido.

289 Entre todas las palabras de la Sagrada Escritura sobre la creación, los tres primeros capítulos del Génesis ocupan un lugar único. Desde el punto de vista literario, estos textos pueden tener diversas fuentes. Los autores inspirados los han colocado al comienzo de la Escritura de suerte que expresan, en su lenguaje solemne, las verdades de la creación, de su origen y de su fin en Dios, de su orden y de su bondad, de la vocación del hombre, finalmente, del drama del pecado y de la esperanza de la salvación. Leídas a la luz de Cristo, en la unidad de la Sagrada Escritura y en la Tradición viva de la Iglesia, estas palabras siguen siendo la fuente principal para la catequesis de los Misterios del "comienzo": creación, caída, promesa de la salvación.

II. LA CREACIÓN: OBRA DE LA SANTÍSIMA TRINIDAD

290 "En el principio, Dios creó el cielo y la tierra": tres cosas se afirman en estas primeras palabras de la Escritura: el Dios eterno ha dado principio a todo lo que existe fuera de Él. Sólo Él es creador (el verbo "crear" —en hebreo "bara"— tiene siempre por sujeto a Dios). La totalidad de lo que existe (expresada por la fórmula "el cielo y la tierra") depende de Aquel que le da el ser.

---

[100] Cf. Concilio Vaticano I: DS, 3026.
[101] Cf. *Hch* 17, 24-29; *Rm* 1, 19-20.
[102] Cf. *Is* 43, 1.
[103] Cf. *Gn* 15, 5; *Jr* 33, 19-26.
[104] Cf. *Is* 44, 24.
[105] Cf. *Sal* 104.
[106] Cf. *Pr* 8, 22-31.

241

291 "En el principio existía el Verbo... y el Verbo era Dios... Todo fue hecho por él y sin él nada ha sido hecho" (*Jn* 1, 1-3). El Nuevo Testamento revela que Dios creó todo por el Verbo Eterno, su Hijo amado. "En él fueron creadas

331

todas las cosas, en los cielos y en la tierra... todo fue creado por él y para él, él existe con anterioridad a todo y todo tiene en él su consistencia"

703

(*Col* 1, 16-17). La fe de la Iglesia afirma también la acción creadora del Espíritu Santo: él es el "dador de vida",[107] "el Espíritu Creador",[108] la "Fuente de todo bien".[109]

292 La acción creadora del Hijo y del Espíritu, insinuada en el Antiguo Testamento,[110] revelada en la Nueva Alianza, inseparablemente una con la del Padre, es claramente afirmada por la regla de fe de la Iglesia: "Sólo existe un Dios...: es el Padre, es Dios, es el Creador, es el Autor, es el Ordenador. Ha hecho todas las cosas *por sí mismo*, es decir, por su Verbo y por su Sabiduría",

699

"por el Hijo y el Espíritu", que son como "sus manos".[111] La creación es la obra

257

común de la Santísima Trinidad.

III. "EL MUNDO HA SIDO CREADO PARA LA GLORIA DE DIOS"

293 La Escritura y la Tradición no cesan de enseñar y celebrar esta verdad fundamental: "El mundo ha sido creado para la gloria de Dios".[112] Dios ha crea-

337; 344

do todas las cosas, explica san Buenaventura, "non propter gloriam augendam, sed propter gloriam manifestandam et propter gloriam suam communican-

1361

dam" ("no para aumentar su gloria, sino para manifestarla y comunicarla").[113] Porque Dios no tiene otra razón para crear que su amor y su bondad: "Aperta manu clave amoris creaturae prodierunt" ("Abierta su mano con la llave del amor surgieron las criaturas").[114] Y el Concilio Vaticano I explica:

759

> En su bondad y por su fuerza todopoderosa, no para aumentar su bienaventuranza, ni para adquirir su perfección, sino para manifestarla por los bienes que otorga a sus criaturas, el solo verdadero Dios, en su libérrimo designio, en el comienzo del tiempo, creó de la nada a la vez una y otra criatura, la espíritual y la corporal.[115]

2809

294 La gloria de Dios consiste en que se realice esta manifestación y esta comunicación de su bondad para las cuales el mundo ha sido creado. Hacer de nosotros "hijos adoptivos por medio de Jesucristo, según el beneplácito de su voluntad, *paraalabanzade lagloriaáe* su gracia" (*Ef* 1, 5-6): "Porque la gloria

---

[107] Símbolo de Nicea-Constantinopla.
[108] *Liturgia de las Horas,* Himno "Veni, Creator Spiritus".
[109] *Liturgia bizantina,* Troparia de vísperas de Pentecostés.
[110] Cf. *Sal* 33, 6; 104, 30; *Gn* 1, 2-3.
[111] SAN IRENEO DE LYÓN, *Adversas haereses,* 2, 30, 9 y 4, 20, 1.
[112] Concilio Vaticano I: DS, 3025.
[113] SAN BUENAVENTURA, In libros sententiarum, 2, 1, 2, 2, 1.
[114] SANTO TOMAS de AQUINO, In libros sententiarum, 2, prol.
[115] Concilio Vaticano I: DS, 3002.

QUÉ CREEMOS ⟶ El Credo ⟶ El Padre

de Dios es el hombre vivo, y la vida del hombre es la visión de Dios: si ya la revelación de Dios por la creación procuró la vida a todos los seres que viven en la tierra, cuánto más la manifestación del Padre por el Verbo procurará la vida a los que ven a Dios".[116] El fin último de la creación es que Dios, "Creador de todos los seres, sea por fin 'todo en todos' (*1 Co* 15, 28), procurando al mismo tiempo su gloria y nuestra felicidad".[117]

1722

1992

IV. EL MISTERIO DE LA CREACIÓN

Dios crea por sabiduría y por amor

295 Creemos que Dios creó el mundo según su sabiduría.[118] Este no es producto de una necesidad cualquiera, de un destino ciego o del azar. Creemos que procede de la voluntad libre de Dios que ha querido hacer participar a las criaturas de su ser, de su sabiduría y de su bondad: "Porque tú has creado todas las cosas; por tu voluntad lo que no existía fue creado" (*Ap* 4, 11). "¡Cuán numerosas son tus obras, Señor! Todas las has hecho con sabiduría" (*Sal* 104, 24). "Bueno es el Señor para con todos, y sus ternuras sobre todas sus obras" (*Sal* 145, 9).

216; 1951

Dios crea "de la nada"

296 Creemos que Dios no necesita nada preexistente ni ninguna ayuda para crear.[119] La creación tampoco es una emanación necesaria de la substancia divina.[120] Dios crea libremente "de la nada":[121]

285

> ¿Qué tendría de extraordinario si Dios hubiera sacado el mundo de una materia preexistente? Un artífice humano, cuando se le da un material, hace de él todo lo que quiere. Mientras que el poder de Dios se muestra precisamente cuando parte de la nada para hacer todo lo que quiere.[122]

297 La fe en la creación "de la nada" está atestiguada en la Escritura como una verdad llena de promesa y de esperanza. Así la madre de los siete hijos macabeos los alienta al martirio:

338

> Yo no sé cómo aparecisteis en mis entrañas, ni fui yo quien os regaló el espíritu y la vida, ni tampoco organicé yo los elementos de cada uno. Pues así el Creador del mundo, el que modeló al hombre en su nacimiento y proyectó el origen de todas las cosas, os devolverá el espíritu y la vida con misericordia, porque ahora no miráis por vosotros mismos a causa de sus leyes... Te ruego, hijo, que mires al cielo y a la tierra y, al ver todo lo que hay

---

[116] SAN IRENEO DE LYÓN, *Adversus haereses*, 4, 20, 7.
[117] Concilio Vaticano II, *Ad gentes*, 2.
[118] Cf. *Sb* 9, 9.
[119] Cf. Concilio Vaticano I: DS, 3022.
[120] Cf. *ibid.*, 3023-3024.
[121] Concilio de Letrán IV: DS, 800; Concilio Vaticano I: *ibid*, 3025.
[122] SAN TEÓFILO DE ANTIOQUÍA, *Ad Autolycum*, 2, 4: PG 6, 1052.

en ellos, sepas que a partir de la nada lo hizo Dios y que también el género humano ha llegado así a la existencia (*2 M* 7, 22-23.28).

298 Puesto que Dios puede crear de la nada, puede por el Espíritu Santo dar la vida del alma a los pecadores creando en ellos un corazón puro,[123] y la vida del cuerpo a los difuntos mediante la Resurrección. Él "da la vida a los muertos y llama a las cosas que no son para que sean" (*Rm* 4, 17). Y puesto que, por su Palabra, pudo hacer resplandecer la luz en las tinieblas,[124] puede también dar la luz de la fe a los que lo ignoran.[125]

Dios crea un mundo ordenado y bueno

299 Porque Dios crea con sabiduría, la creación está ordenada: "Tú todo lo dispusiste con medida, número y peso" (*Sb* 11, 20). Creada en y por el Verbo eterno, "imagen del Dios invisible" (*Col* 1, 15), la creación está destinada, dirigida al hombre, imagen de Dios,[126] llamado a una relación personal con Dios. Nuestra inteligencia, participando en la luz del Entendimiento divino, puede entender lo que Dios nos dice por su creación,[127] ciertamente no sin gran esfuerzo y en un espíritu de humildad y de respeto ante el Creador y su obra.[128] Salida de la bondad divina, la creación participa en esa bondad ("Y vio Dios que era bueno... muy bueno": *Gn* 1, 4.10.12.18.21.31). Porque la creación es querida por Dios como un don dirigido al hombre, como una herencia que le es destinada y confiada. La Iglesia ha debido, en repetidas ocasiones, defender la bondad de la creación, comprendida la del mundo material.[129]

Dios trasciende la creación y está presente en ella

300 Dios es infinitamente más grande que todas sus obras:[130] "Su majestad es más alta que los cielos" (*Sal* 8, 2), "su grandeza no tiene medida" (*Sal* 145, 3). Pero porque es el Creador soberano y libre, causa primera de todo lo que existe, está presente en lo más íntimo de sus criaturas: "En él vivimos, nos movemos y existimos" (*Hch* 17, 28). Según las palabras de San Agustín, Dios es cima de lo más alto que hay en mí y está en lo más hondo de mi intimidad").[131]

Dios mantiene y conduce la creación

301 Realizada la creación, Dios no abandona su criatura a ella misma. No sólo le da el ser y el existir, sino que la mantiene a cada instante en el ser, le da el obrar y la lleva a su término. Reconocer esta dependencia completa con respecto al Creador es fuente de sabiduría y de libertad, de gozo y de confianza:

---

[123] Cf. *Sal* 51, 12.
[124] Cf. *Gn* 1, 3.
[125] Cf. *2 Co* 4, 6.
[126] Cf. *Gn* 1, 26.
[127] Cf. *Sal* 19, 2-5.
[128] Cf. *Jb* 42, 3.
[129] Cf. SAN LEON MAGO, c. Quam laudabiliter, DS, 286; Concilio de Braga 1: *ibid.*, 455-463; Concilio de Letrán IV: *Ibid.*, 800; Concilio de Florencia: *Ibid.*, 1333; Concilio Vaticano I: *ibid.*, 3002.
[130] Cf. *Sí* 43, 28.
[131] SAN AGUSTÍN, *Confessiones*, 3, 6, 11.

QUÉ CREEMOS ⟶ El Credo ⟶ El Padre

CIC 306

Amas a todos los seres y nada de lo que hiciste aborreces, pues, si algo odiases, no lo hubieras creado. Y ¿cómo podría subsistir cosa que no hubieses querido? ¿Cómo se conservaría si no la hubieses llamado? Mas tú todo lo perdonas porque todo es tuyo, Señor que amas la vida (*Sb* 11, 24-26).

V. DIOS REALIZA SU DESIGNIO: LA DIVINA PROVIDENCIA

302 La creación tiene su bondad y su perfección propias, pero no salió plenamente acabada de las manos del Creador. Fue creada "en estado de vía" ("in statu viae") hacia una perfección última todavía por alcanzar, a la que Dios la destinó. Llamamos divina providencia a las disposiciones por las que Dios conduce la obra de su creación hacia esta perfección:

> Dios guarda y gobierna por su providencia todo lo que creó, "alcanzando con fuerza de un extremo al otro del mundo y disponiéndolo todo con dulzura" (*Sb* 8, 1). Porque "todo está desnudo y patente a sus ojos" (*Hb* 4, 13), incluso lo que la acción libre de las criaturas producirá.[132]

303 El testimonio de la Escritura es unánime: la solicitud de la divina providencia es concreta e inmediata; tiene cuidado de todo, de las cosas más pequeñas hasta los grandes acontecimientos del mundo y de la historia. Las Sagradas Escrituras afirman con fuerza la soberanía absoluta de Dios en el curso de los acontecimientos: "Nuestro Dios en los cielos y en la tierra, todo cuanto le place lo realiza" (*Sal* 115, 3); y de Cristo se dice: "si él abre, nadie puede cerrar; si él cierra, nadie puede abrir" (*Ap* 3, 7); "hay muchos proyectos en el corazón del hombre, pero sólo el plan de Dios se realiza" (*Pr* 19, 21).

269

304 Así vemos al Espíritu Santo, autor principal de la Sagrada Escritura, atribuir con frecuencia a Dios acciones sin mencionar causas segundas. Esto no es "una manera de hablar" primitiva, sino un modo profundo de recordar la primacía de Dios y su señorío absoluto sobre la historia y el mundo[133] y de educar así para la confianza en Él. La oración de los salmos es la gran escuela de esta confianza.[134]

2568

305 Jesús pide un abandono filial en la providencia del Padre celestial que cuida de las más pequeñas necesidades de sus hijos: "No andéis, pues, preocupados diciendo: ¿qué vamos a comer?, ¿qué vamos a beber?... Ya sabe vuestro Padre celestial que tenéis necesidad de todo eso. Buscad primero su Reino y su justicia, y todas esas cosas se os darán por añadidura" (*Mt* 6, 31-33).[135]

2115

La providencia y las causas segundas

306 Dios es el Señor soberano de su designio. Pero para su realización se sirve también del concurso de las criaturas. Esto no es un signo de debilidad,

1884

---

[132] Concilio Vaticano I: DS, 3003.
[133] Cf. *Is* 10, 5-15; 45, 5-7; *Di* 32, 39; *Si* 11, 14.
[134] Cf. *Sal* 22; 32; 35; 103; 138.
[135] Cf. *Mt* 10, 29-31.

307 Dios concede a los hombres incluso poder participar libremente en su providencia confiándoles la responsabilidad de "someter" la tierra y dominarla.[136] Dios da así a los hombres el ser causas inteligentes y libres para completar la obra de la Creación y perfeccionar su armonía, para su bien y el de sus prójimos. Los hombres, cooperadores a menudo inconscientes de la voluntad divina, pueden entrar libremente en el plan divino no sólo por su acciones y sus oraciones, sino también por sus sufrimientos.[137] Entonces llegan a ser plenamente "colaboradores de Dios" (*1 Co* 3, 9; *1 Ts* 3, 2) y de su Reino.[138]

308 Es una verdad inseparable de la fe en Dios Creador: Dios actúa en las obras de sus criaturas. Es la causa primera que opera en y por las causas segundas: "Dios es quien obra en vosotros el querer y el obrar, como bien le parece" (*Flp* 2, 13).[139] Esta verdad, lejos de disminuir la dignidad de la criatura, la realza. Sacada de la nada por el poder, la sabiduría y la bondad de Dios, no puede nada si está separada de su origen, porque "sin el Creador la criatura se diluye";[140] menos aún puede ella alcanzar su fin último sin la ayuda de la gracia.[141]

La providencia y el escándalo del mal

309 Si Dios Padre Todopoderoso, Creador del mundo ordenado y bueno, tiene cuidado de todas sus criaturas, ¿por qué existe el mal? A esta pregunta tan apremiante como inevitable, tan dolorosa como misteriosa no se puede dar una respuesta simple. El conjunto de la fe cristiana constituye la respuesta a esta pregunta: la bondad de la creación, el drama del pecado, el amor paciente de Dios que sale al encuentro del hombre con sus Alianzas, con la Encarnación redentora de su Hijo, con el don del Espíritu, con la congregación de la Iglesia, con la fuerza de los sacramentos, con la llamada a una vida bienaventurada que las criaturas son invitadas a aceptar libremente, pero a la cual, también libremente, por un misterio terrible, pueden negarse o rechazar. *No hay un rasgo del mensaje cristiano que no sea en parte una respuesta a la cuestión del mal.*

310 Pero ¿por qué Dios no creó un mundo tan perfecto que en él no pudiera existir ningún mal? En su poder infinito, Dios podría siempre crear algo mejor.[142] Sin embargo, en su sabiduría y bondad infinitas, Dios quiso libremente crear un mundo "en estado de vía" hacia su perfección última. Este devenir trae consigo en el designio de Dios, junto con la aparición de

---

[136] Cf. *Gn* 1, 26-28.
[137] Cf. *Col* 1, 24.
[138] Cf. *Col* 4, 11.
[139] Cf. *Col* 2, 6.
[140] Concilio Vaticano II, *Gaudium et spes*, 36, 3.
[141] Cf. *Mt* 19, 26; *Jn* 15, 5, *Flp* 4, 13.
[142] Cf. SANTO TOMÁS DE AQUINO, Summa theologiae, 1, 25, 6.

QUÉ CREEMOS ⟶ El Credo ⟶ El Padre

ciertos seres, la desaparición de otros; junto con lo más perfecto lo menos perfecto; junto con las construcciones de la naturaleza también las destrucciones. Por tanto, con el bien físico existe también *el mal físico*, mientras la creación no haya alcanzado su perfección.[143]

311 Los ángeles y los hombres, criaturas inteligentes y libres, deben caminar hacia su destino último por elección libre y amor de preferencia. Por ello pueden desviarse. De hecho pecaron. Y fue así como *el mal moral* entró en el mundo, incomparablemente más grave que el mal físico. Dios no es de ninguna manera, ni directa ni indirectamente, la causa del mal moral.[144] Sin embargo, lo permite, respetando la libertad de su criatura, y, misteriosamente, sabe sacar de él el bien:

> Porque el Dios Todopoderoso... por ser soberanamente bueno, no permitiría jamás que en sus obras existiera algún mal, si Él no fuera suficientemente poderoso y bueno para hacer surgir un bien del mismo mal.[145]

312 Así, con el tiempo, se puede descubrir que Dios, en su providencia todopoderosa, puede sacar un bien de las consecuencias de un mal, incluso moral, causado por sus criaturas: "No fuisteis vosotros, dice José a sus hermanos, los que me enviasteis acá, sino Dios..., aunque vosotros pensasteis hacerme daño, Dios lo pensó para bien, para hacer sobrevivir... un pueblo numeroso" (*Gn* 45, 8; 50, 20).[146] Del mayor mal moral que ha sido cometido jamás, el rechazo y la muerte del Hijo de Dios, causado por los pecados de todos los hombres, Dios, por la superabundancia de su gracia,[147] sacó el mayor de los bienes: la glorificación de Cristo y nuestra Redención. Sin embargo, no por esto el mal se convierte en un bien.

313 "Todo coopera al bien de los que aman a Dios" (*Rm* 8, 28). El testimonio de los santos no cesa de confirmar esta verdad:

> Así santa Catalina de Siena dice a "los que se escandalizan y se rebelan por lo que les sucede": "Todo procede del amor, todo está ordenado a la salvación del hombre, Dios no hace nada que no sea con este fin".[148]

> Y santo Tomás Moro, poco antes de su martirio, consuela a su hija: "Nada puede pasarme que Dios no quiera. Y todo lo que Él quiere, por muy malo que nos parezca, es en realidad lo mejor".[149]

> Y Juliana de Norwich: "Yo comprendí, pues, por la gracia de Dios, que era preciso mantenerme firmemente en la fe y creer con no menos firmeza que

CIC 313

342

396
1849

598-600

1994

227

---

[143] Cf. SANTO TOMÁS DE AQUINO, Summa contra gentiles, 3, 71.
[144] Cf. SAN AGUSTÍN, De libero arbitrio, 1, 1, 1: PL 32, 1221-1223. SANTO TOMAS DE AQUINO, Summa theologiae, I-II, 79, 1.
[145] SAN AGUSTÍN, Enchiridion de fide, spe et caritate, 11, 3.
[146] Cf. *Tb*, 2, 12-18 Vg.
[147] Cf. *Rm* 5, 20
[148] CATALINA DE SIENA, Dialoghi, 4, 138.
[149] SANTO TOMÁS MORO, Carta de prisión; cf. Liturgia de las Horas, III, Oficio de lectura 22 junio.

todas las cosas serán para bien... Tu verás que todas las cosas serán para bien" ("*Thou shalt see thyself that all MANNER of thing shall be well*")[150]

314 Creemos firmemente que Dios es el Señor del mundo y de la historia. Pero los caminos de su providencia nos son con frecuencia desconocidos. Sólo al final, cuando tenga fin nuestro conocimiento parcial, cuando veamos a Dios "cara a cara" (*1 Co* 13, 12), nos serán plenamente conocidos los caminos por los cuales, incluso a través de los dramas del mal y del pecado, Dios habrá conducido su creación hasta el reposo de ese *Sabbat*[151] definitivo, en vista del cual creó el cielo y la tierra.

RESUMEN

315 En la creación del mundo y del hombre, Dios ofreció el primero y universal testimonio de su amor todopoderoso y de su sabiduría, el primer anuncio de su "designio benevolente" que encuentra su fin en la nueva creación en Cristo.

316 Aunque la obra de la creación se atribuya particularmente al Padre, es igualmente verdad de fe que el Padre, el Hijo y el Espíritu Santo son el principio único e indivisible de la creación.

317 Sólo Dios ha creado el universo, libremente, sin ninguna ayuda.

318 Ninguna criatura tiene el poder infinito que es necesario para "crear" en el sentido propio de la palabra, es decir, de producir y de dar el ser a lo que no lo tenía en modo alguno (llamar a la existencia de la nada).[152]

319 Dios creó el mundo para manifestar y comunicar su gloria. La gloria para la que Dios creó a sus criaturas consiste en que tengan parte en su verdad, su bondad y su belleza.

320 Dios, que ha creado el universo, lo mantiene en la existencia por su Verbo, "el Hijo que sostiene todo con su palabra poderosa" (*Hb* 1, 3) y por su Espíritu Creador que da la vida.

321 La divina providencia consiste en las disposiciones por las que Dios conduce con sabiduría y amor todas las criaturas hasta su fin último.

322 Cristo nos invita al abandono filial en la providencia de nuestro Padre celestial[153] y el apóstol san Pedro insiste: "Confiadle todas vuestras preocupaciones pues él cuida de vosotros" (*1 P* 5, 7).[154]

---

[150] JULIANA DE NORWICH, Revelaciones of Divine Love, 32.
[151] Cf. *Gn* 2, 2.
[152] Cf. CONGREGACIÓN PARA LA EDUCACIÓN CATÓLICA, Decreto del 27 julio de 1914, Theses approbatae philosophiae tomisticae: DS, 3624.
[153] Cf. *Mt* 6, 26-34.
[154] Cf. *Sal* 55, 23.

QUÉ CREEMOS ⟶ El Credo ⟶ El Padre

CIC 324

323 La providencia divina actúa también por la acción de las criaturas. A los seres humanos Dios les concede cooperar libremente en sus designios.

324 La permisión divina del mal físico y del mal moral es un misterio que Dios esclarece por su Hijo, Jesucristo, muerto y resucitado para vencer el mal. La fe nos da la certeza de que Dios no permitiría el mal si no hiciera salir el bien del mal mismo, por caminos que nosotros sólo conoceremos plenamente en la vida eterna.

Párrafo 5. El cielo y la tierra

FUENTES DE LA ESCRITURA Y DE LA IGLESIA

La siguiente parte del *Catecismo* utiliza estas fuentes de la Escritura y de la Iglesia. Véase el "Índice de citas" para una lista completa de referencias

Antiguo Testamento	Citadas en el *Catecismo*
Génesis	CIC 332, 337, 343, 345, 347
Éxodo	CIC 332
Jueces	CIC 332
1 Reyes	CIC 332
Tobías	CIC 336
Macabeos 2	CIC 333
Job	CIC 332, 336
Salmos	CIC 326, 329, 336, 342
Isaías	CIC 332
Jeremías	CIC 346
Daniel	CIC 330
Zacarías	CIC 336
Nuevo Testamento	
Mateo	CIC 326, 329, 331, 333, 336, 342
Marcos	CIC 333
Lucas	CIC 330, 332, 333, 336, 342
Hechos de los Apóstoles	CIC 332-334
Colosenses	CIC 331
Hebreos	CIC 331, 333, 346
Profesiones de fe	
Credo de los Apóstoles	CIC 325

CIC 325 — Primera parte: La profesión de la fe

FUENTES DE LA ESCRITURA Y DE LA IGLESIA
(continuación)

Concilios ecuménicos	Citadas en el *Catecismo*
Constantinopla I (381)	CIC 325
Letrán IV (1215)	CIC 327
Vaticano I (1869-1870)	CIC 327
Vaticano II (1962-1965)	CIC 337, 339

Documentos pontificios	
Pío XII (1939-1958)	CIC 330, 360
Pablo VI (1963-1978)	CIC 327

Liturgia	
Liturgia de san Juan Crisóstomo	CIC 335
Misal Romano	CIC 335, CIC 349

Escritores eclesiásticos	
San Agustín	CIC 329, 338
San Basilio de Cesarea en Capadocia	CIC 336
San Benedicto	CIC 347
San Francisco de Asís	CIC 344
Santo Tomás de Aquino	CIC 350

PALABRAS CLAVE

La siguiente parte del *Catecismo* utiliza estas palabras clave.
Véase el "Glosario" para su definición.

Palabras	Citadas en el *Catecismo*
Angel	CIC 329-331
Ángeles de la guarda	CIC 336
Génesis	CIC 337
Naturaleza	CIC 341
Sabbat	CIC 345-349

---

325 El Símbolo de los Apóstoles profesa que Dios es "el Creador del cielo y de la tierra", y el Símbolo de Nicea-Constantinopla explícita: "...de todo lo visible y lo invisible".

290

326 En la Sagrada Escritura, la expresión "cielo y tierra" significa: todo lo que existe, la creación entera. Indica también el vínculo que, en el interior de la creación, a la vez une y distingue cielo y tierra: "La tierra", es el mundo de los hombres.[155] "El cielo" o "los cielos" puede designar el firmamento,[156] pero también el "lugar" propio de Dios: "nuestro Padre que está en los cielos"

1023; 2794

---

[155] Cf. *Sal* 115, 16.   [156] Cf. *Sal* 19, 2.

QUÉ CREEMOS → El Credo → El Padre

(*Mt* 5, 16),[157] y por consiguiente también el "cielo", que es la gloria escatológica. Finalmente, la palabra "cielo" indica el "lugar" de las criaturas espirituales —los ángeles— que rodean a Dios.

327 La profesión de fe del IV Concilio de Letrán afirma que Dios, "al comienzo del tiempo, creó a la vez de la nada una y otra criatura, la espiritual y la corporal, es decir, la angélica y la mundana; luego, la criatura humana, que participa de las dos realidades, pues está compuesta de espíritu y de cuerpo".[158]

I. LOS ÁNGELES

La existencia de los ángeles, una verdad de fe

328 La existencia de seres espirituales, no corporales, que la Sagrada Escritura llama habitualmente ángeles, es una verdad de fe. El testimonio de la Escritura es tan claro como la unanimidad de la Tradición.

Quiénes son los ángeles

329 San Agustín dice respecto a ellos: "Angelus officii nomen est, non naturae. Quaeris nomen huius naturae, spiritus est; quaeris officium, ángelus est: ex eo quod est, spiritus est, ex eo quod agit, ángelus" ("El nombre de ángel indica su oficio, no su naturaleza. Si preguntas por su naturaleza, te diré que es un espíritu; si preguntas por lo que hace, te diré que es un ángel").[159] Con todo su ser, los ángeles son *servidores* y mensajeros de Dios. Porque contemplan "constantemente el rostro de mi Padre que está en los cielos" (*Mt* 18, 10), son "agentes de sus órdenes, atentos a la voz de su palabra" (*Sal* 103, 20).

330 En tanto que criaturas puramente espirituales, tienen inteligencia y voluntad: son criaturas personales[160] e inmortales.[161] Superan en perfección a todas las criaturas visibles. El resplandor de su gloria da testimonio de ello.[162]

Cristo "con todos sus ángeles"

331 Cristo es el centro del mundo de los ángeles. Los ángeles le pertenecen: "Cuando el Hijo del hombre venga en su gloria acompañado de todos sus ángeles..." (*Mt* 25, 31). Le pertenecen porque fueron creados *por y para* Él: "Porque en él fueron creadas todas las cosas, en los cielos y en la tierra, las visibles y las invisibles, los Tronos, las Dominaciones, los Principados, las Potestades: todo fue creado por él y para él" (*Col* 1, 16). Le pertenecen más aún porque los ha hecho mensajeros de su designio de salvación: "¿Es que no son todos ellos espíritus servidores con la misión de asistir a los que han de heredar la salvación?" (*Hb* 1, 14).

332 Desde la creación[163] y a lo largo de toda la historia de la salvación, los encontramos, anunciando de lejos o de cerca, esa salvación y sirviendo al

---

[157] Cf. *Sal* 115, 16.
[158] Concilio de Letrán IV: DS, 800; cf. Concilio Vaticano I: ibid., 3002 y PABLO VI, Credo del Pueblo de Dios, 8.
[159] SAN AGUSTÍN, Enarratio in Psalmos, 103, 1, 15.
[160] Cf. *Pío XII*, ene. Humani generis: DS, 3891.
[161] Cf. *Lc* 20, 36.
[162] Cf. *Dn* 10, 9-12.
[163] Cf. *Jb* 38, 7, donde los ángeles son llamados "hijos de Dios".

designio divino de su realización: cierran el paraíso terrenal[164]protegen a Lot,[165]salvan a Agar y a su hijo,[166]detienen la mano de Abraham,[167]la ley es comunicada por su ministerio (cf. *Hch* 7, 53), conducen el pueblo de Dios,[168]anuncian nacimientos[169]y vocaciones,[170]asisten a los profetas,[171]por no citar más que algunos ejemplos. Finalmente, el ángel Gabriel anuncia el nacimiento del Precursor y el de Jesús.[172]

333 De la Encarnación a la Ascensión, la vida del Verbo encarnado está rodeada de la adoración y del servicio de los ángeles. Cuando Dios introduce "a su Primogénito en el mundo, dice: 'adórenle todos los ángeles de Dios'" (*Hb* 1, 6). Su cántico de alabanza en el nacimiento de Cristo no ha cesado de resonar en la alabanza de la Iglesia: "Gloria a Dios…" (*Lc* 2, 14). Protegen la infancia de Jesús,[173] sirven a Jesús en el desierto,[174]lo reconfortan en la agonía,[175]cuando Él habría podido ser salvado por ellos de la mano de sus enemigos[176]como en otro tiempo Israel.[177]Son también los ángeles quienes "evangelizan" (*Lc* 2, 10) anunciando la Buena Nueva de la Encarnación,[178]y de la Resurrección[179]de Cristo. Con ocasión de la segunda venida de Cristo, anunciada por los ángeles,[180]éstos estarán presentes al servicio del juicio del Señor.[181]

Los ángeles en la vida de la Iglesia

334 De aquí que toda la vida de la Iglesia se beneficie de la ayuda misteriosa y poderosa de los ángeles.[182]

335 En su liturgia, la Iglesia se une a los ángeles para adorar al Dios tres veces santo;[183] invoca su asistencia (así en el "In Paradisum deducant te angeli…" ["Al Paraíso te lleven los ángeles…"] de la liturgia de difuntos, o también en el "Himno querúbico" de la liturgia bizantina) y celebra más particularmente la memoria de ciertos ángeles (san Miguel, san Gabriel, san Rafael, los ángeles custodios).

336 Desde su comienzo[184] hasta la muerte,[185] la vida humana está rodeada de su custodia[186] y de su intercesión.[187] "Cada fiel tiene a su lado un ángel como protector y pastor para conducirlo a la vida".[188] Desde esta tierra, la vida cristiana participa, por la fe, en la sociedad bienaventurada de los ángeles y de los hombres, unidos en Dios.

---

[164] Cf. *Gn* 3, 24.
[165] Cf. *Gn* 19.
[166] Cf. *Gn* 21, 17.
[167] Cf. *Gn* 22, 11.
[168] Cf. *Ex* 23, 20-23.
[169] Cf. *Jc* 13.
[170] Cf. *Jc* 6, 11-24; *Is* 6, 6.
[171] Cf. *1 R* 9, 5.
[172] Cf. *Lc* 1, 11.26.
[173] Cf. *Mt* 1, 20; 2, 13.19.
[174] Cf. *Mc* 1, 12; *Mt* 4, 11.
[175] Cf. *Lc* 22, 43.
[176] Cf. *Mt* 26, 53.
[177] Cf. *2 M* 10, 29-30; 11, 8.
[178] Cf. *Lc* 2, 8-14.
[179] Cf. *Mc* 16, 5-7.
[180] Cf. *Hch* 1, 10-11.
[181] Cf. *Mt* 13, 41; 25, 31; *Lc* 12, 8-9.
[182] Cf. *Hch* 5, 18-20; 8, 26-29; 10, 3-8; 12, 6-11; 27, 23-25.
[183] Cf. *Misal Romano*, "Sanctus".
[184] Cf. *Mt* 18, 10.
[185] Cf. *Lc* 16, 22.
[186] Cf. *Sal* 34, 8; 91, 10-13.
[187] Cf. *Jb* 33, 23-24; *Za* 1, 12; *Tb* 12, 12.
[188] SAN BASILIO de CESAREA, Adversus Eunomium, 3, 1: PG 29, 656B.

QUÉ CREEMOS ⟶ El Credo ⟶ El Padre

II. EL MUNDO VISIBLE

337 Dios mismo es quien ha creado el mundo visible en toda su riqueza, su diversidad y su orden. La Escritura presenta la obra del Creador simbólicamente como una secuencia de seis días "de trabajo" divino que terminan en el "reposo" del día séptimo.[189] El texto sagrado enseña, a propósito de la creación, verdades reveladas por Dios para nuestra salvación[190] que permiten "conocer la naturaleza íntima de todas las criaturas, su valor y su ordenación a la alabanza divina".[191]

338 Nada existe que no deba su existencia a Dios creador. El mundo comenzó cuando fue sacado de la nada por la palabra de Dios; todos los seres existentes, toda la naturaleza, toda la historia humana están enraizados en este acontecimiento primordial: es el origen gracias al cual el mundo es constituido, y el tiempo ha comenzado.[192]

339 *Toda criatura posee su bondad y su perfección propias.* Para cada una de las obras de los "seis días" se dice: "Y vio Dios que era bueno". "Por la condición misma de la creación, todas las cosas están dotadas de firmeza, verdad y bondad propias y de un orden".[193] Las distintas criaturas, queridas en su ser propio, reflejan, cada una a su manera, un rayo de la sabiduría y de la bondad infinitas de Dios. Por esto, el hombre debe respetar la bondad propia de cada criatura para evitar un uso desordenado de las cosas, que desprecie al Creador y acarree consecuencias nefastas para los hombres y para su ambiente.

340 *La interdependencia de las criaturas* es querida por Dios. El sol y la luna, el cedro y la florecida, el águila y el gorrión: las innumerables diversidades y desigualdades significan que ninguna criatura se basta a sí misma, que no existen sino en dependencia unas de otras, para complementarse y servirse mutuamente.

341 La *belleza del universo*: el orden y la armonía del mundo creado derivan de la diversidad de los seres y de las relaciones que entre ellos existen. El hombre las descubre progresivamente como leyes de la naturaleza que causan la admiración de los sabios. La belleza de la creación refleja la infinita belleza del Creador. Debe inspirar el respeto y la sumisión de la inteligencia del hombre y de su voluntad.

342 La *jerarquía de las criaturas* está expresada por el orden de los "seis días", que va de lo menos perfecto a lo más perfecto. Dios ama todas sus criaturas,[194] cuida de cada una, incluso de los pajarillos. Pero Jesús dice: "Vosotros valéis más que muchos pajarillos" (*Lc* 12, 6-7), o también: "¡Cuánto más vale un hombre que una oveja!" (*Mt* 12, 12).

343 El hombre es la cumbre de la obra de la creación. El relato inspirado lo expresa distinguiendo netamente la creación del hombre y la de las otras criaturas.[195]

CIC 343

290

293

297

2501

299

266

1937

283
2500

310

355

---

[189] Cf. *Gn* 1, 1-2, 4.
[190] Cf. Concilio Vaticano II, *Dei Verbum*, 11.
[191] Concilio Vaticano II, *Lumen gentium*, 36.
[192] Cf. SAN AGUSTÍN, De Genesi contra Manichaeos, 1, 2, 4: PL 35, 175.
[193] Concilio Vaticano II, *Gaudium et spes*, 36, 2.
[194] Cf. *Sal* 145, 9.
[195] Cf. *Gn* l, 26.

293; 1939; 2416

344 Existe *una. solidaridad entre todas las criaturas* por el hecho de que todas tienen el mismo Creador, y que todas están ordenadas a su gloria:

> Loado seas por toda criatura, mi Señor,
> y en especial loado por el hermano Sol,
> que alumbra, y abre el día, y es bello en su esplendor
> y lleva por los cielos noticia de su autor.

1218
> Y por la hermana agua, preciosa en su candor,

> que es útil, casta, humilde: ¡loado mi Señor! Y por la hermana tierra que es toda bendición, la hermana madre tierra, que da en toda ocasión las hierbas y los frutos y flores de color, y nos sustenta y rige: ¡loado mi Señor! Servidle con ternura y humilde corazón, agradeced sus dones, cantad su creación. Las criaturas todas, load a mi Señor. Amén.[196]

2168

345 *El Sabbat, culminación de la obra de los "seis días".* El texto sagrado dice que "Dios concluyó en el séptimo día la obra que había hecho" y que así "el cielo y la tierra fueron acabados"; Dios, en el séptimo día, "descansó", santificó y bendijo este día (*Gn* 2, 1-3). Estas palabras inspiradas son ricas en enseñanzas salvíficas:

2169

346 En la creación Dios puso un fundamento y unas leyes que permanecen estables,[197] en los cuales el creyente podrá apoyarse con confianza, y que son para él el signo y garantía de la fidelidad inquebrantable de la Alianza de Dios.[198] Por su parte, el hombre deberá permanecer fiel a este fundamento y respetar las leyes que el Creador ha inscrito en la creación.

1145; 1152

347 La creación está hecha con miras al Sabbat y, por tanto, al culto y a la adoración de Dios. El culto está inscrito en el orden de la creación.[199] "Operi Dei nihil praeponatur" ("Nada se anteponga a la dedicación a Dios"), dice la regla de san Benito, indicando así el recto orden de las preocupaciones humanas.

2172

348 El Sabbat pertenece al corazón de la ley de Israel. Guardar los mandamientos es corresponder a la sabiduría y a la voluntad de Dios, expresadas en su obra de creación.

2174
1046

349 *El octavo día.* Pero para nosotros ha surgido un nuevo día: el día de la Resurrección de Cristo. El séptimo día acaba la primera creación. Y el octavo día comienza la nueva creación. Así, la obra de la creación culmina en una obra todavía más grande: la Redención. La primera creación encuentra su sentido y su cumbre en la nueva creación en Cristo, cuyo esplendor sobrepasa el de la primera.[200]

---

[196] San Francisco de Asís, Cántico de las criaturas.
[197] Cf. *Hb* 4, 3-4.
[198] Cf. *Jr* 31, 35-37; 33, 19-26.
[199] Cf. *Gn* 1, 14.
[200] Cf. *Misal Romano,* Vigilia pascual 24: oración después de la primera lectura.

QUÉ CREEMOS ⟶ El Credo ⟶ El Padre

CIC 354

RESUMEN

350 Los ángeles son criaturas espírituales que glorifican a Dios sin cesar y que sirven sus designios salvíficos con las otras criaturas: "Ad omnia bona nostra cooperantur angeli" ("Los ángeles cooperan en toda obra buena que hacemos").[201]

351 Los ángeles rodean a Cristo, su Señor. Le sirven particularmente en el cumplimiento de su misión salvífica para con los hombres.

352 La Iglesia venera a los ángeles que la ayudan en su peregrinar terrestre y protegen a todo ser humano.

353 Dios quiso la diversidad de sus criaturas y la bondad peculiar de cada una, su interdependencia y su orden. Destinó todas las criaturas materiales al bien del género humano. El hombre, y toda la creación a través de él, está destinado a la gloria de Dios.

354 Respetar las leyes inscritas en la creación y las relaciones que derivan de la naturaleza de las cosas es un principio de sabiduría y un fundamento de la moral.

Párrafo 6. El hombre

FUENTES DE LA ESCRITURA Y DE LA IGLESIA

La siguiente parte del *Catecismo* utiliza estas fuentes de la Escritura y de la Iglesia. Véase el "Índice de citas" para una lista completa de referencias

Antiguo Testamento	Citadas en el *Catecismo*
Génesis	CIC 355, 362, 369, 371-373, 376, 378, 383
Deuteronomio	CIC 368
Tobías	CIC 360
Macabeos 2	CIC 363
Salmos	CIC 370
Sabiduría	CIC 373
Isaías	CIC 368, 370
Jeremías	CIC 368, 370
Ezequiel	CIC 368
Oseas	CIC 370
Nuevo Testamento	
Mateo	CIC 363, 368
Lucas	CIC 368
Juan	CIC 363

---

[201] Santo Tomás de Aquino, Summa theologiae, 1, 114, 3, ad 3.

Primera parte: La profesión de la fe

FUENTES DE LA ESCRITURA Y DE LA IGLESIA

(continuación)

Nuevo Testamento	Citadas en el *Catecismo*
Hechos de los Apóstoles	CIC 360, 363
Romanos	CIC 368, 381
1 Corintios	CIC 364
Efesios	CIC 381
Colosenses	CIC 381
1 Tesalonicenses	CIC 367
1 Juan	CIC 377

Concilios ecuménicos

Constantinopla IV (869-870)	CIC 367
Viena (1311-1312)	CIC 365
Letrán V (1512-1517)	CIC 366
Trento (1545-1563)	CIC 375
Vaticano I (1869-1870)	CIC 367
Vaticano II (1962-1965)	CIC 356, 358-360, 364, 367, 372, 375, 382, 383

Documentos pontificios

Pío XII (1939-1958)	CIC 366, 367
Pablo VI (1963-1978)	CIC 366

Liturgia

Misal Romano	CIC 380

Escritores eclesiásticos

Santa Catalina de Siena	CIC 356
San Juan Crisóstomo	CIC 358
San Pedro Crisólogo	CIC 359

PALABRAS CLAVE

La siguiente parte del *Catecismo* utiliza estas palabras clave.
Véase el "Glosario" para su definición.

Palabras	Citadas en el *Catecismo*
Adán	CIC 359, 375
Alma	CIC 363, 366
Eva	CIC 369, 375
Génesis	CIC 355
Inmortalidad	CIC 366
Justicia	CIC 375
Paraíso	CIC 374, 384
Persona, humana	CIC 357, 362
Vocación	CIC 358

QUÉ CREEMOS ⟶ El Credo ⟶ El Padre

355 "Dios creó al hombre a su imagen, a imagen de Dios lo creó, hombre y mujer los creó" (*Gn* 1, 27). El hombre ocupa un lugar único en la creación: "está hecho a imagen de Dios" (I); en su propia naturaleza une el mundo espiritual y el mundo material (II); es creado "hombre y mujer" (III); Dios lo estableció en la amistad con Él (IV).

I. "A IMAGEN DE DIOS"

356 De todas las criaturas visibles sólo el hombre es "capaz de conocer y amar a su Creador";[202] es la "única criatura en la tierra a la que Dios ha amado por sí misma",[203] sólo él está llamado a participar, por el conocimiento y el amor, en la vida de Dios. Para este fin ha sido creado y ésta es la razón fundamental de su dignidad:

> ¿Qué cosa, o quién, fue el motivo de que establecieras al hombre en semejante dignidad? Ciertamente, nada que no fuera el amor inextinguible con el que contemplaste a tu criatura en ti mismo y te dejaste cautivar de amor por ella. Por amor lo creaste, por amor le diste un ser capaz de gustar tu Bien eterno.[204]

357 Por haber sido hecho a imagen de Dios, el ser humano tiene la dignidad de *persona;* no es solamente algo, sino alguien. Es capaz de conocerse, de poseerse y de darse libremente y entrar en comunión con otras personas; y es llamado, por la gracia, a una alianza con su Creador, a ofrecerle una respuesta de fe y de amor que ningún otro ser puede dar en su lugar.

358 Dios creó todo para el hombre,[205] pero el hombre fue creado para servir y amar a Dios y para ofrecerle toda la creación:

> ¿Cuál es, pues, el ser que va a venir a la existencia rodeado de semejante consideración? Es el hombre, grande y admirable figura viviente, más precioso a los ojos de Dios que la creación entera; es el hombre, para él existen el cielo y la tierra y el mar y la totalidad de la creación, y Dios ha dado tanta importancia a su salvación que no ha perdonado a su Hijo único por él. Porque Dios no ha cesado de hacer todo lo posible para que el hombre subiera hasta Él y se sentara a su derecha.[206]

359 "Realmente, el misterio del hombre sólo se esclarece en el misterio del Verbo encarnado":[207]

> San Pablo nos dice que dos hombres dieron origen al género humano, a saber, Adán y Cristo... El primer hombre, Adán, fue un ser animado; el último Adán, un espíritu que da vida. Aquel primer Adán fue creado por el

CIC 359

1700
343

1703; 2258
225

295

1935
1877

299
901

1701

388; 411

---

[202] Concilio Vaticano II, *Gaudium et spes*, 12, 3.
[203] Ibid., 24, 3.
[204] Santa Catalina de Siena, Dialoghi, 4, 13.
[205] Cf. Concilio Vaticano II, *Gaudium et spes*, 12, 1; 24, 3; 39, 1.
[206] SAN JUAN CRISÓSTOMO, Sermones in Genesim, 2, 1: PG 54, 587D - 588A.
[207] Concilio Vaticano II, *Gaudium et spes*, 22, 1.

segundo, de quien recibió el alma con la cual empezó a vivir... El segundo Adán es aquel que, cuando creó al primero, colocó en él su divina imagen. De aquí que recibiera su naturaleza y adoptara su mismo nombre, para que aquel a quien había formado a su misma imagen no pereciera. El primer Adán es, en realidad, el nuevo Adán; aquel primer Adán tuvo principio, pero este último Adán no tiene fin. Por lo cual, este último es, realmente, el primero, como él mismo afirma: "Yo soy el primero y yo soy el último".[208]

360 Debido a la comunidad de origen, *el género humano forma una unidad*. Porque Dios "creó, de un solo principio, todo el linaje humano" (*Hch* 17, 26):[209]

> Maravillosa visión que nos hace contemplar el género humano en la unidad de su origen en Dios...; en la unidad de su naturaleza, compuesta de igual modo en todos de un cuerpo material y de un alma espiritual; en la unidad de su fin inmediato y de su misión en el mundo; en la unidad de su morada: la tierra, cuyos bienes todos los hombres, por derecho natural, pueden usar para sostener y desarrollar la vida; en la unidad de su fin sobrenatural: Dios mismo a quien todos deben tender; en la unidad de los medios para alcanzar este fin;... en la unidad de su rescate realizado para todos por Cristo.[210]

361 "Esta ley de solidaridad humana y de caridad",[211] sin excluir la rica variedad de las personas, las culturas y los pueblos, nos asegura que todos los hombres son verdaderamente hermanos.

II. "CORPORE ET ANIMA UNUS"

362 La persona humana, creada a imagen de Dios, es un ser a la vez corporal y espiritual. El relato bíblico expresa esta realidad con un lenguaje simbólico cuando afirma que "Dios formó al hombre con polvo del suelo e insufló en sus narices aliento de vida y resultó el hombre un ser viviente" (*Gn* 2, 7). Por tanto, el hombre en su totalidad es *querido* por Dios.

363 A menudo, el término *alma* designa en la Sagrada Escritura la *vida* humana[212] o toda la *persona* humana.[213] Pero designa también lo que hay de más íntimo en el hombre[214] y de más valor en él,[215] aquello por lo que es particularmente imagen de Dios: "alma" significa el *principio espiritual* en el hombre.

364 El cuerpo del hombre participa de la dignidad de la "imagen de Dios": es cuerpo humano precisamente porque está animado por el alma espiritual, y es toda la persona humana la que está destinada a ser, en el Cuerpo de Cristo, el Templo del Espíritu:[216]

---

[208] SAN PEDRO CRISÓLOGO, Sermones, 117: PL 52, 520B.
[209] Cf. *Tb* 8, 6.
[210] Pío XII, ene. Summi Pontificatus, 3; cf. Concilio Vaticano II, *Nostra aetate*, 1.
[211] Ibid.
[212] Cf. *Mt* 16, 25-26; *Jn* 15, 13.
[213] Cf. *Hch* 2, 41.
[214] Cf. *Mt* 26, 38; *Jn* 12, 27.
[215] Cf. *Mt* 10, 28; *2 M* 6, 30.
[216] Cf. *1 Co* 6, 19-20; 15, 44-45.

QUÉ CREEMOS ⟶ El Credo ⟶ El Padre

Uno en cuerpo y alma, el hombre, por su misma condición corporal, reúne en sí los elementos del mundo material, de tal modo que, por medio de él, éstos alcanzan su cima y elevan la voz para la libre alabanza del Creador. Por consiguiente, no es lícito al hombre despreciar la vida corporal, sino que, por el contrario, tiene que considerar su cuerpo bueno y digno de honra, ya que ha sido creado por Dios y ha de resucitar en el último día.[217]

365 La unidad del alma y del cuerpo es tan profunda que se debe considerar al alma como la "forma" del cuerpo;[218] es decir, gracias al alma espiritual, la materia que integra el cuerpo es un cuerpo humano y viviente; en el hombre, el espíritu y la materia no son dos naturalezas unidas, sino que su unión constituye una única naturaleza.

366 La Iglesia enseña que cada alma espiritual es directamente creada por Dios[219] —no es "producida" por los padres—, y que es inmortal:[220] no perece cuando se separa del cuerpo en la muerte, y se unirá de nuevo al cuerpo en la resurrección final.

1005; 997

367 A veces se acostumbra a distinguir entre alma y espíritu. Así san Pablo ruega para que nuestro "ser entero, el espíritu, el alma y el cuerpo" sea conservado sin mancha hasta la venida del Señor (*1 Ts 5,* 23). La Iglesia enseña que esta distinción no introduce una dualidad en el alma.[221] "Espíritu" significa que el hombre está ordenado desde su creación a su fin sobrenatural,[222] y que su alma es capaz de ser elevada gratuitamente a la comunión con Dios.[223]

2083

368 La tradición espiritual de la Iglesia también presenta el *corazón* en su sentido bíblico de "lo más profundo del ser",[224] donde la persona se decide o no por Dios.[225]

478; 582; 1431
1764; 2517
2562; 2843

III. "HOMBRE Y MUJER LOS CREÓ"

Igualdad y diferencia queridas por Dios

369 El hombre y la mujer son *creados,* es decir, son *queridos por Dios:* por una parte, en una perfecta igualdad en tanto que personas humanas, y por otra, en su ser respectivo de hombre y de mujer. "Ser hombre", "ser mujer" es una realidad buena y querida por Dios: el hombre y la mujer tienen una dignidad que nunca se pierde, que viene inmediatamente de Dios su

---

[217] Concilio Vaticano II, *Gaudium et spes,* 14, 1.
[218] Cf. Concilio de Viena, año 1312: DS, 902.
[219] Cf. Pío XII, enc. Humani generis, año 1950: DS, 3896; PABLO VI, Credo del Pueblo de Dios, 8.
[220] Cf. Concilio de Letrán V, año 1513: DS, 1440.
[221] Concilio de Constantinopla IV, año 870: DS, 657.
[222] Concilio Vaticano I: DS, 3005; cf. Concilio Vaticano II, *Gaudium et spes,* 22, 5.
[223] Cf. Pío XII, enc. Humani generis, año 1950: DS, 3891.
[224] Cf. *Jr* 31, 33.
[225] Cf. *Dt* 6, 5; 29, 3; *Is* 29, 13; *Ez* 36, 26; *Mt* 6, 21; *Lc* 8, 15; *Rm* 5, 5.

creador.[226] El hombre y la mujer son, con la misma dignidad, "imagen de Dios". En su "ser-hombre" y su "ser-mujer" reflejan la sabiduría y la bondad del Creador.

370 Dios no es, en modo alguno, a imagen del hombre. No es ni hombre ni mujer. Dios es espíritu puro, en el cual no hay lugar para la diferencia de sexos. Pero las "perfecciones" del hombre y de la mujer reflejan algo de la infinita perfección de Dios: las de una madre[227] y las de un padre y esposo.[228]

"El uno para el otro", "una unidad de dos"

371 Creados *a la vez,* el hombre y la mujer son queridos por Dios el uno *para* el otro. La Palabra de Dios nos lo hace entender mediante diversos acentos del texto sagrado. "No es bueno que el hombre esté solo. Voy a hacerle una ayuda adecuada" (*Gn 2,* 18). Ninguno de los animales es "ayuda adecuada" para el hombre[229] La mujer, que Dios "forma" de la costilla del hombre y presenta a éste, despierta en él un grito de admiración, una exclamación de amor y de comunión: "Esta vez sí que es hueso de mis huesos y carne de mi carne" (*Gn 2,* 23). El hombre descubre en la mujer como un otro "yo", de la misma humanidad.

372 El hombre y la mujer están hechos "el uno para el otro": no que Dios los haya hecho "a medias" e "incompletos"; los ha creado para una comunión de personas, en la que cada uno puede ser "ayuda" para el otro porque son a la vez iguales en cuanto personas ("hueso de mis huesos...") y complementarios en cuanto masculino y femenino. En el matrimonio, Dios los une de manera que, formando "una sola carne" (*Gn* 2, 24), puedan transmitir la vida humana: "Sed fecundos y multiplicaos y llenad la tierra" (*Gn* 1, 28). Al transmitir a sus descendientes la vida humana, el hombre y la mujer, como esposos y padres, cooperan de una manera única en la obra del Creador.[230]

373 En el plan de Dios, el hombre y la mujer están llamados a "someter" la tierra[231] como "administradores" de Dios. Esta soberanía no debe ser un dominio arbitrario y destructor. A imagen del Creador, "que ama todo lo que existe" (*Sb* 11, 24), el hombre y la mujer son llamados a participar en la providencia divina respecto a las otras cosas creadas. De ahí su responsabilidad frente al mundo que Dios les ha confiado.

IV. EL HOMBRE EN EL PARAÍSO

374 El primer hombre fue no solamente creado bueno, sino también constituido en la amistad con su creador y en armonía consigo mismo y con la creación en torno a él; amistad y armonía tales que no serán superadas más que por la gloria de la nueva creación en Cristo.

---

[226] Cf. *Gn* 2, 7.22.
[227] Cf. *Is* 49, 14-15; 66, 13; *Sal* 131, 2-3.
[228] Cf. *Os* 11, 1-4; *Jr* 3, 4-19.
[229] Cf. *Gn* 2, 19-20.
[230] Cf. Concilio Vaticano II, *Gaudium et spes,* 50, 1.
[231] Cf. *Gn* 1, 28.

QUÉ CREEMOS ⟶ El Credo ⟶ El Padre

CIC 382

375 La Iglesia, interpretando de manera auténtica el simbolismo del lenguaje bíblico a la luz del Nuevo Testamento y de la Tradición, enseña que nuestros primeros padres Adán y Eva fueron constituidos en un estado "de santidad y de justicia original".[232] Esta gracia de la santidad original era una "participación de la vida divina".[233]

1997

376 Por la irradiación de esta gracia, todas las dimensiones de la vida del hombre estaban fortalecidas. Mientras permaneciese en la intimidad divina, el hombre no debía ni morir[234] ni sufrir.[235] La armonía interior de la persona humana, la armonía entre el hombre y la mujer,[236] y, por último, la armonía entre la primera pareja y toda la creación constituía el estado llamado "justicia original".

1008; 1502

377 El "dominio" del mundo que Dios había concedido al hombre desde el comienzo, se realizaba ante todo dentro del hombre mismo como *dominio de sí*. El hombre estaba íntegro y ordenado en todo su ser por estar libre de la triple concupiscencia,[237] que lo somete a los placeres de los sentidos, a la apetencia de los bienes terrenos y a la afirmación de sí contra los imperativos de la razón.

2514

378 Signo de la familiaridad con Dios es el hecho de que Dios lo coloca en el jardín.[238] Vive allí "para cultivar la tierra y guardarla" (*Gn* 2, 15): el trabajo no le es penoso,[239] sino que es la colaboración del hombre y de la mujer con Dios en el perfeccionamiento de la creación visible.

2415

2427

379 Toda esta armonía de la justicia original, prevista para el hombre por designio de Dios, se perderá por el pecado de nuestros primeros padres.

RESUMEN

380 "A imagen tuya creaste al hombre y le encomendaste el universo entero, para que, sirviéndote sólo a ti, su Creador, dominara todo lo creado".[240]

381 El hombre es predestinado a reproducir la imagen del Hijo de Dios hecho hombre —"imagen del Dios invisible" (*Col* 1, 15)—, para que Cristo sea el primogénito de una multitud de hermanos y de hermanas.[241]

382 El hombre es "corpore et anima unus" ("una unidad de cuerpo y alma").[242] La doctrina de la fe afirma que el alma espiritual e inmortal es creada de forma inmediata por Dios.

---

[232] Concilio de Trento: DS, 1511.
[233] Concilio Vaticano II, *Lumen gentium*, 2.
[234] Cf. *Gn* 2, 17; 3, 19.
[235] Cf. *Gn* 3, 16.
[236] Cf. *Gn* 2, 25.
[237] Cf. *1 Jn* 2, 16.
[238] Cf. *Gn* 2, 8.
[239] Cf. *Gn* 3, 17-19.
[240] *Misal Romano*, Plegaria eucarística IV, 118.
[241] Cf. *Ef* 1, 3-6; *Rm* 8, 29.
[242] Concilio Vaticano II, *Gaudium et spes*, 14, 1.

383 "Dios no creó al hombre solo: en efecto, desde el principio 'los creó hombre y mujer' (*Gn* 1, 27). Esta asociación constituye la primera forma de comunión entre personas".[243]

384 La re velación nos da a conocer el estado de santidad y de justicia originales del hombre y la mujer antes del pecado: de su amistad con Dios nacía la felicidad de su existencia en el paraíso.

Párrafo 7. La caída

FUENTES DE LA ESCRITURA Y DE LA IGLESIA

La siguiente parte del *Catecismo* utiliza estas fuentes de la Escritura y de la Iglesia. Véase el "Índice de citas" para una lista completa de referencias

Antiguo Testamento	Citadas en el *Catecismo*
Génesis	CIC 390-392, 396-401, 410
Sabiduría	CIC 391, 413
Nuevo Testamento	
Mateo	CIC 394
Lucas	CIC 385
Juan	CIC 385, 388, 391, 392, 394, 408
Romanos	CIC 385, 388, 395, 397, 399-402, 411, 412, 420
1 Corintios	CIC 389, 401, 411
Filipenses	CIC 411
2 Tesalonicenses	CIC 385
1 Timoteo	CIC 385
Hebreos	CIC 407
1 Pedro	CIC 409
2 Pedro	CIC 392
1 Juan	CIC 385, 392, 394, 409
Apocalipsis	CIC 391, 401
Concilios ecuménicos	
Letrán IV (1215)	CIC 391
Trento (1545-1563)	CIC 390, 403-407, 411
Vaticano II (1962-1965)	CIC 390, 401, 409, 415, 421

---

[243] Concilio Vaticano II, *Gaudium et spes,* 12, 4.

QUÉ CREEMOS ⟶ El Credo ⟶ El Padre

CIC 385

FUENTES DE LA ESCRITURA Y DE LA IGLESIA
(continuación)

Concilios y sínodos particulares	Citadas en el *Catecismo*
Sínodo de Orange II (529)	CIC 406

Documentos pontificios
Pío IX (1846-1878)	CIC 411
Pío XII (1939-1958)	CIC 390
Pablo VI (1963-1978)	CIC 390-419
Juan Pablo II (1978-2005)	CIC 407, 408

Liturgia
Misal Romano	CIC 412

Escritores eclesiásticos
San Agustín	CIC 385
San Juan Damasceno	CIC 393
San León Magno	CIC 412
San Máximo el Confesor	CIC 398
Santo Tomás de Aquino	CIC 404, 412

PALABRAS CLAVE

La siguiente parte del *Catecismo* utiliza estas palabras clave.
Véase el "Glosario" para su definición.

Palabras	Citadas en el *Catecismo*
Adán	CIC 388, 390, 402-404
Caída	CIC 388, 390-392
Demonio	CIC 391
Diablo/Demonio	CIC 391
Mal, el	CIC 385
Moralidad	CIC 407
Naturaleza	CIC 405
Pecado original	CIC 396-412
Proto-evangelio	CIC 410
Satanás	CIC 391, 395

385 Dios es infinitamente bueno y todas sus obras son buenas. Sin embargo, nadie escapa a la experiencia del sufrimiento, de los males en la naturaleza —que aparecen como ligados a los límites propios de las criaturas, y sobre todo a la cuestión del mal moral. ¿De dónde viene el mal? "Quaerebam unde malum et non erat exitus" ("Buscaba el origen del mal y no encontraba solución") dice san Agustín,[244] y su propia búsqueda dolorosa sólo encontrará salida en su conversión al Dios vivo. Porque "el misterio de la iniquidad"

309

---

[244] SAN AGUSTÍN, *Confessiones*, 7, 7.11.

Primera parte: La profesión de la fe

<small>457</small>
<small>1848</small>
<small>539</small>

(*2 Ts* 2, 7) sólo se esclarece a la luz del "Misterio de la piedad" (*1 Tm* 3, 16). La revelación del amor divino en Cristo ha manifestado a la vez la extensión del mal y la sobreabundancia de la gracia.[245] Debemos, por tanto, examinar la cuestión del origen del mal fijando la mirada de nuestra fe en el que es su único Vencedor.[246]

I. DONDE ABUNDÓ EL PECADO, SOBREABUNDÓ LA GRACIA

La realidad del pecado

<small>1847</small>

386 El pecado está presente en la historia del hombre: sería vano intentar ignorarlo o dar a esta oscura realidad otros nombres. Para intentar comprender lo que es el pecado, es preciso en primer lugar reconocer el *vínculo profundo del hombre con Dios,* porque fuera de esta relación, el mal del pecado no es desenmascarado en su verdadera identidad de rechazo y oposición a Dios, aunque continúe pesando sobre la vida del hombre y sobre la historia.

<small>1848</small>
<small>1739</small>

387 La realidad del pecado, y más particularmente del pecado de los orígenes, sólo se esclarece a la luz de la Revelación divina. Sin el conocimiento que ésta nos da de Dios no se puede reconocer claramente el pecado, y se siente la tentación de explicarlo únicamente como un defecto de crecimiento, como una debilidad psicológica, un error, la consecuencia necesaria de una estructura social inadecuada, etc. Sólo en el conocimiento del designio de Dios sobre el hombre se comprende que el pecado es un abuso de la libertad que Dios da a las personas creadas para que puedan amarle y amarse mutuamente.

El pecado original: una verdad esencial de la fe

<small>431</small>
<small>208</small>
<small>359</small>
<small>729</small>

388 Con el desarrollo de la Revelación se va iluminando también la realidad del pecado. Aunque el Pueblo de Dios del Antiguo Testamento conoció de alguna manera la condición humana a la luz de la historia de la caída narrada en el Génesis, no podía alcanzar el significado último de esta historia que sólo se manifiesta a la luz de la Muerte y de la Resurrección de Jesucristo.[247] Es preciso conocer a Cristo como fuente de la gracia para conocer a Adán como fuente del pecado. El Espíritu-Paráclito, enviado por Cristo resucitado, es quien vino "a convencer al mundo en lo referente al pecado" (*Jn* 16, 8) revelando al que es su Redentor.

<small>422</small>

389 La doctrina del pecado original es, por así decirlo, "el reverso" de la Buena Nueva de que Jesús es el Salvador de todos los hombres, que todos necesitan salvación y que la salvación es ofrecida a todos gracias a Cristo. La Iglesia, que tiene el sentido de Cristo[248] sabe bien que no se puede lesionar la revelación del pecado original sin atentar contra el Misterio de Cristo.

---

[245] Cf. *Rm* 5, 20.
[246] Cf. *Lc* 11, 21-22; *Jn* 16, 11; *1 Jn* 3, 8.
[247] Cf. *Rm* 5, 12-21.
[248] Cf. *1 Co* 2, 16.

QUÉ CREEMOS ⟶ El Credo ⟶ El Padre

Para leer el relato de la caída

390 El relato de la caída (*Gn* 3) utiliza un lenguaje hecho de imágenes, pero afirma un acontecimiento primordial, un hecho que tuvo lugar *al comienzo de la historia del hombre*.[249] La Revelación nos da la certeza de fe de que toda la historia humana está marcada por el pecado original libremente cometido por nuestros primeros padres.[250]

II. LA CAÍDA DE LOS ÁNGELES

391 Detrás de la elección desobediente de nuestros primeros padres se halla una voz seductora, opuesta a Dios[251] que, por envidia, los hace caer en la muerte.[252] La Escritura y la Tradición de la Iglesia ven en este ser un ángel caído, llamado Satán o diablo.[253] La Iglesia enseña que primero fue un ángel bueno, creado por Dios. "Diabolus enim et alii daemones a Deo quidem natura creati sunt boni, sed ipsi per se facti sunt mali" ("El diablo y los otros demonios fueron creados por Dios con una naturaleza buena, pero ellos se hicieron a sí mismos malos").[254]

392 La Escritura habla de un *pecado* de estos ángeles.[255] Esta "caída" consiste en la elección libre de estos espíritus creados que *rechazaron* radical e irrevocablemente a Dios y su Reino. Encontramos un reflejo de esta rebelión en las palabras del tentador a nuestros primeros padres: "Seréis como dioses" (*Gn* 3, 5). El diablo es "pecador desde el principio" (*1 Jn* 3, 8), "padre de la mentira" (*Jn* 8, 44).

393 Es el carácter irrevocable de su elección, y no un defecto de la infinita misericordia divina lo que hace que el pecado de los ángeles no pueda ser perdonado. "No hay arrepentimiento para ellos después de la caída, como no hay arrepentimiento para los hombres después de la muerte".[256]

394 La Escritura atestigua la influencia nefasta de aquel a quien Jesús llama "homicida desde el principio" (*Jn* 8, 44) y que incluso intentó apartarlo de la misión recibida del Padre.[257] "El Hijo de Dios se manifestó para deshacer las obras del diablo" (*Jn* 3, 8). La más grave en consecuencias de estas obras ha sido la seducción mentirosa que ha inducido al hombre a desobedecer a Dios.

395 Sin embargo, el poder de Satán no es infinito. No es más que una criatura, poderosa por el hecho de ser espíritu puro, pero sólo creatura: no puede impedir la edificación del Reino de Dios. Aunque Satán actúe en el mundo por odio contra Dios y su Reino en Jesucristo, y aunque su acción cause graves daños —de naturaleza espiritual e indirectamente incluso de naturaleza física— en cada hombre y en la sociedad, esta acción es permitida

CIC 395

289

2538

1850

2482

1033-1037

1022

538-540
550

2846-2849

309

1673

412

---

[249] Cf. Concilio Vaticano II, *Gaudium et spes*, 13, 1
[250] Cf. Concilio de Trento: DS, 1513; Pío XII: ene. Humani generis: ibid, 3897; PABLO VI, discurso 11 julio 1966.
[251] Cf. *Gn* 3, 1-5.
[252] Cf. *Sb* 2, 24.
[253] Cf. *Jn* 8, 44; *Ap* 12, 9.
[254] Concilio de Letrán IV, año 1215: DS, 800.
[255] Cf. *2 P* 2, 4.
[256] SAN JUAN DAMASCENO, De fide orthodoxa, 2, 4: PG 94, 877C.
[257] Cf. *Mt* 4, 1-11.

2850-2854

por la divina providencia que con fuerza y dulzura dirige la historia del hombre y del mundo. El que Dios permita la actividad diabólica es un gran misterio, pero "nosotros sabemos que en todas las cosas interviene Dios para bien de los que le aman" (*Rm* 8, 28).

III. EL PECADO ORIGINAL

La prueba de la libertad

1730
311

396 Dios creó al hombre a su imagen y lo estableció en su amistad. Criatura espiritual, el hombre no puede vivir esta amistad más que en la forma de libre sumisión a Dios. Esto es lo que expresa la prohibición hecha al hombre de comer del árbol del conocimiento del bien y del mal, "porque el día que comieres de él, morirás" (*Gn* 2, 17). "El árbol del conocimiento del bien y del mal" evoca simbólicamente el límite infranqueable que el hombre en cuanto criatura debe reconocer libremente y respetar con confianza. El hombre depende del Creador, está sometido a las leyes de la Creación y a las normas morales que regulan el uso de la libertad.

301

El primer pecado del hombre

1707; 2541

397 El hombre, tentado por el diablo, dejó morir en su corazón la confianza hacia su creador[258] y, abusando de su libertad, desobedeció al mandamiento de Dios. En esto consistió el primer pecado del hombre.[259] En adelante, todo pecado será una desobediencia a Dios y una falta de confianza en su bondad.

1850
215

2084
2113

398 En este pecado, el hombre se *prefirió* a sí mismo en lugar de Dios, y por ello despreció a Dios: hizo elección de sí mismo contra Dios, contra las exigencias de su estado de criatura y, por tanto, contra su propio bien. El hombre, constituido en estado de santidad, estaba destinado a ser plenamente "divinizado" por Dios en la gloria. Por la seducción del diablo quiso "ser como Dios",[260] pero "sin Dios, antes que Dios y no según Dios".[261]

399 La Escritura muestra las consecuencias dramáticas de esta primera desobediencia. Adán y Eva pierden inmediatamente la gracia de la santidad original.[262] Tienen miedo de Dios[263] de quien han concebido una falsa imagen, la de un Dios celoso de sus prerrogativas.[264]

1607
2514

400 La armonía en la que se encontraban, establecida gracias a la justicia original, queda destruida; el dominio de las facultades espirituales del alma sobre el cuerpo se quiebra;[265] la unión entre el hombre y la mujer es sometida a tensiones;[266] sus relaciones estarán marcadas por el deseo y el dominio.[267] La armonía con la creación se rompe; la creación visible se hace para el hombre

---

[258] Cf. *Gn* 3, 1-11.
[259] Cf. *Rm* 5, 19.
[260] Cf. *Gn* 3, 5.
[261] SAN MÁXIMO EL CONFESOR, Ambiguorum liben PG 91, 1156C.
[262] Cf. *Rm* 3, 23.
[263] Cf. *Gn* 3, 9-10.
[264] Cf. *Gn* 3, 5.
[265] Cf. *Gn* 3, 7.
[266] Cf. *Gn* 3, 11-13.
[267] Cf. *Gn* 3, 16.

QUÉ CREEMOS ⟶ El Credo ⟶ El Padre

CIC 403

extraña y hostil.²⁶⁸ A causa del hombre, la creación es sometida "a la servidumbre de la corrupción" (*Rm* 8, 20). Por fin, la consecuencia explícitamente anunciada para el caso de desobediencia,²⁷⁰ se realizará: el hombre "volverá al polvo del que fue formado".*La muerte hace su entrada en la historia de la humanidad.*²⁷¹

602; 1008

401 Desde este primer pecado, una verdadera invasión de pecado inunda el mundo: el fratricidio cometido por Caín en Abel;²⁷² la corrupción universal, a raíz del pecado;²⁷³ en la historia de Israel, el pecado se manifiesta frecuentemente, sobre todo como una infidelidad al Dios de la Alianza y como transgresión de la Ley de Moisés; e incluso tras la Redención de Cristo, entre los cristianos, el pecado se manifiesta de múltiples maneras.²⁷⁴ La Escritura y la Tradición de la Iglesia no cesan de recordar la presencia y *la universalidad del pecado en la historia del hombre*:

1865
2259

1739

> Lo que la revelación divina nos enseña coincide con la misma experiencia. Pues el hombre, al examinar su corazón, se descubre también inclinado al mal e inmerso en muchos males que no pueden proceder de su Creador, que es bueno. Negándose con frecuencia a reconocer a Dios como su principio, rompió además el orden debido con respecto a su fin último y, al mismo tiempo, toda su ordenación en relación consigo mismo, con todos los otros hombres y con todas las cosas creadas.²⁷⁵

Consecuencias del pecado de Adán para la humanidad

402 Todos los hombres están implicados en el pecado de Adán. San Pablo lo afirma: "Por la desobediencia de un solo hombre, todos fueron constituidos pecadores" (*Rm* 5, 19): "Como por un solo hombre entró el pecado en el mundo y por el pecado la muerte y así la muerte alcanzó a todos los hombres, por cuanto todos pecaron..." (*Rm* 5, 12). A la universalidad del pecado y de la muerte, el apóstol opone la universalidad de la salvación en Cristo: "Como el delito de uno solo atrajo sobre todos los hombres la condenación, así también la obra de justicia de uno solo (la de Cristo) procura a todos una justificación que da la vida" (*Rm* 5, 18).

430; 605

403 Siguiendo a san Pablo, la Iglesia ha enseñado siempre que la in mensa miseria que oprime a los hombres y su inclinación al mal y a la muerte no son comprensibles sin su conexión con el pecado de Adán y con el hecho de que nos ha transmitido un pecado con que todos nacemos afectados y que es "muerte del alma".²⁷⁶ Por esta certeza de fe, la Iglesia concede el Bautismo para la remisión de los pecados incluso a los niños que no han cometido pecado personal.²⁷⁷

2606

1250

---

²⁶⁸ Cf. *Gn* 3, 17.19.
²⁶⁹ Cf. *Gn* 2, 11.
²⁷⁰ Cf. *Gn* 3, 19.
²⁷¹ Cf. *Rm* 5, 12.
²⁷² Cf. *Gn* 4, 3-15.
²⁷³ Cf. *Gn* 6, 5. 12; *Rm* 1, 18-32.
²⁷⁴ Cf. *1 Co* 1-6; *Ap* 2-3.
²⁷⁵ Concilio Vaticano II, *Gaudium et spes*, 13, 1.
²⁷⁶ Cf. Concilio de Trento: DS, 1512.
²⁷⁷ Cf. ibid., 1514.

404 ¿Cómo el pecado de Adán vino a ser el pecado de todos sus descendientes? Todo el género humano es en Adán "sicut unum corpus unius hominis" ("Como el cuerpo único de un único hombre").[278] Por esta "unidad del género humano", todos los hombres están implicados en el pecado de Adán, como todos están implicados en la justicia de Cristo. Sin embargo, la transmisión del pecado original es un misterio que no podemos comprender plenamente. Pero sabemos por la Revelación que Adán había recibido la santidad y la justicia originales no para él solo sino para toda la naturaleza humana: cediendo al tentador, Adán y Eva cometen un *pecado personal,* pero este pecado afecta a la *naturaleza humana,* que transmitirán *en un estado caído.*[279] Es un pecado que será transmitido por propagación a toda la humanidad, es decir, por la transmisión de una naturaleza humana privada de la santidad y de la justicia originales. Por eso, el pecado original es llamado "pecado" de manera análoga: es un pecado "contraído", "no cometido", un estado y no un acto.

405 Aunque propio de cada uno,[279] el pecado original no tiene, en ningún descendiente de Adán, un carácter de falta personal. Es la privación de la santidad y de la justicia originales, pero la naturaleza humana no está totalmente corrompida: está herida en sus propias fuerzas naturales, sometida a la ignorancia, al sufrimiento y al imperio de la muerte e inclinada al pecado (esta inclinación al mal es llamada "concupiscencia"). El Bautismo, dando la vida de la gracia de Cristo, borra el pecado original y devuelve el hombre a Dios, pero las consecuencias para la naturaleza, debilitada e inclinada al mal, persisten en el hombre y lo llaman al combate espíritual.[280]

406 La doctrina de la Iglesia sobre la transmisión del pecado original fue precisada sobre todo en el siglo V, en particular bajo el impulso de la reflexión de san Agustín contra el pelagianismo, y en el siglo XVI, en oposición a la Reforma protestante. Pelagio sostenía que el hombre podía, por la fuerza natural de su voluntad libre, sin la ayuda necesaria de la gracia de Dios, llevar una vida moralmente buena: así reducía la influencia de la falta de Adán a la de un mal ejemplo. Los primeros reformadores protestantes, por el contrario, enseñaban que el hombre estaba radicalmente pervertido y su libertad anulada por el pecado de los orígenes; identificaban el pecado heredado por cada hombre con la tendencia al mal ("concupiscentia"), que sería insuperable. La Iglesia se pronunció especialmente sobre el sentido del dato revelado respecto al pecado original en el II Concilio de Orange en el año 529[281] y en el Concilio de Trento, en el año 1546.[282]

Un duro combate...

407 La doctrina sobre el pecado original —vinculada a la de la Redención de Cristo— proporciona una mirada de discernimiento lúcido sobre la situación del hombre y de su obrar en el mundo. Por el pecado de los primeros

---

[278] SANTO TOMÁS DE AQUINO, Quaestiones disputatae de malo, 4, 1.
[279] Cf. Concilio de Trento: DS, 1511-1512.
[280] Cf. ibid., 1513.
[281] Cf. Concilio de Orange II: DS, 371-372.
[282] Cf. Concilio de Trento: DS, 1510-1516.

padres, el diablo adquirió un cierto dominio sobre el hombre, aunque éste permanezca libre. El pecado original entraña "la servidumbre bajo el poder del que poseía el imperio de la muerte, es decir, del diablo".[283] Ignorar que el hombre posee una naturaleza herida, inclinada al mal, da lugar a graves errores en el dominio de la educación, de la política, de la acción social[284] y de las costumbres.

1888

408 Las consecuencias del pecado original y de todos los pecados personales de los hombres confieren al mundo en su conjunto una condición pecadora, que puede ser designada con la expresión de san Juan: "el pecado del mundo" (*Jn* 1, 29). Mediante esta expresión se significa también la influencia negativa que ejercen sobre las personas las situaciones comunitarias y las estructuras sociales que son fruto de los pecados de los hombres.[285]

1865

409 Esta situación dramática del mundo que "todo entero yace en poder del maligno" (*1 Jn* 5, 19),[286] hace de la vida del hombre un combate:

2516

> A través de toda la historia del hombre se extiende una dura batalla contra los poderes de las tinieblas que, iniciada ya desde el origen del mundo, durará hasta el último día según dice el Señor. Inserto en esta lucha, el hombre debe combatir continuamente para adherirse al bien, y no sin grandes trabajos, con la ayuda de la gracia de Dios, es capaz de lograr la unidad en sí mismo.[287]

IV. "NO LO ABANDONASTE AL PODER DE LA MUERTE"

410 Tras la caída, el hombre no fue abandonado por Dios. Al contrario, Dios lo llama[288] y le anuncia de modo misterioso la victoria sobre el mal y el levantamiento de su caída.[289] Este pasaje del Génesis ha sido llamado "Protoevangelio", por ser el primer anuncio del Mesías redentor, anuncio de un combate entre la serpiente y la Mujer, y de la victoria final de un descendiente de ésta.

55; *705*; ***1609***
2568

675

411 La tradición cristiana ve en este pasaje un anuncio del "nuevo Adán"[290] que, por su "obediencia hasta la muerte en la Cruz" (*Flp* 2, 8), repara con sobreabundancia la desobediencia de Adán.[291] Por otra parte, numerosos Padres y doctores de la Iglesia ven en la mujer anunciada en el "protoevangelio" la madre de Cristo, María, como "nueva Eva". Ella ha sido la que, la primera y de una manera única, se benefició de la victoria sobre el pecado alcanzada por Cristo: fue preservada de toda mancha de pecado original[292] y, durante toda su vida terrena, por una gracia especial de Dios, no cometió ninguna clase de pecado.[293]

359
615

491

---

[283] *Ibid*, 1511; cf. *Hb* 2, 14.
[284] Cf. JUAN PABLO II, enc. *Centesimus annus*, 25.
[285] Cf. JUAN PABLO II, exh. ap. *Reconciliatio et paenitentia*, 16.
[286] Cf. *1 P* 5, 8.
[287] Concilio Vaticano II, *Gaudium et spes*, 37, 2.
[288] Cf. *Gn* 3, 9.
[289] Cf. *Gn* 3, 15.
[290] Cf. *1 Co* 15, 21-22.45.
[291] Cf. *Rm* 5, 19-20.
[292] Cf. Pío IX: Bula Ineffabilis Deus: DS, 2803.
[293] Cf. Concilio de Trento: DS, 1573.

310; 395 **412** Pero ¿por qué Dios no impidió que el primer hombre pecara? San León Magno responde: "La gracia inefable de Cristo nos ha dado bienes mejores que los que nos quitó la envidia del demonio".[294] Y Santo Tomas de Aquino: "Nada se opone a que la naturaleza humana haya sido destinada a un fin más alto después del pecado. Dios, en efecto, permite que los males se hagan para sacar de ellos un mayor bien. De ahí las palabras de san Pablo: 'Donde abundó el pecado, sobreabundó la gracia' (*Rm* 5, 20). Y el canto del Exultet: '¡Oh feliz culpa que mereció tal y tan grande Redentor!'".[295]

272

1994

RESUMEN

413 "No fue Dios quien hizo la muerte ni se recrea en la destrucción de los vivientes... Por envidia del diablo entró la muerte en el mundo" (*Sb* 1, 13; 2, 24).

414 Satán o el diablo y los otros demonios son ángeles caídos por haber rechazado libremente servir a Dios y su designio. Su opción contra Dios es definitiva. Intentan asociar al hombre en su rebelión contra Dios.

415 "Constituido por Dios en la justicia, el hombre, sin embargo, persuadido por el Maligno, abusó de su libertad, desde el comienzo de la historia, levantándose contra Dios e intentando alcanzar su propio fin al margen de Dios".[296]

416 Por su pecado, Adán, en cuanto primer hombre, perdió la santidad y la justicia originales que había recibido de Dios no solamente para él, sino para todos los seres humanos.

417 Adán y Eva transmitieron a su descendencia la naturaleza humana herida por su primer pecado, privada por tanto de la santidad y la justicia originales. Esta privación es llamada "pecado original".

418 Como consecuencia del pecado original, la naturaleza humana quedó debilitada en sus fuerzas, sometida a la ignorancia, al sufrimiento y al dominio de la muerte, e inclinada al pecado (inclinación llamada "concupiscencia").

419 "Mantenemos, pues, siguiendo el Concilio de Trento, que el pecado original se transmite, juntamente con la naturaleza humana, 'por propagación, no por imitación' y que 'se halla como propio en cada uno'".

420 La victoria sobre el pecado obtenida por Cristo nos ha dado bienes mejores que los que nos quitó el pecado: "Donde abundó el pecado, sobreabundó la gracia" (*Rm* 5, 20).

421 "Los fieles cristianos creen que el mundo ha sido creado y conservado por el amor del creador, colocado ciertamente bajo la esclavitud del pecado, pero liberado por Cristo crucificado y resucitado, una vez que fue quebrantado el poder del Maligno...".[298]

---

[294] SAN LEÓN MAGNO, Sermones, 73, 4: PL 54, 396.
[295] SANTO TOMÁS DE AQUINO, Summa theologiae, III, 1, 3, ad 3.
[296] Concilio Vaticano II, *Gaudium et spes*, 13, 1.
[297] PABLO VI, Credo del Pueblo de Dios, 16.
[298] Concilio Vaticano II, *Gaudium et spes*, 2, 2.

QUÉ CREEMOS ⟶ El Credo ⟶ El Hijo

CAPÍTULO SEGUNDO
CREO EN JESUCRISTO, HIJO ÚNICO DE DIOS

FUENTES DE LA ESCRITURA Y DE LA IGLESIA

La siguiente parte del *Catecismo* utiliza estas fuentes de la Escritura y de la Iglesia. Véase el "Índice de citas" para una lista completa de referencias

Antiguo Testamento	Citadas en el *Catecismo*
Éxodo	CIC 433, 436, 441, 446
Levítico	CIC 433, 436
Números	CIC 433
Deuteronomio	CIC 431, 441
1 Samuel	CIC 436
2 Samuel	CIC 441
1 Reyes	CIC 436
1 Crónicas	CIC 441
Job	CIC 441
Salmos	CIC 431, 436, 441, 447
Sabiduría	CIC 441
Eclesiástico	CIC 433, 441
Isaías	CIC 436, 440
Jeremías	CIC 441
Daniel	CIC 440
Oseas	CIC 441
Zacarías	CIC 436
Nuevo Testamento	
Mateo	CIC 424, 430, 437, 439-444, 447, 448, 452
Marcos	CIC 422, 430, 434, 438, 443, 444, 450
Lucas	CIC 422, 430, 436, 437, 439-441, 443, 448, 453
Juan	CIC 423, 427, 432, 434, 437-440, 442-445, 447, 448, 454
Hechos de los Apóstoles	CIC 425, 432, 434, 436, 438, 440, 442, 445, 447, 449, 450, 452-454
Romanos	CIC 432, 433, 437, 445, 449

Primera parte: La profesión de la fe

FUENTES DE LA ESCRITURA Y DE LA IGLESIA

(continuación)

Nuevo Testamento	Citadas en el *Catecismo*
1 Corintios	CIC 446, 449, 451, 455
2 Corintios	CIC 433
Gálatas	CIC 422, 442
Efesios	CIC 424
Filipenses	CIC 428, 434, 449
1 Tesalonicenses	CIC 442
2 Timoteo	CIC 437
Tito	CIC 449
Hebreos	CIC 433, 447
Santiago	CIC 432
1 Juan	CIC 423, 425, 454
3 Juan	CIC 432
Apocalipsis	CIC 437, 449-451

Concilios ecuménicos

Vaticano II (1962-1965)	CIC 450

Documentos pontificios

Juan Pablo II (1978-2005)	CIC 426, 427

Escritores eclesiásticos

San Ireneo de Lyon	CIC 438
Santa Juana de Arco	CIC 435
San León Magno	CIC 424

PALABRAS CLAVE

La siguiente parte del *Catecismo* utiliza estas palabras clave.
Véase el "Glosario" para su definición.

Palabras	Citadas en el *Catecismo*
Catequesis	CIC 426, 427
Cristo	CIC 436
Expiación	CIC 433
Hijo de Dios	CIC 441-445
Hijo del hombre	CIC 440
Jesucristo	CIC 430, 436
Mesías	CIC 436
Pedro, san	CIC 442
Salvador	CIC 430
Señor	CIC 446

QUÉ CREEMOS ⟶ El Credo ⟶ El Hijo

CIC 426

La Buena Nueva: Dios ha enviado a su Hijo

422 "Pero, al llegar la plenitud de los tiempos, envió Dios a su Hijo, nacido de mujer, nacido bajo la ley, para rescatar a los que se hallaban bajo la ley, y para que recibiéramos la filiación adoptiva" (*Gal* 4, 4-5). He aquí "la Buena Nueva de Jesucristo, Hijo de Dios" (*Mc* 1, 1): Dios ha visitado a su pueblo,[1] ha cumplido las promesas hechas a Abraham y a su descendencia;[2] lo ha hecho más allá de toda expectativa: Él ha enviado a su "Hijo amado" (*Mc* 1, 11).

385

2763

423 Nosotros creemos y confesamos que Jesús de Nazaret, nacido judío de una hija de Israel, en Belén en el tiempo del rey Herodes el Grande y del emperador César Augusto; de oficio carpintero, muerto crucificado en Jerusalén, bajo el procurador Poncio Pilato, durante el reinado del emperador Tiberio, es el Hijo eterno de Dios hecho hombre, que ha "salido de Dios" (*Jn* 13, 3), "bajó del cielo" (*Jn* 3, 13; 6, 33), "ha venido en carne" (*1 Jn* 4, 2), porque "la Palabra se hizo carne, y puso su morada entre nosotros, y hemos visto su gloria, gloria que recibe del Padre como Hijo único, lleno de gracia y de verdad... Pues de su plenitud hemos recibido todos, y gracia por gracia" (*Jn* 1, 14.16).

424 Movidos por la gracia del Espíritu Santo y atraídos por el Padre nosotros creemos y confesamos a propósito de Jesús: "Tú eres el Cristo, el Hijo de Dios vivo" (*Mt* 16, 16). Sobre la roca de esta fe, confesada por san Pedro, Cristo ha construido su Iglesia.[3]

683

552

"Anunciar... la inescrutable riqueza de Cristo" (*Ef* 3, 8)

425 La transmisión de la fe cristiana es ante todo el anuncio de Jesucristo para conducir a la fe en Él. Desde el principio, los primeros discípulos ardieron en deseos de anunciar a Cristo: "No podemos nosotros dejar de hablar de lo que hemos visto y oído" (*Hch* 4, 20). Y ellos mismos invitan a los hombres de todos los tiempos a entrar en la alegría de su comunión con Cristo:

850; 858

> Lo que existía desde el principio, lo que hemos oído, lo que hemos visto con nuestros ojos, lo que contemplamos y tocaron nuestras manos acerca de la Palabra de vida —pues la Vida se manifestó, y nosotros la hemos visto y damos testimonio y os anunciamos la vida eterna, que estaba con el Padre y se nos manifestó—, lo que hemos visto y oído, os lo anunciamos, para que también vosotros estéis en comunión con nosotros. Y nosotros estamos en comunión con el Padre y con su Hijo, Jesucristo. Os escribimos esto para que vuestro gozo sea completo (*1 Jn* 1, 1-4).

En el centro de la catequesis: Cristo

426 "En el centro de la catequesis encontramos esencialmente una Persona, la de Jesús de Nazaret, Unigénito del Padre, que ha sufrido y ha muerto por nosotros y que ahora, resucitado, vive para siempre con nosotros... Catequizar

1698

---

[1] Cf. *Lc* 1, 68.
[2] Cf. *Lc* 1, 55.
[3] Cf. *Mt* 16, 18; SAN LEÓN MAGNO, Sermones, 4, 3: PL54, 151; 51, 1: PL54,

309B; 62, 2: PL 54, 350C-351A; 83, 3: PL 54, 432A.

es... descubrir en la Persona de Cristo el designio eterno de Dios... Se trata de procurar comprender el significado de los gestos y de las palabras de Cristo, los signos realizados por Él mismo".[4] El fin de la catequesis: "conducir a la comunión con Jesucristo: sólo Él puede conducirnos al amor del Padre en el Espíritu y hacernos partícipes de la vida de la Santísima Trinidad".[5]

427 "En la catequesis lo que se enseña es a Cristo, el Verbo encarnado e Hijo de Dios y todo lo demás en referencia a Él; el único que enseña es Cristo, y cualquier otro lo hace en la medida en que es portavoz suyo, permitiendo que Cristo enseñe por su boca... Todo catequista debería poder aplicarse a sí mismo la misteriosa palabra de Jesús: 'Mi doctrina no es mía, sino del que me ha enviado' (*Jn* 7, 16)".[6]

428 El que está llamado a "enseñar a Cristo" debe por tanto, ante todo, buscar esta "ganancia sublime que es el conocimiento de Cristo"; es necesario "aceptar perder todas las cosas... para ganar a Cristo, y ser hallado en él" y "conocerle a él, el poder de su resurrección y la comunión en sus padecimientos hasta hacerme semejante a él en su muerte, tratando de llegar a la resurrección de entre los muertos" (*Flp* 3, 8-11).

429 De este conocimiento amoroso de Cristo es de donde brota el deseo de anunciarlo, de "evangelizar", y de llevar a otros al "sí" de la fe en Jesucristo. Y al mismo tiempo se hace sentir la necesidad de conocer siempre mejor esta fe. Con este fin, siguiendo el orden del Símbolo de la fe, presentaremos en primer lugar los principales títulos de Jesús: Cristo, Hijo de Dios, Señor (Artículo 2). El Símbolo confiesa a continuación los principales misterios de la vida de Cristo: los de su encarnación (Artículo 3), los de su Pascua (Artículos 4 y 5), y, por último, los de su glorificación (Artículos 6 y 7).

ARTÍCULO 2
"Y EN JESUCRISTO, SU ÚNICO HIJO, NUESTRO SEÑOR"

I. JESÚS

430 Jesús quiere decir en hebreo: "Dios salva". En el momento de la anunciación, el ángel Gabriel le dio como nombre propio el nombre de Jesús que expresa a la vez su identidad y su misión.[7] Ya que "¿quién puede perdonar pecados, sino sólo Dios?",[8] es Él quien, en Jesús, su Hijo eterno hecho hombre, "salvará a su pueblo de sus pecados" (*Mt* 1, 21). En Jesús, Dios recapitula así toda la historia de la salvación en favor de los hombres.

---

[4] JUAN PABLO II, exh. ap. *Catechesi tradendae*, 5.
[5] *Ibid.*
[6] *Ibid.*, 6.
[7] Cf. *Lc* 1, 31.
[8] Cf. *Mc* 2, 7.

QUÉ CREEMOS ⟶ El Credo ⟶ El Hijo

CIC 436

431 En la historia de la salvación, Dios no se ha contentado con librar a Israel de "la casa de servidumbre" (*Dt* 5, 6) haciéndole salir de Egipto. Él lo salva además de su pecado. Puesto que el pecado es siempre una ofensa hecha a Dios,[9] sólo Él es quien puede absolverlo.[10] Por eso Israel, tomando cada vez más conciencia de la universalidad del pecado, ya no podrá buscar la salvación más que en la invocación del Nombre de Dios Redentor.[11]

1441

1850

388

432 El nombre de Jesús significa que el Nombre mismo de Dios está presente en la persona de su Hijo[12] hecho hombre para la redención universal y definitiva de los pecados. Él es el Nombre divino, el único que trae la salvación[13] y de ahora en adelante puede ser invocado por todos porque se ha unido a todos los hombres por la Encarnación[14] de tal forma que "no hay bajo el cielo otro nombre dado a los hombres por el que nosotros debamos salvarnos" (*Hch* 4, 12).[15]

589; 2666

389

161

433 El Nombre de Dios Salvador era invocado una sola vez al año por el sumo sacerdote para la expiación de los pecados de Israel, cuando había asperjado el propiciatorio del Santo de los Santos con la sangre del sacrificio.[16] El propiciatorio era el lugar de la presencia de Dios.[17] Cuando San Pablo dice de Jesús que "Dios lo exhibió como instrumento de propiciación por su propia sangre" (*Rm* 3, 25), significa que en su humanidad "estaba Dios reconciliando al mundo consigo" (*2 Co* 5, 19).

615

434 La Resurrección de Jesús glorifica el nombre de Dios Salvador[18] porque de ahora en adelante, el Nombre de Jesús es el que manifiesta en plenitud el poder soberano del "Nombre que está sobre todo nombre" (*Flp* 2, 9). Los espíritus malignos temen su Nombre[19] y en su nombre los discípulos de Jesús hacen milagros[20] porque todo lo que piden al Padre en su Nombre, él se lo concede.[21]

2812

2614

435 El Nombre de Jesús está en el corazón de la plegaria cristiana. Todas las oraciones litúrgicas se acaban con la fórmula *"Per Dominum Nostrum Jesum Christum..."* ("Por Nuestro Señor Jesucristo..."). El "Avemaría" culmina en "y bendito es el fruto de tu vientre, Jesús". La oración del corazón, en uso en Oriente, llamada "oración a Jesús" dice: "Señor Jesucristo, Hijo de Dios, ten piedad de mí pecador". Numerosos cristianos mueren, como santa Juana de Arco, teniendo en sus labios una única palabra: "Jesús".

2667-2668

2676

II. CRISTO

436 *Cristo* viene de la traducción griega del término hebreo "Mesías" que quiere decir "ungido". Pasa a ser nombre propio de Jesús porque Él cumple

690; 695

---

[9] Cf. *Sal* 51, 6.
[10] Cf. *Sal* 51, 11.
[11] Cf. *Sal* 79, 9.
[12] Cf. *Hch* 5, 41; *3 Jn* 7.
[13] Cf. *Jn* 3, 18; *Hch* 2, 21.
[14] Cf. *Rm* 10, 6-13.
[15] Cf. *Hch* 9, 14; *St* 2, 7.

[16] Cf. *Lv* 16, 15-16; *Si* 50, 20; *Hb* 9, 7.
[17] Cf. *Ex* 25, 22; *Lv* 16, 2; *Nm* 7, 89; *Hb* 9, 5.
[18] Cf. *Jn* 12, 28.
[19] Cf. *Hch* 16, 16-18; 19, 13-16.
[20] Cf. *Mc* 16, 17.
[21] Cf. *Jn* 15, 16.

perfectamente la misión divina que esa palabra significa. En efecto, en Israel eran ungidos en el nombre de Dios los que le eran consagrados para una misión que habían recibido de Él. Este era el caso de los reyes,[22] de los sacerdotes[23] y, excepcionalmente, de los profetas.[24] Este debía ser por excelencia el caso del Mesías que Dios enviaría para instaurar definitivamente su Reino.[25] El Mesías debía ser ungido por el Espíritu del Señor[26] a la vez como rey y sacerdote,[27] y también como profeta.[28] Jesús cumplió la esperanza mesiánica de Israel en su triple función de sacerdote, profeta y rey.

437 El ángel anunció a los pastores el nacimiento de Jesús como el del Mesías prometido a Israel: "Os ha nacido hoy, en la ciudad de David, un salvador, que es el Cristo Señor" (*Lc* 2, 11). Desde el principio él es "a quien el Padre ha santificado y enviado al mundo" (*Jn* 10, 36), concebido como "santo" (*Lc* 1, 35) en el seno virginal de María. José fue llamado por Dios para "tomar consigo a María su esposa" encinta "del que fue engendrado en ella por el Espíritu Santo" (*Mt* 1, 20) para que Jesús "llamado Cristo" nazca de la esposa de José en la descendencia mesiánica de David (*Mt* 1, 16).[29]

438 La consagración mesiánica de Jesús manifiesta su misión divina. "Por otra parte eso es lo que significa su mismo nombre, porque en el nombre de Cristo está sobreentendido El que ha ungido, El que ha sido ungido y la Unción misma con la que ha sido ungido: El que ha ungido, es el Padre, El que ha sido ungido, es el Hijo, y lo ha sido en el Espíritu que es la Unción".[30] Su eterna consagración mesiánica fue revelada en el tiempo de su vida terrena, en el momento de su bautismo, por Juan cuando "Dios le ungió con el Espíritu Santo y con poder" (*Hch* 10, 38) "para que él fuese manifestado a Israel" (*Jn* 1, 31) como su Mesías. Sus obras y sus palabras lo dieron a conocer como "el santo de Dios" (*Mc* 1, 24; *Jn* 6, 69; *Hch* 3, 14).

439 Numerosos judíos e incluso ciertos paganos que compartían su esperanza reconocieron en Jesús los rasgos fundamentales del mesiánico "hijo de David" prometido por Dios a Israel.[31] Jesús aceptó el título de Mesías al cual tenía derecho,[32] pero no sin reservas porque una parte de sus contemporáneos lo comprendían según una concepción demasiado humana,[33] esencialmente política.[34]

440 Jesús acogió la confesión de fe de Pedro que le reconocía como el Mesías anunciándole la próxima pasión del Hijo del Hombre.[35] Reveló el auténtico contenido de su realeza mesiánica en la identidad trascendente del Hijo del Hombre "que ha bajado del cielo" (*Jn* 3, 13),[36] a la vez que en su

---

[22] Cf. *1 S* 9, 16; 10, 1; 16, 1.12-13; *1 R* 1, 39.
[23] Cf. *Ex* 29, 7; *Lv* 8, 12.
[24] Cf. *1 R* 19, 16.
[25] Cf. *Sal* 2, 2; *Hch* 4, 26-27.
[26] Cf. *Is* 11, 2.
[27] Cf. *Za* 4, 14; 6, 13.
[28] Cf. *Is* 61, 1; *Lc* 4, 16-21.
[29] Cf. *Rm* 1, 3; *2 Tm* 2, 8; *Ap* 22, 16.
[30] SAN IRENEO DE LYÓN, Adversus haereses, 3, 18, 3.
[31] Cf. *Mt* 2, 2; 9, 27; 12, 23; 15, 22; 20, 30; 21, 9.15.
[32] Cf. *Jn* 4, 25-26; 11, 27.
[33] Cf. *Mt* 22, 41-46.
[34] Cf. *Jn* 6, 15; *Lc* 24, 21.
[35] Cf. *Mt* 16, 16-23.
[36] Cf. *Jn* 6, 62; *Dn* 7, 13.

misión redentora como Siervo sufriente: "el Hijo del hombre no ha venido a ser servido, sino a servir y a dar su vida como rescate por muchos" (*Mt* 20, 28).[37] Por esta razón, el verdadero sentido de su realeza no se ha manifestado más que desde lo alto de la Cruz.[38] Solamente después de su resurrección su realeza mesiánica podrá ser proclamada por Pedro ante el pueblo de Dios: "Sepa, pues, con certeza toda la casa de Israel que Dios ha constituido Señor y Cristo a este Jesús a quien vosotros habéis crucificado" (*Hch* 2, 36).

III. HIJO ÚNICO DE DIOS

441 *Hijo de Dios*, en el Antiguo Testamento, es un título dado a los ángeles,[39] al pueblo elegido,[40] a los hijos de Israel[41] y a sus reyes.[42] Significa entonces una filiación adoptiva que establece entre Dios y su criatura unas relaciones de una intimidad particular. Cuando el Rey-Mesías prometido es llamado "hijo de Dios",[43] no implica necesariamente, según el sentido literal de esos textos, que sea más que humano. Los que designaron así a Jesús en cuanto Mesías de Israel,[44] quizá no quisieron decir nada más.[45]

442 No ocurre así con Pedro cuando confiesa a Jesús como '*el Cristo, el Hijo de Dios vivo*" (*Mt* 16, 16), porque Este le responde con solemnidad "no *te ha revelado* esto ni la carne ni la sangre, sino *mi Padre* que está en los cielos" (*Mt* 16, 17). Paralelamente Pablo dirá a propósito de su conversión en el camino de Damasco: "Cuando Aquel que me separó desde el seno de mi madre y me llamó por su gracia, tuvo a bien revelar en mí a su Hijo para que le anunciase entre los gentiles..." (*Ga* 1, 15-16). "Y en seguida se puso a predicar a Jesús en las sinagogas: que él era el Hijo de Dios" (*Hch* 9, 20). Este será, desde el principio,[46] el centro de la fe apostólica[47] profesada en primer lugar por Pedro como cimiento de la Iglesia.[48]

443 Si Pedro pudo reconocer el carácter trascendente de la filiación divina de Jesús Mesías, fue porque éste lo dejó entender claramente. Ante el Sanedrín, a la pregunta de sus acusadores: "Entonces, ¿tú eres el Hijo de Dios?", Jesús ha respondido: "Vosotros lo decís: yo soy" (*Lc* 22, 70).[49] Ya mucho antes, Él se designó como el "Hijo" que conoce al Padre,[50] que es distinto de los "siervos" que Dios envió antes a su pueblo,[51] superior a los propios ángeles.[52] Distinguió su filiación de la de sus discípulos, no diciendo jamás "nuestro Padre",[53] salvo para ordenarles "*vosotros*, pues, orad así: Padre Nuestro" (*Mt* 6, 9); y subrayó esta distinción: "Mi Padre y vuestro Padre" (*Jn* 20, 17).

---

[37] Cf. *Is* 53, 10-12.
[38] Cf. *Jn* 19, 19-22; *Lc* 23, 39-43.
[39] Cf. *Dt* 32, 8; *Jb* 1, 6.
[40] Cf. *Ex* 4, 22; *Os* 11, 1; *Jr* 3, 19; *Si* 36, 11; *Sb* 18, 13.
[41] Cf. *Dt* 14, 1; *Os* 2, 1.
[42] Cf. *2 S* 7, 14; *Sal* 82, 6.
[43] Cf. *1 Cro* 17, 13; *Sal* 2, 7.
[44] Cf. *Mt* 27, 54.
[45] Cf. *Lc* 23, 47.
[46] Cf. *1 Ts* 1, 10.
[47] Cf. *Jn* 20, 31.
[48] Cf. *Mt* 16, 18.
[49] Cf. *Mt* 26, 64; *Mc* 14, 61.
[50] Cf. *Mt* 11, 27; 21, 37-38.
[51] Cf. *Mt* 21, 34-36.
[52] Cf. *Mt* 24, 36.
[53] Cf. *Mt* 5, 48; 6, 8; 7, 21; *Lc* 11, 13.

444 Los evangelios narran en dos momentos solemnes, el bautismo y la transfiguración de Cristo, que la voz del Padre lo designa como su "Hijo amado".⁵⁴ Jesús se designa a sí mismo como "el Hijo Único de Dios" (*Jn* 3, 16) y afirma mediante este título su preexistencia eterna.⁵⁵ Pide la fe en "el Nombre del Hijo Único de Dios" (*Jn* 3, 18). Esta confesión cristiana aparece ya en la exclamación del centurión delante de Jesús en la cruz: "Verdaderamente este hombre era Hijo de Dios" (*Mc* 15, 39), porque es solamente en el misterio pascual donde el creyente puede alcanzar el sentido pleno del título "Hijo de Dios".

445 Después de su Resurrección, su filiación divina aparece en el poder de su humanidad glorificada: "Constituido Hijo de Dios con poder, según el Espíritu de santidad, por su Resurrección de entre los muertos" (*Rm* 1, 4).⁵⁶ Los apóstoles podrán confesar: "Hemos visto su gloria, gloria que recibe del Padre como Hijo único, lleno de gracia y de verdad" (*Jn* 1, 14).

IV. SEÑOR

446 En la traducción griega de los libros del Antiguo Testamento, el nombre inefable con el cual Dios se reveló a Moisés,⁵⁷ YHWH, es traducido por "Kyrios" ["Señor"]. *Señor* se convierte desde entonces en el nombre más habitual para designar la divinidad misma del Dios de Israel. El Nuevo Testamento utiliza en este sentido fuerte el título "Señor" para el Padre, pero lo emplea también, y aquí está la novedad, para Jesús reconociéndolo como Dios.⁵⁸

447 Él mismo Jesús se atribuye de forma velada este título cuando discute con los fariseos sobre el sentido del Salmo 109,⁵⁹ pero también de manera explícita al dirigirse a sus apóstoles.⁶⁰ A lo largo de toda su vida pública sus actos de dominio sobre la naturaleza, sobre las enfermedades, sobre los demonios, sobre la muerte y el pecado, demostraban su soberanía divina.

448 Con mucha frecuencia, en los evangelios, hay personas que se dirigen a Jesús llamándole "Señor". Este título expresa el respeto y la confianza de los que se acercan a Jesús y esperan de Él socorro y curación⁶¹ Bajo la moción del Espíritu Santo, expresa el reconocimiento del misterio divino de Jesús.⁶² En el encuentro con Jesús resucitado, se convierte en adoración: "Señor mío y Dios mío" (*Jn* 20, 28). Entonces toma una connotación de amor y de afecto que quedará como propio de la tradición cristiana: "¡Es el Señor!" (*Jn* 21, 7).

449 Atribuyendo a Jesús el título divino de Señor, las primeras confesiones de fe de la Iglesia afirman desde el principio⁶³ que el poder, el honor y la

---

⁵⁴ Cf. *Mt* 3, 17; 17, 5.
⁵⁵ Cf. *Jn* 10, 36.
⁵⁶ Cf. *Hch* 13, 33.
⁵⁷ Cf. *Ex* 3, 14.
⁵⁸ Cf. *1 Co* 2, 8.
⁵⁹ Cf. *Mt* 22, 41-46; cf. también *Hch* 2, 34-36; *Hb* 1, 13.
⁶⁰ Cf. *Jn* 13, 13.
⁶¹ Cf. *Mt* 8, 2; 14, 30; 15, 22, etc.
⁶² Cf. *Lc* 1, 43; 2, 11.
⁶³ Cf. *Hch* 2, 34-36.

QUÉ CREEMOS ⟶ El Credo ⟶ El Hijo

gloria debidos a Dios Padre convienen también a Jesús[64] porque Él es de "condición divina" (*Flp* 2, 6) y el Padre manifestó esta soberanía de Jesús resucitándolo de entre los muertos y exaltándolo a su gloria.[65]

450 Desde el comienzo de la historia cristiana, la afirmación del señorío de Jesús sobre el mundo y sobre la historia[66] significa también reconocer que el hombre no debe someter su libertad personal, de modo absoluto, a ningún poder terrenal sino sólo a Dios Padre y al Señor Jesucristo: César no es el "Señor".[67] "La Iglesia cree... que la clave, el centro y el fin de toda historia humana se encuentra en su Señor y Maestro".[68]

451 La oración cristiana está marcada por el título "Señor", ya sea en la invitación a la oración "el Señor esté con vosotros", o en su conclusión "por Jesucristo nuestro Señor" o incluso en la exclamación llena de confianza y de esperanza: "Maran atha" ("¡el Señor viene!") o "Marana tha" ("¡Ven, Señor!") (*1 Co* 16, 22): "¡Amén! ¡Ven, Señor Jesús!" (*Ap* 22, 20).

RESUMEN

452 El nombre de Jesús significa "Dios salva". El niño nacido de la Virgen María se llama "Jesús" "porque él salvará a su pueblo de sus pecados" (*Mt* 1, 21); "No hay bajo el cielo otro nombre dado a los hombres por el que nosotros debamos salvarnos" (*Hch* 4, 12).

453 El nombre de Cristo significa "Ungido", "Mesías". Jesús es el Cristo porque "Dios le ungió con el Espíritu Santo y con poder" (*Hch* 10, 38). Era "el que ha de venir",[69] el objeto de "la esperanza de Israel" (*Hch* 28, 20).

454 El nombre de Hijo de Dios significa la relación única y eterna de Jesucristo con Dios su Padre: Él es el Hijo único del Padre[70] y Él mismo es Dios.[71] Para ser cristiano es necesario creer que Jesucristo es el Hijo de Dios.[72]

455 El nombre de Señor significa la soberanía divina. Confesar o invocar a Jesús como Señor es creer en su divinidad. "Nadie puede decir: '¡Jesús es Señor!' sino por influjo del Espíritu Santo" (*1 Co* 12, 3).

---

[64] Cf. *Rm* 9, 5; *Tt* 2, 13; *Ap* 5, 13.
[65] Cf. *Rm* 10, 9; *1 Co* 12, 3; *Flp* 2, 9-11.
[66] Cf. *Ap* 11, 15.
[67] Cf. *Mc* 12, 17; *Hch* 5, 29.
[68] Concilio Vaticano II, *Gaudium et spes*, 10, 2; cf. 45, 2.
[69] Cf. *Lc* 7, 19.
[70] Cf. *Jn* 1, 14.18; 3, 16.18.
[71] Cf. *Jn* l, 1.
[72] Cf. *Hch* 8, 37; *1 Jn* 2, 23.

Primera parte: La profesión de la fe

ARTÍCULO 3
"JESUCRISTO FUE CONCEBIDO POR OBRA Y GRACIA DEL ESPÍRITU SANTO Y NACIÓ DE SANTA MARÍA VIRGEN"

Párrafo 1. El hijo de Dios se hizo hombre

I. POR QUÉ EL VERBO SE HIZO CARNE

FUENTES DE LA ESCRITURA Y DE LA IGLESIA

La siguiente parte del *Catecismo* utiliza estas fuentes de la Escritura y de la Iglesia. Véase el "Índice de citas" para una lista completa de referencias

Antiguo Testamento	Citadas en el *Catecismo*
Deuteronomio	CIC 459
Salmos	CIC 462

Nuevo Testamento	
Mateo	CIC 459, 473
Marcos	CIC 459, 472-474
Lucas	CIC 472
Juan	CIC 458, 459, 461, 470, 472, 473, 478
Hechos de los Apóstoles	CIC 474
Gálatas	CIC 476, 478
Filipenses	CIC 461, 472
1 Timoteo	CIC 463
Hebreos	CIC 462, 467
2 Pedro	CIC 460
1 Juan	CIC 457, 458, 463, 465
2 Juan	CIC 465

Concilios ecuménicos	
Nicea I (325)	CIC 465
Éfeso (431)	CIC 466, 468
Calcedonia (451)	CIC 467
Constantinopla II (553)	CIC 468
Constantinopla III (680-681)	CIC 475
Nicea II (787)	CIC 476, 477
Vaticano II (1962-1965)	CIC 470

Concilios y sínodos particulares	
Sínodo de Letrán (649)	CIC 476

Documentos pontificios	
Dámaso I (366-384)	CIC 471
Gregorio Magno (590-604)	CIC 473
Pío XII (1939-1958)	CIC 478

QUÉ CREEMOS ⟶ El Credo ⟶ El Hijo

CIC 457

FUENTES DE LA ESCRITURA Y DE LA IGLESIA

(continuación)

Liturgia
Liturgia bizantina	CIC 469, 481
Liturgia de las Horas	CIC 461, 469
Misal Romano	CIC 477

Escritores eclesiásticos
San Atanasio de Alejandría	CIC 460
San Gregorio de Nisa	CIC 457
San Ireneo de Lyon	CIC 460
San León Magno	CIC 469
San Máximo el Confesor	CIC 473
Santo Tomás de Aquino	CIC 460

PALABRAS CLAVE

La siguiente parte del *Catecismo* utiliza estas palabras clave.
Véase el "Glosario" para su definición.

Palabras	Citadas en el *Catecismo*
Cuerpo de Cristo	CIC 467, 476
Encarnación	CIC 461, 464
Herejía	CIC 465
Naturaleza	CIC 456
Palabra de Dios	CIC 461
Sagrado Corazón	CIC 478
Unión hipostática	CIC 468

456 Con el Credo Niceno-Constantinopolitano respondemos confesando: *"Por nosotros los hombres y por nuestra salvación* bajó del cielo, y por obra del Espíritu Santo se encarnó de María la Virgen y se hizo hombre".

457 El Verbo se encarnó *para salvarnos reconciliándonos con Dios:* "Dios nos amó y nos envió a su Hijo como propiciación por nuestros pecados" (*1 Jn* 4, 10). "El Padre envió a su Hijo para ser salvador del mundo" (*1 Jn* 4, 14). "Él se manifestó para quitar los pecados" (*1 Jn* 3, 5):

607

> Nuestra naturaleza enferma exigía ser sanada; desgarrada, ser restablecida; muerta, ser resucitada. Habíamos perdido la posesión del bien, era necesario que se nos devolviera. Encerrados en las tinieblas, hacía falta que nos llegara la luz; estando cautivos, esperábamos un salvador; prisioneros, un socorro; esclavos, un libertador. ¿No teman importancia estos razonamientos? ¿No merecían conmover a Dios hasta el punto de hacerle bajar hasta nuestra naturaleza humana para visitarla, ya que la humanidad se encontraba en un estado tan miserable y tan desgraciado?[73]

385

---

[73] SAN GREGORIO DE NISA, Oratio catechetica, 15: PG 45, 48B.

458 El Verbo se encarnó *para que nosotros conociésemos así el amor de Dios:* "En esto se manifestó el amor que Dios nos tiene: en que Dios envió al mundo a su Hijo único para que vivamos por medio de él" (*1 Jn* 4, 9). "Porque tanto amó Dios al mundo que dio a su Hijo único, para que todo el que crea en él no perezca, sino que tenga vida eterna" (*Jn* 3, 16).

459 El Verbo se encarnó *para ser nuestro modelo de santidad:* "Tomad sobre vosotros mi yugo, y aprended de mí..." (*Mt* 11, 29). "Yo soy el Camino, la Verdad y la Vida. Nadie va al Padre sino por mí" (*Jn* 14, 6). Y el Padre, en el monte de la Transfiguración, ordena: "Escuchadle" (*Mc* 9, 7)[74] Él es, en efecto, el modelo de las bienaventuranzas y la norma de la ley nueva: "Amaos los unos a los otros como yo os he amado" (*Jn* 15, 12). Este amor tiene como consecuencia la ofrenda efectiva de sí mismo.[75]

460 El Verbo se encarnó *para hacernos "partícipes de la naturaleza divina"* (*2 P* 1, 4): "Porque tal es la razón por la que el Verbo se hizo hombre, y el Hijo de Dios, Hijo del hombre: para que el hombre, al entrar en comunión con el Verbo y al recibir así la filiación divina, se convirtiera en hijo de Dios".[76] "Porque el Hijo de Dios se hizo hombre para hacernos Dios".[77] "Unigenitus Dei Filius, suae divinitatis volens nos esse participes, naturam 1988 nostram assumpsit, ut homines déos faceret factus homo" ("El Hijo Unigénito de Dios, queriendo hacernos partícipes de su divinidad, asumió nuestra naturaleza, para que, habiéndose hecho hombre, hiciera dioses a los hombres").[78]

II. LA ENCARNACIÓN

461 Volviendo a tomar la frase de San Juan ("El Verbo se encarnó": *Jn* 1, 14), la Iglesia llama "Encarnación" al hecho de que el Hijo de Dios haya asumido una naturaleza humana para llevar a cabo por ella nuestra salvación. En un himno citado por san Pablo, la Iglesia canta el misterio de la Encarnación:

> Tened entre vosotros los mismos sentimientos que tuvo Cristo: el cual, siendo de condición divina, no retuvo ávidamente el ser igual a Dios, sino que se despojó de sí mismo tomando condición de siervo, haciéndose semejante a los hombres y apareciendo en su porte como hombre; y se humilló a sí mismo, obedeciendo hasta la muerte y muerte de cruz (*Flp* 2, 5-8).[79]

462 La carta a los Hebreos habla del mismo misterio:

> Por eso, al entraren este mundo, [Cristo] dice: No quisiste sacrificio y oblación; pero me has formado un cuerpo. Holocaustos y sacrificios por el pecado no te agradaron. Entonces dije: ¡He aquí que vengo... a hacer, oh Dios, tu voluntad! (*Hb* 10, 5-7).[80]

---

[74] Cf. *Dt* 6, 4-5.
[75] Cf. *Mc* 8, 34.
[76] SAN IRENEO DE LYÓN, Adversus haereses, 3, 19, 1.
[77] SAN ATANASIO DE ALEJANDRÍA, De Incarnatione, 54, 3: PG 25, 192B.
[78] SANTO TOMÁS DE AQUINO, Opusculum 57 in festo Corporis Christi, 1.
[79] Cf. Liturgia de las Horas, Cántico de vísperas del sábado.
[80] *Hb* 10, 5-7, cita el *Sal* 40, 7-9 (LXX).

QUÉ CREEMOS ⟶ El Credo ⟶ El Hijo

463 La fe en la verdadera encarnación del Hijo de Dios es el signo distintivo de la fe cristiana: "Podréis conocer en esto el Espíritu de Dios: todo espíritu que confiesa a Jesucristo, venido en carne, es de Dios" (*1 Jn* 4, 2). Esa es la alegre convicción de la Iglesia desde sus comienzos cuando canta "el gran misterio de la piedad": "Él ha sido manifestado en la carne" (*1 Tm* 3, 16).

III. VERDADERO DIOS Y VERDADERO HOMBRE

464 El acontecimiento único y totalmente singular de la Encarnación del Hijo de Dios no significa que Jesucristo sea en parte Dios y en parte hombre, ni que sea el resultado de una mezcla confusa entre lo divino y lo humano. Él se hizo verdaderamente hombre sin dejar de ser verdaderamente Dios. Jesucristo es verdadero Dios y verdadero hombre. La Iglesia debió defender y aclarar esta verdad de fe durante los primeros siglos frente a unas herejías que la falseaban.

465 Las primeras herejías negaron menos la divinidad de Jesucristo que su humanidad verdadera (docetismo gnóstico). Desde la época apostólica la fe cristiana insistió en la verdadera encarnación del Hijo de Dios, "venido en la carne".[81] Pero desde el siglo III, la Iglesia tuvo que afirmar frente a Pablo de Samosata, en un Concilio reunido en Antioquía, que Jesucristo es hijo de Dios por naturaleza y no por adopción. El primer Concilio Ecuménico de Nicea, en el año 325, confesó en su Credo que el Hijo de Dios es "engendrado, no creado, de la misma substancia ['homousios'] que el Padre" y condenó a Arrio que afirmaba que "el Hijo de Dios salió de la nada"[82] y que sería "de una substancia distinta de la del Padre".[83]

466 La herejía nestoriana veía en Cristo una persona humana junto a la persona divina del Hijo de Dios. Frente a ella san Cirilo de Alejandría y el tercer Concilio Ecuménico reunido en Éfeso, en el año 431, confesaron que "el Verbo, al unirse en su persona a una carne animada por un alma racional, se hizo hombre".[84] La humanidad de Cristo no tiene más sujeto que la persona divina del Hijo de Dios que la ha asumido y hecho suya desde su concepción. Por eso el Concilio de Éfeso proclamó en el año 431 que María llegó a ser con toda verdad Madre de Dios mediante la concepción humana del Hijo de Dios en su seno: "Madre de Dios, no porque el Verbo de Dios haya tomado de ella su naturaleza divina, sino porque es de ella, de quien tiene el cuerpo sagrado dotado de un alma racional, unido a la persona del Verbo, de quien se dice que el Verbo nació según la carne".[85]

467 Los monofisitas afirmaban que la naturaleza humana había dejado de existir como tal en Cristo al ser asumida por su persona divina de Hijo de Dios. Enfrentado a esta herejía, el cuarto Concilio Ecuménico, en Calcedonia, confesó en el año 451:

---

[81] Cf. *1 Jn* 4, 2-3; *2 Jn* 7.
[82] Concilio de Nicea I: DS, 130.
[83] *Ibid.*, 126.
[84] Concilio de Éfeso: DS, 250.
[85] *Ibid.*, 251.

Siguiendo, pues, a los Santos Padres, enseñamos unánimemente que hay que confesar a un solo y mismo Hijo y Señor nuestro Jesucristo: perfecto en la divinidad, y perfecto en la humanidad; verdaderamente Dios y verdaderamente hombre compuesto de alma racional y cuerpo; consubstancial con el Padre según la divinidad, y consubstancial con nosotros según la humanidad, "en todo semejante a nosotros, excepto en el pecado" (*Hb* 4, 15); nacido del Padre antes de todos los siglos según la divinidad; y por nosotros y por nuestra salvación, nacido en los últimos tiempos de la Virgen María, la Madre de Dios, según la humanidad.

Se ha de reconocer a un solo y mismo Cristo Señor, Hijo único en dos naturalezas, sin confusión, sin cambio, sin división, sin separación. La diferencia de naturalezas de ningún modo queda suprimida por su unión, sino que quedan a salvo las propiedades de cada una de las naturalezas y confluyen en un solo sujeto y en una sola persona.[86]

468 Después del Concilio de Calcedonia, algunos concibieron la naturaleza humana de Cristo como una especie de sujeto personal. Contra éstos, el quinto Concilio Ecuménico, en Constantinopla, el año 553, confesó a propósito de Cristo: "No hay más que una sola hipóstasis [o persona], que es nuestro Señor Jesucristo, *uno de la Trinidad*".[87] Portante, todo en la humanidad de Jesucristo debe ser atribuido a su persona divina como a su propio sujeto,[88] no solamente los milagros sino también los sufrimientos[89] y la misma muerte: "El que ha sido crucificado en la carne, nuestro Señor Jesucristo, es verdadero Dios, Señor de la gloria y uno de la Santísima Trinidad".[90]

469 La Iglesia confiesa así que Jesús es inseparablemente verdadero Dios y verdadero hombre. Él es verdaderamente el Hijo de Dios que se ha hecho hombre, nuestro hermano, y eso sin dejar de ser Dios, nuestro Señor:

"Id quod fuit remansit et quod non fuit assumpsit" ("Sin dejar de ser lo que era ha asumido lo que no era"), canta la liturgia romana.[91] Y la liturgia de San Juan Crisóstomo proclama y canta: "¡Oh Hijo unigénito y Verbo de Dios! Tú que eres inmortal, te dignaste, para salvarnos, tomar carne de la santa Madre de Dios y siempre Virgen María. Tú, Cristo Dios, sin sufrir cambio te hiciste hombre y, en la cruz, con tu muerte venciste la muerte. Tú, Uno de la Santísima Trinidad, glorificado con el Padre y el Espíritu Santo, ¡sálvanos!"[92]

IV. CÓMO ES HOMBRE EL HIJO DE DIOS

470 Puesto que en la unión misteriosa de la Encarnación "la naturaleza humana ha sido asumida, no absorbida",[93] la Iglesia ha llegado a confesar con el correr de los siglos, la plena realidad del alma humana, con sus operaciones

---

[86] Concilio de Calcedonia: DS, 301-302.
[87] Concilio de Constantinopla II: DS, 424.
[88] Cf. ya Concilio de Éfeso: DS, 255.
[89] Cf. Concilio de Constantinopla II: DS, 424.
[90] *Ibid*, 432.
[91] Liturgia de las Horas, Antífona de laudes del primero de enero; cf. SAN LEÓN MAGNO, Sermones, 21, 2-3: PL54, 192A.
[92] Liturgia bizantina, Troparion "O Monoghenis".
[93] Concilio Vaticano II, *Gaudium et spes*, 22, 2.

QUÉ CREEMOS ⟶ El Credo ⟶ El Hijo

de inteligencia y de voluntad, y del cuerpo humano de Cristo. Pero paralelamente, ha tenido que recordar en cada ocasión que la naturaleza humana de Cristo pertenece propiamente a la persona divina del Hijo de Dios que la ha asumido. Todo lo que es y hace en ella pertenece a "uno de la Trinidad". El Hijo de Dios comunica, pues, a su humanidad su propio modo personal de existir en la Trinidad. Así, en su alma como en su cuerpo, Cristo expresa humanamente los comportamientos divinos de la Trinidad:[94]

> El Hijo de Dios... trabajó con manos de hombre, pensó con inteligencia de hombre, obró con voluntad de hombre, amó con corazón de hombre. Nacido de la Virgen María, se hizo verdaderamente uno de nosotros, en todo semejante a nosotros, excepto en el pecado.[95]

El alma y el conocimiento humano de Cristo

471 Apolinar de Laodicea afirmaba que en Cristo el Verbo había sustituido al alma o al espíritu. Contra este error la Iglesia confesó que el Hijo eterno asumió también un alma racional humana.[96]

472 Este alma humana que el Hijo de Dios asumió está dotada de un verdadero conocimiento humano. Como tal, éste no podía ser de por sí ilimitado: se desenvolvía en las condiciones históricas de su existencia en el espacio y en el tiempo. Por eso el Hijo de Dios, al hacerse hombre, quiso progresar "en sabiduría, en estatura y en gracia" (*Lc* 2, 52) e igualmente adquirir aquello que en la condición humana se adquiere de manera experimental.[97] Eso... correspondía a la realidad de su anonadamiento voluntario en "la condición de esclavo" (*Flp* 2, 7).

473 Pero, al mismo tiempo, este conocimiento verdaderamente humano del Hijo de Dios expresaba la vida divina de su persona.[98] "La naturaleza humana del Hijo de Dios, *no por ella misma sino por su unión con el Verbo*, conocía y manifestaba en ella todo lo que conviene a Dios".[99] Esto sucede ante todo en lo que se refiere al conocimiento íntimo e inmediato que el Hijo de Dios hecho hombre tiene de su Padre.[100] El Hijo, en su conocimiento humano, mostraba también la penetración divina que tenía de los pensamientos secretos del corazón de los hombres.[101]

474 Debido a su unión con la Sabiduría divina en la persona del Verbo encarnado, el conocimiento humano de Cristo gozaba en plenitud de la ciencia de los designios eternos que había venido a revelar.[102] Lo que reconoce ignorar en este campo,[103] declara en otro lugar no tener misión de revelarlo.[104]

---

[94] Cf. *Jn* 14, 9-10.
[95] Concilio Vaticano II, *Gaudium et spes*, 22, 2.
[96] Cf. Dámaso I, Carta a los Obispos Orientales: DS, 149.
[97] Cf. *Mc* 6, 38; 8, 27; *Jn* 11, 34.
[98] Cf. SAN GREGORIO MAGNO, c. Sicut aqua: DS, 475.
[99] SAN MÁXIMO EL CONFESOR, Quaestiones et dubia, 66: PG 90, 840 A.
[100] Cf. *Mc* 14, 36; *Mt* 11, 27; *Jn* 1, 18; 8, 55.
[101] Cf. *Mc* 2, 8; Jn 2, 25; 6, 61.
[102] Cf. *Mc* 8, 31; 9, 31; 10, 33-34; 14, 18-20.26-30.
[103] Cf. *Mc* 13, 32.
[104] Cf. *Hch* 1, 7.

La voluntad humana de Cristo

475 De manera paralela, la Iglesia confesó en el sexto Concilio Ecuménico[105] que Cristo posee dos voluntades y dos operaciones naturales, divinas y humanas, no opuestas, sino cooperantes, de forma que el Verbo hecho carne, en su obediencia al Padre, ha querido humanamente todo lo que ha decidido divinamente con el Padre y el Espíritu Santo para nuestra salvación.[106] La voluntad humana de Cristo "sigue a su voluntad divina sin hacerle resistencia ni oposición, sino todo lo contrario estando subordinada a esta voluntad omnipotente".[107]

El verdadero cuerpo de Cristo

476 Como el Verbo se hizo carne asumiendo una verdadera humanidad, el cuerpo de Cristo era limitado.[108] Por eso se puede "pintar" la faz humana de Jesús (*Ga* 3, 2). En el séptimo Concilio Ecuménico, la Iglesia reconoció que es legítima su representación en imágenes sagradas.[109]

477 Al mismo tiempo, la Iglesia siempre ha admitido que, en el cuerpo de Jesús, Dios "que era invisible en su naturaleza se hace visible".[110] En efecto, las particularidades individuales del cuerpo de Cristo expresan la persona divina del Hijo de Dios. Él ha hecho suyos los rasgos de su propio cuerpo humano hasta el punto de que, pintados en una imagen sagrada, pueden ser venerados porque el creyente que venera su imagen, "venera a la persona representada en ella".[111]

El Corazón del Verbo encarnado

478 Jesús, durante su vida, su agonía y su pasión nos ha conocido y amado a todos y a cada uno de nosotros y se ha entregado por cada uno de nosotros: "El Hijo de Dios me amó y se entregó a sí mismo por mí" (*Ga* 2, 20). Nos ha amado a todos con un corazón humano. Por esta razón, el sagrado Corazón de Jesús, traspasado por nuestros pecados y para nuestra salvación,[112] "es considerado como el principal indicador y símbolo... del amor con que el divino Redentor ama continuamente al eterno Padre y a todos los hombres"[113]

---

[105] Concilio de Constantinopla III, año 681.
[106] Cf. Concilio de Constantinopla III: DS, 556-559.
[107] *Ibid.*, 556.
[108] Cf. Concilio de Letrán, año 649: DS, 504.
[109] Concilio de Nicea II, año 787: DS, 600-603.
[110] *Misal Romano,* Prefacio de Navidad.
[111] Concilio de Nicea II: DS, 601.
[112] Cf. *Jn* 19, 34.
[113] Pío XII, ene. *Haurietis aguas:* DS, 3924; cf. ID. ene. *Mysüci Corporis:* ibid., 3812.

QUÉ CREEMOS ⟶ El Credo ⟶ El Hijo

CIC 483

RESUMEN

479 En el momento establecido por Dios, el Hijo único del Padre, la Palabra eterna, es decir, el Verbo e Imagen substancial del Padre, se hizo carne: sin perder la naturaleza divina asumió la naturaleza humana.

480 Jesucristo es verdadero Dios y verdadero hombre en la unidad de su Persona divina; por esta razón Él es el único Mediador entre Dios y los hombres.

481 Jesucristo posee dos naturalezas, la divina y la humana, no confundidas, sino unidas en la única Persona del Hijo de Dios.

482 Cristo, siendo verdadero Dios y verdadero hombre, tiene una inteligencia y una voluntad humanas, perfectamente de acuerdo y sometidas a su inteligencia y a su voluntad divinas que tiene en común con el Padre y el Espíritu Santo.

483 La encarnación es, pues, el misterio de la admirable unión de la naturaleza divina y de la naturaleza humana en la única Persona del Verbo.

Párrafo 2. "...Concebido por obra y gracia del Espíritu Santo, nació de Santa María Virgen"

I. CONCEBIDO POR OBRA Y GRACIA DEL ESPÍRITU SANTO...

FUENTES DE LA ESCRITURA Y DE LA IGLESIA

La siguiente parte del *Catecismo* utiliza estas fuentes de la Escritura y de la Iglesia. Véase el "Índice de citas" para una lista completa de referencias

Antiguo Testamento	**Citadas en el *Catecismo***
Génesis	CIC 489, 500
1 Samuel	CIC 489
Isaías	CIC 497
Nuevo Testamento	
Mateo	CIC 486, 495, 497, 500
Marcos	CIC 500

Primera parte: La profesión de la fe

FUENTES DE LA ESCRITURA Y DE LA IGLESIA

(continuación)

Nuevo Testamento	Citadas en el *Catecismo*
Lucas	CIC 484, 486, 488, 490, 491, 494, 495, 497, 503, 505, 510
Juan	CIC 485, 486, 495, 496, 501, 504, 505
Hechos de los Apóstoles	CIC 486
Romanos	CIC 494, 496, 501
1 Corintios	CIC 489, 498, 500, 504, 506
2 Corintios	CIC 505
Gálatas	CIC 484, 488, 500
Efesios	CIC 492
Colosenses	CIC 484, 504
Hebreos	CIC 488
Apocalipsis	CIC 501

Profesiones de fe

Credos	CIC 496

Concilios ecuménicos

Éfeso (431)	CIC 495
Constantinopla II (553)	CIC 499
Vaticano I (1869-1870)	CIC 498
Vaticano II (1962-1965)	CIC 488-490, 492-494, 499, 501, 506-508, 511

Concilios y sínodos particulares

Sínodo de Letrán (649)	CIC 496, 499
Sínodo de Toledo XVI (693)	CIC 499
Sínodo de Friuli (796 or 797)	CIC 503

Documentos pontificios

León Magno (440-461)	CIC 499
Pelagio I (556-561)	CIC 499
Pío IV (1559-1565)	CIC 499
Pío IX (1846-1878)	CIC 491

Escritores eclesiásticos

San Agustín	CIC 506, 510
San Ignacio de Antioquia	CIC 496, 498
San Ireneo de Lyon	CIC 494
San Justino	CIC 498
Orígenes	CIC 498
Santo Tomás de Aquino	CIC 511

QUÉ CREEMOS ⟶ El Credo ⟶ El Hijo

CIC 488

PALABRAS CLAVE

La siguiente parte del *Catecismo* utiliza estas palabras clave.
Véase el "Glosario" para su definición.

Palabras	Citadas en el *Catecismo*
Adán	CIC 504
Anunciación	CIC 484, 494
Eva	CIC 511
Inmaculada Concepción	CIC 491
María	CIC 495
Nacida virgen	CIC 496
Nuestra Señora	CIC 495
Virgen María	CIC 499

---

484 La anunciación a María inaugura "la plenitud de los tiempos" (*Ga* 4, 4), es decir, el cumplimiento de las promesas y de los preparativos. María es invitada a concebir a aquel en quien habitará "corporalmente la plenitud de la divinidad" (*Col* 2, 9). La respuesta divina a su "¿cómo será esto, puesto que no conozco varón?" (*Lc* 1, 34) se dio mediante el poder del Espíritu: "El Espíritu Santo vendrá sobre ti" (*Lc* 1, 35).

461

721

485 La misión del Espíritu Santo está siempre unida y ordenada a la del Hijo.[114] El Espíritu Santo fue enviado para santificar el seno de la Virgen María y fecundarla por obra divina, él que es "el Señor que da la vida", haciendo que ella conciba al Hijo eterno del Padre en una humanidad tomada de la suya.

689

723

486 El Hijo único del Padre, al ser concebido como hombre en el seno de la Virgen María, es "Cristo", es decir, el ungido por el Espíritu Santo,[115] desde el principio de su existencia humana, aunque su manifestación no tuviera lugar sino progresivamente: a los pastores,[116] a los magos,[117] a Juan Bautista,[118] a los discípulos.[119] Por tanto, toda la vida de Jesucristo manifestará "cómo Dios le ungió con el Espíritu Santo y con poder" (*Hch* 10, 38).

437

II. ...NACIDO DE LA VIRGEN MARÍA

487 Lo que la fe católica cree acerca de María se funda en lo que cree acerca de Cristo, pero lo que enseña sobre María ilumina a su vez la fe en Cristo.

La predestinación de María

488 "Dios envió a su Hijo" (*Ga* 4, 4), pero para "formarle un cuerpo"[120] quiso la libre cooperación de una criatura. Para eso desde toda la eternidad, Dios escogió para ser la Madre de su Hijo, a una hija de Israel, una joven judía de

963

---

[114] Cf. *Jn* 16, 14-15.
[115] Cf. *Mt* 1, 20; *Lc* 1, 35.
[116] Cf. *Lc* 2, 8-20.
[117] Cf. *Mt* 2, 1-12.
[118] Cf. *Jn* 1, 31-34.
[119] Cf. *Jn* 2, 11.
[120] Cf. *Hb* 10, 5.

Nazaret en Galilea, a "una virgen desposada con un hombre llamado José, de la casa de David; el nombre de la virgen era María" (*Lc* 1, 26-27):

> El Padre de las misericordias quiso que el consentimiento de la que estaba predestinada a ser la Madre precediera a la encarnación para que, así como una mujer contribuyó a la muerte, así también otra mujer contribuyera a la vida.[121]

489 A lo largo de toda la Antigua Alianza, la misión de María fue *preparada* por la misión de algunas santas mujeres. Al principio de todo está Eva: a pesar de su desobediencia, recibe la promesa de una descendencia que será vencedora del Maligno[122] y la de ser la Madre de todos los vivientes.[123] En virtud de esta promesa, Sara concibe un hijo a pesar de su edad avanzada.[124] Contra toda expectativa humana, Dios escoge lo que era tenido por impotente y débil[125] para mostrar la fidelidad a su promesa: Ana, la madre de Samuel,[126] Débora, Rut, Judit y Ester, y muchas otras mujeres.

María "sobresale entre los humildes y los pobres del Señor, que esperan de él con confianza la salvación y la acogen. Finalmente, con ella, excelsa Hija de Sión, después de la larga espera de la promesa, se cumple el plazo y se inaugura el nuevo plan de salvación".[127]

La Inmaculada Concepción

490 Para ser la Madre del Salvador, María fue "dotada por Dios con dones a la medida de una misión tan importante"[128] El ángel Gabriel en el momento de la anunciación la saluda como "llena de gracia" (*Lc* 1, 28). En efecto, para poder dar el asentimiento libre de su fe al anuncio de su vocación era preciso que ella estuviese totalmente poseída por la gracia de Dios.

491 A lo largo de los siglos, la Iglesia ha tomado conciencia de que María "llena de gracia" por Dios[129] había sido redimida desde su concepción. Es lo que confiesa el dogma de la Inmaculada Concepción, proclamado en 1854 por el Papa Pío IX:

> … la bienaventurada Virgen María fue preservada inmune de toda mancha de pecado original en el primer instante de su concepción por singular gracia y privilegio de Dios omnipotente, en atención a los méritos de Jesucristo Salvador del género humano.[130]

492 Esta "resplandeciente santidad del todo singular" de la que ella fue "enriquecida desde el primer instante de su concepción",[131] le viene toda

---

[121] Concilio Vaticano II, *Lumen gentium*, 56; cf. 61.
[122] Cf. *Gn* 3, 15.
[123] Cf. *Gn* 3, 20.
[124] Cf. *Gn* 18, 10-14; 21, 1-2.
[125] Cf. *1 Co* 1, 27.
[126] Cf. *1 S* 1.
[127] Concilio Vaticano II, *Lumen gentium*, 55.
[128] *Ibid.*, 56.
[129] Cf. *Lc* 1, 28.
[130] Pío IX, Bula Ineffabilis Deus: DS, 2803.
[131] Concilio Vaticano II, *Lumen gentium*, 56.

QUÉ CREEMOS ⟶ El Credo ⟶ El Hijo

CIC 495

entera de Cristo: ella es "redimida de la manera más sublime en atención a los méritos de su Hijo".[132] El Padre la ha' 'bendecido con toda clase de bendiciones espirituales, en los cielos, en Cristo" (*Ef* 1, 3) más que a ninguna otra persona creada. Él la ha "elegido en él, antes de la creación del mundo para ser santa e inmaculada en su presencia, en el amor" (*Ef* 1, 4).

2011
1077

493 Los Padres de la tradición oriental llaman a la Madre de Dios "la Toda Santa" ("Panaghia"), la celebran "como inmune de toda mancha de pecado y como plasmada por el Espíritu Santo y hecha una nueva criatura".[133] Por la gracia de Dios, María ha permanecido pura de todo pecado personal a lo largo de toda su vida.

"Hágase en mí según tu palabra..."

494 Al anuncio de que ella dará a luz al "Hijo del Altísimo" sin conocer varón, por la virtud del Espíritu Santo,[134] María respondió por "la obediencia de la fe" (*Rm* 1, 5), segura de que "nada hay imposible para Dios": "He aquí la esclava del Señor: hágase en mí según tu palabra" (*Lc* 1, 37-38). Así dando su consentimiento a la palabra de Dios, María llegó a ser Madre de Jesús y, aceptando de todo corazón la voluntad divina de salvación, sin que ningún pecado se lo impidiera, se entregó a sí misma por entero a la persona y a la obra de su Hijo, para servir, en su dependencia y con él, por la gracia de Dios, al Misterio de la Redención:[135]

2617
148

968

> Ella, en efecto, como dice san Ireneo, "por su obediencia fue causa de la salvación propia y de la de todo el género humano". Por eso, no pocos Padres antiguos, en su predicación, coincidieron con él en afirmar: "el nudo de la desobediencia de Eva lo desató la obediencia de María. Lo que ató la virgen Eva por su falta de fe lo desató la Virgen María por su fe". Comparándola con Eva, llaman a María 'Madre de los vivientes' y afirman con mayor frecuencia: "la muerte vino por Eva, la vida por María".[136]

726

La maternidad divina de María

495 Llamada en los evangelios "la Madre de Jesús" (*Jn* 2, 1; 19, 25),[137] María es aclamada bajo el impulso del Espíritu como "la madre de mi Señor" desde antes del nacimiento de su hijo (*Lc* 1, 43). En efecto, aquél que ella concibió como hombre, por obra del Espíritu Santo, y que se ha hecho verdaderamente su Hijo según la carne, no es otro que el Hijo eterno del Padre, la segunda persona de la Santísima Trinidad. La Iglesia confiesa que María es verdaderamente *Madre de Dios* ["Theotokos"].[138]

466; *2677*

---

[132] *Ibid.*, 53.
[133] *Ibid.*, 56.
[134] Cf. *Lc* 1, 28-37.
[135] Cf. Concilio Vaticano II, *Lumen gentium*, 56.
[136] *Ibid.*, 56; cf. SAN IRENEO DE LYON, Adversus haereses, 3, 22, 4.
[137] Cf. *Mt* 13, 55.
[138] Cf. Concilio de Éfeso: DS, 251.

141

La virginidad de María

496 Desde las primeras formulaciones de la fe,[139] la Iglesia ha confesado que Jesús fue concebido en el seno de la Virgen María únicamente por el poder del Espíritu Santo, afirmando también el aspecto corporal de este suceso: Jesús fue concebido "absque semine ex Spiritu Sancto",[140] esto es, sin semilla de varón, por obra del Espíritu Santo. Los Padres ven en la concepción virginal el signo de que es verdaderamente el Hijo de Dios el que ha venido en una humanidad como la nuestra:

> Así, San Ignacio de Antioquía (comienzos del siglo II): "Estáis firmemente convencidos acerca de que nuestro Señor es verdaderamente de la raza de David según la carne,[141] Hijo de Dios según la voluntad y el poder de Dios,[142] nacido verdaderamente de una virgen... Fue verdaderamente clavado por nosotros en su carne bajo Poncio Pilato... padeció verdaderamente, como también resucitó verdaderamente".[143]

497 Los relatos evangélicos[144] presentan la concepción virginal como una obra divina que sobrepasa toda comprensión y toda posibilidad humanas:[145] "Lo concebido en ella viene del Espíritu Santo", dice el ángel a José a propósito de María, su desposada (*Mt* 1, 20). La Iglesia ve en ello el cumplimiento de la promesa divina hecha por el profeta Isaías: "He aquí que la virgen concebirá y dará a luz un hijo".[146]

498 A veces ha desconcertado el silencio del Evangelio de san Marcos y de las cartas del Nuevo Testamento sobre la concepción virginal de María. También se ha podido plantear si no se trataría en este caso de leyendas o de construcciones teológicas sin pretensiones históricas. A lo cual hay que responder: la fe en la concepción virginal de Jesús ha encontrado viva oposición, burlas o incomprensión por parte de los no creyentes, judíos y paganos;[147] no ha tenido su origen en la mitología pagana ni en una adaptación de las ideas de su tiempo. El sentido de este misterio no es accesible más que a la fe que lo ve en ese "nexo que reúne entre sí los misterios",[148] dentro del conjunto de los Misterios de Cristo, desde su Encarnación hasta su Pascua. San Ignacio de Antioquía da ya testimonio de este vínculo: "El príncipe de este mundo ignoró la virginidad de María y su parto, así como la muerte del Señor: tres misterios resonantes que se realizaron en el silencio de Dios".[149]

María, la "siempre Virgen"

499 La profundización de la fe en la maternidad virginal ha llevado a la Iglesia a confesar la virginidad real y perpetua de María[150] incluso en el parto

---

[139] Cf. DS, 10-64.
[140] Concilio de Letrán, año 649: DS, 503.
[141] Cf. *Rm* 1, 3.
[142] Cf. *Jn* 1, 13.
[143] SAN IGNACIO DE ANTIOQUÍA, Epistula ad Smyrnaeos, 1-2.
[144] Cf. *Mt* 1, 18-25; *Lc* 1, 26-38.
[145] Cf. *Lc* 1, 34.
[146] *Is* 7, 14 según la traducción griega de *Mt* 1, 23.
[147] Cf. SAN JUSTINO, Dialogus cum Tryphone Judaeo, 99, 7; ORÍGENES, Contra Celsum, 1, 32, 69; entre otros.
[148] Concilio Vaticano I: DS, 3016.
[149] SAN IGNACIO DE ANTIOQUÍA, Epistula ad Ephesios, 19, 1; cf. *1 Co* 2, 8.
[150] Cf. Concilio de Constantinopla II: DS, 427.

QUÉ CREEMOS ⟶ El Credo ⟶ El Hijo

del Hijo de Dios hecho hombre.[151] En efecto, el nacimiento de Cristo "lejos de disminuir consagró la integridad virginal" de su madre.[152] La liturgia de la Iglesia celebra a María como la "Aeiparthenos", la "siempre-virgen".[153]

500 A esto se objeta a veces que la Escritura menciona unos hermanos y hermanas de Jesús.[154] La Iglesia siempre ha entendido estos pasajes como no referidos a otros hijos de la Virgen María; en efecto, Santiago y José "hermanos de Jesús" (Mt 13, 55) son los hijos de una María discípula de Cristo[155] que se designa de manera significativa como "la otra María" (Mt 28, 1). Se trata de parientes próximos de Jesús, según una expresión conocida del Antiguo Testamento.[156]

501 Jesús es el Hijo único de María. Pero la maternidad espiritual de María se extiende[157] a todos los hombres, a los cuales Él vino a salvar: "Dio a luz al Hijo, al que Dios constituyó el mayor de muchos hermanos (Rm 8, 29), es decir, de los creyentes, a cuyo nacimiento y educación colabora con amor de madre".[158]

La maternidad virginal de María en el designio de Dios

502 La mirada de la fe, unida al conjunto de la Revelación, puede descubrir las razones misteriosas por las que Dios, en su designio salvífico, quiso que su Hijo naciera de una virgen. Estas razones se refieren tanto a la persona y a la misión redentora de Cristo como a la aceptación por María de esta misión para con los hombres.

503 La virginidad de María manifiesta la iniciativa absoluta de Dios en la Encarnación. Jesús no tiene como Padre más que a Dios.[159] "La naturaleza humana que ha tomado no le ha alejado jamás de su Padre...; consubstancial con su Padre en la divinidad, consubstancial con su Madre en nuestra humanidad, pero propiamente Hijo de Dios en sus dos naturalezas".[160]

504 Jesús fue concebido por obra del Espíritu Santo en el seno de la Virgen María porque él es el *Nuevo Adán*[161] que inaugura la nueva creación: "El primer hombre, salido de la tierra, es terreno; el segundo viene del cielo" (1 Co 15, 47). La humanidad de Cristo, desde su concepción, está llena del Espíritu Santo porque Dios "le da el Espíritu sin medida" (Jn 3, 34). De "su plenitud", cabeza de la humanidad redimida,[162] "hemos recibido todos gracia por gracia" (Jn 1, 16).

505 Jesús, el nuevo Adán, inaugura por su concepción virginal el *nuevo nacimiento* de los hijos de adopción en el Espíritu Santo por la fe. "¿Cómo será eso?" (Lc 1, 34)[163]. La participación en la vida divina no nace "de la sangre, ni

---

[151] Cf. SAN LEÓN MAGNO, c. Lectis dilectionis tuae: DS, 291; Pelagio I, c. Humani generis: ibid., 442; Concilio de Letrán, año 649: ibid., 503; Concilio de Toledo XVI: *ibid.*, 571; Pío IV, con. Cum quorumdam hominum: ibid., 1880.
[152] Concilio Vaticano II, *Lumen gentium*, 57.
[153] Cf. *ibid.*, 52.
[154] Cf. Mc 3, 31-35; 6, 3; 1 Co 9, 5; Ga 1, 19.
[155] Cf. *Mt* 27, 56.
[156] Cf. *Gn* 13, 8; 14, 16; 29, 15.
[157] Cf. *Jn* 19, 26-27; *Ap* 12, 17.
[158] Concilio Vaticano II, *Lumen gentium*, 63.
[159] Cf. *Lc* 2, 48-49.
[160] Concilio del Friaul, año 796: DS, 619.
[161] Cf. *1 Co* 15, 45.
[162] Cf. *Col* 1, 18.
[163] Cf. *Jn* 3, 9.

de deseo de carne, ni de deseo de hombre, sino de Dios" (*Jn* 1, 13). La acogida de esta vida es virginal porque toda ella es dada al hombre por el Espíritu. El sentido esponsal de la vocación humana con relación a Dios[164] se lleva a cabo perfectamente en la maternidad virginal de María.

506 María es virgen porque su virginidad es *el signo de su fe* "no adulterada por duda alguna" y de su entrega total a la voluntad de Dios.[165] Su fe es la que le hace llegar a ser la madre del Salvador: "Beatior est María percipiendo fidem Christi quam concipiendo carnem Christi" ("Más bienaventurada es María al recibir a Cristo por la fe que al concebir en su seno la carne de Cristo").[166]

507 María es a la vez virgen y madre porque ella es la figura y la más perfecta realización de la Iglesia:[167] "La Iglesia se convierte en Madre por la palabra de Dios acogida con fe, ya que, por la predicación y el bautismo, engendra para una vida nueva e inmortal a los hijos concebidos por el Espíritu Santo y nacidos de Dios. También ella es virgen que guarda íntegra y pura la fidelidad prometida al Esposo".[168]

RESUMEN

508 De la descendencia de Eva, Dios eligió a la Virgen María para ser la Madre de su Hijo. Ella, "llena de gracia", es "el fruto excelente de la redención";[169] desde el primer instante de su concepción, fue totalmente preservada de la mancha del pecado original y permaneció pura de todo pecado personal a lo largo de toda su vida.

509 María es verdaderamente "Madre de Dios" porque es la madre del Hijo eterno de Dios hecho hombre, que es Dios mismo.

510 María "fue Virgen al concebir a su Hijo, Virgen durante el embarazo, Virgen en el parto, Virgen después del parto, Virgen siempre":[170] ella, con todo su ser, es "la esclava del Señor" (*Lc* 1, 38).

511 La Virgen María "colaboró por su fe y obediencia libres a la salvación de los hombres".[171] Ella pronunció su "fíat" "loco totius humanae naturae" ("ocupando el lugar de toda la naturaleza humana").[172] Por su obediencia, ella se convirtió en la nueva Eva, madre de los vivientes.

---

[164] Cf. *2 Col* 1, 2.
[165] Cf. Concilio Vaticano II, *Lumen gentium,* 63 y *1 Co* 1, 34-35.
[166] SAN AGUSTÍN, De sancta virginitate, 3: PL 40, 398.
[167] Cf. Concilio Vaticano II, *Lumen gentium,* 63.
[168] Ibid., 64.
[169] Concilio Vaticano II, *Sacrosanctum concilium,* 103.
[170] SAN AGUSTÍN, Sermones, 186, 1: PL 38, 999.
[171] Concilio Vaticano II, *Lumen gentium,* 56.
[172] SANTO TOMÁS DE AQUINO, Summa theologiae, III, 30, 1.

QUÉ CREEMOS ⟶ El Credo ⟶ El Hijo

Párrafo 3. Los misterios de la vida de Cristo

> **FUENTES DE LA ESCRITURA Y DE LA IGLESIA**
>
> La siguiente parte del *Catecismo* utiliza estas fuentes de la Escritura y de la Iglesia. Véase el "Índice de citas" para una lista completa de referencias
>
> | Antiguo Testamento | Citadas en el *Catecismo* |
> |---|---|
> | Éxodo | CIC 529 |
> | Números | CIC 528 |
> | Salmos | CIC 539, 559 |
> | Isaías | CIC 517, 536, 555 |
> | Oseas | CIC 530 |
> | Zacarías | CIC 559 |
>
> | Nuevo Testamento | |
> |---|---|
> | Mateo | CIC 515, 517, 520, 523, 526, 528, 530, 535, 536, 540, 543-546, 548-550, 552-554, 558, 559 |
> | Marcos | CIC 515, 523, 536, 538, 539, 541, 544-546, 548, 551, 552, 557 |
> | Lucas | CIC 515-517, 520, 523, 525, 527, 529, 531, 532, 534-536, 538, 544, 545, 547, 549-552, 554-559 |
> | Juan | CIC 514-517, 520, 523, 524, 526, 528, 530, 536, 542, 544, 548-550, 553, 557, 559 |
> | Hechos de los Apóstoles | CIC 512, 523, 535, 547, 556 |
> | Romanos | CIC 517, 519, 520, 532, 537 |
> | 1 Corintios | CIC 519, 552 |
> | 2 Corintios | CIC 517 |
> | Gálatas | CIC 526, 527, 531, 562 |
> | Efesios | CIC 517 |
> | Filipenses | CIC 520, 556 |
> | Colosenses | CIC 515, 517, 527, 568 |
> | 1 Timoteo | CIC 545 |
> | Hebreos | CIC 516, 519, 522, 540, 569 |
> | 1 Pedro | CIC 517, 552 |
> | 2 Pedro | CIC 554 |
> | 1 Juan | CIC 516, 519 |
> | Apocalipsis | CIC 524, 528 |

Primera parte: La profesión de la fe

FUENTES DE LA ESCRITURA Y DE LA IGLESIA

(continuación)

Concilios ecuménicos	Citadas en el *Catecismo*
Vaticano II (1962-1965)	CIC 520, 521, 541-543, 562, 567

Documentos pontificios

Juan Pablo II (1978-2005)	CIC 519, 561
Pablo VI (1963-1978)	CIC 533

Liturgia

Liturgia bizantina	CIC 525, 555
Liturgia de las Horas	CIC 526, 528, 550
Misal Romano	CIC 528

Escritores eclesiásticos

San Agustín	CIC 556
San Gregorio Nacianceno	CIC 537
San Hilario de Poitiers	CIC 537
San Ireneo de Lyon	CIC 518
San Juan Eudes	CIC 521
San León Magno	CIC 528, 568
Santo Tomás de Aquino	CIC 555, 556

PALABRAS CLAVE

La siguiente parte del *Catecismo* utiliza estas palabras clave.
Véase el "Glosario" para su definición.

Palabras	Citadas en el *Catecismo*
Adviento	CIC 524
Ayuno	CIC 538
Circuncisión	CIC 527
Cuaresma	CIC 540
Epifanía	CIC 528, 535
Evangelio	CIC 514
Juan el Bautista	CIC 523
Milagro	CIC 547
Parábolas	CIC 546
Pasión	CIC 560
Pedro, san	CIC 552
Pobreza	CIC 544
Presentación	CIC 529
Profeta	CIC 522
Redentor/redención	CIC 517
Reino de Dios (de los Cielos)	CIC 541-554
Reyes Magos	CIC 528
Tentación	CIC 538
Transfiguración	CIC 554

QUÉ CREEMOS ⟶ El Credo ⟶ El Hijo

512 Respecto a la vida de Cristo, el Símbolo de la Fe no habla más que de los misterios de la Encarnación (concepción y nacimiento) y de la Pascua (pasión, crucifixión, muerte, sepultura, descenso a los infiernos, resurrección, ascensión). No dice nada explícitamente de los misterios de la vida oculta y pública de Jesús, pero los artículos de la fe referentes a la Encarnación y a la Pascua de Jesús iluminan *toda* la vida terrena de Cristo. "Todo lo que Jesús hizo y enseñó desde el principio hasta el día en que... fue llevado al cielo" (*Hch* 1, 1-2) hay que verlo a la luz de los misterios de Navidad y de Pascua.

1163

513 La catequesis, según las circunstancias, debe presentar toda la riqueza de los Misterios de Jesús. Aquí basta indicar algunos elementos comunes a todos los Misterios de la vida de Cristo (I), para esbozar a continuación los principales misterios de la vida oculta (II) y pública (III) de Jesús.

426
561

I. TODA LA VIDA DE CRISTO ES MISTERIO

514 Muchas de las cosas respecto a Jesús que interesan a la curiosidad humana no figuran en el Evangelio. Casi nada se dice sobre su vida en Nazaret, e incluso una gran parte de la vida pública no se narra.[173] Lo que se ha escrito en los evangelios lo ha sido "para que creáis que Jesús es el Cristo, el Hijo de Dios, y para que creyendo tengáis vida en su nombre" (*Jn* 20, 31).

515 Los evangelios fueron escritos por hombres que pertenecieron al grupo de los primeros que tuvieron fe[174] y quisieron compartirla con otros. Habiendo conocido por la fe quién es Jesús, pudieron ver y hacer ver los rasgos de su Misterio durante toda su vida terrena. Desde los pañales de su natividad[175] hasta el vinagre de su Pasión[176] y el sudario de su Resurrección,[177] todo en la vida de Jesús es signo de su Misterio. A través de sus gestos, sus milagros y sus palabras, se ha revelado que "en él reside toda la plenitud de la Divinidad corporalmente" (*Col* 2, 9). Su humanidad aparece así como el "sacramento", es decir, el signo y el instrumento de su divinidad y de la salvación que trae consigo: lo que había de visible en su vida terrena conduce al misterio invisible de su filiación divina y de su misión redentora.

126

609; *774*

477

Los rasgos comunes en los Misterios de Jesús

516 Toda la vida de Cristo es *Revelación* del Padre: sus palabras y sus obras, sus silencios y sus sufrimientos, su manera de ser y de hablar. Jesús puede decir: "Quien me ve a mí, ve al Padre" (*Jn* 14, 9), y el Padre: "Este es mi Hijo amado; escuchadle" (*Lc* 9, 35). Nuestro Señor, al haberse hecho hombre para cumplir la voluntad del Padre,[178] nos "manifestó el amor que nos tiene" (*1 Jn* 4, 9) incluso con los rasgos más sencillos de sus misterios.

65

2708

---

[173] Cf. *Jn* 20, 30.
[174] Cf. *Mc* 1, 1; *Jn* 21, 24.
[175] Cf. *Lc* 2, 7.
[176] Cf. *Mt* 27, 48.
[177] Cf. *Jn* 20, 7.
[178] Cf. *Hb* 10, 5-7.

Primera parte: La profesión de la fe

606

1115

517 Toda la vida de Cristo es Misterio de *Redención*. La Redención nos viene ante todo por la sangre de la cruz,[179] pero este misterio está actuando en toda la vida de Cristo: ya en su Encarnación porque haciéndose pobre nos enriquece con su pobreza;[180] en su vida oculta donde repara nuestra insumisión mediante su sometimiento;[181] en su palabra que purifica a sus oyentes;[182] en sus curaciones y en sus exorcismos, por las cuales "él tomó nuestras flaquezas y cargó con nuestras enfermedades" (Mt 8, 17);[183] en su Resurrección, por medio de la cual nos justifica.[184]

668; 2748

518 Toda la vida de Cristo es Misterio de *Recapitulación*. Todo lo que Jesús hizo, dijo y sufrió, tuvo como finalidad restablecer al hombre caído en su vocación primera:

> Cuando se encarnó y se hizo hombre, recapituló en sí mismo la larga historia de la humanidad procurándonos en su propia historia la salvación de todos, de suerte que lo que perdimos en Adán, es decir, el ser imagen y semejanza de Dios, lo recuperamos en Cristo Jesús.[185] Por lo demás, ésta es la razón por la cual Cristo ha vivido todas las edades de la vida humana, devolviendo así a todos los hombres la comunión con Dios.[186]

Nuestra comunión en los Misterios de Jesús

793

602

1085

519 Toda la riqueza de Cristo "es para todo hombre y constituye el bien de cada uno".[187] Cristo no vivió su vida para sí mismo, sino *para nosotros,* desde su Encarnación "por nosotros los hombres y por nuestra salvación" hasta su muerte "por nuestros pecados" (1 Co 15, 3) y en su Resurrección "para nuestra justificación" (Rm 4, 25). Todavía ahora, es "nuestro abogado cerca del Padre" (1 Jn 2, 1), "estando siempre vivo para interceder en nuestro favor" (Hb 7, 25). Con todo lo que vivió y sufrió por nosotros de una vez por todas, permanece presente para siempre "ante el acatamiento de Dios en favor nuestro" (Hb 9, 24).

459

359

2607

520 Durante toda su vida, Jesús se muestra como *nuestro modelo:*[188] Él es el "hombre perfecto"[189] que nos invita a ser sus discípulos y a seguirle: con su anonadamiento, nos ha dado un ejemplo que imitar;[190] con su oración atrae a la oración;[191] con su pobreza, llama a aceptar libremente la privación y las persecuciones.[192]

2715

521 Todo lo que Cristo vivió hace que podamos *vivirlo en Él* y que Él lo *viva en nosotros*. "El Hijo de Dios con su encarnación se ha unido en cierto modo

---

[179] Cf. *Ef* 1, 7; *Col* 1, 13-14; *1 P* 1, 18-19.
[180] Cf. *2 Co* 8, 9.
[181] Cf. *Lc* 2, 51.
[182] Cf. *Jn* 15, 3.
[183] Cf. *Is* 53, 4.
[184] Cf. *Rm* 4, 25.
[185] SAN IRENEO DE LYÓN, Adversus haereses, 3, 18, 1.
[186] *Ibid*. 3, 18, 7; cf. 2, 22, 4.
[187] JUAN PABLO II, ene. *Redemptor hominis*, 11.
[188] Cf. *Rm* 15, 5; *Flp* 2, 5.
[189] Concilio Vaticano II, *Gaudium et spes,* 38.
[190] Cf. *Jn* 13, 15.
[191] Cf. *Lc* 11, 1.
[192] Cf. *Mt* 5, 11-12.

QUÉ CREEMOS ⟶ El Credo ⟶ El Hijo

con todo hombre".¹⁹³ Estamos llamados a no ser más que una sola cosa con Él; nos hace comulgar, en cuanto miembros de su Cuerpo, en lo que Él vivió en su carne por nosotros y como modelo nuestro:

1391

> Debemos continuar y cumplir en nosotros los estados y Misterios de Jesús, y pedirle con frecuencia que los realice y lleve a plenitud en nosotros y en toda su Iglesia... Porque el Hijo de Dios tiene el designio de hacer participar y de extender y continuar sus Misterios en nosotros y en toda su Iglesia por las gracias que Él quiere comunicarnos y por los efectos que quiere obrar en nosotros gracias a estos Misterios. Y por este medio quiere cumplirlos en nosotros.¹⁹⁴

II. LOS MISTERIOS DE LA INFANCIA Y DE LA VIDA OCULTA DE JESÚS

Los preparativos

522 La venida del Hijo de Dios a la tierra es un acontecimiento tan inmenso que Dios quiso prepararlo durante siglos. Ritos y sacrificios, figuras y símbolos de la "Primera Alianza" (*Hb* 9, 15), todo lo hace converger hacia Cristo; anuncia esta venida por boca de los profetas que se suceden en Israel. Además, despierta en el corazón de los paganos una espera, aún confusa, de esta venida.

711; 762

523 *San Juan Bautista* es el precursor¹⁹⁵ inmediato del Señor, enviado para prepararle el camino.¹⁹⁶ "Profeta del Altísimo" (*Lc* 1, 76), sobrepasa a todos los profetas,¹⁹⁷ de los que es el último,¹⁹⁸ e inaugura el Evangelio;¹⁹⁹ desde el seno de su madre²⁰⁰ saluda la venida de Cristo y encuentra su alegría en ser "el amigo del esposo" (*Jn* 3, 29) a quien señala como "el Cordero de Dios que quita el pecado del mundo" (*Jn* 1, 29). Precediendo a Jesús "con el espíritu y el poder de Elías" (*Lc* 1, 17), da testimonio de él mediante su predicación, su bautismo de conversión y finalmente con su martirio.²⁰¹

712-720

524 Al celebrar anualmente la liturgia de Adviento, la Iglesia actualiza esta espera del Mesías: participando en la larga preparación de la primera venida del Salvador, los fieles renuevan el ardiente deseo de su segunda Venida.²⁰² Celebrando la natividad y el martirio del Precursor, la Iglesia se une al deseo de éste: "Es preciso que él crezca y que yo disminuya" (*Jn* 3, 30).

1171

---

¹⁹³ Concilio Vaticano II, *Gaudium et spes*, 22, 2.
¹⁹⁴ SAN JUAN EUDES, Tractatus de regno Iesu.
¹⁹⁵ Cf. *Hch* 13, 24.
¹⁹⁶ Cf. *Mt* 3, 3.
¹⁹⁷ Cf. *Lc* 7, 26.
¹⁹⁸ Cf. *Mt* 11, 13.
¹⁹⁹ Cf. *Hch* 1, 22; *Lc* 16, 16.
²⁰⁰ Cf. *Lc* 1, 41.
²⁰¹ Cf. *Mc* 6, 17-29.
²⁰² Cf. *Ap* 22, 17.

El Misterio de Navidad

525 Jesús nació en la humildad de un establo, de una familia pobre;[203] unos sencillos pastores son los primeros testigos del acontecimiento. En esta pobreza se manifiesta la gloria del cielo.[204] La Iglesia no se cansa de cantar la gloria de esta noche:

> Hoy la Virgen da a luz al Transcendente.
> Y la tierra ofrece una cueva al Inaccesible.
> Los Magos caminan con la estrella:
> Porque ha nacido por nosotros,
> Niño pequeñito
> el Dios de antes de los siglos.[205]

526 "Hacerse niño" con relación a Dios es la condición para entrar en el Reino;[206] para eso es necesario abajarse[207] hacerse pequeño; más todavía: es necesario "nacer de lo alto" (*Jn* 3, 7), "nacer de Dios"[208] para "hacerse hijos de Dios" (*Jn* 1, 12). El Misterio de Navidad se realiza en nosotros cuando Cristo "toma forma" en nosotros.[209] Navidad es el Misterio de este "admirable intercambio":

> O admirabile commercium! El Creador del género humano, tomando cuerpo y alma, nace de una virgen y, hecho hombre sin concurso de varón, nos da parte en su divinidad.[210]

Los Misterios de la infancia de Jesús

527 La Circuncisión de Jesús, al octavo día de su nacimiento,[211] es señal de su inserción en la descendencia de Abraham, en el pueblo de la Alianza, de su sometimiento a la Ley[212] y de su consagración al culto de Israel en el que participará durante toda su vida. Este signo prefigura "la circuncisión en Cristo" que es el Bautismo.[213]

528 La *Epifanía* es la manifestación de Jesús como Mesías de Israel, Hijo de Dios y Salvador del mundo. Con el bautismo de Jesús en el Jordán y las bodas de Caná,[214] la Epifanía celebra la adoración de Jesús por unos "magos" venidos de Oriente.[215] En estos "magos", representantes de religiones paganas de pueblos vecinos, el Evangelio ve las primicias de las naciones que acogen, por la Encarnación, la Buena Nueva de la salvación. La llegada de los magos a

---

[203] Cf. *Lc* 2, 6-7.
[204] Cf. *Lc* 2, 8-20.
[205] Liturgia bizantina. Traducción del Contaquio de Romano el cantor.
[206] Cf. *Mt* 18, 3-4.
[207] Cf. *Mt* 23, 12.
[208] Cf. *Jn* 1, 13.
[209] Cf. *Ga* 4, 19.
[210] Liturgia de las Horas, I, Antífona de la octava de Navidad.
[211] Cf. *Lc* 2, 21.
[212] Cf. *Ga* 4, 4.
[213] Cf. *Col* 2, 11-13.
[214] Cf. Liturgia de las Horas, I, Antífona del Magníficat de las segundas vísperas de Epifanía.
[215] Cf. *Mt* 2, 1.

QUÉ CREEMOS ⟶ El Credo ⟶ El Hijo

Jerusalén para "rendir homenaje al rey de los judíos"[216] muestra que buscan en Israel, a la luz mesiánica de la estrella de David,[217] al que será el rey de las naciones.[218] Su venida significa que los gentiles no pueden descubrir a Jesús y adorarle como Hijo de Dios y Salvador del mundo sino volviéndose hacia los judíos[219] y recibiendo de ellos su promesa mesiánica tal como está contenida en el Antiguo Testamento.[220] La Epifanía manifiesta que "la multitud de los gentiles entra en la familia de los patriarcas"[221] y adquiere "la dignidad del pueblo elegido de Israel".[222]

711-716
722

529 *La Presentación de Jesús en el Templo*[223] lo muestra como el Primogénito que pertenece al Señor.[224] Con Simeón y Ana toda la expectación de Israel es la que viene al *Encuentro* de su Salvador (la tradición bizantina llama así a este acontecimiento). Jesús es reconocido como el Mesías tan esperado, "luz de las naciones" y "gloria de Israel", pero también "signo de contradicción". La espada de dolor predicha a María anuncia otra oblación, perfecta y única, la de la Cruz que dará la salvación que Dios ha preparado "ante todos los pueblos".

583

439

614

530 *La Huida a Egipto* y la matanza de los inocentes[255] manifiestan la oposición de las tinieblas a la luz: "Vino a su Casa, y los suyos no lo recibieron" (*Jn* 1, 11). Toda la vida de Cristo estará bajo el signo de la persecución. Los suyos la comparten con él.[226] Su vuelta de Egipto[227] recuerda el éxodo[228] y presenta a Jesús como el liberador definitivo.

574

Los Misterios de la vida oculta de Jesús

531 Jesús compartió, durante la mayor parte de su vida, la condición de la inmensa mayoría de los hombres: una vida cotidiana sin aparente importancia, vida de trabajo manual, vida religiosa judía sometida a la ley de Dios,[229] vida en la comunidad. De todo este período se nos dice que Jesús estaba "sometido" a sus padres y que "progresaba en sabiduría, en estatura y en gracia ante Dios y los hombres" (*Lc* 2, 51-52).

2427

532 Con la sumisión a su madre, y a su padre legal, Jesús cumple con perfección el cuarto mandamiento. Es la imagen temporal de su obediencia filial a su Padre celestial. La sumisión cotidiana de Jesús a José y a María anunciaba y anticipaba la sumisión del Jueves Santo: "No se haga mi voluntad..." (*Lc* 22, 42). La obediencia de Cristo en lo cotidiano de la vida oculta inauguraba ya la obra de restauración de lo que la desobediencia de Adán había destruido.[230]

2214-2220

612

---

[216] Cf. *Mt* 2, 2.
[217] Cf. *Nm* 24, 17; *Ap* 22, 16.
[218] Cf. *Nm* 24, 17-19.
[219] Cf. *Jn* 4, 22.
[220] Cf. *Mt* 2, 4-6.
[221] SAN LEÓN MAGNO, Sermones, 23: PL 54, 224B.
[222] *Misal Romano,* Vigilia pascual 26: oración después de la tercera lectura.
[223] Cf. *Lc* 2, 22-39.
[224] Cf. *Ex* 13, 2.12-13.
[225] Cf. *Mt* 2, 13-18.
[226] Cf. *Jn* 5, 20.
[227] Cf. *Mt* 2, 15.
[228] Cf. *Os* 11, 1.
[229] Cf. *Ga* 4, 4.
[230] Cf. *Rm* 5, 19.

533 La vida oculta de Nazaret permite a todos entrar en comunión con Jesús a través de los caminos más ordinarios de la vida humana:

> Nazaret es la escuela donde empieza a entenderse la vida de Jesús, es la escuela donde se inicia el conocimiento de su Evangelio... Su primera lección es el *silencio*. Cómo desearíamos que se renovara y fortaleciera en nosotros el amor al silencio, este admirable e indispensable hábito del espíritu... Se nos ofrece además una lección de *vida familiar*. Que Nazaret nos enseñe el significado de la familia, su comunión de amor, su sencilla y austera belleza, su carácter sagrado e inviolable... Finalmente, aquí aprendemos también la lección del trabajo. Nazaret, la casa del hijo del artesano: cómo deseamos comprender más en este lugar la austera pero redentora ley del trabajo humano... Queremos finalmente saludar desde aquí a todos los trabajadores del mundo y señalarles al gran modelo, al hermano divino.[231]

534 *El hallazgo de Jesús en el Templo*[232] es el único suceso que rompe el silencio de los Evangelios sobre los años ocultos de Jesús. Jesús deja entrever en ello el misterio de su consagración total a una misión derivada de su filiación divina: "¿No sabíais que me debo a los asuntos de mi Padre?" María y José "no comprendieron" esta palabra, pero la acogieron en la fe, y María "conservaba cuidadosamente todas las cosas en su corazón", a lo largo de todos los años en que Jesús permaneció oculto en el silencio de una vida ordinaria.

III. LOS MISTERIOS DE LA VIDA PÚBLICA DE JESÚS

El Bautismo de Jesús

535 El comienzo[233] de la vida pública de Jesús es su bautismo por Juan en el Jordán[234] Juan proclamaba "un bautismo de conversión para el perdón de los pecados" (*Lc* 3, 3). Una multitud de pecadores, publicanos y soldados,[235] fariseos y saduceos[236] y prostitutas[237] viene a hacerse bautizar por él. "Entonces aparece Jesús". El Bautista duda. Jesús insiste y recibe el bautismo. Entonces el Espíritu Santo, en forma de paloma, viene sobre Jesús, y la voz del cielo proclama que él es "mi Hijo amado"[238] Es la manifestación ("Epifanía") de Jesús como Mesías de Israel e Hijo de Dios.

536 El bautismo de Jesús es, por su parte, la aceptación y la inauguración de su misión de Siervo doliente. Se deja contar entre los pecadores;[239] es ya "el Cordero de Dios que quita el pecado del mundo" (*Jn* 1, 29); anticipa ya el "bautismo" de su muerte sangrienta.[240] Viene ya a "cumplir toda justicia"

---

[231] PABLO VI, discurso del 5 enero 1964 en Nazaret, cf. Liturgia de las Horas, I, Oficio de lectura de la fiesta de la Sagrada Familia.
[232] Cf. *Lc* 2, 41-52.
[233] Cf. *Lc* 3, 23.
[234] Cf. *Hch* 1, 22.
[235] Cf. *Lc* 3, 10-14.
[236] Cf. *Mt* 3, 7.
[237] Cf. *Mt* 21, 32.
[238] Cf. *Mt* 3, 13-17.
[239] Cf. *Is* 53, 12.
[240] Cf. *Mc* 10, 38; *Lc* 12, 50.

QUÉ CREEMOS ⟶ El Credo ⟶ El Hijo

(*Mt* 3, 15), es decir, se somete enteramente a la voluntad de su Padre: por amor acepta el bautismo de muerte para la remisión de nuestros pecados.[241] A esta aceptación responde la voz del Padre que pone toda su complacencia en su Hijo.[242] El Espíritu que Jesús posee en plenitud desde su concepción viene a "posarse" sobre él (*Jn* 1, 32-33).[243] De él manará este Espíritu para toda la humanidad. En su bautismo, "se abrieron los cielos" (*Mt* 3, 16) que el pecado de Adán había cerrado; y las aguas fueron santificadas por el descenso de Jesús y del Espíritu como preludio de la nueva creación.

537 Por el bautismo, el cristiano se asimila sacramentalmente a Jesús que anticipa en su bautismo su muerte y su resurrección: debe entrar en este misterio de rebajamiento humilde y de arrepentimiento, descender al agua con Jesús, para subir con él, renacer del agua y del Espíritu para convertirse, en el Hijo, en hijo amado del Padre y "vivir una vida nueva" (*Rm* 6, 4):

> Enterrémonos con Cristo por el Bautismo, para resucitar con él; descendamos con él para ser ascendidos con él; ascendamos con él para ser glorificados con él.[244]

> Todo lo que aconteció en Cristo nos enseña que después del baño de agua, el Espíritu Santo desciende sobre nosotros desde lo alto del cielo y que, adoptados por la Voz del Padre, llegamos a ser hijos de Dios.[245]

Las Tentaciones de Jesús

538 Los evangelios hablan de un tiempo de soledad de Jesús en el desierto inmediatamente después de su bautismo por Juan: "Impulsado por el Espíritu" al desierto, Jesús permanece allí sin comer durante cuarenta días; vive entre los animales y los ángeles le servían.[246] Al final de este tiempo, Satanás le tienta tres veces tratando de poner a prueba su actitud filial hacia Dios. Jesús rechaza estos ataques que recapitulan las tentaciones de Adán en el Paraíso y las de Israel en el desierto, y el diablo se aleja de él "hasta el tiempo determinado" (*Lc* 4, 13).

539 Los evangelistas indican el sentido salvífico de este acontecimiento misterioso. Jesús es el nuevo Adán que permaneció fiel allí donde el primero sucumbió a la tentación. Jesús cumplió perfectamente la vocación de Israel: al contrario de los que anteriormente provocaron a Dios durante cuarenta años por el desierto,[247] Cristo se revela como el Siervo de Dios totalmente obediente a la voluntad divina. En esto Jesús es vencedor del diablo; él ha "atado al hombre fuerte" para despojarle de lo que se había apropiado.[248] La victoria de Jesús en el desierto sobre el Tentador es un anticipo de la victoria de la Pasión, suprema obediencia de su amor filial al Padre.

---

[241] Cf. *Mt* 26, 39.
[242] Cf. *Lc* 3, 22; *Is* 42, 1.
[243] Cf. *Is* 11, 2.
[244] SAN GREGORIO NACIANCENO, Orationes, 40, 9: PG 36, 369B.
[245] SAN HILARIO DE POITIERS, In evangelium Matthaei, 2: PL 9, 927.
[246] Cf. *Mc* 1, 12-13
[247] Cf. *Sal* 95, 10.
[248] Cf. *Mc* 3, 27.

540 La tentación de Jesús manifiesta la manera que tiene de ser Mesías el Hijo de Dios, en oposición a la que le propone Satanás y a la que los hombres[249] le quieren atribuir. Por eso Cristo ha vencido al Tentador *en beneficio nuestro*: "Pues no tenemos un Sumo Sacerdote que no pueda compadecerse de nuestras flaquezas, sino probado en todo igual que nosotros, excepto en el pecado" (*Hb* 4, 15). La Iglesia se une todos los años, durante los cuarenta días de *Cuaresma*, al Misterio de Jesús en el desierto.

"El Reino de Dios está cerca"

541 "Después que Juan fue preso, marchó Jesús a Galilea; y proclamaba la Buena Nueva de Dios: 'El tiempo se ha cumplido y el Reino de Dios está cerca; convertíos y creed en la Buena Nueva'" (*Mc* 1, 15). "Cristo, por tanto, para hacer la voluntad del Padre, inauguró en la tierra el Reino de los cielos".[250] Pues bien, la voluntad del Padre es "elevar a los hombres a la participación de la vida divina".[251] Lo hace reuniendo a los hombres en torno a su Hijo, Jesucristo. Esta reunión es la Iglesia, que es sobre la tierra "el germen y el comienzo de este Reino".[252]

542 Cristo es el corazón mismo de esta reunión de los hombres como "familia de Dios". Los convoca en torno a él por su palabra, por sus señales que manifiestan el Reino de Dios, por el envío de sus discípulos. Sobre todo, él realizará la venida de su Reino por medio del gran Misterio de su Pascua: su muerte en la Cruz y su Resurrección. "Cuando yo sea levantado de la tierra, atraeré a todos hacia mí (*Jn* 12, 32). A esta unión con Cristo están llamados todos los hombres.[253]

El anuncio del Reino de Dios

543 *Todos los hombres* están llamados a entrar en el Reino. Anunciado en primer lugar a los hijos de Israel,[254] este reino mesiánico está destinado a acoger a los hombres de todas las naciones[255] Para entrar en él, es necesario acoger la palabra de Jesús:

> La Palabra de Dios se compara a una semilla sembrada en el campo: los que escuchan con fe y se unen al pequeño rebaño de Cristo han acogido el Reino; después la semilla, por sí misma, germina y crece hasta el tiempo de la siega.[256]

544 El Reino pertenece *a los pobres y a los pequeños,* es decir a los que lo acogen con un corazón humilde. Jesús fue enviado para "anunciar la Buena Nueva a los pobres" (*Lc* 4, 18).[257] Los declara bienaventurados porque de "ellos es el Reino de los cielos" (*Mt* 5, 3); a los "pequeños" es a quienes el Padre se ha dignado revelar las cosas que ha ocultado a los sabios y prudentes[258] Jesús, desde el

---

[249] Cf. *Mt* 16, 21-23.
[250] Concilio Vaticano II, *Lumen gentium*, 3.
[251] *Ibid.*, 2.
[252] *Ibid.*, 5.
[253] Cf. *Ibid.*, 3.
[254] Cf. *Mt* 10, 5-7.
[255] Cf. *Mt* 8, 11; 28, 19.
[256] Concilio Vaticano II, *Lumen gentium*, 5.
[257] Cf. *Lc* 7, 22.
[258] Cf. *Mt* 11, 25.

QUÉ CREEMOS ⟶ El Credo ⟶ El Hijo

CIC 548

pesebre hasta la cruz comparte la vida de los pobres; conoce el hambre,[259] la sed[260] y la privación.[261] Aún más: se identifica con los pobres de todas clases y hace del amor activo hacia ellos la condición para entrar en su Reino.[262]

545 Jesús invita a *los pecadores* al banquete del Reino: "No he venido a llamar a justos sino a pecadores" (*Mc* 2, 17).[263] Les invita a la conversión, sin la cual no se puede entrar en el Reino, pero les muestra de palabra y con hechos la misericordia sin límites de su Padre hacia ellos[264] y la inmensa "alegría en el cielo por un solo pecador que se convierta" (*Lc* 15, 7). La prueba suprema de este amor será el sacrificio de su propia vida "para remisión de los pecados" (*Mt* 26, 28).

1443

588; *1846*

1439

546 Jesús llama a entrar en el Reino a través de las parábolas, rasgo típico de su enseñanza.[265] Por medio de ellas invita al banquete del Reino,[266] pero exige también una elección radical para alcanzar el Reino, es necesario darlo todo;[267] las palabras no bastan, hacen falta obras.[268] Las parábolas son como un espejo para el hombre: ¿acoge la palabra como un suelo duro o como una buena tierra?[269] ¿Qué hace con los talentos recibidos?[270] Jesús y la presencia del Reino en este mundo están secretamente en el corazón de las parábolas. Es preciso entrar en el Reino, es decir, hacerse discípulo de Cristo para "conocer los Misterios del Reino de los cielos" (*Mt* 13, 11). Para los que están "fuera",[271] la enseñanza de las parábolas es algo enigmático[272]

2613

542

Los signos del Reino de Dios

547 Jesús acompaña sus palabras con numerosos "milagros, prodigios y signos" (*Hch* 2, 22) que manifiestan que el Reino está presente en Él. Ellos atestiguan que Jesús es el Mesías anunciado.[273]

670

439

548 Los signos que lleva a cabo Jesús testimonian que el Padre le ha enviado.[274] Invitan a creer en Jesús.[275] Concede lo que le piden a los que acuden a él con fe.[276] Por tanto, los milagros fortalecen la fe en Aquel que hace las obras de su Padre: éstas testimonian que él es Hijo de Dios.[277] Pero también pueden ser "ocasión de escándalo".[278] No pretenden satisfacer la curiosidad ni los deseos mágicos. A pesar de tan evidentes milagros, Jesús es rechazado por algunos;[279] incluso se le acusa de obrar movido por los demonios.[280]

156

2616

574

447

---

[259] Cf. *Mc* 2, 23-26; *Mt* 21, 18.
[260] Cf. *Jn* 4, 6-7; 19, 28.
[261] Cf. *Lc* 9, 58.
[262] Cf. *Mt* 25, 31-46.
[263] Cf. *1 Tm* 1, 15.
[264] Cf. *Lc* 15, 11-32.
[265] Cf. *Mc* 4, 33-34.
[266] Cf. *Mt* 22, 1-14.
[267] Cf. *Mt* 13, 44-45.
[268] Cf. *Mt* 21, 28-32.
[269] Cf. *Mt* 13, 3-9.
[270] Cf. *Mt* 25, 14-30.
[271] Cf. *Mc* 4, 11.
[272] Cf. *Mt* 13, 10-15.
[273] Cf. *Lc* 7, 18-23.
[274] Cf. *Jn* 5, 36; 10, 25.
[275] Cf. *Jn* 10, 38.
[276] Cf. *Mc* 5, 25-34; 10, 52.
[277] Cf. *Jn* 10, 31-38.
[278] Cf. *Mt* 11, 6.
[279] Cf. *Jn* 11, 47-48.
[280] Cf. *Mc* 3, 22.

549 Al liberar a algunos hombres de los males terrenos del hambre,[281] de la injusticia,[282] de la enfermedad y de la muerte,[283] Jesús realizó unos signos mesiánicos; no obstante, no vino para abolir todos los males aquí abajo,[284] sino a liberar a los hombres de la esclavitud más grave, la del pecado,[285] que es el obstáculo en su vocación de hijos de Dios y causa de todas sus servidumbres humanas.

550 La venida del Reino de Dios es la derrota del reino de Satanás:[286] "Pero si por el Espíritu de Dios expulso yo los demonios, es que ha llegado a vosotros el Reino de Dios" (*Mt* 12, 28). Los *exorcismos* de Jesús liberan a los hombres del dominio de los demonios.[287] Anticipan la gran victoria de Jesús sobre "el príncipe de este mundo" (*Jn* 12, 31). Por la Cruz de Cristo será definitivamente establecido el Reino de Dios: "Regnavit a ligno Deus", ("Dios reinó desde el madero de la Cruz").[288]

"Las llaves del Reino"

551 Desde el comienzo de su vida pública, Jesús eligió unos hombres en número de doce para estar con Él y participar en su misión;[289] les hizo partícipes de su autoridad "y los envió a proclamar el Reino de Dios y a curar" (*Lc* 9, 2). Ellos permanecen para siempre asociados al Reino de Cristo porque por medio de ellos dirige su Iglesia:

> Yo, por mi parte, dispongo el Reino para vosotros, como mi Padre lo dispuso para mí, para que comáis y bebáis a mi mesa en mi Reino y os sentéis sobre tronos para juzgar a las doce tribus de Israel (*Lc* 22, 29-30).

552 En el colegio de los doce, Simón Pedro ocupa el primer lugar.[290] Jesús le confía una misión única. Gracias a una revelación del Padre, Pedro había confesado: "Tú eres el Cristo, el Hijo de Dios vivo". Entonces Nuestro Señor le declaró: 'Tú eres Pedro, y sobre esta piedra edificaré mi Iglesia, y las puertas del Infierno no prevalecerán contra ella" (*Mt* 16, 18). Cristo, "Piedra viva" (*1 P* 2, 4), asegura a su Iglesia, edificada sobre Pedro, la victoria sobre los poderes de la muerte. Pedro, a causa de la fe confesada por él, será la roca inquebrantable de la Iglesia. Tendrá la misión de custodiar esta fe ante todo desfallecimiento y de confirmar en ella a sus hermanos.[291]

553 Jesús ha confiado a Pedro una autoridad específica: "A ti te daré las llaves del Reino de los cielos; y lo que ates en la tierra quedará atado en los cielos, y lo que desates en la tierra quedará desatado en los cielos" (*Mt* 16, 19). El poder de las llaves designa la autoridad para gobernar la casa de Dios, que es la Iglesia. Jesús, "el Buen Pastor" (*Jn* 10, 11), confirmó este encargo después

---

[281] Cf. *Jn* 6, 5-15.
[282] Cf. *Lc* 19, 8.
[283] Cf. *Mt* 11, 5.
[284] Cf. *Lc* 12, 13. 14; *Jn* 18, 36.
[285] Cf. *Jn* 8, 34-36.
[286] Cf. *Mt* 12, 26.
[287] Cf. *Lc* 8, 26-39.
[288] Liturgia de las Horas, Himno "Vexilla Regis".
[289] Cf. *Mc* 3, 13-19.
[290] Cf. *Mc* 3, 16; 9, 2; *Lc* 24, 34; *1 Co* 15, 5.
[291] Cf. *Lc* 22, 32.

QUÉ CREEMOS → El Credo → El Hijo

CIC 556

de su resurrección: "Apacienta mis ovejas" (*Jn* 21, 15-17). El poder de "atar y desatar" significa la autoridad para absolver los pecados, pronunciar sentencias doctrinales y tomar decisiones disciplinares en la Iglesia. Jesús confió esta autoridad a la Iglesia por el ministerio de los apóstoles[292] y particularmente por el de Pedro, el único a quien Él confió explícitamente las llaves del Reino.

641; 881

Una visión anticipada del Reino: La Transfiguración

554 A partir del día en que Pedro confesó que Jesús es el Cristo, el Hijo de Dios vivo, el Maestro "comenzó a mostrar a sus discípulos que él debía ir a Jerusalén, y sufrir… y ser condenado a muerte y resucitar al tercer día" (*Mt* 16, 21): Pedro rechazó este anuncio,[293] los otros no lo comprendieron mejor.[294] En este contexto se sitúa el episodio misterioso de la Transfiguración de Jesús,[295] sobre una montaña, ante tres testigos elegidos por él: Pedro, Santiago y Juan. El rostro y los vestidos de Jesús se pusieron fulgurantes como la luz, Moisés y Elías aparecieron y le "hablaban de su partida, que estaba para cumplirse en Jerusalén" (*Lc* 9, 31). Una nube les cubrió y se oyó una voz desde el cielo que decía: "Este es mi Hijo, mi elegido; escuchadle" (*Lc* 9, 35).

697; 2600

444

555 Por un instante, Jesús muestra su gloria divina, confirmando así la confesión de Pedro. Muestra también que para "entrar en su gloria" (*Lc* 24, 26), es necesario pasar por la Cruz en Jerusalén. Moisés y Elías habían visto la gloria de Dios en la Montaña; la Ley y los profetas habían anunciado los sufrimientos del Mesías.[296] La Pasión de Jesús es la voluntad por excelencia del Padre: el Hijo actúa como siervo de Dios.[297] La nube indica la presencia del Espíritu Santo: "Tota Trinitas apparuit: Pater in voce; Filius in homine, Spiritus in nube clara" ("Apareció toda la Trinidad: el Padre en la voz, el Hijo en el hombre, el Espíritu en la nube luminosa").[298]

2576; 2583

257

> En el monte te transfiguraste, Cristo Dios, y tus discípulos contemplaron tu gloria, en cuanto podían comprenderla. Así, cuando te viesen crucificado, entenderían que padecías libremente y anunciarían al mundo que tú eres en verdad el resplandor del Padre.[299]

556 En el umbral de la vida pública se sitúa el Bautismo; en el de la Pascua, la Transfiguración. Por el Bautismo de Jesús "fue manifestado el misterio de la primera regeneración": nuestro bautismo; la Transfiguración "es el sacramento de la segunda regeneración": nuestra propia resurrección.[300] Desde ahora nosotros participamos en la Resurrección del Señor por el Espíritu Santo que actúa en los sacramentos del Cuerpo de Cristo. La Transfiguración nos concede una visión anticipada de la gloriosa venida de

1003

---

[292] Cf. *Mt* 18, 18.
[293] Cf. *Mt* 16, 22-23.
[294] Cf. *Mt* 17, 23; *Lc* 9, 45.
[295] Cf. *Mt* 17, 1-8 par.; *2 P* 1, 16-18.
[296] Cf. *Lc* 24, 27.
[297] Cf. *Is* 42, 1.
[298] SANTO TOMÁS de AQUINO, Summa theologiae, III, 45, 4, ad 2.
[299] Versión castellana oficial del Kontakion o Contaquio de la Transfiguración.
[300] SANTO TOMÁS de AQUINO, Summa theologiae, III, 45, 4, ad 2.

Cristo "el cual transfigurará este miserable cuerpo nuestro en un cuerpo glorioso como el suyo" (*Flp* 3, 21). Pero ella nos recuerda también que "es necesario que pasemos por muchas tribulaciones para entrar en el Reino de Dios" (*Hch* 14, 22):

> Pedro no había comprendido eso cuando deseaba vivir con Cristo en la montaña (cf. *Lc* 9, 33). Te ha reservado eso, oh Pedro, para después de la muerte. Pero ahora, él mismo dice: Desciende para penar en la tierra, para servir en la tierra, para ser despreciado y crucificado en la tierra. La Vida desciende para hacerse matar; el Pan desciende para tener hambre; el Camino desciende para fatigarse andando; la Fuente desciende para sentir la sed; y tú, ¿vas a negarte a sufrir?[301]

La subida de Jesús a Jerusalén

557 "Como se iban cumpliendo los días de su asunción, él se afirmó en su voluntad de ir a Jerusalén" (*Lc* 9, 51).[302] Por esta decisión, manifestaba que subía a Jerusalén dispuesto a morir. En tres ocasiones había repetido el anuncio de su Pasión y de su Resurrección.[303] Al dirigirse a Jerusalén dice: "No cabe que un profeta perezca fuera de Jerusalén" (*Lc* 13, 33).

558 Jesús recuerda el martirio de los profetas que habían sido muertos en Jerusalén.[304] Sin embargo, persiste en llamar a Jerusalén a reunirse en torno a él: "¡Cuántas veces he querido reunir a tus hijos, como una gallina reúne a sus pollos bajo las alas y no habéis querido!" (*Mt* 23, 37b). Cuando está a la vista de Jerusalén, llora sobre ella y expresa una vez más el deseo de su corazón: "¡Si también tú conocieras en este día el mensaje de paz! pero ahora está oculto a tus ojos" (*Lc* 19, 41-42).

La entrada mesiánica de Jesús en Jerusalén

559 ¿Cómo va a acoger Jerusalén a su Mesías? Jesús rehuyó siempre las tentativas populares de hacerle rey,[305] pero elige el momento y prepara los detalles de su entrada mesiánica en la ciudad de "David, su padre" (*Lc* 1, 32).[306] Es aclamado como hijo de David, el que trae la salvación ("Hosanna" quiere decir "¡sálvanos!", "¡Danos la salvación!"). Pues bien, el "Rey de la Gloria" (*Sal* 24, 7-10) entra en su ciudad "montado en un asno":[307] no conquista a la hija de Sión, figura de su Iglesia, ni por la astucia ni por la violencia, sino por la humildad que da testimonio de la Verdad.[308] Por eso los súbditos de su Reino, aquel día fueron los niños[309] y los "pobres de Dios", que le aclamaban como los ángeles lo anunciaron a los pastores.[310] Su aclamación, "Bendito el que viene en el nombre del Señor" (*Sal* 118, 26), ha sido recogida

---

[301] SAN AGUSTÍN, *Sermones*, 78, 6: PL 38, 492-493.
[302] Cf. *Jn* 13, 1.
[303] Cf. *Mc* 8, 31-33; 9, 31-32; 10, 32-34.
[304] Cf. *Mt* 23, 37a.
[305] Cf. *Jn* 6, 15.
[306] Cf. *Mt* 21, 1-11.
[307] Cf. *Za* 9, 9.
[308] Cf. *Jn* 18, 37.
[309] Cf. *Mt* 21, 15-16; *Sal* 8, 3.
[310] Cf. *Lc* 19, 38; 2, 14.

QUÉ CREEMOS ⟶ El Credo ⟶ El Hijo

CIC 568

por la Iglesia en el "Sanctus" de la liturgia eucarística para introducir al memorial de la Pascua del Señor.

560 La *entrada de Jesús en Jerusalén* manifiesta la venida del Reino que el Rey-Mesías llevará a cabo mediante la Pascua de su Muerte y de su Resurrección. Con su celebración, el domingo de Ramos, la liturgia de la Iglesia abre la Semana Santa.

550; 2816

1169

RESUMEN

561 "La vida entera de Cristo fue una continua enseñanza: su silencio, sus milagros, sus gestos, su oración, su amor al hombre, su predilección por los pequeños y los pobres, la aceptación total del sacrificio en la cruz por la salvación del mundo, su resurrección, son la actuación de su palabra y el cumplimiento de la revelación".[311]

562 Los discípulos de Cristo deben asemejarse a Él hasta que él crezca y se forme en ellos.[312] "Por eso somos integrados en los misterios de su vida: con él estamos identificados, muertos y resucitados hasta que reinemos con él".[313]

563 Pastor o mago, nadie puede alcanzar a Dios aquí abajo sino arrodillándose ante el pesebre de Belén y adorando a Dios escondido en la debilidad de un niño.

564 Por su sumisión a María y a José, así como por su humilde trabajo durante largos años en Nazaret, Jesús nos da el ejemplo de la santidad en la vida cotidiana de la familia y del trabajo.

565 Desde el comienzo de su vida pública, en su bautismo, Jesús es el "Siervo" enteramente consagrado a la obra redentora que llevará a cabo en el "bautismo" de su pasión.

566 La tentación en el desierto muestra a Jesús, humilde Mesías que triunfa de Satanás mediante su total adhesión al designio de salvación querido por el Padre.

567 El Reino de los cielos ha sido inaugurado en la tierra por Cristo. "Se manifiesta a los hombres en las palabras, en las obras y en la presencia de Cristo".[314] La Iglesia es el germen y el comienzo de este Reino. Sus llaves son confiadas a Pedro.

568 La Transfiguración de Cristo tiene por finalidad fortalecer la fe de los apóstoles ante la proximidad de la Pasión: la subida a un "monte alto" prepara la subida al Calvario. Cristo, Cabeza de la Iglesia, manifiesta

---

[311] JUAN PABLO II, exh. ap. *Catechesi tradendae*, 9
[312] Cf. *Ga* 4, 19.
[313] Concilio Vaticano II, *Lumen gentium*, 7.
[314] Concilio Vaticano II, *Lumen gentium*, 5.

lo que su cuerpo contiene e irradia en los sacramentos: "la esperanza de la gloria" (*Col* 1, 27).³¹⁵

569 Jesús ha subido voluntariamente a Jerusalén sabiendo perfectamente que allí moriría de muerte violenta a causa de la contradicción de los pecadores.³¹⁶

570 La entrada de Jesús en Jerusalén manifiesta la venida del Reino que el Rey-Mesías, recibido en su ciudad por los niños y por los humildes de corazón, va a llevar a cabo por la Pascua de su Muerte y de su Resurrección.

ARTÍCULO 4
"JESUCRISTO PADECIÓ BAJO EL PODER DE PONCIO PILATO, FUE CRUCIFICADO, MUERTO Y SEPULTADO"

FUENTES DE LA ESCRITURA Y DE LA IGLESIA

La siguiente parte del *Catecismo* utiliza estas fuentes de la Escritura y de la Iglesia. Véase el "Índice de citas" para una lista completa de referencias

Antiguo Testamento	Citadas en el *Catecismo*
Números	CIC 582
Salmos	CIC 584, 587
Isaías	CIC 579, 580, 591
Jeremías	CIC 580
Oseas	CIC 589
Nuevo Testamento	
Mateo	CIC 572, 574, 575, 577, 579, 581-582, 584-586, 589-592
Marcos	CIC 572, 574, 575, 581, 582, 585, 589, 591
Lucas	CIC 572, 575, 579, 581-583, 585-589, 591

---

³¹⁵ Cf. SAN LEÓN MAGNO, Sermones, 51, 3: PL 54, 310C.

³¹⁶ Cf. *Hb* 12, 3.

QUÉ CREEMOS ⟶ El Credo ⟶ El Hijo

CIC 572

FUENTES DE LA ESCRITURA Y DE LA IGLESIA

(continuación)

Nuevo Testamento	Citadas en el *Catecismo*
Juan	CIC 574, 575, 578, 581-584, 586, 588-592, 594
Hechos de los Apóstoles	CIC 578, 584, 591
Romanos	CIC 579, 591
Gálatas	CIC 578, 580, 582
Hebreos	CIC 571, 579, 580, 586, 592
Santiago	CIC 578
Apocalipsis	CIC 586
Concilios ecuménicos	
Vaticano II (1962-1965)	CIC 573

PALABRAS CLAVE

La siguiente parte del *Catecismo* utiliza estas palabras clave.
Véase el "Glosario" para su definición.

Palabras	Citadas en el *Catecismo*
Evangelio	CIC 571
Misterio pascual/Sacrificio	CIC 571
Pascua	CIC 571
Pascua/Cordero pascual	CIC 571
Pasión	CIC 572
Redentor/redención	CIC 571
Templo	CIC 583

---

571 El Misterio pascual de la Cruz y de la Resurrección de Cristo está en el centro de la Buena Nueva que los apóstoles, y la Iglesia a continuación de ellos, deben anunciar al mundo. El designio salvador de Dios se ha cumplido de "una vez por todas"[317] por la muerte redentora de su Hijo Jesucristo.

1067

572 La Iglesia permanece fiel a "la interpretación de todas las Escrituras" dada por Jesús mismo, tanto antes como después de su Pascua: "¿No era necesario que Cristo padeciera eso y entrara así en su gloria?" (*Lc* 24, 26-27.44-45). Los padecimientos de Jesús han tomado una forma histórica concreta por el hecho de haber sido "reprobado por los ancianos, los sumos sacerdotes y los escribas" (*Mc* 8, 31), que lo "entregaron a los gentiles, para burlarse de él, azotarle y crucificarle" (*Mt* 20, 19).

599

---
[317] Cf. *Hb* 9, 26.

573 Por lo tanto, la fe puede escrutar las circunstancias de la muerte de Jesús, que han sido transmitidas fielmente por los evangelios[318] e iluminadas por otras fuentes históricas, a fin de comprender mejor el sentido de la Redención.

Párrafo 1. Jesús e Israel

574 Desde los comienzos del ministerio público de Jesús, fariseos y partidarios de Herodes, junto con sacerdotes y escribas, se pusieron de acuerdo para perderle.[319] Por algunas de sus obras,[320] Jesús apareció a algunos malintencionados sospechoso de posesión diabólica.[321] Se le acusa de blasfemo[322] y de falso profetismo,[323] crímenes religiosos que la Ley castigaba con pena de muerte por lapidación.[324]

575 Muchas de las obras y de las palabras de Jesús han sido, pues, un "signo de contradicción" (*Lc* 2, 34) para las autoridades religiosas de Jerusalén, aquéllas a las que el Evangelio de san Juan denomina con frecuencia "los judíos",[325] más incluso que a la generalidad del pueblo de Dios (cf. *Jn* 7, 48-49). Ciertamente, sus relaciones con los fariseos no fueron solamente polémicas. Fueron unos fariseos los que le previnieron del peligro que corría.[326] Jesús alaba a alguno de ellos como al escriba de *Mc* 12, 34 y come varias veces en casa de fariseos.[327] Jesús confirma doctrinas sostenidas por esta élite religiosa del pueblo de Dios: la resurrección de los muertos,[328] las formas de piedad (limosna, ayuno y oración)[329] y la costumbre de dirigirse a Dios como Padre, carácter central del mandamiento del amor a Dios y al prójimo.[330]

576 A los ojos de muchos en Israel, Jesús parece actuar contra las instituciones esenciales del Pueblo elegido:

— Contra la sumisión a la Ley en la integridad de sus prescripciones escritas, y, para los fariseos, según la interpretación de la tradición oral.

— Contra el carácter central del Templo de Jerusalén como lugar santo donde Dios habita de una manera privilegiada.

— Contra la fe en el Dios único, cuya gloria ningún hombre puede compartir.

---

[318] Cf. Concilio Vaticano II, *Dei Verbum,* 19.
[319] Cf. *Mc* 3, 6.
[320] Expulsión de demonios, cf. *Mt* 12, 24; perdón de los pecados, cf. *Mc* 2, 7; curaciones en sábado, cf. *Mc* 3, 1-6; interpretación original de los preceptos de pureza de la Ley, cf. *Mc* 7, 14-23; familiaridad con los publícanos y los pecadores públicos, cf. *Mc* 2, 14-17.
[321] Cf. *Mc* 3, 22; *Jn* 8, 48; 10, 20.
[322] Cf. *Mc* 2, 1, *Jn* 5, 18; 10, 33.
[323] Cf. *Jn* 7, 12; 7, 52.
[324] Cf. *Jn* 8, 59; 10, 31.
[325] Cf. *Jn* 1, 19; 2, 18; 5, 10; 7, 13; 9, 22; 18, 12; 19, 38; 20, 19.
[326] Cf. *Lc* 13, 31.
[327] Cf. *Lc* 7, 36; 14, 1.
[328] Cf. *Mt* 22, 23-34; *Lc* 20, 39.
[329] Cf. *Mt* 6, 2-18.
[330] Cf. *Mc* 12, 28-34.

QUÉ CREEMOS ⟶ El Credo ⟶ El Hijo

I. JESÚS Y LA LEY

577 Al comienzo del Sermón de la Montaña, Jesús hace una advertencia solemne presentando la Ley dada por Dios en el Sinaí con ocasión de la Primera Alianza, a la luz de la gracia de la Nueva Alianza:

> "No penséis que he venido a abolir la Ley y los Profetas. No he venido a abolir sino a dar cumplimiento. Sí, os lo aseguro: el cielo y la tierra pasarán antes que pase una 'i' o un ápice de la Ley sin que todo se haya cumplido. Por tanto, el que quebrante uno de estos mandamientos menores, y así lo enseñe a los hombres, será el menor en el Reino de los cielos; en cambio el que los observe y los enseñe, ése será grande en el Reino de los cielos" (*Mt* 5, 17-19).

578 Jesús, el Mesías de Israel, por lo tanto el más grande en el Reino de los cielos, se debía sujetar a la Ley cumpliéndola en su totalidad hasta en sus menores preceptos, según sus propias palabras. Incluso es el único en poderlo hacer perfectamente.[331] Los judíos, según su propia confesión, jamás han podido cumplir la Ley en su totalidad, sin violar el menor de sus preceptos.[332] Por eso, en cada fiesta anual de la Expiación, los hijos de Israel piden perdón a Dios por sus transgresiones de la Ley. En efecto, la Ley constituye un todo y, como recuerda Santiago, "quien observa toda la Ley, pero falta en un solo precepto, se hace reo de todos" (*St* 2, 10).[333]

579 Este principio de integridad en la observancia de la Ley, no sólo en su letra sino también en su espíritu, era apreciado por los fariseos. Al subrayarlo para Israel, muchos judíos del tiempo de Jesús fueron conducidos a un celo religioso extremo,[334] el cual, si no quería convertirse en una casuística "hipócrita"[335] no podía más que preparar al pueblo a esta intervención inaudita de Dios que será la ejecución perfecta de la Ley por el único Justo en lugar de todos los pecadores.[336]

580 El cumplimiento perfecto de la Ley no podía ser sino obra del divino Legislador que nació sometido a la Ley en la persona del Hijo.[337] En Jesús la Ley ya no aparece grabada en tablas de piedra sino "en el fondo del corazón" (*Jr* 31, 33) del Siervo, quien, por "aportar fielmente el derecho" (*Is* 42, 3), se ha convertido en "la Alianza del pueblo" (*Is* 42, 6). Jesús cumplió la Ley hasta tomar sobre sí mismo "la maldición de la Ley" (*Ga* 3, 13) en la que habían incurrido los que no "practican todos los preceptos de la Ley" (*Ga* 3, 10), porque "ha intervenido su muerte para remisión de las transgresiones de la Primera Alianza" (*Hb* 9, 15).

581 Jesús fue considerado por los judíos y sus jefes espirituales como un "rabbi".[338] Con frecuencia argumentó en el marco de la interpretación rabínica

---

[331] Cf. *Jn* 8, 46.
[332] Cf. *Jn* 7, 19; *Hch* 13, 38-41; 15, 10.
[333] Cf. *Ga* 3, 10; 5, 3.
[334] Cf. *Rm* 10, 2.
[335] Cf. *Mt* 15, 3-7; *Lc* 11, 39-54.
[336] Cf. *Is* 53, 11, *Hb* 9, 15.
[337] Cf. *Ga* 4, 4.
[338] Cf. *Jn* 11, 28; 3, 2; *Mt* 22, 23-24.34-36.

de la Ley.³³⁹ Pero al mismo tiempo, Jesús no podía menos que chocar con los doctores de la Ley porque no se contentaba con proponer su interpretación entre los suyos, sino que "enseñaba como quien tiene autoridad y no como los escribas" (*Mt* 7, 28-29). La misma Palabra de Dios, que resonó en el Sinaí para dar a Moisés la Ley escrita, es la que en Él se hace oír de nuevo en el Monte de las Bienaventuranzas.³⁴⁰ Esa palabra no revoca la Ley sino que la perfecciona aportando de modo divino su interpretación definitiva: "Habéis oído también que se dijo a los antepasados... pero yo os digo" (*Mt* 5, 33-34). Con esta misma autoridad divina, desaprueba ciertas "tradiciones humanas" (*Mc* 7, 8) de los fariseos que "anulan la Palabra de Dios" (*Mc* 7, 13).

582 Yendo más lejos, Jesús da plenitud a la Ley sobre la pureza de los alimentos, tan importante en la vida cotidiana judía, manifestando su sentido "pedagógico"³⁴¹ por medio de una interpretación divina: "Todo lo que de fuera entra en el hombre no puede hacerle impuro... —así declaraba puros todos los alimentos—... Lo que sale del hombre, eso es lo que hace impuro al hombre. Porque de dentro, del corazón de los hombres, salen las intenciones malas" (*Mc* 7, 18-21). Jesús, al dar con autoridad divina la interpretación definitiva de la Ley, se vio enfrentado a algunos doctores de la Ley que no aceptaban su interpretación a pesar de estar garantizada por los signos divinos con que la acompañaba.³⁴² Esto ocurre, en particular, respecto al problema del sábado: Jesús recuerda, frecuentemente con argumentos rabínicos,³⁴³ que el descanso del sábado no se quebranta por el servicio a Dios³⁴⁴ o al prójimo³⁴⁵ que realizan sus curaciones.

II. JESÚS Y EL TEMPLO

583 Como los profetas anteriores a Él, Jesús profesó el más profundo respeto al Templo de Jerusalén. Fue presentado en él por José y María cuarenta días después de su nacimiento.³⁴⁶ A la edad de doce años, decidió quedarse en el Templo para recordar a sus padres que se debía a los asuntos de su Padre.³⁴⁷ Durante su vida oculta, subió allí todos los años al menos con ocasión de la Pascua;³⁴⁸ su ministerio público estuvo jalonado por sus peregrinaciones a Jerusalén con motivo de las grandes fiestas judías.³⁴⁹

584 Jesús subió al Templo como al lugar privilegiado para el encuentro con Dios. El Templo era para Él la casa de su Padre, una casa de oración, y se indigna porque el atrio exterior se haya convertido en un mercado.³⁵⁰ Si expulsa a los mercaderes del Templo es por celo hacia las cosas de su Padre: "No hagáis de la Casa de mi Padre una casa de mercado. Sus discípulos se acordaron de que estaba escrito: 'El celo por tu Casa me devorará' (*Sal* 69, 10)"

---

[339] Cf. *Mt* 12, 5; 9, 12; *Mc* 2, 23-27; *Lc* 6, 6-9; *Jn* 7, 22-23.
[340] Cf. *Mt* 5, 1.
[341] Cf. *Ga* 3, 24.
[342] Cf. *Jn* 5, 36; 10, 25.37-38; 12, 37.
[343] Cf. *Mc* 2, 25-27; *Jn* 7, 22-24.
[344] Cf. *Mt* 12, 5; *Nm* 28, 9.
[345] Cf. *Lc* 13, 15-16; 14, 3-4.
[346] Cf. *Lc* 2, 22-39.
[347] Cf. *Lc* 2, 46-49.
[348] Cf. *Lc* 2, 41.
[349] Cf. *Jn* 2, 13-14; 5, 1.14; 7, 1.10.14; 8, 2; 10, 22-23.
[350] Cf. *Mt* 21, 13.

QUÉ CREEMOS ⟶ El Credo ⟶ El Hijo

CIC 589

(*Jn* 2, 16-17). Después de su Resurrección, los apóstoles mantuvieron un respeto religioso hacia el Templo.[351]

585 Jesús anunció, no obstante, en el umbral de su Pasión, la ruina de ese espléndido edificio del cual no quedará piedra sobre piedra.[352] Hay aquí un anuncio de una señal de los últimos tiempos que se van a abrir con su propia Pascua.[353] Pero esta profecía pudo ser deformada por falsos testigos en su interrogatorio en casa del sumo sacerdote[354] y serle reprochada como injuriosa cuando estaba clavado en la cruz.[355]

586 Lejos de haber sido hostil al Templo[356] donde expuso lo esencial de su enseñanza,[357] Jesús quiso pagar el impuesto del Templo asociándose con Pedro,[358] a quien acababa de poner como fundamento de su futura Iglesia.[359] Aún más, se identificó con el Templo presentándose como la morada definitiva de Dios entre los hombres.[360] Por eso su muerte corporal[361] anuncia la destrucción del Templo que señalará la entrada en una nueva edad de la historia de la salvación: "Llega la hora en que, ni en este monte, ni en Jerusalén adoraréis al Padre" (*Jn* 4, 21).[362]

797

1179

III. JESÚS Y LA FE DE ISRAEL EN EL DIOS ÚNICO Y SALVADOR

587 Si la Ley y el Templo pudieron ser ocasión de "contradicción"[363] entre Jesús y las autoridades religiosas de Israel, la razón está en que Jesús, para la redención de los pecados —obra divina por excelencia—, acepta ser verdadera piedra de escándalo para aquellas autoridades.[364]

588 Jesús escandalizó a los fariseos comiendo con los publícanos y los pecadores[365] tan familiarmente como con ellos mismos.[366] Contra algunos de los "que se tenían por justos y despreciaban a los demás" (*Lc* 18, 9),[367] Jesús afirmó: "No he venido a llamar a conversión a justos, sino a pecadores" (*Lc* 5, 32). Fue más lejos todavía al proclamar frente a los fariseos que, siendo el pecado una realidad universal,[368] los que pretenden no tener necesidad de salvación se ciegan con respecto a sí mismos.[369]

545

589 Jesús escandalizó sobre todo porque identificó su conducta misericordiosa hacia los pecadores con la actitud de Dios mismo con respecto a ellos.[370] Llegó incluso a dejar entender que compartiendo la mesa con los

---

[351] Cf. *Hch* 2, 46; 3, 1; 5, 20.21.
[352] Cf. *Mt* 24, 1-2.
[353] Cf. *Mt* 24, 3; *Lc* 13, 35.
[354] Cf. *Mc* 14, 57-58.
[355] Cf. *Mt* 27, 39-40.
[356] Cf. *Mt* 8, 4; 23, 21; *Lc* 17, 14; *Jn* 4, 22.
[357] Cf. *Jn* 18, 20.
[358] Cf. *Mt* 17, 24-27.
[359] Cf. *Mt* 16, 18.
[360] Cf. *Jn* 2, 21; *Mt* 12, 6.
[361] Cf. *Jn* 2, 18-22.
[362] Cf. *Jn* 4, 23-24; *Mt* 27, 51; *Hb* 9, 11; *Ap* 21, 22.
[363] Cf. *Lc* 2, 34.
[364] Cf. *Lc* 20, 17-18; *Sal* 118, 22.
[365] Cf. *Lc* 5, 30.
[366] Cf. *Lc* 7, 36; 11, 37; 14, 1.
[367] Cf. *Jn* 7, 49; 9, 34.
[368] Cf. *Jn* 8, 33-36.
[369] Cf. *Jn* 9, 40-41.
[370] Cf. *Mt* 9, 13; *Os* 6, 6.

pecadores,[371] los admitía al banquete mesiánico.[372] Pero es especialmente al perdonar los pecados, cuando Jesús puso a las autoridades de Israel ante un dilema. Porque como ellas dicen, justamente asombradas, "¿Quién puede perdonar los pecados sino sólo Dios?" (*Mc* 2, 7). Al perdonar los pecados, o bien Jesús blasfema porque es un hombre que pretende hacerse igual a Dios[373] o bien dice verdad y su persona hace presente y revela el Nombre de Dios.[374]

590 Sólo la identidad divina de la persona de Jesús puede justificar una exigencia tan absoluta como ésta: "El que no está conmigo está contra mí" (*Mt* 12, 30); lo mismo cuando dice que él es "más que Jonás... más que Salomón" (*Mt* 12, 41-42), "más que el Templo" (*Mt* 12, 6); cuando recuerda, refiriéndose a que David llama al Mesías su Señor,[375] cuando afirma: "Antes que naciese Abraham, Yo soy" (*Jn* 8, 58); e incluso: "El Padre y yo somos una sola cosa" (*Jn* 10, 30).

591 Jesús pidió a las autoridades religiosas de Jerusalén que creyeran en Él en virtud de las obras de su Padre que realizaba.[376] Pero tal acto de fe debía pasar por una misteriosa muerte a sí mismo para un nuevo "nacimiento de lo alto" (*Jn* 3, 7) atraído por la gracia divina.[377] Tal exigencia de conversión frente a un cumplimiento tan sorprendente de las promesas[378] permite comprender el trágico desprecio del Sanedrín al estimar que Jesús merecía la muerte como blasfemo.[379] Sus miembros obraban así tanto por "ignorancia"[380] como por el "endurecimiento" (*Mc* 3, 5; *Rm* 11, 25) de la "incredulidad".[381]

RESUMEN

592 Jesús no abolió la Ley del Sinaí, sino que la perfeccionó[382] de tal modo[383] que reveló su hondo sentido[384] y satisfizo por las transgresiones contra ella.[385]

593 Jesús veneró el Templo subiendo a él en peregrinación en las fiestas judías y amó con gran celo esa morada de Dios entre los hombres. El Templo prefigura su Misterio. Anunciando la destrucción del Templo anuncia su propia muerte y la entrada en una nueva edad de la historia de la salvación, donde su cuerpo será el Templo definitivo.

594 Jesús realizó obras como el perdón de los pecados que lo revelaron como Dios Salvador.[386] Algunos judíos, que no le reconocían como Dios hecho hombre,[387] veían en Él a "un hombre que se hace Dios" (*Jn* 10, 33), y lo juzgaron como un blasfemo.

---

[371] Cf. *Lc* 15, 1-2.
[372] Cf. *Lc* 15, 22-32.
[373] Cf. *Jn* 5, 18; 10, 33.
[374] Cf. *Jn* 17, 6.26.
[375] Cf. *Mt* 12, 36-37.
[376] Cf. *Jn* 10, 36-38.
[377] Cf. *Jn* 6, 44.
[378] Cf. *Is* 53, 1.
[379] Cf. *Mc* 3, 6; *Mt* 26, 64-66.
[380] Cf. *Lc* 23, 34; *Hch* 3, 17-18.
[381] Cf. *Rm* 11, 20.
[382] Cf. *Mt* 5, 17-19.
[383] Cf. *Jn* 8, 46.
[384] Cf. *Mt* 5, 33ss.
[385] Cf. *Hb* 9, 15.
[386] Cf. *Jn* 5, 16-18.
[387] Cf. *Jn* 1, 14.

QUÉ CREEMOS ⟶ El Credo ⟶ El Hijo

Párrafo 2. Jesús murió crucificado

I. EL PROCESO DE JESÚS

FUENTES DE LA ESCRITURA Y DE LA IGLESIA

La siguiente parte del *Catecismo* utiliza estas fuentes de la Escritura y de la Iglesia. Véase el "Índice de citas" para una lista completa de referencias

Antiguo Testamento	Citadas en el *Catecismo*
Éxodo	CIC 608, 613
Levítico	CIC 613
Salmos	CIC 600, 603
Isaías	CIC 601, 608, 615, 623
Jeremías	CIC 608

Nuevo Testamento	
Mateo	CIC 596-598, 600, 601, 605, 607-610, 612, 613, 618, 622
Marcos	CIC 597, 603, 608, 618
Lucas	CIC 596, 597, 601, 607, 608, 610-612, 618, 621
Juan	CIC 595, 596, 600, 601, 603, 606-609, 611-614, 616, 618, 622
Hechos de los Apóstoles	CIC 595, 597-601, 612
Romanos	CIC 602-605, 612, 615, 623
1 Corintios	CIC 598, 601, 602, 608, 610, 611, 613, 619
2 Corintios	CIC 602, 605, 616, 620
Gálatas	CIC 616
Efesios	CIC 611, 616
Filipenses	CIC 602, 612, 623
Colosenses	CIC 618
1 Tesalonicenses	CIC 597
1 Timoteo	CIC 618
Hebreos	CIC 598, 606, 609, 612, 614, 617
1 Pedro	CIC 602, 612, 613, 618, 622
1 Juan	CIC 604-606, 614, 620
Apocalipsis	CIC 612

Concilios ecuménicos	
Trento (1545-1563)	CIC 611, 615, 617
Vaticano II (1962-1965)	CIC 597, 618

CIC 595

Primera parte: La profesión de la fe

FUENTES DE LA ESCRITURA Y DE LA IGLESIA

(continuación)

Concilios y sínodos particulares	Citadas en el *Catecismo*
Sínodo de Quiercy (853)	CIC 605

Documentos eclesiásticos	
Catecismo Romano	CIC 598

Liturgia	
Liturgia de las Horas	CIC 617

Escritores eclesiásticos	
San Francisco de Asís	CIC 598
Santa Rosa de Lima	CIC 618

PALABRAS CLAVE

La siguiente parte del *Catecismo* utiliza estas palabras clave.
Véase el "Glosario" para su definición.

Palabras	Citadas en el *Catecismo*
Cruz	CIC 616, 618
Expiación	CIC 616
Mediador/mediadora	CIC 618
Nueva Alianza	CIC 612
Obediencia	CIC 615
Pascua	CIC 608
Pascua/Cordero pascual	CIC 608
Pasión	CIC 602-616
Redentor/redención	CIC 601
Reparación	CIC 614
Sacrificio	CIC 616
Última Cena	CIC 610, 611

Divisiones de las autoridades judías respecto a Jesús

595 Entre las autoridades religiosas de Jerusalén, no solamente el fariseo Nicodemo[388] o el notable José de Arimatea eran en secreto discípulos de Jesús,[389] sino que durante mucho tiempo hubo disensiones a propósito de Él[390] hasta el punto de que en la misma víspera de su pasión, san Juan pudo decir de ellos que "un buen número creyó en él", aunque de una manera muy imperfecta (*Jn* 12, 42). Eso no tiene nada de extraño si se considera que al día siguiente de Pentecostés "multitud de sacerdotes iban aceptando la fe"

---

[388] Cf. *Jn* 7, 50.
[389] Cf. *Jn* 19, 38-39.
[390] Cf. *Jn* 9, 16-17; 10, 19-21.

QUÉ CREEMOS ⟶ El Credo ⟶ El Hijo

CIC 597

(*Hch* 6, 7) y que "algunos de la secta de los fariseos... habían abrazado la fe" (*Hch* 15, 5) hasta el punto de que Santiago puede decir a san Pablo que "miles y miles de judíos han abrazado la fe, y todos son celosos partidarios de la Ley" (*Hch* 21, 20).

596 Las autoridades religiosas de Jerusalén no fueron unánimes en la conducta a seguir respecto de Jesús.[391] Los fariseos amenazaron de excomunión a los que le siguieran.[392] A los que temían que "todos creerían en él; y vendrían los romanos y destruirían nuestro Lugar Santo y nuestra nación", (*Jn* 11, 48), el sumo sacerdote Caifás les propuso profetizando: "Es mejor que muera uno solo por el pueblo y no que perezca toda la nación" (*Jn* 11, 49-50). El Sanedrín declaró a Jesús "reo de muerte" (*Mt* 26, 66) como blasfemo, pero, habiendo perdido el derecho a condenar a muerte a nadie,[393] entregó a Jesús a los romanos acusándole de revuelta política,[394] lo que le pondrá en paralelo con Barrabás acusado de "sedición".[395] Son también las amenazas políticas las que los sumos sacerdotes ejercen sobre Pilato para que éste condene a muerte a Jesús.[396]

1753

Los judíos no son responsables colectivamente de la muerte de Jesús

597 Teniendo en cuenta la complejidad histórica manifestada en las narraciones evangélicas sobre el proceso de Jesús y sea cual sea el pecado personal de los protagonistas del proceso (Judas, el Sanedrín, Pilato), lo cual sólo Dios conoce, no se puede atribuir la responsabilidad del proceso al conjunto de los judíos de Jerusalén, a pesar de los gritos de una muchedumbre manipulada[397] y de las acusaciones colectivas contenidas en las exhortaciones a la conversión después de Pentecostés.[398] Él mismo Jesús perdonando en la Cruz[399] y Pedro siguiendo su ejemplo apelan a "la ignorancia"[400] de los judíos de Jerusalén e incluso de sus jefes. Menos todavía se podría ampliar esta responsabilidad a los restantes judíos en el tiempo y en el espacio, apoyándose en el grito del pueblo: "¡Su sangre sobre nosotros y sobre nuestros hijos!" (*Mt* 27, 25), que equivale a una fórmula de ratificación:[401]

1735

> Tanto es así que la Iglesia ha declarado en el Concilio Vaticano II: "Lo que se perpetró en su pasión no puede ser imputado indistintamente a todos los judíos que vivían entonces ni a los judíos de hoy... No se ha de señalar a los judíos como reprobados por Dios y malditos como si tal cosa se dedujera de la Sagrada Escritura".[402]

839

---

[391] Cf. *Jn* 9, 16; 10, 19.
[392] Cf. *Jn* 9, 22.
[393] Cf. *Jn* 18, 31.
[394] Cf. *Lc* 23, 2.
[395] Cf. *Lc* 23, 19.
[396] Cf. *Jn* 19, 12.15.21.
[397] Cf. *Mc* 15, 11.
[398] Cf. *Hch* 2, 23.36; 3, 13-14; 4, 10; 5, 30; 7, 52; 10, 39; 13, 27-28; *1 Ts* 2, 14-15.
[399] Cf. *Lc* 23, 34.
[400] Cf. *Hch* 3, 17.
[401] Cf. *Hch* 5, 28; 18, 6.
[402] Concilio Vaticano II, *Nostra aetate*, 4.

Todos los pecadores fueron los autores de la Pasión de Cristo

598 La Iglesia, en el magisterio de su fe y en el testimonio de sus santos, no ha olvidado jamás que "los pecadores mismos fueron los autores y como los instrumentos de todas las penas que soportó el divino Redentor".[403] Teniendo en cuenta que nuestros pecados alcanzan a Cristo mismo,[404] la Iglesia no duda en imputar a los cristianos la responsabilidad más grave en el suplicio de Jesús, responsabilidad con la que ellos, con demasiada frecuencia, han abrumado únicamente a los judíos:

1851

> Debemos considerar como culpables de esta horrible falta a los que continúan recayendo en sus pecados. Ya que son nuestras malas acciones las que han hecho sufrir a Nuestro Señor Jesucristo el suplicio de la cruz, sin ninguna duda los que se sumergen en los desórdenes y en el mal "crucifican por su parte de nuevo al Hijo de Dios y le exponen a pública infamia" (*Hb* 6, 6). Y es necesario reconocer que nuestro crimen en este caso es mayor que el de los judíos. Porque según el testimonio del apóstol, "de haberlo conocido ellos no habrían crucificado jamás al Señor de la Gloria".[405] Nosotros, en cambio, hacemos profesión de conocerle. Y cuando renegamos de Él con nuestras acciones, ponemos de algún modo sobre Él nuestras manos criminales.[406]

> Y los demonios no son los que le han crucificado; eres tú quien con ellos lo has crucificado y lo sigues crucificando todavía, deleitándote en los vicios y en los pecados.[407]

II. LA MUERTE REDENTORA DE CRISTO EN EL DESIGNIO DIVINO DE SALVACIÓN

"Jesús entregado según el preciso designio de Dios"

599 La muerte violenta de Jesús no fue fruto del azar en una desgraciada constelación de circunstancias. Pertenece al misterio del designio de Dios, como lo explica san Pedro a los judíos de Jerusalén ya en su primer discurso de Pentecostés: "Fue entregado según el determinado designio y previo conocimiento de Dios" (*Hch* 2, 23). Este lenguaje bíblico no significa que los que han "entregado a Jesús" (*Hch* 3, 13) fuesen solamente ejecutores pasivos de un drama escrito de antemano por Dios.

517

600 Para Dios todos los momentos del tiempo están presentes en su actualidad. Por tanto establece su designio eterno de "predestinación" incluyendo en él la respuesta libre de cada hombre a su gracia: "Sí, verdaderamente, se han reunido en esta ciudad contra tu santo siervo Jesús, que tú has ungido, Herodes y Poncio Pilato con las naciones gentiles y los

---

[403] Catecismo Romano, 1, 5, 11; cf. *Hb* 12, 3.
[404] Cf. *Mt* 25, 45; *Hch* 9, 4-5.
[405] Cf. *1 Co* 2, 8.
[406] Catecismo Romano, 1, 5, 11.
[407] SAN FRANCISCO de ASÍS, Admonitio, 5, 3.

QUÉ CREEMOS ⟶ El Credo ⟶ El Hijo

CIC 603

pueblos de Israel,[408] de tal suerte que ellos han cumplido todo lo que, en tu poder y tu sabiduría, habías predestinado" (*Hch* 4, 27-28). Dios ha permitido los actos nacidos de su ceguera[409] para realizar su designio de salvación.[410]

312

"Muerto por nuestros pecados según las Escrituras"

601 Este designio divino de salvación a través de la muerte del "Siervo, el Justo" (*Is* 53, 11)[411] había sido anunciado antes en la Escritura como un misterio de redención universal, es decir, de rescate que libera a los hombres de la esclavitud del pecado.[412] San Pablo profesa en una confesión de fe que dice haber "recibido" (*1 Co* 15, 3) que "Cristo ha muerto por nuestros pecados *según las Escrituras*" (*ibid.*)[413] La muerte redentora de Jesús cumple, en particular, la profecía del Siervo doliente.[414] Jesús mismo presentó el sentido de su vida y de su muerte a la luz del Siervo doliente.[415] Después de su Resurrección dio esta interpretación de las Escrituras a los discípulos de Emaús,[416] luego a los propios apóstoles.[417]

652
713

"Dios le hizo pecado por nosotros"

602 En consecuencia, san Pedro pudo formular así la fe apostólica en el designio divino de salvación: "Habéis sido rescatados de la conducta necia heredada de vuestros padres, no con algo caduco, oro o plata, sino con una sangre preciosa, como de cordero sin tacha y sin mancilla, Cristo, predestinado antes de la creación del mundo y manifestado en los últimos tiempos a causa de vosotros" (*1 P* 1, 1 8-20). Los pecados de los hombres, consecuencia del pecado original, están sancionados con la muerte.[418] Al enviar a su propio Hijo en la condición de esclavo[419] la de una humanidad caída y destinada a la muerte a causa del pecado[420] "a quien no conoció pecado, Dios le hizo pecado por nosotros, para que viniésemos a ser justicia de Dios en él" (*2 Co* 5, 21).

400

519

603 Jesús no conoció la reprobación como si él mismo hubiese pecado.[421] Pero, en el amor redentor que le unía siempre al Padre,[422] nos asumió desde el alejamiento con relación a Dios por nuestro pecado hasta el punto de poder decir en nuestro nombre en la cruz: "Dios mío, Dios mío, ¿por qué me has abandonado?" (*Mc* 15, 34; *Sal* 22, 2). Al haberle hecho así solidario con nosotros, pecadores, "Dios no perdonó ni a su propio Hijo, antes bien le entregó por todos nosotros" (*Rm* 8, 32) para que fuéramos "reconciliados con Dios por la muerte de su Hijo" (*Rm* 5, 10).

2572

---

[408] Cf. *Sal* 2, 1-2.
[409] Cf. *Mt* 26, 54; *Jn* 18, 36; 19, 11.
[410] Cf. *Hch* 3, 17-18.
[411] Cf. *Hch* 3, 14.
[412] Cf. *Is* 53, 11-12; *Jn* 8, 34-36.
[413] Cf. también *Hch* 3, 18; 7, 52; 13, 29; 26, 22-23.
[414] Cf. *Is* 53, 7-8 y *Hch* 8, 32-35.
[415] Cf. *Mt* 20, 28.
[416] Cf. *Lc* 24, 25-27.
[417] Cf. *Lc* 24, 44-45.
[418] Cf. *Rm* 5, 12; *1 Co* 15, 56.
[419] Cf. *Flp* 2, 1.
[420] Cf. *Rm* 8, 3.
[421] Cf. *Jn* 8 ,46.
[422] Cf. *Jn* 8, 29.

Dios tiene la iniciativa del amor redentor universal

604 Al entregar a su Hijo por nuestros pecados, Dios manifiesta que su designio sobre nosotros es un designio de amor benevolente que precede a todo mérito por nuestra parte: "En esto consiste el amor: no en que nosotros hayamos amado a Dios, sino en que Él nos amó y nos envió a su Hijo como propiciación por nuestros pecados" (*1 Jn* 4, 10)[423] "La prueba de que Dios nos ama es que Cristo, siendo nosotros todavía pecadores, murió por nosotros" (*Rm* 5, 8).

605 Jesús ha recordado al final de la parábola de la oveja perdida que este amor es sin excepción: "De la misma manera, no es voluntad de vuestro Padre celestial que se pierda uno de estos pequeños" (*Mt* 18, 14). Afirma "dar su vida en rescate por muchos" (*Mt* 20, 28); este último término no es restrictivo: opone el conjunto de la humanidad a la única persona del Redentor que se entrega para salvarla.[424] La Iglesia, siguiendo a los apóstoles,[425] enseña que Cristo ha muerto por todos los hombres sin excepción: "no hay, ni hubo ni habrá hombre alguno por quien no haya padecido Cristo".[426]

III. CRISTO SE OFRECIÓ A SU PADRE POR NUESTROS PECADOS

Toda la vida de Cristo es ofrenda al Padre

606 El Hijo de Dios "bajado del cielo no para hacer su voluntad sino la del Padre que le ha enviado" (*Jn* 6, 38), "al entrar en este mundo, dice:...He aquí que vengo... para hacer, oh Dios, tu voluntad... En virtud de esta voluntad somos santificados, merced a la oblación de una vez para siempre del cuerpo de Jesucristo" (*Hb* 10, 5-10). Desde el primer instante de su Encarnación el Hijo acepta el designio divino de salvación en su misión redentora: "Mi alimento es hacer la voluntad del que me ha enviado y llevar a cabo su obra" (*Jn* 4, 34). El sacrificio de Jesús "por los pecados del mundo entero" (*1 Jn* 2, 2), es la expresión de su comunión de amor con el Padre: "El Padre me ama porque doy mi vida" (*Jn* 10, 17). "El mundo ha de saber que amo al Padre y que obro según el Padre me ha ordenado" (*Jn* 14, 31).

607 Este deseo de aceptar el designio de amor redentor de su Padre anima toda la vida de Jesús[427] porque su Pasión redentora es la razón de ser de su Encarnación: "¡Padre líbrame de esta hora! Pero ¡si he llegado a esta hora para esto!" (*Jn* 12, 27). "El cáliz que me ha dado el Padre ¿no lo voy a beber?" (*Jn* 18, 11). Y todavía en la cruz, antes de que "todo esté cumplido"[428] dice: "Tengo sed" (*Jn* 19, 28).

"El cordero que quita el pecado del mundo"

608 Juan Bautista, después de haber aceptado bautizarle en compañía de los pecadores[429] vio y señaló a Jesús como el "Cordero de Dios que quita los

---

[423] Cf. *Jn* 4, 19.
[424] Cf. *Rm* 5, 18-19.
[425] Cf. *2 Co* 5, 15; *1 Jn* 2, 2.
[426] Concilio de Quiercy, año 853: DS, 624.
[427] Cf. *Lc* 12, 50; 22, 15; *Mt* 16, 21-23.
[428] Cf. *Jn* 19, 30.
[429] Cf. *Lc* 3, 21; *Mt* 3, 14-15.

QUÉ CREEMOS → El Credo → El Hijo

CIC 612

pecados del mundo" (*Jn* 1, 29).⁴³⁰ Manifestó así que Jesús es a la vez el Siervo doliente que se deja llevar en silencio al matadero⁴³¹ y carga con el pecado de las multitudes⁴³² y el cordero pascual símbolo de la redención de Israel cuando celebró la primera Pascua⁴³³ Toda la vida de Cristo expresa su misión: "Servir y dar su vida en rescate por muchos" (*Mc* 10, 45).

517

Jesús acepta libremente el amor redentor del Padre

609 Jesús, al aceptar en su corazón humano el amor del Padre hacia los hombres, "los amó hasta el extremo" (*Jn* 13, 1) porque "nadie tiene mayor amor que el que da su vida por sus amigos" (*Jn* 15, 13). Tanto en el sufrimiento como en la muerte, su humanidad se hizo el instrumento libre y perfecto de su amor divino que quiere la salvación de los hombres.⁴³⁴ En efecto, aceptó libremente su pasión y su muerte por amor a su Padre y a los hombres que el Padre quiere salvar: "Nadie me quita la vida; yo la doy voluntariamente" (*Jn* 10, 18). De aquí la soberana libertad del Hijo de Dios cuando Él mismo se encamina hacia la muerte.⁴³⁵

478

515

272; 539

Jesús anticipó en la cena la ofrenda libre de su vida

610 Jesús expresó de forma suprema la ofrenda libre de sí mismo durante la cena con los doce Apóstoles⁴³⁶ en "la noche en que fue entregado" (*1 Co* 11, 23). En la víspera de su Pasión, estando todavía libre, Jesús hizo de esta última Cena con sus apóstoles el memorial de su ofrenda voluntaria al Padre,⁴³⁷ por la salvación de los hombres: "Este es mi Cuerpo que va a ser *entregado* por vosotros" (*Lc* 22, 19). "Esta es mi sangre de la Alianza que va a ser *derramada* por muchos para remisión de los pecados" (*Mt* 26, 28).

766

1337

611 La Eucaristía que instituyó en este momento será el "memorial"⁴³⁸ de su sacrificio. Jesús incluye a los apóstoles en su propia ofrenda y les manda perpetuarla.⁴³⁹ Así Jesús instituye a sus apóstoles sacerdotes de la Nueva Alianza: "Por ellos me consagro a mí mismo para que ellos sean también consagrados en la verdad" (*Jn* 17, 19).⁴⁴⁰

1364

1341; 1566

La agonía de Getsemaní

612 El cáliz de la Nueva Alianza que Jesús anticipó en la Cena al ofrecerse a sí mismo,⁴⁴¹ lo acepta a continuación de manos del Padre en su agonía de Getsemaní⁴⁴² haciéndose "obediente hasta la muerte" (*Flp* 2, 8)⁴⁴³ Jesús ora: "Padre mío, si es posible, que pase de mí este cáliz..." (*Mt* 26, 39). Expresa así el horror que representa la muerte para su naturaleza humana. Esta, en efecto, como la nuestra, está destinada a la vida eterna; además, a diferencia de la

532

2600

---

⁴³⁰ Cf. *Jn* 1, 36.
⁴³¹ Cf. *Lv* 53, 7; *Jr* 11, 19.
⁴³² Cf. *Is* 53, 12.
⁴³³ Cf. *Ex* 12, 3-14;. *Jn* 19, 36; *1 Co* 5, 7.
⁴³⁴ Cf. *Hb* 2, 10.17-18; 4, 15; 5, 7-9.
⁴³⁵ Cf. *Jn* 18, 4-6; *Mt* 26, 53.
⁴³⁶ Cf. *Mt* 26, 20.
⁴³⁷ Cf. *1 Co* 5, 7.
⁴³⁸ Cf. *1 Co* 11, 25.
⁴³⁹ Cf. *Lc* 22, 19.
⁴⁴⁰ Cf. Concilio de Trento: DS, 1752; 1764.
⁴⁴¹ Cf. *Lc* 22, 20.
⁴⁴² Cf. *Mt* 26, 42.
⁴⁴³ Cf. *Hb* 5, 7-8.

nuestra, está perfectamente exenta de pecado[444] que es la causa de la muerte;[445] pero sobre todo está asumida por la persona divina del "Príncipe de la Vida" (*Hch* 3, 15), de "el que vive" (*Ap* 1, 18).[446] Al aceptar en su voluntad humana que se haga la voluntad del Padre,[447] acepta su muerte como redentora para "llevar nuestras faltas en su cuerpo sobre el madero" (*1 P* 2, 24).

La muerte de Cristo es el sacrificio único y definitivo

613 La muerte de Cristo es a la vez el *sacrificio* pascual que lleva a cabo la redención definitiva de los hombres[448] por medio del "cordero que quita el pecado del mundo" (*Jn* 1, 29)[449] y el sacrificio de la Nueva Alianza[450] que devuelve al hombre a la comunión con Dios[451] reconciliándole con Él por "la sangre derramada por muchos para remisión de los pecados" (*Mt* 26, 28).[452]

614 Este sacrificio de Cristo es único, da plenitud y sobrepasa a todos los sacrificios.[553] Ante todo es un don del mismo Dios Padre: es el Padre quien entrega al Hijo para reconciliarnos consigo.[554] Al mismo tiempo es ofrenda del Hijo de Dios hecho hombre que, libremente y por amor[455] ofrece su vida[456] a su Padre por medio del Espíritu Santo,[457] para reparar nuestra desobediencia.

Jesús reemplaza nuestra desobediencia por su obediencia

615 "Como por la desobediencia de un solo hombre, todos fueron constituidos pecadores, así también por la obediencia de uno solo todos serán constituidos justos" (*Rm* 5, 19). Por su obediencia hasta la muerte, Jesús llevó a cabo la sustitución del Siervo doliente que "se dio a sí mismo en *expiación*", "cuando llevó el pecado de muchos", a quienes "justificará y cuyas culpas soportará".[458] Jesús repara por nuestras faltas y satisface al Padre por nuestros pecados.[459]

En la cruz, Jesús consuma su sacrificio

616 El "amor hasta el extremo" (*Jn* 13, 1) es el que confiere su valor de redención y de reparación, de expiación y de satisfacción al sacrificio de Cristo. Nos ha conocido y amado a todos en la ofrenda de su vida.[460] "El amor de Cristo nos apremia al pensar que, si uno murió por todos, todos por tanto murieron" (*2 Co* 5, 14). Ningún hombre aunque fuese el más santo estaba en condiciones de tomar sobre sí los pecados de todos los hombres y ofrecerse en sacrificio por todos. La existencia en Cristo de la persona divina del Hijo, que al mismo tiempo sobrepasa y abraza a todas las personas humanas, y que le constituye Cabeza de toda la humanidad, hace posible su sacrificio redentor *por todos*.

---

[444] Cf. *Hb* 4, 15.
[445] Cf. *Rm* 5, 12.
[446] Cf. *Jn* 1, 4; 5, 26.
[447] Cf. *Mt* 26, 42.
[448] Cf. *1 Co* 5, 7; *Jn* 8, 34-36.
[449] Cf. *1 P* 1, 19.
[450] Cf. *1 Co* 11, 25.
[451] Cf. *Ec* 24, 8.
[452] Cf. *Lv* 16, 15-16.

[453] Cf. *Hb* 10, 10.
[454] Cf. *1 Jn* 4, 10.
[455] Cf. *Jn* 15, 13.
[456] Cf. *Jn* 10, 17-18.
[457] Cf. *Hb* 9, 14.
[458] Cf. *Is* 53, 10-12.
[459] Cf. Concilio de Trento: DS, 1529.
[460] Cf. *Ga* 2, 20; *Ef* 5, 2.25.

QUÉ CREEMOS → El Credo → El Hijo

CIC 623

617 "Sua sanctissima passione in ligno crucis nobis justificationem meruit" ("Por su sacratísima pasión en el madero de la cruz nos mereció la justificación"), enseña el Concilio de Trento[461] subrayando el carácter único del sacrificio de Cristo como "causa de salvación eterna" (*Hb* 5, 9). Y la Iglesia venera la Cruz cantando: "O crux, ave, spes única" ("Salve, oh cruz, única esperanza").[462]

1992

1235

Nuestra participación en el sacrificio de Cristo

618 La Cruz es el único sacrificio de Cristo "único mediador entre Dios y los hombres" (*1 Tm* 2, 5). Pero, porque en su Persona divina encarnada, "se ha unido en cierto modo con todo hombre",[463] Él "ofrece a todos la posibilidad de que, en la forma de Dios sólo conocida, se asocien a este; misterio pascual".[464] Él llama a sus discípulos a "tomar su cruz y a seguirle"[465] porque Él "sufrió por nosotros dejándonos ejemplo para que sigamos sus huellas".[466] Él quiere, en efecto, asociar a su sacrificio redentor a aquellos mismos que son sus primeros beneficiarios.[467] Eso lo realiza en forma excelsa en su Madre, asociada más íntimamente que nadie al misterio de su sufrimiento redentor:[468]

1368; 1460

307; 2100

964

> Fuera de la Cruz no hay otra escala por donde subir al cielo.[469]

RESUMEN

619 "Cristo murió por nuestros pecados según las Escrituras" (*1 Co* 15, 3).

620 Nuestra salvación procede de la iniciativa del amor de Dios hacia nosotros porque "Él nos amó y nos envió a su Hijo como propiciación por nuestros pecados" (*1 Jn* 4, 10). "En Cristo estaba Dios reconciliando al mundo consigo" (*2 Co* 5, 19).

621 Jesús se ofreció libremente por nuestra salvación. Este don lo significa y lo realiza por anticipado durante la última cena: "Este es mi cuerpo que va a ser entregado por vosotros" (*Lc* 22, 19).

622 La redención de Cristo consiste en que Él "ha venido a dar su vida como rescate por muchos" (*Mt* 20, 28), es decir, "a amar a los suyos hasta el extremo" (*Jn* 13, 1) para que ellos fuesen "rescatados de la conducta necia heredada de sus padres" (*1 P* 1, 18).

623 Por su obediencia amorosa a su Padre, "hasta la muerte de cruz" (*Flp* 2, 8), Jesús cumplió la misión expiatoria[470] del Siervo doliente que "justifica a muchos cargando con las culpas de ellos" (*Is* 53, 11).[471]

---

[461] DS, 1529.
[462] Liturgia de las Horas, Himno "Vexilla Regis".
[463] Concilio Vaticano II, *Gaudium et spes*, 22, 2.
[464] *Ibid.*, 22, 5.
[465] Cf. *Mt* 16, 24.
[466] Cf. *1 P* 2, 21.
[467] Cf. *Mc* 10, 39; *Jn* 21, 18-19; *Col* 1, 24.
[468] Cf. *Lc* 2, 35.
[469] SANTA ROSA DE LIMA, cf. P. HANSEN, Vita mirabilis, Lovaina 1668.
[470] Cf. *Is* 53, 10.
[471] Cf. *Rm* 5, 19.

Párrafo 3. Jesucristo fue sepultado

FUENTES DE LA ESCRITURA Y DE LA IGLESIA

La siguiente parte del *Catecismo* utiliza estas fuentes de la Escritura y de la Iglesia. Véase el "Índice de citas" para una lista completa de referencias

Antiguo Testamento	Citadas en el *Catecismo*
Salmos	CIC 627
Isaías	CIC 627
Oseas	CIC 627
Jonás	CIC 627
Nuevo Testamento	
Mateo	CIC 627
Lucas	CIC 626, 627
Juan	CIC 624, 627
Hechos de los Apóstoles	CIC 626, 627
Romanos	CIC 628
1 Corintios	CIC 624, 627
Efesios	CIC 628
Colosenses	CIC 624, 628
Hebreos	CIC 624, 629
Apocalipsis	CIC 625
Escritores eclesiásticos	
San Gregorio de Nisa	CIC 625
San Juan Damasceno	CIC 626
Santo Tomás de Aquino	CIC 627

624 "Por la gracia de Dios, gustó la muerte para bien de todos" (*Hb* 2, 9). En su designio de salvación, Dios dispuso que su Hijo no solamente "muriese por nuestros pecados" (*1 Co* 15, 3), sino también que "gustase la muerte", es decir, que conociera el estado de muerte, el estado de separación entre su alma y su cuerpo, durante el tiempo comprendido entre el momento en que Él expiró en la Cruz y el momento en que resucitó. Este estado de Cristo muerto es el misterio del sepulcro y del descenso a los infiernos. Es el misterio del Sábado Santo en el que Cristo depositado en la tumba[472] manifiesta el gran reposo sabático de Dios[473] después de realizar[474] la salvación de los hombres, que establece en la paz al universo entero.[475]

El cuerpo de Cristo en el sepulcro

625 La permanencia de Cristo en el sepulcro constituye el vínculo real entre el estado pasible de Cristo antes de Pascua y su actual estado glorioso de resucitado. Es la misma persona de "El que vive" que puede decir: "estuve muerto, pero ahora estoy vivo por los siglos de los siglos" (*Ap* 1, 18):

---

[472] Cf. *Jn* 19, 42.
[473] Cf. *Hb* 4, 4-9.
[474] Cf. *Jn* 19, 30.
[475] Cf. *Col* 1, 18-20.

QUÉ CREEMOS ⟶ El Credo ⟶ El Hijo

CIC 628

> Dios [el Hijo] no impidió a la muerte separar el alma del cuerpo, según el orden necesario de la naturaleza, pero los reunió de nuevo, uno con otro, por medio de la Resurrección, a fin de ser Él mismo en persona el punto de encuentro de la muerte y de la vida deteniendo en Él la descomposición de la naturaleza que produce la muerte y resultando Él mismo el principio de reunión de las partes separadas.[476]

626 Ya que el "Príncipe de la vida que fue llevado a la muerte"[477] es al mismo tiempo "el Viviente que ha resucitado"[478] era necesario que la persona divina del Hijo de Dios haya continuado asumiendo su alma y su cuerpo separados entre sí por la muerte:

470; 650

> Por el hecho de que en la muerte de Cristo el alma haya sido separada de la carne, la persona única no se encontró dividida en dos personas; porque el cuerpo y el alma de Cristo existieron por la misma razón desde el principio en la persona del Verbo; y en la muerte, aunque separados el uno de la otra, permanecieron cada cual con la misma y única persona del Verbo.[479]

"No dejarás que tu santo vea la corrupción"

627 La muerte de Cristo fue una verdadera muerte en cuanto que puso fin a su existencia humana terrena. Pero a causa de la unión que la Persona del Hijo conservó con su cuerpo, éste no fue un despojo mortal como los demás porque "no era posible que la muerte lo dominase" (*Hch* 2, 24) y por eso "la virtud divina preservó de la corrupción al cuerpo de Cristo".[480] De Cristo se puede decir a la vez: "Fue arrancado de la tierra de los vivos" (*Is* 53, 8); y: "mi carne reposará en la esperanza de que no abandonarás mi alma en el Infierno ni permitirás que tu santo experimente la corrupción" (*Hch* 2, 26-27).[481] La Resurrección de Jesús "al tercer día" (*1 Co* 15, 4; *Lc* 24, 40)[482] era el signo de ello, también porque se suponía que la corrupción se manifestaba a partir del cuarto día.[483]

1009

1683

"Sepultados con Cristo..."

628 El Bautismo, cuyo signo original y pleno es la inmersión, significa eficazmente la bajada del cristiano al sepulcro muriendo al pecado con Cristo para una nueva vida: "Fuimos, pues, con él sepultados por el bautismo en la muerte, a fin de que, al igual que Cristo fue resucitado de entre los muertos por medio de la gloria del Padre, así también nosotros vivamos una vida nueva" (*Rm* 6, 4).[484]

537

1214

---

[476] SAN GREGORIO DE NISA, Oratio catechetica, 16: PG 45, 52B.
[477] Cf. *Hch* 3, 15.
[478] Cf. *Lc* 24, 5-6.
[479] SAN JUAN DAMASCENO, De fide orthodoxa, 3, 27: PG 94, 1098A.
[480] SANTO TOMÁS DE AQUINO, Summa theologiae, III, 51, 3.
[481] Cf. *Hch* 2, 26-27.
[482] Cf. *Mt* 12, 40; *Jon* 2, 1; *Os* 6, 2.
[483] Cf. *Jn* 11, 39.
[484] Cf. *Col* 2, 12; *Ef* 5, 26.

RESUMEN

629 Jesús gustó la muerte para bien de todos.[485] Es verdaderamente el Hijo de Dios hecho hombre que murió y fue sepultado.

630 Durante el tiempo que Cristo permaneció en el sepulcro su Persona divina continuó asumiendo tanto su alma como su cuerpo, separados sin embargo entre sí por causa de la muerte. Por eso el cuerpo muerto de Cristo "no conoció la corrupción".[486]

ARTÍCULO 5
"JESUCRISTO DESCENDIÓ A LOS INFIERNOS, AL TERCER DÍA RESUCITÓ DE ENTRE LOS MUERTOS"

FUENTES DE LA ESCRITURA Y DE LA IGLESIA

La siguiente parte del *Catecismo* utiliza estas fuentes de la Escritura y de la Iglesia. Véase el "Índice de citas" para una lista completa de referencias

Antiguo Testamento	Citadas en el *Catecismo*
1 Samuel	CIC 633
Salmos	CIC 633
Ezequiel	CIC 633
Nuevo Testamento	
Mateo	CIC 633, 635
Lucas	CIC 633
Juan	CIC 635
Hechos de los Apóstoles	CIC 632, 633, 635
Romanos	CIC 632, 635
1 Corintios	CIC 632
Efesios	CIC 633, 635
Filipenses	CIC 633, 635
Hebreos	CIC 632, 635, 636
1 Pedro	CIC 632, 634
Apocalipsis	CIC 633, 635
Concilios y sínodos particulares	
Sínodo de Roma (745)	CIC 633
Sínodo de Toledo IV (633)	CIC 633
Documentos pontificios	
Benedicto XII (1334-1342)	CIC 633
Clemente VI (1342-1352)	CIC 633

---

[485] Cf. *Hb* 2, 9.   [486] Cf. *Hch* 13, 37.

QUÉ CREEMOS ⟶ El Credo ⟶ El Hijo

FUENTES DE LA ESCRITURA Y DE LA IGLESIA

(continuación)

Documentos eclesiásticos	Citadas en el *Catecismo*
Catecismo Romano	CIC 633
Liturgia	
Misal Romano	CIC 631
Escritores eclesiásticos	
Antigua homilía sobre el Sábado Santo	CIC 635

PALABRAS CLAVE

La siguiente parte del *Catecismo* utiliza estas palabras clave.
Véase el "Glosario" para su definición.

Palabras	Citadas en el *Catecismo*
Adán	CIC 635
Descendió a los infiernos	CIC 632

---

631 "Jesús bajó a las regiones inferiores de la tierra. Este que bajó es el mismo que subió" (*Ef* 4, 9-10). El Símbolo de los Apóstoles confiesa en un mismo artículo de fe el descenso de Cristo a los infiernos y su Resurrección de los muertos al tercer día, porque es en su Pascua donde, desde el fondo de la muerte, Él hace brotar la vida:

> Christus, Filius tuus,
> qui, regressus ab inferís,
> humano generi serenus illuxit,
> et vivit et regnat in saecula saeculorum. Amen.
> (Es Cristo, tu Hijo resucitado,
> que, al salir del sepulcro,
> brilla sereno para el linaje humano,
> y vive y reina glorioso por los siglos de los siglos. Amén).[487]

Párrafo 1. Cristo descendió a los infiernos

632 Las frecuentes afirmaciones del Nuevo Testamento según las cuales Jesús "resucitó de entre los muertos" (*Hch* 3, 15; *Rm* 8, 11; *1 Co* 15, 20) presuponen que, antes de la resurrección, permaneció en la morada de los muertos.[488] Es el primer sentido que dio la predicación apostólica al descenso de Jesús a los infiernos; Jesús conoció la muerte como todos los hombres y se reunió

---

[487] *Misal Romano,* Vigilia pascual 18: Exultet.   [488] Cf. *Hb* 3, 20.

con ellos en la morada de los muertos. Pero ha descendido como Salvador proclamando la buena nueva a los espíritus que estaban allí detenidos.[489]

633 La Escritura llama infiernos, sheol o hades[490] a la morada de los muertos donde bajó Cristo después de muerto, porque los que se encontraban allí estaban privados de la visión de Dios.[491] Tal era, en efecto, a la espera del Redentor, el estado de todos los muertos, malos o justos,[492] lo que no quiere decir que su suerte sea idéntica como lo enseña Jesús en la parábola del pobre Lázaro recibido en el "seno de Abraham".[493] "Son precisamente estas almas santas, que esperaban a su Libertador en el seno de Abraham, a las que Jesucristo liberó cuando descendió a los infiernos".[494] Jesús no bajó a los infiernos para liberar allí a los condenados[495] ni para destruir el infierno de la condenación[496] sino para liberar a los justos que le habían precedido.[497]

634 "Hasta a los muertos ha sido anunciada la Buena Nueva…" (*1 P* 4, 6). El descenso a los infiernos es el pleno cumplimiento del anuncio evangélico de la salvación. Es la última fase de la misión mesiánica de Jesús, fase condensada en el tiempo, pero inmensamente amplia en su significado real de extensión de la obra redentora a todos los hombres de todos los tiempos y de todos los lugares porque todos los que se salvan se hacen partícipes de la Redención.

635 Cristo, por tanto, bajó a la profundidad de la muerte[498] para "que los muertos oigan la voz del Hijo de Dios y los que la oigan vivan".[499] Jesús, "el Príncipe de la vida" (*Hch* 3, 15), aniquiló "mediante la muerte al señor de la muerte, es decir, al diablo y libertó a cuantos, por temor a la muerte, estaban de por vida sometidos a esclavitud" (*Hb* 2, 14-15). En adelante, Cristo resucitado "tiene las llaves de la muerte y del Hades" (*Ap* 1, 18) y "al nombre de Jesús toda rodilla se doble en el cielo, en la tierra y en los abismos" (*Flp* 2, 10).

> Un gran silencio se cierne hoy sobre la tierra; un gran silencio y una gran soledad. Un gran silencio, porque el Rey está durmiendo; la tierra está temerosa y no se atreve a moverse, porque el Dios hecho hombre se ha dormido y ha despertado a los que dormían desde hace siglos… En primer lugar, va a buscar a nuestro primer padre, como a la oveja perdida. Quiere visitar a los que yacen sumergidos en las tinieblas y en las sombras de la muerte; Dios y su Hijo van a liberar de los dolores de la muerte a Adán, que está cautivo, y a Eva, que está cautiva con él… Y, tomándolo de la mano, lo levanta diciéndole: "Despierta, tú que duermes, y levántate de entre los muertos y te iluminará Cristo". Yo soy tu Dios, que por ti me hice hijo tuyo, por ti y por todos estos que habían de nacer de ti… Despierta, tú que duermes; porque yo no te he creado para que estuvieras preso en la región de los muertos. Levántate de entre los muertos; yo soy la vida de los que han muerto".[500]

---

[489] Cf. *1 P* 3, 18-19.
[490] Cf. *Flp* 2, 10; *Hch* 2, 24; *Ap* 1, 18; *Ef* 4, 9.
[491] Cf. *Sal* 6, 6; 88, 11-13.
[492] Cf. *Sal* 89, 49; *1 S* 28, 19; *Ez* 32, 17-32.
[493] Cf. *Lc* 16, 22-26.
[494] Catecismo Romano, 1, 6, 3.
[495] Cf. Concilio de Roma, año 745: DS, 587.
[496] Cf. BENEDICTO XII, Libelo Cum dudum: DS, 1011; CLEMENTE VI, c. Super quibusdam: *ibid.*, 1077.
[497] Cf. Concilio de Toledo IV, año 625: DS, 485; cf. también *Mt* 27, 52-53.
[498] Cf. *Mt* 12, 40; *Rm* 10, 7; *Ef* 4, 9.
[499] Cf. *Jn* 5, 25.
[500] Antigua homilía sobre el santo y grandioso Sábado: PG 43, 440A.452C, cf. Liturgia de las Horas, II, Oficio de lectura del Sábado Santo.

QUÉ CREEMOS ⟶ El Credo ⟶ El Hijo

CIC 637

RESUMEN

636 En la expresión "Jesús descendió a los infiernos", el símbolo confiesa que Jesús murió realmente, y que, por su muerte en favor nuestro, ha vencido a la muerte y al diablo "Señor de la muerte" (*Hb* 2, 14).

637 Cristo muerto, en su alma unida a su persona divina, descendió a la morada de los muertos. Abrió las puertas del cielo a los justos que le habían precedido.

Párrafo 2. Al tercer día resucitó de entre los muertos

FUENTES DE LA ESCRITURA Y DE LA IGLESIA

La siguiente parte del *Catecismo* utiliza estas fuentes de la Escritura y de la Iglesia. Véase el "Índice de citas" para una lista completa de referencias

Antiguo Testamento	Citadas en el *Catecismo*
Salmos	CIC 653
Nuevo Testamento	
Mateo	CIC 640, 641, 644, 645, 652, 654
Marcos	CIC 641, 643, 645, 649, 652
Lucas	CIC 640, 641, 643-645, 652
Juan	CIC 640, 641, 643-645, 647, 649, 653, 654
Hechos de los Apóstoles	CIC 638, 639, 642, 647, 648, 653
Romanos	CIC 648, 654, 658
1 Corintios	CIC 639, 641, 642, 646, 651, 652, 655
2 Corintios	CIC 648, 655
Filipenses	CIC 648
Efesios	CIC 648, 654
Colosenses	CIC 655, 658
1 Tesalonicenses	CIC 649
Hebreos	CIC 648, 655
1 Pedro	CIC 654
Concilios ecuménicos	
Constantinopla I (381)	CIC 652
Concilios y sínodos particulares	
Sínodo de Cartago (418)	CIC 650
Sínodo de Toledo XI (675)	CIC 650

CIC 638

Primera parte: La profesión de la fe

FUENTES DE LA ESCRITURA Y DE LA IGLESIA

(continuación)

Documentos pontificios	Citadas en el *Catecismo*
Anastasio II (496-498)	CIC 650
Hormisdas (514-523)	CIC 650
Liturgia	
Liturgia bizantina	CIC 638
Misal Romano	CIC 647
Escritores eclesiásticos	
San Gregorio de Nisa	CIC 650

PALABRAS CLAVE

La siguiente parte del *Catecismo* utiliza estas palabras clave.
Véase el "Glosario" para su definición.

Palabras	Citadas en el *Catecismo*
Adán	CIC 655
Aparición	CIC 641
Cuerpo de Cristo	CIC 645
Gracia	CIC 654
Misterio pascual/Sacrificio	CIC 654
Pascua	CIC 647
Resurrección de Cristo	CIC 638

90
651
991

638 "Os anunciamos la Buena Nueva de que la Promesa hecha a los padres Dios la ha cumplido en nosotros, los hijos, al resucitar a Jesús" (*Hch* 13, 32-33). La Resurrección de Jesús es la verdad culminante de nuestra fe en Cristo, creída y vivida por la primera comunidad cristiana como verdad central, transmitida como fundamental por la Tradición, establecida en los documentos del Nuevo Testamento, predicada como parte esencial del Misterio Pascual al mismo tiempo que la Cruz:

> Cristo ha resucitado de los muertos,
> con su muerte ha vencido la muerte.
> Y a los sepultados ha dado la vida.[501]

I. EL ACONTECIMIENTO HISTÓRICO Y TRASCENDENTE

639 El misterio de la resurrección de Cristo es un acontecimiento real que tuvo manifestaciones históricamente comprobadas como lo atestigua el Nuevo Testamento. Ya san Pablo, hacia el año 56, puede escribir a los Corintios:

---

[501] Liturgia bizantina, Tropario de Pascua.

QUÉ CREEMOS ⟶ El Credo ⟶ El Hijo

CIC 642

"Porque os transmití, en primer lugar, lo que a mi vez recibí: que Cristo murió por nuestros pecados, según las Escrituras; que fue sepultado y que resucitó al tercer día, según las Escrituras; que se apareció a Cefas y luego a los Doce" (*1 Co* 15, 3-4). El apóstol habla aquí de la tradición viva de la Resurrección que recibió después de su conversión a las puertas de Damasco.[502]

El sepulcro vacío

640 "¿Por qué buscar entre los muertos al que vive? No está aquí, ha resucitado" (*Lc* 24, 5-6). En el marco de los acontecimientos de Pascua, el primer elemento que se encuentra es el sepulcro vacío. No es en sí una prueba directa. La ausencia del cuerpo de Cristo en el sepulcro podría explicarse de otro modo.[503] A pesar de eso, el sepulcro vacío ha constituido para todos un signo esencial. Su descubrimiento por los discípulos fue el primer paso para el reconocimiento del hecho de la Resurrección. Es el caso, en primer lugar, de las santas mujeres,[504] después de Pedro.[505] "El discípulo que Jesús amaba" (*Jn* 20, 2) afirma que, al entrar en el sepulcro vacío y al descubrir "las vendas en el suelo" (*Jn* 20, 6), "vio y creyó" (*Jn* 20, 8). Eso supone que constató en el estado del sepulcro vacío[506] que la ausencia del cuerpo de Jesús no había podido ser obra humana y que Jesús no había vuelto simplemente a una vida terrenal como había sido el caso de Lázaro.[507]

999

Las apariciones del Resucitado

641 María Magdalena y las santas mujeres, que iban a embalsamar el cuerpo de Jesús[508] enterrado a prisa en la tarde del Viernes Santo por la llegada del Sábado,[509] fueron las primeras en encontrar al Resucitado.[510] Así las mujeres fueron las primeras mensajeras de la Resurrección de Cristo para los propios apóstoles.[511] Jesús se apareció en seguida a ellos, primero a Pedro, después a los Doce.[512] Pedro, llamado a confirmar en la fe a sus hermanos,[513] ve por tanto al Resucitado antes que los demás y sobre su testimonio se apoya la comunidad cuando exclama: "¡Es verdad! ¡El Señor ha resucitado y se ha aparecido a Simón!" (*Lc* 24, 34).

553

448

642 Todo lo que sucedió en estas jornadas pascuales compromete a cada uno de los apóstoles —y a Pedro en particular— en la construcción de la era nueva que comenzó en la mañana de Pascua. Como testigos del Resucitado, los apóstoles son las piedras de fundación de su Iglesia. La fe de la primera comunidad de creyentes se funda en el testimonio de hombres concretos, conocidos de los cristianos y, para la mayoría, viviendo entre ellos todavía. Estos "testigos de la Resurrección de Cristo"[514] son ante todo Pedro y los Doce,

659; 881

860

---

[502] Cf. *Hch* 9, 3-18.
[503] Cf. *Jn* 20, 13; *Mt* 28, 11-15.
[504] Cf. *Lc* 24, 3.22-23.
[505] Cf. *Lc* 24, 12.
[506] Cf. *Jn* 20, 5-7.
[507] Cf. *Jn* 11, 44.
[508] Cf. *Mc* 16, 1; *Lc* 24, 1.
[509] Cf. *Jn* 19, 31.42.
[510] Cf. *Mt* 28, 9-10; *Jn* 20, 11-18.
[511] Cf. *Lc* 24, 9-10.
[512] Cf. *1 Co* 15, 5.
[513] Cf. *Lc* 22, 31-32.
[514] Cf. *Hch* 1, 22.

pero no solamente ellos: Pablo habla claramente de más de quinientas personas a las que se apareció Jesús en una sola vez, además de Santiago y de todos los apóstoles.[515]

643 Ante estos testimonios es imposible interpretar la Resurrección de Cristo fuera del orden físico, y no reconocerlo como un hecho histórico. Sabemos por los hechos que la fe de los discípulos fue sometida a la prueba radical de la pasión y de la muerte en cruz de su Maestro, anunciada por Él de antemano.[516] La sacudida provocada por la pasión fue tan grande que (por lo menos, algunos de ellos) no creyeron enseguida la noticia de la resurrección. Los evangelios, lejos de mostrarnos una comunidad arrobada por una exaltación mística, nos presentan a los discípulos abatidos[517] y asustados.[518] Por eso no creyeron a las santas mujeres que regresaban del sepulcro y "sus palabras les parecían como desatinos" (*Lc* 24, 11).[519] Cuando Jesús se manifiesta a los once en la tarde de Pascua, "les echó en cara su incredulidad y su dureza de cabeza por no haber creído a quienes le habían visto resucitado" (*Mc* 16, 14).

644 Tan imposible les parece la cosa que, incluso puestos ante la realidad de Jesús resucitado, los discípulos dudan todavía:[520] creen-spíritu.[524] "No acaban de creerlo a causa de la alegría y estaban asombrados" (*Lc* 24, 41). Tomás conocerá la misma prueba de la duda[522] y, en la última aparición en Galilea referida por Mateo, "algunos sin embargo dudaron" (*Mt* 28, 17). Por esto la hipótesis según la cual la resurrección habría sido un "producto" de la fe (o de la credulidad) de los apóstoles no tiene consistencia. Muy al contrario, su fe en la Resurrección nació —bajo la acción de la gracia divina— de la experiencia directa de la realidad de Jesús resucitado.

El estado de la humanidad resucitada de Cristo

645 Jesús resucitado establece con sus discípulos relaciones directas mediante el tacto[525] y el compartir la comida.[524] Les invita así a reconocer que él no es un espíritu,[525] pero sobre todo a que comprueben que el cuerpo resucitado con el que se presenta ante ellos es el mismo que ha sido martirizado y crucificado, ya que sigue llevando las huellas de su pasión.[526] Este cuerpo auténtico y real posee, sin embargo, al mismo tiempo, las propiedades nuevas de un cuerpo glorioso: no está situado en el espacio ni en el tiempo, pero puede hacerse presente a su voluntad donde quiere y cuando quiere[527] porque su humanidad ya no puede ser retenida en la tierra y no pertenece ya más que al dominio divino del Padre.[528] Por esta razón también Jesús resucitado es soberanamente libre de aparecer como quiere: bajo la

---

[515] Cf. *1 Co* 15, 4-8.
[516] Cf. *Lc* 22, 31-32.
[517] "La cara sombría": *Lc* 24, 17.
[518] Cf. *Jn* 20, 19.
[519] Cf. *Mc* 16, 11.13.
[520] Cf. *Lc* 24, 38.
[521] Cf. *Lc* 24, 39.
[522] Cf. *Jn* 20, 24-27.
[523] Cf. *Lc* 24, 39; *Jn* 20, 27.
[524] Cf. *Lc* 24, 30.41-43; *Jn* 21, 9.13-15.
[525] Cf. *Lc* 24, 39.
[526] Cf. *Lc* 24, 40; *Jn* 20, 20.27.
[527] Cf. *Mt* 28, 9.16-17; *Lc* 24, 15.36; *Jn* 20, 14.19.26; 21, 4.
[528] Cf. *Jn* 20, 17.

apariencia de un jardinero[529] o "bajo otra figura"[530] distinta de la que les era familiar a los discípulos, y eso para suscitar su fe.[531]

646 La Resurrección de Cristo no fue un retorno a la vida terrena como en el caso de las resurrecciones que Él había realizado antes de Pascua: la hija de Jairo, el joven de Naím, Lázaro. Estos hechos eran acontecimientos milagrosos, pero las personas afectadas por el milagro volvían a tener, por el poder de Jesús, una vida terrena "ordinaria". En cierto momento, volverán a morir. La Resurrección de Cristo es esencialmente diferente. En su cuerpo resucitado, pasa del estado de muerte a otra vida más allá del tiempo y del espacio. En la Resurrección, el cuerpo de Jesús se llena del poder del Espíritu Santo; participa de la vida divina en el estado de su gloria, tanto que san Pablo puede decir de Cristo que es "el hombre celestial".[532]

La Resurrección como acontecimiento trascendente

647 "¡Qué noche tan dichosa —canta el 'Exultet' de Pascua—, sólo ella conoció el momento en que Cristo resucitó de entre los muertos!". En efecto, nadie fue testigo ocular del acontecimiento mismo de la Resurrección y ningún evangelista lo describe. Nadie puede decir cómo sucedió físicamente. Menos aún, su esencia más íntima, el paso a otra vida, fue perceptible a los sentidos. Acontecimiento histórico demostrable por la señal del sepulcro vacío y por la realidad de los encuentros de los apóstoles con Cristo resucitado, sin embargo no por ello la Resurrección es ajena al centro del Misterio de la fe en aquello que trasciende y sobrepasa a la historia. Por eso, Cristo resucitado no se manifiesta al mundo sino a sus discípulos,[533] "a los que habían subido con él desde Galilea a Jerusalén y que ahora son testigos suyos ante el pueblo" (*Hch* 13, 31).

II. LA RESURRECCIÓN, OBRA DE LA SANTÍSIMA TRINIDAD

648 La Resurrección de Cristo es objeto de fe en cuanto es una intervención trascendente de Dios mismo en la creación y en la historia. En ella, las tres Personas divinas actúan juntas a la vez y manifiestan su propia originalidad. Se realiza por el poder del Padre que "ha resucitado" (cf. *Hch* 2, 24) a Cristo, su Hijo, y de este modo ha introducido de manera perfecta su humanidad —con su cuerpo— en la Trinidad. Jesús se revela definitivamente "Hijo de Dios con poder, según el Espíritu de santidad, por su resurrección de entre los muertos" (*Rm* 1, 3-4). San Pablo insiste en la manifestación del poder de Dios[534] por la acción del Espíritu que ha vivificado la humanidad muerta de Jesús y la ha llamado al estado glorioso de Señor.

649 En cuanto al Hijo, él realiza su propia Resurrección en virtud de su poder divino. Jesús anuncia que el Hijo del hombre deberá sufrir mucho, morir y luego resucitar (sentido activo del término).[535] Por otra parte, él afirma explícitamente: "Doy mi vida, para recobrarla de nuevo... Tengo poder

---

[529] Cf. *Jn* 20, 14-15.
[530] Cf. *Mc* 16, 12.
[531] Cf. *Jn* 20, 14.16; 21, 4.7.
[532] Cf. *1 Co* 15, 35-50.
[533] Cf. *Jn* 14, 22.
[534] Cf. *Rm* 6, 4; *2 Co* 13, 4; *Flp* 3, 10; *Ef* 1, 19-22; *Hb* 7, 16.
[535] Cf. *Mc* 8, 31; 9, 9-13; 10, 34.

para darla y poder para recobrarla de nuevo" (*Jn* 10, 17-18). "Creemos que Jesús murió y resucitó" (*1 Ts* 4, 14).

650 Los Padres contemplan la Resurrección a partir de la persona divina de Cristo que permaneció unida a su alma y a su cuerpo separados entre sí por la muerte: "Por la unidad de la naturaleza divina que permanece presente en cada una de las dos partes del hombre, éstas se unen de nuevo. Así la muerte se produce por la separación del compuesto humano, y la Resurrección por la unión de las dos partes separadas".536

III. SENTIDO Y ALCANCE SALVÍFICO DE LA RESURRECCIÓN

651 "Si no resucitó Cristo, vana es nuestra predicación, vana también vuestra fe" (*1 Co* 15, 14). La Resurrección constituye ante todo la confirmación de todo lo que Cristo hizo y enseñó. Todas las verdades, incluso las más inaccesibles al espíritu humano, encuentran su justificación si Cristo, al resucitar, ha dado la prueba definitiva de su autoridad divina según lo había prometido.

652 La Resurrección de Cristo es *cumplimiento de las promesas* del Antiguo Testamento537 y del mismo Jesús durante su vida terrenal.538 La expresión "según las Escrituras" (cf. *1 Co* 15, 3-4 y el Símbolo Nicenoconstantinopolitano) indica que la Resurrección de Cristo cumplió estas predicciones.

653 La verdad de *la divinidad de Jesús* es confirmada por su Resurrección. Él había dicho: "Cuando hayáis levantado al Hijo del hombre, entonces sabréis que Yo Soy" (*Jn* 8, 28). La Resurrección del Crucificado demostró que verdaderamente, él era "Yo Soy", el Hijo de Dios y Dios mismo. San Pablo pudo decir a los judíos: "La Promesa hecha a los padres, Dios la ha cumplido en nosotros... al resucitar a Jesús, como está escrito en el salmo primero: 'Hijo mío eres tú; yo te he engendrado hoy'" (*Hch* 13, 32-33).539 La Resurrección de Cristo está estrechamente unida al misterio de la Encarnación del Hijo de Dios: es su plenitud según el designio eterno de Dios.

654 Hay un doble aspecto en el misterio pascual: por su muerte nos libera del pecado, por su Resurrección nos abre el acceso a una nueva vida. Esta es, en primer lugar, la *justificación* que nos devuelve a la gracia de Dios540 "a fin de que, al igual que Cristo fue resucitado de entre los muertos... así también nosotros vivamos una nueva vida" (*Rm* 6, 4). Consiste en la victoria sobre la muerte y el pecado y en la nueva participación en la gracia.541 Realiza *la adopción filial* porque los hombres se convierten en hermanos de Cristo, como Jesús mismo llama a sus discípulos después de su Resurrección: "Id, avisad a mis hermanos" (*Mt* 28, 10; *Jn* 20, 17). Hermanos no por naturaleza, sino por don de la gracia,

---

536 SAN GREGORIO de NISA, In Christi resurrectionem, 1: PG 46, 617B; cf. también Statuta Ecclesiae Antiqua: DS, 325; ANASTASIO II, c. In prolixitate epistolae: ibid., 359; ORMISDA, c. Inter ea quae: ibid., 369; Concilio de Toledo XI: ibid., 539.

537 Cf. *Lc* 24, 26-27.44-48.
538 Cf. *Mt* 28, 6; *Mc* 16, 7; *Lc* 24, 6-7.
539 Cf. *Sal* 2, 7.
540 Cf. *Rm* 4, 25.
541 Cf. *Ef* 2, 4-5; *1 P* 1, 3.

porque esta filiación adoptiva confiere una participación real en la vida del Hijo único, la que ha revelado plenamente en su Resurrección.

655 Por último, la Resurrección de Cristo —y el propio Cristo resucitado— es principio y fuente de *nuestra resurrección futura:* "Cristo resucitó de entre los muertos como primicia de los que durmieron… del mismo modo que en Adán mueren todos, así también todos revivirán en Cristo" (*1 Co* 15, 20-22). En la espera de que esto se realice, Cristo resucitado vive en el corazón de sus fieles. En Él los cristianos "saborean los prodigios del mundo futuro" (*Hb* 6, 5) y su vida es transportada por Cristo al seno de la vida divina[542] para que ya no vivan para sí los que viven, sino para aquel que murió y resucitó por ellos" (*2 Co* 5, 15).

989

1002

RESUMEN

656 La fe en la Resurrección tiene por objeto un acontecimiento a la vez históricamente atestiguado por los discípulos que se encontraron realmente con el Resucitado, y misteriosamente trascendente en cuanto entrada de la humanidad de Cristo en la gloria de Dios.

657 El sepulcro vacío y las vendas en el suelo significan por sí mismas que el cuerpo de Cristo ha escapado por el poder de Dios de las ataduras de la muerte y de la corrupción. Preparan a los discípulos para su encuentro con el Resucitado.

658 Cristo, "el primogénito de entre los muertos" (*Col* 1, 18), es el principio de nuestra propia resurrección, ya desde ahora por la justificación de nuestra alma,[543] *más tarde por la vivificación de nuestro cuerpo.*[544]

ARTÍCULO 6
"JESUCRISTO SUBIÓ A LOS CIELOS, Y ESTÁ SENTADO A LA DERECHA DE DIOS, PADRE TODOPODEROSO"

---- **FUENTES DE LA ESCRITURA Y DE LA IGLESIA** ----

La siguiente parte del *Catecismo* utiliza estas fuentes de la Escritura y de la Iglesia. Véase el "Índice de citas" para una lista completa de referencias

Antiguo Testamento	Citadas en el *Catecismo*
Éxodo	CIC 659
Salmos	CIC 659
Daniel	CIC 664

---

[542] Cf. *Col* 3, 1-3.
[543] Cf. *Rm* 6, 4.
[544] Cf. *Rm* 8, 11.

Primera parte: La profesión de la fe

FUENTES DE LA ESCRITURA Y DE LA IGLESIA
(continuación)

Nuevo Testamento	Citadas en el *Catecismo*
Marcos	CIC 659
Lucas	CIC 659
Juan	CIC 659-662
Hechos de los Apóstoles	CIC 659, 665
1 Corintios	CIC 659
Gálatas	CIC 659
Efesios	CIC 661
Colosenses	CIC 665
Hebreos	CIC 662
Apocalipsis	CIC 662

Concilios ecuménicos	
Constantinopla I (381)	CIC 664

Liturgia	
Misal Romano	CIC 661

Escritores eclesiásticos	
San Juan Damasceno	CIC 663

PALABRAS CLAVE

La siguiente parte del *Catecismo* utiliza estas palabras clave.
Véase el "Glosario" para su definición.

Palabras	Citadas en el *Catecismo*
Aparición	CIC 659
Ascensión	CIC 659, 665
Hijo del hombre	CIC 661

659 "Con esto, el Señor Jesús, después de hablarles, fue elevado al Cielo y se sentó a la diestra de Dios" (*Mc* 16, 19). El cuerpo de Cristo fue glorificado desde el instante de su Resurrección como lo prueban las propiedades nuevas y sobrenaturales, de las que desde entonces su cuerpo disfruta para siempre.[545] Pero durante los cuarenta días en los que él come y bebe familiarmente con sus discípulos[546] les instruye sobre el Reino,[547] su gloria aún queda velada bajo los rasgos de una humanidad ordinaria.[548] La última aparición de Jesús termina con la entrada irreversible de su humanidad en la gloria divina simbolizada por la nube[549] y por el cielo[550] donde él se sienta para siempre a

---

[545] Cf. *Lc* 24, 31; *Jn* 20, 19.26.
[546] Cf. *Hch* 10, 41.
[547] Cf. *Hch* 1, 3.
[548] Cf. *Mc* 16, 12; *Lc* 24, 15; *Jn* 20, 14-15; 21, 4.
[549] Cf. *Hch* 1, 9; cf. también *Lc* 9, 34-35; *Ex* 13, 22.
[550] Cf. *Lc* 24, 51.

QUÉ CREEMOS ⟶ El Credo ⟶ El Hijo

CIC 664

la derecha de Dios.[551] Sólo de manera completamente excepcional y única, se muestra a Pablo "como un abortivo" (*1 Co* 15, 8) en una última aparición que constituye a éste en apóstol.[552]

642

660 El carácter velado de la gloria del Resucitado durante este tiempo se transparenta en sus palabras misteriosas a María Magdalena: "Todavía no he subido al Padre. Vete donde los hermanos y diles: Subo a mi Padre y vuestro Padre, a mi Dios y vuestro Dios" (*Jn* 20, 17). Esto indica una diferencia de manifestación entre la gloria de Cristo resucitado y la de Cristo exaltado a la derecha del Padre. El acontecimiento a la vez histórico y trascendente de la Ascensión marca la transición de una a otra.

661 Esta última etapa permanece estrechamente unida a la primera, es decir, a la bajada desde el cielo realizada en la Encarnación. Sólo el que "salió del Padre" puede "volver al Padre": Cristo.[553] "Nadie ha subido al cielo sino el que bajó del cielo, el Hijo del hombre" (*Jn* 3, 13).[554] Dejada a sus fuerzas naturales, la humanidad no tiene acceso a la "Casa del Padre" (*Jn* 14, 2), a la vida y a la felicidad de Dios. Sólo Cristo ha podido abrir este acceso al hombre, "ha querido precedernos como cabeza nuestra para que nosotros, miembros de su Cuerpo, vivamos con la ardiente esperanza de seguirlo en su Reino".[555]

461

792

662 "Cuando yo sea levantado de la tierra, atraeré a todos hacia mí" (*Jn* 12, 32). La elevación en la Cruz significa y anuncia la elevación en la Ascensión al cielo. Es su comienzo. Jesucristo, el único Sacerdote de la Alianza nueva y eterna, no "penetró en un Santuario hecho por mano de hombre…, sino en el mismo cielo, para presentarse ahora ante el acatamiento de Dios en favor nuestro" (*Hb* 9, 24). En el cielo, Cristo ejerce permanentemente su sacerdocio. "De ahí que pueda salvar perfectamente a los que por él se llegan a Dios, ya que está siempre vivo para interceder en su favor" (*Hb* 7, 25). Como "Sumo Sacerdote de los bienes futuros" (*Hb* 9, 11), es el centro y el oficiante principal de la liturgia que honra al Padre en los cielos.[556]

1545

1137

663 Cristo, desde entonces, *está sentado a la derecha del Padre:* "Por derecha del Padre entendemos la gloria y el honor de la divinidad, donde el que existía como Hijo de Dios antes de todos los siglos, como Dios y consubstancial al Padre, está sentado corporalmente después de que se encarnó y de que su carne fue glorificada".[557]

648

664 Sentarse a la derecha del Padre significa la inauguración del reino del Mesías, cumpliéndose la visión del profeta Daniel respecto del Hijo del hombre: "A él se le dio imperio, honor y reino, y todos los pueblos, naciones y lenguas le sirvieron. Su imperio es un imperio eterno, que nunca pasará, y su

541

---

[551] Cf. *Mc* 16, 19; *Hch* 2, 33; 7, 56; cf. también *Sal* 110, 1.
[552] Cf. *1 Co* 9, 1; *Ga* 1, 16.
[553] Cf. *Jn* 16, 28.
[554] Cf. *Ef* 4, 8-10.
[555] *Misal Romano*, Prefacio de la Ascensión.
[556] Cf. *Ap* 4, 6-11.
[557] SAN JUAN DAMASCENO, De fide orthodoxa, 4, 2; PG 94, 1104C.

reino no será destruido jamás" (*Dn* 7, 14). A partir de este momento, los apóstoles se convirtieron en los testigos del "Reino que no tendrá fin".[558]

RESUMEN

665 La ascensión de Jesucristo marca la entrada definitiva de la humanidad de Jesús en el dominio celestial de Dios de donde ha de volver,[559] aunque mientras tanto lo esconde a los ojos de los hombres.[560]

666 Jesucristo, cabeza de la Iglesia, nos precede en el Reino glorioso del Padre para que nosotros, miembros de su cuerpo, vivamos en la esperanza de estar un día con Él eternamente.

667 Jesucristo, habiendo entrado una vez por todas en el santuario del cielo, intercede sin cesar por nosotros como el mediador que nos asegura permanentemente la efusión del Espíritu Santo.

ARTÍCULO 7
"DESDE ALLÍ HA DE VENIR A JUZGAR A VIVOS Y MUERTOS"

I. VOLVERÁ EN GLORIA

FUENTES DE LA ESCRITURA Y DE LA IGLESIA

La siguiente parte del *Catecismo* utiliza estas fuentes de la Escritura y de la Iglesia. Véase el "Índice de citas" para una lista completa de referencias

Antiguo Testamento	Citadas en el *Catecismo*
Isaías	CIC 672
Daniel	CIC 678
Joel	CIC 678
Malaquías	CIC 678
Nuevo Testamento	
Mateo	CIC 671-675, 678, 679
Marcos	CIC 670, 672, 673, 678
Lucas	CIC 671, 674, 675, 678

---

[558] Símbolo de Nicea-Constantinopla.
[559] Cf. *Hch* 1, 11.
[560] Cf. *Col* 3, 3.

QUÉ CREEMOS ⟶ El Credo ⟶ El Hijo

FUENTES DE LA ESCRITURA Y DE LA IGLESIA

(continuación)

Nuevo Testamento	Citadas en el *Catecismo*
Juan	CIC 675, 678, 679
Hechos de los Apóstoles	CIC 672-674, 679
Romanos	CIC 668, 674, 678
1 Corintios	CIC 668, 671, 672, 674, 678-679
Efesios	CIC 668, 669, 672, 674
1 Tesalonicenses	CIC 673, 675
2 Tesalonicenses	CIC 671, 673, 675
1 Timoteo	CIC 672
2 Timoteo	CIC 679
Hebreos	CIC 679
1 Pedro	CIC 670
1 Pedro	CIC 672
2 Pedro	CIC 671
2 Pedro	CIC 677
1 Juan	CIC 670, 672, 675
2 Juan	CIC 675
Revelaciones	CIC 671
Revelaciones	CIC 673
Revelaciones	CIC 677

Concilios ecuménicos

Vaticano II (1962-1965)	CIC 669-671, 676

Documentos pontificios

Pío XI (1922-1939)	CIC 676

Documentos eclesiásticos

Congregación para la Doctrina de la Fe	CIC 676

PALABRAS CLAVE

La siguiente parte del *Catecismo* utiliza estas palabras clave.
Véase el "Glosario" para su definición.

Palabras	Citadas en el *Catecismo*
Anticristo	CIC 675-677
Juicio	CIC 677-679
Juicio final	CIC 677-679
Parusía	CIC 668, 673
Pascua	CIC 671
Pascua/Cordero pascual	CIC 671
Segunda venida de Cristo	CIC 668, 673

Cristo reina ya mediante la Iglesia...

668 "Cristo murió y volvió a la vida para eso, para ser Señor de muertos y vivos" (*Rm* 14, 9). La Ascensión de Cristo al Cielo significa su participación, en su humanidad, en el poder y en la autoridad de Dios mismo. Jesucristo es Señor: posee todo poder en los cielos y en la tierra. Él está "por encima de todo Principado, Potestad, Virtud, Dominación" porque el Padre "bajo sus pies sometió todas las cosas" (*Ef* 1, 20-22). Cristo es el Señor del cosmos[561] y de la historia. En él, la historia de la humanidad e incluso toda la Creación encuentran su recapitulación[562] su cumplimiento trascendente.

669 Como Señor, Cristo es también la cabeza de la Iglesia que es su Cuerpo.[563] Elevado al cielo y glorificado, habiendo cumplido así su misión, permanece en la tierra en su Iglesia. La Redención es la fuente de la autoridad que Cristo, en virtud del Espíritu Santo, ejerce sobre la Iglesia.[564] "La Iglesia, o el reino de Cristo presente ya en misterio", "constituye el germen y el comienzo de este Reino en la tierra".[565]

670 Desde la Ascensión, el designio de Dios ha entrado en su consumación. Estamos ya en la "última hora" (*1 Jn* 2, 18).[566] "El final de la historia ha llegado ya a nosotros y la renovación del mundo está ya decidida de manera irrevocable e incluso de alguna manera real está ya por anticipado en este mundo. La Iglesia, en efecto, ya en la tierra, se caracteriza por una verdadera santidad, aunque todavía imperfecta".[567] El Reino de Cristo manifiesta ya su presencia por los signos milagrosos[568] que acompañan su anuncio por la Iglesia.[569]

... esperando que todo le sea sometido

671 El Reino de Cristo, presente ya en su Iglesia, sin embargo, no está todavía acabado "con gran poder y gloria" (*Lc* 21, 27)[570] con el advenimiento del Rey a la tierra. Este Reino aún es objeto de los ataques de los poderes del mal,[571] a pesar de que estos poderes hayan sido vencidos en su raíz por la Pascua de Cristo. Hasta que todo le haya sido sometido,[572] y "mientras no haya nuevos cielos y nueva tierra, en los que habite la justicia, la Iglesia peregrina lleva en sus sacramentos e instituciones, que pertenecen a este tiempo, la imagen de este mundo que pasa. Ella misma vive entre las criaturas que gimen en dolores de parto hasta ahora y que esperan la manifestación de los hijos de Dios".[573] Por esta razón los cristianos piden, sobre todo en la Eucaristía,[574] que se apresure el retorno de Cristo[575] cuando suplican: "Ven, Señor Jesús" (*1 Co* 16, 22; *Ap* 22, 17-20).

---

[561] Cf. *Ef* 4, 10; *1 Co* 15, 24.27-28.
[562] Cf. *Ef* 1, 10.
[563] Cf. *Ef* 1, 22.
[564] Cf. *Ef* 4, 11-13.
[565] Concilio Vaticano II, *Lumen gentium*, 3; 5.
[566] Cf. *1 P* 4, 7.
[567] Concilio Vaticano II, *Lumen gentium*, 48.
[568] Cf. *Mc* 16, 17-18.
[569] Cf. *Mc* 16, 20.
[570] Cf. *Mt* 25, 31.
[571] Cf. *2 Ts* 2, 7.
[572] Cf. *1 Co* 15, 28.
[573] Concilio Vaticano II, *Lumen gentium*, 48.
[574] Cf. *1 Co* l, 26.
[575] Cf. *2 P* 3, 11-12.

QUÉ CREEMOS ⟶ El Credo ⟶ El Hijo

672 Cristo afirmó antes de su Ascensión que aún no era la hora del establecimiento glorioso del Reino mesiánico esperado por Israel[576] que, según los profetas,[577] debía traer a todos los hombres el orden definitivo de la justicia, del amor y de la paz. El tiempo presente, según el Señor, es el tiempo del Espíritu y del testimonio,[578] pero es también un tiempo marcado todavía por la "dificultad" (*1 Co* 7, 28) y la prueba del mal[579] que afecta también a la Iglesia[580] e inaugura los combates de los últimos días.[581] Es un tiempo de espera y de vigilia.[582]

El glorioso advenimiento de Cristo, esperanza de Israel

673 Desde la Ascensión, el advenimiento de Cristo en la gloria es inminente,[583] aun cuando a nosotros no nos "toca conocer el tiempo y el momento que ha fijado el Padre con su autoridad" (*Hch* 1, 7).[584] Este advenimiento escatológico se puede cumplir en cualquier momento,[585] aunque tal acontecimiento y la prueba final que le ha de preceder estén "retenidos" en las manos de Dios[586]

674 La venida del Mesías glorioso, en un momento determinado de la historia,[587] se vincula al reconocimiento del Mesías por "todo Israel" (*Rm* 11, 26; *Mt* 23, 39) del que "una parte está endurecida" (*Rm* 11, 25) en "la incredulidad"[588] respecto a Jesús. San Pedro dice a los judíos de Jerusalén después de Pentecostés: "Arrepentíos, pues, y convertíos para que vuestros pecados sean borrados, a fin de que del Señor venga el tiempo de la consolación y envíe al Cristo que os había sido destinado, a Jesús, a quien debe retener el cielo hasta el tiempo de la restauración universal, de que Dios habló por boca de sus profetas" (*Hch* 3, 19-21). Y San Pablo le hace eco: "Si su reprobación ha sido la reconciliación del mundo ¿qué será su readmisión sino una resurrección de entre los muertos?" (*Rm* 11, 15). La entrada de "la plenitud de los judíos" (*Rm* 11, 12) en la salvación mesiánica, a continuación de "la plenitud de los gentiles" (*Rm* 11, 25),[589] hará al Pueblo de Dios "llegar a la plenitud de Cristo" (*Ef* 4, 13) en la cual "Dios será todo en nosotros" (*1 Co* 15, 28).

La última prueba de la Iglesia

675 Antes del advenimiento de Cristo, la Iglesia deberá pasar por una prueba final que sacudirá la fe de numerosos creyentes.[590] La persecución que acompaña a su peregrinación sobre la tierra[591] develará el "Misterio de iniquidad" bajo la forma de una impostura religiosa que proporcionará a los hombres una solución aparente a sus problemas mediante el precio de la

---

[576] Cf. *Hch* 1, 6-7.
[577] Cf. *Is* 11, 1-9.
[578] Cf. *Hch* 1, 8.
[579] Cf. *Ef* 5, 16.
[580] Cf. *1 P* 4, 17.
[581] Cf. *1 Jn* 2, 18; 4, 3; *1 Tm* 4, 1.
[582] Cf. *Mt* 25, 1-13; *Mc* 13, 33-37.
[583] Cf. *Ap* 22, 20.
[584] Cf. *Mc* 13, 32.
[585] Cf. *Mt* 24, 44; *1 Ts* 5, 2.
[586] Cf. *2 Ts* 2, 3-12.
[587] Cf. *Rm* 11, 31.
[588] Cf. *Rm* 11, 20.
[589] Cf. *Lc* 21, 24.
[590] Cf. *Lc* 18, 8; *Mt* 24, 12.
[591] Cf. *Lc* 21, 12; *Jn* 15, 19-20.

apostasía de la verdad. La impostura religiosa suprema es la del Anticristo, es decir, la de un seudo-mesianismo en que el hombre se glorifica a sí mismo colocándose en el lugar de Dios y de su Mesías venido en la carne.[592]

676 Esta impostura del Anticristo aparece esbozada ya en el mundo cada vez que se pretende llevar a cabo la esperanza mesiánica en la historia, lo cual no puede alcanzarse sino más allá del tiempo histórico a través del juicio escatológico: incluso en su forma mitigada, la Iglesia ha rechazado esta falsificación del Reino futuro con el nombre de milenarismo,[593] sobre todo bajo la forma política de un mesianismo secularizado, "intrínsecamente perverso".[594]

677 La Iglesia sólo entrará en la gloria del Reino a través de esta última Pascua en la que seguirá a su Señor en su muerte y su Resurrección.[595] El Reino no se realizará, por tanto, mediante un triunfo histórico de la Iglesia[596] en forma de un proceso creciente, sino por una victoria de Dios sobre el último desencadenamiento del mal[597] que hará descender desde el cielo a su Esposa.[598] El triunfo de Dios sobre la rebelión del mal tomará la forma de Juicio final[599] después de la última sacudida cósmica de este mundo que pasa.[600]

II. PARA JUZGAR A VIVOS Y MUERTOS

678 Siguiendo a los profetas[601] y a Juan Bautista,[602] Jesús anunció en su predicación el Juicio del último Día. Entonces, se pondrán a la luz la conducta de cada uno[603] y el secreto de los corazones.[604] Entonces será condenada la incredulidad culpable que ha tenido en nada la gracia ofrecida por Dios.[605] La actitud con respecto al prójimo revelará la acogida o el rechazo de la gracia y del amor divino.[606] Jesús dirá en el último día: "Cuanto hicisteis a uno de estos hermanos míos más pequeños, a mí me lo hicisteis" (Mt 25, 40).

679 Cristo es Señor de la vida eterna. El pleno derecho de juzgar definitivamente las obras y los corazones de los hombres pertenece a Cristo como Redentor del mundo. "Adquirió" este derecho por su Cruz. El Padre también ha entregado "todo juicio al Hijo" (Jn 5, 22).[607] Pues bien, el Hijo no ha venido para juzgar sino para salvar[608] y para dar la vida que hay en él.[609] Es

---

[592] Cf. *2 Ts* 2, 4-12; *1 Ts* 5, 2-3; *2 Jn* 7; *1 Jn* 2, 18.22.
[593] Cf. CONGREGACIÓN PARA LA DOCTRINA DE LA FE, Decreto del 19 julio 1944, De Millenarismo: DS, 3839.
[594] Cf. PÍO XI, ene. *Divini Redemptoris* que condena el "falso misticismo" de esta "falsificación" de la redención de los humildes; Concilio Vaticano II, *Gaudium etspes*, 20-21.
[595] Cf. *Ap* 19, 1-9.
[596] Cf. *Ap* 13, 8.
[597] Cf. *Ap* 20, 7-10.
[598] Cf. *Ap* 21, 2-4.
[599] Cf. *Ap* 20, 12.
[600] Cf. *2 P* 3, 12-13.
[601] Cf. *Dn* 7, 10; *Jl* 3-4; *Ml* 3, 19.
[602] Cf. *Mt* 3, 7-12.
[603] Cf. *Mc* 12, 38-40.
[604] Cf. *Lc* 12, 1-3; *Jn* 3, 20-21; *Rm* 2, 16; *1 Co* 4, 5.
[605] Cf. *Mt* 11, 20-24; 12, 41-42.
[606] Cf. *Mt* 5, 22; 7, 1-5.
[607] Cf. *Jn* 5, 27; *Mt* 25, 31; *Hch* 10, 42; 17, 31; *2 Tm* 4, 1
[608] Cf. *Jn* 3, 17.
[609] Cf. *Jn* 5, 26.

QUÉ CREEMOS ⟶ El Credo ⟶ El Hijo

por el rechazo de la gracia en esta vida por lo que cada uno se juzga ya a sí mismo;[610] es retribuido según sus obras[611] y puede incluso condenarse eternamente al rechazar el Espíritu de amor.[612]

RESUMEN

680 Cristo, el Señor, reina ya por la Iglesia, pero todavía no le están sometidas todas las cosas de este mundo. El triunfo del Reino de Cristo no tendrá lugar sin un último asalto de las fuerzas del mal.

681 El día del Juicio, al fin del mundo, Cristo vendrá en la gloria para llevar a cabo el triunfo definitivo del bien sobre el mal que, como el trigo y la cizaña, habrán crecido juntos en el curso de la historia.

682 Cristo glorioso, al venir al final de los tiempos a juzgar a vivos y muertos, revelará la disposición secreta de los corazones y retribuirá a cada hombre según sus obras y según su aceptación o su rechazo de la gracia.

---

[610] Cf. *Jn* 3, 18; 12, 48.
[611] Cf. *1 Co* 3, 12-15.
[612] Cf. *Mt* 12, 32; *Hb* 6, 4-6; 10, 26-31.

Primera parte: La profesión de la fe

CAPÍTULO TERCERO
CREO EN EL ESPÍRITU SANTO

FUENTES DE LA ESCRITURA Y DE LA IGLESIA

La siguiente parte del *Catecismo* utiliza estas fuentes de la Escritura y de la Iglesia. Véase el "Índice de citas" para una lista completa de referencias

Antiguo Testamento	Citadas en el *Catecismo*
Génesis	CIC 701, 703, 706
Éxodo	CIC 694, 695, 697, 700, 708, 709
Deuteronomio	CIC 708
1 Samuel	CIC 695
2 Samuel	CIC 709
1 Reyes	CIC 696
2 Reyes	CIC 697
Salmos	CIC 703, 709, 716, 745
Proverbios	CIC 721
Eclesiastés	CIC 703
Eclesiástico	CIC 696, 721
Isaías	CIC 694, 695, 711-714, 716, 719
Jeremías	CIC 715
Ezequiel	CIC 703, 715
Joel	CIC 715
Sofonías	CIC 711, 716, 722
Zacarías	CIC 694, 722
Nuevo Testamento	
Mateo	CIC 691, 701, 713, 718, 719, 724, 728, 730, 736, 744
Marcos	CIC 699
Lucas	CIC 695-697, 700, 702, 706, 709-711, 713, 714, 716-719, 722-725, 728, 730
Juan	CIC 684, 687, 690-692, 694, 698, 702, 705, 706, 712, 713, 717, 719, 720, 726, 728-730, 737
Hechos de los Apóstoles	CIC 695-697, 699, 715, 726, 730, 731, 735, 746

QUÉ CREEMOS ⟶ El Credo ⟶ El Espíritu Santo

FUENTES DE LA ESCRITURA Y DE LA IGLESIA

(continuación)

Nuevo Testamento	Citadas en el *Catecismo*
Romanos	CIC 693, 695, 705, 706, 708, 723, 730, 733, 735, 741
1 Corintios	CIC 683, 687, 693, 694, 697, 735
2 Corintios	CIC 693, 695, 698, 700, 702, 734, 735
Gálatas	CIC 683, 689, 693, 702, 706, 708, 723, 736, 742
Efesios	CIC 693, 695, 698, 706
Filipenses	CIC 705, 713
Colosenses	CIC 722
1 Tesalonicenses	CIC 696
Hebreos	CIC 699
1 Pedro	CIC 693, 709, 719
1 Juan	CIC 692, 694, 695, 733, 735
Apocalipsis	CIC 694

Concilios ecuménicos

Constantinopla I (381)	CIC 685

Liturgia

Liturgia bizantina	CIC 703, 732
Liturgia de las Horas	CIC 700

Escritores eclesiásticos

San Agustín	CIC 695
San Basilio de Cesarea en Capadocia	CIC 736
San Cirilo de Alejandría	CIC 738
San Gregorio Nacianceno	CIC 684
San Gregorio de Nisa	CIC 690
San Ireneo de Lyon	CIC 683, 704
San Juan de la Cruz	CIC 696

PALABRAS CLAVE

La siguiente parte del *Catecismo* utiliza estas palabras clave.
Véase el "Glosario" para su definición.

Palabras	Citadas en el *Catecismo*
Abraham	CIC 705
Espíritu	CIC 685
Espíritu Santo	CIC 685

197

Primera parte: La profesión de la fe

PALABRAS CLAVE	
(continuación)	
Palabras	**Citadas en el *Catecismo***
Fortaleza	CIC 712
Jesucristo	CIC 727
Juan el Bautista	CIC 720
María	CIC 722, 726
Misión	CIC 689
Nuestra Señora	CIC 722, 726
Padres de la Iglesia	CIC 688
Paráclito	CIC 692
Patrístico	CIC 688
Paz	CIC 736
Pentateuco	CIC 702
Pentecostés	CIC 726, 731
Profeta	CIC 702, 721
Reino de Dios (de los Cielos)	CIC 709
Unción	CIC 695

424; 2670

683 "Nadie puede decir: '¡Jesús es Señor!' sino por influjo del Espíritu Santo" (*1 Co* 12, 3). "Dios ha enviado a nuestros corazones el Espíritu de su Hijo que clama ¡Abbá, Padre!" (*Ga* 4, 6). Este conocimiento de fe no es posible sino en el Espíritu Santo. Para entrar en contacto con Cristo, es necesario primeramente

152

haber sido atraído por el Espíritu Santo. Él es quien nos precede y despierta en nosotros la fe. Mediante el Bautismo, primer sacramento de la fe, la Vida, que tiene su fuente en el Padre y se nos ofrece por el Hijo, se nos comunica íntima y personalmente por el Espíritu Santo en la Iglesia:

249

> El Bautismo nos da la gracia del nuevo nacimiento en Dios Padre por medio de su Hijo en el Espíritu Santo. Porque los que son portadores del Espíritu de Dios son conducidos al Verbo, es decir, al Hijo; pero el Hijo los presenta al Padre, y el Padre les concede la incorruptibilidad. Por tanto, sin el Espíritu no es posible ver al Hijo de Dios, y, sin el Hijo, nadie puede acercarse al Padre, porque el conocimiento del Padre es el Hijo, y el conocimiento del Hijo de Dios se logra por el Espíritu Santo.[1]

684 El Espíritu Santo con su gracia es el "primero" que nos despierta en la fe y nos inicia en la vida nueva que es: "que te conozcan a ti, el único Dios verdadero, y a tu enviado, Jesucristo".[2] No obstante, es el "último" en la revelación de las personas de la Santísima Trinidad. San Gregorio Nacianceno,

236

"el Teólogo", explica esta progresión por medio de la pedagogía de la "condescendencia" divina:

---

[1] SAN IRENEO DE LYÓN, *Demostrado apostólica*, 7.

[2] Cf. *Jn* 17, 3.

QUÉ CREEMOS → El Credo → El Espíritu Santo

El Antiguo Testamento proclamaba muy claramente al Padre, y más oscuramente al Hijo. El Nuevo Testamento revela al Hijo y hace entrever la divinidad del Espíritu. Ahora el Espíritu tiene derecho de ciudadanía entre nosotros y nos da una visión más clara de sí mismo. En efecto, no era prudente, cuando todavía no se confesaba la divinidad del Padre, proclamar abiertamente la del Hijo y, cuando la divinidad del Hijo no era aún admitida, añadir el Espíritu Santo como un fardo suplementario si empleamos una expresión un poco atrevida… Así por avances y progresos "de gloria en gloria", es como la luz de la Trinidad estalla en resplandores cada vez más espléndidos.[3]

685 Creer en el Espíritu Santo es, por tanto, profesar que el Espíritu Santo es una de las personas de la Santísima Trinidad, consubstancial al Padre y al Hijo, "que con el Padre y el Hijo recibe una misma adoración y gloria" (Símbolo de Nicea-Constantinopla). Por eso se ha hablado del misterio divino del Espíritu Santo en la "teología" trinitaria. Aquí sólo se tratará del Espíritu Santo en la "economía" divina.

686 El Espíritu Santo coopera con el Padre y el Hijo desde el comienzo del Designio de nuestra salvación y hasta su consumación. Sólo en los "últimos tiempos", inaugurados con la Encarnación redentora del Hijo, es cuando el Espíritu se revela y se nos da, y se le reconoce y acoge como Persona. Entonces, este Designio Divino, que se consuma en Cristo, "primogénito" y Cabeza de la nueva creación, se realiza en la humanidad por el Espíritu que nos es dado: la Iglesia, la comunión de los santos, el perdón de los pecados, la resurrección de la carne, la vida eterna.

ARTÍCULO 8
"CREO EN EL ESPÍRITU SANTO"

687 "Nadie conoce lo íntimo de Dios, sino el Espíritu de Dios" (*1 Co* 2, 11). Pues bien, su Espíritu que lo revela nos hace conocer a Cristo, su Verbo, su Palabra viva, pero no se revela a sí mismo. El que "habló por los profetas" nos hace oír la Palabra del Padre. Pero a él no le oímos. No le conocemos sino en la obra mediante la cual nos revela al Verbo y nos dispone a recibir al Verbo en la fe. El Espíritu de verdad que nos "desvela" a Cristo "no habla de sí mismo".[4] Un ocultamiento tan discreto, propiamente divino, explica por qué "el mundo no puede recibirle, porque no le ve ni le conoce", mientras que los que creen en Cristo le conocen porque él mora en ellos.[5]

688 La Iglesia, comunión viviente en la fe de los apóstoles que ella transmite, es el lugar de nuestro conocimiento del Espíritu Santo:

---

[3] SAN GREGORIO NACIANCENO, *Orationes theologicae*, 5, 26: PG 36, 161C.

[4] Cf. *Jn* 16, 13.
[5] Cf. *Jn* 14, 17.

— en las Escrituras que Él ha inspirado;

— en la Tradición, de la cual los Padres de la Iglesia son testigos siempre actuales;

— en el Magisterio de la Iglesia, al que Él asiste;

— en la liturgia sacramental, a través de sus palabras y sus símbolos, en donde el Espíritu Santo nos pone en comunión con Cristo;

— en la oración en la cual Él intercede por nosotros;

— en los carismas y ministerios mediante los que se edifica la Iglesia;

— en los signos de vida apostólica y misionera;

— en el testimonio de los santos, donde Él manifiesta su santidad y continúa la obra de la salvación.

I. LA MISIÓN CONJUNTA DEL HIJO Y DEL ESPÍRITU

689 Aquél que el Padre ha enviado a nuestros corazones, el Espíritu de su Hijo (cf. *Ga* 4, 6) es realmente Dios. Consubstancial con el Padre y el Hijo, es inseparable de ellos, tanto en la vida íntima de la Trinidad como en su don de amor para el mundo. Pero al adorar a la Santísima Trinidad vivificante, consubstancial e indivisible, la fe de la Iglesia profesa también la distinción de las Personas. Cuando el Padre envía su Verbo, envía también su Aliento: misión conjunta en la que el Hijo y el Espíritu Santo son distintos pero inseparables. Sin ninguna duda, Cristo es quien se manifiesta, Imagen visible de Dios invisible, pero es el Espíritu Santo quien lo revela.

690 Jesús es Cristo, "ungido", porque el Espíritu es su Unción y todo lo que sucede a partir de la Encarnación mana de esta plenitud.[6] Cuando por fin Cristo es glorificado,[7] puede a su vez, de junto al Padre, enviar el Espíritu a los que creen en él: Él les comunica su Gloria,[8] es decir, el Espíritu Santo que lo glorifica.[9] La misión conjunta se desplegará desde entonces en los hijos adoptados por el Padre en el Cuerpo de su Hijo: la misión del Espíritu de adopción será unirlos a Cristo y hacerles vivir en Él:

> La noción de la unción sugiere... que no hay ninguna distancia entre el Hijo y el Espíritu. En efecto, de la misma manera que entre la superficie del cuerpo y la unción del aceite ni la razón ni los sentidos conocen ningún intermediario, así es inmediato el contacto del Hijo con el Espíritu... de tal modo que quien va a tener contacto con el Hijo por la fe tiene que tener antes contacto necesariamente con el óleo. En efecto, no hay parte alguna que esté desnuda del Espíritu Santo. Por eso es por lo que la confesión del

---

[6] Cf. *Jn* 3, 34.
[7] Cf. *Jn* 7, 39.
[8] Cf. *Jn* 17, 22.
[9] Cf. *Jn* 16, 14.

QUÉ CREEMOS ⟶ El Credo ⟶ El Espíritu Santo

Señorío del Hijo se hace en el Espíritu Santo por aquellos que la aceptan, viniendo el Espíritu desde todas partes delante de los que se acercan por la fe.[10]

II. EL NOMBRE, LOS APELATIVOS Y LOS SÍMBOLOS DEL ESPÍRITU SANTO

El nombre propio del Espíritu Santo

691 "Espíritu Santo", tal es el nombre propio de Aquel que adoramos y glorificamos con el Padre y el Hijo. La Iglesia ha recibido este nombre del Señor y lo profesa en el bautismo de sus nuevos hijos.[11]

El término "Espíritu" traduce el término hebreo "Ruah", que en su primera acepción significa soplo, aire, viento. Jesús utiliza precisamente la imagen sensible del viento para sugerir a Nicodemo la novedad trascendente del que es personalmente el Soplo de Dios, el Espíritu divino.[12] Por otra parte, Espíritu y Santo son atributos divinos comunes a las Tres Personas divinas. Pero, uniendo ambos términos, la Escritura, la liturgia y el lenguaje teológico designan la persona inefable del Espíritu Santo, sin equívoco posible con los demás empleos de los términos "espíritu" y "santo".

Los apelativos del Espíritu Santo

692 Jesús, cuando anuncia y promete la Venida del Espíritu Santo, le llama el "Paráclito", literalmente "aquel que es llamado junto a uno", "ad-vocatus" (*Jn* 14, 16.26; 15, 26; 16, 7). "Paráclito" se traduce habitualmente por "Consolador", siendo Jesús el primer consolador.[13] Él mismo Señor llama al Espíritu Santo "Espíritu de Verdad" (*Jn* 16, 13).

1433

693 Además de su nombre propio, que es el más empleado en el libro de los Hechos y en las cartas de los apóstoles, en San Pablo se encuentran los siguientes apelativos: el Espíritu de la promesa,[14] el Espíritu de adopción,[15] el Espíritu de Cristo (*Rm* 8, 11), el Espíritu del Señor (*2 Co* 3, 17), el Espíritu de Dios (*Rm* 8, 9.14; 15, 19; *1 Co* 6, 11; 7, 40), y en San Pedro, "el Espíritu de gloria" (*1 P* 4, 14).

Los símbolos del Espíritu Santo

694 *El agua*. El simbolismo del agua es significativo de la acción del Espíritu Santo en el Bautismo, ya que, después de la invocación del Espíritu Santo, ésta se convierte en el signo sacramental eficaz del nuevo nacimiento: del mismo modo que la gestación de nuestro primer nacimiento se hace en el agua, así el agua bautismal significa realmente que nuestro nacimiento a la

1218

---

[10] SAN GREGORIO DE NISA, *De Spiritu Sancto*, 3, 1: PG 45, 1321A-B.
[11] Cf. *Mt* 28, 19.
[12] Cf. *Jn* 3, 5-8.
[13] Cf. *1 Jn* 2, 1.
[14] Cf. *Ga* 3, 14; *Ef* 1, 13.
[15] Cf. *Rm* 8, 15; *Gal* 4, 6.

2652 vida divina se nos da en el Espíritu Santo. Pero "bautizados en un solo Espíritu", también "hemos bebido de un solo Espíritu" (*1 Co* 12, 13): el Espíritu es, pues, también personalmente el Agua viva que brota de Cristo crucificado[16] como de su manantial y que brota en nosotros como vida eterna.[17]

1293 **695** *La unción.* El simbolismo de la unción con el óleo es también significativo del Espíritu Santo, hasta el punto de que se ha convertido en sinónimo suyo.[18] *En* la iniciación cristiana es el signo sacramental de la Confirmación, llamada justamente en las Iglesias de Oriente "Crismación". Pero para captar toda la fuerza que tiene, es necesario volver a la Unción 436 primera realizada por el Espíritu Santo: la de Jesús. Cristo ["Mesías" en hebreo] significa "Ungido" del Espíritu de Dios. En la Antigua Alianza hubo "ungidos" del Señor,[19] de forma eminente el rey David.[20] Pero Jesús es el Ungido de Dios de una manera única: la humanidad que el Hijo asume totalmente "ungida por el por el Espíritu Santo". Jesús es constituido "Cristo" 1504 por el Espíritu Santo.[21] La Virgen María concibe a Cristo del Espíritu Santo quien por medio del ángel lo anuncia como Cristo en su nacimiento[22] e impulsa a Simeón a ir al Templo a ver al Cristo del Señor;[23] es de quien Cristo está lleno[24] y cuyo poder emana de Cristo en sus curaciones y en sus acciones salvíficas.[25] Es él en fin quien resucita a Jesús de entre los muertos.[26] Por tanto, constituido plenamente "Cristo" en su Humanidad victoriosa de la muerte,[27] Jesús distribuye profusamente el Espíritu Santo hasta que "los santos" constituyan, en su unión con la Humanidad del Hijo de Dios, "ese 794 Hombre perfecto... que realiza la plenitud de Cristo" (*Ef* 4, 13): "el Cristo total" según la expresión de San Agustín.

696 *El fuego.* Mientras que el agua significaba el nacimiento y la fecundidad 1127 de la Vida dada en el Espíritu Santo, el fuego simboliza la energía transformadora de los actos del Espíritu Santo. El profeta Elías que "surgió 2586 como el fuego y cuya palabra abrasaba como antorcha" (*Si* 48, 1), con su oración, atrajo el fuego del cielo sobre el sacrificio del monte Carmelo,[28] figura 718 del fuego del Espíritu Santo que transforma lo que toca. Juan Bautista, "que precede al Señor con el espíritu y el poder de Elías" (*Lc* 1, 17), anuncia a Cristo como el que "bautizará en el Espíritu Santo y el fuego" (*Lc* 3, 16), Espíritu del cual Jesús dirá: "He venido a traer fuego sobre la tierra y ¡cuánto desearía que ya estuviese encendido!" (*Lc* 12, 49). En forma de lenguas "como de fuego" se posó el Espíritu Santo sobre los discípulos la mañana de Pentecostés y los llenó de él (*Hch* 2, 3-4). La tradición espiritual conservará este simbolismo del fuego como uno de los más expresivos de la acción del Espíritu Santo.[29] "No extingáis el Espíritu" (*1 Ts* 5, 19).

---

[16] Cf. *Jn* 19, 34; *1 Jn* 5, 8.
[17] Cf. *Jn* 4, 10-14; 7, 38; *Ex* 17, 1-6; *Is* 55, 1; *Za* 14, 8; *1 Co* 10, 4; *Ap* 21, 6; 22, 17.
[18] Cf. *1 Jn* 2, 20.27; *2 Co* 1, 21.
[19] Cf. *Ex* 30, 22-32.
[20] Cf. *1 S* 16, 13.
[21] Cf. *Lc* 4, 18-19; *Is* 61, 1.
[22] Cf. *Lc* 2, 11.
[23] Cf. *Lc* 2, 26-27.
[24] Cf. *Lc* 4, 1.
[25] Cf. *Lc* 6, 19; 8, 46.
[26] Cf. *Rm* 1, 4; 8, 11.
[27] Cf. *Hch* 2, 36.
[28] Cf. *1 R* 18, 38-39.
[29] Cf. SAN JUAN DE LA CRUZ, *Llama de amor viva.*

QUÉ CREEMOS ⟶ El Credo ⟶ El Espíritu Santo

697 La nube y la luz. Estos dos símbolos son inseparables en las manifestaciones del Espíritu Santo. Desde las teofanías del Antiguo Testamento, la Nube, unas veces oscura, otras luminosa, revela al Dios vivo y salvador, tendiendo así un velo sobre la trascendencia de su Gloria: con Moisés en la montaña del Sinaí,[30] en la Tienda de la Reunión[31] y durante la marcha por el desierto;[32] con Salomón en la dedicación del Templo.[33] Pues bien, estas figuras son cumplidas por Cristo en el Espíritu Santo. Él es quien desciende sobre la Virgen María y la cubre "con su sombra" para que ella conciba y dé a luz a Jesús.[34] En la montaña de la Transfiguración es Él quien "vino en una nube y cubrió con su sombra" a Jesús, a Moisés y a Elías, a Pedro, Santiago y Juan, y "se oyó una voz desde la nube que decía: 'Este es mi Hijo, mi Elegido, escuchadle'" (Lc 9, 34-35). Es, finalmente, la misma nube la que "ocultó a Jesús a los ojos" de los discípulos el día de la Ascensión,[35] y la que lo revelará como Hijo del hombre en su Gloria el Día de su Advenimiento.[36]

484
554

659

698 *El sello* es un símbolo cercano al de la unción. En efecto, es Cristo a quien *"Dios ha marcado con su sello"* (Jn 6, 27) y el Padre nos marca también en él con su sello[37]. Como la imagen del sello ["sphragis"] indica el carácter indeleble de la Unción del Espíritu Santo en los sacramentos del Bautismo, de la Confirmación y del Orden, esta imagen se ha utilizado en ciertas tradiciones teológicas para expresar el "carácter" imborrable impreso por estos tres sacramentos, los cuales no pueden ser reiterados.

1295-1296

1121

699 *La mano.* Imponiendo las manos Jesús cura a los enfermos[38] y bendice a los niños.[39] En su Nombre, los apóstoles harán lo mismo.[40] Más aún, mediante la imposición de manos de los apóstoles el Espíritu Santo nos es dado.[41] En la carta a los Hebreos, la imposición de las manos figura en el número de los "artículos fundamentales" de su enseñanza.[42] Este signo de la efusión todopoderosa del Espíritu Santo, la Iglesia lo ha conservado en sus epíclesis sacramentales.

292

1288; 1300;
1573; 1668

700 *El dedo.* "Por el dedo de Dios expulso yo [Jesús] los demonios" (Lc 11, 20). Si la Ley de Dios ha sido escrita en tablas de piedra "por el dedo de Dios" (Ex 31, 18), la "carta de Cristo" entregada a los apóstoles "está escrita no con tinta, sino con el Espíritu de Dios vivo; no en tablas de piedra, sino en las tablas de carne del corazón" (2 Co 3, 3). El himno "Veni Creator" invoca al Espíritu Santo como "digitus paternae dexterae" ("dedo de la diestra del Padre").

2056

701 *La paloma.* Al final del diluvio (cuyo simbolismo se refiere al Bautismo), la paloma soltada por Noé vuelve con una rama tierna de olivo en el pico,

1219

---

[30] Cf. *Ex* 24, 15-18.
[31] Cf. *Ex* 33, 9-10.
[32] Cf. *Ex* 40, 36-38; *1 Co* 10, 1-2.
[33] Cf. *1 R* 8, 10-12.
[34] Cf. *Lc* 1, 35.
[35] Cf. *Hch* 1, 9.
[36] Cf. *Lc* 21, 27.
[37] Cf. *2 Co* 1, 22; *Ef* 1, 13; 4, 30.
[38] Cf. *Mc* 6, 5; 8, 23.
[39] Cf. *Mc* 10, 16.
[40] Cf. *Mc* 16, 18; *Hch* 5, 12; 14, 3.
[41] Cf. *Hch* 8, 17-19; 13, 3; 19, 6.
[42] Cf. *Hb* 6, 2.

signo de que la tierra es habitable de nuevo.⁴³ Cuando Cristo sale del agua de su bautismo, el Espíritu Santo, en forma de paloma, baja y se posa sobre él.⁴⁴ El Espíritu desciende y reposa en el corazón purificado de los bautizados. En algunos templos, la santa Reserva eucarística se conserva en un receptáculo metálico en forma de paloma (*el columbarium*), suspendido por encima del altar. El símbolo de la paloma para sugerir al Espíritu Santo es tradicional en la iconografía cristiana.

III. EL ESPÍRITU Y LA PALABRA DE DIOS EN EL TIEMPO DE LAS PROMESAS

702 Desde el comienzo y hasta "la plenitud de los tiempos" (*Ga* 4, 4), la Misión conjunta del Verbo y del Espíritu del Padre permanece *oculta* pero activa. El Espíritu de Dios preparaba entonces el tiempo del Mesías, y ambos, sin estar todavía plenamente revelados, ya han sido prometidos a fin de ser esperados y aceptados cuando se manifiesten. Por eso, cuando la Iglesia lee el Antiguo Testamento,⁴⁵ investiga en él⁴⁶ lo que el Espíritu, "que habló por los profetas", quiere decirnos acerca de Cristo.

> Por "profetas", la fe de la Iglesia entiende aquí a todos los que fueron inspirados por el Espíritu Santo en el vivo anuncio y en la redacción de los Libros Santos, tanto del Antiguo como del Nuevo Testamento. La tradición judía distingue la Ley [los cinco primeros libros o Pentateuco], los Profetas [que nosotros llamamos los libros históricos y proféticos] y los Escritos [sobre todo sapienciales, en particular los Salmos].⁴⁷

En la Creación

703 La Palabra de Dios y su Soplo están en el origen del ser y de la vida de toda criatura:⁴⁸

> Es justo que el Espíritu Santo reine, santifique y anime la creación porque es Dios consubstancial al Padre y al Hijo... A Él se le da el poder sobre la vida, porque siendo Dios guarda la creación en el Padre por el Hijo.⁴⁹

704 "En cuanto al hombre, Dios lo formó con sus propias manos [es decir, el Hijo y el Espíritu Santo]... Y Él trazó sobre la carne modelada su propia forma, de modo que incluso lo que fuese visible llevase la forma divina".⁵⁰

El Espíritu de la promesa

705 Desfigurado por el pecado y por la muerte, el hombre continúa siendo "a imagen de Dios", a imagen del Hijo, pero "privado de la Gloria de Dios"

---

⁴³ Cf. *Gn* 8, 8-12.
⁴⁴ Cf. *Mt* 3, 16 par.
⁴⁵ Cf. *2 Co* 3, 14.
⁴⁶ Cf. *Jn* 5, 39. 46.
⁴⁷ Cf. *Lc* 24, 44
⁴⁸ Cf. *Sal* 33, 6; 104, 30; *Gn* 1, 2; 2, 7; *Qo* 3, 20-21; *Ez* 37, 10.
⁴⁹ Liturgia bizantina, Troparia de maitines, domingos del segundo modo.
⁵⁰ SAN IRENEO DE LYÓN, *Demostrado apostólica*, 11.

QUÉ CREEMOS → El Credo → El Espíritu Santo

(*Rm* 3, 23), privado de la "semejanza". La Promesa hecha a Abraham inaugura la Economía de la Salvación, al final de la cual el Hijo mismo asumirá "la imagen"[51] y la restaurará en "la semejanza" con el Padre volviéndole a dar la Gloria, el Espíritu "que da la Vida".

706 Contra toda esperanza humana, Dios promete a Abraham una descendencia, como fruto de la fe y del poder del Espíritu Santo.[52] *En ella serán bendecidas todas las naciones de la tierra.*[53] Esta descendencia será Cristo[54] en quien la efusión del Espíritu Santo formará "la unidad de los hijos de Dios dispersos".[55] Comprometiéndose con "juramento" (*Lc* 1, 73), Dios se obliga ya al don de su Hijo Amado[56] y al don del "Espíritu Santo de la Promesa, que es prenda... para redención del Pueblo de su posesión" (*Ef* 1, 13-14).[57]

En las Teofanías y en la Ley

707 Las Teofanías [manifestaciones de Dios] iluminan el camino de la Promesa, desde los Patriarcas a Moisés y desde Josué hasta las visiones que inauguran la misión de los grandes profetas. La tradición cristiana siempre ha reconocido que, en estas Teofanías, el Verbo de Dios se dejaba ver y oír, a la vez revelado y "cubierto" por la nube del Espíritu Santo.

708 Esta pedagogía de Dios aparece especialmente en el don de la Ley,[58] que fue dada como un "pedagogo" para conducir al Pueblo hacia Cristo (*Ga* 3, 24). Pero su impotencia para salvar al hombre privado de la "semejanza" divina y el conocimiento creciente que ella da del pecado[59] suscitan el deseo del Espíritu Santo. Los gemidos de los Salmos lo atestiguan.

En el Reino y en el Exilio

709 La Ley, signo de la Promesa y de la Alianza, habría debido regir el corazón y las instituciones del Pueblo salido de la fe de Abraham. "Si de veras escucháis mi voz y guardáis mi alianza..., seréis para mí un reino de sacerdotes y una nación santa" (*Ex* 19, 5-6).[60] Pero, después de David, Israel sucumbe a la tentación de convertirse en un reino como las demás naciones. Pues bien, el Reino objeto de la promesa hecha a David[61] será obra del Espíritu Santo; pertenecerá a los pobres según el Espíritu.

710 El olvido de la Ley y la infidelidad a la Alianza llevan a la muerte: el Exilio, aparente fracaso de las Promesas, es en realidad fidelidad misteriosa del Dios Salvador y comienzo de una restauración prometida, pero según el Espíritu. Era necesario que el Pueblo de Dios sufriese esta purificación;[62] el Exilio lleva ya la sombra de la Cruz en el Designio de Dios, y el Resto de pobres que vuelven del Exilio es una de las figuras más transparentes de la Iglesia.

---

[51] Cf. *Jn* 1, 14; *Flp* 2, 7.
[52] Cf. *Gn* 18, 1-15; *Lc* 1, 26-38.54-55; *Jn* 1, 12-13; *Rm* 4, 16-21.
[53] Cf. *Gn* 12, 3.
[54] Cf. *Gn* 3, 16.
[55] Cf. *Jn* 11, 52.
[56] Cf. *Gn* 22, 17-19; *Rm* 8, 32; *Jn* 3, 16.
[57] Cf. *Ga* 3, 14.
[58] Cf. *Ex* 19-20; *Dt* 1 -11; 29-30.
[59] Cf. *Rm* 3, 20.
[60] Cf. *1 P* 2, 9.
[61] Cf. *2 S* 7; *Sal* 89; *Lc* 1, 32-33.
[62] Cf. *Lc* 24, 26.

La espera del Mesías y de su Espíritu

711 "He aquí que yo lo renuevo" (*Is* 43, 19): dos líneas proféticas se van a perfilar, una se refiere a la espera del Mesías, la otra al anuncio de un Espíritu nuevo, y las dos convergen en el pequeño Resto, el pueblo de los Pobres,[63] que aguardan en la esperanza la "consolación de Israel" y "la redención de Jerusalén" (*Lc* 2, 25.38).

Ya se ha dicho cómo Jesús cumple las profecías que a Él se refieren. A continuación se describen aquéllas en que aparece sobre todo la relación del Mesías y de su Espíritu.

712 Los rasgos del rostro del *Mesías* esperado comienzan a aparecer en el Libro del Emmanuel[64] en particular en *Is* 11, 1-2:

Saldrá un vástago del tronco de Jesé,
y un retoño de sus raíces brotará.
Reposará sobre él el Espíritu del Señor:
espíritu de sabiduría e inteligencia,
espíritu de consejo y de fortaleza,
espíritu de ciencia y temor del Señor.

713 Los rasgos del Mesías se revelan sobre todo en los Cantos del *Siervo*.[65] Estos cantos anuncian el sentido de la Pasión de Jesús, e indican así cómo enviará el Espíritu Santo para vivificar a la multitud: no desde fuera, sino desposándose con nuestra "condición de esclavos".[66] Tomando sobre sí nuestra muerte, puede comunicarnos su propio Espíritu de vida.

714 Por eso Cristo inaugura el anuncio de la Buena Nueva haciendo suyo este pasaje de Isaías (*Lc* 4, 18-19):[67]

El Espíritu del Señor está sobre mí,
porque me ha ungido.
Me ha enviado a anunciar a los pobres la Buena Nueva,
a proclamar la liberación a los cautivos
y la vista a los ciegos,
para dar la libertad a los oprimidos
y proclamar un año de gracia del Señor.

715 Los textos proféticos que se refieren directamente al envío del Espíritu Santo son oráculos en los que Dios habla al corazón de su Pueblo en el lenguaje de la Promesa, con los acentos del "amor y de la fidelidad".[68] Según estas promesas, en los "últimos tiempos", el Espíritu del Señor renovará el corazón de los hombres grabando en ellos una Ley nueva; reunirá y reconciliará a los pueblos dispersos y divididos; transformará la primera creación y Dios habitará en ella con los hombres en la paz.

---

[63] Cf. *So* 2, 3.
[64] Cf. *Is* 6-2, "cuando Isaías tuvo la visión de la Gloria" de Cristo: *Jn* 12, 41.
[65] Cf. *Is* 42, 1-9; cf *Mt* 12, 18-21; *Jn* 1, 32-34; después *Is* 49, 1-6; Cf. *Mt* 3, 17; *Lc* 2, 32, y en fin *Is* 50, 4-10 y 52, 13-53, 12.
[66] Cf. *Flp* 2, 1.
[67] Cf. *Is* 61, 1-2.
[68] Cf. *Ez* 11, 19; 36, 25-28; 37, 1-14; *Jr* 31, 31-34; y *Jl* 3, 1-5; cuyo cumplimiento proclamará san Pedro la mañana de Pentecostés, cf *Hch* 2, 17-21.

QUÉ CREEMOS ⟶ El Credo ⟶ El Espíritu Santo

CIC 721

716 El Pueblo de los "pobres",[69] a los mansos, totalmente entregados a los designios misteriosos de Dios, los que esperan la justicia, no de los hombres sino del Mesías, todo esto es, finalmente, la gran obra de la Misión escondida del Espíritu Santo durante el tiempo de las Promesas para preparar la venida de Cristo. Esta es la calidad de corazón del Pueblo, purificado e iluminado por el Espíritu, que se expresa en los Salmos. En estos pobres, el Espíritu prepara para el Señor "un pueblo bien dispuesto" (*Lc* 1, 17).

368

IV. EL ESPÍRITU DE CRISTO EN LA PLENITUD DE LOS TIEMPOS

Juan, Precursor, Profeta y Bautista

717 "Hubo un hombre, enviado por Dios, que se llamaba Juan. (*Jn* 1, 6). Juan fue "lleno del Espíritu Santo ya desde el seno de su madre" (*Lc* 1, 15.41) por obra del mismo Cristo que la Virgen María acababa de concebir del Espíritu Santo. La "visitación" de María a Isabel se convirtió así en "visita de Dios a su pueblo".[70]

523

718 Juan es "Elías que debe venir" (*Mt* 17, 10-13): El fuego del Espíritu lo habita y le hace correr delante [como "precursor"] del Señor que viene. En Juan el Precursor, el Espíritu Santo culmina la obra de "preparar al Señor un pueblo bien dispuesto" (*Lc* 1, 17).

696

719 Juan es "más que un profeta" (*Lc* 7, 26). En él, el Espíritu Santo termina el "hablar por los profetas". Juan termina el ciclo de los profetas inaugurado por Elías.[71] Anuncia la inminencia de la consolación de Israel, es la "voz" del Consolador que llega (*Jn* 1, 23).[72] Como lo hará el Espíritu de Verdad, "vino como testigo para dar testimonio de la luz" (*Jn* 1, 7).[73] Con respecto a Juan, el Espíritu colma así las "indagaciones de los profetas" y el ansia de los ángeles:[74] "Aquél sobre quien veas que baja el Espíritu y se queda sobre él, ése es el que bautiza con el Espíritu Santo... Y yo lo he visto y doy testimonio de que éste es el Hijo de Dios... He ahí el Cordero de Dios" (*Jn* 1, 33-36).

2684

536

720 En fin, con Juan Bautista, el Espíritu Santo, inaugura, prefigurándolo, lo que realizará con y en Cristo: volver a dar al hombre la "semejanza" divina. El bautismo de Juan era para el arrepentimiento, el del agua y del Espíritu será un nuevo nacimiento.[75]

535

"Alégrate, llena de gracia"

721 María, la Santísima Madre de Dios, la siempre Virgen, es la obra maestra de la Misión del Hijo y del Espíritu Santo en la Plenitud de los tiempos. Por primera vez en el designio de Salvación y porque su Espíritu la ha preparado, el Padre encuentra la *Morada* en donde su Hijo y su Espíritu pueden habitar

484

---

[69] Cf. *So* 2, 3; *Sal* 22, 27; 34, 3; *Is* 49, 13; 61, 1; etc.
[70] Cf. *Lc* 1, 68.
[71] Cf. *Mt* 11, 13-14.
[72] Cf. *Is* 40, 1-3.
[73] Cf. *Jn* 15, 26; 5, 33.
[74] Cf. *1 P* 1, 10-12.
[75] Cf. *Jn* 3, 5.

entre los hombres. Por ello, los más bellos textos sobre la sabiduría, la tradición de la Iglesia los ha entendido frecuentemente con relación a María:[76] María es cantada y representada en la Liturgia como el "Trono de la Sabiduría".

En ella comienzan a manifestarse las "maravillas de Dios", que el Espíritu va a realizar en Cristo y en la Iglesia:

489

722 El Espíritu Santo *preparó* a María con su gracia. Convenía que fuese "llena de gracia" la madre de Aquel en quien "reside toda la Plenitud de la Divinidad corporalmente" (*Col* 2, 9). Ella fue concebida sin pecado, por pura gracia, como la más humilde de todas las criaturas, la más capaz de acoger el don inefable del Omnipotente. Con justa razón, el ángel Gabriel la saluda como la "Hija de Sión": "Alégrate".[77] Cuando ella lleva en sí al Hijo eterno, hace subir hasta el cielo con su cántico al Padre, en el Espíritu Santo[78] la acción de gracias de todo el Pueblo de Dios y por tanto de la Iglesia.

2676

485
506

723 En María el Espíritu Santo *realiza* el designio benevolente del Padre. La Virgen concibe y da a luz al Hijo de Dios por obra del Espíritu Santo. Su virginidad se convierte en fecundidad única por medio del poder del Espíritu y de la fe.[79]

208
2619

724 En María, el Espíritu Santo *manifiesta* al Hijo del Padre hecho Hijo de la Virgen. Ella es la zarza ardiente de la teofanía definitiva: llena del Espíritu Santo, presenta al Verbo en la humildad de su carne dándolo a conocer a los pobres[80] y a las primicias de las naciones.[81]

963

725 En fin, por medio de María, el Espíritu Santo comienza a *poner en Comunión* con Cristo a los hombres "objeto del amor benevolente de Dios"[82] y los humildes son siempre los primeros en recibirle: los pastores, los magos, Simeón y Ana, los esposos de Caná y los primeros discípulos.

494; 2618

726 Al término de esta Misión del Espíritu, María se convierte en la "Mujer", nueva Eva "madre de los vivientes", Madre del "Cristo total".[83] Así es como ella está presente con los Doce, que "perseveraban en la oración, con un mismo espíritu" (*Hch* 1, 14), en el amanecer de los "últimos tiempos" que el Espíritu va a inaugurar en la mañana de Pentecostés con la manifestación de la Iglesia.

Cristo Jesús

438
695
536

727 Toda la Misión del Hijo y del Espíritu Santo en la plenitud de los tiempos se resume en que el Hijo es el Ungido del Padre desde su Encarnación: Jesús es Cristo, el Mesías.

Todo el segundo capítulo del Símbolo de la fe hay que leerlo a la luz de esto.
Toda la obra de Cristo es misión conjunta del Hijo y del Espíritu Santo. Aquí

---

[76] Cf. *Pr* 8, 1-9, 6; *Si* 24.
[77] Cf. *So* 3, 14; *Za* 2, 14.
[78] Cf. *Lc* 1, 46-55.
[79] Cf. *Lc* 1, 26-38; *Rm* 4, 18-21; *Ga* 4, 26-28.
[80] Cf. *Lc* 2, 15-19.
[81] Cf. *Mt* 2, 11.
[82] Cf. *Lc* 2, 14.
[83] Cf. *Jn* 19, 25-27.

QUÉ CREEMOS ⟶ El Credo ⟶ El Espíritu Santo

se mencionará solamente lo que se refiere a la promesa del Espíritu Santo hecha por Jesús y su don realizado por el Señor glorificado.

728 Jesús no revela plenamente el Espíritu Santo hasta que él mismo no ha sido glorificado por su Muerte y su Resurrección. Sin embargo, lo sugiere poco a poco, incluso en su enseñanza a la muchedumbre, cuando revela que su Carne será alimento para la vida del mundo.[84] Lo sugiere también a Nicodemo,[85] a la Samaritana[86] y a los que participan en la fiesta de los Tabernáculos.[87] A sus discípulos les habla de él abiertamente a propósito de la oración[88] y del testimonio que tendrán que dar.[89]

2615

729 Solamente cuando ha llegado la hora en que va a ser glorificado, Jesús *promete* la venida del Espíritu Santo, ya que su Muerte y su Resurrección serán el cumplimiento de la Promesa hecha a los Padres:[90] El Espíritu de Verdad, el otro Paráclito, será dado por el Padre en virtud de la oración de Jesús; será enviado por el Padre en nombre de Jesús; Jesús lo enviará junto al Padre porque él ha salido del Padre. El Espíritu Santo vendrá, nosotros lo conoceremos, estará con nosotros para siempre, permanecerá con nosotros; nos lo enseñará todo y nos recordará todo lo que Cristo nos ha dicho y dará testimonio de Él; nos conducirá a la verdad completa y glorificará a Cristo. En cuanto al mundo, lo acusará en materia de pecado, de justicia y de juicio.

388; 1433

730 Por fin llega la hora de Jesús:[91] Jesús entrega su espíritu en las manos del Padre[92] en el momento en que por su Muerte es vencedor de la muerte, de modo que, "resucitado de los muertos por la Gloria del Padre" (*Rm* 6, 4), en seguida da a sus discípulos el Espíritu Santo exhalando sobre ellos su aliento.[93] A partir de esta hora, la misión de Cristo y del Espíritu se convierte en la misión de la Iglesia: "Como el Padre me envió, también yo os envío" (*Jn* 20, 21).[94]

850

V. EL ESPÍRITU Y LA IGLESIA EN LOS ÚLTIMOS TIEMPOS

Pentecostés

731 El día de Pentecostés (al término de las siete semanas pascuales), la Pascua de Cristo se consuma con la efusión del Espíritu Santo que se manifiesta, da y comunica como Persona divina: desde su plenitud, Cristo, el Señor,[95] derrama profusamente el Espíritu.

2623

767

1302

732 En este día se revela plenamente la Santísima Trinidad. Desde ese día el Reino anunciado por Cristo está abierto a todos los que creen en Él: en la

244

---

[84] Cf. *Jn* 6, 27.51.62-63.
[85] Cf. *Jn* 3, 5-8.
[86] Cf. *Jn* 4, 10.14.23-24.
[87] Cf. *Jn* 7, 37-39.
[88] Cf. *Lc* 11, 13.
[89] Cf. *Mt* 10, 19-20.
[90] Cf. *Jn* 14, 16-17.26; 15, 26; 16, 7-15; 17, 26.
[91] Cf. *Jn* 13, 1; 17, 1.
[92] Cf. *Lc* 23, 46; *Jn* 19, 30.
[93] Cf. *Jn* 20, 22.
[94] Cf. *Mt* 28, 19; *Lc* 24, 47-48; *Hch* 1, 8.
[95] Cf. *Hch* 2, 33-36.

humildad de la carne y en la fe, participan ya en la Comunión de la Santísima Trinidad. Con su venida, que no cesa, el Espíritu Santo hace entrar al mundo en los "últimos tiempos", el tiempo de la Iglesia, el Reino ya heredado, pero todavía no consumado:

> Hemos visto la verdadera Luz, hemos recibido el Espíritu celestial, hemos encontrado la verdadera fe: adoramos la Trinidad indivisible porque ella nos ha salvado. [96]

El Espíritu Santo, el Don de Dios

733 "Dios es Amor" (*1 Jn* 4, 8.16) y el Amor que es el primer don, contiene todos los demás. Este amor "Dios lo ha derramado en nuestros corazones por el Espíritu Santo que nos ha sido dado" (*Rm* 5, 5).

734 Puesto que hemos muerto, o al menos, hemos sido heridos por el pecado, el primer efecto del don del Amor es la remisión de nuestros pecados. La Comunión con el Espíritu Santo (*2 Co* 13, 13) es la que, en la Iglesia, vuelve a dar a los bautizados la semejanza divina perdida por el pecado.

735 Él nos da entonces las "arras" o las "primicias" de nuestra herencia:[97] la Vida misma de la Santísima Trinidad que es amar "como él nos ha amado".[98] Este amor[99] es el principio de la vida nueva en Cristo, hecha posible porque hemos "recibido una fuerza, la del Espíritu Santo" (*Hch* 1, 8).

736 Gracias a este poder del Espíritu Santo los hijos de Dios pueden dar fruto. El que nos ha injertado en la Vid verdadera hará que demos "el fruto del Espíritu que es caridad, alegría, paz, paciencia, afabilidad, bondad, fidelidad, mansedumbre, templanza" (*Ga* 5, 22-23). "El Espíritu es nuestra Vida": cuanto más renunciamos a nosotros mismos[100] más "obramos también según el Espíritu" (*Ga* 5, 25):

> Por la comunión con él, el Espíritu Santo nos hace espirituales, nos restablece en el Paraíso, nos lleva al Reino de los cielos y a la adopción filial, nos da la confianza de llamar a Dios Padre y de participar en la gracia de Cristo, ser llamados hijos de la luz y de tener parte en la gloria eterna.[101]

El Espíritu Santo y la Iglesia

737 La misión de Cristo y del Espíritu Santo se realiza en la Iglesia, Cuerpo de Cristo y Templo del Espíritu Santo. Esta misión conjunta asocia desde ahora a los fieles de Cristo en su Comunión con el Padre en el Espíritu Santo: El Espíritu Santo *prepara* a los hombres, los previene por su gracia, para

---

[96] Liturgia bizantina, Troparío de Vísperas de Pentecostés; empleado también en las liturgias eucarísticas después de la comunión.
[97] Cf. *Rm* 8, 23; *2 Co* 1, 21.
[98] Cf. *1 Jn* 4, 11-12.
[99] La caridad de *1 Co* 13.
[100] Cf. *Mt* 16, 24-26.
[101] SAN BASILIO DE CESAREA, *Liber de Spiritu Soneto*, 15, 36: PG 32, 132.

QUÉ CREEMOS ⟶ El Credo ⟶ El Espíritu Santo

CIC
741

atraerlos hacia Cristo. Les *manifiesta* al Señor resucitado, les recuerda su palabra y abre su mente para entender su Muerte y su Resurrección. Les *hace presente* el Misterio de Cristo, sobre todo en la Eucaristía para reconciliarlos, para *conducirlos a la Comunión* con Dios, para que den "mucho fruto" (*Jn* 15, 5.8.16).

738 Así, la misión de la Iglesia no se añade a la de Cristo y del Espíritu Santo, sino que es su sacramento: con todo su ser y en todos sus miembros ha sido enviada para anunciar y dar testimonio, para actualizar y extender el Misterio de la Comunión de la Santísima Trinidad (esto será el objeto del próximo artículo):

850
777

> Todos nosotros que hemos recibido el mismo y único espíritu, a saber, el Espíritu Santo, nos hemos fundido entre nosotros y con Dios. Ya que por mucho que nosotros seamos numerosos separadamente y que Cristo haga que el Espíritu del Padre y suyo habite en cada uno de nosotros, este Espíritu único e indivisible lleva por sí mismo a la unidad a aquellos que son distintos entre sí… y hace que todos aparezcan como una sola cosa en él. Y de la misma manera que el poder de la santa humanidad de Cristo hace que todos aquellos en los que ella se encuentra formen un solo cuerpo, pienso que también de la misma manera el Espíritu de Dios que habita en todos, único e indivisible, los lleva a todos a la unidad espiritual.[102]

739 Puesto que el Espíritu Santo es la Unción de Cristo, es Cristo, Cabeza del Cuerpo, quien lo distribuye entre sus miembros para alimentarlos, sanarlos, organizados en sus funciones mutuas, vivificarlos, enviarlos a dar testimonio, asociarlos a su ofrenda al Padre y a su intercesión por el mundo entero. Por medio de los sacramentos de la Iglesia, Cristo comunica su Espíritu, Santo y Santificador, a los miembros de su Cuerpo (esto será el objeto de la Segunda parte del Catecismo).

1076

740 Estas "maravillas de Dios", ofrecidas a los creyentes en los Sacramentos de la Iglesia, producen sus frutos en la vida nueva, en Cristo, según el Espíritu (esto será el objeto de la Tercera parte del Catecismo).

741 "El Espíritu viene en ayuda de nuestra flaqueza. Pues nosotros no sabemos pedir como conviene; mas el Espíritu mismo intercede por nosotros con gemidos inefables" (*Rm* 8, 26). El Espíritu Santo, artífice de las obras de Dios, es el Maestro de la oración (esto será el objeto de la Cuarta parte del Catecismo).

---

[102] SAN CIRILO DE ALEJANDRÍA, *Commentarius in Joannem*, 12: PG 74, 560-561.

RESUMEN

742 "La prueba de que sois hijos es que Dios ha enviado a nuestros corazones el Espíritu de su Hijo que clama: Abbá, Padre" (*Ga* 4, 6).

743 Desde el comienzo y hasta la consumación de los tiempos, cuando Dios envía a su Hijo, envía siempre a su Espíritu: la misión de ambos es conjunta e inseparable.

744 En la plenitud de los tiempos, el Espíritu Santo realiza en María todas las preparaciones para la venida de Cristo al Pueblo de Dios. Mediante la acción del Espíritu Santo en ella, el Padre da al mundo el Emmanuel, "Dios con nosotros" (*Mt* 1, 23).

745 El Hijo de Dios es consagrado Cristo [Mesías] mediante la Unción del Espíritu Santo en su Encarnación.[103]

746 Por su Muerte y su Resurrección, Jesús es constituido Señor y Cristo en la gloria (*Hch* 2, 36). De su plenitud, derrama el Espíritu Santo sobre los apóstoles y la Iglesia.

747 El Espíritu Santo que Cristo, Cabeza, derrama sobre sus miembros, construye, anima y santifica a la Iglesia. Ella es el sacramento de la Comunión de la Santísima Trinidad con los hombres.

---

[103] Cf. *Sal* 2, 6-7.

QUÉ CREEMOS → El Credo → El Espíritu Santo

ARTÍCULO 9
"CREO EN LA SANTA IGLESIA CATOLICA"

FUENTES DE LA ESCRITURA Y DE LA IGLESIA

La siguiente parte del *Catecismo* utiliza estas fuentes de la Escritura y de la Iglesia. Véase el "Índice de citas" para una lista completa de referencias

Antiguo Testamento — Citadas en el *Catecismo*

Génesis	CIC 762
Éxodo	CIC 751, 762
Deuteronomio	CIC 762
Salmos	CIC 756
Isaías	CIC 754, 755, 762
Jeremías	CIC 762
Ezequiel	CIC 754
Oseas	CIC 762
Miqueas	CIC 762

Nuevo Testamento

Mateo	CIC 755, 756, 764, 765, 767
Marcos	CIC 765
Lucas	CIC 764, 765
Juan	CIC 754, 755, 764, 765
Hechos de los Apóstoles	CIC 751, 756, 761
Romanos	CIC 755
1 Corintios	CIC 752, 755, 756, 773
2 Corintios	CIC 769
Gálatas	CIC 752, 757
Efesios	CIC 753, 756, 757, 772, 773
Filipenses	CIC 752
Colosenses	CIC 753
1 Timoteo	CIC 756
1 Pedro	CIC 754, 756
Apocalipsis	CIC 756, 757, 765, 775, 778

Profesiones de fe
Credo de los Apóstoles	CIC 750

Concilios ecuménicos
Constantinopla I (381)	CIC 750
Vaticano II (1962-1965)	CIC 748, 753-757, 759, 761-764, 766-769, 771, 773, 775, 776

Documentos pontificios
Pablo VI (1963-1978)	CIC 776
Juan Pablo II (1978-2005)	CIC 773

Primera parte: La profesión de la fe

FUENTES DE LA ESCRITURA Y DE LA IGLESIA
(continuación)

Documentos eclesiásticos	Citadas en el *Catecismo*
Catecismo Romano	CIC 749, 750, 770

Escritores eclesiásticos	
San Ambrosio	CIC 766
Aristides	CIC 760
San Agustín	CIC 769, 774
San Bernardo de Claraval	CIC 771
Clemente de Alejandría	CIC 760
San Epifanio	CIC 760
Hermas	CIC 760
San Hipólito de Roma	CIC 749
San Justino	CIC 760

PALABRAS CLAVE

La siguiente parte del *Catecismo* utiliza estas palabras clave.
Véase el "Glosario" para su definición.

Palabras	Citadas en el *Catecismo*
Abraham	CIC 762
Católica	CIC 750
Discípulo	CIC 767
Iglesia	CIC 752
Pedro, san	CIC 765
Pueblo de Dios	CIC 761
Reino de Dios (de los Cielos)	CIC 763
Sacramento	CIC 774

748 "Cristo es la luz de los pueblos. Por eso, este sacrosanto Sínodo, reunido en el Espíritu Santo, desea vehementemente iluminar a todos los hombres con la luz de Cristo, que resplandece sobre el rostro de la Iglesia, anunciando el Evangelio a todas las criaturas". Con estas palabras comienza la "Constitución dogmática sobre la Iglesia" del Concilio Vaticano II. Así, el Concilio muestra que el artículo de la fe sobre la Iglesia depende enteramente de los artículos que se refieren a Cristo Jesús. La Iglesia no tiene otra luz que la de Cristo; ella es, según una imagen predilecta de los Padres de la Iglesia, comparable a la luna cuya luz es reflejo del sol.

749 El artículo sobre la Iglesia depende enteramente también del que le precede, sobre el Espíritu Santo. "En efecto, después de haber mostrado que el Espíritu Santo es la fuente y el dador de toda santidad, confesamos ahora que

QUÉ CREEMOS ⟶ El Credo ⟶ El Espíritu Santo

es Él quien ha dotado de santidad a la Iglesia".[104] La Iglesia, según la expresión de los Padres, es el lugar "donde florece el Espíritu".[105]

750 Creer que la Iglesia es "Santa" y "Católica", y que es "Una" y "Apostólica" (como añade el Símbolo Nicenoconstantinopolitano) es inseparable de la fe en Dios, Padre, Hijo y Espíritu Santo. En el Símbolo de los Apóstoles, hacemos profesión de creer que existe una Iglesia Santa ("Credo… Ecclesiam"), y no de creer en la Iglesia para no confundir a Dios con sus obras y para atribuir claramente a la bondad de Dios todos los dones que ha puesto en su Iglesia.[106]

Párrafo 1. La Iglesia en el designio de Dios

I. LOS NOMBRES Y LAS IMÁGENES DE LA IGLESIA

751 La palabra "Iglesia" ["ekklésia", del griego "ek-kalein" - "llamar fuera"] significa "convocación". Designa asambleas del pueblo,[107] en general de carácter religioso. Es el término frecuentemente utilizado en el texto griego del Antiguo Testamento para designar la asamblea del pueblo elegido en la presencia de Dios, sobre todo cuando se trata de la asamblea del Sinaí, en donde Israel recibió la Ley y fue constituido por Dios como su pueblo santo.[108] Dándose a sí misma el nombre de "Iglesia", la primera comunidad de los que creían en Cristo se reconoce heredera de aquella asamblea. En ella, Dios "convoca" a su Pueblo desde todos los confines de la tierra. El término "Kyriaké", del que se derivan las palabras "church" en inglés, y "Kirche" en alemán, significa "la que pertenece al Señor".

752 En el lenguaje cristiano, la palabra "Iglesia" designa no sólo la asamblea litúrgica,[109] sino también la comunidad local[110] o toda la comunidad universal de los creyentes.[111] Estas tres significaciones son inseparables de hecho. La "Iglesia" es el pueblo que Dios reúne en el mundo entero. La Iglesia de Dios existe en las comunidades locales y se realiza como asamblea litúrgica, sobre todo eucarística. La Iglesia vive de la Palabra y del Cuerpo de Cristo y de esta manera viene a ser ella misma Cuerpo de Cristo.

Los símbolos de la Iglesia

753 En la Sagrada Escritura encontramos multitud de imágenes y de figuras relacionadas entre sí, mediante las cuales la revelación habla del Misterio inagotable de la Iglesia. Las imágenes tomadas del Antiguo Testamento constituyen variaciones de una idea de fondo, la del "Pueblo de Dios". En el Nuevo Testamento,[112] todas estas imágenes adquieren un nuevo centro por el hecho de que Cristo viene a ser "la Cabeza" de este Pueblo,[113] el cual es desde

---

[104] Catecismo Romano, 1, 10, 1.
[105] SAN HIPÓLITO DE ROMA, *Traditio apostólica*, 35.
[106] Cf. *Catecismo Romano*, 1, 10, 22.
[107] Cf. *Hch* 19, 39.
[108] Cf. *Ex* 19.
[109] Cf. *1 Co* 11, 18; 14, 19.28.34.35.
[110] Cf. *1 Co* 1, 2; 16, 1.
[111] Cf. *1 Co* 15, 9; *Ga* 1, 13; *Flp* 3, 6.
[112] Cf. *Ef* 1, 22, *Col* 1, 18.
[113] Cf. CONCILIO VATICANO II, *Lumen gentium*, 9.

entonces su Cuerpo. En torno a este centro se agrupan imágenes "tomadas de la vida de los pastores, de la agricultura, de la construcción, incluso de la familia y del matrimonio".[114]

754 "La Iglesia, en efecto, es el *redil* cuya puerta única y necesaria es Cristo.[115] Es también el rebaño cuyo pastor será el mismo Dios, como él mismo anunció.[116] Aunque son pastores humanos quienes gobiernan a las ovejas, sin embargo es Cristo mismo el que sin cesar las guía y alimenta; Él, el Buen Pastor y Cabeza de los pastores,[117] que dio su vida por las ovejas."[118]

755 "La Iglesia es *labranza* o campo de Dios.[119] En este campo crece el antiguo olivo cuya raíz santa fueron los patriarcas y en el que tuvo y tendrá lugar la reconciliación de los judíos y de los gentiles.[120] El *labrador* del cielo la plantó como viña selecta.[121] La verdadera vid es Cristo, que da vida y fecundidad a los sarmientos, es decir, a nosotros, que permanecemos en él por medio de la Iglesia y que sin él no podemos hacer nada."[122]

756 "También muchas veces a la Iglesia se la llama *construcción de* Dios.[123] El Señor mismo se comparó a la piedra que desecharon los constructores, pero que se convirtió en la piedra angular.[124] Los apóstoles construyen la Iglesia sobre ese fundamento,[125] que le da solidez y cohesión. Esta construcción recibe diversos nombres: casa de Dios[126] en la que habita su *familia*, habitación de Dios en el Espíritu,[127] tienda de Dios con los hombres (*Ap* 21, 3), y sobre todo, *templo* santo. Representado en los templos de piedra, los Padres cantan sus alabanzas, y la liturgia, con razón, lo compara a la ciudad santa, a la nueva Jerusalén. En ella, en efecto, nosotros como piedras vivas entramos en su construcción en este mundo.[128] San Juan ve en el mundo renovado bajar del cielo, de junto a Dios, esta ciudad santa arreglada como una esposa embellecida para su esposo (*Ap* 21, 1-2)".

757 "La Iglesia que es llamada también 'la Jerusalén de arriba' y 'madre nuestra' (*Ga* 4, 26),[129] se la describe como la esposa inmaculada del Cordero inmaculado.[130] Cristo 'la amó y se entregó por ella para santificarla' (*Ef* 5, 25-26); se unió a ella en alianza indisoluble, 'la alimenta y la cuida' (*Ef* 5, 29) sin cesar".[131]

II. ORIGEN, FUNDACIÓN Y MISIÓN DE LA IGLESIA

758 Para penetrar en el Misterio de la Iglesia, conviene primeramente contemplar su origen dentro del designio de la Santísima Trinidad y su realización progresiva en la historia.

---

[114] *Ibid*, 6.
[115] Cf. *Jn* 10, 1-10.
[116] Cf. *Is* 40, 11; *Ez* 34, 11-31.
[117] Cf. *Jn* 10, 11; *1 P* 5, 4.
[118] Cf. *Jn* 10, 11-15.
[119] Cf. *1 Co* 3, 9.
[120] Cf. *Rm* 11, 13-26.
[121] Cf. *Mt* 21, 33-43 par.; *Is* 5, 1-7.
[122] Cf. *Jn* 15, 1-5.
[123] Cf. *1 Co* 3, 9.
[124] Cf. *Mt* 21, 42 par.; *Hch* 4, 11; *1 P* 2, 7; *Sal* 118, 22.
[125] Cf. *1 Co* 3, 11.
[126] Cf. *Rm* 3, 15.
[127] Cf. *Ef* 2, 19-22.
[128] Cf. *1 P* 2, 5.
[129] Cf. *Ap* 12, 17.
[130] Cf. *Ap* 19, 7; 21, 2.9; 22, 17.
[131] Concilio Vaticano II, *Lumen gentium*, 6.

QUÉ CREEMOS ⟶ El Credo ⟶ El Espíritu Santo

CIC 762

Un designio nacido en el corazón del Padre

759 "El Padre eterno creó el mundo por una decisión totalmente libre y misteriosa de su sabiduría y bondad. Decidió elevar a los hombres a la participación de la vida divina" a la cual llama a todos los hombres en su Hijo: "Dispuso convocar a los creyentes en Cristo en la santa Iglesia". Esta "familia de Dios" se constituye y se realiza gradualmente a lo largo de las etapas de la historia humana, según las disposiciones del Padre: en efecto, la Iglesia ha sido "prefigurada ya desde el origen del mundo y preparada maravillosamente en la historia del pueblo de Israel y en la Antigua Alianza; se constituyó en los últimos tiempos, se manifestó por la efusión del Espíritu y llegará gloriosamente a su plenitud al final de los siglos".[132]

293

1655

La Iglesia, prefigurada desde el origen del mundo

760 "El mundo fue creado en orden a la Iglesia", decían los cristianos de los primeros tiempos.[133] Dios creó el mundo en orden a la comunión en su vida divina, "comunión" que se realiza mediante la "convocación" de los hombres en Cristo, y esta "convocación" es la Iglesia. La Iglesia es la finalidad de todas las cosas,[134] e incluso las vicisitudes dolorosas como la caída de los ángeles y el pecado del hombre, no fueron permitidas por Dios más que como ocasión y medio de desplegar toda la fuerza de su brazo, toda la medida del amor que quería dar al mundo:

294

309

> Así como la voluntad de Dios es un acto y se llama mundo, así su intención es la salvación de los hombres y se llama Iglesia.[135]

La Iglesia, preparada en la Antigua Alianza

761 La reunión del pueblo de Dios comienza en el instante en que el pecado destruye la comunión de los hombres con Dios y la de los hombres entre sí. La reunión de la Iglesia es por así decirlo la reacción de Dios al caos provocado por el pecado. Esta reunificación se realiza secretamente en el seno de todos los pueblos: "En cualquier nación el que le teme [a Dios] y practica la justicia le es grato" (*Hch* 10, 35).[136]

55

762 La *preparación* lejana de la reunión del pueblo de Dios comienza con la vocación de Abraham, a quien Dios promete que llegará a ser padre de un gran pueblo.[137] La preparación inmediata comienza con la elección de Israel como pueblo de Dios.[138] Por su elección, Israel debe ser el signo de la reunión futura de todas las naciones.[139] Pero ya los profetas acusan a Israel de haber

122; 522
60

---

[132] *Ibid.*, 2.
[133] HERMAS, *Visiones pastoris*, 2, 4, 1; cf ARÍSTIDES, *Apología*, 16, 6; SAN JUSTINO, *Apologiae*, 2, 1.
[134] Cf. San Epifanio, *Panarion seu adversus LXXX haereses*, 1, 1, 5: PG 41, 181C.
[135] CLEMENTE DE ALEJANDRÍA, *Paedagogus*, 1, 6.
[136] Cf. Concilio Vaticano II, *Lumen gentium*, 9; 13; 16.
[137] Cf. *Gn* 12, 2; 15, 5-6.
[138] Cf. *Ex* 19, 5-6; *Dt* 7, 6.
[139] Cf. *Is* 2, 2-5; *Mi* 4, 1-4.

Primera parte: La profesión de la fe

roto la alianza y haberse comportado como una prostituta.[140] Anuncian, pues, una Alianza nueva y eterna.[141] "Jesús instituyó esta nueva alianza".[142]

La Iglesia, instituida por Cristo Jesús

763 Corresponde al Hijo realizar el plan de Salvación de su Padre, en la plenitud de los tiempos; ése es el motivo de su "misión".[143] "El Señor Jesús comenzó su Iglesia con el anuncio de la Buena Noticia, es decir, de la llegada del Reino de Dios prometido desde hacía siglos en las Escrituras".[144] Para cumplir la voluntad del Padre, Cristo inauguró el Reino de los cielos en la tierra. La Iglesia es el Reino de Cristo "presente ya en misterio".[145]

764 "Este Reino se manifiesta a los hombres en las palabras, en las obras y en la presencia de Cristo".[146] Acoger la palabra de Jesús es acoger "el Reino".[147] El germen y el comienzo del Reino son el "pequeño rebaño" (Lc 12, 32) de los que Jesús ha venido a convocar en torno suyo y de los que él mismo es el pastor.[148] Constituyen la verdadera familia de Jesús.[149] A los que reunió así en torno suyo, les enseñó no sólo una nueva "manera *de* obrar", sino también una oración propia.[150]

765 El Señor Jesús dotó a su comunidad de una estructura que permanecerá hasta la plena consumación del Reino. Ante todo está la elección *de* los Doce con Pedro como su Cabeza;[151] puesto que representan a las doce tribus de Israel,[152] ellos son los cimientos de la nueva Jerusalén.[153] Los Doce[154] y los otros discípulos[155] participan en la misión de Cristo, en su poder, y también en su suerte.[156] Con todos estos actos, Cristo prepara y edifica su Iglesia.

766 Pero la Iglesia ha nacido principalmente del don total de Cristo por nuestra salvación, anticipado en la institución de la Eucaristía y realizado en la Cruz. "El agua y la sangre que brotan del costado abierto de Jesús crucificado son signo de este comienzo y crecimiento".[157] "Pues del costado de Cristo dormido en la cruz nació el sacramento admirable de toda la Iglesia".[158] Del mismo modo que Eva fue formada del costado de Adán adormecido, así la Iglesia nació del corazón traspasado de Cristo muerto en la Cruz.[159]

La Iglesia, manifestada por el Espíritu Santo

767 "Cuando el Hijo terminó la obra que el Padre le encargó realizar en la tierra, fue enviado el Espíritu Santo el día de Pentecostés para que santificara continuamente a la Iglesia".[160] Es entonces cuando "la Iglesia se manifestó

---

[140] Cf. Os 1; Is 1, 2-4; Jr 2.
[141] Cf. Jr 31, 31-34; Is 55, 3.
[142] Concilio Vaticano II, *Lumen gentium*, 9.
[143] Cf. *ibid., 3; Id., Ad gentes* 3.
[144] Concilio Vaticano II, *Lumen gentium*, 5.
[145] *Ibid.*, 3.
[146] *Ibid.*, 5.
[147] Ibid.
[148] Cf. Mt 10, 16; 26, 31; Jn 10, 1-21.
[149] Cf. Mt 12, 49.
[150] Cf. Mt 5-6.
[151] Cf. Mc 3, 14-15.
[152] Cf. Mt 19, 28; Lc 22, 30.
[153] Cf. Ap 21, 12-14.
[154] Cf. Mc 6, 7.
[155] Cf. Lc 10, 1-2.
[156] Cf. Mt 10, 25; Jn 15, 20.
[157] Concilio Vaticano II, *Lumen gentium*, 3.
[158] Concilio Vaticano II, *Sacrosanctum concilium*, 5.
[159] Cf. SAN AMBROSIO, *Expositio Evangelii secundum Lucam*, 2, 85-89: PL 15, 1583-1586.
[160] Concilio Vaticano II, *Lumen gentium*, 4.

públicamente ante la multitud; se inició la difusión del Evangelio entre los pueblos mediante la predicación".[161] Siendo "convocación" de todos los hombres a la salvación, la Iglesia es, por su misma naturaleza, misionera enviada por Cristo a todas las naciones para hacer de ellas discípulos suyos.[162]

768 Para realizar su misión, el Espíritu Santo "la construye y dirige con diversos dones jerárquicos y carismáticos".[163] "La Iglesia, enriquecida con los dones de su Fundador y guardando fielmente sus mandamientos del amor, la humildad y la renuncia, recibe la misión de anunciar y establecer en todos los pueblos el Reino de Cristo y de Dios. Ella constituye el germen y el comienzo de este Reino en la tierra".[164]

La Iglesia, consumada en la gloria

769 La Iglesia "sólo llegará a su perfección en la gloria del cielo",[165] cuando Cristo vuelva glorioso. Hasta ese día, "la Iglesia avanza en su peregrinación a través de las persecuciones del mundo y de los consuelos de Dios".[166] Aquí abajo, ella se sabe en exilio, lejos del Señor,[167] y aspira al advenimiento pleno del Reino, "y espera y desea con todas sus fuerzas reunirse con su Rey en la gloria".[168] La consumación de la Iglesia en la gloria, y a través de ella la del mundo, no sucederá sin grandes pruebas. Solamente entonces, "todos los justos descendientes de Adán, 'desde Abel el justo hasta el último de los elegidos' se reunirán con el Padre en la Iglesia universal".[169]

III. EL MISTERIO DE LA IGLESIA

770 La Iglesia está en la historia, pero al mismo tiempo la trasciende. Solamente "con los ojos de la fe"[170] se puede ver al mismo tiempo en esta realidad visible una realidad espiritual, portadora de vida divina.

La Iglesia, a la vez visible y espiritual

771 "Cristo, el único Mediador, estableció en este mundo su Iglesia santa, comunidad de fe, esperanza y amor, como un organismo visible. La mantiene aún sin cesar para comunicar por medio de ella a todos la verdad y la gracia". La Iglesia es a la vez:

— "sociedad dotada de órganos jerárquicos y el Cuerpo Místico de Cristo;

— el grupo visible y la comunidad espiritual;

— la Iglesia de la tierra y la Iglesia llena de bienes del cielo".

---

[161] Concilio Vaticano II, *Ad gentes*, 4.
[162] Cf. *Mt* 28, 19-20; Concilio Vaticano II, *Ad gentes*, 2; 5-6.
[163] Concilio Vaticano II, *Lumen gentium*, 4.
[164] *Ibid.*, 5.
[165] *Ibid*, 48.
[166] SAN AGUSTÍN, De civitate Dei, 18, 51; cf Concilio Vaticano II, *Lumen gentium*, 8.
[167] Cf. *2 Co* 5, 6; Concilio Vaticano II, *Lumen gentium*, 6.
[168] Concilio Vaticano II, *Lumen gentium*, 5.
[169] *Ibid*, 2.
[170] Catecismo Romano, 1, 10, 20.

Estas dimensiones juntas constituyen "una realidad compleja, en la que están unidos el elemento divino y el humano":[171]

> Es propio de la Iglesia "ser a la vez humana y divina, visible y dotada de elementos invisibles, entregada a la acción y dada a la contemplación, presente en el mundo y, sin embargo, peregrina. De modo que en ella lo humano esté ordenado y subordinado a lo divino, lo visible a lo invisible, la acción a la contemplación y lo presente a la ciudad futura que buscamos".[172]

> ¡Qué humildad y qué sublimidad! Es la tienda de Cadar y el santuario de Dios; una tienda terrena y un palacio celestial; una casa modestísima y una aula regia; un cuerpo mortal y un templo luminoso; la despreciada por los soberbios y la esposa de Cristo. Tiene la tez morena pero es hermosa, hijas de Jerusalén. El trabajo y el dolor del prolongado exilio la han deslucido, pero también la embellece su forma celestial.[173]

La Iglesia, Misterio de la unión de los hombres con Dios

772 En la Iglesia es donde Cristo realiza y revela su propio misterio como la finalidad del designio de Dios: "recapitular todo en él" (*Ef* 1, 10). San Pablo llama "gran misterio" (*Ef* 5, 32) al desposorio de Cristo y de la Iglesia. Porque la Iglesia se une a Cristo como a su esposo,[174] por eso se convierte a su vez en Misterio.[175] Contemplando en ella el Misterio, San Pablo escribe: el misterio "es Cristo en vosotros, la esperanza de la gloria" (*Col* 1, 27).

773 En la Iglesia esta comunión de los hombres con Dios por "la caridad que no pasará jamás" (*1 Co* 13, 8) es la finalidad que ordena todo lo que en ella es medio sacramental ligado a este mundo que pasa.[176] "Su estructura está totalmente ordenada a la santidad de los miembros de Cristo. Y la santidad se aprecia en función del 'gran Misterio' en el que la Esposa responde con el don del amor al don del Esposo".[177] María nos precede a todos en la santidad que es el Misterio de la Iglesia como la "Esposa sin tacha ni arruga" (*Ef* 5, 27). Por eso "la dimensión Maríana de la Iglesia precede a su dimensión petrina".[178]

La Iglesia, sacramento universal de la salvación

774 La palabra griega *"mysterion"* ha sido traducida en latín por dos términos: *"mysterium"* y *"sacramentum"*. En la interpretación posterior, el término "sacramentum" expresa mejor el signo visible de la realidad oculta de la salvación, indicada por el término "mysterium". En este sentido, Cristo es Él mismo el Misterio de la salvación: "Non est enim aliud Dei mysterium,

---

[171] Concilio Vaticano II, *Lumen gentium*, 8.
[172] Concilio Vaticano II, *Sacrosanctum concilium*, 2
[173] . SAN BERNARDO DE CLARAVAL, *In Canticum sermones, 21,* 14: PL 183, 920D.
[174] Cf. *Ef* 5, 25-27.
[175] Cf. *Ef* 3, 9-11.
[176] Cf. Concilio Vaticano II, *Lumen gentium*, 48.
[177] JUAN PABLO II, c. ap. *Mulieris dignitatem*, 27.
[178] *Ibid*.

nisi Christus" ("No hay otro misterio de Dios fuera de Cristo").[179] La obra salvífica de su humanidad santa y santificante es el sacramento de la salvación que se manifiesta y actúa en los sacramentos de la Iglesia (que las Iglesias de Oriente llaman también "los santos Misterios"). Los siete sacramentos son los signos y los instrumentos mediante los cuales el Espíritu Santo distribuye la gracia de Cristo, que es la Cabeza, en la Iglesia, que es su Cuerpo. La Iglesia contiene por tanto y comunica la gracia invisible que ella significa. En este sentido analógico ella es llamada "sacramento".

775 "La Iglesia es en Cristo como un sacramento o signo e instrumento de la unión íntima con Dios y de la unidad de todo el género humano":[180] Ser el sacramento de la unión íntima de los hombres con Dios es el primer fin de la Iglesia. Como la comunión de los hombres radica en la unión con Dios, la Iglesia es también el sacramento de *la unidad del género humano*. Esta unidad ya está comenzada en ella porque reúne hombres "de toda nación, raza, pueblo y lengua" (*Ap* 7, 9); al mismo tiempo, la Iglesia es "signo e instrumento" de la plena realización de esta unidad que aún está por venir.

776 Como sacramento, la Iglesia es instrumento de Cristo. Ella es asumida por Cristo "como instrumento de redención universal",[181] "sacramento universal de salvación",[182] por medio del cual Cristo "manifiesta y realiza al mismo tiempo el misterio del amor de Dios al hombre".[183] Ella "es el proyecto visible del amor de Dios hacia la humanidad"[184] que quiere "que todo el género humano forme un único Pueblo de Dios, se una en un único Cuerpo de Cristo, se coedifique en un único templo del Espíritu Santo".[185]

RESUMEN

777 La palabra "Iglesia" significa "convocación". Designa la asamblea de aquellos a quienes convoca la palabra de Dios para formar el Pueblo de Dios y que, alimentados con el Cuerpo de Cristo, se convierten ellos mismos en Cuerpo de Cristo.

778 La Iglesia es a la vez camino y término del designio de Dios: prefigurada en la creación, preparada en la Antigua Alianza, fundada por las palabras y las obras de Jesucristo, realizada por su Cruz redentora y su Resurrección, se manifiesta como misterio de salvación por la efusión del Espíritu Santo. Quedará consumada en la gloria del cielo como asamblea de todos los redimidos de la tierra.[186]

---

[179] SAN AGUSTÍN, Epistulae, 187, 34; PL 33, 845.
[180] Concilio Vaticano II, *Lumen gentium*, 1.
[181] Concilio Vaticano II, *Lumen gentium*, 9.
[182] Ibid., 48.
[183] Concilio Vaticano II, *Gaudium et spes*, 45, 1.
[184] PABLO VI, discurso 22 junio 1973.
[185] Concilio Vaticano II, *Ad gentes*, 7; cf ID., *Lumen gentium*, 17.
[186] Cf. *Ap* 14, 4.

779 La Iglesia es a la vez visible y espiritual, sociedad jerárquica y Cuerpo Místico de Cristo. Es una, formada por un doble elemento humano y divino. Ahí está su Misterio que sólo la fe puede aceptar.

780 La Iglesia es, en este mundo, el sacramento de la salvación, el signo y el instrumento de la comunión con Dios y entre los hombres.

Párrafo 2. La Iglesia, pueblo de Dios, cuerpo de Cristo, templo del Espíritu Santo

I. LA IGLESIA, PUEBLO DE DIOS

FUENTES DE LA ESCRITURA Y DE LA IGLESIA

La siguiente parte del *Catecismo* utiliza estas fuentes de la Escritura y de la Iglesia. Véase el "Índice de citas" para una lista completa de referencias

Nuevo Testamento	Citadas en el *Catecismo*
Mateo	CIC 782, 786-788, 796
Marcos	CIC 787, 796
Lucas	CIC 787
Juan	CIC 782, 786-788, 796
Hechos de los Apóstoles	CIC 788, 798
Romanos	CIC 782, 790
1 Corintios	CIC 790, 796-798, 800, 801
2 Corintios	CIC 796, 797
Gálatas	CIC 782, 791, 793
Efesios	CIC 794, 796-798
Colosenses	CIC 792, 794
Tito	CIC 802
1 Pedro	CIC 782, 803
Apocalipsis	CIC 796

Concilios ecuménicos

Vaticano II (1962-1965)	CIC 781, 782, 784-786, 788, 790, 791, 793, 798, 801, 804, 810

Documentos pontificios

Pío XII (1939-1958)	CIC 797, 798
Juan Pablo II (1978-2005)	CIC 783, 801

QUÉ CREEMOS ⟶ El Credo ⟶ El Espíritu Santo   CIC 782

FUENTES DE LA ESCRITURA Y DE LA IGLESIA

(continuación)

Escritores eclesiásticos	Citadas en el *Catecismo*
San Agustín	CIC 795-797
San Cipriano de Cartago	CIC 810
San Gregorio Magno	CIC 795
San Ireneo de Lyon	CIC 797
Santa Juana de Arco	CIC 795
San León Magno	CIC 786
Santo Tomás de Aquino	CIC 795

PALABRAS CLAVE

La siguiente parte del *Catecismo* utiliza estas palabras clave.
Véase el "Glosario" para su definición.

Palabras	Citadas en el *Catecismo*
Carisma	CIC 799
Cuerpo de Cristo	CIC 787, 790
Discípulo	CIC 787
Pueblo de Dios	CIC 783
Sacerdocio	CIC 784
Signo de la Cruz	CIC 786
Templo	CIC 797

---

781 "En todo tiempo y lugar ha sido grato a Dios el que le teme y practica la justicia. Sin embargo, quiso santificar y salvar a los hombres no individualmente y aislados, sin conexión entre sí, sino hacer de ellos un pueblo para que le conociera de verdad y le sirviera con una vida santa. Eligió, pues, a Israel para pueblo suyo, hizo una alianza con él y lo fue educando poco a poco. Le fue revelando su persona y su plan a lo largo de su historia y lo fue santificando. Todo esto, sin embargo, sucedió como preparación y figura de su alianza nueva y perfecta que iba a realizar en Cristo…, es decir, el Nuevo Testamento en su sangre convocando a las gentes de entre los judíos y los gentiles para que se unieran, no según la carne, sino en el Espíritu".[187]

Las características del Pueblo de Dios

782 El Pueblo de Dios tiene características que le distinguen claramente de todos los grupos religiosos, étnicos, políticos o culturales de la historia: *871*

— Es el Pueblo *de Dios:* Dios no pertenece en propiedad a ningún pueblo. Pero Él ha adquirido para sí un pueblo de aquellos que antes no eran   *2787*

---

[187] Concilio Vaticano II, *Lumen gentium,* 9.

un pueblo: "una raza elegida, un sacerdocio real, una nación santa" (*1 P* 2, 9).

1267 — Se llega a ser *miembro* de este cuerpo no por el nacimiento físico, sino por el "nacimiento de arriba", "del agua y del Espíritu" (*Jn* 3, 3-5), es decir, por la fe en Cristo y el Bautismo.

695 — Este pueblo tiene por *jefe* [cabeza] a Jesús el Cristo [Ungido, Mesías]: porque la misma Unción, el Espíritu Santo fluye desde la Cabeza al Cuerpo, es "el Pueblo mesiánico".

1741 — "La *identidad de* este Pueblo, es la dignidad y la libertad de los hijos de Dios en cuyos corazones habita el Espíritu Santo como en un templo".

1972 — "Su *ley*, es el mandamiento nuevo: amar como el mismo Cristo nos amó".[188] Esta es la ley "nueva" del Espíritu Santo.[189]

849 — Su *misión* es ser la sal de la tierra y la luz del mundo.[190] "Es un germen muy seguro de unidad, de esperanza y de salvación para todo el género humano".

769 — "Su *destino* es el Reino de Dios, que él mismo comenzó en este mundo, que ha de ser extendido hasta que él mismo lo lleve también a su perfección".[191]

Un pueblo sacerdotal, profético y real

436
873
783 Jesucristo es Aquél a quien el Padre ha ungido con el Espíritu Santo y lo ha constituido "Sacerdote, Profeta y Rey". Todo el Pueblo de Dios participa de estas tres funciones de Cristo y tiene las responsabilidades de misión y de servicio que se derivan de ellas.[192]

1268
1546
784 Al entrar en el Pueblo de Dios por la fe y el Bautismo se participa en la vocación única de este Pueblo: en su vocación *sacerdotal*: "Cristo el Señor, Pontífice tomado de entre los hombres, ha hecho del nuevo pueblo 'un reino de sacerdotes para Dios, su Padre'. Los bautizados, en efecto, por el nuevo nacimiento y por la unción del Espíritu Santo, *quedan consagrados* como casa espiritual y sacerdocio santo".[193]

92
785 "El pueblo santo de Dios participa también del carácter *profético* de Cristo". Lo es sobre todo por el sentido sobrenatural de la fe que es el de todo el pueblo, laicos y jerarquía, cuando "se adhiere indefectiblemente a la fe transmitida a los santos de una vez para siempre"[194] y profundiza en su comprensión y se hace testigo de Cristo en medio de este mundo.

---

[188] Cf. *Jn* 13, 34.
[189] Cf. *Rm* 8, 2; *Ga* 5, 25.
[190] Cf. *Mt* 5, 13-16.
[191] Concilio Vaticano II, *Lumen gentium*, 9.
[192] Cf. JUAN PABLO II, ene. Redemptor hominis, 18-21.
[193] Concilio Vaticano II, *Lumen gentium*, 10.
[194] *Ibid.*, 12.

QUÉ CREEMOS ⟶ El Credo ⟶ El Espíritu Santo

CIC 789

786 El Pueblo de Dios participa, por último, en la función regia de Cristo. Cristo ejerce su realeza atrayendo a sí a todos los hombres por su muerte y su resurrección.[195] Cristo, Rey y Señor del universo, se hizo el servidor de todos, no habiendo "venido a ser servido, sino a servir y dar su vida en rescate por muchos" (*Mt* 20, 28). Para el cristiano, "servir es reinar",[196] particularmente 'en los pobres y en los que sufren" donde descubre "la imagen de su Fundador pobre y sufriente".[197] El pueblo de Dios realiza su "dignidad regia" viviendo conforme a esta vocación de servir con Cristo.

2449

2443

> La señal de la cruz hace reyes a todos los regenerados en Cristo, y la unción del Espíritu Santo los consagra sacerdotes; y así, además de este especial servicio de nuestro ministerio, todos los cristianos espirituales y perfectos deben saber que son partícipes del linaje regio y del oficio sacerdotal. ¿Qué hay más regio que un espíritu que, sometido a Dios, rige su propio cuerpo? ¿Y qué hay más sacerdotal que ofrecer a Dios una conciencia pura y las inmaculadas víctimas de nuestra piedad en el altar del corazón?[198]

II. LA IGLESIA, CUERPO DE CRISTO

La Iglesia es comunión con Jesús

787 Desde el comienzo, Jesús asoció a sus discípulos a su vida;[199] les reveló el Misterio del Reino;[200] les dio parte en su misión, en su alegría[201] y en sus sufrimientos.[202] Jesús habla de una comunión todavía más íntima entre Él y los que le sigan: "Permaneced en mí, como yo en vosotros… Yo soy la vid y vosotros los sarmientos" (*Jn* 15, 4-5). Anuncia una comunión misteriosa y real entre su propio cuerpo y el nuestro: "Quien come mi carne y bebe mi sangre permanece en mí y yo en él" (*Jn* 6, 56).

755

788 Cuando fueron privados los discípulos de su presencia visible, Jesús no los dejó huérfanos.[203] Les prometió quedarse con ellos hasta el fin de los tiempos,[204] les envió su Espíritu.[205] Por eso, la comunión con Jesús se hizo en cierto modo más intensa: "Por la comunicación de su Espíritu a sus hermanos, reunidos de todos los pueblos, Cristo los constituye místicamente en su cuerpo".[206]

690

789 La comparación de la Iglesia con el cuerpo arroja un rayo de luz sobre la relación íntima entre la Iglesia y Cristo. No está solamente reunida *en torno a Él*: siempre está unificada *en Él*, en su Cuerpo. Tres aspectos de la Iglesia "Cuerpo de Cristo" se han de resaltar más específicamente: la unidad de todos los miembros entre sí por su unión con Cristo; Cristo Cabeza del Cuerpo; la Iglesia, Esposa de Cristo.

521

---

[195] Cf. *Jn* 12, 32.
[196] Concilio Vaticano II, *Lumen gentium*, 36.
[197] *Ibid.*, 8.
[198] SAN LEÓN MAGNO, papa, *Sermones*, 4, 1-2: PL 54, 149; cf *Liturgia de las Horas*, I, Oficio de lectura del 10 de noviembre.
[199] Cf. *Mc* 1, 16-20; 3, 13-19.
[200] Cf. *Mt* 13, 10-17.
[201] Cf. *Lc* 10, 17-20.
[202] Cf. *Lc* 22, 28-30.
[203] Cf. *Jn* 14, 18.
[204] Cf. *Mt* 28, 20.
[205] Cf. *Jn* 20, 22; *Hch* 2, 33.
[206] Concilio Vaticano II, *Lumen gentium*, 7.

"Un solo cuerpo"

790 Los creyentes que responden a la Palabra de Dios y se hacen miembros del Cuerpo de Cristo, quedan estrechamente unidos a Cristo: "La vida de Cristo se comunica a los creyentes, que se unen a Cristo, muerto y glorificado, por medio de los sacramentos de una manera misteriosa pero real".[207] Esto es particularmente verdad en el caso del Bautismo por el cual nos unimos a la muerte y a la Resurrección de Cristo[208] y en el caso de la Eucaristía, por la cual, "compartimos realmente el Cuerpo del Señor, que nos eleva hasta la comunión con él y entre nosotros".[209]

791 La unidad del cuerpo no ha abolido la diversidad de los miembros: "En la construcción del Cuerpo de Cristo existe una diversidad de miembros y de funciones. Es el mismo Espíritu el que, según su riqueza y las necesidades de los ministerios, distribuye sus diversos dones para el bien de la Iglesia". La unidad del Cuerpo místico produce y estimula entre los fieles la caridad: "Si un miembro sufre, todos los miembros sufren con él; si un miembro es honrado, todos los miembros se alegran con él".[210] En fin, la unidad del Cuerpo místico sale victoriosa de todas las divisiones humanas: "En efecto, todos los bautizados en Cristo os habéis revestido de Cristo: ya no hay judío ni griego; ni esclavo ni libre; ni hombre ni mujer, ya que todos vosotros sois uno en Cristo Jesús" (*Ga* 3, 27-28).

Cristo, Cabeza de este Cuerpo

792 Cristo "es la Cabeza del Cuerpo que es la Iglesia" (*Col* 1, 18). Es el Principio de la creación y de la redención. Elevado a la gloria del Padre, "él es el primero en todo" (*Col* 1, 18), principalmente en la Iglesia por cuyo medio extiende su reino sobre todas las cosas:

793 *Él nos une a su Pascua:*[212] Todos los miembros tienen que esforzarse *en* asemejarse a él "hasta que Cristo esté formado en ellos" (*Ga* 4, 19). "Por eso somos integrados en los misterios de su vida…, nos unimos a sus sufrimientos como el cuerpo a su cabeza. Sufrimos con él para ser glorificados con él".[211]

794 *Él provee a nuestro crecimiento:*[212] Para hacernos crecer hacia él, nuestra Cabeza,[213] Cristo distribuye en su Cuerpo, la Iglesia, los dones y los servicios mediante los cuales nos ayudamos mutuamente en el camino de la salvación.

795 Cristo y la Iglesia son, por tanto, el *"Cristo total"* ["Christus totus"]. La Iglesia es una con Cristo. Los santos tienen conciencia muy viva de esta unidad:

> Felicitémonos y demos gracias por lo que hemos llegado a ser, no solamente cristianos sino el propio Cristo. ¿Comprendéis, hermanos, la gracia que Dios

---

[207] *Ibid.*
[208] Cf. *Rm* 6, 4-5; *1 Co* 12, 13.
[209] Concilio Vaticano II, *Lumen gentium*, 7.
[210] *Ibid.*
[211] *Ibid.*
[212] Cf. *Col* 2, 19.
[213] Cf. *Ef* 4, 11-16.

nos ha hecho al darnos a Cristo como Cabeza? Admiraos y regocijaos, hemos sido hechos Cristo. En efecto, ya que Él es la Cabeza y nosotros somos los miembros, el hombre todo entero es Él y nosotros... La plenitud de Cristo es, pues, la Cabeza y los miembros: ¿Qué quiere decir la Cabeza y los miembros? Cristo y la Iglesia.[214]

Redemptor noster unam se personam cum sancta Ecclesia, quam assumpsit, exhibuit ("Nuestro Redentor muestra que forma una sola persona con la Iglesia que Él asumió").[215]

Caput et membra, quasi una persona mystica ("La Cabeza y los miembros, como si fueran una sola persona mística").[216]

Una palabra de santa Juana de Arco a sus jueces resume la fe de los santos doctores y expresa el buen sentido del creyente: "De Jesucristo y de la Iglesia, me parece que es todo uno y que no es necesario hacer una dificultad de ello".[217]

La Iglesia es la Esposa de Cristo

796 La unidad de Cristo y de la Iglesia, Cabeza y miembros del Cuerpo, implica también la distinción de ambos en una relación personal. Este aspecto es expresado con frecuencia mediante la imagen del Esposo y de la Esposa. El tema de Cristo esposo de la Iglesia fue preparado por los profetas y anunciado por Juan Bautista.[218] El Señor se designó a sí mismo como "el Esposo" (*Mc* 2, 19).[219] El apóstol presenta a la Iglesia y a cada fiel, miembro de su Cuerpo, como una Esposa "desposada" con Cristo Señor para "no ser con él más que un solo Espíritu".[220] Ella es la Esposa inmaculada del Cordero inmaculado,[221] a la que Cristo "amó y por la que se entregó a fin de santificarla" (*Ef* 5, 26), la que él se asoció mediante una Alianza eterna y de la que no cesa de cuidar como de su propio Cuerpo:[222]

> He ahí el Cristo total, cabeza y cuerpo, uno solo formado de muchos... Sea la cabeza la que hable, sean los miembros, es Cristo el que habla. Habla en el papel de cabeza ["ex persona capitis"] o en el de cuerpo ["ex persona corporis"]. Según lo que está escrito: "Y los dos se harán una sola carne. Gran misterio es éste, lo digo respecto a Cristo y la Iglesia" (Ef 5, 31 -32). Y el Señor mismo en el Evangelio dice: "De manera que ya no son dos sino una sola carne" (Mt 19, 6). Como lo habéis visto bien, hay en efecto dos personas diferentes y, no obstante, no forman más que una en el abrazo conyugal... Como cabeza él se llama "esposo" y como cuerpo "esposa".[223]

---

[214] SAN AGUSTÍN, *In Evangelium Johannis tractatus*, 21, 8.
[215] SAN GREGORIO MAGNO, *Morada in Job*, praef., 1, 6, 4: PL 75, 525A.
[216] SANTO TOMÁS DE AQUINO, *Summa theologiae*, III, 48, 2 ad 1.
[217] SANTA JUANA DE ARCO, *en Actas del proceso*.
[218] Cf. *Jn* 3, 29.
[219] Cf. *Mt* 22, 1-14; 25, 1-13.
[220] Cf. *1 Co* 6, 15-17; *2 Co* 11, 2.
[221] Cf. *Ap* 22, 17; *Ef* 1, 4; 5, 27.
[222] Cf. *Ef* 5, 29.

III. LA IGLESIA, TEMPLO DEL ESPÍRITU SANTO

797 "Quod est spiritus noster, id est anima nostra, ad membra nostra, hoc est Spiritus Sanctus ad membra Christi, ad corpus Christi, quod est Ecclesia" ("Lo que nuestro espíritu, es decir, nuestra alma, es para nuestros miembros, eso mismo es el Espíritu Santo para los miembros de Cristo, para el Cuerpo de Cristo que es la Iglesia").[224] "A este Espíritu de Cristo, como a principio invisible, ha de atribuirse también el que todas las partes del cuerpo estén íntimamente unidas, tanto entre sí como con su excelsa Cabeza, puesto que está todo él en la Cabeza, todo en el Cuerpo, todo en cada uno de los miembros".[225] El Espíritu Santo hace de la Iglesia "el Templo del Dios vivo" (*2 Co* 6, 16):[226]

> En efecto, es a la misma Iglesia, a la que ha sido confiado el 'Don de Dios'... Es en ella donde se ha depositado la comunión con Cristo, es decir, el Espíritu Santo, arras de la incorruptibilidad, confirmación de nuestra fe y escala de nuestra ascensión hacia Dios... Porque allí donde está la Iglesia, allí está también el Espíritu de Dios; y allí donde está el Espíritu de Dios, está la Iglesia y toda gracia.[227]

798 El Espíritu Santo es "el principio de toda acción vital y verdaderamente saludable en todas las partes del cuerpo".[228] Actúa de múltiples maneras en la edificación de todo el Cuerpo en la caridad:[229] por la Palabra de Dios, "que tiene el poder de construir el edificio" (*Hch* 20, 32), por el Bautismo mediante el cual forma el Cuerpo de Cristo;[230] por los sacramentos que hacen crecer y curan a los miembros de Cristo; por "la gracia concedida a los apóstoles" que "entre estos dones destaca",[231] por las virtudes que hacen obrar según el bien, y por las múltiples gracias especiales [llamadas "carismas"] mediante las cuales los fieles quedan "preparados y dispuestos a asumir diversas tareas o ministerios que contribuyen a renovar y construir más y más la Iglesia".[232]

Los carismas

799 Extraordinarios o sencillos y humildes, los carismas son gracias del Espíritu Santo, que tienen directa o indirectamente, una utilidad eclesial; los carismas están ordenados a la edificación de la Iglesia, al bien de los hombres y a las necesidades del mundo.

800 Los carismas deben ser acogidos con gratitud por parte de quien los recibe, y también por todos los miembros de la Iglesia. En efecto, son una maravillosa riqueza de gracia para la vitalidad apostólica y para la santidad de todo el Cuerpo de Cristo; los carismas constituyen tal riqueza siempre que

---

[223] SAN AGUSTÍN, *Enarratio in Psalmos*, 74, 4.
[224] SAN AGUSTÍN, *Sermones*, 267, 4: PL 38, 1231D.
[225] PÍO XII, enc. *Mystici Corporis*: DS, 3808.
[226] Cf. *1 Co* 3, 16-17; *Ef* 2, 21.
[227] SAN IRENEO DE LYÓN, *Adversus haereses*, 3, 24, 1.
[228] PÍO XII, ene. *Mystici Corporis*: DS, 3808.
[229] Cf. *Ef* 4, 16.
[230] Cf. *1 Co* 12, 13.
[231] CONCILIO VATICANO II, *Lumen gentium*, 7.
[232] *Ibid.*, 12; cf ID., *Apostolicam actuositatem*, 3.

QUÉ CREEMOS ⟶ El Credo ⟶ El Espíritu Santo

CIC 810

se trate de dones que provienen verdaderamente del Espíritu Santo y que se ejerzan de modo plenamente conforme a los impulsos auténticos de este mismo Espíritu, es decir, según la caridad, verdadera medida de los carismas.[233]

801 Por esta razón se revela siempre necesario el discernimiento de los carismas. Ningún carisma dispensa de la referencia y de la sumisión a los pastores de la Iglesia. "A ellos compete sobre todo no apagar el Espíritu, sino examinarlo todo y quedarse con lo bueno",[234] a fin de que todos los carismas cooperen, en su diversidad y complementariedad, al "bien común" (1 Co 12, 7).[235]

894

1905

RESUMEN

802 "Cristo Jesús se entregó por nosotros a fin de rescatarnos de toda iniquidad y purificar para sí un pueblo que fuese suyo" (Tt 2, 14).

803 "Vosotros sois linaje elegido, sacerdocio real, nación santa, pueblo adquirido" (1 P 2, 9).

804 Se entra en el Pueblo de Dios por la fe y el Bautismo. "Todos los hombres están invitados al Pueblo de Dios",[236] a fin de que, en Cristo, "los hombres constituyan una sola familia y un único Pueblo de Dios".[237]

805 La Iglesia es el Cuerpo de Cristo. Por el Espíritu y su acción en los sacramentos, sobre todo en la Eucaristía, Cristo muerto y resucitado constituye la comunidad de los creyentes como Cuerpo suyo.

806 En la unidad de este cuerpo hay diversidad de miembros y de funciones. Todos los miembros están unidos unos a otros, particularmente a los que sufren, a los pobres y perseguidos.

807 La Iglesia es este Cuerpo del que Cristo es la Cabeza: vive de Él, en Él y por Él; Él vive con ella y en ella.

808 La Iglesia es la Esposa de Cristo: la ha amado y se ha entregado por ella. La ha purificado por medio de su sangre. Ha hecho de ella la Madre fecunda de todos los hijos de Dios.

809 La Iglesia es el Templo del Espíritu Santo. El Espíritu es como el alma del Cuerpo Místico, principio de su vida, de la unidad en la diversidad y de la riqueza de sus dones y carismas.

810 "Así toda la Iglesia aparece como el pueblo unido 'por la unidad del Padre, del Hijo y del Espíritu Santo' (San Cipriano)".[238]

---

[233] Cf. 1 Co 13.
[234] Concilio Vaticano II, *Lumen gentium*, 12.
[235] *Ibid.*, 30; JUAN PABLO II, exh. ap. *Christifideles laici*, 24.
[236] Concilio Vaticano II, *Lumen gentium*, 13.
[237] Concilio Vaticano II, *Ad gentes*, 1.
[238] Concilio Vaticano II, *Lumen gentium*, 4.

Primera parte: La profesión de la fe

Párrafo 3. La Iglesia es una, santa, católica y apostólica

FUENTES DE LA ESCRITURA Y DE LA IGLESIA

La siguiente parte del *Catecismo* utiliza estas fuentes de la Escritura y de la Iglesia. Véase el "Índice de citas" para una lista completa de referencias

Nuevo Testamento	Citadas en el *Catecismo*
Mateo	CIC 827, 831, 849, 857, 858, 860, 869
Marcos	CIC 858
Lucas	CIC 858
Juan	CIC 820, 858, 859, 864
Hechos de los Apóstoles	CIC 823, 857
Romanos	CIC 839
1 Corintios	CIC 823, 857, 859
2 Corintios	CIC 851, 859
Gálatas	CIC 857
Efesios	CIC 814, 830, 857, 865, 866
Colosenses	CIC 815
1 Timoteo	CIC 851
2 Timoteo	CIC 857
Hebreos	CIC 848
1 Pedro	CIC 845
1 Juan	CIC 827
Apocalipsis	CIC 857, 865, 869

Concilios ecuménicos	
Vaticano I (1869-1870)	CIC 812, 834
Vaticano II (1962-1965)	CIC 811-833, 835-839, 841-844, 846-857, 860-864, 868, 870

Documentos pontificios	
Pablo VI (1963-1978)	CIC 827, 835, 838, 843
Juan Pablo II (1978-2005)	CIC 828, 850-856

Documentos eclesiásticos	
Congregación para la Doctrina de la Fe	CIC 811, 847

Derecho Canónico	
Código de Derecho Canónico	CIC 815, 817, 833

QUÉ CREEMOS ⟶ El Credo ⟶ El Espíritu Santo

FUENTES DE LA ESCRITURA Y DE LA IGLESIA

(continuación)

Liturgia	Citadas en el *Catecismo*
Misal Romano	CIC 839, 857
Escritores eclesiásticos	
San Ambrosio	CIC 845
San Agustín	CIC 845
Clemente de Alejandría	CIC 813
San Clemente Romano	CIC 861
San Cipriano de Cartago	CIC 846
San Ignacio de Antioquia	CIC 830, 834
San Ireneo de Lyon	CIC 834
San Máximo el Confesor	CIC 834
Orígenes	CIC 817
Tertuliano	CIC 852
Santa Teresa (del Niño Jesús) de Lisieux	CIC 826

PALABRAS CLAVE

La siguiente parte del *Catecismo* utiliza estas palabras clave.
Véase el "Glosario" para su definición.

Palabras	Citadas en el *Catecismo*
Apostasía	CIC 817
Apóstol	CIC 857, 860
Apostolado	CIC 863
Atributos de la Iglesia	CIC 811
Colegialidad	CIC 861
Conversión	CIC 821
Diócesis	CIC 833
Canonización	CIC 828
Católica	CIC 830
Eclesiástico/eclesiástica	CIC 857
Ecumenismo	CIC 816, 820-822
Eparquía	CIC 833
Evangelización	CIC 861
Iglesia	CIC 811
Iglesia católica	CIC 830
Iglesias orientales	CIC 835
Iglesias ortodoxas	CIC 838
Iglesia particular	CIC 833
Misión	CIC 849, 858, 863
Nueva Alianza	CIC 839

PALABRAS CLAVE

(continuación)

Palabras	Citadas en el *Catecismo*
Obispo	CIC 861
Pedro, san	CIC 862
Protestante	CIC 838
Santo	CIC 823, 828
Sucesión apostólica	CIC 861
Unidad, cristiana	CIC 816, 820-822
Veneración (de los santos)	CIC 828
Vocación	CIC 825

811 "Esta es la única Iglesia de Cristo, de la que confesamos en el Credo que es una, santa, católica y apostólica". Estos cuatro atributos, inseparablemente unidos entre sí,[240] indican rasgos esenciales de la Iglesia y de su misión. La Iglesia no los tiene por ella misma; es Cristo, quien, por el Espíritu Santo, da a la Iglesia el ser una, santa, católica y apostólica, y Él es también quien la llama a ejercitar cada una de estas cualidades.

812 Sólo la fe puede reconocer que la Iglesia posee estas propiedades por su origen divino. Pero sus manifestaciones históricas son signos que hablan también con claridad a la razón humana. Recuerda el Concilio Vaticano I: "La Iglesia por sí misma es un grande y perpetuo motivo de credibilidad y un testimonio irrefutable de su misión divina a causa de su admirable propagación, de su eximia santidad, de su inagotable fecundidad en toda clase de bienes, de su unidad universal y de su invicta estabilidad".[241]

I. LA IGLESIA ES UNA

"El sagrado Misterio de la Unidad de la Iglesia"[242]

813 *La Iglesia es una debido a su origen:* "El modelo y principio supremo de este misterio es la unidad de un solo Dios Padre e Hijo en el Espíritu Santo, en la Trinidad de personas".[243] La Iglesia es una *debido a su Fundador:* "Pues el mismo Hijo encarnado, Príncipe de la paz, por su cruz reconcilió a todos los hombres con Dios... restituyendo la unidad de todos en un solo pueblo y en un solo cuerpo".[244] La Iglesia es una *debido a su "alma":* "El Espíritu Santo que habita en los creyentes y llena y gobierna a toda la Iglesia, realiza esa admirable comunión de fieles y une a todos en Cristo tan íntimamente que es

---

[239] *Ibid.*, 8.
[240] Cf. CONGREGACIÓN PARA LA DOCTRINA DE LA FE, *Carta a los Obispos de Inglaterra* del 16 setiembre 1864: DS, 2888.
[241] Concilio Vaticano I: DS, 3013.
[242] Concilio Vaticano II, *Unitatis redintegratio,* 2.
[243] *Ibid.*
[244] Concilio Vaticano II, *Gaudium et spes,* 78, 3.

QUÉ CREEMOS → El Credo → El Espíritu Santo

el Principio de la unidad de la Iglesia".[245] Por tanto, pertenece a la esencia misma de la Iglesia ser una:

> ¡Qué sorprendente misterio! Hay un solo Padre del universo, un solo Logos del universo y también un solo Espíritu Santo, idéntico en todas partes; hay también una sola virgen hecha madre, y me gusta llamarla Iglesia.[246]

814 Desde el principio, esta Iglesia una se presenta, no obstante, con una gran *diversidad* que procede a la vez de la variedad de los dones de Dios y de la multiplicidad de las personas que los reciben. En la unidad del Pueblo de Dios se reúnen los diferentes pueblos y culturas. Entre los miembros de la Iglesia existe una diversidad de dones, cargos, condiciones y modos de vida; "dentro de la comunión eclesial, existen legítimamente las Iglesias particulares con sus propias tradiciones".[247] La gran riqueza de esta diversidad no se opone a la unidad de la Iglesia. No obstante, el pecado y el peso de sus consecuencias amenazan sin cesar el don de la unidad. También el apóstol debe exhortar a "guardar la unidad del Espíritu con el vínculo de la paz" (*Ef* 4, 3).

815 ¿Cuáles son estos vínculos de la unidad? "Por encima de todo esto revestíos del amor, que es el vínculo de la perfección" (*Col* 3, 14). Pero la unidad de la Iglesia peregrina está asegurada por vínculos visibles de comunión:

— la profesión de una misma fe recibida de los apóstoles;

— la celebración común del culto divino, sobre todo de los sacramentos;

— la sucesión apostólica por el sacramento del orden, que conserva la concordia fraterna de la familia de Dios.[248]

816 "La única Iglesia de Cristo…, Nuestro Salvador, después de su resurrección, la entregó a Pedro para que la pastoreara. Le encargó a él y a los demás apóstoles que la extendieran y la gobernaran… Esta Iglesia, constituida y ordenada en este mundo como una sociedad, subsiste en ["subsistit in"] la Iglesia católica, gobernada por el sucesor de Pedro y por los obispos en comunión con él".[249]

> El decreto sobre Ecumenismo del CONCILIO VATICANO II explícita: "Solamente por medio de la Iglesia católica de Cristo, que es auxilio general de salvación, puede alcanzarse la plenitud total de los medios de salvación. Creemos que el Señor confió todos los bienes de la Nueva Alianza a un único colegio apostólico presidido por Pedro, para constituir un solo Cuerpo de Cristo en la tierra, al cual deben incorporarse plenamente los que de algún modo pertenecen ya al Pueblo de Dios".[250]

---

[245] Concilio Vaticano II, *Unitatis redintegratio*, 2.
[246] CLEMENTE DE ALEJANDRÍA, *Paedagogus*, 1, 6.
[247] Concilio Vaticano II, *Lumen gentium*, 13.
[248] Cf. Concilio Vaticano II, *Unitatis redintegratio*, 2; ID., *Lumen gentium*, 14; CDC, 205.
[249] Concilio Vaticano II, *Lumen gentium*, 8.
[250] Concilio Vaticano II, *Unitatis redintegratio*, 3.

Las heridas de la unidad

817 De hecho, "en esta una y única Iglesia de Dios, aparecieron ya desde los primeros tiempos algunas escisiones que el apóstol reprueba severamente como condenables; y en siglos posteriores surgieron disensiones más amplias y comunidades no pequeñas se separaron de la comunión plena con la Iglesia católica y, a veces, no sin culpa de los hombres de ambas partes".[251] Tales rupturas que lesionan la unidad del Cuerpo de Cristo (se distingue la herejía, la apostasía y el cisma)[252] no se producen sin el pecado de los hombres:

> Ubi peccata sunt, ibi est multitudo, ibi schismata, ibi haereses, ibi discussiones. Ubi autem virtus, ibi singularitas, ibi unió, ex quo omnium credentium erat cor unum et anima una ("Donde hay pecados, allí hay desunión, cismas, herejías, discusiones. Pero donde hay virtud, allí hay unión, de donde resultaba que todos los creyentes tenían un solo corazón y una sola alma").[253]

818 Los que nacen hoy en las comunidades surgidas de tales rupturas' 'y son instruidos en la fe de Cristo, no pueden ser acusados del pecado de la separación y la Iglesia católica los abraza con respeto y amor fraternos... justificados por la fe en el bautismo, se han incorporado a Cristo; por tanto, con todo derecho se honran con el nombre de cristianos y son reconocidos con razón por los hijos de la Iglesia católica como hermanos en el Señor".[254]

819 Además, "muchos elementos de santificación y de verdad"[255] existen fuera de los límites visibles de la Iglesia católica: "la palabra de Dios escrita, la vida de la gracia, la fe, la esperanza y la caridad y otros dones interiores del Espíritu Santo y los elementos visibles".[256] El Espíritu de Cristo se sirve de estas Iglesias y comunidades eclesiales como medios de salvación cuya fuerza viene de la plenitud de gracia y de verdad que Cristo ha confiado a la Iglesia católica. Todos estos bienes provienen de Cristo y conducen a Él[257] y de por sí impelen a "la unidad católica".[258]

Hacia la unidad

820 Aquella unidad "que Cristo concedió desde el principio a la Iglesia... creemos que subsiste indefectible en la Iglesia católica y esperamos que crezca hasta la consumación de los tiempos".[259] Cristo da permanentemente a su Iglesia el don de la unidad, pero la Iglesia debe orar y trabajar siempre para mantener, reforzar y perfeccionar la unidad que Cristo quiere para ella. Por eso Cristo mismo rogó en la hora de su Pasión, y no cesa de rogar al Padre por la unidad de sus discípulos: "Que todos sean uno. Como tú, Padre,

---

[251] *Ibid.*
[252] Cf. CDC, 751.
[253] ORÍGENES, *Homiliae in Ezechielem*, 9, 1.
[254] Concilio Vaticano II, *Unitatis redintegratio*, 3.
[255] Concilio Vaticano II, *Lumen gentium*, 8.
[256] Concilio Vaticano II, *Unitatis redintegratio*, 3; cf ID., *Lumen gentium*, 15.
[257] Cf. Concilio Vaticano II, *Unitatis redintegratio*, 3.
[258] Concilio Vaticano II, *Lumen gentium*, 8.
[259] Concilio Vaticano II, *Unitatis redintegratio*, 4.

QUÉ CREEMOS → El Credo → El Espíritu Santo

CIC 823

en mí y yo en ti, que ellos sean también uno en nosotros, para que el mundo crea que tú me has enviado" (*Jn* 17, 21). El deseo de volver a encontrar la unidad de todos los cristianos es un don de Cristo y un llamamiento del Espíritu Santo.[260]

821 Para responder adecuadamente a este llamamiento se exige:

— una renovación permanente de la Iglesia en una fidelidad mayor a su vocación. Esta renovación es el alma del movimiento hacia la unidad;[261]

— la conversión del corazón para "llevar una vida más pura, según el Evangelio"[262] porque la infidelidad de los miembros al don de Cristo es la causa de las divisiones;

827

— la oración en común, porque "esta conversión del corazón y santidad de vida, junto con las oraciones privadas y públicas por la unidad de los cristianos, deben considerarse como el alma de todo el movimiento ecuménico, y pueden llamarse con razón ecumenismo espiritual";[263]

2791

— el fraterno conocimiento recíproco;[264]

— Información ecuménica de los fieles y especialmente de los sacerdotes;[265]

— el diálogo entre los teólogos y los encuentros entre los cristianos de diferentes Iglesias y comunidades;[266]

— la colaboración entre cristianos en los diferentes campos de servicio a los hombres.[267]

822 "La preocupación por el restablecimiento de la unión atañe a la Iglesia entera, tanto a los fieles como a los pastores".[268] Pero hay que ser "conocedor de que este santo propósito de reconciliar a todos los cristianos en la unidad de la única Iglesia de Jesucristo excede las fuerzas y la capacidad humana". Por eso hay que poner toda la esperanza "en la oración de Cristo por la Iglesia, en el amor del Padre para con nosotros, y en el poder del Espíritu Santo".[269]

II. LA IGLESIA ES SANTA

823 "La fe confiesa que la Iglesia... no puede dejar de ser santa. En efecto, Cristo, el Hijo de Dios, a quien con el Padre y con el Espíritu se proclama 'el solo santo', amó a su Iglesia como a su esposa. Él se entregó por ella para santificarla, la unió a sí mismo como su propio cuerpo y la llenó del don del

459
796

---

[260] Cf. *ibid.*, 1.
[261] Cf. *ibid.*, 6.
[262] *Ibid.*, 7.
[263] *Ibid.*, 8.
[264] Cf. *ibid.*, 9.
[265] Cf. *ibid.*, 10.
[266] Cf. *ibid*, 4; 9; 11.
[267] Cf. *ibid.*, 12.
[268] *Ibid.*, 5.
[269] *Ibid.*, 24.

946 Espíritu Santo para gloria de Dios".²⁷⁰ La Iglesia es, pues, "el Pueblo santo de Dios",²⁷¹ y sus miembros son llamados "santos".²⁷²

824 La Iglesia, unida a Cristo, está santificada por Él; por Él y en Él, ella también ha sido hecha *santificadora*. Todas las obras de la Iglesia se esfuerzan en conseguir "la santificación de los hombres en Cristo y la glorificación de Dios".²⁷³ En la Iglesia es en donde está depositada "la plenitud total de los medios de salvación".²⁷⁴ Es en ella donde "conseguimos la santidad por la gracia de Dios".²⁷⁵

816

670

825 "La Iglesia, en efecto, ya en la tierra se caracteriza por una verdadera santidad, aunque todavía imperfecta".²⁷⁶ En sus miembros, la santidad perfecta está todavía por alcanzar: "Todos los cristianos, de cualquier estado o condición, están llamados cada uno por su propio camino, a la perfección de la santidad, cuyo modelo es el mismo Padre".²⁷⁷

2013

1827
2658

826 La *caridad* es el alma de la santidad a la que todos están llamados: "dirige todos los medios de santificación, los informa y los lleva a su fin":²⁷⁸

> Comprendí que si la Iglesia tenía un cuerpo, compuesto por diferentes miembros, el más necesario, el más noble de todos no le faltaba, comprendí que la Iglesia tenía un corazón, y que este corazón estaba ARDIENDO DE AMOR. Comprendí que el Amor solo hacía obrar a los miembros de la Iglesia, que si el Amor llegara a apagarse, los Apóstoles ya no anunciarían el Evangelio, los Mártires rehusarían verter su sangre... Comprendí que EL AMOR ENCERRABA TODAS LAS VOCACIONES, QUE EL AMOR ERA TODO, QUE ABARCABA TODOS LOS TIEMPOS Y TODOS LOS LUGARES... EN UNA PALABRA, QUE ES ¡ETERNO!²⁷⁹

864

1425-1429

821

827 "Mientras que Cristo, santo, inocente, sin mancha, no conoció el pecado, sino que vino solamente a expiar los pecados del pueblo, la Iglesia, *abrazando en su seno a los pecadores*, es a la vez santa y siempre necesitada de purificación y busca sin cesar la conversión y la renovación".²⁸⁰ Todos los miembros de la Iglesia, incluso sus ministros, deben reconocerse pecadores.²⁸¹ En todos, la cizaña del pecado todavía se encuentra mezclada con la buena semilla del Evangelio hasta el fin de los tiempos.²⁸² La Iglesia, pues, congrega a pecadores alcanzados ya por la salvación de Cristo, pero aún en vías de santificación:

> La Iglesia es, pues, santa aunque abarque en su seno pecadores; porque ella no goza de otra vida que de la vida de la gracia; sus miembros, ciertamente, si se alimentan de esta vida se santifican; si se apartan de ella, contraen

---

²⁷⁰ Concilio Vaticano II, Lumen gentium, 39.
²⁷¹ *Ibid.*, 12
²⁷² Cf. *Hch* 9, 13; *1 Co* 6, 1; 16, 1.
²⁷³ Concilio Vaticano II, *Sacrosanctum concilium*, 10.
²⁷⁴ Concilio Vaticano II, *Unitatis redintegratio*, 3.
²⁷⁵ Concilio Vaticano II, *Lumen gentium*, 48.
²⁷⁶ *Ibid.*

²⁷⁷ *Ibid.*, 11.
²⁷⁸ *Ibid.*, 42.
²⁷⁹ SANTA TERESA DEL NIÑO JESÚS, *Manuscrits autobiographiques*, B 3v.
²⁸⁰ Concilio Vaticano II, *Lumen gentium*, 8; cf ID., *Unitatis redintegratio*, 3; 6.
²⁸¹ Cf. *1 Jn* 1, 8-10.
²⁸² Cf. *Mt* 13, 24-30.

QUÉ CREEMOS ⟶ El Credo ⟶ El Espíritu Santo

CIC 831

pecados y manchas del alma, que impiden que la santidad de ella se difunda radiante. Por lo que se aflige y hace penitencia por aquellos pecados, teniendo poder de librar de ellos a sus hijos por la sangre de Cristo y el don del Espíritu Santo.[283]

828 Al *canonizar* a ciertos fieles, es decir, al proclamar solemnemente que esos fieles han practicado heroicamente las virtudes y han vivido en la fidelidad a la gracia de Dios, la Iglesia reconoce el poder del Espíritu de santidad, que está en ella, y sostiene la esperanza de los fieles proponiendo a los santos como modelos e intercesores.[284] "Los santos y las santas han sido siempre fuente y origen de renovación en las circunstancias más difíciles de la historia de la Iglesia".[285] En efecto, "la santidad de la Iglesia es el secreto manantial y la medida infalible de su laboriosidad apostólica y de su ímpetu misionero".[286]

1173

2045

829 "La Iglesia en la Santísima Virgen llegó ya a la perfección, sin mancha ni arruga. En cambio, los creyentes se esfuerzan todavía en vencer el pecado para crecer en la santidad. Por eso dirigen sus ojos a María":[287] en ella, la Iglesia es ya enteramente santa.

1172

972

III. LA IGLESIA ES CATÓLICA

Qué quiere decir "católica"

830 La palabra "católica" significa "universal" en el sentido de "según la totalidad" o "según la integridad". La Iglesia es católica en un doble sentido:

Es católica porque Cristo está presente en ella. "Allí donde está Cristo Jesús, está la Iglesia Católica".[288] En ella subsiste la plenitud del Cuerpo de Cristo unido a su Cabeza,[289] lo que implica que ella recibe de Él "la plenitud de los medios de salvación"[290] que Él ha querido: confesión de fe recta y completa, vida sacramental íntegra y ministerio ordenado en la sucesión apostólica. La Iglesia, en este sentido fundamental, era católica el día de Pentecostés[291] y lo será siempre hasta el día de la Parusía.

795

815-816

831 Es católica porque ha sido enviada por Cristo en misión a la totalidad del género humano:[292]

849

Todos los hombres están invitados al Pueblo de Dios. Por eso este pueblo, uno y único, ha de extenderse por todo el mundo a través de todos los siglos, para que así se cumpla el designio de Dios, que en el principio creó una única naturaleza humana y decidió reunir a sus hijos dispersos... Este

360

---

[283] PABLO VI, Credo del Pueblo de Dios, 19.
[284] Cf. Concilio Vaticano II, *Lumen gentium*, 40; 48-51.
[285] JUAN PABLO II, exh. ap. *Christifideles laici*, 16, 3.
[286] *Ibid.*, 17, 3.
[287] Concilio Vaticano II, *Lumen gentium*, 65.
[288] SAN IGNACIO DE ANTIOQUÍA, Epistula ad Smyrnaeos, 8, 2.
[289] Cf. *Ef* 1, 22-23.
[290] Concilio Vaticano II, *Ad gentes*, 6.
[291] Cf. *ibid.*, 4.
[292] Cf. *Mt* 28, 19.

carácter de universalidad, que distingue al pueblo de Dios, es un don del mismo Señor. Gracias a este carácter, la Iglesia Católica tiende siempre y eficazmente a reunir a la humanidad entera con todos sus valores bajo Cristo como Cabeza, en la unidad de su Espíritu.[293]

Cada una de las Iglesias particulares es "católica"

832 "Esta Iglesia de Cristo está verdaderamente presente en todas las legítimas comunidades locales de fieles, unidas a sus pastores. Estas, en el Nuevo Testamento, reciben el nombre de Iglesias... En ellas se reúnen los fieles por el anuncio del Evangelio de Cristo y se celebra el misterio de la Cena del Señor... En estas comunidades, aunque muchas veces sean pequeñas y pobres o vivan dispersas, está presente Cristo, quien con su poder constituye a la Iglesia una, santa, católica y apostólica". [294]

833 Se entiende por Iglesia particular, que es en primer lugar la diócesis (o la eparquía), una comunidad de fieles cristianos en comunión en la fe y en los sacramentos con su obispo ordenado en la sucesión apostólica.[295] Estas Iglesias particulares están "formadas a imagen de la Iglesia Universal. En ellas y a partir de ellas existe la Iglesia católica, una y única".[296]

834 Las Iglesias particulares son plenamente católicas gracias a la comunión con una de ellas: la Iglesia de Roma "que preside en la caridad".[297] "Porque con esta Iglesia en razón de su origen más excelente debe necesariamente acomodarse toda Iglesia, es decir, los fieles de todas partes".[298] "En efecto, desde la venida a nosotros del Verbo encarnado, todas las Iglesias cristianas de todas partes han tenido y tienen a la gran Iglesia que está aquí [en Roma] como única base y fundamento porque, según las mismas promesas del Salvador, las puertas del infierno no han prevalecido jamás contra ella".[299]

835 "Guardémonos bien de concebir la Iglesia universal como la suma o, si se puede decir, la federación más o menos anómala de Iglesias particulares esencialmente diversas. En el pensamiento del Señor es la Iglesia, universal por vocación y por misión, la que, echando sus raíces en la variedad de terrenos culturales, sociales, humanos, toma en cada parte del mundo aspectos, expresiones extemas diversas".[300] La rica variedad de disciplinas eclesiásticas, de ritos litúrgicos, de patrimonios teológicos y espirituales propios de las Iglesias locales "con un mismo objetivo muestra muy claramente la catolicidad de la Iglesia indivisa".[301]

---

[293] Concilio Vaticano II, *Lumen gentium*, 13.
[294] *Ibid.*, 26.
[295] Cf. Concilio Vaticano II, Christus Dominus, 11; CDC, 368-369. CCEO cánones 177, § 1. 178. 311, § 1.312.
[296] Concilio Vaticano II, *Lumen gentium*, 23.
[297] SAN IGNACIO DE ANTIOQUÍA, Epistula ad Romanos, 1, 1.
[298] SAN IRENEO DE LYÓN, Adversus haereses, 3, 3, 2; citado por Concilio Vaticano I: DS, 3057.
[299] SAN MÁXIMO EL CONFESOR, Opuscula theologica et polémica: PG 91, 137-140.
[300] PABLO VI, exh. ap. *Evangelii nuntiandi*, 62.
[301] Concilio Vaticano II, *Lumen gentium*, 23.

QUÉ CREEMOS ⟶ El Credo ⟶ El Espíritu Santo

Quién pertenece a la Iglesia católica

836 "Todos los hombres, por tanto, están invitados a esta unidad católica del Pueblo de Dios... A esta unidad pertenecen de diversas maneras o a ella están destinados los católicos, los demás cristianos e incluso todos los hombres en general llamados a la salvación por la gracia de Dios".[302]

837 "Están plenamente incorporados a la sociedad que es la Iglesia aquellos que, teniendo el Espíritu de Cristo, aceptan íntegramente su constitución y todos los medios de salvación establecidos en ella y están unidos, dentro de su estructura visible, a Cristo, que la rige por medio del Sumo Pontífice y de los obispos, mediante los lazos de la profesión de la fe, de los sacramentos, del gobierno eclesiástico y de la comunión. No se salva, en cambio, el que no permanece en el amor, aunque esté incorporado a la Iglesia, porque está en el seno de la Iglesia con el 'cuerpo', pero no con el 'corazón'".[303]

838 "La Iglesia se siente unida por muchas razones con todos los que se honran con el nombre de cristianos a causa del bautismo, aunque no profesan la fe en su integridad o no conserven la unidad de la comunión bajo el sucesor de Pedro".[304] "Los que creen en Cristo y han *recibido* ritualmente el bautismo están en una cierta comunión, aunque no perfecta, con la Iglesia católica".[305] *Con las Iglesias ortodoxas,* esta comunión es tan profunda "que le falta muy poco para que alcance la plenitud que haría posible una celebración común de la Eucaristía del Señor".[306]

La Iglesia y los no cristianos

839 "Los que todavía no han recibido el Evangelio también están ordenados al Pueblo de Dios de diversas maneras":[307]

La relación de la Iglesia con el pueblo judío. La Iglesia, Pueblo de Dios en la Nueva Alianza, al escrutar su propio misterio, descubre su vinculación con el pueblo judío[308] "a quien Dios ha hablado primero".[309] A diferencia de otras religiones no cristianas la fe judía ya es una respuesta a la revelación de Dios en la Antigua Alianza. Pertenece al pueblo judío "la adopción filial, la gloria, las alianzas, la legislación, el culto, las promesas y los patriarcas; de todo lo cual procede Cristo según la carne" (*Rm* 9, 4-5), "porque los dones y la vocación de Dios son irrevocables" (*Rm* 11, 29).

840 Por otra parte, cuando se considera el futuro, el Pueblo de Dios de la Antigua Alianza y el nuevo Pueblo de Dios tienden hacia fines análogos: la espera de la venida (o el retorno) del Mesías; pues para unos, es la espera de la

CIC 840

831

771
815
882

818

1271

1399

856

63

147

674

---

[302] *Ibid.,* 13.
[303] *Ibid.,* 14.
[304] *Ibid.,* 15.
[305] Concilio Vaticano II, *Unitatis redintegratio,* 3.
[306] PABLO VI, discurso 14 diciembre 1975; cf Concilio Vaticano II, *Unitatis redintegratio,* 13-18.
[307] Concilio Vaticano II, *Lumen gentium,* 16.
[308] Cf. Concilio Vaticano II, *Nostra aetate,* 4.
[309] *Misal Romano,* Liturgia del Viernes Santo 13: oración universal VI.

vuelta del Mesías, muerto y resucitado, reconocido como Señor e Hijo de Dios; para los otros, es la venida del Mesías cuyos rasgos permanecen velados hasta el fin de los tiempos, espera que está acompañada del drama de la ignorancia o del desconocimiento de Cristo Jesús.

841 Las relaciones de la Iglesia con los musulmanes. "El designio de salvación comprende también a los que reconocen al Creador. Entre ellos están, ante todo, los musulmanes, que profesan tener la fe de Abraham y adoran con nosotros al Dios único y misericordioso que juzgará a los hombres al fin del mundo".[310]

842 *El vínculo de la Iglesia con las religiones no cristianas* es en primer lugar el del origen y el del fin comunes del género humano:

> Todos los pueblos forman una única comunidad y tienen un mismo origen, puesto que Dios hizo habitar a todo el género humano sobre la entera faz de la tierra; tienen también un único fin último, Dios, cuya providencia, testimonio de bondad y designios de salvación se extienden a todos hasta que los elegidos se unan en la Ciudad Santa.[311]

843 La Iglesia reconoce en las otras religiones la búsqueda, "todavía *en* sombras y bajo imágenes", del Dios desconocido pero próximo ya que es Él quien da a todos vida, el aliento y todas las cosas y quiere que todos los hombres se salven. Así, la Iglesia aprecia todo lo bueno y verdadero, que puede encontrarse en las diversas religiones, "como una preparación al Evangelio y como un don de aquel que ilumina a todos los hombres, para que al fin tengan la vida".[312]

844 Pero, en su comportamiento religioso, los hombres muestran también límites y errores que desfiguran en ellos la imagen de Dios:

> Con demasiada frecuencia los hombres, engañados por el Maligno, se pusieron a razonar como personas vacías y cambiaron el Dios verdadero por un ídolo falso, sirviendo a las criaturas en vez de al Creador. Otras veces, viviendo y muriendo sin Dios en este mundo, están expuestos a la desesperación más radical.[313]

845 El Padre quiso convocar a toda la humanidad en la Iglesia de su Hijo para reunir de nuevo a todos sus hijos que el pecado había dispersado y extraviado. La Iglesia es el lugar donde la humanidad debe volver a encontrar su unidad y su salvación. Ella es el "mundo reconciliado".[314] Es, además, este barco que "pleno dominicae crucis velo Sancti Spiritus flatu in hoc bene navigat mundo" ("con su velamen que es la cruz de Cristo, empujado por el

---

[310] Concilio Vaticano II, *Lumen gentium*, 16; Cf. ID., *Nostra aetate*, 3.
[311] Concilio Vaticano II, *Nostra aetate*, 1.
[312] Concilio Vaticano II, *Lumen gentium*, 16; cf ID., *Nostra aetate*, 2; PABLO VI, exh. ap. *Evangelii nuntiandi*, 53.
[313] Concilio Vaticano II, *Lumen gentium*, 16.
[314] San Agustín, Sermones, 96, 7, 9: PL 38, 588.

QUÉ CREEMOS ⟶ El Credo ⟶ El Espíritu Santo

CIC 850

Espíritu Santo, navega bien en este mundo");³¹⁵ según otra imagen estimada por los Padres de la Iglesia, está prefigurada por el arca de Noé que es la única que salva del diluvio.³¹⁶

1219

"Fuera de la Iglesia no hay salvación"

846 ¿Cómo entender esta afirmación tantas veces repetida por los Padres de la Iglesia? Formulada de modo positivo significa que toda salvación viene de Cristo-Cabeza por la Iglesia que es su Cuerpo:

> El santo Sínodo... basado en la Sagrada Escritura y en la Tradición, enseña que esta Iglesia peregrina es necesaria para la salvación. Cristo, en efecto, es el único Mediador y camino de salvación que se nos hace presente en su Cuerpo, en la Iglesia. Él, al inculcar con palabras, bien explícitas, la necesidad de la fe y del bautismo, confirmó al mismo tiempo la necesidad de la Iglesia, en la que entran los hombres por el bautismo como por una puerta. Por eso, no podrían salvarse los que, sabiendo que Dios fundó, por medio de Jesucristo, la Iglesia católica como necesaria para la salvación, sin embargo, no hubiesen querido entrar o perseverar en ella.³¹⁷

161; *1257*

847 Esta afirmación no se refiere a los que, sin culpa suya, no conocen a Cristo y a su Iglesia:

> Los que sin culpa suya no conocen el Evangelio de Cristo y su Iglesia, pero buscan a Dios con sincero corazón e intentan en su vida, con la ayuda de la gracia, hacer la voluntad de Dios, conocida a través de lo que les dice su conciencia, pueden conseguir la salvación eterna.³¹⁸

848 "Aunque Dios, por caminos conocidos sólo por Él, puede llevar a la fe, 'sin la que es imposible agradarle',³¹⁹ a los hombres que ignoran el Evangelio sin culpa propia, corresponde, sin embargo, a la Iglesia la necesidad y, al mismo tiempo, el derecho sagrado de evangelizar".³²⁰

1260

La misión, exigencia de la catolicidad de la Iglesia

849 *El mandato misionero.* "La Iglesia, enviada por Dios a las gentes para ser 'sacramento universal de salvación', por exigencia íntima de su misma catolicidad, obedeciendo al mandato de su Fundador, se esfuerza por anunciar el Evangelio a todos los hombres":³²¹ "Id, pues, y haced discípulos a todas las gentes bautizándolas en el nombre del Padre y del Hijo y del Espíritu Santo, y enseñándoles a guardar todo lo que yo os he mandado. Y sabed que yo estoy con vosotros todos los días hasta el fin del mundo" (*Mt* 28, 19-20).

738; 767

850 *El origen y la finalidad de la misión.* El mandato misionero del Señor tiene su fuente última en el amor eterno de la Santísima Trinidad: "La Iglesia

257

---

³¹⁵ San Ambrosio, De virginitate, 18, 188: PL 16, 297B.
³¹⁶ Cf. *1 P* 3, 20-21.
³¹⁷ Concilio Vaticano II, *Lumen gentium*, 14.
³¹⁸ *Ibid.*, 16; cf CONGREGACION PARA LA DOCTRINA DE LA FE, Carta al arzobispo de Boston, del 8 de agosto de 1949, DS, 3866-3872.
³¹⁹ Cf. *Hb* 11, 6.
³²⁰ Concilio Vaticano II, *Ad gentes*, 7.
³²¹ *Ibid.*, 1.

730 peregrinante es, por su propia naturaleza, misionera, puesto que tiene su origen en la misión del Hijo y la misión del Espíritu Santo según el plan de Dios Padre".[322] El fin último de la misión no es otro que hacer participar a los hombres en la comunión que existe entre el Padre y el Hijo en su Espíritu de amor.[323]

221
429
74; 217
2104
890

851 *El motivo de la misión*. Del *amor* de Dios por todos los hombres la Iglesia ha sacado en todo tiempo la obligación y la fuerza de su impulso misionero: "porque el amor de Cristo nos apremia..." (*2 Co* 5, 14).[324] En efecto, "Dios quiere que todos los hombres se salven y lleguen al conocimiento pleno de la verdad" (*1 Tm* 2, 4). Dios quiere la salvación de todos por el conocimiento de *la verdad*. *La* salvación se encuentra en la verdad. Los que obedecen a la moción del Espíritu de verdad están ya en el camino de la salvación; pero la Iglesia, a quien esta verdad ha sido confiada, debe ir al encuentro de los que la buscan para ofrecérsela. Porque cree en el designio universal de salvación, la Iglesia debe ser misionera.

2044

852 *Los caminos de la misión*. "El Espíritu Santo es en verdad el protagonista de toda la misión eclesial".[325] Él es quien conduce la Iglesia por los caminos de la misión. Ella "continúa y desarrolla en el curso de la historia la misión del propio Cristo, que fue enviado a evangelizar a los pobres... impulsada por el Espíritu Santo, debe avanzar por el mismo camino por el que avanzó Cristo; esto es, el camino de la pobreza, la obediencia, el servicio y la inmolación de sí mismo hasta la muerte, de la que surgió victorioso por su resurrección".[326]

2473 Es así como la "sangre de los mártires es semilla de cristianos".[327]

853 Pero en su peregrinación, la Iglesia experimenta también "hasta qué punto distan entre sí el mensaje que ella proclama y la debilidad humana de aquellos a quienes se confía el Evangelio".[328] Sólo avanzando por el camino "de la conversión y la renovación"[329] y "por el estrecho sendero de Dios"[330] es

1428 como el Pueblo de Dios puede extender el reino de Cristo.[331] En efecto, "como Cristo realizó la obra de la redención en la pobreza y en la persecución,

2443 también la Iglesia está llamada a seguir el mismo camino para comunicar a los hombres los frutos de la salvación".[332]

854 Por su propia misión, "la Iglesia... avanza junto con toda la humanidad y experimenta la misma suerte terrena del mundo, y existe como fermento y

2105 alma de la sociedad humana, que debe ser renovada en Cristo y transformada en familia de Dios".[333] El esfuerzo misionero exige entonces la paciencia. Comienza con el anuncio del Evangelio a los pueblos y a los grupos que aún no creen en Cristo;[334] continúa con el establecimiento de comunidades

---

[322] Concilio Vaticano II, *Ad gentes*, 2.
[323] Cf. JUAN PABLO II, ene. *Redemptoris missio*, 23.
[324] Cf. Concilio Vaticano II, *Apostolicam actuositatem*, 6; JUAN PABLO II, ene. *Redemptoris missio*, 11.
[325] JUAN PABLO II, ene. *Redemptoris missio*, 21.
[326] Concilio Vaticano II, *Ad gentes*, 5.
[327] TERTULIANO, Apologeticus, 50.
[328] Concilio Vaticano II, *Gaudium et spes*, 43, 6.
[329] Concilio Vaticano II, *Lumen gentium*, 8; cf. 15.
[330] Concilio Vaticano II, *Ad gentes*, 1.
[331] Cf. JUAN PABLO II, ene. *Redemptoris missio*, 12-20.
[332] Concilio Vaticano II, *Lumen gentium*, 8.
[333] Concilio Vaticano II, *Gaudium et spes*, 40, 2.
[334] Cf. JUAN PABLO II, ene. *Redemptoris missio*, 42-47.

cristianas, "signo de la presencia de Dios en el mundo",³³⁵ y en la fundación de Iglesias locales,³³⁶ se implica en un proceso de inculturación para así encarnar el Evangelio en las culturas de los pueblos;³³⁷ en este proceso no faltarán también los fracasos. "En cuanto se refiere a los hombres, grupos y pueblos, solamente de forma gradual los toca y los penetra y de este modo los incorpora a la plenitud católica".³³⁸

855 La misión de la Iglesia reclama el esfuerzo hacia la unidad de los cristianos.³³⁹ En efecto, "las divisiones entre los cristianos son un obstáculo para que la Iglesia lleve a cabo la plenitud de la catolicidad que le es propia en aquellos hijos que, incorporados a ella ciertamente por el bautismo, están, sin embargo, separados de su plena comunión. Incluso se hace más difícil para la propia Iglesia expresar la plenitud de la catolicidad bajo todos los aspectos en la realidad misma de la vida".³⁴⁰

856 La tarea misionera implica un diálogo respetuoso con los que todavía no aceptan el Evangelio.³⁴¹ Los creyentes pueden sacar provecho para sí mismos de este diálogo aprendiendo a conocer mejor "cuanto de verdad y de gracia se encontraba ya entre las naciones, como por una casi secreta presencia de Dios".³⁴² Si ellos anuncian la Buena Nueva a los que la desconocen, es para consolidar, completar y elevar la verdad y el bien que Dios ha repartido entre los hombres y los pueblos, y para purificarlos del error y del mal "para gloria de Dios, confusión del diablo y felicidad del hombre".³⁴³

IV. LA IGLESIA ES APOSTÓLICA

857 La Iglesia es apostólica porque está fundada sobre los apóstoles, y esto en un triple sentido:

— Fue y permanece edificada sobre "el fundamento de los apóstoles" (*Ef* 2, 20),³⁴⁴ testigos escogidos y enviados en misión por el mismo Cristo.³⁴⁵

— Guarda y transmite, con la ayuda del Espíritu Santo que habita en ella, la enseñanza,³⁴⁶ el buen depósito, las sanas palabras oídas a los apóstoles.³⁴⁷

— Sigue siendo enseñada, santificada y dirigida por los apóstoles hasta la vuelta de Cristo gracias a aquellos que les suceden en su ministerio pastoral: el colegio de los obispos, "a los que asisten los presbíteros juntamente con el sucesor de Pedro y Sumo Pastor de la Iglesia":³⁴⁸

---

[335] Concilio Vaticano II, *Ad gentes*, 15.
[336] Cf. JUAN PABLO II, enc. *Redemptoris missio*, 48-49.
[337] Cf. *ibid.*, 52-54.
[338] Concilio Vaticano II, *Ad gentes*, 6.
[339] Cf. JUAN PABLO II, enc. *Redemptoris missio*, 50.
[340] Concilio Vaticano II, *Unitatis redintegratio*, 4.
[341] Cf. JUAN PABLO II, ene. *Redemptoris missio*, 55.
[342] Concilio Vaticano II, *Ad gentes*, 9.
[343] *Ibid.*
[344] Cf. *Ap* 21, 14.
[345] Cf. *Mt* 28, 16-20; *Hch* 1, 8; *1 Co* 9, 1; 15, 7-8; *Ga* 1, 1; etc.
[346] Cf. *Hch* 2, 42
[347] Cf. *2 Tm* 1, 13-14.
[348] Concilio Vaticano II, *Ad gentes*, 5.

La misión de los apóstoles

858 Jesús es el enviado del Padre. Desde el comienzo de su ministerio, "llamó a los que él quiso, y vinieron donde él. Instituyó Doce para que estuvieran con él y para enviarlos a predicar" (*Mc* 3, 13-14). Desde entonces, serán sus "enviados" [es lo que significa la palabra griega "apostoloi"]. En ellos continúa su propia misión: "Como el Padre me envió, también yo os envío" (*Jn* 20, 21).[350] Por tanto su ministerio es la continuación de la misión de Cristo: "Quien a vosotros recibe, a mí me recibe", dice a los Doce (*Mt* 10, 40).[351]

859 Jesús los asocia a su misión recibida del Padre: como "el Hijo no puede hacer nada por su cuenta" (*Jn* 5, 19.30), sino que todo lo recibe del Padre que le ha enviado, así, aquellos a quienes Jesús envía no pueden hacer nada sin Él[352] de quien reciben el encargo de la misión y el poder para cumplirla. Los apóstoles de Cristo saben por tanto que están calificados por Dios como "ministros de una nueva alianza" (*2 Co* 3, 6), "ministros de Dios" (*2 Co* 6, 4), "embajadores de Cristo" (*2 Co* 5, 20), "servidores de Cristo y administradores de los misterios de Dios" (*1 Co* 4, 1).

860 En el encargo dado a los apóstoles hay un aspecto intransmisible: ser los testigos elegidos de la Resurrección del Señor y los fundamentos de la Iglesia. Pero hay también un aspecto permanente de su misión. Cristo les ha prometido permanecer *con ellos* hasta el fin de los tiempos.[353] "Esta misión divina confiada por Cristo a los apóstoles tiene que durar hasta el fin del mundo, pues el Evangelio que tienen que transmitir es el principio de toda la vida de la Iglesia. Por eso los apóstoles se preocuparon de instituir... sucesores".[354]

Los obispos, sucesores de los apóstoles

861 "Para que continuase después de su muerte la misión a ellos confiada, encargaron mediante una especie de testamento a sus colaboradores más inmediatos que terminaran y consolidaran la obra que ellos empezaron. Les encomendaron que cuidaran de todo el rebaño en el que el Espíritu Santo les había puesto para ser los pastores de la Iglesia de Dios. Nombraron, por tanto, de esta manera a algunos varones y luego dispusieron que, después de su muerte, otros hombres probados les sucedieran en el ministerio".[355]

862 "Así como permanece el ministerio confiado personalmente por el Señor a Pedro, ministerio que debía ser transmitido a sus sucesores, de la misma

---

[349] *Misal Romano*, Prefacio de los Apóstoles.
[350] Cf. *Jn* 13, 20; 17, 18.
[351] Cf. *Lc* 10, 16.
[352] Cf. *Lc* 15, 5.
[353] Cf. *Mt* 28, 20.
[354] Concilio Vaticano II, *Lumen gentium,* 20.
[355] *Ibid.,* 20; cf. san Clemente de Roma, Epistula ad Corinthios, 42; 44.

QUÉ CREEMOS → El Credo → El Espíritu Santo

CIC 866

manera permanece el ministerio de los apóstoles de apacentar la Iglesia, que debe ser ejercido perennemente por el orden sagrado de los obispos". Por eso, la Iglesia enseña que "por institución divina los obispos han sucedido a los apóstoles como pastores de la Iglesia. El que los escucha, escucha a Cristo; el que, en cambio, los desprecia, desprecia a Cristo y al que lo envió".[356]

1556

El apostolado

863 Toda la Iglesia es apostólica mientras permanezca, a través de los sucesores de San Pedro y de los apóstoles, en comunión de fe y de vida con su origen. Toda la Iglesia es apostólica en cuanto que ella es "enviada" al mundo entero; todos los miembros de la Iglesia, aunque de diferentes maneras, tienen parte en este envío. "La vocación cristiana, por su misma naturaleza, es también vocación al apostolado". Se llama "apostolado" a "toda la actividad del Cuerpo Místico" que tiende a "propagar el Reino de Cristo por toda la tierra".[357]

900

2472

864 "Siendo Cristo, enviado por el Padre, fuente y origen del apostolado de la Iglesia", es evidente que la fecundidad del apostolado, tanto el de los ministros ordenados como el de los laicos, depende de su unión vital con Cristo.[358] Según sean las vocaciones, las interpretaciones de los tiempos, los dones variados del Espíritu Santo, el apostolado toma las formas más diversas. Pero es siempre la caridad, conseguida sobre todo en la Eucaristía, "que es como el alma de todo apostolado".[359]

828

824

1324

865 La Iglesia es *una, santa, católica y apostólica* en su identidad profunda y última, porque en ella existe ya y será consumado al fin de los tiempos "el Reino de los cielos", "el Reino de Dios",[360] que ha venido en la persona de Cristo y que crece misteriosamente en el corazón de los que le son incorporados hasta su plena manifestación escatológica. Entonces *todos* los hombres rescatados por él, hechos en él *"santos* e inmaculados en presencia de Dios en el Amor" (*Ef* 1, 4), serán reunidos como el *único* Pueblo de Dios, "la Esposa del Cordero" (*Ap* 21, 9), "la Ciudad Santa que baja del Cielo de junto a Dios y tiene la gloria de Dios" (*Ap* 21, 10-11); y "la muralla de la ciudad se asienta sobre doce piedras, que llevan los nombres de los *doce apóstoles del Cordero*" (*Ap* 21, 14).

811

541

RESUMEN

866 La Iglesia es una: Tiene un solo Señor, confiesa una sola fe, nace de un solo Bautismo, no forma más que un solo Cuerpo, vivificado por un solo Espíritu, orientado a una única esperanza[361] a cuyo término se superarán todas las divisiones.

---

[356] Concilio Vaticano II, *Lumen gentium*, 20.
[357] Concilio Vaticano II, *Apostolicam actuositatem*, 2.
[358] Cf. *Jn* 15, 5; Concilio Vaticano II, *Apostolicam actuositatem*, 4.
[359] Concilio Vaticano II, *Apostolicam actuositatem*, 3.
[360] Cf. *Ap* 19, 6.
[361] Cf. *Ef* 4, 3-5.

CIC 867

867 La Iglesia es santa: Dios santísimo es su autor; Cristo, su Esposo, se entregó por ella para santificarla; el Espíritu de santidad la vivifica. Aunque comprenda pecadores, ella es "ex maculatis immaculata" ("inmaculada aunque compuesta de pecadores"). En los santos brilla su santidad; en María es ya la enteramente santa.

868 La Iglesia es católica: Anuncia la totalidad de la fe; lleva en sí y administra la plenitud de los medios de salvación; es enviada a todos los pueblos; se dirige a todos los hombres; abarca todos los tiempos; "es, por su propia naturaleza, misionera".[362]

869 La Iglesia es apostólica: Está edificada sobre sólidos cimientos: "los doce apóstoles del Cordero" (*Ap* 21, 14); es indestructible;[363] se mantiene infaliblemente en la verdad: Cristo la gobierna por medio de Pedro y los demás apóstoles, presentes en sus sucesores, el Papa y el colegio de los obispos.

870 "La única Iglesia de Cristo, de la que confesamos en el Credo que es una, santa, católica y apostólica... subsiste en la Iglesia católica, gobernada por el sucesor de Pedro y por los obispos en comunión con él. Sin duda, fuera de su estructura visible pueden encontrarse muchos elementos de santificación y de verdad".[364]

Párrafo 4. Los fieles de Cristo: jerarquía, laicos, vida consagrada

FUENTES DE LA ESCRITURA Y DE LA IGLESIA

La siguiente parte del *Catecismo* utiliza estas fuentes de la Escritura y de la Iglesia. Véase el "Índice de citas" para una lista completa de referencias

Nuevo Testamento	Citadas en el *Catecismo*
Mateo	CIC 878, 881, 922
Marcos	CIC 888
Lucas	CIC 894
Juan	CIC 877, 878, 881
Romanos	CIC 875, 876
1 Corintios	CIC 876, 922
Gálatas	CIC 886
Efesios	CIC 913
Filipenses	CIC 876, 908
1 Pedro	CIC 893, 901

---

[362] Concilio Vaticano II, *Ad gentes*, 2.
[363] Cf. *Mt* 16, 18.
[364] Concilio Vaticano II, *Lumen gentium*, 8.

QUÉ CREEMOS ⟶ El Credo ⟶ El Espíritu Santo

FUENTES DE LA ESCRITURA Y DE LA IGLESIA

(continuación)

Concilios ecuménicos	Citadas en el *Catecismo*
Vaticano I (1869-1870)	CIC 891
Vaticano II (1962-1965)	CIC 871-874, 877, 880-889, 891-898, 900, 901, 904, 905, 908, 909, 912-918, 925, 927, 929, 932, 933, 937, 938, 940, 942, 943

Documentos pontificios	
Pío XII (1939-1958)	CIC 899, 929
Pablo VI (1963-1978)	CIC 910
Juan Pablo II (1978-2005)	CIC 899, 927, 931

Derecho Canónico	
Canon de los Apóstoles	CIC 887, 871-873, 880, 883, 884, 902, 903, 906, 907, 911, 916, 919, 920, 923-925, 927-931, 934, 936

Liturgia	
Pontifical Romano	CIC 923, 924

Escritores eclesiásticos	
San Ambrosio	CIC 908
San Ignacio de Antioquia	CIC 896
Santo Tomás de Aquino	CIC 904

PALABRAS CLAVE

La siguiente parte del *Catecismo* utiliza estas palabras clave.
Véase el "Glosario" para su definición.

Palabras	Citadas en el *Catecismo*
Acólito	CIC 903
Colegialidad	CIC 880, 883
Concilio ecuménico	CIC 884
Concilio, ecuménico	CIC 884
Concilios evangélicos	CIC 915
Consejo	CIC 915
Definición, dogmática	CIC 891
Eclesiástico/eclesiástica	CIC 887
Encíclica	CIC 892
Episcopal/episcopate	CIC 883, 887
Ermita	CIC 920
Evangelización	CIC 905

Primera parte: La profesión de la fe

PALABRAS CLAVE

(continuación)

Palabras	Citadas en el *Catecismo*
Fieles, cristianos	CIC 871, 897
Infalibilidad	CIC 891
Instituto secular	CIC 928
Instituto, religioso	CIC 925
Instituto, secular	CIC 928
Jerarquía	CIC 873
Laicos	CIC 897
Magisterio	CIC 890
Magisterio de la Iglesia	CIC 890
Ministerio	CIC 873, 874, 893, 903, 913
Obediencia	CIC 915
Obispo	CIC 886
Órdenes, religiosas	CIC 914, 925
Papa	CIC 880-882
Papado	CIC 882
Pastor /oficina pastoral	CIC 886
Patriarcas	CIC 887
Pedro, san	CIC 881
Pobreza	CIC 915
Primacía	CIC 880-882
Santa Sede	CIC 882
Sínodo	CIC 887, 911
Vicario de Cristo	CIC 882
Vida consagrada	CIC 914
Vida eremítica	CIC 920
Vida monástica	CIC 927
Vida religiosa	CIC 914
Vírgenes consagradas	CIC 922-924
Vocación	CIC 873, 898, 931
Voto	CIC 915

1268-1269

782-786

871 "Son fieles cristianos quienes, incorporados a Cristo por el bautismo, se integran en el Pueblo de Dios y, hechos partícipes a su modo por esta razón de la función sacerdotal, profética y real de Cristo, cada uno según su propia condición, son llamados a desempeñar la misión que Dios encomendó cumplir a la Iglesia en el mundo".[365]

1934

794

872 "Por su regeneración en Cristo, se da entre todos los fieles una verdadera igualdad en cuanto a la dignidad y acción, en virtud de la cual todos, según su propia condición y oficio, cooperan a la edificación del Cuerpo de Cristo".[366]

---

[365] CDC, 204, 1; cf. Concilio Vaticano II, *Lumen gentium*. 31.

[366] CDC, 208; cf. Concilio Vaticano II, *Lumen gentium*, 32.

QUÉ CREEMOS ⟶ El Credo ⟶ El Espíritu Santo

873 Las mismas diferencias que el Señor quiso poner entre los miembros de su Cuerpo sirven a su unidad y a su misión. Porque "hay en la Iglesia diversidad de ministerios, pero unidad de misión. A los apóstoles y sus sucesores les confirió Cristo la función de enseñar, santificar y gobernar en su propio nombre y autoridad. Pero también los laicos, partícipes de la función sacerdotal, profética y real de Cristo, cumplen en la Iglesia y en el mundo la parte que les corresponde en la misión de todo el Pueblo de Dios".[367] En fin, "en esos dos grupos [jerarquía y laicos] hay fieles que por la profesión de los consejos evangélicos... se consagran a Dios y contribuyen a la misión salvífica de la Iglesia según la manera peculiar que les es propia".[368]

I. LA CONSTITUCIÓN JERÁRQUICA DE LA IGLESIA

Razón del ministerio eclesial

874 Él mismo Cristo es la fuente del ministerio en la Iglesia. Él lo ha instituido, le ha dado autoridad y misión, orientación y finalidad:

> Cristo el Señor, para dirigir al Pueblo de Dios y hacerle progresar siempre, instituyó en su Iglesia diversos ministerios que están ordenados al bien de todo el Cuerpo. En efecto, los ministros que posean la sagrada potestad están al servicio de sus hermanos para que todos los que son miembros del Pueblo de Dios... lleguen a la salvación.[369]

875 "¿Cómo creerán en aquél a quien no han oído?, ¿cómo oirán sin que se les predique?, y ¿cómo predicarán si no son enviados?" (*Rm* 10, 14-15). Nadie, ningún individuo ni ninguna comunidad, puede anunciarse a sí mismo el Evangelio. "La fe viene de la predicación" (*Rm* 10, 17). Nadie se puede dar a sí mismo el mandato ni la misión de anunciar el Evangelio. El enviado del Señor habla y obra no con autoridad propia, sino en virtud de la autoridad de Cristo; no como miembro de la comunidad, sino hablando a ella en nombre de Cristo. Nadie puede conferirse a sí mismo la gracia, ella debe ser dada y ofrecida. Eso supone ministros de la gracia, autorizados y habilitados por parte de Cristo. De Él, los obispos y los presbíteros reciben la misión y la facultad [el "poder sagrado"] de actuar "in persona Christi Capitis", los diáconos las fuerzas para servir al pueblo de Dios en la "diaconía" de la liturgia, de la palabra y de la caridad, en comunión con el Obispo y su presbiterio. Este ministerio, en el cual los enviados de Cristo hacen y dan, por don de Dios, lo que ellos, por sí mismos, no pueden hacer ni dar, la tradición de la Iglesia lo llama "sacramento". El ministerio de la Iglesia se confiere por medio de un sacramento específico.

876 El *carácter de servicio* del ministerio eclesial está intrínsecamente ligado a la naturaleza sacramental. En efecto, enteramente dependiente de Cristo que da misión y autoridad, los ministros son verdaderamente "esclavos de

---

[367] Concilio Vaticano II, *Apostolicam actuositatem*, 2.
[368] CDC, 207, 2.
[369] Concilio Vaticano II, *Lumen gentium*, 18.

Cristo",³⁷⁰ a imagen de Cristo que, libremente ha tomado por nosotros "la forma de esclavo" (*Flp* 2, 7). Como la palabra y la gracia de la cual son ministros no son de ellos, sino de Cristo que se las ha confiado para los otros, ellos se harán libremente esclavos de todos.³⁷¹

877 De igual modo es propio de la naturaleza sacramental del ministerio eclesial tener un *carácter colegial*. En efecto, desde el comienzo de su ministerio, el Señor Jesús instituyó a los Doce, "semilla del Nuevo Israel, a la vez que el origen de la jerarquía sagrada".³⁷² Elegidos juntos, también fueron enviados juntos, y su unidad fraterna estará al servicio de la comunión fraterna de todos los fieles; será como un reflejo y un testimonio de la comunión de las Personas divinas.³⁷³ Por eso, todo obispo ejerce su ministerio en el seno del colegio episcopal, en comunión con el obispo de Roma, sucesor de San Pedro y jefe del colegio; los presbíteros ejercen su ministerio en el seno del presbiterio de la diócesis, bajo la dirección de su obispo.

878 Por último, es propio también de la naturaleza sacramental del ministerio eclesial tener *carácter personal*. Cuando los ministros de Cristo actúan en comunión, actúan siempre también de manera personal. Cada uno ha sido llamado personalmente ("Tú sígueme", *Jn* 21, 22)³⁷⁴ para ser, en la misión común, testigo personal, que es personalmente portador de la responsabilidad ante Aquel que da la misión, que actúa "in persona Christi" y en favor de personas: "Yo te bautizo en el nombre del Padre "Yo te perdono…".

879 Por lo tanto, en la Iglesia, el ministerio sacramental es un servicio ejercitado en nombre de Cristo y tiene una índole personal y una forma colegial. Esto se verifica en los vínculos entre el colegio episcopal y su jefe, el sucesor de San Pedro, y en la relación entre la responsabilidad pastoral del obispo en su Iglesia particular y la común solicitud del colegio episcopal hacia la Iglesia universal.

El colegio episcopal y su cabeza, el Papa

880 Cristo, al instituir a los Doce, "formó una especie de Colegio o grupo estable y eligiendo de entre ellos a Pedro lo puso al frente de él".³⁷⁵ "Así como, por disposición del Señor, San Pedro y los demás apóstoles forman un único colegio apostólico, por análogas razones están unidos entre sí el Romano Pontífice, sucesor de Pedro, y los obispos, sucesores de los apóstoles".³⁷⁶

881 El Señor hizo de Simón, al que dio el nombre de Pedro, y solamente de él, la piedra de su Iglesia. Le entregó las llaves de ella;³⁷⁷ lo instituyó pastor de todo el rebaño.³⁷⁸ "Está claro que también el Colegio de los apóstoles, unido a su Cabeza, recibió la función de atar y desatar dada a Pedro".³⁷⁹ Este oficio

---

³⁷⁰ Cf. *Rm* 1, 1.
³⁷¹ Cf. *1 Co* 9, 19.
³⁷² Concilio Vaticano II, *Ad gentes*, 5.
³⁷³ Cf. *Jn* 17, 21-23.
³⁷⁴ Cf. *Mt* 4, 19.21; *Jn* 1, 43.
³⁷⁵ Concilio Vaticano II, *Lumen gentium*, 19.
³⁷⁶ *Ibid.*, 22; cf. CDC, 330.
³⁷⁷ Cf. *Mt* 16, 18-19.
³⁷⁸ Cf. *Jn* 21, 15-17.
³⁷⁹ Concilio Vaticano II, *Lumen gentium*, 22.

QUÉ CREEMOS → El Credo → El Espíritu Santo

pastoral de Pedro y de los demás apóstoles pertenece a los cimientos de la Iglesia. Se continúa por los obispos bajo el primado del Papa.

882 El *Papa*, obispo de Roma y sucesor de San Pedro, "es el principio y fundamento perpetuo y visible de unidad, tanto de los obispos como de la muchedumbre de los fieles".[380] "El Pontífice Romano, en efecto, tiene en la Iglesia, en virtud de su función de Vicario de Cristo y Pastor de toda la Iglesia, la potestad plena, suprema y universal, que puede ejercer siempre con entera libertad".[381]

883 "El *Colegio* o cuerpo episcopal no tiene ninguna autoridad si no se le considera junto con el Romano Pontífice, sucesor de Pedro, como Cabeza del mismo". Como tal, este Colegio es "también sujeto de la potestad suprema y plena sobre toda la Iglesia" que "no se puede ejercer... a no ser con el consentimiento del Romano Pontífice".[382]

884 "La potestad del Colegio de los Obispos sobre toda la Iglesia se ejerce de modo solemne en el Concilio Ecuménico".[383] "No existe concilio ecuménico si el sucesor de Pedro no lo ha aprobado o al menos aceptado como tal".[384]

885 "Este colegio, en cuanto compuesto de muchos, expresa la diversidad y la unidad del Pueblo de Dios; en cuanto reunido bajo una única Cabeza, expresa la unidad del rebaño de Dios".[385]

886 "Cada uno de los *obispos*, por su parte, es el principio y fundamento visible de unidad en sus Iglesias particulares".[386] Como tales ejercen "su gobierno pastoral sobre la porción del Pueblo de Dios que le ha sido confiada",[387] asistidos por los presbíteros y los diáconos. Pero, como miembros del colegio episcopal, cada uno de ellos participa de la solicitud por todas las Iglesias,[388] que ejercen primeramente "dirigiendo bien su propia Iglesia, como porción de la Iglesia universal", contribuyen eficazmente "al Bien de todo el Cuerpo místico que es también el Cuerpo de las Iglesias".[389] Esta solicitud se extenderá particularmente a los pobres,[390] a los perseguidos por la fe y a los misioneros que trabajan por toda la tierra.

887 Las Iglesias particulares vecinas y de cultura homogénea forman provincias eclesiásticas o conjuntos más vastos llamados patriarcados o regiones.[391] Los obispos de estos territorios pueden reunirse en sínodos o concilios provinciales. "De igual manera, hoy día, las Conferencias Episcopales pueden prestar una ayuda múltiple y fecunda para que el afecto colegial se traduzca concretamente en la práctica".[392]

---

[380] *Ibid.*, 23.
[381] *Ibid.*, 22; cf. Id., *Christus Dominus*, 2; 9.
[382] Concilio Vaticano II, *Lumen gentium*, 22; cf. CDC, can. 336.
[383] Cf. CDC, 337, 1.
[384] Concilio Vaticano II, *Lumen gentium*, 22.
[385] *Ibid.*
[386] *Ibid.*, 23.
[387] *Ibid.*
[388] Cf. Concilio Vaticano II, *Christus Dominus*, 3.
[389] Concilio Vaticano II, *Lumen gentium*, 23.
[390] Cf. *Ga* 2, 10.
[391] Cf. Canon de los Apóstoles, 34.
[392] Concilio Vaticano II, *Lumen gentium*, 23.

La misión de enseñar

888 Los obispos con los presbíteros, sus colaboradores, "tienen como primer deber el anunciar a todos el Evangelio de Dios",[393] según la orden del Señor.[394] Son "los predicadores del Evangelio que llevan nuevos discípulos a Cristo. Son también los maestros auténticos, por estar dotados de la autoridad de Cristo".[395]

889 Para mantener a la Iglesia en la pureza de la fe transmitida por los apóstoles, Cristo, que es la Verdad, quiso conferir a su Iglesia una participación en su propia infalibilidad. Por medio del "sentido sobrenatural de la fe", el Pueblo de Dios "se une indefectiblemente a la fe", bajo la guía del Magisterio vivo de la Iglesia.[396]

890 La misión del Magisterio está ligada al carácter definitivo de la Alianza instaurada por Dios en Cristo con su Pueblo; debe protegerlo de las desviaciones y de los fallos, y garantizarle la posibilidad objetiva de profesar sin error la fe auténtica. El oficio pastoral del Magisterio está dirigido, así, a velar para que el Pueblo de Dios permanezca en la verdad que libera. Para cumplir este servicio, Cristo ha dotado a los pastores con el carisma de infalibilidad en materia de fe y de costumbres. El ejercicio de este carisma puede revestir varias modalidades:

891 "El Romano Pontífice, Cabeza del Colegio episcopal, goza de esta infalibilidad en virtud de su ministerio cuando, como Pastor y Maestro supremo de todos los fieles que confirma en la fe a sus hermanos, proclama por un acto definitivo la doctrina en cuestiones de fe y moral... La infalibilidad prometida a la Iglesia reside también en el Cuerpo episcopal cuando ejerce el magisterio supremo con el sucesor de Pedro", sobre todo en un concilio ecuménico.[397] Cuando la Iglesia propone por medio de su Magisterio supremo que algo se debe aceptar "como revelado por Dios para ser creído"[398] y como enseñanza de Cristo, "hay que aceptar sus definiciones con la obediencia de la fe".[399] Esta infalibilidad abarca todo el depósito de la Revelación divina.[400]

892 La asistencia divina es también concedida a los sucesores de los apóstoles, cuando enseñan en comunión con el sucesor de Pedro (y, de una manera particular, al obispo de Roma, Pastor de toda la Iglesia), aunque, sin llegar a una definición infalible y sin pronunciarse de una "manera definitiva", proponen, en el ejercicio del magisterio ordinario, una enseñanza que conduce a una mejor inteligencia de la Revelación en materia de fe y de costumbres. A esta enseñanza ordinaria, los fieles deben "adherirse... con espíritu de obediencia religiosa"[401] que, aunque distinto del asentimiento de la fe, es una prolongación de él.

---

[393] Concilio Vaticano II, *Presbyterorum ordinis*, 4.
[394] Cf. *Mc* 16, 15.
[395] Concilio Vaticano II, *Lumen gentium*, 25.
[396] Cf. *ibid.*, 12; Id., *Dei Verbum*, 10.
[397] Concilio Vaticano II, *Lumen gentium*, 25; cf. Concilio Vaticano I: DS, 3074.
[398] Concilio Vaticano II, *Dei Verbum*, 10.
[399] Concilio Vaticano II, *Lumen gentium*, 25.
[400] Cf. *ibid.*
[401] Cf. Concilio Vaticano II, *Lumen gentium*, 25.

QUÉ CREEMOS ⟶ El Credo ⟶ El Espíritu Santo

CIC 897

La misión de santificar

893 El obispo "es el administrador de la gracia del sumo sacerdocio",[402] en particular en la Eucaristía que él mismo ofrece, o cuya oblación asegura por medio de los presbíteros, sus colaboradores. Porque la Eucaristía es el centro de la vida de la Iglesia particular. El obispo y los presbíteros santifican la Iglesia con su oración y su trabajo, por medio del ministerio de la palabra y de los sacramentos. La santifican con su ejemplo, "no tiranizando a los que os ha tocado cuidar, sino siendo modelos de la grey" (*1 P* 5, 3). Así es como llegan "a la vida eterna junto con el rebaño que les fue confiado".[403]

1561

La misión de gobernar

894 "Los obispos, como vicarios y legados de Cristo, gobiernan las Iglesias particulares que se les han confiado no sólo con sus exhortaciones, con sus consejos y con ejemplos, sino también con su autoridad y potestad sagrada"[404] que deben, no obstante, ejercer para edificar con espíritu de servicio que es el de su Maestro.[405]

801

895 "Esta potestad, que desempeñan personalmente en nombre de Cristo, es propia, ordinaria e inmediata. Su ejercicio, sin embargo, está regulado en último término por la suprema autoridad de la Iglesia".[406] Pero no se debe considerar a los obispos como vicarios del Papa, cuya autoridad ordinaria e inmediata sobre toda la Iglesia no anula la de ellos sino que, al contrario, la confirma y tutela. Esta autoridad debe ejercerse en comunión con toda la Iglesia bajo la guía del Papa.

1558

896 El Buen Pastor será el modelo y la "forma" de la misión pastoral del obispo. Consciente de sus propias debilidades, el obispo "puede disculpar a los ignorantes y extraviados. No debe negarse nunca a escuchar a sus súbditos, a los que cuida como verdaderos hijos... Los fieles, por su parte, deben estar unidos a su obispo como la Iglesia a Cristo y como Jesucristo al Padre":[407]

1558

> Seguid todos al obispo como Jesucristo (sigue) a su Padre, y al presbiterio como a los apóstoles; en cuanto a los diáconos, respetadlos como a la ley de Dios. Que nadie haga al margen del obispo nada en lo que atañe a la Iglesia.[408]

II. LOS FIELES LAICOS

897 "Por laicos se entiende aquí a todos los cristianos, excepto los miembros del orden sagrado y del estado religioso reconocido en la Iglesia. Son, pues, los cristianos que están incorporados a Cristo por el bautismo, que forman el Pueblo de Dios y que participan de las funciones de Cristo, Sacerdote, Profeta y Rey. Ellos realizan, según su condición, la misión de todo el pueblo cristiano en la Iglesia y en el mundo".[409]

873

---

[402] *Ibid.*, 26.
[403] *Ibid.*
[404] *Ibid.*, 27.
[405] Cf. *Lc* 22, 26-27.
[406] Concilio Vaticano II, *Lumen gentium*, 27.
[407] Concilio Vaticano II, *Lumen gentium*, 27.
[408] San Ignacio de Antioquía, Epistula ad Smyrnaeos, 8, 1.
[409] Concilio Vaticano II, *Lumen gentium*, 31.

La vocación de los laicos

2105

898 "Los laicos tienen como vocación propia el buscar el Reino de Dios ocupándose de las realidades temporales y ordenándolas según Dios... A ellos de manera especial les corresponde iluminar y ordenar todas las realidades temporales, a las que están estrechamente unidos, de tal manera que éstas lleguen a ser según Cristo, se desarrollen y sean para alabanza del Creador y Redentor".[410]

2442

899 La iniciativa de los cristianos laicos es particularmente necesaria cuando se trata de descubrir o de idear los medios para que las exigencias de la doctrina y de la vida cristianas impregnen las realidades sociales, políticas y económicas. Esta iniciativa es un elemento normal de la vida de la Iglesia:

> Los fieles laicos se encuentran en la línea más avanzada de la vida de la Iglesia; por ellos la Iglesia es el principio vital de la sociedad. Por tanto ellos, especialmente, deben tener conciencia, cada vez más clara, no sólo de pertenecer a la Iglesia, sino de ser la Iglesia; es decir, la comunidad de los fieles sobre la tierra bajo la guía del jefe común, el Papa, y de los obispos en comunión con él. Ellos son la Iglesia.[411]

863

900 Como todos los fieles, los laicos están encargados por Dios del apostolado en virtud del bautismo y de la confirmación y por eso tienen la obligación y gozan del derecho, individualmente o agrupados en asociaciones, de trabajar para que el mensaje divino de salvación sea conocido y recibido por todos los hombres y en toda la tierra; esta obligación es tanto más apremiante cuando sólo por medio de ellos los demás hombres pueden oír el Evangelio y conocer a Cristo. En las comunidades eclesiales, su acción es tan necesaria que, sin ella, el apostolado de los pastores no puede obtener en la mayoría de las veces su plena eficacia.[412]

La participación de los laicos en la misión sacerdotal de Cristo

784; 1268

901 "Los laicos, consagrados a Cristo y ungidos por el Espíritu Santo, están maravillosamente llamados y preparados para producir siempre los frutos más abundantes del Espíritu. En efecto, todas sus obras, oraciones, tareas apostólicas, la vida conyugal y familiar, el trabajo diario, el descanso espiritual y corporal, si se realizan en el Espíritu, incluso las molestias de la vida, si se llevan con paciencia, todo ello se convierte en sacrificios espirituales agradables a Dios por Jesucristo, que ellos ofrecen con toda piedad a Dios Padre en la celebración de la Eucaristía uniéndolos a la ofrenda del cuerpo del Señor. De esta manera, también los laicos, como adoradores que en todas

358

partes llevan una conducta santa, consagran el mundo mismo a Dios".[413]

---

[410] *Ibid.*
[411] Pío XII, discurso 20 febrero 1946; citado por JUAN PABLO II, exh. ap. *Christifideles laici*, 9.
[412] Cf. Concilio Vaticano II, *Lumen gentium*, 33.
[413] *Ibid.*, 34; cf. 10.

902 De manera particular, los padres participan de la misión de santificación "impregnando de espíritu cristiano la vida conyugal y procurando la educación cristiana de los hijos".[414]

903 Los laicos, si tienen las cualidades requeridas, pueden ser admitidos de manera estable a los ministerios de lectores y de acólito.[415] "Donde lo aconseje la necesidad de la Iglesia y no haya ministros, pueden también los laicos, aunque no sean lectores ni acólitos, suplirles en algunas de sus funciones, es decir, ejercitar el ministerio de la palabra, presidir las oraciones litúrgicas, administrar el bautismo y dar la sagrada Comunión, según las prescripciones del derecho".[416]

Su participación en la misión profética de Cristo

904 "Cristo... realiza su función profética... no sólo a través de la jerarquía... sino también por medio de los laicos. Él los hace sus testigos y les da el sentido de la fe y la gracia de la palabra":[417]

> Enseñar a alguien para traerlo a la fe es tarea de todo predicador e incluso de todo creyente.[418]

905 Los laicos cumplen también su misión profética evangelizando, con "el anuncio de Cristo comunicado con el testimonio de la vida y de la palabra". En los laicos, esta evangelización "adquiere una nota específica y una eficacia particular por el hecho de que se realiza en las condiciones generales de nuestro mundo":[419]

> Este apostolado no consiste sólo en el testimonio de vida; el verdadero apostolado busca ocasiones para anunciar a Cristo con su palabra, tanto a los no creyentes... como a los fieles.[420]

906 Los fieles laicos que sean capaces de ello y que se formen para ello también pueden prestar su colaboración en la formación catequética[421] en la enseñanza de las ciencias sagradas[422] en los medios de comunicación social.[423]

907 "Tienen el derecho, y a veces incluso el deber, en razón de su propio conocimiento, competencia y prestigio, de manifestar a los pastores sagrados su opinión sobre aquello que pertenece al bien de la Iglesia y de manifestarla a los demás fieles, salvando siempre la integridad de la fe y de las costumbres y la reverencia hacia los pastores, habida cuenta de la utilidad común y de la dignidad de las personas".[424]

---

[414] CDC, 835, 4.
[415] Cf. *Ibid.*, 230, 1.
[416] CDC, 230, 3.
[417] Concilio Vaticano II, *Lumen gentium*, 35.
[418] SANTO TOMÁS DE AQUINO, *Summa theologiae*, III, 71, 4, ad 3.
[419] Concilio Vaticano II, *Lumen gentium*, 35.
[420] Concilio Vaticano II, *Apostolicam actuositatem*, 6; cf. Id., *Ad gentes*, 15.
[421] Cf. CDC, 774; 776; 780.
[422] Cf. *ibid.*, 229.
[423] Cf. *ibid.*, 823, 1.
[424] *Ibid*, 212, 3.

Su participación en la misión real de Cristo

908 Por su obediencia hasta la muerte,[425] Cristo ha comunicado a sus discípulos el don de la libertad regia, "para que vencieran en sí mismos, con la propia renuncia y una vida santa, al reino del pecado":[426]

> El que somete su propio cuerpo y domina su alma, sin dejarse llevar por las pasiones es dueño de sí mismo: se puede llamar rey porque es capaz de gobernar su propia persona; es libre e independiente y no se deja cautivar por una esclavitud culpable.[427]

909 "Los laicos, además, juntando también sus fuerzas, han de sanear las estructuras y las condiciones del mundo, de tal forma que, si algunas de sus costumbres incitan al pecado, todas ellas sean conformes con las normas de la justicia y favorezcan en vez de impedir la práctica de las virtudes. Obrando así, impregnarán de valores morales toda la cultura y las realizaciones humanas".[428]

910 "Los seglares también pueden sentirse llamados o ser llamados a colaborar con sus pastores en el servicio de la comunidad eclesial, para el crecimiento y la vida de ésta, ejerciendo ministerios muy diversos según la gracia y los carismas que el Señor quiera concederles".[429]

911 En la Iglesia, "los fieles laicos pueden cooperar a tenor del derecho en el ejercicio de la potestad de gobierno".[430] Así, con su presencia en los concilios particulares,[431] los sínodos diocesanos[432] los consejos pastorales;[433] en el ejercicio de la tarea pastoral de una parroquia;[434] la colaboración en los consejos de los asuntos económicos;[435] la participación en los tribunales eclesiásticos[436] etc.

912 Los fieles han de "aprender a distinguir cuidadosamente entre los derechos y deberes que tienen como miembros de la Iglesia y los que les corresponden como miembros de la sociedad humana. Deben esforzarse en integrarlos en buena armonía, recordando que en cualquier cuestión temporal han de guiarse por la conciencia cristiana. En efecto, ninguna actividad humana, ni siquiera en los asuntos temporales, puede sustraerse a la soberanía de Dios".[437]

913 "Así, todo laico, por los mismos dones que ha recibido, es a la vez testigo e instrumento vivo de la misión de la Iglesia misma 'según la medida del don de Cristo' (*Ef* 4, 7)".[438]

---

[425] Cf. *Flp* 2, 8-9.
[426] Concilio Vaticano II, *Lumen gentium*, 36.
[427] SAN AMBROSIO, Expositio Psalmi, 118, 14, 30: PL 15, 1403A.
[428] Concilio Vaticano II, *Lumen gentium*, 36.
[429] PABLO VI, exh. ap. *Evangelii nuntiandi*, 73.
[430] CDC, 129, 2.
[431] Cf. *ibid*, 443, 4.
[432] Cf. *ibid*, 463, 1 y 2.
[433] Cf. *ibid*., 511; 536.
[434] Cf. *ibid*, 517, 2.
[435] Cf. *ibid*, 492, 1; 536.
[436] Cf. *ibid*, 1421, 2.
[437] Concilio Vaticano II, *Lumen gentium*, 36.
[438] *Ibid*, 33.

QUÉ CREEMOS ⟶ El Credo ⟶ El Espíritu Santo

III. LA VIDA CONSAGRADA

914 "El estado de vida que consiste en la profesión de los consejos evangélicos, aunque no pertenezca a la estructura jerárquica de la Iglesia, pertenece, sin embargo, indiscutiblemente a su vida y a su santidad".[439]

Consejos evangélicos, vida consagrada

915 Los consejos evangélicos están propuestos en su multiplicidad a todos los discípulos de Cristo. La perfección de la caridad a la cual son llamados todos los fieles implica, para quienes asumen libremente el llamamiento a la vida consagrada, la obligación de practicar la castidad en el celibato por el Reino, la pobreza y la obediencia. La *profesión* de estos consejos en un estado de vida estable reconocido por la Iglesia es lo que caracteriza la "vida consagrada" a Dios.[440]

916 El estado de vida consagrada aparece por consiguiente como una de las maneras de vivir una consagración "más íntima" que tiene su raíz en el bautismo y se dedica totalmente a Dios.[441] En la vida consagrada, los fieles de Cristo se proponen, bajo la moción del Espíritu Santo, seguir más de cerca a Cristo, entregarse a Dios amado por encima de todo y, persiguiendo la perfección de la caridad en el servicio del Reino, significar y anunciar en la Iglesia la gloria del mundo futuro.[442]

Un gran árbol, múltiples ramas

917 "El resultado ha sido una especie de árbol en el campo de Dios, maravilloso y lleno de ramas, a partir de una semilla puesta por Dios. Han crecido, en efecto, diversas formas de vida, solitaria o comunitaria, y diversas familias religiosas que se desarrollan para el progreso de sus miembros y para el bien de todo el Cuerpo de Cristo".[443]

918 "Desde los comienzos de la Iglesia hubo hombres y mujeres que intentaron, con la práctica de los consejos evangélicos, seguir con mayor libertad a Cristo e imitarlo más de cerca. Cada uno a su manera, vivió entregado a Dios. Muchos, por inspiración del Espíritu Santo, vivieron en la soledad o fundaron familias religiosas, que la Iglesia reconoció y aprobó gustosa con su autoridad".[444]

919 Los obispos se esforzarán siempre en discernir los nuevos dones de vida consagrada confiados por el Espíritu Santo a su Iglesia; la aprobación de nuevas formas de vida consagrada está reservada a la Sede Apostólica.[445]

---

[439] *Ibid*, 44.
[440] Cf. *ibid.*, 42-43; Id., *Perfectae cañtatis*, 1.
[441] Cf. Concilio Vaticano II, *Perfectae caritatis*, 5.
[442] Cf. CDC, 573.
[443] Concilio Vaticano II, *Lumen gentium*, 43.
[444] Concilio Vaticano II, *Perfectae caritatis*, 1.
[445] Cf. CDC, 605.

La vida eremítica

920 Sin profesar siempre públicamente los tres consejos evangélicos, los eremitas, "con un apartamiento más estricto del mundo, el silencio de la soledad, la oración asidua y la penitencia, dedican su vida a la alabanza de Dios y salvación del mundo".[446]

921 Los eremitas presentan a los demás ese aspecto interior del misterio de la Iglesia que es la intimidad personal con Cristo. Oculta a los ojos de los hombres, la vida del eremita es predicación silenciosa de Aquel a quien ha entregado su vida, porque Él es todo para él. En este caso se trata de un llamamiento particular a encontrar en el desierto, en el combate espiritual, la gloria del Crucificado.

Las vírgenes y las viudas consagradas

922 Desde los tiempos apostólicos, vírgenes[447] y viudas cristianas[448] llamadas por el Señor para consagrarse a Él enteramente[449] con una libertad mayor de corazón, de cuerpo y de espíritu, han tomado la decisión, aprobada por la Iglesia, de vivir respectivamente en estado de virginidad o de castidad perpetua "a causa del Reino de los cielos" (*Mt* 19, 12).

923 "Formulando el propósito santo de seguir más de cerca a Cristo, [las vírgenes] son consagradas a Dios por el obispo diocesano según el rito litúrgico aprobado, celebran desposorios místicos con Jesucristo, Hijo de Dios, y se entregan al servicio de la Iglesia".[450] Por medio de este rito solemne,[451] "la virgen es constituida en persona consagrada" como "signo trascendente del amor de la Iglesia hacia Cristo, imagen escatológica de esta Esposa del Cielo y de la vida futura".[452]

924 "Semejante a otras formas de vida consagrada",[453] el orden de las vírgenes sitúa a la mujer que vive en el mundo (o a la monja) en el ejercicio de la oración, de la penitencia, del servicio a los hermanos y del trabajo apostólico, según el estado y los carismas respectivos ofrecidos a cada una[454] Las vírgenes consagradas pueden asociarse para guardar su propósito con mayor fidelidad.[455]

La vida religiosa

925 Nacida en Oriente en los primeros siglos del cristianismo[456] y vivida en los institutos canónicamente erigidos por la Iglesia,[457] la vida religiosa se

---

[446] Ibid.,603, 1.
[447] Cf. *1 Cor* 7, 34-36.
[448] Cf. *Vita consecrata*, 7.
[449] Cf. *1 Co* 7, 34-36.
[450] CDC, 604, 1.
[451] "Consecratio virginum", "Consagración de vírgenes".
[452] Ritual Romano, Ordo Consecrationis virginum, Praenotanda, 1.
[453] CDC, 604, 1.
[454] Ritual Romano, Ordo Consecrationis virginum, Praenotanda, 2.
[455] Cf. CDC, 604, 2.
[456] Cf. Concilio Vaticano II, *Unitatis redintegratio*, 15.
[457] Cf. CDC, 573.

QUÉ CREEMOS → El Credo → El Espíritu Santo

distingue de las otras formas de vida consagrada por el aspecto cultural, la profesión pública de los consejos evangélicos, la vida fraterna llevada en común, y por el testimonio dado de la unión de Cristo y de la Iglesia.⁴⁵⁸

926 La vida religiosa nace del misterio de la Iglesia. Es un don que la Iglesia recibe de su Señor y que ofrece como un estado de vida estable al fiel llamado por Dios a la profesión de los consejos. Así la Iglesia puede a la vez manifestar a Cristo y reconocerse como Esposa del Salvador. La vida religiosa está invitada a significar, bajo estas diversas formas, la caridad misma de Dios, en el lenguaje de nuestro tiempo.

927 Todos los religiosos, exentos o no,⁴⁵⁹ se encuentran entre los colaboradores del obispo diocesano en su misión pastoral.⁴⁶⁰ La implicación y la expansión misionera de la Iglesia requieren la presencia de la vida religiosa en todas sus formas "desde el período de implantación de la Iglesia".⁴⁶¹ "La historia da testimonio de los grandes méritos de las familias religiosas en la propagación de la fe y en la formación de las nuevas Iglesias: desde las antiguas instituciones monásticas, las órdenes medievales y hasta las congregaciones modernas".⁴⁶²

Los institutos seculares

928 "Un instituto secular es un instituto de vida consagrada en el cual los fieles, viviendo en el mundo, aspiran a la perfección de la caridad, y se dedican a procurar la santificación del mundo sobre todo desde dentro de él".⁴⁶³

929 Por medio de una "vida perfectamente y enteramente consagrada a [esta] santificación",⁴⁶⁴ los miembros de estos institutos participan en la tarea de evangelización de la Iglesia, "en el mundo y desde el mundo", donde su presencia obra a la manera de un "fermento".⁴⁶⁵ Su testimonio de vida cristiana mira a ordenar según Dios las realidades temporales y a penetrar el mundo con la fuerza del Evangelio. Mediante vínculos sagrados, asumen los consejos evangélicos y observan entre sí la comunión y la fraternidad propias de su modo de vida secular.⁴⁶⁶

Las sociedades de vida apostólica

930 Junto a las diversas formas de vida consagrada se encuentran "las sociedades de vida apostólica, cuyos miembros, sin votos religiosos, buscan el fin apostólico propio de la sociedad y, llevando vida fraterna en común, según el propio modo de vida, aspiran a la perfección de la caridad por la observancia de las constituciones. Entre éstas, existen sociedades cuyos

---

⁴⁵⁸ Cf. *ibid*, 607.
⁴⁵⁹ *Ibid*, 591.
⁴⁶⁰ Cf. Concilio Vaticano II, *Christus Dominus*, 33-35.
⁴⁶¹ Cf. Concilio Vaticano II, *Ad gentes*, 18; 40.
⁴⁶² JUAN PABLO II, ene. *Redemptoris missio*, 69.
⁴⁶³ CDC, 710.
⁴⁶⁴ PÍO XII, const. ap. *Provida Mater*.
⁴⁶⁵ Concilio Vaticano II, *Perfectae caritatis*, 11.
⁴⁶⁶ Cf. CDC, canon 713.

miembros abrazan los consejos evangélicos mediante un vínculo determinado por las constituciónes".[467]

Consagración y misión: anunciar al Rey que viene

931 Aquel que por el bautismo fue consagrado a Dios, entregándose a Él como al sumamente amado, se consagra, de esta manera, aún más íntimamente al servicio divino y se entrega al bien de la Iglesia. Mediante el estado de consagración a Dios, la Iglesia manifiesta a Cristo y muestra cómo el Espíritu Santo obra en ella de modo admirable. Por tanto, los que profesan los consejos evangélicos tienen como primera misión vivir su consagración. Pero "ya que por su misma consagración se dedican al servicio de la Iglesia están obligados a contribuir de modo especial a la tarea misionera, según el modo propio de su instituto".[468]

932 En la Iglesia que es como el sacramento, es decir, el signo y el instrumento de la vida de Dios, la vida consagrada aparece como un signo particular del misterio de la Redención. Seguir e imitar a Cristo "desde más cerca", manifestar "más claramente" su anonadamiento, es encontrarse "más profundamente" presente, en el corazón de Cristo, con sus contemporáneos. Porque los que siguen este camino "más estrecho" estimulan con su ejemplo a sus hermanos; les dan este testimonio admirable de "que sin el espíritu de las bienaventuranzas no se puede transformar este mundo y ofrecerlo a Dios".[469]

933 Sea público este testimonio, como en el estado religioso, o más discreto, o incluso secreto, la venida de Cristo es siempre para todos los consagrados el origen y la meta de su vida:

> El Pueblo de Dios, en efecto, no tiene aquí una ciudad permanente, sino que busca la futura. Por eso el estado religioso... manifiesta también mucho mejor a todos los creyentes los bienes del cielo, ya presentes en este mundo. También da testimonio de la vida nueva y eterna adquirida por la redención de Cristo y anuncia ya la resurrección futura y la gloria del Reino de los cielos.[470]

RESUMEN

934 "Por institución divina, entre los fieles hay en la Iglesia ministros sagrados, que en el derecho se denominan clérigos; los demás se llaman laicos". Hay, por otra parte, fieles que perteneciendo a uno de ambos grupos, por la profesión de los consejos evangélicos, se consagran a Dios y sirven así a la misión de la Iglesia.[471]

---

[467] CDC, 731, 1 y 2.
[468] Ibid., 783; cf. JUAN PABLO II, enc. Redemptoris missio, 69.
[469] Concilio Vaticano II, *Lumen gentium*, 31.
[470] Ibid., 44.
[471] CDC, 207, 1. 2.

QUÉ CREEMOS ⟶ El Credo ⟶ El Espíritu Santo

CIC 944

935 Para anunciar su fe y para implantar su Reino, Cristo envía a sus apóstoles y a sus sucesores. Él les da parte en su misión. De Él reciben el poder de obrar en su nombre.

936 El Señor hizo de San Pedro el fundamento visible de su Iglesia. Le dio las llaves de ella. El obispo de la Iglesia de Roma, sucesor de San Pedro, es la "Cabeza del Colegio de los Obispos, Vicario de Cristo y Pastor de la Iglesia universal en la tierra".[472]

937 El Papa "goza, por institución divina, de una potestad suprema, plena, inmediata y universal para cuidar las almas".[473]

938 Los obispos, instituidos por el Espíritu Santo, suceden a los apóstoles. "Cada uno de los obispos, por su parte, es el principio y fundamento visible de unidad en sus Iglesias particulares".[474]

939 Los obispos, ayudados por los presbíteros, sus colaboradores, y por los diáconos, tienen la misión de enseñar auténticamente la fe, de celebrar el culto divino, sobre todo la Eucaristía, y de dirigir su Iglesia como verdaderos pastores. A su misión pertenece también el cuidado de todas las Iglesias, con y bajo el Papa.

940 "Siendo propio del estado de los laicos vivir en medio del mundo y de los negocios temporales, Dios les llama a que movidos por el espíritu cristiano, ejerzan su apostolado en el mundo a manera de fermento".[475]

941 Los laicos participan en el sacerdocio de Cristo: cada vez más unidos a Él, despliegan la gracia del Bautismo y la de la Confirmación a través de todas las dimensiones de la vida personal, familiar, social y eclesial y realizan así el llamamiento a la santidad dirigido a todos los bautizados.

942 Gracias a su misión profética, los laicos "están llamados a ser testigos de Cristo en todas las cosas, también en el interior de la sociedad humana".[476]

943 Debido a su misión regia, los laicos tienen el poder de arrancar al pecado su dominio sobre sí mismos y sobre el mundo por medio de su abnegación y santidad de vida.[477]

944 La vida consagrada a Dios se caracteriza por la profesión pública de los consejos evangélicos de pobreza, castidad y obediencia en un estado de vida estable reconocido por la Iglesia.

---

[472] *Ibid.*, 331.
[473] Concilio Vaticano II, *Christus Dominus*, 2.
[474] Concilio Vaticano II, *Lumen gentium*, 23
[475] Concilio Vaticano II, *Apostolicam actuositatem*, 2
[476] Concilio Vaticano II, *Gaudium et spes*, 43, 4.
[477] Cf. Concilio Vaticano II, *Lumen gentium*, 36.

CIC 945

Primera parte: La profesión de la fe

945 Entregado a Dios supremamente amado, aquel a quien el Bautismo ya había destinado a Él se encuentra en el estado de vida consagrada, más íntimamente comprometido en el servicio divino y dedicado al bien de toda la Iglesia.

1474-1477   Párrafo 5. La comunión de los santos

FUENTES DE LA ESCRITURA Y DE LA IGLESIA

La siguiente parte del *Catecismo* utiliza estas fuentes de la Escritura y de la Iglesia. Véase el "Índice de citas" para una lista completa de referencias

Antiguo Testamento	Citadas en el *Catecismo*
2 Macabeos	CIC 958
Nuevo Testamento	
Lucas	CIC 952
Hechos de los Apóstoles	CIC 949, 952
1 Corintios	CIC 951, 953
Romanos	CIC 953
Profesiones de fe	
Credo de los Apóstoles	CIC 946
Concilios ecuménicos	
Vaticano II (1962-1965)	CIC 951, 954-960
Documentos pontificios	
Pablo VI (1963-1978)	CIC 962
Documentos eclesiásticos	
Catecismo Romano	CIC 947, 950, 952
Escritores eclesiásticos	
Santo Domingo	CIC 956
Nicetas	CIC 946
San Policarpo de Esmirna	CIC 957
Santa Teresa (del Niño Jesús) de Lisieux	CIC 956
Santo Tomás de Aquino	CIC 947

QUÉ CREEMOS ⟶ El Credo ⟶ El Espíritu Santo

CIC 949

PALABRAS CLAVE

La siguiente parte del *Catecismo* utiliza estas palabras clave.
Véase el "Glosario" para su definición.

Palabras	Citadas en el *Catecismo*
Canonización	CIC 957
Carisma	CIC 951
Comunión	CIC 959
Comunión de los santos	CIC 948, 957, 960
Santo	CIC 946

---

946 Después de haber confesado "la Santa Iglesia Católica", el Símbolo de los Apóstoles añade "la comunión de los santos". Este artículo es, en cierto modo, una explicitación del anterior: "¿Qué es la Iglesia, sino la asamblea de todos los santos?".[478] La comunión de los santos es precisamente la Iglesia.

823

947 "Como todos los creyentes forman un solo cuerpo, el bien de los unos se comunica a los otros... Es, pues, necesario creer que existe una comunión de bienes en la Iglesia. Pero el miembro más importante es Cristo, ya que Él es la cabeza... Así, el bien de Cristo es comunicado a todos los miembros, y esta comunicación se hace por los sacramentos de la Iglesia".[479] "Como esta Iglesia está gobernada por un solo y mismo Espíritu, todos los bienes que ella ha recibido forman necesariamente un fondo común".[480]

790

948 La expresión "comunión de los santos" tiene, pues, dos significados estrechamente relacionados: "comunión en las cosas santas ['sancta']" y "comunión entre las personas santas ['sancti']".

1331

> "Sancta sanctis" [lo que es santo para los que son santos] es lo que se proclama por el celebrante en la mayoría de las liturgias orientales en el momento de la elevación de los santos dones antes de la distribución de la comunión. Los fieles ["sancti"] se alimentan con el cuerpo y la sangre de Cristo ["sancta"] para crecer en la comunión con el Espíritu Santo ["Koinónia"] y comunicarla al mundo.

I. LA COMUNIÓN DE LOS BIENES ESPÍRITUALES

949 En la comunidad primitiva de Jerusalén, los discípulos "acudían asiduamente a la enseñanza de los apóstoles, a la comunión, a la fracción del pan y a las oraciones" (*Hch* 2, 42):

La *comunión en la fe*. La fe de los fieles es la fe de la Iglesia recibida de los apóstoles, tesoro de vida que se enriquece cuando se comparte.

185

---

[478] NICETAS, Explanatio symboli, 10: PL 52, 871B.

[479] SANTO TOMÁS DE AQUINO, Expositio in symbolum apostolicum, 10.

[480] Catecismo Romano, 1, 10, 24.

950 La comunión de los sacramentos. "El fruto de todos los Sacramentos pertenece a todos. Porque los Sacramentos, y sobre todo el Bautismo que es como la puerta por la que los hombres entran en la Iglesia, son otros tantos vínculos sagrados que unen a todos y los ligan a Jesucristo. La comunión de los santos es la comunión de los sacramentos... El nombre de comunión puede aplicarse a cada uno de ellos, porque cada uno de ellos nos une a Dios... Pero este nombre es más propio de la Eucaristía que de cualquier otro, porque ella es la que lleva esta comunión a su culminación".[481]

951 La *comunión de los carismas:* En la comunión de la Iglesia, el Espíritu Santo "reparte gracias especiales entre los fieles" para la edificación de la Iglesia.[482] Pues bien, "a cada cual se le otorga la manifestación del Espíritu para provecho común" (*1 Co* 12, 7).

952 "*Todo lo tenían en común*" (*Hch* 4, 32): "Todo lo que posee el verdadero cristiano debe considerarlo como un bien en común con los demás y debe estar dispuesto y ser diligente para socorrer al necesitado y la miseria del prójimo".[483] El cristiano es un administrador de los bienes del Señor.[484]

953 La *comunión de la caridad:* En la "comunión de los santos", "ninguno de nosotros vive para sí mismo; como tampoco muere nadie para sí mismo" (*Rm* 14, 7). "Si sufre un miembro, todos los demás sufren con él. Si un miembro es honrado, todos los demás toman parte en su gozo. Ahora bien, vosotros sois el Cuerpo de Cristo, y sus miembros cada uno por su parte" (*1 Co* 12, 26-27). "La caridad no busca su interés" (*1 Co* 13, 5).[485] El menor de nuestros actos hecho con caridad repercute en beneficio de todos, en esta solidaridad entre todos los hombres, vivos o muertos, que se funda en la comunión de los santos. Todo pecado daña a esta comunión.

II. LA COMUNIÓN ENTRE LA IGLESIA DEL CIELO Y LA DE LA TIERRA

954 *Los tres estados de la Iglesia.* "Hasta que el Señor venga en su esplendor con todos sus ángeles y, destruida la muerte, tenga sometido todo, sus discípulos, unos peregrinan en la tierra; otros, ya difuntos, se purifican; mientras otros están glorificados, contemplando 'claramente a Dios mismo, uno y trino, tal cual es'":[486]

> Todos, sin embargo, aunque en grado y modo diversos, participamos en el mismo amor a Dios y al prójimo y cantamos el mismo himno de alabanza a nuestro Dios. En efecto, todos los que son de Cristo, que tienen su Espíritu, forman una misma Iglesia y están unidos entre sí en Él.[487]

---

[481] *Ibid.*
[482] Concilio Vaticano II, *Lumen gentium*, 12.
[483] Catecismo Romano, 1, 10, 27.
[484] Cf. *Lc* 16, 1ss.
[485] Cf. *1 Cor* 10, 24.
[486] Concilio Vaticano II, *Lumen gentium*, 49.
[487] *Ibid.*

QUÉ CREEMOS ⟶ El Credo ⟶ El Espíritu Santo

CIC 959

955 "La unión de los miembros de la Iglesia peregrina con los hermanos que durmieron en la paz de Cristo de ninguna manera se interrumpe. Más aún, según la constante fe de la Iglesia, se refuerza con la comunicación de los bienes espirituales".[488] [489]

956 *La intercesión de los santos.* "Por el hecho de que los del cielo están más íntimamente unidos con Cristo, consolidan más firmemente a toda la Iglesia en la santidad... no dejan de interceder por nosotros ante el Padre. Presentan por medio del único Mediador entre Dios y los hombres, Cristo Jesús, los méritos que adquirieron en la tierra... Su solicitud fraterna ayuda, pues, mucho a nuestra debilidad":[490]

1370

1683

> No lloréis, os seré más útil después de mi muerte y os ayudaré más eficazmente que durante mi vida.
>
> Pasaré mi cielo haciendo el bien sobre la tierra.[491]

957 *La comunión con los santos.* "No veneramos el recuerdo de los del cielo tan sólo como modelos nuestros, sino, sobre todo, para que la unión de toda la Iglesia en el Espíritu se vea reforzada por la práctica del amor fraterno. En efecto, así como la unión entre los cristianos todavía en camino nos lleva más cerca de Cristo, así la comunión con los santos nos une a Cristo, del que mana, como de Fuente y Cabeza, toda la gracia y la vida del Pueblo de Dios":[492]

1173

> Nosotros adoramos a Cristo porque es el Hijo de Dios; en cuanto a los mártires, los amamos como discípulos e imitadores del Señor, y es justo, a causa de su devoción incomparable hacia su rey y maestro; que podamos nosotros, también nosotros, ser sus compañeros y sus condiscípulos.[493]

958 *La comunión con los difuntos.* "La Iglesia peregrina, perfectamente consciente de esta comunión de todo el Cuerpo místico de Jesucristo, desde los primeros tiempos del cristianismo honró con gran piedad el recuerdo de los difuntos y también ofreció por ellos oraciones; 'pues es una idea santa y provechosa orar por los difuntos para que se vean libres de sus pecados' (2 M 12, 45)[493] Nuestra oración por ellos puede no solamente ayudarles, sino también hacer eficaz su intercesión en nuestro favor.

1371

1032; 1689

959 *...en la única familia de Dios.* "Todos los hijos de Dios y miembros de una misma familia en Cristo, al unirnos en el amor mutuo y en la misma alabanza a la Santísima Trinidad, estamos respondiendo a la íntima vocación de la Iglesia".[495]

1027

---

[488] *Ibid.*
[489] *Ibid.*
[490] SANTO DOMINGO DE GUZMÁN, moribundo, a sus hermanos, cf. Jordán de Sajonia, Libellus de principiis Ordinis praedicatorum, 93.
[491] SANTA TERESA DEL NIÑO JESÚS, Novissima verba.
[492] Concilio Vaticano II, *Lumen gentium*, 50.
[493] SAN POLICARPO DE ESMIRNA, Martyrium Polycarpi, 17.
[494] Concilio Vaticano II, *Lumen gentium*, 50.
[495] *Ibid.*, 51.

RESUMEN

960 La Iglesia es "comunión de los santos": esta expresión designa primeramente las "cosas santas" ["sancta"], y ante todo la Eucaristía, "que significa y al mismo tiempo realiza la unidad de los creyentes, que forman un solo cuerpo en Cristo".[496]

961 Este término designa también la comunión entre las "personas santas" ["sancti"] en Cristo que ha "muerto por todos", de modo que lo que cada uno hace o sufre en y por Cristo da fruto para todos.

962 "Creemos en la comunión de todos los fieles cristianos, es decir, de los que peregrinan en la tierra, de los que se purifican después de muertos y de los que gozan de la bienaventuranza celeste, y que todos se unen en una sola Iglesia; y creemos igualmente que en esa comunión está a nuestra disposición el amor misericordioso de Dios y de sus santos, que siempre ofrecen oídos atentos a nuestras oraciones".[497]

Párrafo 6. María, Madre de Cristo, Madre de la Iglesia

FUENTES DE LA ESCRITURA Y DE LA IGLESIA

La siguiente parte del *Catecismo* utiliza estas fuentes de la Escritura y de la Iglesia. Véase el "Índice de citas" para una lista completa de referencias

Nuevo Testamento	**Citadas en el *Catecismo***
Juan	CIC 964
Lucas	CIC 971
Concilios ecuménicos	
Vaticano II (1962-1965)	CIC 963-972
Documentos pontificios	
Pío XII (1939-1958)	CIC 966
Pablo VI (1963-1978)	CIC 963, 971, 975
Liturgia	
Liturgia bizantina	CIC 966
Escritores eclesiásticos	
San Agustín	CIC 963

---

[496] Ibid.

[497] PABLO VI, *Credo del Pueblo de Dios*, 30.

QUÉ CREEMOS ⟶ El Credo ⟶ El Espíritu Santo

CIC 965

PALABRAS CLAVE

La siguiente parte del *Catecismo* utiliza estas palabras clave.
Véase el "Glosario" para su definición.

Palabras	Citadas en el *Catecismo*
Asunción	CIC 966
María	CIC 963
Mediador/mediadora	CIC 970
Nuestra Señora	CIC 963

---

963 Después de haber hablado de la función de la Virgen María en el Misterio de Cristo y del Espíritu, conviene considerar ahora su lugar en el Misterio de la Iglesia. "Se la reconoce y se la venera como verdadera Madre de Dios y del Redentor... más aún, 'es verdaderamente la madre de los miembros (de Cristo) porque colaboró con su amor a que nacieran en la Iglesia los creyentes, miembros de aquella cabeza'".[498] "...María, Madre de Cristo, Madre de la Iglesia".[499]

484-507;
721-726

I. LA MATERNIDAD DE MARÍA RESPECTO DE LA IGLESIA

Totalmente unida a su Hijo...

964 La función de María con relación a la Iglesia es inseparable de su unión con Cristo, deriva directamente de ella. "Esta unión de la Madre con el Hijo en la obra de la salvación se manifiesta desde el momento de la concepción virginal de Cristo hasta su muerte".[500] Se manifiesta particularmente en la hora de su pasión:

> La Bienaventurada Virgen avanzó en la peregrinación de la fe y mantuvo fielmente la unión con su Hijo hasta la cruz. Allí, por voluntad de Dios, estuvo de pie, sufrió intensamente con su Hijo y se unió a su sacrificio con corazón de madre que, llena de amor, daba su consentimiento a la inmolación de su Hijo como víctima. Finalmente, Jesucristo, agonizando en la cruz, la dio como madre al discípulo con estas palabras: 'Mujer, ahí tienes a tu hijo' (*Jn* 19, 26-27).[501]

534

618

965 Después de la Ascensión de su Hijo, María "estuvo presente en los comienzos de la Iglesia con sus oraciones".[502] Reunida con los apóstoles y algunas mujeres, "María pedía con sus oraciones el don del Espíritu, que en la Anunciación la había cubierto con su sombra".[503]

---

[498] SAN AGUSTÍN, De sancta virginitate, 6: PL 40, 399, cit. en Concilio Vaticano II, *Lumen gentium*, 53.
[499] PABLO VI, discurso 21 noviembre 1964.
[500] Concilio Vaticano II, *Lumen gentium*, 57.
[501] *Ibid.*, 58.
[502] *Ibid.*, 69.
[503] *Ibid.*, 59.

... también en su Asunción...

491

966 "Finalmente, la Virgen Inmaculada, preservada inmune de toda mancha de pecado original, terminado el curso de su vida en la tierra, fue asunta en cuerpo y alma a la gloria celestial y enaltecida por Dios como Reina del universo, para ser conformada más plenamente a su Hijo, Señor de los Señores y vencedor del pecado y de la muerte".[504] La Asunción de la Santísima Virgen constituye una participación singular en la Resurrección de su Hijo y una anticipación de la resurrección de los demás cristianos:

> En el parto te conservaste Virgen, en tu tránsito no desamparaste al mundo, oh Madre de Dios. Te trasladaste a la vida porque eres Madre de la Vida, y con tu intercesión salvas de la muerte nuestras almas.[505]

... ella es nuestra Madre en el orden de la gracia

2679

507

967 Por su total adhesión a la voluntad del Padre, a la obra redentora de su Hijo, a toda moción del Espíritu Santo, la Virgen María es para la Iglesia el modelo de la fe y de la caridad. Por eso es "miembro muy eminente y del todo singular de la Iglesia",[506] incluso constituye "la figura" ["typus"] de la Iglesia.[507]

494

968 Pero su papel con relación a la Iglesia y a toda la humanidad va aún más lejos. "Colaboró de manera totalmente singular a la obra del Salvador por su fe, esperanza y ardiente amor, para restablecer la vida sobrenatural de los hombres. Por esta razón es nuestra Madre en el orden de la gracia".[508]

501
149

1370

969 "Esta maternidad de María perdura sin cesar en la economía de la gracia, desde el consentimiento que dio fielmente en la Anunciación, y que mantuvo sin vacilar al pie de la cruz, hasta la realización plena y definitiva de todos los escogidos. En efecto, con su asunción a los cielos, no abandonó su misión salvadora, sino que continúa procurándonos con su múltiple intercesión los dones de la salvación eterna... Por eso la Santísima Virgen es invocada en la Iglesia con los títulos de Abogada, Auxiliadora, Socorro, Mediadora".[509]

2008

1545

970 "La misión maternal de María para con los hombres de ninguna manera disminuye o hace sombra a la única mediación de Cristo, sino que manifiesta su eficacia. En efecto, todo el influjo de la Santísima Virgen en la salvación de los hombres... brota de la sobreabundancia de los méritos de Cristo, se apoya en su mediación, depende totalmente de ella y de ella saca toda su eficacia".[510] "Ninguna creatura puede ser puesta nunca en el mismo orden con el Verbo encarnado y Redentor. Pero, así como en el sacerdocio de Cristo participan de diversa manera tanto los ministros como el pueblo

---

[504] *Ibid.*, 59; cf. la proclamación del dogma de la Asunción de la Bienaventurada Virgen María por el Papa Pío XII en 1950: DS, 3903.
[505] Liturgia bizantina, Traducción oficial del Tropario de la Dormición.
[506] Concilio Vaticano II, *Lumen gentium*, 53.
[507] *Ibid.*, 63.
[508] *Ibid.*, 61.
[509] *Ibid.*, 62.
[510] *Ibid.*, 60.

QUÉ CREEMOS ⟶ El Credo ⟶ El Espíritu Santo

creyente, y así como la única bondad de Dios se difunde realmente en las criaturas de distintas maneras, así también la única mediación del Redentor no excluye, sino que suscita en las criaturas una colaboración diversa que participa de la única fuente".[511]

II. EL CULTO A LA SANTÍSIMA VIRGEN

971 *"Todas las generaciones me llamarán bienaventurada"* (*Lc* 1, 48): "La piedad de la Iglesia hacia la Santísima Virgen es un elemento intrínseco del culto cristiano".[512] La Santísima Virgen "es honrada con razón por la Iglesia con un culto especial. Y, en efecto, desde los tiempos más antiguos, se venera a la Santísima Virgen con el título de 'Madre de Dios', bajo cuya protección se acogen los fieles suplicantes en todos sus peligros y necesidades... Este culto... aunque del todo singular, es esencialmente diferente del culto de adoración que se da al Verbo encarnado, lo mismo que al Padre y al Espíritu Santo, pero lo favorece muy poderosamente";[513] encuentra su expresión en las fiestas litúrgicas dedicadas a la Madre de Dios[514] y en la oración Maríana, como el Santo Rosario, "síntesis de todo el Evangelio".[515]

III. MARÍA, ICONO ESCATOLÓGICO DE LA IGLESIA

972 Después de haber hablado de la Iglesia, de su origen, de su misión y de su destino, no se puede concluir mejor que volviendo la mirada a María para contemplar en ella lo que es la Iglesia en su Misterio, en su "peregrinación de la fe", y lo que será al final de su marcha, donde le espera, "para la gloria de la Santísima e indivisible Trinidad", "en comunión con todos los santos"[516] aquella a quien la Iglesia venera como la Madre de su Señor y como su propia Madre:

> Entre tanto, la Madre de Jesús, glorificada ya en los cielos en cuerpo y alma, es la imagen y comienzo de la Iglesia que llegará a su plenitud en el siglo futuro. También en este mundo, hasta que llegue el día del Señor, brilla ante el Pueblo de Dios en marcha, como señal de esperanza cierta y de consuelo.[517]

RESUMEN

973 Al pronunciar el "fiat" de la Anunciación y al dar su consentimiento al Misterio de la Encarnación, María colabora ya en toda la obra que debe llevar a cabo su Hijo. Ella es madre allí donde Él es Salvador y Cabeza del Cuerpo místico.

974 La Santísima Virgen María, cumplido el curso de su vida terrena, fue llevada en cuerpo y alma a la gloria del cielo, en donde ella participa

---

[511] *Ibid.*, 62.
[512] PABLO VI, exh. ap. *Maríalis cultus*, 56.
[513] Concilio Vaticano II, *Lumen gentium*, 66.
[514] Cf. Concilio Vaticano II, *Sacrosanctum concilium*, 103.
[515] Cf. PABLO VI, exh. ap. *Maríalis cultus*, 42.
[516] Concilio Vaticano II, *Lumen gentium*, 69.
[517] *Ibid.*, 68

CIC 975

Primera parte: La profesión de la fe

ya en la gloria de la resurrección de su Hijo, anticipando la resurrección de todos los miembros de su Cuerpo.

975 "Creemos que la Santísima Madre de Dios, nueva Eva, Madre de la Iglesia, continúa en el cielo ejercitando su oficio materno con respecto a los miembros de Cristo".[518]

ARTÍCULO 10
"CREO EN EL PERDÓN DE LOS PECADOS"

FUENTES DE LA ESCRITURA Y DE LA IGLESIA

La siguiente parte del *Catecismo* utiliza estas fuentes de la Escritura y de la Iglesia. Véase el "Índice de citas" para una lista completa de referencias

Nuevo Testamento	Citadas en el *Catecismo*
Mateo	CIC 982
Marcos	CIC 977
Lucas	CIC 981
Juan	CIC 976
Romanos	CIC 977
2 Corintios	CIC 981

Concilios ecuménicos	
Trento (1545-1563)	CIC 980

Documentos eclesiásticos	
Catecismo Romano	CIC 978, 979, 982, 987

Escritores eclesiásticos	
San Agustín	CIC 981, 983
San Gregorio Nacianceno	CIC 980
San Juan Crisóstomo	CIC 983

PALABRAS CLAVE

La siguiente parte del *Catecismo* utiliza estas palabras clave.
Véase el "Glosario" para su definición.

Palabras	Citadas en el *Catecismo*
Bautismo	CIC 977
Penitencia, el sacramento de	CIC 980
Remisión de los pecados	CIC 981

---

[518] PABLO VI, *Credo del Pueblo de Dios,* 15.

QUÉ CREEMOS ⟶ El Credo ⟶ El Espíritu Santo

CIC 980

976 El Símbolo de los Apóstoles vincula la fe en el perdón de los pecados a la fe en el Espíritu Santo, pero también a la fe en la Iglesia y en la comunión de los santos. Al dar el Espíritu Santo a sus apóstoles, Cristo resucitado les confirió su propio poder divino de perdonar los pecados: "Recibid el Espíritu Santo. A quienes perdonéis los pecados, les quedan perdonados; a quienes se los retengáis, les quedan retenidos" (*Jn* 20, 22-23).

> (La Segunda parte del Catecismo tratará explícitamente del perdón de los pecados por el Bautismo, el sacramento de la Penitencia y los demás sacramentos, sobre todo la Eucaristía. Aquí basta con evocar brevemente, por tanto, algunos datos básicos.)

I. UN SOLO BAUTISMO PARA EL PERDÓN DE LOS PECADOS

1263

977 Nuestro Señor vinculó el perdón de los pecados a la fe y al Bautismo: "Id por todo el mundo y proclamad la Buena Nueva a toda la creación. El que crea y sea bautizado se salvará" (*Mc* 16, 15-16). El Bautismo es el primero y principal sacramento del perdón de los pecados porque nos une a Cristo muerto por nuestros pecados y resucitado para nuestra justificación (cf *Rm* 4, 25), a fin de que "vivamos también una vida nueva" (*Rm* 6, 4).

978 "En el momento en que hacemos nuestra primera profesión de fe, al recibir el santo Bautismo que nos purifica, es tan pleno y tan completo el perdón que recibimos, que no nos queda absolutamente nada por borrar, sea de la falta original, sea de las faltas cometidas por nuestra propia voluntad, ni ninguna pena que sufrir para expiarlas... Sin embargo, la gracia del Bautismo no libra a la persona de todas las debilidades de la naturaleza. Al contrario, todavía nosotros tenemos que combatir los movimientos de la concupiscencia que no cesan de llevarnos al mal".[519]

1264

979 En este combate contra la inclinación al mal, ¿quién será lo suficientemente valiente y vigilante para evitar toda herida del pecado? "Si, pues, era necesario que la Iglesia tuviese el poder de perdonar los pecados, también hacía falta que el Bautismo no fuese para ella el único medio de servirse de las llaves del Reino de los cielos, que había recibido de Jesucristo; era necesario que fuese capaz de perdonar los pecados a todos los penitentes, incluso si hubieran pecado hasta en el último momento de su vida".[520]

1446

980 Por medio del sacramento de la Penitencia, el bautizado puede reconciliarse con Dios y con la Iglesia:

1422-1484

> Los padres tuvieron razón en llamar a la penitencia "un bautismo laborioso".[521] Para los que han caído después del Bautismo, es necesario para

---

[519] Catecismo Romano, 1, 11, 3.
[520] *Ibid.*, 1, 11, 4.
[521] SAN GREGORIO NACIANCENO, Orationes, 39, 17: PG 36, 356A.

la salvación este sacramento de la Penitencia, como lo es el Bautismo para quienes aún no han sido regenerados.[522]

II. EL PODER DE LAS LLAVES

981 Cristo, después de su Resurrección, envió a sus apóstoles a predicar "en su nombre la conversión para perdón de los pecados a todas las naciones" (*Lc* 24, 47). Este "ministerio de la reconciliación" (*2 Co* 5, 18), no lo cumplieron los apóstoles y sus sucesores anunciando solamente a los hombres el perdón de Dios merecido para nosotros por Cristo y llamándoles a la conversión y a la fe, sino comunicándoles también la remisión de los pecados por el Bautismo y reconciliándolos con Dios y con la Iglesia gracias al poder de las llaves recibido de Cristo:

1444

> La Iglesia ha recibido las llaves del Reino de los cielos, a fin de que se realice en ella la remisión de los pecados por la sangre de Cristo y la acción del Espíritu Santo. En esta Iglesia es donde revive el alma, que estaba muerta por los pecados, a fin de vivir con Cristo, cuya gracia nos ha salvado.[523]

553

982 No hay ninguna falta por grave que sea que la Iglesia no pueda perdonar. "No hay nadie, tan perverso y tan culpable, que no deba esperar con confianza su perdón siempre que su arrepentimiento sea sincero".[524] Cristo, que ha muerto por todos los hombres, quiere que, en su Iglesia, estén siempre abiertas las puertas del perdón a cualquiera que vuelva del pecado.[525]

1463

605

983 La catequesis se esforzará por avivar y nutrir en los fieles la fe en la grandeza incomparable del don que Cristo resucitado ha hecho a su Iglesia: la misión y el poder de perdonar verdaderamente los pecados, por medio del ministerio de los apóstoles y de sus sucesores:

1442

> El Señor quiere que sus discípulos tengan un poder inmenso: quiere que sus pobres servidores cumplan en su nombre todo lo que había hecho cuando estaba en la tierra.[526]
>
> Los sacerdotes han recibido un poder que Dios no ha dado ni a los ángeles, ni a los arcángeles... Dios sanciona allá arriba todo lo que los sacerdotes hagan aquí abajo.[527]
>
> Si en la Iglesia no hubiera remisión de los pecados, no habría ninguna esperanza, ninguna expectativa de una vida eterna y de una liberación eterna. Demos gracias a Dios que ha dado a la Iglesia semejante don.[528]

1465

---

[522] Concilio de Trento: DS, 1672.
[523] SAN AGUSTÍN, Sermones, 214, 11: PL38, 1071, 1072.
[524] Catecismo Romano, 1, 11 ,5.
[525] Cf. *Mt* 18, 21-22.
[526] SAN AMBROSIO, De poenitentia, 1, 34: PL 16, 477A.
[527] SAN JUAN CRISÓSTOMO, De sacerdotio, 3, 5: PG 48, 643A.
[528] SAN AGUSTÍN, Sermones, 213, 8: PL 38, 1064.

QUÉ CREEMOS → El Credo → El Espíritu Santo

RESUMEN

984 El Credo relaciona "el perdón de los pecados" con la profesión de fe en el Espíritu Santo. En efecto, Cristo resucitado confió a los apóstoles el poder de perdonar los pecados cuando les dio el Espíritu Santo.

985 El Bautismo es el primero y principal sacramento para el perdón de los pecados: nos une a Cristo muerto y resucitado y nos da el Espíritu Santo.

986 Por voluntad de Cristo, la Iglesia posee el poder de perdonar los pecados de los bautizados, y lo ejerce de forma habitual en el sacramento de la Penitencia por medio de los obispos y de los presbíteros.

987 "En la remisión de los pecados, los sacerdotes y los sacramentos son meros instrumentos de los que quiere servirse nuestro Señor Jesucristo, único autor y dispensador de nuestra salvación, para borrar nuestras iniquidades y darnos la gracia de la justificación".[529]

ARTÍCULO 11
"CREO EN LA RESURRECCIÓN DE LA CARNE"

FUENTES DE LA ESCRITURA Y DE LA IGLESIA

La siguiente parte del *Catecismo* utiliza estas fuentes de la Escritura y de la Iglesia. Véase el "Índice de citas" para una lista completa de referencias

Antiguo Testamento — **Citadas en el *Catecismo***
Génesis — CIC 990, 1006, 1008
Salmos — CIC 990
Eclesiastés — CIC 1007
Sabiduría — CIC 1008
Isaías — CIC 990
Daniel — CIC 992, 998
2 Macabeos — CIC 992

Nuevo Testamento
Mateo — CIC 994
Marcos — CIC 993, 994, 1009
Lucas — CIC 994, 999, 1011
Juan — CIC 989, 993, 994, 998, 1001
Hechos de los Apóstoles — CIC 993, 995, 996
Romanos — CIC 989, 990, 1006, 1008, 1009
1 Corintios — CIC 989, 991, 996, 999, 1004, 1008, 1017
2 Corintios — CIC 989, 992, 1005
Efesios — CIC 1003

---

[529] Catecismo Romano, 1, 11, 6.

Primera parte: La profesión de la fe

FUENTES DE LA ESCRITURA Y DE LA IGLESIA

(continuación)

Nuevo Testamento	Citadas en el *Catecismo*
Filipenses	CIC 989, 999, 1003, 1005, 1006, 1010, 1011
Colosenses	CIC 1002, 1003
1 Tesalonicenses	CIC 989, 1001, 1012
2 Timoteo	CIC 1010
Hebreos	CIC 1009, 1013

Concilios ecuménicos

Letrán IV (1215)	CIC 999
Lyon II (1274)	CIC 1017
Trento (1545-1563)	CIC 1008, 1001, 1006, 1008, 1013, 1018

Documentos pontificios

Pablo VI (1963-1978)	CIC 1005

Liturgia

Oraciones	CIC 1014
Misal Romano	CIC 1012

Escritores eclesiásticos

La Imitación de Cristo	CIC 1014
San Agustín	CIC 996
San Francisco de Asís	CIC 1014
San Ignacio de Antioquia	CIC 1010, 1011
San Ireneo de Lyon	CIC 1000
Santa Teresa (de Jesús) de Ávila	CIC 1011
Santa Teresa (del Niño Jesús) de Lisieux	CIC 1011
Tertuliano	CIC 991, 1015

PALABRAS CLAVE

La siguiente parte del *Catecismo* utiliza estas palabras clave.
Véase el "Glosario" para su definición.

Palabras	Citadas en el *Catecismo*
Escatología	CIC 1001
Parusía	CIC 1001
Resurrección de los muertos	CIC 988
Segunda venida de Cristo	CIC 1001
Tiempo	CIC 988
Vida eterna	CIC 988

QUÉ CREEMOS ⟶ El Credo ⟶ El Espíritu Santo

CIC 992

988 El Credo cristiano —profesión de nuestra fe en Dios Padre, Hijo y Espíritu Santo, y en su acción creadora, salvadora y santificadora— culmina en la proclamación de la resurrección de los muertos al fin de los tiempos, y en la vida eterna.

989 Creemos firmemente, y así lo esperamos, que del mismo modo que Cristo ha resucitado verdaderamente de entre los muertos, y que vive para siempre, igualmente los justos después de su muerte vivirán para siempre con Cristo resucitado y que Él los resucitará en el último día.[530] Como la suya, nuestra resurrección será obra de la Santísima Trinidad:

655

648

> Si el Espíritu de Aquel que resucitó a Jesús de entre los muertos habita en vosotros, Aquel que resucitó a Jesús de entre los muertos dará también la vida a vuestros cuerpos mortales por su Espíritu que habita en vosotros (*Rm* 8, 11).[531]

990 El término "carne" designa al hombre en su condición de debilidad y de mortalidad.[532] La "resurrección de la carne" significa que, después de la muerte, no habrá solamente vida del alma inmortal, sino que también nuestros "cuerpos mortales" (*Rm* 8, 11) volverán a tener vida.

364

991 Creer en la resurrección de los muertos ha sido desde sus comienzos un elemento esencial de la fe cristiana. "La resurrección de los muertos es esperanza de los cristianos; somos cristianos por creer en ella":[533]

638

> ¿Cómo andan diciendo algunos entre vosotros que no hay resurrección de muertos? Si no hay resurrección de muertos, tampoco Cristo resucitó. Y si no resucitó Cristo, vana es nuestra predicación, vana también vuestra fe... ¡Pero no! Cristo resucitó de entre los muertos como primicias de los que durmieron (*1 Co* 15, 12-14.20).

I. LA RESURRECCIÓN DE CRISTO Y LA NUESTRA

Revelación progresiva de la Resurrección

992 La resurrección de los muertos fue revelada progresivamente por Dios a su Pueblo. La esperanza en la resurrección corporal de los muertos se impuso como una consecuencia intrínseca de la fe en un Dios creador del hombre todo entero, alma y cuerpo. El creador del cielo y de la tierra es también Aquel que mantiene fielmente su Alianza con Abraham y su descendencia. En esta doble perspectiva comienza a expresarse la fe en la resurrección. En sus pruebas, los mártires Macabeos confiesan:

297

> El Rey del mundo, a nosotros que morimos por sus leyes, nos resucitará a una vida eterna (*2 M* 7, 9). Es preferible morir a manos de los hombres con

---

[530] Cf. *Jn* 6, 39-40.
[531] Cf. *1 Ts* 4, 14; *1 Co* 6, 14; *2 Co* 4, 14; *Flp* 3, 10-11.
[532] Cf. *Gn* 6, 3; *Sal* 56, 5; *Is* 40, 6.
[533] TERTULIANO, De resurrectione carnis, 1, 1.

la esperanza que Dios otorga de ser resucitados de nuevo por él (*2 M* 7, 14).[534]

993 Los fariseos[535] y muchos contemporáneos del Señor[536] esperaban la resurrección. Jesús la enseña firmemente. A los saduceos que la niegan responde: "Vosotros no conocéis ni las Escrituras ni el poder de Dios, vosotros estáis en el error" (*Mc* 12, 24). La fe en la resurrección descansa en la fe en Dios que "no es un Dios de muertos sino de vivos" (*Mc* 12, 27).

994 Pero hay más: Jesús vincula la fe en la resurrección a la fe en su propia persona: "Yo soy la resurrección y la vida" (*Jn* 11, 25). Es el mismo Jesús el que resucitará en el último día a quienes hayan creído en Él[537] y hayan comido su cuerpo y bebido su sangre.[538] En su vida pública ofrece ya un signo y una prenda de la resurrección devolviendo la vida a algunos muertos[539] anunciando así su propia Resurrección que, no obstante, será de otro orden. De este acontecimiento único, Él habla como del "signo de Jonás" (*Mt* 12, 39), del signo del Templo:[540] anuncia su Resurrección al tercer día después de su muerte.[541]

995 Ser testigo de Cristo es ser "testigo de su Resurrección" (*Hch* 1, 22),[542] "haber comido y bebido con él después de su Resurrección de entre los muertos" (*Hch* 10, 41). La esperanza cristiana en la resurrección está totalmente marcada por los encuentros con Cristo resucitado. Nosotros resucitaremos como Él, con Él, por Él.

996 Desde el principio, la fe cristiana en la resurrección ha encontrado incomprensiones y oposiciones.[543] "En ningún punto la fe cristiana encuentra más contradicción que en la resurrección de la carne".[544] Se acepta muy comúnmente que, después de la muerte, la vida de la persona humana continúa de una forma espiritual. Pero ¿cómo creer que este cuerpo tan manifiestamente mortal pueda resucitar a la vida eterna?

Cómo resucitan los muertos

997 ¿Qué es resucitar? En la muerte, separación del alma y el cuerpo, el cuerpo del hombre cae en la corrupción, mientras que su alma va al encuentro con Dios, en espera de reunirse con su cuerpo glorificado. Dios en su omnipotencia dará definitivamente a nuestros cuerpos la vida incorruptible uniéndolos a nuestras almas, por la virtud de la Resurrección de Jesús.

998 ¿Quién resucitará? Todos los hombres que han muerto: "los que hayan hecho el bien resucitarán para la vida, y los que hayan hecho el mal, para la condenación" (*Jn* 5, 29).[545]

---

[534] Cf. *2 M* 7, 29; *Dn* 12, 1-13.
[535] Cf. *Hch* 23, 6.
[536] Cf. *Jn* 11, 24.
[537] Cf. *Jn* 5, 24-25; 6, 40.
[538] Cf. *Jn* 6, 54.
[539] Cf. *Mc* 5, 21-42; *Lc* 7, 11-17; *Jn* 11.
[540] Cf. *Jn* 1, 19-22.
[541] Cf. *Mc* 10, 34.
[542] Cf. *Hch* 4, 33.
[543] Cf. *Hch* 17, 32; *1 Co* 15, 12-13.
[544] SAN AGUSTÍN, Enarratio in Psalmos, 88, 2, 5.
[545] Cf. *Dn* 12, 2.

QUÉ CREEMOS ⟶ El Credo ⟶ El Espíritu Santo

999 ¿*Cómo?* Cristo resucitó con su propio cuerpo: "Mirad mis manos y mis pies; soy yo mismo" (*Lc* 24, 39); pero Él no volvió a una vida terrenal. Del mismo modo, en Él "todos resucitarán con su propio cuerpo, que tienen ahora",[546] pero este cuerpo será "transfigurado en cuerpo de gloria",[547] en "cuerpo espíritual" (*1 Co* 15, 44):

> Pero dirá alguno: ¿cómo resucitan los muertos? ¿Con qué cuerpo vuelven a la vida? ¡Necio! Lo que tú siembras no revive si no muere. Y lo que tú siembras no es el cuerpo que va a brotar, sino un simple grano..., se siembra corrupción, resucita incorrupción...; los muertos resucitarán incorruptibles. En efecto, es necesario que este ser corruptible se revista de incorruptibilidad; y que este ser mortal se revista de inmortalidad (*1 Co* 15, 35-37.42.53).

1000 Este "cómo" sobrepasa nuestra imaginación y nuestro entendimiento; no es accesible más que en la fe. Pero nuestra participación en la Eucaristía nos da ya un anticipo de la transfiguración de nuestro cuerpo por Cristo:

> Así como el pan que viene de la tierra, después de haber recibido la invocación de Dios, ya no es pan ordinario, sino Eucaristía, constituida por dos cosas, una terrena y otra celestial, así nuestros cuerpos que participan en la Eucaristía ya no son corruptibles, ya que tienen la esperanza de la resurrección.[548]

1001 ¿*Cuándo?* Sin duda en el "último día" (*Jn* 6, 39-40.44.54; 11, 24); "al fin del mundo".[549] En efecto, la resurrección de los muertos está íntimámente asociada a la Parusía de Cristo:

> El Señor mismo, a la orden dada por la voz de un arcángel y por la trompeta de Dios, bajará del cielo, y los que murieron en Cristo resucitarán en primer lugar (*1 Ts* 4, 16).

Resucitados con Cristo

1002 Si es verdad que Cristo nos resucitará en "el último día", también lo es, en cierto modo, que nosotros ya hemos resucitado con Cristo. En efecto, gracias al Espíritu Santo, la vida cristiana en la tierra es desde ahora, una participación en la muerte y en la Resurrección de Cristo:

> Sepultados con él en el bautismo, con él también habéis resucitado por la fe en la acción de Dios, que le resucitó de entre los muertos... Así pues, si habéis resucitado con Cristo, buscad las cosas de arriba, donde está Cristo sentado a la diestra de Dios (*Col* 2, 12; 3, 1).

---

[546] Concilio de Letrán IV: DS, 801.
[547] Cf. *Flp* 3, 21.
[548] SAN IRENEO DE LYÓN, Adversus haereses, 4, 18, 4-5.
[549] Concilio Vaticano II, *Lumen gentium,* 48.

1003 Unidos a Cristo por el Bautismo, los creyentes participan ya realmente en la vida celestial de Cristo resucitado, ⁵⁵⁰ pero esta vida permanece "escondida con Cristo en Dios" (*Col* 3, 3). "Con él nos ha resucitado y hecho sentar en los cielos con Cristo Jesús" (*Ef* 2, 6). Alimentados en la Eucaristía con su Cuerpo, nosotros pertenecemos ya al Cuerpo de Cristo. Cuando resucitemos en el último día también nos "manifestaremos con él llenos de gloria" (*Col* 3, 4).

1004 Esperando este día, el cuerpo y el alma del creyente participan ya de la dignidad de ser "en Cristo"; donde se basa la exigencia del respeto hacia el propio cuerpo, y también hacia el ajeno, particularmente cuando sufre:

> El cuerpo es para el Señor y el Señor para el cuerpo. Y Dios, que resucitó al Señor, nos resucitará también a nosotros mediante su poder. ¿No sabéis que vuestros cuerpos son miembros de Cristo?... No os pertenecéis... Glorificad, por tanto, a Dios en vuestro cuerpo (*1 Co* 6, 13-15.19-20).

II. MORIR EN CRISTO JESÚS

1005 Para resucitar con Cristo, es necesario morir con Cristo, es necesario "dejar este cuerpo para ir a morar cerca del Señor" (*2 Co* 5, 8). En esta "partida" (*Flp* 1, 23) que es la muerte, el alma se separa del cuerpo. Se reunirá con su cuerpo el día de la resurrección de los muertos.⁵⁵¹

La muerte

1006 "Frente a la muerte, el enigma de la condición humana alcanza su cumbre".⁵⁵² En un sentido, la muerte corporal es natural, pero por la fe sabemos que realmente es "salario del pecado" (*Rm* 6, 23).⁵⁵³ Y para los que mueren en la gracia de Cristo, es una participación en la muerte del Señor para poder participar también en su Resurrección.⁵⁵⁴

1007 *La muerte es el final de la vida terrena.* Nuestras vidas están medidas por el tiempo, en el curso del cual cambiamos, envejecemos y como en todos los seres vivos de la tierra, al final aparece la muerte como el desenlace normal de la vida. Este aspecto de la muerte da urgencia a nuestras vidas: el recuerdo de nuestra mortalidad sirve también para hacernos pensar que no contamos más que con un tiempo limitado para llevar a término nuestra vida:

> Acuérdate de tu Creador en tus días mozos..., mientras no vuelva el polvo a la tierra, a lo que era, y el espíritu vuelva a Dios que es quien lo dio (*Qo* 12, 1.7).

1008 *La muerte es consecuencia del pecado.* Intérprete auténtico de las afirmaciones de la Sagrada Escritura⁵⁵⁵ y de la Tradición, el Magisterio de la

---

⁵⁵⁰ Cf. *Flp* 3, 20.
⁵⁵¹ Cf. PABLO VI, *Credo del Pueblo de Dios,* 28.
⁵⁵² Concilio Vaticano II, *Gaudium et spes,* 18.
⁵⁵³ Cf. *Gn* 1, 17.
⁵⁵⁴ Cf. *Rm* 6, 3-9; *Flp* 3, 10-11.
⁵⁵⁵ Cf. *Gn* 2, 17; 3, 3; 3, 19; *Sb* 1, 13; *Rm* 5, 12; 6, 23.

QUÉ CREEMOS ⟶ El Credo ⟶ El Espíritu Santo

Iglesia enseña que la muerte entró en el mundo a causa del pecado del hombre.[556] Aunque el hombre poseyera una naturaleza mortal, Dios lo destinaba a no morir. Por tanto, la muerte fue contraria a los designios de Dios Creador, y entró en el mundo como consecuencia del pecado.[557] "La muerte temporal de la cual el hombre se habría liberado si no hubiera pecado",[558] es así "el último enemigo" del hombre que debe ser vencido.[559]

1009 *La muerte fue transformada por Cristo.* Jesús, el Hijo de Dios, sufrió también la muerte, propia de la condición humana. Pero, a pesar de su angustia frente a ella,[560] la asumió en un acto de sometimiento total y libre a la voluntad del Padre. La obediencia de Jesús transformó la maldición de la muerte en bendición.[561]

El sentido de la muerte cristiana

1010 Gracias a Cristo, la muerte cristiana tiene un sentido positivo. "Para mí, la vida es Cristo y morir una ganancia" (*Flp* 1, 21). "Es cierta esta afirmación: si hemos muerto con él, también viviremos con él" (*2 Tm* 2, 11). La novedad esencial de la muerte cristiana está ahí: por el Bautismo, el cristiano está ya sacramentalmente "muerto con Cristo", para vivir una vida nueva; y si morimos en la gracia de Cristo, la muerte física consuma este "morir con Cristo" y perfecciona así nuestra incorporación a Él en su acto redentor:

> Para mí es mejor morir en ("eis") Cristo Jesús que reinar de un extremo a otro de la tierra. Lo busco a Él, que ha muerto por nosotros; lo quiero a Él, que ha resucitado por nosotros. Mi parto se aproxima... Dejadme recibir la luz pura; cuando yo llegue allí, seré un hombre.[562]

1011 En la muerte, Dios llama al hombre hacia sí. Por eso, el cristiano puede experimentar hacia la muerte un deseo semejante al de San Pablo: "Deseo partir y estar con Cristo" (*Flp* 1, 23); y puede transformar su propia muerte en un acto de obediencia y de amor hacia el Padre, a ejemplo de Cristo:[563]

> Mi deseo terreno ha sido crucificado...; hay en mí un agua viva
>   que murmura y que dice desde dentro de mí "ven al Padre".[564]
> Yo quiero ver a Dios y para verlo es necesario morir.[565]
> Yo no muero, entro en la vida.[566]

---

[556] Cf. Concilio de Trento: DS, 1511.
[557] Cf. *Sb* 2, 23-24.
[558] Concilio Vaticano II, *Gaudium et spes*, 18.
[559] Cf. *1 Co* 15, 26.
[560] Cf. *Mc* 14, 33-34; *Hb* 5, 7-8.
[561] Cf. *Rm* 5, 19-21.
[562] SAN IGNACIO DE ANTIOQUÍA, Epistula ad Romanos, 6, 1-2.
[563] Cf. *Lc* 23, 46.
[564] SAN IGNACIO DE ANTIOQUÍA, Epistula ad Romanos, 7, 2.
[565] SANTA TERESA DE JESÚS, Libro de la vida, 1.
[566] SANTA TERESA DEL NIÑO JESÚS, Novissima verba.

1012 La visión cristiana de la muerte[567] se expresa de modo privilegiado en la liturgia de la Iglesia:

> La vida de los que en ti creemos, Señor, no termina, se transforma; y, al deshacerse nuestra morada terrenal, adquirimos una mansión eterna en el cielo.[568]

1013 La muerte es el fin de la peregrinación terrena del hombre, del tiempo de gracia y de misericordia que Dios le ofrece para realizar su vida terrena según el designio divino y para decidir su último destino. Cuando ha tenido fin "el único curso de nuestra vida terrena",[569] ya no volveremos a otras vidas terrenas. "Está establecido que los hombres mueran una sola vez" (*Hb* 9, 27). No hay "reencarnación" después de la muerte.

1014 La Iglesia nos anima a prepararnos para la hora de nuestra muerte ("De la muerte repentina e imprevista, líbranos Señor": antiguas Letanías de los santos), a pedir a la Madre de Dios que interceda por nosotros "en la hora de nuestra muerte" (Avemaría), y a confiarnos a San José, patrono de la buena muerte:

> Habrías de ordenarte en toda cosa como si luego hubieses de morir. Si tuvieses buena conciencia no temerías mucho la muerte. Mejor sería huir de los pecados que de la muerte. Si hoy no estás aparejado, ¿cómo lo estarás mañana?[570]

> Y por la hermana muerte, ¡loado mi Señor!
> Ningún viviente escapa de su persecución;
> ¡ay si en pecado grave sorprende al pecador!
> ¡Dichosos los que cumplen la voluntad de Dios! [571]

RESUMEN

1015 "Caro salutis est cardo" ("La carne es soporte de la salvación")[572] Creemos en Dios que es el creador de la carne; creemos en el Verbo hecho carne para rescatar la carne; creemos en la resurrección de la carne, perfección de la creación y de la redención de la carne.

1016 Por la muerte, el alma se separa del cuerpo, pero en la resurrección Dios devolverá la vida incorruptible a nuestro cuerpo transformado, reuniéndolo con nuestra alma. Así como Cristo ha resucitado y vive para siempre, todos nosotros resucitaremos en el último día.

---

[567] Cf. *1 Ts* 4, 13-14.
[568] *Misal Romano*, Prefacio de difuntos.
[569] Concilio Vaticano II, *Lumen gentium*, 48.
[570] Imitación de Cristo, 1, 23, 1.
[571] SAN FRANCISCO DE ASÍS, Cántico de las criaturas.
[572] TERTULIANO, De resurrectione carnis, 8, 2.

QUÉ CREEMOS ⟶ El Credo ⟶ El Espíritu Santo

1017 "Creemos en la verdadera resurrección de esta carne que poseemos ahora".[573] No obstante se siembra en el sepulcro un cuerpo corruptible, resucita un cuerpo incorruptible,[574] un "cuerpo espíritual" (*1 Co* 15, 44).

1018 Como consecuencia del pecado original, el hombre debe sufrir "la muerte corporal, de la que el hombre se habría liberado, si no hubiera pecado".[575]

1019 Jesús, el Hijo de Dios, sufrió libremente la muerte por nosotros en una sumisión total y libre a la voluntad de Dios, su Padre. Por su muerte venció a la muerte, abriendo así a todos los hombres la posibilidad de la salvación.

ARTÍCULO 12
"CREO EN LA VIDA ETERNA"

FUENTES DE LA ESCRITURA Y DE LA IGLESIA

La siguiente parte del *Catecismo* utiliza estas fuentes de la Escritura y de la Iglesia. Véase el "Índice de citas" para una lista completa de referencias

Antiguo Testamento	Citadas en el *Catecismo*
Salmos	CIC 1039
Cantar de los Cantares	CIC 1040
Job	CIC 1032
Isaías	CIC 1063
2 Macabeos	CIC 1032
Nuevo Testamento	
Mateo	CIC 1021, 1029, 1031, 1033, 1034, 1036, 1038, 1058, 1063

---

[573] Concilio de Lyón II: DS, 854.
[574] Cf. *1 Co* 15, 42.
[575] Concilio Vaticano II, *Gaudium et spes*, 18.

Primera parte: La profesión de la fe

FUENTES DE LA ESCRITURA Y DE LA IGLESIA
(continuación)

Nuevo Testamento	Citadas en el *Catecismo*
Marcos	CIC 1034
Lucas	CIC 1021
Juan	CIC 1025, 1038, 1039, 1063
Hechos de los Apóstoles	CIC 1038
Romanos	CIC 1046
1 Corintios	CIC 1023, 1027, 1031, 1050, 1060
2 Corintios	CIC 1021, 1041, 1065
Efesios	CIC 1043
Filipenses	CIC 1021, 1025
1 Tesalonicenses	CIC 1025
2 Tesalonicenses	CIC 1041
1 Timoteo	CIC 1058
2 Timoteo	CIC 1021
Tito	CIC 1041
Hebreos	CIC 1021
1 Pedro	CIC 1031
2 Pedro	CIC 1037, 1043
1 Juan	CIC 1023, 1033
Apocalipsis	CIC 1023, 1025, 1029, 1043, 1044, 1045, 1065

Profesiones de fe	
Quicumque	CIC 1035

Concilios ecuménicos	
Florencia (1439-1445)	CIC 1022, 1031, 1035
Letrán IV (1215)	CIC 1035
Lyon II (1274)	CIC 1022, 1032, 1035, 1059
Trento (1545-1563)	CIC 1022, 1031, 1035, 1037, 1059
Vaticano II (1962-1965)	CIC 1023, 1036, 1042, 1045, 1048, 1049, 1050

Concilios y sínodos particulares	
Sínodo of Constantinopla (543)	CIC 1035
Sínodo de Orange II (529)	CIC 1037

Documentos pontificios	
Benedicto XII (1334-1342)	CIC 1022, 1023, 1035
Juan XXII (1316-1334)	CIC 1022
Pablo VI (1963-1978)	CIC 1035, 1052, 1053

QUÉ CREEMOS → El Credo → El Espíritu Santo

FUENTES DE LA ESCRITURA Y DE LA IGLESIA

(continuación)

Documentos eclesiásticos	Citadas en el *Catecismo*
Directorio General para la Catequesis	CIC 1056

Liturgia

Rito Romano	CIC 1020, 1037

Escritores eclesiásticos

San Ambrosio	CIC 1025
San Agustín	CIC 1039, 1064
San Cipriano de Cartago	CIC 1028
San Cirilo de Jerusalén	CIC 1050
San Gregorio Magno	CIC 1031
San Ireneo de Lyon	CIC 1047
San Juan Crisóstomo	CIC 1032
San Juan de la Cruz	CIC 1022

PALABRAS CLAVE

La siguiente parte del *Catecismo* utiliza estas palabras clave.
Véase el "Glosario" para su definición.

Palabras	Citadas en el *Catecismo*
Amén	CIC 1061
Beatitud	CIC 1024
Castigo, eterno	CIC 1035
Cielo	CIC 1023
Escatología	CIC 1020-1050
Infierno	CIC 1033
Juicio	CIC 1021, 1022, 1038
Juicio final	CIC 1021, 1022, 1038
Mundo	CIC 1043
Paraíso	CIC 1023
Purgatorio	CIC 1031
Tiempo	CIC 1020
Vida	CIC 1023
Vida eterna	CIC 1020
Visión beatífica	CIC 1028

1020 El cristiano que une su propia muerte a la de Jesús ve la muerte como una ida hacia Él y la entrada en la vida eterna. Cuando la Iglesia dice por última vez las palabras de perdón de la absolución de Cristo sobre el cristiano moribundo, lo sella por última vez con una unción fortificante y le da a Cristo en el viático como alimento para el viaje. Le habla entonces con una dulce seguridad:

1523-1525

Alma cristiana, al salir de este mundo, marcha en el nombre de Dios Padre Todopoderoso, que te creó, en el nombre de Jesucristo, Hijo de Dios vivo, que murió por ti, en el nombre del Espíritu Santo, que sobre ti descendió. Entra en el lugar de la paz y que tu morada esté junto a Dios en Sión, la ciudad santa, con Santa María Virgen, Madre de Dios, con San José y todos los ángeles y santos... Te entrego a Dios, y, como criatura suya, te pongo en sus manos, pues es tu Hacedor, que te formó del polvo de la tierra. Y al dejar esta vida, salgan a tu encuentro la Virgen María y todos los ángeles y santos... Que puedas contemplar cara a cara a tu Redentor...[576]

I. EL JUICIO PARTICULAR

1021 La muerte pone fin a la vida del hombre como tiempo abierto a la aceptación o rechazo de la gracia divina manifestada en Cristo.[577] El Nuevo Testamento habla del juicio principalmente en la perspectiva del encuentro final con Cristo en su segunda venida; pero también asegura reiteradamente la existencia de la retribución inmediata después de la muerte de cada uno como consecuencia de sus obras y de su fe. La parábola del pobre Lázaro[578] y la palabra de Cristo en la Cruz al buen ladrón,[579] así como otros textos del Nuevo Testamento[580] hablan de un último destino del alma[581] que puede ser diferente para unos y para otros.

1022 Cada hombre, después de morir, recibe en su alma inmortal su retribución eterna en un juicio particular que refiere su vida a Cristo, bien a través de una purificación,[582] bien para entrar inmediatamente en la bienaventuranza del cielo,[583] bien para condenarse inmediatamente para siempre.[584]

A la tarde te examinarán en el amor.[585]

II. EL CIELO

1023 Los que mueren en la gracia y la amistad de Dios y están perfectamente purificados, viven para siempre con Cristo. Son para siempre semejantes a Dios, porque lo ven "tal cual es" (*1 Jn* 3, 2), cara a cara:[586]

Definimos con la autoridad apostólica: que, según la disposición general de Dios, las almas de todos los santos... y todos los demás fieles muertos después de recibir el bautismo de Cristo en los que no había nada que purificar cuando murieron...; o en caso de que tuvieran o tengan algo que

---

[576] Ritual Romano, Ordo exsequiarum, "Commendatio animae".
[577] Cf. *2 Tm* 1, 9-10.
[578] Cf. *Lc* 16, 22.
[579] Cf. *Lc* 23, 43.
[580] Cf. *2 Co* 5, 8; *Flp* 1, 23; *Hb* 9, 27; 12, 23.
[581] Cf. *Mt* 6, 26.
[582] Cf. Concilio de Lyón II: DS, 857-858; Concilio de Florencia II: *ibid.*, 1304-1306; Concilio de Trento: *ibid.*, 1820.
[583] Cf. BENEDICTO XII: const. Benedictus Deus: DS, 1000-1001; JUAN XXII: Bula Ne super his: DS, 990.
[584] Cf. BENEDICTO XII: const. Benedictus Deus: DS, 1002.
[585] SAN JUAN DE LA CRUZ, Dichos de amor y luz, 64.
[586] Cf. *1 Co* 13, 12; *Ap* 22, 4.

QUÉ CREEMOS ⟶ El Credo ⟶ El Espíritu Santo

purificar, una vez que estén purificadas después de la muerte... aun antes de la reasunción de sus cuerpos y del juicio final, después de la Ascensión al cielo del Salvador, Jesucristo Nuestro Señor, estuvieron, están y estarán en el cielo, en el Reino de los cielos y paraíso celestial con Cristo, admitidos en la compañía de los ángeles. Y después de la muerte y pasión de nuestro Señor Jesucristo vieron y ven la divina esencia con una visión intuitiva y cara a cara, sin mediación de ninguna criatura.[587]

1024 Esta vida perfecta con la Santísima Trinidad, esta comunión de vida y de amor con ella, con la Virgen María, los ángeles y todos los bienaventurados se llama "el cielo". El cielo es el fin último y la realización de las aspiraciones más profundas del hombre, el estado supremo y definitivo de dicha.

260

326; 2734
1718

1025 Vivir en el cielo es "estar con Cristo".[588] Los elegidos viven "en Él", aún más, tienen allí, o mejor, encuentran allí su verdadera identidad, su propio nombre:[589]

1011

> Pues la vida es estar con Cristo; donde está Cristo, allí está la vida, allí está el reino.[590]

1026 Por su muerte y su Resurrección Jesucristo nos ha "abierto" el cielo. La vida de los bienaventurados consiste en la plena posesión de los frutos de la redención realizada por Cristo, que asocia a su glorificación celestial a quienes han creído en Él y han permanecido fieles a su voluntad. El cielo es la comunidad bienaventurada de todos los que están perfectamente incorporados a Él.

793

1027 Este misterio de comunión bienaventurada con Dios y con todos los que están en Cristo sobrepasa toda comprensión y toda representación. La Escritura nos habla de ella en imágenes: vida, luz, paz, banquete de bodas, vino del reino, casa del Padre, Jerusalén celeste, paraíso: "Lo que ni el ojo vio, ni el oído oyó, ni al corazón del hombre llegó, lo que Dios preparó para los que le aman" (1 Co 2, 9).

959

1720

1028 A causa de su trascendencia, Dios no puede ser visto tal cual es más que cuando Él mismo abre su Misterio a la contemplación inmediata del hombre y le da la capacidad para ello. Esta contemplación de Dios en su gloria celestial es llamada por la Iglesia "la visión beatífica":

1722

160

> ¡Cuál no será tu gloria y tu dicha!: Ser admitido a ver a Dios, tener el honor de participar en las alegrías de la salvación y de la luz eterna en compañía de Cristo, el Señor tu Dios..., gozar en el Reino de los cielos en compañía de los justos y de los amigos de Dios, las alegrías de la inmortalidad alcanzada.[591]

---

[587] BENEDICTO XII: const. Benedictus Deus: DS, 1000; cf. Concilio Vaticano II, *Lumen gentium*, 49.
[588] Cf. *Jn* 14, 3; *Flp* 1, 23; *1 Ts* 4, 17.
[589] Cf. *Ap* 2, 17.
[590] SAN AMBROSIO, Expositio Evangelii secundum Lucam, 10, 121: PL 15, 1834ª.
[591] SAN CIPRIANO DE CARTAGO, Epistulae, 56, 10, 1: PL 4, 357B.

1029 En la gloria del cielo, los bienaventurados continúan cumpliendo con alegría la voluntad de Dios con relación a los demás hombres y a la creación entera. Ya reinan con Cristo; con Él "ellos reinarán por los siglos de los siglos" (*Ap* 22, 5).[592]

III. LA PURIFICACIÓN FINAL O PURGATORIO

1030 Los que mueren en la gracia y en la amistad de Dios, pero imperfectamente purificados, aunque están seguros de su eterna salvación, sufren después de su muerte una purificación, a fin de obtener la santidad necesaria para entrar en la alegría del cielo.

1031 La Iglesia llama Purgatorio a esta purificación final de los elegidos que es completamente distinta del castigo de los condenados. La Iglesia ha formulado la doctrina de la fe relativa al Purgatorio sobre todo en los Concilios de Florencia[593] y de Trento.[594] La tradición de la Iglesia, haciendo referencia a ciertos textos de la Escritura,[595] habla de un fuego purificador:

> Respecto a ciertas faltas ligeras, es necesario creer que, antes del juicio, existe un fuego purificador, según lo que afirma Aquel que es la Verdad, al decir que si alguno ha pronunciado una blasfemia contra el Espíritu Santo, esto no le será perdonado ni en este siglo, ni en el futuro (*Mt* 12, 31). En esta frase podemos entender que algunas faltas pueden ser perdonadas en este siglo, pero otras en el siglo futuro.[596]

1032 Esta enseñanza se apoya también en la práctica de la oración por los difuntos, de la que ya habla la Escritura: "Por eso mandó [Judas Macabeo] hacer este sacrificio expiatorio en favor de los muertos, para que quedaran liberados del pecado" (*2 M* 12, 46). Desde los primeros tiempos, la Iglesia ha honrado la memoria de los difuntos y ha ofrecido sufragios en su favor, en particular el sacrificio eucarístico,[597] para que, una vez purificados, puedan llegar a la visión beatífica de Dios. La Iglesia también recomienda las limosnas, las indulgencias y las obras de penitencia en favor de los difuntos:

> Llevémosles socorros y hagamos su conmemoración. Si los hijos de Job fueron purificados por el sacrificio de su padre,[598] ¿por qué habríamos de dudar de que nuestras ofrendas por los muertos les lleven un cierto consuelo? No dudemos, pues, en socorrer a los que han partido y en ofrecer nuestras plegarias por ellos.[599]

---

[592] Cf. *Mt* 25, 21.23.
[593] Cf. DS, 1304.
[594] Cf. *ibid.*, 1820; 1580.
[595] Cf. por ejemplo, *1 Co* 3, 15; *1 P* 1, 7.
[596] SAN GREGORIO MAGNO, Dialogi, 4, 39.
[597] Cf. Concilio de Lyón II: DS, 856.
[598] Cf. *Jb* 1, 5.
[599] SAN JUAN CRISÓSTOMO, Homiliae in primam ad Corinthios, 41, 5: PG 61, 594-595.

QUÉ CREEMOS ⟶ El Credo ⟶ El Espíritu Santo

IV. EL INFIERNO

1033 Salvo que elijamos libremente amarle no podemos estar unidos con Dios. Pero no podemos amar a Dios si pecamos gravemente contra Él, contra nuestro prójimo o contra nosotros mismos: "Quien no ama permanece en la muerte. Todo el que aborrece a su hermano es un asesino; y sabéis que ningún asesino tiene vida eterna permanente en él" (*1 Jn* 3, 15). Nuestro Señor nos advierte que estaremos separados de Él si omitimos socorrer las necesidades graves de los pobres y de los pequeños que son sus hermanos.[600] Morir en pecado mortal sin estar arrepentidos ni acoger el amor misericordioso de Dios, significa permanecer separados de Él para siempre por nuestra propia y libre elección. Este estado de autoexclusión definitiva de la comunión con Dios y con los bienaventurados es lo que se designa con la palabra "infierno".

1861

393

633

1034 Jesús habla con frecuencia de la "gehenna" y del "fuego que nunca se apaga"[601] reservado a los que, hasta el fin de su vida rehúsan creer y convertirse, y donde se puede perder a la vez el alma y el cuerpo.[602] Jesús anuncia en términos graves que "enviará a sus ángeles que recogerán a todos los autores de iniquidad..., y los arrojarán al horno ardiendo" (*Mt* 13, 41-42), y que pronunciará la condenación:" ¡Alejaos de mí, malditos al fuego eterno!" (*Mt* 25, 41).

1035 La enseñanza de la Iglesia afirma la existencia del infierno y su eternidad. Las almas de los que mueren en estado de pecado mortal descienden a los infiernos inmediatamente después de la muerte y allí sufren las penas del infierno, "el fuego eterno".[603] La pena principal del infierno consiste en la separación eterna de Dios en quien únicamente puede tener el hombre la vida y la felicidad para las que ha sido creado y a las que aspira.

393

1036 Las afirmaciones de la Escritura y las enseñanzas de la Iglesia a propósito del infierno son un *llamamiento a la responsabilidad con* la que el hombre debe usar de su libertad en relación con su destino eterno. Constituyen al mismo tiempo un *llamamiento apremiante a la conversión:* "Entrad por la puerta estrecha; porque ancha es la puerta y espacioso el camino que lleva a la perdición, y son muchos los que entran por ella; mas ¡qué estrecha la puerta y qué angosto el camino que lleva a la Vida!; y pocos son los que la encuentran" (*Mt* 7, 13-14):

1734

1428

> Como no sabemos ni el día ni la hora, es necesario, según el consejo del Señor, estar continuamente en vela. Así, terminada la única carrera que es nuestra vida en la tierra, mereceremos entrar con Él en la boda y ser

---

[600] Cf. *Mt* 25, 31-46.
[601] Cf. *Mt* 5, 22.29; 13, 42.50; *Mc* 9, 43-48.
[602] Cf. *Mt* 10, 28.
[603] Cf. Símbolo "Quicumque": DS, 76; Sínodo de Constantinopla: *ibid.,* 409; 411;

Concilio de Letrán IV: *ibid.,* 801; Concilio de Lyón II: *ibid,* 858; BENEDICTO XII, const. Benedictus Deus: *ibid,* 1002: Concilio de Florencia, año 1442: *ibid.,* 1351; Concilio de Trento: *ibid,* 1575; PABLO VI, Credo del Pueblo de Dios, 12.

contados entre los santos y no nos mandarán ir, como siervos malos y perezosos, al fuego eterno, a las tinieblas exteriores, donde 'habrá llanto y rechinar de dientes'.[604]

1037 Dios no predestina a nadie a ir al infierno;[605] para que eso suceda es necesaria una aversión voluntaria a Dios (un pecado mortal), y persistir en él hasta el final. En la liturgia eucarística y en las plegarias diarias de los fieles, la Iglesia implora la misericordia de Dios, que "quiere que nadie perezca, sino que todos lleguen a la conversión" (*2 P* 3, 9):

> Acepta, Señor, en tu bondad, esta ofrenda de tus siervos y de toda tu familia santa, ordena en tu paz nuestros días, líbranos de la condenación eterna y cuéntanos entre tus elegidos.[606]

V. EL JUICIO FINAL

1038 La resurrección de todos los muertos, "de los justos y de los pecadores" (*Hch* 24, 15), precederá al Juicio final. Esta será "la hora en que todos los que estén en los sepulcros oirán su voz y los que hayan hecho el bien resucitarán para la vida, y los que hayan hecho el mal, para la condenación" (*Jn* 5, 28-29). Entonces, Cristo vendrá "en su gloria acompañado de todos sus ángeles... Serán congregadas delante de él todas las naciones, y él separará a los unos de los otros, como el pastor separa las ovejas de las cabras. Pondrá las ovejas a su derecha, y las cabras a su izquierda... E irán éstos a un castigo eterno, y los justos a una vida eterna" (*Mt* 25, 31.32.46).

1039 Frente a Cristo, que es la Verdad, será puesta al desnudo definitivamente la verdad de la relación de cada hombre con Dios.[607] El Juicio final revelará hasta sus últimas consecuencias lo que cada uno haya hecho de bien o haya dejado de hacer durante su vida terrena:

> Todo el mal que hacen los malos se registra —y ellos no lo saben. El día en que "Dios no se callará" (*Sal* 50, 3)... Se volverá hacia los malos: "Yo había colocado sobre la tierra, dirá Él, a mis pobrecitos para vosotros. Yo, su cabeza, gobernaba en el cielo a la derecha de mi Padre —pero en la tierra mis miembros tenían hambre. Si hubierais dado a mis miembros algo, eso habría subido hasta la cabeza. Cuando coloqué a mis pequeñuelos en la tierra, los constituí comisionados vuestros para llevar vuestras buenas obras a mi tesoro: como no habéis depositado nada en sus manos, no poseéis nada en Mí."[608]

1040 El Juicio final sucederá cuando vuelva Cristo glorioso. Sólo el Padre conoce el día y la hora en que tendrá lugar; sólo Él decidirá su advenimiento. Entonces Él pronunciará por medio de su Hijo Jesucristo, su palabra definitiva

---

[604] Concilio Vaticano II, *Lumen gentium,* 48.
[605] Cf. Concilio de Orange II: DS, 397; Concilio de Trento: *ibid,* 1567.
[606] *Misal Romano,* Canon romano 88.
[607] Cf. *Jn* 12, 49.
[608] SAN AGUSTÍN, *Sermones,* 18, 4, 4: PL 38, 130-131.

QUÉ CREEMOS → El Credo → El Espíritu Santo

CIC 1045

sobre toda la historia. Nosotros conoceremos el sentido último de toda la obra de la creación y de toda la economía de la salvación, y comprenderemos los caminos admirables por los que su Providencia habrá conducido todas las cosas a su fin último. El Juicio final revelará que la justicia de Dios triunfa de todas las injusticias cometidas por sus criaturas y que su amor es más fuerte que la muerte.[609]

314

1041 El mensaje del Juicio final llama a la conversión mientras Dios da a los hombres todavía "el tiempo favorable, el tiempo de salvación" (*2 Co* 6, 2). Inspira el santo temor de Dios. Compromete para la justicia del Reino de Dios. Anuncia la "bienaventurada esperanza" (*Tt* 2, 13) de la vuelta del Señor que "vendrá para ser glorificado en sus santos y admirado en todos los que hayan creído" (*2 Ts* 1, 10).

1432

2854

VI. LA ESPERANZA DE LOS CIELOS NUEVOS Y DE LA TIERRA NUEVA

1042 Al fin de los tiempos el Reino de Dios llegará a su plenitud. Después del Juicio final, los justos reinarán para siempre con Cristo, glorificados en cuerpo y alma, y el mismo universo será renovado:

769

670

> La Iglesia... sólo llegará a su perfección en la gloria del cielo... cuando llegue el tiempo de la restauración universal y cuando, con la humanidad, también el universo entero, que está íntimamente unido al hombre y que alcanza su meta a través del hombre, quede perfectamente renovado en Cristo.[610]

310

1043 La Sagrada Escritura llama "cielos nuevos y tierra nueva" a esta renovación misteriosa que transformará la humanidad y el mundo (*2 P* 3, 13).[611] Esta será la realización definitiva del designio de Dios de "hacer que todo tenga a Cristo por Cabeza, lo que está en los cielos y lo que está en la tierra" (*Ef* 1, 10).

671

280
518

1044 En este "universo nuevo",[612] la Jerusalén celestial, Dios tendrá su morada entre los hombres. "Y enjugará toda lágrima de sus ojos, y no habrá ya muerte ni habrá llanto, ni gritos ni fatigas, porque el mundo viejo ha pasado" (*Ap* 21, 4).[613]

1045 *Para el hombre* esta consumación será la realización final de la unidad del género humano, querida por Dios desde la creación y de la que la Iglesia peregrina era "como el sacramento".[614] Los que estén unidos a Cristo formarán la comunidad de los rescatados, la Ciudad Santa de Dios (*Ap* 21, 2), "la Esposa del Cordero" (*Ap* 21, 9). Ya no será herida por el pecado, por las manchas,[615] el amor propio, que destruyen o hieren la comunidad terrena de los hombres.

775

1404

---

[609] Cf. *Ct* 8, 6.
[610] Concilio Vaticano II, *Lumen gentium*, 48.
[611] Cf. *Ap* 21, 1.
[612] Cf. *Ap* 21, 5.
[613] Cf. *Ap* 21, 27.
[614] Concilio Vaticano II, *Lumen gentium*, 1.
[615] Cf. *Ap* 21, 27.

La visión beatífica, en la que Dios se manifestará de modo inagotable a los elegidos, será la fuente inmensa de felicidad, de paz y de comunión mutua.

1046 *En cuanto al cosmos,* la Revelación afirma la profunda comunidad de destino del mundo material y del hombre:

349

> Pues la ansiosa espera de la creación desea vivamente la revelación de los hijos de Dios... en la esperanza de ser liberada de la servidumbre de la corrupción... Pues sabemos que la creación entera gime hasta el presente y sufre dolores de parto. Y no sólo ella; también nosotros, que poseemos las primicias del Espíritu, nosotros mismos gemimos en nuestro interior anhelando el rescate de nuestro cuerpo (*Rm* 8, 19-23).

1047 Así pues, el universo visible también está destinado a ser transformado, "a fin de que el mundo mismo restaurado a su primitivo estado, ya sin ningún obstáculo esté al servicio de los justos", participando en su glorificación en Jesucristo resucitado.[616]

673

1048 *"Ignoramos el momento de la consumación* de la tierra y de la humanidad, y no sabemos cómo se transformará el universo. Ciertamente, la figura de este mundo, deformada por el pecado, pasa, pero se nos enseña que Dios ha preparado una nueva morada y una nueva tierra en la que habita la justicia y cuya bienaventuranza llenará y superará todos los deseos de paz que se levantan en los corazones de los hombres".[617]

2820

1049 "No obstante, la espera de una tierra nueva no debe debilitar, sino más bien avivar la preocupación de cultivar esta tierra, donde crece aquel cuerpo de la nueva familia humana, que puede ofrecer ya un cierto esbozo del siglo nuevo. Por ello, aunque hay que distinguir cuidadosamente el progreso terreno del crecimiento del Reino de Cristo, sin embargo, el primero, en la medida en que puede contribuir a ordenar mejor la sociedad humana, interesa mucho al Reino de Dios".[618]

1709

260

1050 "Todos estos frutos buenos de nuestra naturaleza y de nuestra diligencia, tras haberlos propagado por la tierra en el Espíritu del Señor y según su mandato, los encontramos después de nuevo, limpios de toda mancha, iluminados y transfigurados cuando Cristo entregue al Padre el reino eterno y universal".[619] Dios será entonces "todo en todos" (*1 Co* 15, 28), *en la vida eterna:*

> La vida subsistente y verdadera es el Padre que, por el Hijo y en el Espíritu Santo, derrama sobre todos sin excepción los dones celestiales. Gracias a su misericordia, nosotros también, hombres, hemos recibido la promesa indefectible de la vida eterna.[620]

---

[616] SAN IRENEO DE LYÓN, Adversus haereses, 5, 32, 1.
[617] Concilio Vaticano II, *Gaudium et spes*, 39, 1.
[618] Concilio Vaticano II, *Gaudium et spes*, 39, 2.
[619] *Ibid*, 39, 3; cf. Id., *Lumen gentium*, 2.
[620] SAN CIRILO DE JERUSALÉN, Catecheses illuminandorum, 18, 29: PG 33, 1049.

QUÉ CREEMOS → El Credo → El Espíritu Santo

CIC 1059

RESUMEN

1051 Al morir cada hombre recibe en su alma inmortal su retribución eterna en un juicio particular por Cristo, juez de vivos y de muertos.

1052 "Creemos que las almas de todos aquellos que mueren en la gracia de Cristo... constituyen el Pueblo de Dios después de la muerte, la cual será destruida totalmente el día de la Resurrección, en el que estas almas se unirán con sus cuerpos".[621]

1053 "Creemos que la multitud de aquellas almas que con Jesús y María se congregan en el paraíso, forma la Iglesia celestial, donde ellas, gozando de la bienaventuranza eterna, ven a Dios como Él es, y participan también, ciertamente en grado y modo diverso, juntamente con los santos ángeles, en el gobierno divino de las cosas, que ejerce Cristo glorificado, como quiera que intercedan por nosotros y con su fraterna solicitud ayudan grandemente a nuestra flaqueza".[622]

1054 Los que mueren en la gracia y la amistad de Dios, pero imperfectamente purificados, aunque están seguros de su salvación eterna, sufren una purificación después de su muerte, a fin de obtener la santidad necesaria para entrar en el gozo de Dios.

1055 En virtud de la "comunión de los santos", la Iglesia encomienda los difuntos a la misericordia de Dios y ofrece sufragios en su favor, en particular el santo sacrificio eucarístico.

1056 Siguiendo las enseñanzas de Cristo, la Iglesia advierte a los fieles de la "triste y lamentable realidad de la muerte eterna",[623] llamada también "infierno".

1057 La pena principal del infierno consiste en la separación eterna de Dios en quien solamente puede tener el hombre la vida y la felicidad para las cuales ha sido creado y a las cuales aspira.

1058 La Iglesia ruega para que nadie se pierda: "Jamás permitas, Señor, que me separe de ti". Si bien es verdad que nadie puede salvarse a sí mismo, también es cierto que "Dios quiere que todos los hombres se salven" (*1 Tm* 2, 4) y que para Él "todo es posible" (*Mt* 19, 26).

1059 "La misma santa Iglesia romana cree y firmemente confiesa que todos los hombres comparecerán con sus cuerpos en el día del juicio ante el tribunal de Cristo para dar cuenta de sus propias acciones".[624]

---

[621] PABLO VI, Credo del Pueblo de Dios, 28.
[622] *Ibid*, 29.
[623] CONGREGACIÓN PARA EL CLERO, Directorio Catequístico General, 69.
[624] Concilio de Lyón II: DS, 859; cf. Concilio de Trento: ibid., 1549.

1060 Al fin de los tiempos, el Reino de Dios llegará a su plenitud. Entonces, los justos reinarán con Cristo para siempre, glorificados en cuerpo y alma, y el mismo universo material será transformado. Dios será entonces "todo en todos" (*1 Co* 15, 28), en la vida eterna.

"AMÉN"

1061 El Credo, como el último libro de la Sagrada Escritura,[625] se termina con la palabra hebrea *Amen. Se* encuentra también frecuentemente al final de las oraciones del Nuevo Testamento. Igualmente, la Iglesia termina sus oraciones con un "Amén".

1062 En hebreo, "Amen" pertenece a la misma raíz que la palabra "creer". Esta raíz expresa la solidez, la fiabilidad, la fidelidad. Así se comprende por qué el "Amén" puede expresar tanto la fidelidad de Dios hacia nosotros como nuestra confianza en Él.

1063 En el profeta Isaías se encuentra la expresión "Dios de verdad", literalmente "Dios del Amén", es decir, el Dios fiel a sus promesas: "Quien desee ser bendecido en la tierra, deseará serlo en el Dios del Amén" (*Is* 65, 16). Nuestro Señor emplea con frecuencia el término "Amén",[626] a veces en forma duplicada,[627] para subrayar la fiabilidad de su enseñanza, su Autoridad fundada en la Verdad de Dios.

1064 Así pues, el "Amén" final del Credo recoge y confirma su primera palabra: "Creo". Creer es decir "Amén" a las palabras, a las promesas, a los mandamientos de Dios, es fiarse totalmente de Él que es el Amén de amor infinito y de perfecta fidelidad. La vida cristiana de cada día será también el "Amén" al "Creo" de la Profesión de fe de nuestro Bautismo:

> Que tu símbolo sea para ti como un espejo. Mírate en él: para ver si crees todo lo que declaras creer. Y regocíjate todos los días en tu fe.[628]

1065 Jesucristo mismo es el "Amén" (*Ap* 3, 14). Es el "Amén" definitivo del amor del Padre hacia nosotros; asume y completa nuestro "Amén" al Padre: "Todas las promesas hechas por Dios han tenido su 'sí' en él; y por eso decimos por él 'Amén' a la gloria de Dios" (*2 Co* 1, 20):

> Por Él, con Él y en Él,
> A ti, Dios Padre omnipotente
> en la unidad del Espíritu Santo,
> todo honor y toda gloria,
> por los siglos de los siglos.
>
> AMÉN.

---

[625] Cf. *Ap* 22, 21.
[626] Cf. *Mt* 6, 2.5.16.
[627] Cf. *Jn* 5, 19.
[628] SAN AGUSTÍN, Sermones, 58, 11, 13: PL38, 399.

SEGUNDA PARTE

La celebración del misterio cristiano

Cómo damos culto

Segunda Parte: La celebración del misterio cristiano

Cómo celebramos

SEGUNDA PARTE: LA CELEBRACIÓN DEL MISTERIO CRSITIANO

LA LITURGIA

Primera sección: la economía sacramental

El misterio
*Capítulo primero:
el misterio pascual en el tiempo de la Iglesia*

La celebración
*Capítulo segundo:
La celebración sacramental del misterio pascual*

Obra de la
Santísima Trinidad
(Artículo 1)

Celebrar la liturgia
de la Iglesia
(Artículo 1)

El misterio pascual en los
sacramentos de la Iglesia
(Artículo 2)

Diversidad litúrgica y
unidad del misterio
(Artículo 2)

CIC 1066 1134 | CIC 1135 1209

CÓMO CELEBRAMOS ⟶ La liturgia ⟶ El misterio

FUENTES DE LA ESCRITURA Y DE LA IGLESIA

La siguiente parte del *Catecismo* utiliza estas fuentes de la Escritura y de la Iglesia. Véase el "Índice de citas" para una lista completa de referencias

Nuevo Testamento	**Citadas en el *Catecismo***
Lucas	CIC 1070, 1083, 1094
Juan	CIC 1069, 1085, 1087, 1094, 1099, 1108
Hechos de los Apóstoles	CIC 1070
Romanos	CIC 1070, 1085
1 Corintios	CIC 1076, 1094
2 Corintios	CIC 1070, 1083, 1094, 1107, 1109
Gálatas	CIC 1108
Efesios	CIC 1066, 1073, 1077, 1083, 1107
Filipenses	CIC 1070, 1094
Hebreos	CIC 1070, 1085
1 Pedro	CIC 1094
1 Juan	CIC 1108

Concilios ecuménicos
Vaticano II (1962-1965) | CIC 1067, 1068, 1070-1072, 1074-1076, 1086, 1088, 1089, 1090, 1093, 1094, 1100, 1102, 1103

Documentos pontificios
Juan Pablo II (1978-2005) | CIC 1074

Escritores eclesiásticos
San Juan Damasceno | CIC 1106

295

Segunda Parte: La celebración del misterio cristiano

PALABRAS CLAVE

La siguiente parte del *Catecismo* utiliza estas palabras clave.
Véase el "Glosario" para su definición.

Palabras	Citadas en el *Catecismo*
Adoración	CIC 1083
Anámnesis	CIC 1103
Cuaresma	CIC 1095
Dar culto	CIC 1067
Economía de la salvación (economía divina)	CIC 1066, 1076, 1093
Epíclesis	CIC 1105
Homilía	CIC 1100
Liturgia	CIC 1067-1069
Misa	CIC 1088
Mistagogia	CIC 1075
Misterio pascual/Sacrificio	CIC 1067, 1076
Pentecostés	CIC 1076

Razón de ser de la liturgia

1066 En el Símbolo de la fe, la Iglesia confiesa el misterio de la Santísima Trinidad y su "designio benevolente"[1] sobre toda la creación: El Padre realiza el "misterio de su voluntad" dando a su Hijo Amado y al Espíritu Santo para la salvación del mundo y para la gloria de su Nombre. Tal es el Misterio de Cristo,[2] revelado y realizado en la historia según un plan, una "disposición" sabiamente ordenada que san Pablo llama "la Economía del Misterio"[3] y que la tradición patrística llamará "la Economía del Verbo encarnado" o "la Economía de la salvación".

1067 "Cristo el Señor realizó esta obra de la redención humana y de la perfecta glorificación de Dios, preparada por las maravillas que Dios hizo en el pueblo de la Antigua Alianza, principalmente por el misterio pascual de su bienaventurada pasión, de su resurrección de entre los muertos y de su gloriosa ascensión. Por este misterio, 'con su muerte destruyó nuestra muerte y con su resurrección restauró nuestra vida'. Pues del costado de Cristo dormido en la cruz nació el sacramento admirable de toda la Iglesia".[4] Por eso, en la liturgia, la Iglesia celebra principalmente el misterio pascual por el que Cristo realizó la obra de nuestra salvación.

---

[1] Cf. *Ef* 1, 9.
[2] Cf. *Ef* 3, 4.
[3] Cf. *Ef* 3, 9.
[4] Concilio Vaticano II, *Sacrosanctum concilium*, 5.

CÓMO CELEBRAMOS ⟶ La liturgia ⟶ El misterio

1068 Es el Misterio de Cristo lo que la Iglesia anuncia y celebra en su liturgia a fin de que los fieles vivan de él y den testimonio del mismo en el mundo:

> En efecto, la liturgia, por medio de la cual "se ejerce la obra de nuestra redención", sobre todo en el divino sacrificio de la Eucaristía, contribuye mucho a que los fieles, en su vida, expresen y manifiesten a los demás el misterio de Cristo y la naturaleza genuina de la verdadera Iglesia.[5]

Significación de la palabra "Liturgia"

1069 La palabra "Liturgia" significa originariamente "obra o quehacer público", "servicio de parte de y en favor del pueblo". En la tradición cristiana quiere significar que el Pueblo de Dios toma parte en "la obra de Dios".[6] Por la liturgia, Cristo, nuestro Redentor y Sumo Sacerdote, continúa en su Iglesia, con ella y por ella, la obra de nuestra redención.

1070 La palabra "Liturgia" en el Nuevo Testamento es empleada para designar no solamente la celebración del culto divino,[7] sino también el anuncio del Evangelio[8] y la caridad en acto.[9] En todas estas situaciones se trata del servicio de Dios y de los hombres. En la celebración litúrgica, la Iglesia es servidora, a imagen de su Señor, el único "Liturgo",[10] del cual ella participa en su sacerdocio, es decir, en el culto, anuncio y servicio de la caridad:

> Con razón se considera la liturgia como el ejercicio de la función sacerdotal de Jesucristo en laque, mediante signos sensibles, se significa y se realiza, según el modo propio de cada uno, la santificación del hombre y, así, el Cuerpo místico de Cristo, esto es, la Cabeza y sus miembros, ejerce el culto público integral. Por ello, toda celebración litúrgica, como obra de Cristo sacerdote y de su Cuerpo, que es la Iglesia, es acción sagrada por excelencia cuya eficacia, con el mismo título y en el mismo grado, no la iguala ninguna otra acción de la Iglesia.[11]

La Liturgia como fuente de Vida

1071 La Liturgia, obra de Cristo, es también una acción de su *Iglesia*. Realiza y manifiesta la Iglesia como signo visible de la comunión entre Dios y los hombres por Cristo. Introduce a los fieles en la vida nueva de la comunidad. Implica una participación "consciente, activa y fructífera" de todos.[12]

1072 "La sagrada liturgia no agota toda la acción de la Iglesia":[13] debe ser precedida por la evangelización, la fe y la conversión; sólo así puede dar sus

---

[5] *Ibid.*, 2
[6] Cf. *Jn* 17, 4.
[7] Cf. *Hch* 13, 2; *Lc* 1, 23.
[8] Cf. *Rm* 15, 16; *Flp* 2, 14-17.30.
[9] Cf. *Rm* 15, 27; *2 Co* 9, 12; *Flp* 2, 25.
[10] Cf. *Hb* 8, 2 y 6.
[11] Concilio Vaticano II, *Sacrosanctum concilium*, 7.
[12] *Ibid.*, 11.
[13] *Ibid.*, 9.

Segunda Parte: La celebración del misterio cristiano

frutos en la vida de los fieles: la Vida nueva según el Espíritu, el compromiso en la misión de la Iglesia y el servicio de su unidad.

Oración y Liturgia

1073 La Liturgia es también participación en la oración de Cristo, dirigida al Padre en el Espíritu Santo. En ella toda oración cristiana encuentra su fuente y su término. Por la liturgia el hombre interior es enraizado y fundado[14] en "el gran amor con que el Padre nos amó" (*Ef* 2, 4) en su Hijo Amado. Es la misma "maravilla de Dios" que es vivida e interiorizada por toda oración, "en todo tiempo, en el Espíritu" (*Ef* 6, 18).

Catequesis y Liturgia

1074 "La Liturgia es la cumbre a la que tiende la acción de la Iglesia y, al mismo tiempo, la fuente de donde mana toda su fuerza".[15] Por tanto, es el lugar privilegiado de la catequesis del Pueblo de Dios. "La catequesis está intrínsecamente unida a toda la acción litúrgica y sacramental, porque es en los sacramentos, y sobre todo en la Eucaristía, donde Jesucristo actúa en plenitud para la transformación de los hombres".[16]

1075 La catequesis litúrgica pretende introducir en el Misterio de Cristo (es "mistagogia"), procediendo de lo visible a lo invisible, del signo a lo significado, de los "sacramentos" a los "misterios". Esta modalidad de catequesis corresponde hacerla a los catecismos locales y regionales. El presente catecismo, que quiere ser un servicio para toda la Iglesia, en la diversidad de sus ritos y sus culturas,[17] enseña lo que es fundamental y común a toda la Iglesia en lo que se refiere a la Liturgia en cuanto misterio y celebración (Primera sección), y a los siete sacramentos y los sacramentales (Segunda sección).

---

[14] Cf. *Ef* 3, 16-17.
[15] Concilio Vaticano II, *Sacrosanctum concilium*, 10.
[16] JUAN PABLO II, exh. ap. *Catechesi tradendae*, 23.
[17] Cf. Concilio Vaticano II, *Sacrosanctum concilium*, 3-4

PRIMERA SECCIÓN
LA ECONOMÍA SACRAMENTAL

1076 El día de Pentecostés, por la efusión del Espíritu Santo, la Iglesia se manifiesta al mundo.[1] El don del Espíritu inaugura un tiempo nuevo en la "dispensación del Misterio": el tiempo de la Iglesia, durante el cual Cristo manifiesta, hace presente y comunica su obra de salvación mediante la Liturgia de su Iglesia, "hasta que él venga" (*1 Co* 11, 26). Durante este tiempo de la Iglesia, Cristo vive y actúa en su Iglesia y con ella ya de una manera nueva, la propia de este tiempo nuevo. Actúa por los sacramentos; esto es lo que la Tradición común de Oriente y Occidente llama "la Economía sacramental"; ésta consiste en la comunicación (o "dispensación") de los frutos del misterio pascual de Cristo en la celebración de la liturgia "sacramental" de la Iglesia.

> Por ello es preciso explicar primero esta "dispensación sacramental" (Capítulo primero). Así aparecerán más claramente la naturaleza y los aspectos esenciales de la celebración litúrgica (Capítulo segundo).

CAPÍTULO PRIMERO
EL MISTERIO PASCUAL EN EL TIEMPO DE LA IGLESIA

ARTÍCULO 1
LA LITURGIA, OBRA DE LA SANTÍSIMA TRINIDAD

I. EL PADRE, FUENTE Y FIN DE LA LITURGIA

1077 "Bendito sea el Dios y Padre de nuestro Señor Jesucristo, que nos ha bendecido con toda clase de bendiciones espirituales, en los cielos, en Cristo; por cuanto nos ha elegido en él antes de la creación del mundo, para ser santos e inmaculados en su presencia, en el amor; eligiéndonos de antemano para ser sus hijos adoptivos por medio de Jesucristo, según el beneplácito de su voluntad, para alabanza de la gloria de su gracia con la que nos agració en el Amado" (*Ef* 1, 3-6).

---

[1] Cf. Concilio Vaticano II, *Sacrosanctum concilium*, 6; Id., *Lumen gentium*, 2.

Segunda Parte: La celebración del misterio cristiano

1078 Bendecir es una acción divina que da la vida y cuya fuente es el Padre. Su bendición es a la vez palabra y don (*"benedictio", "eu-logia "*). Aplicado al hombre, este término significa la adoración y la entrega a su Creador en la acción de gracias.

1079 Desde el comienzo y hasta la consumación de los tiempos, toda la obra de Dios es bendición. Desde el poema litúrgico de la primera creación hasta los cánticos de la Jerusalén celestial, los autores inspirados anuncian el designio de salvación como una inmensa bendición divina.

1080 Desde el comienzo, Dios bendice a los seres vivos, especialmente al hombre y la mujer. La alianza con Noé y con todos los seres animados renueva esta bendición de fecundidad, a pesar del pecado del hombre por el cual la tierra queda "maldita". Pero es a partir de Abraham cuando la bendición divina penetra en la historia humana, que se encaminaba hacia la muerte, para hacerla volver a la vida, a su fuente: por la fe del "padre de los creyentes" que acoge la bendición se inaugura la historia de la salvación.

1081 Las bendiciones divinas se manifiestan en acontecimientos maravillosos y salvadores: el nacimiento de Isaac, la salida de Egipto (Pascua y Éxodo), el don de la Tierra prometida, la elección de David, la Presencia de Dios en el templo, el exilio purificador y el retorno de un "pequeño resto". La Ley, los Profetas y los Salmos que tejen la liturgia del Pueblo elegido recuerdan a la vez estas bendiciones divinas y responden a ellas con las bendiciones de alabanza y de acción de gracias.

1082 En la Liturgia de la Iglesia, la bendición divina es plenamente revelada y comunicada: el Padre es reconocido y adorado como la fuente y el fin de todas las bendiciones de la Creación y de la Salvación; en su Verbo, encarnado, muerto y resucitado por nosotros, nos colma de sus bendiciones y por él derrama en nuestros corazones el don que contiene todos los dones: el Espíritu Santo.

1083 Se comprende, por tanto, que en cuanto respuesta de fe y de amor a las "bendiciones espirituales" con que el Padre nos enriquece, la liturgia cristiana tiene una doble dimensión. Por una parte, la Iglesia, unida a su Señor y "bajo la acción del Espíritu Santo",[2] bendice al Padre "por su don inefable" (*2 Co* 9, 15) mediante la adoración, la alabanza y la acción de gracias. Por otra parte, y hasta la consumación del designio de Dios, la Iglesia no cesa de presentar al Padre "la ofrenda de sus propios dones" y de implorar que el Espíritu Santo venga sobre esta ofrenda, sobre ella misma, sobre los fieles y sobre el mundo entero, a fin de que por la comunión en la muerte y en la resurrección de Cristo-Sacerdote y por el poder del Espíritu estas bendiciones divinas den frutos de vida "para alabanza de la gloria de su gracia" (*Ef* 1, 6).

---

[2] Cf. *Lc* 10, 21.

CÓMO CELEBRAMOS ⟶ La liturgia ⟶ El misterio

CIC 1088

II. LA OBRA DE CRISTO EN LA LITURGIA

Cristo glorificado...

1084 "Sentado a la derecha del Padre" y derramando el Espíritu Santo sobre su Cuerpo que es la Iglesia, Cristo actúa ahora por medio de los sacramentos, instituidos por Él para comunicar su gracia. Los sacramentos son signos sensibles (palabras y acciones), accesibles a nuestra humanidad actual. Realizan eficazmente la gracia que significan en virtud de la acción de Cristo y por el poder del Espíritu Santo.

662

1127

1085 En la Liturgia de la Iglesia, Cristo significa y realiza principalmente su misterio pascual. Durante su vida terrestre Jesús anunciaba con su enseñanza y anticipaba con sus actos el misterio pascual. Cuando llegó su hora,[3] vivió el único acontecimiento de la historia que no pasa: Jesús muere, es sepultado, resucita de entre los muertos y se sienta a la derecha del Padre "una vez por todas" (*Rm* 6, 10; *Hb* 7, 27; 9, 12). Es un acontecimiento real, sucedido en nuestra historia, pero absolutamente singular: todos los demás acontecimientos suceden una vez, y luego pasan y son absorbidos por el pasado. El misterio pascual de Cristo, por el contrario, no puede permanecer solamente en el pasado, pues por su muerte destruyó a la muerte, y todo lo que Cristo es y todo lo que hizo y padeció por los hombres participa de la eternidad divina y domina así todos los tiempos y en ellos se mantiene permanentemente presente. El acontecimiento de la Cruz y de la Resurrección *permanece* y atrae todo hacia la Vida.

519

1165

... desde la Iglesia de los apóstoles...

1086 "Por esta razón, como Cristo fue enviado por el Padre, Él mismo envió también a los apóstoles, llenos del Espíritu Santo, no sólo para que, al predicar el Evangelio a toda criatura, anunciaran que el Hijo de Dios, con su muerte y resurrección, nos ha liberado del poder de Satanás y de la muerte y nos ha conducido al reino del Padre, sino también para que realizaran la obra de salvación que anunciaban mediante el sacrificio y los sacramentos en torno a los cuales gira toda la vida litúrgica".[4]

858

1087 Así, Cristo resucitado, dando el Espíritu Santo a los apóstoles, les confía su poder de santificación;[5] se convierten en signos sacramentales de Cristo. Por la fuerza del mismo Espíritu Santo confían este poder a sus sucesores. Esta "sucesión apostólica" estructura toda la vida litúrgica de la Iglesia. Ella misma es sacramental, transmitida por el sacramento del Orden.

861

1536

... está presente en la Liturgia terrena...

1088 "Para llevar a cabo una obra tan grande" —la dispensación o comunicación de su obra de salvación—, "Cristo está siempre presente en

776

---

[3] Cf. *Jn* 13, 1; 17, 1.
[4] Concilio Vaticano II, *Sacrosanctum concilium*, 6.
[5] Cf. *Jn* 20, 21-23.

su Iglesia, principalmente en los actos litúrgicos. Está presente en el sacrificio de la misa, no sólo en la persona del ministro, 'ofreciéndose ahora por ministerio de los sacerdotes el mismo que entonces se ofreció en la cruz', sino también, sobre todo, bajo las especies eucarísticas. Está presente con su virtud en los sacramentos, de modo que, cuando alguien bautiza, es Cristo quien bautiza. Está presente en su palabra, pues es Él mismo el que habla cuando se lee en la Iglesia la Sagrada Escritura. Está presente, finalmente, cuando la Iglesia suplica y canta salmos, el mismo que prometió: 'Donde están dos o tres congregados en mi nombre, allí estoy yo en medio de ellos' (*Mt* 18, 20)".[6]

1089 "Realmente, en una obra tan grande por la que Dios es perfectamente glorificado y los hombres santificados, Cristo asocia siempre consigo a la Iglesia, su esposa amadísima, que invoca a su Señor y por Él rinde culto al Padre Eterno".[7]

... que participa en la Liturgia celestial

1090 "En la liturgia terrena pregustamos y participamos en aquella liturgia celestial que se celebra en la ciudad santa, Jerusalén, hacia la cual nos dirigimos como peregrinos, donde Cristo está sentado a la derecha del Padre, como ministro del santuario y del tabernáculo verdadero; cantamos un himno de gloria al Señor con todo el ejército celestial; venerando la memoria de los santos, esperamos participar con ellos y acompañarlos; aguardamos al Salvador, nuestro Señor Jesucristo, hasta que se manifieste Él, nuestra vida, y nosotros nos manifestamos con Él en la gloria".[8]

III. EL ESPÍRITU SANTO Y LA IGLESIA EN LA LITURGIA

1091 En la Liturgia, el Espíritu Santo es el pedagogo de la fe del Pueblo de Dios, el artífice de las "obras maestras de Dios" que son los sacramentos de la Nueva Alianza. El deseo y la obra del Espíritu en el corazón de la Iglesia es que vivamos de la vida de Cristo resucitado. Cuando encuentra en nosotros la respuesta de fe que él ha suscitado, entonces se realiza una verdadera cooperación. Por ella, la Liturgia viene a ser la obra común del Espíritu Santo y de la Iglesia.

1092 En esta dispensación sacramental del misterio de Cristo, el Espíritu Santo actúa de la misma manera que en los otros tiempos de la economía de la salvación: prepara la Iglesia para el encuentro con su Señor, recuerda y manifiesta a Cristo a la fe de la asamblea; hace presente y actualiza el misterio de Cristo por su poder transformador; finalmente, el Espíritu de comunión une la Iglesia a la vida y a la misión de Cristo.

---

[6] Concilio Vaticano II, *Sacrosanctum concilium*, 7.
[7] *Ibid.*
[8] Concilio Vaticano II, *Sacrosanctum concilium*, 8; cf Id., *Lumen gentium*, 50.

CÓMO CELEBRAMOS ⟶ La liturgia ⟶ El misterio

CIC 1096

El Espíritu Santo prepara a recibir a Cristo

1093 El Espíritu Santo realiza en la economía sacramental las figuras de la *Antigua Alianza*. Puesto que la Iglesia de Cristo estaba "preparada maravillosamente en la historia del pueblo de Israel y en la Antigua Alianza",[9] la Liturgia de la Iglesia conserva como una parte integrante e irremplazable, haciéndolos suyos, algunos elementos del culto de la Antigua Alianza:

762

— principalmente la lectura del Antiguo Testamento;

121

— la oración de los Salmos;

2585

— y sobre todo la memoria de los acontecimientos salvíficos y de las realidades significativas que encontraron su cumplimiento en el misterio de Cristo (la Promesa y la Alianza; el Éxodo y la Pascua; el Reino y el Templo; el Exilio y el Retorno).

1081

1094 Sobre esta armonía de los dos Testamentos[10] se articula la catequesis pascual del Señor,[11] y luego la de los apóstoles y de los Padres de la Iglesia. Esta catequesis pone de manifiesto lo que permanecía oculto bajo la letra del Antiguo Testamento: el misterio de Cristo. Es llamada catequesis "tipológica", porque revela la novedad de Cristo a partir de "figuras" (tipos) que la anunciaban en los hechos, las palabras y los símbolos de la primera Alianza. Por esta relectura en el Espíritu de Verdad a partir de Cristo, las figuras son explicadas.[12] Así, el diluvio y el arca de Noé prefiguraban la salvación por el Bautismo,[13] y lo mismo la nube, y el paso del mar Rojo; el agua de la roca era la figura de los dones espirituales de Cristo;[14] el maná del desierto prefiguraba la Eucaristía, "el verdadero Pan del Cielo".[15]

128-130

1095 Por eso la Iglesia, especialmente durante los tiempos de Adviento, Cuaresma y sobre todo en la noche de Pascua, relee y revive todos estos acontecimientos de la historia de la salvación en el "hoy" de su Liturgia. Pero esto exige también que la catequesis ayude a los fieles a abrirse a esta inteligencia "espiritual" de la economía de la salvación, tal como la Liturgia de la Iglesia la manifiesta y nos la hace vivir.

281

117

1096 *Liturgia judía y liturgia cristiana.* Un mejor conocimiento de la fe y la vida religiosa del pueblo judío tal como son profesadas y vividas aún hoy, puede ayudar a comprender mejor ciertos aspectos de la Liturgia cristiana. Para los judíos y para los cristianos la Sagrada Escritura es una parte esencial de sus respectivas liturgias: para la proclamación de la Palabra de Dios, la respuesta a esta Palabra, la adoración de alabanza y de intercesión por los vivos y los difuntos, el recurso a la misericordia divina. La liturgia de la Palabra, en su

---

[9] Concilio Vaticano II, *Lumen gentium*, 2.
[10] Cf. Concilio Vaticano II, *Dei Verbum*, 14-16.
[11] Cf. *Lc* 24, 13-49.
[12] Cf. *2 Co* 3, 14-16.
[13] Cf. *1 P* 3, 21.
[14] Cf. *1 Co* 10, 1-6.
[15] Cf. *Jn* 6, 32.

estructura propia, tiene su origen en la oración judía. La oración de las Horas, y otros textos y formularios litúrgicos tienen sus paralelos también en ella, igual que las mismas fórmulas de nuestras oraciones más venerables, por ejemplo, el Padre Nuestro. Las plegarias eucarísticas se inspiran también en modelos de la tradición judía. La relación entre liturgia judía y liturgia cristiana, pero también la diferencia de sus contenidos, son particularmente visibles en las grandes fiestas del año litúrgico como la Pascua. Los cristianos y los judíos celebran la Pascua: Pascua de la historia, orientada hacia el porvenir en los judíos; Pascua realizada en la muerte y la resurrección de Cristo en los cristianos, aunque siempre en espera de la consumación definitiva.

1097 En la *Liturgia de la Nueva Alianza,* toda acción litúrgica, especialmente la celebración de la Eucaristía y de los sacramentos es un encuentro entre Cristo y la Iglesia. La asamblea litúrgica recibe su unidad de la "comunión del Espíritu Santo" que reúne a los hijos de Dios en el único Cuerpo de Cristo. Esta reunión desborda las afinidades humanas, raciales, culturales y sociales.

1098 La asamblea debe *prepararse* para encontrar a su Señor, debe ser "un pueblo bien dispuesto". Esta preparación de los corazones es la obra común del Espíritu Santo y de la asamblea, en particular de sus ministros. La gracia del Espíritu Santo tiende a suscitar la fe, la conversión del corazón y la adhesión a la voluntad del Padre. Estas disposiciones preceden a la acogida de las otras gracias ofrecidas en la celebración misma y a los frutos de vida nueva que está llamada a producir.

El Espíritu Santo recuerda el Misterio de Cristo

1099 El Espíritu y la Iglesia cooperan en la manifestación de Cristo y de su obra de salvación en la Liturgia. Principalmente en la Eucaristía, y análogamente en los otros sacramentos, la Liturgia es *Memorial* del Misterio de la salvación. El Espíritu Santo es la memoria viva de la Iglesia.[16]

1100 *La Palabra de Dios.* El Espíritu Santo recuerda primeramente a *la* asamblea litúrgica el sentido del acontecimiento de la salvación dando vida a la Palabra de Dios que es anunciada para ser recibida y vivida:

> La importancia de la Sagrada Escritura en la celebración de la liturgia es máxima. En efecto, de ella se toman las lecturas que luego se explican en la homilía, y los salmos que se cantan; las preces, oraciones e himnos litúrgicos están impregnados de su aliento y su inspiración; de ella reciben su significado las acciones y los signos.[17]

1101 El Espíritu Santo es quien da a los lectores y a los oyentes, según las disposiciones de sus corazones, la inteligencia espiritual de la Palabra de Dios. A través de las palabras, las acciones y los símbolos que constituyen la

---

[16] Cf. *Jn* 14, 26.

[17] Concilio Vaticano II, Sacrosanctum concilium, 24.

CÓMO CELEBRAMOS ⟶ **La liturgia** ⟶ **El misterio**

trama de una celebración, el Espíritu Santo pone a los fieles y a los ministros en relación viva con Cristo, Palabra e Imagen del Padre, a fin de que puedan incorporar a su vida el sentido de lo que oyen, contemplan y realizan en la celebración.

1102 "La fe se suscita en el corazón de los no creyentes y se alimenta en el corazón de los creyentes con la palabra de la salvación. Con la fe empieza y se desarrolla la comunidad de los creyentes".[18] El anuncio de la Palabra de Dios no se reduce a una enseñanza: exige la *respuesta de fe,* como consentimiento y compromiso, con miras a la Alianza entre Dios y su pueblo. Es también el Espíritu Santo quien da la gracia de la fe, la fortalece y la hace crecer en la comunidad. La asamblea litúrgica es ante todo comunión en la fe.

1103 *La Anámnesis.* La celebración litúrgica se refiere siempre a las intervenciones salvíficas de Dios en la historia. "El plan de la revelación se realiza por obras y palabras intrínsecamente ligadas;... las palabras proclaman las obras y explican su misterio".[19] En la liturgia de la Palabra, el Espíritu Santo "recuerda" a la asamblea todo lo que Cristo ha hecho por nosotros. Según la naturaleza de las acciones litúrgicas y las tradiciones rituales de las Iglesias, una celebración "hace memoria" de las maravillas de Dios en una Anámnesis más o menos desarrollada. El Espíritu Santo, que despierta así la memoria de la Iglesia, suscita entonces la acción de gracias y la alabanza (*Doxología*).

El Espíritu Santo actualiza el Misterio de Cristo

1104 La Liturgia cristiana no sólo recuerda los acontecimientos que nos salvaron, sino que los actualiza, los hace presentes. El Misterio pascual de Cristo se celebra, no se repite; son las celebraciones las que se repiten; en cada una de ellas tiene lugar la efusión del Espíritu Santo que actualiza el único Misterio.

1105 La *Epíclesis* ("invocación sobre") es la intercesión mediante la cual el sacerdote suplica al Padre que envíe el Espíritu santificador para que las ofrendas se conviertan en el Cuerpo y la Sangre de Cristo y para que los fieles, al recibirlos, se conviertan ellos mismos en ofrenda viva para Dios.

1106 Junto con la Anámnesis, la Epíclesis es el centro de toda celebración sacramental, y muy particularmente de la Eucaristía:

> Preguntas cómo el pan se convierte en el Cuerpo de Cristo y el vino... en Sangre de Cristo. Te respondo: el Espíritu Santo irrumpe y realiza aquello que sobrepasa toda palabra y todo pensamiento... Que te baste oír que es por la acción del Espíritu Santo, de igual modo que gracias a la Santísima Virgen y al mismo Espíritu, el Señor, por sí mismo y en sí mismo, asumió la carne humana.[20]

---

[18] Concilio Vaticano II, *Presbyterorum ordinis,* 4.

[19] Concilio Vaticano II, *Dei Verbum,* 2.

[20] SAN JUAN DAMASCENO, *De fide orthodoxa,* 4, 13: PG 94, 1142A.

Segunda Parte: La celebración del misterio cristiano

1107 El poder transformador del Espíritu Santo en la Liturgia apresura la venida del Reino y la consumación del Misterio de la salvación. En la espera y en la esperanza nos hace realmente anticipar la comunión plena con la Trinidad Santa. Enviado por el Padre, que escucha la epíclesis de la Iglesia, el Espíritu da la vida a los que lo acogen, y constituye para ellos, ya desde ahora, "las arras" de su herencia.[21]

La comunión del Espíritu Santo

1108 La finalidad de la misión del Espíritu Santo en toda acción litúrgica es poner en comunión con Cristo para formar su Cuerpo. El Espíritu Santo es como la savia de la viña del Padre que da su fruto en los sarmientos.[22] En la Liturgia se realiza la cooperación más íntima entre el Espíritu Santo y la Iglesia. El espíritu de comunión permanece indefectiblemente en la Iglesia, y por eso la Iglesia es el gran sacramento de la comunión divina que reúne a los hijos de Dios dispersos. El fruto del Espíritu en la Liturgia es inseparablemente comunión con la Trinidad Santa y comunión fraterna.[23]

1109 La Epíclesis es también oración por el pleno efecto de la comunión de la asamblea con el Misterio de Cristo. "La gracia de nuestro Señor Jesucristo, el amor de Dios Padre y la comunión del Espíritu Santo" (*2 Co* 13, 13) deben permanecer siempre con nosotros y dar frutos más allá de la celebración eucarística. La Iglesia, por tanto, pide al Padre que envíe el Espíritu Santo para que haga de la vida de los fieles una ofrenda viva a Dios mediante la transformación espiritual a imagen de Cristo, la preocupación por la unidad de la Iglesia y la participación en su misión por el testimonio y el servicio de la caridad.

RESUMEN

1110 En la liturgia de la Iglesia, Dios Padre es bendecido y adorado como la fuente de todas las bendiciones de la creación y de la salvación, con las que nos ha bendecido en su Hijo para darnos el Espíritu de adopción filial.

1111 La obra de Cristo en la liturgia es sacramental porque su Misterio de salvación se hace presente en ella por el poder de su Espíritu Santo; porque su Cuerpo, que es la Iglesia, es como el sacramento (signo e instrumento) en el cual el Espíritu Santo dispensa el Misterio de la salvación; porque a través de sus acciones litúrgicas, la Iglesia peregrina participa ya, como en primicias, en la liturgia celestial.

---

[21] Cf. *Ef* 1, 14; *2 Co* 1, 22.
[22] Cf. *Jn* 15, 1-17; *Ga* 5, 22.
[23] Cf. *1 Jn* 1, 3-7.

CÓMO CELEBRAMOS ⟶ La liturgia ⟶ El misterio

CIC 1112

1112 La misión del Espíritu Santo en la liturgia de la Iglesia es la de preparar la asamblea para el encuentro con Cristo; recordar y manifestar a Cristo a la fe de la asamblea de creyentes; hacer presente y actualizar la obra salvífica de Cristo por su poder transformador y hacer fructificar el don de la comunión en la Iglesia.

ARTÍCULO 2
EL MISTERIO PASCUAL EN LOS SACRAMENTOS DE LA IGLESIA

FUENTES DE LA ESCRITURA Y DE LA IGLESIA

La siguiente parte del *Catecismo* utiliza estas fuentes de la Escritura y de la Iglesia. Véase el "Índice de citas" para una lista completa de referencias

Nuevo Testamento	Citadas en el *Catecismo*
Mateo	CIC 1117, 1120, 1122
Lucas	CIC 1116, 1120, 1122, 1130
Juan	CIC 1117, 1120
1 Corintios	CIC 1117, 1130
Tito	CIC 1130
2 Pedro	CIC 1129
Apocalipsis	CIC 1130

Concilios ecuménicos	
Florencia (1439-1445)	CIC 1113
Lyon II (1274)	CIC 1113
Trento (1545-1563)	CIC 1113, 1114, 1121, 1127-1129
Vaticano II (1962-1965)	CIC 1113, 1119, 1120, 1122-1124, 1126

Documentos pontificios	Citadas en el *Catecismo*
Pío XII (1939-1958)	CIC 1119

Escritores eclesiásticos	
San Agustín	CIC 1118
San León Magno	CIC 1115
Santo Tomás de Aquino	CIC 1118, 1128, 1130

Segunda Parte: La celebración del misterio cristiano

PALABRAS CLAVE

La siguiente parte del *Catecismo* utiliza estas palabras clave.
Véase el "Glosario" para su definición.

Palabras	Citadas en el *Catecismo*
Epíclesis	CIC 1119
Sacerdocio	CIC 1127
Sacramento	CIC 1131

1113 Toda la vida litúrgica de la Iglesia gravita en torno al sacrificio eucarístico y los sacramentos.[24] Hay en la Iglesia siete sacramentos: Bautismo, Confirmación o Crismación, Eucaristía, Penitencia, Unción de los enfermos, Orden sacerdotal y Matrimonio.[25] En este artículo se trata de lo que es común a los siete sacramentos de la Iglesia desde el punto de vista doctrinal. Lo que les es común bajo el aspecto de la celebración se expondrá en el Capítulo segundo, y lo que es propio de cada uno de ellos será objeto de la Segunda sección.

I. LOS SACRAMENTOS DE CRISTO

1114 "Adheridos a la doctrina de las Santas Escrituras, a las tradiciones apostólicas y al sentimiento unánime de los Padres", profesamos que "los sacramentos de la nueva Ley fueron todos instituidos por nuestro Señor Jesucristo".[26]

1115 Las palabras y las acciones de Jesús durante su vida oculta y su ministerio público eran ya salvíficas. Anticipaban la fuerza de su misterio pascual. Anunciaban y preparaban aquello que Él daría a la Iglesia cuando todo tuviese su cumplimiento. Los misterios de la vida de Cristo son los fundamentos de lo que en adelante, por los ministros de su Iglesia, Cristo dispensa en los sacramentos, porque "lo que era visible en nuestro Salvador ha pasado a sus misterios".[27]

1116 Los sacramentos, como "fuerzas que brotan" del Cuerpo de Cristo[28] siempre vivo y vivificante, y como acciones del Espíritu Santo que actúa en su Cuerpo que es la Iglesia, son "las obras maestras de Dios" en la nueva y eterna Alianza.

---

[24] Cf. Concilio Vaticano II, *Sacrosanctum concilium*, 6.
[25] Cf. Concilio de Lyón II: DS, 860; Concilio de Florencia: *ibid.*, 1310; Concilio de Trento: *ibid.*, 1601.
[26] Concilio de Trento: DS, 1600-1601.
[27] SAN LEÓN MAGNO, *Sermones*, 74, 2: PL 54, 398A.
[28] Cf. *Lc* 5, 17; 6, 19; 8, 46.

CÓMO CELEBRAMOS ⟶ La liturgia ⟶ El misterio

II. LOS SACRAMENTOS DE LA IGLESIA

1117 Por el Espíritu que la conduce "a la verdad completa" (*Jn* 16, 13), la Iglesia reconoció poco a poco este tesoro recibido de Cristo y precisó su "dispensación", tal como lo hizo con el canon de las Sagradas Escrituras y con la doctrina de la fe, como fiel dispensadora de los misterios de Dios.[29] Así, la Iglesia ha precisado a lo largo de los siglos, que, entre sus celebraciones litúrgicas, hay siete que son, en el sentido propio del término, sacramentos instituidos por el Señor.

1118 Los sacramentos son "de la Iglesia" en el doble sentido de que existen "por ella" y "para ella". Existen "por la Iglesia" porque ella es el sacramento de la acción de Cristo que actúa en ella gracias a la misión del Espíritu Santo. Y existen "para la Iglesia", porque ellos son "sacramentos que constituyen la Iglesia",[30] manifiestan y comunican a los hombres, sobre todo en la Eucaristía, el misterio de la Comunión del Dios Amor, uno en tres Personas.

1119 Formando con Cristo-Cabeza "como una única persona mística",[31] la Iglesia actúa en los sacramentos como "comunidad sacerdotal", "orgánicamente estructurada":[32] gracias al Bautismo y la Confirmación, el pueblo sacerdotal se hace apto para celebrar la liturgia; por otra parte, algunos fieles "que han recibido el sacramento del Orden están instituidos en nombre de Cristo para ser los pastores de la Iglesia con la palabra y la gracia de Dios".[33]

1120 El ministerio ordenado o sacerdocio *ministerial*[34] está al servicio del sacerdocio bautismal. Garantiza que, en los sacramentos, sea Cristo quien actúa por el Espíritu Santo en favor de la Iglesia. La misión de salvación confiada por el Padre a su Hijo encarnado es confiada a los apóstoles y por ellos a sus sucesores: reciben el Espíritu de Jesús para actuar en su nombre y en su persona.[35] Así, el ministro ordenado es el vínculo sacramental que une la acción litúrgica a lo que dijeron y realizaron los apóstoles, y por ellos a lo que dijo y realizó Cristo, fuente y fundamento de los sacramentos.

1121 Los tres sacramentos del Bautismo, de la Confirmación y del Orden sacerdotal confieren, además de la gracia, un *carácter* sacramental o "sello" por el cual el cristiano participa del sacerdocio de Cristo y forma parte de la Iglesia según estados y funciones diversos. Esta configuración con Cristo y con la Iglesia, realizada por el Espíritu, es indeleble;[36] permanece para siempre en el cristiano como disposición positiva para la gracia, como promesa y garantía de la protección divina y como vocación al culto divino y al servicio de la Iglesia. Por tanto, estos sacramentos no pueden ser reiterados.

---

[29] Cf. *Mt* 13, 52; *1 Co* 4, 1.
[30] SAN AGUSTÍN, *De civitate Dei*, 22, 17; cf SANTO TOMÁS DE AQUINO, *Summa theologiae*, III, 64, 2, ad 3.
[31] Pío XII, enc. *Mystici Corporis*.
[32] Concilio Vaticano II, *Lumen gentium*, 11.
[33] *Ibid.*
[34] Cf. *ibid.*, 10.
[35] Cf. *Jn* 20, 21-23; *Lc* 24, 47; *Mt* 28, 18-20.
[36] Concilio de Trento: DS, 1609.

III. LOS SACRAMENTOS DE LA FE

1122 Cristo envió a sus apóstoles para que, "en su Nombre, proclamasen a todas las naciones la conversión para el perdón de los pecados" (*Lc* 24, 47). "De todas las naciones haced discípulos bautizándolos en el nombre del Padre, del Hijo y del Espíritu Santo" (*Mt* 28, 19). La misión de bautizar, por tanto la misión sacramental, está implicada en la misión de evangelizar, porque el sacramento es preparado *por la Palabra de Dios y por la fe* que es consentimiento a esta Palabra:

> "El pueblo de Dios se reúne, sobre todo, por la palabra de Dios vivo... necesita la predicación de la palabra para el ministerio de los sacramentos. En efecto, son sacramentos de la fe que nace y se alimenta de la palabra".[37]

1123 "Los sacramentos están ordenados a la santificación de los hombres, a la edificación del Cuerpo de Cristo y, en definitiva, a dar culto a Dios, pero, como signos, también tienen un fin instructivo. No sólo suponen la fe, también la fortalecen, la alimentan y la expresan con palabras y acciones; por eso se llaman sacramentos *de la fe*".[38]

1124 La fe de la Iglesia es anterior a la fe del fiel, el cual es invitado a adherirse a ella. Cuando la Iglesia celebra los sacramentos confiesa la fe recibida de los apóstoles, de ahí el antiguo adagio: *"Lex orandi, lex credendi"*. "La ley de la oración es la ley de la fe",[39] la Iglesia cree como ora. La liturgia es un elemento constitutivo de la Tradición santa y viva.[40]

1125 Por eso ningún rito sacramental puede ser modificado o manipulado a voluntad del ministro o de la comunidad. Incluso la suprema autoridad de la Iglesia no puede cambiar la liturgia a su arbitrio, sino solamente en virtud del servicio de la fe y en el respeto religioso al misterio de la liturgia.

1126 Por otra parte, puesto que los sacramentos expresan y desarrollan la comunión de fe en la Iglesia, la *lex orandi* es uno de los criterios esenciales del diálogo que intenta restaurar la unidad de los cristianos.[41]

IV. LOS SACRAMENTOS DE LA SALVACIÓN

1127 Celebrados dignamente en la fe, los sacramentos confieren la gracia que significan.[42] Son *eficaces* porque en ellos actúa Cristo mismo; Él es quien bautiza, Él quien actúa en sus sacramentos con el fin de comunicar la gracia que el sacramento significa. El Padre escucha siempre la oración de la Iglesia

---

[37] Concilio Vaticano II, *Presbyterorum ordinis*, 4.
[38] Concilio Vaticano II, *Sacrosanctum concilium*, 59.
[39] O "legem credendi lex statuat supplicandi" ("La ley de la oración determine la ley de la fe"), según PRÓSPERO DE AQUITANIA, *Epistulae*, 217, (siglo V): PL45, 1031.
[40] Cf. Concilio Vaticano II, *Dei Verbum*, 8.
[41] Cf. Concilio Vaticano II, *Unitatis redintegratio*, 2 y 15.
[42] Cf. Concilio de Trento: DS, 1605 y 1606.

CÓMO CELEBRAMOS ⟶ La liturgia ⟶ El misterio

CIC 1130

de su Hijo que, en la epíclesis de cada sacramento, expresa su fe en el poder del Espíritu. Como el fuego transforma en sí todo lo que toca, así el Espíritu Santo transforma en vida divina lo que se somete a su poder.

1105
696

1128 Tal es el sentido de la siguiente afirmación de la Iglesia:[43] los sacramentos obran *ex opere operato* (según las palabras mismas del Concilio: "por el hecho mismo de que la acción es realizada"), es decir, en virtud de la obra salvífica de Cristo, realizada de una vez por todas. De ahí se sigue que "el sacramento no actúa en virtud de la justicia del hombre que lo da o que lo recibe, sino por el poder de Dios".[44] En consecuencia, siempre que un sacramento es celebrado conforme a la intención de la Iglesia, el poder de Cristo y de su Espíritu actúa en él y por él, independientemente de la santidad personal del ministro. Sin embargo, los frutos de los sacramentos dependen también de las disposiciones del que los recibe.

1584

1129 La Iglesia afirma que para los creyentes los sacramentos de la Nueva Alianza son *necesarios para la salvación*.[45] La "gracia sacramental" es la gracia del Espíritu Santo dada por Cristo y propia de cada sacramento. El Espíritu cura y transforma a los que lo reciben conformándolos con el Hijo de Dios. El fruto de la vida sacramental consiste en que el Espíritu de adopción deifica[46] a los fieles uniéndolos vitalmente al Hijo único, el Salvador.

1257
2003
460

V. LOS SACRAMENTOS DE LA VIDA ETERNA

1130 La Iglesia celebra el Misterio de su Señor "hasta que él venga" y "Dios sea todo en todos" (*1 Co* 11, 26; 15, 28). Desde la era apostólica, la liturgia es atraída hacia su término por el gemido del Espíritu en la Iglesia: "¡Maran atha!" (*1 Co* 16, 22). La liturgia participa así en el deseo de Jesús: "Con ansia he deseado comer esta Pascua con vosotros... hasta que halle su cumplimiento en el Reino de Dios" (*Lc* 22, 15-16). En los sacramentos de Cristo, la Iglesia recibe ya las arras de su herencia, participa ya en la vida eterna, aunque "aguardando la feliz esperanza y la manifestación de la gloria del gran Dios y Salvador nuestro Jesucristo" (*Tt* 2, 13). "El Espíritu y la Esposa dicen: ¡Ven!... ¡Ven, Señor Jesús!" (*Ap* 22, 17.20).

2817
950

> Santo Tomás resume así las diferentes dimensiones del signo sacramental: "Unde sacramentum est signum rememorativum eius quod praecessit, scilicet passionis Christi; et demonstrativum eius quod in nobis efficitur per Christi passionem, scilicet gratiae; et prognosticum, id est, praenuntiativum futurae gloriae" ("Por eso el sacramento es un signo que rememora lo que sucedió, es decir, la pasión de Cristo; es un signo que demuestra lo que se realiza en nosotros en virtud de la pasión de Cristo, es decir, la gracia; y es un signo que anticipa, es decir, que pre-anuncia la gloria venidera").[47]

---

[43] Cf. Concilio de Trento: DS, 1608.
[44] SANTO TOMÁS DE AQUINO, *Summa theologiae*, III, 68, 8.
[45] Cf. Concilio de Trento: DS, 1604.
[46] Cf. *2 P* 1, 4.
[47] SANTO TOMÁS DE AQUINO, *Summa theologiae*, III, 60, 3.

RESUMEN

1131 Los sacramentos son signos eficaces de la gracia, instituidos por Cristo y confiados a la Iglesia por los cuales nos es dispensada la vida divina. Los ritos visibles bajo los cuales los sacramentos son celebrados significan y realizan las gracias propias de cada sacramento. Dan fruto en quienes los reciben con las disposiciones requeridas.

1132 La Iglesia celebra los sacramentos como comunidad sacerdotal estructurada por el sacerdocio bautismal y el de los ministros ordenados.

1133 El Espíritu Santo dispone a la recepción de los sacramentos por la Palabra de Dios y por la fe que acoge la Palabra en los corazones bien dispuestos. Así los sacramentos fortalecen y expresan la fe.

1134 El fruto de la vida sacramental es a la vez personal y eclesial. Por una parte, este fruto es para todo fiel la vida para Dios en Cristo Jesús: por otra parte, es para la Iglesia crecimiento en la caridad y en su misión de testimonio.

CÓMO CELEBRAMOS ⟶ La liturgia ⟶ La celebración

CAPÍTULO SEGUNDO
LA CELEBRACIÓN SACRAMENTAL DEL MISTERIO PASCUAL

FUENTES DE LA ESCRITURA Y DE LA IGLESIA

La siguiente parte del *Catecismo* utiliza estas fuentes de la Escritura y de la Iglesia. Véase el "Índice de citas" para una lista completa de referencias

Antiguo Testamento	Citadas en el *Catecismo*
Salmos	CIC 1165
Sabiduría	CIC 1147
Isaías	CIC 1137, 1138
Ezequiel	CIC 1137

Nuevo Testamento	
Mateo	CIC 1165
Marcos	CIC 1151
Lucas	CIC 1151, 1166, 1168
Juan	CIC 1137, 1151, 1166, 1179
Hechos de los Apóstoles	CIC 1147
Romanos	CIC 1142, 1147, 1161
2 Corintios	CIC 1179
Efesios	CIC 1156, 1174
Colosenses	CIC 1156
1 Tesalonicenses	CIC 1174
Hebreos	CIC 1137, 1161, 1165, 1182
Apocalipsis	CIC 1137, 1138, 1186

Concilios ecuménicos	
Nicea II (787)	CIC 1160, 1161
Vaticano II (1962-1965)	CIC 1140, 1141-1144, 1156-1158, 1163, 1166, 1167, 1172-1176, 1180, 1181, 1183, 1193, 1194

Documentos pontificios	
Pablo VI (1963-1978)	CIC 1183

Liturgia	
Liturgia bizantina	CIC 1166
Fanqîth	CIC 1167
Liturgia de san Juan Crisóstomo	CIC 1137
Misal Romano	CIC 1182, 1184

Segunda Parte: La celebración del misterio cristiano

FUENTES DE LA ESCRITURA Y DE LA IGLESIA

(continuación)

Escritores eclesiásticos	Citadas en el *Catecismo*
San Atanasio de Alejandría	CIC 1169
San Agustín	CIC 1156, 1157
San Hipólito de Roma	CIC 1165
San Jerónimo	CIC 1166
San Juan Damasceno	CIC 1159, 1162

PALABRAS CLAVE

La siguiente parte del *Catecismo* utiliza estas palabras clave. Véase el "Glosario" para su definición.

Palabras	Citadas en el *Catecismo*
Altar	CIC 1182
Año litúrgico	CIC 1168
Coro	CIC 1143
Días festivos	CIC 1169, 1173
Domingo	CIC 1166
Himno	CIC 1156
Icono	CIC 1160
Leccionario/lector	CIC 1154
Navidad	CIC 1171
Oficio divino	CIC 1174
Pascua	CIC 1169
Santuario	CIC 1183
Semana Santa	CIC 1169
Tabernáculo	CIC 1183
Triduo	CIC 1168
Veneración (de los santos)	CIC 1154

1135 La catequesis de la Liturgia implica en primer lugar la inteligencia de la economía sacramental (Capítulo primero). A su luz se revela la novedad de su *celebración*. Se tratará, pues, en este capítulo de la celebración de los sacramentos de la Iglesia. A través de la diversidad de las tradiciones litúrgicas, se presenta lo que es común a la celebración de los siete sacramentos. Lo que es propio de cada uno de ellos, será presentado más adelante. Esta catequesis fundamental de las celebraciones sacramentales responderá a las cuestiones inmediatas que se presentan a un fiel al respecto:

— quién celebra,

— cuándo celebrar,

— cómo celebrar,

— dónde celebrar.

CÓMO CELEBRAMOS ⟶ La liturgia ⟶ La celebración

ARTÍCULO 1
CELEBRAR LA LITURGIA DE LA IGLESIA

I. ¿QUIÉN CELEBRA?

1136 La Liturgia es "acción" del "Cristo total" (Christus totus). Los que desde ahora la celebran, más allá de los signos, participan ya de la liturgia del cielo, donde la celebración es enteramente Comunión y Fiesta.

795
1090

La celebración de la Liturgia celestial

2642

1137 El Apocalipsis de san Juan, leído en la liturgia de la Iglesia, nos revela primeramente que "un trono estaba erigido en el cielo y Uno sentado en el trono" (*Ap* 4, 2): "el Señor Dios" (*Is* 6, l).[1] Luego revela al Cordero, "inmolado y de pie" (*Ap* 5, 6):[2] Cristo crucificado y resucitado, el único Sumo Sacerdote del santuario verdadero,[3] el mismo "que ofrece y que es ofrecido, que da y que es dado".[4] Y por último, revela "el río de Vida que brota del trono de Dios y del Cordero" (*Ap* 22, 1), uno de los más bellos símbolos del Espíritu Santo.[5]

662

1138 "Recapitulados" en Cristo, participan en el servicio de la alabanza de Dios y en la realización de su designio: las Potencias celestiales,[6] toda la creación (los cuatro Vivientes), los servidores de la Antigua y de la Nueva Alianza (los veinticuatro ancianos), el nuevo Pueblo de Dios (los ciento cuarenta y cuatro mil),[7] en particular los mártires "degollados a causa de la Palabra de Dios" (*Ap* 6, 9-11), y la Santísima Madre de Dios (La mujer, la Esposa del Cordero),[8] finalmente "una muchedumbre inmensa, que nadie podría contar, de toda nación, razas, pueblos y lenguas" (*Ap* 7, 9).

335

1370

1139 En esta Liturgia eterna el Espíritu y la Iglesia nos hacen participar cuando celebramos el Misterio de la salvación en los sacramentos.

Los celebrantes de la liturgia sacramental

1140 Es toda la *comunidad, el Cuerpo de Cristo unido a su Cabeza* quien celebra. "Las acciones litúrgicas no son acciones privadas, sino celebraciones de la Iglesia, que es 'sacramento de unidad', esto es, pueblo santo, congregado y ordenado bajo la dirección de los obispos. Por tanto, pertenecen a todo el Cuerpo de la Iglesia, influyen en él y lo manifiestan, pero afectan a cada miembro de este Cuerpo de manera diferente, según la diversidad de órdenes, funciones y participación actual".[9] Por eso también, "siempre que los ritos,

752; 1348

1372

---

[1] Cf. *Ez* 1, 26-28.
[2] Cf. *Jn* l, 29.
[3] Cf. *Hb* 4, 14-15; 10, 19-21.
[4] Liturgia de san Juan Crisóstomo, Anáfora.
[5] Cf. *Jn* 4, 10-14; *Ap* 21, 6.
[6] Cf. *Ap* 4-5; *Is* 6, 2-3.
[7] Cf. *Ap* 1, 1-8; 14, 1.
[8] Cf. *Ap* 72 y *Ap* 21, 9.
[9] Concilio Vaticano II, Sacrosanctum concilium, 26.

Segunda Parte: La celebración del misterio cristiano

según la naturaleza propia de cada uno, admitan una celebración común, con asistencia y participación activa de los fieles, hay que inculcar que ésta debe ser preferida, en cuanto sea posible, a una celebración individual y casi privada".[10]

1141 La asamblea que celebra es la comunidad de los bautizados que, "por el nuevo nacimiento y por la unción del Espíritu Santo, quedan consagrados como casa espiritual y sacerdocio santo para que ofrezcan, a través de todas las obras propias del cristiano, sacrificios espirituales".[11] Este "sacerdocio común" es el de Cristo, único Sacerdote, participado por todos sus miembros:[12]

> La Madre Iglesia desde ardientemente que se lleve a todos los fieles a aquella participación plena, consciente y activa en las celebraciones litúrgicas que exige la naturaleza de la liturgia misma y a la cual el pueblo cristiano "linaje escogido, sacerdocio real, nación santa, pueblo adquirido (*1 P* 2, 9),[13] tiene derecho y obligación, en virtud del bautismo.[14]

1142 Pero "todos los miembros no tienen la misma función" (*Rm* 12, 4). Algunos son llamados por Dios en y por la Iglesia a un servicio especial de la comunidad. Estos servidores son escogidos y consagrados por el sacramento del Orden, por el cual el Espíritu Santo los hace aptos para actuar en representación de Cristo-Cabeza para el servicio de todos los miembros de la Iglesia.[15] El ministro ordenado es como el "icono" de Cristo Sacerdote. Por ser en la Eucaristía donde se manifiesta plenamente el sacramento de la Iglesia, es también en la presidencia de la Eucaristía donde el ministerio del obispo aparece en primer lugar, y en comunión con él, el de los presbíteros y los diáconos.

1143 En orden a ejercer las funciones del sacerdocio común de los fieles existen también otros *ministerios particulares,* no consagrados por el sacramento del Orden, y cuyas funciones son determinadas por los obispos según las tradiciones litúrgicas y las necesidades pastorales. "Los acólitos, lectores, comentadores y los que pertenecen a la 'schola cantorum' desempeñan un auténtico ministerio litúrgico".[16]

1144 Así, en la celebración de los sacramentos, toda la asamblea es "liturgo", cada cual según su función, pero en "la unidad del Espíritu" que actúa en todos. "En las celebraciones litúrgicas, cada cual, ministro o fiel, al desempeñar su oficio, hará *todo* y *sólo* aquello que le corresponde según la naturaleza de la acción y las normas litúrgicas".[17]

---

[10] Ibid., 27.
[11] Concilio Vaticano II, Lumen gentium, 10.
[12] Cf. ibid., 10; 34; Id., Presbyterorum ordinis, 2.
[13] Cf. *1 P* 2, 4-5.
[14] Concilio Vaticano II, Sacrosanctum concilium, 14.
[15] Cf. Concilio Vaticano II, *Presbyterorum ordinis,* 2 y 15.
[16] Concilio Vaticano II, *Sacrosanctum concilium,* 29.
[17] Ibid., 28.

CÓMO CELEBRAMOS → La liturgia → La celebración

II. ¿CÓMO CELEBRAR?

Signos y símbolos

1145 Una celebración sacramental está tejida de signos y de símbolos. Según la pedagogía divina de la salvación, su significación tiene su raíz en la obra de la creación y en la cultura humana, se perfila en los acontecimientos de la Antigua Alianza y se revela en plenitud en la persona y la obra de Cristo.

1146 *Signos del mundo de los hombres.* En la vida humana, signos y símbolos ocupan un lugar importante. El hombre, siendo un ser a la vez corporal y espiritual, expresa y percibe las realidades espirituales a través de signos y de símbolos materiales. Como ser social, el hombre necesita signos y símbolos para comunicarse con los demás, mediante el lenguaje, gestos y acciones. Lo mismo sucede en su relación con Dios.

1147 Dios habla al hombre a través de la creación visible. El cosmos material se presenta a la inteligencia del hombre para que vea en él las huellas de su Creador.[18] La luz y la noche, el viento y el fuego, el agua y la tierra, el árbol y los frutos hablan de Dios, simbolizan a la vez su grandeza y su proximidad.

1148 En cuanto creaturas, estas realidades sensibles pueden llegar a ser lugar de expresión de la acción de Dios que santifica a los hombres, y de la acción de los hombres que rinden su culto a Dios. Lo mismo sucede con los signos y símbolos de la vida social de los hombres: lavar y ungir, partir el pan y compartir la copa pueden expresar la presencia santificante de Dios y la gratitud del hombre hacia su Creador.

1149 Las grandes religiones de la humanidad atestiguan, a menudo de forma impresionante, este sentido cósmico y simbólico de los ritos religiosos. La liturgia de la Iglesia presupone, integra y santifica elementos de la creación y de la cultura humana confiriéndoles la dignidad de signos de la gracia, de la creación nueva en Jesucristo.

1150 *Signos de la Alianza.* El pueblo elegido recibe de Dios signos y símbolos distintivos que marcan su vida litúrgica: no son ya solamente celebraciones de ciclos cósmicos y de acontecimientos sociales, sino signos de la Alianza, símbolos de las grandes acciones de Dios en favor de su pueblo. Entre estos signos litúrgicos de la Antigua Alianza se puede nombrar la circuncisión, la unción y la consagración de reyes y sacerdotes, la imposición de manos, los sacrificios y, sobre todo, la pascua. La Iglesia ve en estos signos una prefiguración de los sacramentos de la Nueva Alianza.

1151 *Signos asumidos por Cristo.* En su predicación, el Señor Jesús se sirve con frecuencia de los signos de la creación para dar a conocer los misterios el Reino de Dios.[19] Realiza sus curaciones o subraya su predicación por medio

---

[18] Cf. *Sb* 13, 1; *Rm* 1, 19-20; *Hch* 14, 17.   [19] Cf. *Lc* 8, 10.

de signos materiales o gestos simbólicos.[20] Da un sentido nuevo a los hechos y a los signos de la Antigua Alianza, sobre todo al Éxodo y a la Pascua,[21] porque Él mismo es el sentido de todos esos signos.

1152 *Signos sacramentales.* Desde Pentecostés, el Espíritu Santo realiza la santificación a través de los signos sacramentales de su Iglesia. Los sacramentos de la Iglesia no anulan, sino purifican e integran toda la riqueza de los signos y de los símbolos del cosmos y de la vida social. Aún más, cumplen los tipos y las figuras de la Antigua Alianza, significan y realizan la salvación obrada por Cristo, y prefiguran y anticipan la gloria del cielo.

Palabras y acciones

1153 Toda celebración sacramental es un encuentro de los hijos de Dios con su Padre, en Cristo y en el Espíritu Santo, y este encuentro se expresa como un diálogo a través de acciones y de palabras. Ciertamente, las acciones simbólicas son ya un lenguaje, pero es preciso que la Palabra de Dios y la respuesta de fe acompañen y vivifiquen estas acciones, a fin de que la semilla del Reino dé su fruto en la tierra buena. Las acciones litúrgicas significan lo que expresa la Palabra de Dios: a la vez la iniciativa gratuita de Dios y la respuesta de fe de su pueblo.

1154 La *liturgia de la Palabra* es parte integrante de las celebraciones sacramentales. Para nutrir la fe de los fieles, los signos de la Palabra de Dios deben ser puestos de relieve: el libro de la Palabra (leccionario o evangeliario), su veneración (procesión, incienso, luz), el lugar de su anuncio (ambón), su lectura audible e inteligible, la homilía del ministro, la cual prolonga su proclamación, y las respuestas de la asamblea (aclamaciones, salmos de meditación, letanías, confesión de fe...).

1155 La palabra y la acción litúrgica, indisociables en cuanto signos y enseñanza, lo son también en cuanto que realizan lo que significan. El Espíritu Santo no solamente procura una inteligencia de la Palabra de Dios suscitando la fe, sino que también mediante los sacramentos realiza las "maravillas" de Dios que son anunciadas por la misma Palabra: hace presente y comunica la obra del Padre realizada por el Hijo amado.

Canto y música

1156 "La tradición musical de la Iglesia universal constituye un tesoro de valor inestimable que sobresale entre las demás expresiones artísticas, principalmente porque el canto sagrado, unido a las palabras, constituye una parte necesaria o integral de la liturgia solemne".[22] La composición y el canto de salmos inspirados, con frecuencia acompañados de instrumentos musicales, estaban ya estrechamente ligados a las celebraciones litúrgicas de

---

[20] Cf. *Jn* 9, 6; *Mc* 7, 33-35; 8, 22-25.
[21] Cf. *Lc* 9, 31;22, 7-20.
[22] Concilio Vaticano II, *Sacrosanctum concilium*, 112.

CÓMO CELEBRAMOS → La liturgia → La celebración

la Antigua Alianza. La Iglesia continúa y desarrolla esta tradición: "Recitad entre vosotros salmos, himnos y cánticos inspirados; cantad y salmodiad en vuestro corazón al Señor" (*Ef* 5, 19)[23] "El que canta ora dos veces".[24]

1157 El canto y la música cumplen su función de signos de una manera tanto más significativa cuanto "más estrechamente estén vinculadas a la acción litúrgica",[25] según tres criterios principales: la belleza expresiva de la oración, la participación unánime de la asamblea en los momentos previstos y el carácter solemne de la celebración. Participan así de la finalidad de las palabras y de las acciones litúrgicas: la gloria de Dios y la santificación de los fieles:[26]

> ¡Cuánto lloré al oír vuestros himnos y cánticos, fuertemente conmovido por las voces de vuestra Iglesia, que suavemente cantaba! Entraban aquellas voces en mis oídos, y vuestra verdad se derretía en mi corazón, y con esto se inflamaba el afecto de piedad, y corrían las lágrimas, y me iba bien con ellas.[27]

1158 La armonía de los signos (canto, música, palabras y acciones) es tanto más expresiva y fecunda cuanto más se expresa en la *riqueza cultural* propia del pueblo de Dios que celebra.[28] Por eso "foméntese con empeño el canto religioso popular, de modo que en los ejercicios piadosos y sagrados y en las mismas acciones litúrgicas", conforme a las normas de la Iglesia "resuenen las voces de los fieles".[29] Pero "los textos destinados al canto sagrado deben estar de acuerdo con la doctrina católica; más aún, deben tomarse principalmente de la Sagrada Escritura y de las fuentes litúrgicas".[30]

Imágenes sagradas

1159 La imagen sagrada, el icono litúrgico, representa principalmente a *Cristo*. No puede representar a Dios invisible e incomprensible; la Encarnación del Hijo de Dios inauguró una nueva "economía" de las imágenes:

> En otro tiempo, Dios, que no tenía cuerpo ni figura, no podía de ningún modo ser representado con una imagen. Pero ahora que se ha hecho ver en la carne y que ha vivido con los hombres, puedo hacer una imagen de lo que he visto de Dios... con el rostro descubierto contemplamos la gloria del Señor.[31]

---

[23] Cf. *Col* 3, 16-17.
[24] SAN AGUSTÍN, *Enarratio in Psalmos*, 72, 1.
[25] Concilio Vaticano II, *Sacrosanctum concilium*, 112.
[26] Cf. *ibid*.
[27] SAN AGUSTÍN, *Confessiones*, 9, 6, 14.
[28] Cf. Concilio Vaticano II, *Sacrosanctum concilium*, 119.
[29] *Ibid.*, 118.
[30] *Ibid.*, 121.
[31] SAN JUAN DAMASCENO, *De sacris imaginibus orationes*, 1, 16: PG 96, 1245A.

1160 La iconografía cristiana transcribe mediante la imagen el mensaje evangélico que la Sagrada Escritura transmite mediante la palabra. Imagen y Palabra se esclarecen mutuamente:

> Para expresar brevemente nuestra profesión de fe, conservamos todas las tradiciones de la Iglesia, escritas o no escritas, que nos han sido transmitidas sin alteración. Una de ellas es la representación pictórica de las imágenes, que está de acuerdo con la predicación de la historia evangélica, creyendo que, verdaderamente y no en apariencia, el Dios Verbo se hizo carne, lo cual es tan útil y provechoso, porque las cosas que se esclarecen mutuamente tienen sin duda una significación recíproca.[32]

1161 Todos los signos de la celebración litúrgica hacen referencia a Cristo: también las imágenes sagradas de la Santísima Madre de Dios y de los santos. Significan, en efecto, a Cristo que es glorificado en ellos. Manifiestan "la nube de testigos" (*Hb* 12, 1) que continúan participando en la salvación del mundo y a los que estamos unidos, sobre todo en la celebración sacramental. A través de sus iconos, es el hombre "a imagen de Dios", finalmente transfigurado "a su semejanza",[33] quien se revela a nuestra fe, e incluso los ángeles, recapitulados también en Cristo:

> Siguiendo la enseñanza divinamente inspirada de nuestros santos Padres y la tradición de la Iglesia católica (pues reconocemos ser del Espíritu Santo que habita en ella), definimos con toda exactitud y cuidado que las venerables y santas imágenes, como también la imagen de la preciosa y vivificante cruz, tanto las pintadas como las de mosaico u otra materia conveniente, se expongan en las santas iglesias de Dios, en los vasos sagrados y ornamentos, en las paredes y en cuadros, en las casas y en los caminos: tanto las imágenes de nuestro Señor Dios y Salvador Jesucristo, como las de nuestra Señora inmaculada la santa Madre de Dios, de los santos ángeles y de todos los santos y justos.[34]

2502 **1162** "La belleza y el color de las imágenes estimulan mi oración. Es una fiesta para mis ojos, del mismo modo que el espectáculo del campo estimula mi corazón para dar gloria a Dios".[35] La contemplación de las sagradas imágenes, unida a la meditación de la Palabra de Dios y al canto de los himnos litúrgicos, forma parte de la armonía de los signos de la celebración para que el misterio celebrado se grabe en la memoria del corazón y se exprese luego en la vida nueva de los fieles.

---

[32] Concilio de Nicea II, año 787: *Conciliorum oecumenicorum decreta,* 111.
[33] Cf. *Rm* 8, 29; *1 Jn* 3, 2.
[34] Concilio de Nicea II: DS, 600.
[35] SAN JUAN DAMASCENO, *De sacris imaginibus orationes,* 1, 27: PG 94, 1268B.

CÓMO CELEBRAMOS ⟶ La liturgia ⟶ La celebración

III. ¿CUÁNDO CELEBRAR?

El tiempo litúrgico

1163 "La santa Madre Iglesia considera que es su deber celebrar la obra de salvación de su divino Esposo con un sagrado recuerdo, en días determinados a través del año. Cada semana, en el día que llamó 'del Señor', conmemora su resurrección, que una vez al año celebra también, junto con su santa pasión, en la máxima solemnidad de la Pascua. Además, en el círculo del año desarrolla todo el Misterio de Cristo... Al conmemorar así los misterios de la redención, abre la riqueza de las virtudes y de los méritos de su Señor, de modo que se los hace presentes en cierto modo, durante todo tiempo, a los fieles para que los alcancen y se llenen de la gracia de la salvación".[36]

512

1164 El pueblo de Dios, desde la ley mosaica, tuvo fiestas fijas a partir de la Pascua, para conmemorar las acciones maravillosas del Dios Salvador, para darle gracias por ellas, perpetuar su recuerdo y enseñar a las nuevas generaciones a conformar con ellas su conducta. En el tiempo de la Iglesia, situado entre la Pascua de Cristo, ya realizada una vez por todas, y su consumación en el Reino de Dios, la liturgia celebrada en días fijos está toda ella impregnada por la novedad del Misterio de Cristo.

1165 Cuando la Iglesia celebra el Misterio de Cristo, hay una palabra que jalona su oración: ¡Hoy!, como eco de la oración que le enseñó su Señor[37] y de la llamada del Espíritu Santo.[38] Este "hoy" del Dios vivo al que el hombre está llamado a entrar, es la "Hora" de la Pascua de Jesús, que atraviesa y guía toda la historia:

2569; 2839

1085

> La vida se ha extendido sobre todos los seres y todos están llenos de una amplia luz: el Oriente de los orientes invade el universo, y el que existía "antes del lucero de la mañana" y antes de todos los astros, inmortal e inmenso, el gran Cristo brilla sobre todos los seres más que el sol. Por eso, para nosotros que creemos en él, se instaura un día de luz, largo, eterno, que no se extingue: la Pascua mística.[39]

El día del Señor

1166 "La Iglesia, desde la tradición apostólica que tiene su origen en el mismo día de la resurrección de Cristo, celebra el misterio pascual cada ocho días, en el día que se llama con razón 'día del Señor' o domingo".[40] El día de la Resurrección de Cristo es a la vez el "primer día de la semana", memorial del primer día de la creación, y el "octavo día" en que Cristo, tras su "reposo" del gran Sabbat, inaugura el Día "que hace el Señor", el "día que

2174-2188

1343

---

[36] Concilio Vaticano II, *Sacrosanctum concilium*, 102.
[37] Cf. *Mt* 6, 11.
[38] Cf. *Hb* 3, 7-4, 11; *Sal* 95, 7.
[39] SAN HIPÓLITO DE ROMA, *De paschate*, 1-2.
[40] Concilio Vaticano II, *Sacrosanctum concilium*, 106.

no conoce ocaso".⁴¹ El "banquete del Señor" es su centro, porque es aquí donde toda la comunidad de los fieles encuentra al Señor resucitado que los invita a su banquete:⁴²

> El día del Señor, el día de la Resurrección, el día de los cristianos, es nuestro día. Por eso es llamado día del Señor: porque es en este día cuando el Señor subió victorioso junto al Padre. Si los paganos lo llaman día del sol, también lo hacemos con gusto; porque hoy ha amanecido la luz del mundo, hoy ha aparecido el sol de justicia cuyos rayos traen la salvación.⁴³

1167 El domingo es el día por excelencia de la asamblea litúrgica, en que los fieles "deben reunirse para, escuchando la Palabra de Dios y participando en la Eucaristía, recordar la pasión, la resurrección y la gloria del Señor Jesús y dar gracias a Dios, que los hizo renacer a la esperanza viva por la resurrección de Jesucristo de entre los muertos":⁴⁴

> Cuando meditamos, oh Cristo, las maravillas que fueron realizadas en este día del domingo de tu santa Resurrección, decimos: Bendito es el día del domingo, porque en él tuvo comienzo la Creación... la salvación del mundo... la renovación del género humano... en él el cielo y la tierra se regocijaron y el universo entero quedó lleno de luz. Bendito es el día del domingo, porque en él fueron abiertas las puertas del paraíso para que Adán y todos los desterrados entraran en él sin temor.⁴⁵

El año litúrgico

1168 A partir del "Triduo Pascual", como de su fuente de luz, el tiempo nuevo de la Resurrección llena todo el año litúrgico con su resplandor. El año, antes y después de esta fuente, queda progresivamente transfigurado por la liturgia. Es realmente "año de gracia del Señor" (*Lc* 4, 19). La economía de la salvación actúa en el marco del tiempo, pero desde su cumplimiento en la Pascua de Jesús y la efusión del Espíritu Santo, el fin de la historia es anticipado, como pregustado, y el Reino de Dios irrumpe en el tiempo de la humanidad.

1169 Por ello, la *Pascua* no es simplemente una fiesta entre otras: es la "Fiesta de las fiestas", "Solemnidad de las solemnidades", como la Eucaristía es el Sacramento de los sacramentos (el gran sacramento). San Atanasio la llama "el gran domingo",⁴⁶ así como la Semana Santa es llamada en Oriente "la gran semana". El Misterio de la Resurrección, en el cual Cristo ha aplastado a la

---

⁴¹ Liturgia bizantina.
⁴² Cf. *Jn* 21, 12; *Lc* 24, 30.
⁴³ SAN JERÓNIMO, *In die dominica Paschae homilía:* CCL 78, 550, 52.
⁴⁴ Concilio Vaticano II, *Sacrosanctum concilium,* 106.
⁴⁵ Fanqîth, Oficio siriaco de Antioquía, Vol 6, 1.a verano, p. 193 b.
⁴⁶ SAN ATANASIO DE ALEJANDRÍA, *Epistula festivalis,* 329: PG 26, 1366A.

muerte, penetra en nuestro viejo tiempo con su poderosa energía, hasta que todo le esté sometido.

1170 En el Concilio de Nicea (año 325) todas las Iglesias se pusieron de acuerdo para que la Pascua cristiana fuese celebrada el domingo que sigue al plenilunio (14 del mes de Nisán) después del equinoccio de primavera. Por causa de los diversos métodos utilizados para calcular el 14 del mes de Nisán, en las Iglesias de Occidente y de Oriente no siempre coincide la fecha de la Pascua. Por eso, dichas Iglesias buscan hoy un acuerdo, para llegar de nuevo a celebraren una fecha común el día de la Resurrección del Señor.

1171 El año litúrgico es el desarrollo de los diversos aspectos del único misterio pascual. Esto vale muy particularmente para el ciclo de las fiestas en torno al Misterio de la Encarnación (Anunciación, Navidad, Epifanía) que conmemoran el comienzo de nuestra salvación y nos comunican las primicias del misterio de Pascua.

El santoral en el año litúrgico

1172 "En la celebración de este círculo anual de los misterios de Cristo, la santa Iglesia venera con especial amor a la bienaventurada Madre de Dios, la Virgen María, unida con un vínculo indisoluble a la obra salvadora de su Hijo; en ella mira y exalta el fruto excelente de la redención y contempla con gozo, como en una imagen purísima, aquello que ella misma, toda entera, desea y espera ser".[47]

1173 Cuando la Iglesia, en el ciclo anual, hace memoria de los mártires y los demás santos "proclama el misterio pascual cumplido en ellos, que padecieron con Cristo y han sido glorificados con Él; propone a los fieles sus ejemplos, que atraen a todos por medio de Cristo al Padre, y por sus méritos implora los beneficios divinos".[48]

La Liturgia de las Horas

1174 El Misterio de Cristo, su Encarnación y su Pascua, que celebramos en la Eucaristía, especialmente en la asamblea dominical, penetra y transfigura el tiempo de cada día mediante la celebración de la Liturgia de las Horas, "el Oficio divino".[49] Esta celebración, en fidelidad a las recomendaciones apostólicas de "orar sin cesar",[50] "está estructurada de tal manera que la alabanza de Dios consagra el curso entero del día y de la noche".[51] Es "la oración pública de la Iglesia"[52] en la cual los fieles (clérigos, religiosos y laicos)

---

[47] Concilio Vaticano II, *Sacrosanctum concilium*, 103.
[48] *Ibid.*, 104; cf 108 y 111.
[49] Cf. *ibid*, 83-101.
[50] Cf. *1 Ts* 5, 17; *Ef* 6, 18.
[51] Concilio Vaticano II, *Sacrosanctum concilium*, 84.
[52] *Ibid.*, 98.

Segunda Parte: La celebración del misterio cristiano

ejercen el sacerdocio real de los bautizados. Celebrada "según la forma aprobada" por la Iglesia, la Liturgia de las Horas "realmente es la voz de la misma Esposa la que habla al Esposo; más aún, es la oración de Cristo, con su mismo Cuerpo, al Padre".[53]

1175 La Liturgia de las Horas está llamada a ser la oración de todo el Pueblo de Dios. En ella, Cristo mismo "sigue ejerciendo su función sacerdotal a través de su Iglesia";[54] cada uno participa en ella según su lugar propio en la Iglesia y las circunstancias de su vida: los sacerdotes en cuanto entregados al ministerio pastoral, porque son llamados a permanecer asiduos en la oración y el servicio de la Palabra;[55] los religiosos y religiosas por el carisma de su vida consagrada;[56] todos los fieles según sus posibilidades: "Los pastores de almas deben procurar que las Horas principales, sobre todo las Vísperas, los domingos y fiestas solemnes, se celebren en la iglesia comunitariamente. Se recomienda que también los laicos recen el Oficio divino, bien con los sacerdotes o reunidos entre sí, e incluso solos".[57]

1176 Celebrar la Liturgia de las Horas exige no solamente armonizar *la* voz con el corazón que ora, sino también "adquirir una instrucción litúrgica y bíblica más rica especialmente sobre los salmos".[58]

1177 Los himnos y las letanías de la Oración de las Horas insertan la oración de los salmos en el tiempo de la Iglesia, expresando el simbolismo del momento del día, del tiempo litúrgico o de la fiesta celebrada. Además, la lectura de la Palabra de Dios en cada hora (con los responsorios y los troparios que le siguen), y, a ciertas horas, las lecturas de los Padres y maestros espirituales, revelan más profundamente el sentido del Misterio celebrado, ayudan a la inteligencia de los salmos y preparan para la oración silenciosa. La *lectio divina,* en la que la Palabra de Dios es leída y meditada para convertirse en oración, se enraiza así en la celebración litúrgica.

1178 La Liturgia de las Horas, que es como una prolongación de la celebración eucarística, no excluye, sino que acoge de manera complementaria las diversas devociones del Pueblo de Dios, particularmente la adoración y el culto del Santísimo Sacramento.

IV. ¿DÓNDE CELEBRAR?

1179 El culto "en espíritu y en verdad" (*Jn* 4, 24) de la Nueva Alianza no está ligado a un lugar exclusivo. Toda la tierra es santa y ha sido confiada a los hijos de los hombres. Cuando los fieles se reúnen en un mismo lugar, lo fundamental es que ellos son las "piedras vivas", reunidas para "la edificación de un edificio espiritual" (*1 P* 2, 4-5). El Cuerpo de Cristo resucitado es el

---

[53] *Ibid.,* 84.
[54] *Ibid.,* 83.
[55] Cf. *ibid.,* 86 y 96; Id., *Presbyterorum ordinis,* 5.
[56] Concilio Vaticano II, *Sacrosanctum concilium,* 98.
[57] *Ibid.,* 100.
[58] Concilio Vaticano II, *Sacrosanctum concilium,* 90.

CÓMO CELEBRAMOS ⟶ La liturgia ⟶ La celebración

templo espiritual de donde brota la fuente de agua viva. Incorporados a Cristo por el Espíritu Santo, "somos el templo de Dios vivo" (*2 Co* 6, 16).

1180 Cuando el ejercicio de la libertad religiosa no es impedido,[59] los cristianos construyen edificios destinados al culto divino. Estas iglesias visibles no son simples lugares de reunión, sino que significan y manifiestan a la Iglesia que vive en ese lugar, morada de Dios con los hombres reconciliados y unidos en Cristo.

2106

1181 "En la casa de oración se celebra y se reserva la sagrada Eucaristía, se reúnen los fieles y se venera para ayuda y consuelo de los fieles la presencia del Hijo de Dios, nuestro Salvador, ofrecido por nosotros en el altar del sacrificio. Esta casa de oración debe ser hermosa y apropiada para la oración y para las celebraciones sagradas".[60] En esta "casa de Dios", la verdad y la armonía de los signos que la constituyen deben manifestar a Cristo que está presente y actúa en este lugar:[61]

2691

1182 El *altar* de la Nueva Alianza es la Cruz del Señor,[62] de la que manan los sacramentos del Misterio pascual. Sobre el altar, que es el centro de la Iglesia, se hace presente el sacrificio de la cruz bajo los signos sacramentales. El altar es también la mesa del Señor, a la que el Pueblo de Dios es invitado.[63] En algunas liturgias orientales, el altar es también símbolo del sepulcro (Cristo murió y resucitó verdaderamente).

617; 1383

1183 El *tabernáculo* debe estar situado "dentro de las iglesias en un lugar de los más dignos con el mayor honor".[64] La nobleza, la disposición y la seguridad del tabernáculo eucarístico[65] deben favorecer la adoración del Señor realmente presente en el Santísimo Sacramento del altar.

1379

2120

El *Santo Crisma* (Myron), cuya unción es signo sacramental del sello del don del Espíritu Santo, es tradicionalmente conservado y venerado en un lugar seguro del santuario. Se puede colocar junto a él el óleo de los catecúmenos y el de los enfermos.

1241

1184 La *sede* del obispo (cátedra) o del sacerdote "debe significar su oficio de presidente de la asamblea y director de la oración".[66]

1348

El *ambón:* "La dignidad de la Palabra de Dios exige que en la iglesia haya un sitio reservado para su anuncio, hacia el que, durante la liturgia de la Palabra, se vuelva espontáneamente la atención de los fieles".[67]

103

---

[59] Cf. Concilio Vaticano II, *Dignitatis humanae*, 4.
[60] Concilio Vaticano II, *Presbyterorum ordinis*, 5; cf Id., *Sacrosanctum concilium*, 122-127.
[61] Cf. Concilio Vaticano II, *Sacrosanctum concilium*, 7.
[62] Cf. *Hb* 13, 10.
[63] Cf. *Misal Romano*, Ordenación general, 259.
[64] Pablo VI, enc. *Mysterium fidei*.
[65] Concilio Vaticano II, *Sacrosanctum concilium*, 128.
[66] *Misal Romano*, Ordenación general, 271.
[67] *Ibid.,* 272.

Segunda Parte: La celebración del misterio cristiano

1185 La reunión del pueblo de Dios comienza por el Bautismo; por tanto, el templo debe tener lugar apropiado para la celebración del *Bautismo* y favorecer el recuerdo de las promesas del bautismo (agua bendita).

La renovación de la vida bautismal exige *la penitencia*. Por tanto el templo debe estar preparado para que se pueda expresar el arrepentimiento y la recepción del perdón, lo cual exige asimismo un lugar apropiado.

2717 El templo también debe ser un espacio que invite al recogimiento y a la oración silenciosa, que prolonga e interioriza la gran plegaria de la Eucaristía.

1186 Finalmente, el templo tiene una significación escatológica. Para entrar en la casa de Dios ordinariamente se franquea un umbral, símbolo del paso
1130 desde el mundo herido por el pecado al mundo de la vida nueva al que todos los hombres son llamados. La Iglesia visible simboliza la casa paterna hacia la cual el pueblo de Dios está en marcha y donde el Padre "enjugará toda lágrima de sus ojos" (*Ap* 21, 4). Por eso también la Iglesia es la casa de todos los hijos de Dios, ampliamente abierta y acogedora.

RESUMEN

1187 La Liturgia es la obra de Cristo total, Cabeza y Cuerpo. Nuestro Sumo Sacerdote la celebra sin cesar en la Liturgia celestial, con la santa Madre de Dios, los apóstoles, todos los santos y la muchedumbre de seres humanos que han entrado ya en el Reino.

1188 En una celebración litúrgica, toda la asamblea es "liturgo", cada cual según su función. El sacerdocio bautismal es el sacerdocio de todo el Cuerpo de Cristo. Pero algunos fieles son ordenados por el sacramento del Orden sacerdotal para representar a Cristo como Cabeza del Cuerpo.

1189 La celebración litúrgica comprende signos y símbolos que se refieren a la creación (luz, agua, fuego), a la vida humana (lavar, ungir, partir el pan) y a la historia de la salvación (los ritos de la Pascua). Insertos en el mundo de la fe y asumidos por la fuerza del Espíritu Santo, estos elementos cósmicos, estos ritos humanos, estos gestos del recuerdo de Dios se hacen portadores de la acción salvífica y santificadora de Cristo.

1190 La Liturgia de la Palabra es una parte integrante de la celebración. El sentido de la celebración es expresado por la Palabra de Dios que es anunciada y por el compromiso de la fe que responde a ella.

1191 El canto y la música están en estrecha conexión con la acción litúrgica. Criterios para un uso adecuado de ellos son: la belleza expresiva de la oración, la participación unánime de la asamblea, y el carácter sagrado de la celebración.

CÓMO CELEBRAMOS → La liturgia → La celebración

1192 Las imágenes sagradas, presentes en nuestras iglesias y en nuestras casas, están destinadas a despertar y alimentar nuestra fe en el Misterio de Cristo. A través del icono de Cristo y de sus obras de salvación, es a Él a quien adoramos. A través de las sagradas imágenes de la Santísima Madre de Dios, de los ángeles y de los santos, veneramos a quienes en ellas son representados.

1193 El domingo, "día del Señor", es el día principal de la celebración de la Eucaristía porque es el día de la Resurrección. Es el día de la asamblea litúrgica por excelencia, el día de la familia cristiana, el día del gozo y de descanso del trabajo. Él es "fundamento y núcleo de todo el año litúrgico".[68]

1194 La Iglesia, "en el círculo del año desarrolla todo el Misterio de Cristo, desde la Encarnación y la Navidad hasta la Ascensión, Pentecostés y la expectativa de la dichosa esperanza y venida del Señor".[69]

1195 Haciendo memoria de los santos, en primer lugar de la santa Madre de Dios, luego de los apóstoles, los mártires y los otros santos, en días fijos del año litúrgico, la Iglesia de la tierra manifiesta que está unida a la liturgia del cielo; glorifica a Cristo por haber realizado su salvación en sus miembros glorificados; su ejemplo la estimula en el camino hacia el Padre.

1196 Los fieles que celebran la Liturgia de las Horas se unen a Cristo, nuestro Sumo Sacerdote, por la oración de los salmos, la meditación de la Palabra de Dios, de los cánticos y de las bendiciones, a fin de ser asociados a su oración incesante y universal que da gloria al Padre e implora el don del Espíritu Santo sobre el mundo entero.

1197 Cristo es el verdadero Templo de Dios, "el lugar donde reside su gloria"; por la gracia de Dios los cristianos son también templos del Espíritu Santo, piedras vivas con las que se construye la Iglesia.

1198 En su condición terrena, la Iglesia tiene necesidad de lugares donde la comunidad pueda reunirse: nuestras iglesias visibles, lugares santos, imágenes de la Ciudad Santa, la Jerusalén celestial hacia la cual caminamos como peregrinos.

1199 En estos templos, la Iglesia celebra el culto público para gloria de la Santísima Trinidad; en ellos escucha la Palabra de Dios y canta sus alabanzas, eleva su oración y ofrece el Sacrificio de Cristo, sacramentalmente presente en medio de la asamblea. Estas iglesias son también lugares de recogimiento y de oración personal.

---

[68] Concilio Vaticano II, *Sacrosanctum concilium*, 106.

[69] Concilio Vaticano II, *Sacrosanctum concilium*, 102.

Segunda Parte: La celebración del misterio cristiano

ARTÍCULO 2
DIVERSIDAD LITURGICA Y UNIDAD DEL MISTERIO

FUENTES DE LA ESCRITURA Y DE LA IGLESIA

La siguiente parte del *Catecismo* utiliza estas fuentes de la Escritura y de la Iglesia. Véase el "Índice de citas" para una lista completa de referencias

Nuevo Testamento	Citadas en el *Catecismo*
Romanos	CIC 1204
2 Timoteo	CIC 1202
Concilios ecuménicos	
Vaticano II (1962-1965)	CIC 1202-1205
Documentos pontificios	
Juan Pablo II (1978-2005)	CIC 1204-1206
Pablo VI (1963-1978)	CIC 1201

PALABRAS CLAVE

La siguiente parte del *Catecismo* utiliza estas palabras clave. Véase el "Glosario" para su definición.

Palabras	Citadas en el *Catecismo*
Depósito de la fe	CIC 1202
Iglesias orientales	CIC 1202, 1203
Rito latino	CIC 1203
Ritos	CIC 1201-1203

Tradiciones litúrgicas y catolicidad de la Iglesia

1200 Desde la primera comunidad de Jerusalén hasta la Parusía, las Iglesias de Dios, fieles a la fe apostólica, celebran en todo lugar el mismo Misterio pascual. El Misterio celebrado en la liturgia es uno, pero las formas de su celebración son diversas.

1201 La riqueza insondable del Misterio de Cristo es tal que ninguna tradición litúrgica puede agotar su expresión. La historia del nacimiento y del desarrollo de estos ritos testimonia una maravillosa complementariedad. Cuando las Iglesias han vivido estas tradiciones litúrgicas en comunión en la

CÓMO CELEBRAMOS ⟶ La liturgia ⟶ La celebración

fe y en los sacramentos de la fe, se han enriquecido mutuamente y crecen en la fidelidad a la tradición y a la misión común a toda la Iglesia.[70]

1202 Las diversas tradiciones litúrgicas nacieron por razón misma de la misión de la Iglesia. Las Iglesias de una misma área geográfica y cultural llegaron a celebrar el Misterio de Cristo a través de expresiones particulares, culturalmente tipificadas: en la tradición del "depósito de la fe" (*2 Tm* 1, 14), en el simbolismo litúrgico, en la organización de la comunión fraterna, en la inteligencia teológica de los misterios, y en tipos de santidad. Así, Cristo, Luz y Salvación de todos los pueblos, mediante la vida litúrgica de una Iglesia, se manifiesta al pueblo y a la cultura a los cuales es enviada y en los que se enraiza. La Iglesia es católica: puede integrar en su unidad, purificándolas, todas las verdaderas riquezas de las culturas.[71]

1203 Las tradiciones litúrgicas, o ritos, actualmente en uso en la Iglesia son el rito latino (principalmente el rito romano, pero también los ritos de algunas Iglesias locales como el rito ambrosiano, el rito hispánico-visigótico o los de diversas órdenes religiosas) y los ritos bizantino, alejandrino o copto, siriaco, armenio, maronita y caldeo. "El sacrosanto Concilio, fiel a la Tradición, declara que la santa Madre Iglesia concede igual derecho y honor a todos los ritos legítimamente reconocidos y quiere que en el futuro se conserven y fomenten por todos los medios".[72]

Liturgia y culturas

1204 Por tanto, la celebración de la liturgia debe corresponder al genio y a la cultura de los diferentes pueblos.[73] Para que el Misterio de Cristo sea "dado a conocer a todos los gentiles para obediencia de la fe" (*Rm* 16, 26), debe ser anunciado, celebrado y vivido en todas las culturas, de modo que éstas no son abolidas sino rescatadas y realizadas por él.[74] La multitud de los hijos de Dios, mediante su cultura humana propia, asumida y transfigurada por Cristo, tiene acceso al Padre, para glorificarlo en un solo Espíritu.

1205 "En la liturgia, sobre todo en la de los sacramentos, existe una *parte inmutable* —por ser de institución divina— de la que la Iglesia es guardiana, y partes *susceptibles de cambio,* que ella tiene el poder, y a veces incluso el deber, de adaptar a las culturas de los pueblos recientemente evangelizados".[75]

1206 "La diversidad litúrgica puede ser fuente de enriquecimiento, puede también provocar tensiones, incomprensiones recíprocas e incluso cismas. En este campo es preciso que la diversidad no perjudique a la unidad. Sólo

CIC 1206

1158

814

1674

835
1937

2684

854; 1232

2527

1125

---

[70] Cf. PABLO VI, exh. ap. *Evangelii nuntiandi,* 63-64.
[71] Cf. Concilio Vaticano II, *Lumen gentium,* 23; Id,. *Unitatis redintegratio,* 4.
[72] Concilio Vaticano II, *Sacrosanctum concilium,* 4.
[73] Cf. *ibid,* 37-40.
[74] Cf. JUAN PABLO II, exh. ap. *Catechesi tradendae,* 53.
[75] JUAN PABLO II, c. ap. *Vicesimus quintus annus,* 16; cf Concilio Vaticano II, *Sacrosanctum concilium,* 21.

CIC 1207 — Segunda Parte: La celebración del misterio cristiano

puede expresarse en la fidelidad a la fe común, a los signos sacramentales que la Iglesia ha recibido de Cristo, y a la comunión jerárquica. La adaptación a las culturas exige una conversión del corazón, y, si es preciso, rupturas con hábitos ancestrales incompatibles con la fe católica".[76]

RESUMEN

1207 Conviene que la celebración de la liturgia tienda a expresarse en la cultura del pueblo en que se encuentra la Iglesia, sin someterse a ella. Por otra parte, la liturgia misma es generadora y formadora de culturas.

1208 Las diversas tradiciones litúrgicas, o ritos, legítimamente reconocidas, por significar y comunicar el mismo Misterio de Cristo, manifiestan la catolicidad de la Iglesia.

1209 El criterio que asegura la unidad en la pluriformidad de las tradiciones litúrgicas es la fidelidad a la Tradición apostólica, es decir: la comunión en la fe y los sacramentos recibidos de los apóstoles, comunión que está significada y garantizada por la sucesión apostólica.

---

[76] *Ibid.*

Cómo celebramos

SEGUNDA PARTE: LA CELEBRACIÓN DEL MISTERIO CRISTIANO

LOS SACRAMENTOS

Segunda sección: la profesión de la fe cristiana

De iniciación
Capítulo primero: los sacramentos de la Iniciación cristiana

De curación
Capítulo segundo: los sacramentos de Curación

De servicio
Capítulo tercero: los sacramentos al Servicio de la comunidad cristiana

Bautismo *(Artículo 1)*	**Reconciliación** *(Artículo 4)*	**Sacramento del Orden** *(Artículo 6)*
Confirmation *(Artículo 2)*	**Unción de los enfermos** *(Artículo 5)*	**Matrimonio** *(Artículo 7)*
Eucaristía *(Artículo 3)*		

CIC 1210-1419 | CIC 1420-1532 | CIC 1533-1666

Segunda Parte: La celebración del misterio cristiano

SEGUNDA SECCIÓN LOS SIETE SACRAMENTOS DE LA IGLESIA

FUENTES DE LA ESCRITURA Y DE LA IGLESIA

La siguiente parte del *Catecismo* utiliza estas fuentes de la Escritura y de la Iglesia. Véase el "Índice de citas" para una lista completa de referencias

Antiguo Testamento	Citadas en el *Catecismo*
Génesis	CIC 1218
Nuevo Testamento	
Mateo	CIC 1223, 1224, 1243, 1257, 1276
Marcos	CIC 1223, 1244, 1253, 1256, 1257, 1261
Lucas	CIC 1225
Juan	CIC 1215, 1216, 1225, 1238, 1257, 1262, 1269
Hechos de los Apóstoles	CIC 1226, 1252, 1262
Romanos	CIC 1214, 1227, 1237, 1265, 1272
1 Corintios	CIC 1227, 1252, 1265, 1267, 1269
2 Corintios	CIC 1214, 1265, 1269, 1274
Gálatas	CIC 1214, 1227, 1243, 1265
Efesios	CIC 1216, 1228, 1267, 1269, 1274
Filipenses	CIC 1224, 1243
Colosenses	CIC 1214, 1227, 1250
1 Tesalonicenses	CIC 1216, 1269
1 Timoteo	CIC 1256, 1261
2 Timoteo	CIC 1264
Tito	CIC 1215
Hebreos	CIC 1216, 1269
1 Pedro	CIC 1219, 1228, 1268
2 Pedro	CIC 1265
1 Juan	CIC 1225

CÓMO CELEBRAMOS → Los sacramentos → De iniciación

FUENTES DE LA ESCRITURA Y DE LA IGLESIA

(continuación)

Concilios ecuménicos	Citadas en el *Catecismo*
Florencia (1439-1445)	CIC 1256, 1263
Trento (1545-1563)	CIC 1250, 1257, 1264, 1272, 1280
Vaticano II (1962-1965)	CIC 1232, 1233, 1248, 1249, 1251, 1255, 1257, 1260, 1269, 1270, 1271, 1273, 1281

Documentos pontificios	
Nicolás I (858-867)	CIC 1256
Pablo VI (1963-1978)	CIC 1212

Documentos eclesiásticos	
Congregación para la Doctrina de la Fe	CIC 1252
Catecismo Romano	CIC 1213

Derecho Canónico	
Código de Derecho Canónico	CIC 1213, 1233, 1246, 1249-1251, 1255, 1256, 1269
Código de los Cánones de las Iglesias Orientales	CIC 1213, 1246, 1250, 1256, 1269

Liturgia	
Misal Romano	CIC 1212, 1217-1219, 1221, 1232, 1241, 1248, 1274

Escritores eclesiásticos	
San Ambrosio	CIC 1225
San Agustín	CIC 1228, 1274
San Gregorio Nacianceno	CIC 1216
San Ireneo de Lyon	CIC 1274
San Justino	CIC 1216
Santo Tomás de Aquino	CIC 1210, 1211

PALABRAS CLAVE

La siguiente parte del *Catecismo* utiliza estas palabras clave.
Véase el "Glosario" para su definición.

Palabras	Citadas en el *Catecismo*
Bautismo	CIC 1213, 1275, 1278
Carácter, sacramental	CIC 1272
Catecúmeno	CIC 1237, 1248
Concupiscencia	CIC 1264

Segunda Parte: La celebración del misterio cristiano

PALABRAS CLAVE

La siguiente parte del *Catecismo* utiliza estas palabras clave.
Véase el "Glosario" para su definición.

Palabras	Citadas en el *Catecismo*
Crisma	CIC 1241
Exorcismo	CIC 1237
Iniciación, cristiana	CIC 1212, 1230
Mártir	CIC 1258
Padrino/madrina	CIC 1255
Remisión de los pecados	CIC 1263
Sacramento	CIC 1210
Vida	CIC 1225

1113 **1210** Los sacramentos de la Nueva Ley fueron instituidos por Cristo y son siete, a saber, Bautismo, Confirmación, Eucaristía, Penitencia, Unción de los enfermos, Orden sacerdotal y Matrimonio. Los siete sacramentos corresponden a todas las etapas y todos los momentos importantes de la vida del cristiano: dan nacimiento y crecimiento, curación y misión a la vida de fe de los cristianos. Hay aquí una cierta semejanza entre las etapas de la vida natural y las etapas de la vida espiritual.[1]

1211 Siguiendo esta analogía se explicarán en primer lugar los tres sacramentos de la iniciación cristiana (Capítulo primero), luego los sacramentos de la curación (Capítulo segundo), finalmente, los sacramentos que están al servicio de la comunión y misión de los fieles (Capítulo tercero). Ciertamente este orden no es el único posible, pero permite ver que los sacramentos forman un organismo en el cual cada sacramento particular tiene su lugar vital.

1374 En este organismo, la Eucaristía ocupa un lugar único, en cuanto "sacramento de los sacramentos": "todos los otros sacramentos están ordenados a éste como a su fin".[2]

CAPÍTULO PRIMERO
LOS SACRAMENTOS
DE LA INICIACIÓN CRISTIANA

1212 Mediante los sacramentos de la iniciación cristiana, el Bautismo, la Confirmación y la Eucaristía, se ponen los *fundamentos* de toda vida cristiana.

---

[1] Cf. SANTO TOMÁS DE AQUINO, *Summa theologiae*, III, 65, 1.

[2] *Ibid.*, 65, 3.

CÓMO CELEBRAMOS → Los sacramentos → De iniciación

CIC 1216

"La participación en la naturaleza divina, que los hombres reciben como don mediante la gracia de Cristo, tiene cierta analogía con el origen, el crecimiento y el sustento de la vida natural. En efecto, los fieles renacidos en el Bautismo se fortalecen con el sacramento de la Confirmación y, finalmente, son alimentados en la Eucaristía con el manjar de la vida eterna, y, así por medio de estos sacramentos de la iniciación cristiana, reciben cada vez con más abundancia los tesoros de la vida divina y avanzan hacia la perfección de la caridad".[3]

ARTÍCULO 1
EL SACRAMENTO DEL BAUTISMO

1213 El santo Bautismo es el fundamento de toda la vida cristiana, el pórtico de la vida en el espíritu ("vitae spiritualis ianua") y la puerta que abre el acceso a los otros sacramentos. Por el Bautismo somos liberados del pecado y regenerados como hijos de Dios, llegamos a ser miembros de Cristo y somos incorporados a la Iglesia y hechos partícipes de su misión:[4] *"Baptismus est sacramentum regeneradonis per aquam in verbo"* ("El bautismo es el sacramento del nuevo nacimiento por el agua y la palabra").[5]

I. EL NOMBRE DE ESTE SACRAMENTO

1214 Este sacramento recibe el nombre de *Bautismo* en razón del carácter del rito central mediante el que se celebra: bautizar (*baptizein* en griego) significa "sumergir", "introducir dentro del agua"; la "inmersión" en el agua simboliza el acto de sepultar al catecúmeno en la muerte de Cristo de donde sale por la resurrección con Él[6] como "nueva criatura" (*2 Co* 5, 17; *Ga* 6, 15).

628

1215 Este sacramento es llamado también *"baño de regeneración y de renovación del Espíritu Santo"* (*Tt* 3, 5), porque significa y realiza ese nacimiento del agua y del Espíritu sin el cual "nadie puede entrar en el Reino de Dios" (*Jn* 3, 5).

1257

1216 "Este baño se llama *iluminación,* para dar a entender que son iluminados los que aprenden estas cosas".[7] Habiendo recibido en el Bautismo al Verbo, "la luz verdadera que ilumina a todo hombre" (*Jn* 1, 9), el bautizado, "tras haber sido iluminado" (*Hb* 10, 32), se convierte en "hijo de la luz" (*1 Ts* 5, 5), y en "luz" él mismo (*Ef* 5, 8):

1243

---

[3] PABLO VI, const. apost. *Divinae consortium naturae,* AAS 63 (1971), 657-664; cf Ritual Romano, *Ordo initiationis christianae adultorum,* Praenotanda, 1-2.

[4] Cf. Concilio de Florencia: DS, 1314; CDC, 204, 1; 849; CCEO, 675, 1.

[5] *Catecismo Romano,* 2, 2, 5.

[6] Cf. *Rm* 6, 3-4; *Col* 2, 12.

[7] SAN JUSTINO, *Apologiae,* 1, 61, 12.

El Bautismo es el más bello y magnífico de los dones de Dios... lo llamamos don, gracia, unción, iluminación, vestidura de incorruptibilidad, baño de regeneración, sello y todo lo más precioso que hay. Don, porque es conferido a los que no aportan nada; gracia, porque, es dado incluso a culpables; bautismo, porque el pecado es sepultado en el agua; unción, porque es sagrado y real (tales son los que son ungidos); iluminación, porque es luz resplandeciente; vestidura, porque cubre nuestra vergüenza; baño, porque lava; sello, porque nos guarda y es el signo de la soberanía de Dios.[8]

II. EL BAUTISMO EN LA ECONOMÍA DE LA SALVACIÓN

Las prefiguraciones del Bautismo en la Antigua Alianza

1217 En la liturgia de la Noche Pascual, cuando *se bendice el agua bautismal,* la Iglesia hace solemnemente memoria de los grandes acontecimientos de la historia de la salvación que prefiguraban ya el misterio del Bautismo:

¡Oh Dios!, que realizas en tus sacramentos obras admirables con tu poder invisible, y de diversos modos te has servido de tu criatura el agua para significar la gracia del bautismo[9]

1218 Desde el origen del mundo, el agua, criatura humilde y admirable, es la fuente de la vida y de la fecundidad. La Sagrada Escritura dice que el Espíritu de Dios "se cernía" sobre ella:[10]

¡Oh Dios!, cuyo espíritu, en los orígenes del mundo, se cernía sobre las aguas, para que ya desde entonces concibieran el poder de santificar.[11]

1219 La Iglesia ha visto en el arca de Noé una prefiguración de la salvación por el bautismo. En efecto, por medio de ella "unos pocos, es decir, ocho personas, fueron salvados a través del agua" (*1 P* 3, 20):

¡Oh Dios!, que incluso en las aguas torrenciales del diluvio prefiguraste el nacimiento de la nueva humanidad, de modo que una misma agua pusiera fin al pecado y diera origen a la santidad.[12]

1220 Si el agua de manantial simboliza la vida, el agua del mar es un símbolo de la muerte. Por lo cual, pudo ser símbolo del misterio de la Cruz. Por este simbolismo el bautismo significa la comunión con la muerte de Cristo.

1221 Sobre todo el paso del mar Rojo, verdadera liberación de Israel de la esclavitud de Egipto, es el que anuncia la liberación obrada por el bautismo:

---

[8] SAN GREGORIO NACIANCENO, *Orationes,* 40, 3-4: PG 36, 361C.
[9] *Misal Romano,* Vigilia Pascual, 42: bendición del agua bautismal.
[10] Cf. *Gn* 1, 2.
[11] *Misal Romano,* Vigilia Pascua,l 42: bendición del agua bautismal.
[12] *Ibid.*

CÓMO CELEBRAMOS ⟶ Los sacramentos ⟶ De iniciación

¡Oh Dios!, que hiciste pasar a pie enjuto por el mar Rojo a los hijos de Abraham, para que el pueblo liberado de la esclavitud del faraón fuera imagen de la familia de los bautizados.[13]

1222 Finalmente, el Bautismo es prefigurado en el paso del Jordán, por el que el pueblo de Dios recibe el don de la tierra prometida a la descendencia de Abraham, imagen de la vida eterna. La promesa de esta herencia bienaventurada se cumple en la nueva Alianza.

El Bautismo de Cristo

1223 Todas las prefiguraciones de la Antigua Alianza culminan en Cristo Jesús. Comienza su vida pública después de hacerse bautizar por San Juan el Bautista en el Jordán,[14] y, después de su Resurrección, confiere esta misión a sus apóstoles: "Id, pues, y haced discípulos a todas las gentes bautizándolas en el nombre del Padre y del Hijo y del Espíritu Santo, y enseñándoles a guardar todo lo que yo os he mandado" (*Mt* 28, 19-20).[15]

1224 Nuestro Señor se sometió voluntariamente al Bautismo de San Juan, destinado a los pecadores, para "cumplir toda justicia".[16] Este gesto de Jesús es una manifestación de su "anonadamiento".[17] El Espíritu que se cernía sobre las aguas de la primera creación desciende entonces sobre Cristo, como preludio de la nueva creación, y el Padre manifiesta a Jesús como su "Hijo amado".[18]

1225 En su Pascua, Cristo abrió a todos los hombres las fuentes del Bautismo. En efecto, había hablado ya de su pasión que iba a sufrir en Jerusalén como de un "Bautismo" con que debía ser bautizado.[19] La sangre y el agua que brotaron del costado traspasado de Jesús crucificado[20] son figuras del Bautismo y de la Eucaristía, sacramentos de la vida nueva:[21] Desde entonces, es posible "nacer del agua y del Espíritu" para entrar en el Reino de Dios.[22]

> Considera dónde eres bautizado, de dónde viene el Bautismo: de la cruz de Cristo, de la muerte de Cristo. Ahí está todo el misterio: Él padeció por ti. En él eres rescatado, en él eres salvado.[23]

El Bautismo en la Iglesia

1226 Desde el día de Pentecostés la Iglesia ha celebrado y administrado el santo Bautismo. En efecto, San Pedro declara a la multitud conmovida por su predicación: "Convertíos y que cada uno de vosotros se haga bautizar en el

---

[13] *Ibid.*
[14] Cf. *Mt* 3, 13.
[15] Cf. *Mc* 16, 15-16.
[16] Cf. *Mt* 3, 15.
[17] Cf. *Flp* 2, 7.
[18] Cf. *Mt* 3, 16-17.
[19] Cf. *Mc* 10, 3 8; *Lc* 12, 50.
[20] Cf. *Jn* 19, 34.
[21] Cf. *Jn* 5, 6-8.
[22] Cf. *Jn* 3, 5.
[23] SAN AMBROSIO, *De sacramentis*, 2, 6: PL 16, 425C.

nombre de Jesucristo, para remisión de vuestros pecados; y recibiréis el don del Espíritu Santo" (*Hch* 2, 38). Los apóstoles y sus colaboradores ofrecen el bautismo a quien crea en Jesús: judíos, hombres temerosos de Dios, paganos.[24] El Bautismo aparece siempre ligado a la fe: "Ten fe en el Señor Jesús y te salvarás tú y tu casa", declara San Pablo a su carcelero en Filipos. El relato continúa: "el carcelero inmediatamente recibió el bautismo, él y todos los suyos" (*Hch* 16, 31-33).

1227 Según el apóstol San Pablo, por el Bautismo el creyente participa en la muerte de Cristo; es sepultado y resucita con Él:

> ¿O es que ignoráis que cuantos fuimos bautizados en Cristo Jesús, fuimos bautizados en su muerte? Fuimos, pues, con él sepultados por el bautismo en la muerte, a fin de que, al igual que Cristo fue resucitado de entre los muertos por medio de la gloria del Padre, así también nosotros vivamos una vida nueva (*Rm* 6, 3-4).[25]

Los bautizados se han "revestido de Cristo" (*Ga* 3, 27). Por el Espíritu Santo, el Bautismo es un baño que purifica, santifica y justifica.[26]

1228 El Bautismo es, pues, un baño de agua en el que la "semilla incorruptible" de la Palabra de Dios produce su efecto vivificador.[27] San Agustín dirá del Bautismo: "Accedit verbum ad elementum, et fit sacramentum" ("Se une la palabra a la materia, y se hace el sacramento").[28]

III. LA CELEBRACIÓN DEL SACRAMENTO DEL BAUTISMO

La iniciación cristiana

1229 Desde los tiempos apostólicos, para llegar a ser cristiano se sigue un camino y una iniciación que consta de varias etapas. Este camino puede ser recorrido rápida o lentamente. Y comprende siempre algunos elementos esenciales: el anuncio de la Palabra, la acogida del Evangelio que lleva a la conversión, la profesión de fe, el Bautismo, la efusión del Espíritu Santo, el acceso a la comunión eucarística.

1230 Esta iniciación ha variado mucho a lo largo de los siglos y según las circunstancias. En los primeros siglos de la Iglesia, la iniciación cristiana conoció un desarrollo, con un largo periodo de *catecumenado,* y una serie de ritos preparatorios que jalonaban litúrgicamente el camino de la preparación catecumenal y que desembocaban en la celebración de los sacramentos de la iniciación cristiana.

---

[24] Cf. *Hch* 2, 41; 8, 12-13; 10, 48; 16, 15.
[25] Cf. *Col* 2, 12.
[26] Cf. *1 Co* 6, 11; 12, 13.
[27] Cf. *1 P* 1, 23; *Ef* 5, 26.
[28] SAN AGUSTÍN, *In Evangelium Johannis tractatus,* 80, 3.

CÓMO CELEBRAMOS ⟶ Los sacramentos ⟶ De iniciación

CIC 1237

1231 Desde que el Bautismo de los niños vino a ser la forma habitual de celebración de este sacramento, ésta se ha convertido en un acto único que integra de manera muy abreviada las etapas previas a la iniciación cristiana. Por su naturaleza misma, el Bautismo de niños exige un *catecumenado postbautismal*. No se trata sólo de la necesidad de una instrucción posterior al Bautismo, sino del desarrollo necesario de la gracia bautismal en el crecimiento de la persona. Es el momento propio de la *catequesis*.

13

1232 El Concilio Vaticano II ha restaurado, para la Iglesia latina, "el catecumenado de adultos, dividido en diversos grados".[29] Sus ritos se encuentran en el *Ordo initiationis christianae adultorum* (1972). Por otra parte, el Concilio ha permitido que "en tierras de misión, además de los elementos de iniciación contenidos en la tradición cristiana, pueden admitirse también aquellos que se encuentran en uso en cada pueblo siempre que puedan acomodarse al rito cristiano".[30]

1204

1233 Hoy, pues, en todos los ritos latinos y orientales, la iniciación cristiana de adultos comienza con su entrada en el catecumenado, para alcanzar su punto culminante en una sola celebración de los tres sacramentos del Bautismo, de la Confirmación y de la Eucaristía.[31] En los ritos orientales la iniciación cristiana de los niños comienza con el Bautismo, seguido inmediatamente por la Confirmación y la Eucaristía, mientras que en el rito romano se continúa durante unos años de catequesis, para acabar más tarde con la Confirmación y la Eucaristía, cima de su iniciación cristiana.[32]

1290

La mistagogia de la celebración

1234 El sentido y la gracia del sacramento del Bautismo aparece claramente en los ritos de su celebración. Cuando se participa atentamente en los gestos y las palabras de esta celebración, los fieles se inician en las riquezas que este sacramento significa y realiza en cada nuevo bautizado.

1235 *La señal de la cruz,* al comienzo de la celebración, señala la impronta de Cristo sobre el que le va a pertenecer y significa la gracia de la redención que Cristo nos ha adquirido por su cruz.

617

2157

1236 *El anuncio de la Palabra de Dios* ilumina con la verdad revelada a los candidatos y a la asamblea y suscita la respuesta de la fe, inseparable del Bautismo. En efecto, el Bautismo es de un modo particular "el sacramentó de la fe" por ser la entrada sacramental en la vida de fe.

1122

1237 Puesto que el Bautismo significa la liberación del pecado y de su instigador, el diablo, se pronuncian uno o varios *exorcismos* sobre el candidato. Este es ungido con el óleo de los catecúmenos o bien el celebrante

1673

---

[29] Concilio Vaticano II, *Sacrosanctum concilium*, 64.
[30] *Ibid.,* 65; cf 37-40.

[31] Cf. Concilio Vaticano II, *Ad gentes,* 14; CDC, 851; 865; 866.
[32] Cf. CDC, 851, 2°; 868.

le impone la mano y el candidato renuncia explícitamente a Satanás. Así preparado, puede *confesar la fe de la Iglesia,* a la cual será "confiado" por el Bautismo.³³

1238 El *agua bautismal* es entonces consagrada mediante una oración de epíclesis (en el momento mismo o en la noche pascual). La Iglesia pide a Dios que, por medio de su Hijo, el poder del Espíritu Santo descienda sobre esta agua, a fin de que los que sean bautizados con ella "nazcan del agua y del Espíritu" (*Jn* 3, 5).

1239 Sigue entonces *el rito esencial* del sacramento: *el Bautismo* propiamente dicho, que significa y realiza la muerte al pecado y la entrada en la vida de la Santísima Trinidad a través de la configuración con el misterio pascual de Cristo. El Bautismo es realizado de la manera más significativa mediante la triple inmersión en el agua bautismal. Pero desde la antigüedad puede ser también conferido derramando tres veces agua sobre la cabeza del candidato.

1240 En la Iglesia latina, esta triple infusión va acompañada de las palabras del ministro: "N., yo te bautizo en el nombre del Padre, y del Hijo y del Espíritu Santo". En las liturgias orientales, estando el catecúmeno vuelto hacia el Oriente, el sacerdote dice: "El siervo de Dios, N., es bautizado en el nombre del Padre, y del Hijo y del Espíritu Santo". Y mientras invoca a cada persona de la Santísima Trinidad, lo sumerge en el agua y lo saca de ella.

1241 *La unción con el santo crisma,* óleo perfumado y consagrado por el obispo, significa el don del Espíritu Santo al nuevo bautizado. Ha llegado a ser un cristiano, es decir, "ungido" por el Espíritu Santo, incorporado a Cristo, que es ungido sacerdote, profeta y rey.³⁴

1242 En la liturgia de las Iglesias de Oriente, la unción postbautismal es el sacramento de la Crismación (Confirmación). En la liturgia romana, dicha unción anuncia una segunda unción del santo crisma que dará el obispo: el sacramento de la Confirmación que, por así decirlo, "confirma" y da plenitud a la unción bautismal.

1243 La *vestidura blanca* simboliza que el bautizado se ha "revestido de Cristo" (*Ga* 3, 27): ha resucitado con Cristo. El *cirio* que se enciende en el cirio pascual, significa que Cristo ha iluminado al neófito. En Cristo, los bautizados son "la luz del mundo" (*Mt* 5, 14).³⁵

El nuevo bautizado es ahora hijo de Dios en el Hijo Único. Puede ya decir la oración de los hijos de Dios: *el Padre Nuestro.*

---

³³ Cf. *Rm* 6, 17.
³⁴ Cf. Ritual Romano, *Ordo baptismi parvulorum,* Praenotanda 62.
³⁵ Cf. *Flp* 2, 15.

1244 La *primera comunión eucarística.* Hecho hijo de Dios, revestido de la túnica nupcial, el neófito es admitido "al festín de las bodas del Cordero" y recibe el alimento de la vida nueva, el Cuerpo y la Sangre de Cristo. Las Iglesias orientales conservan una conciencia viva de la unidad de la iniciación cristiana, por lo que dan la sagrada comunión a todos los nuevos bautizados y confirmados, incluso a los niños pequeños, recordando las palabras del Señor: "Dejad que los niños vengan a mí, no se lo impidáis" (*Mc* 10, 14). La Iglesia latina, que reserva el acceso a la Sagrada Comunión a los que han alcanzado el uso de razón, expresa cómo el Bautismo introduce a la Eucaristía acercando al altar al niño recién bautizado para la oración del Padre Nuestro.

1292

1245 La bendición solemne cierra la celebración del Bautismo. En el Bautismo de recién nacidos, la bendición de la madre ocupa un lugar especial.

IV. QUIÉN PUEDE RECIBIR EL BAUTISMO

1246 "Es capaz de recibir el bautismo todo ser humano, aún no bautizado, y sólo él".[36]

El Bautismo de adultos

1247 En los orígenes de la Iglesia, cuando el anuncio del Evangelio está aún en sus primeros tiempos, el Bautismo de adultos es la práctica más común. El catecumenado (preparación para el Bautismo) ocupa entonces un lugar importante. Iniciación a la fe y a la vida cristiana, el catecumenado debe disponer a recibir el don de Dios en el Bautismo, la Confirmación y la Eucaristía.

1248 El catecumenado, o formación de los catecúmenos, tiene por finalidad permitir a estos últimos, en respuesta a la iniciativa divina y en unión con una comunidad eclesial, llevar a madurez su conversión y su fe. Se trata de una "formación y noviciado debidamente prolongado de la vida cristiana, en que los discípulos se unen con Cristo, su Maestro. Por lo tanto, hay que iniciar adecuadamente a los catecúmenos en el misterio de la salvación, en la práctica de las costumbres evangélicas y en los ritos sagrados que deben celebrarse en los tiempos sucesivos, e introducirlos en la vida de fe, la liturgia y la caridad del Pueblo de Dios".[37]

1230

1249 Los catecúmenos "están ya unidos a la Iglesia, pertenecen ya a la casa de Cristo y muchas veces llevan ya una vida de fe, esperanza y caridad".[38] "La madre Iglesia los abraza ya con amor tomándolos a su cargo".[39]

1259

---

[36] CDC, 864; CCEO, 679.
[37] Concilio Vaticano II, *Ad gentes,* 14; cf Ritual Romano, *Ordo initiationis christianae adultorum,* 19 y 98.
[38] Concilio Vaticano II, *Ad gentes,* 14.
[39] Concilio Vaticano II, *Lumen gentium,* 14; CDC, 206; 788, 3.

El Bautismo de niños

1250 Puesto que nacen con una naturaleza humana caída y manchada por el pecado original, los niños necesitan también el nuevo nacimiento en el Bautismo[40] para ser librados del poder de las tinieblas y ser trasladados al dominio de la libertad de los hijos de Dios,[41] a la que todos los hombres están llamados. La pura gratuidad de la gracia de la salvación se manifiesta particularmente en el bautismo de niños. Por tanto, la Iglesia y los padres privarían al niño de la gracia inestimable de ser hijo de Dios si no le administraran el Bautismo poco después de su nacimiento.[42]

1251 Los padres cristianos deben reconocer que esta práctica corresponde también a su misión de alimentar la vida que Dios les ha confiado.[43]

1252 La práctica de bautizar a los niños pequeños es una tradición inmemorial de la Iglesia. Está atestiguada explícitamente desde el siglo II. Sin embargo, es muy posible que, desde el comienzo de la predicación apostólica, cuando "casas" enteras recibieron el Bautismo,[44] se haya bautizado también a los niños.[45]

Fe y Bautismo

1253 El Bautismo es el sacramento de la fe.[46] Pero la fe tiene necesidad de la comunidad de creyentes. Sólo en la fe de la Iglesia puede creer cada uno de los fieles. La fe que se requiere para el Bautismo no es una fe perfecta y madura, sino un comienzo que está llamado a desarrollarse. Al catecúmeno o a su padrino se le pregunta: "¿Qué pides a la Iglesia de Dios?" Y él responde: "¡La fe!".

1254 En todos los bautizados, niños o adultos, la fe debe crecer *después* del Bautismo. Por eso, la Iglesia celebra cada año en la noche pascual la renovación de las promesas del Bautismo. La preparación al Bautismo sólo conduce al umbral de la vida nueva. El Bautismo es la fuente de la vida nueva en Cristo, de la cual brota toda la vida cristiana.

1255 Para que la gracia bautismal pueda desarrollarse es importante la ayuda de los padres. Ese es también el papel del *padrino* o de la *madrina,* que deben ser creyentes sólidos, capaces y prestos a ayudar al nuevo bautizado, niño o adulto, en su camino de la vida cristiana.[47] Su tarea es una verdadera función eclesial (*officium*).[48] Toda la comunidad eclesial participa de la responsabilidad de desarrollar y guardar la gracia recibida en el Bautismo.

---

[40] Cf. Concilio de Trento: DS, 1514.
[41] Cf. *Col* 1, 12-14.
[42] Cf. CDC, 867; CCEO, 681; 686, 1.
[43] Cf. Concilio Vaticano II, *Lumen gentium,* 11; 41; Id., *Gaudium et spes,* 48; CDC, 868.
[44] Cf. *Hch* 16, 15. 33; 18, 8; *1 Co* 1, 16.
[45] Cf. CONGREGACIÓN PARA LA DOCTRINA DE LA FE, instr. *Pastoralis actio,* AAS 72 (1980), 1137-1156.
[46] Cf. *Mc* 16, 16.
[47] Cf. CDC, 872-874.
[48] Cf. Concilio Vaticano II, *Sacrosanctum concilium,* 67.

CÓMO CELEBRAMOS → Los sacramentos → De iniciación

V. QUIÉN PUEDE BAUTIZAR

1256 Son ministros ordinarios del Bautismo el obispo y el presbítero y, en la Iglesia latina, también el diácono.[49] En caso de necesidad, cualquier persona, incluso no bautizada, puede bautizar[50] si tiene la intención requerida y utiliza la fórmula bautismal trinitaria. La intención requerida consiste en querer hacer lo que hace la Iglesia al bautizar. La Iglesia ve la razón de esta posibilidad en la voluntad salvífica universal de Dios[51] y en la necesidad del Bautismo para la salvación.[52]

1239; 1240

1752

VI. LA NECESIDAD DEL BAUTISMO

1257 El Señor mismo afirma que el Bautismo es necesario para la salvación.[53] Por ello mandó a sus discípulos a anunciar el Evangelio y bautizar a todas las naciones.[54] El Bautismo es necesario para la salvación en aquellos a los que el Evangelio ha sido anunciado y han tenido la posibilidad de pedir este sacramento.[55] La Iglesia no conoce otro medio que el Bautismo para asegurar la entrada en la bienaventuranza eterna; por eso está obligada a no descuidar la misión que ha recibido del Señor de hacer "renacer del agua y del Espíritu" a todos los que pueden ser bautizados. *Dios ha vinculado la salvación al sacramento del Bautismo, pero su intervención salvífica no queda reducida a los sacramentos.*

1129

161; 846

1258 Desde siempre, la Iglesia posee la firme convicción de que quienes padecen la muerte por razón de la fe, sin haber recibido el Bautismo, son bautizados por su muerte con Cristo y por Cristo. Este Bautismo *de sangre* como el *deseo del Bautismo*, produce los frutos del Bautismo sin ser sacramento.

2473

1259 A los catecúmenos que mueren antes de su Bautismo, el deseo explícito de recibir el Bautismo, unido al arrepentimiento de sus pecados y a la caridad, les asegura la salvación que no han podido recibir por el sacramento.

1249

1260 "Cristo murió por todos y la vocación última del hombre es realmente una sola, es decir, la vocación divina. En consecuencia, debemos creer que el Espíritu Santo ofrece a todos la posibilidad de que, de un modo conocido sólo por Dios, se asocien a este misterio pascual".[56] Todo hombre que, ignorando el Evangelio de Cristo y su Iglesia, busca la verdad y hace la voluntad de Dios según él la conoce, puede ser salvado. Se puede suponer que semejantes personas *habrían deseado explícitamente el Bautismo* si hubiesen conocido su necesidad.

848

---

[49] Cf. CDC, 861, 1; CCEO, 677, 1.
[50] Cf. CDC canon 861, §2
[51] Cf. *1 Tm* 2, 4.
[52] Cf. *Mc* 16, 16.
[53] Cf. *Jn* 3, 5.
[54] Cf. *Mt* 28, 19-20; Concilio de Trento: DS, 1618; Concilio Vaticano II, *Lumen gentium*, 14; Id., *Ad gentes*, 5.
[55] Cf. *Mc* 16, 16.
[56] Concilio Vaticano II, *Gaudium et spes*, 22; cf Id., *Lumen gentium*, 16; Id., *Ad gentes*, 7.

1261 En cuanto a los *niños muertos sin Bautismo,* la Iglesia sólo puede confiarlos a la misericordia divina, como hace en el rito de las exequias por ellos. En efecto, la gran misericordia de Dios, que quiere que todos los hombres se salven[57] y la ternura de Jesús con los niños, que le hizo decir: "Dejad que los niños se acerquen a mí, no se lo impidáis" (*Mc* 10, 14), nos permiten confiar en que haya un camino de salvación para los niños que mueren sin Bautismo. Por esto es más apremiante aún la llamada de la Iglesia a no impedir que los niños pequeños vengan a Cristo por el don del santo Bautismo.

VII. LA GRACIA DEL BAUTISMO

1262 Los distintos efectos del Bautismo son significados por los elementos sensibles del rito sacramental. La inmersión en el agua evoca los simbolismos de la muerte y de la purificación, pero también los de la regeneración y de la renovación. Los dos efectos principales, por tanto, son la purificación de los pecados y el nuevo nacimiento en el Espíritu Santo.[58]

Para la remisión de los pecados...

1263 Por el Bautismo, *todos los pecados* son perdonados, el pecado original y todos los pecados personales, así como todas las penas del pecado.[59] En efecto, en los que han sido regenerados no permanece nada que les impida entrar en el Reino de Dios, ni el pecado de Adán, ni el pecado personal, ni las consecuencias del pecado, la más grave de las cuales es la separación de Dios.

1264 No obstante, en el bautizado permanecen ciertas consecuencias temporales del pecado, como los sufrimientos, la enfermedad, la muerte o las fragilidades inherentes a la vida como las debilidades de carácter, etc., así como una inclinación al pecado que la Tradición llama *concupiscencia* o "fomes peccati": "La concupiscencia, dejada para el combate, no puede dañar a los que no la consienten y la resisten con coraje por la gracia de Jesucristo. Antes bien 'el que legítimamente luchare, será coronado' (*2 Tm* 2, 5)".[60]

1265 El Bautismo no solamente purifica de todos los pecados, hace también del neófito "una nueva creación" (*2 Co* 5, 17), un hijo adoptivo de Dios[61] que ha sido hecho "partícipe de la naturaleza divina",[62] miembro de Cristo,[63] coheredero con Él[64] y templo del Espíritu Santo.[65]

1266 La Santísima Trinidad da al bautizado la gracia santificante, la gracia de la justificación que:

---

[57] Cf. *1 Tm* 2, 4.
[58] Cf. *Hch* 2, 38; *Jn* 3, 5.
[59] Cf. Concilio de Florencia: DS, 1316.
[60] Concilio de Trento: *ibid.,* 1515.
[61] Cf. *Ga* 4, 5-7.
[62] Cf. *2 P* 1, 4.
[63] Cf. *1 Co* 6, 15; 12, 27.
[64] Cf. *Rm* 8, 17.
[65] Cf. *1 Co* 6, 19.

CÓMO CELEBRAMOS ⟶ Los sacramentos ⟶ De iniciación

— le hace capaz de creer en Dios, de esperar en Él y de amarlo mediante las *virtudes teologales*;   *1812*

— le concede poder vivir y obrar bajo la moción del Espíritu Santo mediante los dones del Espíritu Santo;   *1831*

— le permite crecer en el bien mediante las virtudes morales.   *1810*

Así todo el organismo de la vida sobrenatural del cristiano tiene su raíz en el santo Bautismo.

Incorporados a la Iglesia, Cuerpo de Cristo

1267 El Bautismo hace de nosotros miembros del Cuerpo de Cristo. "Por tanto... somos miembros los unos de los otros" (*Ef* 4, 25). El Bautismo incorpora a la Iglesia. De las fuentes bautismales nace el único pueblo de Dios de la Nueva Alianza que trasciende todos los límites naturales o humanos de las naciones, las culturas, las razas y los sexos: "Porque en un solo Espíritu hemos sido todos bautizados, para no formar más que un cuerpo" (*1 Co* 12, 13).   *782*

1268 Los bautizados vienen a ser "piedras vivas" para "edificación de un edificio espiritual, para un sacerdocio santo" (*1P* 2, 5). Por el Bautismo participan del sacerdocio de Cristo, de su misión profética y real, son "linaje elegido, sacerdocio real, nación santa, pueblo adquirido, para anunciar las alabanzas de aquel que os ha llamado de las tinieblas a su admirable luz" (*1 P* 2, 9). El Bautismo hace participar en el sacerdocio común de los fieles.   *1141*   *784*

1269 Hecho miembro de la Iglesia, el bautizado ya no se pertenece a sí mismo,[66] sino al que murió y resucitó por nosotros.[67] Por tanto, está llamado a someterse a los demás,[68] a servirles[69] en la comunión de la Iglesia, y a ser "obediente y dócil" a los pastores de la Iglesia[70] y a considerarlos con respeto y afecto.[71] Del mismo modo que el Bautismo es la fuente de responsabilidades y deberes, el bautizado goza también de derechos en el seno de la Iglesia: recibir los sacramentos, ser alimentado con la palabra de Dios y ser sostenido por los otros auxilios espirituales de la Iglesia.[72]   *871*

1270 Los bautizados "por su nuevo nacimiento como hijos de Dios están obligados a confesar delante de los hombres la fe que recibieron de Dios por medio de la Iglesia"[73] y de participar en la actividad apostólica y misionera del Pueblo de Dios.[74]   *2472*

---

[66] *Ibid.*
[67] Cf. *2 Co* 5, 15.
[68] Cf. *Ef* 5, 21; *1 Co* 16, 15-16.
[69] Cf. *Jn* 13, 12-15.
[70] Cf. *Hb* 13, 17.
[71] Cf. *1 Ts* 5, 12-13.
[72] Cf. Concilio Vaticano II, *Lumen gentium,* 37; CDC, 208-223; CCEO, 675, 2.
[73] Concilio Vaticano II, *Lumen gentium,* 11.
[74] Cf. *ibid.,* 17; ID., *Ad gentes,* 7; 23.

Segunda Parte: La celebración del misterio cristiano

El vínculo sacramental de la unidad de los cristianos

1271 El Bautismo constituye el fundamento de la comunión entre todos los cristianos, e incluso con los que todavía no están en plena comunión con la Iglesia católica: "Los que creen en Cristo y han recibido válidamente el bautismo están en una cierta comunión, aunque no perfecta, con la Iglesia católica... Justificados por la fe en el bautismo, se han incorporado a Cristo; por tanto, con todo derecho se honran con el nombre de cristianos y son reconocidos con razón por los hijos de la Iglesia católica como hermanos en el Señor".[75] "Por consiguiente, el bautismo constituye un *vínculo sacramental de unidad,* vigente entre los que han sido regenerados por él".[76]

Un sello espíritual indeleble...

1272 Incorporado a Cristo por el Bautismo, el bautizado es configurado con Cristo.[77] El Bautismo imprime en el cristiano un sello espiritual indeleble (*character*) de su pertenencia a Cristo. Este sello no es borrado por ningún pecado, aunque el pecado impida al Bautismo dar frutos de salvación.[78] Dado una vez por todas, el Bautismo no puede ser reiterado.

1273 Incorporados a la Iglesia por el Bautismo, los fieles han recibido el carácter sacramental que los consagra para el culto religioso cristiano.[79] El sello bautismal capacita y compromete a los cristianos a servir a Dios mediante una participación viva en la santa Liturgia de la Iglesia y a ejercer su sacerdocio bautismal por el testimonio de una vida santa y de una caridad eficaz.[80]

1274 El *"sello del Señor"* (*"Dominicus character"*),[81] el sello con que el Espíritu Santo nos ha marcado "para el día de la redención" (*Ef* 4, 30).[82] "El Bautismo, en efecto, es el sello de la vida eterna".[83] El fiel que "guarde el sello" hasta el fin, es decir, que permanezca fiel a las exigencias de su Bautismo, podrá morir marcado con "el signo de la fe",[84] con la fe de su Bautismo, en la espera de la visión bienaventurada de Dios —consumación de la fe— y en la esperanza de la resurrección.

RESUMEN

1275 La iniciación cristiana se realiza mediante el conjunto de tres sacramentos: el Bautismo, que es el comienzo de la vida nueva; la Confirmación, que es su afianzamiento; y la Eucaristía, que alimenta al discípulo con el Cuerpo y la Sangre de Cristo para ser transformado en Él.

---

[75] Concilio Vaticano II, *Unitatis redintegratio,* 3.
[76] *Ibid.,* 22.
[77] Cf. *Rm* 8, 29.
[78] Cf. Concilio de Trento: DS, 1609-1619.
[79] Cf. Concilio Vaticano II, *Lumen gentium,* 11.
[80] *Ibid.,* 10.
[81] SAN AGUSTÍN, *Epistulae,* 98, 5: PL 33, 362.
[82] Cf. *Ef* 1, 3-14; *2 Co* 1, 21-22.
[83] SAN IRENEO DE LYÓN, *Demonstrado apostólica,* 3.
[84] *Misal Romano,* Canon romano 97.

1276 "Id, pues, y haced discípulos a todas las gentes, bautizándolas en el nombre del Padre y del Hijo y del Espíritu Santo, enseñándoles a guardar todo lo que yo os he mandado" (*Mt* 28, 19-20).

1277 El Bautismo constituye el nacimiento a la vida nueva en Cristo. Según la voluntad del Señor, es necesario para la salvación, como lo es la Iglesia misma, a la que introduce el Bautismo.

1278 El rito esencial del Bautismo consiste en sumergir en el agua al candidato o derramar agua sobre su cabeza, pronunciando la invocación de la Santísima Trinidad, es decir, del Padre, del Hijo y del Espíritu Santo.

1279 El fruto del Bautismo, o gracia bautismal, es una realidad rica que comprende: el perdón del pecado original y de todos los pecados personales; el nacimiento a la vida nueva, por la cual el hombre es hecho hijo adoptivo del Padre, miembro de Cristo, templo del Espíritu Santo. Por la acción misma del bautismo, el bautizado es incorporado a la Iglesia, Cuerpo de Cristo, y hecho partícipe del sacerdocio de Cristo.

1280 El Bautismo imprime en el alma un signo espiritual indeleble, el carácter, que consagra al bautizado al culto de la religión cristiana. Por razón del carácter, el Bautismo no puede ser reiterado.[85]

1281 Los que padecen la muerte a causa de la fe, los catecúmenos y todos los hombres que, bajo el impulso de la gracia, sin conocer la Iglesia, buscan sinceramente a Dios y se esfuerzan por cumplir su voluntad, pueden salvarse aunque no hayan recibido el Bautismo.[86]

1282 Desde los tiempos más antiguos, el Bautismo es dado a los niños, porque es una gracia y un don de Dios que no suponen méritos humanos; los niños son bautizados en la fe de la Iglesia. La entrada en la vida cristiana da acceso a la verdadera libertad.

1283 En cuanto a los niños muertos sin bautismo, la liturgia de la Iglesia nos invita a tener confianza en la misericordia divina y a orar por su salvación.

1284 En caso de necesidad, toda persona puede bautizar, con tal que tenga la intención de hacer lo que hace la Iglesia, y que derrame agua sobre la cabeza del candidato diciendo: "Yo te bautizo en el nombre del Padre y del Hijo y del Espíritu Santo".

---

[85] Cf. Concilio de Trento: DS, 1609 y 1624.   [86] Cf. Concilio Vaticano II, *Lumen gentium,* 16.

Segunda Parte: La celebración del misterio cristiano

ARTÍCULO 2
EL SACRAMENTO DE LA CONFIRMACIÓN

FUENTES DE LA ESCRITURA Y DE LA IGLESIA

La siguiente parte del *Catecismo* utiliza estas fuentes de la Escritura y de la Iglesia. Véase el "Índice de citas" para una lista completa de referencias

Antiguo Testamento	Citadas en el *Catecismo*
Génesis	CIC 1295
Deuteronomio	CIC 1293, 1295
1 Reyes	CIC 1295
Salmos	CIC 1293
Cantar de los Cantares	CIC 1295
Sabiduría	CIC 1308
Isaías	CIC 1286, 1293, 1295
Jeremías	CIC 1295
Ezequiel	CIC 1287, 1296
Joel	CIC 1287

Nuevo Testamento	
Mateo	CIC 1286
Lucas	CIC 1286, 1287, 1293, 1304
Juan	CIC 1286, 1287, 1296
Hechos de los Apóstoles	CIC 1287-1289, 1310, 1315
Romanos	CIC 1303
2 Corintios	CIC 1294, 1296
Efesios	CIC 1296
Hebreos	CIC 1288
Apocalipsis	CIC 1296

Concilios ecuménicos	
Florencia (1439-1445)	CIC 1303
Trento (1545-1563)	CIC 1304
Vaticano II (1962-1965)	CIC 1285, 1298, 1303, 1312

Documentos pontificios	
Pablo VI (1963-1978)	CIC 1288, 1300

Derecho Canónico	
Código de Derecho Canónico	CIC 1298, 1306, 1307, 1311-1314
Código de cánones de las iglesias Orientales	CIC 1290

CÓMO CELEBRAMOS → Los sacramentos → De iniciación

FUENTES DE LA ESCRITURA Y DE LA IGLESIA

(continuación)

Liturgia	Citadas en el *Catecismo*
Pontifical Romano	CIC 1285, 1311
Rito Romano	CIC 1299
Liturgia siríaca	CIC 1297

Escritores eclesiásticos	
San Ambrosio	CIC 1303
San Cipriano de Cartago	CIC 1290
San Hipólito de Roma	CIC 1291, 1301
Santo Tomás de Aquino	CIC 1305, 1308

PALABRAS CLAVE

La siguiente parte del *Catecismo* utiliza estas palabras clave.
Véase el "Glosario" para su definición.

Palabras	Citadas en el *Catecismo*
Carácter, sacramental	CIC 1304
Confirmación	CIC 1285
Crisma	CIC 1291, 1294
Crismación	CIC 1289
Cristiano	CIC 1289
Fortaleza	CIC 1299
Pentecostés	CIC 1287

1285 Con el Bautismo y la Eucaristía, el sacramento de la Confirmación constituye el conjunto de los "sacramentos de la iniciación cristiana", cuya unidad debe ser salvaguardada. Es preciso, pues, explicar a los fieles que la recepción de este sacramento es necesaria para la plenitud de la gracia bautismal.[87] En efecto, a los bautizados "el sacramento de la Confirmación los une más íntimamente a la Iglesia y los enriquece con una fortaleza especial del Espíritu Santo. De esta forma se comprometen mucho más, como auténticos testigos de Cristo, a extender y defender la fe con sus palabras y sus obras".[88]

---

[87] Cf. Ritual romano, *Ordo confirmationis*, Praenotanda 1.

[88] Concilio Vaticano II, *Lumen gentium*, 11; cf. Ritual romano, *Ordo confirmationis*, Praenotanda 2.

Segunda Parte: La celebración del misterio cristiano

I. LA CONFIRMACIÓN EN LA ECONOMÍA DE LA SALVACIÓN

1286 *En el Antiguo Testamento,* los profetas anunciaron que el Espíritu del Señor reposaría sobre el Mesías esperado[89] para realizar su misión salvífica.[90] El descenso del Espíritu Santo sobre Jesús en su Bautismo por Juan fue el signo de que Él era el que debía venir, el Mesías, el Hijo de Dios.[91] Habiendo sido concebido por obra del Espíritu Santo, toda su vida y toda su misión se realizan en una comunión total con el Espíritu Santo que el Padre le da "sin medida" (*Jn* 3, 34).

1287 Ahora bien, esta plenitud del Espíritu no debía permanecer únicamente en el Mesías, sino que debía ser comunicada a *todo el pueblo mesiánico*.[92] En repetidas ocasiones Cristo prometió esta efusión del Espíritu,[93] promesa que realizó primero el día de Pascua[94] y luego, de manera más manifiesta el día de Pentecostés.[95] Llenos del Espíritu Santo, los apóstoles comienzan a proclamar "las maravillas de Dios" (*Hch* 2, 11) y Pedro declara que esta efusión del Espíritu es el signo de los tiempos mesiánicos.[96] Los que creyeron en la predicación apostólica y se hicieron bautizar, recibieron a su vez "el don del Espíritu Santo" (*Hch* 2, 38).

1288 "Desde aquel tiempo, los apóstoles, en cumplimiento de la voluntad de Cristo, comunicaban a los neófitos, mediante la imposición de las manos, el don del Espíritu Santo, destinado a completar la gracia del Bautismo.[97] Esto explica por qué en la carta a los Hebreos se recuerda, entre los primeros elementos de la formación cristiana, la doctrina del Bautismo y de la imposición de las manos.[98] Es esta imposición de las manos la que ha sido con toda razón considerada por la tradición católica como el primitivo origen del sacramento de la Confirmación, el cual perpetúa, en cierto modo, en la Iglesia, la gracia de Pentecostés".[99]

1289 Muy pronto, para mejor significar el don del Espíritu Santo, se añadió a la imposición de las manos una unción con óleo perfumado (crisma). Esta unción ilustra el nombre de "cristiano" que significa "ungido" y que tiene su origen en el nombre de Cristo, al que "Dios ungió con el Espíritu Santo" (*Hch* 10, 38). Y este rito de la unción existe hasta nuestros días tanto en Oriente como en Occidente. Por eso, en Oriente, se llama a este sacramento *crismación*, unción con el crisma, o *myron,* que significa "crisma". En Occidente el nombre de *Confirmación* sugiere que este sacramento al mismo tiempo confirma el Bautismo y robustece la gracia bautismal.

---

[89] Cf. *Is* 11, 2.
[90] Cf. *Lc* 4, 16-22; *Is* 61, 1.
[91] Cf. *Mt* 3, 13-17; *Jn* 1, 33-34.
[92] Cf. *Ez* 36, 25-27; *Jl* 3, 1-2.
[93] Cf. *Lc* 12, 12; *Jn* 3, 5-8; 7, 37-39; 16, 7-15; *Hch* 1, 8.
[94] Cf. *Jn* 20, 22.
[95] Cf. *Hch* 2, 1-4.
[96] Cf. *Hch* 2, 17-18.
[97] Cf. *Hch* 8, 15-17; 19, 5-6.
[98] Cf. *Hb* 6, 2.
[99] PABLO VI, const. apost. *Divinae consortium naturae.*

CÓMO CELEBRAMOS ⟶ Los sacramentos ⟶ De iniciación

CIC 1294

Dos tradiciones: Oriente y Occidente

1290 En los primeros siglos la Confirmación constituye generalmente una única celebración con el Bautismo, y forma con éste, según la expresión de San Cipriano, un "sacramento doble". Entre otras razones, la multiplicación de los bautismos de niños, durante todo el tiempo del año, y la multiplicación de las parroquias (rurales), que agrandaron las diócesis, ya no permite la presencia del obispo en todas las celebraciones bautismales. En Occidente, por el deseo de reservar al obispo el acto de conferir la plenitud al Bautismo, se establece la separación temporal de ambos sacramentos. El Oriente ha conservado unidos los dos sacramentos, de modo que la Confirmación es dada por el presbítero que bautiza. Este, sin embargo, sólo puede hacerlo con el "myron" consagrado por un obispo.[100]

1233

1291 Una costumbre de la Iglesia de Roma facilitó el desarrollo de la práctica occidental; había una doble unción con el santo crisma después del Bautismo: realizada ya una por el presbítero al neófito al salir del baño bautismal, es completada por una segunda unción hecha por el obispo en la frente de cada uno de los recién bautizados.[101] La primera unción con el santo crisma, la que daba el sacerdote, quedó unida al rito bautismal; significa la participación del bautizado en las funciones profética, sacerdotal y real de Cristo. Si el Bautismo es conferido a un adulto, sólo hay una unción postbautismal: la de la Confirmación.

1242

1292 La práctica de las Iglesias de Oriente destaca más la unidad de la iniciación cristiana. La de la Iglesia latina expresa más netamente la comunión del nuevo cristiano con su obispo, garante y servidor de la unidad de su Iglesia, de su catolicidad y su apostolicidad, y por ello, el vínculo con los orígenes apostólicos de la Iglesia de Cristo.

1244

II. LOS SIGNOS Y EL RITO DE LA CONFIRMACIÓN

1293 En el rito de este sacramento conviene considerar el signo de la *unción* y lo que la unción designa e imprime: el *sello* espiritual.

La *unción*, en el simbolismo bíblico y antiguo, posee numerosas significaciones: el aceite es signo de abundancia[102] y de alegría;[103] purifica (unción antes y después del baño) y da agilidad (la unción de los atletas y de los luchadores); es signo de curación, pues suaviza las contusiones y las heridas[104] y el ungido irradia belleza, santidad y fuerza.

695

1294 Todas estas significaciones de la unción con aceite se encuentran en la vida sacramental. La unción antes del Bautismo con el óleo de los catecúmenos significa purificación y fortaleza; la unción de los enfermos expresa

1152

---

[100] Cf. CCEO, 695, 1; 696, 1.
[101] Cf. SAN HIPÓLITO DE ROMA, *Tradido apostodca*, 21.
[102] Cf. *Dt* 11, 14.
[103] Cf. *Sal* 23, 5; 104, 15.
[104] Cf. *Is* 1, 6; *Lc* 10, 34.

curación y consuelo. La unción del santo crisma después del Bautismo, en la Confirmación y en la Ordenación, es el signo de una consagración. Por la Confirmación, los cristianos, es decir, los que son ungidos, participan más plenamente en la misión de Jesucristo y en la plenitud del Espíritu Santo que éste posee, a fin de que toda su vida desprenda "el buen olor de Cristo" (cf. *2 Co* 2, 15).

1295 Por medio de esta unción, el confirmando recibe "la marca", *el sello* del Espíritu Santo. El sello es el símbolo de la persona,[105] signo de su autoridad,[106] de su propiedad sobre un objeto[107] —por eso se marcaba a los soldados con el sello de su jefe y a los esclavos con el de su señor—; autentifica un acto jurídico[108] o un documento[109] y lo hace, si es preciso, secreto.[110]

1296 Cristo mismo se declara marcado con el sello de su Padre.[111] El cristiano también está marcado con un sello: "Y es Dios el que nos conforta juntamente con vosotros en Cristo y el que nos ungió, y el que nos marcó con su sello y nos dio en arras el Espíritu en nuestros corazones" (*2 Co* 1, 22).[112] Este sello del Espíritu Santo marca la pertenencia total a Cristo, la puesta a su servicio para siempre, pero indica también la promesa de la protección divina en la gran prueba escatológica.[113]

La celebración de la Confirmación

1297 Un momento importante que precede a la celebración de la Confirmación, pero que, en cierta manera forma parte de ella, es la consagración del santo crisma. Es el obispo quien, el Jueves Santo, en el transcurso de la Misa crismal, consagra el santo crisma para toda su diócesis. En las Iglesias de Oriente, esta consagración está reservada al Patriarca:

> La liturgia de Antioquía expresa así la epíclesis de la consagración del santo crisma (myron): "(Padre... envía tu Espíritu Santo) sobre nosotros y sobre este aceite que está delante de nosotros y conságralo, de modo que sea para todos los que sean ungidos y marcados con él, myron santo, myron sacerdotal, myron real, unción de alegría, vestidura de la luz, manto de salvación, don espiritual, santificación de las almas y de los cuerpos, dicha imperecedera, sello indeleble, escudo de la fe y casco terrible contra todas las obras del Adversario".[114]

1298 Cuando la Confirmación se celebra separadamente del Bautismo, como es el caso en el rito romano, la liturgia del sacramento comienza con la renovación de las promesas del Bautismo y la profesión de fe de los confirmandos. Así aparece claramente que la Confirmación constituye una

---

[105] Cf. *Gn* 38, 18; *Ct* 8, 6.
[106] Cf. *Gn* 41, 42.
[107] Cf. *Dt* 32, 34.
[108] Cf. *1 R* 21, 8.
[109] Cf. *Jr* 32, 10.
[110] Cf. *Is* 29, 11.
[111] Cf. *Jn* 6, 27.
[112] Cf. *Ef* 1, 13; 4, 30.
[113] Cf. *Ap* 7, 2-3; 9, 4; *Ez* 9, 4-6.
[114] Liturgia de Antioquía, Epíclesis de la consagración del santo crisma.

CÓMO CELEBRAMOS → Los sacramentos → De iniciación

CIC 1303

prolongación del Bautismo.[115] Cuando es bautizado un adulto, recibe inmediatamente la Confirmación y participa en la Eucaristía.[116]

1299 En el rito romano, el obispo extiende las manos sobre todos los confirmandos, gesto que, desde el tiempo de los apóstoles, es el signo del don del Espíritu. Y el obispo invoca así la efusión del Espíritu:

> Dios Todopoderoso, Padre de nuestro Señor Jesucristo, que regeneraste, por el agua y el Espíritu Santo, a estos siervos tuyos y los libraste del pecado: escucha nuestra oración y envía sobre ellos el Espíritu Santo Paráclito; llénalos de espíritu de sabiduría y de inteligencia, de espíritu de consejo y de fortaleza, de espíritu de ciencia y de piedad; y cólmalos del espíritu de tu santo temor. Por Jesucristo nuestro Señor.[117]

1831

1300 Sigue el *rito esencial* del sacramento. En el rito latino, "el sacramento de la Confirmación es conferido por la unción del santo crisma en la frente, hecha imponiendo la mano, y con estas palabras: "Recibe por esta señal el don del Espíritu Santo".[118] En las Iglesias orientales de rito bizantino, la unción del *myron* se hace después de una oración de epíclesis, sobre las partes más significativas del cuerpo: la frente, los ojos, la nariz, los oídos, los labios, el pecho, la espalda, las manos y los pies, y cada unción va acompañada de la fórmula: "Σφραγὶς δωρεᾶς Πνεύματος Ἁγίου" ("*Signaculum doni Spiritus Sancti*" —"Sello del don del Espíritu Santo").[119]

699

1301 El beso de paz con el que concluye el rito del sacramento significa y manifiesta la comunión eclesial con el obispo y con todos los fieles.[120]

III. LOS EFECTOS DE LA CONFIRMACIÓN

1302 De la celebración se deduce que el efecto del sacramento es la efusión especial del Espíritu Santo, como fue concedida en otro tiempo a los apóstoles el día de Pentecostés.

731

1303 Por este hecho, la Confirmación confiere crecimiento y profundidad a la gracia bautismal:

1262-1274

— nos introduce más profundamente en la filiación divina que nos hace decir "Abbá, Padre" (*Rm* 8, 15);

— nos une más firmemente a Cristo;

— aumenta en nosotros los dones del Espíritu Santo;

---

[115] Cf. Concilio Vaticano II, *Sacrosanctum concilium*, 71.
[116] Cf. CDC, 866.
[117] Ritual romano, *Ordo confirmationis*, 25.
[118] Paulus VI, Cons. Ap. *Divinae consortium naturae*.
[119] "*Rituale per le Chiese orientad di rito bizantino in lingua greca*", I (LEV 1954), p. 36.
[120] Cf. SAN HIPÓLITO DE ROMA, *Traditio apostólica*, 21.

— hace más perfecto nuestro vínculo con la Iglesia;[121]

— nos concede una fuerza especial del Espíritu Santo para difundir y defender la fe mediante la palabra y las obras como verdaderos testigos de Cristo, para confesar valientemente el nombre de Cristo y para no sentir jamás vergüenza de la cruz:[122]

> Recuerda, pues, que has recibido el signo espiritual, el Espíritu de sabiduría e inteligencia, el Espíritu de consejo y de fortaleza, el Espíritu de conocimiento y de piedad, el Espíritu de temor santo, y guarda lo que has recibido. Dios Padre te ha marcado con su signo, Cristo Señor te ha confirmado y ha puesto en tu corazón la prenda del Espíritu.[123]

1304 La Confirmación, como el Bautismo del que es la plenitud, sólo se da una vez. La Confirmación, en efecto, imprime en el alma *una marca espiritual indeleble*, el "carácter",[124] que es el signo de que Jesucristo ha marcado al cristiano con el sello de su Espíritu revistiéndolo de la fuerza de lo alto para que sea su testigo.[125]

1305 El "carácter" perfecciona el sacerdocio común de los fieles, recibido en el Bautismo, y "el confirmado recibe el poder de confesar la fe de Cristo públicamente, y como en virtud de un cargo (*quasi ex officio*)".[126]

IV. QUIÉN PUEDE RECIBIR ESTE SACRAMENTO

1306 Todo bautizado, aún no confirmado, puede y debe recibir el sacramento de la Confirmación.[127] Puesto que Bautismo, Confirmación y Eucaristía forman una unidad, de ahí se sigue que "los fieles tienen la obligación de recibir este sacramento en tiempo oportuno",[128] porque sin la Confirmación y la Eucaristía, el sacramento del Bautismo es ciertamente válido y eficaz, pero la iniciación cristiana queda incompleta.

1307 La costumbre latina, desde hace siglos, indica "la edad del uso de razón", como punto de referencia para recibir la Confirmación. Sin embargo, en peligro de muerte, se debe confirmar a los niños incluso si no han alcanzado todavía la edad del uso de razón.[129]

1308 Si a veces se habla de la Confirmación como del "sacramento de la madurez cristiana", es preciso, sin embargo, no confundir la edad adulta de la fe con la edad adulta del crecimiento natural, ni olvidar que la gracia

---

[121] Cf. Concilio Vaticano II, *Lumen gentium*, 11.
[122] Cf. Concilio de Florencia: DS, 1319; Concilio Vaticano II, *Lumen gentium*, 11; 12.
[123] SAN AMBROSIO, *De mysteriis*, 1, 42: PL 16, 402-403.
[124] Cf. Concilio de Trento: DS, 1609.
[125] Cf. *Lc* 24, 48-49.
[126] SANTO TOMÁS DE AQUINO, *Summa theologiae*, III, 72, 5, ad 2.
[127] Cf. CDC, 889, 1.
[128] CDC, 890.
[129] Cf. *ibid.*, 891; 883, 3.

bautismal es una gracia de elección gratuita e inmerecida que no necesita una "ratificación" para hacerse efectiva. Santo Tomás lo recuerda:

> La edad del cuerpo no constituye un prejuicio para el alma. Así, incluso en la infancia, el hombre puede recibir la perfección de la edad espiritual de que habla la Sabiduría (4, 8): 'la vejez honorable no es laque dan los muchos días, no se mide por el número de los años'. Así numerosos niños, gracias a la fuerza del Espíritu Santo que habían recibido, lucharon valientemente y hasta la sangre por Cristo.[130]

1309 *La preparación* para la Confirmación debe tener como meta conducir al cristiano a una unión más íntima con Cristo, a una familiaridad más viva con el Espíritu Santo, su acción, sus dones y sus llamadas, a fin de poder asumir mejor las responsabilidades apostólicas de la vida cristiana. Por ello, la catequesis de la Confirmación se esforzará por suscitar el sentido de la pertenencia a la Iglesia de Jesucristo, tanto a la Iglesia universal como a la comunidad parroquial. Esta última tiene una responsabilidad particular en la preparación de los confirmandos.[131]

1310 Para recibir la Confirmación es preciso hallarse en estado de gracia. Conviene recurrir al sacramento de la Penitencia para ser purificado en atención al don del Espíritu Santo. Hay que prepararse con una oración más intensa para recibir con docilidad y disponibilidad la fuerza y las gracias del Espíritu Santo.[132]

1311 Para la Confirmación, como para el Bautismo, conviene que los candidatos busquen la ayuda espiritual de un *padrino* o de una *madrina*. Conviene que sea el mismo que para el Bautismo, a fin de subrayar la unidad entre los dos sacramentos.[133]

V. EL MINISTRO DE LA CONFIRMACIÓN

1312 *El ministro originario* de la Confirmación es el obispo.[134]

En Oriente es ordinariamente el presbítero que bautiza quien da también inmediatamente la Confirmación en una sola celebración. Sin embargo, lo hace con el santo crisma consagrado por el patriarca o el obispo, lo cual expresa la unidad apostólica de la Iglesia cuyos vínculos son reforzados por el sacramento de la Confirmación. En la Iglesia latina se aplica la misma disciplina en los bautismos de adultos y cuando es admitido a la plena comunión con la Iglesia un bautizado de otra comunidad cristiana que no ha recibido válidamente el sacramento de la Confirmación.[135]

---

[130] SANTO TOMÁS DE AQUINO, *Summa theologiae*, III, 72, 8, ad 2.
[131] Cf. Ritual romano, *Ordo confirmationis*, Praenotanda 3.
[132] Cf. *Hch* 1, 14.
[133] Cf. Ritual romano, *Ordo confirmationis*, Praenotanda 5; 6; CDC, 893, 1.2.
[134] Concilio Vaticano II, *Lumen gentium*, 26.
[135] Cf. CDC, 883, 2.

Segunda Parte: La celebración del misterio cristiano

1313 *En el rito latino,* el ministro ordinario de la Confirmación es el obispo.[136] Aunque el obispo puede, en caso de necesidad, conceder a presbíteros la facultad de administrar el sacramento de la Confirmación,[137] conviene que lo confiera él mismo, sin olvidar que por esta razón la celebración de la Confirmación fue temporalmente separada del Bautismo. Los obispos son los sucesores de los apóstoles y han recibido la plenitud del sacramento del Orden. Por esta razón, la administración de este sacramento por ellos mismos pone de relieve que la Confirmación tiene como efecto unir a los que la reciben más estrechamente a la Iglesia, a sus orígenes apostólicos y a su misión de dar testimonio de Cristo.

1314 Si un cristiano está en peligro de muerte, cualquier presbítero puede darle la Confirmación.[138] En efecto, la Iglesia quiere que ninguno de sus hijos, incluso en la más tierna edad, salga de este mundo sin haber sido perfeccionado por el Espíritu Santo con el don de la plenitud de Cristo.

RESUMEN

1315 "Al enterarse los apóstoles que estaban en Jerusalén de que Samaría había aceptado la Palabra de Dios, les enviaron a Pedro y a Juan. Estos bajaron y oraron por ellos para que recibieran el Espíritu Santo; pues todavía no había descendido sobre ninguno de ellos; únicamente habían sido bautizados en el nombre del Señor Jesús. Entonces les imponían las manos y recibían el Espíritu Santo" (*Hch* 8, 14-17).

1316 La Confirmación perfecciona la gracia bautismal; es el sacramento que da el Espíritu Santo para enraizarnos más profundamente en la filiación divina, incorporarnos más firmemente a Cristo, hacer más sólido nuestro vínculo con la Iglesia, asociarnos todavía más a su misión y ayudarnos a dar testimonio de la fe cristiana por la palabra acompañada de las obras.

1317 La Confirmación, como el Bautismo, imprime en el alma del cristiano un signo espiritual o carácter indeleble; por eso este sacramento sólo se puede recibir una vez en la vida.

1318 En Oriente, este sacramento es administrado inmediatamente después del Bautismo y es seguido de la participación en la Eucaristía, tradición que pone de relieve la unidad de los tres sacramentos de la iniciación cristiana. En la Iglesia latina se administra este sacramento

---

[136] Cf. *ibid.,* 882.
[137] Cf. *ibid.,* 884, 2.
[138] Cf. *ibid.,* 883, 3.

CÓMO CELEBRAMOS ⟶ Los sacramentos ⟶ De iniciación

CIC 1321

cuando se ha alcanzado el uso de razón, y su celebración se reserva ordinariamente al obispo, significando así que este sacramento robustece el vínculo eclesial.

1319 El candidato a la Confirmación que ya ha alcanzado el uso de razón debe profesar la fe, estar en estado de gracia, tener la intención de recibir el sacramento y estar preparado para asumir su papel de discípulo y de testigo de Cristo, en la comunidad eclesial y en los asuntos temporales.

1320 El rito esencial de la Confirmación es la unción con el Santo Crisma en la frente del bautizado (y en Oriente, también en los otros órganos de los sentidos), con la imposición de la mano del ministro y las palabras: *Accipe signaculum doni Spiritus Sancti* ("Recibe por esta señal el don del Espíritu Santo"), en el rito romano; *Signaculum doni Spiritus Sancti* ("Sello del don del Espíritu Santo"), en el rito bizantino.

1321 Cuando la Confirmación se celebra separadamente del Bautismo, su conexión con el Bautismo se expresa entre otras cosas por la renovación de los compromisos bautismales. La celebración de la Confirmación dentro de la Eucaristía contribuye a subrayar la unidad de los sacramentos de la iniciación cristiana.

ARTÍCULO 3
EL SACRAMENTO DE LA EUCARISTÍA

FUENTES DE LA ESCRITURA Y DE LA IGLESIA

La siguiente parte del *Catecismo* utiliza estas fuentes de la Escritura y de la Iglesia. Véase el "Índice de citas" para una lista completa de referencias

Antiguo Testamento	Citadas en el *Catecismo*
Génesis	CIC 1333
Éxodo	CIC 1363
Deuteronomio	CIC 1334
Salmos	CIC 1330, 1333
Malaquías	CIC 1330, 1350
Nuevo Testamento	
Mateo	CIC 1328, 1329, 1335, 1339, 1365, 1373, 1386, 1397, 1403
Marcos	CIC 1328, 1329, 1335, 1339, 1403
Lucas	CIC 1328, 1329, 1339, 1347, 1365, 1381, 1403

Segunda Parte: La celebración del misterio cristiano

FUENTES DE LA ESCRITURA Y DE LA IGLESIA

(continuación)

Nuevo Testamento	**Citadas en el *Catecismo***
Juan	CIC 1335-1338, 1355, 1380, 1384, 1391, 1406
Hechos de los Apóstoles	CIC 1329, 1342, 1343
Romanos	CIC 1372, 1373
1 Corintios	CIC 1326, 1328, 1329, 1331, 1334, 1339, 1344, 1351, 1356, 1366, 1385, 1393, 1396, 1403
2 Corintios	CIC 1351
Gálatas	CIC 1380
1 Tesalonicenses	CIC 1349
1 Timoteo	CIC 1349
Tito	CIC 1404
Hebreos	CIC 1330, 1364
1 Pedro	CIC 1330
2 Pedro	CIC 1405
Apocalipsis	CIC 1329, 1403
Profesiones de fe	
Credo de los Apóstoles	CIC 1331
Concilios ecuménicos	
Trento (1545-1563)	CIC 1337, 1366, 1367, 1371, 1374, 1376, 1377, 1394, 1406, 1413
Vaticano II (1962-1965)	CIC 1323, 1324, 1344, 1346, 1364, 1369, 1373, 1388, 1389, 1392, 1398, 1399, 1400, 1405
Documentos pontificios	
Juan Pablo II (1978-2005)	CIC 1380
Pablo VI (1963-1978)	CIC 1374, 1378, 1381, 1418
Documentos eclesiásticos	
Congregación para el Culto Divino	CIC 1325
Derecho Canónico	
Código de Derecho Canónico	CIC 1387-1389, 1399, 1401
Liturgia	
Fanqîth	CIC 1391
Liturgia de san Juan Crisóstomo	CIC 1386
Oraciones	CIC 1402
Misal Romano	CIC 1333, 1353, 1383, 1390, 1402, 1404
Pontifical Romano	CIC 1334

CÓMO CELEBRAMOS ⟶ Los sacramentos ⟶ De iniciación

FUENTES DE LA ESCRITURA Y DE LA IGLESIA

(continuación)

Escritores eclesiásticos — Citadas en el *Catecismo*

Escritores eclesiásticos	Citadas en el *Catecismo*
Constitutiones Apostolorum	CIC 1331
Didache XII Apostolorum	CIC 1331, 1403
San Ambrosio	CIC 1375, 1383, 1393
San Agustín	CIC 1371, 1372, 1396, 1398
San Cirilo de Alejandría	CIC 1381
San Cirilo de Jerusalén	CIC 1371
San Fulgencio de Ruspee	CIC 1394
San Ignacio de Antioquía	CIC 1331, 1369, 1405
San Ireneo de Lyon	CIC 1327, 1350
San Juan Crisóstomo	CIC 1375, 1397
San Justino	CIC 1345, 1351, 1355
Santo Tomás de Aquino	CIC 1374, 1381

PALABRAS CLAVE

La siguiente parte del *Catecismo* utiliza estas palabras clave.
Véase el "Glosario" para su definición.

Palabras	Citadas en el *Catecismo*
Alabanza	CIC 1358
Altar	CIC 1383
Amén	CIC 1345, 1396
Anáfora	CIC 1352
Anámnesis	CIC 1354, 1362
Canon de la Misa	CIC 1352
Comunión	CIC 1382
Consagración	CIC 1352, 1353
Cuerpo de Cristo	CIC 1374
Eucaristía	CIC 1322
Éxodo	CIC 1363
Genuflexión	CIC 1378
Homilía	CIC 1349
Iglesias ortodoxas	CIC 1399
Intercomunión	CIC 1398
Misa	CIC 1332, 1382
Misterio pascual/Sacrificio	CIC 1362-1372
Pascua	CIC 1334-1340
Pascua/Cordero pascual	CIC 1334-1340
Plegaria eucarística	CIC 1352
Presencia real	CIC 1378, 1379
Presentación	CIC 1346
Redentor/redención	CIC 1372
Sacrificio	CIC 1357

Segunda Parte: La celebración del misterio cristiano

PALABRAS CLAVE

(continuación)

Palabras	Citadas en el *Catecismo*
Santísimo Sacramento	CIC 1330
Tabernáculo	CIC 1379
Transubstanciación	CIC 1376
Última Cena	CIC 1329, 1340

1212

1322 La Sagrada Eucaristía culmina la iniciación cristiana. Los que han sido elevados a la dignidad del sacerdocio real por el Bautismo y configurados más profundamente con Cristo por la Confirmación, participan por medio de la Eucaristía con toda la comunidad en el sacrificio mismo del Señor.

1323 'Nuestro Salvador, en la última Cena, la noche en que fue entregado, instituyó el sacrificio eucarístico de su cuerpo y su sangre para perpetuar por los siglos, hasta su vuelta, el sacrificio de la cruz y confiar así a su Esposa amada, la Iglesia, el memorial de su muerte y resurrección, sacramento de

1402

piedad, signo de unidad, vínculo de amor, banquete pascual en el que se recibe a Cristo, el alma se llena de gracia y se nos da una prenda de la gloria futura". [139]

I. LA EUCARISTÍA, FUENTE Y CUMBRE DE LA VIDA ECLESIAL

864

1324 La Eucaristía es "fuente y cima de toda la vida cristiana".[140] "Los demás sacramentos, como también todos los ministerios eclesiales y las obras de apostolado, están unidos a la Eucaristía y a ella se ordenan. La sagrada Eucaristía, en efecto, contiene todo el bien espiritual de la Iglesia, es decir, Cristo mismo, nuestra Pascua".[141]

775

1325 "La Eucaristía significa y realiza la comunión de vida con Dios y la unidad del Pueblo de Dios por las que la Iglesia es ella misma. En ella se encuentra ala vez la cumbre de la acción por la que, en Cristo, Dios santifica al mundo, y del culto que en el Espíritu Santo los hombres dan a Cristo y por él al Padre".[142]

1019

1326 Finalmente, por la celebración eucarística nos unimos ya a la liturgia del cielo y anticipamos la vida eterna cuando Dios será todo en todos.[143]

---

[139] Concilio Vaticano II, *Sacrosanctum concilium*, 47.
[140] Concilio Vaticano II, *Lumen gentium*, 11.
[141] Concilio Vaticano II, *Presbyterorum ordinis*, 5.
[142] *Congregación para el culto divino*, inst. *Eucharisticum mysterium*, 6, AAS 59 (1967), 539-573.
[143] Cf. *1 Co* 15, 28.

CÓMO CELEBRAMOS ⟶ Los sacramentos ⟶ De iniciación

1327 En resumen, la Eucaristía es el compendio y la suma de nuestra fe: 'Nuestra manera de pensar armoniza con la Eucaristía, y a su vez la Eucaristía confirma nuestra manera de pensar".[144]

1124

II. EL NOMBRE DE ESTE SACRAMENTO

1328 La riqueza inagotable de este sacramento se expresa mediante los distintos nombres que se le da. Cada uno de estos nombres evoca alguno de sus aspectos. Se le llama:

Eucaristía porque es acción de gracias a Dios. Las palabras "eucharistein" (*Lc* 22, 19; *1 Co* 11, 24) y "eulogein" (*Mt* 26, 26; *Mc* 14, 22) recuerdan las bendiciones judías que proclaman —sobre todo durante la comida— las obras de Dios: la creación, la redención y la santificación.

2637

1082

1359

1329 *Banquete del Señor*[145] porque se trata de la Cena que el Señor celebró con sus discípulos la víspera de su pasión y de la anticipación del banquete de bodas del Cordero[146] en la Jerusalén celestial.

1382

Fracción del pan porque este rito, propio del banquete judío, fue utilizado por Jesús cuando bendecía y distribuía el pan como cabeza de familia,[147] sobre todo en la última Cena.[148] En este gesto los discípulos lo reconocerán después de su resurrección,[149] y con esta expresión los primeros cristianos designaron sus asambleas eucarísticas.[150] Con él se quiere significar que todos los que comen de este único pan, partido, que es Cristo, entran en comunión con él y forman *un solo cuerpo* en él.[151]

790

Asamblea eucarística (*synaxis*), porque la Eucaristía es celebrada en la asamblea de los fieles, expresión visible de la Iglesia.[152]

1348

1330 *Memorial* de la pasión y de la resurrección del Señor.

1341

Santo Sacrificio, porque actualiza el único sacrificio de Cristo Salvador e incluye la ofrenda de la Iglesia; o también *santo sacrificio de la misa*, "*sacrificio de alabanza*" (*Hch* 13, 15),[153] *sacrificio espiritual*[154] *sacrificio puro*[155] *y santo*, puesto que completa y supera todos los sacrificios de la Antigua Alianza.

2643

614

Santa y divina liturgia, porque toda la liturgia de la Iglesia encuentra su centro y su expresión más densa en la celebración de este sacramento; en el mismo sentido se la llama también celebración *de los santos misterios*. Se habla

---

[144] SAN IRENEO DE LYÓN, *Adversus haereses*, 4, 18, 5.
[145] Cf. *1 Co* 11, 20.
[146] Cf. *Ap* 19, 9.
[147] Cf. *Mt* 14, 19; 15, 36; *Mc* 8, 6.19.
[148] Cf. *Mt* 26, 26; *1 Co* 11, 24.
[149] Cf. *Lc* 24, 13-35.
[150] Cf. *Hch* 2, 42.46; 20, 7.11.
[151] Cf. *1 Co* 10, 16-17.
[152] Cf. *1 Co* 11, 17-34.
[153] Cf. *Sal* 116, 13.17
[154] Cf. *1 P* 2, 5.
[155] Cf. *Ml* 1, 11.

1169 también del *Santísimo Sacramento* porque es el Sacramento de los Sacramentos. Con este nombre se designan las especies eucarísticas guardadas en el sagrario.

950 **1331** *Comunión,* porque por este sacramento nos unimos a Cristo que nos hace partícipes de su Cuerpo y de su Sangre para formar un solo cuerpo;[156] se
948 la llama también *las cosas santas* ["ta hagia; sancta"][157] —es el sentido primero de la "comunión de los santos" de que habla el Símbolo de los Apóstoles—,
1405 *pan de los ángeles, pan del cielo, medicina de inmortalidad,*[158] *viático...*

849 **1332** *Santa Misa* porque la liturgia en la que se realiza el misterio de salvación se termina con el envío de los fieles ("missio") a fin de que cumplan la voluntad de Dios en su vida cotidiana.

III. LA EUCARISTÍA EN LA ECONOMÍA DE LA SALVACIÓN

Los signos del pan y del vino

1350 **1333** En el corazón de la celebración de la Eucaristía se encuentran el pan y el vino que, por las palabras de Cristo y por la invocación del Espíritu Santo, se convierten en el Cuerpo y la Sangre de Cristo. Fiel a la orden del Señor, la Iglesia continúa haciendo, en memoria de Él, hasta su retorno glorioso, lo que Él hizo la víspera de su pasión: 'Tomó pan...", "tomó el cáliz lleno de vino...". Al convertirse misteriosamente en el Cuerpo y la Sangre de Cristo, los signos del pan y del vino siguen significando también la bondad de la creación. Así,
1147 en el ofertorio, damos gracias al Creador por el pan y el vino,[159] fruto' 'del
1148 trabajo del hombre", pero antes, "fruto de la tierra" y "de la vid", dones del Creador. La Iglesia ve en el gesto de Melquisedec, rey y sacerdote, que "ofreció pan y vino" (*Gn* 14, 18), una prefiguración de su propia ofrenda.[160]

1150 **1334** En la Antigua Alianza, el pan y el vino eran ofrecidos como sacrificio entre las primicias de la tierra en señal de reconocimiento al Creador. Pero
1363 reciben también una nueva significación en el contexto del Éxodo: los panes ácimos que Israel come cada año en la Pascua conmemoran la salida apresurada y liberadora de Egipto. El recuerdo del maná del desierto sugerirá siempre a Israel que vive del pan de la Palabra de Dios.[161] Finalmente, el pan de cada día es el fruto de la Tierra prometida, prenda de la fidelidad de Dios a sus promesas. El "cáliz de bendición" (*1 Co* 10, 16), al final del banquete pascual de los judíos, añade a la alegría festiva del vino una dimensión escatológica, la de la espera mesiánica del restablecimiento de Jerusalén. Jesús instituyó su Eucaristía dando un sentido nuevo y definitivo a la bendición del pan y del cáliz.

---

[156] Cf. *1 Co* 10, 16-17.
[157] *Constitutiones Apostolorum,* 8, 13, 12; *Didaché,* 9, 5; 10, 6.
[158] SAN IGNACIO DE ANTIOQUÍA, *Epistula adEphesios,* 20, 2.
[159] Cf. *Sal* 104, 13-15.
[160] Cf. *Misal Romano,* Canon romano 95.
[161] Cf. *Dt* 8, 3.

CÓMO CELEBRAMOS ⟶ Los sacramentos ⟶ De iniciación

1335 Los milagros de la multiplicación de los panes, cuando el Señor dijo la bendición, partió y distribuyó los panes por medio de sus discípulos para alimentar la multitud, prefiguran la sobreabundancia de este único pan de su Eucaristía.[162] El signo del agua convertida en vino en Caná[163] anuncia ya la Hora de la glorificación de Jesús. Manifiesta el cumplimiento del banquete de las bodas en el Reino del Padre, donde los fieles beberán el vino nuevo[164] convertido en Sangre de Cristo.

1151

1336 El primer anuncio de la Eucaristía dividió a los discípulos, igual que el anuncio de la pasión los escandalizó: "Es duro este lenguaje, ¿quién puede escucharlo?" (Jn 6, 60). La Eucaristía y la cruz son piedras de tropiezo. Es el mismo misterio, y no cesa de ser ocasión de división. "¿También vosotros queréis marcharos?" (Jn 6, 67): esta pregunta del Señor resuena a través de las edades, como invitación de su amor a descubrir que sólo Él tiene "palabras de vida eterna" (Jn 6, 68), y que acoger en la fe el don de su Eucaristía es acogerlo a Él mismo.

1327

La institución de la Eucaristía

1337 El Señor, habiendo amado a los suyos, los amó hasta el fin. Sabiendo que había llegado la hora de partir de este mundo para retornar a su Padre, en el transcurso de una cena, les lavó los pies y les dio el mandamiento del amor.[165] Para dejarles una prenda de este amor, para no alejarse nunca de los suyos y hacerles partícipes de su Pascua, instituyó la Eucaristía como memorial de su muerte y de su resurrección y ordenó a sus apóstoles celebrarlo hasta su retorno, "constituyéndoles entonces sacerdotes del Nuevo Testamento".[166]

610

611

1338 Los tres evangelios sinópticos y San Pablo nos han transmitido el relato de la institución de la Eucaristía; por su parte, San Juan relata las palabras de Jesús en la sinagoga de Cafarnaúm, palabras que preparan la institución de la Eucaristía: Cristo se designa a sí mismo como el pan de vida, bajado del cielo.[167]

1339 Jesús escogió el tiempo de la Pascua para realizar lo que había anunciado en Cafarnaúm: dar a sus discípulos su Cuerpo y su Sangre:

1169

> Llegó el día de los Ázimos, en el que se había de inmolar el cordero de Pascua; (Jesús) envió a Pedro y a Juan, diciendo: 'Id y preparadnos la Pascua para que la comamos'... fueron... y prepararon la Pascua. Llegada la hora, se puso a la mesa con los apóstoles; y les dijo: 'Con ansia he deseado comer esta Pascua con vosotros antes de padecer; porque os digo que ya no la comeré más hasta que halle su cumplimiento en el Reino de Dios'... Y tomó pan, dio

---

[162] Cf. *Mt* 14, 13-21; 15, 32-39.
[163] Cf. *Jn* 2, 11.
[164] Cf. *Mc* 14, 25.
[165] Cf. *Jn* 13, 1-17.
[166] Concilio de Trento: DS, 1740.
[167] Cf. *Jn* 6.

gracias, lo partió y se lo dio diciendo: 'Esto es mi cuerpo que va a ser entregado por vosotros; haced esto en recuerdo mío'. De igual modo, después de cenar, tomó el cáliz, diciendo: 'Este cáliz es la Nueva Alianza en mi sangre, que va a ser derramada por vosotros' (*Lc* 22, 7-20).[168]

1340 Al celebrar la última Cena con sus apóstoles en el transcurso del banquete pascual, Jesús dio su sentido definitivo a la pascua judía. En efecto, el paso de Jesús a su Padre por su muerte y su resurrección, la Pascua nueva, es anticipada en la Cena y celebrada en la Eucaristía que da cumplimiento a la pascua judía y anticipa la pascua final de la Iglesia en la gloria del Reino.

"Haced esto en memoria mía"

1341 El mandamiento de Jesús de repetir sus gestos y sus palabras "hasta que venga" (*1 Co* 11, 26), no exige solamente acordarse de Jesús y de lo que hizo. Requiere la celebración litúrgica por los apóstoles y sus sucesores del *memorial* de Cristo, de su vida, de su muerte, de su resurrección y de su intercesión junto al Padre.

1342 Desde el comienzo la Iglesia fue fiel a la orden del Señor. De la Iglesia de Jerusalén se dice:

> Acudían asiduamente a la enseñanza de los apóstoles, fieles a la comunión fraterna, a la fracción del pan y a las oraciones... Acudían al Templo todos los días con perseveranciay con un mismo espíritu, partían el pan por las casas y tomaban el alimento con alegría y con sencillez de corazón (*Hch* 2, 42.46).

1343 Era sobre todo "el primer día de la semana", es decir, el domingo, el día de la resurrección de Jesús, cuando los cristianos se reunían para "partir el pan" (*Hch* 20, 7). Desde entonces hasta nuestros días la celebración de la Eucaristía se ha perpetuado, de suerte que hoy la encontramos por todas partes en la Iglesia, con la misma estructura fundamental. Sigue siendo el centro de la vida de la Iglesia.

1344 Así, de celebración en celebración, anunciando el misterio pascual de Jesús "hasta que venga" (*1 Co* 11, 26), el pueblo de Dios peregrinante "camina por la senda estrecha de la cruz"[169] hacia el banquete celestial, donde todos los elegidos se sentarán a la mesa del Reino.

---

[168] Cf. *Mt* 26, 17-29; *Mc* 14, 12-25; *1 Co* 11, 23-26.

[169] Concilio Vaticano II, *Ad gentes*, 1

CÓMO CELEBRAMOS ⟶ Los sacramentos ⟶ De iniciación

CIC 1346

IV. LA CELEBRACIÓN LITÚRGICA DE LA EUCARISTÍA

La misa de todos los siglos

1345 Desde el siglo II, según el testimonio de San Justino mártir, tenemos las grandes líneas del desarrollo de la celebración eucarística. Estas han permanecido invariables hasta nuestros días a través de la diversidad de tradiciones rituales litúrgicas. He aquí lo que el santo escribe, hacia el año 155, para explicar al emperador pagano Antonino Pío (138-161) lo que hacen los cristianos:

> «El día que se llama día del sol tiene lugar la reunión en un mismo sitio de todos los que habitan en la ciudad o en el campo.
>
> Se leen las memorias de los Apóstoles y los escritos de los profetas, tanto tiempo como es posible.
>
> Cuando el lector ha terminado, el que preside toma la palabra para incitar y exhortar a la imitación de tan bellas cosas.
>
> Luego nos levantamos todos juntos y oramos por nosotros [...] (San Justino, *Apologia*, 1, 67) y por todos los demás donde quiera que estén, [...] a fin de que seamos hallados justos en nuestra vida y nuestras acciones y seamos fieles a los mandamientos para alcanzar así la salvación eterna.
>
> Cuando termina esta oración nos besamos unos a otros.
>
> Luego se lleva al que preside a los hermanos pan y una copa de agua y de vino mezclados.
>
> El presidente los toma y eleva alabanza y gloria al Padre del universo, por el nombre del Hijo y del Espíritu Santo y da gracias (en griego: *eucharistian*) largamente porque hayamos sido juzgados dignos de estos dones.
>
> Cuando terminan las oraciones y las acciones de gracias, todo el pueblo presente pronuncia una aclamación diciendo: *Amén*.
>
> [...] Cuando el que preside ha hecho la acción de gracias y el pueblo le ha respondido, los que entre nosotros se llaman diáconos distribuyen a todos los que están presentes pan, vino y agua "eucaristizados" y los llevan a los ausentes».[170]

1346 La liturgia de la Eucaristía se desarrolla conforme a una estructura fundamental que se ha conservado a través de los siglos hasta nosotros. Comprende dos grandes momentos que forman una unidad básica:

— la reunión, *la liturgia de la Palabra*, con las lecturas, la homilía y la oración universal;

— *la liturgia eucarística*, con la presentación del pan y del vino, la acción de gracias consecratoria y la comunión.

---

[170] S. Justino, apol. 1, 65; 67.

Segunda Parte: La celebración del misterio cristiano

Liturgia de la Palabra y liturgia eucarística constituyen juntas "un solo acto de culto";[171] en efecto, la mesa preparada para nosotros en la Eucaristía es a la vez la de la Palabra de Dios y la del Cuerpo del Señor.[172]

1347 He aquí el mismo dinamismo del banquete pascual de Jesús resucitado con sus discípulos: en el camino les explicaba las Escrituras, luego, sentándose a la mesa con ellos, "tomó el pan, pronunció la bendición, lo partió y se lo dio".[173]

El desarrollo de la celebración

1348 *Todos se reúnen.* Los cristianos acuden a un mismo lugar para la asamblea eucarística. A su cabeza está Cristo mismo que es el actor principal de la Eucaristía. Él es sumo sacerdote de la Nueva Alianza. Él mismo es quien preside invisiblemente toda celebración eucarística. Como representante suyo, el obispo o el presbítero (actuando "in persona Christi capitis" - "en la persona de Cristo cabeza") preside la asamblea, toma la palabra después de las lecturas, recibe las ofrendas y dice la plegaria eucarística. *Todos* tienen parte activa en la celebración, cada uno a su manera: los lectores, los que presentan las ofrendas, los que dan la comunión, y el pueblo entero cuyo "Amén" manifiesta su participación.

1349 *La liturgia de la Palabra* comprende "los escritos de los profetas", es decir, el Antiguo Testamento, y "las memorias de los apóstoles", es decir, sus cartas y los Evangelios; después la homilía que exhorta a acoger esta palabra como lo que "es verdaderamente, Palabra de Dios" (*1 Ts* 2, 13), y a ponerla en práctica; vienen luego las intercesiones por todos los hombres, según la palabra del apóstol: "Ante todo, recomiendo que se hagan plegarias, oraciones, súplicas y acciones de gracias por todos los hombres; por los reyes y por todos los constituidos en autoridad" (*1 Tm* 2, 1-2).

1350 *La presentación de las ofrendas* (el ofertorio): entonces se lleva al altar, a veces en procesión, el pan y el vino que serán ofrecidos por el sacerdote en nombre de Cristo en el sacrificio eucarístico en el que se convertirán en su Cuerpo y en su Sangre. Es la acción misma de Cristo en la última Cena, "tomando pan y una copa". "Sólo la Iglesia presenta esta oblación, pura, al Creador, ofreciéndole con acción de gracias lo que proviene de su creación".[174] La presentación de las ofrendas en el altar hace suyo el gesto de Melquisedec y pone los dones del Creador en las manos de Cristo. Él es quien, en su sacrificio, lleva a la perfección todos los intentos humanos de ofrecer sacrificios.

1351 Desde el principio, junto con el pan y el vino para la Eucaristía, los cristianos presentan también sus dones para compartirlos con los que tienen

---

[171] Concilio Vaticano II, *Sacrosanctum concilium*, 56.
[172] Cf. Concilio Vaticano II, *Dei Verbum*, 21.
[173] Cf. *Lc* 24, 13-35.
[174] SAN IRENEO DE LYÓN, *Adversus haereses*, 4, 18, 4; cf *Ml* 1, 11.

CÓMO CELEBRAMOS ⟶ Los sacramentos ⟶ De iniciación

CIC 1355

necesidad. Esta costumbre de la *colecta*[175] siempre actual, se inspira en el ejemplo de Cristo que se hizo pobre para enriquecernos:[176]

2186

> Los que tienen y quieren, cada uno según su libre determinación, da lo que bien le parece, y lo recogido se entrega al presidente y él socorre de ello a huérfanos y viudas, a los que por enfermedad o por otra causa están necesitados, a los que están en las cárceles, a los forasteros de paso, y, en una palabra, él se constituye provisor de cuantos se hallan en necesidad.[177]

1352 *La anáfora:* Con la plegaria eucarística, oración de acción de gracias y de consagración llegamos al corazón y a la cumbre de la celebración:

en el prefacio, la Iglesia da gracias al Padre, por Cristo, en el Espíritu Santo, por todas sus obras, por la creación, la redención y la santificación. Toda la asamblea se une entonces a la alabanza incesante que la Iglesia celestial, los ángeles y todos los santos, cantan al Dios tres veces santo;

559

1353 en la *epíclesis,* la Iglesia pide al Padre que envíe su Espíritu Santo (o el poder de su bendición)[178] sobre el pan y el vino, para que se conviertan, por su poder, en el Cuerpo y la Sangre de Jesucristo, y que quienes toman parte en la Eucaristía sean un solo cuerpo y un solo espíritu (algunas tradiciones litúrgicas colocan la epíclesis después de la anámnesis);

1105

en el *relato de la institución,* la fuerza de las palabras y de la acción de Cristo y el poder del Espíritu Santo hacen sacramentalmente presentes bajo las especies de pan y de vino su Cuerpo y su Sangre, su sacrificio ofrecido en la cruz de una vez para siempre;

1375

1354 en la *anámnesis* que sigue, la Iglesia hace memoria de la pasión, de la resurrección y del retorno glorioso de Cristo Jesús; presenta al Padre la ofrenda de su Hijo que nos reconcilia con Él;

1103

en las *intercesiones,* la Iglesia expresa que la Eucaristía se celebra en comunión con toda la Iglesia del cielo y de la tierra, de los vivos y de los difuntos, y en comunión con los pastores de la Iglesia, el Papa, el obispo de la diócesis, su presbiterio y sus diáconos y todos los obispos del mundo entero con sus Iglesias.

954

1355 En la comunión, precedida por la oración del Señor y de la fracción del pan, los fieles reciben "el pan del cielo" y "el cáliz de la salvación", el Cuerpo y la Sangre de Cristo que se entregó "para la vida del mundo" (*Jn* 6, 51):

1382

> Y este alimento se llama entre nosotros "Eucaristía", de la que a nadie es lícito participar, sino al que cree ser verdaderas nuestras enseñanzas y se ha lavado en el baño que da la remisión de los pecados y la regeneración, y vive conforme a lo que Cristo nos enseñó.[179]

1327

---

[175] Cf. *1 Co* 16, 1.
[176] Cf. *2 Co* 8, 9.
[177] SAN JUSTINO, *Apologiae,* 1, 67, 6.
[178] Cf. *Misal Romano,* Canon romano 90.
[179] SAN JUSTINO, *Apologiae,* 1, 66, 1.

V. EL SACRIFICIO SACRAMENTAL: ACCIÓN DE GRACIAS, MEMORIAL, PRESENCIA

1356 Si los cristianos celebramos la Eucaristía desde los orígenes, y con una forma tal que, en su substancia, no ha cambiado a través de la gran diversidad de épocas y de liturgias, es porque nos sabemos sujetos al mandato del Señor, dado la víspera de su pasión: "haced esto en memoria mía" (*1 Co* 11, 24-25).

1357 Cumplimos este mandato del Señor celebrando *el memorial de su sacrificio*. Al hacerlo, *ofrecemos al Padre* lo que Él mismo nos ha dado: los dones de su Creación, el pan y el vino, convertidos por el poder del Espíritu Santo y las palabras de Cristo, en el Cuerpo y la Sangre del mismo Cristo: así Cristo se hace real y misteriosamente *presente*.

1358 Por tanto, debemos considerar la Eucaristía:

— como acción de gracias y alabanza al *Padre,*

— como memorial del sacrificio de *Cristo* y de su Cueipo,

— como presencia de Cristo por el poder de su Palabra y de su *Espíritu*.

La acción de gracias y la alabanza al Padre

1359 La Eucaristía, sacramento de nuestra salvación realizada por Cristo en la cruz, es también un sacrificio de alabanza en acción de gracias por la obra de la creación. En el sacrificio eucarístico, toda la creación amada por Dios es presentada al Padre a través de la muerte y resurrección de Cristo. Por Cristo, la Iglesia puede ofrecer el sacrificio de alabanza en acción de gracias por todo lo que Dios ha hecho de bueno, de bello y de justo en la creación y en la humanidad.

1360 La Eucaristía es un sacrificio de acción de gracias al Padre, una bendición por la cual la Iglesia expresa su reconocimiento a Dios por todos sus beneficios, por todo lo que ha realizado mediante la creación, la redención y la santificación. "Eucaristía" significa, ante todo, acción de gracias.

1361 La Eucaristía es también el sacrificio de alabanza por medio del cual la Iglesia canta la gloria de Dios en nombre de toda la creación. Este sacrificio de alabanza sólo es posible a través de Cristo: Él une los fieles a su persona, a su alabanza y a su intercesión, de manera que el sacrificio de alabanza al Padre es ofrecido por Cristo y con Cristo para ser aceptado en él.

El memorial sacrificial de Cristo y de su Cuerpo, que es la Iglesia

1362 La Eucaristía es el memorial de la Pascua de Cristo, la actualización y la ofrenda sacramental de su único sacrificio, en la liturgia de la Iglesia que es su Cuerpo. En todas las plegarias eucarísticas encontramos, tras las palabras de la institución, una oración llamada *anámnesis* o memorial.

CÓMO CELEBRAMOS ⟶ Los sacramentos ⟶ De iniciación

1363 En el sentido empleado por la Sagrada Escritura, el *memorial* no es solamente el recuerdo de los acontecimientos del pasado, sino la proclamación de las maravillas que Dios ha realizado en favor de los hombres.[180] En la celebración litúrgica, estos acontecimientos se hacen, en cierta forma, presentes y actuales. De esta manera Israel entiende su liberación de Egipto: cada vez que es celebrada la Pascua, los acontecimientos del Éxodo se hacen presentes a la memoria de los creyentes a fin de que conformen su vida a estos acontecimientos.

1364 El memorial recibe un sentido nuevo en el Nuevo Testamento. Cuando la Iglesia celebra la Eucaristía, hace memoria de la Pascua de Cristo y ésta se hace presente: el sacrificio que Cristo ofreció de una vez para siempre en la cruz, permanece siempre actual:[181] "Cuantas veces se renueva en el altar el sacrificio de la cruz, en el que Cristo, nuestra Pascua, fue inmolado, se realiza la obra de nuestra redención".[182]

1365 Por ser memorial de la Pascua de Cristo, *la Eucaristía es también un sacrificio*. El carácter sacrificial de la Eucaristía se manifiesta en las palabras mismas de la institución: "Esto es mi Cuerpo que será entregado por vosotros" y "Esta copa es la nueva Alianza en mi sangre, que será derramada por vosotros" (*Lc* 22, 19-20). En la Eucaristía, Cristo da el mismo cuerpo que por nosotros entregó en la cruz, y la sangre misma que "derramó por muchos para remisión de los pecados" (*Mt* 26, 28).

1366 La Eucaristía es, pues, un sacrificio porque *representa* (hace presente) el sacrificio de la cruz, porque es su *memorial* y *aplica* su fruto:

> (Cristo), nuestro Dios y Señor, se ofreció a Dios Padre una vez por todas, muriendo como intercesor sobre el altar de la cruz, a fin de realizar para ellos (los hombres) una redención eterna. Sin embargo, como su muerte no debía poner fin a su sacerdocio (*Hb* 7, 24.27), en la última Cena, "la noche en que fue entregado" (*1 Co* 11, 23), quiso dejar a la Iglesia, su esposa amada, un sacrificio visible (como lo reclama la naturaleza humana), donde sería representado el sacrificio sangriento que iba a realizarse una única vez en la cruz, cuya memoria se perpetuaría hasta el fin de los siglos (*1 Co* 11, 23) y cuya virtud saludable se aplicaría a la redención de los pecados que cometemos cada día.[183]

1367 El sacrificio de Cristo y el sacrificio de la Eucaristía son, pues, *un único sacrificio*: "Es una e idéntica la víctima que se ofrece ahora por el ministerio de los sacerdotes, la que se ofreció a sí misma entonces sobre la cruz. Sólo difiere la manera de ofrecer":[184] Y puesto que en este divino sacrificio que se realiza en la Misa, se contiene e inmola incruentamente el mismo Cristo que en el

---

[180] Cf. *Ex* 13, 3.
[181] Cf. *Hb* 1, 25-21.
[182] Concilio Vaticano II, *Lumen gentium*, 3.
[183] Concilio de Trento: DS, 1740.
[184] Concilio de Trento, Sess. 22a., *Doctrina de ss. Missae sacrificio*, c. 2: DS 1743.

altar de la cruz, "se ofredió a Sí mismo una vez de modo cruento" este sacrificio es verdaderamente propiciatorio.[185]

1368 *La Eucaristía es igualmente el sacrificio de la Iglesia.* La Iglesia, que es el Cuerpo de Cristo, participa en la ofrenda de su Cabeza. Con Él, ella se ofrece totalmente. Se une a su intercesión ante el Padre por todos los hombres. En la Eucaristía, el sacrificio de Cristo es también el sacrificio de los miembros de su Cuerpo. La vida de los fieles, su alabanza, su sufrimiento, su oración y su trabajo se unen a los de Cristo y a su total ofrenda, y adquieren así un valor nuevo. El sacrificio de Cristo, presente sobre el altar, da a todas las generaciones de cristianos la posibilidad de unirse a su ofrenda.

> En las catacumbas, la Iglesia es con frecuencia representada como una mujer en oración, los brazos extendidos en actitud de orante. Como Cristo que extendió los brazos sobre la cruz, por él, con él y en él, la Iglesia se ofrece e intercede por todos los hombres.

1369 *Toda la Iglesia se une a la ofrenda y a la intercesión de Cristo.* Encargado del ministerio de Pedro en la Iglesia, *el Papa* es asociado a toda celebración de la Eucaristía en la que es nombrado como signo y servidor de la unidad de la Iglesia universal. *El obispo* del lugar es siempre responsable de la Eucaristía, incluso cuando es presidida por un *presbítero*; el nombre del obispo se pronuncia en ella para significar su presidencia de la Iglesia particular en medio del presbiterio y con la asistencia de los *diáconos*. La comunidad intercede también por todos los ministros que, por ella y con ella, ofrecen el sacrificio eucarístico:

> Que sólo sea considerada como legítima la Eucaristía que se hace bajo la presidencia del obispo o de quien él ha señalado para ello.[186]

> Por medio del ministerio de los presbíteros, se realiza a la perfección el sacrificio espiritual de los fieles en unión con el sacrificio de Cristo, único Mediador. Este, en nombre de toda la Iglesia, por manos de los presbíteros, se ofrece incruenta y sacramentalmente en la Eucaristía, hasta que el Señor venga.[187]

1370 A la ofrenda de Cristo se unen no sólo los miembros que están todavía aquí abajo, sino también los que están ya *en la gloria del cielo*: La Iglesia ofrece el sacrificio eucarístico en comunión con la santísima Virgen María y haciendo memoria de ella, así como de todos los santos y santas. En la Eucaristía, la Iglesia, con María, está como al pie de la cruz, unida a la ofrenda y a la intercesión de Cristo.

---

[185] *Ibid.*
[186] SAN IGNACIO DE ANTIOQUÍA, *Epistula adSmyrnaeos*, 8, 1.
[187] Concilio Vaticano II, *Presbyterorum ordinis*, 2.

CÓMO CELEBRAMOS ⟶ Los sacramentos ⟶ De iniciación

CIC 1373

1371 El sacrificio eucarístico es también ofrecido *por los fieles difuntos* "que han muerto en Cristo y todavía no están plenamente purificados",[188] para que puedan entrar en la luz y la paz de Cristo:

958; 1689
1032

> Enterrad este cuerpo en cualquier parte; no os preocupe más su cuidado; solamente os ruego que, dondequiera que os hallareis, os acordéis de mí ante el altar del Señor.[189]

> A continuación oramos (en la anáfora) por los santos padres y obispos difuntos, y en general por todos los que han muerto antes que nosotros, creyendo que será de gran provecho para las almas, en favor de las cuales es ofrecida la súplica, mientras se halla presente la santa y adorable víctima... Presentando a Dios nuestras súplicas por los que han muerto, aunque fuesen pecadores..., presentamos a Cristo inmolado por nuestros pecados, haciendo propicio para ellos y para nosotros al Dios amigo de los hombres.[190]

1372 San Agustín ha resumido admirablemente esta doctrina que nos impulsa a una participación cada vez más completa en el sacrificio de nuestro Redentor que celebramos en la Eucaristía:

1140

> Esta ciudad plenamente rescatada, es decir, la asamblea y la sociedad de los santos, es ofrecida a Dios como un sacrificio universal por el Sumo Sacerdote que, bajo la forma de esclavo, llegó a ofrecerse por nosotros en su pasión, para hacer de nosotros el cuerpo de una tan gran Cabeza... Tal es el sacrificio de los cristianos: "siendo muchos, no formamos más que un solo cuerpo en Cristo" (*Rm* 12, 5). Y este sacrificio, la Iglesia no cesa de reproducirlo en el Sacramento del altar bien conocido de los fieles, donde se muestra que en lo que ella ofrece se ofrece a sí misma.[191]

La presencia de Cristo por el poder de su Palabra y del Espíritu Santo

1373 "Cristo Jesús que murió, resucitó, que está a la derecha de Dios e intercede por nosotros" (*Rm* 8, 34), está presente de múltiples maneras en su Iglesia:[192] en su Palabra, en la oración de su Iglesia, "allí donde dos o tres estén reunidos en mi nombre" (*Mt* 18, 20), en los pobres, los enfermos, los presos,[193] en los sacramentos de los que Él es autor, en el sacrificio de la misa y en la persona del ministro. Pero, "sobre todo (está presente), bajo las especies eucarísticas".[194]

1088

---

[188] Concilio de Trento, DS, 1743.
[189] Santa Ménica, antes de su muerte, a san Agustín y su hermano; SAN AGUSTÍN, *Confessiones*, 9, 9, 27.
[190] SAN CIRILO DE JERUSALÉN, *Catecheses mistagogicae*, 5, 9.10: PG 33, 1116B-1117A.
[191] SAN AGUSTÍN, *De civitate Dei*, 10, 6.
[192] Cf. Concilio Vaticano II, *Lumen gentium*, 48.
[193] Cf. *Mt* 25, 31-46.
[194] Concilio Vaticano II, *Sacrosanctum concilium*, 7.

Segunda Parte: La celebración del misterio cristiano

1374 El modo de presencia de Cristo bajo las especies eucarísticas es singular. Eleva la Eucaristía por encima de todos los sacramentos y hace de ella "como la perfección de la vida espiritual y el fin al que tienden todos los sacramentos".[195] En el santísimo sacramento de la Eucaristía están "contenidos *verdadera, real y substancialmente* el Cuerpo y la Sangre junto con el alma y la divinidad de nuestro Señor Jesucristo, y, por consiguiente, *Cristo entero*".[196] "Esta presencia se denomina 'real', no a título exclusivo, como si las otras presencias no fuesen 'reales', sino por excelencia, porque es substancial, y por ella Cristo, Dios y hombre, se hace totalmente presente".[197]

1375 Mediante la *conversión* del pan y del vino en su Cuerpo y Sangre, Cristo se hace presente en este sacramento. Los Padres de la Iglesia afirmaron con fuerza la fe de la Iglesia en la eficacia de la Palabra de Cristo y de la acción del Espíritu Santo para obrar esta conversión. Así, San Juan Crisóstomo declara que:

> No es el hombre quien hace que las cosas ofrecidas se conviertan en Cuerpo y Sangre de Cristo, sino Cristo mismo que fue crucificado por nosotros. El sacerdote, figura de Cristo, pronuncia estas palabras, pero su eficacia y su gracia provienen de Dios. Esto es mi Cuerpo, dice. Esta palabra transforma las cosas ofrecidas.[198]

Y San Ambrosio dice respecto a esta conversión:

> Estemos bien persuadidos de que esto no es lo que la naturaleza ha producido, sino lo que la bendición ha consagrado, y de que la fuerza de la bendición supera a la de la naturaleza, porque por la bendición la naturaleza misma resulta cambiada... La palabra de Cristo, que pudo hacer de la nada lo que no existía, ¿no podría cambiar las cosas existentes en lo que no eran todavía? Porque no es menos dar a las cosas su naturaleza primera que cambiársela.[199]

1376 El Concilio de Trento resume la fe católica cuando afirma: "Porque Cristo, nuestro Redentor, dijo que lo que ofrecía bajo la especie de pan era verdaderamente su Cuerpo, se ha mantenido siempre en la Iglesia esta convicción, que declara de nuevo el Santo Concilio: por la consagración del pan y del vino se opera el cambio de toda la substancia del pan en la substancia del Cuerpo de Cristo nuestro Señor y de toda la substancia del vino en la substancia de su Sangre; la Iglesia católica ha llamado justa y apropiadamente a este cambio *transubstanciación*".[200]

---

[195] SANTO TOMÁS DE AQUINO, *Summa theologiae*, III, 73, 3.
[196] Concilio de Trento: DS, 1651.
[197] PABLO VI, ene. *Mysterium fidei*, 39.
[198] SAN JUAN CRISÓSTOMO, *De proditione Judae*, 1, 6: PG 49, 380C.
[199] SAN AMBROSIO, *De mysteriis*, 9, 50.52: PL 16, 405-406.
[200] Concilio de Trento: DS, 1642.

CÓMO CELEBRAMOS ⟶ Los sacramentos ⟶ De iniciación

CIC 1381

1377 La presencia eucarística de Cristo comienza en el momento de la consagración y dura todo el tiempo que subsistan las especies eucarísticas. Cristo está todo entero presente en cada una de las especies y todo entero en cada una de sus partes, de modo que la fracción del pan no divide a Cristo.[201]

1378 *El culto de la Eucaristía.* En la liturgia de la misa expresamos nuestra fe en la presencia real de Cristo bajo las especies de pan y de vino, entre otras maneras, arrodillándonos o inclinándonos profundamente en señal de adoración al Señor. "La Iglesia católica ha dado y continúa dando este culto de adoración que se debe al sacramento de la Eucaristía no solamente durante la misa, sino también fuera de su celebración: conservando con el mayor cuidado las hostias consagradas, presentándolas a los fieles para que las veneren con solemnidad, llevándolas en procesión".[202]

1178

103; 2628

1379 El sagrario (tabernáculo) estaba primeramente destinado a guardar dignamente la Eucaristía para que pudiera ser llevada a los enfermos y ausentes fuera de la misa. Por la profundización de la fe en la presencia real de Cristo en su Eucaristía, la Iglesia tomó conciencia del sentido de la adoración silenciosa del Señor presente bajo las especies eucarísticas. Por eso, el sagrario debe estar colocado en un lugar particularmente digno de la iglesia; debe estar construido de tal forma que subraye y manifieste la verdad de la presencia real de Cristo en el santísimo sacramento.

1183

2691

1380 Es realmente conveniente que Cristo haya querido quedarse presente para su Iglesia de esta manera tan singular. Puesto que Cristo iba a alejarse de los suyos bajo su forma visible, quiso darnos su presencia sacramental; puesto que iba a ofrecerse en la cruz por nuestra salvación, quiso que tuviéramos el memorial del amor con que nos había amado "hasta el fin" (*Jn* 13, 1), hasta el don de su vida. En efecto, en su presencia eucarística permanece misteriosamente en medio de nosotros como quien nos amó y se entregó por nosotros,[203] y se queda bajo los signos que expresan y comunican este amor:

669

478

> La Iglesia y el mundo tienen una gran necesidad del culto eucarístico. Jesús nos espera en este sacramento del amor. No escatimemos tiempo para ir a encontrarlo en la adoración, en la contemplación llena de fe y abierta a reparar las faltas graves y delitos del mundo. No cese nunca nuestra adoración.[204]

2715

1381 "La presencia del verdadero Cuerpo de Cristo y de la verdadera Sangre de Cristo en este sacramento, 'no se conoce por los sentidos, dice Santo Tomás, sino sólo *por la fe,* la cual se apoya en la autoridad de Dios'. Por ello, comentando el texto de San Lucas 22, 19: 'Esto es mi Cuerpo que será entregado por vosotros',

156

---

[201] Cf. *ibid., 1641.*
[202] PABLO VI, enc. *Mysterium fidei,* 56.
[203] Cf. *Ga* 2, 20.
[204] JUAN PABLO II, c. *Dominicae coenae,* 3.

San Cirilo declara: 'No te preguntes si esto es verdad, sino acoge más bien con fe las palabras del Señor, porque él, que es la Verdad, no miente'".[205]

Adoro te devote, latens Deitas,
Quae sub his figuris veré latitas:
Tibi se cor meum totum subjicit,
Quia te contemplans totum déficit.

Visus, gustus, tactus in te fallitur,
Sed auditu solo tuto creditur;
Credo quidquid dixit Dei Filius:
Nil hoc Veritatis verbo verius.

(Adorote devotamente, oculta Deidad,
que bajo estas sagradas especies te ocultas verdaderamente:
A ti mi corazón totalmente se somete,
pues al contemplarte, se siente desfallecer por completo.

La vista, el tacto, el gusto, son aquí falaces,
sólo con el oído se llega a tener fe segura;
Creo todo lo que ha dicho el Hijo de Dios:
nada más verdadero que esta palabra de Verdad).

VI. EL BANQUETE PASCUAL

1382 La misa es, a la vez e inseparablemente, el memorial sacrificial en que se perpetúa el sacrificio de la cruz, y el banquete sagrado de la comunión en el Cuerpo y la Sangre del Señor. Pero la celebración del sacrificio eucarístico está totalmente orientada hacia la unión íntima de los fieles con Cristo por medio de la comunión. Comulgar es recibir a Cristo mismo que se ofrece por nosotros.

1383 *El altar*, en torno al cual la Iglesia se reúne en la celebración de la Eucaristía, representa los dos aspectos de un mismo misterio: el altar del sacrificio y la mesa del Señor, y esto, tanto más cuanto que el altar cristiano es el símbolo de Cristo mismo, presente en medio de la asamblea de sus fieles, a la vez como la víctima ofrecida por nuestra reconciliación y como alimento celestial que se nos da. "¿Qué es, en efecto, el altar de Cristo sino la imagen del Cuerpo de Cristo?", dice San Ambrosio,[206] y en otro lugar: "El altar representa el Cuerpo (de Cristo), y el Cuerpo de Cristo está sobre el altar".[207] La liturgia expresa esta unidad del sacrificio y de la comunión en numerosas oraciones. Así, la Iglesia de Roma ora en su anáfora:

---

[205] SANTO TOMÁS DE AQUINO, *Summa theologiae*, III, 75, 1, citado por PABLO VI, *Mysterium fidei*, 18; cf SAN CIRILO DE ALEJANDRÍA, *Commentarius in Lucam*, 22, 19: PG 72, 92IB.

[206] SAN AMBROSIO, *De sacramentis*, 5, 7: PL 16, 447C.

[207] *Ibid.*, 4, 7: PL16, 437D.

Te pedimos humildemente, Dios todopoderoso, que esta ofrenda sea llevada a tu presencia hasta el altar del cielo, por manos de tu ángel, para que cuantos recibimos el Cuerpo y la Sangre de tu Hijo, al participar aquí de este altar, seamos colmados de gracia y bendición.[208]

"Tomad y comed todos de él": la comunión

1384 El Señor nos dirige una invitación urgente a recibirle en el sacramento de la Eucaristía: "En verdad, en verdad os digo: si no coméis la carne del Hijo del hombre, y no bebéis su sangre, no tendréis vida en vosotros" (*Jn* 6, 53).

1385 Para responder a esta invitación, debemos *prepararnos* para este momento tan grande y santo. San Pablo exhorta a un examen de conciencia: "Quien coma el pan o beba el cáliz del Señor indignamente, será reo del Cuerpo y de la Sangre del Señor. Examínese, pues, cada cual, y coma entonces del pan y beba del cáliz. Pues quien come y bebe sin discernir el Cuerpo, come y bebe su propio castigo" (*1 Co* 11, 27-29). Quien tiene conciencia de estar en pecado grave debe recibir el sacramento de la Reconciliación antes de acercarse a comulgar.

1386 Ante la grandeza de este sacramento, el fiel sólo puede repetir humildemente y con fe ardiente las palabras del Centurión:[209] *"Señor, no soy digno de que entres en mi casa, pero una palabra tuya bastará para sanarme".* En la Liturgia de San Juan Crisóstomo, los fieles oran con el mismo espíritu:

> A tomar parte en tu cena sacramental invítame hoy, Hijo de Dios: no revelaré a tus enemigos el misterio, no te daré el beso de Judas; antes como el ladrón te reconozco y te suplico: ¡Acuérdate de mí, Señor en tu reino![210]

1387 Para prepararse convenientemente a recibir este sacramento, los fieles deben observar el ayuno prescrito por la Iglesia.[211] Por la actitud corporal (gestos, vestido) se manifiesta el respeto, la solemnidad, el gozo de ese momento en que Cristo se hace nuestro huésped.

1388 Es conforme al sentido mismo de la Eucaristía que los fieles, con las debidas disposiciones,[212] *comulguen cuando* participan en la Misa:[213] "Se recomienda especialmente la participación más perfecta en la Misa, recibiendo los fieles, después de la comunión del sacerdote, del mismo sacrificio, el cuerpo del Señor".[214]

---

[208] *Misal Romano,* Canon romano 96: "Supplices te rogamus".
[209] Cf. *Mt* 8, 8.
[210] Liturgia de San Juan Crisóstomo, Preparación a la comunión.
[211] Cf. CDC, 919.
[212] Cf. CDC, canon 916.
[213] Cf. CDC, canon 917; Los fieles, en el mismo día, pueden recibir la Santísima Eucaristía sólo una segunda vez: Cf. PONTIFICA COMMISSIO CODICI IURIS CANONICI AUTHENTICE INTERPRETANDO, *Responso ad proposita dubia,* 1: AAS 76 (1984) 746.
[214] Concilio Vaticano II, *Sacrosanctum concilium,* 55.

Segunda Parte: La celebración del misterio cristiano

1389 La Iglesia obliga a los fieles a participar los domingos y días de fiesta en la divina liturgia[215] y a recibir al menos una vez al año la Eucaristía, si es posible en tiempo pascual,[216] preparados por el sacramento de la Reconciliación. Pero la Iglesia recomienda vivamente a los fieles recibir la santa Eucaristía los domingos y los días de fiesta, o con más frecuencia aún, incluso todos los días.

1390 Gracias a la presencia sacramental de Cristo bajo cada una de las especies, la comunión bajo la sola especie de pan ya hace que se reciba todo el fruto de gracia propio de la Eucaristía. Por razones pastorales, esta manera de comulgar se ha establecido legítimamente como la más habitual en el rito latino. "La comunión tiene una expresión más plena por razón del signo cuando se hace bajo las dos especies. Ya que en esa forma es donde más perfectamente se manifiesta el signo del banquete eucarístico".[217] Es la forma habitual de comulgar en los ritos orientales.

Los frutos de la comunión

1391 *La comunión acrecienta nuestra unión con Cristo.* Recibir la Eucaristía en la comunión da como fruto principal la unión íntima con Cristo Jesús. En efecto, el Señor dice: "Quien come mi Carne y bebe mi Sangre habita en mí y yo en él" (*Jn* 6, 56). La vida en Cristo encuentra su fundamento en el banquete eucarístico: "Lo mismo que me ha enviado el Padre, que vive, y yo vivo por el Padre, también el que me coma vivirá por mí'" (*Jn* 6, 57):

> Cuando en las fiestas del Señor los fieles reciben el Cuerpo del Hijo, proclaman unos a otros la Buena Nueva de que se dan las arras de la vida, como cuando el ángel dijo a María de Magdala: "¡Cristo ha resucitado!" He aquí que ahora también la vida y la resurrección son comunicadas a quien recibe a Cristo.[218]

1392 Lo que el alimento material produce en nuestra vida corporal, la comunión lo realiza de manera admirable en nuestra vida espiritual. La comunión con la Carne de Cristo resucitado, "vivificada por el Espíritu Santo y vivificante",[219] conserva, acrecienta y renueva la vida de gracia recibida en el Bautismo. Este crecimiento de la vida cristiana necesita ser alimentado por la comunión eucarística, pan de nuestra peregrinación, hasta el momento de la muerte, cuando nos sea dada como viático.

1393 *La comunión nos separa del pecado.* El Cuerpo de Cristo que recibimos en la comunión es "entregado por nosotros", y la Sangre que bebemos es

---

[215] Cf. Concilio Vaticano II, *Orientalium ecclesiarum,* 15.
[216] Cf. CDC, 920.
[217] *Misal Romano,* Ordenación general, 240.
[218] Fanqíth, Oficio siriaco de Antioquía, vol. I, Común, 237 a-b.
[219] Concilio Vaticano II, *Presbyterorum ordinis,* 5.

CÓMO CELEBRAMOS ⟶ Los sacramentos ⟶ De iniciación   CIC 1396

"derramada por muchos para el perdón de los pecados". Por eso la Eucaristía no puede unirnos a Cristo sin purificarnos al mismo tiempo de los pecados cometidos y preservarnos de futuros pecados:

613

> "Cada vez que lo recibimos, anunciamos la muerte del Señor".[220] Si anunciamos la muerte del Señor, anunciamos también el perdón de los pecados. Si cada vez que su Sangre es derramada, lo es para el perdón de los pecados, debo recibirle siempre, para que siempre me perdone los pecados. Yo que peco siempre, debo tener siempre un remedio.[221]

1394 Como el alimento corporal sirve para restaurar la pérdida de fuerzas, la Eucaristía fortalece la caridad que, en la vida cotidiana, tiende a debilitarse; y esta caridad vivificada *borra los pecados veniales*.[222] Dándose a nosotros, Cristo reaviva nuestro amor y nos hace capaces de romper los lazos desordenados con las criaturas y de arraigarnos en Él:

1863
1436

> Porque Cristo murió por nuestro amor, cuando hacemos conmemoración de su muerte en nuestro sacrificio, pedimos que venga el Espíritu Santo y nos comunique el amor; suplicamos fervorosamente que aquel mismo amor que impulsó a Cristo a dejarse crucificar por nosotros sea infundido por el Espíritu Santo en nuestros propios corazones, con objeto de que consideremos al mundo como crucificado para nosotros, y sepamos vivir crucificados para el mundo... y, llenos de caridad, muertos para el pecado vivamos para Dios.[223]

1395 Por la misma caridad que enciende en nosotros, la Eucaristía nos *preserva de futuros pecados mortales*. Cuanto más participamos en la vida de Cristo y más progresamos en su amistad, tanto más difícil se nos hará romper con Él por el pecado mortal. La Eucaristía no está ordenada al perdón de los pecados mortales. Esto es propio del sacramento de la Reconciliación. Lo propio de la Eucaristía es ser el sacramento de los que están en plena comunión con la Iglesia.

1855

1446

1396 *La unidad del Cuerpo místico: La Eucaristía hace la Iglesia*. Los que reciben la Eucaristía se unen más estrechamente a Cristo. Por ello mismo, Cristo los une a todos los fieles en un solo cuerpo: la Iglesia. La comunión renueva, fortifica, profundiza esta incorporación a la Iglesia realizada ya por el Bautismo. En el Bautismo fuimos llamados a no formar más que un solo cuerpo.[224] La Eucaristía realiza esta llamada: "El cáliz de bendición que bendecimos ¿no es acaso comunión con la sangre de Cristo?, y el pan que partimos ¿no es comunión con el Cuerpo de Cristo? Porque aun siendo

1118

1267

---

[220] Cf. *1 Co* 11, 26.
[221] SAN AMBROSIO, *De sacramentis*, 4, 28: PL 16, 446A.
[222] Cf. Concilio de Trento: DS, 1638.
[223] SAN FULGENCIO DE RUSPE, *Contra gesta Fabiani*, 28, 16-19: CCL 19A, 813-814.
[224] Cf. *1 Co* 12, 13.

muchos, un solo pan y un solo cuerpo somos, pues todos participamos de un solo pan" (*1 Co* 10, 16-17):

> Si vosotros mismos sois Cuerpo y miembros de Cristo, sois el sacramento que es puesto sobre la mesa del Señor, y recibís este sacramento vuestro. Respondéis "amén" (es decir, "sí" "es verdad") a lo que recibís, con lo que, respondiendo, lo reafirmáis. Oyes decir "el Cuerpo de Cristo", y respondes "amén". Por lo tanto, sé tú verdadero miembro de Cristo para que tu "amén" sea también verdadero.[225]

1397 *La Eucaristía entraña un compromiso en favor de los pobres:* Para recibir en la verdad el Cuerpo y la Sangre de Cristo entregados por nosotros debemos reconocer a Cristo en los más pobres, sus hermanos:[226]

> Has gustado la sangre del Señor y no reconoces a tu hermano. Deshonras esta mesa, no juzgando digno de compartir tu alimento al que ha sido juzgado digno de participar en esta mesa. Dios te ha liberado de todos los pecados y te ha invitado a ella. Y tú, aún así, no te has hecho más misericordioso.[227]

1398 *La Eucaristía y la unidad de los cristianos.* Ante la grandeza de este misterio, San Augustín exclama: "O sacramentum pietatis! O signum unitatis! O vinculum caritatis!" ("¡Oh sacramento de piedad, oh signo de unidad, oh vínculo de caridad!").[228] Cuanto más dolorosamente de hacen sentir las divisiones de la Iglesia que rompen la participación común en la mesa del Señor, tanto más apremiantes son las oraciones al Señor para que lleguen los días de la unidad completa de todos los que creen en Él.

1399 Las Iglesias orientales que no están en plena comunión con la Iglesia católica celebran la Eucaristía con gran amor. "Estas Iglesias, aunque separadas, tienen verdaderos sacramentos, y sobre todo, en virtud de la sucesión apostólica, el sacerdocio y la Eucaristía, con los que se unen aún más con nosotros con vínculo estrechísimo".[229] Una cierta comunión *in sacris*, por tanto, en la Eucaristía, "no solamente es posible, sino que se aconseja... en circunstancias oportunas y aprobándolo la autoridad eclesiástica".[230]

1400 Las comunidades eclesiales nacidas de la Reforma, separadas de la Iglesia católica, "sobre todo por defecto del sacramento del Orden, no han conservado la substancia genuina e íntegra del misterio eucarístico".[231] Por esto, para la Iglesia católica, la intercomunión eucarística con estas comunidades no es posible. Sin embargo, estas comunidades eclesiales, "al conmemorar en la Santa Cena la muerte

---

[225] SAN AGUSTÍN, *Sermones*, 272: PL 38, 1247.
[226] Cf. *Mt* 25, 40.
[227] SAN JUAN CRISÓSTOMO, *Homiliae in primam ad Corinthios*, 21, 4: PG 61, 229-230.
[228] SAN AGUSTÍN, *In Evangelium Johannis tractatus*, 26, 6, 13; cf Concilio Vaticano II, *Sacrosanctum concilium*, 47.
[229] Concilio Vaticano II, *Unitatis redintegratio*, 15.
[230] *Ibid.*, cf CDC, 844, 3.
[231] Concilio Vaticano II, *Unitatis redintegratio*, 22.

y la resurrección del Señor, profesan que en la comunión de Cristo se significa la vida, y esperan su venida gloriosa".[232]

1401 Si, ajuicio del ordinario, se presenta una necesidad grave, los ministros católicos pueden administrar los sacramentos (Eucaristía, Penitencia, Unción de los enfermos) a cristianos que no están en plena comunión con la Iglesia católica, pero que piden estos sacramentos con deseo y rectitud: en tal caso se precisa que profesen la fe católica respecto a estos sacramentos y estén bien dispuestos.[233]

VII. LA EUCARISTÍA, "PIGNUS FUTURAE GLORIAE"

1402 En una antigua oración, la Iglesia aclama el misterio de la Eucaristía: "O sacrum convivium in quo Christus sumitur. Recolitur memoria passionis eius; mens impletur gratia et futurae gloriae nobis pignus datur" ("¡Oh sagrado banquete, en que Cristo es nuestra comida; se celebra el memorial de su pasión; el alma se llena de gracia, y se nos da la prenda de la gloria futura!"). Si la Eucaristía es el memorial de la Pascua del Señor y si por nuestra comunión en el altar somos colmados "de gracia y bendición",[234] la Eucaristía es también la anticipación de la gloria celestial.

1403 En la última Cena, el Señor mismo atrajo la atención de sus discípulos hacia el cumplimiento de la Pascua en el reino de Dios: "Y os digo que desde ahora no beberé de este fruto de la vid hasta el día en que lo beba con vosotros, de nuevo, en el Reino de mi Padre" (*Mt* 26, 29).[235] Cada vez que la Iglesia celebra la Eucaristía recuerda esta promesa y su mirada se dirige hacia "el que viene".[236] En su oración, implora su venida: "Maraña tha" (*1 Co* 16, 22), "Ven, Señor Jesús" (*Ap* 22, 20), "que tu gracia venga y que este mundo pase".[237]

1404 La Iglesia sabe que, ya ahora, el Señor viene en su Eucaristía y que está ahí en medio de nosotros. Sin embargo, esta presencia está velada. Por eso celebramos la Eucaristía "expectantes beatam spem et adventum Salvatoris nostri Jesu Christi" ("Mientras esperamos la gloriosa venida de Nuestro Salvador Jesucristo"),[238] pidiendo entrar "en tu reino, donde esperamos gozar todos juntos de la plenitud eterna de tu gloria; allí enjugarás las lágrimas de nuestros ojos, porque, al contemplarte como Tú eres, Dios nuestro, seremos para siempre semejantes a ti y cantaremos eternamente tus alabanzas, por Cristo, Señor Nuestro".[239]

---

[232] Concilio Vaticano II, *Unitatis redintegratio,* 22.
[233] Cf. CDC, 844, 4.
[234] *Misal Romano,* Canon romano 96 "Supplices te rogamus".
[235] Cf. *Lc* 22, 18; *Mc* 14, 25
[236] Cf. *Ap* 1, 4.
[237] *Didaché,* 10, 6.
[238] Embolismo después del Padre Nuestro; cf *Tt* 21, 3.
[239] *Misal Romano,* Plegaria eucarística III, oración por los difuntos.

Segunda Parte: La celebración del misterio cristiano

1042

1405 De esta gran esperanza, la de los "cielos nuevos" y la "tierra nueva" en los que habitará la justicia (*2 P* 3, 13), no tenemos prenda más segura, signo más manifiesto que la Eucaristía. En efecto, cada vez que se celebra este misterio, "se realiza la obra de nuestra redención"[240] y "partimos un mismo pan que es remedio de inmortalidad, antídoto para no morir, sino para vivir en Jesucristo para siempre".[241]

1000

RESUMEN

1406 Jesús dijo: "Yo soy el pan vivo, bajado del cielo. Si uno come de este pan, vivirá para siempre… el que come mi Carne y bebe mi Sangre, tiene vida eterna… permanece en mí y yo en él" (*Jn* 6, 51.54.56).

1407 La Eucaristía es el corazón y la cumbre de la vida de la Iglesia, pues en ella Cristo asocia su Iglesia y todos sus miembros a su sacrificio de alabanza y acción de gracias ofrecido una vez por todas en la cruz a su Padre; por medio de este sacrificio derrama las gracias de la salvación sobre su Cuerpo, que es la Iglesia.

1408 La celebración eucarística comprende siempre: la proclamación de la Palabra de Dios, la acción de gracias a Dios Padre por todos sus beneficios, sobre todo por el don de su Hijo, la consagración del pan y del vino y la participación en el banquete litúrgico por la recepción del Cuerpo y de la Sangre del Señor: estos elementos constituyen un solo y mismo acto de culto.

1409 La Eucaristía es el memorial de la Pascua de Cristo, es decir, de la obra de la salvación realizada por la vida, la muerte y la resurrección de Cristo, obra que se hace presente por la acción litúrgica.

1410 Es Cristo mismo, sumo y eterno sacerdote de la Nueva Alianza, quien, por el ministerio de los sacerdotes, ofrece el sacrificio eucarístico. Y es también el mismo Cristo, realmente presente bajo las especies del pan y del vino, la ofrenda del sacrificio eucarístico.

1411 Sólo los presbíteros válidamente ordenados pueden presidir la Eucaristía y consagrar el pan y el vino para que se conviertan en el Cuerpo y la Sangre del Señor.

1412 Los signos esenciales del sacramento eucarístico son pan de trigo y vino de vid, sobre los cuales es invocada la bendición del Espíritu Santo y el presbítero pronuncia las palabras de la consagración dichas por Jesús en la última Cena: "Esto es mi Cuerpo entregado por vosotros… Este es el cáliz de mi Sangre…"

---

[240] Concilio Vaticano II, *Lumen gentium*, 3.

[241] SAN IGNACIO DE ANTIOQUÍA, *Epistula ad Ephesios*, 20, 2.

1413 Por la consagración se realiza la transubstanciación del pan y del vino en el Cuerpo y la Sangre de Cristo. Bajo las especies consagradas del pan y del vino, Cristo mismo, vivo y glorioso, está presente de manera verdadera, real y substancial, con su Cuerpo, su Sangre, su alma y su divinidad.[242]

1414 En cuanto sacrificio, la Eucaristía es ofrecida también en reparación de los pecados de los vivos y los difuntos, y para obtener de Dios beneficios espírituales o temporales.

1415 El que quiere recibir a Cristo en la Comunión eucarística debe hallarse en estado de gracia. Si uno tiene conciencia de haber pecado mortalmente no debe acercarse a la Eucaristía sin haber recibido previamente la absolución en el sacramento de la Penitencia.

1416 La sagrada comunión del Cuerpo y de la Sangre de Cristo acrecienta la unión del comulgante con el Señor, le perdona los pecados veniales y lo preserva de pecados graves. Puesto que los lazos de caridad entre el comulgante y Cristo son reforzados, la recepción de este sacramento fortalece la unidad de la Iglesia, Cuerpo místico de Cristo.

1417 La Iglesia recomienda vivamente a los fieles que reciban la sagrada comunión cuando participan en la celebración de la Eucaristía; y les impone la obligación de hacerlo al menos una vez al año.

1418 Puesto que Cristo mismo está presente en el Sacramento del Altar, es preciso honrarlo con culto de adoración. "La visita al Santísimo Sacramento es una prueba de gratitud, un signo de amor y un deber de adoración hacia Cristo, nuestro Señor".[243]

1419 Cristo, que pasó de este mundo al Padre, nos da en la Eucaristía la prenda de la gloria que tendremos junto a Él: la participación en el Santo Sacrificio nos identifica con su Corazón, sostiene nuestras fuerzas a lo largo del peregrinar de esta vida, nos hace desear la Vida eterna y nos une ya desde ahora a la Iglesia del cielo, a la Santísima Virgen María y a todos los santos.

---

[242] Cf. Concilio de Trento: DS, 1640; 1651. [243] PABLO VI, ene. *Mysterium fidei*.

Segunda Parte: La celebración del misterio cristiano

CAPÍTULO SEGUNDO
LOS SACRAMENTOS DE CURACIÓN

FUENTES DE LA ESCRITURA Y DE LA IGLESIA

La siguiente parte del *Catecismo* utiliza estas fuentes de la Escritura y de la Iglesia. Véase el "Índice de citas" para una lista completa de referencias

Antiguo Testamento	Citadas en el *Catecismo*
Éxodo	CIC 1456
Tobías	CIC 1434
Salmos	CIC 1428
Isaías	CIC 1430, 1435
Lamentaciones	CIC 1432
Ezequiel	CIC 1432
Joel	CIC 1430
Amós	CIC 1435
Zacarías	CIC 1432

Nuevo Testamento	
Mateo	CIC 1424, 1430, 1434, 1444, 1456
Marcos	CIC 1421, 1423, 1427, 1441, 1484
Lucas	CIC 1423, 1425, 1429, 1435, 1439, 1441, 1443, 1458, 1460, 1468
Juan	CIC 1428, 1429, 1432, 1433, 1441, 1461, 1470, 1485
Hechos de los Apóstoles	CIC 1427, 1433
Romanos	CIC 1454, 1460
1 Corintios	CIC 1452, 1454, 1469, 1470
2 Corintios	CIC 1420, 1424, 1442, 1461
Gálatas	CIC 1425, 1454, 1470
Efesios	CIC 1426, 1454, 1473
Filipenses	CIC 1460
Colosenses	CIC 1420
Hebreos	CIC 1476
Santiago	CIC 1434
1 Pedro	CIC 1434
1 Juan	CIC 1425, 1428, 1460
Apocalipsis	CIC 1429, 1470

CÓMO CELEBRAMOS → **Los sacramentos** → **De curación**

FUENTES DE LA ESCRITURA Y DE LA IGLESIA

(continuación)

Concilios ecuménicos	Citadas en el *Catecismo*
Trento (1545-1563)	CIC 1426, 1431, 1436, 1446, 1450-1453, 1456-1460, 1468, 1472, 1478
Vaticano II (1962-1965)	CIC 1422, 1426, 1428, 1438, 1440, 1444, 1462, 1464, 1466, 1469, 1482

Documentos pontificios

Juan Pablo II (1978-2005)	CIC 1433, 1469
Pablo VI (1963-1978)	CIC 1471, 1474, 1475, 1477, 1478

Documentos eclesiásticos

Catecismo Romano	CIC 1431, 1450, 1468

Derecho Canónico

Código de Derecho Canónico	CIC 1438, 1457, 1458, 1462-1464, 1467, 1483
Código de Cánones de las Iglesias orientales	CIC 1438, 1457, 1462-1464, 1467

Liturgia

Rito Romano	CIC 1424, 1449, 1484

Escritores eclesiásticos

San Ambrosio	CIC 1429
San Agustín	CIC 1458
San Clemente Romano	CIC 1432
San Jerónimo	CIC 1456
Tertuliano	CIC 1446

PALABRAS CLAVE

La siguiente parte del *Catecismo* utiliza estas palabras clave.
Véase el "Glosario" para su definición.

Palabras	Citadas en el *Catecismo*
Absolución	CIC 1424, 1442, 1449, 1453, 1480
Arrepentimiento	CIC 1431, 1434, 1451
Ayuno	CIC 1434
Castigo, temporal	CIC 1472

PALABRAS CLAVE

(continuación)

Palabras	Citadas en el *Catecismo*
Comunión de los santos	CIC 1474
Conciencia	CIC 1454
Concupiscencia	CIC 1426
Confesión	CIC 1455
Confesión general y absolución	CIC 1483
Contrición	CIC 1451
Conversión	CIC 1423, 1427, 1431
Cuaresma	CIC 1438
Examen de conciencia	CIC 1454
Excomunión	CIC 1463
Expiación	CIC 1475
Indulgencia	CIC 1471
Limosna	CIC 1434
Misericordia	CIC 1422
Penitencia	CIC 1431
Penitencia, el sacramento de	CIC 1422, 1434, 1440, 1448
Penitente/penitencial	CIC 1434, 1447, 1451
Purgatorio	CIC 1472
Reconciliación, sacramento de la	CIC 1422, 1442-1445, 1468
Remisión de los pecados	CIC 1446
Satisfacción (por los pecados)	CIC 1459
Sigilo de la confesión	CIC 1467

1420 Por los sacramentos de la iniciación cristiana, el hombre recibe la vida nueva de Cristo. Ahora bien, esta vida la llevamos en "vasos de barro" (*2 Co* 4, 7). Actualmente está todavía "escondida con Cristo en Dios" (*Col* 3, 3). Nos hallamos aún en "nuestra morada terrena" (*2 Co* 5, 1), sometida al sufrimiento, a la enfermedad y a la muerte. Esta vida nueva de hijo de Dios puede ser debilitada e incluso perdida por el pecado.

1421 El Señor Jesucristo, médico de nuestras almas y de nuestros cuerpos, que perdonó los pecados al paralítico y le devolvió la salud del cuerpo,[1] quiso que su Iglesia continuase, con la fuerza del Espíritu Santo, su obra de curación y de salvación, incluso en sus propios miembros. Esta es la finalidad de los dos sacramentos de curación: del sacramento de la Penitencia y de la Unción de los enfermos.

---

[1] Cf. *Mc* 2, 1-12.

CÓMO CELEBRAMOS → Los sacramentos → De curación

ARTÍCULO 4
EL SACRAMENTO DE LA PENITENCIA Y DE LA RECONCILIACIÓN

1422 "Los que se acercan al sacramento de la Penitencia obtienen de la misericordia de Dios el perdón de los pecados cometidos contra Él y, al mismo tiempo, se reconcilian con la Iglesia, a la que ofendieron con sus pecados. Ella les mueve a conversión con su amor, su ejemplo y sus oraciones".[2] — *980*

I. EL NOMBRE DE ESTE SACRAMENTO

1423 Se le denomina *sacramento de conversión* porque realiza sacramentalmente la llamada de Jesús a la conversión,[3] la vuelta al Padre[4] del que el hombre se había alejado por el pecado. — *1989*

Se denomina *sacramento de la Penitencia* porque consagra un proceso personal y eclesial de conversión, de arrepentimiento y de reparación por parte del cristiano pecador. — *1440*

1424 Es llamado *sacramento de la confesión* porque la declaración o manifestación, la confesión de los pecados ante el sacerdote, es un elemento esencial de este sacramento. En un sentido profundo este sacramento es también una "confesión", reconocimiento y alabanza de la santidad de Dios y de su misericordia para con el hombre pecador. — *1456*

Se le llama *sacramento del perdón* porque, por la absolución sacramental del sacerdote, Dios concede al penitente "el perdón y la paz".[5] — *1449*

Se le denomina sacramento de Reconciliación porque otorga al pecador el amor de Dios que reconcilia: "Dejaos reconciliar con Dios" (*2 Co* 5, 20). El que vive del amor misericordioso de Dios está pronto a responder a la llamada del Señor: "Ve primero a reconciliarte con tu hermano" (*Mt* 5, 24). — *1442*

II. POR QUÉ UN SACRAMENTO DE LA RECONCILIACIÓN DESPUÉS DEL BAUTISMO

1425 "Habéis sido lavados, habéis sido santificados, habéis sido justificados en el nombre del Señor Jesucristo y por el Espíritu de nuestro Dios" (*1 Co* 6, 11). Es preciso darse cuenta de la grandeza del don de Dios que se nos hace en los sacramentos de la iniciación cristiana para comprender hasta qué punto el pecado es algo que no cabe en aquel que "se ha revestido de Cristo" (*Ga* 3, 27). Pero el apóstol San Juan dice también: "Si decimos: 'no tenemos pecado', nos engañamos y la verdad no está en nosotros" (*1 Jn* 1, 8). Y el Señor mismo nos — *1263*

---

[2] Concilio Vaticano II, *Lumen gentium*, 11.
[3] Cf. *Mc* 1, 15
[4] Cf. *Lc* 15, 18.
[5] Ritual romano, *Ordo poenitentiae*, Fórmula de la absolución.

1426 La *conversión* a Cristo, el nuevo nacimiento por el Bautismo, el don del Espíritu Santo, el Cuerpo y la Sangre de Cristo recibidos como alimento nos han hecho "santos e inmaculados ante él" (*Ef* 1, 4), como la Iglesia misma, esposa de Cristo, es "santa e inmaculada ante él" (*Ef* 5, 27). Sin embargo, la vida nueva recibida en la iniciación cristiana no suprimió la fragilidad y la debilidad de la naturaleza humana, ni la inclinación al pecado que la tradición llama *concupiscencia*, y que permanece en los bautizados a fin de que sirva de prueba en ellos en el combate de la vida cristiana ayudados por la gracia de Dios.[6] Esta lucha es la de la *conversión* con miras a la santidad y la vida eterna a la que el Señor no cesa de llamarnos.[7]

III. LA CONVERSIÓN DE LOS BAUTIZADOS

1427 Jesús llama a la conversión. Esta llamada es una parte esencial del anuncio del Reino: "El tiempo se ha cumplido y el Reino de Dios está cerca; convertíos y creed en la Buena Nueva" (*Mc* 1, 15). En la predicación de la Iglesia, esta llamada se dirige primeramente a los que no conocen todavía a Cristo y su Evangelio. Así, el Bautismo es el lugar principal de la conversión primera y fundamental. Por la fe en la Buena Nueva y por el Bautismo[8] se renuncia al mal y se alcanza la salvación, es decir, la remisión de todos los pecados y el don de la vida nueva.

1428 Ahora bien, la llamada de Cristo a la conversión sigue resonando en la vida de los cristianos. Esta *segunda conversión* es una tarea ininterrumpida para toda la Iglesia que "recibe en su propio seno a los pecadores" y que siendo "santa al mismo tiempo que necesitada de purificación constante, busca sin cesar la penitencia y la renovación".[9] Este esfuerzo de conversión no es sólo una obra humana. Es el movimiento del "corazón contrito" (*Sal* 51, 19), atraído y movido por la gracia[10] a responder al amor misericordioso de Dios que nos ha amado primero.[11]

1429 De ello da testimonio la conversión de san Pedro tras la triple negación de su Maestro. La mirada de infinita misericordia de Jesús provoca las lágrimas del arrepentimiento (*Lc* 22, 61) y, tras la resurrección del Señor, la triple afirmación de su amor hacia él.[12] La segunda conversión tiene también una dimensión *comunitaria*. Esto aparece en la llamada del Señor a toda la Iglesia: "¡Arrepiéntete!" (*Ap* 2, 5.16).

> San Ambrosio dice acerca de las dos conversiones que, en la Iglesia, "existen el agua y las lágrimas: el agua del Bautismo y las lágrimas de la Penitencia".[13]

---

[6] Cf. Concilio de Trento: DS, 1515.
[7] Cf. *ibid.*, 1545; Concilio Vaticano II, *Lumen gentium*, 40.
[8] Cf. *Hch* 2, 38.
[9] Concilio Vaticano II, *Lumen gentium*, 8.
[10] Cf. *Jn* 6, 44; 12, 32.
[11] Cf. *1 Jn* 4, 10.
[12] Cf. *Jn* 21, 15-17.
[13] SAN AMBROSIO, *Epistulae*, 41, 12: PL 16, 1116B.

CÓMO CELEBRAMOS → Los sacramentos → De curación

IV. LA PENITENCIA INTERIOR

1430 Como ya en los profetas, la llamada de Jesús a la conversión y a la penitencia no mira, en primer lugar, a las obras exteriores "el saco y la ceniza", los ayunos y las mortificaciones, sino a *la conversión del corazón, la penitencia interior*. Sin ella, las obras de penitencia permanecen estériles y engañosas; por el contrario, la conversión interior impulsa a la expresión de esta actitud por medio de signos visibles, gestos y obras de penitencia.[14]

1098

1431 La penitencia interior es una reorientación radical de toda la vida, un retorno, una conversión a Dios con todo nuestro corazón, una ruptura con el pecado, una aversión del mal, con repugnancia hacia las malas acciones que hemos cometido. Al mismo tiempo, comprende el deseo y la resolución de cambiar de vida con la esperanza de la misericordia divina y la confianza en la ayuda de su gracia. Esta conversión del corazón va acompañada de dolor y tristeza saludables que los Padres llamaron "animi cruciatus" (aflicción del espíritu), "compunctio cordis" (arrepentimiento del corazón).[15]

1451

368

1432 El corazón del hombre es rudo y endurecido. Es preciso que Dios dé al hombre un corazón nuevo.[16] La conversión es primeramente una obra de la gracia de Dios que hace volver a él nuestros corazones: "Conviértenos, Señor, y nos convertiremos" (*Lm* 5, 21). Dios es quien nos da la fuerza para comenzar de nuevo. Al descubrir la grandeza del amor de Dios, nuestro corazón se estremece ante el horror y el peso del pecado y comienza a temer ofender a Dios por el pecado y verse separado de él. El corazón humano se convierte mirando al que nuestros pecados traspasaron.[17]

1989

> Tengamos los ojos fijos en la sangre de Cristo y comprendamos cuán preciosa es a su Padre, porque, habiendo sido derramada para nuestra salvación, ha conseguido para el mundo entero la gracia del arrepentimiento.[18]

1433 Después de Pascua, el Espíritu Santo "convence al mundo en lo referente al pecado" (*Jn* 16, 8-9), a saber, que el mundo no ha creído en el que el Padre ha enviado. Pero este mismo Espíritu, que devela el pecado, es el Consolador[19] que da al corazón del hombre la gracia del arrepentimiento y de la conversión.[20]

729

692; 1848

V. DIVERSAS FORMAS DE PENITENCIA EN LA VIDA CRISTIANA

1434 La penitencia interior del cristiano puede tener expresiones muy variadas. La Escritura y los Padres insisten sobre todo en tres formas: *el ayuno,*

---

[14] Cf. *Jl* 2-13; *Is*, 16-17; *Mt* 6, 1-6.16-18.
[15] Cf. Concilio de Trento: DS,1676-1678; 1705; *Catecismo romano*, 2, 5, 4.
[16] Cf. *Ez* 36, 26-27.
[17] Cf. *Jn* 19, 37; *Za* 12, 10.
[18] SAN CLEMENTE DE ROMA, *Epistula ad Corinthios*, 7, 4.
[19] Cf. *Jn* 15, 26.
[20] Cf. *Hch* 2, 36-38; JUAN PABLO II, enc. *Dominum et Vivificantem*, 27-48.

la oración, la limosna[21] que expresan la conversión con relación a sí mismo, con relación a Dios y con relación a los demás. Junto a la purificación radical operada por el Bautismo o por el martirio, citan, como medio de obtener el perdón de los pecados, los esfuerzos realizados para reconciliarse con el prójimo, las lágrimas de penitencia, la preocupación por la salvación del prójimo,[22] la intercesión de los santos y la práctica de la caridad "que cubre multitud de pecados" (*1 P* 4, 8).

1435 La conversión se realiza en la vida cotidiana mediante gestos de reconciliación, la atención a los pobres, el ejercicio y la defensa de la justicia y del derecho,[23] por el reconocimiento de nuestras faltas ante los hermanos, la corrección fraterna, la revisión de vida, el examen de conciencia, la dirección espiritual, la aceptación de los sufrimientos, el padecer la persecución a causa de la justicia. Tomar la cruz cada día y seguir a Jesús es el camino más seguro de la penitencia.[24]

1436 *Eucaristía y Penitencia.* La conversión y la penitencia diarias encuentran su fuente y su alimento en la Eucaristía, pues en ella se hace presente el sacrificio de Cristo que nos reconcilió con Dios; por ella son alimentados y fortificados los que viven de la vida de Cristo; "es el antídoto que nos libera de nuestras faltas cotidianas y nos preserva de pecados mortales".[25]

1437 La lectura de la Sagrada Escritura, la oración de la Liturgia de las Horas y del Padre Nuestro, todo acto sincero de culto o de piedad reaviva en nosotros el espíritu de conversión y de penitencia y contribuye al perdón de nuestros pecados.

1438 *Los tiempos y los días de penitencia* a lo largo del año litúrgico (el tiempo de Cuaresma, cada viernes en memoria de la muerte del Señor) son momentos fuertes de la práctica penitencial de la Iglesia.[26] Estos tiempos son particularmente apropiados para los ejercicios espirituales, las liturgias penitenciales, las peregrinaciones como signo de penitencia, las privaciones voluntarias como el ayuno y la limosna, la comunicación cristiana de bienes (obras caritativas y misioneras).

1439 *El proceso de la conversión y de la penitencia* fue descrito maravillosamente por Jesús en la parábola llamada "del hijo pródigo", cuyo centro es "el padre misericordioso" (*Lc* 15, 11-24): la fascinación de una libertad ilusoria, el abandono de la casa paterna; la miseria extrema en que el hijo se encuentra tras haber dilapidado su fortuna; la humillación profunda de verse obligado a apacentar cerdos, y peor aún, la de desear alimentarse de las algarrobas que comían los cerdos; la reflexión sobre los bienes perdidos; el arrepentimiento

---

[21] Cf. *Tb* 2, 8; *Mt* 6, 1-18.
[22] Cf. *St* 5, 20.
[23] Cf. *Am* 5, 24; *Is* 1, 17.
[24] Cf. *Lc* 9, 23.
[25] Concilio de Trento: DS, 1638.
[26] Cf. Concilio Vaticano II, *Sacrosanctum concilium,* 109-110; CDC, 1249-1253; CCEO, 880-883.

y la decisión de declararse culpable ante su padre, el camino del retorno; la acogida generosa del padre; la alegría del padre: todos éstos son rasgos propios del proceso de conversión. El mejor vestido, el anillo y el banquete de fiesta son símbolos de esta vida nueva, pura, digna, llena de alegría que es la vida del hombre que vuelve a Dios y al seno de su familia, que es la Iglesia. Sólo el corazón de Cristo, que conoce las profundidades del amor de su Padre, pudo revelarnos el abismo de su misericordia de una manera tan llena de simplicidad y de belleza.

VI. EL SACRAMENTO DE LA PENITENCIA Y DE LA RECONCILIACIÓN

1440 El pecado es, ante todo, ofensa a Dios, ruptura de la comunión con Él. Al mismo tiempo, atenta contra la comunión con la Iglesia. Por eso la conversión implica a la vez el perdón de Dios y la reconciliación con la Iglesia, que es lo que expresa y realiza litúrgicamente el sacramento de la Penitencia y de la Reconciliación.[27]

1850

Sólo Dios perdona el pecado

1441 Sólo Dios perdona los pecados[28] Porque Jesús es el Hijo de Dios, dice de sí mismo: "El Hijo del hombre tiene poder de perdonar los pecados en la tierra" (*Mc* 2, 10) y ejerce ese poder divino: "Tus pecados están perdonados" (*Mc* 2, 5; *Lc* 7, 48). Más aún, en virtud de su autoridad divina, Jesús confiere este poder a los hombres[29] para que lo ejerzan en su nombre.

270; 431

589

1442 Cristo quiso que toda su Iglesia, tanto en su oración como en su vida y su obra, fuera el signo y el instrumento del perdón y de la reconciliación que nos adquirió al precio de su sangre. Sin embargo, confió el ejercicio del poder de absolución al ministerio apostólico, que está encargado del "ministerio de la reconciliación" (*2 Co* 5, 18). El apóstol es enviado "en nombre de Cristo", y "es Dios mismo" quien, a través de él, exhorta y suplica: "Dejaos reconciliar con Dios" (*2 Co* 5, 20).

983

Reconciliación con la Iglesia

1443 Durante su vida pública, Jesús no sólo perdonó los pecados, también manifestó el efecto de este perdón: a los pecadores que son perdonados los vuelve a integrar en la comunidad del pueblo de Dios, de donde el pecado los había alejado o incluso excluido. Un signo manifiesto de ello es el hecho de que Jesús admite a los pecadores a su mesa, más aún, Él mismo se sienta a su mesa, gesto que expresa de manera conmovedora, a la vez, el perdón de Dios[30] y el retorno al seno del pueblo de Dios.[31]

545

---

[27] Cf. Concilio Vaticano II, *Lumen gentium*, 11.
[28] Cf. *Mc* 2, 7.
[29] Cf. *Jn* 20, 21-23.
[30] Cf. *Lc* 15.
[31] Cf. *Lc* 19, 9.

1444 Al hacer partícipes a los apóstoles de su propio poder de perdonar los pecados, el Señor les da también la autoridad de reconciliar a los pecadores con la Iglesia. Esta dimensión eclesial de su tarea se expresa particularmente en las palabras solemnes de Cristo a Simón Pedro: "A ti te daré las llaves del Reino de los cielos; y lo que ates en la tierra quedará atado en los cielos, y lo que desates en la tierra quedará desatado en los cielos" (*Mt* 16, 19). "Está claro que también el Colegio de los Apóstoles, unido a su Cabeza (cf. *Mt* 18, 18; 28, 16-20), recibió la función de atar y desatar dada a Pedro (cf. *Mt* 16, 19)".[32]

1445 Las palabras *atar* y *desatar* significan: aquel a quien excluyáis de vuestra comunión, será excluido de la comunión con Dios; aquel a quien recibáis de nuevo en vuestra comunión, Dios lo acogerá también en la suya. *La reconciliacin con la Iglesia es inseparable de la reconciliación con Dios.*

El sacramento del perdón

1446 Cristo instituyó el sacramento de la Penitencia en favor de todos los miembros pecadores de su Iglesia, ante todo para los que, después del Bautismo, hayan caído en el pecado grave y así hayan perdido la gracia bautismal y lesionado la comunión eclesial. El sacramento de la Penitencia ofrece a éstos una nueva posibilidad de convertirse y de recuperar la gracia de la justificación. Los Padres de la Iglesia presentan este sacramento como "la segunda tabla (de salvación) después del naufragio que es la pérdida de la gracia".[33]

1447 A lo largo de los siglos la forma concreta, según la cual la Iglesia ha ejercido este poder recibido del Señor ha variado mucho. Durante los primeros siglos, la reconciliación de los cristianos que habían cometido pecados particularmente graves después de su Bautismo (por ejemplo, idolatría, homicidio o adulterio), estaba vinculada a una disciplina muy rigurosa, según la cual los penitentes debían hacer penitencia pública por sus pecados, a menudo, durante largos años, antes de recibir la reconciliación. A este "orden de los penitentes" (que sólo concernía a ciertos pecados graves) sólo se era admitido raramente y, en ciertas regiones, una sola vez en la vida. Durante el siglo VII, los misioneros irlandeses, inspirados en la tradición monástica de Oriente, trajeron a Europa continental la práctica "privada" de la Penitencia, que no exigía la realización pública y prolongada de obras de penitencia antes de recibir la reconciliación con la Iglesia. El sacramento se realiza desde entonces de una manera más secreta entre el penitente y el sacerdote. Esta nueva práctica preveía la posibilidad de la reiteración del sacramento y abría así el camino a una recepción regular del mismo. Permitía integrar en una sola celebración sacramental el perdón de los pecados graves y de los pecados veniales. A grandes líneas, ésta es la forma de penitencia que la Iglesia practica hasta nuestros días.

---

[32] Concilio Vaticano II, *Lumen gentium*, 22.

[33] TERTULIANO, *De poenitentia*, 4, 2; cf Concilio de Trento: DS, 1542.

CÓMO CELEBRAMOS → Los sacramentos → De curación

CIC 1453

1448 A través de los cambios que la disciplina y la celebración de este sacramento han experimentado a lo largo de los siglos, se descubre una misma *estructura fundamental*. Comprende dos elementos igualmente esenciales: por una parte, los actos del hombre que se convierte bajo la acción del Espíritu Santo, a saber, la contrición, la confesión de los pecados y la satisfacción; y por otra parte, la acción de Dios por el *ministerio de la Iglesia*. Por medio del obispo y de sus presbíteros, la Iglesia en nombre de Jesucristo concede el perdón de los pecados, determina la modalidad de la satisfacción, ora también por el pecador y hace penitencia con él. Así el pecador es curado y restablecido en la comunión eclesial.

1449 La fórmula de absolución en uso en la Iglesia latina expresa el elemento esencial de este sacramento: el Padre de la misericordia es la fuente de todo perdón. Realiza la reconciliación de los pecadores por la Pascua de su Hijo y el don de su Espíritu, a través de la oración y el ministerio de la Iglesia:

1481

234

> Dios, Padre misericordioso, que reconcilió consigo al mundo por la muerte y la resurrección de su Hijo y derramó el Espíritu Santo para la remisión de los pecados, te conceda, por el ministerio de la Iglesia, el perdón y la paz. Y yo te absuelvo de tus pecados en el nombre del Padre y del Hijo y del Espíritu Santo.[34]

VII. LOS ACTOS DEL PENITENTE

1450 "La penitencia mueve al pecador a sufrir todo voluntariamente; en su corazón, contrición; en la boca, confesión; en la obra, toda humildad y fructífera satisfacción".[35]

La contrición

1451 Entre los actos del penitente, la contrición aparece en primer lugar. Es "un dolor del alma y una detestación del pecado cometido con la resolución de no volver a pecar".[36]

431

1452 Cuando brota del amor de Dios amado sobre todas las cosas, la contrición se llama "contrición perfecta" (contrición de caridad). Semejante contrición perdona las faltas veniales; obtiene también el perdón de los pecados mortales si comprende la firme resolución de recurrir tan pronto sea posible a la confesión sacramental.[37]

1822

1453 La contrición llamada "imperfecta" (o "atrición") es también un don de Dios, un impulso del Espíritu Santo. Nace de la consideración de la fealdad del pecado o del temor de la condenación eterna y de las demás penas con

---

[34] Ritual Romano, *Ordo poenitentiae,* Fórmula de absolución.
[35] *Catecismo Romano,* 2, 5, 21; cf Concilio de Trento: DS, 1673.
[36] Concilio de Trento: DS, 1676.
[37] Cf. *ibid.,* 1677.

que es amenazado el pecador. Tal conmoción de la conciencia puede ser el comienzo de una evolución interior que culmina, bajo la acción de la gracia, en la absolución sacramental. Sin embargo, por sí misma la contrición imperfecta no alcanza el perdón de los pecados graves, pero dispone a obtenerlo en el sacramento de la Penitencia.[38]

1454 Conviene preparar la recepción de este sacramento mediante un *examen de conciencia* hecho a la luz de la Palabra de Dios. Para esto, los textos más aptos se encuentran en el Decálogo y en la catequesis moral de los Evangelios y de las Cartas de los apóstoles: Sermón de la montaña y enseñanzas apostólicas.[39]

La confesión de los pecados

1455 La confesión de los pecados, incluso desde un punto de vista simplemente humano, nos libera y facilita nuestra reconciliación con los demás. Por la confesión, el hombre se enfrenta a los pecados de que se siente culpable; asume su responsabilidad y, por ello, se abre de nuevo a Dios y a la comunión de la Iglesia con el fin de hacer posible un nuevo futuro.

1456 La confesión de los pecados hecha al sacerdote constituye una parte esencial del sacramento de la Penitencia: "En la confesión, los penitentes deben enumerar todos los pecados mortales de que tienen conciencia tras haberse examinado seriamente, incluso si estos pecados son muy secretos y si han sido cometidos solamente contra los dos últimos mandamientos del Decálogo,[40] pues, a veces, estos pecados hieren más gravemente el alma y son más peligrosos que los que han sido cometidos a la vista de todos":[41]

> Cuando los fieles de Cristo se esfuerzan por confesar todos los pecados que recuerdan, no se puede dudar que están presentando ante la misericordia divina para su perdón todos los pecados que han cometido. Quienes actúan de otro modo y callan conscientemente algunos pecados, no están presentando ante la bondad divina nada que pueda ser perdonado por mediación del sacerdote. Porque 'si el enfermo se avergüenza de descubrir su llaga al médico, la medicina no cura lo que ignora'.[42]

1457 Según el mandamiento de la Iglesia "todo fiel llegado a la edad del uso de razón debe confesar, al menos una vez al año, los pecados graves de que tiene conciencia".[43] "Quien tenga conciencia de hallarse en pecado grave que no celebre la misa ni comulgue el Cuerpo del Señor sin acudir antes a la confesión sacramental a no ser que concurra un motivo grave y no haya

---

[38] Cf. *ibid.*, 1678; 1705.
[39] Cf. *Rm* 12-15; *1 Co* 12-13; *Ga* 5; *Ef* 4-6.
[40] Cf. *Ex* 20, 17; *Mt* 5, 28.
[41] Concilio de Trento: DS, 1680.
[42] SAN JERÓNIMO, *Commentarii in Ecclesiasten*, 10, 11: PL 23, 1096; cf Concilio de Trento: DS, 1680.
[43] CDC, 989; cf Concilio de Trento: DS, 1683; 1708.

posibilidad de confesarse; y, en este caso, tenga presente que está obligado a hacer un acto de contrición perfecta, que incluye el propósito de confesarse cuanto antes".[44] Los niños deben acceder al sacramento de la Penitencia antes de recibir por primera vez la Sagrada Comunión.[45]

1458 Sin ser estrictamente necesaria, la confesión de los pecados veniales, sin embargo, se recomienda vivamente por la Iglesia.[46] En efecto, la confesión habitual de los pecados veniales ayuda a formar la conciencia, a luchar contra las malas inclinaciones, a dejarse curar por Cristo, a progresar en la vida del Espíritu. Cuando se recibe con frecuencia, mediante este sacramento, el don de la misericordia del Padre, el creyente se ve impulsado a ser él también misericordioso:[47]

> El que confiesa sus pecados actúa ya con Dios. Dios acusa tus pecados, si tú también te acusas, te unes a Dios. El hombre y el pecador, son por así decirlo, dos realidades: cuando oyes hablar del hombre, es Dios quien lo ha hecho; cuando oyes hablar del pecador, es el hombre mismo quien lo ha hecho. Destruye lo que tú has hecho para que Dios salve lo que Él ha hecho... Cuando comienzas a detestar lo que has hecho, entonces tus obras buenas comienzan porque reconoces tus obras malas. El comienzo de las obras buenas es la confesión de las obras malas. Haces la verdad y vienes a la Luz.[48]

La satisfacción

1459 Muchos pecados causan daño al prójimo. Es preciso hacer lo posible para repararlo (por ejemplo, restituir las cosas robadas, restablecer la reputación del que ha sido calumniado, compensar las heridas). La simple justicia exige esto. Pero además el pecado hiere y debilita al pecador mismo, así como sus relaciones con Dios y con el prójimo. La absolución quita el pecado, pero no remedia todos los desórdenes que el pecado causó.[49] Liberado del pecado, el pecador debe todavía recobrar la plena salud espiritual. Por tanto, debe hacer algo más para reparar sus pecados: debe "satisfacer" de manera apropiada o "expiar" sus pecados. Esta satisfacción se llama también "penitencia".

1460 La *penitencia* que el confesor impone debe tener en cuenta la situación personal del penitente y buscar su bien espiritual. Debe corresponder todo lo posible a la gravedad y a la naturaleza de los pecados cometidos. Puede consistir en la oración, en ofrendas, en obras de misericordia, servicios al prójimo, privaciones voluntarias, sacrificios, y sobre todo, la aceptación paciente de la cruz que debemos llevar. Tales penitencias ayudan a configurarnos con Cristo, el Único que expió nuestros pecados[50] una vez por

---

[44] Cf. CDC, 916; cf Concilio de Trento: DS, 1647; 1661; CCEO, 711.
[45] Cf. CDC, 914.
[46] Cf. Concilio de Trento: DS, 1680; CDC, 988, 2.
[47] Cf. *Lc* 6, 36.
[48] SAN AGUSTÍN, *In Evangelium Johannis tractatus*, 12, 13.
[49] Cf. Concilio de Trento: DS, 1712.
[50] Cf. *Rm* 3, 25; *Jn* 2, 1-2.

2011

Pero nuestra satisfacción, la que realizamos por nuestros pecados, sólo es posible por medio de Jesucristo: nosotros que, por nosotros mismos, no podemos nada, con la ayuda "del que nos fortalece, lo podemos todo".[52] Así el hombre no tiene nada de que pueda gloriarse sino que toda "nuestra gloria" está en Cristo... en quien nosotros satisfacemos "dando frutos dignos de penitencia"[53] que reciben su fuerza de Él, por Él son ofrecidos al Padre y gracias a Él son aceptados por el Padre.[54]

VIII. EL MINISTRO DE ESTE SACRAMENTO

981

1461 Puesto que Cristo confió a sus apóstoles el ministerio de la reconciliación,[55] los obispos, sus sucesores, y los presbíteros, colaboradores de los obispos, continúan ejerciendo este ministerio. En efecto, los obispos y los presbíteros, en virtud del sacramento del Orden, tienen el poder de perdonar todos los pecados "en el nombre del Padre y del Hijo y del Espíritu Santo".

886

1567

1462 El perdón de los pecados reconcilia con Dios y también con la Iglesia. El obispo, cabeza visible de la Iglesia particular, es considerado, por tanto, con justo título, desde los tiempos antiguos como el que tiene principalmente el poder y el ministerio de la reconciliación: es el moderador de la disciplina penitencial.[56] Los presbíteros, sus colaboradores, lo ejercen en la medida en que han recibido la tarea de administrarlo sea de su obispo (o de un superior religioso), sea del Papa, a través del derecho de la Iglesia.[57]

982

1463 Ciertos pecados particularmente graves están sancionados con la excomunión, la pena eclesiástica más severa, que impide la recepción de los sacramentos y el ejercicio de ciertos actos eclesiásticos[58], y cuya absolución, por consiguiente, sólo puede ser concedida, según el derecho de la Iglesia, por el Papa, por el Obispo del lugar, o por sacerdotes autorizados por ellos.[59] En caso de peligro de muerte, todo sacerdote, aun el que carece de la facultad de oír confesiones, puede absolver de cualquier pecado y de toda excomunión.[60]

1464 Los sacerdotes deben alentar a los fieles a acceder al sacramento de la Penitencia y deben mostrarse disponibles a celebrar este sacramento cada vez que los cristianos lo pidan de manera razonable.[61]

---

[51] Cf. Concilio de Trento: DS, 1690
[52] Cf. *Flp* 4, 13.
[53] Cf. *Lc* 3, 8.
[54] Concilio de Trento: DS, 1691.
[55] Cf. *Jn* 20, 23; *2 Co* 5, 18.
[56] Cf. Concilio Vaticano II, *Lumen gentium,* 26.
[57] Cf. CDC, 844; 967-969; 972; CCEO, 722, 3-4.
[58] Cf. CDC, canon 1331; CCEO, cánones 1431, 1434.
[59] Cf. CDC, cánones 1354-1357; CCEO, canon 1420.
[60] Cf. CDC, canon 976; para la absolución de los pecados, CCEO, canon 725.
[61] Cf. CDC, 986; CCEO, 735; Concilio Vaticano II, *Presbyterorum ordinis,* 13.

CÓMO CELEBRAMOS ⟶ Los sacramentos ⟶ De curación

1465 Cuando celebra el sacramento de la Penitencia, el sacerdote ejerce el ministerio del Buen Pastor que busca la oveja perdida, el del Buen Samaritano que cura las heridas, del Padre que espera al hijo pródigo y lo acoge a su vuelta, del justo Juez que no hace acepción de personas y cuyo juicio es a la vez justo y misericordioso. En una palabra, el sacerdote es el signo y el instrumento del amor misericordioso de Dios con el pecador.

1466 El confesor no es dueño, sino el servidor del perdón de Dios. El ministro de este sacramento debe unirse a la intención y a la caridad de Cristo.[62] Debe tener un conocimiento probado del comportamiento cristiano, experiencia de las cosas humanas, respeto y delicadeza con el que ha caído; debe amar la verdad, ser fiel al magisterio de la Iglesia y conducir al penitente con paciencia hacia la curación y su plena madurez. Debe orar y hacer penitencia por él confiándolo a la misericordia del Señor.

1467 Dada la delicadeza y la grandeza de este ministerio y el respeto debido a las personas, la Iglesia declara que todo sacerdote que oye confesiones está obligado a guardar un secreta absoluto sobre los pecados que sus penitentes le han confesado, bajo penas muy severas.[63] Tampoco puede hacer uso de los conocimientos que la confesión le da sobre la vida de los penitentes. Este secreto, que no admite excepción, se llama "sigilo sacramental", porque lo que el penitente ha manifestado al sacerdote queda "sellado" por el sacramento.

IX. LOS EFECTOS DE ESTE SACRAMENTO

1468 "Toda la virtud de la penitencia reside en que nos restituye a la gracia de Dios y nos une con Él con profunda amistad".[64] El fin y el efecto de este sacramento son, pues, *la reconciliación con Dios*. En los que reciben el sacramento de la Penitencia con un corazón contrito y con una disposición religiosa, "tiene como resultado la paz y la tranquilidad de la conciencia, a las que acompaña un profundo consuelo espiritual".[65] En efecto, el sacramento de la reconciliación con Dios produce una verdadera "resurrección espiritual", una restitución de la dignidad y de los bienes de la vida de los hijos de Dios, el más precioso de los cuales es la amistad de Dios.[66]

1469 Este sacramento *reconcilia con la Iglesia al penitente*. El pecado menoscaba o rompe la comunión fraterna. El sacramento de la Penitencia la repara o la restaura. En este sentido, no cura solamente al que se reintegra en la comunión eclesial, tiene también un efecto vivificante sobre la vida de la Iglesia que ha sufrido por el pecado de uno de sus miembros.[67] Restablecido o afirmado en la comunión de los santos, el pecador es fortalecido por el intercambio de los bienes espirituales entre todos los miembros vivos del Cuerpo de

---

[62] Cf. Concilio Vaticano II, *Presbyterorum ordinis*, 13.
[63] Cf. CDC, 1388, 1; CCEO 1456.
[64] *Catecismo Romano*, 2, 5, 18.
[65] Concilio de Trento: DS, 1674.
[66] Cf. *Lc* 15, 32.
[67] Cf. *1 Co* 12, 26.

Segunda Parte: La celebración del misterio cristiano

949 Cristo, estén todavía en situación de peregrinos o se hallen ya en la patria celestial:⁶⁸

> Pero hay que añadir que tal reconciliación con Dios tiene como consecuencia, por así decir, otras reconciliaciones que reparan las rupturas causadas por el pecado: el penitente perdonado se reconcilia consigo mismo en el fondo más íntimo de su propio ser, en el que recupera la propia verdad interior; se reconcilia con los hermanos, agredidos y lesionados por él de algún modo; se reconcilia con la Iglesia; se reconcilia con toda la creación.⁶⁹

1470 En este sacramento, el pecador, confiándose al juicio misericordioso de Dios, *anticipa* en cierta manera el *juicio* al que será sometido al fin de esta vida terrena. Porque es ahora, en esta vida, cuando nos es ofrecida la elección entre la vida y la muerte, y sólo por el camino de la conversión podemos entrar en el Reino del que el pecado grave nos aparta.⁷⁰ Convirtiéndose a Cristo por la penitencia y la fe, el pecador pasa de la muerte a la vida "y no incurre enjuicio" (*Jn* 5, 24).

678; 1039

X. LAS INDULGENCIAS

1471 La doctrina y la práctica de las indulgencias en la Iglesia están estrechamente ligadas a los efectos del sacramento de la Penitencia.

Qué son las indulgencias

"La indulgencia es la remisión ante Dios de la pena temporal por los pecados, ya perdonados, en cuanto a la culpa, que un fiel dispuesto y cumpliendo determinadas condiciones consigue por mediación de la Iglesia, la cual, como administradora de la redención, distribuye y aplica con autoridad el tesoro de las satisfacciones de Cristo y de los santos."

"La indulgencia es parcial o plenaria según libere de la pena temporal debida por los pecados en parte o totalmente."

"Todo fiel puede lucrar para sí mismo o aplicar por los difuntos, a manera de sufragio, las indulgencias tanto parciales como plenarias".⁷¹

Las penas del pecado

1472 Para entender esta doctrina y esta práctica de la Iglesia es preciso recordar que el pecado *tiene una doble consecuencia*. El pecado grave nos priva de la comunión con Dios y por ello nos hace incapaces de la vida eterna, cuya privación se llama la "pena eterna" del pecado. Por otra parte, todo pecado,

1861

---

⁶⁸ Cf. Concilio Vaticano II, *Lumen gentium*, 48-50.
⁶⁹ JUAN PABLO II, exh. ap. *Reconciliatio et poenitentia*, 31.
⁷⁰ Cf. *1 Co* 5, 11; *Ga* 5, 19-21; *Ap* 22, 15.
⁷¹ CDC, 992-994; cf PABLO VI, c. apos. *Indulgentiarum doctrina*, Normae 1-3, AAS (1967), 5-24.

incluso venial, entraña apego desordenado a las criaturas que es necesario purificar, sea aquí abajo, sea después de la muerte, en el estado que se llama Purgatorio. Esta purificación libera de lo que se llama la "pena temporal" del pecado. Estas dos penas no deben ser concebidas como una especie de venganza, infligida por Dios desde el exterior, sino como algo que brota de la naturaleza misma del pecado. Una conversión que procede de una ferviente caridad puede llegar a la total purificación del pecador, de modo que no subsistiría ninguna pena.[72]

1473 El perdón del pecado y la restauración de la comunión con Dios entrañan la remisión de las penas eternas del pecado. Pero las penas temporales del pecado permanecen. El cristiano debe esforzarse, soportando pacientemente los sufrimientos y las pruebas de toda clase y, llegado el día, enfrentándose serenamente con la muerte, por aceptar como una gracia estas penas temporales del pecado; debe aplicarse, tanto mediante las obras de misericordia y de caridad, como mediante la oración y las distintas prácticas de penitencia, a despojarse completamente del "hombre viejo" y a revestirse del "hombre nuevo".[73]

En la comunión de los santos

1474 El cristiano que quiere purificarse de su pecado y santificarse con ayuda de la gracia de Dios no se encuentra solo. "La vida de cada uno de los hijos de Dios está ligada de una manera admirable, en Cristo y por Cristo, con la vida de todos los otros hermanos cristianos, en la unidad sobrenatural del Cuerpo místico de Cristo, como en una persona mística".[74]

1475 En la comunión de los santos, por consiguiente, "existe entre los fieles —tanto entre quienes ya son bienaventurados como entre los que expían en el purgatorio o los que peregrinan todavía en la tierra— un constante vínculo de amor y un abundante intercambio de todos los bienes".[75] En este intercambio admirable, la santidad de uno aprovecha a los otros, más allá del daño que el pecado de uno pudo causar a los demás. Así, el recurso a la comunión de los santos permite al pecador contrito estar antes y más eficazmente purificado de las penas del pecado.

1476 Estos bienes espirituales de la comunión de los santos, los llamamos también el *tesoro de la Iglesia*, "que no es suma de bienes, como lo son las riquezas materiales acumuladas en el transcurso de los siglos, sino que es el valor infinito e inagotable que tienen ante Dios las expiaciones y los méritos de Cristo nuestro Señor, ofrecidos para que la humanidad quedara libre del pecado y llegase a la comunión con el Padre. Sólo en Cristo, Redentor nuestro,

---

[72] Cf. Concilio de Trento: DS, 1712-1713; 1820.
[73] Cf. *Ef* 4, 24.
[74] PABLO VI, const. ap. *Indulgentiarum doctrina*, 5.
[75] *Ibid.*

se encuentran en abundancia las satisfacciones y los méritos de su redención (cf. *Hb* 7, 23-25; 9, 11-28)".[76]

969 **1477** "Pertenecen igualmente a este tesoro el precio verdaderamente inmenso, inconmensurable y siempre nuevo que tienen ante Dios las oraciones y las buenas obras de la Bienaventurada Virgen María y de todos los santos que se santificaron por la gracia de Cristo, siguiendo sus pasos, y realizaron una obra agradable al Padre, de manera que, trabajando en su propia salvación, cooperaron igualmente a la salvación de sus hermanos en la unidad del Cuerpo místico".[77]

Obtener la indulgencia de Dios por medio de la Iglesia

981 **1478** Las indulgencias se obtienen por la Iglesia que, en virtud del poder de atar y desatar que le fue concedido por Cristo Jesús, interviene en favor de un cristiano y le abre el tesoro de los méritos de Cristo y de los santos para obtener del Padre de la misericordia la remisión de las penas temporales debidas por sus pecados. Por eso la Iglesia no quiere solamente acudir en ayuda de este cristiano, sino también impulsarlo a hacer obras de piedad, de penitencia y de caridad.[78]

1032 **1479** Puesto que los fieles difuntos en vía de purificación son también miembros de la misma comunión de los santos, podemos ayudarles, entre otras formas, obteniendo para ellos indulgencias, de manera que se vean libres de las penas temporales debidas por sus pecados.

XI. LA CELEBRACIÓN DEL SACRAMENTO DE LA PENITENCIA

1480 Como todos los sacramentos, la Penitencia es una acción litúrgica. Ordinariamente los elementos de su celebración son: saludo y bendición del sacerdote, lectura de la Palabra de Dios para iluminar la conciencia y suscitar la contrición, y exhortación al arrepentimiento; la confesión que reconoce los pecados y los manifiesta al sacerdote; la imposición y la aceptación de la penitencia; la absolución del sacerdote; alabanza de acción de gracias y despedida con la bendición del sacerdote.

1449 **1481** La liturgia bizantina posee expresiones diversas de absolución, en forma deprecativa, que expresan admirablemente el misterio del perdón: "Que el Dios que por el profeta Natán perdonó a David cuando confesó sus pecados, ya Pedro cuando lloró amargamente y a la pecadora cuando derramó lágrimas sobre sus pies, y al publicano, y al pródigo, que este mismo Dios, por medio de mí, pecador, os perdone en esta vida y en la otra y que os haga

---

[76] PABLO VI, const. ap. *Indulgentiarum doctrina*, 5.
[77] *Ibid.*
[78] Cf. *ibid.*, 8; Concilio de Trento: DS, 1835.

comparecer sin condenaras en su temible tribunal. El que es bendito por los siglos de los siglos. Amén".

1482 El sacramento de la Penitencia puede también celebrarse en el marco de una *celebración comunitaria,* en la que los penitentes se preparan a la confesión y juntos dan gracias por el perdón recibido. Así la confesión personal de los pecados y la absolución individual están insertadas en una liturgia de la Palabra de Dios, con lecturas y homilía, examen de conciencia dirigido en común, petición comunitaria del perdón, rezo del Padre Nuestro y acción de gracias en común. Esta celebración comunitaria expresa más claramente el carácter eclesial de la penitencia. En todo caso, cualquiera que sea la manera de su celebración, el sacramento de la Penitencia es siempre, por su naturaleza misma, una acción litúrgica, por tanto, eclesial y pública.[79]

1483 En casos de necesidad grave se puede recurrir a la *celebración comunitaria de la reconciliación con confesión general y absolución general*. Semejante necesidad grave puede presentarse cuando hay un peligro inminente de muerte sin que el sacerdote o los sacerdotes tengan tiempo suficiente para oír la confesión de cada penitente. La necesidad grave puede existir también cuando, teniendo en cuenta el número de penitentes, no hay bastantes confesores para oír debidamente las confesiones individuales en un tiempo razonable, de manera que los penitentes, sin culpa suya, se verían privados durante largo tiempo de la gracia sacramental o de la sagrada comunión. En este caso, los fieles deben tener, para la validez de la absolución, el propósito de confesar individualmente sus pecados graves en su debido tiempo.[80] Al obispo diocesano corresponde juzgar si existen las condiciones requeridas para la absolución general.[81] Una gran concurrencia de fieles con ocasión de grandes fiestas o de peregrinaciones no constituyen por su naturaleza ocasión de la referida necesidad grave.[82]

1484 "La confesión individual e íntegra y la absolución continúan siendo el único modo ordinario para que los fieles se reconcilien con Dios y la Iglesia, a no ser que una imposibilidad física o moral excuse de este modo de confesión".[83] Y esto se establece así por razones profundas. Cristo actúa en cada uno de los sacramentos. Se dirige personalmente a cada uno de los pecadores: "Hijo, tus pecados están perdonados" (*Mc* 2, 5); es el médico que se inclina sobre cada uno de los enfermos que tienen necesidad de él[84] para curarlos; los restaura y los devuelve a la comunión fraterna. Por tanto, la confesión personal es la forma más significativa de la reconciliación con Dios y con la Iglesia.

---

[79] Cf. Concilio Vaticano II, *Sacrosanctum concilium,* 26-27.
[80] Cf. CDC, 962, 1.
[81] Cf. *ibid.,* 961, 2.
[82] Cf. *ibid.,* 961, 1.
[83] Ritual Romano, *Ordopoenitentiae,* 31.
[84] Cf. *Mc* 2, 17.

RESUMEN

1485 En la tarde de Pascua, el Señor Jesús se mostró a sus apóstoles y les dijo: "Recibid el Espíritu Santo. A quienes perdonéis los pecados, les quedan perdonados; a quienes se los retengáis, les quedan retenidos" (Jn 20, 22-23).

1486 El perdón de los pecados cometidos después del Bautismo es concedido por un sacramento propio llamado sacramento de la conversión, de la confesión, de la penitencia o de la reconciliación.

1487 Quien peca lesiona el honor de Dios y su amor, su propia dignidad de hombre llamado a ser hijo de Dios y el bien espiritual de la Iglesia, de la que cada cristiano debe ser una piedra viva.

1488 A los ojos de la fe, ningún mal es más grave que el pecado y nada tiene peores consecuencias para los pecadores mismos, para la Iglesia y para el mundo entero.

1489 Volver a la comunión con Dios, después de haberla perdido por el pecado, es un movimiento que nace de la gracia de Dios, rico en misericordia y deseoso de la salvación de los hombres. Es preciso pedir este don precioso para sí mismo y para los demás.

1490 El movimiento de retorno a Dios, llamado conversión y arrepentimiento, implica un dolor y una aversión respecto a los pecados cometidos, y el propósito firme de no volver a pecar. La conversión, por tanto, mira al pasado y al futuro; se nutre de la esperanza en la misericordia divina.

1491 El sacramento de la Penitencia está constituido por el conjunto de tres actos realizados por el penitente, y por la absolución del sacerdote. Los actos del penitente son: el arrepentimiento, la confesión o manifestación de los pecados al sacerdote y el propósito de realizar la reparación y las obras de penitencia.

1492 El arrepentimiento (llamado también contrición) debe estar inspirado en motivaciones que brotan de la fe. Si el arrepentimiento es concebido por amor de caridad hacia Dios, se le llama "perfecto"; si está fundado en otros motivos se le llama "imperfecto".

1493 El que quiere obtener la reconciliación con Dios y con la Iglesia debe confesar al sacerdote todos los pecados graves que no ha confesado aún y de los que se acuerda tras examinar cuidadosamente su conciencia. Sin ser necesaria, de suyo, la confesión de las faltas veniales está recomendada vivamente por la Iglesia.

CÓMO CELEBRAMOS ⟶ Los sacramentos ⟶ De curación

CIC 1498

1494 El confesor impone al penitente el cumplimiento de ciertos actos de "satisfacción" o de "penitencia", para reparar el daño causado por el pecado y restablecer los hábitos propios del discípulo de Cristo.

1495 Sólo los sacerdotes que han recibido de la autoridad de la Iglesia la facultad de absolver pueden ordinariamente perdonar los pecados en nombre de Cristo.

1496 Los efectos espirituales del sacramento de la Penitencia son:

— la reconciliación con Dios por la que el penitente recupera la gracia;

— la reconciliación con la Iglesia;

— la remisión de la pena eterna contraída por los pecados mortales;

— la remisión, al menos en parte, de las penas temporales, consecuencia del pecado;

— la paz y la serenidad de la conciencia, y el consuelo espiritual;

— el acrecentamiento de las fuerzas espirituales para el combate cristiano.

1497 La confesión individual e íntegra de los pecados graves seguida de la absolución es el único medio ordinario para la reconciliación con Dios y con la Iglesia.

1498 Mediante las indulgencias, los fieles pueden alcanzar para sí mismos y también para las almas del Purgatorio la remisión de las penas temporales, consecuencia de los pecados.

ARTÍCULO 5
LA UNCIÓN DE LOS ENFERMOS

FUENTES DE LA ESCRITURA Y DE LA IGLESIA

La siguiente parte del *Catecismo* utiliza estas fuentes de la Escritura y de la Iglesia. Véase el "Índice de citas" para una lista completa de referencias

Antiguo Testamento	Citadas en el *Catecismo*
Éxodo	CIC 1502
Salmos	CIC 1502
Isaías	CIC 1502, 1505

Segunda Parte: La celebración del misterio cristiano

FUENTES DE LA ESCRITURA Y DE LA IGLESIA

(continuación)

Nuevo Testamento	Citadas en el *Catecismo*
Mateo	CIC 1503, 1505, 1506, 1507, 1509
Marcos	CIC 1502, 1503, 1504, 1506, 1507, 1511
Lucas	CIC 1503, 1504
Juan	CIC 1504, 1505, 1509, 1524
Hechos de los Apóstoles	CIC 1507
1 Corintios	CIC 1508, 1509
2 Corintios	CIC 1508
Colosenses	CIC 1508
Hebreos	CIC 1520
Santiago	CIC 1510, 1511, 1519, 1520, 1526

Concilios ecuménicos	
Florencia (1439-1445)	CIC 1510, 1520
Trento (1545-1563)	CIC 1510-1512, 1516, 1520, 1523
Vaticano II (1962-1965)	CIC 1499, 1513, 1517, 1522

Documentos pontificios	
Inocencio I (402-417)	CIC 1510
Pablo VI (1963-1978)	CIC 1513

Derecho Canónico	
Código de Derecho Canónico	CIC 1513, 1514, 1516
Código de Cánones de las Iglesias orientales	CIC 1514, 1516

PALABRAS CLAVE

La siguiente parte del *Catecismo* utiliza estas palabras clave.
Véase el "Glosario" para su definición.

Palabras	Citadas en el *Catecismo*
Extremaunción	CIC 1499, 1520, 1523, 1526-1532
Unción de los enfermos	CIC 1499, 1520, 1523, 1526-1532
Viático	CIC 1524

CÓMO CELEBRAMOS ⟶ Los sacramentos ⟶ De curación

CIC 1503

1499 "Con la sagrada unción de los enfermos y con la oración de los presbíteros, toda la Iglesia entera encomienda a los enfermos al Señor sufriente y glorificado para que los alivie y los salve. Incluso los anima a unirse libremente a la pasión y muerte de Cristo; y contribuir, así, al bien del Pueblo de Dios".[85]

I. FUNDAMENTOS EN LA ECONOMÍA DE LA SALVACIÓN

La enfermedad en la vida humana

1500 La enfermedad y el sufrimiento se han contado siempre entre los problemas más graves que aquejan la vida humana. En la enfermedad, el hombre experimenta su impotencia, sus límites y su finitud. Toda enfermedad puede hacernos entrever la muerte.

1006

1501 La enfermedad puede conducir a la angustia, al repliegue sobre sí mismo, a veces incluso a la desesperación y a la rebelión contra Dios. Puede también hacer a la persona más madura, ayudarla a discernir en su vida lo que no es esencial para volverse hacia lo que lo es. Con mucha frecuencia, la enfermedad empuja a una búsqueda de Dios, un retorno a Él.

El enfermo ante Dios

1502 El hombre del Antiguo Testamento vive la enfermedad de cara a Dios. Ante Dios se lamenta por su enfermedad[86] y de Él, que es el Señor de la vida y de la muerte, implora la curación.[87] La enfermedad se convierte en camino de conversión[88] y el perdón de Dios inaugura la curación.[89] Israel experimenta que la enfermedad, de una manera misteriosa, se vincula al pecado y al mal; y que la fidelidad a Dios, según su Ley, devuelve la vida: "Yo, el Señor, soy el que te sana" (*Ex* 15, 26). El profeta entrevé que el sufrimiento puede tener también un sentido redentor por los pecados de los demás.[90] Finalmente, Isaías anuncia que Dios hará venir un tiempo para Sión en que perdonará toda falta y curará toda enfermedad.[91]

164
376

Cristo, médico

1503 La compasión de Cristo hacia los enfermos y sus numerosas curaciones de dolientes de toda clase[92] son un signo maravilloso de que "Dios ha visitado a su pueblo" (*Lc* 7, 16) y de que el Reino de Dios está muy cerca. Jesús no tiene solamente poder para curar, sino también de perdonar los pecados:[93] vino a curar al hombre entero, alma y cuerpo; es el médico que los enfermos necesitan.[94] Su compasión hacia todos los que sufren llega hasta

549

1421

---

[85] Concilio Vaticano II, *Lumen gentium*, 11
[86] Cf. *Sal* 38.
[87] Cf. *Sal* 6, 3; *Is* 38.
[88] Cf. *Sal* 38, 5; 39, 9.12.
[89] Cf. *Sal* 32, 5; 107, 20; *Mc* 2, 5-12.
[90] Cf. *Is* 53, 11.
[91] Cf. *Is* 33, 24.
[92] Cf. *Mt* 4, 24.
[93] Cf. *Mc* 2, 5-12.
[94] Cf. *Mc* 2, 17.

identificarse con ellos: "Estuve enfermo y me visitasteis" (*Mt* 25, 36). Su amor de predilección para con los enfermos no ha cesado, a lo largo de los siglos, de suscitar la atención muy particular de los cristianos hacia todos los que sufren en su cuerpo y en su alma. Esta atención dio origen a infatigables esfuerzos por aliviar a los que sufren.

1504 A menudo Jesús pide a los enfermos que crean.[95] Se sirve de signos para curar: saliva e imposición de manos,[96] barro y ablución.[97] Los enfermos tratan de tocarlo,[98] "pues salía de él una fuerza que los curaba a todos" (*Lc* 6, 19). Así, en los sacramentos, Cristo continúa "tocándonos" para sanarnos.

1505 Conmovido por tantos sufrimientos, Cristo no sólo se deja tocar por los enfermos, sino que hace suyas sus miserias: "Él tomó nuestras flaquezas y cargó con nuestras enfermedades" (*Mt* 8, 17).[99] No curó a todos los enfermos. Sus curaciones eran signos de la venida del Reino de Dios. Anunciaban una curación más radical: la victoria sobre el pecado y la muerte por su Pascua. En la Cruz, Cristo tomó sobre sí todo el peso del mal[100] y quitó el "pecado del mundo" (*Jn* 1, 29), del que la enfermedad no es sino una consecuencia. Por su pasión y su muerte en la Cruz, Cristo dio un sentido nuevo al sufrimiento: desde entonces éste nos configura con Él y nos une a su pasión redentora.

"Sanad a los enfermos…"

1506 Cristo invita a sus discípulos a seguirle tomando a su vez su cruz.[101] Siguiéndole adquieren una nueva visión sobre la enfermedad y sobre los enfermos. Jesús los asocia a su vida pobre y humilde. Les hace participar de su ministerio de compasión y de curación: "Y, yéndose de allí, predicaron que se convirtieran; expulsaban a muchos demonios, y ungían con aceite a muchos enfermos y los curaban" (*Mc* 6, 12-13).

1507 El Señor resucitado renueva este envío ("En mi nombre… impondrán las manos sobre los enfermos y se pondrán bien", *Mc* 16, 17-18) y lo confirma con los signos que la Iglesia realiza invocando su nombre[102]. Estos signos manifiestan de una manera especial que Jesús es verdaderamente "Dios que salva".[103]

1508 El Espíritu Santo da a algunos un carisma especial de curación[104] para manifestar la fuerza de la gracia del Resucitado. Sin embargo, ni siquiera las oraciones más fervorosas obtienen la curación de todas las enfermedades. Así san Pablo aprende del Señor que "mi gracia te basta, que mi fuerza se muestra perfecta en la flaqueza" (*2 Co* 12, 9), y que los sufrimientos que tengo

---

[95] Cf. *Mc* 5, 34.36; 9, 23.
[96] Cf. *Mc* 7, 32-36; 8, 22-25.
[97] Cf. *Jn* 9, 6s.
[98] Cf. *Mc* 1, 41; 3, 10; 6, 56.
[99] Cf. *Is* 53, 4.
[100] Cf. *Is* 53, 4-6.
[101] Cf. *Mt* 10, 38.
[102] Cf. *Hch* 9, 34; 14, 3.
[103] Cf. *Mt* 1, 21; *Hch* 4, 12.
[104] Cf. *1 Co* 12, 9.28.30.

que padecer, tienen como sentido lo siguiente: "completo en mi carne lo que falta a las tribulaciones de Cristo, en favor de su Cuerpo, que es la Iglesia" (*Col* 1, 24).

1509 "¡Sanad a los enfermos!" (*Mt* 10, 8). La Iglesia ha recibido esta tarea del Señor e intenta realizarla tanto mediante los cuidados que proporciona a los enfermos como por la oración de intercesión con la que los acompaña. Cree en la presencia vivificante de Cristo, médico de las almas y de los cuerpos. Esta presencia actúa particularmente a través de los sacramentos, y de manera especial por la Eucaristía, pan que da la vida eterna[105] y cuya conexión con la salud corporal insinúa san Pablo.[106]

1510 No obstante, la Iglesia apostólica tuvo un rito propio en favor de los enfermos, atestiguado por Santiago: "¿Está enfermo alguno de vosotros? Llame a los presbíteros de la Iglesia, que oren sobre él y le unjan con óleo en el nombre del Señor. Y la oración de la fe salvará al enfermo, y el Señor hará que se levante, y si hubiera cometido pecados, le serán perdonados" (*St* 5, 14-15). La Tradición ha reconocido en este rito uno de los siete sacramentos de la Iglesia.[107]

Un sacramento de los enfermos

1511 La Iglesia cree y confiesa que, entre los siete sacramentos, existe un sacramento especialmente destinado a reconfortar a los atribulados por la enfermedad: la Unción de los enfermos:

> Esta unción santa de los enfermos fue instituida por Cristo nuestro Señor como un sacramento del Nuevo Testamento, verdadero y propiamente dicho, insinuado por Marcos, y recomendado a los fieles y promulgado por Santiago, apóstol y hermano del Señor.[108]

1512 En la tradición litúrgica, tanto en Oriente como en Occidente, se poseen desde la antigüedad testimonios de unciones de enfermos practicadas con aceite bendito. En el transcurso de los siglos, la Unción de los enfermos fue conferida, cada vez más exclusivamente, a los que estaban a punto de morir. A causa de esto, había recibido el nombre de "Extremaunción". A pesar de esta evolución, la liturgia nunca dejó de orar al Señor a fin de que el enfermo pudiera recobrar su salud si así convenía a su salvación.[109]

1513 La constitución apostólica "Sacram Unctionem infirmorum" del 30 de noviembre de 1972, de conformidad con el Concilio Vaticano II,[110] estableció que, en adelante, en el rito romano, se observara lo que sigue:

---

[105] Cf. *Jn* 6, 54.58.
[106] Cf. *1 Co* 11, 30.
[107] Cf. INOCENCIO I, c. *Si instituía ecclesiastica*, DS, 216; Concilio de Florencia: *ibid.*, 1324-1325; Concilio de Trento, *ibid.*, 1695-1696; 1716-1717.
[108] Cf. Concilio de Trento: DS, 1695; *Mc* 6, 13; *St* 5, 14-15.
[109] Cf. Concilio de Trento: DS, 1696.
[110] Cf. Concilio Vaticano II, *Sacrosanctum concilium*, 73.

El sacramento de la Unción de los enfermos se administra a los gravemente enfermos ungiéndolos en la frente y en las manos con aceite de oliva debidamente bendecido o, según las circunstancias, con otro aceite de plantas, y pronunciando una sola vez estas palabras: "Per istam sanctam unctionem et suam piissimam misericordiam adiuvet te Dominus gratia Spiritus Sancti ut a peccatis liberatum te salvet atque propitius allevet" ("Por esta santa unción, y por su bondadosa misericordia te ayude el Señor con la gracia del Espíritu Santo, para que, libre de tus pecados, te conceda la salvación y te conforte en tu enfermedad").[111]

II. QUIÉN RECIBE Y QUIÉN ADMINISTRA ESTE SACRAMENTO

En caso de grave enfermedad...

1514 La Unción de los enfermos "no es un sacramento sólo para aquellos que están a punto de morir. Por eso, se considera tiempo oportuno para recibirlo cuando el fiel empieza a estar en peligro de muerte por enfermedad o vejez".[112]

1515 Si un enfermo que recibió la unción recupera la salud, puede, en caso de nueva enfermedad grave, recibir de nuevo este sacramento. En el curso de la misma enfermedad, el sacramento puede ser reiterado si la enfermedad se agrava. Es apropiado recibir la Unción de los enfermos antes de una operación importante. Y esto mismo puede aplicarse a las personas de edad avanzada cuyas fuerzas se debilitan.

"... llame a los presbíteros de la Iglesia"

1516 Sólo los sacerdotes (obispos y presbíteros) son ministros de la Unción de los enfermos.[113] Es deber de los pastores instruir a los fieles sobre los beneficios de este sacramento. Los fieles deben animar a los enfermos a llamar al sacerdote para recibir este sacramento. Y que los enfermos se preparen para recibirlo en buenas disposiciones, con la ayuda de su pastor y de toda la comunidad eclesial a la cual se invita a acompañar muy especialmente a los enfermos con sus oraciones y sus atenciones fraternas.

III. LA CELEBRACIÓN DEL SACRAMENTO

1517 Como en todos los sacramentos, la Unción de los enfermos se celebra de forma litúrgica y comunitaria,[114] que tiene lugar en familia, en el hospital o en la iglesia, para un solo enfermo o para un grupo de enfermos. Es muy

---

[111] PABLO VI, c. apos. *Sacram unctionem infirmorum;* cf CDC, 847, 1
[112] Concilio Vaticano II, *Sacrosanctum concilium,* 73; cf CDC, 1004, 1; 1005; 1007; CCEO, 738.
[113] Cf. Concilio de Trento: DS, 1697; 1719; CDC, 1003; CCEO, 739, 1.
[114] Cf. Concilio Vaticano II, *Sacrosanctum concilium,* 27.

conveniente que se celebre dentro de la Eucaristía, memorial de la Pascua del Señor. Si las circunstancias lo permiten, la celebración del sacramento puede ir precedida del sacramento de la Penitencia y seguida del sacramento de la Eucaristía. En cuanto sacramento de la Pascua de Cristo, la Eucaristía debería ser siempre el último sacramento de la peregrinación terrenal, el "viático" para el "paso" a la vida eterna.

1518 Palabra y sacramento forman un todo inseparable. La Liturgia de la Palabra, precedida de un acto de penitencia, abre la celebración. Las palabras de Cristo y el testimonio de los apóstoles suscitan la fe del enfermo y de la comunidad para pedir al Señor la fuerza de su Espíritu.

1519 La celebración del sacramento comprende principalmente estos elementos: "los presbíteros de la Iglesia" (*St* 5, 14) imponen —en silencio— las manos a los enfermos; oran por los enfermos en la fe de la Iglesia;[115] es la epíclesis propia de este sacramento; luego ungen al enfermo con óleo bendecido, si es posible, por el obispo.

Estas acciones litúrgicas indican la gracia que este sacramento confiere a los enfermos.

IV. EFECTOS DE LA CELEBRACIÓN DE ESTE SACRAMENTO

1520 *Un don particular del Espíritu Santo.* La gracia primera de este sacramento es un gracia de consuelo, de paz y de ánimo para vencer las dificultades propias del estado de enfermedad grave o de la fragilidad de la vejez. Esta gracia es un don del Espíritu Santo que renueva la confianza y la fe en Dios y fortalece contra las tentaciones del maligno, especialmente tentación de desaliento y de angustia ante la muerte.[116] Esta asistencia del Señor por la fuerza de su Espíritu quiere conducir al enfermo a la curación del alma, pero también a la del cuerpo, si tal es la voluntad de Dios.[117] Además, "si hubiera cometido pecados, le serán perdonados" (*St* 5, 15).[118]

1521 *La unión a la Pasión de Cristo.* Por la gracia de este sacramento, el enfermo recibe la fuerza y el don de unirse más íntimamente a la Pasión de Cristo: en cierta manera es *consagrado* para dar fruto por su configuración con la Pasión redentora del Salvador. El sufrimiento, secuela del pecado original, recibe un sentido nuevo, viene a ser participación en la obra salvífica de Jesús.

1522 *Una gracia eclesial.* Los enfermos que reciben este sacramento, "uniéndose libremente a la pasión y muerte de Cristo, contribuyen al bien del Pueblo de Dios".[119] Cuando celebra este sacramento, la Iglesia, en la comunión de los

---

[115] Cf. *St* 5, 15.
[116] Cf. *Hb* 2, 15.
[117] Cf. Concilio de Florencia: DS, 1325.
[118] Cf. Concilio de Trento: DS, 1717
[119] Concilio Vaticano II, *Lumen gentium,* 11.

santos, intercede por el bien del enfermo. Y el enfermo, a su vez, por la gracia de este sacramento, contribuye a la santificación de la Iglesia y al bien de todos los hombres por los que la Iglesia sufre y se ofrece, por Cristo, a Dios Padre.

1523 *Una preparación para el último tránsito.* Si el sacramento de la Unción de los enfermos es concedido a todos los que sufren enfermedades y dolencias graves, lo es con mayor razón "a los que están a punto de salir de esta vida" ("in exitu viae constituti"); de manera que se la ha llamado también "sacramentum exeuntium" ("sacramento de los que parten").[120] La Unción de los enfermos acaba por conformarnos con la muerte y resurrección de Cristo, como el Bautismo había comenzado a hacerlo. Es la última de las sagradas unciones que jalonan toda la vida cristiana; la del Bautismo había sellado en nosotros la vida nueva; la de la Confirmación nos había fortalecido para el combate de esta vida. Esta última unción ofrece al término de nuestra vida terrena un escudo para defenderse en los últimos combates y entrar en la Casa del Padre.[121]

V. EL VIÁTICO, ÚLTIMO SACRAMENTO DEL CRISTIANO

1524 A los que van a dejar esta vida, la Iglesia ofrece, además de la Unción de los enfermos, la Eucaristía como viático. Recibida en este momento del paso hacia el Padre, la Comunión del Cuerpo y la Sangre de Cristo tiene una significación y una importancia particulares. Es semilla de vida eterna y poder de resurrección, según las palabras del Señor: "El que come mi carne y bebe mi sangre, tiene vida eterna, y yo le resucitaré el último día" (*Jn* 6, 54). Puesto que es sacramento de Cristo muerto y resucitado, la Eucaristía es aquí sacramento del paso de la muerte a la vida, de este mundo al Padre.[122]

1525 Así, como los sacramentos del Bautismo, de la Confirmación y de la Eucaristía constituyen una unidad llamada "los sacramentos de la iniciación cristiana", se puede decir que la Penitencia, la Santa Unción y la Eucaristía, en cuanto viático, constituyen, cuando la vida cristiana toca a su fin, "los sacramentos que preparan para entrar en la Patria" o los sacramentos que cierran la peregrinación.

---

[120] Cf. Concilio de Trento: DS, 1698.
[121] Cf. *ibid.*,1694.
[122] Cf. *Jn* 13, 1.

CÓMO CELEBRAMOS ⟶ Los sacramentos ⟶ De servicio

CIC 1532

RESUMEN

1526 "¿Está enfermo alguno entre vosotros? Llame a los presbíteros de la Iglesia, que oren sobre él y le unjan con óleo en el nombre del Señor. Y la oración de la fe salvará al enfermo, y el Señor hará que se levante, y si hubiera cometido pecados, le serán perdonados" (*St* 5, 14-15).

1527 El sacramento de la Unción de los enfermos tiene por fin conferir una gracia especial al cristiano que experimenta las dificultades inherentes al estado de enfermedad grave o de vejez.

1528 El tiempo oportuno para recibir la Santa Unción llega ciertamente cuando el fiel comienza a encontrarse en peligro de muerte por causa de enfermedad o de vejez.

1529 Cada vez que un cristiano cae gravemente enfermo puede recibir la Santa Unción, y también cuando, después de haberla recibido, la enfermedad se agrava.

1530 Sólo los sacerdotes (presbíteros y obispos) pueden administrar el sacramento de la Unción de los enfermos; para conferirlo emplean óleo bendecido por el obispo, o, en caso necesario, por el mismo presbítero que celebra.

1531 Lo esencial de la celebración de este sacramento consiste en la unción en la frente y las manos del enfermo (en el rito romano) o en otras partes del cuerpo (en Oriente), unción acompañada de la oración litúrgica del sacerdote celebrante que pide la gracia especial de este sacramento.

1532 La gracia especial del sacramento de la Unción de los enfermos tiene como efectos:

— la unión del enfermo a la Pasión de Cristo, para su bien y el de toda la Iglesia;

— el consuelo, la paz y el ánimo para soportar cristianamente los sufrimientos de la enfermedad o de la vejez;

— el perdón de los pecados si el enfermo no ha podido obtenerlo por el sacramento de la Penitencia;

— el restablecimiento de la salud corporal, si conviene a la salud espiritual;

— la preparación para el paso a la vida eterna.

Segunda Parte: La celebración del misterio cristiano

CAPÍTULO TERCERO
LOS SACRAMENTOS AL SERVICIO DE LA COMUNIDAD

FUENTES DE LA ESCRITURA Y DE LA IGLESIA

La siguiente parte del *Catecismo* utiliza estas fuentes de la Escritura y de la Iglesia. Véase el "Índice de citas" para una lista completa de referencias

Antiguo Testamento	Citadas en el *Catecismo*
Génesis	CIC 1544
Éxodo	CIC 1539
Levítico	CIC 1539
Números	CIC 1539, 1541
Josué	CIC 1539
Salmos	CIC 1537
Isaías	CIC 1539
Malaquías	CIC 1540

Nuevo Testamento	
Mateo	CIC 1579
Marcos	CIC 1551, 1570, 1577
Lucas	CIC 1570, 1577
Juan	CIC 1551, 1562
1 Corintios	CIC 1579
Efesios	CIC 1575
1 Timoteo	CIC 1544, 1577, 1590
2 Timoteo	CIC 1577, 1590
Tito	CIC 1577, 1590
Hebreos	CIC 1537, 1540, 1544, 1564, 1578
1 Pedro	CIC 1546, 1551
Apocalipsis	CIC 1546

Concilios ecuménicos	
Constanza (1414-1418)	CIC 1584
Letrán IV (1215)	CIC 1576
Trento (1545-1563)	CIC 1582, 1583, 1584
Vaticano II (1962-1965)	CIC 1535, 1538, 1546-1549, 1551, 1552, 1554-1571, 1575, 1576, 1579, 1580, 1582, 1586, 1588

CÓMO CELEBRAMOS ⟶ Los sacramentos ⟶ De servicio

FUENTES DE LA ESCRITURA Y DE LA IGLESIA

(continuación)

Documentos pontificios	Citadas en el *Catecismo*
Inocencio III (1198-1216)	CIC 1576
Pío XII (1939-1958)	CIC 1548, 1560, 1573
Juan Pablo II (1978-2005)	CIC 1577

Documentos eclesiásticos	
Congregación para la Doctrina de la Fe	CIC 1577

Derecho Canónico	
Código de Derecho Canónico	CIC 1576, 1577, 1583
Código de Cánones de las Iglesias orientales	CIC 1576

Liturgia	
Liturgia bizantina	CIC 1541-1543
Misal Romano	CIC 1575
Pontifical Romano	CIC 1541-1543

Escritores eclesiásticos	
San Agustín	CIC 1584
San Clemente Romano	CIC 1577
San Gregorio Nacianceno	CIC 1589
San Hipólito de Roma	CIC 1569, 1586
San Ignacio de Antioquia	CIC 1549, 1554, 1593
San Juan Crisóstomo	CIC 1551
San Juan María Vianney (cura de Ars)	CIC 1589
San Policarpo de Esmirna	CIC 1570
Santo Tomás de Aquino	CIC 1545, 1548

PALABRAS CLAVE

La siguiente parte del *Catecismo* utiliza estas palabras clave.
Véase el "Glosario" para su definición.

Palabras	Citadas en el *Catecismo*
Carácter, sacramental	CIC 1582
Catedral	CIC 1572
Celibato	CIC 1579, 1580
Diaconado	CIC 1569, 1571
Diácono	CIC 1569, 1571
Episcopal/episcopado	CIC 1557
Mediador/mediadora	CIC 1544
Ministerio	CIC 1536, 1548

PALABRAS CLAVE

(continuación)

Palabras	Citadas en el *Catecismo*
Obispo	CIC 1557
Ordenación	CIC 1538
Órdenes Sagradas	CIC 1536
Pastor /oficina pastoral	CIC 1560
Presbítero	CIC 1536, 1554, 1562, 1567
Sacerdocio	CIC 1546, 1547
Sacerdocio de Cristo	CIC 1539, 1544, 1547, 1554
Sacrificio	CIC 1544

1533 El Bautismo, la Confirmación y la Eucaristía son los sacramentos de la iniciación cristiana. Fundamentan la vocación común de todos los discípulos de Cristo, que es vocación a la santidad y a la misión de evangelizar el mundo. Confieren las gracias necesarias para vivir según el Espíritu en esta vida de peregrinos en marcha hacia la patria.

1534 Otros dos sacramentos, el Orden y el Matrimonio, están ordenados a la salvación de los demás. Contribuyen ciertamente a la propia salvación, pero esto lo hacen mediante el servicio que prestan a los demás. Confieren una misión particular en la Iglesia y sirven a la edificación del Pueblo de Dios.

1535 En estos sacramentos, los que fueron ya *consagrados* por el Bautismo y la Confirmación para el sacerdocio común de todos los fieles,[1] pueden recibir *consagraciones particulares*. Los que reciben el sacramento del Orden son *consagrados* para "en el nombre de Cristo ser los pastores de la Iglesia con la palabra y con la gracia de Dios".[2] Por su parte, "los cónyuges cristianos, son fortificados y como *consagrados* para los deberes y dignidad de su estado por este sacramento especial".[3]

ARTÍCULO 6

EL SACRAMENTO DEL ORDEN

1536 El Orden es el sacramento gracias al cual la misión confiada por Cristo a sus apóstoles sigue siendo ejercida en la Iglesia hasta el fin de los tiempos:

---

[1] Cf. Concilio Vaticano II, *Lumen gentium*, 10.
[2] *Ibid.*, 11.
[3] Concilio Vaticano II, *Gaudium et spes*, 48, 2.

CÓMO CELEBRAMOS ⟶ Los sacramentos ⟶ De servicio

CIC 1539

es, pues, el sacramento del ministerio apostólico. Comprende tres grados: el episcopado, el presbiterado y el diaconado.

(Sobre la institución y la misión del ministerio apostólico por Cristo ya se ha tratado en la primera parte. Aquí sólo se trata de la realidad sacramental mediante la que se transmite este ministerio).

I. EL NOMBRE DE SACRAMENTO DEL ORDEN

1537 La palabra *Orden* designaba, en la antigüedad romana, cuerpos constituidos en sentido civil, sobre todo el cuerpo de los que gobiernan. *Ordinario* designa la integración en un *ordo*. En la Iglesia hay cuerpos constituidos que la Tradición, no sin fundamento en la Sagrada Escritura,[4] llama desde los tiempos antiguos con el nombre de *taxeis* (en griego), de *ordines* (en latín): así la liturgia habla del *ordo episcoporum*, del *ordo presbyterorum*, del *ordo diaconorum*. También reciben este nombre de *ordo* otros grupos: los catecúmenos, las vírgenes, los esposos, las viudas....

923; 1631
922

1538 La integración en uno de estos cuerpos de la Iglesia se hacía por un rito llamado ordinatio, acto religioso y litúrgico que era una consagración, una bendición o un sacramento. Hoy la palabra "ordinatio" está reservada al acto sacramental que incorpora al orden de los obispos, de los presbíteros y de los diáconos y que va más allá de una simple elección, designación, delegación o institución por la comunidad, pues confiere un don del Espíritu Santo que permite ejercer un "poder sagrado" ("sacra potestas")[5] que sólo puede venir de Cristo, a través de su Iglesia. La ordenación también es llamada "consecrado" porque es un "poner aparte" y un "investir" por Cristo mismo para su Iglesia. La "imposición de manos" del obispo, con la oración consecratoria, constituye el signo visible de esta consagración.

875

699

II. EL SACRAMENTO DEL ORDEN EN LA ECONOMÍA DE LA SALVACIÓN

El sacerdocio de la Antigua Alianza

1539 El pueblo elegido fue constituido por Dios como "un reino de sacerdotes y una nación consagrada" (*Ex* 19, 6).[6] Pero dentro del pueblo de Israel, Dios escogió una de las doce tribus, la de Leví, para el servicio litúrgico;[7] Dios mismo es la parte de su herencia.[8] Un rito propio consagró los orígenes del sacerdocio de la Antigua Alianza.[9] En ella los sacerdotes fueron establecidos "para intervenir en favor de los hombres en lo que se refiere a Dios, para ofrecer dones y sacrificios por los pecados".[10]

---

[4] Cf. *Hb* 5, 6; 7, 11; *Sal* 110, 4.
[5] Cf. Concilio Vaticano II, *Lumen gentium*, 10.
[6] Cf. *Is* 1, 6.
[7] Cf. *Nm* 1, 48-53.
[8] Cf. *Jos* 13, 33.
[9] Cf. *Ex* 29, 1-30; *Lv* 8.
[10] Cf. *Hb* 5, 1.

Segunda Parte: La celebración del misterio cristiano

1540 Instituido para anunciar la Palabra de Dios[11] y para restablecer la comunión con Dios mediante los sacrificios y la oración, este sacerdocio de la Antigua Alianza, sin embargo, era incapaz de realizar la salvación, por lo cual tenía necesidad de repetir sin cesar los sacrificios, y no podía alcanzar una santificación definitiva,[12] que sólo podría ser lograda por el sacrificio de Cristo.

1541 No obstante, la liturgia de la Iglesia ve en el sacerdocio de Aarón y en el servicio de los levitas, así como en la institución de los setenta "ancianos",[13] prefiguraciones del ministerio ordenado de la Nueva Alianza. Por ello, en el rito latino la Iglesia se dirige a Dios en la oración consecratoria de la ordenación de los obispos de la siguiente manera:

> Dios y Padre de nuestro Señor Jesucristo... has establecido las reglas de la Iglesia: elegiste desde el principio un pueblo santo, descendiente de Abraham, y le diste reyes y sacerdotes que cuidaran del servicio de tu santuario...[14]

1542 En la ordenación de presbíteros, la Iglesia ora:

> Señor, Padre Santo..., en la Antigua Alianza se fueron perfeccionando a través de los signos santos los grados del sacerdocio... cuando a los sumos sacerdotes, elegidos para regir el pueblo, les diste compañeros de menor orden y dignidad, para que les ayudaran como colaboradores... multiplicaste el espíritu de Moisés, comunicándolo a los setenta varones prudentes con los cuales gobernó fácilmente un pueblo numeroso. Así también transmitiste a los hijos de Aarón la abundante plenitud otorgada a su padre.[15]

1543 Y en la oración consecratoria para la ordenación de diáconos, la Iglesia confiesa:

> Dios Todopoderoso... Tú haces crecer a la Iglesia... la edificas como templo de tu gloria... así estableciste que hubiera tres órdenes de ministros para tu servicio, del mismo modo que en la Antigua Alianza habías elegido a los hijos de Leví para que sirvieran al templo, y, como herencia, poseyeran una bendición eterna.[16]

El único sacerdocio de Cristo

1544 Todas las prefiguraciones del sacerdocio de la Antigua Alianza encuentran su cumplimiento en Cristo Jesús, "único mediador entre Dios y los hombres" (*1 Tm* 2, 5). Melquisedec, "sacerdote del Altísimo" (*Gn* 14, 18), es considerado por la Tradición cristiana como una prefiguración del

---

[11] Cf. *Ml* 2, 7-9.
[12] Cf. *Hb* 5, 3; 1, 21; 10, 1-4.
[13] Cf. *Nm* 11, 24-25.
[14] Ritual romano, *De ordenatione episcopi, presbyterorum et diaconorum*, 52.
[15] *Ibid.*, 177.
[16] *Ibid.*, 230.

CÓMO CELEBRAMOS ⟶ Los sacramentos ⟶ De servicio

CIC 1548

sacerdocio de Cristo, único "Sumo Sacerdote según el orden de Melquisedec" (*Hb* 5, 10; 6, 20), "santo, inocente, inmaculado" (*Hb* 7, 26), que, "mediante una sola oblación ha llevado a la perfección para siempre a los santificados" (*Hb* 10, 14), es decir, mediante el único sacrificio de su Cruz.

874

1545 El sacrificio redentor de Cristo es único, realizado una vez por todas. Y por esto se hace presente en el sacrificio eucarístico de la Iglesia. Lo mismo acontece con el único sacerdocio de Cristo: se hace presente por el sacerdocio ministerial sin que con ello se quebrante la unicidad del sacerdocio de Cristo: "Et ideo solus Christus est verus sacerdos, alii autem ministri eius" ("Y por eso sólo Cristo es el verdadero sacerdote; los demás son ministros suyos").[17]

1367

662

Dos modos de participar en el único sacerdocio de Cristo

1546 Cristo, sumo sacerdote y único mediador, ha hecho de la Iglesia "un Reino de sacerdotes para su Dios y Padre" (*Ap* 1, 6).[18] Toda la comunidad de los creyentes es, como tal, sacerdotal. Los fieles ejercen su sacerdocio bautismal a través de su participación, cada uno según su vocación propia, en la misión de Cristo, Sacerdote, Profeta y Rey. Por los sacramentos del Bautismo y de la Confirmación los fieles son "consagrados para ser... un sacerdocio santo".[19]

1268

1547 El sacerdocio ministerial o jerárquico de los obispos y de los presbíteros, y el sacerdocio común de todos los fieles, "aunque su diferencia es esencial y no sólo en grado, están ordenados el uno al otro; ambos, en efecto, participan, cada uno a su manera, del único sacerdocio de Cristo".[20] ¿En qué sentido? Mientras el sacerdocio común de los fieles se realiza en el desarrollo de la gracia bautismal (vida de fe, de esperanza y de caridad, vida según el Espíritu), el sacerdocio ministerial está al servicio del sacerdocio común, en orden al desarrollo de la gracia bautismal de todos los cristianos. Es uno de los *medios* por los cuales Cristo no cesa de construir y de conducir a su Iglesia. Por esto es transmitido mediante un sacramento propio, el sacramento del Orden.

1142

1120

In persona Christi Capitis…

1548 En el servicio eclesial del ministro ordenado es Cristo mismo quien está presente en su Iglesia como Cabeza de su cuerpo, Pastor de su rebaño, Sumo Sacerdote del sacrificio redentor, Maestro de la Verdad. Es lo que la Iglesia expresa al decir que el sacerdote, en virtud del sacramento del Orden, actúa "in persona Christi Capitis":[21]

875

792

---

[17] SANTO TOMÁS DE AQUINO, *In ad Hebraeos*, 7, 4.
[18] Cf. *Ap* 5, 9-10; *1 P* 2, 5.9
[19] Concilio Vaticano II, *Lumen gentium*, 10.
[20] *Ibid.*, 10.
[21] Concilio Vaticano II, *Lumen gentium*, 10; 28; Id., *Sacrosanctum concilium*, 33; Id., *Christus Dominus*, 11; Id., *Presbyterorum ordinis*, 2; 6.

El ministro posee en verdad el papel del mismo Sacerdote, Cristo Jesús. Si, ciertamente, aquél es asimilado al Sumo Sacerdote, por la consagración sacerdotal recibida, goza de la facultad de actuar por el poder de Cristo mismo a quien representa ("virtute ac persona ipsius Christi").[22]

"Christus est fons totius sacerdotii: nam sacerdos legalis erat figura ipsius, sacerdos autem novae legis in persona ipsius operatur" ("Cristo es la fuente de todo sacerdocio, pues el sacerdote de la antigua ley era figura de Él, y el sacerdote de la nueva ley actúa en representación suya").[23]

1549 Por el ministerio ordenado, especialmente por el de los obispos y los presbíteros, la presencia de Cristo como cabeza de la Iglesia se hace visible en medio de la comunidad de los creyentes.[24] Según la bella expresión de San Ignacio de Antioquía, el obispo es *"typos tou Pairos",* es imagen viva de Dios Padre.[25]

1550 Esta presencia de Cristo en el ministro no debe ser entendida como si éste estuviese exento de todas las flaquezas humanas, del afán de poder, de errores, es decir del pecado. No todos los actos del ministro son garantizados de la misma manera por la fuerza del Espíritu Santo. Mientras que en los sacramentos esta garantía es dada de modo que ni siquiera el pecado del ministro puede impedir el fruto de la gracia, existen muchos otros actos en que la condición humana del ministro deja huellas que no son siempre el signo de la fidelidad al Evangelio y que pueden dañar por consiguiente a la fecundidad apostólica de la Iglesia.

1551 Este sacerdocio es *ministerial*. "Esta función, que el Señor confió a los pastores de su pueblo, es un verdadero *servicio*".[26] Está enteramente referido a Cristo y a los hombres. Depende totalmente de Cristo y de su sacerdocio único, y fue instituido en favor de los hombres y de la comunidad de la Iglesia. El sacramento del Orden comunica "un poder sagrado", que no es otro que el de Cristo. El ejercicio de esta autoridad debe, por tanto, medirse según el modelo de Cristo, que por amor se hizo el último y el servidor de todos.[27] "El Señor dijo claramente que la atención prestada a su rebaño era prueba de amor a Él".[28]

"En nombre de toda la Iglesia"

1552 El sacerdocio ministerial no tiene solamente por tarea representar a Cristo —Cabeza de la Iglesia— ante la asamblea de los fieles, actúa también en nombre de toda la Iglesia cuando presenta a Dios la oración de la Iglesia[29] y sobre todo cuando ofrece el sacrificio eucarístico.[30]

---

[22] Pío XII, ene. *Mediator Dei.*
[23] SANTO TOMÁS DE AQUINO, *Summa theologiae*, III, 22, 4.
[24] Cf. Concilio Vaticano II, *Lumen gentium*, 21.
[25] SAN IGNACIO DE ANTIOQUIA, *Epistula ad Traíllanos*, 3, 1; cf ID., *Epistula ad Magnesios*, 6, 1.
[26] Concilio Vaticano II, *Lumen gentium*, 24.
[27] Cf. *Mc* 10, 43-45; *1 P* 5, 3.
[28] Cf. SAN JUAN CRISÓSTOMO, *De sacerdotio*, 2, 4: PG 48, 635D; cf *Jn* 21, 15-17.
[29] Cf. Concilio Vaticano II, *Sacrosanctum concilium*, 33.
[30] Cf. Concilio Vaticano II, *Lumen gentium*, 10.

CÓMO CELEBRAMOS ⟶ Los sacramentos ⟶ De servicio

1553 "En nombre de *toda* la Iglesia", expresión que no quiere decir que los sacerdotes sean los delegados de la comunidad. La oración y la ofrenda de la Iglesia son inseparables de la oración y la ofrenda de Cristo, su Cabeza. Se trata siempre del culto de Cristo en y por su Iglesia. Es toda la Iglesia, Cuerpo de Cristo, la que ora y se ofrece, "per ipsum et cum ipso et in ipso", ("por Él, con Él y en Él"), en la unidad del Espíritu Santo, a Dios Padre. Todo el cuerpo, "caput et membra", ("cabeza y miembros"), ora y se ofrece, y por eso quienes, en este cuerpo, son específicamente sus ministros, son llamados ministros no sólo de Cristo, sino también de la Iglesia. El sacerdocio ministerial puede representar a la Iglesia porque representa a Cristo.

III. LOS TRES GRADOS DEL SACRAMENTO DEL ORDEN

1554 "El ministerio eclesiástico, instituido por Dios, está ejercido en diversos órdenes que ya desde antiguo reciben los nombres de obispos, presbíteros y diáconos".[31] La doctrina católica, expresada en la liturgia, el magisterio y la práctica constante de la Iglesia, reconocen que existen dos grados de participación ministerial en el sacerdocio de Cristo: el episcopado y el presbiterado. El diaconado está destinado a ayudarles y a servirles. Por eso, el término "sacerdos" designa, en el uso actual, a los obispos y a los presbíteros, pero no a los diáconos. Sin embargo, la doctrina católica enseña que los grados de participación sacerdotal (episcopado y presbiterado) y el grado de servicio (diaconado) son los tres con feridos por un acto sacramental llamado "ordenación", es decir, por el sacramento del Orden:

> Que todos reverencien a los diáconos como a Jesucristo, como también al obispo, que es imagen del Padre, y a los presbíteros como al senado de Dios y como a la asamblea de los apóstoles: sin ellos no se puede hablar de Iglesia.[32]

La ordenación episcopal, plenitud del sacramento del Orden

1555 "Entre los diversos ministerios que existen en la Iglesia, ocupa el primer lugar el ministerio de los obispos que, a través de una sucesión que se remonta hasta el principio, son los transmisores de la semilla apostólica".[33]

1556 "Para realizar estas funciones tan sublimes, los apóstoles se vieron enriquecidos por Cristo con la venida especial del Espíritu Santo que descendió sobre ellos. Ellos mismos comunicaron a sus colaboradores, mediante la imposición de las manos, el don espiritual que se ha transmitido hasta nosotros en la consagración de los obispos".[34]

1557 El Concilio Vaticano II "enseña que por la consagración episcopal se recibe *la plenitud del sacramento del Orden*. De hecho se le llama, tanto en la

---

[31] *Ibid.*, 28
[32] SAN IGNACIO DE ANTIOQUÍA, *Epistula ad Traíllanos*, 3, 1.
[33] Concilio Vaticano II, *Lumen gentium*, 20.
[34] *Ibid.*, 21.

liturgia de la Iglesia como en los Santos Padres, 'sumo sacerdocio' o 'cumbre del ministerio sagrado'".[35]

1558 "La consagración episcopal confiere, junto con la función de santificar, también las funciones de enseñar y gobernar... En efecto... por la imposición de las manos y por las palabras de la consagración se confiere la gracia del Espíritu Santo y queda marcado con el carácter sagrado. En consecuencia, los obispos, de manera eminente y visible, hacen las veces del mismo Cristo, Maestro, Pastor y Sacerdote, y actúan en su nombre ('in eius persona agant')".[36] "El Espíritu Santo que han recibido ha hecho de los obispos los verdaderos y auténticos maestros de la fe, pontífices y pastores".[37]

1559 "Uno queda constituido miembro del Colegio episcopal en virtud de la consagración episcopal y por la comunión jerárquica con la Cabeza y con los miembros del Colegio".[38] El carácter y *la naturaleza colegial* del orden episcopal se manifiestan, entre otras cosas, en la antigua práctica de la Iglesia que quiere que para la consagración de un nuevo obispo participen varios obispos.[39] Para la ordenación legítima de un obispo se requiere hoy una intervención especial del Obispo de Roma por razón de su cualidad de vínculo supremo visible de la comunión de las Iglesias particulares en la Iglesia una y de garante de libertad de la misma.

1560 Cada obispo tiene, como vicario de Cristo, el oficio pastoral de la Iglesia particular que le ha sido confiada, pero al mismo tiempo tiene colegialmente con todos sus hermanos en el episcopado *la solicitud de todas las Iglesias:* "Mas si todo obispo es propio solamente de la porción de grey confiada a sus cuidados, su cualidad de legítimo sucesor de los apóstoles por institución divina, le hace solidariamente responsable de la misión apostólica de la Iglesia".[40]

1561 Todo lo que se ha dicho explica por qué la Eucaristía celebrada por el obispo tiene una significación muy especial como expresión de la Iglesia reunida en torno al altar bajo la presidencia de quien representa visiblemente a Cristo, Buen Pastor y Cabeza de su Iglesia.[41]

La ordenación de los presbíteros, cooperadores de los obispos

1562 "Cristo, a quien el Padre santificó y envió al mundo, hizo a los obispos partícipes de su misma consagración y misión por medio de los apóstoles de los cuales son sucesores. Estos han confiado legítimamente la función de su ministerio en diversos grados a diversos sujetos en la Iglesia".[42] "La función

---

[35] *Ibid.*
[36] *Ibid.*
[37] Concilio Vaticano II, *Christus Dominus,* 2.
[38] Concilio Vaticano II, *Lumen gentium,* 22.
[39] Cf. *ibid.*
[40] Pío XII, enc. *Fidei donum,* 11; cf Concilio Vaticano II, *Lumen gentium,* 23; ID., *Christus Dominus,* 4; 36-37; ID., *Ad gentes,* 5; 6; 38.
[41] Cf. Concilio Vaticano II, *Sacrosanctum concilium,* 41; ID., *Lumen gentium,* 26.
[42] Concilio Vaticano II, *Lumen gentium,* 28.

CÓMO CELEBRAMOS ⟶ Los sacramentos ⟶ De servicio

CIC 1567

ministerial de los obispos, en grado subordinado, fue encomendada a los presbíteros para que, constituidos en el orden del presbiterado, fueran los colaboradores del Orden episcopal para realizar adecuadamente la misión apostólica confiada por Cristo".[43]

1563 "El ministerio de los presbíteros, por estar unido al Orden episcopal, participa de la autoridad con la que el propio Cristo construye, santifica y gobierna su Cuerpo. Por eso el sacerdocio de los presbíteros supone ciertamente los sacramentos de la iniciación cristiana. Se confiere, sin embargo, por aquel sacramento peculiar que, mediante la unción del Espíritu Santo, marca a los sacerdotes con un carácter especial. Así quedan identificados con Cristo Sacerdote, de tal manera que puedan actuar como representantes de Cristo Cabeza".[44]

1121

1564 "Los presbíteros, aunque no tengan la plenitud del sacerdocio y dependan de los obispos en el ejercicio de sus poderes, sin embargo están unidos a éstos en el honor del sacerdocio y, en virtud del sacramento del Orden, quedan consagrados como verdaderos sacerdotes de la Nueva Alianza, a imagen de Cristo, sumo y eterno Sacerdote,[45] para *anunciar el Evangelio* a los fieles, para dirigirlos y para celebrar el culto divino".[46]

611

1565 En virtud del sacramento del Orden, los presbíteros participan de la universalidad de la misión confiada por Cristo a los apóstoles. El don espiritual que recibieron en la ordenación los prepara, no para una misión limitada y restringida, "sino para una misión amplísima y universal de salvación 'hasta los extremos del mundo'",[47] "dispuestos a predicar el Evangelio por todas partes".[48]

849

1566 "Su verdadera función sagrada la ejercen sobre todo en el culto eucarístico o *sinaxis*. En ella, actuando en la persona de Cristo y proclamando su misterio, unen la ofrenda de los fieles al sacrificio de su Cabeza; actualizan y aplican en el sacrificio de la misa, hasta la venida del Señor, el único sacrificio de la Nueva Alianza: el de Cristo, que se ofrece al Padre de una vez para siempre como hostia inmaculada".[49] De este sacrificio único, saca su fuerza todo su ministerio sacerdotal.[50]

1369

611

1567 "Los presbíteros, como colaboradores diligentes de los obispos y ayuda e instrumento suyos, llamados para servir al Pueblo de Dios, forman con su obispo un único presbiterio, dedicado a diversas tareas. En cada una de las comunidades locales de fieles hacen presente de alguna manera a su obispo, al que están unidos con confianza y magnanimidad; participan en sus funciones

1462

2179

---

[43] Concilio Vaticano II, *Presbyterorum ordinis*, 2.
[44] *Ibid.*
[45] Cf. *Hb* 5, 1-10; 7, 24; 9, 11-28.
[46] Concilio Vaticano II, *Lumen gentium*, 28.
[47] Concilio Vaticano II, *Presbyterorum ordinis*, 10.
[48] Concilio Vaticano II, *Optatam totius*, 20.
[49] Concilio Vaticano II, *Lumen gentium*, 28.
[50] Cf. Concilio Vaticano II, *Presbyterorum ordinis*, 2.

y preocupaciones y las llevan a la práctica cada día".[51] Los presbíteros sólo pueden ejercer su ministerio en dependencia del obispo y en comunión con él. La promesa de obediencia que hacen al obispo en el momento de la ordenación y el beso de paz del obispo al fin de la liturgia de la ordenación significan que el obispo los considera como sus colaboradores, sus hijos, sus hermanos y sus amigos y que a su vez ellos le deben amor y obediencia.

1568 "Los presbíteros, instituidos por la ordenación en el orden del presbiterado, están unidos todos entre sí por la íntima fraternidad del sacramento. Forman un único presbiterio especialmente en la diócesis a cuyo servicio se dedican bajo la dirección de su obispo".[52] La unidad del presbiterio encuentra una expresión litúrgica en la costumbre de que los presbíteros impongan a su vez las manos, después del obispo, durante el rito de la ordenación.

La ordenación de los diáconos, "en orden al ministerio"

1569 "En el grado inferior de la jerarquía están los diáconos, a los que se les imponen las manos 'para realizar un servicio y no para ejercer el sacerdocio'".[53] En la ordenación al diaconado, sólo el obispo impone las manos, significando así que el diácono está especialmente vinculado al obispo en las tareas de su "diaconía".[54]

1570 Los diáconos participan de una manera especial en la misión y la gracia de Cristo.[55] El sacramento del Orden los marcó con un sello ("carácter") que nadie puede hacer desaparecer y que los configura con Cristo que se hizo "diácono", es decir, el servidor de todos.[56] Corresponde a los diáconos, entre otras cosas, asistir al obispo y a los presbíteros en la celebración de los divinos misterios sobre todo de la Eucaristía y en la distribución de la misma, asistir a la celebración del matrimonio y bendecirlo, proclamar el Evangelio y predicar, presidir las exequias y entregarse a los diversos servicios de la caridad.[57]

1571 Desde el Concilio Vaticano II, la Iglesia latina ha restablecido el diaconado "como un grado particular dentro de la jerarquía",[58] mientras que las Iglesias de Oriente lo habían mantenido siempre. Este *diaconado permanente*, que puede ser conferido a hombres casados, constituye un enriquecimiento importante para la misión de la Iglesia. En efecto, es apropiado y útil que hombres que realizan en la Iglesia un ministerio verdaderamente diaconal, ya en la vida litúrgica y pastoral, ya en las obras sociales y caritativas, "sean fortalecidos por la imposición de las manos transmitida ya desde los Apóstoles y se unan más estrechamente al servicio

---

[51] Concilio Vaticano II, *Lumen gentium*, 28.
[52] Concilio Vaticano II, *Lumen gentium*, 29; cf ID., *Christus Dominus*, 15.
[53] Concilio Vaticano II, *Presbyterorum ordinis*, 8.
[54] Cf. SAN HIPÓLITO DE ROMA, *Traditio apostólica*, 8.
[55] Cf. Concilio Vaticano II, *Lumen gentium*, 41; ID., *Apostolicam actuositatem*, 16.
[56] Cf. *Mc* 10, 45; *Lc* 22, 27; SAN POLICARPO DE ESMIRNA, *Epistula ad Philippenses*, 5, 2.
[57] Cf. Concilio Vaticano II, *Lumen gentium*, 29; ID., *Sacrosanctum concilium*, 35, 4; ID., *Ad gentes*, 16.
[58] Concilio Vaticano II, *Lumen gentium*, 29.

del altar, para que cumplan con mayor eficacia su ministerio por la gracia sacramental del diaconado".[59]

IV. LA CELEBRACIÓN DE ESTE SACRAMENTO

1572 La celebración de la ordenación de un obispo, de presbíteros o de diáconos, por su importancia para la vida de la Iglesia particular, exige el mayor concurso posible de fieles. Tendrá lugar preferentemente el domingo y en la catedral, con una solemnidad adaptada a las circunstancias. Las tres ordenaciones, del obispo, del presbítero y del diácono, tienen el mismo dinamismo. El lugar propio de su celebración es dentro de la Eucaristía.

1573 *El rito esencial* del sacramento del Orden está constituido, para los tres grados, por la imposición de manos del obispo sobre la cabeza del ordenando, así como por una oración consecratoria específica que pide a Dios la efusión del Espíritu Santo y de sus dones apropiados al ministerio para el cual el candidato es ordenado.[60]

1574 Como en todos los sacramentos, ritos complementarios rodean la celebración. Estos varían notablemente en las distintas tradiciones litúrgicas, pero tienen en común la expresión de múltiples aspectos de la gracia sacramental. Así, en el rito latino, los ritos iniciales —la presentación y elección del ordenando, la alocución del obispo, el interrogatorio del ordenando, las letanías de los santos— ponen de relieve que la elección del candidato se hace conforme al uso de la Iglesia y preparan el acto solemne de la consagración; después de ésta varios ritos vienen a expresar y completar de manera simbólica el misterio que se ha realizado: para el obispo y el presbítero la unción con el santo crisma, signo de la unción especial del Espíritu Santo que hace fecundo su ministerio; la entrega del libro de los evangelios, del anillo, de la mitra y del báculo al obispo en señal de su misión apostólica de anuncio de la Palabra de Dios, de su fidelidad a la Iglesia, esposa de Cristo, de su cargo de pastor del rebaño del Señor; entrega al presbítero de la patena y del cáliz, "la ofrenda del pueblo santo" que es llamado a presentar a Dios; la entrega del libro de los evangelios al diácono que acaba de recibir la misión de anunciar el Evangelio de Cristo.

V. EL MINISTRO DE ESTE SACRAMENTO

1575 Fue Cristo quien eligió a los apóstoles y les hizo partícipes de su misión y su autoridad. Elevado a la derecha del Padre, no abandona a su rebaño, sino que lo guarda por medio de los apóstoles bajo su constante protección y lo dirige también mediante estos mismos pastores que continúan hoy su obra.[61] Por tanto, es Cristo "quien da" a unos el ser apóstoles, a otros pastores.[62] Sigue actuando por medio de los obispos.[63]

---

[59] Concilio Vaticano II, *Ad gentes,* 16.
[60] Cf. Pío XII, const. ap. *Sacramentum ordinis*: DS, 3858.
[61] Cf. *Misal Romano,* Prefacio de los Apóstoles.
[62] Cf. *Ef* 4, 11.
[63] Cf. Concilio Vaticano II, *Lumen gentium,* 21.

1576 Dado que el sacramento del Orden es el sacramento del ministerio apostólico, corresponde a los obispos, en cuanto sucesores de los apóstoles, transmitir "el don espiritual",[64] "la semilla apostólica".[65] Los obispos válidamente ordenados, es decir, que están en la línea de la sucesión apostólica, confieren válidamente los tres grados del sacramento del Orden.[66]

VI. QUIÉN PUEDE RECIBIR ESTE SACRAMENTO

1577 "Sólo el varón ('vir') bautizado recibe válidamente la sagrada ordenación".[67] El Señor Jesús eligió a hombres ('viri') para formar el colegio de los doce apóstoles,[68] y los apóstoles hicieron lo mismo cuando eligieron a sus colaboradores[69] que les sucederían en su tarea.[70] El colegio de los obispos, con quienes los presbíteros están unidos en el sacerdocio, hace presente y actualiza hasta el retorno de Cristo el colegio de los Doce. La Iglesia se reconoce vinculada por esta decisión del Señor. Esta es la razón por la que las mujeres no reciben la ordenación.[71]

1578 Nadie tiene *derecho* a recibir el sacramento del Orden. En efecto, nadie se arroga para sí mismo este oficio. Al sacramento se es llamado por Dios.[72] Quien cree reconocer las señales de la llamada de Dios al ministerio ordenado, debe someter humildemente su deseo a la autoridad de la Iglesia a la que corresponde la responsabilidad y el derecho de llamar a recibir este sacramento. Como toda gracia, el sacramento sólo puede ser *recibido* como un don inmerecido.

1579 Todos los ministros ordenados de la Iglesia latina, exceptuados los diáconos permanentes, son ordinariamente elegidos entre hombres creyentes que viven como célibes y que tienen la voluntad de guardar el *celibato* "por el Reino de los cielos" (*Mt* 19, 12). Llamados a consagrarse totalmente al Señor y a sus "cosas",[73] se entregan enteramente a Dios y a los hombres. El celibato es un signo de esta vida nueva al servicio de la cual es consagrado el ministro de la Iglesia; aceptado con un corazón alegre, anuncia de modo radiante el Reino de Dios.[74]

1580 En las Iglesias orientales, desde hace siglos está en vigor una disciplina distinta: mientras los obispos son elegidos únicamente entre los célibes, hombres casados pueden ser ordenados diáconos y presbíteros. Esta práctica es considerada como legítima desde tiempos remotos; estos presbíteros

---

[64] *Ibid.*
[65] *Ibid.*, 20.
[66] Cf. INOCENCIO III, c. *Eius exemplo:* DS, 794; Concilio de Letrán IV: ibid., 802; CDC, 1012; CCEO, 744; 747.
[67] CDC, 1024.
[68] Cf. *Mc* 3, 14-19; *Lc* 6, 12-16.
[69] Cf. *1 Tm* 3, 1-13; *2 Tm* 1, 6; *Tt* 1, 5-9.
[70] SAN CLEMENTE DE ROMA, *Epistula ad Corinthios*, 42, 4; 44, 3.
[71] Cf. JUAN PABLO II, c. ap. *Mulieris dignitatem*, 26-27; CONGREGACIÓN PARA LA DOCTRINA DE LA FE, decl. *Inter insigniores*, AAS 69 (1977), 98-116.
[72] Cf. *Hb* 5, 4.
[73] Cf. *1 Co* 7, 32.
[74] Cf. CONCILIO VATICANO II, *Presbyterorum ordinis*, 16.

CÓMO CELEBRAMOS ⟶ Los sacramentos ⟶ De servicio

ejercen un ministerio fructuoso en el seno de sus comunidades.[75] Por otra parte, el celibato de los presbíteros goza de gran honor en las Iglesias orientales, y son numerosos los presbíteros que lo escogen libremente por el Reino de Dios. En Oriente como en Occidente, quien recibe el sacramento del Orden no puede contraer matrimonio.

VII. LOS EFECTOS DEL SACRAMENTO DEL ORDEN

El carácter indeleble

1581 Este sacramento configura con Cristo mediante una gracia especial del Espíritu Santo a fin de servir de instrumento de Cristo en favor de su Iglesia. Por la ordenación recibe la capacidad de actuar como representante de Cristo, Cabeza de la Iglesia, en su triple función de sacerdote, profeta y rey.

1582 Como en el caso del Bautismo y de la Confirmación, esta participación en la misión de Cristo es concedida de una vez para siempre. El sacramento del Orden confiere también un *carácter espiritual indeleble* y no puede ser reiterado ni ser conferido para un tiempo determinado.[76]

1583 Un sujeto válidamente ordenado puede ciertamente, por causas graves, ser liberado de las obligaciones y las funciones vinculadas a la ordenación, o se le puede impedir ejercerlas,[77] pero no puede convertirse de nuevo en laico en sentido estricto[78] porque el carácter impreso por la ordenación es para siempre. La vocación y la misión recibidas el día de su ordenación, lo marcan de manera permanente.

1584 Puesto que en último término es Cristo quien actúa y realiza la salvación a través del ministro ordenado, la indignidad de éste no impide a Cristo actuar.[79] San Agustín lo dice con firmeza:

> En cuanto al ministro orgulloso, hay que colocarlo con el diablo. Sin embargo, el don de Cristo no por ello es profanado: lo que llega a través de él conserva su pureza, lo que pasa por él permanece limpio y llega a la tierra fértil... En efecto, la virtud espiritual del sacramento es semejante a la luz: los que deben ser iluminados la reciben en su pureza y, si atraviesa seres manchados, no se mancha.[80]

La gracia del Espíritu Santo

1585 La gracia del Espíritu Santo propia de este sacramento es la de ser configurado con Cristo Sacerdote, Maestro y Pastor, de quien el ordenado es constituido ministro.

---

[75] Cf. CONCILIO VATICANO II, *Presbyterorum ordinis*, 16.
[76] Cf. Concilio de Trento: DS, 1767; Concilio Vaticano II, *Lumen gentium*, 21.28.29; ID., *Presbyterorum ordinis*, 2.
[77] Cf. CDC, 290-293; 1336, 1, 3o y 5o; 1338, 2.
[78] Cf. Concilio de Trento: DS, 1774.
[79] Cf. *ibid.*, 1612; Concilio de Constanza: DS, 1154.
[80] SAN AGUSTÍN, *In Evangelium Johannis tractatus*, 5, 15.

1586 Para el obispo, es en primer lugar una gracia de fortaleza ("El Espíritu de soberanía": Oración de consagración del obispo en el rito latino): la de guiar y defender con fuerza y prudencia a su Iglesia como padre y pastor, con amor gratuito para todos y con predilección por los pobres, los enfermos y los necesitados.[81] Esta gracia le impulsa a anunciar el Evangelio a todos, a ser el modelo de su rebaño, a precederlo en el camino de la santificación identificándose en la Eucaristía con Cristo Sacerdote y Víctima, sin miedo a dar la vida por sus ovejas:

> Concede, Padre que conoces los corazones, a tu siervo que has elegido para el episcopado, que apaciente tu santo rebaño y que ejerza ante ti el supremo sacerdocio sin reproche sirviéndote noche y día; que haga sin cesar propicio tu rostro y que ofrezca los dones de tu santa Iglesia, que en virtud del espíritu del supremo sacerdocio tenga poder de perdonar los pecados según tu mandamiento, que distribuya las tareas siguiendo tu orden y que desate de toda atadura en virtud del poder que tú diste a los apóstoles; que te agrade por su dulzura y su corazón puro, ofreciéndote un perfume agradable por tu Hijo Jesucristo...[82]

1587 El don espiritual que confiere la ordenación presbiteral está expresado en esta oración propia del rito bizantino. El obispo, imponiendo la mano, dice:

> Señor, llena del don del Espíritu Santo al que te has dignado elevar al grado del sacerdocio para que sea digno de presentarse sin reproche ante tu altar, de anunciar el Evangelio de tu Reino, de realizar el ministerio de tu palabra de verdad, de ofrecerte dones y sacrificios espirituales, de renovar tu pueblo mediante el baño de la regeneración; de manera que vaya al encuentro de nuestro gran Dios y Salvador Jesucristo, tu Hijo único, el día de su segunda venida, y reciba de tu inmensa bondad la recompensa de una fiel administración de su orden.[83]

1588 En cuanto a los diáconos, "fortalecidos, en efecto, con la gracia del sacramento, en comunión con el obispo y sus presbíteros, están al servicio del Pueblo de Dios en el ministerio de la liturgia, de la palabra y de la caridad".[84]

1589 Ante la grandeza de la gracia y del oficio sacerdotales, los santos doctores sintieron la urgente llamada a la conversión con el fin de corresponder mediante toda su vida a aquel de quien el sacramento los constituye ministros. Así, San Gregorio Nacianceno, siendo joven sacerdote, exclama:

---

[81] Cf. Concilio Vaticano II, *Christus Dominus*, 13 y 16.
[82] SAN HIPÓLITO DE ROMA, *Traditio apostólica*, 3.
[83] *Liturgia bizantina, Euchologion.*
[84] Concilio Vaticano II, *Lumen gentium*, 29.

CÓMO CELEBRAMOS ⟶ Los sacramentos ⟶ De servicio

CIC 1593

Es preciso comenzar por purificarse antes de purificar a los otros; es preciso ser instruido para poder instruir; es preciso ser luz para iluminar, acercarse a Dios para acercarle a los demás, ser santificado para santificar, conducir de la mano y aconsejar con inteligencia.[85] Sé de quién somos ministros, dónde nos encontramos y a dónde nos dirigimos. Conozco la altura de Dios y la flaqueza del hombre, pero también su fuerza.[86] [Por tanto, ¿quién es el sacerdote? Es] el defensor de la verdad, se sitúa junto a los ángeles, glorifica con los arcángeles, hace subir sobre el altar de lo alto las víctimas de los sacrificios, comparte el sacerdocio de Cristo, restaura la criatura, restablece [en ella] la imagen [de Dios], la recrea para el mundo de lo alto, y, para decir lo más grande que hay en él, es divinizado y diviniza.[87]

460

Y el santo Cura de Ars dice: "El sacerdote continúa la obra de redención en la tierra"…"Si se comprendiese bien al sacerdote en la tierra se moriría no de pavor sino de amor"… "El sacerdocio es el amor del corazón de Jesús".[88]

1551

RESUMEN

1590 San Pablo dice a su discípulo Timoteo: "Te recomiendo que reavives el carisma de Dios que está en ti por la imposición de mis manos" (*2 Tm* 1, 6), y "si alguno aspira al cargo de obispo, desea una noble función" (*1 Tm* 3, 1). A Tito decía: "El motivo de haberte dejado en Creta, fue para que acabaras de organizar lo que faltaba y establecieras presbíteros en cada ciudad, como yo te ordené" (*Tt* 1, 5).

1591 La Iglesia entera es un pueblo sacerdotal. Por el bautismo, todos los fieles participan del sacerdocio de Cristo. Esta participación se llama "sacerdocio común de los fieles". A partir de este sacerdocio y al servicio del mismo existe otra participación en la misión de Cristo: la del ministerio conferido por el sacramento del Orden, cuya tarea es servir en nombre y en representación de Cristo-Cabeza en medio de la comunidad.

1592 El sacerdocio ministerial difiere esencialmente del sacerdocio común de los fieles porque confiere un poder sagrado para el servicio de los fieles. Los ministros ordenados ejercen su servicio en el pueblo de Dios mediante la enseñanza (munus docendi), el culto divino (munus liturgicum) y por el gobierno pastoral (munus regendi).

1593 Desde los orígenes, el ministerio ordenado fue conferido y ejercido en tres grados: el de los obispos, el de los presbíteros y el de los diáconos. Los ministerios conferidos por la ordenación son insustituibles

---

[85] SAN GREGORIO NACÍANCENO, *Orationes*, 2, 71: PG 35, 480B.
[86] *Ibid.*, 2, 74: PG46 481B
[87] *Ibid.*, 2, 73: PG35, 481A.
[88] B. NODET, *Jean-Marie Vianney, Curé d'Ars*, 100.

CIC 1594

Segunda Parte: La celebración del misterio cristiano

para la estructura orgánica de la Iglesia: sin el obispo, los presbíteros y los diáconos no se puede hablar de Iglesia.[89]

1594 El obispo recibe la plenitud del sacramento del Orden que lo incorpora al Colegio episcopal y hace de él la cabeza visible de la Iglesia particular que le es confiada. Los obispos, en cuanto sucesores de los apóstoles y miembros del Colegio, participan en la responsabilidad apostólica y en la misión de toda la Iglesia bajo la autoridad del Papa, sucesor de san Pedro.

1595 Los presbíteros están unidos a los obispos en la dignidad sacerdotal y al mismo tiempo dependen de ellos en el ejercicio de sus funciones pastorales; son llamados a ser cooperadores diligentes de los obispos; forman en torno a su obispo el presbiterio que asume con él la responsabilidad de la Iglesia particular. Reciben del obispo el cuidado de una comunidad parroquial o de una función eclesial determinada.

1596 Los diáconos son ministros ordenados para las tareas de servicio de la Iglesia; no reciben el sacerdocio ministerial, pero la ordenación les confiere funciones importantes en el ministerio de la palabra, del culto divino, del gobierno pastoral y del servicio de la caridad, tareas que deben cumplir bajo la autoridad pastoral de su obispo.

1597 El sacramento del Orden es conferido por la imposición de las manos seguida de una oración consecratoria solemne que pide a Dios para el ordenando las gracias del Espíritu Santo requeridas para su ministerio. La ordenación imprime un carácter sacramental indeleble.

1598 La Iglesia confiere el sacramento del Orden únicamente a varones (viri) bautizados, cuyas aptitudes para el ejercicio del ministerio han sido debidamente reconocidas. A la autoridad de la Iglesia corresponde la responsabilidad y el derecho de llamar a uno a recibir la ordenación.

1599 En la Iglesia latina, el sacramento del Orden para el presbiterado sólo es conferido ordinariamente a candidatos que están dispuestos a abrazar libremente el celibato y que manifiestan públicamente su voluntad de guardarlo por amor del Reino de Dios y el servicio de los hombres.

1600 Corresponde a los obispos conferir el sacramento del Orden en los tres grados.

---

[89] Cf. SAN IGNACIO DE ANTIOQUÍA, *Epistula ad Trallianos*, 3, 1.

CÓMO CELEBRAMOS ⟶ Los sacramentos ⟶ De servicio

ARTÍCULO 7
EL SACRAMENTO DEL MATRIMONIO

FUENTES DE LA ESCRITURA Y DE LA IGLESIA

La siguiente parte del *Catecismo* utiliza estas fuentes de la Escritura y de la Iglesia. Véase el "Índice de citas" para una lista completa de referencias

Antiguo Testamento	Citadas en el *Catecismo*
Génesis	CIC 1602, 1604, 1605, 1607-1609, 1627, 1644, 1652
Deuteronomio	CIC 1610
Salmos	CIC 1605
Cantar de los Cantares	CIC 1611
Isaías	CIC 1611
Jeremías	CIC 1611
Ezequiel	CIC 1611
Oseas	CIC 1611
Malaquías	CIC 1611

Nuevo Testamento	
Mateo	CIC 1605, 1610, 1614, 1615, 1618, 1644, 1652, 1658
Marcos	CIC 1615, 1618, 1619, 1627, 1639, 1650
Lucas	CIC 1618
Juan	CIC 1613
Hechos de los Apóstoles	CIC 1655
1 Corintios	CIC 1602, 1618, 1619, 1621, 1637
Gálatas	CIC 1642
Efesios	CIC 1602, 1616, 1617, 1624, 1627, 1642, 1659
1 Juan	CIC 1604
Apocalipsis	CIC 1602, 1612, 1618

Concilios ecuménicos	
Trento (1545-1563)	CIC 1617, 1631, 1661
Vaticano II (1962-1965)	CIC 1603, 1612, 1620, 1627, 1632, 1639, 1641, 1642, 1645, 1646, 1652, 1653, 1656, 1657, 1660, 1664

Documentos pontificios	
Juan Pablo II (1978-2005)	CIC 1620, 1622, 1642-1645, 1648, 1649, 1651, 1653, 1656, 1658

Derecho Canónico	
Código de Derecho Canónico	CIC 1601, 1617, 1626-1629, 1631, 1632, 1635, 1638, 1640, 1649, 1660

CIC 1601

Segunda Parte: La celebración del misterio cristiano

FUENTES DE LA ESCRITURA Y DE LA IGLESIA

(continuación)

Liturgia
Rito Romano — CIC 1627

Escritores eclesiásticos
San Juan Crisóstomo — CIC 1620
Tertuliano — CIC 1642

PALABRAS CLAVE

La siguiente parte del *Catecismo* utiliza estas palabras clave.
Véase el "Glosario" para su definición.

Palabras	Citadas en el *Catecismo*
Adulterio	CIC 1650
Bendición nupcial	CIC 1624
Boda	CIC 1601
Divorcio	CIC 1645
Impedimento	CIC 1635
Matrimonio	CIC 1601
Poligamia	CIC 1645

1601 "La alianza matrimonial, por la que el varón y la mujer constituyen entre sí un consorcio de toda la vida, ordenado por su misma índole natural al bien de los cónyuges y a la generación y educación de la prole, fue elevada por Cristo Nuestro Señor a la dignidad de sacramento entre bautizados".[90]

I. EL MATRIMONIO EN EL PLAN DE DIOS

369

796

1602 La Sagrada Escritura se abre con el relato de la creación del hombre y de la mujer a imagen y semejanza de Dios[91] y se cierra con la visión de las "bodas del Cordero" (*Ap* 19, 7.9). De un extremo a otro la Escritura habla del matrimonio y de su "misterio", de su institución y del sentido que Dios le dio, de su origen y de su fin, de sus realizaciones diversas a lo largo de la historia de la salvación, de sus dificultades nacidas del pecado y de su renovación "en el Señor" (*1 Co* 7, 39), todo ello en la perspectiva de la Nueva Alianza de Cristo y de la Iglesia.[92]

---

[90] CDC, 1055, 1.
[91] Cf. *Gn* 1, 26-27.
[92] Cf. *Ef* 5, 31-32.

CÓMO CELEBRAMOS ⟶ Los sacramentos ⟶ De servicio

El matrimonio en el orden de la creación

1603 "La íntima comunidad de vida y amor conyugal, fundada por el Creador y provista de leyes propias, se establece sobre la alianza del matrimonio... un vínculo sagrado... no depende del arbitrio humano. Él mismo Dios es el autor del matrimonio".[93] La vocación al matrimonio se inscribe en la naturaleza misma del hombre y de la mujer, según salieron de la mano del Creador. El matrimonio no es una institución puramente humana a pesar de las numerosas variaciones que ha podido sufrir a lo largo de los siglos en las diferentes culturas, estructuras sociales y actitudes espirituales. Estas diversidades no deben hacer olvidar sus rasgos comunes y permanentes. A pesar de que la dignidad de esta institución no se trasluzca siempre con la misma claridad,[94] existe en todas las culturas un cierto sentido de la grandeza de la unión matrimonial. "La salvación de la persona y de la sociedad humana y cristiana está estrechamente ligada a la prosperidad de la comunidad conyugal y familiar".[95]

1604 Dios que ha creado al hombre por amor, lo ha llamado también al amor, vocación fundamental e innata de todo ser humano. Porque el hombre fue creado a imagen y semejanza de Dios,[96] que es Amor.[97] Habiéndolos creado Dios hombre y mujer, el amor mutuo entre ellos se convierte en imagen del amor absoluto e indefectible con que Dios ama al hombre. Este amor es bueno, muy bueno, a los ojos del Creador.[98] Y este amor que Dios bendice es destinado a ser fecundo y a realizarse en la obra común del cuidado de la creación. "Y los bendijo Dios y les dijo: 'Sed fecundos y multiplicaos, y llenad la tierra y sometedla'" (*Gn* 1, 28).

1605 La Sagrada Escritura afirma que el hombre y la mujer fueron creados el uno para el otro: "No es bueno que el hombre esté solo". La mujer, "carne de su carne", su igual, la criatura más semejante al hombre mismo, le es dada por Dios como un "auxilio", representando así a Dios que es nuestro "auxilio".[99] "Por eso deja el hombre a su padre y a su madre y se une a su mujer, y se hacen una sola carne" (*Gn* 2, 24).[100] Que esto significa una unión indefectible de sus dos vidas, el Señor mismo lo muestra recordando cuál fue "en el principio", el plan del Creador: "De manera que ya no son dos sino una sola carne" (*Mt* 19, 6).

El matrimonio bajo la esclavitud del pecado

1606 Todo hombre, tanto en su entorno como en su propio corazón, vive la experiencia del mal. Esta experiencia se hace sentir también en las relaciones entre el hombre y la mujer. En todo tiempo, la unión del hombre y la mujer

---

[93] Concilio Vaticano II, *Gaudium et spes*, 48, 1.
[94] Cf. *ibid.*, 41, 2.
[95] *Ibid.*, 41, 1.
[96] Cf. *Gn* 1, 27.
[97] Cf. *1 Jn* 4, 8.16.
[98] Cf. *Gn* 1, 31.
[99] Cf. *Sal* 121, 2.
[100] Cf. *Gn* 2, 18-25.

vive amenazada por la discordia, el espíritu de dominio, la infidelidad, los celos y conflictos que pueden conducir hasta el odio y la ruptura. Este desorden puede manifestarse de manera más o menos aguda, y puede ser más o menos superado, según las culturas, las épocas, los individuos, pero siempre aparece como algo de carácter universal.

1607 Según la fe, este desorden que constatamos dolorosamente, no se origina en *la naturaleza* del hombre y de la mujer, ni en la naturaleza de sus relaciones, sino en el *pecado*. El primer pecado, ruptura con Dios, tiene como consecuencia primera la ruptura de la comunión original entre el hombre y la mujer. Sus relaciones quedan distorsionadas por agravios recíprocos;[101] su atractivo mutuo, don propio del creador,[102] se cambia en relaciones de dominio y de concupiscencia;[103] la hermosa vocación del hombre y de la mujer de ser fecundos, de multiplicarse y someter la tierra[104] queda sometida a los dolores del parto y los esfuerzos de ganar el pan.[105]

1608 Sin embargo, el orden de la Creación subsiste aunque gravemente perturbado. Para sanar las heridas del pecado, el hombre y la mujer necesitan la ayuda de la gracia que Dios, en su misericordia infinita, jamás les ha negado.[106] Sin esta ayuda, el hombre y la mujer no pueden llegar a realizar la unión de sus vidas en orden a la cual Dios los creó "al comienzo".

El matrimonio bajo la pedagogía de la antigua Ley

1609 En su misericordia, Dios no abandonó al hombre pecador. Las penas que son consecuencia del pecado, "los dolores del parto" (*Gn* 3, 16), el trabajo "con el sudor de tu frente" (*Gn* 3, 19), constituyen también remedios que limitan los daños del pecado. Tras la caída, el matrimonio ayuda a vencer el repliegue sobre sí mismo, el egoísmo, la búsqueda del propio placer, y a abrirse al otro, a la ayuda mutua, al don de sí.

1610 La conciencia moral relativa a la unidad e indisolubilidad del matrimonio se desarrolló bajo la pedagogía de la Ley antigua. La poligamia de los patriarcas y de los reyes no es todavía criticada de una manera explícita. No obstante, la Ley dada por Moisés se orienta a proteger a la mujer contra un dominio arbitrario del hombre, aunque la Ley misma lleve también, según la palabra del Señor, las huellas de "la dureza del corazón" de la persona humana, razón por la cual Moisés permitió el repudio de la mujer.[107]

1611 Contemplando la Alianza de Dios con Israel bajo la imagen de un amor conyugal exclusivo y fiel,[108] los profetas fueron preparando la conciencia del Pueblo elegido para una comprensión más profunda de la unidad y de la indisolubilidad del matrimonio.[109] Los libros de Rut y de Tobías dan

---

[101] Cf. *Gn* 3, 12.
[102] Cf. *Gn* 2, 22.
[103] Cf. *Gn* 3, 16b.
[104] Cf. *Gn* 1, 28.
[105] Cf. *Gn* 3, 16-19.
[106] Cf. *Gn* 3, 21.
[107] Cf. *Mt* 19, 8; *Dt* 24, 1.
[108] Cf. *Os* 1-3; *Is* 54; 62; *Jr* 2-3.31; *Ez* 16, 62; 23.
[109] Cf. *Ml*, 13-17.

CÓMO CELEBRAMOS → Los sacramentos → De servicio

testimonios conmovedores del sentido hondo del matrimonio, de la fidelidad y de la ternura de los esposos. La Tradición ha visto siempre en el Cantar de los Cantares una expresión única del amor humano, en cuanto éste es reflejo del amor de Dios, amor "fuerte como la muerte" que "las grandes aguas no pueden anegar" (*Ct* 8, 6-7).

2361

El matrimonio en el Señor

1612 La alianza nupcial entre Dios y su pueblo Israel había preparado la nueva y eterna alianza mediante la que el Hijo de Dios, encarnándose y dando su vida, se unió en cierta manera con toda la humanidad salvada por Él,[110] preparando así "las bodas del Cordero" (*Ap* 19, 7.9).

521

1613 En el umbral de su vida pública, Jesús realiza su primer signo —a petición de su Madre— con ocasión de un banquete de boda.[111] La Iglesia concede una gran importancia a la presencia de Jesús en las bodas de Caná. Ve en ella la confirmación de la bondad del matrimonio y el anuncio de que en adelante el matrimonio será un signo eficaz de la presencia de Cristo.

1614 En su predicación, Jesús enseñó sin ambigüedad el sentido original de la unión del hombre y la mujer, tal como el Creador la quiso al comienzo: la autorización, dada por Moisés, de repudiar a la propia mujer era una concesión a la dureza del corazón;[112] la unión matrimonial del hombre y la mujer es indisoluble: Dios mismo la estableció: "Lo que Dios unió, que no lo separe el hombre" (*Mt* 19, 6).

2336

2382

1615 Esta insistencia, inequívoca, en la indisolubilidad del vínculo matrimonial pudo causar perplejidad y aparecer como una exigencia irrealizable.[113] Sin embargo, Jesús no impuso a los esposos una carga imposible de llevar y demasiado pesada,[114] más pesada que la Ley de Moisés. Viniendo para restablecer el orden inicial de la creación perturbado por el pecado, da la fuerza y la gracia para vivir el matrimonio en la dimensión nueva del Reino de Dios. Siguiendo a Cristo, renunciando a sí mismos, tomando sobre sí sus cruces,[115] los esposos podrán "comprender"[116] el sentido original del matrimonio y vivirlo con la ayuda de Cristo. Esta gracia del Matrimonio cristiano es un fruto de la Cruz de Cristo, fuente de toda la vida cristiana.

2364

1642

1616 Es lo que el apóstol Pablo da a entender diciendo: "Maridos, amad a vuestras mujeres como Cristo amó a la Iglesia y se entregó a sí mismo por ella, para santificarla" (*Ef* 5, 25-26), y añadiendo en seguida: "'Por eso dejará el hombre a su padre y a su madre y se unirá a su mujer, y los dos se harán una sola carne'. Gran misterio es éste, lo digo respecto a Cristo y a la Iglesia" (*Ef* 5, 31-32).

CIC 1616

---

[110] Cf. Concilio Vaticano II, *Gaudium et spes*, 22.
[111] Cf. *Jn* 2, 1-11.
[112] Cf. *Mt* 9, 8.
[113] Cf. *Mt* 9, 10.
[114] Cf. *Mt* 1, 29-30.
[115] Cf. *Mc* 8, 34.
[116] Cf. *Mt* 19, 11.

1617 Toda la vida cristiana está marcada por el amor esponsal de Cristo y de la Iglesia. Ya el Bautismo, entrada en el Pueblo de Dios, es un misterio nupcial. Es, por así decirlo, como el baño de bodas[117] que precede al banquete de bodas, la Eucaristía. El Matrimonio cristiano viene a ser por su parte signo eficaz, sacramento de la alianza de Cristo y de la Iglesia. Puesto que es signo y comunicación de la gracia, el matrimonio entre bautizados es un verdadero sacramento de la Nueva Alianza.[118]

La virginidad por el Reino de Dios

1618 Cristo es el centro de toda vida cristiana. El vínculo con Él ocupa el primer lugar entre todos los demás vínculos, familiares o sociales.[119] Desde los comienzos de la Iglesia ha habido hombres y mujeres que han renunciado al gran bien del matrimonio para seguir al Cordero "dondequiera que vaya" (*Ap* 14, 4), para ocuparse de las cosas del Señor, para tratar de agradarle,[120] para ir al encuentro del Esposo que viene.[121] Cristo mismo invitó a algunos a seguirle en este modo de vida del que Él es el modelo:

> Hay eunucos que nacieron así del seno materno, y hay eunucos hechos por los hombres, y hay eunucos que se hicieron tales a sí mismos por el Reino de los cielos. Quien pueda entender, que entienda (*Mt* 79, 72).

1619 La virginidad por el Reino de los cielos es un desarrollo de la gracia bautismal, un signo poderoso de la preeminencia del vínculo con Cristo, de la ardiente espera de su retorno, un signo que recuerda también que el matrimonio es una realidad que manifiesta el carácter pasajero de este mundo.[122]

1620 Estas dos realidades, el sacramento del Matrimonio y la virginidad por el Reino de Dios, vienen del Señor mismo. Es Él quien les da sentido y les concede la gracia indispensable para vivirlos conforme a su voluntad.[124] La estima de la virginidad por el Reino[124] y el sentido cristiano del Matrimonio son inseparables y se apoyan mutuamente:

> Denigrar el matrimonio es reducir a la vez la gloria de la virginidad; elogiarlo es realzar a la vez la admiración que corresponde a la virginidad...[125]

II. LA CELEBRACIÓN DEL MATRIMONIO

1621 En el rito latino, la celebración del Matrimonio entre dos fieles católicos tiene lugar ordinariamente dentro de la Santa Misa, en virtud del vínculo que

---

[117] Cf. *Ef* 5, 26-27.
[118] Cf. Concilio de Trento: DS, 1800; CDC, 1055, 2.
[119] Cf. *Lc* 14, 26; *Mc* 10, 28-31.
[120] Cf. *1 Col*, 32.
[121] Cf. *Mt* 25, 6.
[122] Cf. 1*Co* 1, 31; *Mc* 12, 25.
[123] Cf. *Mt* 19, 3-12.
[124] Cf. Concilio Vaticano II, *Lumen gentium*, 42; ID., *Perfectae caritatis*, 12; ID., *Optatam totius*, 10.
[125] SAN JUAN CRISÓSTOMO, *De virginitate*, 10, 1: PG 48, 540A; cf JUAN PABLO II, exh. ap. *Familiaris consortio*, 16.

tienen todos los sacramentos con el Misterio Pascual de Cristo.[126] En la Eucaristía se realiza el memorial de la Nueva Alianza, en la que Cristo se unió para siempre a la Iglesia, su esposa amada por la que se entregó.[127] Es, pues, conveniente que los esposos sellen su consentimiento en darse el uno al otro mediante la ofrenda de sus propias vidas, uniéndose a la ofrenda de Cristo por su Iglesia, hecha presente en el sacrificio eucarístico, y recibiendo la Eucaristía, para que, comulgando en el mismo Cuerpo y en la misma Sangre de Cristo, "formen un solo cuerpo" en Cristo.[128]

1622 "En cuanto gesto sacramental de santificación, la celebración del matrimonio... debe ser por sí misma válida, digna y fructuosa".[129] Por tanto, conviene que los futuros esposos se dispongan a la celebración de su matrimonio recibiendo el sacramento de la Penitencia.

1623 Según la tradición latina, los esposos, como ministros de la gracia de Cristo, manifestando su consentimiento ante la Iglesia, se confieren mutuamente el sacramento del Matrimonio. En las tradiciones de las Iglesias orientales, los sacerdotes —Obispos o presbíteros— son testigos del recíproco consentimiento expresado por los esposos,[130] pero también su bendición es necesaria para la validez del sacramento.[131]

1624 Las diversas liturgias son ricas en oraciones de bendición y de epíclesis pidiendo a Dios su gracia y la bendición sobre la nueva pareja, especialmente sobre la esposa. En la epíclesis de este sacramento los esposos reciben el Espíritu Santo como Comunión de amor de Cristo y de la Iglesia.[132] El Espíritu Santo es el sello de la alianza de los esposos, la fuente siempre generosa de su amor, la fuerza con que se renovará su fidelidad.

III. EL CONSENTIMIENTO MATRIMONIAL

1625 Los protagonistas de la alianza matrimonial son un hombre y una mujer bautizados, libres para contraer el matrimonio y que expresan libremente su consentimiento. "Ser libre" quiere decir:

— no obrar por coacción;

— no estar impedido por una ley natural o eclesiástica.

1626 La Iglesia considera el intercambio de los consentimientos entre los esposos como el elemento indispensable "que hace el matrimonio".[133] Si el consentimiento falta, no hay matrimonio.

---

[126] Cf. Concilio Vaticano II, *Sacrosanctum concilium*, 61.
[127] Cf. Concilio Vaticano II, *Lumen gentium*, 6.
[128] Cf. *1 Co* 10, 17.
[129] JUAN PABLO II, exh. ap. *Familiaris consortio*, 67.
[130] Cf. CCEO canon 817.
[131] Cf. CCEO canon 828.
[132] Cf. *Ef* 5, 32.
[133] CDC, 1057, 1.

Segunda Parte: La celebración del misterio cristiano

1627 El consentimiento consiste en "un acto humano, por el cual los esposos se dan y se reciben mutuamente":[134] "Yo te recibo como esposa" - "Yo te recibo como esposo".[135] Este consentimiento que une a los esposos entre sí, encuentra su plenitud en el hecho de que los dos "vienen a ser una sola carne".[136]

1628 El consentimiento debe ser un acto de la voluntad de cada uno de los contrayentes, libre de violencia o de temor grave externo.[137] Ningún poder humano puede reemplazar este consentimiento.[138] Si esta libertad falta, el matrimonio es inválido.

1629 Por esta razón (o por otras razones que hacen nulo e inválido el matrimonio);[139] la Iglesia, tras examinar la situación por el tribunal eclesiástico competente, puede declarar "la nulidad del matrimonio", es decir, que el matrimonio no ha existido. En este caso, los contrayentes quedan libres para casarse, aunque deben cumplir las obligaciones naturales nacidas de una unión precedente anterior.[140]

1630 El sacerdote (o el diácono) que asiste a la celebración del Matrimonio, recibe el consentimiento de los esposos en nombre de la Iglesia y da la bendición de la Iglesia. La presencia del ministro de la Iglesia (y también de los testigos) expresa visiblemente que el Matrimonio es una realidad eclesial.

1631 Por esta razón, la Iglesia exige ordinariamente para sus fieles *la forma eclesiástica* de la celebración del matrimonio.[141] Varias razones concurren para explicar esta determinación:

— El matrimonio sacramental es un acto *litúrgico*. Por tanto, es conveniente que sea celebrado en la liturgia pública de la Iglesia.

— El matrimonio introduce en un *ordo* eclesial, crea derechos y deberes en la Iglesia entre los esposos y para con los hijos.

— Por ser el matrimonio un estado de vida en la Iglesia, es preciso que exista certeza sobre él (de ahí la obligación de tener testigos).

— El carácter público del consentimiento protege el "Sí" una vez dado y ayuda a permanecer fiel a él.

1632 Para que el "Sí" de los esposos sea un acto libre y responsable, y para que la alianza matrimonial tenga fundamentos humanos y cristianos, sólidos y estables, la *preparación para el matrimonio* es de primera importancia:

---

[134] Concilio Vaticano II, *Gaudium et spes*, 48, I; cf CDC, 1057, 2
[135] Ritual Romano, *Ordo celebrandi Matrimonium*, 45.
[136] Cf. *Gn* 2, 24; *Mc* 10, 8; *Ef* 5, 31
[137] Cf. CDC, 1103.
[138] Cf. *ibid.*, 1057, 1.
[139] Cf. *ibid.*, 1095-1107.
[140] Cf. *ibid.*, 1071.
[141] Cf. Concilio de Trento: DS, 1813-1816; CDC, 1108.

CÓMO CELEBRAMOS ⟶ Los sacramentos ⟶ De servicio

El ejemplo y la enseñanza dados por los padres y por las familias son el camino privilegiado de esta preparación.

El papel de los pastores y de la comunidad cristiana como "familia de Dios" es indispensable para la transmisión de los valores humanos y cristianos del matrimonio y de la familia,[142] y esto con mayor razón en nuestra época en la que muchos jóvenes conocen la experiencia de hogares rotos que ya no aseguran suficientemente esta iniciación:

Los jóvenes deben ser instruidos adecuada y oportunamente sobre la dignidad, tareas y ejercicio del amor conyugal, sobre todo en el seno de la misma familia, para que, educados en el cultivo de la castidad, puedan pasar, a la edad conveniente, de un noviazgo vivido honestamente, al matrimonio.[143]

Matrimonios mixtos y disparidad de culto

1633 En numerosos países, la situación del *matrimonio mixto* (entre católico y bautizado no católico) se presenta con bastante frecuencia. Exige una atención particular de los cónyuges y de los pastores. El caso de matrimonios con *disparidad de culto* (entre católico y no bautizado) exige aún una mayor atención.

1634 La diferencia de confesión entre los cónyuges no constituye un obstáculo insuperable para el matrimonio, cuando llegan a poner en común lo que cada uno de ellos ha recibido en su comunidad, y a aprender el uno del otro el modo como cada uno vive su fidelidad a Cristo. Pero las dificultades de los matrimonios mixtos no deben tampoco ser subestimadas. Se deben al hecho de que la separación de los cristianos no se ha superado todavía. Los esposos corren el peligro de vivir en el seno de su hogar el drama de la desunión de los cristianos. La disparidad de culto puede agravar aún más estas dificultades. Divergencias en la fe, en la concepción misma del matrimonio, pero también mentalidades religiosas distintas pueden constituir una fuente de tensiones en el matrimonio, principalmente a propósito de la educación de los hijos. Una tentación que puede presentarse entonces es la indiferencia religiosa.

1635 Según el derecho vigente en la Iglesia latina, un matrimonio mixto necesita, para su licitud, el *permiso expreso* de la autoridad eclesiástica.[144] En caso de disparidad de culto se requiere una *dispensa expresa* del impedimento para la validez del matrimonio.[145] Este permiso o esta dispensa supone que las dos partes conozcan y no excluyan los fines y las propiedades esenciales del matrimonio; además, que la parte católica confirme los compromisos —también haciéndolos conocer a la parte no católica— de conservar la propia fe y de asegurar el Bautismo y la educación de los hijos en la Iglesia católica.[146]

---

[142] Cf. CDC, 1063.
[143] Concilio Vaticano II, *Gaudium et spes*, 49, 3.
[144] Cf. CDC, 1124.
[145] Cf. *ibid.*, 1086.
[146] Cf. *ibid*, 1125.

Segunda Parte: La celebración del misterio cristiano

1636 En muchas regiones, gracias al diálogo ecuménico, las comunidades cristianas interesadas han podido llevar a cabo una *pastoral común para los matrimonios mixtos*. Su objetivo es ayudar a estas parejas a vivir su situación particular a la luz de la fe. Debe también ayudarles a superar las tensiones entre las obligaciones de los cónyuges, el uno con el otro, y con sus comunidades eclesiales. Debe alentar el desarrollo de lo que les es común en la fe, y el respeto de lo que los separa.

1637 En los matrimonios con disparidad de culto, el esposo católico tiene una tarea particular: "Pes el marido no creyente queda santificado por su mujer, y la mujer no creyente queda santificada por el marido creyente" (*1 Co* 7, 14). Es un gran gozo para el cónyuge cristiano y para la Iglesia el que esta "santificación" conduzca a la conversión libre del otro cónyuge a la fe cristiana.[147] El amor conyugal sincero, la práctica humilde y paciente de las virtudes familiares, y la oración perseverante pueden preparar al cónyuge no creyente a recibir la gracia de la conversión.

IV. LOS EFECTOS DEL SACRAMENTO DEL MATRIMONIO

1638 "Del matrimonio válido se origina entre los cónyuges un *vínculo perpetuo y exclusivo* por su misma naturaleza; además, en el matrimonio cristiano los cónyuges son fortalecidos y quedan como consagrados por *un sacramento peculiar* para los deberes y la dignidad de su estado".[148]

El vínculo matrimonial

1639 El consentimiento por el que los esposos se dan y se reciben mutuamente es sellado por el mismo Dios.[149] De su alianza "nace una institución estable por ordenación divina, también ante la sociedad".[150] La alianza de los esposos está integrada en la alianza de Dios con los hombres: "el auténtico amor conyugal es asumido en el amor divino".[151]

1640 Por tanto, el vínculo matrimonial es establecido por Dios mismo, de modo que el matrimonio celebrado y consumado entre bautizados no puede ser disuelto jamás. Este vínculo que resulta del acto humano libre de los esposos y de la consumación del matrimonio es una realidad ya irrevocable y da origen a una alianza garantizada por la fidelidad de Dios. La Iglesia no tiene poder para pronunciarse contra esta disposición de la sabiduría divina.[152]

---

[147] Cf. *1 Co* 7, 16.
[148] CDC, 1134.
[149] Cf. *Mc* 10, 9.
[150] Concilio Vaticano II, *Gaudium et spes*, 48, 1.
[151] *Ibid.*, 48, 2.
[152] Cf. CDC, 1141.

CÓMO CELEBRAMOS ⟶ Los sacramentos ⟶ De servicio

CIC 1643

La gracia del sacramento del Matrimonio

1641 "En su modo y estado de vida, [los cónyuges cristianos] tienen su carisma propio en el Pueblo de Dios".[153] Esta gracia propia del sacramento del Matrimonio está destinada a perfeccionar el amor de los cónyuges, a fortalecer su unidad indisoluble. Por medio de esta gracia "se ayudan mutuamente a santificarse con la vida matrimonial conyugal y en la acogida y educación de los hijos".[154]

1642 *Cristo es la fuente de esta gracia.* "Pues de la misma manera que Dios en otro tiempo salió al encuentro de su pueblo por una alianza de amor y fidelidad, ahora el Salvador de los hombres y Esposo de la Iglesia, mediante el sacramento del Matrimonio, sale al encuentro de los esposos cristianos".[155] Permanece con ellos, les da la fuerza de seguirle tomando su cruz, de levantarse después de sus caídas, de perdonarse mutuamente, de llevar unos las cargas de los otros,[156] de estar "sometidos unos a otros en el temor de Cristo" (*Ef* 5, 21) y de amarse con un amor sobrenatural, delicado y fecundo. En las alegrías de su amor y de su vida familiar les da, ya aquí, un gusto anticipado del banquete de las bodas del Cordero:

1615

> ¿De dónde voy a sacar la fuerza para describir de manera satisfactoria la dicha del matrimonio que celebra la Iglesia, que confirma la ofrenda, que sella la bendición? Los ángeles lo proclaman, el Padre celestial lo ratifica... ¡Qué matrimonio el de dos cristianos, unidos por una sola esperanza, un solo deseo, una sola disciplina, el mismo servicio! Los dos hijos de un mismo Padre, servidores de un mismo Señor; nada los separa, ni en el espíritu ni en la carne; al contrario, son verdaderamente dos en una sola carne. Donde la carne es una, también es uno el espíritu.[157]

V. LOS BIENES Y LAS EXIGENCIAS DEL AMOR CONYUGAL

1643 "El amor conyugal comporta una totalidad en la que entran todos los elementos de la persona — reclamo del cuerpo y del instinto, fuerza del sentimiento y de la afectividad, aspiración del espíritu y de la voluntad—; mira a una unidad profundamente personal que, más allá de la unión en una sola carne, conduce a no tener más que un corazón y un alma; exige *la indisolubilidad y la fidelidad* de la donación recíproca definitiva; y se abre a la *fecundidad*. En una palabra: se trata de características normales de todo amor conyugal natural, pero con un significado nuevo que no sólo las purifica y consolida, sino las eleva hasta el punto de hacer de ellas la expresión de valores propiamente cristianos".[158]

2361

---

[153] Concilio Vaticano II, *Lumen gentium*, 11.
[154] *Ibid.*; cf 41.
[155] Concilio Vaticano II, *Gaudium et spes*, 48, 2.
[156] Cf. *Ga* 6, 2.
[157] TERTULIANO, *Ad uxorem*, 2, 9; cf JUAN PABLO II, exh. ap. *Familiaris consortio*, 13.
[158] JUAN PABLO II, exh. ap. *Familiaris consortio*, 13.

Segunda Parte: La celebración del misterio cristiano

Unidad e indisolubilidad del matrimonio

1644 El amor de los esposos exige, por su misma naturaleza, la unidad y la indisolubilidad de la comunidad de personas que abarca la vida entera de los esposos: "De manera que ya no son dos sino una sola carne" (*Mt* 19, 6).[159] "Están llamados a crecer continuamente en su comunión a través de la fidelidad cotidiana a la promesa matrimonial de la recíproca donación total".[160] Esta comunión humana es confirmada, purificada y perfeccionada por la comunión en Jesucristo dada mediante el sacramento del Matrimonio. Se profundiza por la vida de la fe común y por la Eucaristía recibida en común.

1645 "La unidad del matrimonio aparece ampliamente confirmada por la igual dignidad personal que hay que reconocer a la mujer y al varón en el mutuo y pleno amor".[161] *La poligamia* contraria a esta igual dignidad de uno y otro y al amor conyugal que es único y exclusivo.[162]

La fidelidad del amor conyugal

1646 El amor conyugal exige de los esposos, por su misma naturaleza, una fidelidad inviolable. Esto es consecuencia del don de sí mismos que se hacen mutuamente los esposos. El auténtico amor tiende por sí mismo a ser algo definitivo, no algo pasajero. "Esta íntima unión, en cuanto donación mutua de dos personas, como el bien de los hijos exigen la fidelidad de los cónyuges y urgen su indisoluble unidad".[163]

1647 Su motivo más profundo consiste en la fidelidad de Dios a su alianza, de Cristo a su Iglesia. Por el sacramento del Matrimonio los esposos son capacitados para representar y testimoniar esta fidelidad. Por el sacramento, la indisolubilidad del matrimonio adquiere un sentido nuevo y más profundo.

1648 Puede parecer difícil, incluso imposible, atarse para toda la vida a un ser humano. Por ello es tanto más importante anunciar la buena nueva de que Dios nos ama con un amor definitivo e irrevocable, de que los esposos participan de este amor, que les conforta y mantiene, y de que por su fidelidad se convierten en testigos del amor fiel de Dios. Los esposos que, con la gracia de Dios, dan este testimonio, con frecuencia en condiciones muy difíciles, merecen la gratitud y el apoyo de la comunidad eclesial.[164]

1649 Existen, sin embargo, situaciones en que la convivencia matrimonial se hace prácticamente imposible por razones muy diversas. En tales casos, la Iglesia admite *la separación* física de los esposos y el fin de la cohabitación.

---

[159] Cf. *Gn* 2, 24.
[160] JUAN PABLO II, exh. ap. *Familiaris consortio*, 19.
[161] Concilio Vaticano II, *Gaudium et spes*, 49, 2.
[162] Cf. JUAN PABLO II, exh. ap. *Familiaris consortio*, 19.
[163] Concilio Vaticano II, *Gaudium et spes*, 48, 1.
[164] Cf. JUAN PABLO II, exh. ap. *Familiaris consortio*, 20.

CÓMO CELEBRAMOS ⟶ Los sacramentos ⟶ De servicio

Los esposos no cesan de ser marido y mujer delante de Dios; ni son libres para contraer una nueva unión. En esta situación difícil, la mejor solución sería, si es posible, la reconciliación. La comunidad cristiana está llamada a ayudar a estas personas a vivir cristianamente su situación en la fidelidad al vínculo de su matrimonio que permanece indisoluble.[165]

1650 Hoy son numerosos en muchos países los católicos que recurren al *divorcio* según las leyes civiles y que contraen también civilmente una nueva unión. La Iglesia mantiene, por fidelidad a la palabra de Jesucristo ("Quien repudie a su mujer y se case con otra, comete adulterio contra aquélla; y si ella repudia a su marido y se casa con otro, comete adulterio": *Mc* 10, 11-12), que no puede reconocer como válida esta nueva unión, si era válido el primer matrimonio. Si los divorciados se vuelven a casar civilmente, se ponen en una situación que contradice objetivamente a la ley de Dios. Por lo cual no pueden acceder a la comunión eucarística mientras persista esta situación, y por la misma razón no pueden ejercer ciertas responsabilidades eclesiales. La reconciliación mediante el sacramento de la Penitencia no puede ser concedida más que a aquellos que se arrepientan de haber violado el signo de la Alianza y de la fidelidad a Cristo y que se comprometan a vivir en total continencia.

1651 Respecto a los cristianos que viven en esta situación y que con frecuencia conservan la fe y desean educar cristianamente a sus hijos, los sacerdotes y toda la comunidad deben dar prueba de una atenta solicitud, a fin de que aquéllos no se consideren como separados de la Iglesia, de cuya vida pueden y deben participar en cuanto bautizados:

> Se les exhorte a escuchar la Palabra de Dios, a frecuentar el sacrificio de la misa, a perseverar en la oración, a incrementar las obras de caridad y las iniciativas de la comunidad en favor de la justicia, a educar sus hijos en la fe cristiana, a cultivar el espíritu y las obras de penitencia para implorar de este modo, día a día, la gracia de Dios.[166]

La apertura a la fecundidad

1652 "Por su naturaleza misma, la institución misma del matrimonio y el amor conyugal están ordenados a la procreación y a la educación de la prole y con ellas son coronados como su culminación":[167]

> Los hijos son, ciertamente, el don más excelente del matrimonio y contribuyen mucho al bien de sus mismos padres. Él mismo Dios, que dijo: "No es bueno que el hombre esté solo (*Gn* 2, 18), y que hizo desde el principio al hombre, varón y mujer" (*Mt* 19, 4), queriendo comunicarle cierta parti-

---

[165] Cf. *ibid*, 83; CDC, 1151-1155.
[166] JUAN PABLO II, exh. ap. *Familiaris consortio*, 84.
[167] Concilio Vaticano II, *Gaudium et spes*, 48, 1.

Segunda Parte: La celebración del misterio cristiano

cipación especial en su propia obra creadora, bendijo al varón y a la mujer diciendo: "Creced y multiplicaos" (*Gn* 1, 28). De ahí que el cultivo verdadero del amor conyugal y todo el sistema de vida familiar que de él procede, sin dejar posponer los otros fines del matrimonio, tiende a que los esposos estén dispuestos con fortaleza de ánimo a cooperar con el amor del Creador y Salvador, que por medio de ellos aumenta y enriquece su propia familia cada día más.[168]

1653 La fecundidad del amor conyugal se extiende a los frutos de la vida moral, espiritual y sobrenatural que los padres transmiten a sus hijos por medio de la educación. Los padres son los principales y primeros educadores de sus hijos.[169] En este sentido, la tarea fundamental del matrimonio y de la familia es estar al servicio de la vida.[170]

1654 Sin embargo, los esposos a los que Dios no ha concedido tener hijos pueden llevar una vida conyugal plena de sentido, humana y cristianamente. Su matrimonio puede irradiar una fecundidad de caridad, de acogida y de sacrificio.

VI. LA IGLESIA DOMÉSTICA

1655 Cristo quiso nacer y crecer en el seno de la Sagrada Familia de José y de María. La Iglesia no es otra cosa que la "familia de Dios". Desde sus orígenes, el núcleo de la Iglesia estaba a menudo constituido por los que, "con toda su casa", habían llegado a ser creyentes.[171] Cuando se convertían deseaban también que se salvase "toda su casa".[172] Estas familias convertidas eran islotes de vida cristiana en un mundo no creyente.

1656 En nuestros días, en un mundo frecuentemente extraño e incluso hostil a la fe, las familias creyentes tienen una importancia primordial en cuanto faros de una fe viva e irradiadora. Por eso el Concilio Vaticano II llama a la familia, con una antigua expresión, "Ecclesia domestica".[173] En el seno de la familia, "los padres han de ser para sus hijos los primeros anunciadores de la fe con su palabra y con su ejemplo, y han de fomentar la vocación personal de cada uno y, con especial cuidado, la vocación a la vida consagrada".[174]

1657 Aquí es donde se ejercita de manera privilegiada el sacerdocio bautismal del padre de familia, de la madre, de los hijos, de todos los miembros de la familia, "en la recepción de los sacramentos, en la oración y en la acción de gracias, con el testimonio de una vida santa, con la renuncia y el amor que se traduce en obras".[175] El hogar es así la primera escuela de vida cristiana y

---

[168] Concilio Vaticano II, *Gaudium et spes*, 50, 1.
[169] Cf. Concilio Vaticano II, *Gravissimum educationis*, 3.
[170] Cf. JUAN PABLO II, exh. ap. *Familiaris consortio*, 28.
[171] Cf. *Hch* 18, 8.
[172] Cf. *Hch* 16, 31 y 11, 14.
[173] Concilio Vaticano II, *Lumen gentium*, 11; cf JUAN PABLO II, exh. ap. *Familiaris consortio*, 21.
[174] Concilio Vaticano II, *Lumen gentium*, 11.
[175] *Ibid.*, 10.

CÓMO CELEBRAMOS → Los sacramentos → De servicio

"escuela del más rico humanismo".[176] Aquí se aprende la paciencia y el gozo del trabajo, el amor fraterno, el perdón generoso, incluso reiterado, y sobre todo el culto divino por medio de la oración y la ofrenda de la propia vida.

1658 Es preciso recordar asimismo a un gran número de *personas que permanecen solteras* a causa de las concretas condiciones en que deben vivir, a menudo sin haberlo querido ellas mismas. Estas personas se encuentran particularmente cercanas al corazón de Jesús; y, por ello, merecen afecto y solicitud diligentes de la Iglesia, particularmente de sus pastores. Muchas de ellas viven *sin familia humana,* con frecuencia a causa de condiciones de pobreza. Hay quienes viven su situación según el espíritu de las bienaventuranzas sirviendo a Dios y al prójimo de manera ejemplar. A todas ellas es preciso abrirles las puertas de los hogares, "iglesias domésticas" y las puertas de la gran familia que es la Iglesia. "Nadie se sienta sin familia en este mundo: la Iglesia es casa y familia de todos, especialmente para cuantos están 'fatigados y agobiados' (*Mt* 11, 28)".[177]

RESUMEN

1659 San Pablo dice: "Maridos, amad a vuestras mujeres como Cristo amó a la Iglesia... Gran misterio es éste, lo digo con respecto a Cristo y la Iglesia" (*Ef* 5, 25.32).

1660 La alianza matrimonial, por la que un hombre y una mujer constituyen una íntima comunidad de vida y de amor, fue fundada y dotada de sus leyes propias por el Creador. Por su naturaleza está ordenada al bien de los cónyuges así como a la generación y educación de los hijos. Entre bautizados, el matrimonio ha sido elevado por Cristo Señor a la dignidad de sacramento.[178]

1661 El sacramento del Matrimonio significa la unión de Cristo con la Iglesia. Da a los esposos la gracia de amarse con el amor con que Cristo amó a su Iglesia; la gracia del sacramento perfecciona así el amor humano de los esposos, reafirma su unidad indisoluble y los santifica en el camino de la vida eterna.[179]

1662 El matrimonio se funda en el consentimiento de los contrayentes, es decir, en la voluntad de darse mutua y definitivamente con el fin de vivir una alianza de amor fiel y fecundo.

1663 Dado que el matrimonio establece a los cónyuges en un estado público de vida en la Iglesia, la celebración del mismo se hace ordina-

---

[176] Concilio Vaticano II, *Gaudium et spes,* 52, 1.
[177] JUAN PABLO II, exh. ap. *Familiaris consortio,* 85.
[178] Cf. Concilio Vaticano II, *Gaudium et spes,* 48, 1; CDC, 1055, 1.
[179] Cf. Concilio de Trento: DS, 1799.

riamente de modo público, en el marco de una celebración litúrgica, ante el sacerdote (o el testigo cualificado de la Iglesia), los testigos y la asamblea de los fieles.

1664 La unidad, la indisolubilidad, y la apertura a la fecundidad son esenciales al matrimonio. La poligamia es incompatible con la unidad del matrimonio; el divorcio separa lo que Dios ha unido; el rechazo de la fecundidad priva a la vida conyugal de su "don más excelente", el hijo.[180]

1665 Contraer un nuevo matrimonio por parte de los divorciados mientras viven sus cónyuges legítimos contradice el plan y la ley de Dios enseñados por Cristo. Los que viven en esta situación no están separados de la Iglesia, pero no pueden acceder a la comunión eucarística. Pueden vivir su vida cristiana sobre todo educando a sus hijos en la fe.

1666 El hogar cristiano es el lugar en que los hijos reciben el primer anuncio de la fe. Por eso la casa familiar es llamada justamente "Iglesia doméstica", comunidad de gracia y de oración, escuela de virtudes humanas y de caridad cristiana.

---

[180] Concilio Vaticano II, *Gaudium et spes*, 50, 1

CÓMO CELEBRAMOS ⟶ Los sacramentos ⟶ Otros

CAPÍTULO CUARTO
OTRAS CELEBRACIONES LITÚRGICAS

ARTÍCULO 1
LOS SACRAMENTALES

FUENTES DE LA ESCRITURA Y DE LA IGLESIA

La siguiente parte del *Catecismo* utiliza estas fuentes de la Escritura y de la Iglesia. Véase el "Índice de citas" para una lista completa de referencias

Antiguo Testamento	Citadas en el *Catecismo*
Génesis	CIC 1669
Nuevo Testamento	
Marcos	CIC 1673
Lucas	CIC 1669
Romanos	CIC 1669
Efesios	CIC 1671
1 Pedro	CIC 1669
Concilios ecuménicos	
Nicea II (787)	CIC 1674
Trento (1545-1563)	CIC 1674
Vaticano II (1962-1965)	CIC 1667, 1669, 1670, 1675
Documentos pontificios	
Juan Pablo II (1978-2005)	CIC 1676
Pablo VI (1963-1978)	CIC 1676
Documentos eclesiásticos	
Asambleas episcopales	CIC 1676
Derecho Canónico	
Código de Derecho Canónico	CIC 1667, 1669, 1673
Código de Cánones de las Iglesias orientales	CIC 1667
Liturgia	
Rito Romano	CIC 1669

CIC 1667

Segunda Parte: La celebración del misterio cristiano

PALABRAS CLAVE

La siguiente parte del *Catecismo* utiliza estas palabras clave.
Véase el "Glosario" para su definición.

Palabras	Citadas en el *Catecismo*
Acólito	CIC 1672
Agua bendita	CIC 1668
Bendición	CIC 1671
Exorcismo	CIC 1673
Piedad	CIC 1674
Rosario	CIC 1674
Sacramentales	CIC 1667
Santuario	CIC 1674
Veneración (de los santos)	CIC 1674

1667 "La Santa Madre Iglesia instituyó, además, los sacramentales. Estos son signos sagrados con los que, imitando de alguna manera a los sacramentos, se expresan efectos, sobre todo espirituales, obtenidos por la intercesión de la Iglesia. Por ellos, los hombres se disponen a recibir el efecto principal de los sacramentos y se santifican las diversas circunstancias de la vida".[1]

Características de los sacramentales

588; 2157

1668 Han sido instituidos por la Iglesia en orden a la santificación de ciertos ministerios eclesiales, de ciertos estados de vida, de circunstancias muy variadas de la vida cristiana, así como del uso de cosas útiles al hombre. Según las decisiones pastorales de los obispos pueden también responder a las necesidades, a la cultura, y a la historia propias del pueblo cristiano de una región o de una época. Comprenden siempre una oración, con frecuencia acompañada de un signo determinado, como la imposición de la mano, la señal de la cruz, la aspersión con agua bendita (que recuerda el Bautismo).

784

2626

1669 Los sacramentales proceden del sacerdocio bautismal: todo bautizado es llamado a ser una "bendición"[2] y a bendecir.[3] Por eso los laicos pueden presidir ciertas bendiciones;[4] la presidencia de una bendición se reserva al ministerio ordenado (Obispos, presbíteros o diáconos),[5] en la medida en que dicha bendición afecte más a la vida eclesial y sacramental.

---

[1] Concilio Vaticano II, Sacrosanctum concilium, 60; cf CDC, 1166; CCEO, 867.
[2] Cf. *Gn* 11, 2.
[3] Cf. *Lc* 6, 28; *Rm* 12, 14; *1 P* 3, 9.
[4] Cf. Concilio Vaticano II, *Sacrosanctum concilium,* 79; CDC, 1168.
[5] Cf. Ritual Romano, *De Benedictionibus,* 16; 18.

CÓMO CELEBRAMOS ⟶ Los sacramentos ⟶ Otros

1670 Los sacramentales no confieren la gracia del Espíritu Santo a la manera de los sacramentos, pero por la oración de la Iglesia preparan a recibirla y disponen a cooperar con ella. "La liturgia de los sacramentos y de los sacramentales hace que, en los fieles bien dispuestos, casi todos los acontecimientos de la vida sean santificados por la gracia divina que emana del misterio pascual de la pasión, muerte y resurrección de Cristo, de quien reciben su poder todos los sacramentos y sacramentales, y que todo uso honesto de las cosas materiales pueda estar ordenado a la santificación del hombre y a la alabanza de Dios".[6]

1128
2001

Diversas formas de sacramentales

1671 Entre los sacramentales figuran en primer lugar *las bendiciones* (de personas, de la mesa, de objetos, de lugares). Toda bendición es alabanza de Dios y oración para obtener sus dones. En Cristo, los cristianos son bendecidos por Dios Padre "con toda clase de bendiciones espirituales" (*Ef* 1, 3). Por eso la Iglesia da la bendición invocando el nombre de Jesús y haciendo habitualmente la señal santa de la cruz de Cristo.

1078

1672 Ciertas bendiciones tienen un alcance permanente: su efecto es *consagrar* personas a Dios y reservar para el uso litúrgico objetos y lugares. Entre las que están destinadas a personas —que no se han de confundir con la ordenación sacramental— figuran la bendición del abad o de la abadesa de un monasterio, la consagración de vírgenes y de viudas, el rito de la profesión religiosa y las bendiciones para ciertos ministerios de la Iglesia (lectores, acólitos, catequistas, etc.). Como ejemplo de las que se refieren a objetos, se puede señalar la dedicación o bendición de una iglesia o de un altar, la bendición de los santos óleos, de los vasos y ornamentos sagrados, de las campanas, etc.

923
925
903

1673 Cuando la Iglesia pide públicamente y con autoridad, en nombre de Jesucristo, que una persona o un objeto sea protegido contra las asechanzas del maligno y sustraída a su dominio, se habla de *exorcismo*. Jesús lo practicó (cf. *Mc* 1, 25ss), de Él tiene la Iglesia el poder y el oficio de exorcizar.[7] En forma simple, el exorcismo tiene lugar en la celebración del Bautismo. El exorcismo solemne sólo puede ser practicado por un sacerdote y con el permiso del obispo. En estos casos es preciso proceder con prudencia, observando estrictamente las reglas establecidas por la Iglesia. El exorcismo intenta expulsar a los demonios o liberar del dominio demoníaco gracias a la autoridad espiritual que Jesús ha confiado a su Iglesia. Muy distinto es el caso de las enfermedades, sobre todo psíquicas, cuyo cuidado pertenece a la ciencia médica. Por tanto, es importante asegurarse, antes de celebrar el exorcismo, de que se trata de una presencia del Maligno y no de una enfermedad.[8]

395
550
1237

---

[6] Concilio Vaticano II, *Sacrosanctum concilium*, 61.
[7] Cf. *Mc* 3, 15; 6, 7.13; 16, 17.
[8] Cf. CDC, 1172.

La religiosidad popular

1674 Además de la liturgia sacramental y de los sacramentales, la catequesis debe tener en cuenta las formas de piedad de los fieles y de religiosidad popular. El sentido religioso del pueblo cristiano ha encontrado, en todo tiempo, su expresión en formas variadas de piedad en torno a la vida sacramental de la Iglesia: tales como la veneración de las reliquias, las visitas a santuarios, las peregrinaciones, las procesiones, el vía crucis, las danzas religiosas, el rosario, las medallas, etc.[9]

1675 Estas expresiones prolongan la vida litúrgica de la Iglesia, pero no la sustituyen: "Pero conviene que estos ejercicios se organicen teniendo en cuenta los tiempos litúrgicos para que estén de acuerdo con la sagrada liturgia, deriven en cierto modo de ella y conduzcan al pueblo a ella, ya que la liturgia, por su naturaleza, está muy por encima de ellos".[10]

1676 Se necesita un discernimiento pastoral para sostener y apoyar la religiosidad popular y, llegado el caso, para purificar y rectificar el sentido religioso que subyace en estas devociones y para hacerlas progresar en el conocimiento del Misterio de Cristo. Su ejercicio está sometido al cuidado y al juicio de los obispos y a las normas generales de la Iglesia.[11]

> La religiosidad del pueblo, en su núcleo, es un acervo de valores que responde con sabiduría cristiana a los grandes interrogantes de la existencia. La sapiencia popular católica tiene una capacidad de síntesis vital; así conlleva creadoramente lo divino y lo humano; Cristo y María, espíritu y cuerpo; comunión e institución; persona y comunidad; fe y patria; inteligencia y afecto. Esa sabiduría es un humanismo cristiano que afirma radicalmente la dignidad de toda persona como hijo de Dios, establece una fraternidad fundamental, enseña a encontrar la naturaleza y a comprender el trabajo y proporciona las razones para la alegría y el humor, aun en medio de una vida muy dura. Esa sabiduría es también para el pueblo un principio de discernimiento, un instinto evangélico por el que capta espontáneamente cuándo se sirve en la Iglesia al Evangelio y cuándo se lo vacía y asfixia con otros intereses.[12]

RESUMEN

1677 Se llaman sacramentales los signos sagrados instituidos por la Iglesia cuyo fin es preparar a los hombres para recibir el fruto de los sacramentos y santificar las diversas circunstancias de la vida.

---

[9] Cf. Concilio de Nicea II: DS, 601; 603; Concilio de Trento: *ibid*, 1822.

[10] Concilio Vaticano II, *Sacrosanctum concilium*, 13.

[11] Cf. JUAN PABLO II, exh. ap. *Catechesi tradendae*, 54.

[12] Documento de Puebla, (1979), 448; cf PABLO VI, exh. ap. *Evangelii nuntiandi*, 48.

CÓMO CELEBRAMOS ⟶ Los sacramentos ⟶ Otros

CIC 1680

1678 Entre los sacramentales, las bendiciones ocupan un lugar importante. Comprenden a la vez la alabanza de Dios por sus obras y sus dones, y la intercesión de la Iglesia para que los hombres puedan hacer uso de los dones de Dios según el espíritu de los Evangelios.

1679 Además de la liturgia, la vida cristiana se nutre de formas variadas de piedad popular, enraizadas en las distintas culturas. Esclareciéndolas a la luz de la fe, la Iglesia favorece aquellas formas de religiosidad popular que expresan mejor un sentido evangélico y una sabiduría humana, y que enriquecen la vida cristiana.

ARTÍCULO 2
LAS EXEQUIAS CRISTIANAS

FUENTES DE LA ESCRITURA Y DE LA IGLESIA

La siguiente parte del *Catecismo* utiliza estas fuentes de la Escritura y de la Iglesia. Véase el "Índice de citas" para una lista completa de referencias

Nuevo Testamento	Citadas en el *Catecismo*
1 Corintios	CIC 1683
2 Corintios	CIC 1681
1 Tesalonicenses	CIC 1687

Concilios ecuménicos	
Constantinopla I (381)	CIC 1680
Vaticano II (1962-1965)	CIC 1684, 1685

Liturgia	
Rito Romano	CIC 1686, 1688-1690

Escritores eclesiásticos	
San Simeón de Tesalónica	CIC 1690

1680 Todos los sacramentos, principalmente los de la iniciación cristiana, tienen como fin último la Pascua definitiva del cristiano, es decir, la que a través de la muerte hace entrar al creyente en la vida del Reino. Entonces se cumple en él lo que la fe y la esperanza han confesado: "Espero la resurrección de los muertos y la vida del mundo futuro."[13]

1525

---

[13] Símbolo de Nicea-Constantinopla.

I. LA ÚLTIMA PASCUA DEL CRISTIANO

1681 El sentido cristiano de la muerte es revelado a la luz del *Misterio pascual* de la muerte y de la resurrección de Cristo, en quien radica nuestra única esperanza. El cristiano que muere en Cristo Jesús "sale de este cuerpo para vivir con el Señor" (*2 Co* 5, 8).

1682 El día de la muerte inaugura para el cristiano, al *término de su vida sacramental*, la plenitud de su nuevo nacimiento comenzado en el Bautismo, la "semejanza" definitiva a "imagen del Hijo", conferida por la Unción del Espíritu Santo y la participación en el Banquete del Reino anticipado en la Eucaristía, aunque pueda todavía necesitar últimas purificaciones para revestirse de la túnica nupcial.

1683 La Iglesia que, como Madre, ha llevado sacramentalmente en su seno al cristiano durante su peregrinación terrena, lo acompaña al término *de* su caminar para entregarlo "en las manos del Padre". La Iglesia ofrece al Padre, en Cristo, al hijo de su gracia, y deposita en la tierra, con esperanza, el germen del cuerpo que resucitará en la gloria.[14] Esta ofrenda es plenamente celebrada en el sacrificio eucarístico; las bendiciones que preceden y que siguen son sacramentales.

II. LA CELEBRACIÓN DE LAS EXEQUIAS

1684 Las exequias cristianas son una celebración litúrgica de la Iglesia. El ministerio de la Iglesia pretende expresar también aquí la comunión eficaz con el *difunto, y* hacer participar en esa comunión a la *asamblea* reunida para las exequias y anunciarle la vida eterna.

1685 Los diferentes ritos de las exequias expresan el carácter pascual de la muerte cristiana y responden a las situaciones y a las tradiciones de cada región, aun en lo referente al color litúrgico.[15]

1686 *El Ordo exsequiarum*[16] o Ritual de los funerales de la liturgia romana propone tres tipos de celebración de las exequias, correspondientes a tres lugares de su desarrollo (la casa, la iglesia, el cementerio), y según la importancia que les presten la familia, las costumbres locales, la cultura y la piedad popular. Por otra parte, este desarrollo es común a todas las tradiciones litúrgicas y comprende cuatro momentos principales:

1687 *La acogida de la comunidad.* El saludo de fe abre la celebración. Los familiares del difunto son acogidos con una palabra de "consolación" (en el sentido del Nuevo Testamento: la fuerza del Espíritu Santo en la esperanza).[17] La comunidad orante que se reúne espera también "las palabras de vida eterna". La muerte de un miembro de la comunidad (o el aniversario, el

---

[14] Cf. *1 Co* 15, 42-44.
[15] Cf. *ibid.*, 81.
[16] Ritual Romano, *Ordo exsequiarum*.
[17] Cf. *1 Ts* 4, 18.

CÓMO CELEBRAMOS → Los sacramentos → Otros

séptimo o el trigésimo día) es un acontecimiento que debe hacer superar las perspectivas de "este mundo" y atraer a los fieles, a las verdaderas perspectivas de la fe en Cristo resucitado.

1688 *La Liturgia de la Palabra.* La celebración de la Liturgia de la Palabra en las exequias exige una preparación, tanto más atenta cuanto que la asamblea allí presente puede incluir fieles poco asiduos a la liturgia y amigos del difunto que no son cristianos. La homilía, en particular, debe "evitar" el género literario de elogio fúnebre[18] y debe iluminar el misterio de la muerte cristiana a la luz de Cristo resucitado.

1689 *El Sacrificio eucarístico.* Cuando la celebración tiene lugar en la iglesia, la Eucaristía es el corazón de la realidad pascual de la muerte cristiana.[19] La Iglesia expresa entonces su comunión eficaz con el difunto: ofreciendo al Padre, en el Espíritu Santo, el sacrificio de la muerte y resurrección de Cristo, pide que su hijo sea purificado de sus pecados y de sus consecuencias y que sea admitido a la plenitud pascual de la mesa del Reino.[20] Así celebrada la Eucaristía, la comunidad de fieles, especialmente la familia del difunto, aprende a vivir en comunión con quien "se durmió en el Señor", comulgando con el Cuerpo de Cristo, de quien es miembro vivo, y orando luego por él y con él.

1371

958

1690 *El adiós* ("a Dios") al difunto es "su recomendación a Dios" por la Iglesia. Es el "último adiós por el que la comunidad cristiana despide a uno de sus miembros antes que su cuerpo sea llevado a su sepulcro".[21] La tradición bizantina lo expresa con el beso de adiós al difunto:

2300

> Con este saludo final "se canta por su partida de esta vida y por su separación, pero también porque existe una comunión y una reunión. En efecto, una vez muertos no estamos en absoluto separados unos de otros, pues todos recorremos el mismo camino y nos volveremos a encontrar en un mismo lugar. No nos separaremos jamás, porque vivimos para Cristo y ahora estamos unidos a Cristo, yendo hacia Él... estaremos todos juntos en Cristo".[22]

---

[18] Ritual Romano, *Ordo exsequiarum*, 41.
[19] Cf. *ibid*, 1.
[20] Cf. *ibid*, 57.
[21] *Ibid*, 10.
[22] SAN SIMEÓN DE TESALÓNICA, *De ordine sepulturae*, PG 155: 685B.

TERCERA PARTE

La vida en Cristo

Cómo debemos vivir

Cómo debemos vivir

TERCERA PARTE: LA VIDA EN CRISTO

NUESTRA VOCACIÓN

Primera sección: la vocación del hombre – la vida en el Espíritu

Dignidad humana	Comunidad	Salvación
Capítulo primero: la dignidad de la persona humana	*Capítulo segundo: la comunidad humana*	*Capítulo tercero: la salvación de Dios – la ley y la gracia*

El hombre, imagen de Dios *(Artículo 1)*	La persona y la sociedad *(Artículo 1)*	La ley moral *(Artículo 1)*
Nuestra vocación a la bienaventuranza *(Artículo 2)*	La participación en la vida social *(Artículo 2)*	Gracia y justificación *(Artículo 2)*
La libertad del hombre *(Artículo 3)*	La justicia social *(Artículo 3)*	La Iglesia, madre y educadora *(Artículo 3)*
La moralidad de los actos humanos *(Artículo 4)*		
La moralidad de las pasiones *(Artículo 5)*		
La conciencia moral *(Artículo 6)*		
Las virtudes *(Artículo 7)*		
El pecado *(Artículo 8)*		

| CIC 1691-1876 | CIC 1877-1948 | CIC 1949-2051 |

CÓMO VIVIMOS ⟶ Nuestro llamado ⟶ La dignidad humana

FUENTES DE LA ESCRITURA Y DE LA IGLESIA

La siguiente parte del *Catecismo* utiliza estas fuentes de la Escritura y de la Iglesia. Véase el "Índice de citas" para una lista completa de referencias

Antiguo Testamento	Citadas en el *Catecismo*
Deuteronomio	CIC 1696

Nuevo Testamento	
Mateo	CIC 1693, 1696
Lucas	CIC 1700
Juan	CIC 1692-1694, 1698
Romanos	CIC 1694, 1697
1 Corintios	CIC 1695
2 Corintios	CIC 1701
Gálatas	CIC 1695
Efesios	CIC 1694, 1695
Filipenses	CIC 1692, 1694, 1698
Colosenses	CIC 1694, 1701
2 Pedro	CIC 1692
1 Juan	CIC 1692

Concilios ecuménicos	
Vaticano II (1962-1965)	CIC 1701, 1703-1707, 1710-1713

Documentos pontificios	
Juan Pablo II (1978-2005)	CIC 1697

Escritores eclesiásticos	
Didache XII Apostolorum	CIC 1696
San Juan Eudes	CIC 1698
San León Magno	CIC 1691

PALABRAS CLAVE

La siguiente parte del *Catecismo* utiliza estas palabras clave.
Véase el "Glosario" para su definición.

Palabras	Citadas en el *Catecismo*
Alma	CIC 1703
Demonio	CIC 1707
Diablo	CIC 1707
Mal, el	CIC 1707
Persona, humana	CIC 1700
Vocación	CIC 1700

1691 "Cristiano, reconoce tu dignidad. Puesto que ahora participas de la naturaleza divina, no degeneres volviendo a la bajeza de tu vida pasada. Recuerda a qué Cabeza perteneces y de qué Cuerpo eres miembro. Acuérdate de que has sido arrancado del poder de las tinieblas para ser trasladado a la luz del Reino de Dios".[1]

1692 El Símbolo de la fe profesa la grandeza de los dones de Dios al hombre por la obra de su creación, y más aún, por la redención y la santificación. Lo que confiesa la fe, los sacramentos lo comunican: por "los sacramentos que les han hecho renacer", los cristianos han llegado a ser "hijos de Dios" (*Jn* 1, 12; 1 *Jn* 3, 1), "partícipes de la naturaleza divina" (*2 P* 1, 4). Los cristianos, reconociendo en la fe su nueva dignidad, son llamados a llevar en adelante una "vida digna del Evangelio de Cristo" (*Flp* 1, 27). Por los sacramentos y la oración reciben la gracia de Cristo y los dones de su Espíritu que les capacitan para ello.

1693 Cristo Jesús hizo siempre lo que agradaba al Padre.[2] Vivió siempre en perfecta comunión con Él. De igual modo sus discípulos son invitados a vivir bajo la mirada del Padre "que ve en lo secreto" (*Mt* 6, 6) para ser "perfectos como el Padre celestial es perfecto" (*Mt* 5, 48).

1694 Incorporados a *Cristo* por el bautismo,[3] los cristianos están "muertos al pecado y vivos para Dios en Cristo Jesús" (*Rm* 6, 11), participando así en la vida del Resucitado.[4] Siguiendo a Cristo y en unión con él,[5] los cristianos pueden ser "imitadores de Dios, como hijos queridos y vivir en el amor" (*Ef* 5, 1), conformando sus pensamientos, sus palabras y sus acciones con "los sentimientos que tuvo Cristo" (*Flp* 2, 5) y siguiendo sus ejemplos.[6]

1695 "Justificados en el nombre del Señor Jesucristo y en el Espíritu de nuestro Dios" (*1 Co* 6, 11), "santificados y llamados a ser santos" (*1 Co*, 2), los cristianos se convierten en "el templo del *Espíritu Santo*".[7] Este "Espíritu del Hijo" les enseña a orar al Padre (*Ga* 4, 6) y, haciéndose vida en ellos, les hace obrar[8] para dar "los frutos del Espíritu" (*Ga* 5, 22) por la caridad operante. Sanando las heridas del pecado, el Espíritu Santo nos renueva interiormente mediante una transformación espiritual,[9] nos ilumina y nos fortalece para vivir como "hijos de la luz" (*Ef* 5, 8), "por la bondad, la justicia y la verdad" en todo (*Ef* 5, 9).

1696 El camino de Cristo "lleva a la vida", un camino contrario "lleva a la perdición" (*Mt* 7, 13).[10] La parábola evangélica de los *dos caminos* está siempre

---

[1] SAN LEÓN MAGNO, *Sermones*, 21, 2-3; PL 54, 192A.
[2] Cf. *Jn* 8, 29.
[3] Cf. *Rm* 6, 5.
[4] Cf. *Col* 2, 12.
[5] Cf. *Jn* 15, 5.
[6] Cf. *Jn* 13, 12-16.
[7] Cf. *1 Co* 6, 19.
[8] Cf. *Ga* 5, 25.
[9] Cf. *Ef* 4, 23.
[10] Cf. *Dt* 30, 15-20.

CÓMO VIVIMOS ⟶ Nuestro llamado ⟶ La dignidad humana

CIC 1698

presente en la catequesis de la Iglesia. Significa la importancia de las decisiones morales para nuestra salvación. "Hay dos caminos, el uno de la vida, el otro de la muerte; pero entre los dos, una gran diferencia".[11]

1697 En la *catequesis* es importante destacar con toda claridad el gozo y las exigencias del camino de Cristo.[12] La catequesis de la "vida nueva" en Él (*Rm* 6, 4) será:

— *una catequesis del Espíritu Santo,* Maestro interior de la vida según Cristo, dulce huésped del alma que inspira, conduce, rectifica y fortalece esta vida;

737 ss.

— *una catequesis de la gracia,* pues por la gracia somos salvados, y también por la gracia nuestras obras pueden dar fruto para la vida eterna;

1938 ss.

— *una catequesis de las bienaventuranzas,* porque el camino de Cristo está resumido en las bienaventuranzas, único camino hacia la dicha eterna a la que aspira el corazón del hombre;

1716 ss.

— *una catequesis del pecado y del perdón,* porque sin reconocerse pecador, el hombre no puede conocer la verdad sobre sí mismo, condición del obrar justo, y sin el ofrecimiento del perdón no podría soportar esta verdad;

1846 ss.

— *una catequesis de las virtudes humanas* que haga captar la belleza y el atractivo de las rectas disposiciones para el bien;

1803 ss.

— *una catequesis de las virtudes cristianas* de fe, esperanza y caridad que se inspire ampliamente en el ejemplo de los santos;

1812 ss.

— *una catequesis del doble mandamiento de la caridad* desarrollado en el Decálogo;

2067 ss.

— *una catequesis eclesial,* pues en los múltiples intercambios de los "bienes espirituales" en la "comunión de los santos" es donde la vida cristiana puede crecer, desplegarse y comunicarse.

946 ss.

1698 La referencia primera y última de esta catequesis será siempre Jesucristo que es "el camino, la verdad y la vida" (*Jn* 14, 6). Contemplándole en la fe, los fieles de Cristo pueden esperar que Él realice en ellos sus promesas, y que amándolo con el amor con que Él nos ha amado realicen las obras que corresponden a su dignidad:

426

> Os ruego que penséis que Jesucristo, Nuestro Señor, es vuestra verdadera Cabeza, y que vosotros sois uno de sus miembros. Él es con relación a vosotros lo que la cabeza es con relación a sus miembros; todo lo que es suyo

---

[11] *Didaché,* 1, 1.   [12] Cf. JUAN PABLO II, exh. ap. *Catechesi tradendae,* 29

es vuestro, su espíritu, su Corazón, su cuerpo, su alma y todas sus facultades, y debéis usar de ellos como de cosas que son vuestras, para servir, alabar, amar y glorificar a Dios. Vosotros sois de Él como los miembros lo son de su cabeza. Así desea El ardientemente usar de todo lo que hay en vosotros, para el servicio y la gloria de su Padre, como de cosas que son de Él.[13]

Mi vida es Cristo (*Flp* 1, 21).

---

[13] SAN JUAN EUDES, *Tractatus de admirabili corde Iesu*, 1, 5

PRIMERA SECCIÓN
LA VOCACIÓN DEL HOMBRE:
LA VIDA EN EL ESPÍRITU

1699 La vida en el Espíritu Santo realiza la vocación del hombre (Capítulo primero). Está hecha de caridad divina y solidaridad humana (Capítulo segundo). Es concedida gratuitamente como una Salvación (Capítulo tercero).

Capítulo primero
La dignidad de la persona humana

1700 La dignidad de la persona humana está enraizada en su creación a imagen y semejanza de Dios (artículo 1); se realiza en su vocación a la bienaventuranza divina (artículo 2). Corresponde al ser humano llegar libremente a esta realización (artículo 3). Por sus actos deliberados (artículo 4), la persona humana se conforma, o no se conforma, al bien prometido por Dios y atestiguado por la conciencia moral (artículo 5). Los seres humanos se edifican a sí mismos y crecen desde el interior: hacen de toda su vida sensible y espiritual un material de su crecimiento (artículo 6). Con la ayuda de la gracia crecen en la virtud (artículo 7), evitan el pecado y, si lo han cometido recurren como el hijo pródigo[1] a la misericordia de nuestro Padre del cielo (artículo 8). Así acceden a la perfección de la caridad.

ARTÍCULO 1
EL HOMBRE, IMAGEN DE DIOS

1701 "Cristo, el nuevo Adán, en la misma revelación del misterio del Padre y de su amor, manifiesta plenamente el hombre al propio hombre y le descubre la grandeza de su vocación".[2] En Cristo, "imagen del Dios invisible" (*Col* 1, 15),[3] el hombre ha sido creado "a imagen y semejanza" del Creador. En Cristo, redentor y salvador, la imagen divina alterada en el hombre por el

---

[1] Cf. *Lc* 15, 11-31.
[2] Concilio Vaticano II, *Gaudium et spes*, 22.
[3] Cf. *2 Co* 4, 4.

primer pecado ha sido restaurada en su belleza original y ennoblecida con la gracia de Dios.[4]

1702 La imagen divina está presente en todo hombre. Resplandece en la comunión de las personas a semejanza de la unidad de las personas divinas entre sí (cf. Capítulo segundo).

1703 Dotada de un alma "espiritual e inmortal",[5] la persona humana es la "única criatura en la tierra a la que Dios ha amado por sí misma".[6] Desde su concepción está destinada a la bienaventuranza eterna.

1704 La persona humana participa de la luz y la fuerza del Espíritu divino. Por la razón es capaz de comprender el orden de las cosas establecido por el Creador. Por su voluntad es capaz de dirigirse por sí misma a su bien verdadero. Encuentra su perfección en la búsqueda y el amor de la verdad y del bien.[7]

1705 En virtud de su alma y de sus potencias espirituales de entendimiento y de voluntad, el hombre está dotado de libertad, "signo eminente de la imagen divina".[8]

1706 Mediante su razón, el hombre conoce la voz de Dios que le impulsa "a hacer el bien y a evitar el mal".[9] Todo hombre debe seguir esta ley que resuena en la conciencia y que se realiza en el amor de Dios y del prójimo. El ejercicio de la vida moral proclama la dignidad de la persona humana.

1707 "El hombre, persuadido por el Maligno, abusó de su libertad, desde el comienzo de la historia".[10] Sucumbió a la tentación y cometió el mal. Conserva el deseo del bien, pero su naturaleza lleva la herida del pecado original. Ha quedado inclinado al mal y sujeto al error.

> De ahí que el hombre esté dividido en su interior. Por esto, toda vida humana, singular o colectiva, aparece como una lucha, ciertamente dramática, entre el bien y el mal, entre la luz y las tinieblas.[11]

1708 Por su pasión, Cristo nos libró de Satán y del pecado. Nos mereció la vida nueva en el Espíritu Santo. Su gracia restaura en nosotros lo que el pecado había deteriorado.

1709 El que cree en Cristo es hecho hijo de Dios. Esta adopción filial lo transforma dándole la posibilidad de seguir el ejemplo de Cristo. Le hace capaz de obrar rectamente y de practicar el bien. En la unión con su Salvador, el discípulo alcanza la perfección de la caridad, la santidad. La vida moral, madurada en la gracia, culmina en vida eterna, en la gloria del cielo.

---

[4] Cf. Concilio Vaticano II, *Gaudium et spes*, 22.
[5] *Ibid.*, 14.
[6] *Ibid*, 24, 3.
[7] Cf. *ibid.*, 15, 2.
[8] *Ibid.*, 17.
[9] *Ibid.*, 16.
[10] *Ibid.*, 13, 1.
[11] *Ibid*, 13, 2.

CÓMO VIVIMOS → Nuestro llamado → La dignidad humana   CIC 1715

RESUMEN

1710 "Cristo manifiesta plenamente el hombre al propio hombre y le descubre la grandeza de su vocación".[12]

1711 Dotada de alma espiritual, de entendimiento y de voluntad, la persona humana está desde su concepción ordenada a Dios y destinada a la bienaventuranza eterna. Camina hacia su perfección en la búsqueda y el amor de la verdad y del bien.[13]

1712 La verdadera libertad es en el hombre el "signo eminente de la imagen divina."[14]

1713 El hombre debe seguir la ley moral que le impulsa "a hacer el bien y a evitar el mal".[15] *Esta ley resuena en su conciencia.*

1714 El hombre, herido en su naturaleza por el pecado original, está sujeto al error e inclinado al mal en el ejercicio de su libertad.

1715 El que cree en Cristo tiene la vida nueva en el Espíritu Santo. La vida moral, desarrollada y madurada en la gracia, alcanza su plenitud en la gloria del cielo.

ARTÍCULO 2
NUESTRA VOCACIÓN A LA BIENAVENTURANZA

I. LAS BIENAVENTURANZAS

FUENTES DE LA ESCRITURA Y DE LA IGLESIA

La siguiente parte del *Catecismo* utiliza estas fuentes de la Escritura y de la Iglesia. Véase el "Índice de citas" para una lista completa de referencias

Nuevo Testamento	Citadas en el *Catecismo*
Mateo	CIC 1716, 1720, 1724
Juan	CIC 1721
Romanos	CIC 1721
1 Corintios	CIC 1720
Hebreos	CIC 1720
2 Pedro	CIC 1721
1 Juan	CIC 172

---

[12] *Ibid.,* 22, 1.
[13] Cf. *ibid.,* 15, 2.
[14] *Ibid.,* 17.
[15] *Ibid.,* 16.

CIC 1716

Tercera parte: La vida en Cristo

FUENTES DE LA ESCRITURA Y DE LA IGLESIA

(continuación)

Escritores eclesiásticos	Citadas en el *Catecismo*
Cardenal Juan Henry Newman	CIC 1723
San Agustín	CIC 1718, 1720
San Ireneo de Lyon	CIC 1722
Santo Tomás de Aquino	CIC 1718

PALABRAS CLAVE

La siguiente parte del *Catecismo* utiliza estas palabras clave. Véase el "Glosario" para su definición.

Palabras	Citadas en el *Catecismo*
Beatitud	CIC 1721
Bienaventuranzas	CIC 1716
Felicidad	CIC 1720
Paraíso	CIC 1721
Paz	CIC 1716
Sobrenatural	CIC 1722
Visión beatífica	CIC 1720

2546 **1716** Las bienaventuranzas están en el centro de la predicación de Jesús. Con ellas Jesús recoge las promesas hechas al pueblo elegido desde Abraham; pero las perfecciona ordenándolas no sólo a la posesión de una tierra, sino al Reino de los cielos:

> Bienaventurados los pobres de espíritu, porque de ellos es el Reino de los cielos.
>
> Bienaventurados los mansos, porque ellos poseerán en herencia la tierra.
>
> Bienaventurados los que lloran, porque ellos serán consolados.
>
> Bienaventurados los que tienen hambre y sed de justicia, porque ellos serán saciados.
>
> Bienaventurados los misericordiosos, porque ellos alcanzarán misericordia.
>
> Bienaventurados los limpios de corazón, porque ellos verán a Dios.
>
> Bienaventurados los que buscan la paz, porque ellos serán llamados hijos de Dios.
>
> Bienaventurados los perseguidos por causa de la justicia, porque de ellos es el Reino de los cielos.

CÓMO VIVIMOS ⟶ Nuestro llamado ⟶ La dignidad humana

CIC 1720

Bienaventurados seréis cuando os injurien, os persigan y digan con mentira toda clase de mal contra vosotros por mi causa.

Alegraos y regocijaos porque vuestra recompensa será grande en los cielos.

(*Mt* 5, 3-12)

1717 Las bienaventuranzas dibujan el rostro de Jesucristo y describen su caridad; expresan la vocación de los fieles asociados a la gloria de su Pasión y de su Resurrección; iluminan las acciones y las actitudes características de la vida cristiana; son promesas paradójicas que sostienen la esperanza en las tribulaciones; anuncian a los discípulos las bendiciones y las recompensas ya incoadas; quedan inauguradas en la vida de la Virgen María y de todos los santos.

459

1820

II. EL DESEO DE FELICIDAD

1718 Las bienaventuranzas responden al deseo natural de felicidad. Este deseo es de origen divino: Dios lo ha puesto en el corazón del hombre a fin de atraerlo hacia Él, el único que lo puede satisfacer:

27
1024

> Ciertamente todos nosotros queremos vivir felices, y en el género humano no hay nadie que no dé su asentimiento a esta proposición incluso antes de que sea plenamente enunciada.[16]

> ¿Cómo es, Señor, que yo te busco? Porque al buscarte, Dios mío, busco la vida feliz, haz que te busque para que viva mi alma, porque mi cuerpo vive de mi alma y mi alma vive de ti.[17]

2541

> Sólo Dios sacia.[18]

1719 Las bienaventuranzas descubren la meta de la existencia humana, el fin último de los actos humanos: Dios nos llama a su propia bienaventuranza. Esta vocación se dirige a cada uno personalmente, pero también al conjunto de la Iglesia, pueblo nuevo de los que han acogido la promesa y viven de ella en la fe.

1950

III. LA BIENAVENTURANZA CRISTIANA

1720 El Nuevo Testamento utiliza varias expresiones para caracterizar la bienaventuranza a la que Dios llama al hombre: la llegada del Reino de Dios;[19] la visión de Dios: "Dichosos los limpios de corazón porque ellos verán a Dios" (*Mt* 5, 8);[20] la entrada en el gozo del Señor;[21] la entrada en el Descanso de Dios:[22]

1027

---

[16] SAN AGUSTÍN, *De moribus ecclesiae catholicae*, 1, 3, 4: PL 32, 1312.
[17] SAN AGUSTÍN, *Confessiones*, 10, 20.29.
[18] SANTO TOMÁS DE AQUINO, *Expositio in symbolum apostolicum*, 1.
[19] Cf. *Mt* 4, 17.
[20] Cf. *1 Jn* 3, 2; *1 Co* 13, 12.
[21] Cf. *Mt* 25, 21.23.
[22] Cf. *Hb* 4, 7-11.

Allí descansaremos y veremos; veremos y nos amaremos; amaremos y alabaremos. He aquí lo que acontecerá al fin sin fin. ¿Y qué otro fin tenemos, sino llegar al Reino que no tendrá fin?[23]

1721 Porque Dios nos ha puesto en el mundo para conocerle, servirle y amarle, y así ir al cielo. La bienaventuranza nos hace participar de la naturaleza divina[24] y de la Vida eterna.[25] Con ella, el hombre entra en la gloria de Cristo[26] y en el gozo de la vida trinitaria.

1722 Semejante bienaventuranza supera la inteligencia y las solas fuerzas humanas. Es fruto del don gratuito de Dios. Por eso la llamamos sobrenatural, así como también llamamos sobrenatural la gracia que dispone al hombre a entrar en el gozo divino.

"Bienaventurados los limpios de corazón porque ellos verán a Dios". Ciertamente, según su grandeza y su inexpresable gloria, "nadie verá a Dios y seguirá viviendo", porque el Padre es inasequible; pero su amor, su bondad hacia los hombres y su omnipotencia llegan hasta conceder a los que lo aman el privilegio de ver a Dios... "porque lo que es imposible para los hombres es posible para Dios".[27]

1723 La bienaventuranza prometida nos coloca ante opciones morales decisivas. Nos invita a purificar nuestro corazón de sus malvados instintos y a buscar el amor de Dios por encima de todo. Nos enseña que la verdadera dicha no reside ni en la riqueza o el bienestar, ni en la gloria humana o el poder, ni en ninguna obra humana, por útil que sea, como las ciencias, las técnicas y las artes, ni en ninguna criatura, sino sólo en Dios, fuente de todo bien y de todo amor:

El dinero es el ídolo de nuestro tiempo. A él rinde homenaje "instintivo" la multitud, la masa de los hombres. Estos miden la dicha según la fortuna, y, según la fortuna también, miden la honorabilidad... Todo esto se debe a la convicción de que con la riqueza se puede todo. La riqueza por tanto es uno de los ídolos de nuestros días, y la notoriedad es otro... La notoriedad, el hecho de ser reconocido y de hacer ruido en el mundo (lo que podría llamarse una fama de prensa), ha llegado a ser considerada como un bien en sí mismo, un bien soberano, un objeto de verdadera veneración.[28]

1724 El Decálogo, el Sermón de la Montaña y la catequesis apostólica nos describen los caminos que conducen al Reino de los cielos. Por ellos avanzamos paso a paso mediante los actos de cada día, sostenidos por la gracia del Espíritu Santo. Fecundados por la Palabra de Cristo, damos lentamente frutos en la Iglesia para la gloria de Dios.[29]

---

[23] SAN AGUSTÍN, *De civitate Dei*, 22, 30.
[24] Cf. *2 P* 1, 4.
[25] Cf. *Jn* 17, 3.
[26] Cf. *Rm* 8, 18.
[27] SAN IRENEO DE LYÓN, *Adversus haereses*, 4, 20, 5.
[28] JOHN HENRY NEWMAN, *Discourses to mixed congregations*, 5, sobre la santidad.
[29] Cf. la parábola del sembrador: *Mt* 13, 3-23.

CÓMO VIVIMOS → Nuestro llamado → La dignidad humana

CIC 1729

RESUMEN

1725 Las bienaventuranzas recogen y perfeccionan las promesas de Dios desde Abraham ordenándolas al Reino de los cielos. Responden al deseo de felicidad que Dios ha puesto en el corazón del hombre.

1726 Las bienaventuranzas nos enseñan el fin último al que Dios nos llama: el Reino, la visión de Dios, la participación en la naturaleza divina, la vida eterna, la filiación, el descanso en Dios.

1727 La bienaventuranza de la vida eterna es un don gratuito de Dios; es sobrenatural como también lo es la gracia que conduce a ella.

1728 Las bienaventuranzas nos colocan ante opciones decisivas con respecto a los bienes terrenos; purifican nuestro corazón para enseñarnos a amar a Dios sobre todas las cosas.

1729 La bienaventuranza del cielo determina los criterios de discernimiento en el uso de los bienes terrenos en conformidad a la Ley de Dios.

ARTÍCULO 3
LA LIBERTAD DEL HOMBRE

FUENTES DE LA ESCRITURA Y DE LA IGLESIA

La siguiente parte del *Catecismo* utiliza estas fuentes de la Escritura y de la Iglesia. Véase el "Índice de citas" para una lista completa de referencias

Antiguo Testamento	Citadas en el *Catecismo*
Génesis	CIC 1736
2 Samuel	CIC 1736
Eclesiástico	CIC 1730, 1743
Nuevo Testamento	
Juan	CIC 1741
Romanos	CIC 1733, 1741
2 Corintios	CIC 1741
Gálatas	CIC 1741, 1748
Concilios ecuménicos	
Vaticano II (1962-1965)	CIC 1730, 1738, 1743
Documentos eclesiásticos	
Congregación para la Doctrina de la Fe	CIC 1740

CIC 1730

Tercera parte: La vida en Cristo

FUENTES DE LA ESCRITURA Y DE LA IGLESIA

(continuación)

Liturgia	Citadas en el *Catecismo*
Misal Romano	CIC 1742
Escritores eclesiásticos	
San Ireneo de Lyon	CIC 1730

1730 Dios ha creado al hombre racional confiriéndole la dignidad de una persona dotada de la iniciativa y del dominio de sus actos. "Quiso Dios 'dejar al hombre en manos de su propia decisión' (*Si* 15, 14), de modo que busque a su Creador sin coacciones y, adhiriéndose a Él, llegue libremente a la plena y feliz perfección":[30]

> El hombre es racional, y por ello semejante a Dios; fue creado libre y dueño de sus actos.[31]

I. LIBERTAD Y RESPONSABILIDAD

1731 La libertad es el poder, radicado en la razón y en la voluntad, de obrar o de no obrar, de hacer esto o aquello, de ejecutar así por sí mismo acciones deliberadas. Por el libre arbitrio cada uno dispone de sí mismo. La libertad es en el hombre una fuerza de crecimiento y de maduración en la verdad y la bondad. La libertad alcanza su perfección cuando está ordenada a Dios, nuestra bienaventuranza.

1732 Hasta que no llega a encontrarse definitivamente con su bien último que es Dios, la libertad implica la posibilidad de *elegir entre el bien y el mal, y* por tanto, de crecer en perfección o de flaquear y pecar. La libertad caracteriza los actos propiamente humanos. Se convierte en fuente de alabanza o de reproche, de mérito o de demérito.

1733 En la medida en que el hombre hace más el bien, se va haciendo también más libre. No hay verdadera libertad sino en el servicio del bien y de la justicia. La elección de la desobediencia y del mal es un abuso de la libertad y conduce a "la esclavitud del pecado".[32]

1734 La libertad hace al hombre responsable de sus actos en la medida en que éstos son voluntarios. El progreso en la virtud, el conocimiento del bien, y la ascesis acrecientan el dominio de la voluntad sobre los propios actos.

---

[30] Concilio Vaticano II, *Gaudium et spes*, 17.   [32] Cf. *Rm* 6, 17.
[31] SAN IRENEO DE LYÓN, *Adversus haereses*, 4, 4, 3.

CÓMO VIVIMOS ⟶ Nuestro llamado ⟶ La dignidad humana

CIC 1740

1735 La *imputabilidad* y la responsabilidad de una acción pueden quedar disminuidas e incluso suprimidas a causa de la ignorancia, la inadvertencia, la violencia, el temor, los hábitos, los afectos desordenados y otros factores psíquicos o sociales.

597

1736 Todo acto directamente querido es imputable a su autor:

Así el Señor pregunta a Adán tras el pecado en el paraíso: "¿Qué has hecho?" (*Gn* 3, 13). Igualmente a Caín.³³ Así también el profeta Natán al rey David, tras el adulterio con la mujer de Urías y la muerte de éste.³⁴

2568

Una acción puede ser indirectamente voluntaria cuando resulta de una negligencia respecto a lo que se habría debido conocer o hacer, por ejemplo, un accidente provocado por la ignorancia del código de la circulación.

1737 Un efecto puede ser tolerado sin ser querido por el que actúa, por ejemplo, el agotamiento de una madre a la cabecera de su hijo enfermo. El efecto malo no es imputable si no ha sido querido ni como fin ni como medio de la acción, como la muerte acontecida al auxiliar a una persona en peligro. Para que el efecto malo sea imputable, es preciso que sea previsible y que el que actúa tenga la posibilidad de evitarlo, por ejemplo, en el caso de un homicidio cometido por un conductor en estado de embriaguez.

2263

1738 La libertad se ejercita en las relaciones entre los seres humanos. Toda persona humana, creada a imagen de Dios, tiene el derecho natural de ser reconocida como un ser libre y responsable. Todo hombre debe prestar a cada cual el respeto al que éste tiene derecho. El *derecho al ejercicio de la libertad* es una exigencia inseparable de la dignidad de la persona humana, especialmente en materia moral y religiosa.³⁵ Este derecho debe ser reconocido y protegido civilmente dentro de los límites del bien común y del orden público.³⁶

2106

210

II. LA LIBERTAD HUMANA EN LA ECONOMÍA DE LA SALVACIÓN

1739 *Libertad y pecado.* La libertad del hombre es finita y falible. De hecho el hombre erró. Libremente pecó. Al rechazar el proyecto del amor de Dios, se engañó a sí mismo y se hizo esclavo del pecado. Esta primera alienación engendró una multitud de alienaciones. La historia de la humanidad, desde sus orígenes, atestigua desgracias y opresiones nacidas del corazón del hombre a consecuencia de un mal uso de la libertad.

387

401

1740 *Amenazas para la libertad.* El ejercicio de la libertad no implica el derecho a decir y hacer cualquier cosa. Es falso concebir al hombre "sujeto de

2108

---

³³ Cf. *Gn* 4, 10.
³⁴ Cf. *2 S* 12, 7-15.
³⁵ Cf. Concilio Vaticano II, *Dignitatis humanae,* 2.
³⁶ *Ibid.,* 7.

465

esa libertad como un individuo autosuficiente que busca la satisfacción de su interés propio en el goce de los bienes terrenales".[37] Por otra parte, las condiciones de orden económico y social, político y cultural requeridas para un justo ejercicio de la libertad son, con demasiada frecuencia, desconocidas y violadas. Estas situaciones de ceguera y de injusticia gravan la vida moral y colocan tanto a los fuertes como a los débiles en la tentación de pecar contra la caridad. Al apartarse de la ley moral, el hombre atenta contra su propia libertad, se encadena a sí mismo, rompe la fraternidad con sus semejantes y se rebela contra la verdad divina.

1741 *Liberación y salvación.* Por su Cruz gloriosa, Cristo obtuvo la salvación para todos los hombres. Los rescató del pecado que los tenía sometidos a esclavitud. "Para ser libres nos liberó Cristo" (*Ga* 5, 1). En Él participamos de "la verdad que nos hace libres" (*Jn* 8, 32). El Espíritu Santo nos ha sido dado, y, como enseña el apóstol, "donde está el Espíritu, allí está la libertad" (*2 Co* 3, 17). Ya desde ahora nos gloriamos de la "libertad de los hijos de Dios" (*Rm* 8, 21).

1742 *Libertad y gracia.* La gracia de Cristo no se opone de ninguna manera a nuestra libertad cuando ésta corresponde al sentido de la verdad y del bien que Dios ha puesto en el corazón del hombre. Al contrario, como lo atestigua la experiencia cristiana, especialmente en la oración, a medida que somos más dóciles a los impulsos de la gracia, se acrecientan nuestra íntima verdad y nuestra seguridad en las pruebas, como también ante las presiones y coacciones del mundo exterior. Por el trabajo de la gracia, el Espíritu Santo nos educa en la libertad espiritual para hacer de nosotros colaboradores libres de su obra en la Iglesia y en el mundo.

> Dios omnipotente y misericordioso, aparta de nosotros los males, para que, bien dispuesto nuestro cuerpo y nuestro espíritu, podamos libremente cumplir tu voluntad.[38]

RESUMEN

1743 Dios ha querido "dejar al hombre en manos de su propia decisión" (*Si* 15, 14). Para que pueda adherirse libremente a su Creador y llegar así a la bienaventurada perfección.[39]

1744 La libertad es el poder de obrar o de no obrar y de ejecutar así, por sí mismo, acciones deliberadas. La libertad alcanza su perfección, cuando está ordenada a Dios, el supremo Bien.

---

[37] CONGREGACIÓN PARA LA DOCTRINA DE LA FE, instr. *Libertatis conscientia,* 13, AAS 79, (1987), 554-599.

[38] *Misal Romano,* Colecta del domingo 32.

[39] Cf. Concilio Vaticano II, *Gaudium et spes,* 17, 1.

CÓMO VIVIMOS ⟶ Nuestro llamado ⟶ La dignidad humana

CIC 1749

1745 La libertad caracteriza los actos propiamente humanos. Hace al ser humano responsable de los actos de que es autor voluntario. Es propio del hombre actuar deliberadamente.

1746 La imputabilidad o la responsabilidad de una acción puede quedar disminuida o incluso anulada por la ignorancia, la violencia, el temor y otros factores psíquicos o sociales.

1747 El derecho al ejercicio de la libertad, especialmente en materia religiosa y moral, es una exigencia inseparable de la dignidad del hombre. Pero el ejercicio de la libertad no implica el pretendido derecho de decir o de hacer cualquier cosa.

1748 "Para ser libres nos libertó Cristo" (*Ga* 5, 1).

ARTÍCULO 4
LA MORALIDAD DE LOS ACTOS HUMANOS

FUENTES DE LA ESCRITURA Y DE LA IGLESIA

La siguiente parte del *Catecismo* utiliza estas fuentes de la Escritura y de la Iglesia. Véase el "Índice de citas" para una lista completa de referencias

Nuevo Testamento	Citadas en el *Catecismo*
Mateo	CIC 1753
Escritores eclesiásticos	
Santo Tomás de Aquino	CIC 1759

PALABRAS CLAVE

La siguiente parte del *Catecismo* utiliza estas palabras clave.
Véase el "Glosario" para su significado.

Palabras	Citadas en el *Catecismo*
Moralidad	CIC 1749

1749 La libertad hace del hombre un sujeto moral. Cuando actúa de manera deliberada, el hombre es, por así decirlo, el *padre de sus actos*. Los actos humanos, es decir, libremente realizados tras un juicio de conciencia, son calificables moralmente: son buenos o malos.

1732

I. LAS FUENTES DE LA MORALIDAD

1750 La moralidad de los actos humanos depende:

— del objeto elegido:

— del fin que se busca o la intención;

— de las circunstancias de la acción.

El objeto, la intención y las circunstancias forman las "fuentes" o elementos constitutivos de la moralidad de los actos humanos.

1751 El *objeto* elegido es un bien hacia el cual tiende deliberadamente la voluntad. Es la materia de un acto humano. El objeto elegido especifica moralmente el acto del querer, según que la razón lo reconozca y lo juzgue conforme o no conforme al bien verdadero. Las reglas objetivas de la moralidad enuncian el orden racional del bien y del mal, atestiguado por la conciencia.

1752 Frente al objeto, la *intención* se sitúa del lado del sujeto que actúa. La intención, por estar ligada a la fuente voluntaria de la acción y por determinarla en razón del fin, es un elemento esencial en la calificación moral de la acción. El fin es el término primero de la intención y designa el objetivo buscado en la acción. La intención es un movimiento de la voluntad hacia un fin; mira al término del obrar. Apunta al bien esperado de la acción emprendida. No se limita a la dirección de cada una de nuestras acciones tomadas aisladamente, sino que puede también ordenar varias acciones hacia un mismo objetivo; puede orientar toda la vida hacia el fin último. Por ejemplo, un servicio que se hace a alguien tiene por fin ayudar al prójimo, pero puede estar inspirado al mismo tiempo por el amor de Dios como fin último de todas nuestras acciones. Una misma acción puede, pues, estar inspirada por varias intenciones como hacer un servicio para obtener un favor o para satisfacer la vanidad.

1753 Una intención buena (por ejemplo: ayudar al prójimo) no hace ni bueno ni justo un comportamiento en sí mismo desordenado (como la mentira y la maledicencia). El fin no justifica los medios. Así, no se puede justificar la condena de un inocente como un medio legítimo para salvar al pueblo. Por el contrario, una intención mala sobreañadida (como la vanagloria) convierte en malo un acto que, de suyo, puede ser bueno (como la limosna).[40]

1754 Las *circunstancias*, comprendidas en ellas las consecuencias, son los elementos secundarios de un acto moral. Contribuyen a agravar o a disminuir

---

[40] Cf. *Mt* 6, 2-4.

CÓMO VIVIMOS ⟶ Nuestro llamado ⟶ La dignidad humana

CIC 1761

la bondad o la malicia moral de los actos humanos (por ejemplo, la cantidad de dinero robado). Pueden también atenuar o aumentar la responsabilidad del que obra (como actuar por miedo a la muerte). Las circunstancias no pueden de suyo modificar la calidad moral de los actos; no pueden hacer ni buena ni justa una acción que de suyo es mala.

1735

II. LOS ACTOS BUENOS Y LOS ACTOS MALOS

1755 El acto *moralmente bueno* supone a la vez la bondad del objeto, del fin y de las circunstancias. Una finalidad mala corrompe la acción, aunque su objeto sea de suyo bueno (como orar y ayunar "para ser visto por los hombres").

> El *objeto de la elección* puede por sí solo viciar el conjunto de todo el acto. Hay comportamientos concretos —como la fornicación— que siempre es un error elegirlos, porque su elección comporta un desorden de la voluntad, es decir, un mal moral.

1756 Es, por tanto, erróneo juzgar de la moralidad de los actos humanos considerando sólo la intención que los inspira o las circunstancias (ambiente, presión social, coacción o necesidad de obrar, etc.) que son su marco. Hay actos que, por sí y en sí mismos, independientemente de las circunstancias y de las intenciones, son siempre gravemente ilícitos por razón de su objeto; por ejemplo, la blasfemia y el perjurio, el homicidio y el adulterio. No está permitido hacer el mal para obtener un bien.

1789

RESUMEN

1757 El objeto, la intención y las circunstancias constituyen las tres "fuentes" de la moralidad de los actos humanos.

1758 El objeto elegido especifica moralmente el acto de la voluntad según que la razón lo reconozca y lo juzgue bueno o malo.

1759 "No se puede justificar una acción mala por el hecho de que la intención sea buena".[41] *El fin no justifica los medios.*

1760 El acto moralmente bueno supone a la vez la bondad del objeto, del fin y de las circunstancias.

1761 Hay comportamientos concretos cuya elección es siempre errada porque ésta comporta un desorden de la voluntad, es decir, un mal moral. No está permitido hacer un mal para obtener un bien.

---

[41] SANTO TOMÁS DE AQUINO, *Collationes in decem praeceptis*, 6.

ARTÍCULO 5
LA MORALIDAD DE LAS PASIONES

FUENTES DE LA ESCRITURA Y DE LA IGLESIA

La siguiente parte del *Catecismo* utiliza estas fuentes de la Escritura y de la Iglesia. Véase el "Índice de citas" para una lista completa de referencias

Antiguo Testamento	Citadas en el *Catecismo*
Salmos	CIC 1770

Nuevo Testamento	
Marcos	CIC 1764

Escritores eclesiásticos	
San Agustín	CIC 1766
Santo Tomás de Aquino	CIC 1766, 1767

PALABRAS CLAVE

La siguiente parte del *Catecismo* utiliza estas palabras clave. Véase el "Glosario" para su definición.

Palabras	Citadas en el *Catecismo*
Ira	CIC 1765
Pasiones, moral	CIC 1763

1762 La persona humana se ordena a la bienaventuranza por medio de sus actos deliberados: las pasiones o sentimientos que experimenta pueden disponerla y contribuir a ello.

I. LAS PASIONES

1763 El término "pasiones" pertenece al patrimonio del pensamiento cristiano. Los sentimientos o pasiones designan las emociones o impulsos de la sensibilidad que inclinan a obrar o a no obrar en razón de lo que es sentido o imaginado como bueno o como malo.

1764 Las pasiones son componentes naturales del psiquismo humano, constituyen el lugar de paso y aseguran el vínculo entre la vida sensible y la vida del espíritu. Nuestro Señor señala al corazón del hombre como la fuente de donde brota el movimiento de las pasiones.[42]

1765 Las pasiones son numerosas. La más fundamental es el amor que la atracción del bien despierta. El amor causa el deseo del bien ausente y la

---
[42] Cf. *Mc* 7, 21.

esperanza de obtenerlo. Este movimiento culmina en el placer y el gozo del bien poseído. La aprehensión del mal causa el odio, la aversión y el temor ante el mal que puede sobrevenir. Este movimiento culmina en la tristeza a causa del mal presente o en la ira que se opone a él.

1766 "Amar es desear el bien a alguien".[43] Los demás afectos tienen su fuerza en este movimiento original del corazón del hombre hacia el bien. Sólo el bien es amado.[44] "Las pasiones son malas si el amor es malo, buenas si es bueno".[45]

1704

II. PASIONES Y VIDA MORAL

1767 En sí mismas, las pasiones no son buenas ni malas. Sólo reciben calificación moral en la medida en que dependen de la razón y de la voluntad. Las pasiones se llaman voluntarias "o porque están ordenadas por *la* voluntad, o porque la voluntad no se opone a ellas".[46] Pertenece a la perfección del bien moral o humano el que las pasiones estén reguladas por la razón.[47]

1860

1768 Los sentimientos más profundos no deciden ni la moralidad, ni la santidad de las personas; son el depósito inagotable de las imágenes y de las afecciones en que se expresa la vida moral. Las pasiones son moralmente buenas cuando contribuyen a una acción buena, y malas en el caso contrario. La voluntad recta ordena al bien y a la bienaventuranza los movimientos sensibles que asume; la voluntad mala sucumbe a las pasiones desordenadas y las exacerba. Las emociones y los sentimientos pueden ser asumidos en las *virtudes,* o pervertidos en los *vicios.*

1803
1865

1769 En la vida cristiana, el Espíritu Santo realiza su obra movilizando todo el ser incluidos sus dolores, temores y tristezas, como aparece en la agonía y la pasión del Señor. Cuando se vive en Cristo, los sentimientos humanos pueden alcanzar su consumación en la caridad y la bienaventuranza divina.

1770 La perfección moral consiste en que el hombre no sea movido al bien sólo por su voluntad, sino también por su apetito sensible según estas palabras del salmo: "Mi corazón y mi carne gritan de alegría hacia el Dios vivo" (*Sal* 84, 3).

30

RESUMEN

1771 El término "pasiones" designa los afectos y los sentimientos. Por medio de sus emociones, el hombre intuye lo bueno y lo malo.

---

[43] SANTO TOMÁS DE AQUINO, *Summa theologiae,* I-II, 26, 4.
[44] Cf. SAN AGUSTÍN, *De Trinitate,* 8, 3, 4.
[45] SAN AGUSTÍN, *De civitate Dei,* 14, 7.
[46] SANTO TOMÁS DE AQUINO, *Summa theologiae,* MI, 24, 1.
[47] Cf. *ibid,* 1-11, 24, 3.

1772 Ejemplos eminentes de pasiones son el amor y el odio, el deseo y el temor, la alegría, la tristeza y la ira.

1773 En las pasiones, en cuanto impulsos de la sensibilidad, no hay ni bien ni mal moral. Pero según dependan o no de la razón y de la voluntad, hay en ellas bien o mal moral.

1774 Las emociones y los sentimientos pueden ser asumidos por las virtudes, o pervertidos en los vicios.

1775 La perfección del bien moral consiste en que el hombre no sea movido al bien sólo por su voluntad, sino también por su "corazón".

ARTÍCULO 6
LA CONCIENCIA MORAL

FUENTES DE LA ESCRITURA Y DE LA IGLESIA

La siguiente parte del *Catecismo* utiliza estas fuentes de la Escritura y de la Iglesia. Véase el "Índice de citas" para una lista completa de referencias

Antiguo Testamento	Citadas en el *Catecismo*
Tobías	CIC 1789
Nuevo Testamento	
Mateo	CIC 1789
Lucas	CIC 1789
Hechos de los Apóstoles	CIC 1794
Romanos	CIC 1777, 1789
1 Corintios	CIC 1789
1 Timoteo	CIC 1794
2 Timoteo	CIC 1794
1 Pedro	CIC 1794
1 Juan	CIC 1781
Concilios ecuménicos	
Vaticano II (1962-1965)	CIC 1776, 1782, 1785, 1791, 1794, 1795
Escritores eclesiásticos	
Beato John Henry Newman	CIC 1778
San Agustín	CIC 1779

CÓMO VIVIMOS ⟶ Nuestro llamado ⟶ La dignidad humana

CIC 1779

PALABRAS CLAVE

La siguiente parte del *Catecismo* utiliza estas palabras clave.
Véase el "Glosario" para su significado.

Palabras	Citadas en el *Catecismo*
Conciencia	CIC 1777, 1778

1776 "En lo más profundo de su conciencia el hombre descubre una ley que él no se da a sí mismo, sino a la que debe obedecer y cuya voz resuena, cuando es necesario, en los oídos de su corazón, llamándole siempre a amar y a hacer el bien y a evitar el mal... El hombre tiene una ley inscrita por Dios en su corazón... La conciencia es el núcleo más secreto y el sagrario del hombre, en el que está solo con Dios, cuya voz resuena en lo más íntimo de ella".[48]

1954

I. EL DICTAMEN DE LA CONCIENCIA

1777 Presente en el corazón de la persona, la conciencia moral[49] le ordena, en el momento oportuno, practicar el bien y evitar el mal. Juzga también las opciones concretas aprobando las que son buenas y denunciando las que son malas.[50] Atestigua la autoridad de la verdad con referencia al Bien supremo por el cual la persona humana se siente atraída y cuyos mandamientos acoge. El hombre prudente, cuando escucha la conciencia moral, puede oír a Dios que le habla.

1766
2071

1778 La conciencia moral es un juicio de la razón por el que la persona humana reconoce la cualidad moral de un acto concreto que piensa hacer, está haciendo o ha hecho. En todo lo que dice y hace, el hombre está obligado a seguir fielmente lo que sabe que es justo y recto. Mediante el dictamen de su conciencia el hombre percibe y reconoce las prescripciones de la ley divina:

1749

> La conciencia es una ley de nuestro espíritu, pero que va más allá de él, nos da órdenes, significa responsabilidad y deber, temor y esperanza... La conciencia es la mensajera del que, tanto en el mundo de la naturaleza como en el de la gracia, a través de un velo nos habla, nos instruye y nos gobierna. La conciencia es el primero de todos los vicarios de Cristo.[51]

1779 Es preciso que cada uno preste mucha atención a sí mismo para oír y seguir la voz de su conciencia. Esta exigencia de *interioridad* es tanto más necesaria cuanto que la vida nos impulsa con frecuencia a prescindir de toda reflexión, examen o interiorización:

1886

---

[48] Concilio Vaticano II, *Gaudium et spes,* 16.
[49] Cf. *Rm* 1, 14-16.
[50] Cf. *Rm* 1, 32.
[51] JOHN HENRY NEWMAN, *Carta al duque de Norfolk* 5.

> Retorna a tu conciencia, interrógala... retomad, hermanos, al interior, y en todo lo que hagáis mirad al Testigo, Dios.[52]

1780 La dignidad de la persona humana implica y exige la *rectitud de la conciencia moral*. La conciencia moral comprende la percepción de los principios de la moralidad ("sindéresis"), su aplicación a las circunstancias concretas mediante un discernimiento práctico de las razones y de los bienes, y en definitiva el juicio formado sobre los actos concretos que se van a realizar o se han realizado. La verdad sobre el bien moral, declarada en la ley de la razón, es reconocida práctica y concretamente por el *dictamen prudente* de la conciencia. Se llama prudente al hombre que elige conforme a este dictamen o juicio.

1781 La conciencia hace posible asumir la *responsabilidad* de los actos realizados. Si el hombre comete el mal, el justo juicio de la conciencia puede ser en él el testigo de la verdad universal del bien, al mismo tiempo que de la malicia de su elección concreta. El veredicto del dictamen de conciencia constituye una garantía de esperanza y de misericordia. Al hacer patente la falta cometida recuerda el perdón que se ha de pedir, el bien que se ha de practicar todavía y la virtud que se ha de cultivar sin cesar con la gracia de Dios:

> Tranquilizaremos nuestra conciencia ante él, en caso de que nos condene nuestra conciencia, pues Dios es mayor que nuestra conciencia y conoce todo (*1 Jn 3*, 19-20).

1782 El hombre tiene el derecho de actuar en conciencia y en libertad a fin de tomar personalmente las decisiones morales. "No debe ser obligado a actuar contra su conciencia. Ni se le debe impedir que actúe según su conciencia, sobre todo en materia religiosa".[53]

II. LA FORMACIÓN DE LA CONCIENCIA

1783 Hay que formar la conciencia, y esclarecer el juicio moral. Una conciencia bien formada es recta y veraz. Formula sus juicios según la razón, conforme al bien verdadero querido por la sabiduría del Creador. La educación de la conciencia es indispensable a seres humanos sometidos a influencias negativas y tentados por el pecado a preferir su propio juicio y a rechazar las enseñanzas autorizadas.

1784 La educación de la conciencia es una tarea de toda la vida. Desde los primeros años despierta al niño al conocimiento y la práctica de la ley interior reconocida por la conciencia moral. Una educación prudente enseña la virtud; preserva o sana del miedo, del egoísmo y del orgullo, de los insanos sentimientos de culpabilidad y de los movimientos de complacencia, nacidos

---

[52] SAN AGUSTÍN, *In epistulam Johannis ad Parthos tractatus*, 8, 9.

[53] Concilio Vaticano II, *Dignitatis humanae*, 3.

de la debilidad y de las faltas humanas. La educación de la conciencia garantiza la libertad y engendra la paz del corazón.

1785 En la formación de la conciencia, la Palabra de Dios es la luz de nuestro caminar; es preciso que la asimilemos en la fe y la oración, y la pongamos en práctica. Es necesario también examinar nuestra conciencia en relación con la Cruz del Señor. Estamos asistidos por los dones del Espíritu Santo, ayudados por el testimonio o los consejos de otros y guiados por la enseñanza autorizada de la Iglesia.[54]

III. DECIDIR EN CONCIENCIA

1786 Ante la necesidad de decidir moralmente, la conciencia puede formular un juicio recto de acuerdo con la razón y con la ley divina, o al contrario un juicio erróneo que se aleja de ellas.

1787 El hombre se ve a veces enfrentado con situaciones que hacen el juicio moral menos seguro, y la decisión difícil. Pero debe buscar siempre lo que es justo y bueno y discernir la voluntad de Dios expresada en la ley divina.

1788 Para esto, el hombre se esfuerza por interpretar los datos de la experiencia y los signos de los tiempos gracias a la virtud de la prudencia, los consejos de las personas entendidas y la ayuda del Espíritu Santo y de sus dones.

1789 En todos los casos son aplicables algunas reglas:

— Nunca está permitido hacer el mal para obtener un bien.

— La "regla de oro": "Todo cuanto queráis que os hagan los hombres, hacédselo también vosotros" (*Mt* 7, 12).[55]

— La caridad debe actuar siempre con respeto hacia el prójimo y hacia su conciencia: "Pecando así contra vuestros hermanos, hiriendo su conciencia..., pecáis contra Cristo" (*1 Co* 8, 12). "Lo bueno es... no hacer cosa que sea para tu hermano ocasión de caída, tropiezo o debilidad" (*Rm* 14, 21).

IV. EL JUICIO ERRÓNEO

1790 La persona humana debe obedecer siempre el juicio cierto de su conciencia. Si obrase deliberadamente contra este último, se condenaría a sí mismo. Pero sucede que la conciencia moral puede estar afectada por la ignorancia y puede formar juicios erróneos sobre actos proyectados o ya cometidos.

---

[54] Cf. *ibid.*, 14.   [55] Cf. *Lc* 6, 31; *Tb* 4, 15.

1791 Esta ignorancia puede con frecuencia ser imputada a la responsabilidad personal. Así sucede "cuando el hombre no se preocupa de buscar la verdad y el bien y, poco a poco, por el hábito del pecado, la conciencia se queda casi ciega".[56] En estos casos, la persona es culpable del mal que comete.

1792 El desconocimiento de Cristo y de su Evangelio, los malos ejemplos recibidos de otros, la servidumbre de las pasiones, la pretensión de una mal entendida autonomía de la conciencia, el rechazo de la autoridad de la Iglesia y de su enseñanza, la falta de conversión y de caridad pueden conducir a desviaciones del juicio en la conducta moral.

1793 Si por el contrario, la ignorancia es invencible, o el juicio erróneo sin responsabilidad del sujeto moral, el mal cometido por la persona no puede serle imputado. Pero no deja de ser un mal, una privación, un desorden. Por tanto, es preciso trabajar por corregir la conciencia moral de sus errores.

1794 La conciencia buena y pura es iluminada por la fe verdadera. Porque la caridad procede al mismo tiempo "de un corazón limpio, de una conciencia recta y de una fe sincera" (*1 Tm* 1, 5).[57]

> Cuanto mayor es el predominio de la conciencia recta, tanto más las personas y los grupos se apartan del arbitrio ciego y se esfuerzan por adaptarse a las normas objetivas de moralidad.[58]

RESUMEN

1795 "La conciencia es el núcleo más secreto y el sagrario del hombre, en el que está solo con Dios, cuya voz resuena en lo más íntimo de ella".[59]

1796 La conciencia moral es un juicio de la razón por el que la persona humana reconoce la calidad moral de un acto concreto.

1797 Para el hombre que ha cometido el mal, el veredicto de su conciencia constituye una garantía de conversión y de esperanza.

1798 Una conciencia bien formada es recta y veraz. Formula sus juicios según la razón, conforme al bien verdadero querido por la sabiduría del Creador. Cada cual debe poner los medios para formar su conciencia.

1799 Ante una decisión moral, la conciencia puede formar un juicio recto de acuerdo con la razón y la ley divina o, al contrario, un juicio erróneo que se aleja de ellas.

---

[56] Concilio Vaticano II, *Gaudium et spes*, 16.
[57] Cf. *1 Tm* 3, 9; *2 Tm* 1, 3; *1 P* 3, 21; *Hch* 24, 16.
[58] Concilio Vaticano II, *Gaudium et spes*, 16.
[59] *Ibid.*

CÓMO VIVIMOS ⟶ Nuestro llamado ⟶ La dignidad humana

CIC 1802

1800 El ser humano debe obedecer siempre el juicio cierto de su conciencia.

1801 La conciencia moral puede permanecer en la ignorancia o formar juicios erróneos. Estas ignorancias y estos errores no están siempre exentos de culpabilidad.

1802 La Palabra de Dios es una luz para nuestros pasos. Es preciso que la asimilemos en la fe y en la oración, y la pongamos en práctica. Así se forma la conciencia moral.

ARTÍCULO 7
LAS VIRTUDES

FUENTES DE LA ESCRITURA Y DE LA IGLESIA

La siguiente parte del *Catecismo* utiliza estas fuentes de la Escritura y de la Iglesia. Véase el "Índice de citas" para una lista completa de referencias

Antiguo Testamento	Citadas en el *Catecismo*
Génesis	CIC 1819
Levítico	CIC 1807
Isaías	CIC 1831
Salmos	CIC 1808, 1831
Proverbios	CIC 1806
Sabiduría	CIC 1805
Eclesiástico	CIC 1809

Nuevo Testamento	
Mateo	CIC 1816, 1821, 1824, 1825
Marcos	CIC 1825
Lucas	CIC 1825
Juan	CIC 1808, 1823, 1824
Romanos	CIC 1814, 1819, 1820, 1821, 1824, 1825, 1831
1 Corintios	CIC 1813, 1825, 1826, 1841
Gálatas	CIC 1814, 1832
Filipenses	CIC 1803
Colosenses	CIC 1807, 1827, 1844
1 Tesalonicenses	CIC 1820
1 Timoteo	CIC 1821
Tito	CIC 1809, 1817
Hebreos	CIC 1817, 1820

Tercera parte: La vida en Cristo

FUENTES DE LA ESCRITURA Y DE LA IGLESIA

(continuación)

Nuevo Testamento	Citadas en el *Catecismo*
Santiago	CIC 1815
1 Pedro	CIC 1806
2 Pedro	CIC 1812
1 Juan	CIC 1828

Concilios ecuménicos	
Trento (1545-1563)	CIC 1815, 1821
Vaticano II (1962-1965)	CIC 1814, 1816

Escritores eclesiásticos	
San Agustín	CIC 1809, 1829
San Basilio de Cesarea en Capadocia	CIC 1828
San Gregorio de Nisa	CIC 1803
Santa Teresa (de Jesús) de Ávila	CIC 1821
Santo Tomás de Aquino	CIC 1806

PALABRAS CLAVE

La siguiente parte del *Catecismo* utiliza estas palabras clave. Véase el "Glosario" para su definición.

Palabras	Citadas en el *Catecismo*
Amor	CIC 1822
Caridad	CIC 1822
Castidad	CIC 1832
Consejo	CIC 1830
Dones del Espíritu Santo	CIC 1830
Esperanza	CIC 1817
Fe	CIC 1814
Fortaleza	CIC 1808
Frutos del Espíritu Santo	CIC 1832
Justicia	CIC 1807
Misericordia	CIC 1829
Piedad	CIC 1831
Prudencia	CIC 1806
Sabiduría	CIC 1831
Temor de Dios	CIC 1831
Templanza	CIC 1809
Virtud	CIC 1803
Virtudes cardinales	CIC 1805
Virtudes, teologales	CIC 1813

CÓMO VIVIMOS ⟶ Nuestro llamado ⟶ La dignidad humana

CIC 1806

1803 "Todo cuanto hay de verdadero, de noble, de justo, de puro, de amable, de honorable, todo cuanto sea virtud y cosa digna de elogio, todo eso tenedlo en cuenta" (*Flp* 4, 8).

1733

La virtud es una disposición habitual y firme a hacer el bien. Permite a la persona no sólo realizar actos buenos, sino dar lo mejor de sí misma. Con todas sus fuerzas sensibles y espirituales, la persona virtuosa tiende hacia el bien, lo busca y lo elige a través de acciones concretas.

1768

El objetivo de una vida virtuosa consiste en llegar a ser semejante a Dios.[60]

I. LAS VIRTUDES HUMANAS

1804 Las *virtudes humanas* son actitudes firmes, disposiciones estables, perfecciones habituales del entendimiento y de la voluntad que regulan nuestros actos, ordenan nuestras pasiones y guían nuestra conducta según la razón y la fe. Proporcionan facilidad, dominio y gozo para llevar una vida moralmente buena. El hombre virtuoso es el que practica libremente el bien.

2500

Las virtudes morales se adquieren mediante las fuerzas humanas. Son los frutos y los gérmenes de los actos moralmente buenos. Disponen todas las potencias del ser humano para armonizarse con el amor divino.

1827

Distinción de las virtudes cardinales

1805 Cuatro virtudes desempeñan un papel fundamental. Por eso se las llama "cardinales"; todas las demás se agrupan en torno a ellas. Estas son la prudencia, la justicia, la fortaleza y la templanza. "¿Amas la justicia? Las virtudes son el fruto de sus esfuerzos, pues ella enseña la templanza y la prudencia, la justicia y la fortaleza" (*Sb* 8, 7). Bajo otros nombres, estas virtudes son alabadas en numerosos pasajes de la Escritura.

1806 La *prudencia* es la virtud que dispone la razón práctica a discernir en toda circunstancia nuestro verdadero bien y a elegir los medios rectos para realizarlo. "El hombre cauto medita sus pasos" (*Pr* 14, 15). "Sed sensatos y sobrios para daros a la oración" (*1 P* 4, 7). La prudencia es la "regla recta de la acción", escribe Santo Tomás,[61] siguiendo a Aristóteles. No se confunde ni con la timidez o el temor, ni con la doblez o la disimulación. Es llamada "auriga virtutum": conduce las otras virtudes indicándoles regla y medida. Es la prudencia quien guía directamente el juicio de conciencia. El hombre prudente decide y ordena su conducta según este juicio. Gracias a esta virtud aplicamos sin error los principios morales a los casos particulares y superamos las dudas sobre el bien que debemos hacer y el mal que debemos evitar.

1788

1780

---

[60] SAN GREGORIO DE NISA, *Orationes de beatitudinibus*, 1: PG 44, 1200D.

[61] SANTO TOMÁS DE AQUINO, *Summa theologiae*, II-II, 47, 2.

1807 La *justicia* es la virtud moral que consiste en la constante y firme voluntad de dar a Dios y al prójimo lo que les es debido. La justicia para con Dios es llamada "la virtud de la religión". Para con los hombres, la justicia dispone a respetar los derechos de cada uno y a establecer en las relaciones humanas la armonía que promueve la equidad respecto a las personas y al bien común. El hombre justo, evocado con frecuencia en las Sagradas Escrituras, se distingue por la rectitud habitual de sus pensamientos y de su conducta con el prójimo. "Siendo juez no hagas injusticia, ni por favor del pobre, ni por respeto al grande: con justicia juzgarás a tu prójimo" (*Lv* 19, 15). "Amos, dad a vuestros esclavos lo que es justo y equitativo, teniendo presente que también vosotros tenéis un Amo en el cielo" (*Col* 4, 1).

1808 La *fortaleza* es la virtud moral que asegura en las dificultades la firmeza y la constancia en la búsqueda del bien. Reafirma la resolución de resistir a las tentaciones y de superar los obstáculos en la vida moral. La virtud de la fortaleza hace capaz de vencer el temor, incluso a la muerte, y de hacer frente a las pruebas y a las persecuciones. Capacita para ir hasta la renuncia y el sacrificio de la propia vida por defender una causa justa. "Mi fuerza y mi cántico es el Señor" (*Sal* 118, 14). "En el mundo tendréis tribulación. Pero ¡ánimo!: Yo he vencido al mundo" (*Jn* 16, 33).

1809 La *templanza* es la virtud moral que modera la atracción de los placeres y procura el equilibrio en el uso de los bienes creados. Asegura el dominio de la voluntad sobre los instintos y mantiene los deseos en los límites de la honestidad. La persona moderada orienta hacia el bien sus apetitos sensibles, guarda una sana discreción y no se deja arrastrar "para seguir la pasión de su corazón" (*Si* 5, 2).[62] La templanza es a menudo alabada en el Antiguo Testamento: "No vayas detrás de tus pasiones, tus deseos refrena" (*Si* 18, 30). En el Nuevo Testamento es llamada "moderación" o "sobriedad". Debemos "vivir con moderación, justicia y piedad en el siglo presente" (*Tt* 2, 12).

> Vivir bien no es otra cosa que amar a Dios con todo el corazón, con toda el alma y con todo el obrar. Quien no obedece más que a Él (lo cual pertenece a la justicia), quien vela para discernir todas las cosas por miedo a dejarse sorprender por la astucia y la mentira (lo cual pertenece a la prudencia), le entrega un amor entero (por la templanza), que ninguna desgracia puede derribar (lo cual pertenece a la fortaleza).[63]

Las virtudes y la gracia

1810 Las virtudes humanas adquiridas mediante la educación, mediante actos deliberados, y una perseverancia, mantenida siempre en el esfuerzo, son purificadas y elevadas por la gracia divina. Con la ayuda de Dios forjan el

---

[62] Cf. *Si* 37, 27-31.

[63] SAN AGUSTÍN, *De moribus ecclesiae catholicae*, 1, 25, 46: PL 32, 1330-1331.

CÓMO VIVIMOS → Nuestro llamado → La dignidad humana

CIC 1816

carácter y dan soltura en la práctica del bien. El hombre virtuoso es feliz al practicarlas.

1811 Para el hombre herido por el pecado no es fácil guardar el equilibrio moral. El don de la salvación por Cristo nos otorga la gracia necesaria para perseverar en la búsqueda de las virtudes. Cada cual debe pedir siempre esta gracia de luz y de fortaleza, recurrir a los sacramentos, cooperar con el Espíritu Santo, seguir sus invitaciones a amar el bien y guardarse del mal.

2015

II. LAS VIRTUDES TEOLOGALES

1812 Las virtudes humanas se arraigan en las virtudes teologales que adaptan las facultades del hombre a la participación de la naturaleza divina.[64] Las virtudes teologales se refieren directamente a Dios. Disponen a los cristianos a vivir en relación con la Santísima Trinidad. Tienen como origen, motivo y objeto a Dios Uno y Trino.

2086-2094
2656-2658

1266

1813 Las virtudes teologales fundan, animan y caracterizan el obrar moral del cristiano. Informan y vivifican todas las virtudes morales. Son infundidas por Dios en el alma de los fieles para hacerlos capaces de obrar como hijos suyos y merecer la vida eterna. Son la garantía de la presencia y la acción del Espíritu Santo en las facultades del ser humano. Tres son las virtudes teologales: la fe, la esperanza y la caridad.[65]

2088

La fe

142-175

1814 La fe es la virtud teologal por la que creemos en Dios y en todo lo que Él nos ha dicho y revelado, y que la Santa Iglesia nos propone, porque Él es la verdad misma. Por la fe "el hombre se entrega entera y libremente a Dios".[66] Por eso el creyente se esfuerza por conocer y hacer la voluntad de Dios. "El justo vivirá por la fe" (*Rm* 1, 17). La fe viva "actúa por la caridad" (*Ga* 5, 6).

506

1815 El don de la fe permanece en el que no ha pecado contra ella[67] Pero, "la fe sin obras está muerta"(*St* 2, 26): privada de la esperanza y de la caridad, la fe no une plenamente el fiel a Cristo ni hace de él un miembro vivo de su Cuerpo.

1816 El discípulo de Cristo no debe sólo guardar la fe y vivir de ella sino también profesarla, testimoniarla con firmeza y difundirla: "Todos vivan preparados para confesar a Cristo delante de los hombres y a seguirle por el camino de la cruz en medio de las persecuciones que nunca faltan a la Iglesia".[68] El servicio y el testimonio de la fe son requeridos para la salvación: "Todo aquel que se declare por mí ante los hombres, yo también me declararé por él ante mi Padre que está en los cielos; pero a quien me niegue ante los

2471

---

[64] Cf. *2 P* 1, 4.
[65] Cf. *1 Co* 13, 13.
[66] Concilio Vaticano II, *Dei Verbum*, 5.
[67] Cf. Concilio de Trento: DS, 1545.
[68] Concilio Vaticano II, *Lumen gentium*, 42; cf ID., *Dignitatis humanae*, 14.

hombres, le negaré yo también ante mi Padre que está en los cielos" (*Mt* 10, 32-33).

La esperanza

1817 La esperanza es la virtud teologal por la que aspiramos al Reino de los cielos y a la vida eterna como felicidad nuestra, poniendo nuestra confianza en las promesas de Cristo y apoyándonos no en nuestras fuerzas, sino en los auxilios de la gracia del Espíritu Santo. "Mantengamos firme la confesión de la esperanza, pues fiel es el autor de la promesa" (*Hb* 10, 23).

Este es "el Espíritu Santo que Él derramó sobre nosotros con largueza por medio de Jesucristo nuestro Salvador para que, justificados por su gracia, fuésemos constituidos herederos, en esperanza, de vida eterna" (*Tt* 3, 6-7).

1818 La virtud de la esperanza corresponde al anhelo de felicidad puesto por Dios en el corazón de todo hombre; asume las esperanzas que inspiran las actividades de los hombres; las purifica para ordenarlas al Reino de los cielos; protege del desaliento; sostiene en todo desfallecimiento; dilata el corazón en la espera de la bienaventuranza eterna. El impulso de la esperanza preserva del egoísmo y conduce a la dicha de la caridad.

1819 La esperanza cristiana recoge y perfecciona la esperanza del pueblo elegido que tiene su origen y su modelo en la *esperanza de Abraham* en las promesas de Dios; esperanza colmada en Isaac y purificada por la prueba del sacrificio.[69] "Esperando contra toda esperanza, creyó y fue hecho padre de muchas naciones" (*Rm* 4, 18).

1820 La esperanza cristiana se manifiesta desde el comienzo de la predicación de Jesús en la proclamación de las bienaventuranzas. Las *bienaventuranzas* elevan nuestra esperanza hacia el cielo como hacia la nueva tierra prometida; trazan el camino hacia ella a través de las pruebas que esperan a los discípulos de Jesús. Pero por los méritos de Jesucristo y de su pasión, Dios nos guarda en "la esperanza que no falla" (*Rm* 5, 5). La esperanza es "el ancla del alma", segura y firme, "que penetra... a donde entró por nosotros como precursor Jesús" (*Hb* 6, 19-20). Es también un arma que nos protege en el combate de la salvación: "Revistamos la coraza de la fe y de la caridad, con el yelmo de la esperanza de salvación" (*1 Ts* 5, 8). Nos procura el gozo en la prueba misma: "Con la alegría de la esperanza; constantes en la tribulación" (*Rm* 12, 12). Se expresa y se alimenta en la oración, particularmente en la del *Padre Nuestro*, resumen de todo lo que la esperanza nos hace desear.

1821 Podemos, por tanto, esperar la gloria del cielo prometida por Dios a los que le aman[70] y hacen su voluntad.[71] En toda circunstancia, cada uno debe

---

[69] Cf. *Gn* 17, 4-8; 22, 1-18.
[70] Cf. *Rm* 8, 28-30.
[71] Cf. *Mt* 7, 21.

CÓMO VIVIMOS ⟶ Nuestro llamado ⟶ La dignidad humana

esperar, con la gracia de Dios, "perseverar hasta el fin"[72] y obtener el gozo del cielo, como eterna recompensa de Dios por las obras buenas reafizadas con la gracia de Cristo. En la esperanza, la Iglesia implora que "todos los hombres se salven" (*1 Tm* 2, 4). Espera estar en la gloria del cielo unida a Cristo, su esposo:

> Espera, espera, que no sabes cuándo vendrá el día ni la hora. Vela con cuidado, que todo se pasa con brevedad, aunque tu deseo hace lo cierto dudoso, y el tiempo breve largo. Mira que mientras más peleares, más mostrarás el amor que tienes a tu Dios y más te gozarás con tu Amado con gozo y deleite que no puede tener fin.[73]

La caridad

1822 La caridad es la virtud teologal por la cual amamos a Dios sobre todas las cosas por Él mismo y a nuestro prójimo como a nosotros mismos por amor de Dios.

1823 Jesús hace de la caridad el *mandamiento nuevo*[74] Amando a los suyos "hasta el fin" (*Jn* 13, 1), manifiesta el amor del Padre que ha recibido. Amándose unos a otros, los discípulos imitan el amor de Jesús que reciben también en ellos. Por eso Jesús dice: "Como el Padre me amó, yo también os he amado a vosotros; permaneced en mi amor" (*Jn* 15, 9). Y también: "Este es el mandamiento mío: que os améis unos a otros como yo os he amado" (*Jn* 15, 12).

1824 Fruto del Espíritu y plenitud de la ley, la caridad guarda los *mandamientos* de Dios y de Cristo: "Permaneced en mi amor. Si guardáis mis mandamientos, permaneceréis en mi amor" (*Jn* 15, 9-10).[75]

1825 Cristo murió por amor a nosotros "cuando éramos todavía enemigos" (*Rm* 5, 10). El Señor nos pide que amemos como Él hasta a nuestros *enemigos*[76] que nos hagamos prójimos del más lejano,[77] que amemos a los niños[78] y a los pobres como a Él mismo.[79]

> El apóstol san Pablo ofrece una descripción incomparable de la caridad: "La caridad es paciente, es servicial; la caridad no es envidiosa, no es jactanciosa, no se engríe; es decorosa; no busca su interés; no se irrita; no toma en cuenta el mal; no se alegra de la injusticia; se alegra con la verdad. Todo lo excusa. Todo lo cree. Todo lo espera. Todo lo soporta (*1 Co* 13, 4-7).

1826 "Si no tengo caridad —dice también el apóstol— nada soy...". Y todo lo que es privilegio, servicio, virtud misma... "si no tengo caridad, nada me aprovecha" (*1 Co* 13, 1-4). La caridad es superior a todas las virtudes. Es la

---

[72] Cf. *Mt* 10, 22; Concilio de Trento: DS, 1541.
[73] SANTA TERESA DE JESÚS, *Exclamaciones del alma a Dios*, 15, 3.
[74] Cf. *Jn* 13, 34.
[75] Cf. *Mt* 22, 40; *Rm* 13, 8-10.
[76] Cf. *Mt* 5, 44.
[77] Cf. *Lc* 10, 27-37.
[78] Cf. *Mc* 9, 37.
[79] Cf. *Mt* 25, 40.45.

primera de las virtudes teologales: "Ahora subsisten la fe, la esperanza y la caridad, estas tres. Pero *la mayor de todas ellas es la caridad*" (*1 Co* 13, 13).

1827 El ejercicio de todas las virtudes está animado e inspirado por la caridad. Esta es "el vínculo de la perfección" (*Col* 3, 14); es la *forma de las virtudes;* las articula y las ordena entre sí; es fuente y término de su práctica cristiana. La caridad asegura y purifica nuestra facultad humana de amar. La eleva a la perfección sobrenatural del amor divino.

1828 La práctica de la vida moral animada por la caridad da al cristiano la libertad espiritual de los hijos de Dios. Este no se halla ante Dios como un esclavo, en el temor servil, ni como el mercenario en busca de un jornal, sino como un hijo que responde al amor del "que nos amó primero" (*1 Jn* 4, 19):

> O nos apartamos del mal por temor del castigo y estamos en la disposición del esclavo, o buscamos el incentivo de la recompensa y nos parecemos a mercenarios, o finalmente obedecemos por el bien mismo del amor del que manda... y entonces estamos en la disposición de hijos.[80]

1829 La caridad tiene por *frutos* el gozo, la paz y la misericordia. Exige la práctica del bien y la corrección fraterna; es benevolencia; suscita la reciprocidad; es siempre desinteresada y generosa; es amistad y comunión:

> La culminación de todas nuestras obras es el amor. Ese es el fin; para conseguirlo, corremos; hacia él corremos; una vez llegados, en él reposamos.[81]

III. DONES Y FRUTOS DEL ESPÍRITU SANTO

1830 La vida moral de los cristianos está sostenida por los dones del Espíritu Santo. Estos son disposiciones permanentes que hacen al hombre dócil para seguir los impulsos del Espíritu Santo.

1831 Los siete *dones* del Espíritu Santo son: sabiduría, inteligencia, consejo, fortaleza, ciencia, piedad y temor de Dios. Pertenecen en plenitud a Cristo, Hijo de David.[82] Completan y llevan a su perfección las virtudes de quienes los reciben. Hacen a los fieles dóciles para obedecer con prontitud a las inspiraciones divinas.

> Tu espíritu bueno me guíe por una tierra llana (*Sal* 143, 10).

> Todos los que son guiados por el Espíritu de Dios son hijos de Dios... Y, si hijos, también herederos; herederos de Dios y coherederos de Cristo (*Rm* 8, 14.17).

---

[80] SAN BASILIO DE CESAREA EN CAPADOCIA, *Regulae fusius tractatae,* 3: PG31, 896B.

[81] SAN AGUSTÍN, *In epistulam Johannis ad Parthos tractatus,* 10, 4.

[82] Cf. *Is* 11, 1-2.

CÓMO VIVIMOS ⟶ Nuestro llamado ⟶ La dignidad humana

CIC 1842

1832 Los *frutos del* Espíritu son perfecciones que forma en nosotros el Espíritu Santo como primicias de la gloria eterna. La tradición de la Iglesia enumera doce: "caridad, gozo, paz, paciencia, longanimidad, bondad, benignidad, mansedumbre, fidelidad, modestia, continencia, castidad" (*Ga* 5, 22-23, vg.).

736

RESUMEN

1833 La virtud es una disposición habitual y firme para hacer el bien.

1834 Las virtudes humanas son disposiciones estables del entendimiento y de la voluntad que regulan nuestros actos, ordenan nuestras pasiones y guían nuestra conducta según la razón y la fe. Pueden agruparse en torno a cuatro virtudes cardinales: prudencia, justicia, fortaleza y templanza.

1835 La prudencia dispone la razón práctica para discernir, en toda circunstancia, nuestro verdadero bien y elegir los medios justos para realizarlo.

1836 La justicia consiste en la constante y firme voluntad de dar a Dios y al prójimo lo que les es debido.

1837 La fortaleza asegura, en las dificultades, la firmeza y la constancia en la práctica del bien.

1838 La templanza modera la atracción hacia los placeres sensibles y procura la moderación en el uso de los bienes creados.

1839 Las virtudes morales crecen mediante la educación, mediante actos deliberados y con el esfuerzo perseverante. La gracia divina las purifica y las eleva.

1840 Las virtudes teologales disponen a los cristianos a vivir en relación con la Santísima Trinidad. Tienen como origen, motivo y objeto, a Dios conocido por la fe, esperado y amado por Él mismo.

1841 Las virtudes teologales son tres: la fe, la esperanza y la caridad.[83] Informan y vivifican todas las virtudes morales.

1842 Por la fe creemos en Dios y creemos todo lo que Él nos ha revelado y que la Santa Iglesia nos propone como objeto de fe.

---

[83] Cf. *1 Co* 3, 13.

1843 Por la esperanza deseamos y esperamos de Dios con una firme confianza la vida eterna y las gracias para merecerla.

1844 Por la caridad amamos a Dios sobre todas las cosas y a nuestro prójimo como a nosotros mismos por amor de Dios. Es el "vínculo de la perfección" (*Col* 3, 14) y la forma de todas las virtudes.

1845 Los siete dones del Espíritu Santo concedidos a los cristianos son: sabiduría, entendimiento, consejo, fortaleza, ciencia, piedad y temor de Dios.

ARTÍCULO 8
EL PECADO

I. LA MISERICORDIA Y EL PECADO

FUENTES DE LA ESCRITURA Y DE LA IGLESIA

La siguiente parte del *Catecismo* utiliza estas fuentes de la Escritura y de la Iglesia. Véase el "Índice de citas" para una lista completa de referencias

Antiguo Testamento	Citadas en el *Catecismo*
Génesis	CIC 1850, 1867
Éxodo	CIC 1867
Deuteronomio	CIC 1867
Salmos	CIC 1850

Nuevo Testamento	
Mateo	CIC 1846, 1853, 1864
Marcos	CIC 1858, 1859, 1864
Lucas	CIC 1846, 1859, 1864
Juan	CIC 1851
Romanos	CIC 1848, 1852, 1870
1 Corintios	CIC 1852
Gálatas	CIC 1852
Efesios	CIC 1852
Filipenses	CIC 1850
Colosenses	CIC 1852
1 Timoteo	CIC 1852
2 Timoteo	CIC 1852
Santiago	CIC 1867
1 Juan	CIC 1847, 1854

Documentos pontificios	
Juan Pablo II (1978-2005)	CIC 1848, 1857, 1863, 1864, 1869

CÓMO VIVIMOS ⟶ Nuestro llamado ⟶ La dignidad humana

FUENTES DE LA ESCRITURA Y DE LA IGLESIA

(continuación)

Escritores eclesiásticos	Citadas en el *Catecismo*
San Agustín	CIC 1847, 1849, 1850, 1863, 1871
San Gregorio Magno	CIC 1866
Santo Tomás de Aquino	CIC 1849, 1856

PALABRAS CLAVE

La siguiente parte del *Catecismo* utiliza estas palabras clave.
Véase el "Glosario" para su definición.

Palabras	Citadas en el *Catecismo*
Acedia	CIC 1866
Gula	CIC 1866
Ira	CIC 1866
Orgullo	CIC 1866
Pecado	CIC 1849, 1853, 1854
Pecado mortal	CIC 1855, 1857
Pecados capitales	CIC 1866
Pecado social	CIC 1869
Pecado venial	CIC 1855, 1862
Pereza	CIC 1866
Vicio	CIC 1866

1846 El Evangelio es la revelación, en Jesucristo, de la misericordia de Dios con los pecadores.[84] El ángel anuncia a José: "Tú le pondrás por nombre Jesús, porque él salvará a su pueblo de sus pecados" (*Mt* 1, 21). Y en *la* institución de la Eucaristía, sacramento de la redención, Jesús dice: "Esta es mi sangre de la alianza, que va a ser derramada por muchos para remisión de los pecados" (*Mt* 26, 28).

430

1365

1847 "Dios nos ha creado sin nosotros, pero no ha querido salvarnos sin nosotros".[85] La acogida de su misericordia exige de nosotros la confesión de nuestras faltas. "Si decimos: 'no tenemos pecado', nos engañamos y la verdad no está en nosotros. Si reconocemos nuestros pecados, fiel y justo es él para perdonarnos los pecados y purificarnos de toda injusticia" (*1 Jn* 1, 8-9).

387; 1455

---

[84] Cf. *Lc* 15.

[85] SAN AGUSTÍN, *Sermones*, 169, 11, 13: PL 38, 923.

1848 Como afirma san Pablo, "donde abundó el pecado, sobreabundó la gracia" (*Rm* 5, 20). Pero para hacer su obra, la gracia debe descubrir el pecado para convertir nuestro corazón y conferirnos "la justicia para la vida eterna por Jesucristo nuestro Señor" (*Rm* 5, 20-21). Como un médico que descubre la herida antes de curarla, Dios, mediante su palabra y su espíritu, proyecta una luz viva sobre el pecado:

> La conversión *exige el reconocimiento del pecado*, y éste, siendo una verificación de la acción del Espíritu de la verdad en la intimidad del hombre, llega a ser al mismo tiempo el nuevo comienzo de la dádiva de la gracia y del amor: "Recibid el Espíritu Santo". Así, pues, en este "convencer en lo referente al pecado" descubrimos una '*doble dádiva*': el don de la verdad de la conciencia y el don de la certeza de la redención. El Espíritu de la verdad es el Paráclito.[86]

II. DEFINICIÓN DE PECADO

1849 El pecado es una falta contra la razón, la verdad, la conciencia recta; es faltar al amor verdadero para con Dios y para con el prójimo, a causa de un apego perverso a ciertos bienes. Hiere la naturaleza del hombre y atenta contra la solidaridad humana. Ha sido definido como "una palabra, un acto o un deseo contrarios a la ley eterna".[87]

1850 El pecado es una ofensa a Dios: "Contra ti, contra ti sólo he pecado, lo malo a tus ojos cometí (*Sal* 51, 6). El pecado se levanta contra el amor que Dios nos tiene y aparta de Él nuestros corazones. Como el primer pecado, es una desobediencia, una rebelión contra Dios por el deseo de hacerse "como dioses", pretendiendo conocer y determinar el bien y el mal (*Gn* 3, 5). El pecado es así "amor de sí hasta el desprecio de Dios".[88] Por esta exaltación orgullosa de sí, el pecado es diametralmente opuesto a la obediencia de Jesús que realiza la salvación.[89]

1851 En la Pasión, la misericordia de Cristo vence al pecado. En ella, es donde éste manifiesta mejor su violencia y su multiplicidad: incredulidad, rechazo y burlas por parte de los jefes y del pueblo, debilidad de Pilato y crueldad de los soldados, traición de Judas tan dura a Jesús, negaciones de Pedro y abandono de los discípulos. Sin embargo, en la hora misma de las tinieblas y del príncipe de este mundo,[90] el sacrificio de Cristo se convierte secretamente en la fuente de la que brotará inagotable el perdón de nuestros pecados.

---

[86] JUAN PABLO II, enc. *Dominum et Vivificantem*, 31.
[87] SAN AGUSTÍN, *Contra Faustum manichaeum*, 22: PL 42, 418; SANTO TOMÁS DE AQUINO, *Summa theologiae*, I-II, 71, 6.
[88] SAN AGUSTÍN, *De civitate Dei,* 14, 28.
[89] Cf. *Flp* 2, 6-9.
[90] Cf. *Jn* 14, 30.

CÓMO VIVIMOS ⟶ Nuestro llamado ⟶ La dignidad humana

III. LA DIVERSIDAD DE PECADOS

1852 La variedad de pecados es grande. La Escritura contiene varias listas. La carta a los Gálatas opone las obras de la carne al fruto del Espíritu: "Las obras de la carne son conocidas: fornicación, impureza, libertinaje, idolatría, hechicería, odios, discordia, celos, iras, rencillas, divisiones, disensiones, envidias, embriagueces, orgías y cosas semejantes, sobre las cuales os prevengo como ya os previne, que quienes hacen tales cosas no heredarán el Reino de Dios" (5, 19-21).[91]

1853 Se pueden distinguir los pecados según su objeto, como en todo acto humano, o según las virtudes a las que se oponen, por exceso o por defecto, o según los mandamientos que quebrantan. Se los puede agrupar también según que se refieran a Dios, al prójimo o a sí mismo; se los puede dividir en pecados espirituales y carnales, o también en pecados de pensamiento, palabra, acción u omisión. La raíz del pecado está en el corazón del hombre, en su libre voluntad, según la enseñanza del Señor: "De dentro del corazón salen las intenciones malas, asesinatos, adulterios, fornicaciones, robos, falsos testimonios, injurias. Esto es lo que hace impuro al hombre" (*Mt* 15, 19-20). En el corazón reside también la caridad, principio de las obras buenas y puras, a la que hiere el pecado.

1751

2067

368

IV. LA GRAVEDAD DEL PECADO: PECADO MORTAL Y VENIAL

1854 Conviene valorar los pecados según su gravedad. La distinción entre pecado mortal y venial, perceptible ya en la Escritura[92] se ha impuesto en la tradición de la Iglesia. La experiencia de los hombres la corroboran.

1855 El *pecado mortal* destruye la caridad en el corazón del hombre por una infracción grave de la ley de Dios; aparta al hombre de Dios, que es su fin último y su bienaventuranza, prefiriendo un bien inferior.

1595

El *pecado venial* deja subsistir la caridad, aunque la ofende y la hiere.

1856 El pecado mortal, que ataca en nosotros el principio vital que es la caridad, necesita una nueva iniciativa de la misericordia de Dios y una conversión del corazón que se realiza ordinariamente en el marco del sacramento de la Reconciliación:

1446

> Cuando la voluntad se dirige a una cosa de suyo contraria a la caridad por la que estamos ordenados al fin último, el pecado, por su objeto mismo, tiene causa para ser mortal... sea contra el amor de Dios, como la blasfemia, el perjurio, etc., o contra el amor del prójimo, como el homicidio, el adulterio, etc. En cambio, cuando la voluntad del pecador se dirige a veces a una cosa

---

[91] Cf. *Rm* 1, 28-32; *1 Co* 6, 9-10; E/5, 3-5; *Col* 3, 5-8; *1 Tm* 1, 9-10; *2 Tm* 3, 2-5.   [92] Cf. *1 Jn* 5, 16-17.

que contiene en sí un desorden, pero que sin embargo no es contraria al amor de Dios y del prójimo, como una palabra ociosa, una risa superflua, etc., tales pecados son veniales.[93]

1857 Para que un *pecado* sea *mortal* se requieren tres condiciones: "Es pecado mortal lo que tiene como objeto una materia grave y que, además, es cometido con pleno conocimiento y deliberado consentimiento".[94]

1858 La *materia grave* es precisada por los Diez mandamientos según la respuesta de Jesús al joven rico: "No mates, no cometas adulterio, no robes, no levantes testimonio falso, no seas injusto, honra a tu padre y a tu madre" (*Mc* 10, 19). La gravedad de los pecados es mayor o menor: un asesinato es más grave que un robo. La cualidad de las personas lesionadas cuenta también: la violencia ejercida contra los padres es más grave que la ejercida contra un extraño.

1859 El pecado mortal requiere *plena conciencia* y *entero consentimiento*. Presupone el conocimiento del carácter pecaminoso del acto, de su oposición a la Ley de Dios. Implica también un consentimiento suficientemente deliberado para ser una elección personal. La ignorancia afectada y el endurecimiento del corazón[95] no disminuyen, sino aumentan, el carácter voluntario del pecado.

1860 La *ignorancia involuntaria* puede disminuir, si no excusar, la imputabilidad de una falta grave, pero se supone que nadie ignora los principios de la ley moral que están inscritos en la conciencia de todo hombre. Los impulsos de la sensibilidad, las pasiones pueden igualmente reducir el carácter voluntario y libre de la falta, lo mismo que las presiones exteriores o los trastornos patológicos. El pecado más grave es el que se comete por malicia, por elección deliberada del mal.

1861 El pecado mortal es una posibilidad radical de la libertad humana como lo es también el amor. Entraña la pérdida de la caridad y la privación de la gracia santificante, es decir, del estado de gracia. Si no es rescatado por el arrepentimiento y el perdón de Dios, causa la exclusión del Reino de Cristo y la muerte eterna del infierno; de modo que nuestra libertad tiene poder de hacer elecciones para siempre, sin retorno. Sin embargo, aunque podamos juzgar que un acto es en sí una falta grave, el juicio sobre las personas debemos confiarlo a la justicia y a la misericordia de Dios.

1862 Se comete un *pecado venial* cuando no se observa en una materia leve la medida prescrita por la ley moral, o cuando se desobedece a la ley moral en materia grave, pero sin pleno conocimiento o sin entero consentimiento.

---

[93] SANTO TOMÁS DE AQUINO, *Summa theologiae*, I-II, 88, 2.

[94] JUAN PABLO II, exh. ap. *Reconciliatio et poenitentia*, 17.

[95] Cf. *Mc* 3, 5-6; *Lc* 16, 19-31.

CÓMO VIVIMOS ⟶ Nuestro llamado ⟶ La dignidad humana

1863 El pecado venial debilita la caridad; entraña un afecto desordenado a bienes creados; impide el progreso del alma en el ejercicio de las virtudes y la práctica del bien moral; merece penas temporales. El pecado venial deliberado y que permanece sin arrepentimiento, nos dispone poco a poco a cometer el pecado mortal. No obstante, el pecado venial no rompe la Alianza con Dios. Es humanamente reparable con la gracia de Dios. "No priva de la gracia santificante, de la amistad con Dios, de la caridad, ni, por tanto, de la bienaventuranza eterna":[96]

> El hombre, mientras permanece en la carne, no puede evitar todo pecado, al menos los pecados leves. Pero estos pecados, que llamamos leves, no los consideres poca cosa: si los tienes por tales cuando los pesas, tiembla cuando los cuentas. Muchos objetos pequeños hacen una gran masa; muchas gotas de agua llenan un río. Muchos granos hacen un montón. ¿Cuál es entonces nuestra esperanza? Ante todo, la confesión…[97]

1864 *"Todo pecado y blasfemia será perdonado a los hombres, pero la blasfemia contra el Espíritu no será perdonada"* (*Mt* 12, 31).[98] No hay límites a la misericordia de Dios, pero quien se niega deliberadamente a acoger la misericordia de Dios mediante el arrepentimiento rechaza el perdón de sus pecados y la salvación ofrecida por el Espíritu Santo.[99] Semejante endurecimiento puede conducir a la condenación final y a la perdición eterna.

V. LA PROLIFERACIÓN DEL PECADO

1865 El pecado crea una facilidad para el pecado, engendra el vicio por la repetición de actos. De ahí resultan inclinaciones desviadas que oscurecen la conciencia y corrompen la valoración concreta del bien y del mal. Así el pecado tiende a reproducirse y a reforzarse, pero no puede destruir el sentido moral hasta su raíz.

1866 Los vicios pueden ser catalogados según las virtudes a que se oponen, o también pueden ser referidos a los *pecados capitales* que la experiencia cristiana ha distinguido siguiendo a San Juan Casiano y a San Gregorio Magno.[100] Son llamados capitales porque generan otros pecados, otros vicios. Son la soberbia, la avaricia, la envidia, la ira, la lujuria, la gula, la pereza.

1867 La tradición catequética recuerda también que existen *"pecados que claman al cielo"*. Claman al cielo: la sangre de Abel;[101] el pecado de los sodomitas;[102] el clamor del pueblo oprimido en Egipto;[103] el lamento del

---

[96] JUAN PABLO II, exh. ap. Reconciliado et poenitentia,
[97] SAN AGUSTÍN, In epistulam Johannis ad Parthos tractatus, 1, 6.
[98] Cf. *Mc* 3, 29; *Lc* 12, 10.
[99] Cf. JUAN PABLO II, enc. Dominum et Vivificantem, 46.
[100] SAN GREGORIO MAGNO, Moralia in Job, 31, 45: PL 76, 621A.
[101] Cf. *Gn* 4, 10.
[102] Cf. *Gn* 18, 20; 19, 13.
[103] Cf. *Ex* 3, 7-10.

extranjero, de la viuda y el huérfano;[104] la injusticia para con el asalariado.[105]

1868 El pecado es un acto personal. Pero nosotros tenemos una responsabilidad en los pecados cometidos por otros cuando *cooperamos a ellos*:

— participando directa y voluntariamente;

— ordenándolos, aconsejándolos, alabándolos o aprobándolos;

— no revelándolos o no impidiéndolos cuando se tiene obligación de hacerlo;

— protegiendo a los que hacen el mal.

1869 Así el pecado convierte a los hombres en cómplices unos de otros, hace reinar entre ellos la concupiscencia, la violencia y la injusticia. Los pecados provocan situaciones sociales e instituciones contrarias a la bondad divina. Las "estructuras de pecado" son expresión y efecto de los pecados personales. Inducen a sus víctimas a cometer a su vez el mal. En un sentido analógico constituyen un "pecado social".[106]

RESUMEN

1870 "Dios encerró a todos los hombres en la rebeldía para usar con todos ellos de misericordia" (*Rm* 11, 32).

1871 El pecado es "una palabra, un acto o un deseo contrarios a la ley eterna".[107] Es una ofensa a Dios. Se alza contra Dios en una desobediencia contraria a la obediencia de Cristo.

1872 El pecado es un acto contrario a la razón. Lesiona la naturaleza del hombre y atenta contra la solidaridad humana.

1873 La raíz de todos los pecados está en el corazón del hombre. Sus especies y su gravedad se miden principalmente por su objeto.

1874 Elegir deliberadamente, es decir, sabiéndolo y queriéndolo, una cosa gravemente contraria a la ley divina y al fin último del hombre, es cometer un pecado mortal. Este destruye en nosotros la caridad sin la

---

[104] Cf. *Ex* 22, 20-22.
[105] Cf. *Dt* 24, 14-15; *Jc* 5, 4.
[106] Cf. JUAN PABLO II, exh. ap. *Reconciliatio et poenitentia*, 16.
[107] SAN AGUSTÍN, *Contra Faustum manichaeum*, 22: PL 42, 418

CÓMO VIVIMOS ⟶ Nuestro llamado ⟶ La comunidad

CIC 1877

cual la bienaventuranza eterna es imposible. Sin arrepentimiento, tal pecado conduce a la muerte eterna.

1875 El pecado venial constituye un desorden moral que puede ser reparado por la caridad que tal pecado deja subsistir en nosotros.

1876 La reiteración de pecados, incluso veniales, engendra vicios entre los cuales se distinguen los pecados capitales.

Capítulo segundo
La comunidad humana

FUENTES DE LA ESCRITURA Y DE LA IGLESIA

La siguiente parte del *Catecismo* utiliza estas fuentes de la Escritura y de la Iglesia. Véase el "Índice de citas" para una lista completa de referencias

Nuevo Testamento	**Citadas en el *Catecismo***
Lucas	CIC 1880, 1889
Concilios ecuménicos	
Vaticano II (1962-1965)	CIC 1878, 1879, 1881, 1882, 1888, 1892
Documentos pontificios	
Pío XI (1922-1939)	CIC 1883
Pío XII (1939-1958)	CIC 1887
Juan XXIII (1958-1963)	CIC 1882, 1886
Juan Pablo II (1978-2005)	CIC 1882, 1883, 1886, 1887, 1889, 1896

PALABRAS CLAVE

La siguiente parte del *Catecismo* utiliza estas palabras clave. Véase el "Glosario" para su significado.

Palabras	**Citadas en el *Catecismo***
Persona, humana	CIC 1879

1877 La vocación de la humanidad es manifestar la imagen de Dios y ser transformada a imagen del Hijo Único del Padre. Esta vocación reviste una forma personal, puesto que cada uno es llamado a entrar en la bienaventuranza divina; pero concierne también al conjunto de la comunidad humana.

355

ARTÍCULO 1
LA PERSONA Y LA SOCIEDAD

I. EL CARÁCTER COMUNITARIO DE LA VOCACIÓN HUMANA

1878 Todos los hombres son llamados al mismo fin: Dios. Existe una cierta semejanza entre la unidad de las personas divinas y la fraternidad que los hombres deben instaurar entre ellos, en la verdad y el amor.[1] El amor al prójimo es inseparable del amor a Dios.

1879 La persona humana necesita la vida social. Esta no constituye para ella algo sobreañadido sino una exigencia de su naturaleza. Por el intercambio con otros, la reciprocidad de servicios y el diálogo con sus hermanos, el hombre desarrolla sus capacidades; así responde a su vocación.[2]

1880 Una *sociedad* es un conjunto de personas ligadas de manera orgánica por un principio de unidad que supera a cada una de ellas. Asamblea a la vez visible y espiritual, una sociedad perdura en el tiempo: recoge el pasado y prepara el porvenir. Mediante ella, cada hombre es constituido "heredero", recibe "talentos" que enriquecen su identidad y a los que debe hacer fructificar.[3] En verdad, se debe afirmar que cada uno tiene deberes para con las comunidades de que forma parte y está obligado a respetar a las autoridades encargadas del bien común de las mismas.

1881 Cada comunidad se define por su fin y obedece en consecuencia a reglas específicas, pero "el principio, el sujeto y el fin de todas las instituciones sociales es y debe ser la *persona humana*".[4]

1882 Algunas sociedades, como la familia y la ciudad, corresponden más inmediatamente a la naturaleza del hombre. Le son necesarias. Con el fin de favorecer la participación del mayor número de personas en la vida social, es preciso impulsar, alentar la creación de asociaciones e instituciones de libre iniciativa "para fines económicos, sociales, culturales, recreativos, deportivos, profesionales y políticos, tanto dentro de cada una de las naciones como en el plano mundial".[5] Esta *"socialización"* expresa igualmente la tendencia natural que impulsa a los seres humanos a asociarse con el fin de alcanzar objetivos que exceden las capacidades individuales. Desarrolla las cualidades de la persona, en particular, su sentido de iniciativa y de responsabilidad. Ayuda a garantizar sus derechos.[6]

---

[1] Cf. Concilio Vaticano II, *Gaudium et spes*, 24, 3.
[2] Cf. *ibid*, 25, 1.
[3] Cf. *Lc* 19, 13.15.
[4] Concilio Vaticano II, *Gaudium et spes*, 25, 1.
[5] JUAN XXIII, enc. *Mater et magistra*, 60.
[6] Cf. Concilio Vaticano II, *Gaudium et spes*, 25, 2; JUAN PABLO II, enc. *Centesimus annus*, 12.

CÓMO VIVIMOS → **Nuestro llamado** → La comunidad

1883 La socialización presenta también peligros. Una intervención demasiado fuerte del Estado puede amenazar la libertad y la iniciativa personales. La doctrina de la Iglesia ha elaborado el principio llamado de *subsidiaridad*. Según éste, "una estructura social de orden superior no debe interferir en la vida interna de un grupo social de orden inferior, privándole de sus competencias, sino que más bien debe sostenerle en caso de necesidad y ayudarle a coordinar su acción con la de los demás componentes sociales, con miras al bien común".[7]

2431

1884 Dios no ha querido retener para Él solo el ejercicio de todos los poderes. Entrega a cada criatura las funciones que es capaz de ejercer, según las capacidades de su naturaleza. Este modo de gobierno debe ser imitado en la vida social. El comportamiento de Dios en el gobierno del mundo, que manifiesta tanto respeto a la libertad humana, debe inspirar la sabiduría de los que gobiernan las comunidades humanas. Estos deben comportarse como ministros de la providencia divina.

307

302

1885 El principio de subsidiaridad se opone a toda forma de colectivismo. Traza los límites de la intervención del Estado. Intenta armonizar las relaciones entre individuos y sociedad. Tiende a instaurar un verdadero orden internacional.

II. LA CONVERSIÓN Y LA SOCIEDAD

1886 La sociedad es indispensable para la realización de la vocación humana. Para alcanzar este objetivo es preciso que sea respetada la justa jerarquía de los valores que subordina las dimensiones "materiales e instintivas" del ser del hombre "a las interiores y espírituales":[8]

1779

> La sociedad humana... tiene que ser considerada, ante todo, como una realidad de orden principalmente espiritual: que impulse a los hombres, iluminados por la verdad, a comunicarse entre sí los más diversos conocimientos: a defender sus derechos y cumplir sus deberes: a desear los bienes del espíritu; a disfrutar en común del justo placer de la belleza en todas sus manifestaciones; a sentirse inclinados continuamente a compartir con los demás lo mejor de sí mismos; a asimilar con afán, en provecho propio, los bienes espírituales del prójimo. Todos estos valores informan y, al mismo tiempo, dirigen las manifestaciones de la cultura, de la economía, de la convivencia social, del progreso y del orden político, del ordenamiento jurídico y, finalmente, de cuantos elementos constituyen la expresión externa de la comunidad humana en su incesante desarrollo.[9]

2500

1887 La inversión de los medios y de los fines,[10] que lleva a dar valor de fin último a lo que sólo es medio para alcanzarlo, o a considerar las personas

---

[7] JUAN PABLO II, enc. *Centesimus annus*, 48; cf PÍO XI, ene. Quadragesimo anno.
[8] JUAN PABLO II, enc. *Centesimus annus*, 36.
[9] JUAN XXIII, enc. *Pacem in terris*, 36.
[10] Cf. JUAN PABLO II, enc. *Centesimus annus*, 41.

como puros medios para un fin, engendra estructuras injustas que "hacen ardua y prácticamente imposible una conducta cristiana, conforme a los mandamientos del Legislador Divino".[11]

1888 Es preciso entonces apelar a las capacidades espirituales y morales de la persona y a la exigencia permanente de su *conversión interior* para obtener cambios sociales que estén realmente a su servicio. La prioridad reconocida a la conversión del corazón no elimina en modo alguno, sino, al contrario, impone la obligación de introducir en las instituciones y condiciones de vida, cuando inducen al pecado, las mejoras convenientes para que aquéllas se conformen a las normas de la justicia y favorezcan el bien en lugar de oponerse a él.[12]

1889 Sin la ayuda de la gracia, los hombres no sabrían "acertar con el sendero a veces estrecho entre la mezquindad que cede al mal y la violencia que, creyendo ilusoriamente combatirlo, lo agrava".[13] Es el camino de la caridad, es decir, del amor de Dios y del prójimo. La caridad representa el mayor mandamiento social. Respeta al otro y sus derechos. Exige la práctica de la justicia y es la única que nos hace capaces de ésta. Inspira una vida de entrega de sí mismo: "Quien intente guardar su vida la perderá; y quien la pierda la conservará" (*Lc* 17, 33)

RESUMEN

1890 Existe una cierta semejanza entre la unidad de las personas divinas y la fraternidad que los hombres deben instaurar entre sí.

1891 Para desarrollarse en conformidad con su naturaleza, la persona humana necesita la vida social. Ciertas sociedades como la familia y la ciudad, corresponden más inmediatamente a la naturaleza del hombre.

1892 "El principio, el sujeto y el fin de todas las instituciones sociales es y debe ser la persona humana".[14]

1893 Es preciso promover una amplia participación en asociaciones e instituciones de libre iniciativa.

1894 Según el principio de subsidiaridad, ni el Estado ni ninguna sociedad más amplia deben suplantar la iniciativa y la responsabilidad de las personas y de las corporaciones intermedias.

1895 La sociedad debe favorecer el ejercicio de las virtudes, no ser obstáculo para ellas. Debe inspirarse en una justa jerarquía de valores.

---

[11] PÍO XII, discurso 1 junio 1941.
[12] Cf. Concilio Vaticano II, *Lumen gentium*, 36.
[13] JUAN PABLO II, enc. *Centesimus annus*, 25.
[14] Concilio Vaticano II, *Gaudium et spes*, 25, 1.

CÓMO VIVIMOS ⟶ Nuestro llamado ⟶ La comunidad

CIC 1896

1896 Donde el pecado pervierte el clima social es preciso apelar a la conversión de los corazones y a la gracia de Dios. La caridad empuja a reformas justas. No hay solución a la cuestión social fuera del Evangelio.[15]

ARTÍCULO 2
LA PARTICIPACIÓN EN LA VIDA SOCIAL

FUENTES DE LA ESCRITURA Y DE LA IGLESIA

La siguiente parte del *Catecismo* utiliza estas fuentes de la Escritura y de la Iglesia. Véase el "Índice de citas" para una lista completa de referencias

Nuevo Testamento	Citadas en el *Catecismo*
Romanos	CIC 1899, 1918
1 Timoteo	CIC 1900
1 Pedro	CIC 1899

Concilios ecuménicos
Vaticano II (1962-1965)   CIC 1901, 1902, 1906-1908, 1911, 1912, 1915-1917, 1920, 1924

Documentos pontificios	
Leo XIII (1878-1903)	CIC 1898
Juan XXIII (1958-1963)	CIC 1897, 1903
Juan Pablo II (1978-2005)	CIC 1904, 1914

Escritores eclesiásticos	
Bernabé	CIC 1905
San Clemente Romano	CIC 1900
Santo Tomás de Aquino	CIC 1902

PALABRAS CLAVE

La siguiente parte del *Catecismo* utiliza estas palabras clave.
Véase el "Glosario" para su significado.

Palabras	Citadas en el *Catecismo*
Obediencia	CIC 1897

---

[15] Cf. JUAN PABLO II, enc. *Centesimus annus*, 3.

I. LA AUTORIDAD

1897 "Una sociedad bien ordenada y fecunda requiere gobernantes, investidos de legítima autoridad, que defiendan las instituciones y consagren, en la medida suficiente, su actividad y sus desvelos al provecho común del país".[16]

Se llama "autoridad" la cualidad en virtud de la cual personas o instituciones dan leyes y órdenes a los hombres y esperan la correspondiente obediencia.

1898 Toda comunidad humana necesita una autoridad que la rija.[17] Esta tiene su fundamento en la naturaleza humana. Es necesaria para la unidad de la sociedad. Su misión consiste en asegurar en cuanto sea posible el bien común de la sociedad.

1899 La autoridad exigida por el orden moral emana de Dios: "Sométanse todos a las autoridades constituidas, pues no hay autoridad que no provenga de Dios, y las que existen, por Dios han sido constituidas. De modo que, quien se opone a la autoridad, se rebela contra el orden divino, y los rebeldes se atraerán sobre sí mismos la condenación" (*Rm* 13, 1-2).[18]

1900 El deber de obediencia impone a todos la obligación de dar a la autoridad los honores que le son debidos, y de rodear de respeto y, según su mérito, de gratitud y de benevolencia a las personas que la ejercen.

La más antigua oración de la Iglesia por la autoridad política tiene como autor a San Clemente Romano:[19]

"Concédeles, Señor, la salud, la paz, la concordia, la estabilidad, para que ejerzan sin tropiezo la soberanía que tú les has entregado. Eres tú, Señor, rey celestial de los siglos, quien da a los hijos de los hombres gloria, honor y poder sobre las cosas de la tierra. Dirige, Señor, su consejo según lo que es bueno, según lo que es agradable a tus ojos, para que ejerciendo con piedad, en la paz y la mansedumbre, el poder que les has dado, te encuentren propicio".[20]

1901 Si la autoridad responde a un orden fijado por Dios, "la determinación del régimen y la designación de los gobernantes han de dejarse a la libre voluntad de los ciudadanos".[21]

La diversidad de los regímenes políticos es moralmente admisible con tal que promuevan el bien legítimo de la comunidad que los adopta. Los regímenes cuya naturaleza es contraria a la ley natural, al orden público y a los derechos fundamentales de las personas, no pueden realizar el bien común de las naciones en las que se han impuesto.

---

[16] JUAN XXIII, enc. *Pacem in terris*, 46.
[17] Cf. LEÓN XIII, enc. *Immortale Dei*; ID., enc. *Diuturnum illud*
[18] Cf. *1 P* 2, 13-17.
[19] Cf. ya *1 Tm* 2, 1-2.
[20] SAN CLEMENTE DE ROMA, *Epistula ad Corinthios*, 61, 1-2.
[21] Concilio Vaticano II, *Gaudium et spes*, 74, 3.

CÓMO VIVIMOS ⟶ Nuestro llamado ⟶ La comunidad

1902 La autoridad no saca de sí misma su legitimidad moral. No debe comportarse de manera despótica, sino actuar para el bien común como una "fuerza moral, que se basa en la libertad y en la conciencia de la tarea y obligaciones que ha recibido".[22]

1930

> La legislación humana sólo posee carácter de ley cuando se conforma a la justa razón; lo cual significa que su obligatoriedad procede de la ley eterna. En la medida en que ella se apartase de la razón, sena preciso declararla injusta, pues no verificaría la noción de ley; sería más bien una forma de violencia.[23]

1951

1903 La autoridad sólo se ejerce legítimamente si busca el bien común del grupo en cuestión y si, para alcanzarlo, emplea medios moralmente lícitos. Si los dirigentes proclamasen leyes injustas o tomasen medidas contrarias al orden moral, estas disposiciones no pueden obligar en conciencia. "En semejante situación, la propia autoridad se desmorona por completo y se origina una iniquidad espantosa".[24]

2242

1904 "Es preferible que un poder esté equilibrado por otros poderes y otras esferas de competencia que lo mantengan en su justo límite. Es éste el principio del 'Estado de derecho' en el cual es soberana la ley y no la voluntad arbitraria de los hombres".[25]

II. EL BIEN COMÚN

1905 Conforme a la naturaleza social del hombre, el bien de cada cual está necesariamente relacionado con el bien común. Este sólo puede ser definido con referencia a la persona humana:

1881
801

> No viváis aislados, cerrados en vosotros mismos, como si estuvieseis ya justificados, sino reuníos para buscar juntos lo que constituye el interés común.[26]

1906 Por bien común, es preciso entender "el conjunto de aquellas condiciones de la vida social que permiten a los grupos y a cada uno de sus miembros conseguir más plena y fácilmente su propia perfección".[27] El bien común afecta a la vida de todos. Exige la prudencia por parte de cada uno, y más aún por la de aquellos que ejercen la autoridad. Comporta tres *elementos esenciales:*

1907 Supone, en primer lugar, el *respeto a la persona* en cuanto tal. En nombre del bien común, las autoridades están obligadas a respetar los derechos fundamentales e inalienables de la persona humana. La sociedad debe

1929

---

[22] *Ibid.,* 74, 2.
[23] SANTO TOMÁS DE AQUINO, *Summa theologiae,* I-II, 93, 3 ad 2.
[24] JUAN XXIII, enc. *Pacem in terris,* 51.
[25] JUAN PABLO II, enc. *Centesimus annus,* 44.
[26] BERNABÉ, *Epistula,* 4, 10.
[27] Concilio Vaticano II, *Gaudium et spes,* 26, 1; cf *ibid.,* 74, 1.

2106 permitir a cada uno de sus miembros realizar su vocación. En particular, el bien común reside en las condiciones de ejercicio de las libertades naturales que son indispensables para el desarrollo de la vocación humana: "derecho a... actuar de acuerdo con la recta norma de su conciencia, a la protección de la vida privada y a la justa libertad, también en materia religiosa".[28]

2441 **1908** En segundo lugar, el bien común exige el *bienestar social* y el *desarrollo* del grupo mismo. El desarrollo es el resumen de todos los deberes sociales. Ciertamente corresponde a la autoridad decidir, en nombre del bien común, entre los diversos intereses particulares; pero debe facilitar a cada uno lo que necesita para llevar una vida verdaderamente humana: alimento, vestido, salud, trabajo, educación y cultura, información adecuada, derecho de fundar una familia, etc.[29]

2304
2310 **1909** El bien común implica, finalmente, la *paz,* es decir, la estabilidad y la seguridad de un orden justo. Supone, por tanto, que la autoridad asegura, por medios honestos, la *seguridad de* la sociedad y la de sus miembros. El bien común fundamenta el derecho a la legítima defensa individual y colectiva.

2244 **1910** Si toda comunidad humana posee un bien común que la configura en cuanto tal, la realización más completa de este bien común se verifica en la *comunidad política.* Corresponde al Estado defender y promover el bien común de la sociedad civil, de los ciudadanos y de las instituciones intermedias.

2438 **1911** Las interdependencias humanas se intensifican. Se extienden poco a poco a toda la tierra. La unidad de la familia humana que agrupa a seres que poseen una misma dignidad natural, implica un *bien común universal.* Este requiere una organización de la comunidad de naciones capaz de "proveer a las diferentes necesidades de los hombres, tanto en los campos de la vida social, a los que pertenecen la alimentación, la salud, la educación…, como en no pocas situaciones particulares que pueden surgir en algunas partes, como son… socorrer en sus sufrimientos a los refugiados dispersos por todo el mundo o de ayudar a los emigrantes y a sus familias".[30]

1881 **1912** El bien común está siempre orientado hacia el progreso de las personas: "El orden social y su progreso deben subordinarse al bien de las personas… y no al contrario".[31] Este orden tiene por base la verdad, se edifica en la justicia, es vivificado por el amor.

III. RESPONSABILIDAD Y PARTICIPACIÓN

1913 La participación es el compromiso voluntario y generoso de la persona en los intercambios sociales. Es necesario que todos participen, cada uno según el lugar que ocupa y el papel que desempeña, en promover el bien común. Este deber es inherente a la dignidad de la persona humana.

---

[28] *Ibid.,* 26, 2.
[29] Cf. *ibid.*
[30] *Ibid.,* 84, 2.
[31] *Ibid,* 26, 3.

CÓMO VIVIMOS ⟶ Nuestro llamado ⟶ La comunidad

1914 La participación se realiza ante todo con la dedicación a las tareas cuya *responsabilidad personal* se asume: por la atención prestada a la educación de su familia, por la responsabilidad en su trabajo, el hombre participa en el bien de los demás y de la sociedad.[32]

1734

1915 Los ciudadanos deben cuanto sea posible tomar parte activa en la *vida pública*. Las modalidades de esta participación pueden variar de un país a otro o de una cultura a otra. "Es de alabar la conducta de las naciones en las que la mayor parte posible de los ciudadanos participa con verdadera libertad en la vida pública".[33]

2239

1916 La participación de todos en la promoción del bien común implica, como todo deber ético, una *conversión*, renovada sin cesar, de los miembros de la sociedad. El fraude y otros subterfugios mediante los cuales algunos escapan a la obligación de la ley y a las prescripciones del deber social deben ser firmemente condenados por incompatibles con las exigencias de la justicia. Es preciso ocuparse del desarrollo de instituciones que mejoran las condiciones de la vida humana.[34]

1888

2409

1917 Corresponde a los que ejercen la autoridad reafirmar los valores que engendran confianza en los miembros del grupo y los estimulan a ponerse al servicio de sus semejantes. La participación comienza por la educación y la cultura. "Podemos pensar, con razón, que la suerte futura de la humanidad está en manos de aquellos que sean capaces de transmitir a las generaciones venideras razones para vivir y para esperar".[35]

1818

RESUMEN

1918 "No hay autoridad que no provenga de Dios, y las que existen, por Dios han sido constituidas" (*Rm* 13, 1).

1919 Toda comunidad humana necesita una autoridad para mantenerse y desarrollarse.

1920 "La comunidad política y la autoridad pública se fundan en la naturaleza humana y por ello pertenecen al orden querido por Dios".[36]

1921 La autoridad se ejerce de manera legítima si se aplica a la prosecución del bien común de la sociedad. Para alcanzarlo debe emplear medios moralmente aceptables.

---

[32] Cf. JUAN PABLO II, enc. *Centesimus annus*, 43.
[33] Concilio Vaticano II, *Gaudium et spes*, 31, 3.
[34] Cf. *Ibid.*, 30, 1.
[35] *Ibid.*, 31, 3.
[36] *Ibid.*, 74, 3.

1922 La diversidad de regímenes políticos es legítima, con tal que promuevan el bien de la comunidad.

1923 La autoridad política debe actuar dentro de los límites del orden moral y debe garantizar las condiciones del ejercicio de la libertad.

1924 El bien común comprende "el conjunto de aquellas condiciones de la vida social que permiten a los grupos y a cada uno de sus miembros conseguir más plena y fácilmente su propia perfección".[37]

1925 El bien común comporta tres elementos esenciales: el respeto y la promoción de los derechos fundamentales de la persona; la prosperidad o el desarrollo de los bienes espirituales y temporales de la sociedad; la paz y la seguridad del grupo y de sus miembros.

1926 La dignidad de la persona humana implica la búsqueda del bien común. Cada cual debe preocuparse por suscitar y sostener instituciones que mejoren las condiciones de la vida humana.

1927 Corresponde al Estado defender y promover el bien común de la sociedad civil. El bien común de toda la familia humana requiere una organización de la sociedad internacional.

ARTÍCULO 3
LA JUSTICIA SOCIAL

FUENTES DE LA ESCRITURA Y DE LA IGLESIA

La siguiente parte del *Catecismo* utiliza estas fuentes de la Escritura y de la Iglesia. Véase el "Índice de citas" para una lista completa de referencias

Nuevo Testamento	**Citadas en el *Catecismo***
Mateo	CIC 1932, 1933, 1936, 1942
Lucas	CIC 1936
Concilios ecuménicos	
Vaticano II (1962-1965)	CIC 1931, 1935, 1936, 1938
Documentos pontificios	
Pío XII (1939-1958)	CIC 1939, 1942
Juan XXIII (1958-1963)	CIC 1930
Juan Pablo II (1978-2005)	CIC 1929, 1939
Escritores eclesiásticos	
Santa Catalina de Siena	CIC 1937

---

[37] *Ibid.*, 26, 1.

CÓMO VIVIMOS ⟶ Nuestro llamado ⟶ La comunidad

CIC 1931

PALABRAS CLAVE

La siguiente parte del *Catecismo* utiliza estas palabras clave.
Véase el "Glosario" para su definición.

Palabras	Citadas en el *Catecismo*
Justicia social	CIC 1928, 1931
Racismo	CIC 1935

1928 La sociedad asegura la justicia social cuando realiza las condiciones que permiten a las asociaciones y a cada uno conseguir lo que les es debido según su naturaleza y su vocación. La justicia social está ligada al bien común y al ejercicio de la autoridad. *2832*

I. EL RESPETO DE LA PERSONA HUMANA

1929 La justicia social sólo puede ser conseguida sobre la base del respeto de la dignidad trascendente del hombre. La persona representa el fin último de la sociedad, que está ordenada al hombre: *1881*

> La defensa y la promoción de la dignidad humana "nos han sido confiadas por el Creador, y de las que son rigurosa y responsablemente deudores los hombres y mujeres en cada coyuntura de la historia".[38]

1930 El respeto de la persona humana implica el de los derechos que se derivan de su dignidad de criatura. Estos derechos son anteriores a la sociedad y se imponen a ella. Fundan la legitimidad moral de toda autoridad: menospreciándolos o negándose a reconocerlos en su legislación positiva, una sociedad mina su propia legitimidad moral.[39] Sin este respeto, una autoridad sólo puede apoyarse en la fuerza o en la violencia para obtener la obediencia de sus súbditos. Corresponde a la Iglesia recordar estos derechos a los hombres de buena voluntad y distinguirlos de reivindicaciones abusivas o falsas. *1700* *1902*

1931 El respeto a la persona humana pasa por el respeto del principio: "Que cada uno, sin ninguna excepción, debe considerar al prójimo como 'otro yo', cuidando, en primer lugar, de su vida y de los medios necesarios para vivirla dignamente".[40] Ninguna legislación podría por sí misma hacer desaparecer los temores, los prejuicios, las actitudes de soberbia y de egoísmo que obstaculizan el establecimiento de sociedades verdaderamente fraternas. Estos comportamientos sólo cesan con la caridad que ve en cada hombre un "prójimo", un hermano. *2212* *1825*

---

[38] JUAN PABLO II, enc. *Sollicitudo rei socialis*, 47.
[39] Cf. JUAN XXIII, enc. *Pacem in terris*, 65.
[40] Concilio Vaticano II, *Gaudium et spes*, 27, 1.

1932 El deber de hacerse prójimo de los demás y de servirlos activamente se hace más acuciante todavía cuando éstos están más necesitados en cualquier sector de la vida humana. "Cuanto hicisteis a uno de estos hermanos míos más pequeños, a mí me lo hicisteis" (*Mt* 25, 40).

1933 Este mismo deber se extiende a los que piensan y actúan diversamente de nosotros. La enseñanza de Cristo exige incluso el perdón de las ofensas. Extiende el mandamiento del amor que es el de la nueva ley a todos los enemigos.[41] La liberación en el espíritu del Evangelio es incompatible con el odio al enemigo en cuanto persona, pero no con el odio al mal que hace en cuanto enemigo.

II. IGUALDAD Y DIFERENCIAS ENTRE LOS HOMBRES

1934 Creados a imagen del Dios único y dotados de una misma alma racional, todos los hombres poseen una misma naturaleza y un mismo origen. Rescatados por el sacrificio de Cristo, todos son llamados a participar en la misma bienaventuranza divina: todos gozan por tanto de una misma dignidad.

1935 La igualdad entre los hombres se deriva esencialmente de su dignidad personal y de los derechos que dimanan de ella:

> Hay que superar y eliminar, como contraria al plan de Dios, toda forma de discriminación en los derechos fundamentales de la persona, ya sea social o cultural, por motivos de sexo, raza, color, condición social, lengua o religión.[42]

1936 Al venir al mundo, el hombre no dispone de todo lo que es necesario para el desarrollo de su vida corporal y espiritual. Necesita de los demás. Ciertamente hay diferencias entre los hombres por lo que se refiere a la edad, a las capacidades físicas, a las aptitudes intelectuales o morales, a las circunstancias de que cada uno se pudo beneficiar, a la distribución de las riquezas.[43] Los "talentos" no están distribuidos por igual.[44]

1937 Estas diferencias pertenecen al plan de Dios, que quiere que cada uno reciba de otro aquello que necesita, y que quienes disponen de "talentos" particulares comuniquen sus beneficios a los que los necesiten. Las diferencias alientan y con frecuencia obligan a las personas a la magnanimidad, a la benevolencia y a la comunicación. Incitan a las culturas a enriquecerse unas a otras:

> Yo no doy todas las virtudes por igual a cada uno… hay muchos a los que distribuyo de tal manera, esto a uno, aquello a otro… A uno la caridad, a otro la justicia, a éste la humildad, a aquél una fe viva… En cuanto a los bienes

---

[41] Cf. *Mt* 5, 43-44.
[42] Concilio Vaticano II, *Gaudium et spes*, 29, 2.
[43] Cf. *ibid.*, 29, 2.
[44] Cf. *Mt* 25, 14-30; *Lc* 19, 11-27.

temporales las cosas necesarias para la vida humana las he distribuido con la mayor desigualdad, y no he querido que cada uno posea todo lo que le era necesario para que los hombres tengan así ocasión, por necesidad, de practicar la caridad unos con otros… He querido que unos necesitasen de otros y que fuesen mis servidores para la distribución de las gracias y de las liberalidades que han recibido de mí.[45]

1938 Existen también *desigualdades escandalosas* que afectan a millones de hombres y mujeres. Están en abierta contradicción con el Evangelio:

La igual dignidad de las personas exige que se llegue a una situación de vida más humana y más justa. Pues las excesivas desigualdades económicas y sociales entre los miembros o los pueblos de una única familia humana resultan escandalosas y se oponen a la justicia social, a la equidad, a la dignidad de la persona humana y también a la paz social e internacional.[46]

III. LA SOLIDARIDAD HUMANA

1939 El principio de solidaridad, expresado también con el nombre de "amistad" o "caridad social", es una exigencia directa de la fraternidad humana y cristiana:[47]

Un error, "hoy ampliamente extendido, es el olvido de esta ley de solidaridad humana y de caridad, dictada e impuesta tanto por la comunidad de origen y la igualdad de la naturaleza racional en todos los hombres, cualquiera que sea el pueblo a que pertenezca, como por el sacrificio de redención ofrecido por Jesucristo en el altar de la cruz a su Padre del cielo, en favor de la humanidad pecadora".[48]

1940 La solidaridad se manifiesta en primer lugar en la distribución de bienes y la remuneración del trabajo. Supone también el esfuerzo en favor de un orden social más justo en el que las tensiones puedan ser mejor resueltas, y donde los conflictos encuentren más fácilmente su solución negociada.

1941 Los problemas socioeconómicos sólo pueden ser resueltos con la ayuda de todas las formas de solidaridad: solidaridad de los pobres entre sí, de los ricos y los pobres, de los trabajadores entre sí, de los empresarios y los empleados, solidaridad entre las naciones y entre los pueblos. La solidaridad internacional es una exigencia del orden moral. En buena medida, la paz del mundo depende de ella.

1942 La virtud de la solidaridad va más allá de los bienes materiales. Difundiendo los bienes espirituales de la fe, la Iglesia ha favorecido a la vez el

---

[45] SANTA CATALINA DE SIENA, *Dialoghi*, 1, 7
[46] Concilio Vaticano II, *Gaudium et spes*, 29, 3.
[47] Cf. JUAN PABLO II, enc. *Sollicitudo rei socialis*, 38-40; ID., enc. *Centesimus annus*, 10.
[48] PÍO XII, enc. *Summi pontificatus*.

2632 desarrollo de los bienes temporales, al cual con frecuencia ha abierto vías nuevas. Así se han verificado a lo largo de los siglos las palabras del Señor: "Buscad primero su Reino y su justicia, y todas esas cosas se os darán por añadidura" (*Mt* 6, 33):

> Desde hace dos mil años vive y persevera en el alma de la Iglesia ese sentimiento que ha impulsado e impulsa todavía a las almas hasta el heroísmo caritativo de los monjes agricultores, de los libertadores de esclavos, de los que atienden enfermos, de los mensajeros de fe, de civilización, de ciencia, a todas las generaciones y a todos los pueblos con el fin de crear condiciones sociales capaces de hacer posible a todos una vida digna del hombre y del cristiano.[49]

RESUMEN

1943 La sociedad asegura la justicia social procurando las condiciones que permitan a las asociaciones y a los individuos obtener lo que les es debido.

1944 El respeto de la persona humana considera al prójimo como "otro yo". Supone el respeto de los derechos fundamentales que se derivan de la dignidad intrínseca de la persona.

1945 La igualdad entre los hombres se vincula a la dignidad de la persona y a los derechos que de ésta se derivan.

1946 Las diferencias entre las personas obedecen al plan de Dios que quiere que nos necesitemos los unos a los otros. Esas diferencias deben alentar la caridad.

1947 La igual dignidad de las personas humanas exige el esfuerzo para reducir las excesivas desigualdades sociales y económicas. Impulsa a la desaparición de las desigualdades inicuas.

1948 La solidaridad es una virtud eminentemente cristiana. Es ejercicio de comunicación de los bienes espirituales aún más que comunicación de bienes materiales.

---

[49] PÍO XII, discurso del 1 junio 1941.

CÓMO VIVIMOS ⟶ Nuestro llamado ⟶ La salvación

Capítulo tercero
La salvación de Dios: la ley y la gracia

FUENTES DE LA ESCRITURA Y DE LA IGLESIA

La siguiente parte del *Catecismo* utiliza estas fuentes de la Escritura y de la Iglesia. Véase el "Índice de citas" para una lista completa de referencias

Antiguo Testamento **Citadas en el *Catecismo***
Jeremías   CIC 1965

Nuevo Testamento
Mateo   CIC 1967-1970
Lucas   CIC 1970
Juan   CIC 1970, 1972
Romanos   CIC 1953, 1963-1964, 1971-1972, 1977
1 Corintios   CIC 1971
Gálatas   CIC 1963, 1972
Efesios   CIC 1971
Filipenses   CIC 1949
Colosenses   CIC 1971
Hebreos   CIC 1965
Santiago   CIC 1972

Concilios ecuménicos
Vaticano II (1962-1965) CIC 1955, 1958, 1986

Documentos pontificios
Leo XIII (1878-1903)   CIC 1951, 1954
Pío XII (1939-1958)   CIC 1960

Escritores eclesiásticos
San Agustín   CIC 1955, 1958, 1962, 1966
San Francisco de Sales   CIC 1974
San Ireneo de Lyon   CIC 1964
Santo Tomás de Aquino   CIC 1951, 1955, 1964, 1973, 1976
Tertuliano   CIC 1951

Tercera parte: La vida en Cristo

PALABRAS CLAVE

La siguiente parte del *Catecismo* utiliza estas palabras clave.
Véase el "Glosario" para su definición.

Palabras	Citadas en el *Catecismo*
Antigua Alianza	CIC 1961
Concilios evangélicos	CIC 1973
Consejo	CIC 1973
Evangelio	CIC 1964
Evangelio, las leyes del	CIC 1965
Ley, moral	CIC 1950-1974
Limosna	CIC 1969
Nueva Alianza	CIC 1965-1972

1949 El hombre, llamado a la bienaventuranza, pero herido por el pecado, necesita la salvación de Dios. La ayuda divina le viene en Cristo por la ley que lo dirige y en la gracia que lo sostiene:

> Trabajad con temor y temblor por vuestra salvación, pues Dios es quien obra en vosotros el querer y el obrar como bien le parece (*Flp* 2, 12-23).

ARTÍCULO 1
LA LEY MORAL

<small>53
1719</small>

1950 La ley moral es obra de la Sabiduría divina. Se la puede definir, en el sentido bíblico, como una instrucción paternal, una pedagogía de Dios. Prescribe al hombre los caminos, las reglas de conducta que llevan a la bienaventuranza prometida; proscribe los caminos del mal que apartan de Dios y de su amor. Es a la vez firme en sus preceptos y amable en sus promesas.

<small>295

306</small>

1951 La ley es una regla de conducta proclamada por la autoridad competente para el bien común. La ley moral supone el orden racional establecido entre las criaturas, para su bien y con miras a su fin, por el poder, la sabiduría y la bondad del Creador. Toda ley tiene en la ley eterna su verdad primera y última. La ley es declarada y establecida por la razón como una participación en la providencia del Dios vivo, Creador y Redentor de todos. "Esta ordenación de la razón es lo que se llama la ley":[1]

> El hombre es el único entre todos los seres animados que puede gloriarse de haber sido digno de recibir de Dios una ley: animal dotado de razón, capaz

---

[1] LEÓN XIII, enc. *Libertas praestantissimum;* citando a SANTO TOMÁS DE AQUINO, *Summa theologiae,* I-II, 90, 1.

CÓMO VIVIMOS ⟶ Nuestro llamado ⟶ La salvación

CIC 1955

de comprender y de discernir, regular su conducta disponiendo de su libertad y de su razón, en la sumisión al que le ha entregado todo.[2]

301

1952 Las expresiones de la ley moral son diversas, y todas están coordinadas entre sí: la ley eterna, fuente en Dios de todas las leyes; la ley natural; la ley revelada, que comprende la Ley antigua y la Ley nueva o evangélica; finalmente, las leyes civiles y eclesiásticas.

1953 La ley moral tiene en Cristo su plenitud y su unidad. Jesucristo es en persona el camino de la perfección. Es el fin de la Ley, porque sólo Él enseña y da la justicia de Dios: "Porque el fin de la ley es Cristo para justificación de todo creyente" (*Rm* 10, 4).

578

I. LA LEY MORAL NATURAL

1954 El hombre participa de la sabiduría y la bondad del Creador que le confiere el dominio de sus actos y la capacidad de gobernarse con miras a la verdad y al bien. La ley natural expresa el sentido moral original que permite al hombre discernir mediante la razón lo que son el bien y el mal, la verdad y la mentira:

307

1776

> La ley natural está inscrita y grabada en el alma de todos y cada uno de los hombres porque es la razón humana que ordena hacer el bien y prohíbe pecar... Pero esta prescripción de la razón humana no podría tener fuerza de ley si no fuese la voz y el intérprete de una razón más alta a la que nuestro espíritu y nuestra libertad deben estar sometidos.[3]

1955 La ley "divina y natural"[4] muestra al hombre el camino que debe seguir para practicar el bien y alcanzar su fin. La ley natural contiene los preceptos primeros y esenciales que rigen la vida moral. Tiene por raíz la aspiración y la sumisión a Dios, fuente y juez de todo bien, así como el sentido del prójimo en cuanto igual a sí mismo. Está expuesta, en sus principales preceptos, en el Decálogo. Esta ley se llama natural no por referencia a la naturaleza de los seres irracionales, sino porque la razón que la proclama pertenece propiamente a la naturaleza humana:

1787

396

2070

> ¿Dónde, pues, están inscritas estas normas sino en el libro de esa luz que se llama la Verdad? Allí está escrita toda ley justa, de allí pasa al corazón del hombre que cumple la justicia; no que ella emigre a él, sino que en él pone su impronta a la manera de un sello que de un anillo pasa a la cera, pero sin dejar el anillo.[5]

---

[2] TERTULIANO, *Adversus Marcionem*, 2, 4.
[3] LEÓN XIII, enc. *Libertas praestantissimum*.
[4] Concilio Vaticano II, *Gaudium et spes*, 89, 1.
[5] SAN AGUSTÍN, *De Trinitate*, 14, 15, 21.

La ley natural no es otra cosa que la luz de la inteligencia puesta en nosotros por Dios; por ella conocemos lo que es preciso hacer y lo que es preciso evitar. Esta luz o esta ley, Dios la ha dado a la creación.[6]

1956 La ley natural, presente en el corazón de todo hombre y establecida por la razón, es *universal* en sus preceptos, y su autoridad se extiende a todos los hombres. Expresa la dignidad de la persona y determina la base de sus derechos y sus deberes fundamentales:

> Existe ciertamente una verdadera ley: la recta razón. Es conforme a la naturaleza, extendida a todos los hombres; es inmutable y eterna; sus órdenes imponen deber; sus prohibiciones apartan de la falta... Es un sacrilegio sustituirla por una ley contraria; está prohibido dejar de aplicar una sola de sus disposiciones; en cuanto a abrogarla enteramente, nadie tiene la posibilidad de ello.[7]

1957 La aplicación de la ley natural varía mucho; puede exigir una reflexión adaptada a la multiplicidad de las condiciones de vida según los lugares, las épocas y las circunstancias. Sin embargo, en la diversidad de culturas, la ley natural permanece como una norma que une entre sí a los hombres y les impone, por encima de las diferencias inevitables, principios comunes.

1958 La ley natural es *inmutable*[8] y permanente a través de las variaciones de la historia; subsiste bajo el flujo de ideas y costumbres y sostiene su progreso. Las normas que la expresan permanecen substancialmente valederas. Incluso cuando se llega a renegar de sus principios, no se la puede destruir ni arrancar del corazón del hombre. Resurge siempre en la vida de individuos y sociedades:

> El robo está ciertamente sancionado por tu ley, Señor, y por la ley que está escrita en el corazón del hombre, y que la misma iniquidad no puede borrar.[9]

1959 La ley natural, obra maravillosa del Creador, proporciona los fundamentos sólidos sobre los que el hombre puede construir el edificio de las normas morales que guían sus decisiones. Establece también la base moral indispensable para la edificación de la comunidad de los hombres. Finalmente proporciona la base necesaria a la ley civil que se adhiere a ella, bien mediante una reflexión que extrae las conclusiones de sus principios, bien mediante adiciones de naturaleza positiva y jurídica.

1960 Los preceptos de la ley natural no son percibidos por todos de una manera clara e inmediata. En la situación actual, la gracia y la revelación son necesarias al hombre pecador para que las verdades religiosas y morales puedan ser conocidas "de todos y sin dificultad, con una firme certeza y sin

---

[6] SANTO TOMÁS DE AQUINO, *Collationes in decem praeceptis*, 1.
[7] CICERÓN, *La república*, 3, 22, 33.
[8] Cf. Concilio Vaticano II, *Gaudium et spes*, 10.
[9] SAN AGUSTÍN, *Confessiones*, 2, 4, 9.

CÓMO VIVIMOS ⟶ Nuestro llamado ⟶ La salvación

mezcla de error".[10] La ley natural proporciona a la Ley revelada y a la gracia un cimiento preparado por Dios y armonizado con la obra del Espíritu.

II. LA LEY ANTIGUA

1961 Dios, nuestro Creador y Redentor, eligió a Israel como su pueblo y le reveló su Ley, preparando así la venida de Cristo. La Ley de Moisés contiene muchas verdades naturalmente accesibles a la razón. Estas están declaradas y autentificadas en el marco de la Alianza de la salvación.

1962 La Ley antigua es el primer estado de la Ley revelada. Sus prescripciones morales están resumidas en los Diez mandamientos. Los preceptos del Decálogo establecen los fundamentos de la vocación del hombre, formado a imagen de Dios. Prohíben lo que es contrario al amor de Dios y del prójimo, y prescriben lo que le es esencial. El Decálogo es una luz ofrecida a la conciencia de todo hombre para manifestarle la llamada y los caminos de Dios, y para protegerle contra el mal:

> Dios escribió en las tablas de la Ley lo que los hombres no leían en sus corazones.[11]

1963 Según la tradición cristiana, la Ley santa[12] espiritual[13] y buena[14] es todavía imperfecta. Como un pedagogo[15] muestra lo que es preciso hacer, pero no da de suyo la fuerza, la gracia del Espíritu para cumplirlo. A causa del pecado, que ella no puede quitar, no deja de ser una ley de servidumbre. Según San Pablo tiene por función principal denunciar y *manifestar el pecado*, que forma una "ley de concupiscencia"[16] en el corazón del hombre. No obstante, la Ley constituye la primera etapa en el camino del Reino. Prepara y dispone al pueblo elegido y a cada cristiano a la conversión y a la fe en el Dios Salvador. Proporciona una enseñanza que subsiste para siempre, como la Palabra de Dios.

1964 La Ley antigua es una *preparación para el Evangelio*. "La ley es profecía y pedagogía de las realidades venideras".[17] Profetiza y presagia la obra de liberación del pecado que se realizará con Cristo; suministra al Nuevo Testamento las imágenes, los "tipos", los símbolos para expresar la vida según el Espíritu. La Ley se completa mediante la enseñanza de los libros sapienciales y de los profetas, que la orientan hacia la Nueva Alianza y el Reino de los cielos.

> Hubo..., bajo el régimen de la antigua alianza, gentes que poseían la caridad y la gracia del Espíritu Santo y aspiraban ante todo a las promesas espirituales y eternas, en lo cual se adherían a la ley nueva. Y al contrario,

---

[10] PÍO XII, ene. *Humani generis*: DS, 3876.
[11] SAN AGUSTÍN, *Enarratio in Psalmos*, 57, 1.
[12] Cf. *Rm* 7, 12.
[13] Cf. *Rm* 7, 14.
[14] Cf. *Rm* 7, 16.
[15] Cf. *Ga* 3, 24.
[16] Cf. *Rm* 1.
[17] SAN IRENEO DE LYÓN, *Adversus haereses*, 4, 15, 1.

1828

existen, en la nueva alianza, hombres carnales, alejados todavía de la perfección de la ley nueva: para incitarlos a las obras virtuosas, el temor del castigo y ciertas promesas temporales han sido necesarias, incluso bajo la nueva alianza. En todo caso, aunque la ley antigua prescribía la caridad, no daba el Espíritu Santo, por el cual 'la caridad es difundida en nuestros corazones' (*Rm* 5, 5).[18]

III. LA LEY NUEVA O LEY EVANGÉLICA

459
581
715

1965 La Ley nueva o Ley evangélica es la perfección aquí abajo de la ley divina, natural y revelada. Es obra de Cristo y se expresa particularmente en el Sermón de la Montaña. Es también obra del Espíritu Santo, y por él viene a ser la ley interior de la caridad: "Concertaré con la casa de Israel una alianza nueva... pondré mis leyes en su mente, en sus corazones las grabaré; y yo seré su Dios y ellos serán mi pueblo" (*Hb* 8, 8-10).[19]

1999

1966 La Ley nueva es la *gracia del Espíritu Santo* dada a los fieles mediante la fe en Cristo. Actúa por la caridad, utiliza el Sermón del Señor para enseñarnos lo que hay que hacer, y los sacramentos para comunicarnos la gracia de realizarlo:

> El que quiera meditar con piedad y perspicacia el Sermón que nuestro Señor pronunció en la montaña, según lo leemos en el Evangelio de San Mateo, encontrará en él sin duda alguna la carta perfecta de la vida cristiana... Este Sermón contiene todos los preceptos propios para guiar la vida cristiana.[20]

577

1967 La Ley evangélica "da cumplimiento",[21] purifica, supera, y lleva a su perfección la Ley antigua. En las "Bienaventuranzas" *da cumplimiento a las promesas* divinas elevándolas y ordenándolas al "Reino de los cielos". Se dirige a los que están dispuestos a acoger con fe esta esperanza nueva: los pobres, los humildes, los afligidos, los limpios de corazón, los perseguidos a causa de Cristo, trazando así los caminos sorprendentes del Reino.

129
582

1968 La Ley evangélica *lleva a plenitud los mandamientos* de la Ley. El Sermón del monte, lejos de abolir o devaluar las prescripciones morales de la Ley antigua, extrae de ella sus virtualidades ocultas y hace surgir de ella nuevas exigencias: revela toda su verdad divina y humana. No añade preceptos exteriores nuevos, pero llega a reformar la raíz de los actos, el corazón, donde el hombre elige entre lo puro y lo impuro,[22] donde se forman la fe, la esperanza y la caridad, y con ellas las otras virtudes. El Evangelio conduce así la Ley a su plenitud mediante la imitación de la perfección del Padre celestial,[23] mediante el perdón de los enemigos y la oración por los perseguidores, según el modelo de la generosidad divina.[24]

---

[18] SANTO TOMÁS DE AQUINO, *Summa theologiae*, I-II, 107, 1 ad 2.
[19] Cf. *Jr* 31, 31-34.
[20] SAN AGUSTÍN, *De Sermone Domini in monte*, 1, 1: PL 34, 1229-1231.
[21] *Mt* 5, 17-19.
[22] *Mt* 15, 18-19.
[23] *Mt* 5, 48.
[24] *Mt* 5, 44.

CÓMO VIVIMOS ⟶ Nuestro llamado ⟶ La salvación

1969 La Ley nueva *practica los actos de la religión:* la limosna, la oración y el ayuno, ordenándolos al "Padre que ve en lo secreto", por oposición al deseo "de ser visto por los hombres".[25] Su oración es el Padre Nuestro.[26]

1434

1970 La Ley evangélica entraña la elección decisiva entre "los dos caminos"[27] y la práctica de las palabras del Señor;[28] está resumida en la regla de oro: "Todo cuanto queráis que os hagan los hombres, hacédselo también vosotros; porque ésta es la Ley y los profetas" (*Mt* 7, 12).[29]

1696
1789

Toda la Ley evangélica está contenida en el *"mandamiento nuevo"* de Jesús (*Jn* 13, 34): amarnos los unos a los otros como Él nos ha amado.[30]

1823

1971 Al Sermón del monte conviene añadir la *catequesis moral de las enseñanzas apostólicas*.[31] Esta doctrina transmite la enseñanza del Señor con la autoridad de los apóstoles, especialmente exponiendo las virtudes que se derivan de la fe en Cristo y que anima la caridad, el principal don del Espíritu Santo. "Vuestra caridad sea sin fingimiento... amándoos cordialmente los unos a los otros... con la alegría de la esperanza; constantes en la tribulación; perseverantes en la oración; compartiendo las necesidades de los santos; practicando la hospitalidad" (*Rm* 12, 9-13). Esta catequesis nos enseña también a tratar los casos de conciencia a la luz de nuestra relación con Cristo y con la Iglesia.[32]

1789

1972 La Ley nueva es llamada *ley de amor,* porque hace obrar por el amor que infunde el Espíritu Santo más que por el temor; *ley de gracia,* porque confiere la fuerza de la gracia para obrar mediante la fe y los sacramentos; *ley de libertad,*[33] porque nos libera de las observancias rituales y jurídicas de la Ley antigua, nos inclina a obrar espontáneamente bajo el impulso de la caridad y nos hace pasar de la condición del siervo "que ignora lo que hace su señor", a la de amigo de Cristo, "porque todo lo que he oído a mi Padre os lo he dado a conocer" (*Jn* 15, 15), o también a la condición de hijo heredero.[34]

782

1828

1973 Más allá de sus preceptos, la Ley nueva contiene los *consejos evangélicos. La* distinción tradicional entre mandamientos de Dios y consejos evangélicos se establece por relación a la caridad, perfección de la vida cristiana. Los preceptos están destinados a apartar lo que es incompatible con la caridad. Los consejos tienen por fin apartar lo que, incluso sin serle contrario, puede constituir un impedimento al desarrollo de la caridad.[35]

2053

915

1974 Los consejos evangélicos manifiestan la plenitud viva de una caridad que nunca se sacia. Atestiguan su fuerza y estimulan nuestra prontitud

---

[25] *Mt* 6, 1-6; 16-18.
[26] *Mt* 6, 9-13.
[27] Cf. *Mt* 7, 13-14.
[28] Cf. *Mt* 7, 21-27.
[29] Cf. *Lc* 6, 31.
[30] Cf. *Jn* 15, 12.
[31] Cf. *Rm* 12-15; *1 Co* 12-13; *Col* 3-4; *Ef* 4-5, etc.
[32] Cf. *Rm* 14; *1 Co* 5-10.
[33] Cf. *St* 1, 25; 2, 12.
[34] Cf. *Ga* 4, 1-7. 21-31; *Rm* 8, 15.
[35] Cf. SANTO TOMÁS DE AQUINO, *Summa theologiae,* II-II, 184, 3

espíritual. La perfección de la Ley nueva consiste esencialmente en los preceptos del amor de Dios y del prójimo. Los consejos indican vías más directas, medios más apropiados, y han de practicarse según la vocación de cada uno:

> (Dios) no quiere que cada uno observe todos los consejos, sino solamente los que son convenientes según la diversidad de las personas, los tiempos, las ocasiones, y las fuerzas, como la caridad lo requiera. Porque es ésta la que, como reina de todas las virtudes, de todos los mandamientos, de todos los consejos, y en suma de todas las leyes y de todas las acciones cristianas, da a todos y a todas rango, orden, tiempo y valor.[36]

RESUMEN

1975 Según la Sagrada Escritura, la ley es una instrucción paternal de Dios que prescribe al hombre los caminos que llevan a la bienaventuranza prometida y proscribe los caminos del mal.

1976 "La ley es una ordenación de la razón para el bien común, promulgada por el que está a cargo de la comunidad".[37]

1977 Cristo es el fin de la ley;[38] *sólo Él enseña y otorga la justicia de Dios.*

1978 La ley natural es una participación en la sabiduría y la bondad de Dios por parte del hombre, formado a imagen de su Creador. Expresa la dignidad de la persona humana y constituye la base de sus derechos y sus deberes fundamentales.

1979 La ley natural es inmutable, permanente a través de la historia. Las normas que la expresan son siempre substancialmente válidas. Es la base necesaria para la edificación de las normas morales y la ley civil.

1980 La Ley antigua es la primera etapa de la Ley revelada. Sus prescripciones morales se resumen en los diez mandamientos.

1981 La Ley de Moisés contiene muchas verdades naturalmente accesibles a la razón. Dios las ha revelado porque los hombres no las leían en su corazón.

1982 La Ley antigua es una preparación al Evangelio.

1983 La Ley nueva es la gracia del Espíritu Santo recibida mediante la fe en Cristo, que opera por la caridad. Se expresa especialmente en el

---

[36] SAN FRANCISCO DE SALES, *Tratado del amor de Dios*, 8, 6.
[37] SANTO TOMÁS DE AQUINO, *Summa theologiae*, I-II, 90, 4.
[38] Cf. *Rm* 10, 4.

CÓMO VIVIMOS ⟶ Nuestro llamado ⟶ La salvación

Sermón del Señor en la montaña y se sirve de los sacramentos para comunicarnos la gracia.

1984 La Ley evangélica cumple, supera y lleva a su perfección la Ley antigua: sus promesas mediante las bienaventuranzas del Reino de los cielos, sus mandamientos, reformando el corazón que es la raíz de los actos.

1985 La Ley nueva es ley de amor, ley de gracia, ley de libertad.

1986 Más allá de sus preceptos, la Ley nueva contiene los consejos evangélicos. "La santidad de la Iglesia también se fomenta de manera especial con los múltiples consejos que el Señor propone en el Evangelio a sus discípulos para que los practiquen".[39]

ARTÍCULO 2
GRACIA Y JUSTIFICACIÓN

FUENTES DE LA ESCRITURA Y DE LA IGLESIA

La siguiente parte del *Catecismo* utiliza estas fuentes de la Escritura y de la Iglesia. Véase el "Índice de citas" para una lista completa de referencias

Nuevo Testamento	Citadas en el *Catecismo*
Mateo	CIC 1989, 2005, 2013, 2029
Juan	CIC 1988, 1996, 1999
Romanos	CIC 1987, 1992, 1995, 1996, 2004, 2012
1 Corintios	CIC 1988, 1998, 2003
2 Corintios	CIC 1999
Efesios	CIC 1995
2 Timoteo	CIC 2015
2 Pedro	CIC 1996
Apocalipsis	CIC 2016
Concilios ecuménicos	
Trento (1545-1563)	CIC 1989, 1992, 1993, 2005, 2009, 2016
Vaticano II (1962-1965)	CIC 2003, 2013, 202

---

[39] Concilio Vaticano II, *Lumen gentium*, 42.

FUENTES DE LA ESCRITURA Y DE LA IGLESIA
(continuación)

Liturgia	Citadas en el *Catecismo*
Misal Romano	CIC 2005
Escritores eclesiásticos	
San Atanasio de Alejandría	CIC 1988
San Agustín	CIC 1994, 2001, 2002, 2005, 2009
San Gregorio de Nisa	CIC 2015, 2028
Santa Juana de Arco	CIC 2005
Santa Teresa (del Niño Jesús) de Lisieux	CIC 2011

PALABRAS CLAVE

La siguiente parte del *Catecismo* utiliza estas palabras clave. Véase el "Glosario" para su definición.

Palabras	Citadas en el *Catecismo*
Ascesis	CIC 2015
Gracia	CIC 1996, 2000
Gracia santificante	CIC 1999
Justificación	CIC 1987-1989
Mérito	CIC 2006
Sobrenatural	CIC 1998
Vida	CIC 1997

I. LA JUSTIFICACIÓN

1987 La gracia del Espíritu Santo tiene el poder de santificarnos, es decir, de lavarnos de nuestros pecados y comunicarnos "la justicia de Dios por la fe en Jesucristo" (*Rm* 3, 22) y por el Bautismo:[40]

> Y si hemos muerto con Cristo, creemos que también viviremos con él, sabiendo que Cristo, una vez resucitado de entre los muertos, ya no muere más, y que la muerte no tiene ya señorío sobre él. Su muerte fue un morir al pecado, de una vez para siempre; mas su vida, es un vivir para Dios. Así también vosotros, consideraos como muertos al pecado y vivos para Dios en Cristo Jesús (*Rm* 6, 8-11).

1988 Por el poder del Espíritu Santo participamos en la Pasión de Cristo, muriendo al pecado, y en su Resurrección, naciendo a una vida nueva; somos

---
[40] Cf. *Rm* 6, 3-4.

CÓMO VIVIMOS ⟶ Nuestro llamado ⟶ La salvación

miembros de su Cuerpo que es la Iglesia,[41] sarmientos unidos a la Vid que es él mismo:[42]

> Por el Espíritu Santo participamos de Dios. Por la participación del Espíritu venimos a ser partícipes de la naturaleza divina... Por eso, aquellos en quienes habita el Espíritu están divinizados.[43]

460

1989 La primera obra de la gracia del Espíritu Santo es la *conversión,* que obra la justificación según el anuncio de Jesús al comienzo del Evangelio: "Convertios porque el Reino de los cielos está cerca" (*Mt* 4, 17). Movido por la gracia, el hombre se vuelve a Dios y se aparta del pecado, acogiendo así el perdón y la justicia de lo alto. "La justificación entraña, por tanto, el perdón de los pecados, la santificación y la renovación del hombre interior".[44]

1427

1990 La justificación *arranca al hombre del pecado* que contradice al amor de Dios, y purifica su corazón. La justificación es prolongación de la iniciativa misericordiosa de Dios que otorga el perdón. Reconcilia al hombre con Dios, libera de la servidumbre del pecado y sana.

1446

1733

1991 La justificación es, al mismo tiempo, *acogida de la justicia de Dios* por la fe en Jesucristo. La justicia designa aquí la rectitud del amor divino. Con la justificación son difundidas en nuestros corazones la fe, la esperanza y la caridad, y nos es concedida la obediencia a la voluntad divina.

1812

1992 La justificación nos fue *merecida por la pasión de Cristo,* que se ofreció en la cruz como hostia viva, santa y agradable a Dios y cuya sangre vino a ser instrumento de propiciación por los pecados de todos los hombres. La justificación es concedida por el bautismo, sacramento de la fe. Nos asemeja a la justicia de Dios que nos hace interiormente justos por el poder de su misericordia. Tiene por fin la gloria de Dios y de Cristo, y el don de la vida eterna:[45]

617

1266

294

> Pero ahora, independientemente de la ley, la justicia de Dios se ha manifestado, atestiguada por la ley y los profetas, justicia de Dios por la fe en Jesucristo, para todos los que creen —pues no hay diferencia alguna; todos pecaron y están privados de la gloria de Dios— y son justificados por el don de su gracia, en virtud de la redención realizada en Cristo Jesús, a quien Dios exhibió como instrumento de propiciación por su propia sangre, mediante la fe, para mostrar su justicia, pasando por alto los pecados cometidos anteriormente, en el tiempo de la paciencia de Dios; en orden a mostrar su justicia en el tiempo presente, para ser él justo y justificador del que cree en Jesús (Rm 3, 21-26).

2543

---

[41] Cf. *1 Co* 12.
[42] Cf. *Jn* 15, 1-4.
[43] SAN ATANASIO DE ALEJANDRÍA, *Epistulae ad Serapionem*, 1, 24: PG 26, 585B.
[44] Concilio de Trento: DS, 1528.
[45] Cf. Concilio de Trento: DS, 1529.

1993 La justificación establece la *colaboración entre la gracia de Dios y la libertad del hombre.* Por parte del hombre se expresa en el asentimiento de la fe a la Palabra de Dios que lo invita a la conversión, y en la cooperación de la caridad al impulso del Espíritu Santo que lo previene y lo custodia:

> Cuando Dios toca el corazón del hombre mediante la iluminación del Espíritu Santo, el hombre no está sin hacer nada al recibir esta inspiración, que por otra parte puede rechazar; y, sin embargo, sin la gracia de Dios, tampoco puede dirigirse, por su voluntad libre, hacia la justicia delante de Él.[46]

1994 La justificación es la obra *más excelente del amor de Dios,* manifestado en Cristo Jesús y concedido por el Espíritu Santo. San Agustín afirma que "la justificación del impío es una obra más grande que la creación del cielo y de la tierra", porque "el cielo y la tierra pasarán, mientras la salvación y la justificación de los elegidos permanecerán".[47] Dice incluso que la justificación de los pecadores supera a la creación de los ángeles en la justicia porque manifiesta una misericordia mayor.

1995 El Espíritu Santo es el maestro interior. Haciendo nacer al "hombre interior" (*Rm* 7, 22; *Ef* 3, 16), la justificación implica la *santificación* de todo el ser:

> Si en otros tiempos ofrecisteis vuestros miembros como esclavos a la impureza y al desorden hasta desordenaros, ofrecedlos igualmente ahora a la justicia para la santidad... al presente, libres del pecado y esclavos de Dios, fructificáis para la santidad; y el fin, la vida eterna (Rm 6, 19.22).

II. LA GRACIA

1996 Nuestra justificación es obra de la gracia de Dios. La gracia es el *favor,* el *auxilio gratuito* que Dios nos da para responder a su llamada: llegar a ser hijos de Dios,[48] hijos adoptivos[49] partícipes de la naturaleza divina,[50] de la vida eterna.[51]

1997 La gracia es una *participación en la vida de Dios.* Nos introduce en la intimidad de la vida trinitaria: por el Bautismo el cristiano participa de la gracia de Cristo, Cabeza de su Cuerpo. Como "hijo adoptivo" puede ahora llamar "Padre" a Dios, en unión con el Hijo único. Recibe la vida del Espíritu que le infunde la caridad y que forma la Iglesia.

1998 Esta vocación a la vida eterna es *sobrenatural.* Depende enteramente de la iniciativa gratuita de Dios, porque sólo Él puede revelarse y darse a sí

---

[46] Cf. Concilio de Trento: DS, 1525.
[47] SAN AGUSTÍN, *In Evangelium Johannis tractatus,* 72, 3.
[48] Cf. *Jn* 1, 12-18.
[49] Cf. *Rm* 8, 14-17.
[50] Cf. *2 P* 1, 3-4.
[51] Cf. *Jn* 17, 3.

mismo. Sobrepasa las capacidades de la inteligencia y las fuerzas de la voluntad humana, como las de toda creatura.[52]

1999 La gracia de Cristo es el don gratuito que Dios nos hace de su vida infundida por el Espíritu Santo en nuestra alma para sanarla del pecado y santificarla: es la *gracia santificante* o *divinizadora,* recibida en el Bautismo. Es en nosotros la fuente de la obra de santificación:[53]

> Por tanto, el que está en Cristo es una nueva creación; pasó lo viejo, todo es nuevo. Y todo proviene de Dios, que nos reconcilió consigo por Cristo (*2 Co* 5, 17-18).

2000 La gracia santificante es un don habitual, una disposición estable y sobrenatural que perfecciona al alma para hacerla capaz de vivir con Dios, de obrar por su amor. Se debe distinguir entre la *gracia habitual,* disposición permanente para vivir y obrar según la vocación divina, y las *gracias actuales,* que designan las intervenciones divinas que están en el origen de la conversión o en el curso de la obra de la santificación.

2001 La *preparación del hombre* para acoger la gracia es ya una obra de la gracia. Esta es necesaria para suscitar y sostener nuestra colaboración a la justificación mediante la fe y a la santificación mediante la caridad.

Dios completa en nosotros lo que Él mismo comenzó, "porque él, por su acción, comienza haciendo que nosotros queramos; y termina cooperando con nuestra voluntad ya convertida":[54]

> Ciertamente nosotros trabajamos también, pero no hacemos más que trabajar con Dios que trabaja. Porque su misericordia se nos adelantó para que fuésemos curados; nos sigue todavía para que, una vez sanados, seamos vivificados; se nos adelanta para que seamos llamados, nos sigue para que seamos glorificados; se nos adelanta para que vivamos según la piedad, nos sigue para que vivamos por siempre con Dios, pues sin él no podemos hacer nada.[55]

2002 La libre iniciativa de Dios exige la *respuesta libre del hombre,* porque Dios creó al hombre a su imagen concediéndole, con la libertad, el poder de conocerle y amarle. El alma sólo libremente entra en la comunión del amor. Dios toca inmediatamente y mueve directamente el corazón del hombre. Puso en el hombre una aspiración a la verdad y al bien que sólo Él puede colmar. Las promesas de la "vida eterna" responden, por encima de toda esperanza, a esta aspiración:

---

[52] Cf. *1 Co* 2, 7-9.
[53] Cf. *Jn* 4, 14; 7, 38-39.
[54] SAN AGUSTÍN, *De grada el libero arbitrio,,* 17: PL 44, 901.
[55] SAN AGUSTÍN, *De natura et grada,* 31: PL 44, 264.

2550

Si tú descansaste el día séptimo, al término de todas tus obras muy buenas, fue para decimos por la voz de tu libro que al término de nuestras obras, "que son muy buenas" por el hecho de que eres tú quien nos las ha dado, también nosotros en el sábado de la vida eterna descansaremos en ti.[56]

1108

2003 La gracia es, ante todo y principalmente, el don del Espíritu que nos justifica y nos santifica. Pero la gracia comprende también los dones que el Espíritu Santo nos concede para asociarnos a su obra, para hacernos capaces de colaborar en la salvación de los otros y en el crecimiento del Cuerpo de Cristo, que es la Iglesia. Estas son las *gracias sacramentales,* dones propios de los distintos sacramentos. Son además las *gracias especiales,* llamadas también *"carismas",* según el término griego empleado por san Pablo, y que significa favor, don gratuito, beneficio.[57] Cualquiera que sea su carácter, a veces extraordinario, como el don de milagros o de lenguas, los carismas están ordenados a la gracia santificante y tienen por fin el bien común de la Iglesia. Están al servicio de la caridad, que edifica la Iglesia.[58]

1127

799-801

2004 Entre las gracias especiales conviene mencionar las *gracias de estado,* que acompañan el ejercicio de las responsabilidades de la vida cristiana y de los ministerios en el seno de la Iglesia:

> Teniendo dones diferentes, según la gracia que nos ha sido dada, si es el don de profecía, ejerzámoslo en la medida de nuestra fe; si es el ministerio, en el ministerio; la enseñanza, enseñando; la exhortación, exhortando. El que da, con sencillez; el que preside, con solicitud; el que ejerce la misericordia, con jovialidad (*Rm* 12, 6-8).

2005 La gracia, siendo de orden sobrenatural, *escapa a nuestra experiencia* y sólo puede ser conocida por la fe. Por tanto, no podemos fundarnos en nuestros sentimientos o nuestras obras para deducir de ellos que estamos justificados y salvados.[59] Sin embargo, según las palabras del Señor: "Por sus frutos los conoceréis" (*Mt* 7, 20), la consideración de los beneficios de Dios en nuestra vida y en la vida de los santos nos ofrece una garantía de que la gracia está actuando en nosotros y nos incita a una fe cada vez mayor y a una actitud de pobreza llena de confianza:

> Una de las más bellas ilustraciones de esta actitud se encuentra en la respuesta de santa Juana de Arco a una pregunta capciosa de sus jueces eclesiásticos: "Interrogada si sabía que estaba en gracia de Dios, responde: 'si no lo estoy, que Dios me quiera poner en ella; si estoy, que Dios me quiera conservar en ella'".[60]

---

[56] SAN AGUSTÍN, *Confesiones,* 13, 36, 51.
[57] Cf. Concilio Vaticano II, *Lumen gentium,* 12.
[58] Cf. *1 Co* 12.
[59] Cf. Concilio de Trento: DS, 1533-1534.
[60] SANTA JUANA DE ARCO, en *Actas del proceso.*

III. EL MÉRITO

Manifiestas tu gloria en la asamblea de los santos, y, al coronar sus méritos, coronas tu propia obra.[61]

2006 El término "mérito" designa en general la *retribución debida* por parte de una comunidad o una sociedad a la acción de uno de sus miembros, considerada como obra buena u obra mala, digna de recompensa o de sanción. El mérito corresponde a la virtud de la justicia conforme al principio de igualdad que la rige.

2007 Frente a Dios no hay, en el sentido de un derecho estricto, mérito por parte del hombre. Entre Él y nosotros, la desigualdad no tiene medida, porque nosotros lo hemos recibido todo de Él, nuestro Creador.

2008 El mérito del hombre ante Dios en la vida cristiana proviene de que *Dios ha dispuesto libremente asociar al hombre a la obra de su gracia*. La acción paternal de Dios es lo primero, en cuanto que Él impulsa, y el libre obrar del hombre es lo segundo en cuanto que éste colabora, de suerte que los méritos de las obras buenas deben atribuirse a la gracia de Dios en primer lugar, y al fiel, seguidamente. Por otra parte, el mérito del hombre recae también en Dios, pues sus buenas acciones proceden, en Cristo, de las gracias prevenientes y de los auxilios del Espíritu Santo.

2009 La adopción filial, haciéndonos partícipes por la gracia de la naturaleza divina, puede conferirnos, según la justicia gratuita de Dios, *un verdadero mérito*. Se trata de un derecho por gracia, el pleno derecho del amor, que nos hace "coherederos" de Cristo y dignos de obtener la "herencia prometida de la vida eterna".[62] Los méritos de nuestras buenas obras son dones de la bondad divina.[63] "La gracia ha precedido; ahora se da lo que es debido... los méritos son dones de Dios".[64]

2010 Puesto que la iniciativa en el orden de la gracia pertenece a Dios, *nadie puede merecer la gracia primera*, en el inicio de la conversión, del perdón y de la justificación. Bajo la moción del Espíritu Santo y de la caridad, *podemos después merecer* en favor nuestro y de los demás gracias útiles para nuestra santificación, para el crecimiento de la gracia y de la caridad, y para la obtención de la vida eterna. Los mismos bienes temporales, como la salud, la amistad, pueden ser merecidos según la sabiduría de Dios. Estas gracias y bienes son objeto de la oración cristiana, la cual provee a nuestra necesidad de la gracia para las acciones méritorias.

2011 *La caridad de Cristo es en nosotros la fuente de todos nuestros méritos* ante Dios. La gracia, uniéndonos a Cristo con un amor activo, asegura el carácter

---

[61] *Misal Romano*, Prefacio de los santos, citando al "Doctor de la gracia", SAN AGUSTÍN, *Enarratio in Psalmos*, 102, 7.
[62] Concilio de Trento: DS, 1546.
[63] Cf. *ibid.*, 1548.
[64] SAN AGUSTÍN, *Sermones*, 298, 4-5: PL 38, 1367.

sobrenatural de nuestros actos y, por consiguiente, su mérito tanto ante Dios como ante los hombres. Los santos han tenido siempre una conciencia viva de que sus méritos eran pura gracia.

> Tras el destierro en la tierra espero gozar de ti en la Patria, pero no quiero amontonar méritos para el Cielo, quiero trabajar *sólo por vuestro amor*... En el atardecer de esta vida compareceré ante ti con las manos vacías, Señor, porque no te pido que cuentes mis obras. Todas nuestras justicias tienen manchas a tus ojos. Por eso, quiero revestirme de tu propia *Justicia* y recibir de tu *Amor* la posesión eterna de *ti mismo*...[65]

IV. LA SANTIDAD CRISTIANA

2012 "Sabemos que en todas las cosas interviene Dios para bien de los que le aman... a los que de antemano conoció, también los predestinó a reproducir la imagen de su Hijo, para que fuera él el primogénito entre muchos hermanos; y a los que predestinó, a ésos también los llamó; y a los que llamó, a ésos también los justificó; a los que justificó, a ésos también los glorificó" (*Rm* 8, 28-30).

2013 "Todos los fieles, de cualquier estado o régimen de vida, son llamados a la plenitud de la vida cristiana y a la perfección de la caridad".[66] Todos son llamados a la santidad: "Sed perfectos como vuestro Padre celestial es perfecto" (*Mt* 5, 48):

> Para alcanzar esta perfección, los creyentes han de emplear sus fuerzas, según la medida del don de Cristo, para entregarse totalmente a la gloria de Dios y al servicio del prójimo. Lo harán siguiendo las huellas de Cristo, haciéndose conformes a su imagen, y siendo obedientes en todo a la voluntad del Padre. De esta manera, la santidad del Pueblo de Dios producirá frutos abundantes, como lo muestra claramente en la historia de la Iglesia la vida de los santos.[67]

2014 El progreso espiritual tiende a la unión cada vez más íntima con Cristo. Esta unión se llama "mística", porque participa del misterio de Cristo mediante los sacramentos —"los santos misterios"— y, en Él, del misterio de la Santísima Trinidad. Dios nos llama a todos a esta unión íntima con Él, aunque las gracias especiales o los signos extraordinarios de esta vida mística sean concedidos solamente a algunos para manifestar así el don gratuito hecho a todos.

2015 El camino de la perfección pasa por la cruz. No hay santidad sin renuncia y sin combate espiritual.[68] El progreso espiritual implica la ascesis y la mortificación que conducen gradualmente a vivir en la paz y el gozo de las bienaventuranzas:

---

[65] SANTA TERESA DEL NIÑO JESÚS, *Acte d'offrande á l'Amour miséricordieux*.
[66] Concilio Vaticano II, *Lumen gentium*, 40.
[67] *Ibid.*
[68] Cf. *2 Tm* 4.

El que asciende no cesa nunca de ir de comienzo en comienzo mediante comienzos que no tienen fin. Jamás el que asciende deja de desear lo que ya conoce.[69]

2016 Los hijos de la Santa Madre Iglesia esperan justamente *la gracia de la perseverancia final y de la recompensa* de Dios, su Padre, por las obras buenas realizadas con su gracia en comunión con Jesús.[70] Siguiendo la misma norma de vida, los creyentes comparten la "bienaventurada esperanza" de aquellos a los que la misericordia divina congrega en la "Ciudad Santa, la nueva Jerusalén, que baja del cielo, de junto a Dios, engalanada como una novia ataviada para su esposo" (*Ap* 21, 2).

162; 1821

1274

RESUMEN

2017 La gracia del Espíritu Santo nos confiere la justicia de Dios. El Espíritu, uniéndonos por medio de la fe y el Bautismo a la Pasión y a la Resurrección de Cristo, nos hace participar en su vida.

2018 La justificación, como la conversión, presenta dos aspectos. Bajo la moción de la gracia, el hombre se vuelve a Dios y se aparta del pecado, acogiendo así el perdón y la justicia de lo Alto.

2019 La justificación entraña la remisión de los pecados, la santificación y la renovación del hombre interior.

2020 La justificación nos fue merecida por la Pasión de Cristo. Nos es concedida mediante el Bautismo. Nos conforma con la justicia de Dios que nos hace justos. Tiene como finalidad la gloria de Dios y de Cristo y el don de la vida eterna. Es la obra más excelente de la misericordia de Dios.

2021 La gracia es el auxilio que Dios nos da para responder a nuestra vocación de llegar a ser sus hijos adoptivos. Nos introduce en la intimidad de la vida trinitaria.

2022 La iniciativa divina en la obra de la gracia previene, prepara y suscita la respuesta libre del hombre. La gracia responde a las aspiraciones profundas de la libertad humana; y la llama a cooperar con ella, y la perfecciona.

2023 La gracia santificante es el don gratuito que Dios nos hace de su vida, infundida por el Espíritu Santo en nuestra alma para curarla del pecado y santificarla.

---

[69] SAN GREGORIO DE NISA, *Homiliae in Canticum*, 8: PG 44, 941C.

[70] Cf. Concilio de Trento: DS, 1576.

2024 La gracia santificante nos hace "agradables a Dios". Los carismas, que son gracias especiales del Espíritu Santo, están ordenados a la gracia santificante y tienen por fin el bien común de la Iglesia. Dios actúa así mediante gracias actuales múltiples que se distinguen de la gracia habitual, que es permanente en nosotros.

2025 El hombre no tiene, por sí mismo, mérito ante Dios sino como consecuencia del libre designio divino de asociarlo a la obra de su gracia. El mérito pertenece a la gracia de Dios en primer lugar, y a la colaboración del hombre en segundo lugar. El mérito del hombre retorna a Dios.

2026 La gracia del Espíritu Santo, en virtud de nuestra filiación adoptiva, puede conferirnos un verdadero mérito según la justicia gratuita de Dios. La caridad es en nosotros la principal fuente de mérito ante Dios.

2027 Nadie puede merecer la gracia primera que constituye el inicio de la conversión. Bajo la moción del Espíritu Santo podemos merecer en favor nuestro y de los demás todas las gracias útiles para llegar a la vida eterna, como también los necesarios bienes temporales.

2028 "Todos los fieles… son llamados a la plenitud de la vida cristiana y a la perfección de la caridad".[71] "La perfección cristiana sólo tiene un límite: el de no tener límite".[72]

2029 "Si alguno quiere venir en pos de mí, niéguese a sí mismo, tome su cruz y sígame" (*Mt* 16, 24).

ARTÍCULO 3
LA IGLESIA, MADRE Y EDUCADORA

— FUENTES DE LA ESCRITURA Y DE LA IGLESIA —

La siguiente parte del *Catecismo* utiliza estas fuentes de la Escritura y de la Iglesia. Véase el "Índice de citas" para una lista completa de referencias

Nuevo Testamento	Citadas en el *Catecismo*
Lucas	CIC 2045
Romanos	CIC 2031, 2039
1 Corintios	CIC 2038
Efesios	CIC 2045
1 Timoteo	CIC 2032

---

[71] Concilio Vaticano II, *Lumen gentium*, 40.

[72] SAN GREGORIO DE NISA, *De vita Mosis*: PG 44, 300D.

CÓMO VIVIMOS ⟶ Nuestro llamado ⟶ La salvación

PALABRAS CLAVE

(continuación)

Concilios ecuménicos
Vaticano II (1962-1965) — CIC 2032, 2034-2036, 2044, 2045

Documentos eclesiásticos
Congregación para la Doctrina de la Fe — CIC 2035

Derecho Canónico
Código de Derecho Canónico — CIC 2032, 2037, 2042, 2043
Código de Cánones de las Iglesias orientales — CIC 2042, 2043

Liturgia
Misal Romano — CIC 2046

PALABRAS CLAVE

La siguiente parte del *Catecismo* utiliza estas palabras clave.
Véase el "Glosario" para su definición.

Palabras	Citadas en el *Catecismo*
Arrepentimiento	CIC 2043
Ayuno	CIC 2043
Días santos de precepto	CIC 2043
Magisterio	CIC 2033
Mandamientos de la Iglesia	CIC 2041
Misión de enseñar	CIC 2033
Penitencia	CIC 2043
Preceptos de la Iglesia	CIC 2041
Teología	CIC 2033, 2038

2030 El cristiano realiza su vocación en la Iglesia, en comunión con todos los bautizados. De la Iglesia recibe la Palabra de Dios, que contiene las enseñanzas de "la ley de Cristo" (*Ga* 6, 2). De la Iglesia recibe la gracia de los sacramentos que le sostienen en el camino. De la Iglesia aprende el *ejemplo de la santidad;* reconoce en la Bienaventurada Virgen María la figura y la fuente de esa santidad; la discierne en el testimonio auténtico de los que la viven; la descubre en la tradición espiritual y en la larga historia de los santos que le han precedido y que la liturgia celebra a lo largo del santoral.

2031 *La vida moral es un culto espiritual.* Ofrecemos nuestros cuerpos "como una hostia viva, santa, agradable a Dios" (*Rm* 12, 1) en el seno del Cuerpo de Cristo que formamos y en comunión con la ofrenda de su Eucaristía. En la liturgia y en la celebración de los sacramentos, plegaria y enseñanza se conjugan con la gracia de Cristo para iluminar y alimentar el obrar cristiano. La vida moral, como el conjunto de la vida cristiana, tiene su fuente y su cumbre en el sacrificio eucarístico.

I. VIDA MORAL Y MAGISTERIO DE LA IGLESIA

2032 La Iglesia, "columna y fundamento de la verdad" (*1 Tm* 3, 15), "recibió de los apóstoles este solemne mandato de Cristo de anunciar la verdad que nos salva".[73] "Compete siempre y en todo lugar a la Iglesia proclamar los principios morales, incluso los referentes al orden social, así como dar su juicio sobre cualesquiera asuntos humanos, en la medida en que lo exijan los derechos fundamentales de la persona humana o la salvación de las almas".[74]

2033 El *magisterio de los pastores de la Iglesia* en materia moral se ejerce ordinariamente en la catequesis y en la predicación, con la ayuda de las obras de los teólogos y de los autores espirituales. Así se ha transmitido de generación en generación, bajo la dirección y vigilancia de los pastores, el "depósito" de la moral cristiana, compuesto de un conjunto característico de normas, de mandamientos y de virtudes que proceden de la fe en Cristo y están vivificados por la caridad. Esta catequesis ha tomado tradicionalmente como base, junto al Credo y el Padre Nuestro, el Decálogo que enuncia los principios de la vida moral válidos para todos los hombres.

2034 El Romano Pontífice y los obispos como "maestros auténticos por estar dotados de la autoridad de Cristo... predican al pueblo que tienen confiado la fe que hay que creer y que hay que llevar a la práctica".[75] El *magisterio ordinario* y universal del Papa y de los obispos en comunión con él enseña a los fieles la verdad que han de creer, la caridad que han de practicar, la bienaventuranza que han de esperar.

2035 El grado supremo de la participación en la autoridad de Cristo está asegurado por el carisma de la *infalibilidad*. Esta se extiende a todo el depósito de la revelación divina;[76] se extiende también a todos los elementos de doctrina, comprendida la moral, sin los cuales las verdades salvíficas de la fe no pueden ser salvaguardadas, expuestas u observadas.[77]

2036 La autoridad del Magisterio se extiende también a los preceptos específicos de la *ley natural,* porque su observancia, exigida por el Creador, es necesaria para la salvación. Recordando las prescripciones de la ley natural, el Magisterio de la Iglesia ejerce una parte esencial de su función profética de anunciar a los hombres lo que son en verdad y de recordarles lo que deben ser ante Dios.[78]

---

[73] Concilio Vaticano II, *Lumen gentium,* 17.
[74] CDC, 747, 2.
[75] Concilio Vaticano II, *Lumen gentium,* 25.
[76] Ibid.
[77] CONGREGACIÓN PARA LA DOCTRINA DE LA FE, decl. *Mysterium Ecclesiae,* 3, AAS 65, (1973), 396-408.
[78] Cf. Concilio Vaticano II, *Dignitatis humanae,* 14.

CÓMO VIVIMOS ⟶ Nuestro llamado ⟶ La salvación

2037 La ley de Dios, confiada a la Iglesia, es enseñada a los fieles como camino de vida y de verdad. Los fieles, por tanto, tienen el *derecho*[79] de ser instruidos en los preceptos divinos salvíficos que purifican el juicio y, con la gracia, sanan la razón humana herida. Tienen el *deber* de observar las constituciones y los decretos promulgados por la autoridad legítima de la Iglesia. Aunque sean disciplinares, estas determinaciones requieren la docilidad en la caridad.

2041

2038 En la obra de enseñanza y de aplicación de la moral cristiana, la Iglesia necesita la dedicación de los pastores, la ciencia de los teólogos, la contribución de todos los cristianos y de los hombres de buena voluntad. La fe y la práctica del Evangelio procuran a cada uno una experiencia de la vida "en Cristo" que ilumina y da capacidad para estimar las realidades divinas y humanas según el Espíritu de Dios.[80] Así el Espíritu Santo puede servirse de los más humildes para iluminar a los sabios y los constituidos en más alta dignidad.

2442

2039 Los ministerios deben ejercerse en un espíritu de servicio fraternal y de entrega a la Iglesia en nombre del Señor.[81] Al mismo tiempo, la conciencia de cada cual en su juicio moral sobre sus actos personales, debe evitar encerrarse en una consideración individual. Con mayor empeño debe abrirse a la consideración del bien de todos según se expresa en la ley moral, natural y revelada, y consiguientemente en la ley de la Iglesia y en la enseñanza autorizada del Magisterio sobre las cuestiones morales. No se ha de oponer la conciencia personal y la razón a la ley moral o al Magisterio de la Iglesia.

1783

2040 Así puede desarrollarse entre los cristianos un verdadero *espíritu filial con respecto a la Iglesia*. Es el desarrollo normal de la gracia bautismal, que nos engendró en el seno de la Iglesia y nos hizo miembros del Cuerpo de Cristo. En su solicitud materna, la Iglesia nos concede la misericordia de Dios que va más allá del simple perdón de nuestros pecados y actúa especialmente en el sacramento de la Reconciliación. Como madre previsora, nos prodiga también en su liturgia, día tras día, el alimento de la Palabra y de la Eucaristía del Señor.

167

II. LOS MANDAMIENTOS DE LA IGLESIA

2041 Los mandamientos de la Iglesia se sitúan en la línea de una vida moral referida a la vida litúrgica y que se alimenta de ella. El carácter obligatorio de estas leyes positivas promulgadas por la autoridad eclesiástica tiene por fin garantizar a los fieles el mínimo indispensable en el espíritu de oración y en el esfuerzo moral, en el crecimiento del amor de Dios y del prójimo. Los mandamientos más generales de la Santa Madre Iglesia son cinco:

---

[79] Cf. CDC, 213.
[80] Cf. *1 Co* 2, 10-15.
[81] Cf. *Rm* 12, 8.11.

2042 El primer mandamiento ("Oír Misa entera los domingos y demás fiestas de precepto y no realizar trabajos serviles") exige a los fieles que santifiquen el día en el cual se conmemora 'a Resurrección del Señor y las fiestas litúrgicas principales en honor de los misterios del Señor, de la Santísima Virgen María y de los santos, en primer lugar participando en la celebración eucarística, y descansando de aquellos trabajos y ocupaciones que puedan impedir esa santificación de estos días.[82]

El segundo mandamiento ("Confesar los pecados al menos una vez al año") asegura la preparación a la Eucaristía mediante la recepción del sacramento de la Reconciliación, que continúa la obra de conversión y de perdón del Bautismo.[83]

El tercer mandamiento ("Recibir el sacramento de la Eucaristía al menos por Pascua") garantiza un mínimo en la recepción del Cuerpo y la Sangre del Señor en conexión con el tiempo de Pascua, origen y centro de la liturgia cristiana.[84]

2043 El cuarto mandamiento ("Abstenerse de comer carne y ayunar en los días establecidos por la Iglesia") asegura los tiempos de ascesis y de penitencia que nos preparan para las fiestas litúrgicas y para adquirir el dominio sobre nuestros instintos, y la libertad del corazón.[85]

El quinto mandamiento ("Ayudar a la Iglesia en sus necesidades") señala la obligación de ayudar, cada uno según su capacidad, a subvenir a las necesidades materiales de la Iglesia.[86]

III. VIDA MORAL Y TESTIMONIO MISIONERO

2044 La fidelidad de los bautizados es una condición primordial para el anuncio del Evangelio y para la *misión de la Iglesia en el mundo*. Para manifestar ante los hombres su fuerza de verdad y de irradiación, el mensaje de la salvación debe ser autentificado por el testimonio de vida de los cristianos. "El mismo testimonio de la vida cristiana y las obras buenas realizadas con espíritu sobrenatural son eficaces para atraer a los hombres a la fe y a Dios".[87]

2045 Los cristianos, por ser miembros del Cuerpo, cuya Cabeza es Cristo,[88] contribuyen a la edificación de la Iglesia mediante la constancia de sus convicciones y de sus costumbres. La Iglesia aumenta, crece y se desarrolla

---

[82] Cf. CDC cánones 1246-1248; CCEO cánones 880, §3; 881, §§1.2.4.
[83] Cf. CDC canon 989; CCEO canon 719.
[84] Cf. CDC canon 920; CCEO cánones 708; 881, §3.
[85] Cf. CDC cánones 1249-1251; CCEO canon 882.
[86] Cf. CDC canon 222; CCEO canon 25. Las Conferencias Episcopales pueden además establecer otros preceptos eclesiásticos para el propio territorio. Cf. CDC canon 455.
[87] Concilio Vaticano II, *Apostolicam actuositatem*, 6.
[88] Cf. *Ef* 1, 22.

CÓMO VIVIMOS ⟶ Nuestro llamado ⟶ La salvación

CIC 2051

por la santidad de sus fieles,[89] "hasta que lleguemos al estado de hombre perfecto, a la madurez de la plenitud en Cristo" (*Ef* 4, 13).

2046 Llevando una vida según Cristo, los cristianos *apresuran la venida del Reino de Dios,* "Reino de justicia, de verdad y de paz".[90] Esto no significa que abandonen sus tareas terrenas, sino que, fieles a su Maestro, las cumplen con rectitud, paciencia y amor.

671; 2819

RESUMEN

2047 La vida moral es un culto espiritual. El obrar cristiano se alimenta en la liturgia y la celebración de los sacramentos.

2048 Los mandamientos de la Iglesia se refieren a la vida moral y cristiana, unida a la liturgia, y que se alimenta de ella.

2049 El Magisterio de los pastores de la Iglesia en materia moral se ejerce ordinariamente en la catequesis y la predicación tomando como base el Decálogo que enuncia los principios de la vida moral válidos para todo hombre.

2050 El Romano Pontífice y los obispos, como maestros auténticos, predican al pueblo de Dios la fe que debe ser creída y aplicada a las costumbres. A ellos corresponde también pronunciarse sobre las cuestiones morales que atañen a la ley natural y a la razón.

2051 La infalibilidad del Magisterio de los pastores se extiende a todos los elementos de doctrina, comprendida la moral, sin los cuales las verdades salvíficas de la fe no pueden ser salvaguardadas, expuestas u observadas.

---

[89] Cf. Concilio Vaticano II, *Lumen gentium,* 39.   [90] *Misal Romano,* Prefacio de Jesucristo Rey.

LOS DIEZ MANDAMIENTOS

Éxodo 20, 2-17 **Deuteronomio 5, 6-21**

Yo soy el Señor tu Dios que te ha sacado del país de Egipto, de la casa de servidumbre.	Yo soy el Señor, tu Dios, que te ha sacado de Egipto, de la servidumbre.	
No habrá para ti otros dioses delante de mí. No te harás escultura ni imagen alguna, ni de lo que hay arriba en los cielos, ni de lo que hay abajo en la tierra. No te postrarás ante ellas ni les darás culto, porque el Señor, tu Dios, soy un Dios celoso, que castigo la iniquidad de los padres en los hijos, hasta la tercera y cuarta generación de los que me odian, y tengo misericordia por millares con los que me aman y guardan mis mandamientos.	No habrá para ti otros dioses delante de mí…	Amarás a Dios sobre todas las cosas.
No tomarás en falso el nombre del Señor, tu Dios, porque el Señor no dejará sin castigo a quien toma su nombre en falso.	No tomarás en falso el nombre del Señor tu Dios…	No tomarás el nombre de Dios en vano.
Recuerda el día del sábado para santificarlo. Seis días trabajarás y harás todos tus trabajos, pero el día séptimo es día de descanso para el Señor, tu Dios. No harás ningún trabajo, ni tú, ni tu hijo, ni tu hija, ni tu siervo, ni tu sierva, ni tu ganado, ni el forastero que habita en tu ciudad. Pues en seis días hizo el Señor el cielo y la tierra, el mar y todo cuanto contienen, y el séptimo descansó; por eso bendijo el Señor el día del sábado.	Guardarás el día del sábado para santificarlo.	Santificarás las fiestas.

CÓMO VIVIMOS ⟶ Los mandamientos

Éxodo 20, 2-17	Deuteronomio 5, 6-21	
Honra a tu padre y a tu madre para que se prolonguen tus días sobre la tierra que el Señor, tu Dios, te va a dar.	Honra a tu padre y a tu madre.	Honrarás a tu padre y a tu madre.
No matarás.	No matarás.	No matarás.
No cometerás adulterio.	No cometerás adulterio.	No cometerás actos impuros.
No robarás.	No robarás.	No robarás.
No darás falso testimonio contra tu prójimo.	No darás falso testimonio contra tu prójimo.	No dirás falso testimonio ni mentirás.
No codiciarás la casa de tu prójimo. No codiciarás la mujer de tu prójimo, ni su siervo, ni su sierva, ni su buey, ni su asno, ni nada que sea de tu prójimo.	No desearás la mujer de tu prójimo. No codiciarás... nada que sea de tu prójimo.	No consentirás pensamientos ni deseos impuros. No codiciarás los bienes ajenos.

Cómo debemos vivir

TERCERA PARTE: LA VIDA EN CRISTO

LOS DIEZ MANDAMIENTOS

Segunda sección: los Diez Mandamientos

Amarás a Dios

Capítulo primero: "Amarás al Señor tu Dios con todo tu corazón, con toda tu alma y con todas tus fuerzas"

Amarás a tu prójimo

Capítulo segundo: "Amarás a tu prójimo como a ti mismo"

I. No tendrás otros dioses fuera de mí
(Artículo 1)

II. No tomarás el nombre de Dios en vano
(Artículo 2)

III. Santificarás las fiestas
(Artículo 3)

IV. Honrarás a tu padre y a tu madre
(Artículo 4)

V. No matarás
(Artículo 5)

VI. No cometerás adulterio
(Artículo 6)

VII. No robarás
(Artículo 7)

VIII. No mentirás
(Artículo 8)

IX. No codiciarás la mujer de tu prójimo
(Artículo 9)

X. No codiciarás los bienes ajenos
(Artículo 10)

CIC 2052-2195   CIC 2196-2557

SEGUNDA SECCIÓN
LOS DIEZ MANDAMIENTOS

FUENTES DE LA ESCRITURA Y DE LA IGLESIA

La siguiente parte del *Catecismo* utiliza estas fuentes de la Escritura y de la Iglesia. Véase el "Índice de citas" para una lista completa de referencias

Antiguo Testamento	Citadas en el *Catecismo*
Éxodo	CIC 2056, 2058, 2060, 2061
Levítico	CIC 2055
Deuteronomio	CIC 2055-2061
Jeremías	CIC 2056
Ezequiel	CIC 2056
Oseas	CIC 2056

Nuevo Testamento	
Mateo	CIC 2052-2055, 2075
Juan	CIC 2074
Romanos	CIC 2055
Santiago	CIC 2069, 2079

Concilios ecuménicos	
Trento (1545-1563)	CIC 2068
Vaticano II (1962-1965)	CIC 2068

Escritores eclesiásticos	
San Agustín	CIC 2067
San Buenaventura	CIC 2071
San Ireneo de Lyon	CIC 2063, 2070
Orígenes	CIC 2061

Tercera parte: La vida en Cristo

> **PALABRAS CLAVE**
>
> La siguiente parte del *Catecismo* utiliza estas palabras clave.
> Véase el "Glosario" para su definición.
>
> | Palabras | Citadas en el *Catecismo* |
> |---|---|
> | Decálogo | CIC 2055, 2056 |
> | Mandamiento | CIC 2052 |
> | Teofanía | CIC 2059 |

"Maestro, ¿qué he de hacer…?"

2052 "Maestro, ¿qué he de hacer yo de bueno para conseguir la vida eterna?" Al joven que le hace esta pregunta, Jesús responde primero invocando la necesidad de reconocer a Dios como "el único Bueno", como el Bien por excelencia y como la fuente de todo bien. Luego Jesús le declara: "Si quieres entrar en la vida, guarda los mandamientos". Y cita a su interlocutor los preceptos que se refieren al amor del prójimo: "No matarás, no cometerás adulterio, no robarás, no levantarás testimonio falso, honra a tu padre y a tu madre". Finalmente, Jesús resume estos mandamientos de una manera positiva: "Amarás a tu prójimo como a ti mismo" (*Mt* 19, 16-19).

2053 A esta primera respuesta se añade una segunda: "Si quieres ser perfecto, vete, vende lo que tienes y dáselo a los pobres, y tendrás un tesoro en los cielos; luego ven, y sígueme" (*Mt* 19, 21). Esta respuesta no anula la primera. El seguimiento de Jesucristo implica cumplir los mandamientos. La Ley no es abolida,[1] sino que el hombre es invitado a encontrarla en la Persona de su Maestro, que es quien le da la plenitud perfecta. En los tres evangelios sinópticos la llamada de Jesús, dirigida al joven rico, de seguirle en la obediencia del discípulo, y en la observancia de los preceptos, es relacionada con el llamamiento a la pobreza y a la castidad.[2] Los consejos evangélicos son inseparables de los mandamientos.

2054 Jesús recogió los diez mandamientos, pero manifestó la fuerza del Espíritu operante ya en su letra. Predicó la "justicia que sobrepasa la de los escribas y fariseos" (*Mt* 5, 20), así como la de los paganos.[3] Desarrolló todas las exigencias de los mandamientos: "habéis oído que se dijo a los antepasados: No matarás… Pues yo os digo: Todo aquel que se encolerice contra su hermano, será reo ante el tribunal" (*Mt* 5, 21-22).

2055 Cuando le hacen la pregunta: "¿cuál es el mandamiento mayor de la Ley?" (*Mt* 22, 36), Jesús responde: "Amarás al Señor tu Dios con todo tu corazón, con toda tu alma y con toda tu mente. Este es el mayor y el primer mandamiento. El segundo es semejante a éste: Amarás a tu prójimo como a ti

---

[1] Cf. *Mt* 5, 17.
[2] Cf. *Mt* 19, 6-12.21.23-29.
[3] Cf. *Mt* 5, 46-47.

CÓMO VIVIMOS ⟶ Los mandamientos ⟶ El amor de Dios

mismo. De estos dos mandamientos penden toda la Ley y los Profetas" (*Mt* 22, 37-40).[4] El Decálogo debe ser interpretado a la luz de este doble y único mandamiento de la caridad, plenitud de la Ley:

> En efecto, lo de: No adulterarás, no matarás, no robarás, no codiciarás y todos los demás preceptos, se resumen en esta fórmula: Amarás a tu prójimo como a ti mismo. La caridad no hace mal al prójimo. La caridad es, por tanto, la ley en su plenitud (*Rm* 13, 9-10).

El Decálogo en la Sagrada Escritura

2056 La palabra "Decálogo" significa literalmente "diez palabras" (*Ex* 34, 28; *Dt* 4, 13; 10, 4). Estas "diez palabras" Dios las reveló a su pueblo en la montaña santa. Las escribió "con su Dedo" (*Ex* 31, 18),[5] a diferencia de los otros preceptos escritos por Moisés.[6] Constituyen palabras de Dios en un sentido eminente. Son transmitidas en los libros del Éxodo[7] y del Deuteronomio.[8] Ya en el Antiguo Testamento, los libros santos hablan de las "diez palabras";[9] pero su pleno sentido será revelado en la nueva Alianza en Jesucristo.

2057 El Decálogo se comprende ante todo cuando se lee en el contexto del Éxodo, que es el gran acontecimiento liberador de Dios en el centro de la antigua Alianza. Las "diez palabras", bien sean formuladas como preceptos negativos, prohibiciones, o bien como mandamientos positivos (como "honra a tu padre y a tu madre"), indican las condiciones de una vida liberada de la esclavitud del pecado. El Decálogo es un camino de vida:

> Si amas a tu Dios, si sigues sus caminos y guardas sus mandamientos, sus preceptos y sus normas, vivirás y te multiplicarás" (*Dt* 30, 16).

Esta fuerza liberadora del Decálogo aparece, por ejemplo, en el mandamiento del descanso del sábado, destinado también a los extranjeros y a los esclavos:

> Acuérdate de que fuiste esclavo en el país de Egipto y de que tu Dios te sacó de allí con mano fuerte y con tenso brazo (*Dt* 5, 15).

2058 Las "diez palabras" resumen y proclaman la ley de Dios: "Estas palabras dijo el Señor a toda vuestra asamblea, en la montaña, de en medio del fuego, la nube y la densa niebla, con voz potente, y nada más añadió. Luego las escribió en dos tablas de piedra y me las entregó a mí' (*Dt* 5, 22). Por eso estas dos tablas son llamadas "el Testimonio" (*Ex* 25, 16), pues contienen las cláusulas de la Alianza establecida entre Dios y su pueblo. Estas "tablas del Testimonio" (*Ex* 31, 18; 32, 15; 34, 29) se debían depositar en el "arca" (*Ex* 25, 16; 40, 1-2).

---

[4] Cf. *Dt* 6, 5; *Lv* 19, 18.
[5] Cf. *Dt* 5, 22.
[6] Cf. *Dt* 31, 9.24.
[7] Cf. *Ex* 20, 1-17.
[8] Cf. *Dt* 5, 6-22.
[9] Cf. por ejemplo, *Os* 4, 2; *Jr* 7, 9; *Ez* 8, 5-9.

2059 Las "diez palabras" son pronunciadas por Dios dentro de una teofanía ("el Señor os habló cara a cara en la montaña, en medio del fuego": *Dt* 5, 4). Pertenecen a la revelación que Dios hace de sí mismo y de su gloria. El don de los mandamientos es don de Dios y de su santa voluntad. Dando a conocer su voluntad, Dios se revela a su pueblo.

2060 El don de los mandamientos de la ley forma parte de la Alianza sellada por Dios con los suyos. Según el libro del Éxodo, la revelación de las "diez palabras" es concedida entre la proposición de la Alianza[10] y su ratificación,[11] después que el pueblo se comprometió a "hacer" todo lo que el Señor había dicho y a "obedecerlo" (*Ex* 24, 7). El Decálogo no es transmitido sino tras el recuerdo de la Alianza ("el Señor, nuestro Dios, estableció con nosotros una alianza en Horeb": *Dt* 5, 2).

2061 Los mandamientos reciben su plena significación en el interior de la Alianza. Según la Escritura, el obrar moral del hombre adquiere todo su sentido en y por la Alianza. La primera de las "diez palabras" recuerda el amor primero de Dios hacia su pueblo:

> Como había habido, en castigo del pecado, paso del paraíso de la libertad a la servidumbre de este mundo, por eso la primera frase del Decálogo, primera palabra de los mandamientos de Dios, se refiere a la libertad: "Yo soy el Señor tu Dios, que te sacó de la tierra de Egipto, de la casa de servidumbre" (*Ex* 20, 2; Dt 5, 6).[12]

2062 Los mandamientos propiamente dichos vienen en segundo lugar. Expresan las implicaciones de la pertenencia a Dios instituida por la Alianza. La existencia moral es *respuesta* a la iniciativa amorosa del Señor. Es reconocimiento, homenaje a Dios y culto de acción de gracias. Es cooperación con el designio que Dios se propone en la historia.

2063 La alianza y el diálogo entre Dios y el hombre están también confirmados por el hecho de que todas las obligaciones se enuncian en primera persona ("Yo soy el Señor...") y están dirigidas a otro sujeto ("tú"). En todos los mandamientos de Dios hay un pronombre personal en *singular* que designa el destinatario. Al mismo tiempo que a todo el pueblo, Dios da a conocer su voluntad a cada uno en particular:

> El Señor prescribió el amor a Dios y enseñó la justicia para con el prójimo a fin de que el hombre no fuese ni injusto, ni indigno de Dios. Así, por el Decálogo, Dios preparaba al hombre para ser su amigo y tener un solo corazón con su prójimo... Las palabras del Decálogo persisten también entre nosotros (cristianos). Lejos de ser abolidas, han recibido amplificación y desarrollo por el hecho de la venida del Señor en la carne.[13]

---

[10] Cf. *Ex* 19.
[11] Cf. *Ex* 24.
[12] ORÍGENES, *Homiliae in Exodum*, 8, 1.
[13] SAN IRENEO DE LYÓN, *Adversus haereses*, 4, 16, 3-4.

CÓMO VIVIMOS ⟶ Los mandamientos ⟶ El amor de Dios

CIC 2069

El Decálogo en la Tradición de la Iglesia

2064 Fiel a la Escritura y siguiendo el ejemplo de Jesús, la Tradición de la Iglesia ha reconocido en el Decálogo una importancia y una significación primordiales.

2065 Desde san Agustín, los "diez mandamientos" ocupan un lugar preponderante en la catequesis de los futuros bautizados y de los fieles. En el siglo XV se tomó la costumbre de expresar los preceptos del Decálogo en fórmulas rimadas, fáciles de memorizar, y positivas. Estas fórmulas están todavía en uso hoy. Los catecismos de la Iglesia han expuesto con frecuencia la moral cristiana siguiendo el orden de los "diez mandamientos".

2066 La división y numeración de los mandamientos ha variado en el curso de la historia. El presente catecismo sigue la división de los mandamientos establecida por san Agustín y que ha llegado a ser tradicional en la Iglesia católica. Es también la de las confesiones luteranas. Los Padres griegos hicieron una división algo distinta que se usa en las Iglesias ortodoxas y las comunidades reformadas.

2067 Los diez mandamientos enuncian las exigencias del amor de Dios y del prójimo. Los tres primeros se refieren más al amor de Dios y los otros siete más al amor del prójimo.

1853

> Como la caridad comprende dos preceptos en los que el Señor condensa toda la ley y los profetas..., así los diez preceptos se dividen en dos tablas: tres están escritos en una tabla y siete en la otra.[14]

2068 El Concilio de Trento enseña que los diez mandamientos obligan a los cristianos y que el hombre justificado está también obligado a observarlos.[15] Y el Concilio Vaticano II afirma que: "Los obispos, como sucesores de los apóstoles, reciben del Señor... la misión de enseñar a todos los pueblos y de predicar el Evangelio a todo el mundo para que todos los hombres, por la fe, el bautismo y el cumplimiento de los mandamientos, consigan la salvación".[16]

1993

888

La unidad del Decálogo

2069 El Decálogo forma un todo indisociable. Cada una de las "diez palabras" remite a cada una de las demás y al conjunto; se condicionan recíprocamente. Las dos tablas se iluminan mutuamente; forman una unidad orgánica. Transgredir un mandamiento es quebrantar todos los otros.[17] No se puede honrar a otro sin bendecir a Dios su Creador. No se podría adorar a Dios sin amar a todos los hombres, que son sus creaturas. El Decálogo unifica la vida teologal y la vida social del hombre.

2534

---

[14] SAN AGUSTÍN, *Sermones*, 33, 2, 2: PL 38, 208.
[15] Cf. Concilio de Trento: DS, 1569-1570.
[16] Concilio Vaticano II, *Lumen gentium*, 24.
[17] Cf. *St* 2, 10-11.

El Decálogo y la ley natural

2070 Los diez mandamientos pertenecen a la revelación de Dios. Nos enseñan al mismo tiempo la verdadera humanidad del hombre. Ponen de relieve los deberes esenciales y, por tanto indirectamente, los derechos fundamentales, inherentes a la naturaleza de la persona humana. El Decálogo contiene una expresión privilegiada de la "ley natural":

> Desde el comienzo, Dios había puesto en el corazón de los hombres los preceptos de la ley natural. Primeramente se contentó con recordárselos. Esto fue el Decálogo.[18]

2071 Aunque accesibles a la sola razón, los preceptos del Decálogo han sido revelados. Para alcanzar un conocimiento completo y cierto de las exigencias de la ley natural, la humanidad pecadora necesitaba esta revelación:

> En el estado de pecado, una explicación plena de los mandamientos del Decálogo resultó necesaria a causa del oscurecimiento de la luz de la razón y de la desviación de la voluntad.[19]

Conocemos los mandamientos de la ley de Dios por la revelación divina que nos es propuesta en la Iglesia, y por la voz de la conciencia moral.

La obligación del Decálogo

2072 Los diez mandamientos, por expresar los deberes fundamentales del hombre hacia Dios y hacia su prójimo, revelan en su contenido primordial obligaciones *graves*. Son básicamente inmutables y su obligación vale siempre y en todas partes. Nadie podría dispensar de ellos. Los diez mandamientos están grabados por Dios en el corazón del ser humano.

2073 La obediencia a los mandamientos implica también obligaciones cuya materia es, en sí misma, leve. Así, la injuria de palabra está prohibida por el quinto mandamiento, pero sólo podría ser una falta grave en razón de las circunstancias o de la intención del que la profiere.

"Sin mí no podéis hacer nada"

2074 Jesús dice: "Yo soy la vid; vosotros los sarmientos. El que permanece en mí como yo en él, ése da mucho fruto; porque sin mí no podéis hacer nada" (*Jn* 15, 5). El fruto evocado en estas palabras es la santidad de una vida hecha fecunda por la unión con Cristo. Cuando creemos en Jesucristo, participamos en sus misterios y guardamos sus mandamientos, el Salvador mismo ama en nosotros a su Padre y a sus hermanos, nuestro Padre y nuestros hermanos. Su persona viene a ser, por obra del Espíritu, la norma viva e interior de nuestro obrar. "Este es el mandamiento mío: que os améis los unos a los otros como yo os he amado" (*Jn* 15, 12).

---

[18] SAN IRENEO DE LYÓN, *Adversus haereses*, 4, 15, 1.

[19] SAN BUENAVENTURA, *In libros sententiarum*, 4, 37, 1, 3.

CÓMO VIVIMOS ⟶ Los mandamientos ⟶ El amor de Dios

CIC 2082

RESUMEN

2075 "¿Qué he de hacer yo de bueno para conseguir la vida eterna?" -"Si quieres entrar en la vida, guarda los mandamientos" (*Mt* 19, 16-17).

2076 Por su modo de actuar y por su predicación, Jesús ha atestiguado el valor perenne del Decálogo.

2077 El don del Decálogo fue concedido en el marco de la alianza establecida por Dios con su pueblo. Los mandamientos de Dios reciben su significado verdadero en y por esta Alianza.

2078 Fiel a la Escritura y siguiendo el ejemplo de Jesús, la Tradición de la Iglesia ha reconocido en el Decálogo una importancia y una significación primordial.

2079 El Decálogo forma una unidad orgánica en la que cada "palabra" o "mandamiento" remite a todo el conjunto. Transgredir un mandamiento es quebrantar toda la ley.[20]

2080 El Decálogo contiene una expresión privilegiada de la ley natural. Lo conocemos por la revelación divina y por la razón humana.

2081 Los diez mandamientos, en su contenido fundamental, enuncian obligaciones graves. Sin embargo, la obediencia a estos preceptos implica también obligaciones cuya materia es, en sí misma, leve.

2082 Dios hace posible por su gracia lo que manda.

---

[20] Cf. *St* 2, 10-11.

Tercera parte: La vida en Cristo

Capítulo primero
"Amarás al Señor tu Dios con todo tu corazón, con toda tu alma y con todas tus fuerzas"

FUENTES DE LA ESCRITURA Y DE LA IGLESIA

La siguiente parte del *Catecismo* utiliza estas fuentes de la Escritura y de la Iglesia. Véase el "Índice de citas" para una lista completa de referencias

Antiguo Testamento	Citadas en el *Catecismo*
Éxodo	CIC 2083, 2085, 2119, 2130, 2141
Números	CIC 2130
Deuteronomio	CIC 2083, 2084, 2093, 2096, 2116, 2119, 2129, 2133, 2141
Josué	CIC 2112
1 Reyes	CIC 2130
Salmos	CIC 2119
Sabiduría	CIC 2112, 2129, 2130
Eclesiástico	CIC 2129
Isaías	CIC 2100, 2112, 2121
Jeremías	CIC 2112, 2116
Baruc	CIC 2112
Daniel	CIC 2112
Oseas	CIC 2100
Amós	CIC 2100
Nuevo Testamento	
Mateo	CIC 2083, 2100, 2111, 2113, 2121, 2122, 2135, 2141
Lucas	CIC 2083, 2096-2098, 2119, 2122
Juan	CIC 2130
Hechos de los Apóstoles	CIC 2102, 2121
Romanos	CIC 2087, 2125
1 Corintios	CIC 2119, 2122
Gálatas	CIC 2113
Efesios	CIC 2113
1 Timoteo	CIC 2122
Hebreos	CIC 2100
Apocalipsis	CIC 2113

CÓMO VIVIMOS ⟶ Los mandamientos ⟶ El amor de Dios

FUENTES DE LA ESCRITURA Y DE LA IGLESIA

(continuación)

Concilios ecuménicos	Citadas en el *Catecismo*
Nicea II (787)	CIC 2132
Trento (1545-1563)	CIC 2132
Vaticano II (1962-1965)	CIC 2103-2109, 2123-2126, 2132, 2137

Documentos pontificios

Pío VI (1775-1799)	CIC 2109
Pío IX (1846-1878)	CIC 2109
Leo XIII (1878-1903)	CIC 2105, 2108
Pío XI (1922-1939)	CIC 2105
Pío XII (1939-1958)	CIC 2108

Documentos eclesiásticos

Catecismo Romano	CIC 2086

Derecho Canónico

Código de Derecho Canónico	CIC 2089, 2102, 2103, 2120, 2122

Escritores eclesiásticos

San Agustín	CIC 2099
San Basilio de Cesarea en Capadocia	CIC 2132
San Justino	CIC 2085
Orígenes	CIC 2114
Santo Tomás de Aquino	CIC 2132

PALABRAS CLAVE

La siguiente parte del *Catecismo* utiliza estas palabras clave.
Véase el "Glosario" para su definición.

Palabras	Citadas en el *Catecismo*
Adoración	CIC 2096
Apostasía	CIC 2089
Ateísmo	CIC 2124, 2125
Celebrar	CIC 2096
Cisma	CIC 2089
Desesperanza	CIC 2091
Fe	CIC 2087
Herejía	CIC 2089
Iconoclasia	CIC 2131
Idolatría	CIC 2112

Tercera parte: La vida en Cristo

PALABRAS CLAVE

(continuación)

Palabras	Citadas en el *Catecismo*
Incredulidad	CIC 2089
Impiedad	CIC 2095, 2110
Pereza	CIC 2094
Presunción	CIC 2092
Religion	CIC 2084, 2135
Sacrificio	CIC 2099
Sacrilegio	CIC 2120
Simonía	CIC 2121
Superstición	CIC 2110
Veneración (de los santos)	CIC 2132
Voto	CIC 2102

2083 Jesús resumió los deberes del hombre para con Dios en estas palabras: "Amarás al Señor tu Dios con todo tu corazón, con toda tu alma y con toda tu mente" (*Mt* 22, 37).[1] Estas palabras siguen inmediatamente a la llamada solemne: "Escucha, Israel: el Señor nuestro Dios es el único Señor" (*Dt* 6, 4).

Dios nos amó primero. El amor del Dios Único es recordado en la primera de las "diez palabras" Los mandamientos explicitan a continuación la respuesta de amor que el hombre está llamado a dar a su Dios.

ARTÍCULO 1
EL PRIMER MANDAMIENTO

Yo, el Señor, soy tu Dios, que te ha sacado del país de Egipto, de la casa de servidumbre. No habrá para ti otros dioses delante de mí. No te harás escultura ni imagen alguna ni de lo que hay arriba en los cielos, ni de lo que hay abajo en la tierra, ni de lo que hay en las aguas debajo de la tierra. No te postrarás ante ellas ni les darás culto (*Ex* 20, 2-5).[2]

Está escrito: Al Señor tu Dios adorarás, sólo a él darás culto (*Mt* 4, 10).

I. "ADORARÁS AL SEÑOR TU DIOS, Y LE SERVIRAS"

2084 Dios se da a conocer recordando su acción todopoderosa, bondadosa y liberadora en la historia de aquel a quien se dirige: "Yo te saqué del país de Egipto, de la casa de servidumbre". La primera palabra contiene el primer mandamiento de la ley: "Adorarás al Señor tu Dios y le servirás...no vayáis en

---

[1] Cf. *Lc* 10, 27: "...y con todas tus fuerzas".   [2] Cf. *Dt* 5, 6-9.

CÓMO VIVIMOS ⟶ Los mandamientos ⟶ El amor de Dios

CIC 2088

pos de otros dioses" (*Dt* 6, 13-14). La primera llamada y la justa exigencia de Dios consiste en que el hombre lo acoja y lo adore.

338

2085 El Dios único y verdadero revela ante todo su gloria a Israel.[3] La revelación de la vocación y de la verdad del hombre está ligada a la revelación de Dios. El hombre tiene la vocación de hacer manifiesto a Dios mediante sus obras humanas, en conformidad con su condición de criatura hecha "a imagen y semejanza de Dios":

200

1701

> No habrá jamás otro Dios, Trifón, y no ha habido otro desde los siglos sino el que ha hecho y ordenado el universo. Nosotros no pensamos que nuestro Dios es distinto del vuestro. Es el mismo que sacó a vuestros padres de Egipto "con su mano poderosa y su brazo extendido".
>
> Nosotros no ponemos nuestras esperanzas en otro, que no existe, sino en el mismo que vosotros, el Dios de Abraham, de Isaac y de Jacob.[4]

2086 "El primero de los preceptos abarca la fe, la esperanza y la caridad. En efecto, quien dice Dios, dice un ser constante, inmutable, siempre el mismo, fiel, perfectamente justo. De ahí se sigue que nosotros debemos necesariamente aceptar sus Palabras y tener en Él una fe y una confianza completas. Él es todopoderoso, clemente, infinitamente inclinado a hacer el bien. ¿Quién podría no poner en él todas sus esperanzas? ¿Y quién podrá no amarlo contemplando todos los tesoros de bondad y de ternura que ha derramado en nosotros? De ahí esa fórmula que Dios emplea en la Sagrada Escritura tanto al comienzo como al final de sus preceptos: 'Yo soy el Señor'".[5]

212

2061

La fe

1814-1816

2087 Nuestra vida moral tiene su fuente en la fe en Dios que nos revela su amor. San Pablo habla de la "obediencia de la fe" (*Rm* 1, 5)[6] como de la primera obligación. Hace ver en el "desconocimiento de Dios" el principio y la explicación de todas las desviaciones morales.[7] Nuestro deber para con Dios es creer en Él y dar testimonio de Él.

143

2088 El primer mandamiento nos pide que alimentemos y guardemos con prudencia y vigilancia nuestra fe y que rechacemos todo lo que se opone a ella. Hay diversas maneras de pecar contra la fe:

La duda voluntaria respecto a la fe descuida o rechaza tener por verdadero lo que Dios ha revelado y la Iglesia propone creer. La *duda involuntaria* designa la vacilación en creer, la dificultad de superar las objeciones con respecto a la fe o también la ansiedad suscitada por la oscuridad de ésta. Si la duda se fomenta deliberadamente, puede conducir a la ceguera del espíritu.

157

---

[3] Cf. *Ex* 19, 16-25; 24, 15-18.
[4] SAN JUSTINO, *Dialogus cum Tryphone Judaeo*, 11, 1.
[5] *Catecismo Romano*, 3, 2, 4.
[6] Cf. *Rm* 16, 26.
[7] Cf. *Rm* 1, 18-32.

2089 La *incredulidad* es el menosprecio de la verdad revelada o el rechazo voluntario de prestarle asentimiento. "Se llama *herejía* la negación pertinaz, después de recibido el bautismo, de una verdad que ha de creerse con fe divina y católica, o la duda pertinaz sobre la misma; *apostasía* es el rechazo total de la fe cristiana; *cisma,* el rechazo de la sujeción al Sumo Pontífice o de la comunión con los miembros de la Iglesia a él sometidos".[8]

La esperanza

2090 Cuando Dios se revela y llama al hombre, éste no puede responder plenamente al amor divino por sus propias fuerzas. Debe esperar que Dios le dé la capacidad de devolverle el amor y de obrar conforme a los mandamientos de la caridad. La esperanza es aguardar confiadamente la bendición divina y la bienaventurada visión de Dios; es también el temor de ofender el amor de Dios y de provocar su castigo.

2091 El primer mandamiento se refiere también a los pecados contra la esperanza, que son la desesperación y la presunción:

Por la *desesperación,* el hombre deja de esperar de Dios su salvación personal, el auxilio para llegar a ella o el perdón de sus pecados. Se opone a la Bondad de Dios, a su Justicia —porque el Señor es fiel a sus promesas— y a su Misericordia.

2092 Hay dos clases de *presunción.* O bien el hombre presume de sus capacidades (esperando poder salvarse sin la ayuda de lo alto), o bien presume de la omnipotencia o de la misericordia divinas (esperando obtener su perdón sin conversión y la gloria sin mérito).

La caridad

2093 La fe en el amor de Dios encierra la llamada y la obligación de responder a la caridad divina mediante un amor sincero. El primer mandamiento nos ordena amar a Dios sobre todas las cosas y a las criaturas por Él y a causa de Él.[9]

2094 Se puede pecar de diversas maneras contra el amor de Dios. La *indiferencia* descuida o rechaza la consideración de la caridad divina; desprecia su acción preveniente y niega su fuerza. La *ingratitud* omite o se niega a reconocer la caridad divina y devolverle amor por amor. La *tibieza* es una vacilación o negligencia en responder al amor divino; puede implicar la negación a entregarse al movimiento de la caridad. La *acedía* o pereza espiritual llega a rechazar el gozo que viene de Dios y a sentir horror por el bien divino. El *odio a Dios* tiene su origen en el orgullo; se opone al amor de Dios cuya bondad niega y lo maldice porque condena el pecado e inflige penas.

---

[8] CDC, 751.   [9] Cf. *Dt* 6, 4-5. 10.

CÓMO VIVIMOS ⟶ Los mandamientos ⟶ El amor de Dios

II. "A ÉL SÓLO DARÁS CULTO"

2095 Las virtudes teologales de la fe, la esperanza y la caridad, informan y vivifican las virtudes morales. Así, la caridad nos lleva a dar a Dios lo que en toda justicia le debemos en cuanto criaturas. La *virtud de la religión* nos dispone a esta actitud.

La adoración

2096 La adoración es el primer acto de la virtud de la religión. Adorar a Dios es reconocerle como Dios, como Creador y Salvador, Señor y Dueño de todo lo que existe, como Amor infinito y misericordioso. "Adorarás al Señor tu Dios y sólo a él darás culto" (*Lc* 4, 8), dice Jesús citando el Deuteronomio.[10]

2097 Adorar a Dios es reconocer, con respeto y sumisión absolutos, la "nada de la criatura", que sólo existe por Dios. Adorar a Dios es alabarlo, exaltarle y humillarse a sí mismo, como hace María en el Magníficat, confesando con gratitud que Él ha hecho grandes cosas y que su nombre es santo.[11] La adoración del Dios único libera al hombre del repliegue sobre sí mismo, de la esclavitud del pecado y de la idolatría del mundo.

La oración

2098 Los actos de fe, esperanza y caridad que ordena el primer mandamiento se realizan en la oración. La elevación del espíritu hacia Dios es una expresión de nuestra adoración a Dios: oración de alabanza y de acción de gracias, de intercesión y de súplica. La oración es una condición indispensable para poder obedecer los mandamientos de Dios. "Es preciso orar siempre sin desfallecer" (*Lc* 18, 1).

El sacrificio

2099 Es justo ofrecer a Dios sacrificios en señal de adoración y de gratitud, de súplica y de comunión: "Toda acción realizada para unirse a Dios en la santa comunión y poder ser bienaventurado es un verdadero sacrificio".[12]

2100 El sacrificio exterior, para ser auténtico, debe ser expresión del sacrificio espiritual. "Mi sacrificio es un espíritu contrito..." (*Sal* 51, 19). Los profetas de la Antigua Alianza denunciaron con frecuencia los sacrificios hechos sin participación interior[13] o sin relación con el amor al prójimo.[14] Jesús recuerda las palabras del profeta Oseas: "Misericordia quiero, que no sacrificio" (*Mt* 9, 13; 12, 7).[15] El único sacrificio perfecto es el que ofreció Cristo en la cruz en ofrenda total al amor del Padre y por nuestra salvación.[16] Uniéndonos a su sacrificio, podemos hacer de nuestra vida un sacrificio para Dios.

---

[10] Cf. *Dt* 6, 13.
[11] Cf. *Lc* 1, 46-49.
[12] SAN AGUSTÍN, *De civitate Dei*, 10, 6.
[13] Cf. *Am* 5, 21-25.
[14] Cf. *Is* 1, 10-20.
[15] Cf. *Os* 6, 6.
[16] Cf. *Hb* 9, 13-14.

Promesas y votos

2101 En varias circunstancias, el cristiano es llamado a hacer *promesas* a Dios. El bautismo y la confirmación, el matrimonio y la ordenación las exigen siempre. Por devoción personal, el cristiano puede también prometer a Dios un acto, una oración, una limosna, una peregrinación, etc. La fidelidad a las promesas hechas a Dios es una manifestación de respeto a la Majestad divina y de amor hacia el Dios fiel.

2102 "El *voto*, es decir, la promesa deliberada y libre hecha a Dios acerca de un bien posible y mejor, debe cumplirse por la virtud de la religión".[17] El voto es un acto de *devoción* en el que el cristiano se consagra a Dios o le promete una obra buena. Por tanto, mediante el cumplimiento de sus votos entrega a Dios lo que le ha prometido y consagrado. Los Hechos de los Apóstoles nos muestran a san Pablo cumpliendo los votos que había hecho.[18]

2103 La Iglesia reconoce un valor ejemplar a los votos de practicar los *consejos evangélicos*.[19]

> La santa Iglesia se alegra de que haya en su seno muchos hombres y mujeres que siguen más de cerca y muestran más claramente el anonadamiento de Cristo, escogiendo la pobreza con la libertad de los hijos de Dios y renunciando a su voluntad propia. Estos, pues, se someten a los hombres por Dios en la búsqueda de la perfección más allá de lo que está mandado, para parecerse más a Cristo obediente.[20]

> En algunos casos, la Iglesia puede, por razones proporcionadas, dispensar de los votos y las promesas.[21]

El deber social de la religión y el derecho a la libertad religiosa

2104 "Todos los hombres están obligados a buscar la verdad, sobre todo en lo que se refiere a Dios y a su Iglesia, y, una vez conocida, a abrazarla y practicarla".[22] Este deber se desprende de "su misma naturaleza".[23] No contradice al "respeto sincero" hacia las diversas religiones, que "no pocas veces reflejan, sin embargo, un destello de aquella Verdad que ilumina a todos los hombres",[24] ni a la exigencia de la caridad que empuja a los cristianos "a tratar con amor, prudencia y paciencia a los hombres que viven en el error o en la ignorancia de la fe".[25]

2105 El deber de rendir a Dios un culto auténtico corresponde al hombre individual y socialmente considerado. Esa es "la doctrina tradicional católica sobre el deber moral de los hombres y de las sociedades respecto a la religión

---

[17] CDC, 1191, 1.
[18] Cf. *Hch* 18, 18; 21, 23-24.
[19] Cf. CDC, 654.
[20] Concilio Vaticano II, *Lumen gentium*, 42.
[21] Cf. CDC, 692; 1196-1197.
[22] Concilio Vaticano II, *Dignitatis humanae*, 1.
[23] *Ibid.*, 2.
[24] Concilio Vaticano II, *Nostra aetate*, 2.
[25] Concilio Vaticano II, *Dignitatis humanae*, 14.

verdadera y a la única Iglesia de Cristo".[26] Al evangelizar sin cesar a los hombres, la Iglesia trabaja para que puedan "informar con el espíritu cristiano el pensamiento y las costumbres, las leyes y las estructuras de la comunidad en la que cada uno vive".[27] Deber social de los cristianos es respetar y suscitar en cada hombre el amor de la verdad y del bien.

Les exige dar a conocer el culto de la única verdadera religión, que subsiste en la Iglesia católica y apostólica.[28] Los cristianos son llamados a ser la luz del mundo.[29] La Iglesia manifiesta así la realeza de Cristo sobre toda la creación y, en particular, sobre las sociedades humanas.[30]

2106 "En materia religiosa, ni se obligue a nadie a actuar contra su conciencia, ni se le impida que actúe conforme a ella, pública o privadamente, solo o asociado con otros".[31] Este derecho se funda en la naturaleza misma de la persona humana, cuya dignidad le hace adherirse libremente a la verdad divina, que trasciende el orden temporal. Por eso, "permanece aún en aquellos que no cumplen la obligación de buscar la verdad y adherirse a ella".[32]

2107 "Si, teniendo en cuenta las circunstancias peculiares de los pueblos, se concede a una comunidad religiosa un reconocimiento civil especial en el ordenamiento jurídico de la sociedad, es necesario que al mismo tiempo se reconozca y se respete el derecho a la libertad en materia religiosa a todos los ciudadanos y comunidades religiosas".[33]

2108 El derecho a la libertad religiosa no es ni la permisión moral de adherirse al error,[34] ni un supuesto derecho al error,[35] sino un derecho natural de la persona humana a la libertad civil, es decir, a la inmunidad de coacción exterior, en los justos límites, en materia religiosa por parte del poder político. Este derecho natural debe ser reconocido en el ordenamiento jurídico de la sociedad de manera que constituya un derecho civil.[36]

2109 El derecho a la libertad religiosa no puede ser de suyo ni ilimitado,[37] ni limitado solamente por un "orden público" concebido de manera positivista o naturalista.[38] Los "justos límites" que le son inherentes deben ser determinados para cada situación social por la prudencia política, según las exigencias del bien común, y ratificados por la autoridad civil según "normas jurídicas, conforme con el orden objetivo moral".[39]

---

[26] *Ibid.*, 1.
[27] Concilio Vaticano II, *Apostolicam actuositatem*, 13.
[28] Cf. Concilio Vaticano II, *Dignitatis humanae*, 1.
[29] Cf. Concilio Vaticano II, *Apostolicam actuositatem*, 13.
[30] Cf. LEÓN XIII, enc. *Immortale Dei*; PÍO XI, ene. *Quas primas*.
[31] Concilio Vaticano II, *Dignitatis humanae*, 2.
[32] *Ibid.*
[33] Concilio Vaticano II, *Dignitatis humanae*, 6.
[34] Cf. LEÓN XIII, ene. *Libertas praestantissimum*.
[35] Cf. PÍO XII, discurso 6 diciembre 1953.
[36] Cf. Concilio Vaticano II, *Dignitatis humanae*, 2.
[37] Cf. PÍO VI, breve *Quod aliquantum*.
[38] Cf. PÍO IX, enc. *Quanta cura*.
[39] Concilio Vaticano II, *Dignitatis humanae*, 1.

III. "NO HABRÁ PARA TI OTROS DIOSES DELANTE DE MÍ"

2110 El primer mandamiento prohíbe honrar a dioses distintos del Único Señor que se ha revelado a su pueblo. Proscribe la superstición y la irreligión. La superstición representa en cierta manera una perversión, por exceso, de la religión. La irreligión es un vicio opuesto por defecto a la virtud de la religión.

La superstición

2111 La superstición es la desviación del sentimiento religioso y de las prácticas que impone. Puede afectar también al culto que damos al verdadero Dios, por ejemplo, cuando se atribuye una importancia, de algún modo, mágica a ciertas prácticas, por otra parte, legítimas o necesarias. Atribuir su eficacia a la sola materialidad de las oraciones o de los signos sacramentales, prescindiendo de las disposiciones interiores que exigen, es caer en la superstición.[40]

La idolatría

2112 El primer mandamiento condena el *politeísmo. Exige al* hombre no creer en otros dioses que el Dios verdadero. Y no venerar otras divinidades que al único Dios. La Escritura recuerda constantemente este rechazo de los "ídolos, oro y plata, obra de las manos de los hombres", que "tienen boca y no hablan, ojos y no ven..." Estos ídolos vanos hacen vano al que les da culto: "Como ellos serán los que los hacen, cuantos en ellos ponen su confianza" (*Sal* 115, 4-5.8).[41] Dios, por el contrario, es el "Dios vivo" (*Jos* 3, 10; *Sal* 42, 3, etc.), que da vida e interviene en la historia.

2113 La idolatría no se refiere sólo a los cultos falsos del paganismo. Es una tentación constante de la fe. Consiste en divinizar lo que no es Dios. Hay idolatría desde el momento en que el hombre honra y reverencia a una criatura en lugar de Dios. Trátese de dioses o de demonios (por ejemplo, el satanismo), de poder, de placer, de la raza, de los antepasados, del Estado, del dinero, etc. "No podéis servir a Dios y al dinero", dice Jesús (*Mt* 6, 24). Numerosos mártires han muerto por no adorar a "la Bestia",[42] negándose incluso a simular su culto. La idolatría rechaza el único Señorío de Dios; es, por tanto, incompatible con la comunión divina.[43]

2114 La vida humana se unifica en la adoración del Dios Único. El mandamiento de adorar al único Señor da unidad al hombre y lo salva de una dispersión infinita. La idolatría es una perversión del sentido religioso innato en el hombre. El idólatra es el que "aplica a cualquier cosa, en lugar de a Dios, la indestructible noción de Dios".[44]

---

[40] Cf. *Mt* 23, 16-22.
[41] Cf. *Is* 44, 9-20; *Jr* 10, 1-16; *Dn* 14, 1-30; *Ba* 6; *Sb* 13, 1-15.
[42] Cf. *Ap* 13-14.
[43] Cf. *Ga* 5, 20; *Ef* 5, 5.
[44] ORÍGENES, *Contra Celsum*, 2, 40.

Adivinación y magia

2115 Dios puede revelar el porvenir a sus profetas o a otros santos. Sin embargo, la actitud cristiana justa consiste en entregarse con confianza en las manos de la providencia en lo que se refiere al futuro y en abandonar toda curiosidad malsana al respecto. Sin embargo, la imprevisión puede constituir una falta de responsabilidad.

2116 Todas las formas de *adivinación* deben rechazarse: el recurso a Satán o a los demonios, la evocación de los muertos, y otras prácticas que equivocadamente se supone "desvelan" el porvenir.[45] La consulta de horóscopos, la astrología, la quiromancia, la interpretación de presagios y de suertes, los fenómenos de visión, el recurso a "médiums" encierran una voluntad de poder sobre el tiempo, la historia y, finalmente, los hombres, a la vez que un deseo de granjearse la protección de poderes ocultos. Están en contradicción con el honor y el respeto, mezclados de temor amoroso, que debemos solamente a Dios.

2117 Todas las prácticas de *magia* o de *hechicería* mediante las que se pretende domesticar potencias ocultas para ponerlas a su servicio y obtener un poder sobrenatural sobre el prójimo —aunque sea para procurar la salud—, son gravemente contrarias a la virtud de la religión. Estas prácticas son más condenables aun cuando van acompañadas de una intención de dañar a otro, recurran o no a la intervención de los demonios. Llevar amuletos es también reprensible. El *espiritismo* implica con frecuencia prácticas adivinatorias o mágicas. Por eso la Iglesia advierte a los fieles que se guarden de él. El recurso a las medicinas llamadas tradicionales no legítima ni la invocación de las potencias malignas, ni la explotación de la credulidad del prójimo.

La irreligión

2118 El primer mandamiento de Dios reprueba los principales pecados de irreligión: la acción de tentar a Dios con palabras o con obras, el sacrilegio y la simonía.

2119 La acción de *tentar a Dios* consiste en poner a prueba, de palabra o de obra, su bondad y su omnipotencia. Así es como Satán quería conseguir de Jesús que se arrojara del templo y obligase a Dios, mediante este gesto, a actuar.[46] Jesús le opone las palabras de Dios: "No tentarás al Señor tu Dios" (*Dt* 6, 16). El reto que contiene este tentar a Dios lesiona el respeto y la confianza que debemos a nuestro Creador y Señor. Incluye siempre una duda respecto a su amor, su providencia y su poder.[47]

---

[45] Cf. *Dt* 18, 10; *Jr* 29, 8.
[46] Cf. *Lc* 4, 9.
[47] Cf. *1 Co* 10, 9; *Ex* 17, 2-7; *Sal* 95, 9.

2120 El *sacrilegio* consiste en profanar o tratar indignamente los sacramentos y las otras acciones litúrgicas, así como las personas, las cosas y los lugares consagrados a Dios. El sacrilegio es un pecado grave sobre todo cuando es cometido contra la Eucaristía, pues en este sacramento el Cuerpo de Cristo se nos hace presente substancialmente.[48]

2121 La *simonía*[49] se define como la compra o venta de cosas espirituales. A Simón el mago, que quiso comprar el poder espiritual del que vio dotado a los apóstoles, Pedro le responde: "Vaya tu dinero a la perdición y tú con él, pues has pensado que el don de Dios se compra con dinero" (*Hch* 8, 20). Así se ajustaba a las palabras de Jesús: "Gratis lo recibisteis, dadlo gratis" (*Mt* 10, 8).[50] Es imposible apropiarse de los bienes espirituales y de comportarse respecto a ellos como un poseedor o un dueño, pues tienen su fuente en Dios. Sólo es posible recibirlos gratuitamente de Él.

2122 "Fuera de las ofrendas determinadas por la autoridad competente, el ministro no debe pedir nada por la administración de los sacramentos, y ha de procurar siempre que los necesitados no queden privados de la ayuda de los sacramentos por razón de su pobreza".[51] La autoridad competente puede fijar estas "ofrendas" atendiendo al principio de que el pueblo cristiano debe contribuir al sostenimiento de los ministros de la Iglesia. "El obrero merece su sustento" (*Mt* 10, 10).[52]

El ateísmo

2123 "Muchos de nuestros contemporáneos no perciben de ninguna manera esta unión íntima y vital con Dios o la rechazan explícitamente, hasta tal punto que el ateísmo debe ser considerado entre los problemas más graves de esta época".[53]

2124 El nombre de ateísmo abarca fenómenos muy diversos. Una forma frecuente del mismo es el materialismo práctico, que limita sus necesidades y sus ambiciones al espacio y al tiempo. El humanismo ateo considera falsamente que el hombre es "el fin de sí mismo, el artífice y demiurgo único de su propia historia".[54] Otra forma del ateísmo contemporáneo espera la liberación del hombre de una liberación económica y social para la que "la religión, por su propia naturaleza, constituiría un obstáculo, porque, al orientar la esperanza del hombre hacia una vida futura ilusoria, lo apartaría de la construcción de la ciudad terrena".[55]

2125 En cuanto rechaza o niega la existencia de Dios, el ateísmo es un pecado contra la virtud de la religión.[56] La imputabilidad de esta falta puede

---

[48] Cf. CDC, 1367; 1376.
[49] Cf. *Hch* 8, 9-24.
[50] Cf. *Is* 5, 1.
[51] CDC, 848.
[52] Cf. *Lc* 10, 7; *1 Co* 9, 5-18; *1 Tm* 5, 17-18.
[53] Concilio Vaticano II, *Gaudium et spes,* 19, 1.
[54] *Ibid,* 20, 1.
[55] Concilio Vaticano II, *Gaudium et spes,* 20, 2.
[56] Cf. *Rm* 1, 18.

quedar ampliamente disminuida en virtud de las intenciones y de las circunstancias. En la génesis y difusión del ateísmo "puede corresponder a los creyentes una parte no pequeña; en cuanto que, por descuido en la educación para la fe, por una exposición falsificada de la doctrina, o también por los defectos de su vida religiosa, moral y social, puede decirse que han velado el verdadero rostro de Dios y de la religión, más que revelarlo".[57]

2126 Con frecuencia el ateísmo se funda en una concepción falsa de la autonomía humana, llevada hasta el rechazo de toda dependencia respecto a Dios.[58] Sin embargo, "el reconocimiento de Dios no se opone en ningún modo a la dignidad del hombre, ya que esta dignidad se funda y se perfecciona en el mismo Dios".[59] "La Iglesia sabe muy bien que su mensaje conecta con los deseos más profundos del corazón humano".[60]

El agnosticismo

2127 El agnosticismo reviste varias formas. En ciertos casos, el agnóstico se resiste a negar a Dios; al contrario, postula la existencia de un ser trascendente que no podría revelarse y del que nadie podría decir nada. En otros casos, el agnóstico no se pronuncia sobre la existencia de Dios, manifestando que es imposible probarla e incluso afirmarla o negarla.

2128 El agnosticismo puede contener a veces una cierta búsqueda de Dios, pero puede igualmente representar un indiferentismo, una huida ante la cuestión última de la existencia, y una pereza de la conciencia moral. El agnosticismo equivale con mucha frecuencia a un ateísmo práctico.

IV. "NO TE HARÁS ESCULTURA ALGUNA…"

2129 El mandamiento divino implicaba la prohibición de toda representación de Dios por mano del hombre. El Deuteronomio lo explica así: "Puesto que no visteis figura alguna el día en que el Señor os habló en el Horeb de en medio del fuego, no vayáis a prevaricar y os hagáis alguna escultura de cualquier representación que sea…" (Dt 4, 15-16). Quien se revela a Israel es el Dios absolutamente Trascendente. "Él lo es todo", pero al mismo tiempo "está por encima de todas sus obras" (Si 43, 27-28). Es la fuente de toda belleza creada (cf. Sb 13, 3).

2130 Sin embargo, ya en el Antiguo Testamento Dios ordenó o permitió la institución de imágenes que conducirían simbólicamente a la salvación por el Verbo encarnado: la serpiente de bronce,[61] el arca de la Alianza y los querubines.[62]

2131 Fundándose en el misterio del Verbo encarnado, el séptimo Concilio Ecuménico (celebrado en Nicea el año 787), justificó contra los iconoclastas el

---

[57] Concilio Vaticano II, *Gaudium et spes*, 19, 3.
[58] Cf. *ibid.*, 20, 1.
[59] *Ibid.*, 21, 3.
[60] *Ibid.*, 21, 7.
[61] Cf. Nm 21, 4-9; Sb 16, 5-14; Jn 3, 14-15.
[62] Cf. Ex 25, 10-12; 1 R 6, 23-28; 7, 23-26.

culto de las sagradas imágenes: las de Cristo, pero también las de la Madre de Dios, de los ángeles y de todos los santos. El Hijo de Dios, al encarnarse, inauguró una nueva "economía" de las imágenes.

2132 El culto cristiano de las imágenes no es contrario al primer mandamiento que proscribe los ídolos. En efecto, "el honor dado a una imagen se remonta al modelo original",[63] "el que venera una imagen, venera en ella la persona que en ella está representada".[64] El honor tributado a las imágenes sagradas es una "veneración respetuosa", no una adoración, que sólo corresponde a Dios:

> El culto de la religión no se dirige a las imágenes en sí mismas como realidades, sino que las mira bajo su aspecto propio de imágenes que nos conducen a Dios encarnado. Ahora bien, el movimiento que se dirige a la imagen en cuanto tal, no se detiene en ella, sino que tiende a la realidad de la que ella es imagen.[65]

RESUMEN

2133 "Amarás al Señor tu Dios con todo tu corazón, con toda tu alma y con todas tus fuerzas" (*Dt* 6, 5).

2134 El primer mandamiento llama al hombre para que crea en Dios, espere en Él y lo ame sobre todas las cosas.

2135 "Al Señor tu Dios adorarás" (*Mt* 4, 10). Adorar a Dios, orar a Él, ofrecerle el culto que le corresponde, cumplir las promesas y los votos que se le han hecho, son todos ellos actos de la virtud de la religión que constituyen la obediencia al primer mandamiento.

2136 El deber de dar a Dios un culto auténtico corresponde al hombre individual y socialmente considerado.

2137 El hombre debe "poder profesar libremente la religión en público y en privado". [66]

2138 La superstición es una desviación del culto que debemos al verdadero Dios, la cual conduce a la idolatría y a distintas formas de adivinación y de magia.

2139 La acción de tentar a Dios de palabra o de obra, el sacrilegio y la simonía son pecados de irreligión, prohibidos por el primer mandamiento.

---

[63] SAN BASILIO DE CESAREA EN CAPADOCIA, *Líber de Spiritu Soneto*, 18, 45: PG 32, 149C.
[64] Concilio de Nicea II: DS, 601; cf Concilio de Trento: *ibid.*, 1821-1825; Concilio Vaticano II, *Sacrosanctum concilium*, 126; ID., *Lumen gentium*, 67.
[65] SANTO TOMÁS DE AQUINO, *Summa theologiae*, II-II, 81, 3, ad 3.
[66] Concilio Vaticano II, *Dignitatis humanae*, 15.

CÓMO VIVIMOS ⟶ Los mandamientos ⟶ El amor de Dios

CIC 2141

2140 El ateísmo, en cuanto niega o rechaza la existencia de Dios, es un pecado contra el primer mandamiento.

2141 El culto de las imágenes sagradas está fundado en el misterio de la Encarnación del Verbo de Dios. No es contrario al primer mandamiento.

ARTÍCULO 2
EL SEGUNDO MANDAMIENTO

No tomarás en falso el nombre del Señor tu Dios (*Ex* 20, 7; *Dt* 5, 11). Se dijo a los antepasados: 'No perjurarás'... Pues yo os digo que no juréis en modo alguno (*Mt* 5, 33-34).

FUENTES DE LA ESCRITURA Y DE LA IGLESIA

La siguiente parte del *Catecismo* utiliza estas fuentes de la Escritura y de la Iglesia. Véase el "Índice de citas" para una lista completa de referencias

Antiguo Testamento	Citadas en el *Catecismo*
Éxodo	CIC 2167
Deuteronomio	CIC 2150, 2167
Salmos	CIC 2143, 2160
Isaías	CIC 2158, 2167
Zacarías	CIC 2143
Nuevo Testamento	
Mateo	CIC 2145, 2153, 2156
Marcos	CIC 2167
Juan	CIC 2158
2 Corintios	CIC 2154
Gálatas	CIC 2154
1 Timoteo	CIC 2145
Santiago	CIC 2148, 2153
1 Juan	CIC 2147
Apocalipsis	CIC 2159
Derecho Canónico	
Código de Derecho Canónico	CIC 2148, 2154, 2156
Escritores eclesiásticos	
Cardenal John Henry Newman	CIC 2144
San Agustín	CIC 2149
San Ignacio de Antioquía	CIC 2164

> **PALABRAS CLAVE**
>
> La siguiente parte del *Catecismo* utiliza estas palabras clave.
> Véase el "Glosario" para su definición.
>
> | Palabras | Citadas en el *Catecismo* |
> |---|---|
> | Blasfemia | CIC 2148 |
> | Cruz | CIC 2166 |
> | Perjurio | CIC 2152 |
> | Signo de la cruz | CIC 2157 |

I. EL NOMBRE DEL SEÑOR ES SANTO

2807-2815

2142 El segundo mandamiento *prescribe respetar el nombre del Señor*. Pertenece, como el primer mandamiento, a la virtud de la religión y regula más particularmente el uso de nuestra palabra en las cosas santas.

203

435

2143 Entre todas las palabras de la revelación hay una, singular, que es *la* revelación de su Nombre. Dios confía su Nombre a los que creen en Él; se revela a ellos en su misterio personal. El don del Nombre pertenece al orden de la confidencia y la intimidad. "El nombre del Señor es santo". Por eso el hombre no puede usar mal de él. Lo debe guardar en la memoria en un silencio de adoración amorosa.[67] No lo empleará en sus propias palabras, sino para bendecirlo, alabarlo y glorificarlo.[68]

2144 La deferencia respecto a su Nombre expresa la que es debida al misterio de Dios mismo y a toda la realidad sagrada que evoca. El *sentido de lo sagrado* pertenece a la virtud de la religión:

> Los sentimientos de temor y de "lo sagrado" ¿son sentimientos cristianos o no? Nadie puede dudar razonablemente de ello. Son los sentimientos que tendríamos, y en un grado intenso, si tuviésemos la visión del Dios soberano. Son los sentimientos que tendríamos si verificásemos su presencia. En la medida en que creemos que está presente, debemos tenerlos. No tenerlos es no verificar, no creer que está presente.[69]

2472

427

2145 El fiel cristiano debe dar testimonio del nombre del Señor confesando su fe sin ceder al temor.[70] La predicación y la catequesis deben estar penetradas de adoración y de respeto hacia el nombre de Nuestro Señor Jesucristo.

2146 El segundo mandamiento prohíbe *abusar* del nombre de Dios, es decir, todo uso inconveniente del nombre de Dios, de Jesucristo, de la Virgen María y de todos los santos.

---

[67] Cf. *Za* 2, 17.
[68] Cf. *Sal* 29, 2; 96, 2; 113, 1-2.
[69] JOHN HENRY NEWMAN, *Parochial and plain sermons*, 5, 2, pp. 21-22.
[70] Cf. *Mt* 10, 32; *1 Tm* 6, 12.

CÓMO VIVIMOS ⟶ Los mandamientos ⟶ El amor de Dios

2147 Las *promesas* hechas a otro en nombre de Dios comprometen el honor, la fidelidad, la veracidad y la autoridad divinas. Deben ser respetadas en justicia. Ser infiel a ellas es abusar del nombre de Dios y, en cierta manera, hacer de Dios un mentiroso.[71]

2148 La *blasfemia* se opone directamente al segundo mandamiento. Consiste en proferir contra Dios —interior o exteriormente— palabras de odio, de reproche, de desafío; en injuriar a Dios, faltarle al respeto en las expresiones, en abusar del nombre de Dios. Santiago reprueba a "los que blasfeman el hermoso Nombre (de Jesús) que ha sido invocado sobre ellos" (*St* 2, 7). La prohibición de la blasfemia se extiende a las palabras contra la Iglesia de Cristo, los santos y las cosas sagradas. Es también blasfemo recurrir al nombre de Dios para justificar prácticas criminales, reducir pueblos a servidumbre, torturar o dar muerte. El abuso del nombre de Dios para cometer un crimen provoca el rechazo de la religión.

La blasfemia es contraria al respeto debido a Dios y a su santo nombre. Es de suyo un pecado grave.[72]

2149 Las palabras malsonantes que emplean el nombre de Dios sin intención de blasfemar son una falta de respeto hacia el Señor. El segundo mandamiento prohíbe también *el uso mágico* del Nombre divino.

> El Nombre de Dios es grande allí donde se pronuncia con el respeto debido a su grandeza y a su Majestad. El nombre de Dios es santo allí donde se le nombra con veneración y temor de ofenderle.[73]

II. TOMAR EL NOMBRE DEL SEÑOR EN VANO

2150 El segundo mandamiento *prohíbe el juramento en falso*. Hacer juramento o jurar es tomar a Dios por testigo de lo que se afirma. Es invocar la veracidad divina como garantía de la propia veracidad. El juramento compromete el nombre del Señor. "Al Señor tu Dios temerás, a él le servirás, por su nombre jurarás" (*Dt* 6, 13).

2151 La reprobación del juramento en falso es un deber para con Dios. Como Creador y Señor, Dios es la norma de toda verdad. La palabra humana está de acuerdo o en oposición con Dios que es la Verdad misma. El juramento, cuando es veraz y legítimo, pone de relieve la relación de la palabra humana con la verdad de Dios. El falso juramento invoca a Dios como testigo de una mentira.

2152 Es *perjuro* quien, bajo juramento, hace una promesa que no tiene intención de cumplir, o que, después de haber prometido bajo juramento, no mantiene. El perjurio constituye una grave falta de respeto hacia el Señor que es dueño de toda palabra. Comprometerse mediante juramento a hacer una obra mala es contrario a la santidad del Nombre divino.

---

[71] Cf. *1 Jn* 1, 10.
[72] Cf. CDC, 1369.
[73] SAN AGUSTÍN, *De Sermone Domini in monte*, 2, 45, 19: PL 34, 1278.

2153 Jesús expuso el segundo mandamiento en el Sermón de la Montaña: "Habéis oído que se dijo a los antepasados: 'no perjurarás, sino que cumplirás al Señor tus juramentos'. Pues yo os digo que no juréis en modo alguno... sea vuestro lenguaje: 'sí, sí'; 'no, no': que lo que pasa de aquí viene del Maligno" (*Mt* 5, 33-34.37).[74] Jesús enseña que todo juramento implica una referencia a Dios y que la presencia de Dios y de su verdad debe ser honrada en toda palabra. La discreción del recurso a Dios al hablar va unida a la atención respetuosa a su presencia, reconocida o menospreciada en cada una de nuestras afirmaciones.

2154 Siguiendo a San Pablo,[75] la tradición de la Iglesia ha comprendido las palabras de Jesús en el sentido de que no se oponen al juramento cuando éste se hace por una causa grave y justa (por ejemplo, ante el tribunal). "El juramento, es decir, la invocación del Nombre de Dios como testigo de la verdad, sólo puede prestarse con verdad, con sensatez y con justicia".[76]

2155 La santidad del nombre divino exige no recurrir a él por motivos fútiles, y no prestar juramento en circunstancias que pudieran hacerlo interpretar como una aprobación de una autoridad que lo exigiese injustamente. Cuando el juramento es exigido por autoridades civiles ilegítimas, puede ser rehusado. Debe serlo, cuando es impuesto con fines contrarios a la dignidad de las personas o a la comunión de la Iglesia.

III. EL NOMBRE CRISTIANO

2156 El sacramento del Bautismo es conferido "en el nombre del Padre y del Hijo y del Espíritu Santo" (*Mt* 28, 19). En el bautismo, el nombre del Señor santifica al hombre, y el cristiano recibe su nombre en la Iglesia. Puede ser el nombre de un santo, es decir, de un discípulo que vivió una vida de fidelidad ejemplar a su Señor. Al ser puesto bajo el patrocinio de un santo, se ofrece al cristiano un modelo de caridad y se le asegura su intercesión. El "nombre de bautismo" puede expresar también un misterio cristiano o una virtud cristiana. "Procuren los padres, los padrinos y el párroco que no se imponga un nombre ajeno al sentir cristiano".[77]

2157 El cristiano comienza su jornada, sus oraciones y sus acciones con la señal de la cruz, "en el nombre del Padre y del Hijo y del Espíritu Santo. Amén". El bautizado consagra la jornada a la gloria de Dios e invoca la gracia del Señor que le permite actuar en el Espíritu como hijo del Padre. La señal de la cruz nos fortalece en las tentaciones y en las dificultades.

2158 Dios llama a cada uno por su nombre.[78] El nombre de todo hombre es sagrado. El nombre es la imagen de la persona. Exige respeto en señal de la dignidad del que lo lleva.

---

[74] Cf. *St* 5, 12.
[75] Cf. *2 Col*, 23; *Ga* 1, 20.
[76] CDC, 1199, 1.
[77] CDC, 855.
[78] Cf. *Is* 43, l; *Jn* 10, 3.

CÓMO VIVIMOS ⟶ Los mandamientos ⟶ El amor de Dios

2159 El nombre recibido es un nombre de eternidad. En el reino de Dios, el carácter misterioso y único de cada persona marcada con el nombre de Dios brillará a plena luz. "Al vencedor... le daré una piedrecita blanca, y grabado en la piedrecita, un nombre nuevo que nadie conoce, sino el que lo recibe" (*Ap* 2, 17). "Miré entonces y había un Cordero, que estaba en pie sobre el monte Sión, y con él ciento cuarenta y cuatro mil, que llevaban escrito en la frente el nombre del Cordero y el nombre de su Padre" (*Ap* 14, 1).

RESUMEN

2160 "Señor, Dios Nuestro, ¡qué admirable es tu nombre por toda la tierra!" (*Sal* 8, 2).

2161 El segundo mandamiento prescribe respetar el nombre del Señor. El nombre del Señor es santo.

2162 El segundo mandamiento prohíbe todo uso inconveniente del nombre de Dios. La blasfemia consiste en usar de una manera injuriosa el nombre de Dios, de Jesucristo, de la Virgen María y de los santos.

2163 El juramento en falso invoca a Dios como testigo de una mentira. El perjurio es una falta grave contra el Señor, que es siempre fiel a sus promesas.

2164 "No jurar ni por Criador ni por criatura, si no fuere con verdad, necesidad y reverencia".[79]

2165 En el Bautismo, la Iglesia da un nombre al cristiano. Los padres, los padrinos y el párroco deben procurar que se dé un nombre cristiano al que es bautizado. El patrocinio de un santo ofrece un modelo de caridad y asegura su intercesión.

2166 El cristiano comienza sus oraciones y sus acciones haciendo la señal de la cruz "en el nombre del Padre y del Hijo y del Espíritu Santo. Amén".

2167 Dios llama a cada uno por su nombre.[80]

---

[79] SAN IGNACIO DE LO YOLA, *Ejercicios espirituales*, 38.

[80] Cf. *Is* 43, 1.

Tercera parte: La vida en Cristo

ARTÍCULO 3
EL TERCER MANDAMIENTO

Recuerda el día del sábado para santificarlo. Seis días trabajarás y harás todos tus trabajos, pero el día séptimo es día de descanso para el Señor, tu Dios. No harás ningún trabajo (*Ex* 20, 8-10).[81]

El sábado ha sido instituido para el hombre y no el hombre para el sábado. De suerte que el Hijo del hombre también es Señor del sábado (*Mc* 2, 27-28).

FUENTES DE LA ESCRITURA Y DE LA IGLESIA

La siguiente parte del *Catecismo* utiliza estas fuentes de la Escritura y de la Iglesia. Véase el "Índice de citas" para una lista completa de referencias

Antiguo Testamento	Citadas en el Catecismo
Génesis	CIC 2184
Éxodo	CIC 2168, 2169, 2171, 2172, 2189
Deuteronomio	CIC 2170, 2189
2 Crónicas	CIC 2172
Nehemías	CIC 2172
Salmos	CIC 2173
Nuevo Testamento	
Mateo	CIC 2173, 2174
Marcos	CIC 2173, 2174
Lucas	CIC 2174
Juan	CIC 2173, 2174, 2195
Hechos de los Apóstoles	CIC 2178
1 Corintios	CIC 2175, 2178
Hebreos	CIC 2178, 2188
Concilios ecuménicos	
Vaticano II (1962-1965)	CIC 2184, 2191, 2194
Derecho Canónico	
Código de Derecho Canónico	CIC 2177, 2179-2181, 2183, 2185, 2192, 2193
Escritores eclesiásticos	
Sermo de die dominica	CIC 2178
San Agustín	CIC 2185

---

[81] Cf. *Dt* 5, 12-15.

CÓMO VIVIMOS → Los mandamientos → El amor de Dios

CIC 2171

FUENTES DE LA ESCRITURA Y DE LA IGLESIA

(continuación)

Escritores eclesiásticos	Citadas en el *Catecismo*
San Ignacio de Antioquía	CIC 2175
San Juan Crisóstomo	CIC 2179
San Justino	CIC 2174
Santo Tomás de Aquino	CIC 2176

PALABRAS CLAVE

La siguiente parte del *Catecismo* utiliza estas palabras clave.
Véase el "Glosario" para su definición.

Palabras	Citadas en el *Catecismo*
Días santos de precepto	CIC 2180
Domingo	CIC 2174, 2180
Eucaristía	CIC 2177
Misa	CIC 2192
Parroquia	CIC 2179
Pastor /oficina pastoral	CIC 2179
Sábado	CIC 2175

I. EL DÍA DEL SÁBADO

346-348

2168 El tercer mandamiento del Decálogo proclama la santidad del sábado: "El día séptimo será día de descanso completo, consagrado al Señor" (*Ex* 31, 15).

2169 La Escritura hace a este propósito *memoria de la creación:* "Pues en seis días hizo el Señor el cielo y la tierra, el mar y todo cuanto contienen, y el séptimo descansó; por eso bendijo el Señor el día del sábado y lo hizo sagrado" (*Ex* 20, 11).

2057

2170 La Escritura ve también en el día del Señor un *memorial de la liberación de Israel* de la esclavitud de Egipto: "Acuérdate de que fuiste esclavo en el país de Egipto y de que el Señor tu Dios te sacó de allí con mano fuerte y tenso brazo; por eso el Señor tu Dios te ha mandado guardar el día del sábado" (*Dt* 5, 15).

2171 Dios confió a Israel el sábado para que lo guardara *como signo de la alianza* inquebrantable.[82] El sábado es para el Señor, santamente reservado a la alabanza de Dios, de su obra de creación y de sus acciones salvíficas en favor de Israel.

---

[82] Cf. Ex 31, 16.

2172 La acción de Dios es el modelo de la acción humana. Si Dios "tomó respiro" el día séptimo (*Ex* 31, 17), también el hombre debe "descansar" y hacer que los demás, sobre todo los pobres, "recobren aliento" (*Ex* 23, 12). El sábado interrumpe los trabajos cotidianos y concede un respiro. Es un día de protesta contra las servidumbres del trabajo y el culto al dinero.[83]

2173 El Evangelio relata numerosos incidentes en que Jesús fue acusado de quebrantar la ley del sábado. Pero Jesús nunca falta a la santidad de este día,[84] sino que con autoridad da la interpretación auténtica de esta ley: "El sábado ha sido instituido para el hombre y no el hombre para el sábado" (*Mc* 2, 27). Con compasión, Cristo proclama que "es lícito en sábado hacer el bien en vez del mal, salvar una vida en vez de destruirla" (*Mc* 3, 4). El sábado es el día del Señor de las misericordias y del honor de Dios.[85] "El Hijo del hombre es Señor del sábado" (*Mc* 2, 28).

II. EL DÍA DEL SEÑOR

> ¡Este es el día que ha hecho el Señor, exultemos y gocémonos en él! (*Sal* 118, 24).

El día de la Resurrección: la nueva creación

2174 Jesús resucitó de entre los muertos "el primer día de la semana" (*Mt* 28, 1; *Mc* 16, 2; *Lc* 24, 1; *Jn* 20, 1). En cuanto es el "primer día", el día de la Resurrección de Cristo recuerda la primera creación. En cuanto es el "octavo día", que sigue al sábado,[86] significa la nueva creación inaugurada con la resurrección de Cristo. Para los cristianos vino a ser el primero de todos los días, la primera de todas las fiestas, el día del Señor ("He kyriaké hémera", "dies dominica"), el "domingo":

> Y celebramos esta reunión general el día del sol, por ser el día primero, en que Dios, transformando las tinieblas y la materia, hizo el mundo, y el día también en que Jesucristo, nuestro Salvador, resucitó de entre los muertos.[87]

El domingo, plenitud del sábado

2175 El domingo se distingue expresamente del sábado, al que sucede cronológicamente cada semana, y cuya prescripción litúrgica reemplaza para los cristianos. Realiza plenamente, en la Pascua de Cristo, la verdad espiritual del sábado judío y anuncia el descanso eterno del hombre en Dios. Porque el culto de la ley preparaba el misterio de Cristo, y lo que se practicaba en ella prefiguraba algún rasgo relativo a Cristo:[88]

---

[83] Cf. *Ne* 13, 15-22; *2 Cro* 36, 21.
[84] Cf. *Mc* 1, 21; *Jn* 9, 16.
[85] Cf. *Mt* 12, 5; *Jn* 7, 23.
[86] Cf. *Mc* 16, 1; *Mt* 28, 1.
[87] SAN JUSTINO, *Apologiae,* 1, 67, 7.
[88] Cf. *1 Co* 10, 11.

CÓMO VIVIMOS ⟶ Los mandamientos ⟶ El amor de Dios

Los que vivían según el orden de cosas antiguo han pasado a la nueva esperanza, no observando ya el sábado, sino el día del Señor, en el que nuestra vida es bendecida por Él y por su muerte.[89]

2176 La celebración del domingo cumple la prescripción moral, inscrita en el corazón del hombre, de "dar a Dios un culto exterior, visible, público y regular bajo el signo de su bondad universal hacia los hombres".[90] El culto dominical realiza el precepto moral de la Antigua Alianza, cuyo ritmo y espíritu recoge celebrando cada semana al Creador y Redentor de su pueblo.

La Eucaristía dominical

2177 La celebración dominical del día y de la Eucaristía del Señor tiene un papel principalísimo en la vida de la Iglesia. "El domingo, en el que se celebra el misterio pascual, por tradición apostólica, ha de observarse en toda la Iglesia como fiesta primordial de precepto".[91]

> Igualmente deben observarse los días de Navidad, Epifanía, Ascensión, Santísimo Cuerpo y Sangre de Cristo, Santa María Madre de Dios, Inmaculada Concepción y Asunción, San José, Santos Apóstoles Pedro y Pablo y, finalmente, todos los Santos.[92]

2178 Esta práctica de la asamblea cristiana se remonta a los comienzos *de la edad* apostólica.[93] La carta a los Hebreos dice: "No abandonéis vuestra asamblea, como algunos acostumbran hacerlo, antes bien, animaos mutuamente" (*Hb* 10, 25).

> La tradición conserva el recuerdo de una exhortación siempre actual: "Venir temprano a la iglesia, acercarse al Señor y confesar sus pecados, arrepentirse en la oración… Asistir a la sagrada y divina liturgia, acabar su oración y no marcharse antes de la despedida… Lo hemos dicho con frecuencia: este día os es dado para la oración y el descanso. Es el día que ha hecho el Señor. En él exultamos y nos gozamos".[94]

2179 "La *parroquia* es una determinada comunidad de fieles constituida de modo estable en la Iglesia particular, cuya cura pastoral, bajo la autoridad del obispo diocesano, se encomienda a un párroco, como su pastor propio".[95] Es el lugar donde todos los fieles pueden reunirse para la celebración dominical de la Eucaristía. La parroquia inicia al pueblo cristiano en la expresión ordinaria de la vida litúrgica, le congrega en esta celebración; le enseña la doctrina salvífica de Cristo. Practica la caridad del Señor en obras buenas y fraternas:

---

[89] SAN IGNACIO DE ANTIOQUÍA, *Epistula ad Magnesios*, 9, 1.
[90] SANTO TOMÁS DE AQUINO, *Summa theologiae*, II-II, 122, 4.
[91] CDC, 1246, 1.
[92] *Ibid.*
[93] Cf. *Hch* 2, 42-46; *1 Co* 11, 17.
[94] AUTOR ANÓNIMO, *Sermo de die dominica*: PG 86/1, 416C. 421C.
[95] SAN JUAN CRISÓSTOMO, *De incomprehensibili Dei natura seu contra Anomaeos*, 3, 6: PG 48, 725D.

No puedes orar en casa como en la iglesia, donde son muchos los reunidos, donde el grito de todos se eleva a Dios como desde un solo corazón. Hay en ella algo más: la unión de los espíritus, la armonía de las almas, el vínculo de la caridad, las oraciones de los sacerdotes.[96]

La obligación del domingo

2180 El mandamiento de la Iglesia determina y precisa la ley del Señor: "El domingo y las demás fiestas de precepto los fieles tienen obligación de participar en la misa".[97] "Cumple el precepto de participar en la misa quien asiste a ella, dondequiera que se celebre en un rito católico, tanto el día de la fiesta como el día anterior por la tarde".[98]

2181 La Eucaristía del domingo fundamenta y confirma toda la práctica cristiana. Por eso los fieles están obligados a participar en la Eucaristía los días de precepto, a no ser que estén excusados por una razón seria (por ejemplo, enfermedad, el cuidado de niños pequeños) o dispensados por su pastor propio.[99] Los que deliberadamente faltan a esta obligación cometen un pecado grave.

2182 La participación en la celebración común de la Eucaristía dominical es un testimonio de pertenencia y de fidelidad a Cristo y a su Iglesia. Los fieles proclaman así su comunión en la fe y la caridad. Testimonian a la vez la santidad de Dios y su esperanza de la salvación. Se reconfortan mutuamente, guiados por el Espíritu Santo.

2183 "Cuando falta el ministro sagrado u otra causa grave hace imposible la participación en la celebración eucarística, se recomienda vivamente que los fieles participen en la liturgia de la palabra, si ésta se celebra en la iglesia parroquial o en otro lugar sagrado conforme a lo prescrito por el obispo diocesano, o permanezcan en oración durante un tiempo conveniente, solos o en familia, o, si es oportuno, en grupos de familias".[100]

Día de gracia y de descanso

2184 Así como Dios "cesó el día séptimo de toda la tarea que había hecho" (Gn 2, 2), así también la vida humana sigue un ritmo de trabajo y descanso. La institución del día del Señor contribuye a que todos disfruten del tiempo de descanso y de solaz suficiente que les permita cultivar su vida familiar, cultural, social y religiosa.[101]

2185 Durante el domingo y las otras fiestas de precepto, los fieles se abstendrán de entregarse a trabajos o actividades que impidan el culto debido a

---

[96] CDC, 515, 1.
[97] CDC, 1247.
[98] Ibid., 1248, 1.
[99] Cf. ibid., 1245.
[100] CDC, 1248, 2.
[101] Cf. Concilio Vaticano II, *Gaudium et spes*, 67, 3.

CÓMO VIVIMOS ⟶ Los mandamientos ⟶ El amor de Dios

Dios, la alegría propia del día del Señor, la práctica de las obras de misericordia, el descanso necesario del espíritu y del cuerpo.[102] Las necesidades familiares o una gran utilidad social constituyen excusas legítimas respecto al precepto del descanso dominical. Los fieles deben cuidar de que legítimas excusas no introduzcan hábitos perjudiciales a la religión, a la vida de familia y a la salud.

> El amor de la verdad busca el santo ocio, la necesidad del amor cultiva el justo trabajo.[103]

2186 Los cristianos que disponen de tiempo de descanso deben acordarse de sus hermanos que tienen las mismas necesidades y los mismos derechos y no pueden descansar a causa de la pobreza y la miseria. El domingo está tradicionalmente consagrado por la piedad cristiana a obras buenas y a servicios humildes para con los enfermos, débiles y ancianos. Los cristianos deben santificar también el domingo dedicando a su familia el tiempo y los cuidados difíciles de prestar los otros días de la semana. El domingo es un tiempo de reflexión, de silencio, de cultura y de meditación, que favorecen el crecimiento de la vida interior y cristiana.

2187 Santificar los domingos y los días de fiesta exige un esfuerzo común. Cada cristiano debe evitar imponer sin necesidad a otro lo que le impediría guardar el día del Señor. Cuando las costumbres (deportes, restaurantes, etc.) y los compromisos sociales (servicios públicos, etc.) requieren de algunos un trabajo dominical, cada uno tiene la responsabilidad de dedicar un tiempo suficiente al descanso. Los fieles cuidarán con moderación y caridad evitar los excesos y las violencias engendrados a veces por espectáculos multitudinarios. A pesar de las presiones económicas, los poderes públicos deben asegurar a los ciudadanos un tiempo destinado al descanso y al culto divino. Los patronos tienen una obligación análoga con respecto a sus empleados.

2188 En el respeto de la libertad religiosa y del bien común de todos, los cristianos deben esforzarse por obtener el reconocimiento de los domingos y días de fiesta de la Iglesia como días festivos legales. Deben dar a todos un ejemplo público de oración, de respeto y de alegría, y defender sus tradiciones como una contribución preciosa a la vida espiritual de la sociedad humana. Si la legislación del país u otras razones obligan a trabajar el domingo, este día debe ser al menos vivido como el día de nuestra liberación que nos hace participar en esta "reunión de fiesta", en esta "asamblea de los primogénitos inscritos en los cielos" (*Hb* 12, 22-23).

---

[102] Cf. CDC, 1247.   [103] SAN AGUSTÍN, *De civitate Dei*, 19, 19.

RESUMEN

2189 "Guardarás el día del sábado para santificarlo" (*Dt* 5, 12). "El día séptimo será día de descanso completo, consagrado al Señor" (*Ex* 31, 15).

2190 El sábado, que representaba la coronación de la primera creación, es sustituido por el domingo que recuerda la nueva creación, inaugurada por la resurrección de Cristo.

2191 La Iglesia celebra el día de la Resurrección de Cristo el octavo día, que es llamado con toda razón día del Señor, o domingo.[104]

2192 "El domingo... ha de observarse en toda la Iglesia como fiesta primordial de precepto".[105] *"El domingo y las demás fiestas de precepto, los fieles tienen obligación de participar en la misa".*[106]

2193 "El domingo y las demás fiestas de precepto... los fieles se abstendrán de aquellos trabajos y actividades que impidan dar culto a Dios, gozar de la alegría propia del día del Señor o disfrutar del debido descanso de la mente y del cuerpo".[107]

2194 La institución del domingo contribuye a que todos disfruten de un "reposo y ocio suficientes para cultivar la vida familiar, cultural, social y religiosa".[108]

2195 Todo cristiano debe evitar imponer, sin necesidad, a otro impedimentos para guardar el día del Señor.

---

[104] Cf. Concilio Vaticano II, *Sacrosanctum concilium*, 106.
[105] CDC, 1246, 1.
[106] *Ibid.*, 1247.
[107] CDC, 1247.
[108] Concilio Vaticano II, *Gaudium et spes*, 67, 3.

CÓMO VIVIMOS ⟶ Los mandamientos ⟶ El amor al prójimo

Capítulo segundo
"Amarás a tu prójimo como a ti mismo"

Jesús dice a sus discípulos: "Amaos los unos a los otros como yo os he amado" (*Jn* 13, 34).

FUENTES DE LA ESCRITURA Y DE LA IGLESIA

La siguiente parte del *Catecismo* utiliza estas fuentes de la Escritura y de la Iglesia. Véase el "Índice de citas" para una lista completa de referencias

Antiguo Testamento	**Citadas en el *Catecismo***
Éxodo	CIC 2196, 2200, 2214, 2257
Deuteronomio	CIC 2196, 2200, 2247
Tobías	CIC 2214
Proverbios	CIC 2214, 2216, 2219
Eclesiástico	CIC 2215, 2218, 2223
Nuevo Testamento	
Mateo	CIC 2227, 2232, 2233, 2235, 2242, 2257
Marcos	CIC 2196, 2218, 2247
Lucas	CIC 2196, 2227
Hechos de los Apóstoles	CIC 2242, 2256
Romanos	CIC 2196, 2238, 2240
Efesios	CIC 2196, 2204, 2214, 2217, 2219, 2223
Colosenses	CIC 2204, 2217
1 Timoteo	CIC 2240
2 Timoteo	CIC 2220
Santiago	CIC 2208
Concilios ecuménicos	
Vaticano II (1962-1965)	CIC 2204, 2206, 2210, 2221, 2225-2227, 2229, 2242, 2245, 2246, 2250
Documentos pontificios	
Juan Pablo II (1978-2005)	CIC 2204, 2211, 2221, 2223, 2236, 2244
Escritores eclesiásticos	
Epistula ad Diognetum	CIC 2240

PALABRAS CLAVE

La siguiente parte del *Catecismo* utiliza estas palabras clave.
Véase el "Glosario" para su definición.

Palabras	Citadas en el *Catecismo*
Obediencia	CIC 2216
Piedad	CIC 2215

2196 En respuesta a la pregunta que le hacen sobre cuál es el primero de los mandamientos, Jesús responde: "El primero es: 'Escucha Israel, el Señor, nuestro Dios, es el único Señor, y amarás al Señor tu Dios con todo tu corazón, con toda tu alma, con toda tu mente y con todas tus fuerzas'. El segundo es: 'Amarás a tu prójimo como a ti mismo'. No existe otro mandamiento mayor que éstos" (*Mc* 12, 29-31).

2822

El apóstol san Pablo lo recuerda: "El que ama al prójimo ha cumplido la ley. En efecto, lo de: no adulterarás, no matarás, no robarás, no codiciarás y todos los demás preceptos, se resumen en esta fórmula: amarás a tu prójimo como a ti mismo. La caridad no hace mal al prójimo. La caridad es, por tanto, la ley en su plenitud" (*Rm* 13, 8-10).

ARTÍCULO 4
EL CUARTO MANDAMIENTO

Honra a tu padre y a tu madre, para que se prolonguen tus días sobre la tierra que el Señor, tu Dios, te va a dar (*Ex* 20, 12).

Vivía sujeto a ellos (*Lc* 2, 51).

El Señor Jesús recordó también la fuerza de este "mandamiento de Dios" (*Mc* 7, 8-13). El apóstol enseña: "Hijos, obedeced a vuestros padres en el Señor; porque esto es justo. 'Honra a tu padre y a tu madre', tal es el primer mandamiento que lleva consigo una promesa: 'para que seas feliz y se prolongue tu vida sobre la tierra'" (*Ef* 6, 1-3).[1]

2197 El cuarto mandamiento encabeza la segunda tabla. Indica el orden de la caridad. Dios quiso que, después de Él, honrásemos a nuestros padres, a los que debemos la vida y que nos han transmitido el conocimiento de Dios. Estamos obligados a honrar y respetar a todos los que Dios, para nuestro bien, ha investido de su autoridad.

1897

---

[1] Cf. *Dt* 5, 16.

CÓMO VIVIMOS ⟶ Los mandamientos ⟶ El amor al prójimo

2198 Este precepto se expresa de forma positiva, indicando los deberes que se han de cumplir. Anuncia los mandamientos siguientes que contienen un respeto particular de la vida, del matrimonio, de los bienes terrenos, de la palabra. Constituye uno de los fundamentos de la doctrina social de la Iglesia.

2419

2199 El cuarto mandamiento se dirige expresamente a los hijos en sus relaciones con sus padres, porque esta relación es la más universal. Se refiere también a las relaciones de parentesco con los miembros del grupo familiar. Exige que se dé honor, afecto y reconocimiento a los abuelos y antepasados. Finalmente se extiende a los deberes de los alumnos respecto a los maestros, de los empleados respecto a los patronos, de los subordinados respecto a sus jefes, de los ciudadanos respecto a su patria, a los que la administran o la gobiernan.

Este mandamiento implica y sobrentiende los deberes de los padres, tutores, maestros, jefes, magistrados, gobernantes, de todos los que ejercen una autoridad sobre otros o sobre una comunidad de personas.

2200 El cumplimiento del cuarto mandamiento lleva consigo su recompensa: "Honra a tu padre y a tu madre, para que se prolonguen tus días sobre la tierra que el Señor, tu Dios, te va a dar" (*Ex* 20, 12).[2] La observancia de este mandamiento procura, con los frutos espirituales, frutos temporales de paz y de prosperidad. Y al contrario, la no observancia de este mandamiento entraña grandes daños para las comunidades y las personas humanas.

2304

I. LA FAMILIA EN EL PLAN DE DIOS

Naturaleza de la familia

2201 La comunidad conyugal está establecida sobre el consentimiento de los esposos. El matrimonio y la familia están ordenados al bien de los esposos y a la procreación y educación de los hijos. El amor de los esposos y la generación de los hijos establecen entre los miembros de una familia relaciones personales y responsabilidades primordiales.

1625

2202 Un hombre y una mujer unidos en matrimonio forman con sus hijos una familia. Esta disposición es anterior a todo reconocimiento por la autoridad pública; se impone a ella. Se la considerará como la referencia normal en función de la cual deben ser apreciadas las diversas formas de parentesco.

1882

2203 Al crear al hombre y a la mujer, Dios instituyó la familia humana y la dotó de su constitución fundamental. Sus miembros son personas iguales en dignidad. Para el bien común de sus miembros y de la sociedad, la familia implica una diversidad de responsabilidades, de derechos y de deberes.

369

---

[2] Cf. *ibid.*

La familia cristiana

2204 "La familia cristiana constituye una revelación y una actuación específicas de la comunión eclesial; por eso... puede y debe decirse *iglesia doméstica*".[3] Es una comunidad de fe, esperanza y caridad, posee en la Iglesia una importancia singular como aparece en el Nuevo Testamento.[4]

2205 La familia cristiana es una comunión de personas, reflejo e imagen de la comunión del Padre y del Hijo en el Espíritu Santo. Su actividad procreadora y educativa es reflejo de la obra creadora de Dios. Es llamada a participar en la oración y el sacrificio de Cristo. La oración cotidiana y la lectura de la Palabra de Dios fortalecen en ella la caridad. La familia cristiana es evangelizadora y misionera.

2206 Las relaciones en el seno de la familia entrañan una afinidad de sentimientos, afectos e intereses que provienen sobre todo del mutuo respeto de las personas. La familia es una "comunidad privilegiada" llamada a realizar un "propósito común de los esposos y una cooperación diligente de los padres en la educación de los hijos".[5]

II. LA FAMILIA Y LA SOCIEDAD

2207 La familia es la "célula original de la vida social". Es la sociedad natural en que el hombre y la mujer son llamados al don de sí en el amor y en el don de la vida. La autoridad, la estabilidad y la vida de relación en el seno de la familia constituyen los fundamentos de la libertad, de la seguridad, de la fraternidad en el seno de la sociedad. La familia es la comunidad en la que, desde la infancia, se pueden aprender los valores morales, se comienza a honrar a Dios y a usar bien de la libertad. La vida de familia es iniciación a la vida en sociedad.

2208 La familia debe vivir de manera que sus miembros aprendan el cuidado y la responsabilidad respecto de los pequeños y mayores, de los enfermos o disminuidos, y de los pobres. Numerosas son las familias que en ciertos momentos no se hallan en condiciones de prestar esta ayuda. Corresponde entonces a otras personas, a otras familias, y subsidiariamente a la sociedad, proveer a sus necesidades. "La religión pura e intachable ante Dios Padre es ésta: visitar a los huérfanos y a las viudas en su tribulación y conservarse incontaminado del mundo" (*St* 1, 27).

2209 La familia debe ser ayudada y defendida mediante medidas sociales apropiadas. Cuando las familias no son capaces de realizar sus funciones, los otros cuerpos sociales tienen el deber de ayudarlas y de sostener la institución familiar. En conformidad con el principio de subsidiaridad, las comunidades

---

[3] JUAN PABLO II, exh. ap. *Familiaris consortio*, 21, cf Concilio Vaticano II, *Lumen gentium*, 11.

[4] Cf. *Ef* 5, 21-6, 4; *Col* 3, 18-21; *1 P* 3, 1-7.

[5] Concilio Vaticano II, *Gaudium et spes*, 52, 1.

CÓMO VIVIMOS ⟶ Los mandamientos ⟶ El amor al prójimo

CIC 2212

más vastas deben abstenerse de privar a las familias de sus propios derechos y de inmiscuirse en sus vidas.

2210 La importancia de la familia para la vida y el bienestar de la sociedad[6] entraña una responsabilidad particular de ésta en el apoyo y fortalecimiento del matrimonio y de la familia. La autoridad civil ha de considerar como deber grave "el reconocimiento de la auténtica naturaleza del matrimonio y de la familia, protegerla y fomentarla, asegurar la moralidad pública y favorecer la prosperidad doméstica".[7]

2211 La comunidad política tiene el deber de honrar a la familia, asistirla y asegurarle especialmente:

— la libertad de fundar un hogar, de tener hijos y de educarlos de acuerdo con sus propias convicciones morales y religiosas;

— la protección de la estabilidad del vínculo conyugal y de la institución familiar;

— la libertad de profesar su fe, transmitirla, educar a sus hijos en ella, con los medios y las instituciones necesarios;

— el derecho a la propiedad privada, a la libertad de iniciativa, a tener un trabajo, una vivienda, el derecho a emigrar;

— conforme a las instituciones del país, el derecho a la atención médica, a la asistencia de las personas de edad, a los subsidios familiares;

— la protección de la seguridad y la higiene, especialmente por lo que se refiere a peligros como la droga, la pornografía, el alcoholismo, etc.;

— la libertad para formar asociaciones con otras familias y de estar así representadas ante las autoridades civiles.[8]

2212 El cuarto mandamiento *ilumina las demás relaciones en la sociedad*. En nuestros hermanos y hermanas vemos a los hijos de nuestros padres; en nuestros primos, los descendientes de nuestros antepasados; en nuestros conciudadanos, los hijos de nuestra patria; en los bautizados, los hijos de nuestra madre, la Iglesia; en toda persona humana, un hijo o una hija del que quiere ser llamado "Padre nuestro". Así, nuestras relaciones con el prójimo se deben reconocer como pertenecientes al orden personal. El prójimo no es un "individuo" de la colectividad humana; es "alguien" que por sus orígenes, siempre "próximos" por una u otra razón, merece una atención y un respeto singulares.

225

1931

---

[6] Cf. Concilio Vaticano II, *Gaudium et spes*, 52, 1. 41, 1.
[7] *Ibid.*, 52, 2.
[8] Cf. JUAN PABLO II, exh. ap. *Familiaris consortio*, 46.

2213 Las comunidades humanas están *compuestas de personas*. Gobernarlas bien no puede limitarse simplemente a garantizar los derechos y el cumplimiento de deberes, como tampoco a la sola fidelidad a los compromisos. Las justas relaciones entre patronos y empleados, gobernantes y ciudadanos, suponen la benevolencia natural conforme a la dignidad de personas humanas deseosas de justicia y fraternidad.

III. DEBERES DE LOS MIEMBROS DE LA FAMILIA

Deberes de los hijos

2214 La paternidad divina es la fuente de la paternidad humana;[9] es el fundamento del honor debido a los padres. El respeto de los hijos, menores o mayores de edad, hacia su padre y hacia su madre,[10] se nutre del afecto natural nacido del vínculo que los une. Es exigido por el precepto divino.[11]

2215 El respeto a los padres (*piedad filial*) está hecho de *gratitud* para quienes, mediante el don de la vida, su amor y su trabajo, han traído sus hijos al mundo y les han ayudado a crecer en estatura, en sabiduría y en gracia. "Con todo tu corazón honra a tu padre, y no olvides los dolores de tu madre. Recuerda que por ellos has nacido, ¿cómo les pagarás lo que contigo han hecho?" (*Si* 7, 27-28).

2216 El respeto filial se expresa en la docilidad y la *obediencia* verdaderas. "Guarda, hijo mío, el mandato de tu padre y no desprecies la lección de tu madre... en tus pasos ellos serán tu guía; cuando te acuestes, velarán por ti; conversarán contigo al despertar" (*Pr* 6, 20-22). "El hijo sabio ama la instrucción, el arrogante no escucha la represión" (*Pr* 13, 1).

2217 Mientras vive en el domicilio de sus padres, el hijo debe obedecer a todo lo que éstos dispongan para su bien o el de la familia. "Hijos, obedeced en todo a vuestros padres, porque esto es grato a Dios en el Señor" (*Col* 3, 20).[12] Los niños deben obedecer también las prescripciones razonables de sus educadores y de todos aquellos a quienes sus padres los han confiado. Pero si el niño está persuadido en conciencia de que es moralmente malo obedecer esa orden, no debe seguirla.

Cuando se hacen mayores, los hijos deben seguir respetando a sus padres. Deben prevenir sus deseos, solicitar dócilmente sus consejos y aceptar sus amonestaciones justificadas. La obediencia a los padres cesa con la emancipación de los hijos, pero no el respeto que les es debido, el cual permanece para siempre. Este, en efecto, tiene su raíz en el temor de Dios, uno de los dones del Espíritu Santo.

---

[9] Cf. *Ef* 3, 14.
[10] Cf. *Pr* 1, 8; *Tb* 4, 3-4.
[11] Cf. *Ex* 20, 12.
[12] Cf. *Ef* 6, 1.

CÓMO VIVIMOS ⟶ Los mandamientos ⟶ El amor al prójimo

2218 El cuarto mandamiento recuerda a los hijos mayores de edad sus *responsabilidades para con los padres*. En la medida en que ellos pueden, deben prestarles ayuda material y moral en los años de vejez y durante sus enfermedades, y en momentos de soledad o de abatimiento. Jesús recuerda este deber de gratitud.[13]

> El Señor glorifica al padre en los hijos, y afirma el derecho de la madre sobre su prole. Quien honra a su padre expía sus pecados; como el que atesora es quien da gloria a su madre. Quien honra a su padre recibirá contento de sus hijos, y en el día de su oración será escuchado. Quien da gloria al padre vivirá largos días, obedece al Señor quien da sosiego a su madre (*Si* 3, 2-6).

> Hijo, cuida de tu padre en su vejez, y en su vida no le causes tristeza. Aunque haya perdido la cabeza, sé indulgente, no le desprecies en la plenitud de tu vigor... Como blasfemo es el que abandona a su padre, maldito del Señor quien irrita a su madre (*Si* 3, 12-13.16).

2219 El respeto filial favorece la armonía de toda la vida familiar; atañe también a las *relaciones entre hermanos y hermanas*. El respeto a los padres irradia en todo el ambiente familiar. "Corona de los ancianos son los hijos de los hijos" (*Pr* 17, 6). "Soportaos unos a otros en la caridad, en toda humildad, dulzura y paciencia" (*Ef* 4, 2).

2220 Los cristianos están obligados a una especial gratitud para con aquellos de quienes recibieron el don de la fe, la gracia del bautismo y la vida en la Iglesia. Puede tratarse de los padres, de otros miembros de la familia, de los abuelos, de los pastores, de los catequistas, de otros maestros o amigos. "Evoco el recuerdo de la fe sincera que tú tienes, fe que arraigó primero en tu abuela Loida y en tu madre Eunice, y sé que también ha arraigado en ti" (*2 Tm* 1, 5).

Deberes de los padres

2221 La fecundidad del amor conyugal no se reduce a la sola procreación de los hijos, sino que debe extenderse también a su educación moral y a su formación espiritual. El *papel de los padres en la educación* "tiene tanto peso que, cuando falta, difícilmente puede suplirse".[14] El derecho y el deber de la educación son para los padres primordiales e inalienables.[15]

2222 Los padres deben mirar a sus hijos como a *hijos de Dios y* respetarlos como a *personas humanas. Han de* educar a sus hijos en el cumplimiento de la ley de Dios, mostrándose ellos mismos obedientes a la voluntad del Padre de los cielos.

---

[13] Cf. *Mc* 7, 10-12.
[14] Concilio Vaticano II, *Grovissimum educationis*, 3.
[15] Cf. JUAN PABLO II, exh. ap. *Familiaris consortio*, 36.

2223 Los padres son los primeros responsables de la educación de sus hijos. Testimonian esta responsabilidad ante todo por la *creación de un hogar*, donde la ternura, el perdón, el respeto, la fidelidad y el servicio desinteresado son norma. El hogar es un lugar apropiado para la *educación de las virtudes*. Esta requiere el aprendizaje de la abnegación, de un sano juicio, del dominio de sí, condiciones de toda libertad verdadera. Los padres han de enseñar a los hijos a subordinar las dimensiones "materiales e instintivas a las interiores y espírituales".[16] Es una grave responsabilidad para los padres dar buenos ejemplos a sus hijos. Sabiendo reconocer ante sus hijos sus propios defectos, se hacen más aptos para guiarlos y corregirlos:

> El que ama a su hijo, le corrige sin cesar... el que enseña a su hijo, sacará provecho de él (*Si* 30, 1-2).

> Padres, no exasperéis a vuestros hijos, sino formadlos más bien mediante la instrucción y la corrección según el Señor (*Ef* 6, 4).

2224 El hogar constituye un medio natural para la iniciación del ser humano en la solidaridad y en las responsabilidades comunitarias. Los padres deben enseñar a los hijos a guardarse de los riesgos y las degradaciones que amenazan a las sociedades humanas.

2225 Por la gracia del sacramento del matrimonio, los padres han recibido la responsabilidad y el privilegio de *evangelizar a sus hijos*. Desde su primera edad, deberán iniciarlos en los misterios de la fe, de los que ellos son para sus hijos los "primeros heraldos".[17] Desde su más tierna infancia, deben asociarlos a la vida de la Iglesia. La forma de vida en la familia puede alimentar las disposiciones afectivas que, durante toda la vida, serán auténticos cimientos y apoyos de una fe viva.

2226 La *educación en la fe* por los padres debe comenzar desde la más tierna infancia. Esta educación se hace ya cuando los miembros de la familia se ayudan a crecer en la fe mediante el testimonio de una vida cristiana de acuerdo con el Evangelio. La catequesis familiar precede, acompaña y enriquece las otras formas de enseñanza de la fe. Los padres tienen la misión de enseñar a sus hijos a orar y a descubrir su vocación de hijos de Dios.[18] La parroquia es la comunidad eucarística y el corazón de la vida litúrgica de las familias cristianas; es un lugar privilegiado para la catequesis de los niños y de los padres.

2227 Los hijos, a su vez, contribuyen al *crecimiento* de sus padres *en la santidad*.[19] Todos y cada uno deben otorgarse generosamente y sin cansarse el mutuo perdón exigido por las ofensas, las querellas, las injusticias y las omisiones. El afecto mutuo lo sugiere. La caridad de Cristo lo exige.[20]

---

[16] JUAN PABLO II, ene. *Centesimus annus*, 36.
[17] Concilio Vaticano II, *Lumen gentium*, 11.
[18] Cf. *ibid*.
[19] Cf. Concilio Vaticano II, *Gaudium et spes*, 48, 4.
[20] Cf. *Mt* 18, 21-22; *Lc* 17, 4.

CÓMO VIVIMOS ⟶ Los mandamientos ⟶ El amor al prójimo

2228 Durante la infancia, el respeto y el afecto de los padres se traducen ante todo en el cuidado y la atención que consagran para educar a sus hijos, y *para proveer a sus necesidades físicas y espirituales*. En el transcurso del crecimiento, el mismo respeto y la misma dedicación llevan a los padres a enseñar a sus hijos a usar rectamente de su razón y de su libertad.

2229 Los padres, como primeros responsables de la educación de sus hijos, tienen el derecho de *elegir para ellos una escuela* que corresponda a sus propias convicciones. Este derecho es fundamental. En cuanto sea posible, los padres tienen el deber de elegir las escuelas que mejor les ayuden en su tarea de educadores cristianos.[21] Los poderes públicos tienen el deber de garantizar este derecho de los padres y de asegurar las condiciones reales de su ejercicio.

2230 Cuando llegan a la edad correspondiente, los hijos tienen el deber y el derecho de *elegir su profesión y su estado de vida*. Estas nuevas responsabilidades deberán asumirlas en una relación de confianza con sus padres, cuyo parecer y consejo pedirán y recibirán dócilmente. Los padres deben cuidar de no presionar a sus hijos ni en la elección de una profesión ni en la de su futuro cónyuge. Esta indispensable prudencia no impide, sino al contrario, ayudar a los hijos con consejos juiciosos, particularmente cuando éstos se proponen fundar un hogar.

2231 Hay quienes no se casan para poder cuidar a sus padres, o sus hermanos y hermanas, para dedicarse más exclusivamente a una profesión o por otros motivos dignos. Estas personas pueden contribuir grandemente al bien de la familia humana.

IV. LA FAMILIA Y EL REINO DE DIOS

2232 Los vínculos familiares, aunque son muy importantes, no son absolutos. A la par que el hijo crece hacia una madurez y autonomía humanas y espirituales, la vocación singular que viene de Dios se afirma con más claridad y fuerza. Los padres deben respetar esta llamada y favorecer la respuesta de sus hijos para seguirla. Es preciso convencerse de que la vocación primera del cristiano es *seguir a Jesús*:[22] "El que ama a su padre o a su madre más que a mí, no es digno de mí; el que ama a su hijo o a su hija más que a mí, no es digno de mí" (*Mt* 10, 37).

2233 Hacerse discípulo de Jesús es aceptar la invitación a pertenecer a la *familia de Dios*, a vivir en conformidad con su manera de vivir: "El que cumpla la voluntad de mi Padre celestial, éste es mi hermano, mi hermana y mi madre" (*Mt* 12, 49).

---

[21] Cf. Concilio Vaticano II, *Gravissimum educationis*, 6.

[22] Cf. *Mt* 16, 25.

Los padres deben acoger y respetar con alegría y acción de gracias el llamamiento del Señor a uno de sus hijos para que le siga en la virginidad por el Reino, en la vida consagrada o en el ministerio sacerdotal.

V. LAS AUTORIDADES EN LA SOCIEDAD CIVIL

2234 El cuarto mandamiento de Dios nos ordena también honrar a todos los que, para nuestro bien, han recibido de Dios una autoridad en la sociedad. Este mandamiento determina tanto los deberes de quienes ejercen la autoridad como los de quienes están sometidos a ella.

Deberes de las autoridades civiles

2235 Los que ejercen una autoridad deben ejercerla como un servicio. "El que quiera llegar a ser grande entre vosotros, será vuestro esclavo" (*Mt* 20, 26). El ejercicio de una autoridad está moralmente regulado por su origen divino, su naturaleza racional y su objeto específico. Nadie puede ordenar o establecer lo que es contrario a la dignidad de las personas y a la ley natural.

2236 El ejercicio de la autoridad ha de manifestar una justa jerarquía de valores con el fin de facilitar el ejercicio de la libertad y de la responsabilidad de todos. Los superiores deben ejercer la justicia distributiva con sabiduría, teniendo en cuenta las necesidades y la contribución de cada uno y atendiendo a la concordia y la paz. Deben velar porque las normas y disposiciones que establezcan no induzcan a tentación oponiendo el interés personal al de la comunidad.[23]

2237 El *poder político* está obligado a respetar los derechos fundamentales de la persona humana. Y a administrar humanamente justicia en el respeto al derecho de cada uno, especialmente el de las familias y de los desheredados.

Los derechos políticos inherentes a la ciudadanía pueden y deben ser concedidos según las exigencias del bien común. No pueden ser suspendidos por la autoridad sin motivo legítimo y proporcionado. El ejercicio de los derechos políticos está destinado al bien común de la nación y de toda la comunidad humana.

Deberes de los ciudadanos

2238 Los que están sometidos a la autoridad deben mirar a sus superiores como representantes de Dios que los ha instituido ministros de sus dones:[24] "Sed sumisos, a causa del Señor, a toda institución humana... Obrad como hombres libres, y no como quienes hacen de la libertad un pretexto para la maldad, sino como siervos de Dios" (*1 P* 2, 13.16). Su colaboración leal entra-

---

[23] Cf. JUAN PABLO II, enc. *Centesimus annus*, 25.

[24] Cf. *Rm* 13, 1-2.

ña el derecho, a veces el deber, de ejercer una justa crítica de lo que les parece perjudicial para la dignidad de las personas o el bien de la comunidad.

2239 *Deber de los ciudadanos* es cooperar con la autoridad civil al bien de la sociedad en espíritu de verdad, justicia, solidaridad y libertad. El amor y el servicio de la *patria* forman parte del deber de gratitud y del orden de la caridad. La sumisión a las autoridades legítimas y el servicio del bien común exigen de los ciudadanos que cumplan con su responsabilidad en la vida de la comunidad política.

2240 La sumisión a la autoridad y la corresponsabilidad en el bien común exigen moralmente el pago de los impuestos, el ejercicio del derecho al voto, la defensa del país:

> Dad a cada cual lo que se le debe: a quien impuestos, impuestos; a quien tributo, tributo; a quien respeto, respeto; a quien honor, honor (*Rm* 13, 7).

> Los cristianos residen en su propia patria, pero como extranjeros domiciliados. Cumplen todos sus deberes de ciudadanos y soportan todas sus cargas como extranjeros... Obedecen a las leyes establecidas, y su manera de vivir está por encima de las leyes... Tan noble es el puesto que Dios les ha asignado, que no les está permitido desertar.[25]

El apóstol nos exhorta a ofrecer oraciones y acciones de gracias por los reyes y por todos los que ejercen la autoridad, "para que podamos vivir una vida tranquila y apacible con toda piedad y dignidad" (*1 Tm* 2, 2).

2241 Las naciones más prósperas tienen el deber de acoger, en cuanto sea posible, al *extranjero* que busca la seguridad y los medios de vida que no puede encontrar en su país de origen. Las autoridades deben velar para que se respete el derecho natural que coloca al huésped bajo la protección de quienes lo reciben.

Las autoridades civiles, atendiendo al bien común de aquellos que tienen a su cargo, pueden subordinar el ejercicio del derecho de inmigración a diversas condiciones jurídicas, especialmente en lo que concierne a los deberes de los emigrantes respecto al país de adopción. El inmigrante está obligado a respetar con gratitud el patrimonio material y espiritual del país que lo acoge, a obedecer sus leyes y contribuir a sus cargas.

2242 El ciudadano tiene obligación en conciencia de no seguir las prescripciones de las autoridades civiles cuando estos preceptos son contrarios a las exigencias del orden moral, a los derechos fundamentales de las personas o a las enseñanzas del Evangelio. El *rechazo de la obediencia* a las autoridades civiles, cuando sus exigencias son contrarias a las de la recta conciencia, tiene su justificación en la distinción entre el servicio de Dios y el servicio de la

---

[25] *Carta a Diogneto*, 5, 5.10; 6, 10.

comunidad política. "Dad al César lo que es del César y a Dios lo que es de Dios" (*Mt* 22, 21). "Hay que obedecer a Dios antes que a los hombres" (*Hch* 5, 29):

> Cuando la autoridad pública, excediéndose en sus competencias, oprime a los ciudadanos, éstos no deben rechazar las exigencias objetivas del bien común; pero les es lícito defender sus derechos y los de sus conciudadanos contra el abuso de esta autoridad, guardando los límites que señala la ley natural y evangélica.[26]

2243 La *resistencia* a la opresión de quienes gobiernan no podrá recurrir legítimamente a las armas sino cuando se reúnan las condiciones siguientes: 1) en caso de violaciones ciertas, graves y prolongadas de los derechos fundamentales; 2) después de haber agotado todos los otros recursos; 3) sin provocar desórdenes peores; 4) que haya esperanza fundada de éxito; 5) si es imposible prever razonablemente soluciones mejores.

La comunidad política y la Iglesia

2244 Toda institución se inspira, al menos implícitamente, en una visión del hombre y de su destino, de la que saca sus referencias de juicio, su jerarquía de valores, su línea de conducta. La mayoría de las sociedades han configurado sus instituciones conforme a una cierta preeminencia del hombre sobre las cosas. Sólo la religión divinamente revelada ha reconocido claramente en Dios, Creador y Redentor, el origen y el destino del hombre. La Iglesia invita a las autoridades civiles a juzgar y decidir a la luz de la Verdad sobre Dios y sobre el hombre:

> Las sociedades que ignoran esta inspiración o la rechazan en nombre de su independencia respecto a Dios se ven obligadas a buscar en sí mismas o a tomar de una ideología sus referencias y finalidades; y, al no admitir un criterio objetivo del bien y del mal, ejercen sobre el hombre y sobre su destino, un poder totalitario, declarado o velado, como lo muestra la historia.[27]

2245 La Iglesia, que por razón de su misión y de su competencia, no se confunde en modo alguno con la comunidad política, es a la vez signo y salvaguardia del carácter trascendente de la persona humana. La Iglesia "respeta y promueve también la libertad y la responsabilidad política de los ciudadanos".[28]

2246 Pertenece a la misión de la Iglesia "emitir un juicio moral incluso sobre cosas que afectan al orden político cuando lo exijan los derechos fundamentales de la persona o la salvación de las almas, aplicando todos y sólo aquellos medios que sean conformes al Evangelio y al bien de todos según la diversidad de tiempos y condiciones".[29]

---

[26] Concilio Vaticano II, *Gaudium et spes*, 74, 5.
[27] Cf. JUAN PABLO II, ene. *Centesimus annus*, 45; 46.
[28] Concilio Vaticano II, *Gaudium et spes*, 76, 3.
[29] *Ibid.*, 76, 5.

RESUMEN

2247 "Honra a tu padre y a tu madre" (*Dt* 5, 16; *Mc* 7, 10).

2248 De conformidad con el cuarto mandamiento, Dios quiere que, después que a Él, honremos a nuestros padres y a los que Él reviste de autoridad para nuestro bien.

2249 La comunidad conyugal está establecida sobre la alianza y el consentimiento de los esposos. El matrimonio y la familia están ordenados al bien de los cónyuges, a la procreación y a la educación de los hijos.

2250 "La salvación de la persona y de la sociedad humana y cristiana está estrechamente ligada a la prosperidad de la comunidad conyugal y familiar".[30]

2251 Los hijos deben a sus padres respeto, gratitud, justa obediencia y ayuda. El respeto filial favorece la armonía de toda la vida familiar.

2252 Los padres son los primeros responsables de la educación de sus hijos en la fe, en la oración y en todas las virtudes. Tienen el deber de atender, en la medida de lo posible, las necesidades materiales y espirituales de sus hijos.

2253 Los padres deben respetar y favorecer la vocación de sus hijos. Han de recordar y enseñar que la vocación primera del cristiano es la de seguir a Jesús.

2254 La autoridad pública está obligada a respetar los derechos fundamentales de la persona humana y las condiciones del ejercicio de su libertad.

2255 El deber de los ciudadanos es cooperar con las autoridades civiles en la construcción de la sociedad en un espíritu de verdad, justicia, solidaridad y libertad.

2256 El ciudadano está obligado en conciencia a no seguir las prescripciones de las autoridades civiles cuando son contrarias a las exigencias del orden moral. "Hay que obedecer a Dios antes que a los hombres" (*Hch* 5, 29).

2257 Toda sociedad refiere sus juicios y su conducta a una visión del hombre y de su destino. Si se prescinde de la luz del Evangelio sobre Dios y sobre el hombre, las sociedades se hacen fácilmente totalitarias.

---

[30] *Ibid*, 41, 1.

Tercera parte: La vida en Cristo

ARTÍCULO 5
EL QUINTO MANDAMIENTO

No matarás (*Ex* 20, 13).

Habéis oído que se dijo a los antepasados: "No matarás"; y aquel que mate será reo ante el tribunal. Pues yo os digo: Todo aquel que se encolerice contra su hermano, será reo ante el tribunal (*Mt* 5, 21-22).

FUENTES DE LA ESCRITURA Y DE LA IGLESIA

La siguiente parte del *Catecismo* utiliza estas fuentes de la Escritura y de la Iglesia. Véase el "Índice de citas" para una lista completa de referencias

Antiguo Testamento	Citadas en el *Catecismo*
Génesis	CIC 2259, 2260, 2268
Éxodo	CIC 2261, 2330
Levítico	CIC 2260
Deuteronomio	CIC 2330
Tobías	CIC 2300
Job	CIC 2270, 2318
Salmos	CIC 2270
Isaías	CIC 2304, 2305, 2317
Jeremías	CIC 2270
Amós	CIC 2269

Nuevo Testamento	
Mateo	CIC 2262, 2285, 2330
Lucas	CIC 2266, 2287, 2302-2303, 2305
1 Corintios	CIC 2285
Efesios	CIC 2286, 2305
Colosenses	CIC 2286, 2305

Concilios ecuménicos	
Vaticano II (1962-1965)	CIC 2268, 2271, 2304, 2306-2308, 2310-2312, 2314, 2317, 2322, 2329

Documentos pontificios	
Pío XI (1922-1939)	CIC 2297
Pío XII (1939-1958)	CIC 2286
Pablo VI (1963-1978)	CIC 2315
Francisco (2013- actualidad)	CIC 2267

Documentos eclesiásticos	
Congregación para la Doctrina de la Fe	CIC 2258, 2270, 2273-2275

CÓMO VIVIMOS ⟶ Los mandamientos ⟶ El amor al prójimo

FUENTES DE LA ESCRITURA Y DE LA IGLESIA

(continuación)

Derecho Canónico	Citadas en el *Catecismo*
Código de Derecho Canónico	CIC 2272, 2301
Escritores eclesiásticos	
Bernabé	CIC 2271
Didache XII Apostolorum	CIC 2271
Epistula ad Diognetum	CIC 2271
San Agustín	CIC 2304
Santo Tomás de Aquino	CIC 2263, 2264, 2302
Tertuliano	CIC 2271

PALABRAS CLAVE

La siguiente parte del *Catecismo* utiliza estas palabras clave.
Véase el "Glosario" para su definición.

Palabras	Citadas en el *Catecismo*
Aborto	CIC 2271, 2272
Escándalo	CIC 2284
Eutanasia	CIC 2277
Ira	CIC 2262
Paz	CIC 2304
Suicidio	CIC 2280

2258 *"La vida humana es sagrada,* porque desde su inicio es fruto de la acción creadora de Dios y permanece siempre en una especial relación con el Creador, su único fin. Sólo Dios es Señor de la vida desde su comienzo hasta su término; nadie, en ninguna circunstancia, puede atribuirse el derecho de matar de modo directo a un ser humano inocente".[31]

356

I. EL RESPETO DE LA VIDA HUMANA

El testimonio de la historia sagrada

2259 La Escritura, en el relato de la muerte de Abel a manos de su hermano Caín,[32] revela, desde los comienzos de la historia humana, la presencia en el hombre de la ira y la codicia, consecuencias del pecado original. El hombre se convirtió en el enemigo de sus semejantes. Dios manifiesta la maldad de este fratricidio: "¿Qué has hecho? Se oye la sangre de tu hermano clamar a mí

401

---

[31] CONGREGACIÓN PARA LA DOCTRINA DE LA FE, instr. *Donum vitae,* intr. 5, AAS 80 (1988), 70-102.

[32] Cf. *Gn* 4, 8-12.

desde el suelo. Pues bien: maldito seas, lejos de este suelo que abrió su boca para recibir de tu mano la sangre de tu hermano" (*Gn* 4, 10-11).

2260 La alianza de Dios y de la humanidad está tejida de llamamientos a reconocer la vida humana como don divino y de la existencia de una violencia fratricida en el corazón del hombre:

> Y yo os prometo reclamar vuestra propia sangre... Quien vertiere sangre de hombre, por otro hombre será su sangre vertida, porque a imagen de Dios hizo él al hombre (*Gn* 9, 5-6).

El Antiguo Testamento consideró siempre la sangre como un signo sagrado de la vida.[33] La validez de esta enseñanza es para todos los tiempos.

2261 La Escritura precisa lo que el quinto mandamiento prohíbe: "No quites la vida del inocente y justo" (*Ex* 23, 7). El homicidio voluntario de un inocente es gravemente contrario a la dignidad del ser humano, a la regla de oro y a la santidad del Creador. La ley que lo proscribe posee una validez universal: obliga a todos y a cada uno, siempre y en todas partes.

2262 En el Sermón de la Montaña, el Señor recuerda el precepto: "No matarás" (*Mt* 5, 21), y añade el rechazo absoluto de la ira, del odio y de la venganza. Más aún, Cristo exige a sus discípulos presentar la otra mejilla,[34] amar a los enemigos.[35] Él mismo no se defendió y dijo a Pedro que guardase la espada en la vaina.[36]

La legítima defensa

2263 La legítima defensa de las personas y las sociedades no es una excepción a la prohibición de la muerte del inocente que constituye el homicidio voluntario. "La acción de defenderse puede entrañar un doble efecto: el uno es la conservación de la propia vida; el otro, la muerte del agresor... solamente es querido el uno; el otro, no".[37]

2264 El amor a sí mismo constituye un principio fundamental de la moralidad. Es, por tanto, legítimo hacer respetar el propio derecho a la vida. El que defiende su vida no es culpable de homicidio, incluso cuando se ve obligado a asestar a su agresor un golpe mortal:

> Si para defenderse se ejerce una violencia mayor que la necesaria, se trataría de una acción ilícita. Pero si se rechaza la violencia en forma mesurada, la acción sería lícita... y no es necesario para la salvación que se omita este acto de protección mesurada a fin de evitar matar al otro, pues es mayor la obligación que se tiene de velar por la propia vida que por la de otro.[38]

---

[33] Cf. *Lv* 17, 14.
[34] Cf. *Mt* 5, 22-39.
[35] Cf. *Mt* 5, 44.
[36] Cf. *Mt* 26, 52.
[37] SANTO TOMÁS DE AQUINO, *Summa theologiae*, II-II, 64, 7.
[38] *Ibid.*

CÓMO VIVIMOS ⟶ Los mandamientos ⟶ El amor al prójimo

2265 La legítima defensa puede ser no solamente un derecho, sino un deber grave, para el que es responsable de la vida de otros. La defensa del bien común exige colocar al agresor en la situación de no poder causar perjuicio. Por este motivo, los que tienen autoridad legítima, tienen también el derecho de rechazar, a los agresores de la sociedad civil confiada a su responsabilidad.

2266 A la exigencia de la tutela del bien común corresponde el esfuerzo del Estado para contener la difusión de comportamientos lesivos de los derechos humanos y de las normas fundamentales de la convivencia civil. La legítima autoridad pública tiene el derecho y el deber de aplicar penas proporcionadas a la gravedad del delito. La *pena* tiene, ante todo, la finalidad de reparar el desorden introducido por la culpa. Cuando la pena es aceptada voluntariamente por el culpable, adquiere un valor de expiación. La pena finalmente, además de la defensa del orden público y la tutela de la seguridad de las personas, tiene una finalidad medicinal: en la medida de lo posible, debe contribuir a la enmienda del culpable.

2267 Durante mucho tiempo el recurso a la pena de muerte por parte de la autoridad legítima, después de un debido proceso, fue considerado una respuesta apropiada a la gravedad de algunos delitos y un medio admisible, aunque extremo, para la tutela del bien común.

Hoy está cada vez más viva la conciencia de que la dignidad de la persona no se pierde ni siquiera después de haber cometido crímenes muy graves. Además, se ha extendido una nueva comprensión acerca del sentido de las sanciones penales por parte del Estado. En fin, se han implementado sistemas de detención más eficaces, que garantizan la necesaria defensa de los ciudadanos, pero que, al mismo tiempo, no le quitan al reo la posibilidad de redimirse definitivamente.

Por tanto la Iglesia enseña, a la luz del Evangelio, que "la pena de muerte es inadmisible, porque atenta contra la inviolabilidad y la dignidad de la persona"[39], y se compromete con determinación a su abolición en todo el mundo.

El homicidio voluntario

2268 El quinto mandamiento condena como gravemente pecaminoso el *homicidio directo y voluntario*. El que mata y los que cooperan voluntariamente con él cometen un pecado que clama venganza al cielo.[40]

El infanticidio,[41] el fratricidio, el parricidio, el homicidio del cónyuge son crímenes especialmente graves a causa de los vínculos naturales que destruyen. Preocupaciones

---

[39] FRANCISCO, *Discurso del Santo Padre Francisco con motivo del XXV Aniversario del Catecismo de la Iglesia Católica,* 11 de octubre de 2017: *L'Osservatore Romano,* 13 de octubre de 2017, 5.

[40] Cf. *Gn* 4, 10.
[41] Cf. Concilio Vaticano II, *Gaudium et spes,* 51, 3.

de eugenesia o de salud pública no pueden justificar ningún homicidio, aunque fuera ordenado por las propias autoridades.

2269 El quinto mandamiento prohíbe hacer algo con intención de provocar *indirectamente* la muerte de una persona. La ley moral prohíbe exponer a alguien sin razón grave a un riesgo mortal, así como negar la asistencia a una persona en peligro.

La aceptación por parte de la sociedad de hambres que provocan muertes sin esforzarse por remediarlas es una escandalosa injusticia y una falta grave. Los traficantes cuyas prácticas usurarias y mercantiles provocan el hambre y la muerte de sus hermanos los hombres, cometen indirectamente un homicidio. Este les es imputable.[42]

El homicidio *involuntario* no es moralmente imputable. Pero no se está libre de falta grave cuando, sin razones proporcionadas, se ha obrado de manera que se ha seguido la muerte, incluso sin intención de causarla.

El aborto

2270 La vida humana debe ser respetada y protegida de manera absoluta desde el momento de la concepción. Desde el primer momento de su existencia, el ser humano debe ver reconocidos sus derechos de persona, entre los cuales está el derecho inviolable de todo ser inocente a la vida.[43]

> Antes de haberte formado yo en el seno materno, te conocía, y antes que nacieses te tenía consagrado (*Jr* 1, 5).[44]

> Y mis huesos no se te ocultaban, cuando era yo hecho en lo secreto, tejido en las honduras de la tierra (*Sal* 139, 15).

2271 Desde el siglo primero, la Iglesia ha afirmado la malicia moral de todo aborto provocado. Esta enseñanza no ha cambiado; permanece invariable. El aborto directo, es decir, querido como un fin o como un medio, es gravemente contrario a la ley moral.

> No matarás el embrión mediante el aborto, no darás muerte al recién nacido.[45]

> Dios, Señor de la vida, ha confiado a los hombres la excelsa misión de conservar la vida, misión que deben cumplir de modo digno del hombre. Por consiguiente, se ha de proteger la vida con el máximo cuidado desde la concepción; tanto el aborto como el infanticidio son crímenes abominables.[46]

---

[42] Cf. *Am* 8, 4-10.
[43] Cf. CONGREGACIÓN PARA LA DOCTRINA DE LA FE, instr. *Donum vitae*, I, 1.
[44] Cf. *Jb* 10, 8-12; *Sal* 22, 10-11.
[45] *Didaché*, 2, 2; cf BERNABÉ, *Epistula*, 19, 5; *Carta a Diogneto*, 5, 5; TERTULIANO, *Apologeticus*, 9.
[46] Concilio Vaticano II, *Gaudium et spes*, 51, 3.

2272 La cooperación formal a un aborto constituye una falta grave. La Iglesia sanciona con pena canónica de excomunión este delito contra la vida humana. "Quien procura el aborto, si éste se produce, incurre en excomunión *latae sententiae*",[47] es decir, "de modo que incurre ipso facto en ella quien comete el delito",[48] en las condiciones previstas por el Derecho.[49] Con esto la Iglesia no pretende restringir el ámbito de la misericordia; lo que hace es manifestar la gravedad del crimen cometido, el daño irreparable causado al inocente a quien se da muerte, a sus padres y a toda la sociedad.

2273 El derecho inalienable de todo individuo humano inocente a la vida constituye un *elemento constitutivo de la sociedad civil y de su legislación*:

"Los derechos inalienables de la persona deben ser reconocidos y respetados por parte de la sociedad civil y de la autoridad política. Estos derechos del hombre no están subordinados ni a los individuos ni a los padres, y tampoco son una concesión de la sociedad o del Estado: pertenecen a la naturaleza humana y son inherentes a la persona en virtud del acto creador que la ha originado. Entre esos derechos fundamentales es preciso recordar a este propósito el derecho de todo ser humano a la vida y a la integridad física desde la concepción hasta la muerte".[50]

"Cuando una ley positiva priva a una categoría de seres humanos de la protección que el ordenamiento civil les debe, el Estado niega la igualdad de todos ante la ley. Cuando el Estado no pone su poder al servicio de los derechos de todo ciudadano, y particularmente de quien es más débil, se quebrantan los fundamentos mismos del Estado de derecho... El respeto y la protección que se han de garantizar, desde su misma concepción, a quien debe nacer, exige que la ley prevea sanciones penales apropiadas para toda deliberada violación de sus derechos".[51]

2274 Puesto que debe ser tratado como una persona desde la concepción, el embrión deberá ser defendido en su integridad, cuidado y atendido médicamente en la medida de lo posible, como todo otro ser humano.

El *diagnóstico prenatal* es moralmente lícito, "si respeta la vida e integridad del embrión y del feto humano, y si se orienta hacia su protección o hacia su curación... Pero se opondrá gravemente a la ley moral cuando contemple la posibilidad, en dependencia de sus resultados, de provocar un aborto: un diagnóstico que atestigua la existencia de una malformación o de una enfermedad hereditaria no debe equivaler a una sentencia de muerte".[52]

2275 Se deben considerar "lícitas las intervenciones sobre el embrión humano, siempre que respeten la vida y la integridad del embrión, que no lo expongan a riesgos desproporcionados, que tengan como fin su curación, la mejora de sus condiciones de salud o su supervivencia individual".[53]

---

[47] CDC, 1398.
[48] *Ibid.*, 1314.
[49] Cf. *ibid.*, 1323-1324.
[50] CONGREGACIÓN PARA LA DOCTRINA DE LA FE, instr. *Donum vitae*, III. *Ibid.*
[51] *Ibid.*
[52] *Ibid*, 1, 2.

"Es inmoral producir embriones humanos destinados a ser explotados como 'material biológico' disponible".[54]

"Algunos intentos de *intervenir en el patrimonio cromosómico y genético* no son terapéuticos, sino que miran a la producción de seres humanos seleccionados en cuanto al sexo u otras cualidades prefijadas. Estas manipulaciones son contrarias a la dignidad personal del ser humano, a su integridad y a su identidad".[55]

La eutanasia

2276 Aquellos cuya vida se encuentra disminuida o debilitada tienen derecho a un respeto especial. Las personas enfermas o disminuidas deben ser atendidas para que lleven una vida tan normal como sea posible.

2277 Cualesquiera que sean los motivos y los medios, la eutanasia directa consiste en poner fin a la vida de personas disminuidas, enfermas o moribundas. Es moralmente inaceptable.

Por tanto, una acción o una omisión que, de suyo o en la intención, provoca la muerte para suprimir el dolor, constituye un homicidio gravemente contrario a la dignidad de la persona humana y al respeto del Dios vivo, su Creador. El error de juicio en el que se puede haber caído de buena fe no cambia la naturaleza de este acto homicida, que se ha de rechazar y excluir siempre.

2278 La interrupción de tratamientos médicos onerosos, peligrosos, extraordinarios o desproporcionados a los resultados puede ser legítima. Interrumpir estos tratamientos es rechazar el "encarnizamiento terapéutico". Con esto no se pretende provocar la muerte; se acepta no poder impedirla. Las decisiones deben ser tomadas por el paciente, si para ello tiene competencia y capacidad o si no por los que tienen los derechos legales, respetando siempre la voluntad razonable y los intereses legítimos del paciente.

2279 Aunque la muerte se considere inminente, los cuidados ordinarios debidos a una persona enferma no pueden ser legítimamente interrumpidos. El uso de analgésicos para aliviar los sufrimientos del moribundo, incluso con riesgo de abreviar sus días, puede ser moralmente conforme a la dignidad humana si la muerte no es pretendida, ni como fin ni como medio, sino solamente prevista y tolerada como inevitable. Los cuidados paliativos constituyen una forma privilegiada de la caridad desinteresada. Por esta razón deben ser alentados.

---

[53] *Ibid.,* 1, 3.
[54] *Ibid.,* 1, 5.
[55] *Ibid.,* 1, 6.

CÓMO VIVIMOS ⟶ Los mandamientos ⟶ El amor al prójimo

El suicidio

2280 Cada cual es responsable de su vida delante de Dios que se la ha dado. El sigue siendo su soberano Dueño. Nosotros estamos obligados a recibirla con gratitud y a conservarla para su honor y para la salvación de nuestras almas. Somos administradores y no propietarios de la vida que Dios nos ha confiado. No disponemos de ella.

2258

2281 El suicidio contradice la inclinación natural del ser humano a conservar y perpetuar su vida. Es gravemente contrario al justo amor de sí mismo. Ofende también al amor del prójimo porque rompe injustamente los lazos de solidaridad con las sociedades familiar, nacional y humana con las cuales estamos obligados. El suicidio es contrario al amor del Dios vivo.

2212

2282 Si se comete con intención de servir de ejemplo, especialmente a los jóvenes, el suicidio adquiere además la gravedad del escándalo. La cooperación voluntaria al suicidio es contraria a la ley moral.

Trastornos psíquicos graves, la angustia, o el temor grave de la prueba, del sufrimiento o de la tortura, pueden disminuir la responsabilidad del suicida.

1735

2283 No se debe desesperar de la salvación eterna de aquellas personas que se han dado muerte. Dios puede haberles facilitado por caminos que Él solo conoce la ocasión de un arrepentimiento salvador. La Iglesia ora por las personas que han atentado contra su vida.

1037

II. EL RESPETO DE LA DIGNIDAD DE LAS PERSONAS

El respeto del alma del prójimo: el escándalo

2284 El escándalo es la actitud o el comportamiento que induce a otro a hacer el mal. El que escandaliza se convierte en tentador de su prójimo. Atenta contra la virtud y el derecho; puede ocasionar a su hermano la muerte espiritual. El escándalo constituye una falta grave, si por acción u omisión, arrastra deliberadamente a otro a una falta grave.

2847

2285 El escándalo adquiere una gravedad particular según la autoridad de quienes lo causan o la debilidad de quienes lo padecen. Inspiró a nuestro Señor esta maldición: "Al que escandalice a uno de estos pequeños que creen en mí, más le vale que le cuelguen al cuello una de esas piedras de molino que mueven los asnos y le hundan en lo profundo del mar" (*Mt* 18, 6).[56] El escándalo es grave cuando es causado por quienes, por naturaleza o por función, están obligados a enseñar y educar a otros. Jesús, en efecto, lo reprocha a los escribas y fariseos: los compara a lobos disfrazados de corderos.[57]

1903

---

[56] Cf. *1 Co* 8, 10-13.   [57] Cf. *Mt* 7, 15.

2286 El escándalo puede ser provocado por la ley o por las instituciones, por la moda o por la opinión.

1887

Así se hacen culpables de escándalo quienes instituyen leyes o estructuras sociales que llevan a la degradación de las costumbres y a la corrupción de la vida religiosa, o a "condiciones sociales que, voluntaria o involuntariamente, hacen ardua y prácticamente imposible una conducta cristiana conforme a los mandamientos".[58] Lo mismo ha de decirse de los empresarios que imponen procedimientos que incitan al fraude, de los educadores que "exasperan" a sus alumnos,[59] o de los que, manipulando la opinión pública, la desvían de los valores morales.

2498

2287 El que usa los poderes de que dispone en condiciones que arrastren a hacer el mal se hace culpable de escándalo y responsable del mal que directa o indirectamente ha favorecido. "Es imposible que no vengan escándalos; pero, ¡ay de aquel por quien vienen!" (*Lc* 17, 1).

El respeto de la salud

1503

2288 La vida y la salud física son bienes preciosos confiados por Dios. Debemos cuidar de ellos racionalmente teniendo en cuenta las necesidades de los demás y el bien común.

1509

El *cuidado de la salud* de los ciudadanos requiere la ayuda de la sociedad para lograr las condiciones de existencia que permiten crecer y llegar a la madurez: alimento y vestido, vivienda, cuidados de la salud, enseñanza básica, empleo y asistencia social.

364

2289 La moral exige el respeto de la vida corporal, pero no hace de ella un valor absoluto. Se opone a una concepción neopagana que tiende a promover el *culto del cuerpo*, a sacrificar todo a él, a idolatrar la perfección física y el éxito deportivo. Semejante concepción, por la selección que opera entre los fuertes y los débiles, puede conducir a la perversión de las relaciones humanas.

2113

1809

2290 La virtud de la templanza conduce a *evitar toda clase de excesos*, el abuso de la comida, del alcohol, del tabaco y de las medicinas. Quienes en estado de embriaguez, o por afición inmoderada de velocidad, ponen en peligro la seguridad de los demás y la suya propia en las carreteras, en el mar o en el aire, se hacen gravemente culpables.

2291 El *uso de la droga* inflige muy graves daños a la salud y a la vida humana. Fuera de los casos en que se recurre a ello por prescripciones estrictamente terapéuticas, es una falta grave. La producción clandestina y el tráfico de drogas son prácticas escandalosas; constituyen una cooperación directa, porque incitan a ellas, a prácticas gravemente contrarias a la ley moral.

---

[58] PÍO XII, discurso del 1° junio 1941.   [59] Cf. *Ef* 6, 4; *Col* 3, 21.

CÓMO VIVIMOS ⟶ Los mandamientos ⟶ El amor al prójimo

CIC 2297

El respeto de la persona y la investigación científica

2292 Los experimentos científicos, médicos o psicológicos, en personas o grupos humanos, pueden contribuir a la curación de los enfermos y al progreso de la salud pública.

2293 Tanto la investigación científica de base como la investigación aplicada constituyen una expresión significativa del dominio del hombre sobre la creación. La ciencia y la técnica son recursos preciosos cuando son puestos al servicio del hombre y promueven su desarrollo integral en beneficio de todos; sin embargo, por sí solas no pueden indicar el sentido de la existencia y del progreso humano. La ciencia y la técnica están ordenadas al hombre que les ha dado origen y crecimiento; tienen por tanto en la persona y en sus valores morales el sentido de su finalidad y la conciencia de sus límites.

159

1703

2294 Es ilusorio reivindicar la neutralidad moral de la investigación científica y de sus aplicaciones. Por otra parte, los criterios de orientación no pueden ser deducidos ni de la simple eficacia técnica, ni de la utilidad que puede resultar de ella para unos con detrimento de otros, y, menos aún, de las ideologías dominantes. La ciencia y la técnica requieren por su significación intrínseca el respeto incondicionado de los criterios fundamentales de la moralidad; deben estar al servicio de la persona humana, de sus derechos inalienables, de su bien verdadero e integral, conforme al designio y la voluntad de Dios.

2375

2295 Las investigaciones o experimentos en el ser humano no pueden legitimar actos que en sí mismos son contrarios a la dignidad de las personas y a la ley moral. El eventual consentimiento de los sujetos no justifica tales actos. La experimentación en el ser humano no es moralmente legítima si hace correr riesgos desproporcionados o evitables a la vida o a la integridad física o psíquica del sujeto. La experimentación en seres humanos no es conforme a la dignidad de la persona si, por añadidura, se hace sin el consentimiento consciente del sujeto o de quienes tienen derecho sobre él.

1753

2296 El *trasplante de órganos* es conforme a la ley moral si los daños y los riesgos físicos y psíquicos que padece el donante son proporcionados al bien que se busca para el destinatario. La donación de órganos después de la muerte es un acto noble y méritorio, que debe ser alentado como manifestación de solidaridad generosa. Es moralmente inadmisible si el donante o sus legítimos representantes no han dado su explícito consentimiento. Además, no se puede admitir moralmente la mutilación que deja inválido, o provocar directamente la muerte, aunque se haga para retrasar la muerte de otras personas.

El respeto de la integridad corporal

2297 Los *secuestros* y el *tomar rehenes* hacen que impere el terror y, mediante la amenaza, ejercen intolerables presiones sobre las víctimas. Son moralmente ilegítimos. El *terrorismo* amenaza, hiere y mata sin discriminación; es gravemente contrario a la justicia y a la caridad. La *tortura*, que usa de violencia física o moral, para arrancar confesiones, para castigar a los culpables, intimidar a los que se oponen, satisfacer el odio, es contraria al respeto de la persona y de la dignidad humana. Exceptuados los casos de prescripciones médicas de orden estrictamente terapéutico, las *amputaciones, mutilaciones o esterilizaciones directamente voluntarias* de personas inocentes son contrarias a la ley moral.[60]

2298 En tiempos pasados, se recurrió de modo ordinario a prácticas crueles por parte de autoridades legítimas para mantener la ley y el orden, con frecuencia sin protesta de los pastores de la Iglesia, que incluso adoptaron, en sus propios tribunales las prescripciones del derecho romano sobre la tortura. Junto a estos hechos lamentables, la Iglesia ha enseñado siempre el deber de clemencia y misericordia; prohibió a los clérigos derramar sangre. En tiempos recientes se ha hecho evidente que estas prácticas crueles no eran ni necesarias para el orden público ni conformes a los derechos legítimos de la persona humana. Al contrario, estas prácticas conducen a las peores degradaciones. Es preciso esforzarse por su abolición, y Orar por las víctimas y sus verdugos.

El respeto a los muertos

2299 A los moribundos se han de prestar todas las atenciones necesarias para ayudarles a vivir sus últimos momentos en la dignidad y la paz. Deben ser ayudados por la oración de sus parientes, los cuales cuidarán que los enfermos reciban a tiempo los sacramentos que preparan para el encuentro con el Dios vivo.

2300 Los cuerpos de los difuntos deben ser tratados con respeto y caridad en la fe y la esperanza de la resurrección. Enterrar a los muertos es una obra de misericordia corporal,[61] que honra a los hijos de Dios, templos del Espíritu Santo.

2301 La autopsia de los cadáveres es moralmente admisible cuando hay razones de orden legal o de investigación científica. El don gratuito de órganos después de la muerte es legítimo y puede ser méritorio.

La Iglesia permite la incineración cuando con ella no se cuestiona la fe en la resurrección del cuerpo.[62]

---

[60] Cf. PIO XI, enc. *Casti connubii*: DS, 3722.
[61] Cf. *Tb*, 1, 16-18.
[62] Cf. CDC, 1176, 3.

CÓMO VIVIMOS ⟶ Los mandamientos ⟶ El amor al prójimo

CIC 2306

III. LA DEFENSA DE LA PAZ

La paz

2302 Recordando el precepto: "no matarás" (*Mt* 5, 21), nuestro Señor pide la paz del corazón y denuncia la inmoralidad de la cólera homicida y del odio:

1765

La *cólera* es un deseo de venganza. "Desear la venganza para el mal de aquel a quien es preciso castigar, es ilícito"; pero es loable imponer una reparación "para la corrección de los vicios y el mantenimiento de la justicia".[63] Si la cólera llega hasta el deseo deliberado de matar al prójimo o de herirlo gravemente, constituye una falta grave contra la caridad; es pecado mortal. El Señor dice: "Todo aquel que se encolerice contra su hermano, será reo ante el tribunal" (*Mt* 5, 22).

2303 El *odio* voluntario es contrario a la caridad. El odio al prójimo es pecado cuando se le desea deliberadamente un mal. El odio al prójimo es un pecado grave cuando se le desea deliberadamente un daño grave. "Pues yo os digo: Amad a vuestros enemigos y rogad por los que os persigan, para que seáis hijos de vuestro Padre celestial…" (*Mt* 5, 44-45).

2094

1933

2304 El respeto y el desarrollo de la vida humana exigen *la paz*. La paz no es sólo ausencia de guerra y no se limita a asegurar el equilibrio de fuerzas adversas. La paz no puede alcanzarse en la tierra, sin la salvaguardia de los bienes de las personas, la libre comunicación entre los seres humanos, el respeto de la dignidad de las personas y de los pueblos, la práctica asidua de la fraternidad. Es la "tranquilidad del orden".[64] Es obra de la justicia[65] y efecto de la caridad.[66]

1909

1807

2305 La paz terrenal es imagen y fruto de la *paz de Cristo,* el "Príncipe de la paz" mesiánica (*Is* 9, 5). Por la sangre de su cruz, "dio muerte al odio en su carne" (*Ef* 2, 16),[67] reconcilió con Dios a los hombres e hizo de su Iglesia el sacramento de la unidad del género humano y de su unión con Dios. "Él es nuestra paz" (*Ef* 2, 14). Declara "bienaventurados a los que construyen la paz" (*Mt* 5, 9).

1468

2306 Los que renuncian a la acción violenta y sangrienta y recurren para la defensa de los derechos del hombre a medios que están al alcance de los más débiles, dan testimonio de caridad evangélica, siempre que esto se haga sin lesionar los derechos y obligaciones de los otros hombres y de las sociedades. Atestiguan legítimamente la gravedad de los riesgos físicos y morales del recurso a la violencia con sus ruinas y sus muertes.[68]

2267

---

[63] SANTO TOMÁS DE AQUINO, *Summa theologiae*, II-II, 158, 1 ad 3.
[64] SAN AGUSTÍN, *De civitate Dei*, 19, 13.
[65] Cf. *Is* 32, 17.
[66] Cf. Concilio Vaticano II, *Gaudium et spes*, 78, 1-2.
[67] Cf. *Col* 1, 20-22.
[68] Cf. Concilio Vaticano II, *Gaudium et spes*, 78, 5

Evitar la guerra

2307 El quinto mandamiento condena la destrucción voluntaria de la vida humana. A causa de los males y de las injusticias que ocasiona toda guerra, la Iglesia insta constantemente a todos a orar y actuar para que la Bondad divina nos libre de la antigua servidumbre de la guerra.[69]

2308 Todo ciudadano y todo gobernante están obligados a empeñarse en evitar las guerras.

Sin embargo, "mientras exista el riesgo de guerra y falte una autoridad internacional competente y provista de la fuerza correspondiente, una vez agotados todos los medios de acuerdo pacífico, no se podrá negar a los gobiernos el derecho a la legítima defensa".[70]

2309 Se han de considerar con rigor las condiciones estrictas de una *legítima defensa mediante la fuerza militar*. La gravedad de semejante decisión somete a ésta a condiciones rigurosas de legitimidad moral. Es preciso a la vez:

— Que el daño causado por el agresor a la nación o a la comunidad de las naciones sea duradero, grave y cierto.

— Que todos los demás medios para poner fin a la agresión hayan resultado impracticables o ineficaces.

— Que se reúnan las condiciones serias de éxito.

— Que el empleo de las armas no entrañe males y desórdenes más graves que el mal que se pretende eliminar. El poder de los medios modernos de destrucción obliga a una prudencia extrema en la apreciación de esta condición.

Estos son los elementos tradicionales enumerados en la doctrina llamada de la "guerra justa".

La apreciación de estas condiciones de legitimidad moral pertenece al juicio prudente de quienes están a cargo del bien común.

2310 Los poderes públicos tienen en este caso el derecho y el deber de imponer a los ciudadanos las *obligaciones necesarias para la defensa nacional*.

Los que se dedican al servicio de la patria en la vida militar son servidores de la seguridad y de la libertad de los pueblos. Si realizan correctamente su tarea, colaboran verdaderamente al bien común de la nación y al mantenimiento de la paz.[71]

---

[69] Cf. *ibid.*, 81, 4.
[70] *Ibid.*, 79, 4.
[71] Cf. Concilio Vaticano II, *Gaudium et spes*, 79, 5.

CÓMO VIVIMOS ⟶ Los mandamientos ⟶ El amor al prójimo

CIC 2317

2311 Los poderes públicos atenderán equitativamente al caso de quienes, por motivos de conciencia, rehúsan el empleo de las armas; éstos siguen obligados a servir de otra forma a la comunidad humana.[72]

1782; 1790

2312 La Iglesia y la razón humana declaran la validez permanente de la *ley moral durante los conflictos armados*. "Una vez estallada desgraciadamente la guerra, no todo es lícito entre los contendientes".[73]

2313 Es preciso respetar y tratar con humanidad a los no combatientes, a los soldados heridos y a los prisioneros.

Las acciones deliberadamente contrarias al derecho de gentes y a sus principios universales, como asimismo las disposiciones que las ordenan, son crímenes. Una obediencia ciega no basta para excusar a los que se someten a ella. Así, el exterminio de un pueblo, de una nación o de una minoría étnica debe ser condenado como un pecado mortal. Existe la obligación moral de desobedecer aquellas decisiones que ordenan genocidios.

2242

2314 "Toda acción bélica que tiende indiscriminadamente a la destrucción de ciudades enteras o de amplias regiones con sus habitantes, es un crimen contra Dios y contra el hombre mismo, que hay que condenar con firmeza y sin vacilaciones".[74] Un riesgo de la guerra moderna consiste en facilitar a los que poseen armas científicas, especialmente atómicas, biológicas o químicas, la ocasión de cometer semejantes crímenes.

2315 La *acumulación de armas* es para muchos como una manera paradójica de apartar de la guerra a posibles adversarios. Ven en ella el más eficaz de los medios, para asegurar la paz entre las naciones. Este procedimiento de disuasión merece severas reservas morales. La *carrera de armamentos* no asegura la paz. En lugar de eliminar las causas de guerra, corre el riesgo de agravarlas. La inversión de riquezas fabulosas en la fabricación de armas siempre más modernas impide la ayuda a los pueblos indigentes,[75] y obstaculiza su desarrollo. El exceso de armamento multiplica las razones de conflictos y aumenta el riesgo de contagio.

2316 La *producción y el comercio de armas* atañen hondamente al bien común de las naciones y de la comunidad internacional. Por tanto, las autoridades tienen el derecho y el deber de regularlas. La búsqueda de intereses privados o colectivos a corto plazo no legítima empresas que fomentan violencias y conflictos entre las naciones, y que comprometen el orden jurídico internacional.

1906

2317 Las injusticias, las desigualdades excesivas de orden económico o social, la envidia, la desconfianza y el orgullo, que existen entre los hombres y las naciones, amenazan sin cesar la paz y causan las guerras. Todo lo que se

1938
2538

---

[72] Cf. *ibid.*, 79, 3.
[73] *Ibid.*, 79, 4.
[74] *Ibid.*, 80, 4.
[75] Cf. PABLO VI, enc. *Populorum progressio*, 53.

hace para superar estos desórdenes contribuye a edificar la paz y evitar la guerra:

1941
En la medida en que los hombres son pecadores, les amenaza y les amenazará hasta la venida de Cristo, el peligro de guerra; en la medida en que, unidos por la caridad, superan el pecado, se superan también las violencias hasta que se cumpla la palabra: "De sus espadas forjarán arados y de sus lanzas podaderas. Ninguna nación levantará ya más la espada contra otra y no se adiestrarán más para el combate" (*Is* 2, 4).[76]

RESUMEN

2318 "Dios tiene en su mano el alma de todo ser viviente y el soplo de toda carne de hombre" (*Jb* 12, 10).

2319 Toda vida humana, desde el momento de la concepción hasta la muerte, es sagrada, pues la persona humana ha sido amada por sí misma a imagen y semejanza del Dios vivo y santo.

2320 Causar la muerte a un ser humano es gravemente contrario a la dignidad de la persona y a la santidad del Creador.

2321 La prohibición de causar la muerte no suprime el derecho de impedir que un injusto agresor cause daño. La legítima defensa es un deber grave para quien es responsable de la vida de otro o del bien común.

2322 Desde su concepción, el niño tiene el derecho a la vida. El aborto directo, es decir, buscado como un fin o como un medio, es una práctica infame,[77] gravemente contraria a la ley moral. La Iglesia sanciona con pena canónica de excomunión este delito contra la vida humana.

2323 Porque ha de ser tratado como una persona desde su concepción, el embrión debe ser defendido en su integridad, atendido y cuidado médicamente como cualquier otro ser humano.

2324 La eutanasia voluntaria, cualesquiera que sean sus formas y sus motivos, constituye un homicidio. Es gravemente contraria a la dignidad de la persona humana y al respeto del Dios vivo, su Creador.

2325 El suicidio es gravemente contrario a la justicia, a la esperanza y a la caridad. Está prohibido por el quinto mandamiento.

2326 El escándalo constituye una falta grave cuando por acción u omisión se induce deliberadamente a otro a pecar gravemente.

---

[76] Concilio Vaticano II, *Gaudium et spes*, 78, 6. [77] Cf. Concilio Vaticano II, *Gaudium et spes*, 27, 3.

CÓMO VIVIMOS ⟶ Los mandamientos ⟶ El amor al prójimo

2327 A causa de los males y de las injusticias que ocasiona toda guerra, debemos hacer todo lo que es razonablemente posible para evitarla. La Iglesia implora así: "del hambre, de la peste y de la guerra, líbranos Señor".

2328 La Iglesia y la razón humana afirman la validez permanente de la ley moral durante los conflictos armados. Las prácticas deliberadamente contrarias al derecho de gentes y a sus principios universales son crímenes.

2329 "La carrera de armamentos es una plaga gravísima de la humanidad y perjudica a los pobres de modo intolerable".[78]

2330 "Bienaventurados los que construyen la paz, porque ellos serán llamados hijos de Dios" (*Mt* 5, 9).

ARTÍCULO 6
EL SEXTO MANDAMIENTO

No cometerás adulterio (*Ex* 20, 14; *Dt* 5, 17).

Habéis oído que se dijo: "No cometerás adulterio". Pues yo os digo: Todo el que mira a una mujer deseándola, ya cometió adulterio con ella en su corazón (*Mt* 5, 27-28).

I. "HOMBRE Y MUJER LOS CREÓ..."   *369-373*

FUENTES DE LA ESCRITURA Y DE LA IGLESIA

La siguiente parte del *Catecismo* utiliza estas fuentes de la Escritura y de la Iglesia. Véase el "Índice de citas" para una lista completa de referencias

Antiguo Testamento	Citadas en el *Catecismo*
Génesis	CIC 2331, 2335, 2357, 2374
Éxodo	CIC 2400
Levítico	CIC 2388
Deuteronomio	CIC 2400
Tobías	CIC 2361
Eclesiástico	CIC 2339
Jeremías	CIC 2380
Oseas	CIC 238

---

[78] *Ibid.*, 81, 3.

Tercera parte: La vida en Cristo

FUENTES DE LA ESCRITURA Y DE LA IGLESIA
(continuación)

Nuevo Testamento	Citadas en el *Catecismo*
Mateo	CIC 2336, 2338, 2364, 2367, 2380, 2382, 2400
Marcos	CIC 2364, 2380, 2382
Lucas	CIC 2382
Juan	CIC 2347
Romanos	CIC 2357
1 Corintios	CIC 2355, 2357, 2364, 2380, 2382, 2388
Gálatas	CIC 2345, 2348
Efesios	CIC 2367
1 Timoteo	CIC 2357
Tito	CIC 2342
1 Juan	CIC 2345

Concilios ecuménicos	
Vaticano II (1962-1965)	CIC 2334, 2339, 2344, 2362, 2364, 2367, 2368, 2371, 2373, 2387

Documentos pontificios	
Pío XII (1939-1958)	CIC 2362
Pablo VI (1963-1978)	CIC 2366, 2369, 2370, 2372, 2366
Juan Pablo II (1978-2005)	CIC 2331, 2334, 2343, 2361, 2366, 2370, 2386, 2387, 2390-2392

Documentos eclesiásticos	
Congregación para la Doctrina de la Fe	CIC 2349, 2352, 2357, 2375-2378, 2391

Derecho Canónico	
Código de Derecho Canónico	CIC 2364, 2382, 2383

Escritores eclesiásticos	
San Ambrosio	CIC 2349
San Agustín	CIC 2340
San Basilio de Cesarea en Capadocia	CIC 2384
San Juan Crisóstomo	CIC 2365

CÓMO VIVIMOS ⟶ Los mandamientos ⟶ El amor al prójimo

CIC 2335

PALABRAS CLAVE

La siguiente parte del *Catecismo* utiliza estas palabras clave.
Véase el "Glosario" para su definición.

Palabras	Citadas en el *Catecismo*
Adulterio	CIC 2380
Anticoncepción	CIC 2370
Castidad	CIC 2337
Divorcio	CIC 2382
Fornicación	CIC 2353
Homosexualidad	CIC 2357
Poligamia	CIC 2387

2331 "Dios es amor y vive en sí mismo un misterio de comunión personal de amor. Creándola a su imagen… Dios inscribe en la humanidad del hombre y de la mujer la *vocación, y* consiguientemente la capacidad y la responsabilidad del *amor y de* la comunión".[79]

1604

"Dios creó el hombre a imagen suya… hombre y mujer los creó" (*Gn* 1, 27). "Creced y multiplicaos" (*Gn* 1, 28); "el día en que Dios creó al hombre, le hizo a imagen de Dios. Los creó varón y hembra, los bendijo, y los llamó "Hombre" en el día de su creación" (*Gn* 5, 1-2).

2332 *La sexualidad* abraza todos los aspectos de la persona humana, en la unidad de su cuerpo y de su alma. Concierne particularmente a la afectividad, a la capacidad de amar y de procrear y, de manera más general, a la aptitud para establecer vínculos de comunión con otro.

362

2333 Corresponde a cada uno, hombre y mujer, reconocer y aceptar su *identidad* sexual. La *diferencia* y la *complementariedad* físicas, morales y espirituales, están orientadas a los bienes del matrimonio y al desarrollo de la vida familiar. La armonía de la pareja humana y de la sociedad depende en parte de la manera en que son vividas entre los sexos la complementariedad, la necesidad y el apoyo mutuos.

1602

2334 "Creando al hombre' varón y mujer', Dios da la dignidad personal de igual modo al hombre y a la mujer".[80] "El hombre es una persona, y esto se aplica en la misma medida al hombre y a la mujer, porque los dos fueron creados a imagen y semejanza de un Dios personal".[81]

357

2335 Cada uno de los dos sexos es, con una dignidad igual, aunque de manera distinta, imagen del poder y de la ternura de Dios. La *unión del hombre y de la mujer en* el matrimonio es una manera de imitar en la carne la

---

[79] JUAN PABLO II, exh. ap. *Familiaris consortio,* 11.

[80] *Ibid.,* 22; cf Concilio Vaticano II, *Gaudium et spes,* 49, 2.

[81] JUAN PABLO II, c. ap. *Mulieris dignitatem,* 6.

2205 generosidad y la fecundidad del Creador: "El hombre deja a su padre y a su madre y se une a su mujer, y se hacen una sola carne" (*Gn* 2, 24). De esta unión proceden todas las generaciones humanas.[82]

1614 **2336** Jesús vino a restaurar la creación en la pureza de sus orígenes. En el Sermón de la Montaña interpreta de manera rigurosa el plan de Dios: "Habéis oído que se dijo: 'no cometerás adulterio'. Pues yo os digo: 'Todo el que mira a una mujer deseándola, ya cometió adulterio con ella en su corazón'" (*Mt* 5, 27-28). El hombre no debe separar lo que Dios ha unido.[83]

La Tradición de la Iglesia ha entendido el sexto mandamiento como referido a la globalidad de la sexualidad humana.

II. LA VOCACIÓN A LA CASTIDAD

2520
2349 **2337** La castidad significa la integración lograda de la sexualidad en la persona, y por ello en la unidad interior del hombre en su ser corporal y espiritual. La sexualidad, en la que se expresa la pertenencia del hombre al mundo corporal y biológico, se hace personal y verdaderamente humana cuando está integrada en la relación de persona a persona, en el don mutuo total y temporalmente ilimitado del hombre y de la mujer.

La virtud de la castidad, por tanto, entraña la integridad de la persona y la totalidad del don.

La integridad de la persona

2338 La persona casta mantiene la integridad de las fuerzas de vida y de amor depositadas en ella. Esta integridad asegura la unidad de la persona; se opone a todo comportamiento que la pueda lesionar. No tolera ni la doble vida ni el doble lenguaje.[84]

2339 La castidad implica un *aprendizaje del dominio de sí*, que es una pedagogía de la libertad humana. La alternativa es clara: o el hombre controla sus pasiones y obtiene la paz, o se deja dominar por ellas y se hace desgraciado.[85] "La dignidad del hombre requiere, en efecto, que actúe según una elección consciente y libre, es decir, movido e inducido personalmente desde dentro y no bajo la presión de un ciego impulso interior o de la mera coacción externa.
1767 El hombre logra esta dignidad cuando, liberándose de toda esclavitud de las pasiones, persigue su fin en la libre elección del bien y se procura con eficacia y habilidad los medios adecuados".[86]

2340 El que quiere permanecer fiel a las promesas de su bautismo y resistir las tentaciones debe poner los *medios* para ello: el conocimiento de sí, la
2015 práctica de una ascesis adaptada a las situaciones encontradas, la obediencia

---

[82] Cf. *Gn* 4, 1-2.25-26; 5, 1.
[83] Cf. *Mt* 19, 6.
[84] Cf. *Mt* 5, 37.
[85] Cf. *Si* 1, 22.
[86] Concilio Vaticano II, *Gaudium et spes,* 17.

a los mandamientos divinos, la práctica de las virtudes morales y la fidelidad a la oración. "La castidad nos recompone; nos devuelve a la unidad que habíamos perdido dispersándonos".[87]

2341 La virtud de la castidad forma parte de la virtud cardinal de la *templanza,* que tiende a impregnar de racionalidad las pasiones y los apetitos de la sensibilidad humana.

2342 El dominio de sí es una *obra que dura toda la vida.* Nunca se la considerará adquirida de una vez para siempre. Supone un esfuerzo reiterado en todas las edades de la vida.[88] El esfuerzo requerido puede ser más intenso en ciertas épocas, como cuando se forma la personalidad, durante la infancia y la adolescencia.

2343 La castidad tiene unas *leyes de crecimiento;* éste pasa por grados marcados por la imperfección y, muy a menudo, por el pecado. "Pero el hombre, llamado a vivir responsablemente el designio sabio y amoroso de Dios, es un ser histórico que se construye día a día con sus opciones numerosas y libres; por esto él conoce, ama y realiza el bien moral según las diversas etapas de crecimiento".[89]

2344 La castidad representa una tarea eminentemente personal; implica también un *esfuerzo cultural,* pues "el desarrollo de la persona humana y el crecimiento de la sociedad misma están mutuamente condicionados".[90] La castidad supone el respeto de los derechos de la persona, en particular, el de recibir una información y una educación que respeten las dimensiones morales y espirituales de la vida humana.

2345 La castidad es una virtud moral. Es también un don de Dios, una *gracia,* un fruto del trabajo espiritual.[91] El Espíritu Santo concede, al que ha sido regenerado por el agua del bautismo, imitar la pureza de Cristo.[92]

La totalidad del don de sí

2346 La caridad es la forma de todas las virtudes. Bajo su influencia, la castidad aparece como una escuela de donación de la persona. El dominio de sí está ordenado al don de sí mismo. La castidad conduce al que la practica a ser ante el prójimo un testigo de la fidelidad y de la ternura de Dios.

2347 La virtud de la castidad se desarrolla en la *amistad.* Indica al discípulo cómo seguir e imitar al que nos eligió como sus amigos,[93] a quien se dio totalmente a nosotros y nos hace participar de su condición divina. La castidad es promesa de inmortalidad.

---

[87] SAN AGUSTÍN, *Confessiones,* 10, 29, 40.
[88] Cf. *Tt* 2, 1-6.
[89] JUAN PABLO II, exh. ap. *Familiaris consortio,* 34.
[90] Concilio Vaticano II, *Gaudium et spes,* 25, 1.
[91] Cf. *Ga* 5, 22.
[92] Cf. *1 Jn* 3, 3.
[93] Cf. *Jn* 15, 15.

La castidad se expresa especialmente en la *amistad con el prójimo*. Desarrollada entre personas del mismo sexo o de sexos distintos, la amistad representa un gran bien para todos. Conduce a la comunión espiritual.

Los diversos regímenes de la castidad

2348 Todo bautizado es llamado a la castidad. El cristiano se ha "revestido de Cristo" (*Ga* 3, 27), modelo de toda castidad. Todos los fieles de Cristo son llamados a una vida casta según su estado de vida particular. En el momento de su Bautismo, el cristiano se compromete a dirigir su afectividad en la castidad.

2349 La castidad "debe calificar a las personas según los diferentes estados de vida: a unas, en la virginidad o en el celibato consagrado, manera eminente de dedicarse más fácilmente a Dios solo con corazón indiviso; a otras, de la manera que determina para ellas la ley moral, según sean casadas o célibes".[94] Las personas casadas son llamadas a vivir la castidad conyugal; las otras practican la castidad en la continencia.

Existen tres formas de la virtud de la castidad: una de los esposos, otra de las viudas, la tercera de la virginidad. No alabamos a una con exclusión de las otras. En esto la disciplina de la Iglesia es rica.[95]

2350 Los *novios* están llamados a vivir la castidad en la continencia. En esta prueba han de ver un descubrimiento del mutuo respeto, un aprendizaje de la fidelidad y de la esperanza de recibirse el uno y el otro de Dios. Reservarán para el tiempo del matrimonio las manifestaciones de ternura específicas del amor conyugal. Deben ayudarse mutuamente a crecer en la castidad.

Las ofensas a la castidad

2351 La *lujuria* es un deseo o un goce desordenados del placer venéreo. El placer sexual es moralmente desordenado cuando es buscado por sí mismo, separado de las finalidades de procreación y de unión.

2352 Por *masturbación* se ha de entender la excitación voluntaria de los órganos genitales a fin de obtener un placer venéreo. "Tanto el Magisterio de la Iglesia, de acuerdo con una tradición constante, como el sentido moral de los fieles, han afirmado sin ninguna duda que la masturbación es un acto intrínseca y gravemente desordenado". "El uso deliberado de la facultad sexual fuera de las relaciones conyugales normales contradice a su finalidad, sea cual fuere el motivo que lo determine". Así, el goce sexual es buscado aquí al margen de "la relación sexual requerida por el orden moral; aquella relación

---

[94] CONGREGACIÓN PARA LA DOCTRINA DE LA FE, decl. *Persona humana*, 11, AAS 68 (1976), 77-96.

[95] SAN AMBROSIO, *De viduis*, 23: PL 153, 225A.

CÓMO VIVIMOS ⟶ Los mandamientos ⟶ El amor al prójimo

CIC 2356

que realiza el sentido íntegro de la mutua entrega y de la procreación humana en el contexto de un amor verdadero".[96]

Para emitir un juicio justo acerca de la responsabilidad moral de los sujetos y para orientar la acción pastoral, ha de tenerse en cuenta la inmadurez afectiva, la fuerza de los hábitos contraídos, el estado de angustia u otros factores psíquicos o sociales que pueden atenuar o tal vez reducir al mínimo la culpabilidad moral.

2353 La *fornicación* es la unión carnal entre un hombre y una mujer fuera del matrimonio. Es gravemente contraria a la dignidad de las personas y de la sexualidad humana, naturalmente ordenada al bien de los esposos, así como a la generación y educación de los hijos. Además, es un escándalo grave cuando hay de por medio corrupción de menores.

2354 La *pornografía* consiste en dar a conocer actos sexuales, reales o simulados, fuera de la intimidad de los protagonistas, exhibiéndolos ante terceras personas de manera deliberada. Ofende la castidad porque desnaturaliza la finalidad del acto sexual. Atenta gravemente a la dignidad de quienes se dedican a ella (actores, comerciantes, público), pues cada uno viene a ser para otro objeto de un placer rudimentario y de una ganancia ilícita. Introduce a unos y a otros en la ilusión de un mundo ficticio. Es una falta grave. Las autoridades civiles deben impedir la producción y la distribución de material pornográfico.

2523

2355 La *prostitución* atenta contra la dignidad de la persona que se prostituye, puesto que queda reducida al placer venéreo que se saca de ella. El que paga peca gravemente contra sí mismo: quebranta la castidad a la que lo comprometió su bautismo y mancha su cuerpo, templo del Espíritu Santo.[97] La prostitución constituye una lacra social. Habitualmente afecta a las mujeres, pero también a los hombres, los niños y los adolescentes (en estos dos últimos casos el pecado entraña también un escándalo). Es siempre gravemente pecaminoso dedicarse a la prostitución, pero la miseria, el chantaje, y la presión social pueden atenuar la imputabilidad de la falta.

1735

2356 La *violación* es forzar o agredir con violencia la intimidad sexual de una persona. Atenta contra la justicia y la caridad. La violación lesiona profundamente el derecho de cada uno al respeto, a la libertad, a la integridad física y moral. Produce un daño grave que puede marcar a la víctima para toda la vida. Es siempre un acto intrínsecamente malo. Más grave todavía es la violación cometida por parte de los padres (cf. incesto) o de educadores con los niños que les están confiados.

2297

1756

2388

---

[96] CONGREGACIÓN PARA LA DOCTRINA DE LA FE, decl. *Persona humana*, 9.

[97] Cf. *1 Co* 6, 15-20.

Castidad y homosexualidad

2357 La homosexualidad designa las relaciones entre hombres o mujeres que experimentan una atracción sexual, exclusiva o predominante, hacia personas del mismo sexo. Reviste formas muy variadas a través de los siglos y las culturas. Su origen psíquico permanece en gran medida inexplicado. Apoyándose en la Sagrada Escritura que los presenta como depravaciones graves,[98] la Tradición ha declarado siempre que "los actos homosexuales son intrínsecamente desordenados".[99] Son contrarios a la ley natural. Cierran el acto sexual al don de la vida. No proceden de una verdadera complementariedad afectiva y sexual. No pueden recibir aprobación en ningún caso.

2358 Un número apreciable de hombres y mujeres presentan tendencias homosexuales profundamente radicadas. Esta inclinación, objetivamente desordenada, constituye para la mayoría de ellos una auténtica prueba. Deben ser acogidos con respeto, compasión y delicadeza. Se evitará, respecto a ellos, todo signo de discriminación injusta. Estas personas están llamadas a realizar la voluntad de Dios en su vida, y, si son cristianas, a unir al sacrificio de la cruz del Señor las dificultades que pueden encontrar a causa de su condición.

2359 Las personas homosexuales están llamadas a la castidad. Mediante virtudes de dominio de sí mismo que eduquen la libertad interior, y a veces mediante el apoyo de una amistad desinteresada, de la oración y la gracia sacramental, pueden y deben acercarse gradual y resueltamente a la perfección cristiana.

III. EL AMOR DE LOS ESPOSOS

2360 La sexualidad está ordenada al amor conyugal del hombre y de la mujer. En el matrimonio, la intimidad corporal de los esposos viene a ser un signo y una garantía de comunión espiritual. Entre bautizados, los vínculos del matrimonio están santificados por el sacramento.

2361 "La sexualidad, mediante la cual el hombre y la mujer se dan el uno al otro con los actos propios y exclusivos de los esposos, no es algo puramente biológico, sino que afecta al núcleo íntimo de la persona humana en cuanto tal. Ella se realiza de modo verdaderamente humano solamente cuando es parte integral del amor con el que el hombre y la mujer se comprometen totalmente entre sí hasta la muerte":[100]

Tobías se levantó del lecho y dijo a Sara: "Levántate, hermana, y oremos y pidamos a nuestro Señor que se apiade de nosotros y nos salve". Ella se

---

[98] Cf. *Gn* 19, 1-29; *Rm* 1, 24-27; *1 Co* 6, 10; *1 Tm* 1, 10.
[99] CONGREGACIÓN PARA LA DOCTRINA DE LA FE, decl. *Persona humana*, 8.
[100] JUAN PABLO II, exh. ap. *Familiaris consortio*, 11.

CÓMO VIVIMOS ⟶ Los mandamientos ⟶ El amor al prójimo

CIC 2365

levantó y empezaron a suplicar y a pedir el poder quedar a salvo. Comenzó él diciendo: "¡Bendito seas tú, Dios de nuestros padres... tú creaste a Adán, y para él creaste a Eva, su mujer, para sostén y ayuda, y para que de ambos proviniera la raza de los hombres. Tú mismo dijiste: 'no es bueno que el hombre se halle solo; hagámosle una ayuda semejante a él'. Yo no tomo a ésta mi hermana con deseo impuro, mas con recta intención. Ten piedad de mí y de ella y podamos llegar juntos a nuestra ancianidad". Y dijeron a coro: "Amén, amén". Y se acostaron para pasar la noche (*Tb* 8, 4-9).

2362 "Los actos con los que los esposos se unen íntima y castamente entre sí son honestos y dignos, y, realizados de modo verdaderamente humano, significan y fomentan la recíproca donación, con la que se enriquecen mutuamente con alegría y gratitud".[101] La sexualidad es fuente de alegría y de agrado:

> El Creador... estableció que en esta función (de generación) los esposos experimentasen un placer y una satisfacción del cuerpo y del espíritu. Por tanto, los esposos no hacen nada malo procurando este placer y gozando de él. Aceptan lo que el Creador les ha destinado. Sin embargo, los esposos deben saber mantenerse en los límites de una justa moderación.[102]

2363 Por la unión de los esposos se realiza el doble fin del matrimonio: el bien de los esposos y la transmisión de la vida. No se pueden separar estas dos significaciones o valores del matrimonio sin alterar la vida espiritual de los cónyuges ni comprometer los bienes del matrimonio y el porvenir de la familia.

Así, el amor conyugal del hombre y de la mujer queda situado bajo la doble exigencia de la fidelidad y la fecundidad.

La fidelidad conyugal

1646-1648

2364 El matrimonio constituye una "íntima comunidad de vida y amor conyugal, fundada por el Creador y provista de leyes propias". Esta comunidad "se establece con la alianza del matrimonio, es decir, con un consentimiento personal e irrevocable".[103] Los dos se dan definitiva y totalmente el uno al otro. Ya no son dos, ahora forman una sola carne. La alianza contraída libremente por los esposos les impone la obligación de mantenerla una e indisoluble.[104] "Lo que Dios unió, no lo separe el hombre" (*Mc* 10, 9).[105]

1603

1615

2365 La fidelidad expresa la constancia en el mantenimiento de la palabra dada. Dios es fiel. El sacramento del Matrimonio hace entrar al hombre y la

---

[101] Concilio Vaticano II, *Gaudium et spes*, 49, 2.
[102] PÍO XII, discurso del 29 octubre 1951.
[103] Concilio Vaticano II, *Gaudium et spes*, 48, 1.
[104] Cf. CDC, 1056.
[105] Cf. *Mt* 19, 1-12; *1 Co* 7, 10-11.

1640   mujer en el misterio de la fidelidad de Cristo para con su Iglesia. Por la castidad conyugal dan testimonio de este misterio ante el mundo.

> San Juan Crisóstomo sugiere a los jóvenes esposos hacer este razonamiento a sus esposas: "Te he tomado en mis brazos, te amo y te prefiero a mi vida. Porque la vida presente no es nada, mi deseo más ardiente es pasarla contigo de tal manera que estemos seguros de no estar separados en la vida que nos está reservada... pongo tu amor por encima de todo, y nada me será más penoso que no tener los mismos pensamientos que tú tienes".[106]

1652-1653   **La fecundidad del matrimonio**

2366 La fecundidad es un don, un *fin del matrimonio,* pues el amor conyugal tiende naturalmente a ser fecundo. El niño no viene de fuera a añadirse al amor mutuo de los esposos; brota del corazón mismo de ese don recíproco, del que es fruto y cumplimiento. Por eso la Iglesia, que "está en favor de la vida",[107] enseña que todo "acto matrimonial, en sí mismo, debe quedar abierto a la transmisión de la vida".[108] "Esta doctrina, muchas veces expuesta por el Magisterio, está fundada sobre la inseparable conexión que Dios ha querido y que el hombre no puede romper por propia iniciativa, entre los dos significados del acto conyugal: el significado unitivo y el significado procreador".[109]

2205   **2367** Llamados a dar la vida, los esposos participan del poder creador y de la paternidad de Dios.[110] "En el deber de transmitir la vida humana y educarla, que han de considerar como su misión propia, los cónyuges saben que son *cooperadores del amor de Dios Creador* y en cierta manera sus intérpretes. Por ello, cumplirán su tarea con responsabilidad humana y cristiana".[111]

2368 Un aspecto particular de esta responsabilidad se refiere a la "regulación de la procreación". Por razones justificadas, los esposos pueden querer espaciar los nacimientos de sus hijos. En este caso, deben cerciorarse de que su deseo no nace del egoísmo, sino que es conforme a la justa generosidad de una paternidad responsable. Por otra parte, ordenarán su comportamiento según los criterios objetivos de la moralidad:

> El carácter moral de la conducta, cuando se trata de conciliar el amor conyugal con la transmisión responsable de la vida, no depende sólo de la sincera intención y la apreciación de los motivos, sino que debe determinarse a partir de criterios objetivos, tomados de la naturaleza de la persona y de sus actos; criterios que conserven íntegro el sentido de la donación

---

[106] SAN JUAN CRISÓSTOMO, *Homiliae in ad Ephesios,* 20, 8: PG 62, 146-147.
[107] JUAN PABLO II, exh. ap. *Familiaris consortio,* 30.
[108] PABLO VI, enc. *Humanae vitae,* 11.
[109] *Ibid,* 12; cf PÍO XI, enc. *Casti connubii.*
[110] Cf. *Ef* 3, 14; *Mt* 23, 9.
[111] Concilio Vaticano II, *Gaudium et spes,* 50, 2.

mutua y de la procreación humana en el contexto del amor verdadero; esto es imposible si no se cultiva con sinceridad la virtud de la castidad conyugal.[112]

2369 "Salvaguardando ambos aspectos esenciales, unitivo y procreador, el acto conyugal conserva íntegro el sentido de amor mutuo y verdadero y su ordenación a la altísima vocación del hombre a la paternidad".[113]

2370 La continencia periódica, los métodos de regulación de nacimientos fundados en la autoobservación y el recurso a los períodos infecundos[114] son conformes a los criterios objetivos de la moralidad. Estos métodos respetan el cuerpo de los esposos, fomentan el afecto entre ellos y favorecen la educación de una libertad auténtica. Por el contrario, es intrínsecamente mala "toda acción que, o en previsión del acto conyugal, o en su realización, o en el desarrollo de sus consecuencias naturales, se proponga como fin o como medio, hacer imposible la procreación":[115]

> Al lenguaje natural que expresa la recíproca donación total de los esposos, el anticoncepcionismo impone un lenguaje objetivamente contradictorio, es decir, el de no darse al otro totalmente: se produce no sólo el rechazo positivo de la apertura a la vida, sino también una falsificación de la verdad interior del amor conyugal, llamado a entregarse en plenitud personal". Esta diferencia antropológica y moral entre la anticoncepción y el recurso a los ritmos periódicos "implica... dos concepciones de la persona y de la sexualidad humana irreconciliables entre sí.[116]

2371 Por otra parte, "sea claro a todos que la vida de los hombres y la tarea de transmitirla no se limita sólo a este mundo y no se puede medir ni entender sólo por él, sino que mira siempre al destino eterno de los hombres".[117]

2372 El Estado es responsable del bienestar de los ciudadanos. Por eso es legítimo que intervenga para orientar la demografía de la población. Puede hacerlo mediante una información objetiva y respetuosa, pero no mediante una decisión autoritaria y coaccionante. No puede legítimamente suplantar la iniciativa de los esposos, primeros responsables de la procreación y educación de sus hijos.[118] En este campo el Estado carece de autoridad para intervenir con medios contrarios a la ley moral.

---

[112] Concilio Vaticano II, *Gaudium etspes,* 51, 3.
[113] PABLO VI, enc. *Humanae vitae,* 12.
[114] Cf. *ibid,* 16.
[115] *Ibid.,* 14.
[116] JUAN PABLO II, exh. ap. *Familiaris consortio,* 32.
[117] Concilio Vaticano II, *Gaudium et spes,* 51, 4.
[118] Cf. PABLO VI, enc. *Humanae vitae,* 23; ID., enc. *Populorumprogressio,* 37.

El don del hijo

2373 La Sagrada Escritura y la práctica tradicional de la Iglesia ven en las *familias numerosas* como un signo de la bendición divina y de la generosidad de los padres.[119]

2374 Grande es el sufrimiento de los esposos que se descubren estériles. Abraham pregunta a Dios: "¿Qué me vas a dar, si me voy sin hijos...?" (*Gn* 15, 2). Y Raquel dice a su marido Jacob: "Dame hijos, o si no me muero" (*Gn* 30, 1).

2375 Las investigaciones que intentan reducir la esterilidad humana deben alentarse, a condición de que se pongan "al servicio de la persona humana, de sus derechos inalienables, de su bien verdadero e integral, según el plan y la voluntad de Dios".[120]

2376 Las técnicas que provocan una disociación de la paternidad por intervención de una persona extraña a los cónyuges (donación del esperma o del óvulo, préstamo de útero) son gravemente deshonestas. Estas técnicas (inseminación y fecundación artificiales heterólogas) lesionan el derecho del niño a nacer de un padre y una madre conocidos de él y ligados entre sí por el matrimonio. Quebrantan "su derecho a llegar a ser padre y madre exclusivamente el uno a través del otro".[121]

2377 Practicadas dentro de la pareja, estas técnicas (inseminación y fecundación artificiales homologas) son quizá menos perjudiciales, pero no dejan de ser moralmente reprobables. Disocian el acto sexual del acto procreador. El acto fundador de la existencia del hijo ya no es un acto por el que dos personas se dan una a otra, sino que "confía la vida y la identidad del embrión al poder de los médicos y de los biólogos, e instaura un dominio de la técnica sobre el origen y sobre el destino de la persona humana. Una tal relación de dominio es en sí contraria a la dignidad e igualdad que debe ser común a padres e hijos".[122] "La procreación queda privada de su perfección propia, desde el punto de vista moral, cuando no es querida como el fruto del acto conyugal, es decir, del gesto específico de la unión de los esposos... solamente el respeto de la conexión existente entre los significados del acto conyugal y el respeto de la unidad del ser humano, consiente una procreación conforme con la dignidad de la persona".[123]

2378 El hijo no es un *derecho* sino un *don*. El "don más excelente del matrimonio" es una persona humana. El hijo no puede ser considerado como un objeto de propiedad, a lo que conduciría el reconocimiento de un pretendido "derecho al hijo". A este respecto, sólo el hijo posee verdaderos derechos: el de "ser el fruto del acto específico del amor conyugal de sus

---

[119] Cf. Concilio Vaticano II, *Gaudium et spes*, 50, 2.
[120] CONGREGACIÓN PARA LA DOCTRINA DE LA FE, instr. *Donum vitae*, intr. 2.
[121] *Ibid.*, II, 2.
[122] *Ibid.*, II, 5.
[123] CONGREGACIÓN PARA LA DOCTRINA DE LA FE, inst. *Donum Vitae*, II, 4.

padres, y tiene también el derecho a ser respetado como persona desde el momento de su concepción".[124]

2379 El Evangelio enseña que la esterilidad física no es un mal absoluto. Los esposos que, tras haber agotado los recursos legítimos de la medicina, sufren por la esterilidad, deben asociarse a la Cruz del Señor, fuente de toda fecundidad espiritual. Pueden manifestar su generosidad adoptando niños abandonados o realizando servicios abnegados en beneficio del prójimo.

IV. LAS OFENSAS A LA DIGNIDAD DEL MATRIMONIO

2380 El adulterio. Esta palabra designa la infidelidad conyugal. Cuando un hombre y una mujer, de los cuales al menos uno está casado, establecen una relación sexual, aunque ocasional, cometen un adulterio. Cristo condena incluso el deseo del adulterio.[125] El sexto mandamiento y el Nuevo Testamento prohíben absolutamente el adulterio.[126] Los profetas denuncian su gravedad; ven en el adulterio la imagen del pecado de idolatría.[127]

1611

2381 El adulterio es una injusticia. El que lo comete falta a sus compromisos. Lesiona el signo de la Alianza que es el vínculo matrimonial. Quebranta el derecho del otro cónyuge y atenta contra la institución del matrimonio, violando el contrato que le da origen. Compromete el bien de la generación humana y de los hijos, que necesitan la unión estable de los padres.

1640

El divorcio

2382 El Señor Jesús insiste en la intención original del Creador que quería un matrimonio indisoluble,[128] y deroga la tolerancia que se había introducido en la ley antigua.[129]

1614

Entre bautizados, "el matrimonio rato y consumado no puede ser disuelto por ningún poder humano ni por ninguna causa fuera de la muerte".[130]

2383 La *separación* de los esposos con permanencia del vínculo matrimonial puede ser legítima en ciertos casos previstos por el Derecho Canónico.[131]

1649

Si el divorcio civil representa la única manera posible de asegurar ciertos derechos legítimos, el cuidado de los hijos o la defensa del patrimonio, puede ser tolerado sin constituir una falta moral.

2384 El *divorcio* es una ofensa grave a la ley natural. Pretende romper el contrato, aceptado libremente por los esposos, de vivir juntos hasta la muerte. El divorcio atenta contra la Alianza de salvación de la cual el

1650

---

[124] *Ibid.*, II, 8.
[125] Cf. *Mt* 5, 27-28.
[126] Cf. *Mt* 5, 32; 19, 6; *Mc* 10, 11; *1 Co* 6, 9-10.
[127] Cf. *Os* 2, 7; *Jr* 5, 7; 13, 27.
[128] Cf. *Mt* 5, 31-32; 19, 3-9; *Mc* 10, 9; *Lc* 16, 18; *1 Co* 7, 10-11.
[129] Cf. Mt 19, 7-9.
[130] CDC, 1141.
[131] Cf. *ibid,* 1151-1155.

matrimonio sacramental es un signo. El hecho de contraer una nueva unión, aunque reconocida por la ley civil, aumenta la gravedad de la ruptura: el cónyuge casado de nuevo se halla entonces en situación de adulterio público y permanente:

> Si el marido, tras haberse separado de su mujer, se une a otra mujer, es adúltero, porque hace cometer un adulterio a esta mujer; y la mujer que habita con él es adúltera, porque ha atraído a sí al marido de otra.[132]

2385 El divorcio adquiere también su carácter inmoral a causa del desorden que introduce en la célula familiar y en la sociedad. Este desorden entraña daños graves: para el cónyuge, que se ve abandonado; para los hijos, traumatizados por la separación de los padres, y a menudo viviendo en tensión a causa de sus padres; por su efecto contagioso, que hace de él una verdadera plaga social.

2386 Puede ocurrir que uno de los cónyuges sea la víctima inocente del divorcio dictado en conformidad con la ley civil; entonces no contradice el precepto moral. Existe una diferencia considerable entre el cónyuge que se ha esforzado con sinceridad por ser fiel al sacramento del Matrimonio y se ve injustamente abandonado y el que, por una falta grave de su parte, destruye un matrimonio canónicamente válido.[133]

Otras ofensas a la dignidad del matrimonio

2387 Es comprensible el drama del que, deseoso de convertirse al Evangelio, se ve obligado a repudiar una o varias mujeres con las que ha compartido años de vida conyugal. Sin embargo, la *poligamia* no se ajusta a la ley moral, pues contradice radicalmente la comunión conyugal. La poligamia "niega directamente el designio de Dios, tal como es revelado desde los orígenes, porque es contraria a la igual dignidad personal del hombre y de la mujer, que en el matrimonio se dan con un amor total y por lo mismo único y exclusivo".[134] El cristiano que había sido polígamo está gravemente obligado en justicia a cumplir los deberes contraídos respecto a sus antiguas mujeres y sus hijos.

2388 *Incesto* es la relación carnal entre parientes dentro de los grados en que está prohibido el matrimonio.[135] San Pablo condena esta falta particularmente grave: "Se oye hablar de que hay inmoralidad entre vosotros... hasta el punto de que uno de vosotros vive con la mujer de su padre... en nombre del Señor Jesús... sea entregado ese individuo a Satanás para destrucción de la carne..." (*1 Co* 5, 1.4-5). El incesto corrompe las relaciones familiares y representa una regresión a la animalidad.

---

[132] SAN BASILIO DE CESAREA EN CAPADOCIA, *Moralia*, regla 73: PG 31, 849D-853B.

[133] Cf. JUAN PABLO II, exh. ap. *Familiaris consortio*, 84.

[134] *Ibid.*, 19; cf Concilio Vaticano II, *Gaudium et spes*, 47, 2.

[135] Cf. *Lv* 18, 7-20.

CÓMO VIVIMOS ⟶ Los mandamientos ⟶ El amor al prójimo

2389 Se puede equiparar al incesto los abusos sexuales perpetrados por adultos en niños o adolescentes confiados a su guarda. Entonces esta falta adquiere una mayor gravedad por atentar escandalosamente contra la integridad física y moral de los jóvenes que quedarán así marcados para toda la vida, y por ser una violación de la responsabilidad educativa.

2390 Hay *unión libre* cuando el hombre y la mujer se niegan a dar forma jurídica y pública a una unión que implica la intimidad sexual.

> La expresión en sí misma es engañosa: ¿qué puede significar una unión en la que las personas no se comprometen entre sí y testimonian con ello una falta de confianza en el otro, en sí mismo, o en el porvenir?

Esta expresión abarca situaciones distintas: concubinato, rechazo del matrimonio en cuanto tal, incapacidad de unirse mediante compromisos a largo plazo.[136] Todas estas situaciones ofenden la dignidad del matrimonio; destruyen la idea misma de la familia; debilitan el sentido de la fidelidad. Son contrarias a la ley moral: el acto sexual debe tener lugar exclusivamente en el matrimonio; fuera de éste constituye siempre un pecado grave y excluye de la comunión sacramental.

2391 No pocos postulan hoy una especie de "unión a prueba" cuando existe intención de casarse. Cualquiera que sea la firmeza del propósito de los que se comprometen en relaciones sexuales prematuras, éstas "no garantizan que la sinceridad y la fidelidad de la relación interpersonal entre un hombre y una mujer queden aseguradas, y sobre todo protegidas, contra los vaivenes y las veleidades de las pasiones".[137] La unión carnal sólo es moralmente legítima cuando se ha instaurado una comunidad de vida definitiva entre el hombre y la mujer. El amor humano no tolera la "prueba". *Exige* un don total y definitivo de las personas entre sí.[138]

RESUMEN

2392 "El amor es la vocación fundamental e innata de todo ser humano".[139]

2393 Al crear al ser humano hombre y mujer, Dios confiere la dignidad personal de manera idéntica a uno y a otra. A cada uno, hombre y mujer, corresponde reconocer y aceptar su identidad sexual.

2394 Cristo es el modelo de la castidad. Todo bautizado es llamado a llevar una vida casta, cada uno según su estado de vida.

---

[136] Cf. JUAN PABLO II, exh. ap. *Familiaris consortio,* 81.
[137] CONGREGACIÓN PARA LA DOCTRINA DE LA FE, decl. *Persona humana,* 7.
[138] Cf. JUAN PABLO II, exh. ap. *Familiaris consortio,* 80.
[139] *Ibid.,* 11.

2395 La castidad significa la integración de la sexualidad en la persona. Entraña el aprendizaje del dominio personal.

2396 Entre los pecados gravemente contrarios a la castidad se deben citar la masturbación, la fornicación, las actividades pornográficas y las prácticas homosexuales.

2397 La alianza que los esposos contraen libremente implica un amor fiel. Les confiere la obligación de guardar indisoluble su matrimonio.

2398 La fecundidad es un bien, un don, un fin del matrimonio. Dando la vida, los esposos participan de la paternidad de Dios.

2399 La regulación de la natalidad representa uno de los aspectos de la paternidad y la maternidad responsables. La legitimidad de las intenciones de los esposos no justifica el recurso a medios moralmente reprobables (p.e., la esterilización directa o la anticoncepción).

2400 El adulterio y el divorcio, la poligamia y la unión libre son ofensas graves a la dignidad del matrimonio.

ARTÍCULO 7
EL SÉPTIMO MANDAMIENTO

No robarás (*Ex* 20, 15; Dt 5, 19).

No robarás (*Mt* 19, 18).

FUENTES DE LA ESCRITURA Y DE LA IGLESIA

La siguiente parte del *Catecismo* utiliza estas fuentes de la Escritura y de la Iglesia. Véase el "Índice de citas" para una lista completa de referencias

Antiguo Testamento	Citadas en el *Catecismo*
Génesis	CIC 2402, 2415, 2417, 2427
Éxodo	CIC 2463
Levítico	CIC 2434
Deuteronomio	CIC 2409, 2434, 2449, 2450
Tobías	CIC 2447
Eclesiástico	CIC 2447
Isaías	CIC 2447
Daniel	CIC 2416
Amós	CIC 2409, 2449
Nuevo Testamento	
Mateo	CIC 2416, 2424, 2443, 2444, 2447, 2449, 2463

CÓMO VIVIMOS → Los mandamientos → El amor al prójimo

FUENTES DE LA ESCRITURA Y DE LA IGLESIA

(continuación)

Nuevo Testamento	Citadas en el Catecismo
Marcos	CIC 2444
Lucas	CIC 2412, 2424, 2443, 2444, 2447, 2463
Juan	CIC 2449
1 Corintios	CIC 2450
2 Corintios	CIC 2407
Efesios	CIC 2444
1 Tesalonicenses	CIC 2427
2 Tesalonicenses	CIC 2427
Filemón	CIC 2414
Hebreos	CIC 2447
Santiago	CIC 2409, 2434, 2445, 2447
1 Juan	CIC 2447

Concilios ecuménicos

Vaticano II (1962-1965) 2419, 2420, 2424, 2426,	CIC 2404, 2406, 2408, 2427, 2434, 2446

Documentos pontificios

Juan Pablo II (1978-2005)	CIC 2406, 2415, 2421-2425, 2427-2433, 2436-2438, 2440-2442, 2444, 2461

Documentos eclesiásticos

Congregación para la Doctrina de la Fe	CIC 2448

Escritores eclesiásticos

San Gregorio Magno	CIC 2446
San Juan Crisóstomo	CIC 2446
Santa Rosa de Lima	CIC 2449

PALABRAS CLAVE

La siguiente parte del *Catecismo* utiliza estas palabras clave.
Véase el "Glosario" para su definición.

Palabras	Citadas en el *Catecismo*
Doctrina social	CIC 2419-2422
Economía	CIC 2426, 2430
Limosna	CIC 2447
Justicia	CIC 2411

PALABRAS CLAVE

(continuación)

Palabras	Citadas en el *Catecismo*
Obras de misericordia	CIC 2447
Oikonomia	CIC 2426, 2430
Pobreza	CIC 2443
Reparación	CIC 2412
Restitución	CIC 2409, 2412
Robo/ladrón	CIC 2408

2401 El séptimo mandamiento prohíbe tomar o retener el bien del prójimo injustamente y perjudicar de cualquier manera al prójimo en sus bienes. Prescribe la justicia y la caridad en la gestión de los bienes terrenos y de los frutos del trabajo de los hombres. Con miras al bien común exige el respeto del destino universal de los bienes y del derecho de propiedad privada. La vida cristiana se esfuerza por ordenar a Dios y a la caridad fraterna los bienes de este mundo.

I. EL DESTINO UNIVERSAL Y LA PROPIEDAD PRIVADA DE LOS BIENES

2402 Al comienzo Dios confió la tierra y sus recursos a la administración común de la humanidad para que tuviera cuidado de ellos, los dominara mediante su trabajo y se beneficiara de sus frutos.[140] Los bienes de la creación están destinados a todo el género humano. Sin embargo, la tierra está repartida entre los hombres para dar seguridad a su vida, expuesta a la penuria y amenazada por la violencia. La apropiación de bienes es legítima para garantizar la libertad y la dignidad de las personas, para ayudar a cada uno a atender sus necesidades fundamentales y las necesidades de los que están a su cargo. Debe hacer posible que se viva una solidaridad natural entre los hombres.

2403 El *derecho a la propiedad privada,* adquirida o recibida de modo justo, no anula la donación original de la tierra al conjunto de la humanidad. El *destino universal de los bienes* continúa siendo primordial, aunque la promoción del bien común exija el respeto de la propiedad privada, de su derecho y de su ejercicio.

2404 "El hombre, al servirse de esos bienes, debe considerar las cosas externas que posee legítimamente no sólo como suyas, sino también como comunes, en el sentido de que han de aprovechar no sólo a él, sino también a los demás".[141] La propiedad de un bien hace de su dueño un administrador

---

[140] Cf. *Gn* 1, 26-29.

[141] Concilio Vaticano II, *Gaudium et spes*, 69, 1.

de la providencia para hacerlo fructificar y comunicar sus beneficios a otros, ante todo a sus próximos.

2405 Los bienes de producción —materiales o inmateriales— como tierras o fábricas, profesiones o artes, requieren los cuidados de sus poseedores para que su fecundidad aproveche al mayor número de personas. Los poseedores de bienes de uso y consumo deben usarlos con templanza reservando la mejor parte al huésped, al enfermo, al pobre.

2406 La *autoridad política* tiene el derecho y el deber de regular en función del bien común el ejercicio legítimo del derecho de propiedad.[142]

II. EL RESPETO DE LAS PERSONAS Y DE SUS BIENES

2407 En materia económica el respeto de la dignidad humana exige la práctica de la virtud de la *templanza,* para moderar el apego a los bienes de este mundo; de la *justicia,* para preservar los derechos del prójimo y darle lo que le es debido; y de la *solidaridad,* siguiendo la regla de oro y según la generosidad del Señor, que "siendo rico, por vosotros se hizo pobre a fin de que os enriquecierais con su pobreza" (*2 Co* 8, 9).

El respeto de los bienes ajenos

2408 El séptimo mandamiento prohíbe el *robo,* es decir, la usurpación del bien ajeno contra la voluntad razonable de su dueño. No hay robo si el consentimiento puede ser presumido o si el rechazo es contrario a la razón y al destino universal de los bienes. Es el caso de la necesidad urgente y evidente en que el único medio de remediar las necesidades inmediatas y esenciales (alimento, vivienda, vestido...) es disponer y usar de los bienes ajenos.[143]

2409 Toda forma de tomar o retener injustamente el bien ajeno, aunque no contradiga las disposiciones de la ley civil, es contraria al séptimo mandamiento. Así, retener deliberadamente bienes prestados u objetos perdidos, defraudar en el ejercicio del comercio,[144] pagar salarios injustos,[145] elevar los precios especulando con la ignorancia o la necesidad ajenas.[146]

> Son también moralmente ilícitos, la especulación mediante la cual se pretende hacer variar artificialmente la valoración de los bienes con el fin de obtener un beneficio en detrimento ajeno; la corrupción mediante la cual se vicia el juicio de los que deben tomar decisiones conforme a derecho; la apropiación y el uso privados de los bienes sociales de una empresa; los trabajos mal hechos, el fraude fiscal, la falsificación de cheques y facturas, los

---

[142] Cf. Concilio Vaticano II, *Gaudium et spes,* 71, 4; JUAN PABLO II, enc. *Sollicitudo rei socialis,* 42; ID., enc. *Centesimus annus,* 40; 48.

[143] Cf. Concilio Vaticano II, *Gaudium et spes,* 69, 1.
[144] Cf. *Dt* 25, 13-16.
[145] Cf. *Dt* 24, 14-15; *St* 5, 4.
[146] Cf. *Am* 8, 4-6.

gastos excesivos, el despilfarro. Infligir voluntariamente un daño a las propiedades privadas o públicas es contrario a la ley moral y exige reparación.

2101 **2410** Las *promesas* deben ser cumplidas, y los *contratos* rigurosamente observados en la medida en que el compromiso adquirido es moralmente justo. Una parte notable de la vida económica y social depende del valor de los contratos entre personas físicas o morales. Así, los contratos comerciales de venta o compra, los contratos de arriendo o de trabajo. Todo contrato debe ser hecho y ejecutado de buena fe.

1807 **2411** Los contratos están sometidos a la *justicia conmutativa,* que regula los intercambios entre las personas y entre las instituciones, en el respeto exacto de sus derechos. La justicia conmutativa obliga estrictamente; exige la salvaguardia de los derechos de propiedad, el pago de las deudas y el cumplimiento de obligaciones libremente contraídas. Sin justicia conmutativa no es posible ninguna otra forma de justicia.

La justicia *conmutativa* se distingue de la justicia *legal,* que se refiere a lo que el ciudadano debe equitativamente a la comunidad, y de la justicia *distributiva* que regula lo que la comunidad debe a los ciudadanos en proporción a sus contribuciones y a sus necesidades.

1459 **2412** En virtud de la justicia conmutativa, la *reparación de la injusticia* cometida exige la restitución del bien robado a su propietario:

2487 Jesús bendijo a Zaqueo por su resolución: "Si en algo defraudé a alguien, le devolveré el cuádruplo" (*Lc* 19, 8). Los que, de manera directa o indirecta, se han apoderado de un bien ajeno, están obligados a restituirlo o a devolver el equivalente en naturaleza o en especie si la cosa ha desaparecido, así como los frutos y beneficios que su propietario hubiera obtenido legítimamente de ese bien. Están igualmente obligados a restituir, en proporción a su responsabilidad y al beneficio obtenido, todos los que han participado de alguna manera en el robo, o que se han aprovechado de él a sabiendas; por ejemplo, quienes lo hayan ordenado o ayudado o encubierto.

2413 Los *juegos de azar* (de cartas, etc.) o las apuestas no son en sí mismos contrarios a la justicia. No obstante, resultan moralmente inaceptables cuando privan a la persona de lo que le es necesario para atender a sus necesidades o las de los demás. La pasión del juego corre peligro de convertirse en una grave servidumbre. Apostar injustamente o hacer trampas en los juegos constituye una materia grave, a no ser que el daño infligido sea tan leve que quien lo padece no pueda razonablemente considerarlo significativo.

2297 **2414** El séptimo mandamiento proscribe los actos o empresas que, por una u otra razón, egoísta o ideológica, mercantil o totalitaria, conducen a *esclavizar seres humanos,* a menospreciar su dignidad personal, a comprarlos, a venderlos y a cambiarlos como mercancía. Es un pecado contra la dignidad de las personas y sus derechos fundamentales reducirlos por la violencia a la condición de objeto de consumo o a una fuente de beneficio. San Pablo ordenaba a un amo cristiano que tratase a su esclavo cristiano "no como esclavo, sino... como un hermano... en el Señor" (*Flm* 16).

El respeto de la integridad de la creación

2415 El séptimo mandamiento exige el respeto de la integridad de la creación. Los animales, como las plantas y los seres inanimados, están naturalmente destinados al bien común de la humanidad pasada, presente y futura.[147] El uso de los recursos minerales, vegetales y animales del universo no puede ser separado del respeto a las exigencias morales. El dominio concedido por el Creador al hombre sobre los seres inanimados y los seres vivos no es absoluto; está regulado por el cuidado de la calidad de la vida del prójimo incluyendo la de las generaciones venideras; exige un respeto religioso de la integridad de la creación.[148]

2416 Los *animales* son criaturas de Dios, que los rodea de su solicitud providencial.[149] Por su simple existencia, lo bendicen y le dan gloria.[150] También los hombres les deben aprecio. Recuérdese con qué delicadeza trataban a los animales San Francisco de Asís o San Felipe Neri.

2417 Dios confió los animales a la administración del que fue creado por él a su imagen.[151] Por tanto, es legítimo servirse de los animales para el alimento y la confección de vestidos. Se los puede domesticar para que ayuden al hombre en sus trabajos y en sus ocios. Los experimentos médicos y científicos en animales son prácticas moralmente aceptables, si se mantienen dentro de límites razonables y contribuyen a curar o salvar vidas humanas.

2418 Es contrario a la dignidad humana hacer sufrir inútilmente a los animales y sacrificar sin necesidad sus vidas. Es también indigno invertir en ellos sumas que deberían remediar más bien la miseria de los hombres. Se puede amar a los animales; pero no se puede desviar hacia ellos el afecto debido únicamente a los seres humanos.

III. LA DOCTRINA SOCIAL DE LA IGLESIA

2419 "La revelación cristiana... nos conduce a una comprensión más profunda de las leyes de la vida social".[152] La Iglesia recibe del Evangelio la plena revelación de la verdad del hombre. Cuando cumple su misión de anunciar el Evangelio, enseña al hombre, en nombre de Cristo, su dignidad propia y su vocación a la comunión de las personas; y le descubre las exigencias de la justicia y de la paz, conformes a la sabiduría divina.

2420 La Iglesia expresa un juicio moral, en materia económica y social, "cuando lo exigen los derechos fundamentales de la persona o la salvación de las almas".[153] En el orden de la moralidad, la Iglesia ejerce una misión distinta

---

[147] Cf. *Gn* 1, 28-31.
[148] Cf. JUAN PABLO II, enc. *Centesimus annus*, 37-38.
[149] Cf. *Mt* 6, 26.
[150] Cf. *Dn* 3, 79-81.
[151] Cf. *Gn* 2, 19-20; 9, 1-4.
[152] Concilio Vaticano II, *Gaudium et spes*, 23, 1.
[153] *Ibid*, 76, 5.

de la que ejercen las autoridades políticas: ella se ocupa de los aspectos temporales del bien común a causa de su ordenación al supremo Bien, nuestro fin último. Se esfuerza por inspirar las actitudes justas en el uso de los bienes terrenos y en las relaciones socioeconómicas.

2421 La doctrina social de la Iglesia se desarrolló en el siglo XIX, cuando se produce el encuentro entre el Evangelio y la sociedad industrial moderna, sus nuevas estructuras para producción de bienes de consumo, su nueva concepción de la sociedad, del Estado y de la autoridad, sus nuevas formas de trabajo y de propiedad. El desarrollo de la doctrina de la Iglesia en materia económica y social da testimonio del valor permanente de la enseñanza de la Iglesia, al mismo tiempo que del sentido verdadero de su Tradición siempre viva y activa.[154]

2422 La enseñanza social de la Iglesia contiene un cuerpo de doctrina que se articula a medida que la Iglesia interpreta los acontecimientos a lo largo de la historia, a la luz del conjunto de la palabra revelada por Cristo Jesús y con la asistencia del Espíritu Santo.[155] Esta enseñanza resultará tanto más aceptable para los hombres de buena voluntad cuanto más inspire la conducta de los fieles.

2423 La doctrina social de la Iglesia propone principios de reflexión, extrae criterios de juicio, da orientaciones para la acción:

Todo sistema según el cual las relaciones sociales deben estar determinadas enteramente por los factores económicos, resulta contrario a la naturaleza de la persona humana y de sus actos.[156]

2424 Una teoría que hace del lucro la norma exclusiva y el fin último de la actividad económica es moralmente inaceptable. El apetito desordenado de dinero no deja de producir efectos perniciosos. Es una de las causas de los numerosos conflictos que perturban el orden social.[157]

Un sistema que "sacrifica los derechos fundamentales de la persona y de los grupos en aras de la organización colectiva de la producción" es contrario a la dignidad del hombre.[158] Toda práctica que reduce a las personas a no ser más que medios con vistas al lucro esclaviza al hombre, conduce a la idolatría del dinero y contribuye a difundir el ateísmo. "No podéis servir a Dios y al dinero" (*Mt* 6, 24; *Lc* 16, 13).

---

[154] Cf. JUAN PABLO II, enc. *Centesimus annus*, 3.
[155] Cf. JUAN PABLO II, enc. *Sollicitudo rei socialis*, 1; 41.
[156] Cf. JUAN PABLO II, enc. Centesimus annus, 24.
[157] Cf. Concilio Vaticano II, Gaudium et spes, 63, 3; JUAN PABLO II, enc. Laborem exercens, 7; ID., enc. Centesimus annus, 35.
[158] Cf. Concilio Vaticano II, Gaudium et spes, 65.

2425 La Iglesia ha rechazado las ideologías totalitarias y ateas asociadas en los tiempos modernos al "comunismo" o "socialismo". Por otra parte, ha rechazado en la práctica del "capitalismo" el individualismo y la primacía absoluta de la ley de mercado sobre el trabajo humano.[159] La regulación de la economía por la sola planificación centralizada pervierte en su base los vínculos sociales; su regulación únicamente por la ley de mercado quebranta la justicia social, porque "existen numerosas necesidades humanas que no pueden ser satisfechas por el mercado".[160] Es preciso promover una regulación razonable del mercado y de las iniciativas económicas, según una justa jerarquía de valores y con vistas al bien común.

IV. LA ACTIVIDAD ECONÓMICA Y LA JUSTICIA SOCIAL

2426 El desarrollo de las actividades económicas y el crecimiento de la producción están destinados a satisfacer las necesidades de los seres humanos. La vida económica no tiende solamente a multiplicar los bienes producidos y a aumentar el lucro o el poder; está ordenada ante todo al servicio de las personas, del hombre entero y de toda la comunidad humana. La actividad económica dirigida según sus propios métodos, debe moverse no obstante dentro de los límites del orden moral, según la justicia social, a fin de responder al plan de Dios sobre el hombre.[161]

2427 El *trabajo humano* procede directamente de personas creadas a imagen de Dios y llamadas a prolongar, unidas y para mutuo beneficio, la obra de la creación dominando la tierra.[162] El trabajo es, por tanto, un deber: "Si alguno no quiere trabajar, que tampoco coma" (2 *Ts* 3, 10).[163] El trabajo honra los dones del Creador y los talentos recibidos. Puede ser también redentor. Soportando el peso del trabajo,[164] en unión con Jesús, el carpintero de Nazaret y el crucificado del Calvario, el hombre colabora en cierta manera con el Hijo de Dios en su obra redentora. Se muestra como discípulo de Cristo llevando la Cruz cada día, en la actividad que está llamado a realizar.[165] El trabajo puede ser un medio de santificación y de animación de las realidades terrenas en el espíritu de Cristo.

2428 En el trabajo, la persona ejerce y aplica una parte de las capacidades inscritas en su naturaleza. El valor primordial del trabajo pertenece al hombre mismo, que es su autor y su destinatario. El trabajo es para el hombre y no el hombre para el trabajo.[166]

---

[159] Cf. JUAN PABLO II, enc. Centesimus annus, 10; 13; 44.
[160] JUAN PABLO II, enc. Centesimus annus, 34.
[161] Cf. Concilio Vaticano II, Gaudium et spes, 64.
[162] Cf. *Gn* 1, 28; Concilio Vaticano II, Gaudium et spes, 34; JUAN PABLO II, enc. Centesimus annus, 31.
[163] Cf. *1 Ts* 4, 11.
[164] Cf. *Gn* 3, 14-19.
[165] Cf. JUAN PABLO II, enc. Laborem exercens, 27.
[166] Cf. *ibid*, 6.

CIC 2429

Tercera parte: La vida en Cristo

Cada cual debe poder sacar del trabajo los medios para sustentar su vida y la de los suyos, y para prestar servicio a la comunidad humana.

2429 Cada uno tiene el *derecho de iniciativa económica,* y podrá usar legítimamente de sus talentos para contribuir a una abundancia provechosa para todos, y para recoger los justos frutos de sus esfuerzos. Deberá ajustarse a las reglamentaciones dictadas por las autoridades legítimas con miras al bien común.[167]

2430 La *vida económica* se ve afectada por intereses diversos, con frecuencia opuestos entre sí. Así se explica el surgimiento de conflictos que la caracterizan.[168] Será preciso esforzarse para reducir estos últimos mediante la negociación, que respete los derechos y los deberes de cada parte: los responsables de las empresas, los representantes de los trabajadores, por ejemplo, de las organizaciones sindicales y, en caso necesario, los poderes públicos.

2431 La *responsabilidad del Estado.* "La actividad económica, en particular la economía de mercado, no puede desenvolverse en medio de un vacío institucional, jurídico y político. Por el contrario supone una seguridad que garantiza la libertad individual y la propiedad, además de un sistema monetario estable y servicios públicos eficientes. La primera incumbencia del Estado es, pues, la de garantizar esa seguridad, de manera que quien trabaja y produce pueda gozar de los frutos de su trabajo y, por tanto, se sienta estimulado a realizarlo eficiente y honestamente... Otra incumbencia del Estado es la de vigilar y encauzar el ejercicio de los derechos humanos en el sector económico; pero en este campo la primera responsabilidad no es del Estado, sino de cada persona y de los diversos grupos y asociaciones en que se articula la sociedad".[169]

1908

1883

2432 A los *responsables de las empresas* les corresponde ante la sociedad la responsabilidad económica y ecológica de sus operaciones.[170] Están obligados a considerar el bien de las personas y no solamente el aumento de las *ganancias.* Sin embargo, éstas son necesarias; permiten realizar las inversiones que aseguran el porvenir de las empresas, y garantizan los puestos de trabajo.

2415

2433 El *acceso al trabajo* y a la profesión debe estar abierto a todos sin discriminación injusta, a hombres y mujeres, sanos y disminuidos, autóctonos e inmigrados.[171] Habida consideración de las circunstancias, la sociedad debe por su parte ayudar a los ciudadanos a procurarse un trabajo y un empleo.[172]

---

[167] Cf. JUAN PABLO II, enc. Centesimus annus, 32; 34.
[168] Cf. JUAN PABLO II, enc. Laborem exercens, 11.
[169] JUAN PABLO II, enc. Centesimus annus, 48.
[170] Cf. *ibid.*, 37.
[171] Cf. JUAN PABLO II, enc. Laborem exercens, 19; 22-23.
[172] Cf. JUAN PABLO II, enc. Centesimus annus, 48.

CÓMO VIVIMOS ⟶ Los mandamientos ⟶ El amor al prójimo

2434 El *salario justo* es el fruto legítimo del trabajo. Negarlo o retenerlo puede constituir una grave injusticia.[173] Para determinar la justa remuneración se han de tener en cuenta a la vez las necesidades y las contribuciones de cada uno. "El trabajo debe ser remunerado de tal modo que se den al hombre posibilidades de que él y los suyos vivan dignamente su vida material, social, cultural y espiritual, teniendo en cuenta la tarea y la productividad de cada uno, así como las condiciones de la empresa y el bien común".[174] El acuerdo de las partes no basta para justificar moralmente la cuantía del salario.

2435 La *huelga* es moralmente legítima cuando constituye un recurso inevitable, si no necesario para obtener un beneficio proporcionado. Resulta moralmente inaceptable cuando va acompañada de violencias o también cuando se lleva a cabo en función de objetivos no directamente vinculados con las condiciones del trabajo o contrarios al bien común.

2436 Es injusto no pagar a los organismos de seguridad social las *cotizaciones* establecidas por las autoridades legítimas.

La *privación de empleo* a causa de la huelga es casi siempre para su víctima un atentado contra su dignidad y una amenaza para el equilibrio de la vida. Además del daño personal padecido, de esa privación se derivan riesgos numerosos para su hogar.[175]

V. JUSTICIA Y SOLIDARIDAD ENTRE LAS NACIONES

2437 En el plano internacional la desigualdad de los recursos y de los medios económicos es tal que crea entre las naciones un verdadero "abismo".[176] Por un lado están los que poseen y desarrollan los medios de crecimiento, y por otro, los que acumulan deudas.

2438 Diversas causas, de naturaleza religiosa, política, económica y financiera, confieren hoy a la cuestión social "una dimensión mundial".[177] Es necesaria la solidaridad entre las naciones cuyas políticas son ya interdependientes. Es todavía más indispensable cuando se trata de acabar con los "mecanismos perversos" que obstaculizan el desarrollo de los países menos avanzados.[178] Es preciso sustituir los sistemas financieros abusivos, si no usurarios,[179] las relaciones comerciales inicuas entre las naciones, la carrera de armamentos, por un esfuerzo común para movilizar los recursos hacia objetivos de desarrollo moral, cultural y económico "redefiniendo las prioridades y las escalas de valores".[180]

---

[173] Cf. *Lv* 19, 13; *Dt* 24, 14-15; *St* 5, 4.
[174] Concilio Vaticano II, Gaudium et spes, 67, 2.
[175] Cf. JUAN PABLO II, enc. *Laborem exercens*, 18.
[176] Cf. JUAN PABLO II, enc. *Sollicitudo rei socialis*, 14.
[177] JUAN PABLO II, enc. *Sollicitudo rei socialis*, 9.
[178] Cf. *ibid.*, 17; 45.
[179] Cf. JUAN PABLO II, enc. *Centesimus annus*, 35.
[180] *Ibid.*, 28.

2439 Las *naciones ricas* tienen una responsabilidad moral grave respecto a las que no pueden por sí mismas asegurar los medios de su desarrollo, o han sido impedidas de realizarlo por trágicos acontecimientos históricos. Es un deber de solidaridad y de caridad; es también una obligación de justicia si el bienestar de las naciones ricas procede de recursos que no han sido pagados con justicia.

2440 La *ayuda directa* constituye una respuesta apropiada a necesidades inmediatas, extraordinarias, causadas por ejemplo por catástrofes naturales, epidemias, etc. Pero no basta para reparar los graves daños que resultan de situaciones de indigencia ni para remediar de forma duradera las necesidades. Es preciso también *reformar las instituciones* económicas y financieras internacionales para que promuevan y potencien relaciones equitativas con los países menos desarrollados.[181] Es preciso sostener el esfuerzo de los países pobres que trabajan por su crecimiento y su liberación.[182] Esta doctrina exige ser aplicada de manera muy particular en el ámbito del trabajo agrícola. Los campesinos, sobre todo en el Tercer Mundo, forman la masa mayoritaria de los pobres.

2441 Acrecentar el sentido de Dios y el conocimiento de sí mismo constituye la base de todo *desarrollo completo de la sociedad humana*. Este multiplica los bienes materiales y los pone al servicio de la persona y de su libertad. Disminuye la miseria y la explotación económicas. Hace crecer el respeto de las identidades culturales y la apertura a la trascendencia.[183]

2442 No corresponde a los pastores de la Iglesia intervenir directamente en la actividad política y en la organización de la vida social. Esta tarea forma parte de la vocación de los *fieles laicos,* que actúan por su propia iniciativa con sus conciudadanos. La acción social puede implicar una pluralidad de vías concretas. Deberá atender siempre al bien común y ajustarse al mensaje evangélico y a la enseñanza de la Iglesia. Pertenece a los fieles laicos "animar, con su compromiso cristiano, las realidades y, en ellas, procurar ser testigos y operadores de paz y de justicia".[184]

VI. EL AMOR DE LOS POBRES

2443 Dios bendice a los que ayudan a los pobres y reprueba a los que se niegan a hacerlo: "A quien te pide da, al que desee que le prestes algo no le vuelvas la espalda" (*Mt* 5, 42). "Gratis lo recibisteis, dadlo gratis" (*Mt* 10, 8). Jesucristo reconocerá a sus elegidos en lo que hayan hecho por los pobres.[185] La buena nueva "anunciada a los pobres" (*Mt* 11, 5)[186] es el signo de la presencia de Cristo.

---

[181] Cf. JUAN PABLO II, enc. *Sollicitudo rei socialis,* 16.
[182] Cf. JUAN PABLO II, enc. *Centesimus annus,* 26.
[183] Cf. JUAN PABLO II, enc. *Sollicitudo rei socialis,* 32; ID.,enc. *Centesimus annus,* 51.
[184] JUAN PABLO II, enc. *Sollicitudo rei socialis,* 47; cf 42.
[185] Cf. *Mt* 25, 31-46.
[186] Cf. *Lc* 4, 18.

CÓMO VIVIMOS ⟶ Los mandamientos ⟶ El amor al prójimo

CIC 2447

2444 "El amor de la Iglesia por los pobres... pertenece a su constante tradición".[187] Está inspirado en el Evangelio de las bienaventuranzas,[188] en la pobreza de Jesús,[189] y en su atención a los pobres.[190] El amor a los pobres es también uno de los motivos del deber de trabajar, con el fin de "hacer partícipe al que se halle en necesidad" (*Ef* 4, 28). No abarca sólo la pobreza material, sino también las numerosas formas de pobreza cultural y religiosa.[191]

1716

2445 El amor a los pobres es incompatible con el amor desordenado de las riquezas o su uso egoísta:

2536

> Ahora bien, vosotros, ricos, llorad y dad alaridos por las desgracias que están para caer sobre vosotros. Vuestra riqueza está podrida y vuestros vestidos están apolillados; vuestro oro y vuestra plata están tomados de herrumbre y su herrumbre será testimonio contra vosotros y devorará vuestras carnes como fuego. Habéis acumulado riquezas en estos días que son los últimos. Mirad: el salario que no habéis pagado a los obreros que segaron vuestros campos está gritando; y los gritos de los segadores han llegado a los oídos del Señor de los ejércitos. Habéis vivido sobre la tierra regaladamente y os habéis entregado a los placeres; habéis hartado vuestros corazones en el día de la matanza. Condenasteis y matasteis al justo; él no os resiste (*St* 5, 1-6).

2547

2446 San Juan Crisóstomo lo recuerda vigorosamente: "No hacer participar a los pobres de los propios bienes es robarles y quitarles la vida. Lo que poseemos no son bienes nuestros, sino los suyos".[192] Es preciso "satisfacer ante todo las exigencias de la justicia, de modo que no se ofrezca como ayuda de caridad lo que ya se debe a título de justicia":[193]

2402

> Cuando damos a los pobres las cosas indispensables no les hacemos liberalidades personales, sino que les devolvemos lo que es suyo. Más que realizar un acto de caridad, lo que hacemos es cumplir un deber de justicia.[194]

2447 Las obras de misericordia son acciones caritativas mediante las cuales socorremos a nuestro prójimo en sus necesidades corporales y espirituales.[195] Instruir, aconsejar, consolar, confortar, son obras espirituales de misericordia, como también lo son perdonar y sufrir con paciencia. Las obras de misericordia corporales consisten especialmente en dar de comer al hambriento, dar techo a quien no lo tiene, vestir al desnudo, visitar a los enfermos y a los presos, enterrar a los muertos.[196] Entre estas obras, la limosna hecha a los pobres[197] es uno de los principales testimonios de la caridad fraterna; es también una práctica de justicia que agrada a Dios:[198]

1460

1038
1969

---

[187] JUAN PABLO II, enc. *Centesimus annus*, 57.
[188] Cf. *Lc* 6, 20-22.
[189] Cf. *Mt* 8, 20.
[190] Cf. *Mc* 12, 41-44.
[191] Cf. JUAN PABLO II, enc. *Centesimus annus*, 57.
[192] SAN JUAN CRISÓSTOMO, *In Lamrum*, 1, 6: PG 48, 992D.
[193] Concilio Vaticano II, *Apostolicam actuositatem*, 8.
[194] SAN GREGORIO MAGNO, *Regula pastoralis*, 3, 21.
[195] Cf. *Is* 58, 6-7; *Hb* 3, 3.
[196] Cf. *Mt* 25, 31-46.
[197] Cf. *Tb* 4, 5-11; *Si* 17, 22.
[198] Cf. *Mt* 6, 2-4.

El que tenga dos túnicas que las reparta con el que no tiene; el que tenga para comer que haga lo mismo (*Lc* 3, 11). Dad más bien en limosna lo que tenéis, y así todas las cosas serán puras para vosotros (*Lc* 11, 41). Si un hermano o una hermana están desnudos y carecen del sustento diario, y alguno de vosotros les dice: "Id en paz, calentaos o hartaos", pero no les dais lo necesario para el cuerpo, ¿de qué sirve? (*St* 2, 15-16).[199]

2448 "Bajo sus múltiples formas —indigencia material, opresión injusta, enfermedades físicas o psíquicas y, por último, la muerte—, *la miseria humana* es el signo manifiesto de la debilidad congénita en que se encuentra el hombre tras el primer pecado y de la necesidad que tiene de salvación. Por ello, la miseria humana atrae la compasión de Cristo Salvador, que la ha querido cargar sobre sí e identificarse con los 'más pequeños de sus hermanos'. También por ello, los oprimidos por la miseria son objeto de un *amor de preferencia* por parte de la Iglesia, que, desde los orígenes, y a pesar de los fallos de muchos de sus miembros, no ha cesado de trabajar para aliviarlos, defenderlos y liberarlos. Lo ha hecho mediante innumerables obras de beneficencia, que siempre y en todo lugar continúan siendo indispensables".[200]

2449 En el Antiguo Testamento, toda una serie de medidas jurídicas (año jubilar, prohibición del préstamo a interés, retención de la prenda, obligación del diezmo, pago cotidiano del jornalero, derecho de rebusca después de la vendimia y la siega) corresponden a la exhortación del Deuteronomio: "Ciertamente nunca faltarán pobres en este país; por esto te doy yo este mandamiento: debes abrir tu mano a tu hermano, a aquél de los tuyos que es indigente y pobre en tu tierra" (*Dt* 15, 11). Jesús hace suyas estas palabras: "Porque pobres siempre tendréis con vosotros; pero a mí no siempre me tendréis" (*Jn* 12, 8). Con esto, no hace caduca la vehemencia de los oráculos antiguos: "comprando por dinero a los débiles y al pobre por un par de sandalias..." (*Am* 8, 6), sino que nos invita a reconocer su presencia en los pobres que son sus hermanos:[201]

El día en que su madre le reprendió por atender en la casa a pobres y enfermos, santa Rosa de Lima le contestó: "Cuando servimos a los pobres y a los enfermos, servimos a Jesús. No debemos cansarnos de ayudar a nuestro prójimo, porque en ellos servimos a Jesús".[202]

---

[199] Cf. *1 Jn* 3, 17.
[200] CONGREGACIÓN PARA LA DOCTRINA DE LA FE, instr. *Libertatis conscientia*, 68.
[201] Cf. *Mt* 25, 40.
[202] P. HANSEN, *Vita mirabilis*, Louvain 1668.

CÓMO VIVIMOS ⟶ Los mandamientos ⟶ El amor al prójimo

CIC 2460

RESUMEN

2450 "No robarás" (*Dt* 5, 19). "Ni los ladrones, ni los avaros..., ni los rapaces heredarán el Reino de Dios" (*1 Co* 6, 10).

2451 El séptimo mandamiento prescribe la práctica de la justicia y de la caridad en el uso de los bienes terrenos y de los frutos del trabajo de los hombres.

2452 Los bienes de la creación están destinados a todo el género humano. El derecho a la propiedad privada no anula el destino universal de los bienes.

2453 El séptimo mandamiento prohíbe el robo. El robo es la usurpación del bien ajeno contra la voluntad razonable de su dueño.

2454 Toda manera de tomar y de usar injustamente un bien ajeno es contraria al séptimo mandamiento. La injusticia cometida exige reparación. La justicia conmutativa impone la restitución del bien robado.

2455 La ley moral prohíbe los actos que, con fines mercantiles o totalitarios, llevan a esclavizar a los seres humanos, a comprarlos, venderlos y cambiarlos como si fueran mercaderías.

2456 El dominio, concedido por el Creador, sobre los recursos minerales, vegetales y animales del universo, no puede ser separado del respeto de las obligaciones morales frente a todos los hombres, incluidos los de las generaciones venideras.

2457 Los animales están confiados a la administración del hombre que les debe benevolencia. Pueden servir a la justa satisfacción de las necesidades del hombre.

2458 La Iglesia pronuncia un juicio en materia económica y social cuando lo exigen los derechos fundamentales de la persona o la salvación de las almas. Cuida del bien común temporal de los hombres en razón de su ordenación al supremo Bien, nuestro fin último.

2459 El hombre es el autor, el centro y el fin de toda la vida económica y social. El punto decisivo de la cuestión social estriba en que los bienes creados por Dios para todos lleguen de hecho a todos, según la justicia y con la ayuda de la caridad.

2460 El valor primordial del trabajo atañe al hombre mismo que es su autor y su destinatario. Mediante su trabajo, el hombre participa en la obra de la creación. Unido a Cristo, el trabajo puede ser redentor.

2461 El desarrollo verdadero es el del hombre en su integridad. Se trata de hacer crecer la capacidad de cada persona a fin de responder a su vocación y, por lo tanto, a la llamada de Dios.[203]

2462 La limosna hecha a los pobres es un testimonio de caridad fraterna; es también una práctica de justicia que agrada a Dios.

2463 En la multitud de seres humanos sin pan, sin techo, sin patria, hay que reconocer a Lázaro, el mendigo hambriento de la parábola.[204] En dicha multitud hay que oír a Jesús que dice: "Cuanto dejasteis de hacer con uno de éstos, también conmigo dejasteis de hacerlo" (*Mt* 25, 45).

ARTÍCULO 8
EL OCTAVO MANDAMIENTO

No darás testimonio falso contra tu prójimo (*Ex* 20, 16).

Se dijo a los antepasados: No perjurarás, sino que cumplirás al Señor tus juramentos (*Mt* 5, 33).

FUENTES DE LA ESCRITURA Y DE LA IGLESIA
(continuación)

Nuevo Testamento	Citadas en el *Catecismo*
Efesios	CIC 2475, 2504
Colosenses	CIC 2502
2 Timoteo	CIC 2471, 2506
Hebreos	CIC 2502
1 Pedro	CIC 2475
1 Juan	CIC 2470
Concilios ecuménicos	
Vaticano II (1962-1965)	CIC 2467, 2472, 2494, 2495, 2498, 2503, 2513
Documentos pontificios	
Pío XII (1939-1958)	CIC 2501
Derecho Canónico	
Código de Derecho Canónico	CIC 2477, 2490, 2511

---

[203] Cf. JUAN PABLO II, enc. Centesimus annus, 29.

[204] Cf. *Lc* 16, 19-31.

CÓMO VIVIMOS → Los mandamientos → El amor al prójimo

CIC 2466

PALABRAS CLAVE

La siguiente parte del *Catecismo* utiliza estas palabras clave.
Véase el "Glosario" para su definición.

Escritores eclesiásticos	Citadas en el *Catecismo*
San Agustín	CIC 2482
San Ignacio de Antioquía	CIC 2473, 2474, 2478
San Policarpo de Esmirna	CIC 2474
Santo Tomás de Aquino	CIC 2469

Palabras	
Calumnia	CIC 2477
Difamación	CIC 2477
Juicio, temerario	CIC 2477
Maledicencia	CIC 2477
Mártir	CIC 2473
Perjurio	CIC 2476
Reparación	CIC 2487

2464 El octavo mandamiento prohíbe falsear la verdad en las relaciones con el prójimo. Este precepto moral deriva de la vocación del pueblo santo a ser testigo de su Dios, que es y que quiere la verdad. Las ofensas a la verdad expresan, mediante palabras o acciones, un rechazo a comprometerse con la rectitud moral: son infidelidades básicas frente a Dios y, en este sentido, socavan las bases de la Alianza.

I. VIVIR EN LA VERDAD

2465 El Antiguo Testamento lo proclama: *Dios es fuente de toda verdad*. Su Palabra es verdad.[205] Su ley es verdad.[206] "Tu verdad, de edad en edad" (*Sal* 119, 90).[207] Puesto que Dios es el "Veraz" (*Rm* 3, 4), los miembros de su pueblo son llamados a vivir en la verdad.[208]

215

2466 En Jesucristo la verdad de Dios se manifestó en plenitud. "Lleno de gracia y de verdad" (*Jn* 1, 14), él es la "luz del mundo" (*Jn* 8, 12), "*la Verdad*" (*Jn* 14, 6). El que cree en él, no permanece en las tinieblas.[209] El discípulo de Jesús, "permanece en su palabra", para conocer "la verdad que hace libre"[210] y que santifica.[211] Seguir a Jesús es vivir del "Espíritu de verdad" (*Jn* 14, 17) que el Padre envía en su nombre[212] *y que conduce "a la verdad completa"* (*Jn* 16, 13). Jesús enseña a sus discípulos el amor incondicional de *la* verdad: "Sea vuestro lenguaje: 'sí, sí;' 'no, no'" (*Mt* 5, 37).

2153

---

[205] Cf. *Pr* 8, 7; *2 S* 7, 28
[206] Cf. *Sal* 119, 142.
[207] Cf. *Lc* 1, 50.
[208] Cf. *Sal* 119, 30.
[209] Cf. *Jn* 12, 46.
[210] Cf. *Jn* 8, 32.
[211] Cf. *Jn* 17, 17.
[212] Cf. *Jn* 14, 26.

2467 El hombre busca naturalmente la verdad. Está obligado a honrarla y atestiguarla: "Todos los hombres, conforme a su dignidad, por ser personas..., se ven impulsados, por su misma naturaleza, a buscar la verdad y, además, tienen la obligación moral de hacerlo, sobre todo con respecto a la verdad religiosa. Están obligados también a adherirse a la verdad una vez que la han conocido y a ordenar toda su vida según sus exigencias".[213]

2468 La verdad como rectitud de la acción y de la palabra humana, tiene por nombre *veracidad*, sinceridad o franqueza. La verdad o veracidad es la virtud que consiste en mostrarse veraz en los propios actos y en decir verdad en sus palabras, evitando la duplicidad, la simulación y la hipocresía.

2469 "Los hombres no podrían vivir juntos si no tuvieran *confianza recíproca, es decir, si no se manifestasen la verdad*".[214] La virtud de la veracidad da justamente al prójimo lo que le es debido; observa un justo medio entre lo que debe ser expresado y el secreto que debe ser guardado: implica la honradez y la discreción. En justicia, "un hombre debe honestamente a otro la manifestación de la verdad".[215]

2470 El discípulo de Cristo acepta "vivir en la verdad", es decir, en la simplicidad de una vida conforme al ejemplo del Señor y permaneciendo en su Verdad. "Si decimos que estamos en comunión con él, y caminamos en tinieblas, mentimos y no obramos conforme a la verdad" (*1 Jn* 1, 6).

II. "DAR TESTIMONIO DE LA VERDAD"

2471 Ante Pilato, Cristo proclama que había "venido al mundo: para dar testimonio de la verdad" (*Jn* 18, 37). El cristiano no debe "avergonzarse de dar testimonio del Señor" (*2 Tm* 1, 8). En las situaciones que exigen dar testimonio de la fe, el cristiano debe profesarla sin ambigüedad, a ejemplo de san Pablo ante sus jueces. Debe guardar una "conciencia limpia ante Dios y ante los hombres" (*Hch* 24, 16).

2472 El deber de los cristianos de tomar parte en la vida de la Iglesia, los impulsa a actuar como *testigos del Evangelio* y de las obligaciones que de él se derivan. Este testimonio es transmisión de la fe en palabras y obras. El testimonio es un acto de justicia que establece o da a conocer la verdad:[216]

> Todos los fieles cristianos, dondequiera que vivan, están obligados a manifestar con el ejemplo de su vida y el testimonio de su palabra al hombre nuevo de que se revistieron por el bautismo y la fuerza del Espíritu Santo que les ha fortalecido con la confirmación.[217]

---

[213] Concilio Vaticano II, *Dignitatis humanae*, 2.
[214] SANTO TOMÁS DE AQUINO, *Summa theologiae*, II-II, 109, 3 ad 1.
[215] *Ibid*, II-II, 109, 3.
[216] Cf. *Mt* 18, 16.
[217] Concilio Vaticano II, *Ad gentes*, 11.

CÓMO VIVIMOS ⟶ Los mandamientos ⟶ El amor al prójimo

CIC 2477

2473 El *martirio* es el supremo testimonio de la verdad de la fe; designa un testimonio que llega hasta la muerte. El mártir da testimonio de Cristo, muerto y resucitado, al cual está unido por la caridad. Da testimonio de la verdad de la fe y de la doctrina cristiana. Soporta la muerte mediante un acto de fortaleza. "Dejadme ser pasto de las fieras. Por ellas me será dado llegar a Dios".[218]

852

1808
1258

2474 Con el más exquisito cuidado, la Iglesia ha recogido los recuerdos de quienes llegaron hasta el extremo para dar testimonio de su fe. Son las actas de los Mártires, que constituyen los archivos de la Verdad escritos con letras de sangre:

> No me servirá nada de los atractivos del mundo ni de los reinos de este siglo. Es mejor para mí morir (para unirme) a Cristo Jesús que reinar hasta los confines de la tierra. Es a Él a quien busco, a quien murió por nosotros. A Él quiero, al que resucitó por nosotros. Mi nacimiento se acerca...[219]

1011

> Te bendigo por haberme juzgado digno de este día y esta hora, digno de ser contado en el número de tus mártires... Has cumplido tu promesa, Dios de la fidelidad y de la verdad. Por esta gracia y por todo te alabo, te bendigo, te glorifico por el eterno y celestial Sumo Sacerdote, Jesucristo, tu Hijo amado. Por Él, que está contigo y con el Espíritu, te sea dada gloria ahora y en los siglos venideros. Amén.[220]

III. LAS OFENSAS A LA VERDAD

2475 Los discípulos de Cristo se han "revestido del Hombre Nuevo, creado según Dios en la justicia y santidad de la verdad" (*Ef* 4, 24). "Desechando la mentira",[221] deben "rechazar toda malicia y todo engaño, hipocresías, envidias y toda clase de maledicencias" (*1 P* 2, 1).

2476 *Falso testimonio y perjurio.* Una afirmación contraria a la verdad posee una gravedad particular cuando se hace públicamente. Ante un tribunal viene a ser un falso testimonio.[222] Cuando es pronunciada bajo juramento se trata de perjurio. Estas maneras de obrar contribuyen a condenar a un inocente, a disculpar a un culpable o a aumentar la sanción en que ha incurrido el acusado;[223] comprometen gravemente el ejercicio de la justicia y la equidad de la sentencia pronunciada por los jueces.

2152

2477 El *respeto de la reputación* de las personas prohíbe toda actitud y toda palabra susceptibles de causarles un daño injusto.[224] Se hace culpable:

---

[218] SAN IGNACIO DE ANTIOQUÍA, *Epistula ad Romanos*, 4, 1.
[219] *Ibid.*, 6, 1-2.
[220] SAN POLICARPO, *in Martyrium Polycarpi*, 14, 2-3.
[221] Cf. *Ef* 4, 25.
[222] Cf. *Pr* 19, 9.
[223] Cf. *Pr* 18, 5.
[224] Cf. CDC, 220.

— de *juicio temerario* el que, incluso tácitamente, admite como verdadero, sin tener para ello fundamento suficiente, un defecto moral en el prójimo;

— de *maledicencia* el que, sin razón objetivamente válida, manifiesta los defectos y las faltas de otros a personas que los ignoran;[225]

— de *calumnia* el que, mediante palabras contrarias a la verdad, daña la reputación de otros y da ocasión a juicios falsos respecto a ellos.

2478 Para evitar el juicio temerario, cada uno debe interpretar, en cuanto sea posible, en un sentido favorable los pensamientos, palabras y acciones de su prójimo:

> Todo buen cristiano ha de ser más pronto a salvar la proposición del prójimo, que a condenarla; y si no la puede salvar, inquirirá cómo la entiende, y si mal la entiende, corríjale con amor; y si no basta, busque todos los medios convenientes para que, bien entendiéndola, se salve.[226]

2479 La maledicencia y la calumnia destruyen la *reputación* y el *honor del prójimo*. Ahora bien, el honor es el testimonio social dado a la dignidad humana y cada uno posee un derecho natural al honor de su nombre, a su reputación y a su respeto. Así, la maledicencia y la calumnia lesionan las virtudes de la justicia y de la caridad.

2480 Debe proscribirse toda palabra o actitud que, por *halago, adulación o complacencia,* alienta y confirma a otro en la malicia de sus actos y en la perversidad de su conducta. La adulación es una falta grave si se hace cómplice de vicios o pecados graves. El deseo de prestar un servicio o la amistad no justifica una doblez del lenguaje. La adulación es un pecado venial cuando sólo desea hacerse grato, evitar un mal, remediar una necesidad u obtener ventajas legítimas.

2481 La *vanagloria* o *jactancia* constituye una falta contra la verdad. Lo mismo sucede con la *ironía* que trata de ridiculizar a uno caricaturizando de manera malévola tal o cual aspecto de su comportamiento.

2482 "La *mentira* consiste en decir falsedad con intención de engañar".[227] El Señor denuncia en la mentira una obra diabólica: "Vuestro padre es el diablo... porque no hay verdad en él; cuando dice la mentira, dice lo que le sale de dentro, porque es mentiroso y padre de la mentira" (*Jn* 8, 44).

2483 La mentira es la ofensa más directa contra la verdad. Mentir es hablar u obrar contra la verdad para inducir a error. Lesionando la relación del

---

[225] Cf. *Si* 21, 28.
[226] SAN IGNACIO DE LO YOLA, *Ejercicios espirituales,* 22.
[227] SAN AGUSTÍN, De mendacio, 4, 5: PL 40, 491.

hombre con la verdad y con el prójimo, la mentira ofende el vínculo fundamental del hombre y de su palabra con el Señor.

2484 *La gravedad de la mentira* se mide según la naturaleza de la verdad que deforma, según las circunstancias, las intenciones del que la comete, y los daños padecidos por los que resultan perjudicados. Si la mentira en sí sólo constituye un pecado venial, sin embargo llega a ser mortal cuando lesiona gravemente las virtudes de la justicia y la caridad.

2485 La mentira es condenable por su misma naturaleza. Es una profanación de la palabra cuyo objeto es comunicar a otros la verdad conocida. La intención deliberada de inducir al prójimo a error mediante palabras contrarias a la verdad constituye una falta contra la justicia y la caridad. La culpabilidad es mayor cuando la intención de engañar corre el riesgo de tener consecuencias funestas para los que son desviados de la verdad.

2486 La mentira, por ser una violación de la virtud de la veracidad, es una verdadera violencia hecha a los demás. Atenta contra ellos en su capacidad de conocer, que es la condición de todo juicio y de toda decisión. Contiene en germen la división de los espíritus y todos los males que ésta suscita. La mentira es funesta para toda sociedad: socava la confianza entre los hombres y rompe el tejido de las relaciones sociales.

2487 Toda falta cometida contra la justicia y la verdad entraña el *deber de reparación,* aunque su autor haya sido perdonado. Cuando es imposible reparar un daño públicamente, es preciso hacerlo en secreto; si el que ha sufrido un perjuicio no puede ser indemnizado directamente, es preciso darle satisfacción moralmente, en nombre de la caridad. Este deber de reparación se refiere también a las faltas cometidas contra la reputación del prójimo. Esta reparación, moral y a veces material, debe apreciarse según la medida del daño causado. Obliga en conciencia.

IV. EL RESPETO DE LA VERDAD

2488 El *derecho a la comunicación* de la verdad no es incondicional. Todos deben conformar su vida al precepto evangélico del amor fraterno. Este exige, en las situaciones concretas, estimar si conviene o no revelar la verdad a quien la pide.

2489 La caridad y el respeto de la verdad deben dictar la respuesta a toda *petición de información o de comunicación*. El bien y la seguridad del prójimo, el respeto de la vida privada, el bien común, son razones suficientes para callar lo que no debe ser conocido, o para usar un lenguaje discreto. El deber de evitar el escándalo obliga con frecuencia a una estricta discreción. Nadie está obligado a revelar una verdad a quien no tiene derecho a conocerla.[228]

---

[228] Cf. *Si* 27, 16; *Pr* 25, 9-10.

1467

2490 El *secreto del sacramento de la Reconciliación* es sagrado y no puede ser revelado bajo ningún pretexto. "El sigilo sacramental es inviolable; por lo cual está terminantemente prohibido al confesor descubrir al penitente, de palabra o de cualquier otro modo, y por ningún motivo".[229]

2491 Los *secretos profesionales* —que obligan, por ejemplo, a políticos, militares, médicos, juristas— o las confidencias hechas bajo secreto deben ser guardados, salvo los casos excepcionales en los que el no revelarlos podría causar al que los ha confiado, al que los ha recibido o a un tercero daños muy graves y evitables únicamente mediante la divulgación de la verdad. Las informaciones privadas perjudiciales al prójimo, aunque no hayan sido confiadas bajo secreto, no deben ser divulgadas sin una razón grave y proporcionada.

2522

2492 Se debe guardar la justa reserva respecto a la vida privada de la gente. Los responsables de la comunicación deben mantener un justo equilibrio entre las exigencias del bien común y el respeto de los derechos particulares. La ingerencia de la información en la vida privada de personas comprometidas en una actividad política o pública, es condenable en la medida en que atenta contra su intimidad y libertad.

V. EL USO DE LOS MEDIOS DE COMUNICACIÓN SOCIAL

2493 Dentro de la sociedad moderna, los medios de comunicación social desempeñan un papel importante en la información, la promoción cultural y la formación. Su acción aumenta en importancia por razón de los progresos técnicos, de la amplitud y la diversidad de las noticias transmitidas, y la influencia ejercida sobre la opinión pública.

1906

2494 La información de estos medios es un servicio del bien común.[230] La sociedad tiene derecho a una información fundada en la verdad, la libertad, la justicia y la solidaridad:

> El recto ejercicio de este derecho exige que, en cuanto a su contenido, la comunicación sea siempre verdadera e íntegra, salvadas la justicia y la caridad; además, en cuanto al modo, ha de ser honesta y conveniente, es decir, debe respetar escrupulosamente las leyes morales, los derechos legítimos y la dignidad del hombre, tanto en la búsqueda de la noticia como en su divulgación.[231]

906

2495 "Es necesario que todos los miembros de la sociedad cumplan sus deberes de caridad y justicia también en este campo, y, así, con ayuda de estos medios, se esfuercen por formar y difundir una recta opinión pública.[232] La solidaridad aparece como una consecuencia de una información verdadera y

---

[229] CDC, 983, 1.
[230] Cf. Concilio Vaticano II, *Inter mirifica*, 11.
[231] *Ibid.*, 5.
[232] Concilio Vaticano II, *Inter mirifica*, 8.

justa, y de la libre circulación de las ideas, que favorecen el conocimiento y el respeto del prójimo.

2496 Los medios de comunicación social (en particular, los mass-media) pueden engendrar cierta pasividad en los usuarios, haciendo de éstos, consumidores poco vigilantes de mensajes o de espectáculos. Los usuarios deben imponerse moderación y disciplina respecto a los mass-media. Han de formarse una conciencia clara y recta para resistir más fácilmente las influencias menos honestas.

2497 Por razón de su profesión en la prensa, sus responsables tienen la obligación, en la difusión de la información, de servir a la verdad y de no ofender a la caridad. Han de esforzarse por respetar con una delicadeza igual, la naturaleza de los hechos y los límites y el juicio crítico respecto a las personas. Deben evitar ceder a la difamación.

2498 "La *autoridad civil* tiene en esta materia deberes peculiares en razón del bien común, al que se ordenan estos medios. Corresponde, pues, a dicha autoridad... defender y asegurar la verdadera y justa libertad".[233] Promulgando leyes y velando por su aplicación, los poderes públicos se asegurarán de que el mal uso de los medios no llegue a causar "graves peligros para las costumbres públicas y el progreso de la sociedad".[234] Deberán sancionar la violación de los derechos de cada uno a la reputación y al secreto de la vida privada. Tienen obligación de dar a tiempo y honestamente las informaciones que se refieren al bien general y responden a las inquietudes fundadas de la población. Nada puede justificar el recurso a falsas informaciones para manipular la opinión pública mediante los mass-media. Estas intervenciones no deberán atentar contra la libertad de los individuos y de los grupos.

2499 La moral denuncia la llaga de los estados totalitarios que falsifican sistemáticamente la verdad, ejercen mediante los mass-media un dominio político de la opinión, manipulan a los acusados y a los testigos en los procesos públicos y tratan de asegurar su tiranía yugulando y reprimiendo todo lo que consideran "delitos de opinión".

VI. VERDAD, BELLEZA Y ARTE SACRO

2500 La práctica del bien va acompañada de un placer espiritual gratuito y de belleza moral. De igual modo, la verdad entraña el gozo y el esplendor de la belleza espiritual. La verdad es bella por sí misma. La verdad de la palabra, expresión racional del conocimiento de la realidad creada e increada, es necesaria al hombre dotado de inteligencia, pero la verdad puede también encontrar otras formas de expresión humana, complementarias, sobre todo cuando se trata de evocar lo que ella entraña de indecible, las profundidades del corazón humano, las elevaciones del alma, el Misterio de Dios. Antes de

---

[233] *Ibid.*, 12.   [234] *Ibid.*

revelarse al hombre en palabras de verdad, Dios se revela a él, mediante el lenguaje universal de la Creación, obra de su Palabra, de su Sabiduría: el orden y la armonía del cosmos, que percibe tanto el niño como el hombre de ciencia, "pues por la grandeza y hermosura de las criaturas se llega, por analogía, a contemplar a su Autor" (*Sb* 13, 5) "pues fue el Autor mismo de la belleza quien las creó" (*Sb* 13, 3).

> La sabiduría es un hálito del poder de Dios, una emanación pura de la gloria del Omnipotente, por lo que nada manchado llega a alcanzarla. Es un reflejo de la luz eterna, un espejo sin mancha de la actividad de Dios, una imagen de su bondad (*Sb* 7, 25-26). La sabiduría es en efecto más bella que el Sol, supera a todas las constelaciones; comparada con la luz, sale vencedora, porque a la luz sucede la noche, pero contra la sabiduría no prevalece la maldad (*Sb* 7, 29-30). Yo me constituí en el amante de su belleza (*Sb* 8, 2).

2501 El hombre, "creado a imagen de Dios" (*Gn* 1, 26), expresa también la verdad de su relación con Dios Creador mediante la belleza de sus obras artísticas. El *arte*, en efecto, es una forma de expresión propiamente humana; por encima de la satisfacción de las necesidades vitales, común a todas las criaturas vivas, el arte es una sobreabundancia gratuita de la riqueza interior del ser humano. Este brota de un talento concedido por el Creador y del esfuerzo del hombre, y es un género de sabiduría práctica, que une conocimiento y habilidad[235] para dar forma a la verdad de una realidad en lenguaje accesible a la vista y al oído. El arte entraña así cierta semejanza con la actividad de Dios en la creación, en la medida en que se inspira en la verdad y el amor de los seres. Como cualquier otra actividad humana, el arte no tiene en sí mismo su fin absoluto, sino que está ordenado y se ennoblece por el fin último del hombre.[236]

2502 El *arte sacro* es verdadero y bello cuando corresponde por su forma a su vocación propia: evocar y glorificar, en la fe y la adoración, el Misterio trascendente de Dios, Belleza sobreeminente e invisible de Verdad y de Amor, manifestado en Cristo, "Resplandor de su gloria e Impronta de su esencia" (*Hb* 1, 3), en quien "reside toda la Plenitud de la Divinidad corporalmente" (*Col* 2, 9), belleza espiritual reflejada en la Santísima Virgen Madre de Dios, en los Ángeles y los Santos. El arte sacro verdadero lleva al hombre a la adoración, a la oración y al amor de Dios Creador y Salvador, Santo y Santificador.

2503 Por eso los obispos deben personalmente o por delegación vigilar y promover el arte sacro antiguo y nuevo en todas sus formas, y apartar con la misma atención religiosa de la liturgia y de los edificios de culto todo lo que no está de acuerdo con la verdad de la fe y la auténtica belleza del arte *sacro*?[237]

---

[235] Cf. *Sb* 7, 16-17.
[236] Cf. PÍO XII, discurso del 25 diciembre 1955 y discurso del 3 septiembre 1950.
[237] Cf. Concilio Vaticano II, *Sacrosanctum concilium*, 122-127.

CÓMO VIVIMOS → Los mandamientos → El amor al prójimo

CIC 2513

RESUMEN

2504 "No darás falso testimonio contra tu prójimo" (*Ex* 20, 16). Los discípulos de Cristo se han "revestido del Hombre Nuevo, creado según Dios, en la justicia y santidad de la verdad" (*Ef* 4, 24).

2505 La verdad o veracidad es la virtud que consiste en mostrarse verdadero en sus actos y en sus palabras, evitando la duplicidad, la simulación y la hipocresía.

2506 El cristiano no debe "avergonzarse de dar testimonio del Señor" (*2 Tm* 1, 8) en obras y palabras. El martirio es el supremo testimonio de la verdad de la fe.

2507 El respeto de la reputación y del honor de las personas prohíbe toda actitud y toda palabra de maledicencia o de calumnia.

2508 La mentira consiste en decir algo falso con intención de engañar al prójimo.

2509 Una falta cometida contra la verdad exige reparación.

2510 La regla de oro ayuda a discernir en las situaciones concretas si conviene o no revelar la verdad a quien la pide.

2511 "El sigilo sacramental es inviolable".[238] Los secretos profesionales deben ser guardados. Las confidencias perjudiciales a otros no deben ser divagadas.

2512 La sociedad tiene derecho a una información fundada en la verdad, la libertad, la justicia. Es preciso imponerse moderación y disciplina en el uso de los medios de comunicación social.

2513 Las bellas artes, sobre todo el arte sacro, "están relacionadas, por su naturaleza, con la infinita belleza divina, que se intenta expresar, de algún modo, en las obras humanas. Y tanto más se consagran a Dios y contribuyen a su alabanza y a su gloria, cuanto más lejos están de todo propósito que no sea colaborar lo más posible con sus obras a dirigir las almas de los hombres piadosamente hacia Dios".[239]

---

[238] CDC, 983, 1.

[239] Concilio Vaticano II, *Sacrosanctum concilium*, 122.

Tercera parte: La vida en Cristo

ARTÍCULO 9
EL NOVENO MANDAMIENTO

No codiciarás la casa de tu prójimo, ni codiciarás la mujer de tu prójimo, ni su siervo, ni su sierva, ni su buey, ni su asno, ni nada que sea de tu prójimo (*Ex* 20, 17).

El que mira a una mujer deseándola, ya cometió adulterio con ella en su corazón (*Mt* 5, 28).

FUENTES DE LA ESCRITURA Y DE LA IGLESIA

La siguiente parte del *Catecismo* utiliza estas fuentes de la Escritura y de la Iglesia. Véase el "Índice de citas" para una lista completa de referencias

Antiguo Testamento	Citadas en el *Catecismo*
Génesis	CIC 2515
Éxodo	CIC 2533
Deuteronomio	CIC 2533
Sabiduría	CIC 2520

Nuevo Testamento	
Mateo	CIC 2517, 2518, 2528, 2533
Romanos	CIC 2520
1 Corintios	CIC 2519
Gálatas	CIC 2515, 2516
Efesios	CIC 2515, 2518
Colosenses	CIC 2518, 2520
1 Tesalonicenses	CIC 2518
1 Timoteo	CIC 2518
2 Timoteo	CIC 2518
Tito	CIC 2518
1 Juan	CIC 2514, 2519

Concilios ecuménicos	
Trento (1545-1563)	CIC 2515
Vaticano II (1962-1965)	CIC 2527

Documentos pontificios	
Juan Pablo II (1978-2005)	CIC 2516

Escritores eclesiásticos	
Hermas	CIC 2517
San Agustín	CIC 2518, 2520

CÓMO VIVIMOS ⟶ Los mandamientos ⟶ El amor al prójimo

CIC 2517

PALABRAS CLAVE

La siguiente parte del *Catecismo* utiliza estas palabras clave.
Véase el "Glosario" para su definición.

Palabras	Citadas en el *Catecismo*
Codicia	CIC 2514
Concupiscencia	CIC 2515

2514 San Juan distingue tres especies de codicia o concupiscencia: la concupiscencia de la carne, la concupiscencia de los ojos y la soberbia de la vida.[240] Siguiendo la tradición catequética católica, el noveno mandamiento prohíbe la concupiscencia de la carne; el décimo prohíbe la codicia del bien ajeno.

377; 400

2515 En sentido etimológico, la "concupiscencia" puede designar toda forma vehemente de deseo humano. La teología cristiana le ha dado el sentido particular de un movimiento del apetito sensible que contraría la obra de la razón humana. El apóstol san Pablo la identifica con la lucha que la "carne" sostiene contra el "espíritu".[241] Procede de la desobediencia del primer pecado.[242] Desordena las facultades morales del hombre y, sin ser una falta en sí misma, le inclina a cometer pecados.[243]

405

2516 En el hombre, porque es un ser *compuesto de espíritu y cuerpo,* existe cierta tensión, y se desarrolla una lucha de tendencias entre el "espíritu" y la "carne". Pero, en realidad, esta lucha pertenece a la herencia del pecado. Es una consecuencia de él, y, al mismo tiempo, confirma su existencia. Forma parte de la experiencia cotidiana del combate espiritual:

362

407

> Para el apóstol no se trata de discriminar o condenar el cuerpo, que con el alma espiritual constituye la naturaleza del hombre y su subjetividad personal, sino que trata de las obras —mejor dicho, de las disposiciones estables—, virtudes y vicios, moralmente *buenas o malas,* que son fruto de *sumisión* (en el primer caso) o bien de *resistencia* (en el segundo caso) a la *acción salvífica del Espíritu Santo.* Por ello el apóstol escribe: "si vivimos según el Espíritu, obremos también según el Espíritu" (Ga 5, 25).[244]

I. LA PURIFICACIÓN DEL CORAZÓN

2517 El corazón es la sede de la personalidad moral: "de dentro del corazón salen las intenciones malas, asesinatos, adulterios, fornicaciones" (*Mt* 15, 19). La lucha contra la concupiscencia de la carne pasa por la purificación del corazón:

368

1809

---

[240] Cf. *I Jn* 2, 16.
[241] Cf. *Ga* 5, 16.17.24; *Ef* 2, 3.
[242] Cf. *Gn* 3, 11.
[243] Cf. Concilio de Trento: DS, 1515.
[244] JUAN PABLO II, enc. Dominum et Vivificantem, 55.

> Mantente en la simplicidad, la inocencia y serás como los niños pequeños que ignoran el mal destructor de la vida de los hombres.²⁴⁵

2518 La sexta bienaventuranza proclama: "Bienaventurados los limpios de corazón porque ellos verán a Dios" (*Mt* 5, 8). Los "corazones limpios" designan a los que han ajustado su inteligencia y su voluntad a las exigencias de la santidad de Dios, principalmente en tres dominios: la caridad,²⁴⁶ la castidad o rectitud sexual,²⁴⁷ el amor de la verdad y la ortodoxia de la fe.²⁴⁸ Existe un vínculo entre la pureza del corazón, la del cuerpo y la de la fe:

> Los fieles deben creer los artículos del Símbolo "para que, creyendo, obedezcan a Dios; obedeciéndole, vivan bien; viviendo bien, purifiquen su corazón; y purificando su corazón, comprendan lo que creen."²⁴⁹

2519 A los "limpios de corazón" se les promete que verán a Dios cara a cara y que serán semejantes a Él²⁵⁰ La pureza de corazón es el preámbulo de la visión. Ya desde ahora esta pureza nos concede ver *según* Dios, recibir al otro como un "prójimo"; nos permite considerar el cuerpo humano, el nuestro y el del prójimo, como un templo del Espíritu Santo, una manifestación de la belleza divina.

II. EL COMBATE POR LA PUREZA

2520 El Bautismo confiere al que lo recibe la gracia de la purificación de todos los pecados. Pero el bautizado debe seguir luchando contra la concupiscencia de la carne y los apetitos desordenados. Con la gracia de Dios lo consigue

— mediante la *virtud y* el *don de la castidad,* pues la castidad permite amar con un corazón recto e indiviso;

— mediante la *pureza de intención,* que consiste en buscar el fin verdadero del hombre: con una mirada limpia el bautizado se afana por encontrar y realizar en todo la voluntad de Dios;²⁵¹

— mediante la *pureza de la mirada* exterior e interior; mediante la disciplina de los sentidos y la imaginación; mediante el rechazo de toda complacencia en los pensamientos impuros que inclinan a apartarse del camino de los mandamientos divinos: "la vista despierta la pasión de los insensatos" (*Sb* 15, 5);

— mediante la *oración*:

> Creía que la continencia dependía de mis propias fuerzas, las cuales no sentía en mí; siendo tan necio que no entendía lo que estaba escrito: que nadie puede ser continente, si tú no se lo das. Y cierto que tú me lo dieras, si con interior gemido llamase a tus oídos, y con fe sólida arrojase en ti mi cuidado.²⁵²

---

²⁴⁵ HERMAS, *Mandata pastoris,* 2, 1.
²⁴⁶ Cf. *Tm* 4, 3-9; *1 Tm* 2, 22.
²⁴⁷ Cf. *1 Ts* 4, 7; *Col* 3, 5; *Ef* 4, 19.
²⁴⁸ Cf. *Tt* 1, 15; *1 Tm* 1, 3-4; *2 Tm* 2, 23-26.
²⁴⁹ SAN AGUSTÍN, *De fide et symbolo,* 10, 25: PL 40, 196.
²⁵⁰ Cf. *1 Co* 3, 12; *1 Jn* 3, 2.
²⁵¹ Cf. *Rm* 12, 2; *Col* l, 10.
²⁵² SAN AGUSTÍN, *Confessiones,* 6, 11, 20.

CÓMO VIVIMOS ⟶ Los mandamientos ⟶ El amor al prójimo

CIC 2527

2521 La pureza exige el *pudor*. Este es parte integrante de la templanza. El pudor preserva la intimidad de la persona. Designa el rechazo a mostrar lo que debe permanecer velado. Está ordenado a la castidad, cuya delicadeza proclama. Ordena las miradas y los gestos en conformidad con la dignidad de las personas y con la relación que existe entre ellas.

2522 El pudor protege el misterio de las personas y de su amor. Invita a la paciencia y a la moderación en la relación amorosa; exige que se cumplan las condiciones del don y del compromiso definitivo del hombre y de la mujer entre sí. El pudor es modestia; inspira la elección de la vestimenta. Mantiene silencio o reserva donde se adivina el riesgo de una curiosidad malsana; se convierte en discreción.

2492

2523 Existe un pudor de los sentimientos como también un pudor del cuerpo. Este pudor rechaza, por ejemplo, los exhibicionismos del cuerpo humano propios de cierta publicidad o las incitaciones de algunos medios de comunicación a hacer pública toda confidencia íntima. El pudor inspira una manera de vivir que permite resistir a las solicitaciones de la moda y a la presión de las ideologías dominantes.

2354

2524 Las formas que reviste el pudor vanan de una cultura a otra. Sin embargo, en todas partes constituye la intuición de una dignidad espiritual propia al hombre. Nace con el despertar de la conciencia personal. Educar en el pudor a niños y adolescentes es despertar en ellos el respeto de la persona humana.

2525 La pureza cristiana exige una *purificación del clima social*. Obliga a los medios de comunicación social a una información cuidadosa del respeto y de la discreción. La pureza de corazón libera del erotismo difuso y aparta de los espectáculos que favorecen el exhibicionismo y los sueños indecorosos.

2344

2526 Lo que se llama *permisividad de las costumbres* se basa en una concepción errónea de la libertad humana; para llegar a su madurez, ésta necesita dejarse educar previamente por la ley moral. Conviene pedir a los responsables de la educación que impartan a la juventud una enseñanza respetuosa de la verdad, de las cualidades del corazón y de la dignidad moral y espiritual del hombre.

1740

2527 "La buena nueva de Cristo renueva continuamente la vida y la cultura del hombre caído; combate y elimina los errores y males que brotan de la seducción, siempre amenazadora, del pecado. Purifica y eleva sin cesar las costumbres de los pueblos. Con las riquezas de lo alto fecunda, consolida, completa y restaura en Cristo, como desde dentro, las bellezas y cualidades espirituales de cada pueblo o edad".[253]

1204

---

[253] Concilio Vaticano II, *Gaudium et spes*, 58, 4.

RESUMEN

2528 "Todo el que mira a una mujer deseándola, ya cometió adulterio con ella en su corazón" (*Mt* 5, 28).

2529 El noveno mandamiento pone en guardia contra el desorden o concupiscencia de la carne.

2530 La lucha contra la concupiscencia de la carne pasa por la purificación del corazón y por la práctica de la templanza.

2531 La pureza del corazón nos alcanzará el ver a Dios: nos da desde ahora la capacidad de ver según Dios todas las cosas.

2532 La purificación del corazón es imposible sin la oración, la práctica de la castidad y la pureza de intención y de mirada.

2533 La pureza del corazón requiere el pudor, que es paciencia, modestia y discreción. El pudor preserva la intimidad de la persona.

ARTÍCULO 10
EL DÉCIMO MANDAMIENTO

No codiciarás... nada que sea de tu prójimo (*Ex* 20, 17).

No desearás... su casa, su campo, su siervo o su sierva, su buey o su asno: nada que sea de tu prójimo (*Dt* 5, 21).

Donde esté tu tesoro, allí estará también tu corazón (*Mt* 6, 21).

FUENTES DE LA ESCRITURA Y DE LA IGLESIA

La siguiente parte del *Catecismo* utiliza estas fuentes de la Escritura y de la Iglesia. Véase el "Índice de citas" para una lista completa de referencias

Antiguo Testamento	Citadas en el *Catecismo*
Génesis	CIC 2538, 2541
Levítico	CIC 2550
1 Reyes	CIC 2538
2 Samuel	CIC 2538
Sabiduría	CIC 2534, 2538
Eclesiástico	CIC 2536
Miqueas	CIC 2534

CÓMO VIVIMOS → Los mandamientos → El amor al prójimo

CIC 2534

FUENTES DE LA ESCRITURA Y DE LA IGLESIA

(*continuación*)

Nuevo Testamento	Citadas en el *Catecismo*
Mateo	CIC 2546, 2547, 2551
Marcos	CIC 2544
Lucas	CIC 2544, 2546, 2547
Juan	CIC 2557
Romanos	CIC 2542, 2543
1 Corintios	CIC 2550
2 Corintios	CIC 2546
Gálatas	CIC 2543, 2555
1 Juan	CIC 2534
Apocalipsis	CIC 2550

Concilios ecuménicos	
Vaticano II (1962-1965)	CIC 2545

Documentos eclesiásticos	
Catecismo Romano	CIC 2536, 2537

Escritores eclesiásticos	
San Agustín	CIC 2539, 2547, 2550
San Gregorio de Nisa	CIC 2546, 2548
San Gregorio Magno	CIC 2539
San Juan Crisóstomo	CIC 2538, 2540

PALABRAS CLAVE

La siguiente parte del *Catecismo* utiliza estas palabras clave.
Véase el "Glosario" para su definición.

Palabras	Citadas en el *Catecismo*
Codicia	CIC 2534
Envidia	CIC 2539
Humildad	CIC 2546
Pobreza	CIC 2544-2546

2534 El décimo mandamiento desdobla y completa el noveno, que versa sobre la concupiscencia de la carne. Prohíbe la codicia del bien ajeno, raíz del robo, de la rapiña y del fraude, prohibidos por el séptimo mandamiento. La "concupiscencia de los ojos" (*1 Jn* 2, 16) lleva a la violencia y la injusticia prohibidas por el quinto precepto.[254] La codicia tiene su origen, como la fornicación, en la idolatría condenada en las tres primeras prescripciones de

2112

---

[254] Cf. *Mi* 2, 2.

la ley.²⁵⁵ El décimo mandamiento se refiere a la intención del corazón; resume, con el noveno, todos los preceptos de la Ley.

I. EL DESORDEN DE LA CONCUPISCENCIA

2535 El apetito sensible nos impulsa a desear las cosas agradables que no poseemos. Así, desear comer cuando se tiene hambre, o calentarse cuando se tiene frío. Estos deseos son buenos en sí mismos; pero con frecuencia no guardan la medida de la razón y nos empujan a codiciar injustamente lo que no es nuestro y pertenece, o es debido a otra persona.

2536 El décimo mandamiento prohíbe la *avaricia* y el deseo de una apropiación inmoderada de los bienes terrenos. Prohíbe el *deseo* desordenado nacido de la pasión inmoderada de las riquezas y de su poder. Prohíbe también el deseo de cometer una injusticia mediante la cual se dañaría al prójimo en sus bienes temporales:

> Cuando la Ley nos dice: "No codiciarás", nos dice, en otros términos, que apartemos nuestros deseos de todo lo que no nos pertenece. Porque la sed del bien del prójimo es inmensa, infinita y jamás saciada, como está escrito: "El ojo del avaro no se satisface con su suerte" (*Si* 14, 9).²⁵⁶

2537 No se quebranta este mandamiento deseando obtener cosas que pertenecen al prójimo siempre que sea por medios justos. La catequesis tradicional señala con realismo "quiénes son los que más deben luchar contra sus codicias pecaminosas" y a los que, por tanto, es preciso "exhortar más a observar este precepto":

> Los comerciantes, que desean la escasez o la carestía de las mercancías, que ven con tristeza que no son los únicos en comprar y vender, pues de lo contrario podrían vender más caro y comprar a precio más bajo; los que desean que sus semejantes estén en la miseria para lucrarse vendiéndoles o comprándoles... Los médicos, que desean tener enfermos; los abogados que anhelan causas y procesos importantes y numerosos. ²⁵⁷

2538 El décimo mandamiento exige que se destierre del corazón humano la *envidia*. Cuando el profeta Natán quiso estimular el arrepentimiento del rey David, le contó la historia del pobre que sólo poseía una oveja, a la que trataba como una hija, y del rico que, a pesar de sus numerosos rebaños, envidiaba al primero y acabó por robarle la oveja.²⁵⁸ La envidia puede conducir a las peores fechorías.²⁵⁹ La muerte entró en el mundo por la envidia del diablo.²⁶⁰

> Luchamos entre nosotros, y es la envidia la que nos arma unos contra otros... Si todos se afanan así por perturbar el Cuerpo de Cristo, ¿a dónde

---

²⁵⁵ Cf. *Sb* 14, 12.
²⁵⁶ *Catecismo Romano, 3, 37*.
²⁵⁷ *Ibid.*
²⁵⁸ Cf. *2 S* 2, 1-4.
²⁵⁹ Cf. *Gn* 4, 3-7; *1 R* 21, 1-29.
²⁶⁰ Cf. *Sb* 2, 24.

CÓMO VIVIMOS ⟶ Los mandamientos ⟶ El amor al prójimo

CIC 2543

llegaremos? Estamos debilitando el Cuerpo de Cristo... Nos declaramos miembros de un mismo organismo y nos devoramos como lo harían las fieras.[261]

2539 La envidia es un pecado capital. Manifiesta la tristeza experimentada ante el bien del prójimo y el deseo desordenado de poseerlo, aunque sea en forma indebida. Cuando desea al prójimo un mal grave es un pecado mortal:

1866

> San Agustín veía en la envidia el "pecado diabólico por excelencia".[262] "De la envidia nacen el odio, la maledicencia, la calumnia, la alegría causada por el mal del prójimo y la tristeza causada por su prosperidad".[263]

2540 La envidia representa una de las formas de la tristeza y, por tanto, un rechazo de la caridad; el bautizado debe luchar contra ella mediante la benevolencia. La envidia procede con frecuencia del orgullo; el bautizado ha de esforzarse por vivir en la humildad:

1829

> ¿Querríais ver a Dios glorificado por vosotros? Pues bien, alegraos del progreso de vuestro hermano y con ello Dios será glorificado por vosotros. Dios será alabado —se dirá— porque su siervo ha sabido vencer la envidia poniendo su alegría en los méritos de otros.[264]

II. LOS DESEOS DEL ESPÍRITU

2541 La economía de la Ley y de la Gracia aparta el corazón de los hombres de la codicia y de la envidia: lo inicia en el deseo del Supremo Bien; lo instruye en los deseos del Espíritu Santo, que sacia el corazón del hombre.

1718
2764

El Dios de las promesas puso desde el comienzo al hombre en guardia contra la seducción de lo que, desde entonces, aparece como "bueno para comer, apetecible a la vista y excelente para lograr sabiduría" (*Gn* 3, 6).

397

2542 La Ley confiada a Israel nunca fue suficiente para justificar a los que le estaban sometidos; incluso vino a ser instrumento de la "concupiscencia".[265] La inadecuación entre el querer y el hacer[266] manifiesta el conflicto entre la "ley de Dios", que es la "ley de la razón", y la otra ley que "me esclaviza a la ley del pecado que está en mis miembros" (*Rm* 7, 23).

1963

2543 "Pero ahora, independientemente de la ley, la justicia de Dios se ha manifestado, atestiguada por la ley y los profetas, justicia de Dios por la fe en Jesucristo, para todos los que creen" (*Rm* 3, 21-22). Por eso, los fieles de Cristo

1992

---

[261] SAN JUAN CRISÓSTOMO, *Homiliae in secundam ad Corinthios*, 28, 3-4: PG 61, 594-595.
[262] SAN AGUSTÍN, *De catechimndis rudibus*, 4, 8.
[263] SAN GREGORIO MAGNO, *Moraba in Job*, 31, 45: PL 76, 621.
[264] SAN JUAN CRISÓSTOMO, *Homilía in ad Romanos*, 7, 3: PG 60, 445.
[265] Cf. *Rm* 7, 7.
[266] Cf. *Rm* 1, 15.

"han crucificado la carne con sus pasiones y sus apetencias" (*Ga* 5, 24); "son guiados por el Espíritu" (*Rm* 8, 14) y siguen los deseos del Espíritu.[267]

III. LA POBREZA DE CORAZÓN

2544 Jesús exhorta a sus discípulos a preferirle a Él respecto a todo y a todos y les propone "renunciar a todos sus bienes" (*Lc* 14, 33) por Él y por el Evangelio.[268] Poco antes de su pasión les mostró como ejemplo la pobre viuda de Jerusalén que, de su indigencia, dio todo lo que tenía para vivir.[269] El precepto del desprendimiento de las riquezas es obligatorio para entrar en el Reino de los cielos.

2545 "Todos los cristianos… han de intentar orientar rectamente sus deseos para que el uso de las cosas de este mundo y el apego a las riquezas no les impidan, en contra del espíritu de pobreza evangélica, buscar el amor perfecto".[270]

2546 "Bienaventurados los pobres en el espíritu" (*Mt* 5, 3). Las bienaventuranzas revelan un orden de felicidad y de gracia, de belleza y de paz. Jesús celebra la alegría de los pobres, a quienes pertenece ya el Reino:[271]

> El Verbo llama "pobreza en el Espíritu" a la humildad voluntaria de un espíritu humano y su renuncia; el apóstol nos da como ejemplo la pobreza de Dios cuando dice: "Se hizo pobre por nosotros" (*2 Co* 8, 9).[272]

2547 El Señor se lamenta de los ricos porque encuentran su consuelo en la abundancia de bienes.[273] "El orgulloso busca el poder terreno, mientras el pobre en espíritu busca el Reino de los cielos".[274] El abandono en la providencia del Padre del cielo libera de la inquietud por el mañana.[275] La confianza en Dios dispone a la bienaventuranza de los pobres: ellos verán a Dios.

IV. "QUIERO VER A DIOS"

2548 El deseo de la felicidad verdadera aparta al hombre del apego desordenado a los bienes de este mundo, y tendrá su plenitud en la visión y la bienaventuranza de Dios. "La promesa de ver a Dios supera toda felicidad. En la Escritura, ver es poseer. El que ve a Dios obtiene todos los bienes que se pueden concebir".[276]

2549 Corresponde, por tanto, al pueblo santo luchar, con la gracia de lo alto, para obtener los bienes que Dios promete. Para poseer y contemplar a

---

[267] Cf. *Rm* 8, 27.
[268] Cf. *Mc* 8, 35.
[269] Cf. *Lc* 21, 4.
[270] Concilio Vaticano II, *Lumen gentium*, 42.
[271] Cf. *Lc* 6, 20.
[272] SAN GREGORIO DE NISA, *Orationes de beatitudinibus*, 1: PG 44, 1200D.
[273] Cf. *Lc* 6, 24.
[274] SAN AGUSTÍN, *De Sermone Domini in monte*, 1, 1, 3: PL 34, 1232.
[275] Cf. *Mt* 6, 25-34.
[276] SAN GREGORIO DE NISA, *Orationes de beatitudinibus*, 6: PG 44, 1265A.

CÓMO VIVIMOS ⟶ Los mandamientos ⟶ El amor al prójimo

Dios, los fieles cristianos mortifican sus concupiscencias y, con la ayuda de Dios, vencen las seducciones del placer y del poder.

2550 En este camino hacia la perfección, el Espíritu y la Esposa llaman a quien les escucha[277] a la comunión perfecta con Dios:

> Allí se dará la gloria verdadera; nadie será alabado allí por error o por adulación; los verdaderos honores no serán ni negados a quienes los merecen ni concedidos a los indignos; por otra parte, allí nadie indigno pretenderá honores, pues allí sólo serán admitidos los dignos. Allí reinará la verdadera paz, donde nadie experimentará oposición ni de sí mismo ni de otros. La recompensa de la virtud será Dios mismo, que ha dado la virtud y se prometió a ella como la recompensa mejor y más grande que puede existir: "Yo seré su Dios, y ellos serán mi pueblo" (*Lv* 26, 12)... Este es también el sentido de las palabras del apóstol: "para que Dios sea todo en todos" (*1 Co* 15, 28). El será el fin de nuestros deseos, a quien contemplaremos sin fin, amaremos sin saciedad, alabaremos sin cansancio. Y este don, este amor, esta ocupación serán ciertamente, como la vida eterna, comunes a todos.[278]

RESUMEN

2551 "Donde está tu tesoro allí estará tu corazón" (*Mt* 6, 21).

2552 El décimo mandamiento prohíbe el deseo desordenado, nacido de la pasión inmoderada de las riquezas y del poder.

2553 La envidia es la tristeza que se experimenta ante el bien del prójimo y el deseo desordenado de apropiárselo. Es un pecado capital.

2554 El bautizado combate la envidia mediante la benevolencia, la humildad y el abandono en la providencia de Dios.

2555 Los fieles cristianos "han crucificado la carne con sus pasiones y sus concupiscencias" (*Ga* 5, 24); son guiados por el Espíritu y siguen los deseos del Espíritu.

2556 El desprendimiento de las riquezas es necesario para entrar en el Reino de los cielos. "Bienaventurados los pobres de corazón".

2557 El hombre que anhela dice: "Quiero ver a Dios". La sed de Dios es saciada por el agua de la vida eterna.[279]

---

[277] Cf. *Ap* 11, 17.
[278] SAN AGUSTÍN, *De civitate Dei*, 22, 30.
[279] Cf. *Jn* 4, 14.

CUARTA PARTE

La oración cristiana

Cómo oramos

Cómo oramos

CUARTA PARTE: LA ORACIÓN CRISTIANA

LA ORACIÓN

Primera sección: la oración en la vida cristiana

Escritura	Tradición	Vida de oración
Capítulo primero: la revelación de la oración	*Capítulo segundo: la tradición de la oración*	*Capítulo tercero: la vida de oración*
En el Antiguo Testamento (Artículo 1)	Las fuentes de la oración (Artículo 1)	Las expresiones de la oración (Artículo 1)
En la plenitud de los tiempos (Artículo 2)	El camino de la oración (Artículo 2)	El combate de la oración (Artículo 2)
En el tiempo de la Iglesia (Artículo 3)	Maestros y lugares de oración (Artículo 3)	La oración de la hora de Jesús (Artículo 3)
CIC 2558-2649	CIC 2650-2696	CIC 2697-2758

CÓMO ORAMOS ⟶ La oración ⟶ La Escritura

PRIMERA SECCIÓN LA ORACIÓN EN LA VIDA CRISTIANA

FUENTES DE LA ESCRITURA Y DE LA IGLESIA

La siguiente parte del *Catecismo* utiliza estas fuentes de la Escritura y de la Iglesia. Véase el "Índice de citas" para una lista completa de referencias

Antiguo Testamento	Citadas en el Catecismo
Génesis	CIC 2568-2573
Éxodo	CIC 2575-2577, 2583
Números	CIC 2576, 2577
1 Samuel	CIC 2578
2 Samuel	CIC 2579
1 Reyes	CIC 2580, 2582
Ezra	CIC 2585
Nehemías	CIC 2585
Tobías	CIC 2585
Judith	CIC 2585
Salmos	CIC 2559, 2566, 2577, 2582
Isaías	CIC 2561, 2584
Jeremías	CIC 2561, 2584
Amós	CIC 2584
Jonás	CIC 2585
Zacarías	CIC 2561

Nuevo Testamento	
Lucas	CIC 2559, 2571, 2573, 2583
Juan	CIC 2560, 2561
Hechos de los Apóstoles	CIC 2566
Romanos	CIC 2559, 2565, 2572
2 Corintios	CIC 2583
Efesios	CIC 2565
1 Timoteo	CIC 2574
Hebreos	CIC 2568, 2572
Santiago	CIC 2582

Concilios ecuménicos	
Vaticano II (1962-1965)	CIC 2587

CIC 2558 — Cuarta parte: La oración cristiana

FUENTES DE LA ESCRITURA Y DE LA IGLESIA

(continuación)

Liturgia
Liturgia de las Horas	CIC 2586

Escritores eclesiásticos
San Ambrosio	CIC 2589
San Agustín	CIC 2559, 2560
San Gregorio Nacianceno	CIC 2565
San Juan Damasceno	CIC 2559, 2590
Santa Teresa (del Niño Jesús) de Lisieux	CIC 2558

PALABRAS CLAVE

La siguiente parte del *Catecismo* utiliza estas palabras clave. Véase el "Glosario" para su definición.

Palabras	Citadas en el *Catecismo*
Abraham	CIC 2570
Humildad	CIC 2559
Oración	CIC 2559-2565
Profeta	CIC 2581
Salmos	CIC 2585
Salterio	CIC 2587
Templo	CIC 2580

2558 "Este es el Misterio de la fe". La Iglesia lo profesa en el Símbolo de los Apóstoles (*Primera parte*) y lo celebra en la Liturgia sacramental (*Segunda parte*), para que la vida de los fieles se conforme con Cristo en el Espíritu Santo para gloria de Dios Padre (*Tercera parte*). Por tanto, este Misterio exige que los fieles crean en él, lo celebren y vivan de él en una relación viviente y personal con Dios vivo y verdadero. Esta relación es la oración.

¿QUÉ ES LA ORACIÓN?

Para mí, la *oración* es un impulso del corazón, una sencilla mirada lanzada hacia el cielo, un grito de agradecimiento y de amor tanto desde dentro de la prueba como desde dentro de la alegría.[1]

---

[1] SANTA TERESA DEL NIÑO JESÚS, *Manuscrits autobiographiques,* C 25r.

CÓMO ORAMOS ⟶ La oración ⟶ La Escritura

La oración como don de Dios

2559 "La oración es la elevación del alma a Dios o la petición a Dios de bienes convenientes".[2] ¿Desde dónde hablamos cuando oramos? ¿Desde la altura de nuestro orgullo y de nuestra propia voluntad, o desde "lo más profundo" (*Sal* 130, 14) de un corazón humilde y contrito? El que se humilla es ensalzado.[3] La *humildad* es la base de la oración. "Nosotros no sabemos pedir como conviene" (*Rm* 8, 26). La humildad es una disposición necesaria para recibir gratuitamente el don de la oración: el hombre es un mendigo de Dios.[4]

2613
2736

2560 "Si conocieras el don de Dios" (*Jn* 4, 10). La maravilla de la oración se revela precisamente allí, junto al pozo donde vamos a buscar nuestra agua: allí Cristo va al encuentro de todo ser humano, es el primero en buscarnos y el que nos pide de beber. Jesús tiene sed, su petición llega desde las profundidades de Dios que nos desea. La oración, sepámoslo o no, es el encuentro de la sed de Dios y de la sed del hombre. Dios tiene sed de que el hombre tenga sed de Él.[5]

2561 "Tú le habrías rogado a él, y él te habría dado agua viva" (*Jn* 4, 10). Nuestra oración de petición es paradójicamente una respuesta. Respuesta a la queja del Dios vivo: "A mí me dejaron, Manantial de aguas vivas, para hacerse cisternas, cisternas agrietadas" (*Jr* 2, 13), respuesta de fe a la promesa gratuita de salvación,[6] respuesta de amor a la sed del Hijo único.[7]

La oración como Alianza

2562 ¿De dónde viene la oración del hombre? Cualquiera que sea el lenguaje de la oración (gestos y palabras), el que ora es todo el hombre. Sin embargo, para designar el lugar de donde brota la oración, las Sagradas Escrituras hablan a veces del alma o del espíritu, y con más frecuencia del corazón (más de mil veces). Es el *corazón* el que ora. Si éste está alejado de Dios, la expresión de la oración es vana.

2563 El corazón es la morada donde yo estoy, o donde yo habito (según la expresión semítica o bíblica: donde yo "me adentro"). Es nuestro centro escondido, inaprensible, ni por nuestra razón ni por la de nadie; sólo el Espíritu de Dios puede sondearlo y conocerlo. Es el lugar de la decisión, en lo más profundo de nuestras tendencias psíquicas. Es el lugar de la verdad, allí donde elegimos entre la vida y la muerte. Es el lugar del encuentro, ya que a imagen de Dios, vivimos en relación: es el lugar de la Alianza.

368

2699
1696

---

[2] SAN JUAN DAMASCENO, *De fide orthodoxa*, 3, 24: PG 94, 1089D.
[3] Cf. *Lc* 18, 9-14.
[4] Cf. SAN AGUSTÍN, *Sermones*, 56, 6, 9: PL 38, 381.
[5] Cf. SAN AGUSTÍN, De diversis quaestionibus octoginta tribus, 64, 4: PL 40, 56.
[6] Cf. *Jn* 7, 37-39; *Is* 12, 3; 51, 1.
[7] Cf. *Jn* 19, 28; *Za* 12, 10; 13, 1.

2564 La oración cristiana es una relación de Alianza entre Dios y el hombre en Cristo. Es acción de Dios y del hombre; brota del Espíritu Santo y de nosotros, dirigida por completo al Padre, en unión con la voluntad humana del Hijo de Dios hecho hombre.

La oración como Comunión

2565 En la nueva Alianza, la oración es la relación viva de los hijos de Dios con su Padre infinitamente bueno, con su Hijo Jesucristo y con el Espíritu Santo. La gracia del Reino es "la unión de la Santísima Trinidad toda entera con el espíritu todo entero".[8] Así, la vida de oración es estar habitualmente en presencia de Dios, tres veces Santo, y en comunión con Él. Esta comunión de vida es posible siempre porque, mediante el Bautismo, nos hemos convertido en un mismo ser con Cristo.[9] La oración es *cristiana* en tanto en cuanto es comunión con Cristo y se extiende por la Iglesia que es su Cuerpo. Sus dimensiones son las del Amor de Cristo.[10]

---

[8] SAN GREGORIO NACÍANCENO, *Orationes*, 16, 9: PG 35, 954C.
[9] Cf. *Rm* 6, 5.
[10] Cf. *Ef* 3, 18-21.

CÓMO ORAMOS ⟶ La oración ⟶ La Escritura

Capítulo primero
La revelación de la oración

LA LLAMADA UNIVERSAL A LA ORACIÓN

2566 *El hombre en busca de* Dios. Por la creación Dios llama a todo ser desde la nada a la existencia. "Coronado de gloria y esplendor" (*Sal* 8, 6), el hombre es, después de los ángeles, capaz de reconocer "¡qué glorioso es el Nombre del Señor por toda la tierra!" (*Sal* 8, 2). Incluso después de haber perdido, por su pecado, su semejanza con Dios, el hombre sigue siendo imagen de su Creador. Conserva el deseo de Aquel que le llama a la existencia. Todas *las* religiones dan testimonio de esta búsqueda esencial de los hombres.[1]

2567 *Dios es quien primero llama al hombre.* Olvide el hombre a su Creador o se esconda lejos de su Faz, corra detrás de sus ídolos o acuse a la divinidad de haberlo abandonado, el Dios vivo y verdadero llama incansablemente a cada persona al encuentro misterioso de la oración. Esta iniciativa de amor del Dios fiel es siempre lo primero en la oración, la actitud del hombre es siempre una respuesta. A medida que Dios se revela, y revela al hombre a sí mismo, la oración aparece como un llamamiento recíproco, un hondo acontecimiento de Alianza. A través de palabras y de acciones, tiene lugar un trance que compromete el corazón humano. Este se revela a través de toda la historia de la salvación.

ARTÍCULO 1
EN EL ANTIGUO TESTAMENTO

2568 La revelación de la oración en el Antiguo Testamento se encuadra entre la caída y la elevación del hombre, entre la llamada dolorosa de Dios a sus primeros hijos: "¿Dónde estás?... ¿Por qué lo has hecho?" (*Gn* 3, 9.13) y la respuesta del Hijo único al entrar en el mundo: "He aquí que vengo... a hacer, oh Dios, tu voluntad" (*Hb* 10, 5-7). De este modo, la oración está unida a la historia de los hombres; es la relación a Dios en los acontecimientos de la historia humana.

La creación, fuente de la oración

2569 La oración se vive primeramente a partir de las realidades de la *creación*. Los nueve primeros capítulos del Génesis describen esta relación con Dios como ofrenda por Abel de los primogénitos de su rebaño,[2] como invocación del nombre divino por Enós,[3] como "marcha con Dios".[4] La

---

[1] Cf. *Hch* 17, 27.
[2] Cf. *Gn* 4, 4.
[3] Cf. *Gn* 4, 26.
[4] Cf. *Gn* 5, 24.

ofrenda de Noé es "agradable" a Dios que le bendice y, a través de él, bendice a toda la creación,[5] porque su corazón es justo e íntegro; él también "marcha con Dios".[6] Esta cualidad de la oración es vivida, en todas las religiones, por una muchedumbre de hombres piadosos.

En su alianza indefectible con todos los seres vivientes,[7] Dios llama siempre a los hombres a orar. Pero, en el Antiguo Testamento, la oración se revela sobre todo a partir de nuestro padre Abraham.

La Promesa y la oración de la fe

2570 Cuando Dios lo llama, Abraham se pone en camino "como se lo había dicho el Señor" (*Gn* 12, 4): todo su corazón se somete a la Palabra y obedece. La obediencia del corazón a Dios que llama es esencial a la oración, las palabras tienen un valor relativo. Por eso, la oración de Abraham se expresa primeramente con hechos: hombre de silencio, en cada etapa construye un altar al Señor. Solamente más tarde aparece su primera oración con palabras: una queja velada recordando a Dios sus promesas que no parecen cumplirse.[8] De este modo surge desde el principio uno de los aspectos de la tensión dramática de la oración: la prueba de la fe en Dios que es fiel.

2571 Habiendo creído en Dios,[9] marchando en su presencia y en alianza con él,[10] el patriarca está dispuesto a acoger en su tienda al Huésped misterioso: es la admirable hospitalidad de Mambré, preludio a la anunciación del verdadero Hijo de la promesa.[11] Desde entonces, habiéndole confiado Dios su plan, el corazón de Abraham está en consonancia con la compasión de su Señor hacia los hombres y se atreve a interceder por ellos con una audaz confianza.[12]

2572 Como última purificación de su fe, se le pide al "que había recibido las promesas" (*Hb* 11, 17) que sacrifique al hijo que Dios le ha dado. Su fe no vacila: "Dios proveerá el cordero para el holocausto" (*Gn* 22, 8), "pensaba que poderoso era Dios aun para resucitar a los muertos" (*Hb* 11, 19). Así, el padre de los creyentes se hace semejante al Padre que no perdonará a su propio Hijo, sino que lo entregará por todos nosotros.[13] La oración restablece al hombre en la semejanza con Dios y le hace participar en la potencia del amor de Dios que salva a la multitud.[14]

2573 Dios renueva su promesa a Jacob, origen de las doce tribus de Israel.[15] Antes de enfrentarse con su hermano Esaú, lucha una noche entera con "alguien" misterioso que rehúsa revelar su nombre, pero que le bendice antes de dejarle, al alba. La tradición espiritual de la Iglesia ha tomado de este

---

[5] Cf. *Gn* 8, 20-9, 17.
[6] Cf. *Gn* 6, 9.
[7] Cf. *Gn* 9, 8-16.
[8] Cf. *Gn* 15, 2-3.
[9] Cf. *Gn* 15, 6.
[10] Cf. *Gn* 17, 1-2

[11] . Cf. *Gn* 18, 1-15; *Lc* 1, 26-38.
[12] Cf. Gn 18, 16-33.
[13] Cf. *Rm* 8, 32.
[14] Cf. *Rm* 4, 16-21.
[15] Cf. *Gn* 28, 10-22.

CÓMO ORAMOS → La oración → La Escritura

relato el símbolo de la oración como un combate de la fe y una victoria de la perseverancia.[16]

Moisés y la oración del mediador

2574 Cuando comienza a realizarse la promesa (Pascua, Éxodo, entrega de la Ley y conclusión de la Alianza), la oración de Moisés es la figura cautivadora de la oración de intercesión que tiene su cumplimiento en "el único Mediador entre Dios y los hombres, Cristo-Jesús" (*1 Tm* 2, 5).

2575 También aquí Dios es el primero en intervenir. Llama a Moisés desde la Zarza ardiente.[17] Este acontecimiento quedará como una de las figuras principales de la oración en la tradición espiritual judía y cristiana. En efecto, si "el Dios de Abraham, de Isaac y de Jacob" llama a su servidor Moisés es que él es el Dios vivo que quiere la vida de los hombres. Él se revela para salvarlos, pero no lo hace solo ni contra la voluntad de los hombres: llama a Moisés para enviarlo, para asociarlo a su compasión, a su obra de salvación. Hay como una imploración divina en esta misión, y Moisés, después de debatirse, acomodará su voluntad a la de Dios salvador. Pero en este diálogo en el que Dios se confía, Moisés aprende también a orar: rehúye, objeta y sobre todo interroga; en respuesta a su petición, el Señor le confía su Nombre inefable que se revelará en sus grandes gestas.

2576 Pues bien, "Dios hablaba con Moisés cara a cara, como habla un hombre con su amigo" (*Ex* 33, 11). La oración de Moisés es típica de la oración contemplativa gracias a la cual el servidor de Dios es fiel a su misión. Moisés "conversa" con Dios frecuentemente y durante largo rato, subiendo a la montaña para escucharle e implorarle, bajando hacia el pueblo para transmitirle las palabras de su Dios y guiarlo. "Él es de toda confianza en mi casa; boca a boca hablo con él, abiertamente" (*Nm* 12, 7-8), porque "Moisés era un hombre humilde más que hombre alguno sobre la haz de la tierra" (*Nm* 12, 3).

2577 De esta intimidad con el Dios fiel, lento a la ira y rico en amor,[18] Moisés ha sacado la fuerza y la tenacidad de su intercesión. No pide por él, sino por el pueblo que Dios ha reunido. Moisés intercede ya durante el combate con los amalecitas[19] o para obtener la curación de Myriam.[20] Pero es sobre todo después de la apostasía del pueblo cuando "se mantiene en la brecha" ante Dios (*Sal* 106, 23) para salvar al pueblo.[21] Los argumentos de su oración (la intercesión es también un combate misterioso) inspirarán la audacia de los grandes orantes tanto del pueblo judío como de la Iglesia. Dios es amor, por tanto es justo y fiel; no puede contradecirse, debe acordarse de sus acciones maravillosas, su Gloria está en juego, no puede abandonar al pueblo que lleva su Nombre.

---

[16] Cf. *Gn* 32, 25-31; *Lc* 18, 1-8.
[17] Cf. *Ex* 3, 1-10.
[18] Cf. *Ex* 34, 6.
[19] Cf. *Ex* 17, 8-13.
[20] Cf. *Nm* 12, 13-14.
[21] Cf. *Ex* 32, 1-34, 9.

David y la oración del rey

2578 La oración del pueblo de Dios se desarrolla a la sombra de la Morada de Dios, el Arca de la Alianza y más tarde el Templo. Los guías del pueblo —pastores y profetas— son los primeros que le enseñan a orar. El niño Samuel aprendió de su madre Ana cómo "estar ante el Señor"[22] y del sacerdote Elí cómo escuchar su Palabra: "Habla, Señor, que tu siervo escucha" (*1 S* 3, 9-10). Más tarde, también él conocerá el precio y la carga de la intercesión: "Por mi parte, lejos de mí pecar contra el Señor dejando de suplicar por vosotros y de enseñaros el camino bueno y recto" (*1 S* 12, 23).

2579 David es, por excelencia, el rey "según el corazón de Dios", el pastor que ruega por su pueblo y en su nombre, aquel cuya sumisión a la voluntad de Dios, cuya alabanza y arrepentimiento serán modelo de la oración del pueblo. Ungido de Dios, su oración es adhesión fiel a la promesa divina,[23] confianza cordial y gozosa en aquel que es el único Rey y Señor. En los Salmos, David, inspirado por el Espíritu Santo, es el primer profeta de la oración judía y cristiana. La oración de Cristo, verdadero Mesías e hijo de David, revelará y llevará a su plenitud el sentido de esta oración.

2580 El Templo de Jerusalén, la casa de oración que David quería construir, será la obra de su hijo, Salomón. La oración de la Dedicación del Templo[24] se apoya en la Promesa de Dios y su Alianza, la presencia activa de su Nombre entre su Pueblo y el recuerdo de los grandes hechos del Éxodo. El rey eleva entonces las manos al cielo y ruega al Señor por él, por todo el pueblo, por las generaciones futuras, por el perdón de sus pecados y sus necesidades diarias, para que todas las naciones sepan que Dios es el único Dios y que el corazón de su pueblo le pertenece por entero a Él.

Elías, los profetas y la conversión del corazón

2581 Para el pueblo de Dios, el Templo debía ser el lugar donde aprender a orar: las peregrinaciones, las fiestas, los sacrificios, la ofrenda de la tarde, el incienso, los panes de "la proposición", todos estos signos de la Santidad y de la Gloria de Dios, Altísimo pero muy cercano, eran llamamientos y caminos para la oración. Sin embargo, el ritualismo arrastraba al pueblo con frecuencia hacia un culto demasiado exterior. Era necesaria la educación de la fe, la conversión del corazón. Esta fue la misión de los profetas, antes y después del destierro.

2582 Elías es el padre de los profetas, de "la raza de los que buscan a Dios, los que van tras su rostro".[25] Su nombre, "el Señor es mi Dios", anuncia el grito del pueblo en respuesta a su oración sobre el monte Carmelo.[26] Santiago nos remite a él para incitarnos a orar: "La oración ferviente del justo tiene mucho poder" (*St* 5, 16b-18).

---

[22] Cf. *1 S* 1, 9-18.
[23] Cf. *2 S* 7, 18-29.
[24] Cf. *1 R* 8, 10-61.
[25] Cf. *Sal* 24, 6.
[26] Cf. *1 R* 18, 39.

CÓMO ORAMOS ⟶ La oración ⟶ La Escritura

2583 Después de haber aprendido la misericordia en su retiro en el torrente de Kérit, Elías enseña a la viuda de Sarepta la fe en la palabra de Dios, fe que confirma con su oración insistente: Dios devuelve la vida al hijo de la viuda.[27]

En el sacrificio sobre el monte Carmelo, prueba decisiva para la fe del pueblo de Dios, el fuego del Señor es la respuesta a su súplica de que se consume el holocausto "a la hora de la ofrenda de la tarde": "¡Respóndeme, Señor, respóndeme!" son palabras de Elías que las liturgias orientales recogen en la epíclesis eucarística.[28]

Finalmente, volviendo a andar el camino del desierto hacia el lugar donde el Dios vivo y verdadero se reveló a su pueblo, Elías se recoge como Moisés "en la hendidura de la roca" hasta que "pasa" la presencia misteriosa de Dios.[29] Pero solamente en el monte de la Transfiguración se dará a conocer Aquél cuyo Rostro buscan:[30] el conocimiento de la Gloria de Dios está en el rostro de Cristo crucificado y resucitado.[31]

2584 En el "cara a cara" con Dios, los profetas extraen luz y fuerza para su misión. Su oración no es una huida del mundo infiel, sino una escucha de la palabra de Dios, es, a veces, un debatirse o una queja, y siempre, una intercesión que espera y prepara la intervención del Dios salvador, Señor de la historia.[32]

Los Salmos, oración de la Asamblea

2585 Desde David hasta la venida del Mesías, las Sagradas Escrituras contienen textos de oración que atestiguan el sentido profundo de la oración para sí mismo y para los demás.[33] Los salmos fueron reunidos poco a poco en un conjunto de cinco libros: los Salmos (o "alabanzas") son la obra maestra de la oración en el Antiguo Testamento.

2586 Los Salmos alimentan y expresan la oración del pueblo de Dios como Asamblea, con ocasión de las grandes fiestas en Jerusalén y los sábados en las sinagogas. Esta oración es indisociablemente individual y comunitaria; concierne a los que oran y a todos los hombres; brota de la Tierra santa y de las comunidades de la Diáspora, pero abarca a toda la creación; recuerda los acontecimientos salvadores del pasado y se extiende hasta la consumación de la historia; hace memoria de las promesas de Dios ya realizadas y espera al Mesías que les dará cumplimiento definitivo. Los Salmos, usados por Cristo en su oración y que en Él encuentran su cumplimiento, continúan siendo esenciales en la oración de su Iglesia.[34]

---

[27] Cf. *1 R* 17, 7-24.
[28] Cf. *1 R* 18, 20-39.
[29] Cf. *1 R* 19, 1-14; *Ex* 33, 19-23.
[30] Cf. *Lc* 9, 28-36.
[31] Cf. *2 Co* 4, 6.
[32] Cf. *Am* 7, 2.5; *Is* 6, 5.8.11; *Jr* 1, 6; 15, 15-18; 20, 7-18.
[33] Cf. *Esd* 9, 6-15; *Ne* 1, 4-11; *Jon* 2, 3-10; *Tb* 3, 11-16; *Jdt* 9, 2-14.
[34] Cf. *Liturgia de las Horas, Introducción general*, 100-109.

2587 El Salterio es el libro en el que la Palabra de Dios se convierte en oración del hombre. En los demás libros del Antiguo Testamento "las palabras proclaman las obras" (de Dios por los hombres) "y explican su misterio".[35] En el Salterio, las palabras del salmista expresan, proclamándolas ante Dios, las obras divinas de salvación. Él mismo Espíritu inspira la obra de Dios y la respuesta del hombre. Cristo unirá ambas. En Él, los salmos no cesan de enseñarnos a orar.

2588 Las múltiples expresiones de oración de los Salmos se hacen realidad viva tanto en la liturgia del templo como en el corazón del hombre. Tanto si se trata de un himno como de una oración de desamparo o de acción de gracias, de súplica individual o comunitaria, de canto real o de peregrinación o de meditación sapiencial, los salmos son el espejo de las maravillas de Dios en la historia de su pueblo y en las situaciones humanas vividas por el salmista. Un salmo puede reflejar un acontecimiento pasado, pero es de una sobriedad tal que verdaderamente pueden orar con él los hombres de toda condición y de todo tiempo.

2589 Hay unos rasgos constantes en los Salmos: la simplicidad y la espontaneidad de la oración, el deseo de Dios mismo a través de su creación, y con todo lo que hay de bueno en ella, la situación incómoda del creyente que, en su amor preferente por el Señor, se enfrenta con una multitud de enemigos y de tentaciones; y que, en la espera de lo que hará el Dios fiel, mantiene la certeza del amor de Dios, y la entrega a la voluntad divina. La oración de los salmos está siempre orientada a la alabanza; por lo cual, corresponde bien al conjunto de los salmos el título de "Las Alabanzas". Recopilados los salmos en función del culto de la Asamblea, son invitación a la oración y respuesta a la misma: "Hallelu-Ya!" (Aleluya), "¡Alabad al Señor!"

> ¿Qué hay mejor que un salmo? Por eso, David dice muy bien: "¡Alabad al Señor, porque es bueno salmodiar: a nuestro Dios alabanza dulce y bella!". Y es verdad. Porque el salmo es bendición pronunciada por el pueblo, alabanza de Dios por la Asamblea, aclamación de todos, palabra dicha por el universo, voz de la Iglesia, melodiosa profesión de fe.[36]

RESUMEN

2590 "La oración es la elevación del alma hacia Dios o la petición a Dios de bienes convenientes".[37]

---

[35] Concilio Vaticano II, *Dei Verbum*, 2.
[36] SAN AMBROSIO, *Enarrationes in psalmos*, 1, 9: PL 14, 924.
[37] SAN JUAN DAMASCENO, *De fide orthodoxa*, 3, 24: PG 94, 1089D.

CÓMO ORAMOS ⟶ La oración ⟶ La Escritura

2591 Dios llama incansablemente a cada persona al encuentro misterioso con Él. La oración acompaña a toda la historia de la salvación como una llamada recíproca entre Dios y el hombre.

2592 La oración de Abraham y de Jacob aparece como una lucha de fe vivida en la confianza a la fidelidad de Dios, y en la certeza de la victoria prometida a quienes perseveran.

2593 La oración de Moisés responde a la iniciativa del Dios vivo para la salvación de su pueblo. Prefigura la oración de intercesión del único mediador, Cristo Jesús.

2594 La oración del pueblo de Dios se desarrolla a la sombra de la Morada de Dios, del Arca de la Alianza y del Templo, bajo la guía de los pastores, especialmente del rey David, y de los profetas.

2595 Los profetas llaman a la conversión del corazón y, al buscar ardientemente el rostro de Dios, como hizo Elías, interceden por el pueblo.

2596 Los salmos constituyen la obra maestra de la oración en el Antiguo Testamento. Presentan dos componentes inseparables: individual y comunitario. Y cuando conmemoran las promesas de Dios ya cumplidas y esperan la venida del Mesías, abarcan todas las dimensiones de la historia.

2597 Rezándolos en referencia a Cristo y viendo su cumplimiento en Él, los Salmos son elemento esencial y permanente de la oración de su Iglesia. Se adaptan a los hombres de toda condición y de todo tiempo.

ARTÍCULO 2
EN LA PLENITUD DE LOS TIEMPOS

FUENTES DE LA ESCRITURA Y DE LA IGLESIA

La siguiente parte del *Catecismo* utiliza estas fuentes de la Escritura y de la Iglesia. Véase el "Índice de citas" para una lista completa de referencias

Antiguo Testamento	**Citadas en el *Catecismo***
Salmos	CIC 2605, 2606
Nuevo Testamento	
Mateo	CIC 2603, 2604, 2608-2611, 2616
Marcos	CIC 2602, 2605, 2610, 2612, 2616

FUENTES DE LA ESCRITURA Y DE LA IGLESIA

(continuación)

Nuevo Testamento	Citadas en el *Catecismo*
Lucas	CIC 2599-2603, 2605, 2611-2613, 2616, 2619
Juan	CIC 2604, 2605, 2611, 2614, 2615, 2618
Hechos de los Apóstoles	CIC 2606, 2617
Efesios	CIC 2603
Hebreos	CIC 2602, 2606
Liturgia	
Liturgia de las Horas	CIC 2616
Escritores eclesiásticos	
San Agustín	CIC 2616

2598 El drama de la oración se nos revela plenamente en el Verbo que se ha hecho carne y que habita entre nosotros. Intentar comprender su oración, a través de lo que sus testigos nos dicen en el Evangelio, es aproximarnos a la santidad de Jesús Nuestro Señor como a la zarza ardiendo: primero contemplando a Él mismo en oración y después escuchando cómo nos enseña a orar, para conocer finalmente cómo acoge nuestra plegaria.

Jesús ora

2599 El Hijo de Dios hecho Hijo de la Virgen también aprendió a orar conforme a su corazón de hombre. Él aprende de su madre las fórmulas de oración; de ella, que conservaba todas las "maravillas" del Todopoderoso y las meditaba en su corazón.[38] Lo aprende en las palabras y en los ritmos de la oración de su pueblo, en la sinagoga de Nazaret y en el Templo. Pero su oración brota de una fuente secreta distinta, como lo deja presentir a la edad de los doce años: "Yo debo estar en las cosas de mi Padre" (*Lc* 2, 49). Aquí comienza a revelarse la novedad de la oración en la plenitud de los tiempos: la *oración filial*, que el Padre esperaba de sus hijos va a ser vivida por fin por el propio Hijo único en su Humanidad, con los hombres y en favor de ellos.

2600 El Evangelio según San Lucas subraya la acción del Espíritu Santo y el sentido de la oración en el ministerio de Cristo. Jesús ora antes de los momentos decisivos de su misión: antes de que el Padre dé testimonio de Él en su Bautismo[39] y de su Transfiguración,[40] y antes de dar cumplimiento con su Pasión al designio de amor del Padre;[41] Jesús ora también ante los

---

[38] Cf. *Lc* 1, 49; 2, 19; 2, 51.
[39] Cf. *Lc* 3, 21.
[40] Cf. *Lc* 9, 28.
[41] Cf. *Lc* 22, 41-44.

momentos decisivos que van a comprometer la misión de sus apóstoles: antes de elegir y de llamar a los Doce,⁴² antes de que Pedro lo confiese como "el Cristo de Dios"⁴³ y para que la fe del príncipe de los apóstoles no desfallezca ante la tentación.⁴⁴ La oración de Jesús ante los acontecimientos de salvación que el Padre le pide que cumpla es una entrega, humilde y confiada, de su voluntad humana a la voluntad amorosa del Padre.

2601 "Estando él orando en cierto lugar, cuando terminó, le dijo uno de sus discípulos: 'Maestro, enséñanos a orar'" (*Lc* 11, 1). Es, sobre todo, al contemplar a su Maestro en oración, cuando el discípulo de Cristo desea orar. Entonces, puede aprender del Maestro de oración. *Contemplando y* escuchando al Hijo, los hijos aprenden a orar al Padre.

2602 Jesús se retira con frecuencia en un lugar apartado, en la soledad, en la montaña, con preferencia durante la noche, para orar.⁴⁵ Lleva a los hombres en su oración, ya que también asume la humanidad en la Encarnación, y los ofrece al Padre, ofreciéndose a sí mismo. Él, el Verbo que ha "asumido la carne", comparte en su oración humana todo lo que viven "sus hermanos" (*Hb* 2, 12); comparte sus debilidades para librarlos de ellas.⁴⁶ Para eso le ha enviado el Padre. Sus palabras y sus obras aparecen entonces como la manifestación visible de su oración "en lo secreto".

2603 Los evangelistas han conservado las dos oraciones más explícitas de Cristo durante su ministerio. Cada una de ellas comienza precisamente con la acción de gracias. En la primera,⁴⁷ Jesús confiesa al Padre, le da gracias y lo bendice porque ha escondido los misterios del Reino a los que se creen doctos y los ha revelado a los "pequeños" (los pobres de las Bienaventuranzas). Su conmovedor "¡Sí, Padre!" expresa el fondo de su corazón, su adhesión al querer del Padre, que fue un eco del "Fiat" de su Madre en el momento de su concepción y que preludia lo que dirá al Padre en su agonía. Toda la oración de Jesús está en esta adhesión amorosa de su corazón de hombre al "misterio de la voluntad" del Padre (*Ef* 1, 9).

2604 La segunda oración nos la transmite San Juan,⁴⁸ antes de la resurrección de Lázaro. La acción de gracias precede al acontecimiento: "Padre, yo te doy gracias por haberme escuchado", lo que implica que el Padre escucha siempre su súplica; y Jesús añade a continuación: "Yo sabía bien que tú siempre me escuchas", lo que implica que Jesús, por su parte, *pide* de una manera constante. Así, apoyada en la acción de gracias, la oración de Jesús nos revela cómo pedir: *antes* de que lo pedido sea otorgado, Jesús se adhiere a Aquél que da y que se da en sus dones. El Dador es más precioso que el don otorgado, es el "tesoro", y en Él está el corazón de su Hijo; el don se otorga como "por añadidura".⁴⁹

---

⁴² Cf. *Lc* 6, 12.
⁴³ Cf. *Lc* 9, 18-20.
⁴⁴ Cf. *Lc* 22, 32.
⁴⁵ Cf. *Mc* 1, 35; 6, 46; *Lc* 5, 16.
⁴⁶ Cf. *Hb* 2, 15; 4, 15.
⁴⁷ Cf. *Mt* 11, 25-27 y *Lc* 10, 21-22.
⁴⁸ Cf. *Jn* 11, 41-42.
⁴⁹ Cf. *Mt* 6, 21.33.

2745 La oración "sacerdotal" de Jesús[50] ocupa un lugar único en la Economía de la salvación (su explicación se hace al final de esta Primera sección). Esta oración, en efecto, muestra el carácter permanente de la plegaria de nuestro Sumo Sacerdote, y, al mismo tiempo, contiene lo que Jesús nos enseña en la oración del Padre Nuestro (la cual se explica en la Segunda sección).

2605 Cuando llega la hora de cumplir el plan amoroso del Padre, Jesús deja entrever la profundidad insondable de su plegaria filial, no sólo antes de entregarse libremente ("Abbá... no mi voluntad, sino la tuya": *Lc* 22, 42), sino hasta en sus *últimas palabras* en la Cruz, donde orar y entregarse son una sola cosa: "Padre, perdónales, porque no saben lo que hacen" (*Lc* 23, 34); "Yo te aseguro: hoy estarás conmigo en el Paraíso" (*Lc* 24, 43); "Mujer, ahí tienes a tu Hijo" - "Ahí tienes a tu madre" (*Jn* 19, 26-27); "Tengo sed" (*Jn* 19, 28); "¡Dios mío, Dios mío! ¿Por qué me has abandonado?" (*Mc* 15, 34);[51] "Todo está cumplido" (*Jn* 19, 30); "Padre, en tus manos pongo mi espíritu" (*Lc* 23, 46), hasta ese "fuerte grito" cuando expira entregando el espíritu.[52]

614

403
653
2587

2606 Todos los infortunios de la humanidad de todos los tiempos, esclava del pecado y de la muerte, todas las súplicas y las intercesiones de la historia de la salvación están recogidas en este grito del Verbo encarnado. He aquí que el Padre las acoge y, por encima de toda esperanza, las escucha al resucitar a su Hijo. Así se realiza y se consuma el drama de la oración en la Economía de la creación y de la salvación. El Salterio nos da la clave para su comprensión en Cristo. Es en el "hoy" de la Resurrección cuando dice el Padre: "Tú eres mi Hijo; yo te he engendrado hoy. Pídeme, y te daré en herencia las naciones, en propiedad los confines de la tierra" (*Sal* 2, 78).[53]

> La carta a los Hebreos expresa en términos dramáticos cómo actúa la plegaria de Jesús en la victoria de la salvación: "El cual, habiendo ofrecido en los días de su vida mortal ruegos y súplicas con poderoso clamor y lágrimas al que podía salvarle de la muerte, ftie escuchado por su actitud reverente, y aun siendo Hijo, con lo que padeció experimentó la obediencia; y llegado a la perfección, se convirtió en causa de salvación eterna para todos los que le obedecen" (*Hb* 5, 7-9).

520 ### Jesús enseña a orar

2607 Con el hecho de su oración, Jesús nos enseña a orar. El camino teologal de nuestra oración es su propia oración al Padre. Pero el Evangelio nos transmite una enseñanza explícita de Jesús sobre la oración. Como un pedagogo, nos toma donde estamos y, progresivamente, nos conduce al Padre. Dirigiéndose a las multitudes que le siguen, Jesús comienza con lo que ellas ya saben de la oración por la Antigua Alianza y las prepara para la novedad del Reino que está viniendo. Después les revela en parábolas esta novedad.

---

[50] Cf. *Jn* 17.
[51] Cf. *Sal* 22, 2.
[52] Cf. *Mc* 15, 37; *Jn* 19, 30b.
[53] Cf. *Hch* 13, 33.

CÓMO ORAMOS ⟶ La oración ⟶ La Escritura

Por último, a sus discípulos que deberán ser los pedagogos de la oración en su Iglesia, les hablará abiertamente del Padre y del Espíritu Santo.

2608 Ya en el *Sermón de la Montaña,* Jesús insiste en la *conversión del corazón:* la reconciliación con el hermano antes de presentar una ofrenda sobre el altar,[54] el amor a los enemigos y la oración por los perseguidores,[55] orar al Padre "en lo secreto" (*Mt* 6, 6), no gastar muchas palabras,[56] perdonar desde el fondo del corazón al orar,[57] la pureza del corazón y la búsqueda del Reino.[58] Esta conversión se centra totalmente en el Padre; es lo propio de un hijo.

541
1430

2609 Decidido así el corazón a convertirse, aprende a orar en la *fe.* La fe es una adhesión filial a Dios, más allá de lo que nosotros sentimos y comprendemos. Se ha hecho posible porque el Hijo amado nos abre el acceso al Padre. Puede pedirnos que "busquemos" y que "llamemos" porque Él es la puerta y el camino.[59]

153; 1814

2610 Del mismo modo que Jesús ora al Padre y le da gracias antes de recibir sus dones, nos enseña esta *audacia filial:* "todo cuanto pidáis en la oración, creed que ya lo habéis recibido" (*Mc* 11, 24). Tal es la fuerza de la oración, "todo es posible para quien cree" (*Mc* 9, 23), con una fe "que no duda".[60] Tanto como Jesús se entristece por la "falta de fe" de los de Nazaret (*Mc* 6, 6) y la "poca fe" de sus discípulos (*Mt* 8, 26), así se admira ante la "gran fe" del centurión romano[61] y de la cananea.[62]

165

2611 La oración de fe no consiste solamente en decir "Señor, Señor", sino en disponer el corazón para hacer la voluntad del Padre (*Mt* 7, 21). Jesús invita a sus discípulos a llevar a la oración esta voluntad de cooperar con el plan divino.[63]

2827

2612 En Jesús "el Reino de Dios está próximo", llama a la conversión y a la fe pero también a la *vigilancia.* En la oración, el discípulo espera atento a Aquel que "es y que viene", en el recuerdo de su primera venida en la humildad de la carne, y en la esperanza de su segundo advenimiento en la gloria.[64] En comunión con su Maestro, la oración de los discípulos es un combate, y velando en la oración es como no se cae en la tentación.[65]

672

2725

2613 San Lucas nos ha transmitido tres *parábolas* principales sobre la oración:

546

— La primera, "el amigo importuno",[66] invita a una oración insistente: "Llamad y se os abrirá". Al que ora así, el Padre del cielo "le dará todo lo que necesite", y sobre todo el Espíritu Santo que contiene todos los dones.

---

[54] Cf. *Mt* 5, 23-24.
[55] Cf. *Mt* 5, 44-45.
[56] Cf. *Mt* 6, 7.
[57] Cf. *Mt* 6, 14-15.
[58] Cf. *Mt* 6, 21.25.33.
[59] Cf. *Mt* 7, 7-11.13-14.
[60] Cf. *Mt* 21, 22.
[61] Cf. *Mt* 8, 10.
[62] Cf. *Mt* 15, 28.
[63] Cf. *Mt* 9, 38; *Lc* 10, 2; *Jn* 4, 34.
[64] Cf. *Mc* 13; *Lc* 21, 34-36.
[65] Cf. *Lc* 22, 40.46.
[66] Cf. *Lc* 11, 5-13.

— La segunda, "la viuda importuna",[67] está centrada en una de las cualidades de la oración: es necesario orar siempre, sin cansarse, con la paciencia de la fe. "Pero, cuando el Hijo del hombre venga, ¿encontrará fe sobre la tierra?"

— La tercera parábola, "el fariseo y el publicano",[68] se refiere a la humildad del corazón que ora. "Oh Dios, ten compasión de mí que soy pecador". La Iglesia no cesa de hacer suya esta oración: "¡Kyrie eleison!".

2614 Cuando Jesús confía abiertamente a sus discípulos el misterio de la oración al Padre, les devela lo que deberá ser su oración, y la nuestra, cuando haya vuelto, con su humanidad glorificada, al lado del Padre. Lo que es nuevo ahora es "pedir en su Nombre".[69] La fe en Él introduce a los discípulos en el conocimiento del Padre porque Jesús es "el Camino, la Verdad y la Vida" (*Jn* 14, 6). La fe da su fruto en el amor: guardar su Palabra, sus mandamientos, permanecer con Él en el Padre que nos ama en Él hasta permanecer en nosotros. En esta nueva Alianza, la certeza de ser escuchados en nuestras peticiones se funda en la oración de Jesús.[70]

2615 Más todavía, lo que el Padre nos da cuando nuestra oración está unida a la de Jesús, es "otro Paráclito, para que esté con vosotros para siempre, el Espíritu de la verdad" (*Jn* 14, 16-17). Esta novedad de la oración y de sus condiciones aparece en todo el discurso de despedida.[71] En el Espíritu Santo, la oración cristiana es comunión de amor con el Padre, no solamente por medio de Cristo, sino también *en Él:* "Hasta ahora nada le habéis pedido en mi Nombre. Pedid y recibiréis para que vuestro gozo sea perfecto" (*Jn* 16, 24).

Jesús escucha la oración

2616 La oración *a Jesús* ya ha sido escuchada por Él durante su ministerio, a través de los signos que anticipan el poder de su muerte y de su resurrección: Jesús escucha la oración de fe expresada en palabras,[72] o en silencio.[73] La petición apremiante de los ciegos: "¡Ten piedad de nosotros, Hijo de David!" (*Mt* 9, 27) o "¡Hijo de David, Jesús, ten compasión de mí!" (*Mc* 10, 48) ha sido recogida en la tradición de la *Oración a Jesús*: "¡Jesús, Cristo, Hijo de Dios, Señor, ten piedad de mí, pecador!" Sanando enfermedades o perdonando pecados, Jesús siempre responde a la plegaria del que le suplica con fe: "Ve en paz, ¡tu fe te ha salvado!".

> San Agustín resume admirablemente las tres dimensiones de la oración de Jesús: "Orat pro nobis ut sacerdos noster, orat in nobis ut caput nostrum, oratur a nobis ut Deus noster. Agnoscamus ergo et in illo voces nostras et

---

[67] Cf. *Lc* 18, 1-8.
[68] Cf. *Lc* 18, 9-14.
[69] Cf. *Jn* 14, 13.
[70] Cf. *Jn* 14, 13-14.
[71] Cf. *Jn* 14, 23-26; 15, 7.16; 16, 13-15; 16, 23-27.
[72] El leproso: Cf. *Mc* 1, 40-41; Jairo: Cf. *Mc* 5, 36; la cananea: Cf. *Mc* 7, 29; el buen ladrón: cf *Lc* 23, 39-43.
[73] Los portadores del paralítico: Cf. *Mc* 2, 5; la hemorroísa que toca su vestido: cf *Mc* 5, 28; las lágrimas y el perfume de la pecadora: cf *Lc* 7, 37-38.

voces eius in nobis" ("Ora por nosotros como sacerdote nuestro; ora en nosotros como cabeza nuestra; a Él se dirige nuestra oración como a Dios nuestro. Reconozcamos, por tanto, en Él nuestras voces; y la voz de Él, en nosotros".[74]

La oración de la Virgen María

2617 La oración de María se nos revela en la aurora de la plenitud de los tiempos. Antes de la encarnación del Hijo de Dios y antes de la efusión del Espíritu Santo, su oración coopera de manera única con el designio amoroso del Padre: en la anunciación, para la concepción de Cristo;[75] en Pentecostés para la formación de la Iglesia, Cuerpo de Cristo.[76] En la fe de su humilde esclava, el don de Dios encuentra la acogida que esperaba desde el comienzo de los tiempos. La que el Omnipotente ha hecho' 'llena de gracia" responde con la ofrenda de todo su ser: "He aquí la esclava del Señor, hágase en mí según tu palabra". *Fiat,* ésta es la oración cristiana: ser todo de Él, ya que Él es todo nuestro.

148

494

490

2618 El Evangelio nos revela cómo María ora e intercede en la fe: en Caná,[77] la madre de Jesús ruega a su hijo por las necesidades de un banquete de bodas, signo de otro banquete, el de las bodas del Cordero que da su Cuerpo y su Sangre a petición de la Iglesia, su Esposa. Y en la hora de la nueva Alianza, al pie de la Cruz,[78] María es escuchada como la Mujer, la nueva Eva, la verdadera "madre de los que viven".

2674

726

2619 Por eso, el cántico de María[79] el (*"Magníficat"* latino, el *"Megalinario"* bizantino) es a la vez el cántico de la Madre de Dios y el de la Iglesia, cántico de la Hija de Sión y del nuevo Pueblo de Dios, cántico de acción de gracias por la plenitud de gracias derramadas en la Economía de la salvación, cántico de los "pobres" cuya esperanza ha sido colmada con el cumplimiento de las promesas hechas a nuestros padres "en favor de Abraham y su descendencia por siempre".

724

RESUMEN

2620 En el Nuevo Testamento el modelo perfecto de oración se encuentra en la oración filial de Jesús. Hecha con frecuencia en la soledad, en lo secreto, la oración de Jesús entraña una adhesión amorosa a la voluntad del Padre hasta la cruz y una absoluta confianza en ser escuchada.

---

[74] SAN AGUSTÍN, *Enarratio in Psalmos,* 85, 1; cf *Liturgia de las Horas, Introducción general,* 7.
[75] Cf. *Lc* 1, 38.
[76] Cf. *Hch* 1, 14.
[77] Cf. *Jn* 2, 1-12.
[78] Cf. *Jn* 19, 25-27.
[79] Cf. *Lc* 1, 46-55.

CIC 2621 — Cuarta parte: La oración cristiana

2621 En su enseñanza, Jesús instruye a sus discípulos para que oren con un corazón purificado, una fe viva y perseverante, una audacia filial. Les insta a la vigilancia y les invita a presentar sus peticiones a Dios en su Nombre. Él mismo escucha las plegarias que se le dirigen.

2622 La oración de la Virgen María, en su Fiat y en su Magníficat, se caracteriza por la ofrenda generosa de todo su ser en la fe.

ARTÍCULO 3
EN EL TIEMPO DE LA IGLESIA

731

FUENTES DE LA ESCRITURA Y DE LA IGLESIA

La siguiente parte del *Catecismo* utiliza estas fuentes de la Escritura y de la Iglesia. Véase el "Índice de citas" para una lista completa de referencias

Antiguo Testamento	Citadas en el *Catecismo*
Salmos	CIC 2628
Malaquías	CIC 2643
Nuevo Testamento	
Mateo	CIC 2632
Lucas	CIC 2623, 2625, 2631, 2632, 2635
Juan	CIC 2623, 2633
Hechos de los Apóstoles	CIC 2623, 2624, 2632, 2635, 2636, 2640
Romanos	CIC 2627, 2629, 2630, 2632, 2634, 2636, 2639, 2641
1 Corintios	CIC 2639
2 Corintios	CIC 2627, 2636
Efesios	CIC 2627, 2632, 2633, 2636, 2641
Filipenses	CIC 2632, 2633, 2635, 2636, 2641
Colosenses	CIC 2629, 2632, 2633, 2636, 2638, 2641
1 Tesalonicenses	CIC 2633, 2636, 2638 2648
2 Tesalonicenses	CIC 2636
1 Timoteo	CIC 2634, 2636, 2641
2 Timoteo	CIC 2641
Hebreos	CIC 2634

CÓMO ORAMOS ⟶ La oración ⟶ La Escritura

FUENTES DE LA ESCRITURA Y DE LA IGLESIA

(continuación)

Nuevo Testamento	Citadas en el *Catecismo*
Santiago	CIC 2633, 2642
1 Pedro	CIC 2627
1 Juan	CIC 2631, 2634
Judas	CIC 2641
Apocalipsis	CIC 2642
Escritores eclesiásticos	
San Agustín	CIC 2628

PALABRAS CLAVE

La siguiente parte del *Catecismo* utiliza estas palabras clave.
Véase el "Glosario" para su definición.

Palabras	Citadas en el *Catecismo*
Adoración	CIC 2628
Alabanza	CIC 2639
Bendición	CIC 2626
Contemplación	CIC 2628
Doxología	CIC 2639
Intercesión	CIC 2634

2623 El día de Pentecostés, el Espíritu de la promesa se derramó sobre los discípulos, "reunidos en un mismo lugar" (*Hch* 2, 1), que lo esperaban "perseverando en la oración con un mismo espíritu" (*Hch* 1, 14). El Espíritu que enseña a la Iglesia y le recuerda todo lo que Jesús dijo,[80] será también quien la instruya en la vida de oración.

2624 En la primera comunidad de Jerusalén, los creyentes "acudían asiduamente a las enseñanzas de los apóstoles, a la comunión, a la fracción del pan y a las oraciones" (*Hch* 2, 42). Esta secuencia de actos es típica de la oración de la Iglesia; fundada sobre la fe apostólica y autentificada por la caridad, se alimenta con la Eucaristía.

2625 Estas oraciones son en primer lugar las que los fieles escuchan y leen en la Sagrada Escritura, pero las actualizan, especialmente las de los salmos, a partir de su cumplimiento en Cristo.[81] El Espíritu Santo, que recuerda así a Cristo ante su Iglesia orante, conduce a ésta también hacia la Verdad plena, y suscita nuevas formulaciones que expresarán el insondable Misterio de

---

[80] Cf. *Jn* 14, 26.   [81] Cf. *Lc* 24, 27.44.

Cristo que actúa en la vida, en los sacramentos y en la misión de su Iglesia. Estas formulaciones se desarrollan en las grandes tradiciones litúrgicas y espirituales. Las *formas de la oración,* tal como las revelan los escritos apostólicos canónicos, siguen siendo normativas para la oración cristiana.

I. LA BENDICIÓN Y LA ADORACIÓN

2626 La *bendición* expresa el movimiento de fondo de la oración cristiana: es encuentro de Dios con el hombre; en ella, el don de Dios y la acogida del hombre se convocan y se unen. La oración de bendición es la respuesta del hombre a los dones de Dios: porque Dios bendice, el corazón del hombre puede bendecir a su vez a Aquel que es la fuente de toda bendición.

2627 Dos formas fundamentales expresan este movimiento: o bien la oración asciende llevada por el Espíritu Santo, por medio de Cristo hacia el Padre (nosotros le bendecimos por habernos bendecido);[82] o bien implora la gracia del Espíritu Santo que, por medio de Cristo, desciende de junto al Padre (es El quien nos bendice).[83]

2628 La *adoración* es la primera actitud del hombre que se reconoce criatura ante su Creador. Exalta la grandeza del Señor que nos ha hecho[84] y la omnipotencia del Salvador que nos libra del mal. Es la acción de humillar el espíritu ante el "Rey de la gloria" (*Sal* 24, 9-10) y el silencio respetuoso en presencia de Dios "siempre mayor".[85] La adoración de Dios tres veces santo y soberanamente amable nos llena de humildad y da seguridad a nuestras súplicas.

II. LA ORACIÓN DE PETICIÓN

2629 El vocabulario neotestamentario sobre la oración de súplica está lleno de matices: pedir, reclamar, llamar con insistencia, invocar, clamar, gritar, e incluso "luchar en la oración".[86] Pero su forma más habitual, por ser la más espontánea, es la petición. Mediante la oración de petición mostramos la conciencia de nuestra relación con Dios: por ser criaturas, no somos ni nuestro propio origen, ni dueños de nuestras adversidades, ni nuestro fin último; pero también, por ser pecadores, sabemos, como cristianos, que nos apartamos de nuestro Padre. La petición ya es un retorno hacia Él.

2630 El Nuevo Testamento no contiene apenas oraciones de lamentación, frecuentes en el Antiguo Testamento. En adelante, en Cristo resucitado, la oración de la Iglesia es sostenida por la esperanza, aunque todavía estemos en la espera y tengamos que convertirnos cada día. La petición cristiana brota de otras profundidades, de lo que San Pablo llama el *gemido:* el de la

---

[82] Cf. *Ef* 1, 3-14; *2 Co* 1, 3-7; *1 P* 1, 3-9.
[83] Cf. *2 Co* 13, 13; *Rm* 15, 5-6.13; *Ef* 6, 23-24.
[84] Cf. *Sal* 95, 1-6.
[85] SAN AGUSTÍN, *Enarratio in Psalmos,* 62, 16.
[86] Cf. *Rm* 15, 30; *Col* 4, 12.

CÓMO ORAMOS ⟶ La oración ⟶ La Escritura

creación "que sufre dolores de parto" (*Rm* 8, 22), el nuestro también en la espera "del rescate de nuestro cuerpo. Porque nuestra salvación es objeto de esperanza" (*Rm* 8, 23-24), y, por último, los "gemidos inefables" del propio Espíritu Santo que "viene en ayuda de nuestra flaqueza. Pues nosotros no sabemos pedir como conviene" (*Rm* 8, 26).

2631 *La petición de perdón* es el primer movimiento de la oración de petición.[87] Es el comienzo de una oración justa y pura. La humildad confiada nos devuelve a la luz de la comunión con el Padre y su Hijo Jesucristo, y de los unos con los otros:[88] entonces "cuanto pidamos lo recibimos de él" (*1 Jn* 3, 22). Tanto la celebración de la Eucaristía como la oración personal comienzan con la petición de perdón.

2632 La petición cristiana está centrada en el deseo y en la *búsqueda del Reino* que viene, conforme a las enseñanzas de Jesús.[89] Hay una jerarquía en las peticiones: primero el Reino, a continuación lo que es necesario para acogerlo y para cooperar a su venida. Esta cooperación con la misión de Cristo y del Espíritu Santo, que es ahora la de la Iglesia, es objeto de la oración de la comunidad apostólica.[90] Es la oración de Pablo, el apóstol por excelencia, que nos revela cómo la solicitud divina por todas las Iglesias debe animar la oración cristiana.[91] Con la oración todo bautizado trabaja por la Venida del Reino.

2633 Cuando se participa así en el amor salvador de Dios, se comprende que *toda necesidad* pueda convertirse en objeto de petición. Cristo, que ha asumido todo para rescatar todo, es glorificado por las peticiones que ofrecemos al Padre en su Nombre.[92] Con esta seguridad, Santiago[93] y Pablo nos exhortan a orar *en toda ocasión*.[94]

III. LA ORACIÓN DE INTERCESIÓN

2634 La intercesión es una oración de petición que nos conforma muy de cerca con la oración de Jesús. Él es el único intercesor ante el Padre en favor de todos los hombres, de los pecadores en particular.[95] Es capaz de "salvar perfectamente a los que por Él se llegan a Dios, ya que está siempre vivo para interceder en su favor" (*Hb* 7, 25). El propio Espíritu Santo "intercede por nosotros... y su intercesión a favor de los santos es según Dios" (*Rm* 8, 26-27).

---

[87] Cf. el publicano: "ten compasión de mí que soy pecador": *Lc* 18, 13.
[88] Cf. *1 Jn* 1, 1-2, 2.
[89] Cf. *Mt* 6, 10.33; *Lc* 11, 2.13.
[90] Cf. *Hch* 6, 6; 13, 3.
[91] Cf. *Rm* 10, 1; *Ef* 1, 16-23; *Flp* 1, 9-11; *Col* 1, 3-6; 4, 3-4.12.
[92] Cf. *Jn* 14, 13.
[93] Cf. *St* 1, 5-8.
[94] Cf. *Ef* 5, 20; *Flp* 4, 6-7; *Col* 3, 16-17; *1 Ts* 5, 17-18.
[95] Cf. *Rm* 8, 34; *1 Jn* 2, l; *1 Tm* 2, 5-8.

2635 Interceder, pedir en favor de otro, es, desde Abraham, lo propio de un corazón conforme a la misericordia de Dios. En el tiempo de la Iglesia, la intercesión cristiana participa de la de Cristo: es la expresión de la comunión de los santos. En la intercesión, el que ora busca "no su propio interés sino el de los demás" (*Flp* 2, 4), hasta rogar por los que le hacen mal.[96]

2636 Las primeras comunidades cristianas vivieron intensamente esta forma de participación.[97] El apóstol Pablo les hace participar así en su ministerio del Evangelio;[98] él intercede también por las comunidades.[99] La intercesión de los cristianos no conoce fronteras: "por todos los hombres, por todos los constituidos en autoridad" (*1 Tm* 2, 1), por los perseguidores,[100] por la salvación de los que rechazan el Evangelio.[101]

IV. LA ORACIÓN DE ACCIÓN DE GRACIAS

2637 La acción de gracias caracteriza la oración de la Iglesia que, al celebrar la Eucaristía, manifiesta y se convierte cada vez más en lo que ella es. En efecto, en la obra de salvación, Cristo libera a la creación del pecado y de la muerte para consagrarla de nuevo y devolverla al Padre, para su gloria. La acción de gracias de los miembros del Cuerpo participa de la de su Cabeza.

2638 Al igual que en la oración de petición, todo acontecimiento y toda necesidad pueden convertirse en ofrenda de acción de gracias. Las cartas de San Pablo comienzan y terminan frecuentemente con una acción de gracias, y el Señor Jesús siempre está presente en ella. "En todo dad gracias, pues esto es lo que Dios, en Cristo Jesús, quiere de vosotros" (*1 Ts* 5, 18). "Sed perseverantes en la oración, velando en ella con acción de gracias" (*Col* 4, 2).

V. LA ORACIÓN DE ALABANZA

2639 La alabanza es la forma de orar que reconoce de la manera más directa que Dios es Dios. Le canta por Él mismo, le da gloria no por lo que hace, sino por lo que Él es. Participa en la bienaventuranza de los corazones puros que le aman en la fe antes de verle en la Gloria. Mediante ella, el Espíritu se une a nuestro espíritu para dar testimonio de que somos hijos de Dios,[102] da testimonio del Hijo único en quien somos adoptados y por quien glorificamos al Padre. La alabanza integra las otras formas de oración y las lleva hacia Aquel que es su fuente y su término: "un solo Dios, el Padre, del cual proceden todas las cosas y por el cual somos nosotros" (*1 Co* 8, 6).

2640 San Lucas menciona con frecuencia en su Evangelio la admiración y la alabanza ante las maravillas de Cristo, y las subraya también respecto a las

---

[96] Recuérdese a Esteban rogando por sus verdugos, como Jesús: cf *Hch* 7, 60; *Lc* 23, 28.34.
[97] Cf. *Hch* 12, 5; 20, 36; 21, 5; *2 Co* 9, 14.
[98] Cf. *Ef* 6, 18-20; *Col* 4, 3-4; *1 Ts* 5, 25.
[99] Cf. *2 Ts* 1, 11; *Col* 1, 3; *Flp* 1, 3-4.
[100] Cf. *Rm* 12, 14.
[101] Cf. *Rm* 10, 1.
[102] Cf. *Rm* 8, 16.

CÓMO ORAMOS ⟶ La oración ⟶ La Escritura

acciones del Espíritu Santo que son los hechos de los apóstoles: la comunidad de Jerusalén,[103] el tullido curado por Pedro y Juan,[104] la muchedumbre que glorificaba a Dios por ello,[105] y los gentiles de Pisidia que "se alegraron y se pusieron a glorificar la Palabra del Señor" (*Hch* 13, 48).

2641 "Recitad entre vosotros salmos, himnos y cánticos inspirados; cantad y salmodiad en vuestro corazón al Señor" (*Ef* 5, 19).[106] Como los autores inspirados del Nuevo Testamento, las primeras comunidades cristianas releen el libro de los Salmos cantando en él el Misterio de Cristo. En la novedad del Espíritu, componen también himnos y cánticos a partir del acontecimiento inaudito que Dios ha realizado en su Hijo: su encarnación, su muerte vencedora de la muerte, su resurrección y su ascensión a su derecha.[107] De esta "maravilla" de toda la Economía de la salvación brota la doxología, la alabanza a Dios.[108]

2787

2642 La revelación "de lo que ha de suceder pronto" —el Apocalipsis— está sostenida por los cánticos de la liturgia celestial[109] y también por la intercesión de los "testigos" (mártires: *Ap* 6, 10). Los profetas y los santos, todos los que fueron degollados en la tierra por dar testimonio de Jesús,[110] la muchedumbre inmensa de los que, venidos de la gran tribulación nos han precedido en el Reino, cantan la alabanza de gloria de Aquel que se sienta en el trono y del Cordero.[111] En comunión con ellos, la Iglesia terrestre canta también estos cánticos, en la fe y la prueba. La fe, en la petición y la intercesión, espera contra toda esperanza y da gracias al "Padre de las luces de quien desciende todo don excelente" (*St* 1, 17). La fe es así una pura alabanza.

1137

2643 La Eucaristía contiene y expresa todas las formas de oración: es la "ofrenda pura" de todo el Cuerpo de Cristo "a la gloria de su Nombre";[112] es, según las tradiciones de Oriente y de Occidente, "el sacrificio de alabanza".

1330

RESUMEN

2644 El Espíritu Santo que enseña a la Iglesia y le recuerda todo lo que Jesús dijo, la educa también en la vida de oración, suscitando expresiones que se renuevan dentro de unas formas permanentes de orar: bendición, petición, intercesión, acción de gracias y alabanza.

2645 Gracias a que Dios le bendice, el hombre en su corazón puede bendecir, a su vez, a Aquel que es la fuente de toda bendición.

---

[103] Cf. *Hch* 2, 47.
[104] Cf. *Hch* 3, 9.
[105] Cf. *Hch* 4, 21.
[106] Cf. *Col* 3, 16.
[107] Cf. *Flp* 2, 6-11; *Col* 1, 15-20; *Ef* 5, 14; *1 Tm* 3, 16; 6, 15-16; *2 Tm* 2, 11-13.
[108] Cf. *Ef* 1, 3-14; *Rm* 16, 25-27; *Ef* 3, 20-21; *Judas* 24-25.
[109] Cf. *Ap* 4, 8-11; 5, 9-14; 7, 10-12.
[110] Cf. *Ap* 18, 24.
[111] Cf. *Ap* 19, 1-8.
[112] Cf. *Ml* 1, 11.

2646 La oración de petición tiene por objeto el perdón, la búsqueda del Reino y cualquier necesidad verdadera.

2647 La oración de intercesión consiste en una petición en favor de otro. No conoce fronteras y se extiende hasta los enemigos.

2648 Toda alegría y toda pena, todo acontecimiento y toda necesidad pueden ser motivo de oración de acción de gracias, la cual, participando de la de Cristo, debe llenar la vida entera: "En todo dad gracias" (*1 Ts* 5, 18).

2649 La oración de alabanza, totalmente desinteresada, se dirige a Dios; canta para Él y le da gloria no sólo por lo que ha hecho sino porque Él es.

CÓMO ORAMOS → La oración → Tradición

Capítulo segundo
La tradición de la oración

FUENTES DE LA ESCRITURA Y DE LA IGLESIA

La siguiente parte del *Catecismo* utiliza estas fuentes de la Escritura y de la Iglesia. Véase el "Índice de citas" para una lista completa de referencias

Antiguo Testamento	**Citadas en el *Catecismo***
Salmos	CIC 2657, 2659
Nuevo Testamento	
Mateo	CIC 2655, 2659
Lucas	CIC 2660
Juan	CIC 2652
Romanos	CIC 2657, 2658
Concilios ecuménicos	
Vaticano II (1962-1965)	CIC 2650, 2651, 2653
Liturgia	
Liturgia de las Horas	CIC 2655
Escritores eclesiásticos	
Guigo, el cartujo	CIC 2654
San Ambrosio	CIC 2653
San Juan María Vianney (cura de Ars)	CIC 2658

PALABRAS CLAVE

La siguiente parte del *Catecismo* utiliza estas palabras clave. Véase el "Glosario" para su significado.

Palabras	Citadas en el *Catecismo*
Palabra de Dios	CIC 2653

2650 La oración no se reduce al brote espontáneo de un impulso interior: para orar es necesario querer orar. No basta sólo con saber lo que las Escrituras revelan sobre la oración: es necesario también aprender a orar. Pues bien, por una transmisión viva (la sagrada Tradición), el Espíritu Santo, en la "Iglesia creyente y orante",[1] enseña a orar a los hijos de Dios.

75

2651 La tradición de la oración cristiana es una de las formas de crecimiento de la Tradición de la fe, en particular mediante la contemplación y la reflexión

94

---

[1] Concilio Vaticano II, *Dei Verbum*, 8.

de los creyentes que conservan en su corazón los acontecimientos y las palabras de la Economía de la salvación, y por la penetración profunda en las realidades espirituales de las que adquieren experiencia.[2]

ARTÍCULO 1
LAS FUENTES DE LA ORACIÓN

2652 El Espíritu Santo es el "agua viva" que, en el corazón orante, "brota para vida eterna" (*Jn* 4, 14). Él es quien nos enseña a recogerla en la misma Fuente: Cristo. Pues bien, en la vida cristiana hay manantiales donde Cristo nos espera para darnos a beber el Espíritu Santo.

La Palabra de Dios

2653 La Iglesia "recomienda insistentemente a todos sus fieles… la lectura asidua de la Escritura para que adquieran 'la ciencia suprema de Jesucristo' (*Flp* 3, 8)… Recuerden que a la lectura de la Sagrada Escritura debe acompañar la oración para que se realice el diálogo de Dios con el hombre, pues 'a Dios hablamos cuando oramos, a Dios escuchamos cuando leemos sus palabras'".[3]

2654 Los Padres espirituales, parafraseando *Mt* 7, 7, resumen así las disposiciones de un corazón alimentado por la palabra de Dios en la oración: "Buscad leyendo, y encontraréis meditando; llamad orando, y se os abrirá por la contemplación".[4]

La Liturgia de la Iglesia

2655 La misión de Cristo y del Espíritu Santo que, en la liturgia sacramental de la Iglesia, anuncia, actualiza y comunica el Misterio de la salvación, se continúa en el corazón que ora. Los Padres espirituales comparan a veces el corazón a un altar. La oración interioriza y asimila la liturgia durante su celebración y después de la misma. Incluso cuando la oración se vive "en lo secreto" (*Mt* 6, 6), siempre es oración de la Iglesia, comunión con la Santísima Trinidad.[5]

Las virtudes teologales

2656 Se entra en oración como se entra en la liturgia: por la puerta estrecha de la *fe*. A través de los signos de su presencia, es el rostro del Señor lo que buscamos y deseamos, es su palabra lo que queremos escuchar y guardar.

---

[2] Cf. *ibid.*
[3] *Ibid.*, 25. cf SAN AMBROSIO, *De officis ministrorum*: 1, 88; PL 16, 50A.
[4] Cf. GUIGOII EL CARTUJO, *Scala claustralium*: PL 184, 476C.
[5] Cf. *Liturgia de las Horas, Introducción general*, 9.

CÓMO ORAMOS ⟶ La oración ⟶ Tradición

2657 El Espíritu Santo nos enseña a celebrar la liturgia esperando el retorno de Cristo, nos educa para orar en la *esperanza* Inversamente, la oración de la Iglesia y la oración personal alimentan en nosotros la esperanza. Los salmos muy particularmente, con su lenguaje concreto y variado, nos enseñan a fijar nuestra esperanza en Dios: "En el Señor puse toda mi esperanza, él se inclinó hacia mí y escuchó mi clamor" (*Sal* 40, 2). "El Dios de la esperanza os colme de todo gozo y paz en vuestra fe, hasta rebosar de esperanza por la fuerza del Espíritu Santo" (*Rm* 15, 13).

2658 "La esperanza no falla, porque el *amor de* Dios ha sido derramado en nuestros corazones por el Espíritu Santo que nos ha sido dado" (*Rm* 5, 5). La oración, formada en la vida litúrgica, saca todo del amor con el que somos amados en Cristo y que nos permite responder amando como Él nos ha amado. El amor es *la* fuente de la oración: quien bebe de ella, alcanza la cumbre de la oración:

> Te amo, Dios mío, y mi único deseo es amarte hasta el último suspiro de mi vida. Te amo, Dios mío infinitamente amable, y prefiero morir amándote a vivir sin amarte. Te amo, Señor, y la única gracia que te pido es amarte eternamente... Dios mío, si mi lengua no puede decir en todos los momentos que te amo, quiero que mi corazón te lo repita cada vez que respiro.[6]

"Hoy"

2659 Aprendemos a orar en ciertos momentos escuchando la palabra del Señor y participando en su Misterio Pascual; pero, en todo tiempo, en los acontecimientos de *cada día,* su Espíritu se nos ofrece para que brote la oración. La enseñanza de Jesús sobre la oración a nuestro Padre está en la misma línea que la de la Providencia:[7] el tiempo está en las manos del Padre; lo encontramos en el presente, ni ayer ni mañana, sino hoy: "¡Ojalá oyerais hoy su voz!: No endurezcáis vuestro corazón" (*Sal* 95, 7-8).

2660 Orar en los acontecimientos de cada día y de cada instante es uno de los secretos del Reino revelados a los "pequeños", a los servidores de Cristo, a los pobres de las bienaventuranzas. Es justo y bueno orar para que la venida del Reino de justicia y de paz influya en la marcha de la historia, pero también es importante impregnar de oración las humildes situaciones cotidianas. Todas las formas de oración pueden ser la levadura con la que el Señor compara el Reino.[8]

---

[6] Cf. SAN JUAN MARÍA BAUTISTA VIANNEY, *Oración*.
[7] Cf. *Mt* 6, 11.34.
[8] Cf. *Lc* 13, 20-21.

Cuarta parte: La oración cristiana

RESUMEN

2661 Mediante una transmisión viva —la Sagrada Tradición—, el Espíritu Santo, en la Iglesia, enseña a orar a los hijos de Dios.

2662 La Palabra de Dios, la liturgia de la Iglesia y las virtudes de la fe, la esperanza y la caridad son fuentes de la oración.

ARTÍCULO 2
EL CAMINO DE LA ORACIÓN

FUENTES DE LA ESCRITURA Y DE LA IGLESIA

La siguiente parte del *Catecismo* utiliza estas fuentes de la Escritura y de la Iglesia. Véase el "Índice de citas" para una lista completa de referencias

Antiguo Testamento	Citadas en el *Catecismo*
Génesis	CIC 2676
Éxodo	CIC 2666
Sofonías	CIC 2676
Nuevo Testamento	
Mateo	CIC 2666, 2668
Marcos	CIC 2667
Lucas	CIC 2667, 2668, 2671, 2675-2677
Juan	CIC 2671, 2677, 2679
Hechos de los Apóstoles	CIC 2666, 2673
Romanos	CIC 2666
1 Corintios	CIC 2670, 2681
Gálatas	CIC 2666
Filipenses	CIC 2667
Apocalipsis	CIC 2676
Concilios ecuménicos	
Vaticano II (1962-1965)	CIC 2663, 2674, 2679
Liturgia	
Liturgia bizantina	CIC 2671
Oraciones	CIC 2671, 2676, 2677
Misal Romano	CIC 2671
Escritores eclesiásticos	
San Gregorio Nacianceno	CIC 2670

CÓMO ORAMOS ⟶ La oración ⟶ Tradición

PALABRAS CLAVE

La siguiente parte del *Catecismo* utiliza estas palabras clave.
Véase el "Glosario" para su definición.

Palabras	Citadas en el *Catecismo*
Avemaría	CIC 2676
Rosario	CIC 2678
Viacrucis	CIC 2669

2663 En la tradición viva de la oración, cada Iglesia propone a sus fieles, según el contexto histórico, social y cultural, el lenguaje de su oración: palabras, melodías, gestos, iconografía. Corresponde al magisterio[9] discernir la fidelidad de estos caminos de oración a la tradición de la fe apostólica y compete a los pastores y catequistas explicar su sentido, con relación siempre a Jesucristo.

1201

La oración al Padre

2664 No hay otro camino de oración cristiana que Cristo. Sea comunitaria o individual, vocal o interior, nuestra oración no tiene acceso al Padre más que si oramos "en el Nombre" de Jesús. La santa humanidad de Jesús es, pues, el camino por el que el Espíritu Santo nos enseña a orar a Dios nuestro Padre.

2780

La oración a Jesús

2665 La oración de la Iglesia, alimentada por la palabra de Dios y por la celebración de la liturgia, nos enseña a orar al Señor Jesús. Aunque esté dirigida sobre todo al Padre, en todas las tradiciones litúrgicas incluye formas de oración dirigidas a Cristo. Algunos salmos, según su actualización en la oración de la Iglesia, y el Nuevo Testamento ponen en nuestros labios y graban en nuestros corazones las invocaciones de esta oración a Cristo: Hijo de Dios, Verbo de Dios, Señor, Salvador, Cordero de Dios, Rey, Hijo amado, Hijo de la Virgen, Buen Pastor, Vida nuestra, nuestra Luz, nuestra Esperanza, Resurrección nuestra, Amigo de los hombres…

451

2666 Pero el Nombre que todo lo contiene es aquél que el Hijo de Dios recibe en su encarnación: Jesús. El nombre divino es inefable para los labios humanos,[10] pero el Verbo de Dios, al asumir nuestra humanidad, nos lo entrega y nosotros podemos invocarlo: "Jesús", "YHWH salva".[11] El Nombre de Jesús contiene todo: Dios y el hombre y toda la Economía de la creación y de la salvación. Decir "Jesús" es invocarlo desde nuestro propio corazón. Su Nombre es el único que contiene la presencia que significa. Jesús es el

432

435

---

[9] Cf. Concilio Vaticano II, *Dei Verbum,* 10. [11] Cf. *Mt* 1, 21.
[10] Cf. *Ex* 3, 14; 33, 19-23.

Cuarta parte: La oración cristiana

resucitado, y cualquiera que invoque su Nombre acoge al Hijo de Dios que le amó y se entregó por él.[12]

2616

2667 Esta invocación de fe bien sencilla ha sido desarrollada en la tradición de la oración bajo formas diversas en Oriente y en Occidente. La formulación más habitual transmitida por los espirituales del Sinaí, de Siria y del monte Athos es la invocación: "¡Señor Jesucristo, Hijo de Dios, ten piedad de nosotros pecadores!" Conjuga el himno cristológico de *Flp* 2, 6-11 con la petición del publicano y del mendigo ciego.[13] Mediante ella, el corazón se abre a la miseria de los hombres y a la misericordia de su Salvador.

435

2668 La invocación del santo Nombre de Jesús es el camino más sencillo de la oración continua. Repetida con frecuencia por un corazón humildemente atento, no se dispersa en "palabrerías",[14] sino que "conserva la Palabra y fructifica con perseverancia".[15] Es posible "en todo tiempo" porque no es una ocupación al lado de otra, sino la única ocupación, la de amar a Dios, que anima y transfigura toda acción en Cristo Jesús.

478

2669 La oración de la Iglesia venera y honra al *Corazón de Jesús*, como invoca su Santísimo Nombre. Adora al Verbo encarnado y a su Corazón que, por amor a los hombres, se dejó traspasar por nuestros pecados. La oración cristiana practica el *Vía Crucis* siguiendo al Salvador. Las estaciones desde el Pretorio, al Gólgota y al Sepulcro jalonan el recorrido de Jesús que por su santa Cruz ha redimido el mundo.

1674

"Ven, Espíritu Santo"

683

2670 "Nadie puede decir: '¡Jesús es Señor!', sino por influjo del Espíritu Santo" (*1 Co* 12, 3). Cada vez que en la oración nos dirigimos a Jesús, es el Espíritu Santo quien, con su gracia preveniente, nos atrae al camino de la oración. Puesto que Él nos enseña a orar recordándonos a Cristo, ¿cómo no dirigirnos también a él orando? Por eso, la Iglesia nos invita a implorar todos los días al Espíritu Santo, especialmente al comenzar y al terminar cualquier acción importante.

2001

1310

> Si el Espíritu no debe ser adorado, ¿cómo me diviniza él por el bautismo? Y si debe ser adorado, ¿no debe ser objeto de un culto particular?.[16]

2671 La forma tradicional para pedir el Espíritu es invocar al Padre por medio de Cristo nuestro Señor, para que nos dé el Espíritu Consolador.[17] Jesús insiste en esta petición en su Nombre en el momento mismo en que promete el don del Espíritu de Verdad.[18] Pero la oración más sencilla y la más directa es también la más tradicional: "Ven, Espíritu Santo", y cada tradición litúrgica la ha desarrollado en antífonas e himnos:

---

[12] Cf. *Rm* 10, 13; *Hch* 2, 21; 3, 15-16; *Ga* 2, 20.
[13] Cf. *Lc* 18, 13; *Mc* 10, 46-52.
[14] Cf. *Mt* 6, 7.
[15] Cf. *Lc* 8, 15.
[16] SAN GREGORIO NACIANCENO, *Orationes theologicae*, 5, 28: PG 36, 165C.
[17] Cf. *Lc* 11, 13.
[18] Cf. *Jn* 14, 17; 15, 26; 16, 13.

CÓMO ORAMOS ⟶ La oración ⟶ Tradición

Ven, Espíritu Santo, llena los corazones de tus fieles y enciende en ellos el fuego de tu amor.[19]

Rey celeste, Espíritu Consolador, Espíritu de Verdad, que estás presente en todas partes y lo llenas todo, tesoro de todo bien y fuente de la vida, ven, habita en nosotros, purifícanos y sálvanos, Tú que eres bueno.[20]

2672 El Espíritu Santo, cuya unción impregna todo nuestro ser, es el Maestro interior de la oración cristiana. Es el artífice de la tradición viva de la oración. Ciertamente hay tantos caminos en la oración como orantes, pero es el mismo Espíritu el que actúa en todos y con todos. En la comunión en el Espíritu Santo la oración cristiana es oración en la Iglesia.

En comunión con la Santa Madre de Dios

2673 En la oración, el Espíritu Santo nos une a la Persona del Hijo Único, en su humanidad glorificada. Por medio de ella y en ella, nuestra oración filial nos pone en comunión, en la Iglesia, con la Madre de Jesús.[21]

2674 Desde el consentimiento dado por la fe en la Anunciación y mantenido sin vacilar al pie de la cruz, la maternidad de María se extiende definitivamente a los hermanos y hermanas de su Hijo, "que son peregrinos todavía y que están ante los peligros y las miserias".[22] Jesús, el único Mediador, es el Camino de nuestra oración; María, su Madre y nuestra Madre, es pura transparencia de Él: María "muestra el Camino" ["Odighitria"], es su Signo, según la iconografía tradicional de Oriente y Occidente.

2675 A partir de esta cooperación singular de María a la acción del Espíritu Santo, las Iglesias han desarrollado la oración a la santa Madre de Dios, centrándola sobre la persona de Cristo manifestada en sus misterios. En los innumerables himnos y antífonas que expresan esta oración, se alternan habitualmente dos movimientos: uno "engrandece" al Señor por las "maravillas" que ha hecho en su humilde esclava, y por medio de ella, en todos los seres humanos;[23] el segundo confía a la Madre de Jesús las súplicas y alabanzas de los hijos de Dios, ya que ella conoce ahora la humanidad que en ella ha sido desposada por el Hijo de Dios.

2676 Este doble movimiento de la oración a María ha encontrado una expresión privilegiada en la oración del Avemaría:

"*Dios te salve, María [Alégrate, María]*". La salutación del ángel Gabriel abre la oración del Avemaría. Es Dios mismo quien por mediación de su ángel, saluda a María. Nuestra oración se atreve a recoger el saludo a María con la

---

[19] Cf. Liturgia de las Horas, Secuencia de Pentecostés.
[20] Liturgia bizantina, Troparios de vísperas de Pentecostés.
[21] Cf. Hch 1, 14.
[22] Concilio Vaticano II, *Lumen gentium*, 62.
[23] Cf. Lc 1, 46-55.

mirada que Dios ha puesto sobre su humilde esclava[24] y a alegramos con el gozo que Dios encuentra en ella.[25]

490 *"Llena de gracia, el Señor es contigo "*: Las dos palabras del saludo del ángel se aclaran mutuamente. María es la llena de gracia porque el Señor está con ella. La gracia de la que está colmada es la presencia de Aquel que es la fuente de toda gracia. "Alégrate... Hija de Jerusalén... el Señor está en medio de ti" (*So* 3, 14, 17a). María, en quien va a habitar el Señor, es en persona la hija de Sión, el Arca de la Alianza, el lugar donde reside la Gloria del Señor: ella es "la morada de Dios entre los hombres" (*Ap* 21, 3). "Llena de gracia", se ha dado toda al que viene a habitar en ella y al que ella entregará al mundo.

435 *"Bendita tú eres entre todas las mujeres y bendito es el fruto de tu vientre, Jesús"*. Después del saludo del ángel, hacemos nuestro el de Isabel. "Llena del Espíritu Santo" (*Lc* 1, 41), Isabel es la primera en la larga serie de las generaciones que llaman bienaventurada a María:[26] "Bienaventurada la que ha creído..." (*Lc* 1, 45): María es "bendita entre todas las mujeres" porque ha creído en el cumplimiento de la palabra del Señor. Abraham, por su fe, se convirtió en bendición para todas las "naciones de la tierra" (*Gn* 12, 3). Por su
146 fe, María vino a ser la madre de los creyentes, gracias a la cual todas las naciones de la tierra reciben a Aquél que es la bendición misma de Dios: "Jesús el fruto bendito de tu vientre".

495 **2677** *Santa María, Madre de Dios, ruega por nosotros...*" Con Isabel, nos maravillamos y decimos: "¿De dónde a mí que la madre de mi Señor venga a mí?" (*Lc* 1, 43). Porque nos da a Jesús su hijo, María es madre de Dios y madre nuestra; podemos confiarle todos nuestros cuidados y nuestras peticiones: ora por nosotros como ella oró por sí misma: "Hágase en mí según tu palabra" (*Lc* 1, 38). Confiándonos a su oración, nos abandonamos con ella en la voluntad de Dios: "Hágase tu voluntad".

"Ruega por nosotros, pecadores, ahora y en la hora de nuestra muerte". Pidiendo a María que niegue por nosotros, nos reconocemos pecadores y nos dirigimos a la "Madre de la Misericordia", a la Toda Santa. Nos ponemos en sus manos "ahora", en el hoy de nuestras vidas. Y nuestra confianza se ensancha para entregarle desde ahora, "la hora
1020 de nuestra muerte". Que esté presente en esa hora, como estuvo en la muerte en Cruz de su Hijo y que en la hora de nuestro tránsito nos acoja como madre nuestra[27] para conducirnos a su Hijo Jesús, al Paraíso.

971; 1674 **2678** La piedad medieval de Occidente desarrolló la oración del Rosario, en sustitución popular de la Oración de las Horas. En Oriente, la forma litánica del Acáthistos y de la Paráclisis se ha conservado más cerca del oficio coral en las Iglesias bizantinas, mientras que las tradiciones armenia, copta y siríaca han preferido los himnos y los cánticos populares a la Madre de Dios. Pero en

---

[24] Cf. *Lc* 1, 48.
[25] Cf. *So* 3, 17b.
[26] Cf. *Lc* 1, 48.
[27] Cf. *Jn* 19, 27.

CÓMO ORAMOS → La oración → La Escritura

CIC 2682

el Avemaría, los theotokia, los himnos de San Efrén o de San Gregorio de Narek, la tradición de la oración es fundamentalmente la misma.

2679 María es la orante perfecta, figura de la Iglesia. Cuando le rezamos, nos adherimos con ella al designio del Padre, que envía a su Hijo para salvar a todos los hombres. Como el discípulo amado, acogemos en nuestra intimidad[28] a la Madre de Jesús, que se ha convertido en la Madre de todos los vivientes. Podemos orar con ella y orarle a ella. La oración de la Iglesia está como apoyada en la oración de María. Y con ella está unida en la esperanza.[29]

967

972

RESUMEN

2680 La oración está dirigida principalmente al Padre; igualmente se dirige a Jesús, en especial por la invocación de su santo Nombre: "Jesús, Cristo, Hijo de Dios, Señor, ¡ten piedad de nosotros, pecadores!"

2681 "Nadie puede decir: 'Jesús es Señor', sino por influjo del Espíritu Santo" (*1 Co* 12, 3). La Iglesia nos invita a invocar al Espíritu Santo como Maestro interior de la oración cristiana.

2682 En virtud de su cooperación singular con la acción del Espíritu Santo, la Iglesia ora también en comunión con la Virgen María para ensalzar con ella las maravillas que Dios ha realizado en ella y para confiarle súplicas y alabanzas.

ARTÍCULO 3
MAESTROS Y LUGARES DE ORACIÓN

FUENTES DE LA ESCRITURA Y DE LA IGLESIA

La siguiente parte del *Catecismo* utiliza estas fuentes de la Escritura y de la Iglesia. Véase el "Índice de citas" para una lista completa de referencias

Antiguo Testamento	Citadas en el *Catecismo*
2 Reyes	CIC 2684
Nuevo Testamento	
Mateo	CIC 2683, 2691
Lucas	CIC 2684
Hebreos	CIC 2683

---

[28] Cf. *ibid*.

[29] Cf. Concilio Vaticano II, *Lumen gentium*, 68-69.

FUENTES DE LA ESCRITURA Y DE LA IGLESIA

(continuación)

Concilios ecuménicos	**Citadas en el *Catecismo***
Vaticano II (1962-1965)	CIC 2684, 2686, 2691
Documentos pontificios	
Juan Pablo II (1978-2005)	CIC 2688
Escritores eclesiásticos	
San Basilio de Cesarea en Capadocia	CIC 2684
San Juan de la Cruz	CIC 2690

Una pléyade de testigos

2683 Los testigos que nos han precedido en el Reino,[30] especialmente los que la Iglesia reconoce como "santos", participan en la tradición viva de la oración, por el testimonio de sus vidas, por la transmisión de sus escritos y por su oración hoy. Contemplan a Dios, lo alaban y no dejan de cuidar de aquellos que han quedado en la tierra. Al entrar "en la alegría" de su Señor, han sido "constituidos sobre lo mucho".[31] Su intercesión es su más alto servicio al plan de Dios. Podemos y debemos rogarles que intercedan por nosotros y por el mundo entero.

2684 En la comunión de los santos, se han desarrollado diversas *espiritualidades* a lo largo de la historia de la Iglesia. El carisma personal de un testigo del amor de Dios hacia los hombres puede transmitirse a fin de que sus discípulos participen de ese espíritu, como aconteció con el "espíritu" de Elías a Eliseo[32] y a Juan Bautista.[33] En la confluencia de corrientes litúrgicas y teológicas se encuentra también una espiritualidad que muestra cómo el espíritu de oración incultura la fe en un ámbito humano y en su historia. Las diversas espiritualidades cristianas participan en la tradición viva de la oración y son guías indispensables para los fieles. En su rica diversidad, reflejan la pura y única Luz del Espíritu Santo.[34]

> "El Espíritu es verdaderamente el lugar de los santos, y el santo es para el Espíritu un lugar propio, ya que se ofrece a habitar con Dios y es llamado templo suyo".[35]

Servidores de la oración

2685 *La familia cristiana* es el primer ámbito para la educación en la oración. Fundada en el sacramento del Matrimonio, es la "iglesia doméstica"

---

[30] Cf. *Hb* 12, 1.
[31] Cf. *Mt* 25, 21.
[32] Cf. *2 R* 2, 9.
[33] Cf. *Lc* 1, 17.
[34] Cf. Concilio Vaticano II, *Perfectae caritatis*, 2.
[35] SAN BASILIO DE CESAREA, *Liber de Spiritu Sancto*, 26, 62: PG 32, 184 A.

CÓMO ORAMOS ⟶ La oración ⟶ Tradición

donde los hijos de Dios aprenden a orar como Iglesia y a perseverar en la oración. Particularmente para los niños pequeños, la oración diaria familiar es el primer testimonio de la memoria viva de la Iglesia que es despertada pacientemente por el Espíritu Santo.

2686 Los *ministros ordenados* son también responsables de la formación en la oración de sus hermanos y hermanas en Cristo. Servidores del buen Pastor, han sido ordenados para guiar al pueblo de Dios a las fuentes vivas de la oración: la Palabra de Dios, la liturgia, la vida teologal, el hoy de Dios en las situaciones concretas.[36]

2687 Muchos *religiosos* han consagrado y consagran toda su vida a la oración. Desde el desierto de Egipto, eremitas, monjes y monjas han dedicado su tiempo a la alabanza de Dios y a la intercesión por su pueblo. La vida consagrada no se mantiene ni se propaga sin la oración; es una de las fuentes vivas de la contemplación y de la vida espiritual en la Iglesia.

2688 La *catequesis* de niños, jóvenes y adultos está orientada a que la Palabra de Dios se medite en la oración personal, se actualice en la oración litúrgica, y se interiorice en todo tiempo a fin de fructificar en una vida nueva. La catequesis es también el momento en que se puede purificar y educar la piedad popular.[37] La memorización de las oraciones fundamentales ofrece una base indispensable para la vida de oración, pero es importante hacer gustar su sentido.[38]

2689 Los *grupos de oración,* o "las escuelas de oración", son hoy uno de los signos y uno de los recursos de la renovación de la oración en la Iglesia, a condición de que beban en las auténticas fuentes de la plegaria cristiana. La preocupación por mantener la comunión es un signo de la autenticidad de la oración en la Iglesia.

2690 El Espíritu Santo da a ciertos fieles dones de sabiduría, de fe y de discernimiento dirigidos a este bien común que es la oración (*dirección espiritual*). Aquellos y aquellas que han sido dotados de tales dones son verdaderos servidores de la tradición viva de la oración:

> Por eso, el alma que quiere avanzar en la perfección, según el consejo de San Juan de la Cruz, debe "mirar en cuyas manos se pone, porque cual fuere el maestro tal será el discípulo, y cual el padre, tal el hijo". Y añade que el director "además de ser sabio y discreto, ha de ser experimentado. Si no hay experiencia de lo que es puro y verdadero espíritu, no atinará a encaminar al alma en él, cuando Dios se lo da, ni aun lo entenderá".[39]

---

[36] Cf. Concilio Vaticano II, *Presbyterorum ordinis*, 4-6.
[37] Cf. JUAN PABLO II, exh. ap. *Catechesi tradendae*, 54.
[38] Cf. *ibid.*, 55.
[39] Cf. SAN JUAN DE LA CRUZ, *Llama de amor viva*, 3, 30.

Lugares favorables para la oración

2691 La iglesia, casa de Dios, es el lugar propio de la oración litúrgica de la comunidad parroquial. Es también el lugar privilegiado para la adoración de la presencia real de Cristo en el Santísimo Sacramento. La elección de un lugar favorable no es indiferente para la verdad de la oración:

— para la oración personal, el lugar favorable puede ser un "rincón de oración", con las Sagradas Escrituras e imágenes, a fin de estar "en lo secreto" ante nuestro Padre.[40] En una familia cristiana este tipo de pequeño oratorio favorece la oración en común;

— en las regiones en que existen monasterios, una misión de estas comunidades es favorecer la participación de los fieles en la Oración de las Horas y permitir la soledad necesaria para una oración personal más intensa;[41]

— las peregrinaciones evocan nuestro caminar por la tierra hacia el cielo. Son tradicionalmente tiempos fuertes de renovación de la oración. Los santuarios son, para los peregrinos en busca de fuentes vivas, lugares excepcionales para vivir en comunión con la Iglesia las formas de la oración cristiana.

RESUMEN

2692 En su oración, la Iglesia peregrina se asocia con la de los santos cuya intercesión solicita.

2693 Las diferentes espiritualidades cristianas participan en la tradición viva de la oración y son guías preciosos para la vida espiritual.

2694 La familia cristiana es el primer lugar de educación para la oración.

2695 Los ministros ordenados, la vida consagrada, la catequesis, los grupos de oración, la "dirección espiritual" aseguran en la Iglesia una ayuda para la oración.

2696 Los lugares más favorables para la oración son el oratorio personal o familiar, los monasterios, los santuarios de peregrinación y, sobre todo, el templo que es el lugar propio de la oración litúrgica para la comunidad parroquial y el lugar privilegiado de la adoración eucarística.

---

[40] Cf. *Mt* 6, 6.   [41] Cf. Concilio Vaticano II, *Perfectae caritatis*, 7.

CÓMO ORAMOS → La oración → La amistad

Capítulo tercero
La vida de oración

FUENTES DE LA ESCRITURA Y DE LA IGLESIA

La siguiente parte del *Catecismo* utiliza estas fuentes de la Escritura y de la Iglesia. Véase el "Índice de citas" para una lista completa de referencias

Antiguo Testamento	Citadas en el *Catecismo*
Cantar de los Cantares	CIC 2709
Jeremías	CIC 2713
Nuevo Testamento	
Mateo	CIC 2701, 2719
Marcos	CIC 2701, 2707
Lucas	CIC 2712
Efesios	CIC 2714
Escritores eclesiásticos	
San Gregorio Nacianceno	CIC 2697
San Ignacio de Antioquía	CIC 2715
San Isaac de Nínive	CIC 2717
San Juan Crisóstomo	CIC 2700
San Juan de la Cruz	CIC 2717
Santa Teresa (de Jesús) de Ávila	CIC 2704, 2709

PALABRAS CLAVE

La siguiente parte del *Catecismo* utiliza estas palabras clave. Véase el "Glosario" para su definición.

Palabras	Citadas en el *Catecismo*
Contemplación	CIC 2715
Meditation	CIC 2705
Rosario	CIC 2708

2697 La oración es la vida del corazón nuevo. Debe animarnos en todo momento. Nosotros, sin embargo, olvidamos al que es nuestra Vida y nuestro Todo. Por eso, los Padres espirituales, en la tradición del Deuteronomio y de los profetas, insisten en la oración como un "recuerdo de Dios", un frecuente despertar la "memoria del corazón": "Es necesario acordarse de Dios más a menudo que de respirar".[1] Pero no se puede orar "en todo tiempo" si no se ora,

---

[1] SAN GREGORIO NACÍANCENO, *Orationes Theologicae*, 1, 4: PG 36 16B.

con particular dedicación, en algunos momentos: son los tiempos fuertes de la oración cristiana, en intensidad y en duración.

2698 La Tradición de la Iglesia propone a los fieles unos ritmos de oración destinados a alimentar la oración continua. Algunos son diarios: la oración de la mañana y la de la tarde, antes y después de comer, la Liturgia de las Horas. El domingo, centrado en la Eucaristía, se santifica principalmente por medio de la oración. El ciclo del año litúrgico y sus grandes fiestas son los ritmos fundamentales de la vida de oración de los cristianos.

2699 El Señor conduce a cada persona por los caminos que Él dispone y de la manera que Él quiere. Cada fiel, a su vez, le responde según la determinación de su corazón y las expresiones personales de su oración. No obstante, la tradición cristiana ha conservado tres expresiones principales de la vida de oración: la oración vocal, la meditación y la oración de contemplación. Tienen en común un rasgo fundamental: el recogimiento del corazón. Esta actitud vigilante para conservar la Palabra y permanecer en presencia de Dios hace de estas tres expresiones tiempos fuertes de la vida de oración.

ARTÍCULO 1
LAS EXPRESIONES DE LA ORACIÓN

I. LA ORACIÓN VOCAL

2700 Por medio de su Palabra, Dios habla al hombre. Por medio de palabras, mentales o vocales, nuestra oración toma cuerpo. Pero lo más importante es la presencia del corazón ante Aquél a quien hablamos en la oración. "Que nuestra oración sea escuchada no depende de la cantidad de palabras, sino del fervor de nuestras almas".[2]

2701 La oración vocal es un elemento indispensable de la vida cristiana. A los discípulos, atraídos por la oración silenciosa de su Maestro, éste les enseña una oración vocal: el "Padre Nuestro". Jesús no solamente ha rezado las oraciones litúrgicas de la sinagoga; los Evangelios nos lo presentan elevando la voz para expresar su oración personal, desde la bendición exultante del Padre,[3] hasta la agonía de Getsemaní.[4]

2702 Esta necesidad de asociar los sentidos a la oración interior responde a una exigencia de nuestra naturaleza humana. Somos cuerpo y espíritu, y experimentamos la necesidad de traducir exteriormente núestros sentimientos. Es necesario rezar con todo nuestro ser para dar a nuestra súplica todo el poder posible.

---

[2] SAN JUAN CRISÓSTOMO, *Eclogae ex diversis homiliis*, 2: PG 63, 583A.

[3] Cf. *Mt* 11, 25-26.
[4] Cf. *Mc* 14, 36.

CÓMO ORAMOS ⟶ La oración ⟶ La amistad

2703 Esta necesidad responde también a una exigencia divina. Dios busca adoradores en espíritu y en verdad, y, por consiguiente, la oración que brota viva desde las profundidades del alma. También reclama una expresión exterior que asocia el cuerpo a la oración interior, porque esta expresión corporal es signo del homenaje perfecto al que Dios tiene derecho.

2097

2704 La oración vocal es la oración por excelencia de las multitudes por ser exterior y tan plenamente humana. Pero incluso la más interior de las oraciones no podría prescindir de la oración vocal. La oración se hace interior en la medida en que tomamos conciencia de Aquél "a quien hablamos".[5] Por ello, la oración vocal se convierte en una primera forma de oración contemplativa.

II. LA MEDITACIÓN

2705 La meditación es, sobre todo, una búsqueda. El espíritu trata de comprender el porqué y el cómo de la vida cristiana para adherirse y responder a lo que el Señor pide. Hace falta una atención difícil de encauzar. Habitualmente se hace con la ayuda de algún libro, que a los cristianos no les falta: las Sagradas Escrituras, especialmente el Evangelio, las imágenes sagradas, los textos litúrgicos del día o del tiempo, los escritos de los Padres espirituales, las obras de espiritualidad, el gran libro de la creación y el de la historia, la página del "hoy" de Dios.

158

127

2706 Meditar lo que se lee conduce a apropiárselo confrontándolo consigo mismo. Aquí, se abre otro libro: el de la vida. Se pasa de los pensamientos a la realidad. Según sean la humildad y la fe, se descubren los movimientos que agitan el corazón y se les puede discernir. Se trata de hacer la verdad para llegar a la Luz: "Señor, ¿qué quieres que haga?".

2707 Los métodos de meditación son tan diversos como diversos son los maestros espirituales. Un cristiano debe querer meditar regularmente; si no, se parece a las tres primeras clases de terreno de la parábola del sembrador.[6] Pero un método no es más que un guía; lo importante es avanzar, con el Espíritu Santo, por el único camino de la oración: Cristo Jesús.

2690

2664

2708 La meditación hace intervenir al pensamiento, la imaginación, la emoción y el deseo. Esta movilización es necesaria para profundizar en las convicciones de fe, suscitar la conversión del corazón y fortalecer la voluntad de seguir a Cristo. La oración cristiana se aplica preferentemente a meditar "los misterios de Cristo", como en la "lectio divina" o en el Rosario. Esta forma de reflexión orante es de gran valor, pero la oración cristiana debe ir más lejos: hacia el conocimiento del amor del Señor Jesús, a la unión con Él.

516

2678

---

[5] SANTA TERESA DE JESÚS, *Camino de perfección*, 26.

[6] Cf. *Mc* 4, 4-7.15-19.

III. LA ORACIÓN DE CONTEMPLACIÓN

2562-2564

2709 ¿Qué es esta oración? Santa Teresa responde: "No es otra cosa oración mental, a mi parecer, sino tratar de amistad, estando muchas veces tratando a solas con quien sabemos nos ama".[7]

La contemplación busca al "amado de mi alma" (*Ct* 1, 7).[8] Esto es, a Jesús y en Él, al Padre. Es buscado porque desearlo es siempre el comienzo del amor, y es buscado en la fe pura, esta fe que nos hace nacer de Él y vivir en Él. En la contemplación se puede también meditar, pero la mirada está centrada en el Señor.

2726

2710 La elección *del tiempo y de la duración de la oración* de contemplación depende de una voluntad decidida, reveladora de los secretos del corazón. No se hace contemplación cuando se tiene tiempo, sino que se toma el tiempo de estar con el Señor con la firme decisión de no dejarlo y volverlo a tomar, cualesquiera que sean las pruebas y la sequedad del encuentro. No se puede meditar en todo momento, pero sí se puede entrar siempre en contemplación, independientemente de las condiciones de salud, trabajo o afectividad. El corazón es el lugar de la búsqueda y del encuentro, en la pobreza y en la fe.

1348

2711 La *entrada en la contemplación* es análoga a la de la Liturgia eucarística: "recoger" el corazón, recoger todo nuestro ser bajo la moción del Espíritu Santo, habitar la morada del Señor que somos nosotros mismos, despertar la fe para entrar en la presencia de Aquel que nos espera, hacer que caigan nuestras máscaras y volver nuestro corazón hacia el Señor que nos ama, para

2100

ponernos en sus manos como una ofrenda que hay que purificar y transformar.

2712 La contemplación es la oración del hijo de Dios, del pecador perdonado que consiente en acoger el amor con el que es amado y que quiere responder a él amando más todavía.[9] Pero sabe que su amor, a su vez, es el que el Espíritu derrama en su corazón, porque todo es gracia por parte de Dios. La contemplación es la entrega humilde y pobre a la voluntad amorosa del Padre, en unión cada vez más profunda con su Hijo amado.

2822

2713 Así, la contemplación es la expresión más sencilla del misterio de la oración. Es un *don*, una gracia; no puede ser acogida más que en la humildad y en la pobreza. La oración contemplativa es una relación de *alianza* establecida por Dios en el fondo de nuestro ser.[10] Es *comunión*: en ella, la Santísima Trinidad conforma al hombre, imagen de Dios, "a su semejanza".

2259

2714 La contemplación es también el *tiempo fuerte* por excelencia de la oración. En ella, el Padre nos concede "que seamos vigorosamente fortalecidos

---

[7] SANTA TERESA DE JESÚS, *Libro de la vida*, 8.
[8] Cf. *Ct* 3, 1-4.
[9] Cf. *Lc* 7, 36-50; 19, 1-10.
[10] Cf. *Jr* 31, 33.

CÓMO ORAMOS → La oración → La amistad

CIC 2720

por la acción de su Espíritu en el hombre interior, que Cristo habite por la fe en nuestros corazones y que quedemos arraigados y cimentados en el amor".[11]

2715 La contemplación es *mirada* de fe, fijada en Jesús. "Yo le miro y él me mira", decía a su santo cura un campesino de Ars que oraba ante el Sagrario. Esta atención a Él es renuncia a "mí". Su mirada purifica el corazón. La luz de la mirada de Jesús ilumina los ojos de nuestro corazón; nos enseña a ver todo a la luz de su verdad y de su compasión por todos los hombres. La contemplación dirige también su mirada a los misterios de la vida de Cristo. Aprende así el "conocimiento interno del Señor" para más amarle y seguirle.[12]

1380

521

2716 La contemplación es *escucha* de la palabra de Dios. Lejos de ser pasiva, esta escucha es la obediencia de la fe, acogida incondicional del siervo y adhesión amorosa del hijo. Participa en el "sí" del Hijo hecho siervo y en el "fíat" de su humilde esclava.

494

2717 La contemplación es *silencio,* este "símbolo del mundo venidero"[13] o "amor silencioso".[14] Las palabras en la oración contemplativa no son discursos, sino ramillas que alimentan el fuego del amor. En este silencio, insoportable para el hombre "exterior", el Padre nos da a conocer a su Verbo encarnado, sufriente, muerto y resucitado, y el Espíritu filial nos hace partícipes de la oración de Jesús.

533

498

2718 La contemplación es unión con la oración de Cristo en la medida en que ella nos hace participar en su misterio. El misterio de Cristo es celebrado por la Iglesia en la Eucaristía; y el Espíritu Santo lo hace vivir en la contemplación para que sea manifestado por medio de la caridad en acto.

2719 La contemplación es una comunión de amor portadora de vida para la multitud, en la medida en que se acepta vivir en la noche de la fe. La noche pascual de la resurrección pasa por la de la agonía y la del sepulcro. Son estos tres tiempos fuertes de la Hora de Jesús los que su Espíritu (y no la "carne que es débil") hace vivir en la contemplación. Es necesario aceptar el "velar una hora con él".[15]

165

2730

RESUMEN

2720 La Iglesia invita a los fieles a una oración regulada: oraciones diarias, Liturgia de las Horas, Eucaristía dominical, fiestas del año litúrgico.

---

[11] Cf. *Ef* 3, 16-17.
[12] Cf. SAN IGNACIO DE LOYOLA, *Ejercicios espirituales,* 104.
[13] Cf. SAN ISAAC DE NÍNIVE, *Tractatus mystici,* editio Bedjan, 66.
[14] SAN JUAN DE LA CRUZ, *Palabras de luz y de amor, 2,* 530.
[15] Cf. *Mt* 26, 40.

2721 La tradición cristiana contiene tres importantes expresiones de la vida de oración: la oración vocal, la meditación y la oración contemplativa. Las tres tienen en común el recogimiento del corazón.

2722 La oración vocal, fundada en la unión del cuerpo con el espíritu en la naturaleza humana, asocia el cuerpo a la oración interior del corazón a ejemplo de Cristo que ora a su Padre y enseña el "Padre Nuestro" a sus discípulos.

2723 La meditación es una búsqueda orante, que hace intervenir al pensamiento, la imaginación, la emoción, el deseo. Tiene por objeto la apropiación creyente de la realidad considerada, que es confrontada con la realidad de nuestra vida.

2724 La oración contemplativa es la expresión sencilla del misterio de la oración. Es una mirada de fe, fijada en Jesús, una escucha de la Palabra de Dios, un silencioso amor. Realiza la unión con la oración de Cristo en la medida en que nos hace participar de su misterio.

ARTÍCULO 2
EL COMBATE DE LA ORACIÓN

FUENTES DE LA ESCRITURA Y DE LA IGLESIA

La siguiente parte del *Catecismo* utiliza estas fuentes de la Escritura y de la Iglesia. Véase el "Índice de citas" para una lista completa de referencias

Antiguo Testamento	Citadas en el *Catecismo*
Salmos	CIC 2730
Nuevo Testamento	
Mateo	CIC 2729, 2733, 2736, 2743
Marcos	CIC 2728
Lucas	CIC 2731, 2743
Juan	CIC 2731, 2732, 2745
Romanos	CIC 2734, 2736, 2739
Gálatas	CIC 2744
Efesios	CIC 2742
1 Tesalonicenses	CIC 2742
Hebreos	CIC 2741
Santiago	CIC 2737

CÓMO ORAMOS → La oración → La amistad

CIC 2727

FUENTES DE LA ESCRITURA Y DE LA IGLESIA

(continuación)

Escritores eclesiásticos	Citadas en el *Catecismo*
Evagrio Póntico	CIC 2737, 2742
Orígenes	CIC 2745
San Alfonso María de Ligorio	CIC 2744
San Agustín	CIC 2737
San Juan Crisóstomo	CIC 2743, 2744

PALABRAS CLAVE

La siguiente parte del *Catecismo* utiliza estas palabras clave.
Véase el "Glosario" para su significado.

Palabras	Citadas en el *Catecismo*
Pereza	CIC 2733

2725 La oración es un don de la gracia y una respuesta decidida por nuestra parte. Supone siempre un esfuerzo. Los grandes orantes de la Antigua Alianza antes de Cristo, así como la Madre de Dios y los santos con Él nos enseñan que la oración es un combate. ¿Contra quién? Contra nosotros mismos y contra las astucias del Tentador que hace todo lo posible por separar al hombre de la oración, de la unión con su Dios. Se ora como se vive, porque se vive como se ora. El que no quiere actuar habitualmente según el Espíritu de Cristo, tampoco podrá orar habitualmente en su Nombre. El "combate espiritual" de la vida nueva del cristiano es inseparable del combate de la oración.

2612

409

2015

I. LAS OBJECIONES A LA ORACIÓN

2726 En el combate de la oración, tenemos que hacer frente en nosotros mismos y en torno a nosotros a *conceptos erróneos sobre la oración*. Unos ven en ella una simple operación psicológica, otros un esfuerzo de concentración para llegar a un vacío mental. Otros la reducen a actitudes y palabras rituales. En el inconsciente de muchos cristianos, orar es una ocupación incompatible con todo lo que tienen que hacer: no tienen tiempo. Hay quienes buscan a Dios por medio de la oración, pero se desalientan pronto porque ignoran que la oración viene también del Espíritu Santo y no solamente de ellos.

2710

2727 También tenemos que hacer frente a *mentalidades* de "este mundo" que nos invaden si no estamos vigilantes. Por ejemplo: lo verdadero sería sólo aquello que se puede verificar por la razón y la ciencia (ahora bien, orar es un misterio que desborda nuestra conciencia y nuestro inconsciente); es valioso aquello que produce y da rendimiento (luego, la oración es inútil, pues es

37

improductiva); el sensualismo y el confort adoptados como criterios de verdad, de bien y de belleza (y he aquí que la oración es "amor de la Belleza absoluta" [philocalia], y sólo se deja cautivar por la gloria del Dios vivo y verdadero); y por reacción contra el activismo, se da otra mentalidad según la cual la oración es vista como posibilidad de huir de este mundo (pero la oración cristiana no puede escaparse de la historia ni divorciarse de la vida).

2728 Por último, en este combate hay que hacer frente a lo que es sentido como *fracasos en la oración:* desaliento ante la sequedad, tristeza de no entregarnos totalmente al Señor, porque tenemos "muchos bienes" (*Mc* 10, 22); decepción por no ser escuchados según nuestra propia voluntad; herida de nuestro orgullo que se endurece en nuestra indignidad de pecadores, alergia a la gratuidad de la oración… La conclusión es siempre la misma: ¿Para qué orar? Es necesario luchar con humildad, confianza y perseverancia, si se quieren vencer estos obstáculos.

II. NECESIDAD DE UNA HUMILDE VIGILANCIA

Frente a las dificultades de la oración

2729 La dificultad habitual de la oración es la *distracción*. En la oración vocal, la distracción puede referirse a las palabras y al sentido de éstas. La distracción, de un modo más profundo, puede referirse a Aquél al que oramos, tanto en la oración vocal (litúrgica o personal), como en la meditación y en la oración contemplativa. Salir a la caza de la distracción es caer en sus redes; basta volver a concentrarse en la oración: la distracción descubre al que ora aquello a lo que su corazón está apegado. Esta humilde toma de conciencia debe empujar al orante a ofrecerse al Señor para ser purificado. El combate se decide cuando se elige a quién se desea servir.[16]

2730 Mirado positivamente, el combate contra el yo posesivo y dominador consiste en la *vigilancia*. Cuando Jesús insiste en la vigilancia, es siempre en relación a Él, a su Venida, al último día y al "hoy". El esposo viene en mitad de la noche; la luz que no debe apagarse es la de la fe: "Dice de ti mi corazón: busca su rostro" (*Sal* 27, 8).

2731 Otra dificultad, especialmente para los que quieren sinceramente orar, es la *sequedad*. Forma parte de la contemplación en la que el corazón está seco, sin gusto por los pensamientos, recuerdos y sentimientos, incluso espirituales. Es el momento en que la fe es más pura, la fe que se mantiene firme junto a Jesús en su agonía y en el sepulcro. "El grano de trigo, si muere, da mucho fruto" (*Jn* 12, 24). Si la sequedad se debe a falta de raíz, porque la Palabra ha caído sobre roca, no hay éxito en el combate sin una mayor conversión.[17]

---

[16] Cf. *Mt* 6, 21.24.   [17] Cf. *Lc* 8, 6.13.

CÓMO ORAMOS ⟶ La oración ⟶ La amistad

Frente a las tentaciones en la oración

2732 La tentación más frecuente, la más oculta, es nuestra falta de fe. Esta se expresa menos en una incredulidad declarada que en unas preferencias de hecho. Cuando se empieza a orar, se presentan como prioritarios mil trabajos y cuidados que se consideran más urgentes; una vez más, es el momento de la verdad del corazón y de clarificar preferencias. En cualquier caso, la falta de fe revela que no se ha alcanzado todavía la disposición propia de un corazón humilde: "Sin mí, no podéis hacer nada" (*Jn* 15, 5).

2733 Otra tentación a la que abre la puerta la presunción es la *acedía*. Los Padres espirituales entienden por ella una forma de aspereza o de desabrimiento debidos a la pereza, al relajamiento de la ascesis, al descuido de la vigilancia, a la negligencia del corazón. "El espíritu está pronto pero la carne es débil" (*Mt* 26, 41). El desaliento, doloroso, es el reverso de la presunción. Quien es humilde no se extraña de su miseria; ésta le lleva a una mayor confianza, a mantenerse firme en la constancia.

III. LA CONFIANZA FILIAL

2734 La confianza filial se prueba en la tribulación,[18] particularmente cuando se *ora pidiendo* para sí o para los demás. Hay quien deja de orar porque piensa que su oración no es escuchada. A este respecto se plantean dos cuestiones: Por qué la oración de petición no ha sido escuchada; y cómo la oración es escuchada o "eficaz".

Queja por la oración no escuchada

2735 He aquí una observación llamativa: cuando alabamos a Dios o le damos gracias por sus beneficios en general, no estamos preocupados por saber si esta oración le es agradable. Por el contrario, cuando pedimos, exigimos ver el resultado. ¿Cuál es entonces la imagen de Dios presente en este modo de orar: Dios como medio o Dios como el Padre de Nuestro Señor Jesucristo?

2736 ¿Estamos convencidos de que "nosotros no sabemos pedir como conviene" (*Rm* 8, 26)? ¿Pedimos a Dios los "bienes convenientes"? Nuestro Padre sabe bien lo que nos hace falta antes de que nosotros se lo pidamos,[19] pero espera nuestra petición porque la dignidad de sus hijos está en su libertad. Por tanto es necesario orar con su Espíritu de libertad, para poder conocer en verdad su deseo.[20]

2737 "No tenéis porque no pedís. Pedís y no recibís porque pedís mal, con la intención de malgastarlo en vuestras pasiones" (*St* 4, 2-3).[21] Si pedimos con un corazón dividido, "adúltero",[22] Dios no puede escucharnos porque Él

---

[18] Cf. *Rm* 5, 3-5.
[19] Cf. *Mt* 6, 8.
[20] Cf. *Rm* 8, 27.
[21] Cf. todo el contexto: *St* 4, 1-10; 1, 5-8; 5, 16.
[22] Cf. *St* 4, 4.

quiere nuestro bien, nuestra vida. "¿Pensáis que la Escritura dice en vano: Tiene deseos ardientes el espíritu que él ha hecho habitar en nosotros" (*St* 4, 5)? Nuestro Dios está "celoso" de nosotros, lo que es señal de la verdad de su amor. Entremos en el deseo de su Espíritu y seremos escuchados:

> No te aflijas si no recibes de Dios inmediatamente lo que pides: es él quien quiere hacerte más bien todavía mediante tu perseverancia en permanecer con él en oración.[23] Él quiere que nuestro deseo sea probado en la oración. Así nos dispone para recibir lo que él está dispuesto a darnos.[24]

La oración es eficaz

2568
307

2738 La revelación de la oración en la Economía de la salvación enseña que la fe se apoya en la acción de Dios en la historia. La confianza filial es suscitada por medio de su acción por excelencia: la Pasión y la Resurrección de su Hijo. La oración cristiana es cooperación con su Providencia y su designio de amor hacia los hombres.

2778

2739 En San Pablo, esta confianza es audaz,[25] basada en la oración del Espíritu en nosotros y en el amor fiel del Padre que nos ha dado a su Hijo único.[26] La transformación del corazón que ora es la primera respuesta a nuestra petición.

2604

2740 La oración de Jesús hace de la oración cristiana una petición eficaz. Él es su modelo. El ora en nosotros y con nosotros. Puesto que el corazón del Hijo no busca más que lo que agrada al Padre, ¿cómo el de los hijos de adopción se apegaría más a los dones que al Dador?

2606

2614

2741 Jesús ora también por nosotros, en nuestro lugar y en favor nuestro. Todas nuestras peticiones han sido recogidas una vez por todas en sus Palabras en la Cruz; y escuchadas por su Padre en la Resurrección: por eso no deja de interceder por nosotros ante el Padre.[27] Si nuestra oración está resueltamente unida a la de Jesús, en la confianza y la audacia filial, obtenemos todo lo que pidamos en su Nombre, y aún más de lo que pedimos: recibimos al Espíritu Santo, que contiene todos los dones.

IV. PERSEVERAR EN EL AMOR

2098

2742 "Orad constantemente" (*1 Ts* 5, 17), "dando gracias continuamente y por todo a Dios Padre, en nombre de Nuestro Señor Jesucristo" (*Ef* 5, 20),

---

[23] EVAGRIO PÓNTICO, *De oratione, 34: PG 79, 1173*.
[24] SAN AGUSTÍN, Epistulae, 130, 8, 17: PL 33, 500.
[25] Cf. *Rm* 10, 12-13.
[26] Cf. *Rm* 8, 26-39.
[27] Cf. *Hb* 5, 7; 7, 25; 9, 24.

CÓMO ORAMOS ⟶ La oración ⟶ La amistad

CIC 2745

"siempre en oración y súplica, orando en toda ocasión en el Espíritu, velando juntos con perseverancia e intercediendo por todos los santos" (*Ef* 6, 18). "No nos ha sido prescrito trabajar, vigilar y ayunar constantemente; pero sí tenemos una ley que nos manda orar sin cesar".[28] Este ardor incansable no puede venir más que del amor. Contra nuestra inercia y nuestra pereza, el combate de la oración es el del amor humilde, confiado y perseverante. Este amor abre nuestros corazones a tres evidencias de fe, luminosas y vivificantes:

162

2743 Orar es *siempre posible:* El tiempo del cristiano es el de Cristo resucitado que está "con nosotros, todos los días" (*Mt* 28, 20), cualesquiera que sean las tempestades.[29] Nuestro tiempo está en las manos de Dios:

> Es posible, incluso en el mercado o en un paseo solitario, hacer una frecuente y fervorosa oración. Sentados en vuestra tienda, comprando o vendiendo, o incluso haciendo la cocina.[30]

2744 Orar es una *necesidad vital:* si no nos dejamos llevar por el Espíritu caemos en la esclavitud del pecado.[31] ¿Cómo puede el Espíritu Santo ser "vida nuestra", si nuestro corazón está lejos de él?

> Nada vale como la oración: hace posible lo que es imposible, fácil lo que es difícil. Es imposible que el hombre que ora pueda pecar.[32]

> Quien ora se salva ciertamente, quien no ora se condena ciertamente.[33]

2745 Oración y *vida cristiana* son *inseparables* porque se trata del mismo amor y de la misma renuncia que procede del amor. La misma conformidad filial y amorosa al designio de amor del Padre. La misma unión transformante en el Espíritu Santo que nos conforma cada vez más con Cristo Jesús. Él mismo amor a todos los hombres, ese amor con el cual Jesús nos ha amado. "Todo lo que pidáis al Padre en mi Nombre os lo concederá. Lo que os mando es que os améis los unos a los otros" (*Jn* 15, 1617).

2660

> Ora continuamente el que une la oración a las obras y las obras a la oración. Sólo así podemos encontrar realizable el principio de la oración continua.[34]

---

[28] EVAGRIO PÓNTICO, *Capita practica ad Anatolium,* 49: PG 40, 1245C.
[29] Cf. *Lc* 8, 24.
[30] SAN JUAN CRISÓSTOMO, *Eclogae ex diversis homiliis,* 2: PG 63, 585ª.
[31] Cf. *Ga* 5, 16-25.
[32] SAN JUAN CRISÓSTOMO, *Sermones de Anna,* 4, 5: PG 54, 666.
[33] SAN ALFONSO MARÍA DE LIGORIO, *Del gran mezzo della preghiera*
[34] ORÍGENES, *De oratione,* 12.

CIC 2746

Cuarta parte: La oración cristiana

ARTÍCULO 3
LA ORACIÓN EN LA HORA DE JESÚS

FUENTES DE LA ESCRITURA Y DE LA IGLESIA

La siguiente parte del *Catecismo* utiliza estas fuentes de la Escritura y de la Iglesia. Véase el "Índice de citas" para una lista completa de referencias

Nuevo Testamento	Citadas en el *Catecismo*
Juan	CIC 2746, 2747, 2749-2751, 2758
Efesios	CIC 2748
1 Tesalonicenses	CIC 2757

2746 Cuando ha llegado su hora, Jesús ora al Padre.[35] Su oración, la más larga transmitida por el Evangelio, abarca toda la Economía de la creación y de la salvación, así como su Muerte y su Resurrección. Al igual que la Pascua de Jesús, realizada "una vez para siempre", permanece siempre actual, de la misma manera la oración de la "Hora de Jesús" sigue presente en la Liturgia de la Iglesia.

1085

2747 La tradición cristiana acertadamente la denomina la oración "sacerdotal" de Jesús. Es la oración de nuestro Sumo Sacerdote, inseparable de su sacrificio, de su "paso" [pascua] hacia el Padre donde él es "consagrado" enteramente al Padre.[36]

2748 En esta oración pascual, sacrificial, todo está "recapitulado" en Él:[37] Dios y el mundo, el Verbo y la carne, la vida eterna y el tiempo, el amor que se entrega y el pecado que lo traiciona, los discípulos presentes y los que creerán en Él por su palabra, su humillación y su Gloria. Es la oración de la unidad.

518

820

2749 Jesús ha cumplido toda la obra del Padre, y su oración, al igual que su sacrificio, se extiende hasta la consumación de los siglos. La oración de la "Hora de Jesús" llena los últimos tiempos y los lleva hacia su consumación. Jesús, el Hijo a quien el Padre ha dado todo, se entrega enteramente al Padre y, al mismo tiempo, se expresa con una libertad soberana[38] debido al poder que el Padre le ha dado sobre toda carne. El Hijo que se ha hecho Siervo, es el Señor, el Pantocrátor. Nuestro Sumo Sacerdote que ruega por nosotros es también el que ora en nosotros y el Dios que nos escucha.

2616

---

[35] Cf. *Jn* 17.
[36] Cf. *Jn* 17, 11. 13.19.
[37] Cf. *Ef* 1, 10.
[38] Cf. *Jn* 17, 11.13.19.24.

CÓMO ORAMOS ⟶ La oración ⟶ La amistad

2750 Si en el Santo Nombre de Jesús, nos ponemos a orar, podemos recibir en toda su hondura la oración que Él nos enseña: "Padre Nuestro". La oración sacerdotal de Jesús inspira, desde dentro, las grandes peticiones del Padre Nuestro: la preocupación por el Nombre del Padre,[39] el deseo de su Reino (la Gloria),[40] el cumplimiento de la voluntad del Padre, de su Designio de salvación[41] y la liberación del mal.[42]

2751 Por último, en esta oración Jesús nos revela y nos da el "conocimiento" indisociable del Padre y del Hijo[43] que es el misterio mismo de la vida de oración.

RESUMEN

2752 La oración supone un esfuerzo y una lucha contra nosotros mismos y contra las astucias del Tentador. El combate de la oración es inseparable del "combate espiritual" necesario para actuar habitualmente según el Espíritu de Cristo: Se ora como se vive porque se vive como se ora.

2753 En el combate de la oración debemos hacer frente a concepciones erróneas, a diversas corrientes de mentalidad, a la experiencia de nuestros fracasos. A estas tentaciones que ponen en duda la utilidad o la posibilidad misma de la oración conviene responder con humildad, confianza y perseverancia.

2754 Las dificultades principales en el ejercicio de la oración son la distracción y la sequedad. El remedio está en la fe, la conversión y la vigilancia del corazón.

2755 Dos tentaciones frecuentes amenazan la oración: la falta de fe y la acedía que es una forma de depresión o de pereza debida al relajamiento de la ascesis y que lleva al desaliento.

2756 La confianza filial se pone a prueba cuando tenemos el sentimiento de no ser siempre escuchados. El Evangelio nos invita a conformar nuestra oración al deseo del Espíritu.

2757 "Orad continuamente" (*1 Ts* 5, 17). Orar es siempre posible. Es incluso una necesidad vital. Oración y vida cristiana son inseparables.

2758 La oración de la "Hora de Jesús", llamada con razón "oración sacerdotal",[44] recapitula toda la Economía de la creación y de la salvación. Inspira las grandes peticiones del "Padre Nuestro".

---

[39] Cf. *Jn* 17, 6.11.12.26.
[40] Cf. *Jn* 17, 1.5.10.22.24.
[41] Cf. *Jn* 17, 2.4.6.9.11.12.24.
[42] Cf. *Jn* 17, 15.
[43] Cf. *Jn* 17, 3.6-10.25.
[44] Cf. *Jn* 17.

Cómo oramos

CUARTA PARTE: LA ORACIÓN CRISTIANA

ORACIÓN

Segunda sección: la oración del Señor – "Padre nuestro"

Resumen de todo el Evangelio
(Artículo 1)

"Padre nuestro que estás en el cielo"
(Artículo 2)

Las siete peticiones
(Artículo 3)

La doxología final
(Artículo 4)

CIC 2759-2865

CÓMO ORAMOS → La oración → La Escritura

SEGUNDA SECCIÓN
LA ORACIÓN DEL SEÑOR: "PADRE NUESTRO"

FUENTES DE LA ESCRITURA Y DE LA IGLESIA

La siguiente parte del *Catecismo* utiliza estas fuentes de la Escritura y de la Iglesia. Véase el "Índice de citas" para una lista completa de referencias

Antiguo Testamento	Citadas en el *Catecismo*
1 Reyes	CIC 2766
Nuevo Testamento	
Mateo	CIC 2759, 2763, 2776
Lucas	CIC 2759, 2761, 2763, 2773
Juan	CIC 2765, 2766
Romanos	CIC 2766
1 Corintios	CIC 2772, 2776
Gálatas	CIC 2766
Colosenses	CIC 2772
Tito	CIC 2760
1 Pedro	CIC 2769
1 Juan	CIC 2772
Liturgia	
Misal Romano	CIC 2760
Escritores eclesiásticos	
Constitutiones Apostolorum	CIC 2760
Didache XII Apostolorum	CIC 2760, 2767
San Agustín	CIC 2762
San Juan Crisóstomo	CIC 2768
Santo Tomás de Aquino	CIC 2763, 2774
Tertuliano	CIC 2761, 2774

PALABRAS CLAVE

La siguiente parte del *Catecismo* utiliza estas palabras clave. Véase el "Glosario" para su definición.

Palabras	Citadas en el *Catecismo*
Escatología	CIC 2771
Oración del Señor	CIC 2759
Padrenuestro	CIC 2759

2759 "Estando él [Jesús] en cierto lugar, cuando terminó, le dijo uno de sus discípulos: 'Maestro, enséñanos a orar, como enseñó Juan a sus discípulos'" (*Lc* 11, 1). En respuesta a esta petición, el Señor confía a sus discípulos y a su Iglesia la oración cristiana fundamental. San Lucas da de ella un texto breve (con cinco peticiones),[1] San Mateo nos transmite una versión más desarrollada (con siete peticiones).[2] La tradición litúrgica de la Iglesia ha conservado el texto de San Mateo:

> Padre nuestro, que estás en el cielo,
> santificado sea tu Nombre;
> venga a nosotros tu reino;
> hágase tu voluntad en la tierra como en
> el cielo.
> Danos hoy nuestro pan de cada día;
> perdona nuestras ofensas como también
> nosotros perdonamos a los que nos ofenden;
> no nos dejes caer en la tentación,
> y líbranos del mal.

2760 Muy pronto, la práctica litúrgica concluyó la oración del Señor con una doxología. En la Didaché se afirma: "Tuyo es el poder y la gloria por siempre".[3] Las Constituciones apostólicas añaden en el comienzo: "el reino":[4] y ésta es la fórmula actual para la oración ecuménica. La tradición bizantina añade después un gloria al "Padre, Hijo y Espíritu Santo". El misal romano desarrolla la última petición (Embolismo: "líbranos del mal")[5] en la perspectiva explícita de "aguardando la feliz esperanza" (*Tt* 2, 13) y "la gloriosa venida de nuestro Salvador Jesucristo"; después se hace la aclamación de la asamblea, volviendo a tomar la doxología de las Constituciones apostólicas.

ARTÍCULO 1
"RESUMEN DE TODO EL EVANGELIO"

2761 "La oración dominical es, en verdad, el resumen de todo el Evangelio".[6] "Cuando el Señor hubo legado esta fórmula de oración, añadió: 'Pedid y se os dará' (*Lc* 11, 9). Por tanto, cada uno puede dirigir al cielo diversas oraciones según sus necesidades, pero comenzando siempre por la oración del Señor que sigue siendo la oración fundamental".[7]

---

[1] Cf. *Lc* 11, 2-4.
[2] Cf. *Mt* 6, 9-13.
[3] *Didaché*, 8, 2.
[4] *Constitución Apostólica*, 7, 24, 1.
[5] *Misal Romano*, Ordinario de la Misa.
[6] TERTULIANO, *De oratione*, 1.
[7] *Ibid,.* 10.

CÓMO ORAMOS ⟶ La oración ⟶ La Escritura

I. CORAZÓN DE LAS SAGRADAS ESCRITURAS

2762 Después de haber expuesto cómo los salmos son el alimento principal de la oración cristiana y confluyen en las peticiones del Padre Nuestro, San Agustín concluye:

> Recorred todas las oraciones que hay en las Escrituras, y no creo que podáis encontrar algo que no esté incluido en la oración dominical.[8]

2763 Toda la Escritura (la Ley, los Profetas y los Salmos) se cumple en Cristo.[9] El Evangelio es esta "Buena Nueva". Su primer anuncio está resumido por San Mateo en el Sermón de la Montaña.[10] Pues bien, la oración del Padre Nuestro está en el centro de este anuncio. En este contexto se aclara cada una de las peticiones de la oración que nos dio el Señor:

> La oración dominical es la más perfecta de las Oraciones... En ella, no sólo pedimos todo lo que podemos desear con rectitud, sino además según el orden en que conviene desearlo. De modo que esta oración no sólo nos enseña a pedir, sino que también forma toda nuestra afectividad.[11]

2764 El Sermón de la Montaña es doctrina de vida, la Oración dominical es plegaria, pero en uno y otra el Espíritu del Señor da forma nueva a nuestros deseos, esos movimientos interiores que animan nuestra vida. Jesús nos enseña esta vida nueva por medio de sus palabras y nos enseña a pedirla por medio de la oración. De la rectitud de nuestra oración dependerá la de nuestra vida en Él.

II. "LA ORACIÓN DEL SEÑOR"

2765 La expresión tradicional "Oración dominical" [es decir, "Oración del Señor"] significa que la oración al Padre nos la enseñó y nos la dio el Señor Jesús. Esta oración que nos viene de Jesús es verdaderamente única; es la oración "del Señor". Por una parte, en efecto, por las palabras de esta oración el Hijo único nos da las palabras que el Padre le ha dado:[12] Él es el Maestro de nuestra oración. Por otra parte, como Verbo encarnado, conoce en su corazón de hombre las necesidades de sus hermanos y hermanas los hombres, y nos las revela: es el Modelo de nuestra oración.

2766 Pero Jesús no nos deja una fórmula para repetirla de modo mecánico.[13] Como en toda oración vocal, el Espíritu Santo, a través de la Palabra de Dios, enseña a los hijos de Dios a hablar con su Padre. Jesús no sólo nos enseña las palabras de la oración filial, sino que nos da también el Espíritu por el que éstas se hacen en nosotros "espíritu y vida" (*Jn* 6, 63). Más todavía: la prueba y la posibilidad de nuestra oración filial es que el Padre "ha enviado a nuestros

---

[8] SAN AGUSTÍN, *Epistulae,* 130, 12, 22: PL 33, 502.
[9] Cf. *Lc* 24, 44.
[10] Cf. *Mt* 5-7.
[11] SANTO TOMÁS DE AQUINO, *Summa theologiae,* II-II, 83, 9.
[12] Cf. *Jn* 17, 7.
[13] Cf. *Mt* 6, 7; *1 R* 18, 26-29.

corazones el Espíritu de su Hijo que clama: '¡Abbá, Padre!'" (*Ga* 4, 6). Ya que nuestra oración interpreta nuestros deseos ante Dios, es también "el que escruta los corazones", el Padre, quien "conoce cuál es la aspiración del Espíritu, y que su intercesión en favor de los santos es según Dios" (*Rm* 8, 27). La oración al Padre se inserta en la misión misteriosa del Hijo y del Espíritu.

690

III. ORACIÓN DE LA IGLESIA

2767 Este don indisociable de las palabras del Señor y del Espíritu Santo que les da vida en el corazón de los creyentes ha sido recibido y vivido por la Iglesia desde los comienzos. Las primeras comunidades recitan la Oración del Señor "tres veces al día",[14] en lugar de las "Dieciocho bendiciones" de la piedad judía.

2768 Según la Tradición apostólica, la Oración del Señor está arraigada esencialmente en la oración litúrgica.

> El Señor nos enseña a orar en común por todos nuestros hermanos. Porque Él no dice "Padre mío" que estás en el cielo, sino "Padre nuestro", a fin de que nuestra oración sea de una sola alma para todo el Cuerpo de la Iglesia.[15]

> En todas las tradiciones litúrgicas, la Oración del Señor es parte integrante de las principales Horas del Oficio divino. Este carácter eclesial aparece con evidencia, sobre todo, en los tres sacramentos de la iniciación cristiana:

1243

2769 En el *Bautismo y la Confirmación,* la entrega ["traditio"] de la Oración del Señor significa el nuevo nacimiento a la vida divina. Como la oración cristiana es hablar con Dios con la misma Palabra de Dios, "los que son engendrados de nuevo por la Palabra del Dios vivo" (*1 P* 1, 23) aprenden a invocar a su Padre con la única Palabra que Él escucha siempre. Y pueden hacerlo de ahora en adelante porque el Sello de la Unción del Espíritu Santo ha sido grabado indeleble en sus corazones, sus oídos, sus labios, en todo su ser filial. Por eso, la mayor parte de los comentarios patrísticos del Padre Nuestro están dirigidos a los catecúmenos y a los neófitos. Cuando la Iglesia reza la Oración del Señor, es siempre el Pueblo de los "neófitos" el que ora y obtiene misericordia.[16]

1350

2770 En la *Liturgia eucarística,* la Oración del Señor aparece como la oración de toda la Iglesia. Allí se revela su sentido pleno y su eficacia. Situada entre la Anáfora (Oración eucarística) y la liturgia de la Comunión, recapitula, por una parte, todas las peticiones e intercesiones expresadas en el movimiento de la epíclesis, y, por otra parte, llama a la puerta del Festín del Reino que la comunión sacramental va a anticipar.

---

[14] Cf. Didaché 8, 3.
[15] SAN JUAN CRISÓSTOMO, *Homilía in Matthaeum,* 19, 4: PG 57, 278D.
[16] Cf. *1 P* 2, 1-10.

CÓMO ORAMOS ⟶ La oración ⟶ La Escritura

2771 En la Eucaristía, la Oración del Señor manifiesta también el carácter escatológico de sus peticiones. Es la oración propia de los "últimos tiempos", tiempos de salvación que han comenzado con la efusión del Espíritu Santo y que terminarán con la Vuelta del Señor. Las peticiones al Padre, a diferencia de las oraciones de la Antigua Alianza, se apoyan en el misterio de salvación ya realizado, de una vez por todas, en Cristo crucificado y resucitado.

1403

2772 De esta fe inquebrantable brota la esperanza que suscita cada una de las siete peticiones. Estas expresan los gemidos del tiempo presente, este tiempo de paciencia y de espera durante el cual "aún no se ha manifestado lo que seremos" (*1 Jn* 3, 2).[17] La Eucaristía y el Padre Nuestro están orientados hacia la venida del Señor, "¡hasta que venga!" (*1 Co* 11, 26).

1820

RESUMEN

2773 En respuesta a la petición de sus discípulos ("Señor, enséñanos a orar": *Lc* 11, 1), Jesús les entrega la oración cristiana fundamental, el "Padre Nuestro".

2774 "La Oración dominical es, en verdad, el resumen de todo el Evangelio",[18] "la más perfecta de las oraciones".[19] Es el corazón de las Sagradas Escrituras.

2775 Se llama "Oración dominical" porque nos viene del Señor Jesús, Maestro y modelo de nuestra oración.

2776 La Oración dominical es la oración por excelencia de la Iglesia. Forma parte integrante de las principales Horas del Oficio divino y de la celebración de los sacramentos de la iniciación cristiana: Bautismo, Confirmación y Eucaristía. Inserta en la Eucaristía, manifiesta el carácter "escatológico" de sus peticiones, en la esperanza del Señor, "hasta que venga" (*1 Co* 11, 26).

---

[17] Cf. *Col* 3, 4.
[18] TERTULIANO, *De oratione*, 1
[19] SANTO TOMÁS DE AQUINO, *Summa theologiae*, II-II, 83, 9.

Cuarta parte: La oración cristiana

ARTÍCULO 2
"PADRE NUESTRO QUE ESTÁS EN EL CIELO"

I. ACERCARSE A ÉL CON TODA CONFIANZA

FUENTES DE LA ESCRITURA Y DE LA IGLESIA

La siguiente parte del *Catecismo* utiliza estas fuentes de la Escritura y de la Iglesia. Véase el "Índice de citas" para una lista completa de referencias

Antiguo Testamento	**Citadas en el *Catecismo***
Génesis	CIC 2795
Éxodo	CIC 2777
Salmos	CIC 2795
Isaías	CIC 2795
Jeremías	CIC 2795
Oseas	CIC 2787
Nuevo Testamento	
Mateo	CIC 2779, 2785, 2792
Lucas	CIC 2795
Juan	CIC 2780, 2787, 2790, 2793, 2795
Hechos de los Apóstoles	CIC 2790
Romanos	CIC 2777, 2790
2 Corintios	CIC 2796
Efesios	CIC 2778, 2790, 2795, 2796
Filipenses	CIC 2796
Colosenses	CIC 2796
Hebreos	CIC 2777, 2778, 2795, 2796
1 Juan	CIC 2778, 2780, 2781, 2790
Apocalipsis	CIC 2788
Concilios ecuménicos	
Vaticano II (1962-1965)	CIC 2783, 2791, 2793, 2799
Escritores eclesiásticos	
San Ambrosio	CIC 2783
San Agustín	CIC 2785, 2794
San Cipriano de Cartago	CIC 2782, 2784

CÓMO ORAMOS ⟶ La oración ⟶ La Escritura

CIC 2779

FUENTES DE LA ESCRITURA Y DE LA IGLESIA

(continuación)

Escritores eclesiásticos	Citadas en el *Catecismo*
San Cirilo de Jerusalén	CIC 2782, 2794
Epistula ad Diognetum	CIC 2796
San Gregorio de Nisa	CIC 2784
San Juan Casiano	CIC 2785
San Juan Crisóstomo	CIC 2784
San Pedro Crisólogo	CIC 2777
Tertuliano	CIC 2779

2777 En la liturgia romana, se invita a la asamblea eucarística a rezar el Padre Nuestro con una audacia filial; las liturgias orientales usan y desarrollan expresiones análogas: "Atrevernos con toda confianza", "Haznos dignos de". Ante la zarza ardiendo, se le dijo a Moisés: "No te acerques aquí. Quita las sandalias de tus pies" (*Ex* 3, 5). Este umbral de la santidad divina, sólo lo podía franquear Jesús, el que "después de llevar a cabo la purificación de los pecados" (*Hb* 1, 3), nos introduce en presencia del Padre: "Henos aquí, a mí y a los hijos que Dios me dio" (*Hb* 2, 13):

> La conciencia que tenemos de nuestra condición de esclavos nos haría meternos bajo tierra, nuestra condición terrena se desharía en polvo, si la autoridad de nuestro mismo Padre y el Espíritu de su Hijo, no nos empujasen a proferir este grito: 'Abbá, Padre' (*Rm* 8, 15)... ¿Cuándo la debilidad de un mortal se atrevería a llamar a Dios Padre suyo, sino solamente cuando lo íntimo del hombre está animado por el Poder de lo alto?[20]

270

2778 Este poder del Espíritu que nos introduce en la Oración del Señor se expresa en las liturgias de Oriente y de Occidente con la bella palabra, típicamente cristiana: *"parrhesia"*, simplicidad sin desviación, conciencia filial, seguridad alegre, audacia humilde, certeza de ser amado.[21]

2828

II. "¡PADRE!"

2779 Antes de hacer nuestra esta primera exclamación de la Oración del Señor, conviene purificar humildemente nuestro corazón de ciertas imágenes falsas de "este mundo". La *humildad* nos hace reconocer que "nadie conoce al Padre, sino el Hijo y aquél a quien el Hijo se lo quiera revelar", es decir "a los pequeños" (*Mt* 11, 25-27). La *purificación* del corazón concierne a imágenes

---

[20] SAN PEDRO CRISÓLOGO, *Sermones*, 71: PL 52, 401CD.

[21] Cf. *Ef* 3, 12; *Hb* 3, 6; 4, 16; 10, 19; *1 Jn* 2, 28; 3, 21; 5, 14.

paternales o maternales, correspondientes a nuestra historia personal y cultural, y que impregnan nuestra relación con Dios. Dios nuestro Padre trasciende las categorías del mundo creado. Transferir a él, o contra él, nuestras ideas en este campo sería fabricar ídolos para adorar o demoler. Orar al Padre es entrar en su misterio, tal como Él es, y tal como el Hijo nos lo ha revelado:

> La expresión Dios Padre no había sido revelada jamás a nadie. Cuando Moisés preguntó a Dios quién era Él, oyó otro nombre. A nosotros este nombre nos ha sido revelado en el Hijo, porque este nombre implica el nuevo nombre de Padre.[22]

2780 Podemos invocar a Dios como "Padre" porque *Él nos ha sido revelado* por su Hijo hecho hombre y su Espíritu nos lo hace conocer. Lo que el hombre no puede concebir ni los poderes angélicos entrever, es decir, la relación personal del Hijo hacia el Padre,[23] he aquí que el Espíritu del Hijo nos la hace participar a quienes creemos que Jesús es el Cristo y que hemos nacido de Dios.[24]

2781 Cuando oramos al Padre estamos *en comunión con Él* y con su Hijo, Jesucristo.[25] Entonces le conocemos y lo reconocemos con admiración siempre nueva. La primera palabra de la Oración del Señor es una bendición de adoración, antes de ser una imploración. Porque la Gloria de Dios es que nosotros le reconozcamos como "Padre", Dios verdadero. Le damos gracias por habernos revelado su Nombre, por habernos concedido creer en Él y por haber sido habitados por su presencia.

2782 Podemos adorar al Padre porque nos ha hecho renacer a su vida al *adoptarnos* como hijos suyos en su Hijo único: por el Bautismo nos incorpora al Cuerpo de su Cristo, y, por la Unción de su Espíritu que se derrama desde la Cabeza a los miembros, hace de nosotros "cristos":

> Dios, en efecto, que nos ha destinado a la adopción de hijos, nos ha conformado con el Cuerpo glorioso de Cristo. Por tanto, de ahora en adelante, como participantes de Cristo, sois llamados "cristos" con todo derecho.[26]

> El hombre nuevo, que ha renacido y vuelto a su Dios por la gracia, dice primero: "¡Padre!", porque ha sido hecho hijo.[27]

2783 Así pues, por la Oración del Señor, hemos sido *revelados a nosotros mismos* al mismo tiempo que nos ha sido revelado el Padre:[28]

---

[22] TERTULIANO, *De oratione*, 3.
[23] Cf. Jn 1, 1.
[24] Cf. *1 Jn* 5, 1
[25] Cf. *1 Jn* 1, 3.
[26] SAN CIRILO DE JERUSALÉN, *Catecheses mystagogicae*, 3, 1: PG 33, 1088A
[27] SAN CIPRIANO DE CARTAGO, *De oratione dominica*, 9: PL 4, 525A
[28] Cf. Concilio Vaticano II, *Gaudium et spes*, 22, 1.

CÓMO ORAMOS ⟶ La oración ⟶ La Escritura

CIC 2786

Tú, hombre, no te atrevías a levantar tu cara hacia el cielo, tú bajabas los ojos hacia la tierra, y de repente has recibido la gracia de Cristo: todos tus pecados te han sido perdonados. De siervo malo, te has convertido en buen hijo... Eleva, pues, los ojos hacia el Padre que te ha rescatado por medio de su Hijo y di: Padre nuestro... Pero no reclames ningún privilegio. No es Padre, de manera especial, más que de Cristo, mientras que a nosotros nos ha creado. Di entonces también por medio de la gracia: Padre nuestro, para merecer ser hijo suyo.[29]

2784 Este don gratuito de la adopción exige por nuestra parte una conversión continua y una *vida nueva*. Orar a nuestro Padre debe desarrollar en nosotros dos disposiciones fundamentales:

1428

El deseo y la voluntad de asemejarnos a él. Creados a su imagen, la semejanza se nos ha dado por gracia y tenemos que responder a ella.

1997

> Es necesario acordarnos, cuando llamemos a Dios 'Padre nuestro', de que debemos comportarnos como hijos de Dios.[30]

> No podéis llamar Padre vuestro al Dios de toda bondad si mantenéis un corazón cruel e inhumano; porque en este caso ya no tenéis en vosotros la señal de la bondad del Padre celestial.[31]

> Es necesario contemplar continuamente la belleza del Padre e impregnar de ella nuestra alma.[32]

2785 Un *corazón humilde y confiado* que nos hace volver a "ser como niños" (*Mt* 18, 3); porque el Padre se revela a los "pequeños" (*Mt* 11, 25):

2562

> Es una mirada a Dios y sólo a Él, un gran fuego de amor. El alma se hunde y se abisma allí en la santa dilección y habla con Dios como con su propio Padre, muy familiarmente, con una entrañable ternura de piedad.[33]

> Padre nuestro: este nombre suscita en nosotros todo a la vez, el amor, el gusto en la oración, y también la esperanza de obtener lo que vamos a pedir... ¿Qué puede Él, en efecto, negar a la oración de sus hijos, cuando ya previamente les ha permitido ser sus hijos?[34]

III. PADRE "NUESTRO"

2786 Padre "Nuestro" se refiere a Dios. Este adjetivo, por nuestra parte, no expresa una posesión, sino una relación totalmente nueva con Dios.

443

---

[29] SAN AMBROSIO, *De sacramentis*, 5, 19: PL 16, 450C.
[30] SAN CIPRIANO DE CARTAGO, *De oratione dominica*, 11: PL 4, 526B.
[31] SAN JUAN CRISÓSTOMO, *Homilía in illud "Angusta est porta" et de oratione Domini*: PG 51, 44B.
[32] SAN GREGORIO DE NISA, *Homiliae in orationem dominicam*, 2: PG 44, 1148B.
[33] SAN JUAN CASIANO, *Collationes*, 9, 18: PL 49, 788C.
[34] SAN AGUSTÍN, *De sermone Domini in monte*, 2, 4, 16: PL 34, 1276.

2787 Cuando decimos Padre "nuestro", reconocemos ante todo que todas sus promesas de amor anunciadas por los profetas se han cumplido en la *nueva y eterna Alianza en* Cristo: hemos llegado a ser "su Pueblo" y Él es desde ahora en adelante "nuestro Dios". Esta relación nueva es una pertenencia mutua dada gratuitamente: por amor y fidelidad[35] tenemos que responder a la "gracia" y a la "verdad" que nos han sido dadas en Jesucristo (*Jn* 1, 17).

2788 Como la Oración del Señor es la de su Pueblo en los "últimos tiempos", ese "nuestro" expresa también la certeza de nuestra esperanza en la última promesa de Dios: en la nueva Jerusalén dirá al vencedor: "Yo seré su Dios y él será mi hijo" (*Ap* 21, 7).

2789 Al decir Padre "nuestro" nos dirigimos personalmente al Padre de nuestro Señor Jesucristo. No dividimos la divinidad, ya que el Padre es su "fuente y origen", sino que confesamos que eternamente el Hijo es engendrado por Él y que de Él procede el Espíritu Santo. No confundimos de ninguna manera las personas, ya que confesamos que nuestra comunión es con el Padre y su Hijo, Jesucristo, en su único Espíritu Santo. La *Santísima Trinidad* es consubstancial e indivisible. Cuando oramos al Padre, le adoramos y le glorificamos con el Hijo y el Espíritu Santo.

2790 Gramaticalmente, "nuestro" califica una realidad común a varios. No hay más que un solo Dios y es reconocido Padre por aquellos que, por la fe en su Hijo único, han renacido de Él por el agua y por el Espíritu.[36] La *Iglesia* es esta nueva comunión de Dios y de los hombres: unida con el Hijo único hecho "el primogénito de una multitud de hermanos" (*Rm* 8, 29), se encuentra en comunión con un solo y mismo Padre, en un solo y mismo Espíritu.[37] Al decir Padre "nuestro", la oración de cada bautizado se hace en esta comunión: "La multitud de creyentes no tenía más que un solo corazón y una sola alma" (*Hch* 4, 32).

2791 Por eso, a pesar de las divisiones entre los cristianos, la oración al Padre "nuestro" continúa siendo un bien común y un llamamiento apremiante para todos los bautizados. En comunión con Cristo por la fe y el Bautismo, los cristianos deben participar en la oración de Jesús por la unidad de sus discípulos.[38]

2792 Por último, si recitamos en verdad el "Padre Nuestro", salimos del individualismo, porque de él nos libera el Amor que recibimos. El adjetivo "nuestro" al comienzo de la Oración del Señor, así como el "nosotros" de las cuatro últimas peticiones no es exclusivo de nadie. Para que se diga en verdad,[39] debemos superar nuestras divisiones y los conflictos entre nosotros.

---

[35] Cf. *Os* 2, 21-22; 6, 1-6.
[36] Cf. *1 Jn* 5, l; *Jn* 3, 5.
[37] Cf. *Ef* 4, 4-6.
[38] Cf. Concilio Vaticano II, *Unitatis redintegratio*, 8; 22.
[39] Cf. *Mt* 5, 23-24; 6, 14-16.

CÓMO ORAMOS ⟶ La oración ⟶ La Escritura

2793 Los bautizados no pueden rezar al Padre "nuestro" sin llevar con ellos ante Él a todos aquéllos por los que el Padre ha entregado a su Hijo amado. El amor de Dios no tiene fronteras, nuestra oración tampoco debe tenerlas.[40] Orar a "nuestro" Padre nos abre a dimensiones de su Amor manifestado en Cristo: orar con todos los hombres y por todos los que no le conocen aún para que "estén reunidos en la unidad".[41] Esta solicitud divina por todos los hombres y por toda la creación ha inspirado a todos los grandes orantes: tal solicitud debe ensanchar nuestra oración en un amor sin límites cuando nos atrevemos a decir Padre "nuestro".

IV. "QUE ESTÁS EN EL CIELO"

2794 Esta expresión bíblica no significa un lugar ["el espacio"] sino una manera de ser; no el alejamiento de Dios sino su majestad. Dios Padre no está "fuera", sino "más allá de todo" lo que, acerca de la santidad divina, puede el hombre concebir. Como es tres veces Santo, está totalmente cerca del corazón humilde y contrito:

> Con razón, estas palabras 'Padre nuestro que estás en el cielo' hay que entenderlas en relación al corazón de los justos en el que Dios habita como en su templo. Por eso también el que ora desea ver que reside en él Aquel a quien invoca.[42]

> El "cielo" bien podía ser también aquellos que llevan la imagen del mundo celestial, y en los que Dios habita y se pasea.[43]

2795 El símbolo del cielo nos remite al misterio de la Alianza que vivimos cuando oramos al Padre. Él está en el cielo, es su morada, la Casa del Padre es, por tanto, nuestra "patria". De la patria de la Alianza el pecado nos ha desterrado[44] y hacia el Padre, hacia el cielo, la conversión del corazón nos hace volver.[45] En Cristo se han reconciliado el cielo y la tierra,[46] porque el Hijo "ha bajado del cielo", solo, y nos hace subir allí con Él, por medio de su Cruz, su Resurrección y su Ascensión.[47]

2796 Cuando la Iglesia ora diciendo "Padre nuestro que estás en el cielo", profesa que somos el Pueblo de Dios "sentado en el cielo, en Cristo Jesús" (*Ef* 1, 6), "ocultos con Cristo en Dios" (*Col* 3, 3), y, al mismo tiempo, "gemimos en este estado, deseando ardientemente ser revestidos de nuestra habitación celestial" (*2 Co* 5, 2).[48]

---

[40] Cf. Concilio Vaticano II, *Nostra aetate*, 5.
[41] Cf. *Jn* 11, 52.
[42] SAN AGUSTÍN, *De sermone Domini in monte*, 2, 5, 17: PL 34, 1277.
[43] SAN CIRILO DE JERUSALÉN, *Catecheses mystagogicae*, 5, 11: PG 33, 1117B.
[44] Cf. *Gn* 3.
[45] Cf. *Jr* 3, 19-4, 1a; *Lc* 15, 18. 21.
[46] Cf. *Is* 45, 8; *Sal* 85, 12, 5, 8-9.
[47] Cf. *Jn* 12, 32; 14, 2-3; 16, 28; 20, 17; *Ef* 4, 9-10; *Hb* 1, 3; 2, 13.
[48] Cf. *Flp* 3, 20; *Hb* 13, 14.

CIC 2797

Cuarta parte: La oración cristiana

Los cristianos están en la carne, pero no viven según la carne. Pasan su vida en la tierra, pero son ciudadanos del cielo.[49]

RESUMEN

2797 La confianza sencilla y fiel, y la seguridad humilde y alegre son las disposiciones propias del que reza el "Padre Nuestro".

2798 Podemos invocar a Dios como "Padre" porque nos lo ha revelado el Hijo de Dios hecho hombre, en quien, por el Bautismo, somos incorporados y adoptados como hijos de Dios.

2799 La Oración del Señor nos pone en comunión con el Padre y con su Hijo, Jesucristo. Al mismo tiempo, nos revela a nosotros mismos.[50]

2800 Orar al Padre debe hacer crecer en nosotros la voluntad de asemejarnos a Él, así como debe fortalecer un corazón humilde y confiado.

2801 Al decir Padre "nuestro", invocamos la nueva Alianza en Jesucristo, la comunión con la Santísima Trinidad y la caridad divina que se extiende por medio de la Iglesia a lo largo del mundo.

2802 "Que estás en el cielo" no designa un lugar, sino la majestad de Dios y su presencia en el corazón de los justos. El cielo, la Casa del Padre, constituye la verdadera patria hacia donde tendemos y a la que ya pertenecemos.

ARTÍCULO 3
LAS SIETE PETICIONES

FUENTES DE LA ESCRITURA Y DE LA IGLESIA

La siguiente parte del *Catecismo* utiliza estas fuentes de la Escritura y de la Iglesia. Véase el "Índice de citas" para una lista completa de referencias

Antiguo Testamento	Citadas en el *Catecismo*
Génesis	CIC 2809, 2847
Éxodo	CIC 2810, 2836, 2837
Levítico	CIC 2811, 2813
Deuteronomio	CIC 2835

---

[49] *Carta a Diogneto*

[50] Cf. Concilio Vaticano II, *Gaudium et spes*, 22, 1.

CÓMO ORAMOS → El Padrenuestro

FUENTES DE LA ESCRITURA Y DE LA IGLESIA

(continuación)

Antiguo Testamento	Citadas en el *Catecismo*
Salmos	CIC 2803, 2807, 2809, 2824, 2828, 2836
Isaías	CIC 2809
Ezequiel	CIC 2811, 2812, 2814
Amós	CIC 2835

Nuevo Testamento	
Mateo	CIC 2812, 2821, 2822, 2826, 2828, 2830, 2831, 2835, 2836, 2839, 2841-2846, 2848, 2849
Marcos	CIC 2841, 2849
Lucas	CIC 2804, 2806, 2807, 2812, 2822, 2824, 2827, 2831, 2839, 2842, 2845, 2847, 2849
Juan	CIC 2812, 2815, 2821, 2822, 2824, 2825, 2827, 2835, 2837, 2839, 2842, 2843, 2849, 2850, 2852, 2853
Hechos de los Apóstoles	CIC 2847
Romanos	CIC 2809, 2814, 2819, 2826, 2845, 2847, 2852
1 Corintios	CIC 2804, 2813, 2848, 2849
2 Corintios	CIC 2833, 2844
Gálatas	CIC 2819, 2824, 2842, 2848
Efesios	CIC 2807, 2823, 2826, 2839, 2842
Filipenses	CIC 2812, 2842
Colosenses	CIC 2809, 2839, 2849
1 Tesalonicenses	CIC 2813, 2849
2 Tesalonicenses	CIC 2830
1 Timoteo	CIC 2822, 2837
2 Timoteo	CIC 2847
Tito	CIC 2818
Hebreos	CIC 2810, 2824-2826
Santiago	CIC 2846, 2847
1 Pedro	CIC 2849
2 Pedro	CIC 2822
1 Juan	CIC 2822, 2827, 2840, 2845, 2852

FUENTES DE LA ESCRITURA Y DE LA IGLESIA

(continuación)

Nuevo Testamento	Citadas en el *Catecismo*
Apocalipsis	CIC 2817, 2849, 2852-2854

Concilios ecuménicos	
Vaticano II (1962-1965)	CIC 2820, 2832

Documentos pontificios	
Juan Pablo II (1978-2005)	CIC 2844, 2850
Pablo VI (1963-1978)	CIC 2820

Liturgia	
Misal Romano	CIC 2818, 2852, 2854

Escritores eclesiásticos	
San Ambrosio	CIC 2836, 2852
San Agustín	CIC 2827, 2837
San Benedicto	CIC 2834
San Cipriano de Cartago	CIC 2803, 2813, 2816, 2845
San Cirilo de Jerusalén	CIC 2819
San Ignacio de Antioquía	CIC 2837
San Juan Crisóstomo	CIC 2825
Orígenes	CIC 2825, 2847
San Pedro Crisólogo	CIC 2814, 2837
Tertuliano	CIC 2814, 2817

PALABRAS CLAVE

La siguiente parte del *Catecismo* utiliza estas palabras clave. Véase el "Glosario" para su definición.

Palabras	Citadas en el *Catecismo*
Demonio	CIC 2851
Diablo/Demonio	CIC 2851
Reino de Dios (de los Cielos)	CIC 2816, 2819
Satanás	CIC 2851

2803 Después de habernos puesto en presencia de Dios nuestro Padre para adorarle, amarle y bendecirle, el Espíritu filial hace surgir de nuestros corazones siete peticiones, siete bendiciones. Las tres primeras, más teologales, nos atraen hacia la Gloria del Padre; las cuatro últimas, como caminos hacia Él, ofrecen nuestra miseria a su Gracia. "Abismo que llama al abismo" (*Sal* 42, 8).

CÓMO ORAMOS ⟶ La oración ⟶ La Escritura

2804 El primer grupo de peticiones nos lleva hacia Él, para Él: ¡*tu* Nombre, *tu* Reino, *tu* Voluntad! Lo propio del amor es pensar primeramente en Aquel que amamos. En cada una de estas tres peticiones, nosotros no "nos" nombramos, sino que lo que nos mueve es "el deseo ardiente", "el ansia" del Hijo amado, por la Gloria de su Padre:[51] "Santificado sea... venga... hágase...": estas tres súplicas ya han sido escuchadas en el Sacrificio de Cristo Salvador, pero ahora están orientadas, en la esperanza, hacia su cumplimiento final mientras Dios no sea todavía todo en todos.[52]

2805 El segundo grupo de peticiones se desenvuelve en el movimiento de ciertas epíclesis eucarísticas: son la ofrenda de nuestra esperanza y atrae la mirada del Padre de las misericordias. Brota de nosotros y nos afecta ya ahora, en este mundo: "danos... perdónanos... no nos dejes... líbranos". La cuarta y la quinta petición se refieren a nuestra vida como tal, sea para alimentarla, sea para sanarla del pecado; las dos últimas se refieren a nuestro combate por la victoria de la Vida, el combate mismo de la oración.

2806 Mediante las tres primeras peticiones somos afirmados en la fe, colmados de esperanza y abrasados por la caridad. Como criaturas y pecadores todavía, debemos pedir para nosotros, un "nosotros" que abarca el mundo y la historia, que ofrecemos al amor sin medida de nuestro Dios. Porque nuestro Padre cumple su plan de salvación para nosotros y para el mundo entero por medio del Nombre de Cristo y del Reino del Espíritu Santo.

I. SANTIFICADO SEA TU NOMBRE

2807 El término "santificar" debe entenderse aquí, en primer lugar, no en su sentido causativo (sólo Dios santifica, hace santo), sino sobre todo en un sentido estimativo: reconocer como santo, tratar de una manera santa. Así es como, en la adoración, esta invocación se entiende a veces como una alabanza y una acción de gracias.[53] Pero Jesús nos enseña esta petición como algo que hemos de desear ardientemente y como un proyecto en el que se comprometen Dios y el hombre a la vez. Desde la primera petición a nuestro Padre, estamos sumergidos en el misterio íntimo de su Divinidad y en el drama de la salvación de nuestra humanidad. Pedirle que su Nombre sea santificado nos implica en "el benévolo designio que él se propuso de antemano" para que nosotros seamos "santos e inmaculados en su presencia, en el amor".[54]

2808 En los momentos decisivos de su Economía, Dios revela su Nombre, pero lo revela realizando su obra. Esta obra no se realiza para nosotros y en nosotros sino en la medida en que su Nombre es santificado por nosotros y en nosotros.

2809 La santidad de Dios es el hogar inaccesible de su misterio eterno. Lo que se manifiesta de Él en la creación y en la historia, la Escritura lo llama

---

[51] Cf. *Lc* 22, 14; 12, 50.
[52] Cf. *1 Co* 5, 28.
[53] Cf. *Sal* 111, 9; *Lc* 1, 49.
[54] Cf. *Ef* 1, 9.4.

Cuarta parte: La oración cristiana

293

705

Gloria, la irradiación de su Majestad.[55] Al crear al hombre "a su imagen y semejanza" (*Gn* 1, 26), Dios "lo corona de gloria" (*Sal* 8, 6), pero al pecar, el hombre queda "privado de la Gloria de Dios" (*Rm* 3, 23). A partir de entonces, Dios manifestará su Santidad revelando y dando su Nombre, para restituir al hombre "a la imagen de su Creador" (*Col* 3, 10).

63

2810 En la promesa hecha a Abraham y en el juramento que la acompaña,[56] Dios se compromete a sí mismo sin revelar su Nombre. Empieza a revelarlo a Moisés[57] y lo manifiesta a los ojos de todo el pueblo salvándolo de los egipcios: "se cubrió de Gloria".[58] Desde la Alianza del Sinaí, este pueblo es "suyo" y debe ser una "nación santa"[59] porque el Nombre de Dios habita en él.

2143

2811 A pesar de la Ley santa que le da y le vuelve a dar el Dios Santo (*Lv* 19, 2: "Sed santos, porque yo, el Señor, vuestro Dios soy santo"), y aunque el Señor "tuvo respeto a su Nombre" y usó de paciencia, el pueblo se separó del Santo de Israel y "profanó su Nombre entre las naciones".[60] Por eso, los justos de la Antigua Alianza, los pobres que regresaron del exilio y los profetas se sintieron inflamados de pasión por su Nombre.

434

2812 Finalmente, el Nombre de Dios Santo se nos ha revelado y dado, en la carne, en Jesús, como Salvador:[61] revelado por lo que Él es, por su Palabra y por su Sacrificio.[62] Esto es el núcleo de su oración sacerdotal: "Padre santo... por ellos me consagro a mí mismo, para que ellos también sean consagrados en la verdad" (*Jn* 17, 19). Jesús nos "manifiesta" el Nombre del Padre[63] porque "santifica" Él mismo su Nombre.[64] Al terminar su Pascua, el Padre le da el Nombre que está sobre todo nombre: Jesús es "Señor para gloria de Dios Padre" (*Flp* 2, 9-11).

2013

2813 En el agua del bautismo, hemos sido "lavados, santificados, justificados en el Nombre del Señor Jesucristo y en el Espíritu de nuestro Dios" (*1 Co* 6, 11). A lo largo de nuestra vida, nuestro Padre "nos llama a la santidad" (*1 Ts* 4, 7) y como nos viene de Él que "estemos en Cristo Jesús, al cual hizo Dios para nosotros santificación" (*1 Co* 1, 30), es cuestión de su Gloria y de nuestra vida el que su Nombre sea santificado en nosotros y por nosotros. Tal es la exigencia de nuestra primera petición.

> ¿Quién podría santificar a Dios puesto que Él santifica? Inspirándonos nosotros en estas palabras 'Sed santos porque yo soy santo' (*Lv* 20, 26), pedimos que, santificados por el bautismo, perseveremos en lo que hemos comenzado a ser. Y lo pedimos todos los días porque faltamos diariamente

---

[55] Cf. *Sal* 8; *Is* 6, 3.
[56] Cf. *Hb* 6, 13.
[57] Cf. *Ex* 3, 14.
[58] Cf. *Ex* 15, 1.
[59] O consagrada, es la misma palabra en hebreo: cf *Ex* 19, 5-6.
[60] Cf. *Ex* 20; 36.
[61] Cf. *Mt* 1, 21; *Lc* 1, 31.
[62] Cf. *Jn* 8, 28; 17, 8; 17, 17-19.
[63] Cf. *Jn* 17, 6.
[64] Cf. *Ez* 20, 39; 36, 20-21.

CÓMO ORAMOS ⟶ La oración ⟶ La Escritura

y debemos purificar nuestros pecados por una santificación incesante... Recurrimos, por tanto, a la oración para que esta santidad permanezca en nosotros.[65]

2814 Depende inseparablemente de nuestra *vida* y de nuestra *oración* que su Nombre sea santificado entre las naciones:

2045

> Pedimos a Dios santificar su Nombre porque Él salva y santifica a toda la creación por medio de la santidad... Se trata del Nombre que da la salvación al mundo perdido, pero nosotros pedimos que este Nombre de Dios sea santificado en nosotros *por nuestra vida*. Porque si nosotros vivimos bien, el nombre divino es bendecido; pero si vivimos mal, es blasfemado, según las palabras del apóstol: 'el nombre de Dios, por vuestra causa, es blasfemado entre las naciones' (*Rm* 2, 24)[66] Por tanto, rogamos para merecer tener en nuestras almas tanta santidad como santo es el nombre de nuestro Dios.[67]

> Cuando decimos 'santificado sea tu Nombre', pedimos que sea santificado en nosotros que estamos en él, pero también en los otros a los que la gracia de Dios espera todavía para conformarnos al precepto que nos obliga a *orar por todos*, incluso por nuestros enemigos. He ahí por qué no decimos expresamente: Santificado sea tu Nombre 'en nosotros', porque pedimos que lo sea en todos los hombres.[68]

2815 Esta petición, que contiene todas las demás, es escuchada gracias a la *oración de Cristo*, como las otras seis que siguen. La oración del Padre Nuestro es oración nuestra si se hace *"en el Nombre"* de Jesús.[69] Jesús pide en su oración sacerdotal: "Padre santo, cuida en tu Nombre a los que me has dado" (*Jn* 17, 11).

2750

II. VENGA A NOSOTROS TU REINO

2816 En el Nuevo Testamento, la palabra "basileia" se puede traducir por realeza (nombre abstracto), reino (nombre concreto) o reinado (de reinar, nombre de acción). El Reino de Dios está ante nosotros. Se aproxima en el Verbo encarnado, se anuncia a través de todo el Evangelio, llega en la muerte y la Resurrección de Cristo. El Reino de Dios adviene en la Ultima Cena y por la Eucaristía está entre nosotros. El Reino de Dios llegará en la gloria cuando Jesucristo lo devuelva a su Padre:

541

2632

560

1107

> Incluso puede ser que el Reino de Dios signifique Cristo en persona, al cual llamamos con nuestras voces todos los días y de quien queremos apresurar su advenimiento por nuestra espera. Como es nuestra Resurrección porque

---

[65] SAN CIPRIANO DE CARTAGO, *De oratione dominica*, 12: PL 4, 526A-527A.
[66] Cf. *Ez* 36, 20-22.
[67] SAN PEDRO CRISÓLOGO, *Sermones*, 71: PL 52, 402A.
[68] TERTULIANO, *De oratione*, 3.
[69] Cf. *Jn* 14, 13; 15, 16; 16, 24.26.

resucitamos en él, puede ser también el Reino de Dios porque en él reinaremos.⁷⁰

2817 Esta petición es el "Maraña Tha", el grito del Espíritu y de la Esposa: "Ven, Señor Jesús":

> Incluso aunque esta oración no nos hubiera mandado pedir el advenimiento del Reino, habríamos tenido que expresar esta petición, dirigiéndonos con premura a la meta de nuestras esperanzas. Las almas de los mártires, bajo el altar, invocan al Señor con grandes gritos: '¿Hasta cuándo, Dueño santo y veraz, vas a estar sin hacer justicia por nuestra sangre a los habitantes de la tierra?' (*Ap* 6, 10). En efecto, los mártires deben alcanzar la justicia al fin de los tiempos. Señor, ¡apresura, pues, la venida de tu Reino!⁷¹

2818 En la Oración del Señor, se trata principalmente de la venida final del Reino de Dios por medio del retorno de Cristo.⁷² Pero este deseo no distrae a la Iglesia de su misión en este mundo, más bien la compromete. Porque desde Pentecostés, la venida del Reino es obra del Espíritu del Señor "a fin de santificar todas las cosas llevando a plenitud su obra en el mundo".⁷³

2819 "El Reino de Dios es justicia y paz y gozo en el Espíritu Santo" (*Rm* 14, 17). Los últimos tiempos en los que estamos son los de la efusión del Espíritu Santo. Desde entonces está entablado un combate decisivo entre "la carne" y el Espíritu:⁷⁴

> Sólo un corazón puro puede decir con seguridad: '¡Venga a nosotros tu Reino!' Es necesario haber estado en la escuela de Pablo para decir: 'Que el pecado no reine ya en nuestro cuerpo mortal' (*Rm* 6, 12). El que se conserva puro en sus acciones, sus pensamientos y sus palabras, puede decir a Dios: '¡Venga tu Reino!'⁷⁵

2820 Discerniendo según el Espíritu, los cristianos deben distinguir entre el crecimiento del Reino de Dios y el progreso de la cultura y la promoción de la sociedad en las que están implicados. Esta distinción no es una separación. La vocación del hombre a la vida eterna no suprime, sino que refuerza su deber de poner en práctica las energías y los medios recibidos del Creador para servir en este mundo a la justicia y a la paz.⁷⁶

2821 Esta petición está sostenida y escuchada en la oración de Jesús,⁷⁷ presente y eficaz en la Eucaristía; su fruto es la vida nueva según las Bienaventuranzas.⁷⁸

---

⁷⁰ SAN CIPRIANO DE CARTAGO, *De oratione dominica*, 13: PL 4, 527C-528A.
⁷¹ TERTULIANO, *De oratione*, 5.
⁷² Cf. *Tt* 2, 13.
⁷³ *Misal Romano*, Plegaria eucarística IV.
⁷⁴ Cf. *Ga* 5, 16-25.
⁷⁵ SAN CIRILO DE JERUSALÉN, *Catecheses mystagogicae*, 5, 13: PG 33, 1120A.
⁷⁶ Cf. Concilio Vaticano II, *Gaudium et spes*, 22; 32; 39; 45; PABLO VI, exh. ap. *Evangelii nuntiandi*, 31.
⁷⁷ Cf. *Jn* 17, 17-20.
⁷⁸ Cf. *Mt* 5, 13-16; 6, 24; 7, 12-13.

CÓMO ORAMOS ⟶ La oración ⟶ La Escritura

III. HÁGASE TU VOLUNTAD EN LA TIERRA COMO EN EL CIELO

2822 La voluntad de nuestro Padre es "que todos los hombres se salven y lleguen al conocimiento pleno de la verdad" (*1 Tm* 2, 3-4). El "usa de paciencia, no queriendo que algunos perezcan" (*2 P* 3, 9).[79] Su mandamiento que resume todos los demás y que nos dice toda su voluntad es que "nos amemos los unos a los otros como él nos ha amado".[80]

2823 Él nos ha dado a "conocer el Misterio de su voluntad según el benévolo designio que en él se propuso de antemano…: hacer que todo tenga a Cristo por Cabeza… a él por quien entramos en herencia, elegidos de antemano según el previo designio del que realiza todo conforme a la decisión de su Voluntad" (*Ef* 1, 9-11). Pedimos con insistencia que se realice plenamente este designio de benevolencia, en la tierra como ya ocurre en el cielo.

2824 En Cristo, y por medio de su voluntad humana, la voluntad del Padre fue cumplida perfectamente y de una vez por todas. Jesús dijo al entrar en el mundo: "He aquí que yo vengo, oh Dios, a hacer tu voluntad" (*Hb* 10, 7; *Sal* 40, 7). Sólo Jesús puede decir: "Yo hago siempre lo que le agrada a él" (*Jn* 8, 29). En la oración de su agonía, acoge totalmente esta Voluntad: "No se haga mi voluntad sino la tuya" (*Lc* 22, 42).[81] He aquí por qué Jesús "se entregó a sí mismo por nuestros pecados según la voluntad de Dios" (*Ga* 1, 4). "Y en virtud de esta voluntad somos santificados, merced a la oblación de una vez para siempre del cuerpo de Jesucristo" (*Hb* 10, 10).

2825 Jesús, "aun siendo Hijo, con lo que padeció, experimentó la obediencia" (*Hb* 5, 8). ¡Con cuánta más razón la deberemos experimentar nosotros, criaturas y pecadores, que hemos llegado a ser hijos de adopción en Él! Pedimos a nuestro Padre que una nuestra voluntad a la de su Hijo para cumplir su voluntad, su designio de salvación para la vida del mundo. Nosotros somos radicalmente impotentes para ello, pero unidos a Jesús y con el poder de su Espíritu Santo, podemos poner en sus manos nuestra voluntad y decidir escoger lo que su Hijo siempre ha escogido: hacer lo que agrada al Padre:[82]

> Adheridos a Cristo, podemos llegar a ser un solo espíritu con Él, y así cumplir su voluntad: de esta forma ésta se hará tanto en la tierra como en el cielo.[83]

> Considerad cómo Jesucristo nos enseña a ser humildes, haciéndonos ver que nuestra virtud no depende sólo de nuestro esfuerzo sino de la gracia de Dios. Él ordena a cada fiel que ora, que lo haga universalmente por toda la tierra. Porque no dice 'Que tu voluntad se haga' en mí o en vosotros 'sino en toda la tierra': para que el error sea desterrado de ella, que la verdad reine en

---

[79] Cf. *Mt* 18, 14.
[80] Cf. *Jn* 13, 34; *1 Jn* 3; 4; *Lc* 10, 25-37.
[81] Cf. *Jn* 4, 34; 5, 30; 6, 38.
[82] Cf. *Jn* 8, 29.
[83] ORÍGENES, *De oratione,* 26.

ella, que el vicio sea destruido en ella, que la virtud vuelva a florecer en ella y que la tierra ya no sea diferente del cielo.[84]

2826 Por la oración, podemos "discernir cuál es la voluntad de Dios" (*Rm* 12, 2)[85] y obtener "constancia para cumplirla".[86] Jesús nos enseña que se entra en el Reino de los cielos, no mediante palabras, sino "haciendo la voluntad de mi Padre que está en los cielos" (*Mt* 7, 21).

2827 "Si alguno cumple la voluntad de Dios, a ése le escucha".[87] Tal es el poder de la oración de la Iglesia en el Nombre de su Señor, sobre todo en la Eucaristía; es comunión de intercesión con la Santísima Madre de Dios[88] y con todos los santos que han sido "agradables" al Señor por no haber querido más que su Voluntad:

> Incluso podemos, sin herir la verdad, cambiar estas palabras: 'Hágase tu voluntad en la tierra como en el cielo', por estas otras: en la Iglesia como en nuestro Señor Jesucristo; en la Esposa que le ha sido desposada, como en el Esposo que ha cumplido la voluntad del Padre.[89]

IV. DANOS HOY NUESTRO PAN DE CADA DÍA

2828 *"Danos"*: es hermosa la confianza de los hijos que esperan todo de su Padre. "Hace salir su sol sobre malos y buenos, y llover sobre justos e injustos" (*Mt* 5, 45) y da a todos los vivientes "a su tiempo su alimento" (*Sal* 104, 27). Jesús nos enseña esta petición; con ella se glorifica, en efecto, a nuestro Padre reconociendo hasta qué punto es Bueno más allá de toda bondad.

2829 Además, "danos" es la expresión de la Alianza: nosotros somos de Él y Él de nosotros, para nosotros. Pero este "nosotros" lo reconoce también como Padre de todos los hombres, y nosotros le pedimos por todos ellos, en solidaridad con sus necesidades y sus sufrimientos.

2830 *"Nuestro pan"*. El Padre que nos da la vida no puede dejar de darnos *el* alimento necesario para ella, todos los bienes convenientes, materiales y espirituales. En el Sermón de la Montaña, Jesús insiste en esta confianza filial que coopera con la Providencia de nuestro Padre.[90] No nos impone ninguna pasividad,[91] sino que quiere librarnos de toda inquietud agobiante y de toda preocupación. Así es el abandono filial de los hijos de Dios:

> A los que buscan el Reino y la justicia de Dios, Él les promete darles todo por añadidura. Todo en efecto pertenece a Dios: al que posee a Dios, nada le falta, si él mismo no falta a Dios.[92]

---

[84] SAN JUAN CRISÓSTOMO, *Homilía in Matthaeum*, 19, 5: PG 57, 280B.
[85] Cf. *Ef* 5, 17.
[86] Cf. *Hb* 10, 36.
[87] Cf. *Jn* 9, 31; *1 Jn* 5, 14.
[88] Cf. *Lc* 1, 38. 49.
[89] SAN AGUSTÍN, *De Sermone Domini in monte*, 2, 6, 24: PL 34, 1279.
[90] Cf. *Mt* 6, 25-34.
[91] Cf. *2 Ts* 3, 6-13.
[92] SAN CIPRIANO DE CARTAGO, *De oratione dominica*, 21: PL 4, 534A.

CÓMO ORAMOS ⟶ La oración ⟶ La Escritura

2831 Pero la existencia de hombres que padecen hambre por falta de pan revela otra hondura de esta petición. El drama del hambre en el mundo, llama a los cristianos que oran en verdad a una responsabilidad efectiva hacia sus hermanos, tanto en sus conductas personales como en su solidaridad con la familia humana. Esta petición de la Oración del Señor no puede ser aislada de las parábolas del pobre Lázaro[93] y del juicio final.[94]

1038

2832 Como la levadura en la masa, la novedad del Reino debe fermentar la tierra con el Espíritu de Cristo.[95] Debe manifestarse por la instauración de la justicia en las relaciones personales y sociales, económicas e internacionales, sin olvidar jamás que no hay estructura justa sin seres humanos que quieran ser justos.

1928

2833 Se trata de "nuestro" pan, "uno" para "muchos": La pobreza de las Bienaventuranzas entraña compartir los bienes: invita a comunicar y compartir bienes materiales y espirituales, no por la fuerza sino por amor, para que la abundancia de unos remedie las necesidades de otros.[96]

2546

2834 "Ora et labora"[97] "Orad como si todo dependiese de Dios y trabajad como si todo dependiese de vosotros".[98] Después de realizado nuestro trabajo, al alimento continúa siendo don de nuestro Padre; es bueno pedírselo, dándole gracias por él. Este es el sentido de la bendición de la mesa en una familia cristiana.

2448

2835 Esta petición y la responsabilidad que implica sirven además para otra clase de hambre de la que desfallecen los hombres: "No sólo de pan vive el hombre, sino que el hombre vive de todo lo que sale de la boca de Dios" (*Dt* 8, 3),[99] es decir, de su Palabra y de su Espíritu. Los cristianos deben movilizar todos sus esfuerzos para "anunciar el Evangelio a los pobres". Hay hambre sobre la tierra, "mas no hambre de pan, ni sed de agua, sino de oír la Palabra de Dios" (*Am* 8, 11). Por eso, el sentido específicamente cristiano de esta cuarta petición se refiere al Pan de Vida: la Palabra de Dios que se tiene que acoger en la fe, el Cuerpo de Cristo recibido en la Eucaristía.[100]

2443

1384

2836 "*Hoy*" es también una expresión de confianza. El Señor nos lo enseña;[101] no hubiéramos podido inventarlo. Como se trata sobre todo de su Palabra y del Cuerpo de su Hijo, este "hoy" no es solamente el de nuestro tiempo mortal: es el Hoy de Dios:

1165

---

[93] Cf. *Lc* 16, 19-31.
[94] Cf. *Mt* 25, 31-46.
[95] Cf. Concilio Vaticano II, *Apostolicam actuositatem*, 5.
[96] Cf. *2 Co* 8, 1-15.
[97] Cf. SAN BENITO, *Regula, 20; 48*.
[98] Atribuido a San Ignacio de Loyola, citado por E. BIANCO, Dizionario di pensieri citabili, LDC, Torino 1990, 26.
[99] Cf. *Mt* 4, 4.
[100] Cf. *Jn* 6, 26-58.
[101] Cf. *Mt* 6, 34; *Ex* 16, 19.

Si recibes el pan cada día, cada día para ti es hoy. Si Jesucristo es para ti hoy, todos los días resucita para ti. ¿Cómo es eso? Tú eres mi Hijo; yo te he engendrado hoy' (*Sal* 2, 7). Hoy, es decir, cuando Cristo resucita.[102]

2837 "*De cada día* ". *La* palabra griega, "epiousios", sólo se emplea aquí en todo el Nuevo Testamento. Tomada en un sentido temporal, es una repetición pedagógica de "hoy"[103] para confirmarnos en una confianza "sin reserva". Tomada en un sentido cualitativo, significa lo necesario a la vida, y más ampliamente cualquier bien suficiente para la subsistencia.[104] Tomada al pie de la letra (epiousios: "lo más esencial"), designa directamente el Pan de Vida, el Cuerpo de Cristo, "remedio de inmortalidad"[105] sin el cual no tenemos la Vida en nosotros.[106] Finalmente, ligado a lo que precede, el sentido celestial es claro: este "día" es el del Señor, el del Festín del Reino, anticipado en la Eucaristía, en que pregustamos el Reino venidero. Por eso conviene que la liturgia eucarística se celebre "cada día".

> La Eucaristía es nuestro pan cotidiano. La virtud propia de este divino alimento es una fuerza de unión: nos une al Cuerpo del Salvador y hace de nosotros sus miembros para que vengamos a ser lo que recibimos... Este pan cotidiano se encuentra, además, en las lecturas que oís cada día en la iglesia, en los himnos que se cantan y que vosotros cantáis. Todo eso es necesario en nuestra peregrinación.[107]

> El Padre del cielo nos exhorta a pedir como hijos del cielo el Pan del cielo.[108] Cristo "mismo es el pan que, sembrado en la Virgen, florecido en la Carne, amasado en la Pasión, cocido en el Horno del sepulcro, reservado en la iglesia, llevado a los altares, suministra cada día a los fieles un alimento celestial".[109]

V. PERDONA NUESTRAS OFENSAS COMO TAMBIÉN NOSOTROS PERDONAMOS A LOS QUE NOS OFENDEN

2838 Esta petición es sorprendente. Si sólo comprendiera la primera parte de la frase —"perdona nuestras ofensas"—, podría estar incluida, implícitamente, en las tres primeras peticiones de la Oración del Señor, ya que el Sacrificio de Cristo es "para la remisión de los pecados". Pero, según el segundo miembro de la frase, nuestra petición no será escuchada si no hemos respondido antes a una exigencia. Nuestra petición se dirige al futuro, nuestra respuesta debe haberla precedido; una palabra las une: "como".

---

[102] SAN AMBROSIO, *De sacramentis*, 5, 26: PL 16, 453A.
[103] Cf. *Ex* 16, 19-21.
[104] Cf. *1 Tm* 6, 8
[105] SAN IGNACIO DE ANTIOQUÍA, *Epistula ad Ephesios*, 20, 2: PG 5, 661.
[106] Cf. *Jn* 6, 53-56.
[107] SAN AGUSTÍN, *Sermones*, 57, 7, 7: PL 38, 389.
[108] Cf. *Jn* 6, 51.
[109] SAN PEDRO CRISÓLOGO, *Sermones*, 71: PL 52, 402D.

CÓMO ORAMOS ⟶ La oración ⟶ La Escritura

Perdona nuestras ofensas...

2839 Con una audaz confianza hemos empezado a orar a nuestro Padre. Suplicándole que su Nombre sea santificado, le hemos pedido que seamos cada vez más santificados. Pero, aun revestidos de la vestidura bautismal, no dejamos de pecar, de separarnos de Dios. Ahora, en esta nueva petición, nos volvemos a Él, como el hijo pródigo[110], y nos reconocemos pecadores ante Él como el publicano.[111] Nuestra petición empieza con una "confesión" en la que afirmamos, al mismo tiempo, nuestra miseria y su Misericordia. Nuestra esperanza es firme porque, en su Hijo, "tenemos la redención, la remisión de nuestros pecados" (*Col* 1, 14; *Ef* 1, 7). El signo eficaz e indudable de su perdón lo encontramos en los sacramentos de su Iglesia.[112]

1425

1439

1422

2840 Ahora bien, lo temible es que este desbordamiento de misericordia no puede penetrar en nuestro corazón mientras no hayamos perdonado a los que nos han ofendido. El Amor, como el Cuerpo de Cristo, es indivisible; no podemos amar a Dios a quien no vemos, si no amamos al hermano y a la hermana a quienes vemos.[113] Al negarse a perdonar a nuestros hermanos y hermanas, el corazón se cierra, su dureza lo hace impermeable al amor misericordioso del Padre; en la confesión del propio pecado, el corazón se abre a su gracia.

1864

2841 Esta petición es tan importante que es la única sobre la cual el Señor retorna para desarrollarla en el Sermón de la Montaña.[114] Esta exigencia crucial del misterio de la Alianza es imposible para el hombre. Pero "todo es posible para Dios".

... como también nosotros perdonamos a los que nos ofenden

2842 Este "como" no es el único en la enseñanza de Jesús: "Sed perfectos 'como' es perfecto vuestro Padre celestial" (*Mt* 5, 48); "Sed misericordiosos, 'como' vuestro Padre es misericordioso" (*Lc* 6, 36); "Os doy un mandamiento nuevo: que os améis los unos a los otros. Que 'como' yo os he amado, así os améis también vosotros los unos a los otros" (*Jn* 13, 34). Observar el mandamiento del Señor es imposible si se trata de imitar desde fuera el modelo divino. Se trata de una participación, vital y nacida "del fondo del corazón", en la santidad, en la misericordia, y en el amor de nuestro Dios. Sólo el Espíritu que es "nuestra Vida"[115] puede hacer nuestros los mismos sentimientos que hubo en Cristo Jesús.[116] Así, la unidad del perdón se hace posible, "perdonándonos mutuamente 'como' nos perdonó Dios en Cristo" (*Ef* 4, 32).

521

2843 Así adquieren vida las palabras del Señor sobre el perdón, este Amor que ama hasta el extremo del amor.[117] La parábola del siervo sin entrañas,

---

[110] Cf. *Lc* 15, 11-32.
[111] Cf. *Lc* 18, 13.
[112] Cf. *Mt* 26, 28; *Jn* 20, 23.
[113] Cf. *1 Jn* 4, 20.
[114] Cf. *Mt* 6, 14-15; 5, 23-24; *Mc* 11, 25.
[115] Cf. *Ga* 5, 25.
[116] Cf. *Flp* 2, 1.5.
[117] Cf. *Jn* 13, 1.

que culmina la enseñanza del Señor sobre la comunión eclesial,[118] acaba con esta frase: "Esto mismo hará con vosotros mi Padre celestial si no perdonáis cada uno de corazón a vuestro hermano". Allí es, en efecto, en el fondo "del *corazón*" donde todo se ata y se desata. No está en nuestra mano no sentir ya la ofensa y olvidarla; pero el corazón que se ofrece al Espíritu Santo cambia la herida en compasión y purifica la memoria transformando la ofensa en intercesión.

2844 La oración cristiana llega hasta el *perdón de los enemigos*.[119] Transfigura al discípulo configurándolo con su Maestro. El perdón es cumbre de la oración cristiana; el don de la oración no puede ser acogido más que en un corazón acorde con la compasión divina. Además, el perdón da testimonio de que, en nuestro mundo, el amor es más fuerte que el pecado. Los mártires de ayer y de hoy dan este testimonio de Jesús. El perdón es la condición fundamental de la reconciliación[120] de los hijos de Dios con su Padre y de los hombres entre sí.[121]

2845 No hay límite ni medida en este perdón, esencialmente divino.[122] Si se trata de ofensas (de "pecados" según *Lc* 11, 4, o de "deudas" según *Mt* 6, 12), de hecho nosotros somos siempre deudores: "Con nadie tengáis otra deuda que la del mutuo amor" (*Rm* 13, 8). La comunión de la Santísima Trinidad es la fuente y el criterio de verdad en toda relación.[123] Se vive en la oración y, sobre todo, en la Eucaristía:[124]

> Dios no acepta el sacrificio de los que provocan la desunión, los despide del altar para que antes se reconcilien con sus hermanos: Dios quiere ser pacificado con oraciones de paz. La obligación más bella para Dios es nuestra paz, nuestra concordia, la unidad en el Padre, el Hijo y el Espíritu Santo de todo el pueblo fiel.[125]

VI. NO NOS DEJES CAER EN LA TENTACIÓN

2846 Esta petición llega a la raíz de la anterior, porque nuestros pecados son los frutos del consentimiento a la tentación. Pedimos a nuestro Padre que no nos "deje caer" en ella. Traducir en una sola palabra el texto griego es difícil: significa "no permitas entrar en",[126] "no nos dejes sucumbir a la tentación". "Dios ni es tentado por el mal ni tienta a nadie" (*St* 1, 13), al contrario, quiere librarnos del mal. Le pedimos que no nos deje tomar el camino que conduce al pecado, pues estamos empeñados en el combate "entre la carne y el Espíritu". Esta petición implora el Espíritu de discernimiento y de fuerza.

---

[118] Cf. *Mt* 18, 23-35.
[119] Cf. *Mt* 5, 43-44.
[120] Cf. *2Co* 5, 18-21.
[121] Cf. JUAN PABLO II, enc. *Dives in misericordia*, 14.
[122] Cf. *Mt* 18, 21-22; *Lc* 17, 3-4.
[123] Cf. *1 Jn* 3, 19-24.
[124] Cf. *Mt* 5, 23-24.
[125] SAN CIPRIANO DE CARTAGO, *De oratione dominica*, 23: PL 4, 535C-536A.
[126] Cf. *Mt* 26, 41.

CÓMO ORAMOS ⟶ La oración ⟶ La Escritura

2847 El Espíritu Santo nos hace *discernir* entre la prueba, necesaria para el crecimiento del hombre interior[127] en orden a una "virtud probada" (*Rm* 5, 3-5), y la tentación que conduce al pecado y a la muerte.[128] También debemos distinguir entre "ser tentado" y "consentir" en la tentación. Por último, el discernimiento desenmascara la mentira de la tentación: aparentemente su objeto es "bueno, seductor a la vista, deseable" (*Gn* 3, 6), mientras que, en realidad, su fruto es la muerte.

> Dios no quiere imponer el bien, quiere seres libres... En algo la tentación es buena. Todos, menos Dios, ignoran lo que nuestra alma ha recibido de Dios, incluso nosotros. Pero la tentación lo manifiesta para enseñarnos a conocernos, y así, descubrimos nuestra miseria, y obligamos a dar gracias por los bienes que la tentación nos ha manifestado.[129]

2848 "No entrar en la tentación" implica una *decisión del corazón:* "Porque donde esté tu tesoro, allí también estará tu corazón... Nadie puede servir a dos señores" (*Mt* 6, 21.24). "Si vivimos según el Espíritu, obremos también según el Espíritu" (*Ga* 5, 25). El Padre nos da la fuerza para este "dejarnos conducir" por el Espíritu Santo. "No habéis sufrido tentación superior a la medida humana. Y fiel es Dios que no permitirá que seáis tentados sobre vuestras fuerzas. Antes bien, con la tentación os dará modo de poderla resistir con éxito" (*1 Co* 10, 13).

2849 Pues bien, este combate y esta victoria sólo son posibles con la oración. Por medio de su oración, Jesús es vencedor del Tentador, desde el principio[130] y en el último combate de su agonía.[131] En esta petición a nuestro Padre, Cristo nos une a su combate y a su agonía. La *vigilancia* del corazón es recordada con insistencia en comunión con la suya.[132] La *vigilancia* es "guarda del corazón", y Jesús pide al Padre que "nos guarde en su Nombre".[133] El Espíritu Santo trata de despertarnos continuamente a esta vigilancia[134]. Esta petición adquiere todo su sentido dramático referida a la tentación final de nuestro combate en la tierra; pide la *perseverancia final*. "Mira que vengo como ladrón. Dichoso el que esté en vela" (*Ap* 16, 15).

VII. Y LÍBRANOS DEL MAL

2850 La última petición a nuestro Padre está también contenida en la oración de Jesús: "No te pido que los retires del mundo, sino que los guardes del Maligno" (*Jn* 17, 15). Esta petición concierne a cada uno individualmente, pero siempre quien ora es el "nosotros", en comunión con toda la Iglesia y para la salvación de toda la familia humana. La Oración del Señor no cesa de abrirnos a las dimensiones de la Economía de la salvación. Nuestra

---

[127] Cf. *Lc* 8, 13-15; *Hch* 14, 22; *2 Tm* 3, 12.
[128] Cf. *St* 1, 14-15.
[129] ORÍGENES, *De oratione*, 29.
[130] Cf. *Mt* 4, 11.
[131] Cf. *Mt* 26, 36-44.
[132] Cf. *Mt* 13, 9.23.33-37; 14, 38; *Lc* 12, 35-40.
[133] Cf. *Jn* 17, 11.
[134] Cf. *1 Co* 16, 13; *Col* 4, 2; *1 Ts* 5, 6; *1 P* 5, 8.

interdependencia en el drama del pecado y de la muerte se vuelve solidaridad en el Cuerpo de Cristo, en "comunión con los santos".[135]

2851 En esta petición, el mal no es una abstracción, sino que designa una persona, Satanás, el Maligno, el ángel que se opone a Dios. El "diablo" ["diabolos"] es aquél que "se atraviesa" en el designio de Dios y su obra de salvación cumplida en Cristo.

2852 "Homicida desde el principio, mentiroso y padre de la mentira" (*Jn* 8, 44), "Satanás, el seductor del mundo entero" (*Ap* 12, 9), es aquél por medio del cual el pecado y la muerte entraron en el mundo y, por cuya definitiva derrota, toda la creación entera será "liberada del pecado y de la muerte".[136] "Sabemos que todo el que ha nacido de Dios no peca, sino que el Engendrado de Dios le guarda y el Maligno no llega a tocarle. Sabemos que somos de Dios y que el mundo entero yace en poder del Maligno" (*1 Jn* 5, 18-19):

> El Señor que ha borrado vuestro pecado y perdonado vuestras faltas también os protege y os guarda contra las astucias del diablo que os combate para que el enemigo, que tiene la costumbre de engendrar la falta, no os sorprenda. Quien confía en Dios, no tema al demonio. "Si Dios está con nosotros, ¿quién estará contra nosotros?" (*Rm* 8, 31).[137]

2853 La victoria sobre el "príncipe de este mundo" (*Jn* 14, 30) se adquirió de una vez por todas en la Hora en que Jesús se entregó libremente a la muerte para darnos su Vida. Es el juicio de este mundo, y el príncipe de este mundo ha sido "echado abajo" (*Jn* 12, 31).[138] "Él se lanza en persecución de la Mujer",[139] pero no consigue alcanzarla: la nueva Eva, "llena de gracia" del Espíritu Santo es preservada del pecado y de la corrupción de la muerte (Concepción inmaculada y Asunción de la santísima Madre de Dios, María, siempre virgen). "Entonces despechado contra la Mujer, se fue a hacer la guerra al resto de sus hijos" (*Ap* 12, 17). Por eso, el Espíritu y la Iglesia oran: "Ven, Señor Jesús" (*Ap* 22, 17.20), ya que su Venida nos librará del Maligno.

2854 Al pedir ser liberados del Maligno, oramos igualmente para ser liberados de todos los males, presentes, pasados y futuros de los que él es autor o instigador. En esta última petición, la Iglesia presenta al Padre todas las desdichas del mundo. Con la liberación de todos los males que abruman a la humanidad, implora el don precioso de la paz y la gracia de la espera perseverante en el retorno de Cristo. Orando así, anticipa en la humildad de la fe la recapitulación de todos y de todo en Aquel que "tiene las llaves de la Muerte y del Hades" (*Ap* 1, 18), "el Dueño de todo, Aquel que es, que era y que ha de venir" (*Ap* 1, 8):[140]

---

[135] Cf. JUAN PABLO II, exh. ap. *Reconciliatio et poenitentia*, 16.
[136] *Misal Romano*, Plegaria Eucarística IV.
[137] SAN AMBROSIO, *De sacramentis*, 5, 30: PL 16, 454AB.
[138] Cf. *Ap* 12, 11.
[139] Cf. *Ap* 12, 13-16.
[140] Cf. *Ap* 1, 4

CÓMO ORAMOS → La oración → La Escritura

Líbranos de todos los males, Señor, y concédenos la paz en nuestros días, para que, ayudados por tu misericordia, vivamos siempre libres de pecado y protegidos de toda perturbación, mientras esperamos la gloriosa venida de nuestro Salvador Jesucristo.[141]

1041

LA DOXOLOGÍA FINAL

FUENTES DE LA ESCRITURA Y DE LA IGLESIA

La siguiente parte del *Catecismo* utiliza estas fuentes de la Escritura y de la Iglesia. Véase el "Índice de citas" para una lista completa de referencias

Nuevo Testamento	Citadas en el *Catecismo*
1 Corintios	CIC 2855
Lucas	CIC 2855, 2856
Apocalipsis	CIC 2855
Escritores eclesiásticos	
San Cirilo de Jerusalén	CIC 2856

PALABRAS CLAVE

La siguiente parte del *Catecismo* utiliza estas palabras clave. Véase el "Glosario" para su definición.

Palabras	Citadas en el *Catecismo*
Amén	CIC 2856, 2865
Doxología	CIC 2855

2855 La doxología final "Tuyo es el reino, tuyo el poder y la gloria por siempre Señor" vuelve a tomar, implícitamente, las tres primeras peticiones del Padre Nuestro: la glorificación de su Nombre, la venida de su Reino y el poder de su Voluntad salvífica. Pero esta repetición se hace en forma de adoración y de acción de gracias, como en la Liturgia celestial.[142] El príncipe de este mundo se había atribuido con mentira estos tres títulos de realeza, poder y gloria.[143] Cristo, el Señor, los restituye a su Padre y nuestro Padre, hasta que le entregue el Reino, cuando sea consumado definitivamente el Misterio de la salvación y Dios sea todo en todos.[144]

2760

2856 "Después, terminada la oración, dices: *Amén,* refrendando por medio de este Amén, que significa 'Así sea',[145] lo que contiene la oración que Dios nos enseñó".[146]

1061-1065

---

[141] *Misal Romano,* Embolismo.
[142] Cf. *Ap* 1, 6; 4, 11; 5, 13.
[143] Cf. *Lc* 4, 5-6.
[144] Cf. *1 Co* 15, 24-28.
[145] Cf. *Lc* 1, 38.
[146] SAN CIRILO DE JERUSALÉN, *Catecheses mystagogicae,* 5, 18: PG 33, 1124A.

RESUMEN

2857 En el Padre Nuestro, las tres primeras peticiones tienen por objeto la Gloria del Padre: la santificación del nombre, la venida del reino y el cumplimiento de la voluntad divina. Las otras cuatro presentan al Padre nuestros deseos: estas peticiones conciernen a nuestra vida para alimentarla o para curarla del pecado y se refieren a nuestro combate por la victoria del Bien sobre el Mal.

2858 Al pedir: "Santificado sea tu Nombre" entramos en el plan de Dios, la santificación de su Nombre —revelado a Moisés, después en Jesús— por nosotros y en nosotros, lo mismo que en toda nación y en cada hombre.

2859 En la segunda petición, la Iglesia tiene principalmente a la vista el retorno de Cristo y la venida final del Reino de Dios. También ora por el crecimiento del Reino de Dios en el "hoy" de nuestras vidas.

2860 En la tercera petición, rogamos al Padre que una nuestra voluntad a la de su Hijo para realizar su Plan de salvación en la vida del mundo.

2861 En la cuarta petición, al decir "danos", expresamos, en comunión con nuestros hermanos, nuestra confianza filial en nuestro Padre del cielo. "Nuestro pan" designa el alimento terrenal necesario para la subsistencia de todos y significa también el Pan de Vida: Palabra de Dios y Cuerpo de Cristo. Se recibe en el "hoy" de Dios, como el alimento indispensable, lo más esencial del Festín del Reino que anticipa la Eucaristía.

2862 La quinta petición implora para nuestras ofensas la misericordia de Dios, la cual no puede penetrar en nuestro corazón si no hemos sabido perdonar a nuestros enemigos, a ejemplo y con la ayuda de Cristo.

2863 Al decir: "No nos dejes caer en la tentación", pedimos a Dios que no nos permita tomar el camino que conduce al pecado. Esta petición implora el Espíritu de discernimiento y de fuerza; solicita la gracia de la vigilancia y la perseverancia final.

2864 En la última petición, "y líbranos del mal", el cristiano pide a Dios con la Iglesia que manifieste la victoria, ya conquistada por Cristo, sobre el "príncipe de este mundo", sobre Satanás, el ángel que se opone personalmente a Dios y a su plan de salvación.

2865 Con el "Amén" final expresamos nuestro "fíat" respecto a las siete peticiones: "Así sea".

ÍNDICES

Orden alfabético de los libros sagrados
Orden alfabético de los documentos de la Iglesia
Indice de textos
Una traducción del Index Analyticus

GLOSARIO

APÉNDICE: FUENTES DE LA ESCRITURA Y DE LA IGLESIA

ORDEN ALFABÉTICO DE LOS LIBROS SAGRADOS

Ab	Abdías	Jos	Josué
Ag	Ageo	Jr	Jeremías
Am	Amós	Judas	Judas
Ap	Apocalipsis	Lc	Evang. de Lucas
Ba	Baruc	Lm	Lamentaciones
1 Co	1.a Corintios	Lv	Levítico
2 Co	2.a Corintios	1 M	1.° Macabeos
Col	Colosenses	2 M	2.° Macabeos
1 Cro	1.° Crónicas	Mc	Evang. de Marcos
2 Cro	2.° Crónicas	Mi	Miqueas
Ct	Cantar	Ml	Malaquías
Dn	Daniel	Mt	Evang. de Mateo
Dt	Deuteronomio	Na	Nahúm
	Eclesiastés = Qohélet (Qo)	Ne	Nehemías
	Eclesiástico = Sirácida (Si)	Nm	Números
		Os	Oseas
Ef	Efesios	1 P	1.a Pedro
Esd	Esdras	2 P	2.a Pedro
Est	Ester	Pr	Proverbios
Ex	Éxodo	Qo	Eclesiastés (Qohélet)
Ez	Ezequiel	1 R	1.° Reyes
Flm	Filemón	2 R	2.° Reyes
Flp	Filipenses	Rm	Romanos
Ga	Gálatas	Rt	Rut
Gn	Génesis	1 S	1.° Samuel
Ha	Habacuc	2 S	2.° Samuel
Hb	Hebreos	Sal	Salmos
Hch	Hechos	Sb	Sabiduría
Is	Isaías	Si	Eclesiástico (Sirácida)
Jb	Job	So	Sofonías
Je	Jueces	St	Santiago
Jdt	Judit	Tb	Tobías
Jl	Joel	1 Tm	1.a Timoteo
Jn	Evang. de Juan	2 Tm	2.a Timoteo
1 Jn	1.a Juan	1 Ts	1.a Tesalonicenses
2 Jn	2.a Juan	2 Ts	2.a Tesalonicenses
3 Jn	3.a Juan	Tt	Tito
Jon	Jonás	Za	Zacarías

ORDEN ALFABÉTICO DE LOS DOCUMENTOS DE LA IGLESIA

AA	Apostolicam actuositatem (660)
AG	Ad gentes (660)
Ben	De Benedictionibus (668)
CA	Centesimus annus (665)
Catech. R.	Catechismus Romanus (665)
CCEO	Corpus Canonum Ecclesiarum Orientalium (667)
CD	Christus Dominus (660)
CDF	Congregación para la Doctrina de la Fe (665)
CdR	Congregación de Ritos (666)
CIC	Codex Iuris Canonici (666)
CL	Christifideles laici (665)
CT	Catechesi tradendae (664)
DCG	Directorium Catechisticum Genérale (666)
DeV	Dominum et Vivificantem (665)
DH	Dignitatis humanae (660)
DM	Dives in misericordia (664)
DS	Denzinger-Schónmetzer, Enchiridion Symbolorum, definitionum et declarationum de rebus fidei et morum
DV	Dei Verbum (660)
EN	Evangelii nuntiandi (664)
FC	Familiaris consortio (664)
GE	Gravissimum educationis (660)
GS	Gaudium et spes (661)
HV	Humanae vitae (664)
IGLH	Introductio generalis LH (668)
IGMR	Institutio generalis MR (668)
IM	Inter mirifica (658)
LE	Laborem exercens (664)
LG	Lumen gentium (659)
LH	Liturgia de las horas (668)
MC	Marialis cultus (664)
MD	Mulieris dignitatem (665)
MF	Mysterium fidei (663)
MM	Mater et magistra (663)
MR	Misal Romano (668)
NA	Nostra aetate (660)
OBA	Ordo baptismi adultorum (668)
OBP	Ordo baptismi parvulorum (668)
OCf	Ordo confirmationis (668)
OcM	Ordo celebrandi Matrimonium (668)
OCV	Ordo consecrationis virginum (668)
OE	Orientalium ecclesiarum (659)
OEx	Ordo exsequiarum (668)
OICA	Ordo initiationis christianae adultorum (668)
OP	Ordo poenitentiae (668)
OT	Optatam totius (660)
PC	Perfectae caritatis (660)
PO	Presbíteroorum ordinis (661)
PP	Populorum progressio (664)
PT	Pacem in terris (663)
RH	Redemptor hominis (664)
RM	Redemptoris Missio (665)
RMat	Redemptoris Mater (665)
RP	Reconciliatio et poenitentia (665)
SC	Sacrosanctum concilium (658)
SPF	Credo del Pueblo de Dios: profesión solemne de fe de Pablo VI (664)
SRS	Sollicitudo rei socialis (665)
UR	Unitatis redintegratio (660)

ÍNDICE DE TEXTOS → Sagrada Escritura

ÍNDICE DE TEXTOS

SAGRADA ESCRITURA

ANTIGUO TESTAMENTO

GÉNESIS

1	1-2, 4	337
1	1	268*, 279, 280, 290
1	2-3	292*
1	2	243*, 703*, 1218*
1	3	298*
1	4	299
1	10	299
1	12	299
1	14	347*
1	18	299
1	21	299
1	26-29	2402*
1	26-28	307*
1	26-27	1602*
1	26	36*, 225, 299*, 343*, 2501, 2809.
1	27	355, 383, 1604*, 2331.
1	28-31	2415*
1	28	372, 373, 1604, 1607*, 1652, 2331, 2427*
1	31	299, 1604*
2	1-3	345
2	2	314*, 2184
2	7	362, 369*, 703*
2	8	378*
2	15	378
2	17	376*, 396, 396, 400*, 1006*, 1008*
2	18-25	1605
2	18	371, 1652
2	19-20	371, 2417*
2	22	369*, 1607*
2	23	371
2	24	372, 1627*, 1644*, 2335
2	25	376*
3		390*, 2795*
3	1-5	391*
3	1-11	397*
3	3	1008*
3	5	392, 398*, 399*, 1850
3	6	2541, 2847
3	7	400*
3	8-10	29*
3	9-10	399*
3	9	410*, 2568
3	11-13	400*
3	11	2515
3	12	1607*
3	13	1736, 2568
3	14-19	2427*
3	15	70*, 410*, 489*
3	16-19	1607*
3	16	376*, 400*, 1609
3	16b	1607*
3	17-19	378*
3	17	400*
3	19	376*, 400, 400*, 1008*, 1609
3	20	489*
3	21	1608*
3	24	332*
4	1-2	2335*
4	3-15	401*
4	3-7	2538*
4	4	2569*
4	8-12	2259*
4	10-11	2259
4	10	1736*, 1867*, 2268*
4	25-26	2335*
4	26	2569*
5	1-2	2331
5	1	2335*

727

ÍNDICE DE TEXTOS → Sagrada Escritura

5	24	2569
6	3	990*
6	5	401*
6	9	2569
6	12	401*
8	8-12	701*
8	20-9, 17	2569*
9	1-4	2417*
9	5-6	2260
9	8-16	2569*
9	9	56*
9	16	71*
10	5	56
10	20-31	56*
11	4-6	57*
12	1-4	145*
12	1	59
12	2	762*, 1669*
12	3	706*, 2676
12	3 LXX	59
12	4	2570
13	8	500*
14	16	500*
14	18	58*, 1333, 1544
15	2-3	2570*
15	2	2374
15	5-6	762*
15	5	146*, 288*
15	6	146*, 2571*
17	1-2	2571*
17	4-8	1819*
17	5	59
18	1-15	706*, 2571*
18	10-14	489*
18	14	148*, 276
18	16-33	2571*
18	20	1867*
19		332*
19	1-29	2357*
19	13	1867*
21	1-2	489*
21	17	332*
22	1-18	1819*
22	8	2572
22	11	332*
22	17-19	706*
23	4	145*
25-26		2335*
28	10-22	2573*
19	15	500*
30	1	2574
32	25-31	2573*
38	18	1295*
41	42	1295*
45	8	312
49	24	269
50	20	312

ÉXODO

3	1-10	2575*
3	5-6	208*
3	5	2777
3	6	205, 207
3	7-10	1867*
3	13-15	205
3	14	446*, 2666*, 2810*
4	22	238, 441*
12	3-14	608
13	3	1363*
13	12-13	529*
13	22	659*
15	1	2810
15	26	1502
16	19-21	2837*
16	19	2836*
17	1-6	694*
17	2-7	2119*
17	8-13	2577*
19-20		708*
19		751*, 2060*
19	5-6	709, 762*, 2810*
19	6	63*, 1539
19	16-25	2085*
20	1-17	2056*
20	2-5	2083
20	2	2061
20	7	2141

ÍNDICE DE TEXTOS → Sagrada Escritura

20	8-10	2167
20	11	2169
20	12	2196, 2200, 2214*
20	13	2257
20	14	2330
20	15	2400
20	16	2463, 2504
20	17	1456*, 2513, 2533
22	20-22	1867*
23	7	2261
23	12	2172
23	20-23	322*
24	7	2060
24	8	613*
24	15-18	697*, 2085*
25	10-22	2130*
25	16	2058, 2058
25	22	433*
29	1-30	1539*
29	7	436*
30	22-32	695*
31	15	2168, 2189
31	16	2171*
31	17	2172
31	18	700, 2056, 2058
32		210*
32	1-34, 9	2577*
32	15	2058
33	9-10	697*
33	11	2576
33	12-17	210*
33	18-19	210
33	19-23	2583*, 2666*
34	5-6	210
34	6	214, 231, 2577*
34	7	211
34	9	210*
34	28	2056
34	29	2058
40	1-2	2058
40	36-38	697*

LEVÍTICO

8		1539*
8	12	436*
16	2	433*
16	15-16	433*, 613*
17	14	2260*
18	7-20	2388*
19	2	2811*
19	13	2434*
19	15	1807
19	18	2055*
20	26	2813
26	12	2550

NÚMEROS

1	48-53	1539*
7	89	433*
11	24-25	1541*
12	3	2576
12	7-8	2576
12	13-14	2577*
21	4-9	2130*
24	17-19	528*
24	17	528*
28	9	582*

DEUTERONOMIO

1-11		708*
4	13	2056
4	15-16	2129
4	19	57*
4	37	218*
5	2	2060
5	4	2059
5	6-22	2056*
5	6-9	2083*
5	6	431, 2061, 2133
5	11	2141
5	12-15	2167*
5	12	2189
5	15	2057, 2170
5	16	2196*, 2200, 2247

ÍNDICE DE TEXTOS ⟶ Sagrada Escritura

5	17	2330
5	19	2400, 2450
5	21	2533
5	22	2056, 2058
6	4-5	201, 459*, 2083, 2093*
6	4	228, 2083
6	5	368*, 2055*, 2133
6	13-14	2084
6	13	2096, 2150
6	16	2119
7	6	762*
7	8	218*
7	9	215*
8	3	1334*, 2835
10	4	2056
10	15	218*
11	14	1293*
14	1	441*
15	11	2449
18	10	2116*
24	1	1610*
24	14-15	1867*, 2409*, 2434*
25	13-16	2409*
28	10	63
29-30		708*
29	3	368*
30	14	2057
30	16	2057
30	15-20	1696*
31	9	2056*
31	24	2056*
32	6	238*
32	8	57*, 441*
32	34	1295*
32	39	304*

LIBRO DE JOSUÉ

| 3 | 10 | 2112 |
| 13 | 33 | 1539* |

LIBRO DE LOS JUECES

6	11-24	332*
13		332*
13	18	206*

PRIMER LIBRO DE SAMUEL

1		489*
1	9-18	2578*
3	9-10	2578
9	16	436*
10	1	436*
12	23	2578
16	1	436*
16	12-13	436*
16	13	695*
28	19	633*

SEGUNDO LIBRO DE SAMUEL

7		709*
7	14	238*, 441*
7	18-29	2579*
7	28	215, 2465*
12	1-4	2538*
12	7-15	1736*

PRIMER LIBRO DE LOS REYES

1	39	436*
6	23-28	2130*
7	23-26	2130*
8	10-61	2580*
8	10-12	697*
17	7-24	2583*
18	20-39	2583*
18	26-29	2766*
18	38-39	696*
18	39	2582*
19	1-14	2583*
19	5	332*
19	16	436*
21	1-29	2538*
21	8	1295*

ÍNDICE DE TEXTOS → Sagrada Escritura

SEGUNDO LIBRO DE LOS REYES

2	9	2684*
7	28	2465*

PRIMER LIBRO DE LAS CRÓNICAS

17	13	441*

SEGUNDO LIBRO DE LAS CRÓNICAS

36	21	2172*

LIBRO DE ESDRAS

9	6-15	2585*

LIBRO DE NEHEMÍAS

1	4-11	2585*
13	15-22	2172*

TOBÍAS

1	16-18	2300*
2	12-18 vulg	312*
3	11-16	2585*
4	3-4	2214*
4	5-11	2447*
4	15	1789*
8	4-9	2361
8	6	360*
12	8	1434*
12	12	336*
13	2	269*

JUDIT

9	2-14	2585*

ESTER

4	17b	269*

SEGUNDO LIBRO DE LOS MACABEOS

6	30	363*
7	9	992
7	14	992
7	22-23	297
7	28	297
7	29	992*
10	29-30	333*
11	8	333*
12	45	958
12	46	1032

JOB

1	5	1032*
1	6	441*
10	8-12	2270*
12	10	2318
33	23-24	336*
36	26	223
38	7	332*
42	2	275
42	3	299*

SALMOS

2	1-2	600*
2	2	436*
2	6-7	745*
2	7-8	2606
2	7	441*, 653*, 2836
6	3	1502*
6	6	633*
8		2809*
8	2	300, 2160, 2566
8	3	559*
8	6	2566, 2809
8	11	2160
16	9-10	627*
19	2-5	299*
19	2	326*
22		304*
22	1	603

ÍNDICE DE TEXTOS → Sagrada Escritura

22	2	2605*		91	10-13	336*
22	10-11	2270*		95	1-6	2628*
22	15	112*		95	7-8	2659
22	27	716*		95	7	1165*
23	5	1293*		95	9	2119*
24	6	2582		95	10	539*
24	7-10	559		96	2	2143*
24	8-10	269		102	27-28	212
24	9-10	2628		103		304*
27	8	2730		103	20	329
27	10	239*		104		288*
29	2	2143*		104	13-15	1333*
32		304*		104	15	1293*
32	5	1502*		104	24	295
33	6	292*, 703*		104	27	2828
34	3	716*		104	30	292*, 703*
34	8	336*		105	3	30
35		304*		106	23	2577
38		1502*		107	20	1502*
38	5	1502*		110	1	659*
39	9	1502*		110	4	1537*
39	12	1502*		111	9	2807*
40	2	2657		113	1-2	2143*
40	5	150*		115	3	268, 303
40	7-9 LXX	462		115	4-5	2112
40	7	2824		115	8	2112
42	3	2112		115	15	216*, 287
42	8	2803		115	16	326*, 326*
50	3	1039		116	12	224
51	6	431*, 1850		116	13	1330*
51	12	298*, 431*		116	17	1330*
51	19	1428, 2100		117	24	2173
55	23	322*		118	14	1808
56	5	990*		118	22	587*, 756*
68	6	238*		118	26	559
69	10	584		118	30	2465*
79	9	431*		118	142	2465*
82	6	441*		118	30	2465*
84	3	1770		119	90	2465
85	11	214*		119	105	141
85	12	2795*		119	124	2465*
88		709*		119	160	215
88	11-13	633*		121	2	1605*
89	49	633*, 709		124	8	287

ÍNDICE DE TEXTOS → Sagrada Escritura

130	14	2559
131	2	239*
131	2-3	370*
134	3	287
135	6	269
138		304*
138	2	214
139	15	2270
143	10	1831
145	3	300
145	9	295, 342*
146	3-4	150*

PROVERBIOS

1	8	2214*
6	20-22	2216
8	1-9, 6	721*
8	6	2465*
8	7	2465*
8	22-31	288*
13	1	2216
14	15	1806
17	6	2219
18	5	2476*
19	9	2476*
19	21	303
21	1	269*
25	9-10	2489*

ECLESIASTÉS

3	20-21	703*
12	1	1007
12	7	1007

CANTAR DE LOS CANTARES

1	7	2709
3	1-4	2709*
8	6-7	1611
8	6	1040*, 1295*

LIBRO DE LA SABIDURÍA

1	13	413, 1008*
2	23-24	1008*
2	24-25	2538*
2	24	391*, 413, 2538*
4	8	1308
7	17-21	216*, 283
7	18	2501
7	25-26	2500
7	29-30	2500
8	1	302
8	2	2500
8	7	1805
9	9	295*
10	5	57*
11	20	299
11	21	269
11	23	269
11	24-26	301
11	24	373
13	1-15, 19	2112*
13	1-9	32*, 216*
13	1	1147*
13	3	2129, 2500
13	5	41, 2500
14	12	2534*
15	5	2520
16	5-14	2130*
18	13	441*

ECLESIÁSTICO

1	22	2339*
3	2-6	2218
3	12	2218
3	16	2218
5	2	1809
5	9	2536
7	27-28	2215
11	14	304*
15	14	1730, 1743
17	22	2447*
18	30	1809

ÍNDICE DE TEXTOS → Sagrada Escritura

21	28	2477*
24		721*
27	16	2489*
30	1-2	2223
36	il	441*
37	27-31	1809*
43	27-28	2129
43	28	300*
48	1	696
50	20	433*

ISAÍAS

1	2-4	762*
1	6	1293*
1	10-20	2100*
1	16-17	1430*
1	17	1435*
1	24	269
2	2-5	762*
2	2-4	64*
2	4	2317
5	1-7	755*
6-12		712*
6	1	1137
6	2-3	1138*
6	3	2809*
6	5	208, 2584*
6	6	332*
6	8	2584*
6	11	2584*
7	14	497
9	5	2305
10	5-15	304*
11	1-9	672*
11	1-2	712, 1831*
11	2	436*, 536*, 1286*
12	3	2561*
29	11	1295*
29	13	368*
32	17	2304*
33	24	1502*
38		1502*
40	1-3	719*
40	6	990*
40	11	754*
42	1-9	713*
42	1	536*, 555*
42	3	580*
42	6	580
43	1-7	218*
43	1	287*, 2158*, 2167*
43	19	711
44	6	198, 212*
44	9-20	2112*
44	24	288*
45	5-7	304*
45	8	2795*
45	15	206
45	22-24	201
49	1-6	713*
49	5-6	64*
49	13	716*
49	14-15	219*, 370*
49	15	239*
50	4-10	713*
50	4	141*
51	1	2561*
52	13-53, 12	713*
53	1	591*
53	4-6	1505*
53	4	517*, 1505*
53	7-8	601*
53	7	608
53	8	627
53	10-12	440*, 615
53	10	623*
53	11-12	601*
53	11	64*, 579*, 601, 623, 1502*
53	12	536*, 608*
54		1611*
54	8	220
5	10	220
55	1	694*, 2121*
55	3	762*
58	6-7	2447*
61	1-2	714*

ÍNDICE DE TEXTOS → Sagrada Escritura

61	1	436*, 695*, 716*, 1286*
61	6	1539*
62		1611*
62	4-5	219*
65	16	1063
66	13	239*, 370*

JEREMÍAS

1	5	2270
1	6	2584*
2-3		1611*
2		762*
2	13	2561
3	4-19	370*
3	19-4, la	2795*
3	19	441*
5	7	2380*
7	9	2056*
10	1-16	2112*
11	19	608*
13	27	2380*
15	15-18	2584*
17	5-6	150*
20	7-18	2584*
27	5	269*
29	8	2116*
31		1611*
31	3	220
31	31-34	64*, 715*, 762*, 1965*
31	33	368, 580, 2713*
31	35-37	346*
32	10	1295*
32	17	269*
33	19-26	288*, 356*

LAMENTACIONES

5	21	1432

BARUC

6		2112*

EZEQUIEL

1	26-28	1137*
9	4-6	1296*
11	19	715*
14	14	58
16		219*
16		1611*
18	5-9	2056*
20		2811*
20	39	2812*
23		1611*
32	17-32	633*
34	11-31	754*
36		64*, 2811*
36	20-22	2814
36	20-21	2812*
36	25-28	715*
36	25-27	1287*
36	26-27	1432*
36	26	368*
37	1-14	715*
37	10	703*

DANIEL

3	57-58	2416*
7	10	678*
7	13	440*
7	14	664
10	9-12	330*
12	1-13	992*
12	2	998*
14	1-30	2112*

OSEAS

1-3		1611*
1		762*
2		218*
2	1	441*
2	7	2380*
2	21-22	2787*
4	2	2056*
6	1-6	2787*

ÍNDICE DE TEXTOS → Sagrada Escritura

6	2	627*
6	6	589*, 2100*
11		219*
11	1-4	370*
11	1	219, 441*, 530*
11	9	208

JOEL

2	12-13	1430*
3-4		678*
3	1-5	715*
3	1-2	1287*

AMÓS

5	21-25	2100*
5	24	1435*
7	2	2584*
7	5	2584*
8	4-10	2269*
8	4-6	2409*
8	6	2449
8	11	2835

JONÁS

1	3	29*
2	1	627*
2	3-10	2585*

MIQUEAS

2	2	2534*
4	1-4	762*

SOFONÍAS

2	3	64*, 711*, 716*
3	14	722*, 2676
3	17a	2676
3	17b	2676*

ZACARÍAS

1	12	336*

2	14	722*
2	17	2143*
4	14	436*
6	13	436*
9	9	559
12	10	1432*, 2561*
13	1	2561*
14	8	694*

MALAQUÍAS

1	11	1330*, 1350*, 2643*
2	6	217
2	7-9	1540*
2	10	238*
2	13-17	1611*
3	19	678*

NUEVO TESTAMENTO

EVANGELIO SEGÚN SAN MATEO

1	16	437
1	18-25	497*
1	20	333*, 437 486*, 497
1	21	430, 437, 452, 1507*, 1846, 2666*, 2812*
1	23	497, 744
2	1-12	486*
2	1	528
2	2	439*, 528
2	4-6	528*
2	11	724*
2	13-18	530*
2	13	333*
2	15	530*
2	19	333*
3	3	523*
3	7-12	678*
3	7	535*
3	13-17	535, 1286*
3	13	1223*
3	14-15	608*
3	15	536, 1224

ÍNDICE DE TEXTOS → Sagrada Escritura

3	16-17	1224		5	43-44	1933*, 2844*
3	16	536		5	44-45	2303, 2608*
3	16 par.	701*		5	44	1825*, 1968*, 2262*
3	17	444*, 713*		5	45	2828
4	1-11	394*, 2849*		7	46-47	2054*
4	4	2835		5	47	1693
4	10	2083, 2135		5	48	443*, 1968*, 2013, 2842
4	11	333*		6		1693
4	17	1720*, 1989		6	1-18	1434*
4	19	878*		6	1-6	1430*, 1969*
4	21	878*		6	2-4	1753*, 2447*
4	24	1503*		6	2	1063*
5-7		2763*		6	5	1063*
5-6		764*		6	6	1693, 2608, 2655, 2691*
5	1	581*		6	7	2608*, 2668, 2766*
5	3-10	1716		6	8	443*, 2736*
5	3-12	1716		6	9-13	1969, 2759, 2759*
5	3	544, 2546		6	9	268*, 443
5	8	1720, 2518		6	10	2632*
5	9	2305, 2330		6	11	1165*, 2659*
5	11-12	520*		6	12	2845
5	13-16	782*, 2821*		6	14-16	2792*
5	14	1243		6	14-15	2608*, 2841*
5	16	326		6	16-18	1430*
5	17-19	577, 592*, 1967*		6	16	1063*
5	17	2053*		6	18	575*
5	20	2054		6	21	368*, 2533, 2551, 2604*, 2608*, 2729*, 2848
5	21-22	2054, 2257				
5	21	2262, 2302		6	24	2113, 2424, 2729*, 2821*, 2848
5	22-39	2262*				
5	22	678*, 1034*, 2302		6	25-34	2547*, 2830*
5	23-24	2608*, 2792*, 2841*, 2845*		6	25	2608*
				6	26-34	322*
5	24	1424		6	26	2416*
5	27-28	2330, 2336, 2380*		6	31-33	305
5	28	1456*, 2513, 2528		6	32	270*
5	29-30	226*		6	33	1942, 2604*, 2608*, 2632*
5	29	1034*				
5	31-32	2382*		6	34	2659*, 2836*
5	32	2380*		7	1-5	678*
5	33-34	581, 2141, 2153		7	7-11	2609*
5	33	592*, 2463		7	12-13	2821*
5	37	2153, 2338*, 2466				
5	42	2443				

ÍNDICE DE TEXTOS → Sagrada Escritura

7	12	1789, 1970		11	28	1658
7	13-14	1036, 1970*, 2609*		11	29-30	1615*
7	13	1696		11	29	459
7	15	2285*		12	5	581*, 582*, 2173*
7	20	2005		12	6	586*, 590
7	21-27	1970*		12	7	2100
7	21	443*, 1821*, 2611, 2826		12	12	342
				12	18-21	713*
7	28-29	581		12	23	439*
8	2	448*		12	24	574*, 635*
8	4	586*		12	26	550*
8	8	1386*		12	28	550
8	10	2610		12	30	590
8	11	543*		12	31	1031
8	17	517, 1505		12	32	679*, 1864*
8	20	2444*		12	36	590*
8	26	2610		12	37	590*
9	12	581*		12	39	994
9	13	589*, 2100		12	40	627*, 635* 994
9	27	439*, 2616		12	41-42	590, 678*
9	38	2611*		12	49	764*, 2233
10	5-7	543*		13	3-23	1724*
10	8	1509, 2121, 2443		13	3-9	546*
10	10	2122		13	10-17	787*
10	16	764*		13	10-15	546*
10	19-20	728*		13	11	546
10	22	161, 1821*		13	22	29*
10	25	765*		13	24-30	827*
10	28	363*, 1034*		13	41-42	1034
10	29-31	305*		13	41	333*
10	32-33	1816		13	42	1034*
10	32	14*, 2145*		13	44-45	546*
10	37	2232		13	50	1034*
10	38	1506*		13	52	1117*
10	40	858		13	55	495*, 500
11	5	549*, 2443		14	13-21	1335*
11	6	548		14	19	1329*
11	13-14	719*		14	30	448*
11	13	523*		15	3-7	579*
11	20-24	678*		14	18-19	1968*
11	25-27	2603*, 2779		15	19-20	1853
11	25-26	2701*		15	19	1853, 2517
11	25	153*, 544*, 2785		15	22	439*, 448*
11	27	151*, 240, 443*, 473*		15	28	2610

ÍNDICE DE TEXTOS ⟶ Sagrada Escritura

15	32-39	1335*		19	12	922, 1579, 1618
15	36	1329*		19	16-19	2052
16-18		1969*		19	16-17	2075
16	16-23	440*		19	18	2400
16	16	424, 442		19	21	2053, 2053*
16	17	153, 442		19	23-29	2053*
16	18-19	881*		19	23-24	226*
16	18	424*, 442*, 552, 586*, 869*		19	26	276, 308*, 1058
16	19	553, 1444		19	28	765*
16	21-23	540*, 607*		20	19	572
16	21	554		20	26	2235
16	22-23	554*		20	28	440, 601*, 605, 622, 786
16	24-26	736*		20	30	439*
16	24	226*, 618, 2029		21	1-11	559*
16	25-26	363*		21	9	439*
16	25	2232*		21	13	584*
16	26	1021*		21	15-16	559*
17	1-8 par.	554*		21	15	439*
17	5	444*		21	18	544*
17	10-13	718		21	22	2610
17	23	554*		21	28-32	546*
17	24-27	586*		21	32	535*
18	3-4	526*		21	33-43 par.	755*
18	3	2785		21	34-36	443*
18	6	2285		21	37-38	443*
18	10	329, 336*		21	42 par.	756*
18	14	605, 2822*		22	1-14	546*, 796*
18	16	2472*		22	21	2242
18	18	553*, 1444*		22	23-34	575*
18	20	1088, 1373		22	23-24	581*
18	21-22	982*, 2227*, 2845*		22	34-36	581*
18	23-35	2843*		22	36	2055
19	1-12	2364*		22	37-40	2055
19	3-12	1620*		22	37	2083
19	3-9	2382*		22	40	1824*
19	4	1652		22	41-46	439*, 447*
19	6-12	2053*		23	9	2367*
19	6	796, 1605, 1614, 1644, 2336*, 2380*		23	12	526*
				23	16-22	2111*
19	7-9	2382*		23	21	586*
19	8	1610*, 1614*		23	37a	558*
19	10	1615*		23	37b	558
19	11	1615*		23	39	674

ÍNDICE DE TEXTOS → Sagrada Escritura

24	1-2	585*
24	3	585*
24	12	675*
24	13	161
24	31	333*
24	36	443*
24	44	673*
25	1-13	672* 796*
25	1	672*
25	6	1618*
25	13	672*
25	14-30	546*, 1936*
25	21	1029*, 1720*, 2683*
25	23	1029*, 1720*
25	31-46	544*, 1033*, 1373, 2447*, 2831*
25	31-36	2443*
25	31	331, 671*, 679*, 1038
25	32	1038
25	36	1503
25	40	678, 1397*, 1825*, 1932, 2449*
25	41	1034
25	45	598*, 1825*, 2463
25	46	1038
26	17-29	1339*
26	20	610*
26	26	1328, 1329*
26	28	545, 610, 613, 1365, 1846, 2839*
26	29	1403
26	31	764*
26	36-44	2849*
26	38	363*
26	39	536*, 612
26	40	2719*
26	41	2733, 2846*
26	42	612*, 612*
26	52	2262*
26	53	333*, 609*
26	54	600*
26	57	2262*
26	64-66	591*
26	64	443*
26	66	596
27	25	597
27	39-40	585*
27	48	515*
27	51	586*
27	52-53	633*
27	54	441*
27	56	500*
28	1	500, 2174, 2174*
28	6	652*
28	9-10	641*
28	9	645*
28	10	654
28	11-15	640*
28	16-20	857*, 1444*
28	16-17	645*
28	17	644
28	18-20	1120*
28	19-20	2, 767*, 849, 1223, 1257* 1276
28	19	189, 232, 543*, 691*, 730*, 831*, 1122, 2156
28	20	80, 788*, 860*, 1257*, 2743

EVANGELIO SEGÚN SAN MARCOS

1	1	422, 515*
1	11	151, 422
1	12-13	538*
1	12	333*
1	15	541, 1423*, 1427
1	16-20	787*
1	21	2173*
1	24	438
1	25	1673*
1	26	1673*
1	35	2602*
1	40-41	2616*
1	41	1504*
2	1-12	1421*
2	5-12	1502*, 1503*
2	5	1441, 1484, 2616*
2	7	430, 574*, 574*, 589,

ÍNDICE DE TEXTOS → Sagrada Escritura

		1441*	6	17-29	523*
2	8	473*	6	38	472*
2	10	1441	6	46	2602*
2	14-17	574*	6	56	1504*
2	17	545, 1484*, 1503*	7	8-13	2196
2	19	796	7	8	581, 2247
2	23-27	581*	7	10-12	2218*
2	23-26	544*	7	10	2247
2	25-27	582*	7	13	581
2	27-28	2167	7	14-23	574*
2	27	2173	7	18-21	582
2	28	2173	7	21	1764*
3	1-6	574*	7	29	2616*
3	3	2173	7	32-36	1504*
3	4	2173	7	33-35	1151*
3	5-6	1859*	8	6	1329
3	5	591	8	19	1329*
3	6	574*, 591*	8	22-25	1151*, 1504*
3	10	1504*	8	23	699*
3	13-19	551*, 787*	8	27	472*
3	13-14	858	8	31-33	557*
3	14-19'	1577*	8	31	474*, 572, 649*
3	14-15	765*	8	34	459*, 1615*
3	15	1673*	8	35	2544*
3	16	552*	9	2	552*
3	22	548*, 574A*	9	7	151*, 459
3	27	539	9	9-31	649*
3	29	1864	9	23	1504*, 2610
3	31-35	500*	9	24	162*
4	4-7	2707*	9	31-32	557*
4	11	546	9	31	474*
4	15-19	2707*	9	37	1825*
4	33-34	546*	9	43-48	1034*
5	21-42	994*	10	8	1627*
5	25-34	548*	10	9	1639*, 2364, 2382*
5	28	2616*	10	11-12	1650
5	34	1504*	10	11	2380*
5	36	1504*, 2616*	10	14	1244, 1261
6	3	500*	10	16	699*
6	5	699*	10	18	1858
6	6	2610	10	19	1858
6	7	765*, 1673*	10	22	2728*
6	12-13	1506	10	28-31	1618*
6	13	1511*, 1673*	10	32-34	557*

741

ÍNDICE DE TEXTOS ⟶ Sagrada Escritura

10	33-34	474*
10	34	649*, 994*
10	38	536*, 1225
10	39	618*
10	43-45	1551*
10	45	608, 1570*
10	46-52	2667*
10	48	2616
10	52	548*
11	24	2610
11	25	2841*
12	17	450*
12	24	993
12	25	1619*
12	27	993
12	28-34	575*
12	29-31	129*, 2196
12	29-30	202*
12	29	228
12	35-37	202*
12	38-40	678*
12	41-44	2444*
13		2612*
13	9	2849*
13	23	2849*
13	32	474*, 673*
13	33-37	672*, 2849*
14	12-25	1339*
14	18-20	474*
14	22	1328
14	25	1335*, 1403*
14	26-30	474*
14	33-34	1009*
14	36	473*, 2701*
14	38	2849*
14	57-58	585*
14	61	443*
15	11	597*
15	34	603, 2605
15	37	2605*
15	39	444
16	1	651*, 2174*
16	2	2174
16	5-7	333*
16	7	652*
16	11	643*
16	12	645, 659*
16	13	643*
16	14	643
16	15-16	977, 1223*
16	15	888*
16	16	161*, 183, 1253*, 1256*, 1257*
16	17-18	670*, 1507
16	17	434*, 1673*
16	18	699*
16	19	659, 659*
16	20	2, 156*, 670*

EVANGELIO SEGÚN SAN LUCAS

1	11	332*
1	15-19	724*
1	15	724*
1	15	717
1	17	523, 696, 716*, 718, 2684*
1	23	1070*
1	26-38	497*, 706*, 723*, 2571*
1	26-27	488
1	26	332*
1	28-37	494*
1	28	490, 491
1	31	430*, 2812*
1	32-33	709*
1	32	559
1	34	484, 497*, 505
1	35	437, 484, 486*, 697
1	37-38	494
1	37	148, 269*, 273, 276
1	38	64*, 148, 510, 2617*, 2677, 2827*, 2856*
1	41	523*, 717, 2676
1	43	448*, 495, 2677
1	45	148, 2676
1	46-55	722*, 2619*, 2675*
1	46-49	2097*
1	46	2465
1	48	148*, 971, 2676*,

ÍNDICE DE TEXTOS ⟶ Sagrada Escritura

		2676*	4	9	2119*
1	49	273, 2599*, 2807*, 2827*	4	13	538
			4	16-22	1286*
1	50	2465	4	16-21	436*
1	54-55	706*	4	18-19	695*, 714
1	55	422*	4	18	544, 2443*
1	68	422*, 717	4	19	1168*
1	73	706*	5	8	208
1	76	523	5	16	2602*
2	6-7	525*	5	17	1116*
2	7	515*	5	30	588*
2	8-20	486*, 525*	5	32	588
2	8-14	333*	6	6-9	581*
2	10	333	6	12-16	1577*
2	11	437, 448*, 695*	6	12	2600*
2	14	333, 549*, 725*	6	19	695*, 1116*, 1504
2	19	2599*	6	20-22	2444*
2	21	527*	6	20	2546*
2	22-39	529*, 583*	6	24	2547
2	25	711*	6	28	1669*
2	26-27	695*	6	31	1789*, 1970*
2	32	713*	6	36	1458*, 2842
2	34	575, 587*	7	11-17	994*
2	35	149*, 618*	7	16	1503
2	38	711*	7	18-23	547*
2	41-52	534*	7	19	453
2	41	583*	7	22	544*
2	46-49	583*	7	26	523*, 719
2	48-49	503*	7	36-50	2712*
2	49	2599	7	36	575*, 588*
2	51-52	531	7	37-38	2616*
2	51	517*, 2196, 2599*	7	48	1441
2	52	472	8	6	2731*
3	3	535	8	10	1151*
3	8	1460	8	13-15	2847*
3	10-14	535*	8	13	2731*
3	11	2447	8	15	368*, 2668*
3	16	696	8	24	2743*
3	21	608*, 2600*	8	26-39	550*
3	22	536*	8	46	695*, 1116*
3	23	535*	9	2	551
4	1	695*	9	18-20	2600*
4	5-6	2855*	9	23	1435*
4	8	2096	9	28	2600*

ÍNDICE DE TEXTOS → Sagrada Escritura

9	30-35	2583*	13	15-16	582*
9	31	554, 1151*	13	20-21	2660*
9	33	556*	13	31	575
9	34-35	659*, 697	13	33	557
9	35	516, 554	13	35	585*
9	45	554*	14	1	575*, 588*
9	51	557	14	3-4	582*
9	58	544*	14	26	1618*
10	1-2	765*	14	33	2544 1443*, 1846*
10	2	2611*	15	1-2	589*
10	7	2122*	15	7	545
10	16	87, 858*	15	11-32	545*, 2839*
10	17-20	787*	15	11-31	1700*
10	21-23	2603*	15	11-24	1439
10	21	1083	15	18	1423*, 2795*
10	25-37	2822*	15	21	2795*
10	27-37	1825*	15	23-32	589*
10	27	2083*	15	32	1468
10	34	1293*	16	1	952*
11	1	520*, 2601, 2759, 2773	16	3	952*
11	2-4	2759*	16	13	2424
11	2	2632*	16	16	523*
11	4	1425, 2845	16	18	2382*
11	5-13	2613*	16	19-31	1859*, 2831*
11	9	2761	16	22-26	633*
11	13	443*, 728*, 2632*, 2671*	16	22	336*, 1021*
11	20	700	17	1	2287
11	21-22	385*	17	3-4	2845*
11	37	588*	17	4	2227*
11	39-54	579*	17	5	162*
11	41	2447	17	14	586*
12	1-3	678*	17	19-31	2463*
12	6-7	342	17	33	1889
12	8-9	333*	18	1-8	2573*, 2613*
12	10	1864*	18	1	2098
12	12	1287*	18	8	675*
12	13	549*	18	9-14	2559*, 2613*
12	14	549*	18	9	588
12	32	764	18	13	2631, 2667*, 2839*
12	35-40	2849*	19	1-10	2712*
12	49	696	19	8	549*, 2412
12	50	536*, 607*, 1225*, 2804*	19	9	1443*
			19	11-27	1936*
			19	13	1880

ÍNDICE DE TEXTOS → Sagrada Escritura

19	15	1880		23	47	441*
19	16	1880*		24	1	641*, 2174
19	19	1880*		24	3	640*
19	38	559*		24	5-6	626, 640
19	41-42	558		24	6-7	652*
20	17-18	587*		24	9-10	641
20	36	330*		24	11	643
20	39	575*		24	12	640*
21	4	2544*		24	13-49	1094*
21	12	675*		24	13-35	1329*, 1347*
21	24	58*, 674*		24	15	645*, 659*
21	27	671, 697*		24	17	643
21	34-36	2612*		24	21	439*
22	7-20	1151*, 1339		24	22-23	640*
22	14	2804*		24	25-27	112*, 601*
22	15-16	1130		24	26-27	572, 652*
22	15	607*		24	26	555, 710*
22	18	1403*		24	27	555*, 2625*
22	19-20	1365		24	30	645*, 1166*
22	19	610, 611*, 621, 1328, 1381		24	31	659*
				24	34	552*, 641
22	20	612*		24	36	641, 645*
22	26-27	894*		24	38	644*
22	27	1570*		24	39	644*, 645*, 645*, 999
22	28-30	787*		24	40	645*
22	29-30	551		24	41-43	645*
22	30	765*		24	41	644
22	31-32	641*, 643*		24	43	2605
22	32	162*, 552*, 2600*		24	44-48	652*
22	40	2612*		24	44-46	112*
22	41-44	2600*		24	44-45	572, 601*
22	42	532, 2605, 2824		24	44	702*, 2625*, 2763*
22	43	333*		24	45	108
22	46	2612*		24	46	627
22	61	1429		24	47-48	730*
22	70	443		24	47	981, 1120*, 1122
23	2	596*		24	48-49	1304*
23	19	596		24	51	659*
23	28	2635*				
23	34	591*, 597*, 2605, 2635*		**EVANGELIO SEGÚN SAN JUAN**		
23	39-43	440*, 2616*		1	1-3	291
23	43	1021*		1	1	241, 454*, 2780*
23	46	730*, 1011*, 2605		1	3	268*

745

ÍNDICE DE TEXTOS → Sagrada Escritura

1	4	612*		3	13	423, 440, 661
1	6	717		3	14-15	2130*
1	7	719		3	16	219, 444, 454*, 458, 706*
1	9	1216		3	17	679*
1	11	530		3	18	444, 454*, 679*
1	12-18	1996*		3	20-21	678*
1	12-13	706*		3	29	523, 796*
1	12	526, 1692		3	30	524
1	13	496*, 505, 526		3	34	504, 690*, 1286
1	14	423, 445, 454*, 461, 594*, 705*, 2466		3	36	161*
1	16	423, 504		4	6-7	544*
1	17	2787		4	10-14	694*, 1137*
1	18	151, 454*, 473*		4	10	728*, 2560, 2561
1	19	575*, 613		4	14	728*, 1999*, 2557, 2652
1	23	719		4	21	586
1	29	408, 523, 536, 608, 1137*, 1505		4	22	528*, 586*
1	31-34	486*		4	23-24	586*, 728*
1	31	438		4	24	1179
1	32-34	713*		4	25-26	439*
1	32-33	536		4	34	606, 2611*, 2824*
1	33-36	719		5	1	583*
1	33-34	1286*		5	10	575*
1	36	608*		5	14	583*
1	43	878*		5	16-18	594*
2	1-12	2618*		5	18	574*, 589*
2	1-11	1613*		5	19	859, 1063*
2	1	495		5	22	679
2	11	486*, 1335*		5	24-25	994*
2	13-14	583*		5	24	1470
2	16-17	584		5	25	635
2	18-22	586*		5	26	612*, 679*
2	18	575*		5	27	679*
2	19-22	994*		5	28-29	1038
2	21	586*		5	29	998
2	25	473*		5	30	859, 2824*
3	2	581*		5	33	719*
3	3-5	782		5	36	548*, 582*
3	5-8	691, 728*, 1287*		5	39	702*
3	5	432*, 720*, 1215, 1225, 1238, 1257*, 1262*, 2790*		5	46	702*
				6		1338*
3	7	526, 591		6	5-15	549*
3	9	505*		6	15	439*, 559*

ÍNDICE DE TEXTOS → Sagrada Escritura

6	26-58	2835*		7	50	595*
6	27	698, 728*, 1296*		7	52	574*, 595*
6	32	1094		8	2	583*
6	33	423		8	12	2466
6	38	606, 2824*		8	28	211, 653, 2812*
6	39-40	989*, 1001		8	29	603*, 1693*, 2824, 2825*
6	40	989*, 1001				
6	40	161*, 994*		8	31-32	89*
6	44	259*, 591*, 1001, 1428*		8	32	1741, 2466
6	46	151		8	33-36	588*
6	48	1094		8	34-36	549*, 601*, 613*
6	51	728*, 1355, 1406, 2837*		8	44	391*, 392, 394, 2482, 2852
6	53-56	2837*		8	46	578*, 592*, 603*
6	53	1384		8	48	574*
6	54	994*, 1001, 1406, 1509*, 1524		8	55	473*
				8	58	590
6	56	787, 1391, 1406		8	59	574*
6	57	1391		9	6	1151*, 1504*
6	58	1509*		9	7	1504*
6	60	1336		9	16-17	595*
6	61	473*		9	16	596*, 2173*
6	62-63	728*		9	22	575*, 596*
6	62	440*		9	31	2827
6	63	2766		9	34	588*
6	67	1336		9	40-41	588*
6	68	1336		10	1-21	764*
6	69	438		10	1-10	754*
7	1	583*		10	3	2158*
7	10	583*		10	11-15	754*
7	12	574*		10	11	553, 754*
7	13	575*		10	16	60*
7	14	583*		10	17-18	614*, 649
7	16	427		10	17	606
7	19	578*		10	18	609
7	22-24	582*		10	19-21	595
7	22-23	581*		10	19	596*
7	23	2173*		10	20	574*
7	37-39	728*, 1287*, 2561*		10	22-23	583*
7	38-39	1999*		10	25	548*, 582*
7	38	694*		10	30	590
7	39	244*, 690*		10	31-38	548*
7	48-49	575*		10	31	574*
7	49	588*		10	33	574*, 589*, 594

ÍNDICE DE TEXTOS → Sagrada Escritura

10	36-38	591*		14	2	661
10	36	437, 444*		14	3	1025*
10	37-38	582*		14	6	74*, 459, 1698, 2466*, 2614
10	38	548*		14	9-10	470*
11		994*		14	9	516
11	24	993*, 1001		14	13-14	2614
11	25	994		14	13	2614, 2633*, 2815*
11	27	439*		14	16-17	729*, 2615
11	28	581*		14	16	692
11	34	472*		14	17	243*, 687, 2466, 2466, 2671*
11	38	581*		14	18	788*
11	39	627*		14	22	647*
11	41-42	2604*		14	23-26	2615*
11	44	640*		14	23	260
11	47-48	548*		14	26	243*, 244*, 263*, 692, 729*, 1099*, 2466*, 2623*
11	48	596		14	30	1851*, 2853
11	49-50	596		14	31	606
11	52	58, 60*, 706*, 2793		15	1-17	1108*
12	8	2449		15	1-5	755*
12	24	2731		15	1-4	1988*
12	27	363*, 607		15	3	517*
12	28	434*		15	4-5	787
12	31	550, 2853		15	5	308*, 737, 859*, 864*, 1694*, 2074, 2732
12	32	542, 662, 786*, 1428*, 2795*		15	7	2615*
12	37	582*		15	8	737
12	41	712		15	9-10	1824
12	42	595		15	9	1823
12	46	2466		15	12	459, 1823, 1970*, 2074
12	48	679*		15	13	363*, 609, 614*
12	49	1039*		15	15	1972, 2347*
13	1-17	1337*		17	16-17	2745
13	1	557*, 609, 616, 622, 730*, 1085*, 1380, 1524*, 1823, 2843*		15	16	434, 737, 2615*, 2815*
				15	19-20	675*
13	3	423		15	20	530*, 765*
13	12-16	1694*		15	26	244*, 248, 263, 692, 719*, 729*, 1433*, 2671*
13	12-15	1269*				
13	13	447*				
13	15	520*				
13	20	858*				
13	34	782*, 1823*, 1970, 2195, 2822, 2842		16	7-15	729*, 1287*
14	1	151		16	7	692
14	2-3	2795*		16	8-9	1433

ÍNDICE DE TEXTOS → Sagrada Escritura

16	8	388		18	11	607
16	11	385*		18	12	575*
16	13-15	2615*		18	20	586*
16	13	91*, 243, 687, 692, 1117, 2466, 2671		18	31	596*
				18	36	549*, 600*
16	14-15	485*		18	37	217, 559*, 2471
16	14	244*, 690*		18	11	600*
16	23-27	2615*		19	12	596*
16	24	2615, 2815*		19	15	596*
16	26	2815*		19	19-22	440*
16	28	661*, 2795*		19	21	596*
16	33	1808 2604*, 2746*, 2750*		19	25-27	726*, 2618*
				19	25	495
17	1	730*, 1085*, 2750*		19	26-27	501*, 964, 2605
17	2	2750*		19	27	2677*, 2679*
17	3	217*, 684, 1721*, 1996*, 2751*, Sans		19	28	544*, 607, 2561*, 2605
				19	30	607, 624*, 730*, 2605
17	4	1069*, 2750*		19	30b	2605*
17	5	2750*		19	31	641*
17	6-10	2751*		19	34	478*, 694*, 1225
17	6	589*, 2750*, 2750*, 2812		19	36	608*
				19	37	1432
17	7	2765*		19	38-39	595*
17	8	2812*		19	38	575*
17	9	2750*		19	42	624*, 641*
17	10	2750*		20	1	624*, 641*
17	11	2747*, 2749*, 2750*, 2750*, 2815, 2849		20	1	2174
				20	2	640
17	12	2750*, 2750*		20	5-7	640*
17	13	2747*, 2749*		20	6	640
17	15	2750*, 2850		20	7	515*
17	17-20	2821*		20	8	640
17	17-19	2812*		20	11-18	641*
17	17	2466*		20	13	640*
17	18	858*		20	14-15	645*, 659*
17	19	611, 2747*, 2749*, 2812		20	14	645*, 645*
				20	16	645*
17	21-23	260*, 877*		20	17	443, 645*, 654, 660, 2795*
17	21	820				
17	22	690*		20	19	575*, 643*, 645*, 659*
17	23-26	2750*		20	20	645*
17	24	2749*, 2750*, 2750*		20	21-23	1087*, 1120*, 1441*
17	25	2751*		20	21	730, 858
17	26	589*, 729*, 2750*		20	22-23	976, 1485
18	4-6	609*				

749

ÍNDICE DE TEXTOS → Sagrada Escritura

20	22	730*, 788*, 1287
20	23	1461*, 2839*
20	24-27	644*
20	26	645*, 659*
20	27	645*, 645*
20	28	448
20	30	514*
20	31	442*, 514
21	4	645*, 645*, 659*
21	7	448, 645*
21	9	645*
21	12	1166*
21	13-15	645*
21	15-17	553, 881*, 1429*, 1551*
21	18-19	618*
21	22	878
21	24	515*

HECHOS DE LOS APÓSTOLES

1	1-2	512
1	3	659*
1	6-7	672*
1	7	474*, 673
1	8	672*, 730*, 735, 857*, 1287*
1	9	659*, 697
1	10-11	333*
1	11	665*
1	14	726, 1310*, 2617*, 2623, 2673*
1	22	523*, 535*, 642*, 995
2	1-4	1287*
2	1	2623
2	3-4	696
2	11	1287
2	17-21	715*
2	17-18	1287*
2	21	432*, 2666*
2	22	547
2	23	597*, 599
2	24	633*, 648*
2	26-27	627
2	33	659*, 788*
2	34-36	447*, 449*
2	36-38	1433*
2	36	440, 597*, 695*, 731*, 746
2	38	1226, 1262*, 1287*, 1427*
2	41	363*, 1226*
2	42-46	2178*
2	42	3*, 857*, 949, 1329*, 1342, 2624
2	46	584*, 1329*, 1342
2	47	2640*
3	1	584*
3	9	2640*
3	13-14	597*
3	13	599
3	14	438, 601*
3	15-16	2666*
3	15	612, 626, 632, 635
3	17-18	591*, 600*
3	17	597
3	18	601*
3	19-21	674
4	10	597*
4	11	756*
4	12	432, 452, 1507*, Sans
4	20	425
4	21	2640*
4	26-27	436*
4	27-28	600
4	32	952, 2790
4	33	995*
5	12	699*
5	18-20	334*
5	20	584*
5	21	584*
5	28	597*
5	29	450*, 2242, 2256
5	30	597*
5	41	432*
6	6	2632*
6	7	595
7	52	597*, 601*
7	53	332*
7	56	659*

ÍNDICE DE TEXTOS → Sagrada Escritura

7	60	2635*		15	5	595
8	9-24	2121*		15	10	578*
8	12-13	1226*		16	15	1226*, 1252*
8	14-17	1315		16	16-18	434*
8	15-17	1288*		16	31-33	1226
8	17-19	699*		16	31	1655*
8	20	2121		16	33	1252*
8	26-29	334*		17	24-29	287*
8	32-35	601*		17	26-28	28
8	37	454*		17	26-27	57*
9	3-18	639*		17	26	360
9	4-5	598*		17	27-28	32*
9	13	823*		17	27	2566*
9	14	432*		17	28	300
9	20	442		17	31	679*
9	34	1507*		17	32	996*
10	3-8	334*		18	6	597*
10	35	761		18	8	1252*, 1655*
10	38	438, 453, 486, 1289		18	18	2102*
10	39	597*		19	5-6	1288*
10	41	659*, 995		19	6	699*
10	42	679*		19	13-16	434*
10	48	1226*		19	39	751*
11	14	1655*		20	7	1329*, 1343
12	5	2636*		20	11	1329*
12	6-11	334*		20	32	798
12	37	630		20	36	2636*
13	2	1070*		21	5	2636*
13	3	699*, 2632*		21	20	595
13	24	523*		21	23-24	2102*
13	27-28	597*		23	6	993*
13	29	601*		24	15	1038
13	31	647		24	16	1794*, 2471
13	32-33	638, 653		26	22-23	601*
13	32	653		27	23-25	334*
13	33	445*, 2606*		28	20	453
13	34	653				
13	37	630				
13	38-41	578*				

CARTA A LOS ROMANOS

13	48	2640
14	3	699*, 1507*
14	15	32*
14	17	32*, 1147*
14	22	556, 2847*

1	1	876
1	3-4	648
1	3	437*, 496*
1	4	445, 695*
1	5	143*, 494, 2087

751

ÍNDICE DE TEXTOS → Sagrada Escritura

1	17	1814
1	18-32	401*, 2087*
1	18-25	57*
1	18	2125*
1	19-20	32, 287*, 1147*
1	24-27	2357*
1	28-32	1852*
1	32	1777*
2	14-16	1777*
2	16	678*
2	24	2814
3	4	2465
3	20	708*
3	21-26	1992
3	21-22	2543
3	22	1987
3	23	399*, 705, 2809
3	25	433, 1460*
4	3	146
4	11	146
4	16-21	706*, 2572*
4	17	298
4	18-21	723*
4	18	146, 165, 1819
4	20	146
4	25	517*, 519, 654*, 977*
5	3-5	2734*, 2847
5	5	368*, 733, 1820, 1964, 2658
5	8	604
5	10	603, 1825
5	12-21	388*
6	12	400*, 402, 602*, 612*, 1008*
5	18-19	605*
5	18	402
5	19-21	1009*
5	19-20	411*
5	19	397*, 402, 532*, 615, 623*
5	20-21	1848
5	20	312*, 385*, 412, 420
6	3-9	1006*
6	3-4	1214*, 1227, 1987*
6	4-5	790*
6	4	537, 628, 648*, 654, 658*, 730, 977, 1697
6	5	1694*, 2565*
6	8-11	1987
6	10	1085
6	11	1694
6	12	2819
6	17	197, 1237*, 1733*
6	19	1995
6	22	1995
6	23	1006, 1008* 1963*
7	7	2542*
7	10	2542*
7	12	1963*
7	14	1963*
7	16	1963*
7	20	1963
7	22	1995
7	23	2542
7	2	782
8	3	602*
8	9	693
8	11	632, 658*, 693, 695*, 989, 990
8	14-17	1996*
8	14	259*, 693, 1831, 2543*
8	15	257, 693, 1303, 1972*, 2777
8	16	2639*
8	17	1265, 1460, 1831
8	18-23	280*
8	18	1721*
8	19-23	1046
8	20	400
8	21	1741
8	22	2630
8	23-24	2630
8	23	735*
8	26-39	2739*
8	26-27	2634
8	26	741, 2559, 2630, 2736
8	27	2543*, 2736*, 2766
8	28-30	1821*, 2012

ÍNDICE DE TEXTOS → Sagrada Escritura

8	28	313, 395
8	29	257, 381*, 501, 1161*, 1272*, 2790
8	31	2852
8	32	603, 706*, 2572*
8	34	1373, 2634*
9	4-5	839
9	5	449*
10	1	2632*, 2636*
10	2	579*
10	4	1953, 1977*
10	6-13	432*
10	7	635*
10	9	14*, 186*, 449*
10	12-13	2739*
10	13	2666*
10	14-15	875
10	17	875
11	12	674
11	13-26	755*
11	15	674
11	17-18	60*
11	20	591, 674
11	24	60*
11	25	591, 674, 674
11	26	674
11	28	60*
11	29	839
11	31	674*
11	32	1870
12-15		1454*, 1971*
12	1	2031
12	2	2520*, 2826
12	4	1142
12	5	1372
12	6-8	2004
12	6	114*
12	8	2039*
12	9-12	1971
12	9-13	1971
12	11	2039*
12	12	1820
12	14	1669*, 2636*
13	1-2	1899, 2238*
13	1	1918
13	7	2240
13	8-10	1824*, 2196
13	8	2845
13	9-10	2055 1971*
14	7	953
14	9	668
14	17	2819
14	21	1789
15	5-6	2627*
15	5	520*
15	13	162*, 2627*, 2657
15	16	1070*
15	19	693
15	27	1070*
15	30	2629*
16	2	2087
16	25-27	2641*
16	26	143*, 1204, 2087

PRIMERA CARTA A LOS CORINTIOS

1-6		401*
1	2	742*, 1695
1	16	1252*
1	18	268*
1	24-25	272
1	27	489*
1	30	2813
2	7-16	221*
2	7-9	1998*
2	8	446*, 498*, 598
2	9	1027
2	10-15	2038*
2	10-11	152
2	11	687
2	16	389*
3	9	307, 755, 756*
3	11	756*
3	12-15	679*
3	15	1031*
3	16-17	797*
4	1	859, 117*

ÍNDICE DE TEXTOS ⟶ **Sagrada Escritura**

4	5	678*
4	7	224
5-10		1971*
5	1	2388
5	4-5	2388
5	6-8	129*
5	7	608*, 610*, 613*
5	11	1470*
6	1	823*
6	9-10	1852*, 2380*
6	10	2357*, 2450
6	11	693, 1227*, 1425, 1695, 2813
6	13-15	1004
6	14	989*
6	15-20	2355*
6	15-16	796*
6	15-17	796
6	15	1265*
6	19-20	364*, 1004
6	19	1265*, 1269, 1695*
7	10-11	2364, 2382*
7	14	1637
7	16	1637*
7	26	672
7	31	1619*
7	32	1579*, 1618*
7	34-36	922*
7	34-35	506*
7	39	1602
7	40	693
8	6	258*, 2639
8	10-13	2285*
8	12	1789
9	1	659*, 857*
9	5-18	2122*
9	5	500*
9	19	876*
9	22	24
10	1-11	129*
10	1-6	1094*
10	1-2	697*
10	2	117*
10	4	694*
10	6	128*
10	9	2119*
10	11	117, 128*, 2175*
10	13	2848
10	16-17	1329*, 1331*, 1396
10	16	1334
10	17	1621*
10	24	953*
11	13	1366
11	15	613*
11	17-34	1329*
11	17	2178*
11	18	752*
11	20	1329*
11	23-26	1339*
11	23	610, 1366
11	24-25	1356
11	24	1328, 1329*
11	25	611, 613*
11	26	671*, 1076, 1130, 1344, 1393, 2772, 2776
11	27-29	1385
11	30	1509*
12-13		1454*, 1971*
12		1988*, 2003*
12	3	152, 449*, 455, 683, 2670, 2681
12	4-6	249*
12	6	308*
12	7	801, 951
12	9	1508*
12	13	694, 790*, 798*, 1227*, 1267, 1396*
12	26-27	953
12	26	1469*
12	27	1265*
12	28	1508*
12	30	1508*
13		735*, 800*
13	1-4	1826
13	4-7	1825
13	5	953
13	8	773
13	12	163, 164, 314, 1023*, 1720*, 2519*

ÍNDICE DE TEXTOS → Sagrada Escritura

13	13	1813*, 1826, 1841*
14	19	752*
14	28	752*
14	34	752*
14	35	752*
15	3-5	186*
15	3-4	639, 652*
15	3	519, 601, 601, 619, 624
15	4-8	642*
15	4	627
15	5	552*, 641*
15	7-8	857*
15	8	659
15	9	752*
15	12-14	991
15	12-13	996*
15	12	2550
15	14	651
15	20-22	655
15	20	632, 991
15	21-22	411*
15	24-28	2855*
15	24	668*
15	26	1008*
16	27-28	668*
15	28	130, 294, 671*, 674, 1050, 1060, 1130, 1326*, 2550, 2804*
15	35-50	646*
15	35-37	999
15	42-44	1683*
15	42	999, 1017*
15	44-45	364*
15	44	999, 1017
15	45	411*, 504*
15	47	504
15	52-53	999
15	56	602*
16	1	752*, 823*, 1351*
16	13	2849*
16	15-16	1269*
16	22	451, 671, 1130, 1403

SEGUNDA CARTA A LOS CORINTIOS

1		2627*
1	3-7	2627*
1	20	1065
1	21-22	1274*
1	21	695*, 735*
1	22	698, 1107*, 1296
1	23	2154*
2	15	1294*
3	3	700
3	6	859
3	14-16	1094*
3	14	702*
3	17	693, 1741
4	4	1701*
4	6	298*, 2583*
4	7	1420
4	14	989*
5	1	1420
5	2	2796
5	6	769*
5	7	164
5	8	1005, 1021*, 1681
5	14	616, 851
5	15	605*, 655, 1269*
5	17	1214, 1265
5	18-21	2844*
7	18	981, 1442, 1461*, 1999
5	19	433, 620
5	20	859, 1424, 1442
5	21	602
6	2	1041
6	4	859
6	16	797, 1179
6	18	270
8	1-15	2833*
8	9	517*, 1351*, 2407, 2546
9	12	1070*
9	14	2636*
9	15	1083
11	2	505*, 796*

ÍNDICE DE TEXTOS → Sagrada Escritura

12	9	268, 273*, 1508
13	4	648*
13	13	249, 734, 1109, 2627*

CARTA A LOS GÁLATAS

1	1	857*
1	4	2824
1	13	752*
1	15-16	442
1	15	153*
1	16	659*
1	19	500*
1	20	2154*
2	10	886*
2	20	478, 616*, 1380*, 2666*
3	2	476
3	8	59*
3	10	578*, 580
3	13	580
3	14	693, 706*
3	16	706*
3	24	582*, 708, 1963*
3	27-28	791
3	27	1227, 1243, 1425, 2348
4	1-7	1972*
4	4-5	422
4	4	484, 488, 527*, 531*, 580*, 702
4	5-7	1265*
4	6	683, 689*, 693, 742, 1695*, 2766
4	19	526, 562*, 793
4	21-31	1972*
4	26-28	723*
4	26	757
5		1454*
5	1	1741, 1748
5	3	578*
5	6	162, 1814
5	16-25	2744*, 2819*
5	16	2515*
5	17	2515*
5	19-21	1470*, 1852
5	20	2113*
5	22-23	736
5	22-23 vulg.	1832
5	22	1108*, 1695, 2345*
5	24	2515*, 2543, 2555
5	25	736, 782, 1695*, 2516, 2842, 2848
6	2	1642*, 2030
6	15	1214

CARTA A LOS EFESIOS

1	3-14	2627*, 2641*
1	3-6	381*, 1077
1	3	492, 1671
1	4-5	52*, 257
1	4	492*, 796*, 865*, 1426, 2807*
1	5-6	294
1	5, 27	796*
1	6	1083
1	7	517*, 2839
1	9-11	2823
1	9	257, 1066, 2603, 2807*
1	10	668, 772, 1043, 2748*
1	13-14	706, 1274*
1	13	693, 698, 1296*
1	14	1107*
1	16-23	2632*
1	18	158
1	19-22	272, 648*
1	20-22	668
1	22-23	830*
1	22	669*, 753*, 2045*
1	3	2515*
2	4-5	654*
2	4	211, 1073
2	6	1003, 2796
2	14	2305
2	16	2305
2	19-22	756*
2	20	857
2	21	797*

ÍNDICE DE TEXTOS → Sagrada Escritura

3	4	1066*
3	8	424
3	9-12	221*
3	9-11	772*
3	9	1066
3	12	2778*
3	14	239*, 2214*, 2367*
3	16-17	1073*, 2714
3	16	1995
3	18-21	2565*
3	20-21	2651*
4	6	1454*
4	5	1971*
4	2	2219
4	3-5	866*
4	3	814
4	4-6	172*, 249*, 2790*
4	7	913
4	8-10	661*
4	9-10	631, 2795*
4	9	633*, 635*
4	10	668*
4	11-16	794*
4	11-13	669*
4	11	1575*
4	13	674, 695 2045
4	16	798*
4	18	2045
4	19	2518*
4	23	1695
4	24	1473*, 2475, 2504
4	25	1267, 2475
4	28	2444
4	30	698, 1274, 1296*
4	32	2842
5	1	1694
5	2	616*
5	3-5	1852*
5	4	2204*
5	5	2113*
5	8	1216, 1695
5	9	1695
5	14	2641*
5	16	672*

7	15	2826
5	19	1156, 2641
5	20	2633*, 2742
5	21-6, 4	2204*
5	21	1269*, 1642
5	25-27	772*
5	25-26	1616, 757
5	25	616*, 1659
5	26-27	1617*
5	26	628*, 757, 796, 1228*
5	27	773, 796, 1426
5	29	757, 796*
5	31-32	796, 1602*, 1616
5	31	1627*
5	32	772, 1624*, 1659
6	1-3	2196
6	1	2217*
6	4	2223, 2286*
6	18-20	2636*
6	18	1073, 1174, 2742
6	23-24	2627*

CARTA A LOS FILIPENSES

1	3-4	2636*
1	9-11	2632*
1	21	1010, 1698
1	23	1005, 1011, 1021*, 1025*
1	27	1692
2	1	2842*
2	4	2635
2	5-8	461
2	5	520*, 1694, 2842*
2	6-11	2641*, 2667*
2	6-9	1850*
2	6	449
2	7	472, 602*, 705, 713, 876, 1224
2	8-9	908*
2	8	411, 612, 623
2	9-11	2812*
2	9-10	434
2	10-11	201*
2	10	633*, 635

ÍNDICE DE TEXTOS ⟶ Sagrada Escritura

2	11	449*
2	12-13	1949
2	13	308
2	14-17	1070*
2	15	1243*
2	25	1070*
2	30	1070*
3	6	752*
3	8-11	428
3	8	133
3	10-11	989*, 1006*
3	10	648*
3	20	1003*, 2796*
3	21	556, 999
4	6-7	2633*
4	8	1803
4	13	273*, 308*, 1460

CARTA A LOS COLOSENSES

1	3-6	2632*
1	3	2636*
1	10	2520*
1	12-14	1250*
1	13-14	517*
1	14	2839
1	15-20	2641*
1	15	241, 299, 381, 1701
1	16-17	291
1	16	331
1	18-20	624*
1	18	504*, 658, 753*, 792, 792
1	20-22	2305*
1	24	307*, 618*, 1508
1	27	568, 772
2	9	484, 515, 722, 2502
2	11-13	527
2	12	628*, 1002, 1214*, 1227*, 1694*
2	19	794*
3-4		1971*
3	1-3	655*
3	1	1002
3	3	665*, 1003, 1003, 1420, 2796
3	4	1003, 2772*
3	5-8	1852*
3	5	2518*
3	10	2809
3	14	815, 1827, 1844
3	16-17	1156*, 2633*
3	16	2641
3	18-21	2204*
3	20	2217
3	21	2286*
4	1	1807
4	2	2638, 2849*
4	3-4	2632*, 2636*
4	11	307*
4	12	2629*, 2632*

PRIMERA CARTA A LOS TESALONICENSES

1	10	442*
2	13	104*, 1349*
2	14-15	597*
3	2	307
4	7	2518*, 2813
4	11	2427*
4	13-14	1012*
4	14	649, 989*
4	16	1001
4	17	1025*
4	18	1687*
5	2-3	675*
5	2	673*
5	5	1216
5	6	2849*
5	8	1820
5	12-13	1269*
5	17-18	2633*
5	17	1174, 2742, 2757
5	18	2638, 2648
5	19	696
5	23	367
5	25	2636*

ÍNDICE DE TEXTOS → Sagrada Escritura

SEGUNDA CARTA A LOS TESALONICENSES

1	10	1041
1	1	2636*
2	3-12	673*
2	4-12	674*
2	7	385, 671*
3	6-13	2830*
3	10	2427

PRIMERA CARTA A TIMOTEO

1	3-4	2518*
1	5	1794
1	9-10	1852*
1	10	2357*
1	15	545*
1	18-19	162
2	1-2	1349, 1900*
2	1	2636
2	2	2240
2	3-4	2822, Sans
2	4	74, 851, 1058, 1256*, 1261*, 1821
2	5-8	2634*
2	5	618, 1544, 2574
3	1-13	1577*
3	1	1590
3	9	1794*
3	15	171, 756*, 2032
3	16	385, 463, 2641*
4	1	672*
4	3-9	2518*
5	17-18	2122*
6	8	2837*
6	12	2145*
6	15-16	2641*
6	16	52
6	20	84*

SEGUNDA CARTA A TIMOTEO

1	3	1794*
1	5	2220
1	6	1577*, 1590
1	8	2471, 2506
1	9-10	257, 1021*
1	12-14	84*
1	12	149
1	13-14	857*
1	14	1202
2	5	1264
2	8	437*
2	11-13	2641*
2	11	1010
2	22	2518*
2	23-26	2518*
3	2-5	1852*
3	12	2847*
4		2015*
4	1	679*

CARTA A TITO

1	5-9	1577*
1	5	1590
1	15	2518*
2	1-6	2342*
2	12	1809
2	13	449*, 1041, 1130, 1404*, 2760, 2818*
2	14	802
2	5	1215
3	6-7	1817

CARTA A FILEMÓN

16		2414

CARTA A LOS HEBREOS

1	1-3	102*
1	1-2	65, 65*
1	3	241, 320, 2502, 2777, 2795*
1	6	333
1	13	447*
1	14	331
2	4	156*

ÍNDICE DE TEXTOS ⟶ Sagrada Escritura

2	9	624, 629*	7	25-27	1364*
2	10	609*	7	25	519, 2634, 2741*
2	12	2602	7	26	1544
2	13	2777, 2795*	7	27	1085, 1366, 1540*
2	14-15	635	8	2	1070*
2	14	407*, 636	8	6	1070*
2	15	1520*, 2602*	8	8-10	1965
2	17-18	609*	9	5	433*
3-4	11	117*	9	7	433*
3	6	2778*	9	11-28	1476*, 1564*
3	7-4, 11	1165*	9	11	586*, 662
4	3-4	346*	9	12	1085
4	4-9	624*	9	13-14	2100*
4	7-11	1720	9	14	614*
4	7-9	624*	9	15	522, 579*, 580, 592*
4	13	302	9	24	519, 662 2741*
4	14-15	1137*	9	25	662
4	15	467, 540, 609*, 612*, 2602*	9	26	571
4	16	2778*	9	27	1013, 1021*
5	1-10	1564*	10	1-4	1540*
5	1	1539*	10	1	128*
5	3	1540*	10	5-10	606
5	4	1578*	10	5-7	462, 516*, 2568
5	6	1537*	10	5	488*
5	7-9	609*, 2606	10	7	2824
5	7-8	612*, 1009*	10	10	614*, 2824
5	7	2741*	10	14	1544
5	8	2825	10	16	64*
5	9	617	10	19-21	1137*
5	10	1544	10	19	2778*
6	2	699*, 1288*	10	23	1817
6	4-6	679*	10	25	2178
6	5	655	10	26-31	679*
6	6	598	10	32	1216
6	13	2810*	10	36	2826
6	19-20	1820	11	1	146
6	20	1544	11	2	147
7	3	58*	11	3	286
7	11	1537*	11	6	161, 848
7	16	648*	11	8	145
7	23-25	1476*	11	17	145*, 2572
7	24	652, 1366, 1564*	11	19	2572

760

ÍNDICE DE TEXTOS → Sagrada Escritura

11	39	147
11	40	147
12	1-2	165
12	1	1161, 2683*
12	2	147
12	3	569*, 598*
12	22-23	2188
12	23	1021*
12	3	2447*
13	10	1182*
13	14	2796*
13	15	1330
13	17	1269
13	20	632*

CARTA DE SANTIAGO

1	5-8	2633*, 2737*
1	13	2846
1	14-15	2847*
1	17	212, 2642
1	25	1972*
1	27	2208
2	7	432*, 2148
2	10-11	2069*, 2079*
2	10	578
2	12	1972*
2	14-26	162*
2	15-16	2447
2	26	1815
4	1-10	2737*
4	2-3	2737
4	4	2737
4	5	2737
5	1-6	2445
5	4	1867*, 2409*, 2434*
5	12	2153*
5	14-15	1510, 1511*, 1526
5	14	1519
5	15	1519*, 1520
5	16	2737*
5	16b-18	2582
5	20	1434*

PRIMERA CARTA DE SAN PEDRO

1		2627*
1	3-9	2627*
1	3	654*
1	4	1721
1	7	1031*
1	10-12	719
1	18-20	602
1	18-19	517*
1	18	622
1	19	613*
1	23	1228*, 2769
2	1-10	2769*
2	1	2475
2	4-5	1141*, 1179
2	4	552
2	5	756*, 901, 1268, 1330*, 1546*
2	7	756*
2	9	709*, 782, 803, 1141, 1268, 1546*
2	13-17	1899*
2	13	2238
2	16	2238
2	21	618
2	24	612
2	1-7	2204*
3	9	1669*
3	18-19	632*
3	20-21	845*
3	20	1219
3	21	128*, 1094*, 1794*
4	6	634
4	7	670*, 1806
4	8	1434
4	14	693
4	17	672*
5	3	893, 1551*
5	4	754*
5	7	322
5	8	409*, 2849*

SEGUNDA CARTA DE SAN PEDRO

1	3-4	1996*
1	4	460, 1129*, 1265, 1692, 1721 1812*
1	16-18	554*
2	4	392*
3	9	1037, 2822
3	11-12	671*
3	12-13	677*
3	13	1043, 1405*

PRIMERA CARTA DE SAN JUAN

1	1-4	425
1	3-7	1108*
1	3	2781*
1	5	214
1	6	2470
1	7-2, 2	2631*
1	8-10	827*
1	8-9	1847
1	8	1425
1	10	2147*
2	1-2	1460*
2	1	519, 692*, 2634*
2	2	605*, 606
2	16	377*, 2514*, 2534*
2	18	670, 672*, 675*
2	20	91*, 695*
2	22	675*
2	23	454*
2	27	91*, 695*
2	28	2778*
3		2822*
3	1	1692
3	2	163, 1023, 1161*, 1720*, 2519*, 2772
3	3	2345*
3	5	457
3	8	385*, 392, 394
3	15	1033
3	17	2447*
3	19-24	2845*
3	19-20	208, 1781
3	21	2778*
3	22	2631 2822*
4	2-3	465*
4	2	423, 463
4	3	672*
4	8	214, 221, 733, 1604*
4	9	458, 516
4	10	457, 604, 614*, 620, 1428*
4	11-12	735*
4	14	457
4	16	221, 733, 1604*
4	19	604*, 1828
4	20	2840*
5	1	2780*, 2790*
5	6-8	1225*
5	8	694*
5	14	2778*, 2827*
5	16-17	1854*
5	18-19	2852
5	19	409
5	20	217

SEGUNDA CARTA DE SAN JUAN

7		465*, 675*

TERCERA CARTA DE SAN JUAN

7		432*

CARTA DE SAN JUDAS

3		171
24-25		2641*

APOCALIPSIS

1	4	1403, 2854*
1	6	1546, 2855*
1	8	2854

ÍNDICE DE TEXTOS → Sagrada Escritura - Símbolos de la fe

1	17	612		18	24	2642*
1	18	625, 633*, 635, 2854		19	1-9	677*
2-3		401*		19	1-8	2642*
2		1429		19	6	865*
2	16	1429		19	7	757*, 1602, 1612
3	17	1025*, 2159		19	9	1329*, 1602, 1612
3	7	303		20	7-10	677*
3	14	1065		20	12	677*
4-5		1138*		21	1-22, 5	117*
4	2	1137		21	1-2	756*
4	6-11	662*		21	1	1043*
4	8-11	2642*		21	2-4	677*
4	11	295, 2855*		21	2	757*, 1045, 2016
5	6	1137		21	3	756*, 2676
5	9-14	2642*		21	4	1044, 1186
5	9-10	1546*		21	5	1044
5	13	449*, 2855*		21	6	694*, 1137*
6	9-11	1138		21	7	2788
6	10	2642, 2817		21	9	757*, 865, 1045, 1138*
7	1-8	1138*		21	10-11	865
7	2-3	1296*		21	12-14	765*
7	9	775, 1138		21	14	857, 865, 869
7	10-12	2642*		21	22	586*
9	4	1296*		21	27	1044*, 1045*
11	15	450*		22	1	1137
12		1138*		22	4	1023*
12	9	391*, 2852		22	5	1029
12	11	2853		22	15	1470*
12	13-16	2853*		22	16	437*, 528*
12	17	501*, 757*, 2853		22	17	524*, 671, 694*, 757*, 796*, 1130, 2550*, 2853
13	14	2113*				
13	8	677*				
14	1	1138*, 2159		22	20	451, 671, 673*, 1130, 1403, 2853
14	4	778*, 1618*				
16	15	2849		22	21	1061*

SÍMBOLOS DE LA FE

(citados según DS)

1-64	192*		75	266
10-64	496*		76	1035*
71-72	192*			
71	254			
75-76	192*			

Símbolo de los Apóstoles

167, 194*, 196*, 325, 750, 946, 1331

CONCILIOS ECUMÉNICOS

(citados según DS, a excepción del Cc. Vaticano II)

CC. NICEA I

126	465
130	465
Credo	465

CC. CONSTANTINOPLA I

Símbolo de Nicea-Constantinopla

150	242, 245, 245, 195*, 196*, 243, 291, 325, 652, 664, 685, 750, 1680

en el original griego 167

CC. ÉFESO

250	466
251	466, 495*
255	468*

CC. CALCEDONIA

301-302	467

CC. CONSTANTINOPLA II

421	253, 258, 258*
424	468, 468*
427	499*
432	468

CC. CONSTANTINOPLA III

556-559	475*
556	475

CC. NICEA III

600-603	476
600	1161
601	477, 1674*, 2132
603	1674*
COD 111	1160

CC. CONSTANTINOPLA IV

657	367

CC. LETRÁN IV

800-802	192*
800	202, 296, 299*, 327, 391
801	999, 1035*
802	1576*
804	253, 254
806	43

CC. LYON II

850	248
851-861	192*
854	1017
856	1032*
857-858	1022*
858	1035*
859	1059
860	1113*

ÍNDICE DE TEXTOS → Concilios ecuménicos

CC. VIENNE

902	365

CC. CONSTANZA

1154	1584*

CC. FLORENCIA

1300-1301	246
1302	248
1304-1306	1022*
1304	1031*
1310	1113*
1314	1213*
1315	1256*
1316	1263*
1319	1303*
1324-1325	1510*
1325	1520*
1330	255
1331	248, 255, 258
1333	299*
1334-1336	120*
1351	1035*

CC. LETRÁN V

1440	366*

CC. TRENTO

1501-1504	120*
1510-1516	406*
1511-1512	404*
1511	375, 407, 1008*
1512	403*
1513	390*, 405*
1514	403*, 1250*
1515	1264, 1426*, 2515*
1525	1993
1528	1989
1529	614*, 617, 1992*
1532	161*
1533-1534	2005*
1541	1821*
1542	1446*
1545	1426*, 1815*
1546	2009
1548	2009*
1549	1059*
1567	1037*
1569-1570	2068*
1573	411*
1575	1035*
1576	2016*
1580	1031*
1600-1601	1114
1601	1113*
1604	1129*
1605	1127*
1606	1127*
1608	1128*
1609-1619	1272*
1609	1121, 1280*, 1304*
1612	1584*
1618	1257*
1624	1280
1638	1394*, 1436
1640	1413*
1641	1377*
1642	1376
1647	1457*
1651	1374, 1413*
1661	1457*
1672	980
1673	1450*
1674	1468
1676	1451
1676-1678	1431*
1677	1452*
1678	1453*
1680	1456, 1456, 1458*

765

ÍNDICE DE TEXTOS → Concilios ecuménicos

1683	1457	3017	159
1690	1460*	3022	296*
1691	1460	3023-3024	296*
1694	1523	3025	293, 296
1695-1696	1510*	3026	36*, 47*, 286*
1695	1511	3057	834
1696	1512*	3074	891*
1697	1516*		
1698	1523		
1705	1431*, 1453*		
1708	1457*	## CC. VATICANO II	
1712-1713	1472*		
1712	1459*	**Sacrosanctum concilium**	
1716-1717	1510*	IV	1174*
1717	1520*	2	771, 1068
1719	1516*	3-4	1075*
1740	1337, 1366	4	1203
1743	1367, 1371	5	766, 1067
1752	611*	6	1076*, 1086, 113*
1764	611*	7	1070, 1088, 1089, 1181*, 1373
1767	1582*	8	1090
1774	1583*	9	1072
1799	1661*	10	824, 1074
1800	1617*	11	1071
1813-1816	1631*	13	1675
1820	1022*, 1031*, 1472*	14	1141
1821-1825	2132*	21	1205*
1822	1674*	24	1100
1835	1478*	26-27	1482*
		26	1140
		27	1140, 1517*
		28	1144
		29	1143
## CC. VATICANO I		33	1548*, 1552*
3002	293, 299*, 327*	35	4 1570*
3003	302	37-40	1204*, 1232*
3004	36	41	1561*
3005	38*, 367	47	1323, 1398*
3008-3010	156	55	1388
3009	154	56	1346
3010	156	59	1123
3012	155*	60	1667
3013	161	61	1621*, 1670
3015	812	64	1232
3016	50*, 237	65	1232

ÍNDICE DE TEXTOS → Concilios ecuménicos

67	1255*	5	541, 543, 567, 669, 763, 764, 764, 768, 769
71	1298*	6	753, 754, 755, 756, 757, 769*, 1621*
73	1513*, 1514	7	562, 788, 790, 790, 791, 793, 798
79	1669*	8	769*, 771, 786, 811, 816, 819, 819, 827, 853, 853, 870, 1428
81-82	1684*	9	753*, 761*, 762, 776, 781, 782
81	1685*	10	784, 901*, 1120, 1141, 1141*, 1273*, 1535*, 1538*, 1546, 1547, 1547, 1548*, 1552*, 1657
83	1175		
84	1174, 1174		
86	1175*		
90	1176	11	825, 1119, 1119, 1251*, 1270, 1273*, 1285, 1303*, 1303*, 1324, 1422, 1440*, 1499, 1522, 1535, 1641, 1641, 1656, 1656, 2204*, 2225, 2226*
96	1175*		
98	1174, 1175*		
100	1175		
102	1163, 1194		
103	508, 971*, 1172	12	92, 93, 785, 798, 801, 823, 889*, 951, 1303*, 2003*
104	1173		
106	1166, 1167, 1193, 2191*	13	761*, 804, 814, 831, 836
108	1173*	14	815*, 837, 846, 1249, 1257*
109-110	1438*	15	819*, 838, 853*
111	1173*	16	761*, 839, 841, 843, 844, 847, 1260*, 1281*
112	1156, 1157, 1157*		
118	1158	17	776*, 1270*, 2032
119	1158*	18	874
121	1158	19	880
122-127	1181*, 2503*	20	87*, 860, 861, 862, 1555, 1576
122	2513	21	1549*, 1556, 1557, 1558, 1575, 1576, 1582*
126	2132*		
128	1183	22	880, 881, 882, 883, 884, 885, 1444, 1559, 1559*
		23	833, 835, 882, 886, 886, 886, 887, 938, 1202*, 1560*

Inter mirifica

		24	1551, 2068
5	2494	25	90, 888, 891, 891, 891*, 892, 2034, 2035*
8	2495		
11	2484*	26	832, 893, 893, 1312, 1462, 1561*
12	2489, 2498		
		27	894, 895, 896

Lumen gentium

		28	1548*, 1554, 1562, 1564, 1566, 1567, 1582*
1	748, 775, 1045	29	1569, 1570*, 1571, 1582*, 1588
2	375, 541, 759, 769, 1050*, 1076*, 1093	30	801*
		31	871*, 897, 898, 932
3	541, 542*, 669, 763, 763*, 766, 960, 1364, 1405	32	872*
		33	900*, 913
4	767, 768, 810	34	901, 1141*

767

35	904, 905		
36	337, 786, 908, 909, 912, 943*, 1888*	1	820*
37	1269*	2	812, 813, 813, 815*, 1126*
39	823, 2045*	3	816, 817, 818, 819, 819*, 824, 827*, 838, 1271
40	828*, 1426*, 2013, 2013, 2028	4	94*, 820, 821*, 855, 1202*
41	1251*, 1570*, 1641*	5	822, 1126*
42-43	915*	6	821*, 827*
42	826, 1620*, 1816, 1986, 2103, 2545	7	821*
		8	821, 2791*
43	917	9	821*, 821*
44	914, 933	10	821*
48-51	828*	11	90, 821*
48-50	1469*	12	821*
48	670, 671, 769, 773*, 776, 824, 825, 1001, 1013, 1036, 1042, 1373*	13-18	838
		15	925*, 1399, 1399
		22	1271, 1400, 1400, 2791*
49	954, 954, 955, 956, 1023*	24	822
50	957, 958, 1090*		
51	959	**Christus Dominus**	
52	499*		
53	492, 963, 967	2	882*, 937, 1558
55	489	3	886
56	488, 490, 492, 493, 494, 494*, 511	4	1560*
		9	882*
57	499, 964	11	833*, 1548*
58	165, 964	13	1586*
59	965, 966	15	1569*
60	970	16	1586*
61	488*, 968	33-35	927*
62	969, 970, 2674	36	1560*
63	501, 506, 507*, 967	37	1560*
64	507,		
65	829	**Perfectae caritatis**	
66	971		
67	2132*	1	915*, 918
68-69	2679*	2	2684*
68	972	5	916*
69	965, 972	7	2691*
		11	929
Orientalium ecclesiarum		12	1620*
15	1389	**Optatam totius**	
Unitatis redintegratio		10	1620*
		20	1565

ÍNDICE DE TEXTOS → Concilios ecuménicos

Gravissimun educationis

3	1653*, 2221
6	2229*

Nostra aetate

1	360*, 842
2	843*, 2104
3	841*
4	597, 839*
5	2793*

Dei Verbum

2	51, 53, 64, 142, 1103, 2587
3	54, 55, 62*
4	66
5	143*. 153, 158, 1814
6	36*, 38*
7	74, 75, 76, 76, 77
8	77, 78, 78, 79, 94, 94, 94, 98, 1124*, 2650, 2651*
8	3 120*
9	80, 81, 82
10	84, 85, 86, 97, 889*, 891, 2663*
10	3 95
11	105, 106, 107, 136*, 337*
12	1 109*
12	2 110
12	3 111, 111*, 119
13	101
14-16	1094*
14	121*
15	122
16	129*
17	124*
18	125
19	126, 573*
20	124*
21	103*, 104, 131, 141, 1346*
22	131
23	94*
24	94*, 104*, 132, 135
25	133, 2653

Apostolicam actuositatem

2	863, 873, 940
3	798*, 854
4	864*
5	864*, 2832*
6	851*, 905, 2044
8	2446
10	2105
13	2105*
16	1570*

Dignitatis humanae

1	2104, 2105, 2105*
2	1738*, 2104, 2106, 2106, 2108*, 2467
3	1782
4	1180*
6	2107
7	1738*, 2109
10	160
11	160, 160
14	1785*, 1816*, 2036*, 2104
15	2137

Ad gentes

1	804, 849, 853, 1344
2-9	257*
2	248*, 294, 767*, 850, 868
3	763*
4	767, 830*
5-6	767*
5	852, 857, 877, 1257*, 1560*
6	830, 854, 1560*
7	776, 848, 1260*
7	23 1270*
9	856, 856
11	2472
14	1233*, 1248, 1249
15	854, 905*
16	1570*, 1571
18	927*
38	1560*

Presbyterorum ordinis

40		927*
2		1141*, 1142*, 1369, 1548*, 1562, 1563, 1566*, 1582*
4-6		2686*
4		888, 1102, 1122
5		1175*, 1181, 1324, 1392
6		1548*
8		1568
10		1565
13		1464*, 1466*
15		1142*
16		1579*, 1580*

Gaudium et spes

2	2	421
10		1958*
10	2	450
12	1	358*
12	3	356
12	4	383
13	1	390*, 401, 415, 1707
13	2	1707
14		1703
14	1	64, 382
14	2	33*
15	2	1704, 1711 1706, 1713, 1776, 1791, 1794, 1795
17		1705, 1712, 1730, 2339
17	1	1743*
18		1006, 1008, 1018
18	1	33
19-21		29*
19	1	27, 29, 2123
19	3	2125
20-21		676*
20	1	2124, 2126*
20	2	2124
21	3	2126
21	7	2126
22		1260, 1612*, 2820*
22	1	359, 1701, 1701*, 1710, 2783*, 2799*
22	2	470, 470, 521, 618 1701
22	5	367*, 618
23	1	2419
24	3	356, 358*, 1703, 1878*
25	1	1879*, 1881, 1892, 2344
25	2	1882*
26	1	1906, 1924
26	2	1907, 1908*
26	3	1912
27	1	1931
27	3	1912, 2322
29	2	1935, 1936*
29	3	1938
30	1	1916*
31	3	1915, 1917
32		2820*
34		2427*
36		49
36	2	159, 339
36	3	308
37	2	409
38		520
39		2820*
39	1	358*, 1048
39	2	1049
39	3	1050
40	2	854
43	4	942
43	6	853
44	2	94*
45		2820*
45	1	776
45	2	450*
47	1	1603, 2210*, 2250
48	2	1603*, 2387*
48		1251*
48	1	1603, 1627, 1639, 1646, 1652, 1660*, 2364
48	2	1535, 1639, 1642
48	4	2227*
49	2	1645, 2334*, 2362

ÍNDICE DE TEXTOS → Concilios ecuménicos - Concilios y sínodos

49	3	1632	74	2	1902
50	1	372*, 1652, 1664	74	3	1901, 1920
50	2	2367, 2373*	74	5	2242
51	3	2268*, 2271, 2368	76	3	2245
51	4	2371	76	5	2246, 2420
52	1	165, 2206	78	1-2	2304*
52	2	2210	78	3	813
58	4	2527	78	5	2306*
62	7	94	78	6	2317
63	3	2424*	79	3	2311*
64		2426*	79	4	2308, 2312
65		2424	79	5	2310*
67	2	2434	80	4	2314
67	3	2184*, 2194	81	3	2329
69	1	2404, 2408*	81	4	2307*
71	4	2406*	84	2	1911
74	1	1906*	89	1	1955

CONCILIOS Y SÍNODOS

(citados según DS)

CC. ROMA

179	120*

CC. CARTAGO

Estatutos de la Iglesia antigua

325	650*

CC. ORANGE II

371-372	406*
397	1037*

SÍNODO DE CONSTANTINOPLA

409	1035*
411	1035*

CC. BRAGA I

455-463	299*

CC. TOLEDO IV

485	633*

ÍNDICE DE TEXTOS → Concilios y sínodos - Documentos pontificios

CC. TOLEDO VI

490	245

CC. LETRÁN

503	496, 499*
504	476*

CC. TOLEDO XI

525-541	192*
527	245
528	255
530	253, 254
539	650*

CC. TOLEDO XVI

571	499*

CC. ROMA

587	633*

CC. FRIAUL

619	503

CC. QUIERCY

624	605

DOCUMENTOS PONTIFICIOS

DÁMASO I
c. a los obispos orientales

149	471*

INOCENCIO I
c. «Si instituta eclesiástica* del 19 marzo 416

216	1710*

LEÓN EL GRANDE
c. «Quam laudabiliter» del 21 de julio 447

284	247*
286	299*

c. «lectis dilectionis tuae» del 13 junio 449

291	499*
294	499*

ANASTASIO II
c. «in prolixitate epistolae» del 497

359	650*

HORMISDAS
c. «inter ea quae» del 26 de marzo 521

369	650*

VIGILIO
c. «Dum in sanctae» del 5 febrero 552

415	233*

PELAGIO I
c. «Humani generis» del 3 febrero 557

442	499*

GREGORIO EL GRANDE
c. «Sicut aqua» del 600

475	473*

NICOLÁS I
respuesta «Ad consult a vestra» del 13 noviembre 866

646	1256*

ÍNDICE DE TEXTOS → Documentos pontificios

INOCENCIO III
c. «Eius exemplo» del 18 diciembre 1208
794   1576*

JUAN XXII
bula «Ne super his» del 3 diciembre 1334
990   1022*

BENEDICTO XII
const. «Benedictus Deus» del 29 enero 1336
1000-1001   1022*
1000   1023
1002   1022*, 1035*

libelo «Cum dudum» de 1341
1011   633*

c. «Super quibusdam» del 29 septiembre 1351
1077   633*

PÍO IV
bula «Injunctum nobis» del 13 noviembre 1564
1862-1870   192*

const. «Cum quorumdam hominum» del 7 agosto 1555
1880   499*

PÍO VI
breve «Quod aliquantum» del 10 marzo 1791
2109*

PÍO IX
bula «Ineffabilis Deus» del 8 diciembre 1854
DS 2903   411*, 491

enc. «Quanta cura» del 8 diciembre 1864
2109*

LEÓN XIII
enc. «Diuturnum illud» del 29 junio 1881
1898*

enc. «Immortale Dei» del 1 noviembre 1885
1898*, 2105*

enc. «Libertas praestantissimum» del 20 junio 1888
1951, 1954, 2108

PÍO XI
enc. «Quas Primas» del 11 diciembre 1925
2105*
enc. «Casti connubii» del 31 diciembre 1930
2366*
DS 3722   2297*

enc. «Quadragesimo anno» del 15 mayo 1931
1883*
enc. «Divini Redemptoris» del 19 marzo 1937
676*

PÍO XII
enc. «Summi pontificatus» del 20 octubre 1939
360, 1939

enc. «Mystici Corporis» del 29 junio 1943
1119
DS 3801   330*
DS 3808   797, 798
DS 3812   478*

const. ap. «Provida Mater» del 2 febrero 1947
929

enc. «Mediator Dei» del 20 noviembre 1947
1548

const. ap. «Sacramentum ordinis» del 30 noviembre 1947
DS 3858   1573*

773

ÍNDICE DE TEXTOS ⟶ Documentos pontificios

enc. «Humani generis» del 12 agosto 1950
DS 3875	37
DS 3876	38, 1960
DS 3891	367*
DS 3896	366*
DS 3897	390*

const, ap. «Munificentissimus Deus» del 1 noviembre 1950
DS 3903	966*

enc. «Haurietis aquas» del 15 mayo 1956
DS 3924	478

enc. «Fidei donum» del 21 abril 1957
	1560

discursos
1 junio 1941	1887, 1942, 2286
20 febrero 1946	899
3 septiembre 1950	2501
29 octubre 1951	2362
6 diciembre 1953	2108*
25 diciembre 1955	2501*

JUAN XXIII

enc. «Mater et magistra» del 15 mayo 1961
60	1882

enc. «Pacem in terris» del 11 abril 1963
35	1886
46	1897
51	1903
65	1930*

PABLO VI

enc. «Mysterium fidei» del 3 septiembre 1965
	1183, 1418
18	1381
39	1374
56	1378

const, ap. «Indulgentiarum doctrina» del 1 enero 1967
normae 1-3	1471
5	1474, 1475, 1477
8	1478*

enc. «Populorum progressio» del 26 marzo 1967
37	2372*
53	2315*

Credo del Pueblo de Dios: profesión solemne del 30 junio 1968
	192*
2	251
8	327*, 366*
9	265*
12	1035*
15	975
16	419
19	827
20	182
28	1005*, 1052
29	1053
30	962

enc. «Humanae vitae» del 25 julio 1968
11	2366
12	2366, 2369
14	2370
16	2370*
23	2372*

const, ap. «Divinae consortium naturae» del 15 agosto 1971
	1212, 1288, 1300

const, ap. «Sacram unctionem infirmorum» del 30 noviembre 1972
	1513

exh. ap. «Marialis cultus» del 2 febrero 1974
42	971*
56	971

ÍNDICE DE TEXTOS → Documentos pontificios

exh. ap. «Evangelii nuntiandi» del 8 diciembre 1975

31	2820*
48	1676*
53	843*
62	835
63-64	1201*
7	910

discursos

5 enero 1964 en Nazaret, LH of. lect. de la fiesta de la Sagrada Familia   533

21 noviembre 1964   963

11 julio 1966   390*

22 junio 1973   776

14 diciembre 1975   838

JUAN PABLO II

Enc. «Redemptor hominis» del 4 marzo 1979

11	519
18-21	783*

exh. ap. «Catechesi tradendae» del 16 octubre 1979

1	4*
2	4*
5	426, 426
6	427
9	561
13	7
18	5, 6*
20-22	23*
23	1074
25	23*
29	1697*
53	1204*
54	1676*, 1676*, 2688*
55	2688*

c. «Dominicae cenae» sobre el misterio y el culto de la Eucaristía del 14 febrero 1980

3	1380

enc. «Dives in misericordia» del 30 noviembre 1980

14	2844*

enc. «Laborem exercens» del 14 septiembre 1981

6	2428*
7	2424*
11	2430*
18	2436*
19	2433*
22-23	2433*
27	2427*

exh. ap. «Familiaris consortio del 22 noviembre 1981

9	2343
11	2331, 2361, 2392
13	1642*, 1643
16	1620*
19	1644, 1645*, 2387
20	1648*
21	1656*, 2204
22	2334
28	1653*
30	2366
32	2370
34	2343
36	2221*
46	2211*
67	1622
80	2391*
81	2390*
83	1649*
84	1651, 2386*
85	1658

exh. ap. «Reconciliatio et poenitentia» del 2 diciembre 1984

16	408*, 1869*, 2850*
17	1857, 1863
31	1469

enc. «Dominum et vivificantem» del 18 mayo 1986

27-48	1433*

ÍNDICE DE TEXTOS → Documentos pontificios

31	1848
46	1864*
55	2516

enc. «Redemptoris Mater» del 25 marzo 1987

18	165

enc. «Redemptoris Mission del 7 diciembre 1990

11	851*
12-20	853*
21	852
23	850*
42-47	854*
48-49	854*
50	855*
52-54	854*
55	856*
69	927, 931*

enc. «Sollicitudo rei socialisn del 30 diciembre 1987

1	2422*
9	2438
14	2437
16	2440*
17	2438*
32	2441*
38-40	1939*
41	2422*
42	2406*, 2442*
45	2438*
47	1929, 2442

c. ap. «Mulieris dignitatemn del 15 agosto 1988

6	2334
26-27	1577*
27	773, 773

c. ap. «Vicesimus quintus annus» del 4 diciembre 1988

16	1205, 1206

exh. ap. «Christifideles laici» del 30 diciembre 1988

9	899
16	3 828
17	3 828
24	801*

enc. «Centesimus annus» del 1 mayo 1991

3	1896*, 2421*
10	1939*, 2425*
12	1882*
13	2425*
24	2423*
25	407*, 1889, 2236*
26	2440*
28	2438
29	2461*
31	2427*
32	2429*
34	2425, 2429='
35	2424*, 2438*
36	1886, 2223
37-38	2415*
37	2432*
40	2406*
41	1887*
43	1914*
44	1904, 2425*
45	2244*
46	2244*
48	1883, 2406*, 2431, 2433*
51	2441*
57	2444, 2444*

discurso

1 diciembre 1985	10

DOCUMENTOS ECLESIALES

CATECHISMUS ROMANUS

prefacio 10	25		
prefacio 11	24		
1	1	3	190
1	1	4	191
1	2	2	199, 200
1	2	13	274
1	5	11	598, 598
1	6	3	633
1	10	1	749
1	10	20	770
1	10	22	750*
1	10	24	947, 950
1	10	27	952
1	11	3	978
1	11	4	979
1	11	5	982
1	11	6	987
2	2	5	1213
2	5	18	1468
2	5	21	1450
2	5	4	1431*
3	2	4	2086
3	37		2536, 2537

CONGREGACIONES

CONGREGACIÓN PARA LA DOCTRINA DE LA FE

c. a los obispos de Inglaterra del 16 septiembre 1864
DS 2888   811*

decreto del 19 julio 1944
DS 3839   676*

c. al arzobispo de Boston del 8 agosto 1949
DS 3866-3872   847*

decl. «Mysterium Ecclesiae» del 24 junio 1973
3   2035

decl. «Persona humana» del 29 diciembre 1975
1	2391
8	2357
9	2352, 2352, 2352
11	2349

decl. «Inter insigniores» del 15 octubre 1976
     1577*

instr. «Pastoralis action» del 20 octubre 1980
     1252*

instr. «Libertatis conscientia» del 22 marzo 1986
13	1740
68	2488

instr. «Donum vitae» del 22 febrero 1987
intr. 2		2375
intr. 5		2258
1	1	2270*
1	2	2274
1	3	2275
1	5	2275
1	6	2275
2	1	2376
2	4	2377
2	5	2377*
2	8	2378
3		2273, 2273

CONGREGACIÓN DEL CLERO

Directorium Catechisticum Generale
43	234
47	234
51	280
69	1056

777

ÍNDICE DE TEXTOS → Documentos eclesiales - Derecho canónico

CONGREGACIÓN DE RITOS

instr. ((Eucaristicum mysteriumn del 25 mayo 1967
6   1325

CONGREGACIÓN DE EDUCACIÓN CATÓLICA

decreto del 27 julio 1914: tesis tomistas
DS 3624   318*

SÍNODO DE LOS OBISPOS

relacion final ((Exeunte coetu secundon del 7 diciembre 1985
IIBa4   10, 11

ASAMBLEAS EPISCOPALES

Documento de Puebla 1979
                                    1676

DERECHO CANÓNICO

CANON DE LOS APÓSTOLES

| 34 | | 887* |

CODEX IURIS CANONICI

129	2	911
204	1	871, 1213*
205		815*
206		1249*
207	1	934
207	2	873, 934
208-223		1269*
208		872
212	3	907
213		2037*
220		2477*
222		2043*
229		906*
230	1	903*
230	3	903
290-293		1583*
330		880*
331		936
336		883*
337	1	884
368-369		833*
443	4	911
463	1	911
463	2	911
492	1	911
511		911
515	1	2179
517	2	911
536		911, 911
573		916*, 925*
591		927*
603	1	920
604	1	923, 924
604	2	924*
605		919*
607		925*
654		2103*
692		2103*
710		928
713	2	929
731	1	930
731	2	930
747		2032
748	2	160*
751		817*, 2089

778

ÍNDICE DE TEXTOS → Derecho canónico

774		906*		983	1	2490, 2511
776		906*		986		1464*
780		906*		988	2	1458*
783		931		989		1457, 2042*
788	3	1249*		1003		1516*
823	1	906*		1004	1	1514*
835	4	902		1005		1514*
844		1462*		1007		1514*
844	3	1399*		1012		1576*
844	4	1401*		1024		1577
847	1	1513*		1055	1	1601, 1660*
848		2122		1055	2	1617*
849		1213*		1056		2364*
851		1233*		1057	1	1626, 1628
851	2°	1233*		1057	2	1627*
855		2156		1063		1632*
861	1	1256*		1071		1629*
861	2	1256*		1086		1635*
864		1246		1095-1107	1629*	
865		1233*		1103		1628*
866		1233*, 1298*		1108		1631*
867		1250*		1124		1635*
868		1233*, 1251*		1125		1635*
872-874		1255*		1134		1638
882		1313*		1141		1640*, 2382
883	2	1312*		1151-1155	1649*, 2383*	
883	3	1307*, 1314*		1166		1667*
884	2	1313		1158		1669*
889	1	1306*		1172		1673*
890		1306		1176	3	2301*
891		1307*		1191	1	2102
893	1	1311*		1196-1197	2103*	
893	2	1311*		1199	1	2154
914		1457*		1245		2181*
916		1457*		1246-1248	2042*	
919		1387*		1246		2043*
920		1389*, 2042*		1246	1	2177, 2177, 2192
961	1	1483*		1247		2180, 2185*, 2192, 2193
961	2	1483*		1248	1	2180
962	1	1483*		1248	2	2183
967-969		1462*		1249-1253	1438*	
972		1462*		1249-1251	2043*	
976		1463*		1314		2272
982		2490, 2511				

779

ÍNDICE DE TEXTOS → Derecho canónico - Liturgia

1323-1324	2272*	
1331		1463*
1336	1, 3,° 5.°	1583*
1338	2	1583*
1354-1357	1463*	
1367		2120*
1369		2148*
1376		2120*
1388	1	1467
1398		2272
1421	2	911

CORPUS CANONUM ECCLESIARUM ORIENTALIUM

675	1	1213*
675	2	1269*
677	1	1256*
679		1246
681		1250*
686	1	1250*
695	1	1290*

696	1	1290*
708		2042*
711		1457*
719		2042*
722	3-4	1462*
725		1463*
735		1464*
738		1514*
739	1	1516*
744		1576*
747		1576*
867		1667*
880-883		1438*
880	3	2043*
881	1	2042*, 2043*
881	2	2042*
881	3	2042*
881	4	2042*, 2043*
882		2043*
1420		1463*
1431		1463*
1434		1463*
1456		1467

LITURGIA

RITO LATINO

MISAL ROMANO

Institutio generalis

240	1390
259	1182*
271	1184
272	1184

Ofertorio

	1333

Prefacio

de Navidad	477
de la Ascensión	661
de Cristo-Rey	2046
de los Apóstoles	857, 1575*
de los santos	2005
de los difuntos	1012

«Sanctus»

	335

Canon romano

88	1037
90	1353*

780

ÍNDICE DE TEXTOS → Liturgia

95		1333*
96		335*, 1383, 1402
97		1274

Plegaria eucanística
III	116	1404
IV		2818, 2852
IV	118	55, 380

Embolismo
		1404
		2760*, 2854

Colecta
del domingo 26		277
del domingo 32		1742

Liturgia del Viernes Santo
13	oración universal VI	63, 839

Vigilia Pascual
18	Exsultet	412, 631, 647
24	oración despues de la primera lectura	349*
26	oration despues de la tercera lectura	528
42	bendicion del agua bautismal	1217, 1218, 1219, 1221

Secuencia
de Pentecostes	2671*

RITUAL ROMANO

Ordo initiationis christianae adultorum
	1232*
praenotanda 1-2	1212*
19	1248*
98	1248*

Ordo baptismi parvulorum
62	1241*

Ordo baptismi adultorum
	168

Ordo confirmationis
praenotanda 1	1285*
praenotanda 2	1285*
parenotanda 3	1309*
praenotanda 5	1311*
6	1311*

Ordo poenitentiae
Formula de absolution	1424, 1449
31	1484

Ordo celebrandi Matrimonium
45	1627

De Benedictionibus consagracion del santo crisma 1299
16	1669*	
18	1669*	

Ordo consecrationis virginum
praenotanda 1	923
praenotanda 2	924

Ordo exsequiarum
	1686*
«Commendatio animae»	1020
«In Paradisum deducant te angeli»	335*
1	1689*
10	1690
41	1688
57	1689*

LITURGIA DE LAS HORAS

Introductio generalis
7	2616*
9	2655*
100-109	2586*

ÍNDICE DE TEXTOS → Liturgia

Himno
«O lux beata Trinitas» 257
«Te Deum» 168
«Veni, Creator Spiritus» 291, 700
«Vexilla Regis» 550, 617

Antífona
De la octava de Navidad 526
de Laudes del 1 enero 469
del Magnificat de
   las segundas Vísperas
   de Epifanía 528*

Cántico
de las Vísperas del sábado 461*
Oraciones

Oración
«Ave María» 1014, 2676, 2677
«O sacrum convivium» 1 402
«Ven, Espíritu Santo» 2671

Letanía
   de los santos 1014

LITURGIAS ORIENTALES

LITURGIA DE SAN JUAN CRISÓSTOMO

«Himno querúbico» 335*
Anáfora 42, 1137
Preparación a la comunión 1386

LITURGIA BIZANTINA

   1166
prefacio consecratorio de la
   ordenación de obispos 1541

oración consecratoria de la
   ordenación de diáconos 1543
oración consecratoria de la
   ordenación de presbíteros 1542

Troparios
«O monoghenis» 469
(de la fiesta de la
Dormición 15 agosto) 966
de Pascua 638
de maitines de los
domingos de segundo
modo 703
de vísperas de Pentecostés 291, 732, 2671

Kontakia
de la fiesta de la
Transfiguración 555
de romanos el Melódico 525

Euchologion
fórmulas de absolución 1481
oración de ordenación 1587

LITURGIA SIRIACA

de Antioquía, epíclesis de la
consagración del santo
crisma 1297

FANQÎTH

Orificio siriaco de
Antioquía, vol. 6, la parte
del verano, p. 193b 1167
Oficio siriaco de Antioquía,
Vol. 1, Commun, 237 a-b 1391

ÍNDICE DE TEXTOS ⟶ Liturgia - Escritores eclesiásticos

ESCRITORES ECLESIÁSTICOS

A.A

Homilía antigua
Para el Sábado Santo PG
43, 440A, 452C LH, of.
Lect. del Sabado Santo   635

Constituciones apostolorum
| 7 | 24 | 1 | 2760 |
| 8 | 13 | 12 | 1331 |

Didache XII Apostolorum
1	1		1696
2	2		2271
8	2		2760
8	3		2767
9	5		1331
10	6		1331, 1403

Carta a Diogneto
5	5		2240, 2271*
5	8-9		2796
5	10		2240
6	10		2240

Imitación de Cristo
| 1 | 23 | 1 | 1014 |

Sermo de die dominica

PG 86/1; 416C. 421C   2178

AGUSTÍN, SAN

                                         695
de catechizandis rudibus
| 3 | 5 | | 281* |
| 4 | 8 | | 2539 |

de civitate Dei
10	6		1372, 2099
10	13		2304
14	7		1766
14	28		1850
18	51		769
19	13		2304
19	19		2185
22	17		1118
22	30		1720, 2550

confessiones
1	1	1	30
2	4	9	1958
3	6	11	300
6	11	20	2520
7	7	11	385
9	6	14	1157
9	11	27	1371
10	20	29	1718
10	28	39	45
10	29	40	1718, 2340
13	36		2002
13	38		2002

enchiridion de fide, spe et caritate
| 11 | 3 | | 311 |

epistulae
98	5		PL 33, 362	1274
130	8	17	PL 33, 500	2737
130	12	22	PL 33, 502	2762
187	11	34	PL 33, 845	774

in epistulam Johannis ad Parthos tractatus
16			1863
8	9		1779
10	4		1829

in evangelium Johannis tractatus
5	15		1584
12	13		1458
21	8		795
26	6	13	1398

783

ÍNDICE DE TEXTOS → Escritores eclesiásticos

72	3		1994
80	3		1228

contra Faustum manichoeum

22			1871
22	27	PL 42, 418	1849

de fide et symbolo

10	25	PL 40, 196	2518

contra epistulam Manichoei quam vocantfun-damenti

5	6	PL 42, 176	119

de Genesi contra Manichoeos

1	2	4	PL 35, 175	338*

de gratia et libero arbitrio

17		PL 44, 901	2001

quoestiones in Heptateuchum

2	73	PL 34, 623	129

de libero arbitrio

1	1	1	PL 32, 1221-1223	311*

de mendacio

4	5	PL 40, 491	2482

de moribus ecclesiae catholicae

1	3	4	PL 32, 1312	1718
1	25	46	PL 32, 1330-1331	1809

de natura et gratia

31		PL 44, 264	2001

enarratio in Psalmos

57	1		1962
62	16		2628
72	1		1156*
74	4		796
85	1		2616
88	2	5	996
102	7		2005
103	1	15	329
103	4	1	102

de diversis quaestionibus octoginta tribus

64	4	PL 40, 56	2560*

de sermone Domini in monte

1	1	3	PL 34, 1232	2547
1	1		PL 34, 1229-1231	1966
2	4	16	PL 34, 1276	2785
2	5	17	PL 34, 1277	2794
2	6	24	PL 34, 1279	2827
2	45	19	PL 34, 1278	2149

sermones

18	4	4	PL 38, 130-131	1039
33	2	2	PL 38, 208	2067
43	7	9	PL 38, 258	158
52	6	16	PL 38, 360	230
56	6	9	PL 38, 381	2559*
57	7	7	PL 38, 389	2837
58	11	13	PL 38, 399	1064
78	6		PL 38, 492-493	556
96	7	9	PL 38, 588	845
169	11	13	PL 38, 923	187
186	1		PL 38, 999	510
213	8		PL 38, 1064	983
214	11		PL 38, 1071-1072	981
241	2		PL 38, 1134	32
267	4		PL 38, 123ID	797
272			PL 38, 1247	1396
298	4-5		PL 38, 1367	2009

de Trinitate

8	3	4		1766*
14	15	21		1955
15	26	47		264

de sancta virginitate

3		PL 40, 398	506
6		PL 40, 399	963

ÍNDICE DE TEXTOS → Escritores eclesiásticos

Alfonso de Ligorio, san

del gran mezzo della preghiera
                                                            2744

AMBROSIO, SAN

epistulae
| 41 | 12 | PL 16, 1116 B | 1429 |

expositio evangelii secundum Lucam
| 2 | 85-89 | PL 15, 1583-1586 | 766* |
| 10 | 121 | PL 15, 1834A | 1025 |

de mysteriis
| 7 | 42 | PL 16, 402-403 | 1303 |
| 9 | 50.52` | PL 16, 405-406 | 1375 |

de officiis ministrorum
| 1 | 88 | PL 16, 50A | 2653 |

de poenitentia
| 1 | 34 | PL 16, 477A | 983 |

expositio Psalmi CXVIII
| 14 | 30 | PL 15, 1403A | 908 |

enarrationes in Psalmos
| 1 | 9 | PL 14, 924 LH, of. lect. semana 10, sábado | 2589 |

de sacramentis
2	6	PL 16, 425C	1225
4	7	PL 16, 437 D	1383
4	28	PL 16, 446A	1393
5	7	PL 16, 447C	1383
5	19	PL 16, 450C	2783
5	26	PL 16, 453A	2836
5	30	PL 16, 454AB	2852

explanatio symboli
1		PL 17, 1155C	197
7		PL 17, 1158D	194
8		PL 17, 1158D	191*

de viduis
| 23 | | PL 153, 255A | 2349 |

de virginitate
| 18 | 118 | PL 16, 297B | 845 |

ANSELMO DE CANTORBERY, SAN

proslogion
| proem. | PL 153, 225A | 158 |

ARÍSTIDES

apologia
| 16 | 6 | | 760* |

ATANASIO DE ALEJANDRÍA, SAN

epistula festivalis
| 329 | | PG 26, 1366A | 1169 |

epistulae ad Serapionem
| 1 | 24 | Pg 26, 585B | 1988 |

de incarnatione
| 54 | 3 | PG 25, 192B | 460 |

BASILIO DE CESAREA EN CAPADOCIA, SAN

adversus Eunomium
| 3 | 1 | PG 29, 656B | 336 |

moralia
| regie 73 | | PG 31, 849D-853B | 2384 |

regulae fusius tractatae
| prol. 3 | PG 31, 896B | 1828 |

ÍNDICE DE TEXTOS → Escritores eclesiásticos

liber de Spiritu Sancto

15	36	PG 32, 132	163, 736
18	45	PG 32, 149C	2132
26	62	PG 32, 184A	2684

BENITO, SAN

regula

20			2834*
43	3		347
48			2834*

BERNABÉ

epistula

4	10		1905
19	5		2271*

BERNARDO DE CLARAVAL, SAN

in Canticum sermones

27	14	PL 183, 920D	771

homilia super missus est

4	11	PL 183, 86B	108

BUENAVENTURA, SAN

in libros sententiarum

2	1	2	2	1	293
4	37	1	3		2071

CARTUJO, GUIDO II EL

scala claustralium

	PL 184, 476C	2654*

CATALINA DE SIENA, SANTA

dialogi

1	7		1937
4	13	LH, t. o. sem. 19, domingo, off. lect.	356
4	138		313

CESÁREA LA JOVEN, SANTA

a santa Richilda y santa Radegonda

Sources chrètiennes 345, 480	127

CESÁREO DE ARLÉS, SAN

expositio symboli (sermo 9)

CCL 103, 48	232

CLEMENTE DE ALEJANDRÍA

poedagogus

1	6	760, 813

CLEMENTE DE ROMA, SAN

epistula ad Corinthios

7	4	1432
42		861*
42	4	1577
44		861*
44	3	1577
61	1-2	1900

CIPRIANO DE CARTAGO, SAN

	1290

de Dominica oratione

9	PL 4, 525A	2782
11	PL 4, 526B	2784
12	PL 4, 526A-527a	2813
13	PL 4, 527C-528a	2816
21	PL 4, 534A	2830
23	PL 4, 535C-536A	810, 2845

epistulae

56	10	1	PL 4, 357B	1028

de catholicae unitate ecclesiae

PL 4, 503A	181

CIRILO DE ALEJANDRÍA, SAN

in Lucam

22	19	PG 72, 921B	1381

ÍNDICE DE TEXTOS ⟶ Escritores eclesiásticos

commentarius in Joannem
12		PG 74, 560-561	738

CIRILO DE JERUSALÉN, SAN

catecheses illuminandorum
5	12	PG 33, 521-524	186
18	29	PG 33, 1049 LH, t. o. sem. 17, jueves, off. lect	1050

catecheses mystagogicae
3	1	PG 33, 1088A	2782
5	9		1371
5	10	PG 33, 1116B-1117A	1371
5	11	PG33, 1117B	2794
5	13	PG 33, 1120A	2819
5	18	PG 33, 1124A	2856

DOMINGO DE GUZMÁN, SANTO

Jordan de Sajonia, libellus de principiis Ordinis praedicatorum
93		956*

EPIFANIO, SAN

panarion seu adversus LXXX haereses
1	1 5	PG 41, 181C	760*

ETERIA (¿)

peregrinatio ad loca sancta
46	PLS 1, 1047	281*

EVAGRIO PÓNTICO

capita practica ad Anatolium
49	PG 40, 1245C	2742

de oratione
34	PG 79, 1173	2737

FAUSTO DE RIEZ

de Spiritu Sancto
1	2	CSEL, 21, 104	169

FRANCISCO DE ASÍS, SAN

cántico de las criaturas
	344, 1014

admonitio
5	3	598

FRANCISCO DE SALES, SAN

tratado del amor de Dios
8	6	1974

FULGENCIO DE RUSPE, SAN

contra gesta Fabiani
28	16-19	CCL 19A, 813-814 LH, sem. 28, lunes, of. lect	1394

GREGORIO MAGNO, SAN

dialogi
4	39	1031

homiliae in Ezechielem
1	7 8	PL 76, 843D	94

moralia in Job
praef. 1, 6, 4	PL 75, 525A	795
31	45	PL 76, 621	2539
31	45	PL 76, 621A	1866

regula pastoralis
3	21	2446

GREGORIO NACIANCENO, SAN

orationes theologicae
1	4	PG 36, 16B	2697
5	26	PG 36, 161C	684
5	28	PG 36, 165C	2670

ÍNDICE DE TEXTOS → Escritores eclesiásticos

orationes

2	71	PG 35, 480B	1589
2	73	PG 35, 481A	1589
2	74	PG 46, 481B	1589
16	9	PG 35, 954C	2565
39	17	PG 36, 356A	980
40	3-4	PG 36, 361C	1216
40	9	PG 36, 369C	537
40	41	PG 36, 417	256

GREGORIO DE NISA, SAN

orationes de beatitudinibus

| 1 | PG 44, 1200D | 1803, 2546 |
| 6 | PG 44, 1265ª | 2548 |

homiliae in Canticum

| 8 | PG 44, 941C | 2015 |

Oratio catechetica

| 15 | PG 45, 48B | 2015 |
| 16 | PG 45, 52B | 625 |

homiliae in orationem dominicam

| 2 | PG 44, 1148B | 2784 |

in Christi resurrectionem

| 1 | PG 46, 617B | 650 |

de Spiritu sancto

| 3 | 1 | PG 45, 1321A-B | 690 |

de vita Mosis

| | PG 44, 300D | 2028 |

HERMAS

mandata pastoris

| 2 | 1 | | 2517 |

visiones pastoris

| 2 | 4 | 1 | 760 |

HILARIO DE POITIERS, SAN

in evangelium Matthaei

| 2 | | PL 9, 927 | 537 |

HIPÓLITO DE ROMA, SAN

de paschate

| 1-2 | 1165 |

traditio apostolica

3	1586
8	1569*
21	1291*, 1301*
35	749

HUGO DE SAN VÍCTOR

de area de Noe

| 2 | 8 | PL 176, 642C |
| 134 | | |

IGNACIO DE ANTIOQUÍA, SAN

| | | 2837 |

epistula ad Ephesios

| 19 | 1 | 498 |
| 20 | 2 | 1331, 1405 |

epistula ad Magnesios

| 6 | 1 | 1549* |
| 9 | 1 | 2175 |

epistula ad Romanos

1	1	834
4	1	2473
6	1-2	1010, 2474
7	2	1011

epistula ad Smyrnoeos

1-2		496
8	1	896, 1369
8	2	830

epistula ad Trallianos

| 3 | 1 | 1549, 1554, 1593* |

IGNACIO DE LOYOLA, SAN

ejercicios espirituales

| 22 | 2478 |

ÍNDICE DE TEXTOS → Escritores eclesiásticos

38			2164
104			2715*

IRENEO DE LYON, SAN

demonstratio apostolica

3			1274
7			683
11			704
100			190

adversus haereses

1	10	1-2	173, 174
2	22	4	518*
2	30	9	292
3	3	2	834
3	17	1	53*
3	18	1	518
3	18	3	438
3	18	7	518
3	19	1	460
3	20	2	53
3	22	4	494
3	24	1	175, 797
4	4	3	1730
4	12	4	53*
4	15	1	1964, 2070
4	16	3-4	2063
4	18	4	1350
4	18	4-5	1000
4	18	5	1327
4	20	1	292
4	20	5	1722
4	20	7	294
4	21	3	53*
5	20	1	174
5	32	1	1047

ISAAC DE NÍNIVE, SAN

tractatus mystici, editio Bedjan

66			2717

ISABEL DE LA TRINIDAD, BEATA

oración	260

JERÓNIMO, SAN

commentari in Ecclesiasten

10	11	PL 23. 1096	1456

commentariorum in Isaiam libre XVIII

prol.	PL 24, 17B	133

in die dominica paschae homilia

CCL 78, 550, 52	1166

JUAN CASIANO

collationes

9	18	PL 49, 788C	2785

JUAN CRISÓSTOMO, SAN

sermones de Anna

4	5	PG 54, 666	2744

eclogae ex diversis homiliis

2		PG 63, 583A	2700
2		PG 63, 585A	2743

homilia in illud «Angusta est porta» et de ora tione domini

PG 51, 44B	2784

homiliae in Mathoeum

19	4	PG 57, 278D	2768
19	5	PG 57, 280B	2825

homiliae in ad Romanos

7	3	PG 60, 445	2540

homiliae in primam ad Corinthios

27	4	PG 61, 229-230	1397
41	5	PG 61, 361C	1032

homiliae in secundam ad Corinthios

28	3-4	PG 61, 594-595	2538

homiliae in ad Ephesios

20	8	PG 62, 146-147	2365

ÍNDICE DE TEXTOS → Escritores eclesiásticos

de incomprehensibili dei natura seu contra Anomoeos
| 3 | 6 | PG 48, 725D | 2179 |

in Lazarum
| 1 | 6 | PG 48, 992D | 2446 |

de proditione Judae
| 1 | 6 | PG 49, 380C | 1375 |

de sacerdotio
| 1 | 4 | PG 48, 635D | 1551 |
| 2 | 5 | PG 48, 643A | 983 |

sermones in Genesim
| 2 | 1 | PG 54, 587D-588A | 358 |

de virginitate
| 10 | 1 | PG 48, 540A | 1620 |

JUAN DE LA CRUZ, SAN

subida al monte Carmelo
| 2 | 22 | LH, of. lect. Avent sem. 2, lunes | 65 |

dichos de luz y amor
| 64 | | | 1022 |

llama de amor viva
| | | | 696* |
| estrofa 3 | | | 2690 |

JUAN DAMASCENO, SAN

de fide orthodoxa
2	4	PG 94, 877C	393
3	24	PG 94, 1098D	2559, 2590
3	27	PG 94, 1098A	626
4	2	PG 94, 1104C	663
4	13	PG 94, 1142A	1106

de sacris imaginibus orationes
| 1 | 16 | PG 96, 1245A | 1159 |
| 1 | 27 | PG 94, 1268AB | 1162 |

JUAN EUDES, SAN

tractatus de admirabili corde Iesu
| 1 | 5 | LH, off. lect. del 19 agosto | 1698 |

tractatus de regno Iesu
| | | LH, t. o. 33 viernes, off. lect. | 521 |

JUAN MARÍA BAUTISTA VIANNEY, SAN (CURA DE ARS)

Nodet, B., Jean-Marie Vianney. Cure d'Ars
| 100 | | | 1589 |

Oración

JUANA DE ARCO, SANTA DICTUM

| dictum | | | 223, 435 |
| actas del proceso | | | 795, 2005 |

JULIANA DE NORWICH

revelation of Divine Love
| 32 | | | 313 |

JUSTINO, SAN

apologiae
1	61	12	1216
1	65		1345
1	66	1-2	1355
1	67		1345, 2174
1	67	6	1351
2	7		760*

dialogus cum Tryphone Judaeo
| 11 | 1 | | 2085 |
| 99 | 7 | | 498* |

LEÓN MAGNO, SAN

sermones
4	1	PL 54, 149	786
4	3	PL 54, 151	424*
21	2-3	PL 54, 192A LH, off.	

ÍNDICE DE TEXTOS → Escritores eclesiásticos

		lect. de Navid.	469*, 1691
23		PL 54, 224B LH, off.	
		lect. de Epifanfa	528
51	1	PL 54, 309B	424*
51	3	PL 54, 3 IOC	568*
62	2	PL 350C-351A	424*
73	4	PL 54, 396	412
74	2	PL 54, 398A	1115
83	3	PL 54, 432A	424*

MÁXIMO EL CONFESOR, SAN

ambiguorum liber
PG 91, 1156C — 398

opuscula theologica et polemica
PG 91, 137-140 — 834

quaestiones et dubia
66 — PG 90, 840A — 473

NEWMAN, JOHN HENRY

apologia pro vita sua — 157
carta

al duque de Norfolk 5 — 1778
disc. to mixed congreg.
5 — sobre la santidad — 1723

par. pi. ser
5 — 2 — pp. 21-22 — 2144

NICETAS

explanatio symboli
10 — PL 52, 871B — 946

NICOLÁS DE FLUE, SAN

oración — 226

ORÍGENES

homilia in Exodum
4 — 5 — 137
8 — 1 — 2061

homilia in Leviticum
5 — 5 — 113

homilia in Ezechielem
9 — 1 — 817

contra Celsum
1 — 32 — 498*
1 — 69 — 498*
2 — 40 — 2114

de oratione
12 — 2745
26 — 2825
29 — 2847

PEDRO CRISÓLOGO, SAN

sermones
71	PL 52, 401CD	2777
71	PL 52, 402A	2814
71	PL 52, 402D	2837
117	PL 52, 520B LH, t. o. sem. 29, sábado, off. lect.	359

POLICARPO DE ESMIRNA, SAN

epistula ad Philippenses
5 — 2 — 1570*

martyrium Polycarpi
14 — 2-3 — 2474
17 — 957

PRÓSPERO DE AQUITANIA

epistulae
217 — PL 45, 1031 — 1124

ROSA DE LIMA, SANTA

Vita mirabilis (P. Hansen, Lovaina 1668) — 618, 2449

SIMEÓN DE TESALÓNICA, SAN

de ordine sepuliurae
PG 155, 685B — 1690

TERESA DE JESÚS, SANTA

camino de perfección
26   2704

exclamaciones del alma a Dios
15   3   1821

poesías
30   227

libro de la vida
1   1011
8   2709

TERESA DEL NIÑO JESÚS, SANTA

manuscrits autobiographiques
A 83v   127
B 3v   826
C 25r   2558

acte d'offrande d l'Amour misericordieux
                               2011

novissima verba
                       956, 1011

TEÓFILO DE ANTIOQUÍA, SAN

*ad Autolycum
2   4   PG 6, 1052   296

TERTULIANO

apologeticus

9   2271*
50   852

adversus Marcionem
1   3   228
2   4   1951

de oration
1   2761, 2774
3   2779, 2814
5   2817
10   2761

de poenitentia
4   2   1446

de resurrectione carnis
1   1   991
8   2   1015

ad uxorem
2   9   1642

TOMÁS DE AQUINO, SANTO

compendium theologiae
1   2   184

collationes in decern praeceptis
1   1955
6   1759

in ad Hebraeos
7   4   1545

quaestiones disputatae de malo
4   1   404

opusculum
57   in festo Corp. Chr. 1   460

expositio in Psalmos
21   11   112

summa contra gentiles
1   30   43
3   71   310*

summa theologiae
1   1   1   38*
1   1   10 ad l   116
1   2   3   34
1   25   5 ad 1   271
1   25   6   310*
1   114   3 ad 3   350
1-2   24   1   1767
1-2   24   3   1767
1-2   26   4   1766
1-2   71   6   1849

ÍNDICE DE TEXTOS ⟶ A

1-2	79	1	311*
1-2	88	2	1856
1-2	90	1	1951
1-2	90	4	1976
1-2	93	3 ad 2	1902
1-2	107	1 ad 2	1964
2-2	1	2 ad 2	170
2-2	2	9	155
2-2	4	1	163*
2-2	24	1	1767
2-2	24	3	1767*
2-2	26	4	1766
2-2	47	2	1806
2-2	64	7	2263, 2264
2-2	81	3 ad 3	2132
2-2	83	9	2763, 2774
2-2	109	3	2469
2-2	109	3 ad 1	2469
2-2	122	4	2176
2-2	158	1 ad 3	2302
2-2	171	5 obj. 3	157
2-2	184	3	1973*
3	1	3 ad 3	412
3	22	4	1548
3	30	1	511
3	45	4 ad 2	555, 556
3	48	2 ad 1	795
3	51	3	627
3	60	3	1130
3	64	2 ad 3	1118*
3	65	1	1210*
3	65	3	1211
3	68	8	1128
3	71	4 ad 3	904
3	72	5 ad 2	1305
3	72	8 ad 2	1308
3	73	3	1374
3	75	1	1381

in libros sententiarum

2	prol.	293

expositio in symbolum apostolicum

1	1718
10	947

Himno «Adoro te devote»

1381

TOMÁS MORO, SANTO

carta de prisión

LH, memoria de
S. Tomás Moro,
el 22 junio, off. lect.   313

UNA TRADUCCIÓN DEL *INDEX ANALYTICUS*

PREFACIO AL ÍNDICE

El siguiente índice es una traducción del *Index Analyticus* que apareció en la edición típica en Latín del *Catecismo de la Iglesia Católica*, promulgada el 15 de agosto de 1997. Esta traducción del *Index* del Latín al Español apareció en la segunda edición del *Catecismo de la Iglesia Católica* publicada en España, y se usa aquí con el permiso de la Conferencia Episcopal de España. El *Index Analyticus* fue diseñado para servir como un índice de temas en general al igual que un índice conceptual del contenido en el *Catecismo,* y esta traducción al Español es fiel a ese diseño (plan or propósito). Esta traducción no cae bajo la aprobación de la edición típica en Latín concedida en la carta apostólica *Laetamur Magnopere* del Papa Juan Pablo II por la cual el texto en Latín fue aprobado y promulgado.

Abandono

Dios no abandona nunca a su pueblo, 2577;
Los discípulos abandonan a Jesús, 1851;
El abandono de María en Dios, 506;
El abandono en manos de la Providencia, 305, 322, 2115;
El abandono a la voluntad de Dios, 26/7.

Abba

El Espíritu de Dios clama dentro de nuestros corazones: "Abba, Padre", 683, 742, 1303, 2766, 2777.

Abel

Abel, venerado como justo, 58;
Fratricidio contra Abel, 401, 2559.

Abogado

Cristo, abogado nuestro, 519;
El Espíritu Santo, el otro Abogado (Paráclito), 692, 729, 1433, 1848.

Aborto

Colaboración al aborto, 2272;
Cultura de la vida y aborto, 2770;
Los Mandamientos y el aborto, 227, 2274.

Abraham

La oración de Abraham, 2569, 2570, 2592;
Vocación de Abraham, 59, 72, 762;
Abraham, modelo de obediencia por la fe en Dios, 144-46, 165, 2570, 2572, 2676;
Abraham, modelo de creyente, 165, 1819;
Abraham y la bendición divina, 59, 1080;
Alianza de Dios con Abraham, 72, 992, 2571;
Jesús, estirpe de Abraham, 527;
Los musulmanes y la fe de Abraham, 841;
El pueblo descendiente de Abraham, 63, 709, 762, 1541;
Promesas hechas por Abraham, 422, 705, 706, 1222, 1716, 1725, 2571, 2619.

Absolución, cf. *Penitencia y Reconciliación.*

Abstinencia

Para preparar las fiestas litúrgicas, 2043.

Acción

Acción ética, cf. *Conciencia;*
Acción evangelizadora, 900, 905;
Acción humana, 236, 307, 1146, 1148, 1724, 1806, 2306, 2668, 2670;
Acción litúrgica, 15, 1070, 1074, 1088, 1097, 1108, 1111, 1136, 1140, 1153, 1155;
Acción moral cuyo significado procede de la Alianza, 2061;
Acción pastoral, 2352, 2423;
Acción social, 407, 1883, 2442;
Acción de Cristo, cf. *Cristo;*
Acción de Dios, 260, 292, 301, 308, 988,

1148, 1164, 1325, 1448, 2008, 2084, 2171, 2258, 2564, 2738;
Acción de la Iglesia, 771, 1072, 1074, 1083;
Acción de la gracia, 644, 1453, 1742;
Intención de la acción, 1752;
Acción y libertad, 302, 323, 1731, 1744, 1745;
Acción y oración, 2157, 2166, 2570, 2670;
Propósito de la acción, 1752;
Acción del Espíritu Santo en María, 2675, 2682;
Acción de la Trinidad, 648;
La verdad en la acción, 2468;
Mérito de la acción, cf. *Mérito*.

Acidia, 1866, 2733, 2755, cf. *Pereza*.

Aceptación

Aceptación de la misericordia de Dios, 1847, 1991;
Aceptación del Evangelio e iniciación cristiana, 1229, 1247;
Aceptación de la gracia, 678, 682;
Aceptación por la Virgen María del proyecto divino, 148, 502, 2617;
Aceptación de la vida divina por parte del hombre, 505.

Aclamación a Jesús entrando en Jerusalén, 559.

Acogida/Acoger

Acoger a inmigrantes y extranjeros, 2241;
Acoger el amor de Dios, 2712, 2792;
Acoger la gracia divina, 2001;
Acoger la vocación de los hijos, 2233;
Acoger a los homosexuales, 2358;
Acoger a los pobres, 2449;
Acoger al prójimo, 2519;
Acoger el perdón, 1989;
Acoger la Revelación por medio de la fe, 35, 99;
Acoger la Palabra de Dios, 171, 839, 2030, 2086, 2935;
Acoger la Palabra de Jesús, 528, 543, 764, 1967, 2835;
"Él que a vosotros acoge me acoge a mi", 858.

Acontecimiento, cf. *Historia*;

La celebración de la Liturgia del Adviento, 524;
Advenimiento de Cristo, 122, cf. *Advenimiento, Consumación, Expectación*;
La historia de la salvación y los acontecimientos nuevamente interpretados, 1095;
Advenimiento del Reino, 560, 570, 1720, 2632, 2660, 2817, 2857;
La Segunda Venida, 2612.

Acontecimientos de salvación

Las bendiciones divinas manifestadas en acontecimientos maravillosos y salvadores, 1081;
La Liturgia, memorial de los acontecimientos salvadores, 1093, 1095, 1217;
Acontecimientos gloriosos de Cristo y sus efectos, 126;
Los acontecimientos salvadores actualizados en la liturgia, 1104;
Los salmos y la memoria de acontecimientos salvíficos, 2586;
La Revelación en acontecimientos salvadores y en palabras, 53, 1103, 2651.

Actividad, cf. *Acción, Trabajo*;

Actividad misionera, 856;
Actividad económica, 2424, 2426, 2431;
Actividades humanas dirigidas por Dios, 912, 1818, 2172, 2185;
El apostolado como actividad de Cuerpo Místico, 863;
La actividad cotidiana como expresión de llevar la cruz, 2427;
Actividad de Dios, 2500, 2501;
Actividad de la Iglesia, 824, 828, 1442;
Familia cristiana y su actividad, 2205;
Actividad laboral y salario justo, 2434.

Acto humano, cf. *Actuar, Hombre, Pasiones*;

El acto humano moralmente bueno, 1755, 1760;
El acto humano moralmente desordenado, 1761;
Circunstancias y consecuencias del acto humano, 1754;
El consentimiento matrimonial en cuanto acto humano, 1625-32;
La fe en cuanto acto humano, 154, 155, 180;
Intención del acto humano, 1752-53, 1756;
Libertad del acto humano, 1731, 1744, 1745, 1782, 2008, 2106;
Moralidad del acto humano, 1709, 1749-56, 1757-61, 1805, 1813, 1853, 1954, 2085, 2157;
Objeto del acto humano, 1751.

Actuar

Actuar en virtud del amor, 1972;
Actuar según (la voluntad de) Dios, 798, 1695, 2000, 2752;

INDEX ANALYTICUS — A

Actuar como cristiano, 3, 16, 1813, 2031, 2047, 2181;
Actuar como testigo del Evangelio, 2472;
Cómo actuaba Jesús, 576, 1575, 2076;
Los Ministros actúan "in persona Christi", 875, 935, 1548, 1563, 1581, 1584.

Acusación, cf. *Confesión, Penitencia, Reconciliación.*

Adán

Adán y la gracia de la santidad original, 375, 399;
Jesucristo y Adán, 359, 388, 402, 504, 505, 518, 532, 538, 539, 635;
El pecado de Adán y sus consecuencias, 402-05, 416-17, 1736.

Adhesión

Adhesión a Dios por la fe, 150, 176, 1098, 1102, 1730, 2609, 2716;
Adhesión por la fe a los dogmas de la Iglesia, 88;
Adhesión de Jesús a la voluntad del Padre, 566, 2600, 2603, 2620;
Adhesión de María a la voluntad de Dios, 967.

Adivinación

Acto contrario a Dios, 2115-17, 2138.

Adolescencia

Adolescencia y abusos sexuales, 2389;
Adolescencia y catequesis, 5, 24;
Adolescencia y dominio de sí mismo, 2342;
Adolescencia y prostitución, 2355;
Adolescencia y pudor, 2524.

Adopción

Adopción y herencia de la felicidad eterna, 1, 294;
Adopción de niños abandonados, 2379;
La adopción filial hace de los hombres coherederos de Cristo, 2009;
La adopción filial hace de los hombres hijos de Dios, 257, 1077;
La adopción nos hace hijos por medio de Jesucristo, 52, 257, 422, 460, 505, 654, 839, 1110, 1709, 2639, 2782, 2798, 2825;
La adopción según el proyecto de Dios, 1, 52, 257;
Efectos de la adopción, 654, 1709, 2784;
Cristo no es hijo adoptivo de Dios, 2673, 2717, 2740, 2745, 2766;
El plan de Dios en la adopción, 270, 2782;
Dios nos regala la adopción en los sacramentos, 537, 1129, 1197, 1265, 1279;
Libertad de Dios en el don de la adopción, 52, 257, 1996.

Adoración

La adoración, acto principal de la virtud de la religión, 2096, 2628, cf. *Dios;*
Adoración de Dios, 2096;
Los ángeles y la adoración del Verbo Encarnado, 333;
Adoración y arte sacro, 2502;
Bendición y adoración, 2626.

Adulterio

Definición de adulterio, 2380;
El adulterio, grave ofensa contra la dignidad del Matrimonio, 2380-81;
El adulterio y el corazón humano, 1853, 2517;
El adulterio y el mandato divino, 2052, 2055, 2196;
Adulterio y deseo, 2336, 2528;
Adulterio y divorcio, 1650, 2384;
Gravedad del adulterio, 1756, 1856, 1858, 2380, 2400.

Adultos

Bautismo de adultos, 1247;
Catequesis de adultos, 5, 2688;
Catecumenado de adultos, 1232, 1233;
Hijos adultos y vida familiar, 2214, 2218, 2230;
Iniciación cristiana de adultos, 1233, 1247, cf. *Iniciación cristiana.*

Advenimiento, cf. *Consumación, Expectación;*

"Venga a nosotros tu Reino", 2816-21, 2859;
Advenimiento de Cristo y Juicio, 1040;
Advenimiento de Cristo y derrota del reino de Satanás, 550;
El Advenimiento del Reino de Dios realizado en signos y milagros, 542, 1505;
Advenimiento del Espíritu Santo y Pentecostés, 729, 732;
Expectación del Advenimiento de Cristo, 840;
Incertidumbre acerca del momento del último y glorioso Advenimiento de Cristo, 673-74, 1040, 2772;
Preparación para el Advenimiento de Cristo, 522-24;
La Transfiguración como anticipo del glorioso Advenimiento de Cristo, 556;

INDEX ANALYTICUS → A

"Ven, Señor Jesús", 2853.

Agnosticismo, 2127, 2128.

Alabanza, cf. *Liturgia*;
Las bendiciones de alabanza, 1081, 1671;
La Eucaristía como alabanza y gracias al Padre, 1358-61;
La alabanza a Dios, 1138, 2171, 2513;
La oración de alabanza, 2098, 2639-43;
Los salmos como alabanza, 2485, 2589;
La belleza de la creación un himno de alabanza, 32;
Las cosas temporales como alabanza al Creador, 898, 1670;
Significado de la alabanza, 2369;
La vida consagrada a la alabanza divina, 920, 2687.

Alimento
La Eucaristía como alimento, 141, 728, 1020, 1244, 1335, 1392, 1426, 1436, 2861;
Alimento material, 2288, 2417, 2447, 2805, 2830, 2861;
La Sagrada Escritura como alimento, 104, 131-132, 141, 2861.

Alma
Significado del alma, 363;
El Bautismo y la Confirmación imprimen carácter en el alma, 1280, 1304, 1317;
El alma de Cristo, 466, 467, 470-72, 624-26, 630, 632, 637, 650;
Cristo, médico de las almas, 658, 1421, 1509;
El cuerpo y el alma, 362-64;
Creación del alma, 33, 366, 382;
La Eucaristía llena el alma de gracia, 1323, 1402;
Eucaristía y presencia de Cristo en cuerpo y alma, 1374;
Eucaristía y divinidad, 1374;
Glorificación del cuerpo y del alma 1042, 1052;
El hombre, dotado de alma, 1934;
La ley natural grabada en el alma, 37, 1954;
El Mandamiento "Amarás al Señor tu Dios con toda tu alma", 2055, 2083;
María, elevada al cielo en cuerpo y alma, 966, 972, 974;
La oración y el alma, 2559, 2562, 2590, 2700, 2703, 2709;
La oración y las almas del Purgatorio, 1498;
El pecado y su influencia en el alma, 400, 403, 1035, 1456, 1863;
La Resurrección, conjunción del alma y del cuerpo, 990, 997, 1005, 1016;
Los Sacramentos y el perdón, redención del alma, 978, 981, 1520;
La salvación del alma, 95, 1023, 1053, 2032, 2264, 2280, 2420, 2458;
Los signos de la espiritualidad del alma, 33;
El Espíritu Santo, alma del cuerpo místico, 809;
Espíritu, alma y cuerpo, 367;
Último destino del alma, 1021, 1051;
La unidad de cuerpo y alma en el hombre, 327, 362, 364-65, 382, 992, 1004, 1060, 1503, 2332;
La Palabra de Dios, alimento del alma, 127, 131;
Las virtudes teologales infusas en el alma, 1813.

Altar
Altar del cielo, 1383, 1589;
Altar del Señor construido por Abraham, 2570;
Bendición del altar, 1672;
Celebración de la Eucaristía y significados del altar, 1383;
El corazón como un altar, 786, 2655;
La Eucaristía, Sacramento del Altar, 1372;
Altar y Nueva Alianza, 1182;
El sacrificio de la Cruz y el altar, 1182, 1364, 1366-68, 1939.

Ámbito, cf. *Creación/Creado, Naturaleza*.

Ambón, 1184.

Amén
"Amén" en la liturgia eucarística, 1345;
"Amén", última palabra del "Credo" y la Sagrada Escritura, 1061;
Cristo, "amén" definitivo del amor del Padre, 1065;
Significado de la palabra Amén, 1062-64, 1348, 1396, 2856, 2865.

Amigo
Dar la vida por el amigo, 609;
Cristo, amigo del hombre, 1972;
Dios, amigo del hombre, 142, 2063, 2576.

Amistad
Amistad entre Cristo y el hombre, 1395, 2665;
Amistad entre Dios y el hombre, 55, 277, 355, 374, 384, 396, 1023, 1030, 1468, 1863, 2709;
La amistad no excusa los ataques contra la verdad, 2480;

797

La amistad como ayuda a un homosexual, 2359;
Caridad, acuerdo y amistad, 1829, 1939;
La castidad explicada y manifiesta en la amistad, 2347.

Amor, cf. *Caridad*.
Amor a Dios
Amar a Dios como Único Señor, 2086;
El celibato por amor a Dios, 1599;
El cristiano que muere para estar con Dios, 1011;
"Amarás al Señor tu Dios con todo tu corazón...", 2055, 2063, 2083, 2093;
La fe es fiarse del amor de Dios, 278, 1064, 2087, 2614;
La Liturgia como respuesta de la fe y del amor a Dios, 1083;
Guardar los mandamientos y permanecer en el amor, 1824;
El orar que nace del Reino y la participación en el amor de Dios, 2633, 2738;
Amor y oración, 2709, 2792;
La oración es fuente de todas las cosas por el amor que Cristo nos tiene, 2058;
La oración ininterrumpida y el ardor que procede del amor, 2742;
La oración, comunión de amor en el Espíritu Santo, 2615, 2712.
Amor al prójimo
Amar como Cristo a pobres y a ricos, 1825, 2443;
El amor a los enemigos, 2608, 2844;
El amor a los pobres no puede ser compatible con el desmedido amor a las riquezas, 2445;
El amor al prójimo orientado hacia quien yerra en la fe, 2104;
El amor al prójimo, inseparable del amor a Dios, 1878;
El amor al prójimo como oración por todos al Padre de todos, 2793;
El amor al prójimo como perdón al hermano desde lo más profundo del corazón, 2843;
"Amaos unos a otros como yo os he amado...", 459, 1337, 1823;
Amar a Dios y al prójimo, síntesis del Decálogo, 1822, 2055, 2067, 2069;
"Amarás a tu prójimo...", 1844, 2055, 2196;
La Familia de Nazaret, ejemplo de amor al prójimo, 533.
Amor de preferencia, 2729, 2732.
Amor de Cristo
La caridad, mandamiento nuevo, 1823;

El corazón de Cristo, signo de su amor hacia nosotros, 478, 2669;
La oración como adhesión a la voluntad del Padre, 2600;
La Pasión, amor abierto a todos, 605, 616;
Pasión de Cristo, sacrificio en remisión de los pecados, 545;
La Pasión como Muerte de Cristo por nosotros, 1825;
Las curaciones, signos del amor, 1503;
La vida de Jesús, revelación del misterio de amor del Padre, 516, 701.
Amor de Dios, cf. *Dios;*
La Creación, primer testimonio del amor de Dios, 315;
El amor de Dios dispone a las criaturas hacia su fin último, 321;
El amor de Dios hacia Israel, su Pueblo, 219-20;
El amor de Dios crea y conserva el mundo, 421;
El amor de Dios dispone todas las cosas para la salvación del hombre, 313;
El amor de Dios, causa de la Creación, 27, 293, 295;
Dios, "celoso" de nosotros, como expresión verdadera de su amor, 2737;
El amor de Dios fuente de la oración, 2658;
El amor de Dios, primer don divino, 733;
El amor de Dios, fruto del Espíritu Santo, 736, 1832, 2658;
El amor de Dios, principio de vida, 735;
Dios no abandona nunca a sus criaturas, 2577;
El hombre partícipe del amor de la Santísima Trinidad, 850;
El varón y la mujer creados a imagen del amor de Dios, 2331.
Dios revelado como amor
"Dios es amor", 214, 221, 231, 733;
El cielo, comunión de amor, 1024;
Los hombres serán juzgados acerca del amor, 1022;
Padre, Hijo y Espíritu Santo en nombre del amor, 221, 257, 850.
Amor de la Iglesia, cf. *Iglesia;*
Amor de la Iglesia hacia los hermanos separados, 818;
Amor de la Iglesia a los pobres, 2444, 2448.
El amor del hombre, cf. *Hombre;*
La familia, sociedad natural de amor, 22;
Amor del hombre al bien, 1765-66;
El amor conyugal en el hombre, orientado a

INDEX ANALYTICUS ⟶ A

la procreación y a la unidad, 1652, 2363, 2366, 2369;
El amor conyugal como imagen del amor de Dios, 1604;
  El amor conyugal en el hombre, indisoluble y fiel por naturaleza, 1646;
  El amor conyugal en la institución del Matrimonio, 1603;
  Amor del hombre a la patria, 2239;
  Amor del hombre a la verdad, 2105, 2185, 2466, 2518;
  El orden para el bien común vivificado por el amor, 1912.

Anáfora, 1352.

Analogía
Analogía de la revelación bíblica, 128-30, cf. *Tipología*;
"Analogía de la fe", 114;
El Creador y la analogía con sus criaturas, 41, 2500;
La vida espiritual y su analogía con la vida natural, 1210-12.

Anamnesis, 1103, 1106, 1354, 1362.

Ancianidad, cf. *Ancianos*.

Ancianos
La familia y el cuidado de los ancianos, 2208;
El servicio a los ancianos, 2186.

Ángel
Los ángeles, custodios de los hombres, 336;
Los ángeles en la Plegaria Eucarística, 1352;
Los ángeles en la vida de la Iglesia, 334-35;
Los ángeles caídos, 391-93, 414, 760;
Los ángeles pueden desviarse del camino de Dios, 311;
Las imágenes de los ángeles en el arte, 119, 2131, 2502;
El Ángel Custodio, 336;
El ángel Gabriel mensajero de un anuncio, 148, 2676;
El cielo y los ángeles, 326, 1023-29, 1053;
Cristo y los ángeles, 331, 538, 954, 1038, 1161;
La existencia de los ángeles como verdad de fe, 328;
Identidad y misión de los ángeles, 329, 332-36, 350-52, 1034, 1352;
La Navidad y los ángeles, 525, 559;
El orden cósmico y la custodia de los ángeles, 57.

Animales
Diferencia entre el hombre y los animales, 371;
Cuidado y respeto a los animales, 2415, 2418;
Relación entre el hombre y los animales, 2456-57.

Antigua Alianza, cf. *Antiguo Testamento*;
Abraham y la Alianza, 72, 992, 2571;
El corazón como lugar de la Alianza, 2563;
El Decálogo y la Alianza, 2057, 2077;
Dios y la Alianza con su Pueblo, 238, 781, 1102, 1612, 2058;
La Alianza del Sinaí, 62, 204, 2810;
El hombre, llamado a la Alianza con su Creador, 357;
Ley y Alianza, 346, 709, 2060-63, 2070;
Liturgia y Alianza, 1093, 1156;
La ofrenda del pan y del vino y la Alianza, 1334;
Oración y Alianza entre Dios y el hombre, 2564, 2567, 2569, 2713, 2795, 2829, 2841;
Los Mandamientos y el sentido de la Alianza, 2061-63;
Figuras anticipadas y Alianza, 1217, 1223, 1544;
Preparación en la Alianza para la venida de Cristo, 522, 762;
El sábado, signo de la Alianza, 2171;
Sacerdocio y Alianza, 1539, 1542, 1544;
Signos y símbolos de la Alianza, 1145, 1150-52, 1334;
Valor permanente de la Alianza, 121.

Antiguo Testamento, cf. *Sagrada Escritura*;
El cumplimiento de las promesas y el Antiguo Testamento, 122, 528, 652, 1067;
La debilidad del hombre y el Antiguo Testamento, 1502;
El canon de las Escrituras y el Antiguo Testamento, 120;
La catequesis desvela lo que se oculta bajo la letra del Antiguo Testamento, 1094;
Imágenes simbólicas en el Antiguo Testamento, 2130;
En el Antiguo Testamento, Dios es presentado como Padre y fuente de toda verdad, 684, 2465;
La Liturgia y el Antiguo Testamento, 1093, 1349;
El Mesías, anunciado por los Profetas en el Antiguo Testamento, 1283;
El Misterio de la Iglesia, prefigurado en el Antiguo Testamento, 753;

El Misterio de la Trinidad y el Antiguo Testamento, 237;
La oración en el Antiguo Testamento, 2568, 2569, 2585, 2596, 2630;
El ordenamiento jurídico en el Antiguo Testamento, 2449;
Relación entre Antiguo y Nuevo Testamento, 702;
Las teofanías en el Antiguo Testamento, 697;
El título de "Hijo de Dios" y el Antiguo Testamento, 441;
La Trinidad, su acción creadora y el Antiguo Testamento, 292;
Valor del Antiguo Testamento, 121;
Veneración del Antiguo Testamento y de sus imágenes, 61, 123, 138;
La vida como sagrada en el Antiguo Testamento, 2260.

Anunciación, cf. Ángel, *María*;

Consentimiento de María en la Anunciación, 973;
La fiesta de la Anunciación, 1171;
En la Anunciación, el ángel saluda a la "Llena de gracia", 490;
Jesús, nombre dado por Dios en la Anunciación, 430;
Maternidad de María y Anunciación, 969, 2674;
La oración de María y la Anunciación, 2617;
Con la Anunciación se alcanza la "plenitud de los tiempos", 484.

Anuncio, cf. *Evangelización*;

La difusión del anuncio de la salvación, 900, 2044;
La familia como primer lugar del anuncio de la fe, 1666;
El anuncio de la Iglesia, 2126;
El anuncio del Evangelio y la oración del *"Padre nuestro"*, 2763;
El anuncio del Evangelio en la iconografía, 1160;
El anuncio del Reino y la vocación a la conversión, 1427, 1989;
Un solo anuncio de salvación para el mundo entero, 174.

Año Litúrgico, cf. *Adveniminento, Cuaresma, Pascua, Pentecostés*;

Descripción del año litúrgico, 1168-71;
El domingo, día del Señor, fundamento y núcleo del año litúrgico, 1193;
Oración y año litúrgico, 2698;
Épocas de penitencia, 1438.

Apostasía

Moisés y la apostasía de su pueblo, 2577;
La prueba final de la Iglesia y la apostasía, 675;
Significado de la apostasía, 2089;
La apostasía y los ataques a la unidad de la Iglesia, 817.

Apóstol

Recepción de las enseñanzas de los Apóstoles, 87, 949, 2624;
Potestad de los Apóstoles para perdonar los pecados, 981, 983, 984, 1442, 1444, 1485, 1586;
Predicación de los Apóstoles, 76;
Los Apóstoles y el Bautismo, 1226;
La catequesis de los Apóstoles, 1094;
El Colegio de los Apóstoles, 880;
La Iglesia y los Apóstoles, 688, 756, 857, 865, 869, 1342, 2032;
Elección y vocación de los Apóstoles, 2, 75, 96, 859-60, 873, 935, 1086, 1120, 1122, 1575, 2600;
Los Apóstoles y la transmisión de la fe, 171, 173, 605, 815, 816, 889, 1124;
Los Apóstoles y la imposición de manos, 699, 1288, 1299, 1315;
Los Apóstoles y la institución de la Eucaristía, 610-11, 1337, 1339-41;
Los Apóstoles y el ministerio de la reconciliación, 981, 1442, 1461;
Los Apóstoles y las apariciones del Resucitado, 641-42, 644-45, 647;
Los Apóstoles y el sacramento del Orden, 1087, 1536, 1565, 1576, 1577, 1594;
Significado de la palabra Apóstol, 858;
Los Apóstoles y el Espíritu Santo, 244, 746, 798, 1287, 1288, 1299, 1302, 1315, 1485, 1556;
Los sucesores de los Apóstoles, 77, 861-63, 892, 938, 1313, 1560, 1562, 2068;
El testimonio de los Apóstoles, 664, 1518;
Los Apóstoles y la transmisión de la Palabra de Dios, 3, 81, 84, 96, 126, 571.

Apostolado

Apostolado de la Iglesia, 863-64;
Apostolado y Eucaristía, 864, 1324;
Apostolado de los laicos, 900, 905, 940.

Apostólica, cf. *Iglesia*, 81, 84, 96, 126, 571.

Árbol del bien y del mal, 396.

Arca de la alianza

La oración del pueblo y el Arca de la Alianza, 2578, 2594;
El Arca de la Alianza, signo de la salvación, 2130;
Las tablas "del Testimonio" y el Arca de la Alianza, 2058.
Arca de Noé, 845, 1094, 1219.

Armas

Las armas en cuanto amenaza para la paz, 2317;
Acumulación de armas, 2315;
Fabricación y comercio de armas, 2316;
Condiciones para el recurso a las armas, 2243, 2309;
La carrera de armamentos, 2315, 2329, 2438;
Rechazo del uso de las armas, 2311;
El uso indiscriminado de las armas, 2314.

Armonía

La armonía familiar, 2219, 2251;
La armonía en las relaciones humanas, 1807;
La armonía entre los deseos humanos y el anuncio de la Iglesia, 2126;
La armonía entre los hombres y las cosas creadas, 374, 376, 379, 400, 1676;
La armonía entre derechos y deberes, 912;
La armonía entre la liturgia y la religiosidad popular, 1675;
La armonía entre las realidades creadas, 307, 341, 2500;
La armonía entre los signos y los edificios de la Iglesia, 1158, 1162, 1181;
La armonía entre ambos Testamentos, 1094;
La armonía entre el hombre y la mujer, 2333.

Arte, cf. *Imágenes santas*;

Arte sagrado, 2500, 2502-03, 2513;
Semejanza del arte con la actividad divina en la Creación, 2501.

Asamblea

Dirigir y presidir la asamblea, 1184, 1348;
Asamblea dominical, 1167, 1174, 1383, 1566, 2188, 2777;
Asamblea humana, 1880;
Asamblea litúrgica, 752, 1097, 1102, 1144, 1167, 1193, 2760;
Participación de la asamblea, 1141, 1372, 2178;
Asamblea de los santos, 946, 1372, 2006;
La Iglesia y la asamblea de los hombres: 541, 751-52, 771, 777-78;
Asamblea y oración, 2585-86, 2589;
Preparación y disposición de la asamblea para la liturgia, 1098, 1112, 1154, 1236, 1688;
La profesión de fe de la asamblea, 167;
El Espíritu Santo actúa en la asamblea, 1092, 1112.

Ascensión de Cristo, cf. *Cristo*;

Celebración del día de la Ascensión, 2177.

Ascesis

Fidelidad a las promesas del Bautismo y ascesis, 2340;
Ascesis y voluntad de Dios, 1734;
Ascesis y progreso espiritual, 2015.

Asistencia/Asistir

Asistencia de los Ángeles a los hombres, 332, 335;
Asistencia divina al Sumo Pontífice y a los Obispos, 892;
Asistencia del Señor a los enfermos, 1520;
Asistencia sanitaria y social, 2288;
Asistencia de los diáconos, 1369, 1570;
Asistir a las familias, 2211;
Asistir a la Liturgia, 2178, 2180;
Asistencia del Espíritu Santo, 86, 94, 688, 2182, 2422.

Asociaciones de trabajadores, 2430.

Asunción de María, 966, cf. *María*.

Ateísmo

Agnosticismo y ateísmo, 2128;
Causas del ateísmo, 2126, 2424;
Formas y significados del ateísmo, 2123-24;
Pecado de ateísmo, 2125, 2140.

Autonomía

Autonomía de los hijos, 2232;
La mal entendida autonomía de la conciencia, 1792.

Autopsia, 2301.

Autoridad

Autoridad de los Apóstoles, 551, 873, 1444, 1575;
Autoridad civil y humana, 1900, 1901, 2234;
La autoridad, necesaria para la vida humana, 1897-98, 1919;
Autoridades civiles ilegítimas, 2155;

Las autoridades religiosas de Jerusalén y Jesús, 575, 587, 589, 591, 595-96;
Abusos por parte de las autoridades civiles, 2155, 2242, 2298;
Misión de las autoridades, 1917, 1923, 2235-36, 2241, 2272, 2316, 2354, 2498;
La guerra y la autoridad internacional, 2308;
Autoridad y bien común, 1903, 1906, 1909, 1928, 2239, 2266, 2406, 2429, 2498;
La autoridad de Cristo, 581-82, 651, 668-69, 1063, 1441, 1673, 2173;
La autoridad de Dios, 156, 239, 668, 1295, 1381, 2086, 2777;
La autoridad de la Iglesia, 85, 119, 553, 895, 918, 1023, 1125, 1399, 1578, 1635, 1673, 1792, 2037, 2420;
Autoridad de los obispos, 883, 888, 894, 1596, 2034, 2179;
El legítimo ejercicio de la autoridad, 1897, 1921;
Autoridad y familia, 2202, 2207, 2234;
Fundamento de la autoridad humana, 1897-1904;
Fundamento de la autoridad, 1899, 1918, 1920, 1930;
La ley en cuanto emanada de la autoridad, 1951;
Límites de la autoridad, 2267;
Autoridad del Magisterio de la Iglesia, 88, 2036;
Autoridad de los ministros de la Iglesia, 1551, 1563;
Respeto a la autoridad, 1880;
Autoridad y respeto a los demás, 1902, 1930, 2199, 2254;
Rechazo de la obediencia a la autoridad, 2256;
La autoridad como servicio, 2235;
La autoridad del Sumo Pontífice, 1594, 2034;
Autoridad del Símbolo de los Apóstoles, 194-95;
Autoridad de la verdad, 1777.

Avaricia, pecado capital, 1866.

Ayuno
El ayuno como ley evangélica, 1969;
El ayuno como forma de penitencia, 1434, 1438, 2043;
El ayuno como preparación para recibir la Comunión, 1387.

Ázimos, 1334, 1339.

Babel, 57.

Baptisterio, 1185.

Bautismo, cf. *Sacramento/fs*;
Los Apóstoles y la misión de bautizar, 1223, 1276;
Denominaciones del Bautismo, 1214-16;
Significado del Bautismo, 628, 950, 1213-14, 1220, 1227-28, 1234-45, 1262, 1617;
El Bautismo de adultos, 1247-49;
El Bautismo de Jesús, 535-37, 556, 565, 608, 701, 1223-25, 1286;
El Bautismo de los niños, 403, 1231, 1233, 1250-52, 1282, 1290;
El Bautismo de Juan el Bautista, 523, 720;
El Bautismo de sangre, 1258;
El Bautismo, Sacramento de la fe, 1236, 1253;
Bautismo y castidad, 2345, 2348, 2355;
Salvación de los catecúmenos que mueren sin el Bautismo, 1259, 1281;
Bautismo y preparación de los catecúmenos, 281;
Bautismo y consagración religiosa, 916, 931, 945;
Bautismo y conversión, 1427-29;
Deseo del Bautismo (Bautismo "de deseo"), 1258-60, 1280;
La Iglesia y el Bautismo, 846, 866, 1226-28, 1267;
La fe y el Bautismo, 172, 1226, 1236, 1253-55;
La gracia del Bautismo, 1262-66, 1308;
El Bautismo y la gracia de Cristo, 1255, 1262-74, 1279, 1997, 1999;
Los niños muertos sin el Bautismo, 1261, 1283;
Necesidad del Bautismo, 846, 1257-61, 1277;
El Bautismo y el nombre cristiano, 2156, 2165;
Bautismo y Pasión de Cristo, 565, 1225;
La Pasión y la Cruz de Cristo, fuentes del Bautismo, 1225;
Prefiguraciones del Bautismo, 117, 527, 1094, 1217-22;
El Bautismo y la profesión de la fe, 14, 167, 189, 1064;
Promesas del Bautismo, 1185, 1254, 2101, 2340;
El Espíritu Santo y el Bautismo, 691, 694, 698, 701, 798, 1274, 2017, 2670;
Sujeto del Bautismo, 1246-47;
Bautismo y unidad de los cristianos, 855, 1271;
La vida cristiana fundamentada en el Bautismo, 1266.
Administración y rito bautismal
　El agua y su fuerza simbólica en el Bautismo, 694, 1214, 1217;
　El exorcismo en la celebración del Bautismo, 1673;
　Facultad de los laicos para administrar el Bautismo, 903;

Ministros del Bautismo, 1256, 1284;
Los padres, los padrinos y el Bautismo, 1255, 1311;
Ritos del Bautismo, 1185, 1229-45, 1278, 2769;
Entrega de la oración del "Padre nuestro" en el Bautismo, 2769;
Unción con el óleo y Bautismo, 1294.
El Bautismo y los demás sacramentos, 1113, 1210, 1535;
Confirmación y Bautismo, 1288-91, 1298, 1304-06, 1312-13;
Eucaristía y Bautismo, 1244, 1392, 1396;
Bautismo e iniciación cristiana, 1212, 1229-33, 1275, 1285, 1306, 1318, 1321, 1525, 1533;
Penitencia y Bautismo, 980, 1425, 1446-47, 2042;
Bautismo y Unción de los Enfermos, 1523.
Efectos del Bautismo, 1262;
El apostolado, tarea nacida del Bautismo, 871, 900, 1268;
El Bautismo nos hace miembros del Cuerpo de Cristo, 537, 818, 871, 950, 985, 1003, 1267-70, 1279, 1694, 2565, 2782, 2791, 2798;
El carácter como sello espiritual indeleble, 1272-74, 1280;
La comunión con la Iglesia, 838, 846, 1267-70, 1273, 1277, 1279;
Consagración al sacerdocio ministerial, 119, 1141, 1305, 1546, 1591;
El don de la fe y de la vida nueva, 168, 1236, 1253-55;
El don de las virtudes teologales y los dones del Espíritu Santo y el valor del mérito, 1266;
Entrada en la Iglesia, nuevo Pueblo de Dios, 782, 784, 804, 846, 950, 1185, 1277;
Derechos y deberes emanados del Bautismo, 1269-70;
Justificación y Bautismo, 1987, 1992, 2020, 2813;
La nueva criatura que nace del Espíritu, 168, 507, 683, 1010, 1227, 1262, 1265-66, 1277, 1279;
Participación en la vida trinitaria, 265;
El perdón de los pecados, 403, 405, 628, 977-80, 981, 985, 1213, 1216, 1262-66, 1279, 1434, 1694, 2520;
Bautismo y salvación final, 1023, 2068;
Bautismo y santificación, 2813;
La unión con Cristo muerto y el Bautismo, 790, 1002, 1010, 1227;

Efecto vivificante de la Palabra de Dios, 1228.

Belleza

El arte y la belleza, 2501-03, 2513;
La contemplación de Dios y la belleza, 319, 2784;
El cuerpo humano como manifestación de la belleza divina, 2519;
Dios, autor de toda belleza, 2119, 2500;
La oración y su belleza expresiva, 1157, 1191;
La perfección de Dios y la belleza de las criaturas, 41, 341;
La belleza del mundo como camino para alcanzar a Dios, 32-33;
La belleza de las santas imágenes impresa en la vida de los fieles, 1162.

Bendición

Los bautizados, llamados a la bendición, 1669;
Bendición de la mesa, 2834;
Bendición del pan y el vino, 1000, 1334-35, 1347, 1353, 1412;
La bendición de Dios, 1077-82, 1110, 2627, 2644;
La bendición de la Iglesia, 1082, 1217, 1245, 1624, 1630, 1671-72;
Eucaristía y bendición, 1328, 1360, 1402;
Las familias numerosas y la bendición divina, 2373;
Formas de bendición, 2627;
La muerte como bendición, 1009;
Oración y bendición, 2589, 2767, 2781, 2803;
La especialísima bendición del Padre a María, 492, 2676;
Significado de la bendición, 1078, 2626, 2645.

Benevolencia

La benevolencia propia de Dios, 214;
Benevolencia de los hombres hacia los animales, 2416;
El proyecto benevolente de Dios, 50-51, 257, 315, 2807, 2823;
Caridad y benevolencia, 1829;
Comunidades humanas y benevolencia, 2213, 2540, 2554;
El Espíritu Santo nos da la benevolencia, 736, 1832.

Biblia, cf. *Sagrada Escritura*.

Bien (El)

INDEX ANALYTICUS ⟶ B

El árbol de la ciencia del bien y del mal, 396;
El bien de la comunión de los santos, 947;
Buscar el bien, 1811, 1828, 2727, 2857;
Buscar el bien espiritual del penitente, 1460;
Cristo como bien del hombre, 457, 519;
La conciencia moral y el bien, 1776-77, 1780-81, 1783, 1791, 1798;
La Creación "...Y vio Dios que todas las cosas eran muy buenas...", 299;
Criterio objetivo del bien y del mal, 2244;
Dios, autor y fuente de todo bien, 14, 1723, 2052;
Dios, bien eterno y supremo, 356, 2052;
El domingo y las obras buenas, 2186;
Los obispos contribuyen al bien de todas las Iglesias, 886;
Exigencia de conversión para el bien de la sociedad, 1886;
Los hijos y el bien de la familia, 1652, 2217;
Lucha del hombre entre el bien y el mal, 1707;
El hombre, llamado a hacer siempre el bien, 307, 409, 1706 1713, 2002, 2541;
Los laicos y el bien de la Iglesia, 907;
El bien y la ley moral, 33, 1713, 1954-55;
El mal físico coexiste con el bien físico hasta el final, 310;
El mal nunca se justifica para conseguir un bien, 1756, 1761, 1789;
El Matrimonio y el bien de los cónyuges, 1601, 1660, 2201, 2203, 2363;
Los ministerios de la Iglesia, destinados al bien común, 874, 937, 1539;
Todas las criaturas están destinadas para el bien de la humanidad, 353;
Los padres, su autoridad y el bien de los hijos, 2234, 2248;
Las pasiones y el bien, 1751, 1768, 1770-71, 1773, 1775;
El pecado y el bien, 398, 1707, 1855, 1863, 1865, 2094;
La perfección en la búsqueda y ejecución del bien, 1711, 1775, 2500;
La potestad divina de sacar el bien del mal, 311-12, 324, 412;
Los Sacramentos como bien dado a la Iglesia, 1116, 1129, 1499, 1522, 1532;
La ciencia, la técnica y el arte y el bien de la persona, 2294;
El Espíritu Santo y el bien del hombre, 291, 798-99;
El triunfo del bien sobre el mal, 681;
El bien y la virtud, 1266, 1803-04, 1806-10, 1833, 1835, 1837;
La vida consagrada y el bien de la Iglesia, 917, 931, 945;
La vida y la salud física como bien regalado por Dios, 2288.

Bien común

La huelga y el bien común, 2435;
Acción, justicia social y bien común, 1807, 1928, 2239, 2442;
La legítima autoridad civil y el bien común, 1888, 1897-98, 1901-03, 1921-22, 2238, 2309, 2406, 2498;
El bien privado y el bien común, 801, 951, 1905, 2039;
Comunicación, información y bien común, 2489, 2492, 2494, 2498;
La comunidad política, el Estado y el bien común, 1910, 1927, 2239;
Condiciones del bien común, 1907-09, 1924-25;
Legítima defensa del bien común, 2238, 2242, 2265-67, 2310, 2321;
La Iglesia y el bien común, 2246, 2420, 2458;
Bien común e inmigración, 2241;
Derechos políticos otorgados según las exigencias del bien común, 2237;
Ley y bien común, 1951, 1976;
La libertad religiosa y el bien común, 2109;
Obligación de promover el bien común, 1913-14, 1916, 1926;
Cuidado del mundo y bien común, 2415;
Economía y bien común, 2425, 2429, 2432;
Deberes del hombre y bien común, 1880, 2237-41, 2288;
La propiedad y el bien común, 2401, 2403;
Fines y significado del bien común, 1906, 1912, 1925;
La sociedad internacional y el bien común, 1911, 1927.

Bienaventuranza

Alcanzar la bienaventuranza divina por el Bautismo, 1257;
Efectos de la bienaventuranza, 1721;
La bienaventuranza, don gratuito de Dios, 1720-22, 1727;
Bienaventuranza y deseo de felicidad, 1718, 2548;
Dios, nuestra bienaventuranza, 257, 1731, 1855;
El pecado aleja al hombre de la bienaventuranza divina, 1855, 1863, 1874, 1949;
La persona humana destinada a la bienaventuranza eterna, 1700, 1703, 1711, 1769, 1818, 1934, 2548;

Esperanza y bienaventuranza eterna, 1818;
Vocación del hombre a la bienaventuranza, 1700, 1934.

Bienaventuranzas Evangélicas, 1716;

"Bienaventurados los pobres...", 2546-47, 2603, 2660, 2833;
Las Bienaventuranzas evangélicas responden al deseo humano natural de felicidad, 1718, 1725, 2548;
Las Bienaventuranzas evangélicas dan cumplimiento a las promesas divinas, 1725;
Las Bienaventuranzas evangélicas descubren la meta de la existencia humana, 1719;
Las Bienaventuranzas evangélicas perfilan el verdadero rostro de Jesús, 1717;
Las Bienaventuranzas evangélicas como centro de la predicación de Jesús, 1716;
La caridad de la Iglesia, inspirada en las Bienaventuranzas evangélicas, 2444;
Catequesis de las Bienaventuranzas evangélicas, 1697;
Cristo, ejemplo de las Bienaventuranzas evangélicas, 459, 1697;
Doctrina emanada de las Bienaventuranzas evangélicas, 1726, 1728, 1820, 2546;
La Ley y las Bienaventuranzas evangélicas, 581, 1967, 1984;
Significado y efectos de las Bienaventuranzas evangélicas, 1717;
Espíritu de las Bienaventuranzas evangélicas, 1658, 2603;
La vida consagrada y el espíritu de las bienaventuranzas evangélicas, 932.

Bienes materiales

La abundancia de bienes materiales y los peligros espirituales, 2547, 2728;
Las Bienaventuranzas y los bienes materiales, 1728-29;
Bienes espirituales y bienes materiales, 1942, 2027;
La renuncia a los bienes materiales, 2544;
El deseo de bienes materiales, 377, 2514, 2534, 2536, 2539, 2553;
El respeto y cuidado de los bienes materiales, 2288, 2407-08;
La propiedad de bienes materiales y su destino universal, 2402-03, 2452, 2459;
El derroche de bienes materiales, 1439;
El reparto de los bienes materiales, 1940, 1948, 2444, 2446, 2833;
La Iglesia y el uso que hace de los bienes materiales, 2420, 2444;
El afecto desordenado a los bienes materiales, 1849, 1863, 2548;
Restitución de los bienes ajenos, 2412;
Administración y uso de los bienes materiales, 360, 1740, 1809, 1838, 2198, 2401, 2404-05, 2409;
La vida económica y la producción de bienes materiales, 2421, 2426.

Bienes morales y espirituales

Los bienes y la oración, 2010, 2559, 2590, 2736, 2830;
Los bienes futuros, 662, 2549;
Bienes espirituales, 293, 1050, 1948, 2121, 2548;
Los bienes, la conciencia moral y el discernimiento, 1780;
El bien del Matrimonio y del amor conyugal, 1643, 2333, 2363;
Cristo y los bienes dados por Él al hombre, 412, 420, 819;
La comunión de bienes, 947, 949-53, 955;
El intercambio de bienes espirituales, 1475-76, 1697;
El Sacramento de la Reconciliación y los bienes de la vida divina, 1468-69;
El estado de vida consagrada y los bienes celestiales, 933.

Blasfemia

Gravedad de la blasfemia, 1031, 1756, 1856;
Jesús acusado de blasfemia, 574;
Juramentos y blasfemia, 2149;
Significado de la blasfemia, 1009, 2148, 2162.

Bodas

Las bodas del Cordero, 1244, 1329, 1602, 1612, 1642, 2618;
Las bodas de Caná, 1613, 2618;
Las bodas místicas, 923;
El convite de bodas del Reino, 1027, 1335.

Bondad

Bondad de los actos humanos, 1754-55, 1760;
La bondad de Cristo y la ley del sábado, 2173;
Bondad de la creación, 299, 302, 339, 353, 1333, 1359;
La bondad del Matrimonio, 1613;
La bondad como fruto del Espíritu Santo, 1695;
Libertad y madurez en la bondad, 1721;
El Espíritu Santo dador de la bondad, 736, 1832.
Bondad de Dios, cf. *Dios*;

805

Bondad de Dios hacia los hombres, 41, 294, 396, 842, 1050, 1722, 2009, 2784;
La bondad de Dios y el don de Él mismo a la Iglesia, 750;
La bondad de Dios en todas sus obras, 214, 284, 299;
Criaturas, Creación y bondad de Dios, 1, 214, 284, 293, 295, 299, 308, 759, 970;
Participación de las criaturas en la bondad de Dios, 319, 1954, 1978;
Dios como Sabiduría y Bondad, 239, 308, 310, 311, 759, 1951, 2086, 2500, 2828;
El pecado del hombre y la bondad divina, 215, 397, 1869, 2091, 2094, 2119, 2307;
Revelación y bondad de Dios, 51, 101.

Breviario, cf. *Liturgia: Liturgia de las Horas.*

Buena noticia, cf. *Evangelio, Nuevo Testamento*;
Los Apóstoles y la Buena Noticia, 638, 977, 1427, 2443;
Efectos de la Buena Noticia, 2527;
Cristo, Buena Noticia, 422, 632, 634, 714, 763, 852, 2763;
Misterio Pascual y Buena Noticia, 571.

Bueno, cf. *Bien (El)*;
El mundo creado por Dios como bueno, 299.

Búsqueda de Dios, 28, 30, 285, 843, 1501, 2556.

Cabeza, cf. *Cristo, Pedro (Apóstol).*

Caída, cf. *Pecado: El pecado original*;
Causas y origen de la caída de los ángeles, 391-393, 760;
Causa de la caída del hombre, 215, 385;
Dios no abandonó al hombre después de su caída, 55, 70, 410;
La narración del Génesis de la caída del hombre, 289, 390.

Cáliz
El cáliz del Nuevo Testamento y la Eucaristía, 612, 1334-35, 1339, 1365, 1396, 1412;
Jesús y el cáliz que le dio el Padre, 607;
Significación religiosa de la distribución del cáliz, 1148.

Calumnia, 2477, 2479, 2507.

Camino
Jesús como camino, 459, 846, 2664, 2674;
Parábola evangélica de los dos caminos, 1696;
El camino de Cristo, 1696-97;
El camino del designio divino, 778;
El camino de la cruz, 1674, 2669;
El camino misionero, 852;
El camino de la Providencia, 314;
El camino del Reino, 1967.

Canónico, cf. substantivos que corresponden a este adjetivo.

Canonización, cf. *Santo/s.*

Cántico
El cántico de alabanza de los ángeles en el Nacimiento de Cristo, 333;
Cántico y música sagrada, 1156-58, 1162, 1191;
Cántico del Siervo, 713.

Cántico de María, 722, 2629.

Capitalismo, cf. *Doctrina social de la Iglesia, Justicia*;
Juicio de la Iglesia sobre algunos aspectos del capitalismo, 2425.

Carácter sacramental, cf. *Sello.*
Carácter sacramental del Bautismo, 698, 1121, 1272, 1273, 1280;
Carácter sacramental de la Confirmación, 698, 1121, 1304-05, 1317;
El carácter sacramental de la consagración episcopal, 1558;
Carácter sacramental de la ordenación, 698, 1121, 1563, 1570, 1581, 1583.

Cardinales (Virtudes), cf. *Virtud.*

Caridad, cf. *Amor*;
La caridad "nunca se termina", 25;
La caridad, destruida por el pecado mortal, 1855-56, 1861, 1874;
La caridad, herida por el pecado venial, 1855, 1863, 1875;
La caridad destruye los pecados veniales, 1394, 1472;

La caridad en cuanto amor al prójimo, 1822-29;
Caridad y catequesis, 25, 1967, 1971;
Comunión de la caridad, 953, 1475;
El corazón en cuanto sede de la caridad, 1853;
La desidia y la indiferencia, contrarias a la caridad, 2094;
Perdón y caridad, 1478;
Información y caridad, 2489, 2494-95, 2497;
Vocación a la caridad, 1694, 2013.
La caridad como virtud moral cristiana
    La caridad como fin de todas nuestras acciones, 1829;
    La caridad como forma de la virtud, 826, 1827, 1841, 1844;
    La caridad como perfección de vida cristiana, 1844, 1973;
    Castidad y caridad, 2346;
    Carismas y caridad, 800, 2003;
    Frutos de la caridad, 1825, 1829;
    Libertad y caridad, 1740;
    Oración y caridad, 2098, 2662, 2806;
    La paz, fruto de la caridad, 2304;
    La virtud de la religión y la caridad, 2095.
La caridad y las demás virtudes teologales, 1813, 1822, 1826, 1841, 1844;
    La caridad consiste en amar como Cristo, 1823, 1825;
    La caridad en cuanto amor a Dios y al prójimo, 1822, 1840, 1844, 2055, 2086, 2093;
    La caridad, alma de la santidad, 826;
    La caridad, fuente de mérito, 2011, 2026;
    Fe y caridad, 162, 1794, 1814, 2093;
    La gracia de Cristo como fuente de caridad, 2011;
    Ley nueva y caridad, 1965-66, 1968, 1972-74;
    Caridad y libertad filial, 1828;
    La perseverancia en la caridad, 1824;
    Esperanza y caridad, 1818, 2090.
Caridad y sacramentos
    Bautismo y caridad, 1269, 1273, 1997, 2156, 2165;
    Los catecúmenos y la caridad, 1248-49;
    La Eucaristía, sacramento de la caridad, 1323, 1394-95, 1416;
    Matrimonio y caridad, 1570, 1654;
    Los sacramentos de iniciación y los avances en la caridad, 1212;
    El Sacramento de la Reconciliación y la caridad, 1434, 1466;
    La vida sacramental y la madurez en la caridad, 1134.
La caridad como testimonio y como servicio
    La renuncia a la violencia y el testimonio de caridad, 2306;
    El amor a la patria como mandato de la caridad, 2239;
    Los bienes materiales y el orden de la caridad, 2401, 2439, 2451, 2459, 2545;
    La caridad para con el prójimo, 1789, 1878, 1931-32, 2447, 2462;
    La caridad entre los miembros del Cuerpo de Cristo, 791;
    La caridad, alma de todo apostolado, 864;
    La caridad, precepto social, 1889;
    Los diáconos y el servicio de la caridad, 1570, 1588, 1596;
    La Iglesia, comunidad de caridad, 771, 815, 834;
    La familia, escuela de caridad cristiana, 1657, 1666, 2204-05;
    Los Institutos seculares y la caridad, 928;
    María, ejemplo de caridad, 967-68;
    La parroquia como lugar de la caridad, 2179;
    Los santos, ejemplo de caridad, 2156, 2165;
    Las sociedades de vida apostólica y la caridad, 930;
    Caridad y solidaridad, 1939, 1942;
    Vida religiosa y caridad, 915-16, 926.

Carisma, cf. *Espíritu Santo*;

El carisma de la Infalibilidad, 890, 2035;
La comunión de los carismas, 951;
El carisma de los consagrados, 924, 1175;
Discernimiento de los carismas, 801;
El carisma de los laicos, 910;
Fin y significado del carisma, 799, 800, 2003;
Espíritu Santo y carisma, 688, 798, 800, 809, 1508, 2003, 2024, 2684;
El carisma de la verdad y la madurez en la fe, 94.

Carne

La carne es débil, 2733;
La carne de Cristo, alimento de vida, 728, 787, 1384, 1391, 1406, 1524;
Cristo, Verbo Eterno manifestado en la carne, 51, 423, 461, 476-77;
La concupiscencia de la carne, 2514, 2520;
Lucha entre carne y espíritu, 1819, 1846, 2116;
Obras de la carne, 1852;
La resurrección de la carne, 988, 990, 996, 1017;
El varón y la mujer, una sola carne, 372, 1605, 1616, 1627, 1642, 2364.

Castidad

Amistad y castidad, 2347;

Llamamiento a la castidad, 2337, 2348, 2394;
Castidad conyugal y Matrimonio, 2365, 2368;
Castidad y Bautismo, 2345, 2348, 2355;
Castidad y caridad, 2346;
Castidad y homosexualidad, 2357-59;
Castidad y estados de vida, 2348-50;
Crecimiento de la castidad, 2343;
Limpieza de corazón y castidad, 2518, 2520, 2532;
La castidad de los novios, 1632, 2350;
Ofensas a la castidad, 2351-56, 2396;
Otras motivaciones de la castidad, 2339, 2341, 2344, 2346, 2395;
Castidad y seguimiento de Cristo, 2053;
Significado de la castidad, 2395;
El Espíritu Santo en el origen de la castidad, 1832, 2345;
La templanza, virtud que ayuda a la castidad, 2341;
Castidad y vida consagrada, 915, 944.

Catecismo de la Iglesia Católica

Adecuación del catecismo a las diversas culturas, 24;
Preparación del catecismo, 10;
El catecismo, exposición orgánica de toda la fe, 18;
Destinatarios del catecismo, 12;
Fin del catecismo, 11;
Fuentes principales del catecismo, 11;
Principio pastoral del catecismo, 25;
Estructura del catecismo, 13-17.

Catecumenado

Adultos y catecumenado, 1247;
Formas de catecumenado, 1230-33;
Significado y fin del catecumenado, 1248.

Catecúmeno

El catecúmeno y la caridad, 1248-49;
El catecúmeno y la Profesión de fe, 168, 256, 1253;
La Iglesia y los catecúmenos, 1249, 1537;
Enseñanza de los catecúmenos, 281;
El óleo de los catecúmenos, 1294;
La oración del "Padre nuestro" y los catecúmenos, 2769;
La salvación de los catecúmenos, 1259, 1281.

Catequesis, cf. *Doctrina cristiana;*

Catequesis y religiosidad popular, 1674;
Catequesis y creación, 282;
Catequesis e iniciación cristiana, 1233, 1248;
Catequesis y liturgia, 1074-75, 1095, 1135;
Catequesis y Magisterio de la Iglesia, 2033, 2049;
Catequesis y oración, 2688, 2695;
Catequesis y mandamientos, 2065;
Catequesis y Sagrada Escritura, 132;
Catequesis y Símbolo de la fe, 188;
Catequesis moral de las enseñanzas apostólicas, 1971;
Cristo, centro vivo de la catequesis, 426-27, 1697-98, 2145;
Naturaleza y fin de la catequesis, 4-7, 426, 983, 1095, 2688.

Catequista

El catecismo, dirigido a los catequistas, 12;
El catequista, maestro de oración, 2663;
Cualidades del catequista, 428.

Catolicidad

Catolicidad y división de los cristianos, 855;
Iglesias particulares y catolicidad, 832-36;
Obispo, cristianos y catolicidad, 1292;
Liturgia, tradiciones y catolicidad de la Iglesia, 1200-03, 1208;
Anuncio del Evangelio y catolicidad, 849.

Católico, cf. substantivos que corresponden a este adjetivo.

Ceguera

Ceguera de Herodes y designio de salvación, 600;
Dudas de fe y ceguera de espíritu, 2088.

Celebración/Celebrar, cf. palabras relacionadas con la celebración, especialmente *Liturgia*.

Celibato

Castidad y celibato, 2349;
La Iglesia Latina y el celibato de los presbíteros, 1579, 1599;
Las Iglesias Orientales y el celibato, 158;
Las personas célibes y el cuidado pastoral, 1658;
Vida consagrada y celibato, 915. Celo/s
Celo de Dios, 399, 584;
Celos en el Matrimonio, 1606;
Los celos como obra de la carne, 1852;
El celo religioso, 579, 2442.
Cementerio, 1686.

INDEX ANALYTICUS ⟶ C

Cena del Señor
El cáliz de la Nueva Alianza y la Cena del Señor, 612;
Las comunidades eclesiales nacidas de la Reforma y la Cena del Señor, 1400;
La Eucaristía y la Cena del Señor, 1337, 1366;
La fracción del Pan y la Cena del Señor, 1329;
La institución del Sacrificio Eucarístico y la Cena del Señor, 1323;
El Ofertorio y la Cena del Señor, 1350;
El pan, el vino y la Cena del Señor, 1412;
La Pascua del Reino y la Cena del Señor, 1166, 1403, 2816;
Significado de la Cena del Señor, 1329.

Ciegos
La oración de los ciegos escuchada por Jesús, 2616.

Cielo
La bienaventuranza del cielo, 1729;
Los cristianos, ciudadanos del cielo, 2796;
Cristo y su Ascensión al cielo, 659-64, 665-67;
Cristo y su bajada del cielo, 440, 1001;
Comunión entre la Iglesia celeste y la terrestre, 954-59, 962;
La creación del cielo y de la tierra en el Credo, 198, 279, 325;
Dios, creador del cielo y de la tierra, 212, 216, 269, 287, 290;
La Iglesia y la gloria del cielo, 769, 778, 1042, 1053;
La Eucaristía, pan del cielo, 1331, 1355, 1419, 2837;
Los nuevos cielos y la tierra nueva, 1042-50;
La oración del "Padre nuestro" y los cielos, 2794-96, 2802;
Reino de los cielos y las bienaventuranzas, 1716, 1724-25;
Cristo y el Reino de los cielos, 541, 567, 763;
El Reino de los cielos y las llaves, 553;
El Reino de los cielos y el celibato y la virginidad, 1579, 1618-19;
Reino de los cielos y voluntad de Dios, 2826;
El Reino de los cielos y la Iglesia, 865;
El Reino de los cielos y la ley, 577, 1964;
Reino de los cielos y Pascua de Cristo, 541, 567, 763;
Pobreza y Reino de los cielos, 544, 2544, 2547, 2556;
Esperanza y Reino de los cielos, 1817-18;
Significación del Reino de los cielos, 326, 1024-26, 2794-95, 2802;
Esperanza y gloria de los cielos, 1821;
El tesoro en el cielo, 2053.

Circuncisión
Circuncisión de Jesús, 527;
Circuncisión y Antigua Alianza, 1150.

Ciudad
La ciudad santa y la consumación del Reino de Dios, 1045;
La ciudad santa y la Iglesia, 756, 1198;
Liturgia y ciudad santa, 1090;
Ciudad santa y esperanza, 2016;
Ciudad terrenal y ateísmo, 2124.

Ciudadanos
La autoridad y los ciudadanos, 1901, 2242;
Las guerras y los ciudadanos, 2308;
Los ciudadanos y el bien común, 1910;
Los cristianos, ciudadanos del cielo, 2796;
Culto dominical y derechos del ciudadano, 2187;
La Iglesia y los ciudadanos, 2245;
Regulación del crecimiento de la inmigración: el Estado y los ciudadanos, 2372;
Los ciudadanos y sus derechos, 2273;
Justicia conmutativa y ciudadanos, 2411;
El trabajo y los ciudadanos, 2433;
Los ciudadanos y la libertad religiosa, 2107;
Los ciudadanos y sus deberes, 1915, 2238-40, 2255;
Los ciudadanos y la patria, 2199;
Los ciudadanos y el servicio militar, 2310;
La sociedad y la salud de los ciudadanos, 2288;
Los ciudadanos y relaciones en la sociedad, 2212-13;
Los ciudadanos y la vida pública, 1915.

Clérigos
Ministros sagrados, 934, 1174.

Clero, cf. *Clérigos*.

Colaboración
Autoridades civiles y colaboración, 2236;
Colaboración entre Dios y el hombre y la justificación, 1993, 2001;
Colaboración de los ciudadanos y el bien común, 2238;
Colaboración humana y trabajo, 378;
Colaboración entre Dios y el hombre y el mérito, 1008, 2025;
Colaboración entre los padres, 2206;

Colaboración de los laicos en la Iglesia, 906, 911;
Colaboración de María al proyecto de Dios, 488.

Colecta y su significado, 1351.

Colegio apostólico

El colegio apostólico de Pedro y los Doce, 552;
El colegio apostólico y el colegio episcopal, 880;
Elección del colegio apostólico, 1577;
La función de atar y desatar, 881, 1444;
Nueva Alianza y colegio apostólico, 816.

Colegio episcopal

Autoridad y colegio episcopal, 883-84;
La consagración del obispo y el colegio episcopal, 1559;
La Iglesia y el colegio episcopal, 857, 869;
Iglesias particulares y colegio episcopal, 886-87;
Los Obispos y el colegio episcopal, 877;
El Obispo de Roma y el colegio episcopal, 936;
Qué expresa el colegio episcopal, 885;
Infalibilidad del colegio episcopal, 891.

Comercio

El comercio de armas, 2316;
Comercio y fraude, 2269, 2409.

Compasión

Compasión de Cristo hacia los hombres, 1503, 1506, 2448, 2571, 2575, 2715;
La compasión del hombre que otorga su perdón, 2843;
La compasión de Dios, 270.

Comunicación

Comunicación de la bondad de Dios, 294, 947;
Comunicación de bienes espirituales, 955;
Comunicación entre la Iglesia Católica y las Iglesias orientales, 1399;
Comunicación sacramental del Misterio de Cristo, 947, 1076, 1092;
Comunicación de la salvación, 1088;
Medios de comunicación social, 906, 2492-96, cf. *Medios de masas*;
La paz y la comunicación entre los hombres, 2304;
Verdad y comunicación, 1886, 2488-89, 2495, 2512.

Comunidad

Actividad humana, justicia social y comunidad humana, 2411, 2426, 2428;
Bautismo y comunidad, 1253, 1255;
Bien común y comunidad, 1910-11, 1922;
Comunidad conyugal y familiar, 1644, 1666, 2201, 2204, 2206-07, 2249-50, 2364;
Comunidad de creyentes, 1045;
Comunidad eclesial y apostolado de los laicos, 900, 910;
Comunidad eclesial y oración, 2632, 2691, 2696;
Comunidad política y derechos y obligaciones de los ciudadanos, 2239, 2242;
Iglesia y comunidad política, 2244-46;
Comunidad política y familia, 2209, 2211;
Comunidad universal, 842;
Confirmación y responsabilidades en la comunidad eclesial, 1309, 1319;
La Iglesia como comunidad, 751-52, 771, 833, 899;
La Eucaristía y la comunidad de los fieles, 1166, 1400;
Las exequias por los difuntos y la comunidad, 1684, 1687;
Familias en dificultades y comunidad, 1649, 1651;
La fe y la comunidad de creyentes, 1102;
El gobierno de las comunidades humanas, 1884, 1898, 1919, 2213;
Libertad religiosa y comunidades religiosas, 2107;
Liturgia y comunidad, 1071, 1140-41, 1198;
Misión para establecer nuevas comunidades cristianas, 854;
La parroquia como comunión, 2179, 2226;
La Primera Comunión de los creyentes y su fe, 642, 949, 2624;
El perdón y la reintegración a la comunidad, 1443;
Sacerdocio y comunidad de creyentes, 1546, 1551;
Vocación de la comunidad humana, 1877.

Comunión

Amistad y comunión espiritual, 2347;
Catequesis y comunión con Cristo, 426;
Comunión de bienes espirituales, 949, 952;
La comunión de caridad, 953;
La comunión de carismas, 951;
Comunión con los muertos, 958, 1684, 1689, 1690;
Comunión de la Iglesia del cielo y de la tierra, 954-59;
Comunión eclesial y familia, 220, 405;
Comunión eclesial y pecado, 1440, 1446, 1448, 1455;
Comunión eclesial y cisma, 2089;

INDEX ANALYTICUS ⟶ C

Comunión del Obispo con los fieles cristianos, 84, 1301;
Comunión eucarística, cf. *Eucaristía*;
Comunión del hombre con Cristo, 533, 725, 787, 790, 1331;
Comunión del hombre con Dios, 27, 45, 54, 154, 613, 780, 1489, 1804;
Comunión del hombre con los misterios de Cristo, 519-21;
Comunión del hombre con las Personas divinas, 259, 732, 737, 850, 1107;
La comunión en la fe, 154, 185, 188, 949, 1102, 1209;
La comunión entre los hombres, 357, 775, 1445, 1702, 2419;
La comunión entre las Personas divinas, 267, 738, 1693;
La comunión entre el hombre y la mujer, 371-72, 383, 2331-32;
Comunión del Pontífice con los Obispos, 85, 100, 816, 892, 895;
Comunión de Sacramentos, 950;
Comunión del Espíritu Santo, 734, 1097, 1108-09;
Iglesia y comunión, cf. *Iglesia*;
Liturgia y comunión, 1071, 1136;
La oración como comunión, 2565, 2655, 2682, 2689, 2713, 2799, 2801;
Los Sacramentos al servicio de la comunión, 790, 1126, 1533-35.

Comunión de los santos, 946-62;

Las distintas espiritualidades y la comunión de los santos, 2684;
La intercesión como expresión de la comunión de los santos, 1055, 2635;
Significado de la comunión de los santos, 1331.

Concepción

Concepción de Cristo, 466, 496, 498, 505;
Concepción y derecho a la vida, 2322;
Concepción y respeto a la vida humana, 2270, 2273-74, 2323, 2378;
La Concepción Inmaculada de María, 490-93.

Conciencia

Autoridad y conciencia, 1903;
Conversión y conciencia, 1435, 1453, 1797, 1848;
Definición y significado, 1776, 1778, 1795;
Derechos, deberes y conciencia, 912;
Derecho a la libertad de conciencia, 1782;
Derecho a actuar con libertad de conciencia, 1786-89, 1799, 1907, 2106, 2242, 2256;
Dignidad humana y conciencia moral, 1700, 1780, 2524;
Formación de la conciencia, 1783-85, 1798, 1802;
Fe y conciencia, 160, 162, 1802;
Juicio y conciencia, 1777, 1800;
Juicio erróneo y conciencia, 1790-94, 1801;
Ley divina y conciencia, 1706, 1776, 1778, 1786-87;
Los medios de masas y la formación de la conciencia, 2496;
Modos de actuar, elecciones y libertad de conciencia, 1786-89, 1799;
Moralidad de los actos humanos y la conciencia, 1749, 1751, 1796, cf. *Acto humano, Moralidad*;
El pecado y la actuación contra la propia conciencia, 1849, 1860, 1865;
Prudencia y conciencia, 1806;
El perdón de los pecados y la conciencia, 1454, 1468, 1493, 1496;
La reparación moral y el deber de conciencia, 2487;
Responsabilidad de los actos y conciencia, 1781;
Conciencia y salvación, 847;
Rechazo del uso de las armas por razones de conciencia, 2311;
Oír la voz de la conciencia, 1779, 1800;
La voz de la conciencia, 33, 46, 1706, 1776, 1779, 1795, 2071.

Concilio

Catequesis y Concilio, 9;
Colegio episcopal y Concilio, 884, 887, 891;
Fe y Concilio, 250;
Los Símbolos de la fe y el Concilio, 192.

Concupiscencia, cf. *Deseo*;

Concupiscencia de la carne, 2514, 2520;
Ley y concupiscencia, 1963, 2542;
Pecado y concupiscencia, 1869;
Mandamientos y concupiscencia, 2529, 2534;
Lucha contra la concupiscencia, 978, 1264, 1426, 2520, 2530;
Purificación del corazón y concupiscencia, 2517, 2530;
Significado y clases de concupiscencia, 2514-15.

Condena/Condenación

Las autoridades y la condena de los rebeldes, 1899;

Causa de la condenación, 1037;
Condena del aborto, 2322;
Condena del adulterio, 2380;
Condena de la irreligiosidad en el primer mandamiento, 2118;
Condena del pecado, 1458;
Condena de los pecadores, 1034;
Condena del politeísmo, 2112;
Condena de las rupturas en la Iglesia, 817;
El falso testimonio y la condena del inocente, 2476;
"Comer y beber la propia condenación", 1385;
El pecado original y la condenación de los hombres, 402;
Último juicio y condenación, 1039.

Confesión, cf. *Penitencia y Reconciliación*.

Confianza

Confianza del hombre en Dios, 304, 310, 2086, 2115, 2119, 2828, 2836, 2861;
Confianza en la Providencia, 2115, 2547;
Confianza en la Palabra de Dios, 215;
La mentira deteriora la confianza entre los hombres, 2486.
Confianza filial
Confianza en el Padre de Jesús orante, 2610, 2778;
La oración del "Padre nuestro" y la confianza filial, 2777-78, 2797, 2830;
Oración y confianza filial, 2734, 2741;
La oración sometida a pruebas, 2756.

Configuración

Bautismo y configuración con el Misterio ascual de Cristo, 1239;
Configuración de los enfermos con Cristo, 1505;
La configuración con Cristo en el cristiano, 1121;
La configuración con Cristo en el Orden sagrado, 1322, 1585;
La configuración de los penitentes con Cristo, 1460;
Unción de los enfermos y configuración con la pasión de Cristo, 1521, 1523.

Confirmación o crisma, 1285-1321, cf. *Sacramento*/s;

Edad para recibir la Confirmación, 1307-08;
Apostolado de los laicos y Confirmación, 900, 941;
Carácter de la Confirmación, 698, 1121, 1304-05, 1317;
Ley nueva y Confirmación, 1210;

Preparación a la Confirmación y sus fines, 1309;
Significado de la Confirmación, 1289;
Quién puede recibir el Sacramento de la Confirmación, 1306-11;
El sacerdocio de los fieles y la Confirmación, 1546;
Confirmación y salvación, 1286-92;
Estado necesario para recibir la Confirmación, 1310, 1318-19;
Confirmación y testimonio, 2472.
La Confirmación y los otros sacramentos
    Iniciación cristiana y Confirmación, 695, 1212, 1275, 1285, 1533.
Efectos de la Confirmación
    Aumento de la gracia bautismal, 1303, 1316;
    Carácter indeleble de la Confirmación, 1304-05, 1317;
    Confirmación y sello, 698, 1121;
    Efusión del Espíritu, 1302.
Rito de la Confirmación, 1297-1301;
    Celebración separada del Bautismo, 1233, 1290, 1321;
    La Confirmación sólo puede conferirse una vez, 1304;
    Imposición de las manos, 1288;
    Ministro de la Confirmación, 1312-14, 1318;
    El padrino y la madrina, 1311;
    El santo crima, 1297;
    Signos y ritos de la Confirmación, 1293-1301, 1320;
    Entrega de la oración del "Padre nuestro", 2769;
    La unción, 695, 1242, 1291, 1294, 1300, 1523.

Conflicto

Conflicto entre el bien y el mal, 285;
Conflicto entre la ley divina y la ley del pecado, 2542;
Los conflictos armados y la carrera de armamentos, 2315-16;
Conflictos armados y ley moral, 2312, 2328;
Conflictos en el matrimonio, 1606;
Conflictos sociales y actividad económica, 1940, 2424, 2430.

Conocimiento

Conocimiento del bien y del mal, 396, 1734;
Conocimiento de la creación como don de Dios, 216, 283, 287;
Conocimiento y conciencia de pecado, 708, 1859;

INDEX ANALYTICUS → C

Conocimiento de la fe y del catecismo, 23, 186;
Conocimiento de la realidad creada e increada, 2500;
Conocimiento de la verdad, 74, 94, 851, 2822, cf. *Prólogo al Catecismo de la Iglesia Católica*;
Conocimiento que el hombre tiene de Cristo, 428-29, 471-74, 1792, 2708, 2715;
Conocimiento que el hombre tiene de Dios, 31-38, 40, 50, 158, 261, 286, 356, 2197, 2614.

Consagración, cf. *Transubstanciación*;

Consagración de Obispos, 1556-59, 1562;
Consagración y Plegaria Eucarística, 1352;
Consagración y bendición, 1672;
Consagración y sacerdocio de Cristo, 1548;
Consagración y misión, 931-33;
Consagración y sacramento del Orden, 1538;
Consagración y sacramento, 1535;
Consagración y estado de vida consagrada, 916, 931;
Consagración y unción, 1294;
Consagración de Jesús, 438, 534;
Consagración de los laicos, 901;
Consagración del santo crisma, 1297;
Consagración de vírgenes (rito litúrgico), 923.

Consejo en cuanto don del Espíritu Santo, 1303, 1831.

Consejos evangélicos

La Iglesia y los consejos evangélicos, 2103;
Los Institutos seculares y los consejos evangélicos, 929;
La ley nueva y los consejos evangélicos, 1973-74, 1986;
Misión y consejos evangélicos, 931;
Mandamientos y consejos evangélicos, 2053;
Las sociedades de vida apostólica y los consejos evangélicos, 930;
Vida consagrada y consejos evangélicos, 914-16, 918, 944;
La vida de los eremitas y los consejos evangélicos, 920;
La vida religiosa y los consejos evangélicos, 925.

Consubstancial, cf. *Trinidad*;

El Hijo, consubstancial al Padre, 242, 262, 467, 663;
El Espíritu Santo, consubstancial al Padre y al Hijo, 685, 703;
Trinidad y comunión consubstancial, 248, 253, 689, 2789.

Consumación

Consumación de los cielos nuevos y de la tierra nueva, 1045;
Consumación del consentimiento matrimonial, 1627, 2366;
Consumación del designio divino, 686;
Consumación de la creación en la resurrección, 1015;
Consumación de la Creación el séptimo día, 345;
Consumación en Cristo de la obra de, 2749;
Consumación del Verbo de Dios en María, 484, 497, 2676;
Consumación de la dignidad humana en la vocación a la bienaventuranza, 1700;
Consumación de la Iglesia, 759, 769, 778, 1042;
Consumación de las figuras del Antiguo Testamento, 1093, 1152, 1544;
Consumación en Cristo de la creación y de la historia, 668;
Consumación de la ley en el amor, 1706, 1829, 2055, 2196;
Consumación de la Ley en Cristo, 577, 580-82, 592;
Consumación de la Revelación en Cristo, 67, 75, 134, 561, 652, 729;
Consumación de la esperanza en la llegada del Mesías, 676;
Consumación de la antigua ley, 1967-68, 1984, 2053;
Consumación de la voluntad de Dios y oración, 2750, 2857;
El domingo como consumación del sábado, 2175-76;
La Eucaristía como consumación de los sacrificios de la Antigua Alianza, 1330;
Misterio de salvación y su consumación, 1107;
La oración de Cristo y la consumación de los tiempos, 2749;
Plena consumación del bien al fin del mundo, 681.

Contemplación

Contemplación de las sagradas imágenes, 1162;
La Iglesia y la contemplación, 771;
Eucaristía y contemplación, 1380;
Contemplación de Dios por el hombre, 1028;
Contemplación de Jesús por el hombre, 2715;
Oración y contemplación, 2651, 2687.

Continencia

Continencia y castidad, 2349;
Continencia y divorcio, 1650;

La continencia y los frutos del Espíritu Santo, 1832;
Efectos de la continencia, 2340;
Fecundidad y continencia, 2370;
Continencia de los novios, 2350;
Oración y continencia, 2520.

Contracepción

Amor conyugal, pensamiento abierto a la vida e impedimento de la concepción, 2370;
Contracepción y regulación de la natalidad, 2399.

Contrato

Contrato matrimonial, cf. *Adulterio, Matrimonio;*
El gobierno de las comunidades humanas y la fidelidad a los pactos, 2213;
Los asuntos económicos, los contratos y la buena fe, 2410.

Contrición, 1451-54, cf. *Penitencia y Reconciliación: Actos del penitente.*

Conveniencia

Bien común y conveniencia particular, 1908, 2236;
La caridad sin tener en cuenta la conveniencia personal, 953, 1825;
Conveniencia personal o particular, 1740, 2278, 2316;
La vida económica, afectada por conveniencias particulares, 2430.

Conversión

El catecumenado conduce la conversión a su madurez, 1248;
Conciencia y conversión, 1797;
Necesidad de la conversión interior hacia los cambios sociales, 1886-89, 1896;
La conversión, don del Espíritu Santo, 1098, 1433;
Ejercicios de conversión, 1435;
La conversión del corazón y los profetas, 2581-84, 2595;
La conversión del corazón y el sermón de la montaña, 2608;
Efectos visibles de la conversión, 1430, 1440;
Fuentes de la conversión, 1436-37;
Fragilidad humana y conversión, 1426;
Gracia y conversión, 1991, 2000, 2010, 2027;
Iniciación cristiana y conversión, 1229;
La conversión proclamada por Juan y el Bautismo, 523, 535, 720;
Juicio erróneo y falta de conversión, 1792;
Justificación y conversión, 1989, 1993;
El mal como camino de conversión, 385, 1502;
Mociones de conversión y de Penitencia, 1439;
Todo lo necesario para la conversión, 1490, 1848;
Necesidad de la conversión del corazón, 821, 1430-33, 1856, 1888, 2608-09, 2708;
Oración y conversión, 2708, 2731, 2754, 2784;
Pecado, conversión y purificación, 1472, 1486, 1856;
Penitencia y conversión, 1422-23, 2042;
Presunción humana y conversión, 2092;
Rechazo de la conversión, 591;
Reino de Dios y conversión, 1470, 2612;
Conversión de san Pablo, 442;
Conversión de san Pedro, 1429;
Ley y conversión, 1963;
Vocación a la conversión, 160, 545, 981, 1036, 1428.

Convite

La comunión con Dios y la imagen del convite de las bodas, 1027;
Conversión y comidas festivas, 1439;
El convite celeste, 1036, 1344;
El convite Eucarístico, 1390, 1391, 1397, 1408, 1617;
El convite de las bodas del Cordero, 546, 1244, 1335;
El convite pascual, 1340, 1382-1401;
El convite del Reino, 1642, 1682, 2618, 2770, 2837, 2861;
El Día del Señor y la invitación a su convite, 1166;
Los pecadores y el convite mesiánico, 589.

Cónyuges, cf. *Divorcio, Matrimonio.*

Cooperación

Cooperación de los cristianos a la unidad de la Iglesia, 821;
Cooperación al aborto, 2272;
Cooperación al uso de drogas dañinas, 2291;
Cooperación al suicidio, 2282;
Cooperación del hombre a la obra de Cisto, 970, 2632;
Cooperación del hombre a la gracia de Dios, 1993;
Cooperación del hombre al proyecto divino, 306, 2062, 2738;

INDEX ANALYTICUS ⟶ C

Cooperación del hombre a la obra del Espíritu Santo, 1091, 1108;
Cooperación de María con Dios, 488, 501, 968, 2675, 2682;
La cooperación de los padres en la familia, 2206.

Corazón

Adoración del Corazón de Cristo, 2669;
El amor de Dios y el corazón del hombre, 733, 2658;
Conocimiento divino del corazón humano, 473, 1586;
Consecuencias de la dureza de corazón, 643, 1610, 1614, 1859, 2840;
Consecuencias de la humildad de corazón, 544, 570;
El corazón abierto a la fe, 89;
El Corazón de Cristo y la Sagrada Escritura, 112, 2599, 2603;
El Corazón de Cristo ama a todos y cada uno, 478;
El Corazón de Cristo, el Verbo Encarnado, 478, 766, 1419, 1439;
El corazón de la Iglesia, 1407;
El corazón como lugar de la verdad, de la alianza, del encuentro, 2563, 2710;
Propiedades del corazón humano, 1432, 1697, 1725, 1809, 1818, 2551;
Dios toca y mueve directamente el corazón humano, 1742, 2002, 2070, 2072;
Dios dirige los corazones según su voluntad, 269;
La educación de la conciencia genera la paz del corazón, 1784, 2302;
Exigencias y consecuencias de la pureza de corazón, 298, 1720, 1728, 1990, 2517-19, 2530-33, 2621;
Amar a Dios con todo el corazón, 201-02, 1809, 2055, 2083;
La vigilancia humilde del corazón, 2729-33, 2849;
La inclinación del corazón humano, 401, 582;
La ley evangélica y el corazón del hombre, 1776, 1965, 1968, 1984;
La ley natural y el corazón del hombre, 1955-56, 1958, 2070;
La oración y el corazón, 2562, 2588, 2655, 2700, 2710, 2721, 2800;
Las pasiones y su origen en el corazón, 1764;
La pobreza de corazón como obstáculo para entrar en el Reino de Dios, 2544-47;
El pecado y el corazón del hombre, 1850, 1853, 1855, 1873, 1963, 2336, 2528;
El cambio del corazón que ora, 2739;
Significado del corazón, 368, 2563, 2710;
El Espíritu Santo renueva el corazón del hombre, 715;
El Espíritu Santo habita en el corazón, 683, 689, 742, 782, 1082, 1296, 1303, 2671;
El Espíritu Santo, auxilio del corazón humano, 2712, 2767;
La voluntad de Dios y la adecuación del corazón, 2611.

Cordero

Abraham y el Cordero destinado al holocausto, 2572;
Cordero y Apocalipsis, 1137, 2159;
Cristo, Cordero, 523, 536, 602, 608, 613, 719, 1364;
La Iglesia, Esposa del Cordero, 757, 796;
"Las Bodas del Cordero", 1329, 1602, 1612, 1642, 2618;
Los testigos y la gloria del Cordero, 2642.

Corrección Fraterna

Caridad y corrección fraterna, 1829;
Conversión y corrección fraterna, 1435.

Corresponsabilidad en cuanto bien común, 2240.

Cotidiano

Significado de la palabra cotidiano, 2837.

Creación/Creado

Acción de gracias a Dios por la creación, 1352, 1359-60;
Culminación de la creación, 668, 1015;
Los bienes de la creación destinados a toda la humanidad, 299, 2402, 2452;
Catequesis de la creación, 282-89;
La relación de Cristo con la creación, 792, 2105, 2637;
La nueva creación en Cristo, 315, 374;
La creación en cuanto herencia entregada al hombre, 299;
El proyecto de Dios y la creación, 257, 280, 315, 759, 1066;
La providencia de Dios y la creación, 216, 301, 314;
La revelación de Dios y la creación, 287-89, 337;
Dios guarda y conserva la creación, 421;
Dios, artífice de la creación, 317, 337;
Dignidad humana y creación, 1700;

Finalidad y motivos de la creación, 293-94, 314, 319, 353, 358;
Relación del hombre con la creación, 343, 355, 396, 1469;
La creación, incompleta, 302, 307, 310, 378;
El trabajo humano como cooperación a la creación, 2427, 2460;
El matrimonio en el orden de la creación, 1603-05;
Custodia de la integridad de la creación, 354, 2415-18;
Oración y creación, 2569, 2793;
Participación del Verbo de Dios en la creación, 291, 320;
Pecado original y creación, 400, 1608;
Conocer a Dios por la creación, 31, 32, 1147, 2500;
Belleza y bondad de la creación, 299, 341, 353, 1333;
Séptimo día y creación, 2169, 2190;
Significado de la creación, 326;
El Espíritu Santo y la creación, 243, 291, 703;
El Símbolo de los Apóstoles y la fe en Dios Creador, 325-27;
La Trinidad y la creación, 258, 290-92, 316.

Creador, cf. *Dios*.

Crecimiento, cf. *Progreso*;
Crecimiento de la Iglesia, 7, 766, 798, 874, 910, 1134;
Crecimiento del hombre, 1936;
Crecimiento de la humanidad, 1049;
Crecimiento en la inteligencia de la fe, 94-95;
Crecimiento del Reino de Dios y progreso terrenal, 1049;
Crecimiento del Reino de Dios, 2820, 2859;
Auxilios para el crecimiento espiritual y religioso del hombre, 794, 798, 874, 1210, 1303, 1392, 1731, 2010, 2041, 2186, 2227, 2847;
La Iglesia y el crecimiento de los bienes temporales, 1942;
Crecimiento integral del hombre, de la ciencia y de la técnica, 2293;
Crecimiento y bien común, 1908;
Crecimiento moral, 1784;
Crecimiento de los pueblos, 2315.

Creer, cf. *Fe*;
El acto eclesial de creer, 181;
El acto humano de creer, 154-55, 166, 180;
Consecuencias de creer en Dios, 222-27;

Todo lo que hay que creer, recogido en el Símbolo, 184, 190-01;
Credo, cf. *Símbolo;*
El don de creer, 153, 179, 1266;
Las dudas de fe, 2088;
Noticia segura de la omnipotencia divina, 274;
Motivos de creer, 156;
Necesidad de creer para alcanzar la salvación, 161;
El rechazo del creer, 1034;
Referencias del creer, 177;
Significado del creer, 26, 155, 1064.

Creyente
Abraham, "Padre de todos los creyentes", 145-47, 1080;
El ateísmo y los creyentes, 2125;
El aumento de la fe de los creyentes, 94, 166, 1102;
La Iglesia y los creyentes, 181, 752, 759, 836;
María, Madre de los creyentes, 2676;
Tareas de los creyentes, 904-05;
El sacerdocio de los creyentes, 1546;
Testimonio de los creyentes, 2471;
Unidad de todos los creyentes en Cristo, 790, 805, 813, 817, 947.

Criatura/s
Amor a Dios y amor a las criaturas, 2069, 2093, 2095, 2113;
Los ángeles y las criaturas, 350;
Apego del alma hacia las criaturas, 1394, 1472;
El Bautismo nos hace nuevas criaturas, 1214, 1265-66, 1999;
Las criaturas y su semejanza con Dios, 41, 2500;
Las criaturas muestran la existencia de Dios, 46, 48;
Participación de las criaturas en la bondad de Dios, 295, 319;
Destino de las criaturas, 260, 353;
Dios origen de las criaturas, 293, 327;
Interdependencia de unas criaturas de otras, 340, 344;
Límites de las criaturas, 311, 385, 396, 1998;
Custodia de las criaturas, 1930, 2416;
Presencia de Dios en las criaturas, 300, 308;
Providencia y colaboración de las criaturas, 301, 306, 312, 321, 323, 342, 373, 1884;
Belleza, bondad y perfección de las criaturas, 32, 339, 2500;
Relación entre el hombre y las criaturas, 343;
Relación entre Dios y las criaturas, 42-43, 239, 295, 356, 441, 1703;

Sometimiento de las criaturas a Dios, 49, 213, 396, 2097, 2628.

Crisma, cf. *Confirmación o crisma*;
Confirmación y crisma, 1289, 1297, 1300, 1312, 1320;
Consagración del crisma, 1297;
Conservación del santo crisma, 1183;
Unción con el santo crisma, 1241, 1289, 1291, 1294, 1312, 1574.

Cristianismo, Religión del Verbo de Dios encarnado, y no "Religión del Libro", 108.

Cristiano
El Bautismo y la nueva vida del cristiano, 537, 1010, 1229, 1241, 1266, 1272, 1997;
El cristiano realiza su vocación dentro de la Iglesia, 2030;
La muerte y el cristiano, 1011, 1020, 1314, 1681-82;
El nombre del cristiano recibido en el Bautismo, 2165;
El alimento del cristiano, 1392;
El cristiano y la oración, 2707, 2743;
Los primeros cristianos, 83, 2636, 2641;
Significado de la palabra cristiano, 1289;
El cristiano y el signo de la cruz, 2157;
El signo espiritual de la Confirmación y el cristiano, 1304, 1309, 1317.

Cristo, cf. Mesías.
Actualización del misterio de Cristo
　Amar a Cristo, 166;
　El amor de Cristo, 478, 609;
　Catequesis y misterio de Cristo, 1075;
　Lineas comunes del misterio de Cristo, 516-18;
　Comunión con Cristo, 957, 977, 985, 989, 1025, 1196, 1303, 1309, 1331, 1361, 1382, 1391, 1395-96, 2014, 2182;
　Comunión del hombre con Cristo, 519, 521, 562;
　Conversión a Cristo, 1426-28, 1470;
　Creer en Cristo, 161, 1709, 1715, 2064;
　Imitar a Cristo, 1694;
　La Nueva Alianza de Cristo, 762, 781;
　Morir en Cristo, 1005-14, 1681;
　El misterio de Cristo, celebrado en la Liturgia, 1174;
　El misterio de Cristo, motivo de reflexión en la oración, 2708;
　Resucitar con Cristo, 1002-04;
　Seguir a Cristo, 916, 918, 923, 932, 1435, 1697, 2053, 2232-33, 2253, 2466, 2708;
　Ser miembros de Cristo, 1213, 1241, 1265, 1271-72, 1279;
　Ser testigo de Cristo, 942, 995, 1816;
　Vivir en Cristo, 2038;
　Vivir según Cristo, 2046.
El Cuerpo de Cristo
　La comunión de los fieles y el cuerpo de Cristo, 948, 960;
　Comunión y cuerpo de Cristo, 1385;
　La conversión del pan y el cuerpo de Cristo, 1106, 1333, 1353, 1376, 1411, 1413;
　La Eucaristía y el cuerpo de Cristo, 1323, 1331, 1339, 1374-75, 1382, 1391, 1393, 1416;
　La glorificación del cuerpo de Cristo, 659;
　María y el cuerpo de Cristo, 466, 488, 973;
　La muerte de Cristo y de su cuerpo, 627, 630;
　Ofrenda, oblación del cuerpo de Cristo, 606, 610, 621;
　El pan de cada día y el cuerpo de Cristo, 2835, 2837, 2861;
　La Resurrección del cuerpo de Cristo, 640, 645-46, 648, 657;
　El Espíritu Santo y el cuerpo de Cristo, 797-98, 1084, 1108;
　La veneración del cuerpo de Cristo, 103, 141;
　La verdadera humanidad del cuerpo de Cristo, 476.
Cristo y la Iglesia
　Venida de Cristo y realización de la Iglesia, 769;
　Cristo, guía de la Iglesia, 551, 852, 1547;
　Cristo dota a su Iglesia con sus cualidades, 811, 889-90;
　Cristo, columna que sostiene a la Iglesia, 820, 822-24, 830, 837, 869, 1076, 1547;
　Cristo comienzo, fundamento, Cabeza de la Iglesia, 2, 424, 551-53, 771, 778, 807, 864, 874;
　Cristo, origen de la Iglesia, 424, 763-67;
　Cristo, fuente del Magisterio de la Iglesia, 88;
　Cristo, única puerta, 754;
　La Iglesia, el Bautismo y Cristo, 1261;
　La Iglesia, comunión con Cristo, 787-89;
　La Iglesia, Cuerpo de Cristo, 787-96, 805;
　La Iglesia, guardián de la Palabra de Dios, 171;
　La Iglesia, sacramento de la acción de Cristo, 1118;
　La Iglesia, Esposa de Cristo, 757, 772-73, 796, 808, 823, 867, 926, 1617;

INDEX ANALYTICUS — C

La Liturgia y los misterios de Cristo, 1164-65, 1201, 1204, cf. *Liturgia*;
Presencia de Cristo en la Iglesia, 775, 779, 1119;
El Sacerdocio de Cristo, 941, 1544-45;
El Sacrificio Memorial de Cristo, 1341, 1358, 1362-72, 1409, cf. *Sacrificio/s*.

El misterio de la unidad de Cristo
    Cristo y el Espíritu Santo
        Cristo nos da el Espíritu Santo, 667, 730-31, 739, 1827;
        Relación entre el Espíritu Santo y Cristo, 739, 747, 797, 1108;
        El Espíritu Santo y el misterio de Cristo, 1099, 1104-07.
    Hijo eterno de Dios, cf. *Trinidad*;
        Asunción de la naturaleza humana, 461-63, 485, 488, 497;
        Cristo como revelación del Padre, 73, 221, 238-42, 2798;
        Cristo como camino hacia el Padre, 2609;
        Apoyo y guardián del universo, 320, 703;
        Cumplimiento del designio divino, 128;
        Mediador de la creación, 291-92;
        Finalidades de la venida de Cristo, 217, 456-60;
        La encarnación de Cristo, 479, 485, 488, 497, 723;
        María, Madre de Cristo, 508-09;
        La oración filial de Cristo, 2605;
        "Primogénito entre muchos hermanos", 2790;
        Qué significa Hijo de Dios, 441-45.
    La naturaleza de Cristo
        Cristo sometido al Padre, 536, 539, 606, 2600, 2824;
        Cristo, Hijo del Dios vivo, 153;
        Cristo, verdadero Dios y verdadero hombre, 464-69, 480-82;
        Conocimiento humano de Cristo, 472;
        El corazón de Cristo, 478;
        El cuerpo de Cristo, 476-77;
        La inteligencia de Cristo, 482;
        La naturaleza divina de Cristo, 211, 447;
        La naturaleza humana de Cristo, 470-78, 481-82;
        La resurrección de Cristo confirma su divinidad, 653;
        La voluntad humana de Cristo, 475.
    El espíritu de Cristo, cf. *Espíritu Santo*;
        Actos del Espíritu de Cristo, 2832;
        Los Apóstoles y el Espíritu de Cristo, 1120;
        El Reino y el Espíritu de Cristo, 2832;
        Obrar según el Espíritu de Cristo, 2752.

Misterios de la vida de Cristo, 512-18.
    Encarnación de Cristo, cf. *Trinidad*, *Verbo*;
        Cristo, 436-40, 453;
        Cristo, imagen visible de Dios, 241, 477, 1559;
        Cristo, Persona de la Trinidad, 249, 258-59;
        Concebido por obra del Espíritu Santo, 437, 484-86, 490-93, 496, 498-99, 502, 504-05;
        Señor, 446-51, 455;
        Hijo Unigénito, 441-45, 454;
        Jesús, 430-35, 452;
        Encarnación del Verbo, 456, 461-63;
        "Dios Envió a su Hijo", 422;
        Nacido de María la Virgen, 487-507;
        Preparación para la venida de Cristo, 522-24.
    Infancia
        La anunciación a los pastores, 437;
        Circuncisión, 527;
        Epifanía, 528;
        La huida a Egipto y su significado, 530;
        Natividad, 525-26;
        Infancia, 527-30;
        Presentación en el Templo y su significado, 529;
        Vida en Nazaret, 531-34.
    Vida pública
        Acusaciones contra Jesús, 574-76;
        Cristo y el cumplimiento de la Ley, 577-82, 592;
        Anuncio del Reino, 543-46;
        La subida a Jerusalén, 557-58, 569;
        El Bautismo, 535-37, 1223-25;
        Misión de los Apóstoles, 553, 858-60, 862, 873, 877, 935, 981, 1122, 1536, 1575;
        Los exorcismos, 550, 1673;
        Los hermanos y hermanas de Jesús, 500;
        La entrada en Jerusalén, 559-60, 570;
        Comienzo de la vida pública, 535;
        Las curaciones, 517, 582, 695, 1151, 1503-05, 2616;
        Las tentaciones, 538-40, 566;
        La Transfiguración, 554-56, 568;
        La última Cena, 610-11, 1339-40.
    Sometimiento de Cristo
        Sometimiento de Cristo a la ley, 527;

INDEX ANALYTICUS ⟶ C

    Sometimiento de Cristo a sus padres, 532, 564;
    Sumisión de Cristo al Padre, 1009, 1019;
    Efectos de la sumisión de Cristo, 517.
Oración
    Cristo, Maestro de oración, 2607-15, 2621;
    Cristo escucha la oración, 2616;
    Jesús orante, 2599-2606, 2701, 2741;
    Jesús, modelo acabado de oración, 2620;
    La oración del "Padre nuestro", 2759-2865, cf. *Padre nuestro*;
    La oración de la "Hora de Jesús", 2746-51, 2758;
    La oración sacerdotal de Jesús, 2604.
La predicación de Jesús y sus principales argumentos
    Amor a Dios, 2055, 2083, 2093, 2133-34, cf *Amor*;
    Amor a los pobres, 2443, 2449, 2463;
    Amor al prójimo, 1970, 2196;
    Las Bienaventuranzas, 1716-17, 1820;
    La caridad, 1823, 2055;
    Deberes para con la familia, 2218;
    El escándalo, 2285;
    La fidelidad conyugal, 2380;
    El fuego eterno "gehenna" (condenación eterna), 1034;
    La idolatría, 2113;
    Jesús, revelado por el Espíritu Santo, 728;
    El juramento, 2153-54;
    Llamamiento a la conversión, 1427, 1430, 1439, 1989, 2608;
    Los mandamientos, 2054, 2076, 2083;
    El matrimonio, 1614-15, 2382;
    El pecado, 1858;
    Penitencia y Reconciliación, 1441, 1443;
    La pobreza, 2544, 2546;
    El perdón, 1933, 2262, 2842;
    La pureza, 2336;
    El Reino de Dios, 541-46, 2826;
    El respeto del bien ajeno, 2412;
    La Resurrección, 993;
    "El último día", 678;
    La vida eterna, 2052;
    La vigilancia del corazón, 2730.
Pasión
    La agonía de Getsemaní, 612;
    Crucifixión y sacrificio de la pasión, 616-17;
    Efectos de la pasión de Cristo, 1708, 1992, 2020;
    La hora de la pasión, 730;
    Necesidad de la pasión de Cristo, 607;
    La ofrenda de la pasión, 621;
    El proceso, 595-98;
    Significado de la pasión, 713;
    Unión con la pasión de Cristo, 1521-22, 1532.
La muerte de Cristo
    Descenso de Cristo a los infiernos, 631-37;
    Designio salvífico y muerte de Cristo, 571-72;
    Efectos y significado de la muerte de Cristo, 634, 636-37;
    La muerte de Cristo y el Bautismo como muerte al pecado con Cristo, 628, 790, 1214;
    La muerte de Cristo como ofrenda, 606-18;
    La muerte de Cristo como redención, 573, 599-605, 619;
    Sepultura de Cristo, 624-30.
Resurrección
    Apariciones de Cristo, 641-44, 645;
    Aspecto salvífico de la resurrección de Cristo, 654-55, 658;
    La corporeidad de Cristo resucitado, 645-46;
    El cuerpo de Cristo preservado de la corrupción, 627;
    El día de la resurrección como nueva creación, 2174;
    El día de la resurrección, 1166-67, 2191;
    La Eucaristía, memorial de la muerte y resurrección de Jesús, 1163, 1166-67, 1337;
    La resurrección de Cristo, distinta de cualquier otra resurrección, 646;
    Resurrección de Cristo y resurrección del hombre, 992-1004;
    La resurrección de Cristo por la justificación del hombre, 519;
    La resurrección, suceso histórico manifestado realmente, 639, 643-45, 656;
    La resurrección de Cristo, suceso trascendente, 645-48, 656;
    La resurrección como obra de la Santísima Trinidad, 648;
    La resurrección como verdad suprema, 638, 651, 653, 991;
    El sepulcro vacío, 640;
    Significado de la resurrección de Cristo, 272, 638, 651-55;

El Antiguo Testamento: promesas y resurrección de Cristo, 652.
Ascensión
  La ascensión de Cristo como última aparición, 659;
  Consecuencias de la ascensión de Cristo, 661, 663, 666-67;
  La glorificación de Cristo, 312;
  Significado de la ascensión de Cristo, 662, 664-65, 668.
Venida de Cristo
  Cuándo tendrá lugar el advenimiento de Cristo, 673;
  El deseo y la esperanza del advenimiento de Cristo, 671, 673;
  Finalidad de la venida de Cristo, 217, 457-58, 460, 678-79, 681-82;
  La Iglesia y el glorioso advenimiento de Cristo, 769;
  Juicio final y venida de Cristo, 1038-40;
  La prueba final de la Iglesia, 675-77;
  Recapitulación del mundo y venida de Cristo, 1042-43, 2818.
Títulos de Cristo
  Abogado, 519;
  "Amén" de Dios, 1065;
  Cabeza del Pueblo de Dios, Cabeza del Cuerpo, 747, 753, 782, 792-95, 807, 947, 1698;
  Camino que lleva al Padre, 2609;
  Centro de la Escritura, 112, 117, 122, 124, 126, 129, 133-34, 139, 158;
  Centro del mundo de los ángeles, 331, 333, 351;
  Centro de la vida cristiana, 1618;
  Corazón de la catequesis, 426-29;
  Cordero de Dios, 608;
  Cristo, 436-40, 453, 486, 629, 690, 695, 727, 745, 783, 1289;
  Cumplimiento de la voluntad del Padre, 2824;
  Ejemplo, 564, 896, 1477, 2740, 2825, 2862;
  Ejemplo de amor, 782, 1616, 1825;
  Ejemplo de pureza, 2345, 2348, 2394;
  Enviado de Dios, 422, 437;
  Fin de la Ley, 1953, 1965, 1977;
  Fuente de la evangelización y de la predicación, 49, 74-76;
  Fuente de la esperanza, 1820;
  Fuente de la gracia, 1642;
  Heraldo del Reino, 567, 865;
  Hijo de David, 439, 559;
  Hijo de Dios, 423-24, 441-45, 454, 1286, 2783;
  Hijo del Hombre, 440, 460;
  Intercesor, mediador, camino hacia Dios, 51, 65-67, 257, 294, 2574, 2634;
  Jesús, 430-35, 452, 2666;
  Juez, 1051, 1059;
  Liberador del hombre de todo pecado, 360, 420-21, 549, 976, 981-82, 987, 2637;
  Luz de las gentes, de los hombres, 280, 748, 1243;
  Maestro de oración, 2601, 2607-15, 2621, 2674, 2707, 2722, 2759, 2765-66, 2773, 2775;
  Maestro, experto en enseñar, 108, 561;
  Mediador único y verdadero, 65-67, 480, 667, 771, 846;
  Médico de cuerpos y almas, 1421, 1458, 1484, 1503-05, 1509;
  Mesías, 440, 453, 547;
  Misterio de salvación, 774;
  Nuestra paz, 2305;
  Nuevo Adán, 359, 411, 504;
  Palabra, 241, 456-60;
  Pan de vida, 1338, 1406, 2837;
  Pastor de los hombres, 160, 754;
  Plenitud de las Escrituras, 2763;
  Primogénito de la humanidad, 381, 2790;
  Profeta, 783, 904;
  Reconciliación de Dios con el mundo, 433, 620, 1449, 2795, 2839;
  Redentor, 401, 616, 622, 679, 1026, 1069, 1235, 1476, 1992;
  Resurrección y vida, 994;
  Revelación de Dios, 50, 53, 151, 240, 272, 385, 2583, 2812;
  Revelación del Padre, 73, 221, 238-42, 2798;
  Rey, 783, 786, 908, 2105;
  Sacerdote, 783, 1141;
  Salvador, 389, 846, 1019, 1359, 1507, 1584, 1741, 1846;
  Santificación de los hombres, 2813;
  Señor, 202, 209, 446-51, 455, 668-69;
  Siervo, 565, 608, 623;
  Templo de Dios, 1197;
  Ungido, 453;
  Única Palabra de la Sagrada Escritura, 101-04;
  Verdad, 2466;
  Vid, 755, 2074;
  Vida, 2697;
  Viviente, 625-26, 640, 662.

Cruz
  La cruz como altar de la Nueva Alianza, 1182;

La cruz como camino hacia la santificación, 2015;
La cruz como camino para seguir a Cristo, 555, 1816;
Efectos del sacrificio de la cruz, 617, 813, 1505, 1741, 1992, 2305;
La Eucaristía como sacrificio de la cruz siempre actual, 1323, 1364-66, 1382;
Aceptar y llevar la propia cruz, 1435, 1460, 1615, 1642, 2029, 2427;
La realeza de Cristo y la cruz, 440;
El Reino de Dios establecido por la cruz de Cristo, 550;
El Reino de Dios extendido por el camino de la cruz, 853;
La responsabilidad de la condena a la cruz, 598;
El sacrificio de la cruz y su aceptación, 561;
El sacrificio de la cruz como ejemplo de solidaridad y de caridad, 1939.

Cruz (La señal de la cruz)

El comienzo del día y de nuestros actos con la señal de la cruz, 2157, 2166;
Los sacramentales y la señal de la cruz, 1668, 1671;
Significado de la señal de la cruz, 1235.

Cuaresma, 540, 1095, 1438.

Cuerpo

El amor conyugal y el cuerpo humano, 1643;
Caridad y cuerpo humano, 2447;
Cristo, como médico del cuerpo, 1421, 1503, 1509;
Desprecios al propio cuerpo, 2355;
Cuidado del cuerpo y del alma, 2289;
El fuego eterno y el cuerpo, 1034;
El gobierno del propio cuerpo, 908;
El Juicio final y el cuerpo, 1059;
La muerte y el cuerpo, 1011, 1016, 1681;
La naturaleza del cuerpo incorruptible, 997, 999, 1016-17;
Respeto al cuerpo, 1004, 2301;
Oración y cuerpo, 2702-03, 2722;
El pecado y el cuerpo, 1863, 2516;
Pudor y cuerpo, 2523;
La redención del cuerpo, 1046;
El Reino de Dios y el cuerpo, 1042, 1060;
Descanso corporal el día del Señor, 2185, 2193;
Resurrección y cuerpo, 298, 990, 992, 997, 999, 1000, 1016-17;
La sexualidad y el cuerpo, 2332, 2362, 2370;
Templo del Espíritu Santo, 364;
Unidad de alma y cuerpo, 327, 360, 362-68, 382.

Cuestiones

Respuesta a las principales cuestiones sobre el hombre, 68, 282, 1676.

Culpa, cf. *Pecado*;

Aborto: cooperación y culpa, 2272;
La buena fama, su observancia y la culpa, 2477;
El conocimiento de las culpas, 827, 1455, 1847;
La confesión de las culpas, 1458, 1493;
La conciencia y las culpas, 1781, 1784, 1801;
La culpa de Adán y sus consecuencias, 390, 402-03;
La culpa del ateísmo, 2125;
Culpa contra la castidad, 2352, 2354-55;
Culpas contra la justicia y contra la verdad, 2477, 2480-81, 2485, 2487, 2509;
La culpa del escándalo, 2284, 2287, 2326;
Legítima defensa y culpa, 2264;
Divisiones de la Iglesia y de los hombres, 817;
Gravedad de la culpa, 1861, 2073;
Homicidio voluntario y culpa, 2269;
Ignorancia involuntaria y culpa, 1860;
Juicio erróneo y culpa, 1791;
María, inmune de culpa original, 966;
La muerte de Cristo y las culpas humanas, 580, 598;
La pena civil y la culpa, 2266;
Penitencia y culpa, 1435, 1459;
El perdón otorgado a toda culpa, 978, 982, 1502, 1847;
La remisión de las culpas, 1031, 1425, 1436, 1452;
Reparación de las culpas, 2487.

Culto

Desviaciones del culto, 2111, 2113, 2138, 2581;
Culto de adoración a Dios, 28, 347, 939, 1121, 1123, 1148, 1180, 1564, 1596, 2083, 2135;
Culto a la Eucaristía, 1178, 1325, 1378, 1380, 1408, 1418;
El culto en el Nuevo Testamento, 1179;
El culto en el Antiguo Testamento, 1093;
Culto a María, 971;
El culto a las sagradas imágenes, 2131-32, 2141;
El culto espiritual y la vida moral, 2031, 2047;
La disparidad de cultos en los matrimonios mixtos, 1633-37;
Tiempo dedicado al culto divino, 2184-87, 2193.

Cultura

Catequesis y diversidad de culturas, 24, 854;

Celebraciones litúrgicas y cultura, 1145, 1149, 1204, 1207, 1668, 1686;
Comunicación social y cultura, 2493;
La cultura como bien común, 1908;
Evangelio y cultura, 2527;
Trabajo, descanso y cultura, 2184;
Ley natural y cultura, 1957;
Libertad y cultura, 1740;
Matrimonio y cultura, 1606;
Observancia de la identidad cultural, 2441;
Progreso en la cultura y crecimiento del Reino, 2820;
"Socialización" y cultura, 1882;
Solidaridad y cultura, 361;
Unidad de la Iglesia y diversidad de culturas, 8, 14;
Vida moral y cultura, 909, 2524;
Vida pública, participación y cultura, 1915, 1917.

Cumplimiento

Cumplimiento de la antigua Ley, 580;
Cumplimiento de los mandamientos de la justicia, 2411;
María y el cumplimiento de las palabras del Señor, 148-49, 2676;
Resurrección y cumplimiento de la esperanza, 992.

Deber/Deberes

El Decálogo como luz para revelar los deberes fundamentales, 2070, 2072;
Distinción entre los derechos y deberes de los ciudadanos y de los fieles cristianos, 912;
El desarrollo como compendio de los principales deberes sociales, 1908;
La ley natural como fundamento de los deberes, 1956, 1978;
Deberes de las autoridades civiles, 2235-37, 2498;
Deberes de los ciudadanos, 2238-43;
Deberes para con la familia, 2211;
Deberes de los hijos, 2214-2220;
Deberes de los padres, 2221-2231;
El deber de obedecer a la autoridad, 1900;
El deber de la legítima defensa, 2265-66, 2321;
El deber de rechazar cuanto atente a la dignidad de la persona o del bien común, 2238;
El deber de servir a la verdad en la información, 2497;
El deber de participar en la vida social, 1913, 1916;
El deber de respetar la libertad de los demás, 1738;
El deber de procurar las mejores condiciones posibles de vida humana, 1926;
El deber de moderar el derecho a la propiedad, 2406;
El deber de defender a la patria, 2310;
El deber de trabajar, 2427;
El deber de regular la fabricación y el comercio de las armas, 2316;
El deber de permitir que los ciudadanos realicen su propia vocación, 1907;
El deber de respetar a las personas, 1907, 2432;
El deber de la solidaridad entre las naciones, 2439.

Deberes religiosos

El deber de pedir el advenimiento del Reino de Dios, 2817;
El deber de disfrutar de la clemencia y de la misericordia, 2298;
El deber de escuchar la propia conciencia, 1778;
El deber de dar culto a Dios, 2083, 2104-05, 2136;
El deber de gozar rectamente de los dones divinos, 2820;
Deberes para con los padres y los superiores, 2199, 2234;
El deber de anunciar el Evangelio, 848, 888;
El deber de ayudar y defender a la familia, 2209-10, 2211;
El deber de ayudar y educar a los hijos, 2221-31, 2252;
El oficio de formar una conciencia debidamente educada y recta, 2496;
El deber de creer en Dios y de dar el debido testimonio de la verdad, 2087, 2471-72;
El deber de reparar las falsedades e injusticias, 2487;
El deber de evitar el falso juramento, 2151;
El deber de acomodar la liturgia a las diversas culturas, 1205;
El deber de participar en la liturgia, 1141;
El deber de celebrar la obra salvadora de Cristo, 1163;
El deber de honrar a los padres, 2214-20;
El deber de respetar los mandamientos de la Iglesia, 578, 2037;
El deber de ayudar al prójimo, 1932-33, 2198, 2444, 2446;
El deber de evitar el escándalo, 2489;
El deber de los laicos cristianos de manifestar su propio pensamiento en bien de la Iglesia, 907;

INDEX ANALYTICUS ⟶ D

El deber de obrar según la condición de hijos de Dios, 2784;
El deber de dar testimonio de la verdad, 2467, 2472.

Debilidad

La debilidad humana y la manifestación del poder divino, 268, 1508;
La debilidad humana y los sacramentos de la iniciación cristiana, 978, 1264, 1426;
La debilidad humana presente también en los ministros ordenados, 1550;
Jesús y las debilidades humanas, 517, 540, 1505, 2602;
La intercesión de los santos como ayuda para la debilidad humana, 956, 1053;
El misterio de la aparente impotencia de Dios, 272;
El Espíritu Santo como ayuda para la debilidad humana, 741, 2630.

Decálogo, cf. *Mandamiento*/s.

Defensa

Defensa de la dignidad humana, 1929;
Defensa de la familia, 2209, 2211;
Defensa de la paz, 2302-17;
Defensa de la patria, 2240.

Demografía, 2372.

Demonio

Loa ángeles caídos, 391, 392, 414;
Los Apóstoles y su poder de expulsar demonios, 1506;
El Bautismo como renuncia al Diablo, 1237;
Lucha del hombre contra el poder de las tinieblas, 407, 409;
Exorcismos para expulsar demonios, 517, 550, 1237, 1673;
La idolatría y el recurso al demonio, 2113, 2116-17;
Jesús y su dominio sobre los demonios, 421, 447, 539, 550, 566, 635-36, 1086, 1708;
Jesús y las tentaciones del Diablo, 538-40, 566, 2119;
Librarse del Diablo, 2850, 2853-54;
Obras del Diablo, 394-95, 398, 2851-52;
El origen del mal, 397, 413, 1707, 2583, 2851;
Significado y etimología de la palabra Diablo, 2851.

Derecho/s

Acción de resistir ante el que quiere violar nuestros derechos, 2243;
Acciones contrarias a los derechos fundamentales, 2242, 2414, 2424;
Acciones contrarias al "derecho de gentes", 2313, 2328;
Igualdad entre los hombres y sus derechos, 1935, 1944-45;
Conocimiento de los derechos, 2270, 2273;
El "Estado de derecho", 1904, 2173;
El divorcio civil y los derechos que han de otorgarse, 2383;
La Iglesia y la defensa de sus derechos fundamentales, 2420, 2458;
La información a través de los medios y el respeto de los derechos, 2492, 2494, 2498;
Derechos políticos, 2237;
El derecho a acabar con la aplicación de tratamientos médicos extraordinarios u onerosos, 2278;
Derecho de iniciativa en asuntos económicos, 2429;
Derecho de los bautizados, 1269;
Derecho a obrar con libertad de conciencia, 1782, 1907;
Derecho a la legítima defensa, 1909, 2265-66, 2308, 2310, 2321;
Derecho a educar a los hijos, 2221;
Derecho a elegir profesión y estado de vida, 2230;
Derecho a elegir escuela para los hijos, 2229;
Derecho a emigrar, 2241;
Derecho de evangelizar a todos los hombres, 848, 900;
Derecho de crítica de las autoridades, 2238;
Derecho a disfrutar de los bienes de la tierra, 360;
Derecho del hombre a ser instruido en los mandamientos divinos, 2037;
Derecho a la justicia social, 1943;
Derecho de los hijos, 2378;
Derecho a la libertad religiosa, 2104-09;
Derecho a la libertad, 1738, 1747;
Derecho al respeto, 2479;
Derecho a la propiedad privada, 2211, 2401, 2403, 2406, 2452;
Derecho de regular la producción y el comercio de las armas, 2316;
Derecho a conocer la verdad revelada, 2488-89, 2494, 2508, 2512;
Derecho a la vida, 2264, 2270, 2273, 2322;
Derecho al voto, 2240;

La ley natural como fundamento de los derechos fundamentales, 1956, 1978, 2070, 2273;
Derecho de los ministros de la Iglesia a su sustento, 2122;
Respeto de los derechos humanos, 1807, 1882, 2237, 2306, 2407;
Los regímenes políticos contrarios a los derechos humanos, 1901;
Poderes públicos y derechos de la persona, 1907, 2254, 2273;
La ciencia y la técnica al servicio de los derechos fundamentales, 2294, 2375;
Vida económica y defensa del derecho, 2430-31.

Descanso

El descanso dominical, 2184-85;
El descanso del sábado en el Decálogo, 582, 2168-73, 2189.

Deseo, cf. *Concupiscencia*;

Condena del deseo desordenado, 1871, 2336, 2380, 2480, 2535-40;
Deseo de oración, 2601;
Deseo de la vuelta de Cristo, 524;
Deseo del Reino de Dios, 2632, 2818;
Deseo de Jesús, 607, 1130;
Deseo del anuncio de Cristo, 425, 429;
Deseo del bien, 1707, 1765;
Deseo de conversión, 1431;
Deseo de Dios, 27-30, 2736;
Deseo de felicidad, 1718-19, 1725, 2548;
Deseo de dinero, 2424;
Deseo del Espíritu Santo, 2541-43, 2737, 2764;
El deseo como pasión, 1772;
Lucha contra los deseos desordenados, 2520;
El hombre y su deseo de Dios, 2548-50, 2557, 2566, 2589, 2709, 2784;
La envidia como deseo del bien ajeno, 2539, 2553;
La ira como deseo de venganza, 2302;
Dominio y moderación del deseo, 1809.

Desesperación

Causas del abandono de toda esperanza, 844, 1501;
Consecuencias de la desesperación, 2091.

Desierto

Desierto interior y vida retirada, 921;
Jesús en el desierto, 538-40, 566.

Desigualdad

Desigualdad en la distribución de salarios y medios económicos, 1938, 2317, 2437;
Desigualdades económicas y sociales y motivos para reducirlas, 1947.

Destino

Destino del hombre, 30, 311, 1008, 1031, 1036, 1703, 1995, 2371;
Destino del mundo, de la creación, 295, 302, 1046-47;
Las instituciones y el destino del hombre, 2244, 2257.

Detracción

La detracción como moralmente inaceptable, 2477;
Consecuencias de la detracción, 2479.

Devoción

Formación de la verdadera devoción, 24;
La Liturgia de las Horas tiene su complemento en las devociones populares, 1178;
Los votos y las promesas como forma de devoción, 2101-02;
Religiosidad popular y devoción, 1676.

Día

Los días de la creación, 337, 2169;
Días de precepto y días festivos, 1389, 2177, 2181, 2185, 2187-88;
Día del Señor, 1166-67, 2170, 2174;
Día del juicio, 678, 681, 1040, 1059;
Día de la muerte, 1682;
El día octavo, 349;
Día de la resurrección de Jesús, 2174;
El último día, 841, 994, 1001, 2730;
Cuarenta días, 538, 540, 659;
La resurrección del último día, 364, 989;
El Séptimo día, 345, después de 2051, 2168-73.

Diablo, cf. *Demonio*.

Diaconía, 1569, 1588.

Diácono

Carácter impreso en el diácono en la ordenación, 1570;
El diaconado como grado para el sacramento del Orden, 1554;
El diácono ordenado "para el ministerio", 1538, 1569-71;
El diaconado permanente, 1571;
El diácono como auxiliar del Obispo y de los presbíteros, 886, 1554, 1569, 1596;

INDEX ANALYTICUS → D

Facultades del diácono, 1256, 1570, 1588, 1596;
El cuidado de los diáconos, 896, 1554;
La solemnidad en la ordenación del diácono, 1572-74.

Diálogo

El diálogo con las demás religiones, con la filosofía y con la ciencia, 39;
El diálogo con los que no aceptan el Evangelio, 856;
Diálogo del hombre con Dios, 27, 1153, 2063, 2575, 2653;
Diálogo entre las Iglesias para lograr la unidad de los cristianos, 821, 1126;
El diálogo entre los hombres como necesidad humana, 1879.

Difunto, cf. *Exequias*;

Celebración de las exequias, 1689;
La comunión con los difuntos, 958;
La Eucaristía y los sufragios por los difuntos, 1032, 1056, 1371, 1414;
Las indulgencias por los difuntos, 1471, 1479;
El respeto a los cuerpos de los difuntos, 2300.

Dignidad

Hacer daño a los animales como atentado contra la dignidad humana, 2418;
Ataques a la dignidad personal, 1487, 2261, 2275, 2295, 2297, 2324, 2353-55, 2377, 2414, 2418, 2424, 2436, cf. *Respeto*;
Dignidad del amor conyugal, 1632;
Dignidad del cuerpo humano en cuanto imagen de Dios, 364, 1004;
Dignidad del hombre creado por Dios, 306, 308;
Dignidad del amor elevado a la dignidad de sacramento, 1601, 1603, 1638, 1660;
Igual dignidad de todos los miembros de la familia, 2203;
Dignidad de la persona humana, 1700-1876;
Dignidad del pueblo de Dios, 782, 786;
Dignidad de los sacerdotes, 1587, 1595;
Lucro y dignidad, 2424;
Guarda y defensa de la dignidad, 1929, 2158, 2235, 2238, 2267, 2279;
El paro laboral como ofensa a la dignidad, 2436;
Igual dignidad entre los hijos de Dios, 872, 1468, 1692, 1698, 1934;
Igual dignidad entre los cónyuges, 1645;
Igual dignidad entre el hombre y la mujer, 369, 2334;
Razones y signos de la dignidad, 27, 356-57, 1700, 1706, 1730, 1956, 2524;

El escándalo y el respeto a la dignidad ajena, 2284-2301, cf. *Escándalo*.

Diluvio

Prefiguración del Bautismo, 1094, 1219.

Diócesis

Definición de diócesis, 833.

Dios, cf. *Trinidad*;

El cielo como lugar propio de Dios, 326;
Existencia de Dios, 31, 33-35, 46, 48, 286, 2127;
Hijo de Dios, cf. *Hijo de Dios*;
Imagen de Dios, 370, 399, 844, 1549, 1702, 1705, 2129-32;
Grandeza de Dios, 41, 223, 272, 283, 300, 306, 1147;
El Pueblo de Dios, cf. *Pueblo de Dios*;
Providencia de Dios, cf. *Providencia*;
Reino de Dios, cf. *Reino de Dios*;
Espíritu de Dios, cf. *Espíritu Santo*;
El Verbo de Dios, cf. *Verbo*.
Acciones de Dios en favor de los hombres
    Confiar el apostolado a los laicos, 900;
    Bondad de Dios, cf. *Bondad*;
    Completar la obra empezada en el hombre, 2001;
    Crear, cf. *Dios: Creador del universo y del hombre*;
    Pactar con el pueblo de Israel la Alianza, 2060;
    Revelar el Decálogo, 2058-59;
    Prometer a Abraham la descendencia, 706;
    Sembrar en el corazón humano el ansia de felicidad, 1718, 1721, 1725, 1818;
    Conceder la gracia, 1996, 2008, 2021, 2023-24;
    Salvar al hombre, 15, 74, 169, 430-31, 1949;
    Unir al hombre con Dios, 950, 1027, 1033, 2305;
    Hablar al hombre, 715, 1777, 1795, 2700;
    Enviar a Jesús, 422, 457-58;
    Otorgar la justificación, 1994, 2020;
    Guiar por el camino de la ley moral, 708, 1776, 1950-51, 1961, 1975, 1981, 2063;
    Confiar el ministerio de custodiar la vida, 2271;
    Bendecir a todos los seres vivos, 1080-81;
    Llevar a término la sublime obra de la Eucaristía, 1325;
    Perdonar pecados, 208, 1440-42;
    Constituir su propio Pueblo, 781;
    Regalarnos el Espíritu Santo, 741, 1993;

Infundir las virtudes teologales en el alma
  de los fieles, 1812-13, 1840;
Llamar al amor, 1604, 2331;
Invitar a la oración, 2567, 2591;
Llamar a la reconciliación, 1442;
Llamar a su Reino, 1726;
Llamar a la santidad, 2012-14;
Llamar a la verdad, 160, 410;
Llamar a la vida eterna, 1011, 1998;
Mover la voluntad del hombre hacia el bien,
  27, 51-52, 152-54, 162, 179, 1724, 1742,
  1811-13, 1817, 1821, 1830-31, 1848,
  1949, 1989, 1994, 1999, 2001-02, 2008,
  2021-22.
Acciones negativas del hombre para con Dios
  Apartarse de Dios, 1033, 1035, 1057, 1263,
    1607;
  Injuriar a Dios, 398, 1440, 1487, 1850, 1871,
    2277, 2281, 2314, 2324, 2464;
  Pecar, es decir, desobedecer a Dios, 397;
  Tentar a Dios, 2139.
Adoración, oración y culto a Dios
  La adoración en la liturgia, 1110;
  La creación, orientada hacia el culto y
    adoración de Dios, 347;
  Orar a Dios, 2664, 2800;
  Desviación del culto a Dios, 2138;
  El domingo como día del Señor, 2174-88,
    2190-95;
  La Eucaristía como acción de gracias y
    alabanza a Dios, 1359-61, 1408;
  La familia como primera comunidad para
    adorar a Dios, 2207;
  La glorificación de Dios, 824;
  Modos e instrumentos para la alabanza de
    Dios, 1123, 1162, 1670-71, 1678, 1698,
    2062, 2641;
  Ocasiones de dar gracias, alabar y adorar a
    Dios, 1164, 1167, 1174, 2502, 2513;
  La oración del "Padre nuestro", cf.
    Padre nuestro;
  La oración para proclamar la alabanza
    divina, 2589, 2639, 2649;
  El mandamiento de servir a Dios y sólo a
    Él rendir culto, 2083-94, 2095-2109,
    2133-36;
  El sábado como día del Señor, 2168-73,
    2189;
  Ofrecer sacrificios a Dios, 2099;
  Significado de la adoración a Dios, 2097,
    2628;
  El sagrario y la iglesia como lugares para
    rendir culto a Dios, 1183, 2691.
Creador del universo y del hombre, 279, 324;

Ha creado al hombre a su imagen y
  semejanza, 355-61, 1701-09;
Causa primera, 308;
Causa, razón y fin de la creación, 293-94,
  319, 760;
Dios conserva y sostiene todo lo creado, 301;
Lleva a término su propio proyecto, 302-14,
  320-24;
Está presente en su creación y a la vez es
  transcendente a ella, 300;
Es Señor de la vida, 2280, 2318;
Ha creado todo de la nada, 296-98;
Ha confiado al hombre el gobierno del
  mundo, 1884;
Ha formado al hombre, 362, 371, 704;
Creador de todo lo visible y lo invisible, 325,
  327, 337-38;
Ha creado un mundo ordenado y bueno,
  299;
Posibilidad de conocer la existencia del
  Creador, 286;
Ha revelado progresivamente el misterio de
  la creación, 287-88;
Cuestión sobre el origen del mundo, 285;
Ha creado todo con sabiduría y amor, 295;
Sólo Él es Creador, 290, 317.
Designio (Proyecto) de Dios
  Actividades y hechos contrarios al designio
    divino, 1665, 1935, 2387;
  La actividad económica, según el proyecto
    divino, 2426;
  La adhesión a Jesús y el designio divino,
    566, 606-07;
  Cumplimiento y realización del designio
    divino, 332, 571, 670, 686, 1043, 1138,
    2683;
  Los ángeles como mensajeros del designio
    divino, 331;
  Cristo, centro y corazón del designio de Dios,
    112;
  El designio de Dios revelado y anunciado
    por Él mismo, 50-64, 474, 1066, 1079;
  El proyecto divino alcanza a todos, 841-42;
  Cooperación del hombre al designio de Dios,
    2062, 2611, 2738;
  La Creación como fundamento del designio
    divino, 280, 315;
  El deseo de que se cumpla el proyecto de
    Dios, 2823, 2860, 2825;
  La diversidad entre personas y el designio
    divino, 1937, 1946;
  La Iglesia dentro del proyecto divino, 7, 751-
    80, 851;
  La familia en el proyecto de Dios, 2201-06;

INDEX ANALYTICUS ⟶ D

Fines del designio divino, 257, 294, 772;
Inteligencia y comprensión del designio de Dios, 158, 426;
El matrimonio en el proyecto de Dios, 1602-20, 1665;
La muerte de Cristo en el proyecto de Dios, 599-605, 624;
La Providencia realiza el designio de Dios, 302-14;
El abandono del proyecto de Dios por parte del hombre y sus consecuencias, 1739;
Abandono, adhesión y adecuación del hombre al proyecto de Dios, 716, 2745;
Satanás, "él que se atraviesa" en el proyecto de Dios, 2851, 2864;
La maternidad virginal de María en el proyecto de Dios, 502-07, 723, 2617.

Dios Omnipotente
Dios, Padre y Omnipotente, 268-78;
"El Poderoso ha hecho obras grandes por mí", 273;
La omnipotencia divina es justa, nunca arbitraria, 271;
Manifestaciones de la omnipotencia divina, 277, 312, 315;
Importancia de la noticia del Dios Omnipotente, 274, 278;
Misterio de la aparente debilidad de Dios, 272-74;
Obras de la omnipotencia divina, 311, 997, 1004;
Propiedades de la omnipotencia divina, 268;
Omnipotencia universal, 269.

Dones de Dios
El amor de Dios al hombre, 516, 604, 776, 2658;
La autoridad, 1899, 1918;
La bienaventuranza, 1722, 1727;
La castidad, 2345;
La comunión, 1489;
Compendio de los dones en el Símbolo de la fe, 14, 1692;
La contrición, 1452-53;
La conversión, 1432;
Colaboración humana al cumplimiento del designio divino, 306-07, 323, 378;
La dignidad personal, 2334, 2393;
La fe, 153, 155, 162, 848, 1381;
La gracia, 1608, 1999, 2000, 2005, 2712;
La inteligencia, 1955;
Jesús, 603, 614;
La ley, 1955, cf. *Ley*;
La libertad, 1730;
Grandeza de los dones, 1692;

La oración, 2559-61, 2564, 2713;
La pureza, 2520;
El sacerdocio, 983;
La salvación, 169, 620;
El Espíritu Santo, 683, 733-36, 742;
La tierra y sus recursos, 2402;
La vida eterna, 1016, 1722;
La vida y fuerza física, 2288.

Respuestas del hombre a Dios
Amar a Dios como primero y principal mandamiento, 2055, 2083;
Buscar a Dios, 28, 1281, 1501, 2566;
Contemplar a Dios, 97, 1028;
Confiar en Dios, 227;
Convertirse a Dios, 1428, 1431-32;
Creer en Dios, 150-51, 199, 222-27, 1266, 1842;
Dedicarse al servicio de Dios mediante la consagración de la vida, 931, 934-44, 1579;
Entrar en comunión con Dios, 197, 367, 518, 613, 737, 1071, 1472, 1540, 2565;
Obedecer a Dios, 143-4, 154, 2242, 2256;
Participar en la paternidad de Dios, 2367, 2398;
Participar de la vida de Dios, 1988, 1997;
Poder hablar de Dios, 39-43, 48;
Reconciliarse con Dios, 980, 1445, 1462, 1468, 1484, 1493, 1496;
Servir a Dios, 1273, 2424;
Unirse filialmente a Dios, 2609;
Ver a Dios, 163, 1531, 1547-50, 1716, 1722, 2518-19, 2557;
Vivir en sintonía con la voluntad de Dios, 348, 847, 1026, 2103, 2233, 2822-27.

Títulos y atributos de Dios
Amor, 214, 218-21, 257, 342;
Bueno, 339, 385, 2052;
Dios de vivos, 440, 993;
Espíritu puro, 370;
Fuente de todo bien y de todo amor, 1723, 1955, 2465;
Fuente de oración, 2639;
Justo, 62, 215, 271, 2577;
Misericordioso, 210-11;
Misterio inefable, 230;
Omnipotente, cf. *Dios: Dios Omnipotente*;
Padre, 233, 238-40, 2779-85, 2794-96, 2802, cf. *Padre*;
Santo, 209, 1352;
Único Dios, 200-02, 212, 222-28, 254, 258, 2110-28;
Verdad, 214-17;
Viviente, 205, 2112, 2575.

Discernimiento

Discernimiento de los bienes terrenales y de su uso, 1729;
Discernimiento de los carismas, 800;
Discernimiento de la religiosidad popular y del sentido religioso, 676;
Discernimiento del estado del hombre y de sus hechos, 407, 1780;
Discernimiento de la tentación, 2847;
El Espíritu Santo nos regala el don del discernimiento, 2690.

Discípulo de Cristo

La ayuda al discípulo, 1275, 1494, 1709, 2601, 2844;
Comunión entre Jesús y sus discípulos, 787-88;
La Confirmación como aceptación del compromiso como discípulo, 1319;
El discípulo como hermano de Cristo, 654;
Dones regalados por Cristo a los discípulos, 908;
Exigencia y obligaciones necesarias para los discípulos, 562, 915, 1693, 1816, 1823, 1986, 2262, 2347, 2427, 2466, 2612;
Formación de los discípulos, 1248;
Invitación de Jesús para que seamos discípulos suyos, 520;
Oración de los discípulos, 2612, 2621;
Poderes de los discípulos, 983;
Qué quiere decir ser discípulo de Cristo, 546, 2475, 2614;
Unidad de los discípulos, 820, 2791;
Vocación común de los discípulos, 1533;
Vocación de los discípulos, 618, 767.

Discípulos de Jesús Nazareno

Anuncio de Jesús a los discípulos, 425;
Experiencia de los discípulos ante la realidad de la resurrección de Jesús, 643-44;
Apariciones de Jesús resucitado a sus discípulos, 645, 647;
Milagros realizados por los discípulos en nombre de Jesús, 434, 1506;
Misión de los discípulos, 542;
Modos de actuar de los discípulos, 1336;
La oración confiada a los discípulos, 2701, 2722, 2759;
Los primeros discípulos, 949;
El Espíritu Santo enviado por Jesús a sus discípulos, 696, 730, 788, 2623;
El testimonio de la resurrección confirmado históricamente por los discípulos, 656;
La Última Cena y los discípulos, 1339.

Discriminación

El acceso al trabajo sin injusta discriminación, 2433;
Es contraria al plan divino, 1935;
Injusta discriminación de los homosexuales, 2358.

Disuasión de la guerra, 2315.

Diversidad de las criaturas, 339, 353, 1936-38.

Divinidad

Dios Padre como fuente y origen de toda divinidad, 245;
Divinidad de Jesús, 209, 455, 464-69, 484, 515, 653, 663, 1374, 1413;
Divinidad del Espíritu Santo, 245, 684;
Divinidad de la Trinidad, 253-54, 266;
Falsas divinidades, 1723, 2112;
Participación del hombre en la divinidad de Dios, 460.

Divisiones

Causas de las divisiones de los cristianos, 821;
Consecuencias de las divisiones de los cristianos, 855;
Divisiones entre las autoridades de Jerusalén respecto de Jesús, 595-96;
Divisiones entre los discípulos, 1336;
Divisiones humanas vencidas por la unidad del cuerpo místico, 791, 866;
La oración "Padre nuestro" como bien común sin que lo impidan las divisiones, 2791-92.

Divorcio

Admisión del divorcio civil, 2383;
Consecuencias del divorcio entre cónyuges católicos, 1650, 1664, 2384-85, 2400;
Definición de divorcio, 2384;
Indisolubilidad del matrimonio y divorcio, 2382;
La inocencia del cónyuge injustamente abandonado, 2386;
Obras de caridad hacia quienes sufren el divorcio, 1651.

Doctrina cristiana, cf. *Catequesis*;

Compendios de doctrina cristiana, 9-10;
La doctrina de Jesús como doctrina del Padre, 427;

INDEX ANALYTICUS → D

El Evangelio, la mejor doctrina entre las mejores, 127;
Fines de la doctrina cristiana, 25, 78, 98;
Fórmulas breves de doctrina cristiana, 186;
Institución de la doctrina cristiana, 5, 11, 427, 2179;
La iniciativa de los laicos, necesaria para la realidad social, según las exigencias de la enseñanza de la doctrina cristiana, 899;
El Sermón de la montaña como doctrina de vida, 2764;
Los textos destinados al canto, conformes con la doctrina católica, 1158;
La verdad de la doctrina cristiana en el testimonio del martirio, 2473.

Doctrina social de la Iglesia, 2419-25;

Los aspectos temporales en la doctrina social, 2420;
Consejos para la acción recogidos en la doctrina social, 2423-25;
El curso de la historia explicado en la doctrina social a la luz del evangelio, 2421-22;
Incremento de la doctrina social, 2412-22.

Dogma

La definición del dogma por la autoridad de la Iglesia, 88;
Dogma de la Inmaculada Concepción, 491;
Los dogmas de fe, 88-90;
Los dogmas de la Santísima Trinidad, 253-56;
Formación de los dogmas de la Santísima Trinidad, 249-52.

Dolor, cf. *Enfermedad*;

El dolor de corazón que acompaña a la conversión, 1431, 1490;
El dolor, secuela del pecado original, 1521;
Sobrellevar los dolores de los enfermos, 2279;
Los dolores de parto, 1607, 1609;
Aceptación del dolor, 1435, 1460;
La eutanasia como fin impuesto obligatoriamente al dolor, 2277;
Experiencia humana del dolor, 164, 272, 385;
Ausencia de enfermedad en el Paraíso terrenal, 376.

Domingo (El día del Señor)

La celebración dominical, centro de la vida de la Iglesia, 2177;
Defensa del día del Señor como festivo, 2187-88;
El Domingo como primer día de la semana, 1166-67, 2174;
El Domingo, cumplimiento y realización plena del sábado, 2175-76;
El Domingo como día familiar cultural y social y para ejercitar la vida religiosa, 2184, 2194;
El Domingo día principal de la celebración eucarística, 1193;
El Domingo, día de la resurrección de Jesús, 1343;
Obligación de participar en la celebración litúrgica dominical, 1389, 2042, 2180-83;
El descanso dominical, 2185-86, 2193;
La santificación del Domingo por medio de la oración, 2698;
Significado del Domingo, 1163, 2190.

Dominio

Dominio de Dios, 304;
Dominio del hombre, 2293, 2415;
Dominio de Jesús, 449-50;
La "realeza" como dominio, 2816.

Dominio de sí mismo como obra prolongada de la constancia, 2342.

Dones, cf. Dios, *Espíritu Santo*.

Doxología

Doxología final, 2855-56;
Doxología como acción de gracias y de alabanza, 1003;
Origen de la doxología, 2641.

Drogas

La producción, el comercio y el uso nocivo de las drogas como grave culpa, 2291;
La protección de la familia en relación con las drogas, 2211.

Dualismo, 285.

Duda

Duda sobre el amor de Dios, 2119;
Duda sobre lo voluntario y lo involuntario en la fe, 2088;
Duda de los discípulos sobre la resurrección de Jesús, 644;
La prudencia como virtud para superar la duda sobre el bien y el mal, 1806.
Dureza de corazón, 591, 674, 1859.

Economía

Doctrina social de la Iglesia y economía, 2420-21, 2423, 2458;
Fines de la economía, 2426;
El hombre en la vida económica, 2459;
Desigualdades e injusticias en la economía y sus consecuencias, 1938, 2317, 2437;
Derecho a la iniciativa económica, 2429;
Lajusticia social y la actividad económica, 2426-36;
La necesaria moderación económica, 2425, 2431;
Economía y respeto de la dignidad humana, 2407;
Solidaridad y justicia en la economía, 1941, 2438, 2440, 2832;
Teorías económicas inaceptables, 2424.

Economía de salvación

Fines de la Economía divina, 122, 260;
El comienzo de la Economía divina, 56, 489, 705;
La Economía de la Revelación apoyada en acontecimientos y palabras, 1103;
La Economía de creación y salvación en la oración de Jesús, 2604, 2606, 2746, 2758;
La Economía de Ley y de gracia, liberadora del hombre, 2541;
La Economía de los sacramentos, 1076-1209, cf. Sacramento/s;
Toda la Economía divina es obra de las tres personas de la Trinidad, 258-59, 1066;
Oración y Economía de salvación, 2850;
Las perversiones que amenazan a la Economía divina, 57;
Propiedad definitiva de la Economía de salvación, 66.

Ecumenismo

El Bautismo como fundamento del ecumenismo, 818, 1271;
Causas de la falta de ecumenismo, 855;
Consecuencias de la falta de ecumenismo, 855;
Efectos del diálogo ecuménico, 1636;
Razones para alcanzar la unidad ecuménica, 816, 819-22.

Edad

Edad para celebrar la Confirmación, 1318-19;
La edad adulta en la fe distinta del crecimiento por la edad natural, 1307-08;
Edad del discernimiento para acercarse al sacramento de la Reconciliación, 1457.

Educación, cf. *Formación*;
Cooperación de los padres en la educación de los hijos, 2206;
La educación cristiana de los hijos como camino de santificación, 902;
La educación de la conciencia, 1783-85;
La educación cristiana como deber y como don, 1635, 1651, 1656-66, 2685;
La educación de la fe y consecuencias de su abandono, 2125;
La educación en la libertad, 2370, 2526;
Efectos y frutos de la educación, 1839, 1917;
La formación religiosa, cf. *Formación*;
Impedimentos en la educación de los hijos, 1634;
Derecho a una educación adecuada, 1908, 1911;
Derecho y deber de los padres de educar a sus hijos, 1653, 2221, 2223, 2372;
Derecho a una recta educación, 2344;
La libertad de educar a los hijos en la fe y en la comunidad política, 2211;
Matrimonio y educación de los hijos, 1601, 1652, 2201;
Los padres, primeros y principales educadores de sus hijos, 1653, 2206, 2372.

Efusión del Espíritu Santo

Las celebraciones cristianas y la efusión del Espíritu Santo, 1104;
Efectos de la efusión del Espíritu Santo, 686, 706, 759, 1076, 1229;
La efusión del Espíritu Santo en nuestro tiempo, 2819;
La efusión del Espíritu Santo en el sacramento del Orden, 1573;
La efusión del Espíritu Santo en el sacramento de la Confirmación, 1299, 1302;
La efusión del Espíritu Santo sobre los Apóstoles y su misión, 1287, 1556;
La efusión del Espíritu Santo como cumplimiento de la Pascua de Cristo, 667, 731;
La imposición de manos para la efusión del Espíritu Santo, 699.

Egoísmo

La caridad como camino para superar el egoísmo, 1931;
Educación contra el egoísmo, 1784;
El matrimonio como vía para vencer el egoísmo, 1609;
La regulación de la natalidad y el egoísmo, 2368;
La esperanza, preservada del egoísmo, 1818.

INDEX ANALYTICUS → E

Ejemplo

El ejemplo de los Apóstoles, 76;
El buen ejemplo como obligación de los cristianos, 2188, 2472;
El ejemplo de los obispos para santificar a la Iglesia, 893-94;
El ejemplo de Jesús ha de ser imitado, 83, 520, 564, 618, 1011, 1351, 1694, 2470, 2722, 2862;
El mal ejemplo de los cristianos y sus consecuencias, 29, 1792;
Los padres y el ejemplo hacia sus hijos, 1632, 1656, 2223;
El ejemplo de los santos, 1173, 1195, 1697, 2683.

Ejemplos de vida para los fieles

Abraham, 144, 1819;
Cristo, 459, 520, 896, 1618, 2348, 2620, 2740;
Dios, 813, 2172;
Los obispos, 893;
Los santos, 828;
La Virgen María, 273, 967, 2030.

Ejercicios espirituales, 1438.

Elección/Elecciones

Bienaventuranzas y elecciones morales decisivas, 1723;
La elección radical de cada uno hecha por Cristo, 546;
Elegir según el dictamen de la conciencia, 1777, 1786-89, 1799;
La gracia del Bautismo como gracia de elección, 1308;
Libertad del hombre para elegir, 311, 1470;
El infierno como decisión libre, 1033;
Israel, pueblo de elección, 60, 762;
El objeto de elección y la moralidad de los actos, 1755.

Elevación

Elevación del alma a Dios, 2098, 2559;
Elevación de la cruz, 662.

Embrión humano

Defensa del embrión humano, 2270-71, 2273-74, 2323, 2377-78;
Licitud de la intervención en el embrión humano, 2275.

Encarnación, 461-63;

El alma humana asumida por el Verbo de Dios, 472;
Concilios que han afirmado la Encarnación de Cristo, 465-68;
Efectos de la Encarnación del Hijo de Dios, 432, 521;
La fe en la Encarnación de Cristo, 463, 465;
Conocimiento divino y humano en el Hijo de Dios, 474;
El Hijo de Dios hace obras verdaderamente humanas, 470;
Herejes que niegan la humanidad de Cristo, 465-68;
Jesucristo es verdadero Dios y verdadero hombre sin mezcla ni confusión, 464, 499;
La Encarnación de Cristo considerada en su aspecto histórico, 423;
Encarnación y Ascensión, 661;
Misterio de la Encarnación, 359;
La naturaleza humana asumida en el Hijo de Dios, pero no absorbida, 470;
Preparación para la Encarnación, 522-23;
Significado de la Encarnación, 461, 464, 479, 483;
La unidad del Verbo según la hipóstasis, 466, 468, 483;
El Verbo realmente visible en el Cuerpo de Cristo, 477;
La voluntad humana de Cristo fiel a la voluntad divina, 475;
El rostro humano de Cristo puede ser "pintado", 476.
Razones de la Encarnación
   El conocimiento del amor de Dios, 458;
   El hombre destinado a ser partícipe de la naturaleza divina, 460;
   La inauguración de la nueva creación, 504;
   La destrucción del pecado y el logro de la salvación, 456-67;
   El ejemplo de santidad para toda la humanidad, 459.

Encuentro

La Liturgia como encuentro entre Cristo y su Iglesia, 1097;
El encuentro con Jesús, 529, 995, 1021;
El encuentro entre Dios y los hombres, 1153, 2299, 2560, 2563, 2567, 2591, 2626, 2710.

Enemigo

Amar a los enemigos y perdonarlos, 1825, 1933, 1968, 2262, 2303, 2647, 2844;
El hombre, enemigo de su prójimo, 2259;

La muerte corporal como última enemiga del hombre, 1008;
El odio al enemigo, 1933.

Enfermedad, cf. *Dolor*;

Padecimientos de Jesús, 572;
La enfermedad, consecuencia del pecado, 1264;
La enfermedad como signo original de la miseria humana, 2448;
Consecuencias y efectos de la enfermedad, 1500-01;
Experiencia humana de la enfermedad, 1500;
Significado de la enfermedad, 1502, 1505.

Enfermos, cf. *Unción de los enfermos;*

Los enfermos en el Antiguo Testamento, 1502;
Los enfermos como signo de la presencia de Jesús, 1373;
Cuidado y respeto de los enfermos, 2186, 2405;
Jesús y la curación de enfermos, 699, 1503-06;
"Curad enfermos" como mandato de Jesús, 1506-10;
La sagrada unción de los enfermos, 1511, 1516, 1519.

Envidia

La envidia como pecado capital, 2538-40, 2553-54.

Epíclesis

Efectos de la oración de la Epíclesis, 1238, 1297;
La Epíclesis en la celebración del matrimonio, 1624;
La Epíclesis en la celebración de la unción de los enfermos, 1519;
La Epíclesis como centro de la celebración Eucarística, 1106;
La oración "Padre nuestro" como sumario de la Epíclesis, 2770;
Signos y movimientos de la Epíclesis, 699;
Significado de la Epíclesis, 1105, 1109, 1353.

Epifanía

Significado de la Epifanía, 528, 1171.

Episcopado, cf. *Obispo;*

El Episcopado como participación del sacerdocio de Cristo, 1554;
El Episcopado como sacramento del ministerio apostólico, 1536.

Eremita, cf. *Vida: Vida consagrada.*

Error

Ayudas para evitar los errores: la Revelación, 38;
LaLey, 1956;
La Buena Noticia, 2527;
Consecuencias de los errores humanos, 844;
La doctrina de la fe y su defensa contra los errores, 250;
El error en el juicio, 1786, 1790-94, 1799, 1801;
El error como causa del oscuro y deformado conocimiento de Dios, 286;
La mentira como medio para llevar al error, 2483, 2485;
La inclinación al error y su origen, 1707, 1714;
Purificación del error, 856, 2825;
La reparación de los errores humanos realizada por Jesús, 615.

Escándalo

Definición del escándalo, 2284;
La fornicación, la pornografía y la prostitución como escándalo, 2353-55;
Gravedad del escándalo, 2284-85, 2326;
Las desigualdades económicas y sociales suscitan escándalo, 1938;
El deber de evitar el escándalo, 2489;
Los que provocan el escándalo, 2287;
El escándalo de Jesús, 589;
El escándalo provocado por la ley y las instituciones, 2286;
El suicidio como escándalo, 2282.

Escatología, 676, 1186, 2771, 2776, cf. *Infierno, Juicio, Muerte, Paraíso, Plenitud, Vida: La vida eterna.*

Escuchar

Escuchar a Cristo que nos enseña a orar, 2598;
Escuchar la Palabra de Dios, 709, 900, 1651, 2578, 2584, 2656, 2716, 2724, 2835;
Dios escucha el clamor del hombre, 2657;
Dios Padre escucha siempre a Jesús, 2604.

Escuela

El derecho a elegir escuela para los hijos, 2229.

Esfuerzo

La castidad como esfuerzo personal, 2344;
El dominio de uno mismo como permanente esfuerzo, 2342;
El esfuerzo de los cristianos, 1319, 2046;
El esfuerzo de la familia con relación al prójimo, 2208;

INDEX ANALYTICUS → E

El esfuerzo en el matrimonio, 2381, 2390;
El esfuerzo en el intercambio social, 1913, 1940, 1947;
El esfuerzo misionero, 854;
La respuesta de la fe como esfuerzo, 1102, 1428.

Esperanza

Ayuda a favor de la esperanza, 274, 1717, 1820, 2657;
Definición de la esperanza, 1817, 2090;
La oración como fuente de esperanza, 2657;
Pecados contra la esperanza, 2091-92;
El primer mandamiento como fuente de esperanza, 2086;
Razón de la esperanza cristiana, 1681, 2785;
La esperanza de Abraham como ejemplo de la esperanza cristiana, 1819;
La esperanza como respuesta a la aspiración humana de felicidad, 1818;
La esperanza de los cielos nuevos y de la tierra nueva, 1042-50, 1405;
La esperanza como apoyo y ayuda de la fe, 162;
La esperanza de Israel, 64, 673-74;
La esperanza como virtud teologal, 1813, 1817-21;
La vida eterna como esperanza cristiana, 1843.

Espíritu

Los ángeles en cuanto espíritus, 329;
Dios como Espíritu puro, 370;
La elevación del espíritu a Dios, 2098;
El hombre como cuerpo y espíritu, 327, 365, 367, 2515-16, 2702, 2846;
"Los pobres de espíritu", 2546;
Satanás como criatura que procede del espíritu puro, 395;
El espíritu humano en la meditación, 2705.

Espíritu Santo

La blasfemia contra el Espíritu Santo, 1864;
El cristiano, ungido por el Espíritu Santo, 1241;
El cristiano como templo del Espíritu Santo, 1197, 1265;
Los deseos del Espíritu Santo sacian el corazón y son contrarios a los deseos de la carne, 2541-43;
Objetivos de la misión del Espíritu Santo, 1108;
La gracia del Espíritu Santo y la justificación, 1987-95, 2003;
El hombre participa de la luz y de la fortaleza del Espíritu Santo, 1704;
El hombre como templo del Espíritu Santo, 364, 782, 2519;
El comienzo de la vida en el Espíritu Santo, 1231;
La invocación para la infusión del Espíritu Santo, 1083, 1196, 1299, 1353, 2670-72;
La ley nueva del Espíritu Santo, 782;
Orar con el Espíritu Santo y en conformidad con el Espíritu Santo, 2736, 2756;
El poder de santificación del Espíritu reconocido en los canonizados, 828;
Presencia y acción del Espíritu Santo en las facultades del hombre, 1813;
La renovación del Espíritu Santo, 243-45, 683, 686-87;
Significado de la noción del Espíritu Santo, 691;
El Espíritu Santo en el Símbolo de la fe, 190;
El Espíritu Santo, consubstancial con el Padre y el Hijo, 685, 689;
La Trinidad y el Espíritu Santo, 253, 255, 263.
Los dones del Espíritu Santo, 1830-32;
    Amor, 733, 735, 2712;
    La caridad como fruto del Espíritu Santo y plenitud de la ley, 1824;
    Castidad, 2345;
    El carisma de curación, 1508;
    Los carismas, 799, 951;
    Los dones en la Confirmación, 1289, 1303;
    Los dones en la consagración episcopal, 1556, 1558;
    Los dones en el poder de perdonar los pecados, 976;
    Los dones en el sacramento del Matrimonio, 1624;
    Los dones en el sacramento del Orden, 1538, 1585-89;
    Los dones en la Unción de los enfermos, 1520;
    Los frutos del Espíritu Santo, 736, 1832;
    La gracia de la Penitencia y la conversión, 1433;
    La gracia, 2003;
    Requisitos para recibir los dones del Espíritu Santo, 1310;
    Sabiduría, fe y discernimiento, 2690;
    Los siete dones del Espíritu Santo, 1831, 1845;
    El temor de Dios, 2217.
El Espíritu Santo en la Economía de la Salvación
    El Espíritu Santo educa para la vida de oración, 2623, 2644, 2803;
    El Espíritu Santo convierte el alma humana, 1989;
    El Espíritu Santo como autor principal de la Sagrada Escritura, 137, 304;

El Espíritu Santo reúne a los cristianos en la unidad, 738;
El Espíritu Santo ilumina al cristiano, lo fortalece y lo renueva, 1695, 1769;
El Espíritu Santo guía a los creyentes a la verdad, 79;
El Espíritu Santo otorga a todos sus dones, 2003;
El Espíritu Santo se entrega como don en los últimos tiempos, 2819;
El Espíritu Santo guía a los fieles, 79, 91, 737, 1697, 1742;
El Espíritu Santo sostiene y ayuda a la fe, 94, 152, 158, 175, 683-84;
El Espíritu Santo devuelve al hombre la semejanza divina, 720, 734;
El Espíritu Santo actúa en la economía de la Salvación, 685;
El Espíritu Santo nos da la justicia de Dios a pesar de los pecados, 1987;
El Espíritu Santo intercede por los hombres, 2634;
El Espíritu Santo inspira la revelación y la transmite, 76, 81, 105;
El Espíritu Santo interpreta las Sagradas Escrituras, 109-19, 137;
El Espíritu Santo como fuente de toda santidad, 749;
El Espíritu Santo como Maestro de la oración, 741, 2625, 2630, 2650, 2670, 2681, 2711, 2726, 2766.

El Espíritu Santo y Cristo
La misión conjunta del Hijo y del Espíritu Santo, 485, 680, 690, 727;
Relación entre el Espíritu Santo y Jesús, 739, 747, 797, 1108;
El Espíritu Santo prepara para recibir a Cristo, 1093-98, 1113;
El Espíritu Santo y el Misterio de Cristo, 1099, 1104-07;
El Espíritu Santo revela a Jesucristo, 152, 683, 687, 689, 702, 727-30, 1092, 1112;
El Espíritu Santo en comunión con Cristo, 1286;
El Espíritu Santo en el ministerio de Cristo, 535, 555;
El Espíritu Santo en la oración de Cristo, 2600;
El Espíritu Santo en la resurrección, 648;
El Espíritu Santo trae a la memoria el misterio de Cristo, 1099-1107;
El Espíritu Santo revela al Padre y al Hijo, 243-48, 687;
El Espíritu Santo como don de Cristo, 729, 1287.

El Espíritu Santo y la Iglesia, 738-41;
La acción del Espíritu Santo en los sacramentos, 1116, 1127-29, 1152, 1155, 1227, 1316;
La comunión del Espíritu Santo en la liturgia, 1108-09;
La Iglesia como templo del Espíritu Santo, 797-801;
La efusión del Espíritu Santo en el Bautismo, 784, 786;
La efusión del Espíritu Santo en la Confirmación, 1302, 1316;
La Ley Nueva y la ley evangélica como gracia del Espíritu Santo, 1965-66;
La obra del Espíritu Santo en los Hechos de los Apóstoles, 2640;
El Espíritu Santo, entregado a los Apóstoles y a la sucesión apostólica, 1087;
El Espíritu Santo regala los dones jerárquicos y carismáticos, 768;
El Espíritu Santo edifica y santifica la Iglesia, 747;
El Espíritu Santo conduce a la Iglesia por caminos de misión, 852;
El Espíritu Santo elige ministros aptos, 1142;
El Espíritu Santo convierte el pan y el vino, 1333;
El Espíritu Santo pone en acción las primicias de toda acción misional de la Iglesia, 852;
El Espíritu Santo como fuente de la vida y de la santidad de la Iglesia, 749, 767-68, 867;
"Donde está la Iglesia allí está el Espíritu de Dios" y a la inversa, 797.

El Espíritu Santo y María
María preparada por el Espíritu Santo, 493, 721-22;
El Espíritu Santo como autor de la Encarnación del Verbo en María, 456, 484-86.

La promesa profética del Espíritu Santo Desde el principio, 702;
En la creación, 703-04;
La promesa hecha a Abraham, 705-06;
En las teofanías, 707-08;
En el reino y en el exilio, 709-10;
La expectación del Mesías y de su Espíritu, 711-16;
En la plenitud de los tiempos, 717-20;
En María, 721-26;
En Jesucristo, 727-30;

INDEX ANALYTICUS ⟶ E

En Pentecostés, 731-32.
Símbolos del Espíritu Santo
    El agua, 694, 1137, 2652;
    La paloma, 535, 701;
    Dedo de Dios, 700;
    El fuego, 696;
    La luz, 697;
    La mano, 699;
    Las nubes, 555, 697;
    El sello, 698, 1295-96;
    Unción, 695.
Títulos del Espíritu Santo
    Los títulos según san Pablo, 693;
    Fuente de la bondad, 291;
    Consolador, 1433;
    Paráclito, 692;
    Espíritu creador, 291;
    El Espíritu Santo como nombre propio, 691;
    Espíritu de la verdad, 692, 1848, 2466;
    Vivificante, 291.

Espiritualidad/Vida espiritual/ Nueva vida en el Espíritu
Defensa de la libertad religiosa para la vida espiritual, 2188;
Diversidad de espiritualidades, 2684;
La Eucaristía y la vida espiritual, 1374, 1392;
La nueva vida en el Espíritu, 1698, 1708, 1715.
Espiritualidades cristianas, 2693;
    La unión con Cristo y la vida espiritual, 2014;
    La palabra de Dios y la oración como fuentes de vida espiritual, 131, 2687, 2697;
    El vínculo entre la vida espiritual y los dogmas, 89;
    Vivir según el Espíritu, 1533, 2848.

Estado
La elección del propio estado de vida, 2230;
La gracia de estado, 2004;
El estado de santidad y justicia en Adán y Eva, 375;
El estado de vida consagrada, 916, 933, cf. *Vida: Vida consagrada*.

Estado (Político), cf. *Sociedad*;
"El Estado de derecho", 1904;
La idolatría hacia el Estado, 2113;
La plaga de los estados totalitarios denunciada por el sentido moral, 2499;
La responsabilidad del Estado en la acción económica, 2431;
El Estado y la libertad personal, 1883;
El deber del Estado de defender el bien común, 1910;
El deber del Estado de defender el derecho a la vida, 2273;
El Estado, responsable de la prosperidad, 2372.

Esterilidad, 2375, 2379.

Esterilización, 2399.

Estructura
Las estructuras de pecado, 1869;
Las estructuras sociales, 408, 2286.

Eternidad, 33, 488, 679.

Eucaristía, 1322-1419, cf. *Consagración, Sacramento/s, Transubstanciación*;

La Eucaristía, como acción de gracias, 1359;
La Eucaristía como memorial, 1357, 1362;
La Eucaristía como presencia, 1373-75;
La Eucaristía como sacrificio, 1362-72;
La Eucaristía, cumbre y fuente de la vida eclesial, 1324.
Celebración Eucarística
    La celebración Eucarística encomendada por Jesús, 1341-44, 1356;
    La celebración Eucarística dominical, 2177, 2181;
    La celebración Eucarística y la unidad de los cristianos, 838, 1398-1401;
    La liturgia de la Palabra ante la imposibilidad de la celebración Eucarística, 2183;
    Lugares reservados para la celebración Eucarística, 1181, 1379;
    Lugar de la celebración Eucarística, 1180-81;
    Necesidad de celebrar y de recibir la comunión, 1384;
    La participación en la celebración Eucarística, 2042, 2181-82.
    Elementos de la celebración Eucarística (=MISA) La asamblea de los fieles, 1348;
    La colecta, 1351;
    La comunión, 1355, 1382, 1570;
Elementos principales, 1346;
    La Epíclesis, 1105, 1353;
    La liturgia de la palabra, 1349;
    La plegaria, 1352-54;
    La presentación de las ofrendas, 1350.
Comunión Eucarística

Prohibición de acercarse a recibir la comunión, 1650;
La comunión Eucarística bajo las dos especies, 1390;
Frecuencia de la comunión Eucarística, 1388-89;
Ministro de la comunión Eucarística, 1411;
Condiciones necesarias para recibir la comunión Eucarística, 1355, 1415;
Preparación necesaria para recibir la comunión Eucarística, 1385-87;
La primera comunión Eucarística, 1244;
El sacrilegio contra la comunión Eucarística, 2120.

Signos de la Eucaristía
El altar, 1383;
El pan y el vino, 1333-35.

Efectos de la Eucaristía
Crear comunidad entre los creyentes, 805, 1396, 2637;
Adquirir compromisos con los pobres, 1397;
La Eucaristía, alimento espiritual, 1324-27;
La Eucaristía como fuente de conversión y de penitencia, 1436;
La Eucaristía como gracia recibida para incremento de nuestro Bautismo, 1392;
La Eucaristía como prenda de vida futura, 1000, 1326, 1402-05, 1419;
La Eucaristía como incremento de la vida cristiana, 1392, 1397, 1644;
La Eucaristía, misterio de comunicación de la comunión trinitaria, 950, 2845;
Transformar al hombre por Cristo, 1074;
Purificar del pecado y apartarnos de él, 1393-95, 1436, 1846;
Participar del sacrificio de Cristo, 1322;
Unir a los cristianos, 1398;
Unirse con Cristo, 790, 1003, 1391;
Unirse con toda la liturgia celeste, 1370.

Historia de la Eucaristía
La Misa a lo largo de los siglos, 1345;
Orígenes de la celebración Eucarística, 2176;
Prefiguraciones de la Eucaristía, 1094, 1335;
La primitiva celebración de la Eucaristía, 1342-43, 2178;
Estructura de la celebración Eucarística conservada a través de los tiempos, 1346.

Identidad de la Eucaristía
Presencia de Cristo, 1357-58;
Comunión del Cuerpo y de la Sangre del Señor, 1097, 1382;
Fuente de caridad, 864, 1395;
Fuente y cumbre de la vida cristiana, 1324-27;
Sacramento de comunión, 1382, 1395;
Presencia del Reino futuro, 1405, 2861;
Sacramento de la iniciación cristiana, 1212, 1533;
Sacramento de la redención, 1846;
Sacramento de los sacramentos, 1169, 1211;
Acción de gracias y alabanza al Padre, 1358-61;
Memorial de la Nueva Alianza, 1621;
Memorial del sacrificio de Cristo, 611, 1337, 1357-58, 1362-72, 1382;
Misterio de la acción de Cristo, 2718.

Institución de la Eucaristía
Fines de la institución de la Eucaristía, 610, 1341;
"Haced esto en conmemoración mía", 1341-44;
Jesús y la institución de la Eucaristía, 1337-40.

Ministro de la celebración de la Eucaristía, cf. *Obispo, Presbítero.*

Presencia de Cristo en la Eucaristía
Cristo presente en la asamblea Eucarística, 1348;
Cristo, presente en la Liturgia de la Palabra, 1088, 1349;
Cristo, presente en el sacerdote, 1348;
Culto de latría y adoración de Cristo presente en la Eucaristía, 1378-79;
La fe en Cristo presente en la Eucaristía, 1381;
La presencia permanente de Cristo en la Eucaristía, 1377;
La presencia bajo las especies eucarísticas, 1373;
Presencia verdadera y misteriosa de Cristo en la Eucaristía, 1357, 1373-77;
Presencia verdadera, real y substancial de Cristo todo entero en la Eucaristía, 1374;
Significado de la presencia de Cristo en la Eucaristía, 1380;
La Transubstanciación de Cristo declarada por el Concilio de Trento, 1376;
Presencia velada de Cristo en la Eucaristía, 1404.

Títulos de la Eucaristía
Asamblea Eucarística, 1329;
Comunión, 1331;
Cena del Señor, 1329;
Eucaristía, 1328;
Fracción del pan, 1329;

Memorial de la pasión y resurrección del Señor, 1330;
Pan de cada día, 2837;
Sacramento de sacramentos, 1169, 1211;
Sacrificio de alabanza, 2643;
Sacrificio de la Misa, 1330;
Santa y divina liturgia, 1330;
Santa Misa, 1332;
Santísimo sacramento, 1330;
Santo Sacrificio, 1330.

Eutanasia

Distinción entre eutanasia y rechazo del "encarnizamiento terapéutico", 2278;
La eutanasia es moralmente inaceptable, 2277;
Gravedad de la eutanasia voluntaria, 2324;
Significado de la eutanasia, 2277.

Eva

Consecuencias de la desobediencia de Adán y Eva, 399, 404, 417;
María como "nueva Eva", 411, 489, 726, 2618, 2853;
Promesas hechas por Dios a Eva, 489;
Reparación de la desobediencia de Eva, 494;
El estado original de Adán y Eva, 375.

Evangelio, cf. *Buena noticia, Nuevo Testamento, Sagrada Escritura;*

Aceptación del Evangelio, 1229;
Anuncio del Evangelio, 2, 75, 860, 875, 888, 1565, 2044, 2419;
Los argumentos del Evangelio, 514;
Los autores del Evangelio, 515;
Catequesis y anuncio del Evangelio, 6, 854;
Composición del Evangelio, 126;
La función diaconal de proclamar el Evangelio, 1570;
El Evangelio y la doctrina social de la Iglesia, 2419, 2421;
El Evangelio como cumplimiento de la Antigua Ley, 1968;
El Evangelio, revelación de las misericordias divinas, 1846;
Importancia y significado del Evangelio, 125-27, 139;
La oración del "Padre nuestro" como resumen de todo el Evangelio, 2761, 2763, 2774;
La transmisión del Evangelio, 76-79;
La Antigua Ley como preparación para el Evangelio, 1964.

Evangelización

Colaboradores en la evangelización, 927-33;
La Iglesia y el mandato misionero, 849;
Evangelización y liturgia, 1072;
Evangelización y sacramento, 1122;
Evangelización y testimonio de los bautizados, 2044, 2472;
La evangelización como derecho y deber de la Iglesia, 848;
Fuentes del afán de evangelización, 429;
Misión de los laicos en la evangelización, 905;
Motivos de evangelización, 851;
Origen y fin de la evangelización, 850;
Los padres y la evangelización de los hijos, 2225;
Caminos de evangelización, 852-56.

Examen de conciencia, cf. *Penitencia y Reconciliación;*

Examen de conciencia para recibir los sacramentos, 1385, 1454, 1456, 1482, 1779;
El examen de conciencia como camino de conversión, 1427-29, 1435.

Exclusión

El amor de Dios no excluye a nadie, 605;
La exclusión de la comunión con Dios, 1445;
El infierno como "autoexclusión" por parte del hombre, 1033;
El pecado como exclusión del Reino de Dios, 1861.

Excomunión

La excomunión como pena que impide recibir los sacramentos, 1463.

Exégesis

Exégesis y recta interpretación de la Sagrada Escritura, 116;
Función de los exegetas, 119.

Exequias, cf. *Difunto;*

Exequias cristianas, 1680-90;
Exequias de niños que han muerto sin el Bautismo, 1261.

Exilio

La Iglesia consciente de su propio exilio, 769;
Israel y el exilio, 710, 1081, 1093, 2795;
La muerte como exilio del cuerpo, 1005, 1681;
La vida terrenal como exilio, 1012.

Existencia, cf. *Vida.*

Existencia de Dios, cf. *Dios. Éxodo*

El Decálogo en el contexto del Éxodo, 2057;
La liturgia y la memoria del Éxodo, 1093, 1363;
Significado del pan en el contexto del Éxodo, 1334;
El valor del Éxodo nunca se ha perdido, 130.

Exorcismo

El exorcismo en la celebración del Bautismo, 1237;
Significado y fin del exorcismo y modo de efectuarlo, 1673;
Significado de los exorcismos de Jesús, 517, 550.

Expectación, cf. *Advenimiento, Consumación;*

Adviento y expectación del Mesías, 524;
El alma y la expectación de la resurrección del cuerpo, 997;
La expectación de la vuelta de Cristo, 1619, 2817;
La Encarnación como cumplimiento de la expectación, 422, 489;
Israel y su expectación ante la llegada del Mesías, 62, 522, 529, 706, 711-16, 840, 1334;
Liturgia y expectación, 1096, 2760;
María y la expectación de las promesas, 489;
Los muertos en expectación del Redentor, 633;
Oración y expectación, 2772, 2854;
Esperanza y expectación, 2090;
El tiempo presente como tiempo de expectación, 672;
Tierra nueva y expectación, 1049.

Experiencia

Experiencia del confesor en problemas humanos, 1466;
Experiencia del director espiritual, 2690;
Experiencia de la debilidad humana, 1550;
Experiencia del mal, 272, 1606;
Experiencia de vida cristiana, 6, 2038;
Interpretación de los dones y signos de la experiencia, 1788.

Expiación

La expiación de los pecados en Israel, 433, 578;
Jesús como víctima de expiación por los pecados de la humanidad, 457, 604, 615-16, 1476, 1992;
Valor de la expiación de la pena, 2266.

Expresión externa del orante, 2702-03.

Extranjer/os, 2241.

Fama (notoriedad), 1723.

Familia, cf. *Matrimonio;*

Apertura familiar a la fecundidad, 1652-54;
Constitución, naturaleza y fines de la familia, 2201-03, 2249, 2363;
Dedicación del domingo a la familia, 2186;
Defensa social de la familia, 2209-11;
La Iglesia como familia de Dios y familia de Cristo, 1, 759, 764, 959, 1655, 2233;
Educación y respeto de los hijos, 2221-24, 30;
Educación de la propia familia, 1914;
La evangelización de los hijos, 2225-26;
La familia cristiana, 2204-06;
La familia de Dios, 2232;
La familia y el cuarto mandamiento, 2197-2200;
Familia y Reino de Dios, 2232;
La familia de Jesús, 533, 564;
La familia en el designio de Dios, 2201-03;
La familia como célula original de la vida social, 1882, 2207;
La familia como comunidad importante, 2206;
La familia como Iglesia doméstica, 1655-58, 1666, 2204-05, 2685;
La familia como imagen de la Trinidad, 2205;
La familia como repercusión de la obra creativa del Padre, 2205;
La familia como signo de la bendición divina, 2373;
Respeto de los hijos hacia los padres, 2214-20;
Derechos de los padres en la familia, 30;
Derecho a fundar una familia, 1908;
Respeto a la vocación de los hijos, 2232-33;
Ofensas a la familia, 2390;
Deberes de la familia hacia los jóvenes y los ancianos, 2208;
Deberes de los hijos en la familia, 2214-20;
Deberes de los padres en la familia, 2221-26;
La oración en familia, 2183, 2685, 2691, 2834;
Peligros que amenazan a la familia, 2436;
Las personas que no tienen familia, 1658;
Preparación para fundar una familia, 1632;
El sacerdocio bautismal, 1657.

Fariseos

Discrepancias entre Jesús y los fariseos, 574, 581, 588, 596, 2285;
Modos de actuar de los fariseos, 554, 576, 579, 993;
Relaciones de Jesús con los fariseos, 575.

INDEX ANALYTICUS → F

Fe, cf. *Creer*;
"Analogía fidei", 114;
Anuncio, institución y propagación de la fe, 3-10, 24, 91, 171, 425, 927, 935, 939;
Bautismo y fe, 1236, 1253-55;
El Bautismo, la Confirmación y la facultad de profesar la fe, 1270, 1305, 1319;
El Catecismo de la Iglesia Católica y la doctrina de la fe, 13-18, 23;
El depósito de la fe, 84-95, 173-75;
Dios y las cosas dispuestas por el mismo
Dios como objeto de fe, 150-52, 170, 178, 182, 206;
La diversidad de fe entre cónyuges, 1633-37;
Los dogmas de fe, 88-90;
La duda de fe, 644, 1381, 2088-89;
La Iglesia, guardiana de la fe, 171, 181, 507;
La educación de la fe y la catequesis, 4-6;
La educación en la fe, 1656, 2225-26;
La Eucaristía como compendio y resumen de la fe, 1327;
La familia como comunidad de fe, 2204;
La fe de los fieles como fe de la Iglesia recibida de los Apóstoles, 949;
La fe como acto de libertad de acuerdo con la libertad y la inteligencia, 154-55;
La fe como don de Dios, 153;
La fe como virtud teologal, 1813-16;
La idolatría como tentación contra la fe, 2113;
El mal y la respuesta de la fe, 309;
La muerte como causa de fe, 1281, 2473-74;
Motivo de la fe, 156;
Los musulmanes y la fe en un solo Dios, 841;
Los misterios centrales de la fe, 234, 647, 2558;
Nacimiento de la fe, 683-84, 875;
La oración de la fe, 2570, 2610-11, 2613, 2616;
Pecados contra la fe, 2088-89;
La perseverancia en la fe y su defensa, 162, 2088;
Pruebas y dificultades en el camino de la fe, 164;
La profesión de fe como derecho y como deber, 2145, 2471-72;
Razones de la fe, 156, 651;
La ciencia y la fe, 159;
Sentido sobrenatural de la fe, 91-93, 889, 904;
Significación de la fe, 26, 142-43, 150;
El testimonio de la fe, 1816, 2220, 2473-74;
La última prueba de la fe, 675.
Ayudas para la educación de la fe
    Catecumenado e iniciación a la fe, 1247-48;
    Conciencia de la omnipotencia divina, 274;
    Defensa y extensión de la fe, 1285;
    La Iglesia católica educadora de la fe, 168-69, 197, 868, 1124;
    Los Obispos, maestros de la fe, 12, 888, 2034;
    El ejemplo de Abraham, 144-45;
    El ejemplo de nuestros mayores, 147;
    El ejemplo de María, 148-49;
    La Ley, 1963;
    La Liturgia, 1083, 1204, 1206;
    El Magisterio, 890, 892;
    Las sagradas imágenes, 1192;
    Los Sacramentos, 1123, 1305;
    El Espíritu Santo, 1098, 1520;
    El testimonio de vida cristiana, 2044;
    La Palabra de Dios, 131, 1102, 1122, 1154.
Efectos de la fe
    La recepción y comprensión de la Revelación, 99, 158;
    El acceso al misterio de la Iglesia, 770, 779, 812;
    El acceso al misterio de la Eucaristía, 1381;
    El acceso al misterio de la muerte, 1006;
    El acceso al misterio de la Resurrección de Cristo, 1000;
    La adhesión a la omnipotencia de Dios, 273;
    El conocimiento de Dios, 2614;
    La comunión entre los cónyuges se afirma, 1644;
    Dios concede lo que piden a los que suplican, 548;
    La conciencia de la propia dignidad, 1692;
    El discernimiento moral, 2038;
    Fuente de oración y de ayuda, 2656, 2662, 2754;
    Fuente de vida moral, 2087, 2716;
    La incorporación a Cristo, 818;
    La penitencia, 1492;
    La participación en la tarea profética de Cristo, 785;
    La pertenencia al pueblo de Dios, 782;
    El problema del mal, 309, 324;
    La recta conciencia y la caridad, 1794;
    Una Iglesia y una sola fe, 818-19.
Fórmulas y Símbolos de la fe
    El lenguaje de la fe, 170-71, 185;
    Partes y artículos del Símbolo, 190-91;
    La profesión bautismal, 189;
    Significado del Símbolo, 186-88, 197;
    El Símbolo de los Apóstoles, 194;
    El Símbolo Niceno-Constantinopolitano, 195.
La obediencia de la fe
    Escucha de la Palabra de Dios y obediencia de la fe, 2716;
    María y la obediencia de la fe, 144, 494;

La obediencia de la fe como obligación moral principal, 2087;
Significado de la obediencia de la fe, 143-44.
Propiedades y naturaleza de la fe
Acto acorde con la libertad y la inteligencia, 154-55, 180;
Acto personal y testimonio hacia los demás, 166;
La certeza de la fe, 157;
Regalo de la gracia de Dios, 153, 162, 179, 298, 2005;
Inicio de la vida eterna, 163-65;
La inteligencia y crecimiento de la fe, 94-95, 156-59, 176;
La libertad de la fe, 160;
La necesidad de la fe, 161, 183, 846;
La perseverancia en la fe, 162;
La plena adhesión a Dios, 143, 155, 176, 2609;
La respuesta del hombre al don de Dios, 142;
Una sola fe, 172-75, 866.

Fecundación artificial

La fecundación artificial, moralmente inaceptable, 2377;
La fecundación y la inseminación artificial heterólogas como gravemente dañinas, 2376.

Fecundidad

Apertura a la fecundidad conyugal, 372, 1604, 1642-43, 1652-54, 1662, 1664;
Cristo, vid espiritual que nos da la fecundidad, 755, 864, 2074;
Extensión de la fecundidad del amor conyugal, 2221, 2363;
La fecundidad del matrimonio, 2366-72;
La fecundidad como exigencia del amor conyugal, 2363;
Significado de la fecundidad humana, 2335, 2398.

Felicidad

Las Bienaventuranzas como camino hacia la felicidad, 1697, 1718, 2546;
El deseo humano de felicidad, 33, 1718-19, 1818, 2548;
Dios dador de la felicidad, 27, 30, 384, 1028, 1035, 1723.

Festividad

Santificar las fiestas, 2180, 2187-88, 2193;

El domingo, primero de todos los días y de todas las festividades, 2174;
Eucaristía y festividad, 1389, 1391, 2042;
Las fiestas de los judíos y Jesús, 583;
La Liturgia celestial como festividad, 1136;
La Pascua como "festividad de festividades", 1169;
Preparación de las fiestas litúrgicas, 2043.

Fidelidad

"Amén" como expresión de fidelidad, 1062;
La fidelidad de los bautizados, 2044;
Fidelidad a Cristo en la participación de la Eucaristía, 2182;
La fidelidad a Dios, 1502, 2101, 2787;
La fidelidad divina, 207, 212, 214, 489, 1062-63, 1334, 2577;
La fidelidad de la Iglesia, 1117, 1342;
Fidelidad a la Palabra de Dios, 81, 86, 2466.

Fidelidad Conyugal, 1646-51, 2364-65;

El concubinato y la fidelidad conyugal, 2390;
El divorcio y la fidelidad conyugal al sacramento del Matrimonio por parte del cónyuge, 2386;
Don del Espíritu Santo, 1624;
Exigencia de la fidelidad conyugal, 1643-44, 1646, 2363;
Motivos de la fidelidad conyugal, 1647-48;
La separación y la fidelidad conyugal, 1649;
Significado de la fidelidad conyugal, 2365;
El testimonio de la fidelidad conyugal, 1611, 2223.

Fin, cf. *Consumación, Cumplimiento;*

Dios, principio y fin de todas las cosas, 198;
El fin de los tiempos, 682, 686, 865, 1042, 1048, 1059;
La muerte como fin de la vida terrenal, 1013, 1021.

Formación

Formación para la oración, 2686;
Formación catequética, 906;
Formación de los catecúmenos, 1248;
Formación de la conciencia, 1783-85;
Formación de los evangelizadores, 428;
Formación espiritual de los hijos, 2221;
Medios de comunicación social y formación, 2493.

Fórmula/s

Fórmula de la absolución, 1449, 1481;

INDEX ANALYTICUS — F - G

Fórmula catequética de los mandamientos, después del núm, 2051;
Fórmula de la Profesión de fe, 170;
Fórmulas del Decálogo, 2065;
Origen de las fórmulas y de las oraciones cristianas, 1096.

Fornicación

Definición de la fornicación, 2353;
Inmoralidad de la fornicación, 1755, 1852, 2353.

Fortaleza

La fortaleza, como don del Espíritu Santo, 712, 1303, 1831;
La fortaleza como virtud cardinal, 1805, 1808;
Petición de la fortaleza al Espíritu Santo, 2846.

Fracción del pan

Fracción del pan e integridad de Cristo, 1377;
La fracción del pan como nombre dado a la Eucaristía, 1329;
La perseverancia en la fracción del pan, 84, 949, 1342, 2624.

Fraternidad

Educar en la fraternidad, 2207;
La fraternidad generada por la religiosidad popular, 1676;
La fraternidad entre los presbíteros, 1568;
Peligros que amenazan a la fraternidad, 1740;
La solidaridad como exigencia de la fraternidad humana y cristiana, 1939;
Vida consagrada y fraternidad, 925, 929.

Fraude

La condena del fraude, 1916, 2409;
Raíz del fraude, 2534;
El escándalo de incitar al fraude, 2286.

Fruición

El disfrute de los bienes terrenales, 1716, 1740;
El disfrute desordenado, 2351-53;
El disfrute de la vida trinitaria, 1721-22.

Fuego

El fuego del amor, 2671, 2717, 2785;
El fuego eterno, 1034-35;
El fuego de purificación, 1031;
El fuego como símbolo del Espíritu Santo, 696;
Significado simbólico del fuego, 1147, 1189.

Fuerza

Cristo nos da fuerza, 1504, 1566, 1615, 1642;
Amar a Dios con todas las fuerzas, 1, 201;
La fuerza de la oración, 2610;
Los sacramentos nos dan fuerzas, 1116, 1496, 1521, 1588;
La fuerza del Espíritu Santo, 735, 1107, 1285, 1520, 1624, 1704, 2472;
La fuerza de la Palabra de Dios, 124, 131, 2057;
Las fuerzas humanas, 60, 405, 661, 822, 2090, 2520;
Las fuerzas militares, 2309.

Futuro

El conocimiento del futuro, 2115;
El futuro de la humanidad, 1917.

Género humano, cf. *Hombre, Humanidad;*

Los bienes de la creación destinados a todo el género humano, 2402;
Dios cuida de todo el género humano, 55-56, 353;
Dios quiere salvar a todo el género humano, 56;
El deseo de felicidad de todo el género humano, 1877;
Búsqueda de Dios por parte del género humano, 28;
La vocación del género humano, 1877;
Origen y fin del género humano, 297, 842;
Unidad del género humano, 360, 775-76, 1045.

Géneros literarios en la Sagrada Escritura, 110.

Gente

Gente santa (Pueblo santo), 782, 1268, 2810;
Enseñar a todas las gentes, 849.

Gestos

Gestos necesarios para la conversión, 1430, 1435;
Gestos litúrgicos, 1149-50, 1234, 1341.

Gloria

Los ángeles dan gloria a Dios, 350;
Los Apóstoles y la gloria de Dios, 241;
La consumación de la gloria de Dios en el cielo, 769, 1042, 1821, 2550;
El Dios que ha revelado su gloria, 2059;
La Iglesia glorifica a Dios, 434, 824, 1204, 2639;
La gloria de Dios y su vida bienaventurada, 257;

La gloria humana no genera la verdadera felicidad, 1723;
La glorificación de Cristo, 124, 312, 429, 663, 1335;
El hombre necesita la gloria de Dios, 705;
Moisés y la gloria de Dios, 210;
El mundo, creado para la gloria de Dios, 293-94;
La naturaleza y el arte glorifican a Dios, 1162, 2416, 2502.

Gnosis, 285.

Gozo
El domingo como día de gozo, 1193;
Fuentes del gozo, 30, 163, 301, 1804, 1829, 2015, 2362;
El gozo del cielo, 1029-30;
El gozo de los pobres, 2546;
El gozo como fruto del Espíritu Santo, 736, 1832;
Impedimentos para el gozo, 2094.

Gracia, cf. *Vida: Vida nueva, divina;*
Los carismas como gracia, 799, 951, 2003, 2024;
Definición y significado de la gracia, 1996-2000, 2003, 2005, 2017;
La gracia actual, 2000, 2024;
La gracia del Bautismo, 1262-74, 1308;
La gracia habitual, 2000;
La gracia del Orden, 1585-89;
La gracia original, 375-76, 399;
La gracia de la perseverancia final, 2016;
La gracia del sacramento del Matrimonio, 1615, 1641-42;
La gracia santificante, 824, 1266, 1999, 2000, 2023-24;
La gracia como don de Cristo, 388, 957;
La gracia como don de Dios, 35, 54, 1999, 2008;
Las gracias especiales, 1527, 2014;
La gracia de estado, 2004;
Morir en gracia, 1023, 1030;
Ley nueva y ley de gracia, 1972;
Gracia y libertad, 1742, 2022;
María "llena de gracia", 411, 490-91, 493, 722;
El mérito y la gracia, 1708, 2008-09, 2011, 2025-27;
La muerte de Cristo como fuente de gracia, 1407;
La oración como don de la gracia, 2713, 2725;
Abandono y privación de la gracia, 412, 679, 1861;
El estado de gracia, 1310, 1319, 1415, 1861;
La virtud y la gracia, 1810-11, 2825.
Efectos de la gracia

La adopción filial, 654, 1212, 2009;
La edificación de la Iglesia, 798;
La castidad, 2345;
El conocimiento de la verdad, 1960;
Contrición, 1453;
La conversión, 1432, 1989;
El don de las virtudes teologales, el don del Espíritu Santo y el valor del mérito, 1266;
La fe, 153-55, 158, 424, 684, 1098, 1102;
La justificación, 1987, 1989, 1992, 2018-20;
La nueva dignidad, 1701;
El perdón de los pecados, 277, 1263, 1708, 1987, 1989, 2023;
La salvación y la vida eterna, 265, 836, 1697;
La santidad, 824, 2023;
La unión con Cristo, 737;
La vida ordenada y santa, 409, 1889, 2082, 2541.
Recibir la gracia
Disposición a recibir la gracia, 1446, 1848;
Preparación para recibir la gracia, 2001, 2022;
Los sacramentos y la gracia, cf. *Sacramento/fs.*

Gratitud
Gratitud del hombre hacia Cristo, 1418;
Gratitud del hombre hacia Dios, 1148, 1334, 1360, 1418, 2062, 2097, 2099;
Gratitud del hombre hacia su prójimo, 1648, 1900, 2199, 2215, 2218, 2220.

Gratuidad de la salvación, 218, 1250, 1699, 1722, 1996.

Guerra
La ausencia de guerra y la paz, 2304;
Los ejércitos, 2314, 2316;
La guerra justa, 2309;
La carrera de armamentos, 2315;
Las injusticias y desigualdades económicas y sociales como causas de la guerra, 2317;
Permanencia de toda ley moral mientras dure la guerra, 2312-13;
Obligación de no aceptar órdenes injustas, 2313;
El deber de evitar la guerra, 2307-08.

Guía (Jefe)
Cristo como guía, 551, 1547;
La conciencia y la prudencia como guías, 1778, 1806;
La dirección espiritual, 2690;

INDEX ANALYTICUS → G - H

Los Obispos y Pastores como guías, 939, 1140, 1575, 2033, 2594;
El Magisterio de la Iglesia en cuanto guía, 93;
El Estado como guía en los asuntos económicos, 2431;
El Sumo Pontífice como guía, 816, 895, 899.

Gula, pecado capital, 1866.

Hambre

El drama del hambre en el mundo y la solidaridad, 2831;
Dar de comer al hambriento como obra de misericordia, 1039, 2447;
El hambre de escuchar la Palabra de Dios, 2835;
La gravedad de provocar el hambre, 2269;
Jesús nos libera del hambre, 549;
Jesús experimentó también el hambre, 544, 556;
"Danos hoy nuestro pan de cada día", 2828, 2830.

Hebreos, cf. *Israel*.

Herejía

Definición de herejía, 2089;
Origen de la herejía, 817;
Las primeras herejías, 465.

Herencia

Las arras del Espíritu Santo, 1107;
La creación como herencia destinada y confiada al hombre, 299;
El mérito para alcanzar la vida eterna, 2009.

Hermano

La caridad hacia los "hermanos más pequeños", 678, 952, 1033, 1397, 1932, 2447, 2449;
Cristo, Primogénito entre muchos hermanos, 381, 501, 2012, 2448;
La Iglesia como unión de los hermanos en Cristo, 788;
Los hermanos y las hermanas de Jesús, 500;
Hermanos en el Señor, 818, 1271, 2074, 2790;
Jesús nuestro hermano, 469;
Israel, el pueblo de "nuestros mayores", 63;
El respeto a nuestros hermanos, 1789, 2054, 2269, 2302;
El respeto a nuestros hermanos y hermanas, 2212, 2219, 2231;
Todos los hombres somos hermanos, 361, 1931;
La oración por los hermanos, 2768;
Qué significa que Cristo es nuestro hermano, 2233;
La reconciliación con los hermanos, 1424, 1469, 2608, 2840, 2843, 2845;
Causar escándalo a nuestro hermano, 2284;
El testimonio que hemos de dar a nuestros hermanos, 932.

Hermenéutica, cf. *Exégesis*.

Hijo de Dios, cf. *Cristo*.

Hijos, cf. *Educación, Familia, Matrimonio, Padres*;

La adopción de los hijos abandonados, 2379;
El divorcio de los padres y el perjuicio a los hijos, 2385;
La educación de los hijos, cf. Educación;
Las exigencias del bien de los hijos, 1646, 2381;
Los hijos como el más importante don del amor conyugal, 1664, 2373-79;
Los hijos como fin del matrimonio y de la vida conyugal, 1652, 2201;
Los hijos como fruto del amor conyugal, 2366;
La libertad de crear hijos, 2211;
La regulación de la natalidad, 2368;
El respeto a la vocación de los hijos, 2232-33;
Deberes de los hijos, 2197, 2199, 2200, 2214-20.

Hijos de Dios

Acciones de Dios para con sus hijos, 104, 239, 305;
Ayudas para vivir la auténtica vida de hijos de Dios, 736, 1568, 1813, 1831, 1996, 2157, 2650, 2766;
La audacia filial en la oración, 2610, 277;
Unión y unidad de los hijos de Dios, 706, 831, 845, 855, 959, 1097, 1108;
La conversión filial al Padre, 2608;
La dignidad de hijos de Dios, 2736;
La Iglesia, Madre y casa de los hijos de Dios, 808, 1186;
El abandono filial de los hijos de Dios, 305, 2830;
Hijos adoptivos de Dios, 1, 52, 270, 294, 422, 654, 1709, 2009;
Hijos de Dios regenerados en los sacramentos, 1213, 1243, 1250, 1692;
La oración de los hijos de Dios, 2565, 2673, 2712, 2766;
Los sacramentos como ayuda para los hijos de Dios, 1153;
La presencia del Espíritu Santo en los hijos de Dios, 742, 2639.

Himno
Los himnos en la tradición, 1156;
Los himnos litúrgicos, 1100;
Himnos de alabanza, 32, 2589.

Hipóstasis
Cristo, una sola hipóstasis, 466, 468;
Significado de la palabra hipóstasis, 252.

Historia
La creación como comienzo de la historia, 338;
Dios trasciende la historia, 212;
Dios, Señor y Maestro de la historia, 269, 304, 450;
La Iglesia y la historia, 759, 770;
La interpretación de la historia y la doctrina social de la Iglesia, 2422;
Oración en la historia, 2568, 2591, 2596, 2660;
El pecado en la historia, 386, 390, 401, 409;
La Providencia en la historia, 303, 314, 395;
El logro de la última significación de la historia, 388, 1040.

Historia de la salvación (historia sagrada)
Los ángeles en la historia de la salvación, 332;
Jesús, recapitulación de toda la historia de la salvación, 430, 668;
El comienzo de la historia de la salvación, 280, 1080;
Israel en la historia de la salvación, 431;
La liturgia y los acontecimientos de la historia de la salvación, 1103.

Hombre
El fin último del hombre, 260, 356, 1024;
El hombre depende de su Creador, 396;
El hombre en el Paraíso terrenal, 374-79;
El hombre caído no es abandonado por Dios, 410;
El hombre sólo es feliz en Dios, 1057;
El hombre, autor, centro y fin de la vida económica y social, 2459;
El hombre como sujeto social, 1749;
El misterio del hombre esclarecido a la luz del misterio del Verbo, 359;
"El hombre nuevo", 1473, 2475;
El pecado como ofensa a la naturaleza humana, 1849;
Varón y mujer, 369, 371-72, 383.
Consecuencias del pecado del hombre, 399-400;
    El destino común del hombre y del mundo, 1046;
    La condición débil y limitada, 208, 396, 1500, 2448;
    La armonía de la creación, destruida, 400;
    El hombre sujeto al error e inclinado al mal, 1714;
    Abuso de la libertad por parte del hombre y pecado original, 396-401;
    El hombre, condenado por obra de Satanás, 395;
    El hombre, privado de su semejanza con Dios, 705;
    El pecado invade el mundo, 401;
    La muerte entra en el mundo, 1008;
    La naturaleza humana, herida, 405;
    Todos los hombres están implicados en el pecado de Adán, 402-03;
    Presencia del pecado en los recién nacidos, 403;
    La lucha entre el espíritu y la carne, 2516;
    La ruptura de la comunión original, 1607.
Derechos del hombre
    Derecho a la buena fama, 2479, 2507;
    Derecho a elegir escuela, 2229;
    Derecho a la libertad de religión, 2106;
    Derecho a obrar según su conciencia y libremente, 1782.
El hombre a la búsqueda de Dios
    Dios no cesa de llamar al hombre, 30;
    Dios habla al hombre con lenguaje humano, 101, 109;
    Dificultad de conocer a Dios con la sola luz de la razón, 37;
    Los hombres, en el decurso de la historia, han buscado a Dios de muchas maneras, 28, 31, 34, 285;
    La investigación de Dios por parte del propio hombre, 285;
    El hombre busca siempre a Dios y su voluntad, 2566, 2826;
    El hombre busca a Dios en la Revelación, 35, 50, 52;
    El hombre busca a Dios por la razón, 36, 50;
    Dios es siempre el primero en buscar al hombre, 2567;
    Caminos para buscar a Dios, 31, 34.
El hombre como criatura
    El hombre, creado para conocer, amar y servir a Dios, 358;
    El hombre, constituido por alma y cuerpo, 327, 355, 362-65, 383;
    El hombre, creado por el amor de Dios, 1, 315, 1604;
    El hombre, dotado de inteligencia y voluntad libre, 311, 396;

INDEX ANALYTICUS ⟶ H

El hombre, creado como varón y mujer, 1605, 2203, 2331, 2334;
El hombre, dotado de razón, 1704;
El hombre, creado como un ser bueno, 374.
El hombre, creado a imagen y semejanza de Dios
   El hombre, creado a imagen de Dios, 225, 356-61, 1702, 2713;
   El hombre es imagen y semejanza de Dios antes y después de la Redención de Cristo, 1701;
   Restitución de la semejanza con Dios, 705, 2809.
El hombre en la creación
   Dios ha creado todas las cosas en favor del hombre, 358;
   La armonía original, 374-79, 384;
   La jerarquía de las criaturas, 342;
   Respeto del hombre por las criaturas, 339;
   Responsabilidad del hombre a favor del mundo, 373;
   El hombre es la única criatura que acepta una ley digna de Dios, 1951;
   Interdependencia de las criaturas querida por Dios, 340;
   Respeto del hombre a las leyes de la creación, 346;
   Importancia del hombre en la creación, 343, 355.
El hombre y la humanidad
   La necesidad que tienen unos hombres de los demás, 361, 1947-48;
   Origen y fin de la humanidad, 842;
   La unidad del género humano, 360.
Hombre y vocación, cf. *Vocación del hombre*;
   La vocación al amor, 1604;
   La vocación hacia Dios, común a todos los hombres, 1878;
   La vocación al matrimonio, 1603;
   La vocación para formar el nuevo Pueblo de Dios, 804, 831;
   Vocación para entrar en el Reino de Dios, 543;
   La vocación a la unión con Cristo, 521, 542;
   La vocación a la vida eterna, 1998;
   La vocación a la vida en el Espíritu Santo, 1699;
   La vocación divina como vocación última, 1260.
Igualdad y diferencia entre los hombres
   La dignidad humana como fuente de igualdad, 1935, 1945;
   La diversidad de capacidades, 1936-37;
   Las desigualdades injustas, 1938;
   Todos los hombres tienen la misma naturaleza, el mismo origen y el mismo fin, 1934.
La dignidad humana
   La comunión con Dios, razón de la dignidad, 27, 357, 1700;
   La dignidad, herida por el pecado, 1487;
   La dignidad de la cooperación de las criaturas con Dios, 306-08;
   La dignidad, manifestada en la vida moral, 1706;
   La dignidad requiere que el hombre actúe según la conciencia y la libre elección, 2339;
   La dignidad como fuente de los derechos humanos, 1930;
   El derecho al ejercicio de la libertad, inseparable de la dignidad, 1738;
   Igual dignidad del hombre y de la mujer, 239.
Peculiaridades del hombre y de su modo de obrar
   El hombre está llamado a hacer el bien, 1706-07;
   El hombre llega a Dios a través de las cosas creadas, 32, 46;
   El hombre está dotado de alma espiritual e inmortal, 1703;
   El hombre necesita del auxilio y de la salvación de Dios, 1949, 2090;
   El hombre está siempre luchando contra el mal, 409;
   El hombre busca siempre la felicidad, 1718;
   El hombre dotado de libertad como signo de la imagen divina, 1705, 1730;
   El hombre es llevado por naturaleza hacia la verdad, 2467;
   El hombre tiende por naturaleza a la virtud, 1803-04;
   El hombre dotado de razón y voluntad para buscar y querer el bien y la verdad, 1704;
   El hombre como ser religioso, 28, 44-45;
   El hombre necesitado de vida social, 1879-80;
   El hombre escucha la voz de su conciencia, 1706, 1713;
   Las perfecciones del hombre reflejan algo de las infinitas perfecciones de Dios, 370;
   La sexualidad del hombre, cf. *Sexualidad*.
Relaciones entre Dios y el hombre
   La comunión de los hombres con Dios en la Iglesia, 773;

En la Profesión de fe, Dios ocupa el primer lugar, 199;
La fe como respuesta libre del hombre, 160, 307;
La fe como adhesión de todo el hombre a Dios, 176;
El hombre puede rechazar a Dios, 29, 398, 1739;
Jesús es el único intercesor ante Dios por todos los hombres, 2634;
La desigualdad y diferencia entre Dios y el hombre no tiene medida, 2007;
La oración como relación entre Dios y el hombre, 2564;
La sumisión del hombre a Dios, 143, 154, 341, 2712.
Sexualidad, cf. *Matrimonio, Sexualidad*.

Homicidio

La eutanasia voluntaria como homicidio, 2324;
Gravedad y condena del homicidio voluntario, 1756, 2261, 2268;
El homicidio cometido en legítima defensa, 2263-65;
El homicidio involuntario, 2263, 2269;
El homicidio como pecado grave, 1447;
El homicidio, pecado que clama al cielo, 1867;
Los que odian en cuanto homicidas, 1033;
Origen del homicidio, 2517;
Sólo Dios es el Señor de la vida, 2258;
El perdón por el pecado de homicidio, 1447.

Homilía

La homilía en las exequias, 1688;
La homilía en la liturgia de la Palabra, 1346;
Importancia de la homilía, 132, 1154.

Homosexualidad, 2357-59, cf. *Sexualidad*.

Honor

El cuerpo humano, digno de honor, 364, 2300;
El honor debido a las autoridades, 1900;
El honor debido a Dios, 449, 2116;
El honor debido a los padres, 2197-2200, 2214;
El honor debido a las imágenes sagradas, 2132;
Derecho del hombre al honor, 2479.
Hora de Jesús, 729-30, 1165, 2719, 2746.

Horas y Liturgia, cf. *Liturgia: Liturgia de las Horas*.

Hostia

Cristo como hostia viva, 1992;

Adoración de las hostias consagradas incluso fuera de la solemnidad de la Misa, 1378.

"Hoy" de Dios y de la oración, 1165, 2659-60, 2836.

Huelga, 2435.

Humanidad, cf. *Género humano*;
Consecuencias del pecado de Adán en toda la humanidad, 400, 402-06;
La suerte futura de la humanidad, 1917;
La humanidad como Pueblo de Dios, 782;
Unidad y salvación dentro de la Iglesia a favor de la humanidad, 776, 845.

Humanismo cristiano, 1676.

Humildad

La humildad, necesaria para la oración, 2713;
La humildad, fundamento de la oración, 2559, 2631;
La "pobreza de espíritu" como humildad, 2546.

Humillación de Jesús, 272, 472, 520, 537, 2748.

Hurto

Definición de hurto, 2408;
Raíz del hurto, 2534;
Reparación del hurto, 2412.

Identidad

Identidad de la Iglesia, 865;
Identidad de los electores, 1025;
Constante enriquecimiento de la identidad del hombre, 1880;
La identidad de Jesús, 430, 440, 590;
La identidad de la persona, 203;
Las identidades culturales y el respeto a ellas, 2441;
La aceptación de la propia identidad sexual, 2333.

Ideología

La Iglesia y el rechazo de las ideologías ateas y totalitarias, 2425.

Idolatría/Ídolo

Definición y significado de la idolatría, 2112-14;

INDEX ANALYTICUS → I

Fama, riquezas e idolatría, 1723;
Idolatría del cuerpo humano, 2289;
La idolatría del dinero, 2424;
La idolatría como pecado, 1852;
La idolatría como perversión, 2114;
La idolatría como superstición, 2138;
Liberación del mundo de la idolatría, 2097;
La prohibición de levantar ídolos, 2129.

Iglesia

Los ángeles como auxiliares de la Iglesia, 334-36;
La Iglesia llama para el sacramento del Orden, 1578;
La Iglesia se consumará en la gloria, 769, 1042;
La Iglesia misionera, 849-56;
La Iglesia como edificio visible, 1180, 1185-86, 2691;
La Iglesia como germen e inicio del Reino, 541, 669, 764, 768;
La Iglesia, camino para conseguir el perdón, 1478-79;
"Fuera de la Iglesia no hay salvación", 846-48;
La familia como "Iglesia doméstica", 1655-58, 2204, 2685;
María y su papel en el misterio de la Iglesia, 963-73;
María, Madre de la Iglesia, 963;
Los mandamientos de la Iglesia, 2041-43;
La Iglesia, santa e inmaculada, 1426;
El espíritu filial de los cristianos para con la Iglesia, 2040.
Atributos (Notas) de la Iglesia, 750, 811, 865.
Una, 813-22;
　Diversidad en la unidad, 814, 818-19;
　La Iglesia es una en razón de su fuente, de su Fundador y de su alma, 813;
　La misión de la Iglesia exige la unidad, 855;
　La Eucaristía como sacramento que fortalece la unidad de la Iglesia, 1416;
　Hemos recibido el don de la unidad y la pedimos en la oración, 820-22;
　Los vínculos de unidad, 815-16;
　Las heridas de la unidad, 817.
Santa, 823-29;
　El alma de la santidad y de la caridad, 826;
　Los consejos evangélicos como auxilio para la santidad, 1986;
　La Iglesia, santificada por Cristo, 823-24;
　La Iglesia santa comparada con María, 829;
　La Iglesia santa también acoge en su seno a los pecadores, 825, 827, 1428;
　El Espíritu Santo como fuente de la santidad, 749.
Católica, 830;

　La misión como exigencia de la catolicidad de la Iglesia, 849;
　Toda Iglesia particular como Iglesia Católica, 823-35;
　Es católica por voluntad del mismo Cristo, 831;
　Las relaciones con las iglesias no católicas, 838;
　Significado de la palabra católica, 830.
Apostólica, 857-65;
　El carácter apostólico de la Iglesia, 863;
　Qué significa que la Iglesia es apostólica en un triple sentido, 857;
　La sucesión de los obispos en lugar de los Apóstoles, 862;
　Designación de los sucesores de los Apóstoles, 861.
Composición de la Iglesia, cf. *Colegio apostólico, Colegio episcopal*;
　Los Apóstoles, piedras de la fundación de la Iglesia, 642;
　Los laicos en la Iglesia, 897-913;
　Cristo ha dispuesto los dones y ministerios de la Iglesia, 794;
　Cristo y su presencia en la Iglesia, 1380;
　Cristo, Cabeza y origen de la Iglesia, 669, 874;
　Trenzado jerárquico de la Iglesia, 771, 874-87;
　Los ministerios ordenados en la estructura de la Iglesia no pueden ser sustituidos, 1593;
　Vida religiosa y consagrada, 914, 916, cf. *Vida: Vida consagrada.*
La Iglesia como comunión
　Los bienes espirituales de la comunión de los santos como tesoro de la Iglesia, 1476;
　La comunión con Jesús, 787-96;
　La comunión de la caridad, 953;
　La comunión de carismas, 951;
　Comunión con los difuntos, 958;
　La comunión con los santos, 954-57;
　La comunión de Dios y de los hombres, 2790;
　La comunión como íntima vocación de la Iglesia, 959;
　La comunidad sacerdotal, 1119;
　La comunión de la fe, 949;
　El sacramento de la Comunión en la Liturgia, 1108;
　La comunión de los santos, 946-48.
La Iglesia como cuerpo místico de Cristo
　La edificación de la Iglesia, 872, 1123, 2003;

847

INDEX ANALYTICUS — I

La Iglesia y las enfermedades humanas, 1508;
Catequesis e Iglesia, 4;
Los carismas y la Iglesia, 800;
Los cristianos como miembros de la Iglesia, 521, 790, 953, 960, 1267, 1396, 1988, 2045;
Cristo como Cabeza de la Iglesia, 1548;
Los consagrados y la Iglesia, 917;
Los difuntos y la Iglesia, 958;
La Iglesia como cuerpo místico de Cristo, 774, 776-77, 779, 787-96, 805-07, 1396;
Liturgia e Iglesia, 1070, 1140, 1187-88;
Los sacramentos y la Iglesia, 774, 1116, 1123, 1267, 1279, 1621, 2040, 2782;
El Espíritu Santo y la Iglesia, 1105-06, 1111, 1353;
Unidad, diversidad y misión de los miembros de la Iglesia, 873-74, 947.

Funciones de la Iglesia
Cuidar de los aspectos temporales del bien común, 2420;
La conversión como tarea nunca interrumpida, 1428;
Servir a Dios, 783-86;
Conservar el depósito de la fe, 84, 97, 175;
Ejercer la catequesis y la evangelización, 7;
Ser ejemplo de santidad cristiana, 2030;
Confesar la fe, 172-75;
Conservar la fe, 168, 171, 173;
Confesar la fe en la realeza de Cristo, 2105;
Profesar la fe en un solo Dios Padre, Hijo y Espíritu Santo, 152, 258, 738;
Santificar a los hombres, 824;
Llevar a cabo su misión en el mundo, 767, 2044-45;
Anunciar el Misterio Pascual, 571;
Perdonar los pecados, 827, 979-83, 1442, 1478;
Ser Pueblo de Dios, 781-86;
Conservar la predicación apostólica con la continua sucesión, 77;
Interpretar y conservar la Palabra de Dios, 119.

La Iglesia y los no cristianos, 839;
La Iglesia, abierta a todos los hombres del mundo dispersos y alejados, 845;
Necesidad de la Iglesia para obtener la salvación, 846-48;
Relaciones de la Iglesia con los musulmanes, 841;
Relaciones de la Iglesia con el pueblo judío, 839-40;
El vínculo entre la Iglesia y las religiones no cristianas, 842-44.

Iglesia particular, Iglesia universal, cf. *Iglesia: Atributos (Notas) de la Iglesia*;
Qué significa Iglesia particular, 833;
La Iglesia universal y la Iglesia particular, 879, 886;
El Obispo como cabeza y responsable de la Iglesia particular, 1369, 1560, 1594;
La Eucaristía como centro de la vida de la Iglesia particular, 893;
Toda Iglesia particular como Iglesia católica, 832-35;
Las ordenaciones sacerdotales y la Iglesia particular, 1572;
Parroquia e Iglesia particular, 2179, 2226;
La responsabilidad del presbiterio dentro de la Iglesia particular, 1595;
Responsabilidad de la Iglesia particular y de la Iglesia universal, 1594-95;
Tradiciones de la fe y la Iglesia particular, 83, 174, 192, 1202.

Iglesia y sociedad
La Iglesia y la comunidad política, 2244-46;
La Iglesia, defensa trascendente de la índole de la persona humana, 2245;
El juicio moral de la Iglesia en asuntos políticos, económicos y sociales, 2246, 2420.

La función de enseñar
Su autoridad se extiende a la ley natural, 2036;
Autoridad del Colegio episcopal y del Sumo Pontífice, 891, 2035;
La autoridad del Concilio Ecuménico, 891;
Catequesis y predicación, 2033;
Los laicos en el ministerio de enseñar, 906;
La doctrina social, 2419-25;
La Iglesia, Madre y Maestra, 2030-46;
El Magisterio de la Iglesia, 85-87, cf. *Magisterio*;
El ministerio de enseñar como servicio de la Palabra de Dios, 86;
La necesidad de enseñar en la fe, 2037;
Anunciar la salvación, 2032;
Significado de las palabras "función de enseñar", 890;
El Sumo Pontífice y los Obispos como doctores auténticos, 888, 2034.

El ministerio de gobierno
La autoridad del gobierno de la Iglesia, 553;
La cooperación de los fieles, 911;
Carácter colegial y personal del ministerio eclesiástico, 877-78;

El ministerio de gobierno como ministerio de servicio, 876, 894-95;
Autoridad y función del Colegio episcopal, 883, 885;
Función y autoridad del Concilio Ecuménico, 884;
Autoridad y función pastoral de Pedro, de los Apóstoles y de los Obispos como fundamento de la Iglesia, 881;
Autoridad y función del Sumo Pontífice, 882;
Autoridad y función de cada uno de los Obispos, 886.

El ministerio de santificar
Dios nos santifica en Cristo, 790, 805, 947, 1076, 1082, 1084, 1110-12;
Los obispos, los sacerdotes y los diáconos, 118-20, 893;
El ministerio de la Palabra, 2031, 2038;
La oración, 2558, 2655;
Razones de la santificación, 893.

El Misterio de la Iglesia
Cuerpo de Cristo, 787-96;
Guardiana del depósito de la fe, 171;
Fundamento de la verdad, 171;
Germen e inicio del Reino de Dios, 541;
Lugar de reconocimiento del Espíritu Santo, 688;
Lugar donde cada cristiano cumple con su propia vocación, 2030;
Madre y Maestra, 2030-46;
Reconciliadora del mundo, 845;
Misterio y sacramento, 774-76;
Misterio de la unión del hombre con Dios, 772-73;
Realidad histórica y espiritual, 770-71;
Reino de sacerdotes para Dios, 1546, 1591;
Sacramento de la misión de Cristo y del Espíritu Santo, 738;
Sacramento universal de la salvación, 849;
Signo de la Jerusalén celeste, 117;
Esposa de Cristo, 796;
Templo del Espíritu Santo, 797-98.

Origen de la Iglesia
Los Apóstoles como piedras fundamentales de la Iglesia, 642;
Cristo, piedra viva de la Iglesia, 552;
La Iglesia, inaugurada por Cristo, 763-66, 874;
La Iglesia, prefigurada ya desde el origen del mundo, 760;
La Iglesia en el designio del Padre, 759, 761;
La Iglesia preparada ya en el Antiguo Testamento, 761-62;
Comienzo de la Iglesia, 124, 763, 766-67, 1185;
Pedro, piedra sobre la que se edifica, 552, 881;
Revelación de la Iglesia el día de Pentecostés, 767, 1076.

Símbolos y figuras de la Iglesia Edificio, 756;
Olivo, 755;
Figuras de la Iglesia, 507, 710, 753, 967, 2679;
La Jerusalén de arriba, 757;
Maestra de la fe, 169;
María, figura de la Iglesia, 507, 967, 972;
Madre, 169, 507, 757;
Rebaño y redil, 754;
Significado de la palabra Iglesia, 751-52;
Templo de Dios, 756.

Iglesia doméstica, cf. *Familia, Matrimonio*.

Iglesias Ortodoxas

El Credo y las Iglesias Ortodoxas, 247;
La unidad de la Iglesia Católica y las Iglesias Ortodoxas, 836.

Iglesias Reformadas, cf. *Reforma*.

Ignorancia

El fraude del engaño a personas ignorantes, 2409;
La ignorancia afectada, 1859;
La ignorancia deteriora la conciencia de pecado, 1790-91, 1793;
Ignorancia de Dios, 2087;
Ignorancia involuntaria, 1860;
Ignorancia de la Sagrada Escritura, 133;
Ignorancia y responsabilidad, 1735.

Igualdad

Igualdad y diversidad entre el varón y la mujer, 369;
La igualdad entre los fieles, 872;
La igualdad entre los hombres, 369.

Imágenes santas, 1159-62;

Contemplación de las imágenes, 1162;
Culto a las imágenes, 1159, 1192, 2131;
Significado de las imágenes, 1161;
Utilidad de las imágenes, 2705.

Imaginación

Disciplina de la imaginación, 2520;

Excitación de la imaginación, 2708.

Imposición de manos

Jesús curaba imponiendo las manos, 699, 1504;
La imposición de manos en la Confirmación, 1288;
Imposición de manos en el Orden, 1538, 1556, 1558, 1573;
La imposición de manos como signo de la Alianza, 1150;
Significado de la imposición de manos, 699.

Imputabilidad, de las acciones y de la culpa, 1735, 1860, 2125, 2355.

Incapacitados para el trabajo, cf. *Enfermos*;

La eutanasia y las personas incapacitadas para el trabajo, 2277;
Solidaridad, respeto y cuidado hacia tales personas, 2208, 2276.

Incesto

Gravedad del incesto, 2356;
Significado y consecuencias del incesto, 2388.

Incienso, 1154.

Incineración, 2301.

Incorporación

Incorporación a Cristo, 1010;
Incorporación a la Iglesia, 837, 1396.

Incredulidad

Definición y significado de la incredulidad, 2089;
La incredulidad como pecado, 678, 1851.

Inculturación

La Iglesia y la inculturación, 854;
Los elementos culturales propios de cada pueblo que hay de acomodar en la iniciación cristiana, 1232;
Las distintas espiritualidades como testimonio de fe, 2684.

Indiferencia religiosa, 1634, 2094, 2128.

Indisolubilidad del matrimonio, 1610-11, 1615, 1643-45, 1647, 2364.

Individualismo, 2425, 2792.

índole humana, 1264, 1810.

Indulgencias, 1471-79;

Definición y significado de las indulgencias, 1471;
Efectos de las indulgencias, 1498;
Las indulgencias por los difuntos, 1032, 1479;
Logro de la indulgencia divina por medio de la Iglesia, 1478-79.

Infalibilidad

Alcance del carisma de la infalibilidad, 2035;
Infalibilidad de la Iglesia, 889-91;
Infalibilidad del magisterio de los Pastores, 2051;
Infalibilidad del Sumo Pontífice, 891.

Infancia

Cuidado y respeto de los padres durante la infancia de sus hijos, 2228;
La infancia de Jesús, 527-30.

Infidelidad

Infidelidad conyugal, 2380-81;
La verdadera infidelidad a Dios y sus consecuencias, 710, 821;
Ofensas contra la verdad e infidelidad a Dios, 2464;
El pecado como infidelidad a Dios, 401;
La purificación de las infidelidades del Pueblo de Dios, 64, 218.

Infierno

La eterna separación de Dios como principal pena del infierno, 1035;
Definición de infierno, 1033-34;
Doctrina de la Iglesia sobre el infierno, 1036;
El infierno como consecuencia de la recusación eterna de Dios, 1034;
El infierno como libre y voluntaria aversión a Dios, 1037;
El pecado mortal como causa de muerte eterna, 1861;
Las puertas del infierno y la Iglesia, 552, 834;
Descenso de Cristo a los infiernos, 624, 632-35;
Descenso del hombre a los infiernos, 1035.

Información

Información y vida privada, 2489, 2491-92;

INDEX ANALYTICUS → I

El derecho a la información, 2494;
La libertad de información, 2498;
Los medios de información, 2493;
La veracidad en la información, 2497-98, 2525.

Ingratitud hacia Dios, 2094.

Iniciación cristiana, 1229-33;

Realización de la iniciación cristiana, 1289, 1306, 1322;
Elementos esenciales de la iniciación cristiana, 1229;
Iniciación cristiana de adultos, 1233, 1247;
Iniciación cristiana de los niños, 1231;
Modos de hacer la iniciación cristiana, 1230, 1233, 1244;
Ritos latino y oriental de la iniciación cristiana, 1233;
Los sacramentos de la iniciación cristiana, 1212-1419, 1420, 1533;
Unidad de la iniciación cristiana, 1285, 1292, 1318, 1321.

Injusticia, cf. *Derecho/s, Justicia;*
Causas de la injusticia, 1869, 2534.

Instituciones

Instituciones humanas y sociales, 909, 1869, 1881-82, 1888, 1897, 1916, 2211, 2238, 2244, 2286;
Instituciones en el Antiguo Testamento, 576, 709.

Integridad de la persona, 2273-75, 2295, 2297-98, 2338-45, 2356, 2389.

Inteligencia

Expresiones de la inteligencia humana, 2501;
Inteligencia y fe, 89, 143, 154, 156-59, 299;
Inteligencia y ley natural, 1955;
Inteligencia y virtudes humanas, 1804;
La inteligencia humana como don de Dios, 283;
La inteligencia espiritual, 1095, 1101.
El intelecto (inteligencia) como don del Espíritu Santo, 1303, 1831.

Intención

Definición de intención, 1752;
El fin nunca justifica los medios, 1753, 1759, 2399;
La intención del corazón y los deseos, 582, 2534;
La intención como elemento esencial en la calificación moral de los actos, 1750-51;
Intenciones condenables, 2117, 2282;
La mala intención convierte en malo un acto bueno en sí mismo, 1753;
La mentira y la intención de engañar, 2152;
La moralidad de los actos ha de juzgarse independientemente de la intención, 1756.

Intercesión

La intercesión de los ángeles, 336;
La intercesión de Cristo, 739, 1341, 1361, 1368, 1370, 2606;
La intercesión de los difuntos, 958;
La intercesión de la Iglesia, 1678;
La intercesión en el Antiguo Testamento, 210, 2574, 2577-78, 2584;
La intercesión de los religiosos, 2687;
La intercesión de los santos, 956, 1534, 2156, 2683;
La oración de intercesión, 1096, 1354, 1509, 2634-36, 2734, 2770.

Interioridad

La investigación de la propia interioridad, 1779.

Interpretación

La interpretación de las obras, pensamientos y palabras del prójimo, 2478;
La interpretación del depósito de la fe, 84-95;
La interpretación del futuro y su previsión, 2116;
La interpretación de la ley, 581-82, 2173;
La interpretación de lo relacionado con la verdad, 1788, 2422;
La interpretación de la Revelación, 82;
La interpretación de la Sagrada Escritura, 109-19;
La interpretación de la Palabra de Dios, 85, 109, 111, 116, 119, 572, 601, 2055, 2336.

Intimidad

La intimidad conyugal, 2360, 2362;
La intimidad entre Dios y sus criaturas, 239, 441, 921;
Respeto y defensa de la intimidad personal, 2492, 2521.

Investigación científica

Criterios morales para la investigación científica, 2294.

851

Invocación

Invocación a Cristo, 2665, 2667-68;
Invocación a Dios, 431, 1105, 2154, 2807;
Invocación al Espíritu Santo, 1333;
Invocación a la Trinidad, 1278;
Invocación a las cosas ocultas (ocultismo), 2117.

Ira

Definición de ira, 2302;
Ira y amor de Dios, 208, 210;
La ira como pecado capital, 1866;
El mal y la ira, 1765;
Muerte de Abel y la ira humana, 2259;
Las pasiones y la ira, 1772.

Irreligiosidad

Condena de la irreligiosidad, 2110, 2118;
El pecado de la irreligiosidad, 2119-20, 2139.

Israel

El anuncio a Israel del nacimiento de Cristo, 437, 522, 719;
El amor de Dios hacia Israel, 218-19;
La revelación de Dios al pueblo judío, 201, 228, 287-88, 2085;
El Dios de Israel salva del pecado, 431;
La Iglesia, prefigurada y preparada en el pueblo de Israel, 759-62, 1093;
Expectación y esperanza de Israel, 529, 673-74;
Alianza de Dios con Israel, 1611-12;
La participación de Jesús en la ley y el culto de Israel, 527, 531, 578;
Jesús e Israel, 539, 574-94;
Jesús, el Mesías de Israel, 438, 528, 535;
Israel y la fe en Dios, 212, 587-91, 594;
Israel y la observancia del sábado, 348, 2170-71;
Israel, hijo de Dios, 238, 441;
Israel, pueblo de Dios, 62-64, 762;
Israel, el pueblo de "los hermanos mayores", 63;
Israel, pueblo elegido, 60, 762;
Israel, pueblo sacerdotal, 63;
En sentido colectivo, los judíos no son responsables de la muerte de Cristo, 597-99;
Los judíos y la observancia de la ley, 578-79;
La oración de salvación de Israel, 2591-97;
La ley de Dios y el pueblo judío, 708-10, 1965;
La liturgia hebrea y la liturgia cristiana, 1096;
La Pascua en Israel, 1363;
El pecado en la historia de Israel, 401;
El Pueblo de Israel elegido por Dios, 781, 1539;
Relación de la Iglesia con el pueblo judío, 839;
Relación entre los judíos y Jesús, 581;
La revelación del Nombre de Dios a los judíos, 203-04, 209, 214;
Ritos de expiación de los pecados en el pueblo de Israel, 433;
La esperanza de Israel, 64, 436, 453.

Jerarquía

La jerarquía de las criaturas, expresada en la creación, 342;
La Jerarquía de la Iglesia, 871-76, 1569, 1571;
La jerarquía de peticiones en la oración, 2632;
La jerarquía de valores espirituales y materiales, 1886, 1895, 2236, 2244;
La jerarquía de las verdades de fe, 90, 234.

Jesús, cf. *Cristo*.

José

Anunciación de los ángeles a José, 497, 1846;
José, patrono de la buena muerte, 1014;
Fiesta de San José, 2177;
Sumisión de Jesús a José, 532;
Tarea y vocación de José, 437.

Jóvenes

La educación y la formación de los jóvenes, 5, 1632, 2526, 2685, 2688;
Peligros para los jóvenes, 2282, 2353, 2389.

Juegos de azar, 2413.

Juicio

Anticipación del juicio en la Penitencia, 1470;
El día del Juicio, 681;
El juicio de Cristo, 679;
El juicio de la conciencia, 1777-82, 1783, 1786-87, 1806, 1848, 2039;
El juicio de la Iglesia, 119, 553, 2032, 2246, 2420, 2423;
El juicio falso, 1790-94, 2409, 2477;
El juicio final, escatológico, 67, 78, 1023, 1038-41;
El juicio particular, 1021-22;
El juicio temerario, 2477-78;
Límites del juicio crítico, 1861, 2497.

Juramento

Jurar en falso, 2150-51;
El juramento según la tradición de la Iglesia, 2154;
El perjurio, 2152, 2476;

Rechazo del juramento para las cosas sin importancia, 2155;
Las palabras de Jesús: "No juréis en modo alguno", 2153.

Justicia

Acciones contrarias a la justicia, 1916, 2297, 2325, 2356, 2413, 2476, 2485;
"Bienaventurados los que tienen hambre y sed de justicia", 1716;
Definición de justicia, 1807;
Efectos de la justicia, 2304;
Exigencias de la justicia, 1459, 2494-95;
Búsqueda de la justicia, 1888, 2820;
La justicia de Dios, 271, 1040, 1861, 1953, 1987, 1991-92, 2017, 2543;
Justicia distributiva, 2236, 2411;
La justicia entre las naciones, 2437-42;
La justicia social, 1928-42, 2425-26, 2832;
Función de los laicos para adecuar todas las cosas a las normas de la justicia, 909;
Deberes de la justicia, 1459, 1787, 2401, 2446-47, 2487;
La persecución a causa de la justicia, 1716;
Poderes políticos y justicia, 2237;
Santidad y justicia original, 375-76, 379, 400, 404;
Obrar según la justicia, 1697, 1754, 1778, 1787;
La virtud de la justicia, 1805, 1807, 2479, 2484.

Justificación

La conversión precede a la justificación, 1989;
Definición del significado de justificación, 1987, 1989, 1991-92;
Efectos de la justificación, 1266, 1990;
La justificación, obra grandiosa de Dios, 1994;
Razón de la justificación de los hombres, 402, 617, 654, 1987, 1992;
El perdón y la justicia que vienen de lo alto como aspectos de la justificación, 2018;
Caminos para recibir la justificación, 1446, 1996, 2001.

Justo/s

Vida eterna de los justos después de la muerte, 769, 989, 1038;
Jesús y los justos, 545, 588, 633;
Justos de la Sagrada Escritura (Abel, Noé, Daniel, Job), 58;
Cualidades de la oración del justo, 2569, 2582;
El Reino de los justos con Cristo, 1042.

Kerigma, cf. *Anuncio*.

Koinonia, 948.

Kyrie eleison, 2613.

Kyrios, 209, 446.

Laico

El apostolado de los laicos, 864, 900, 2442;
Los laicos y la Liturgia de las Horas, 1174-75;
Presidencia de los laicos en las bendiciones, 1669;
La participación de los laicos en la función profética de Cristo, 785, 904-07, 942;
La participación de los laicos en la función real de Cristo, 908-13, 943;
Participación de los laicos en la función sacerdotal de Cristo, 901-03, 941;
Significado de la palabra laico, 897;
La vocación de los laicos, 898-900, 2442.

Leccionario, 1154.

"Lectio divina"

La liturgia y la "lectio divina", 1177;
La meditación y la "lectio divina", 2708;

Lectura de la Sagrada Escritura

La lectura de la Sagrada Escritura en la catequesis, 129;
La lectura de la Sagrada Escritura en familia, 2205;
La lectura de la Sagrada Escritura en la liturgia, 1093, 1177;
La lectura de la Sagrada Escritura en los sacramentos, 1154, 1480, 1482;
Necesidad de leer la Sagrada Escritura, 133, 2653;
Los sentidos literal, moral, espiritual, alegórico y anagógico en la lectura de la Sagrada Escritura, 115-19.

Legítima defensa, 2263-67;
La legítima defensa como grave deber para los responsables de la vida de los demás, 2265;
Efectos de la legítima defensa, 2263;
Fines de la legítima defensa, 2266;
Derecho a la legítima defensa, 1909, 2308;
Razones de la legítima defensa, 2264, 2309.

Lenguaje

El lenguaje de la creación, 2500;

El lenguaje de la fe, 170-71, 185;
El lenguaje humano relacionado con Dios, 40-43;
El lenguaje de la oración, 2663;
El lenguaje de los signos y símbolos en la vida humana, 1146;
El lenguaje de "doble sentido", 2338, 2480;
Las palabras de Dios expresadas en lenguaje humano, 101.

Letames, 1154, 1177.

Ley

Definición de ley, 1952;
Diversas expresiones de la ley (eterna, natural, revelada, etc.), 1952;
La ley humana derivada de la ley eterna, 1904;
La ley del mercado, 2425;
En el Estado de derecho, predomina la ley por encima de la arbitrariedad humana, 1904;
La economía de la ley y de la gracia libera el corazón humano, 2541;
La plenitud de la Ley, 2196.
La Ley en la Antigua Alianza
    El Decálogo como Ley de Dios, 2058;
    El don de la Ley, 238, 700, 2060;
    Fines de la Ley, 62, 708;
    Jesús y la Ley, 527, 576-82, 592, 2053, 2382;
    La Ley de Dios como verdad, 2465;
    La Ley en el Reino y en el Exilio, 709;
    La maldición de la Ley, 580;
    Olvido de la Ley y sus consecuencias, 710;
    El pecado como transgresión de la Ley, 401;
    Mandamientos principales de la Ley, 2055;
    "La Regla de oro" como compendio de la Ley, 1970;
    Valor y significado de la Ley, 1961-64.
La ley moral, 1950-74;
    Crímenes contra la vida y la ley moral, 2269, 2271, 2282;
    Ignorancia de la ley moral, 1860;
    Libertad y ley moral, 1740, 2526;
    Observancia de la ley moral de Dios, 2222;
    El pecado como acto contrario a la ley moral, 1849, 1855, 1859;
    La plenitud y unidad de la ley moral en Cristo, 1953;
    La poligamia y la ley moral, 2387;
    Significado de la ley moral, 1950;
    Costumbres y usos contrarios a la ley moral, 2291, 2295-97, 2357, 2409, 2455;
    Validez de la ley moral durante una guerra, 2312.

Ley natural, 1954-60;
    Actos contrarios a la ley natural, 2235, 2242;
    Aplicación de la ley natural en las distintas culturas, 1957;
    El decálogo y la ley natural, 2070-71, 2079;
    Divorcio y ley natural, 2384;
    Imitabilidad de la ley natural, 1958;
    La ley natural como base y fundamento de todas ias demás leyes, 1959;
    Ley revelada y ley natural, 1960;
    El Magisterio de la Iglesia y la ley natural, 2036;
    Los regímenes políticos y la ley natural, 1901;
    Significado de la ley natural, 1954-55;
    Universalidad de la ley natural, 1956.
La Ley nueva del Evangelio, 1965-71, cf. *Nueva alianza;*
    Definición de Ley nueva, 1965-66;
    Jesús como norma de la nueva Ley, 459;
    La Ley nueva y el Espíritu Santo, 1966;
    Ley nueva y cumplimiento de la vieja Ley, 1967-68;
    La Ley nueva como expresión de la ley divina, natural y revelada, 1965;
    La Ley nueva como ley de gracia, de amor y de libertad, 1972.
La ley del orar
    Sentido ecuménico de la ley del orar, 1126;
    Significado de la frase "la ley del orar es la ley del creer", 1124.

Liberación

La liberación realizada por el Bautismo, 1221, 1237;
Liberación del pecado, 1741, 1964;
Liberación y salvación, 1741;
Liberación de Israel, 1363, 2170;
La liberación económica y social, 2124;
La oración para la liberación del mal, 2750, 2850-54.

Libertad

Condiciones para lograr la libertad, 2223, 2236, 2402;
Definición de libertad, 1731;
Educación para la libertad, 2207, 2223, 2228, 2526;
La educación de la conciencia proporciona libertad, 1748;
La libertad de la familia, 2211;
La libertad del hombre, 33, 387, 1700, 1730-48;
La libertad humana de actuar y obrar, 1738, 1782, 2008;

INDEX ANALYTICUS → L

La libertad de comunicación y de información, 2304, 2498;
Libertad de contraer matrimonio, 1625;
La libertad política, 2245;
La libertad religiosa, 1907, 2107-09, 2211;
Peligros que amenazan la libertad, 1740, 1883;
Poder terrenal y libertad personal, 450;
La práctica de la vida moral proporciona libertad, 1828;
Significado de la libertad humana, 1705;
La verdad como don de la libertad, 1741.
La libertad en la Economía de la salvación
    Dios respeta la libertad del hombre, 311, 1884;
    Dios ha creado libremente todo de la nada, 296;
    La gracia no imita a la libertad humana, 1742, 1993, 2008;
    La libertad que Cristo nos ha dado, 908, 1741;
    Libertad y pecado original, 397, 407, 415, 1707, 1714, 1739;
    Libertad y pecado, 387, 601, 654, 1739, 1741, 1853, 1859;
    La libertad de la fe, 154, 160, 180;
    La libertad de Jesús en su obediencia al Padre, 609-10, 1009, 2749;
    La libertad de la Virgen María, 488, 511;
    Límites de la libertad, 396, 450.
Libertad y responsabilidad, 1731-38;
    Consecuencias del uso de la libertad, 1733-34;
    Derecho al ejercicio de la libertad, 1738, 1907, 2254;
    La libertad y posibilidad de elegir entre el bien y el mal, 1732;
    La violación de la libertad personal, 2356, 2492;
    Voluntad y libertad, 1734-35.

Libro, cf. *Evangelio, Palabra de Dios, Sagrada Escritura.*

Limosna

La limosna en la Ley nueva, 1969;
La limosna como forma de penitencia, 1434, 1438;
La limosna como obra de caridad y misericordia, 2447, 2462.

Liturgia

Los ángeles en la liturgia, 335;
La Iglesia, lugar propio de la oración litúrgica, 2691, 2695;
Fines de la liturgia, 1068;
La liturgia celestial, 1090, 1137-39, 1326;
Liturgia judía y cristiana, 1096;
La liturgia Pascual, 1217;
La liturgia terrenal, 1088-89;
Liturgia de la Palabra, 1103, 1154, 1346, 1349, 2183;
Las liturgias orientales y sus peculiaridades, 948, 1182, 1240, 1623;
María en la liturgia, 721;
La participación de la liturgia de la Iglesia, 1273, 1389;
La liturgia y la religiosidad popular, 1674-75;
Significado de la palabra liturgia, 1069-70.
La celebración litúrgica
    Celebración litúrgica del Bautismo, 1234-45, 1278;
    Celebración litúrgica de la Confirmación, 1297-1301, 1321;
    Celebración litúrgica de la Eucaristía, 1330, 1345-55, 1363;
    Celebración litúrgica de las exequias, 1684-90;
    Celebración litúrgica del Matrimonio, 1621-24, 1631, 1663;
    Celebración litúrgica del Orden, 1572-74, 1597;
    Celebración litúrgica de la Penitencia, 1480-84;
    Celebración litúrgica de la Unción de los enfermos, 1517-19, 1531;
    Ministerios y celebración litúrgica, 1142-44;
    Cambios de los ritos sacramentales, 1125;
    El Misterio Pascual de Cristo en la celebración litúrgica, 1067-68;
    Tradiciones litúrgicas y catolicidad de la Iglesia, 1200-03.
Elementos de la celebración litúrgica
    El canto y la música, 1156-58;
    Las santas imágenes, 1159-62;
    Los signos y símbolos, 1145-52;
    Palabras y hechos, 1153-55.
Celebramos la liturgia celestial, 1137-39;
    La cabeza y los miembros, 1142-43;
    La comunidad y la asamblea, 1140-41, 1144;
    Celebrando la liturgia sacramental, 1140-44.
Interpretación de la liturgia
    La liturgia actualiza los acontecimientos salvíficos, 1104;
    La liturgia debe adaptarse a las diversas culturas, 1204-06;
    La liturgia como acto de la Iglesia, 1071-72;
    La liturgia como culminación a la que tiende toda la acción de la Iglesia y fuente de donde mana toda su fuerza, 1074;

INDEX ANALYTICUS → L

La liturgia como elemento constituyente de la Tradición, 1124;
La liturgia como respuesta de la fe, 1083;
La liturgia como lugar eminente de la catequesis, 1074.
Liturgia de las Horas, 1174-78;
    Constitución de la Liturgia de las Horas, 1176-77;
    Efecto de la Liturgia de las Horas, 1437;
    Fines de la Liturgia de las Horas, 1174;
    Lugares para la celebración de la Liturgia de las Horas, 2691;
    Oraciones de todo el Pueblo de Dios, 1173;
    Origen de la Liturgia de las Horas, 1096;
    Los partícipes de la Liturgia de las Horas, 1175;
    Significado de la Liturgia de las Horas, 1174, 1178.
Las Personas divinas en la liturgia Cristo en la liturgia, 1084-90, 1097, 1136, 2655;
    Cristo como centro y Sacerdote de la liturgia, 662, 1070, 1088;
    Dios Padre como fuente y fin de la liturgia, 1077-83;
    La liturgia como obra de la Santísima Trinidad, 1076-1109;
    El Espíritu Santo en la liturgia, 688, 1091-1109.
Tiempo litúrgico, 1163-78.
    El año litúrgico, 1168;
        Explicación del Misterio Pascual, 1171;
        Interpretación de los tiempos en clave litúrgica, 1095;
        La memoria de los santos, 1173;
        La memoria de la Virgen María, 1172, 1370;
        El Misterio Pascual como fundamento de la interpretación del año litúrgico, 1168-69.
    El domingo, 1166-67;
        Las demás festividades que han de celebrarse, 2177;
        El "Día del Señor", 1166-67;
        Importancia de la celebración eucarística dominical, 2177-79.

Lucha

El Bautismo, remisión de los pecados y lucha contra el mal, 978-79, 1264;
Carne, espíritu y lucha, 2516, 2819, 2846;
Consecuencias del pecado original y lucha espiritual, 405, 407-09;
Conversión y lucha, 1426;
La lucha contra el mal, 409-10;
Fe y lucha, 162, 2573;
Naturaleza humana y lucha espiritual, 2516;
La oración como lucha, 2612, 2725-51, 2846, 2849;
La pureza y la lucha para alcanzarla, 2520-27;
Santidad cristiana y lucha espiritual, 2015;
La vida humana como constante lucha, 409, 1707.

Lugares de celebración del culto, 1179-86, 1198-99.

Lujuria

La lujuria como pecado capital, 1866;
Significado de lujuria, 2351.

Luz

El Bautismo como luz, 1216;
Cristo como luz, 280, 529, 748, 1202, 2466, 2665, 2715;
El Decálogo como luz, 1962;
Dios como luz, 157, 214, 234, 242, 257;
"Hijos de la luz", 736, 1216, 1695;
La luz y las tinieblas, 285, 1707;
La luz de la fe, 26, 89, 286, 298, 2730;
La luz del mundo, 1243, 2105, 2466;
La luz de la razón, 37, 47, 156-57, 1955;
La luz como símbolo, 697, 1027, 1147, 1189;
La Palabra de Dios como luz, 141, 1785.

Llamamiento, cf. *Vocación del hombre*;

Llamamiento a la castidad, 2349, 2359;
Llamamiento a las familias cristianas, 2205-06;
Llamamiento al sacramento del Orden, 1578;
Llamamiento a la santidad de los laicos, 941;
Llamamiento a la unidad del cuerpo místico y la Eucaristía, 1396;
Llamamiento de Dios y Decálogo, 1962;
Llamamiento de Dios y gracia, 2000;
El llamamiento de Dios y el hombre, 29, 160, 545, 2461, 2566-67;
Llamamiento de Dios y pueblo hebreo, 839;
Llamamiento de Dios y las vírgenes y viudas consagradas, 922;
Llamamiento de Dios a sus hijos, 2232-33.

Llaves del reino

Los pecados, su perdón y las llaves del Reino, 979, 981, 1444;
Pedro y las llaves del Reino, 553, 567, 881, 936, 1444;
El poder de las llaves del Reino, 981-83.

INDEX ANALYTICUS — L - M

Madurez de la fe cristiana, 1248, 1308.

Maestro/s
Los Obispos, maestros de la fe, 1558, 2050.

Magia, 2115-17.

Magisterio de la Iglesia y de los Pastores, 85-87, 888-92;
La autoridad y continua sucesión del Magisterio, 77, 88;
Conexión entre la Sagrada Escritura, la Sagrada Tradición y el Magisterio, 95;
Infalibilidad del Magisterio, 2035;
El Magisterio ordinario y universal del Sumo Pontífice y de los Obispos, 2034;
El Magisterio de los Pastores de la Iglesia, 2033;
Misión y función del Magisterio, 890;
Vida moral y Magisterio, 2032, 2036.

Mal, cf. *Bien*;
Ayudas para evitar el mal, 1806, 1889, 1950, 1962, 2527;
Odio al mal, 1427, 1431, 1706, 1776;
Cristo libera al hombre del mal, 549, 1505;
La elección entre el bien y el mal, 1732-33;
La fe cristiana como respuesta al mal, 309, 385;
Ignorancia e imputabilidad por el mal llevado a cabo, 1791, 1793, 1860;
La inmoralidad de hacer el mal para lograr el bien, 1789;
La inducción al mal, 1869, 2284;
La invasión del mal después del primer pecado, 401, 1707;
El juicio final para quienes hayan hecho el mal, 1039;
El mal y la moralidad de las acciones humanas, 1749-56;
El mal y las doctrinas del dualismo y maniqueísmo, 285;
El mal en el modo de actuar en el comportamiento religioso del hombre, 844;
El mal moral, 311-12;
El mal físico, 310;
No desear al prójimo mal alguno, 2303, 2539;
La oración para que seamos liberados del mal, 2846, 2850-54, cf. "*Padre nuestro*";
El pecado original y el origen del mal, 403, 407, 1607, 1707;
El pecado como un gravísimo mal, 1488;
El poder de Dios para sacar bien de las consecuencias del mal, 312-13, 412;
La Providencia y el escándalo producido por el mal, 309-14;
El problema del origen del mal, 385;
Razón y discernimiento del bien y del mal, 1954;
El Reino de Dios todavía atacado por el mal, 671;
La repetición del mal y sus consecuencias, 1865;
La resurrección del juicio, 998;
La universalidad del mal en la historia del hombre, 401.

Maligno
El exorcismo como protección contra el influjo del Maligno, 1673;
El Maligno domina al hombre, 409, 1707.

Maná, 1094, 1334.

Mandamiento/s
El anuncio de la salvación como mandato confiado a la Iglesia, 849, 2032;
Conciencia y mandamiento, 1777;
Fe y mandamientos, 2614;
Fines de los mandamientos de la Ley, 578;
Desobediencia a los mandamientos y pecado, 397;
Derecho a ser instruidos por los mandamientos divinos, 2037;
Ley evangélica y mandamiento del amor, 1974;
La liturgia y el mandamiento de Cristo, 1341;
El Magisterio eclesial y el mandato, 1341;
El Magisterio y su autoridad respecto de los mandamientos, 2036;
La observancia de los días de precepto, 2180-81, 2185;
Observancia de los mandamientos, 348, 1050;
Conocimiento de los mandamientos de la ley divina, 1778, 1960;
Los cinco mandamientos de la Iglesia, 2041-43;
La Revelación de los mandamientos del Decálogo, 2071;
La transgresión de los mandamientos de la Ley, 577;
La voluntad de Dios como mandamiento nuestro, 2822.
El Decálogo
　El Credo y los mandamientos del Decálogo, 1064;
　La confesión de los pecados y los mandamientos, 1456;
　Conciencia y mandamientos del Decálogo, 1962;

División y enumeración de los preceptos del Decálogo, 2066;
Exigencias y obligaciones de los preceptos del Decálogo, 2054, 2067, 2072-73, 2801;
La felicidad como fin último de los preceptos del Decálogo, 16;
Fines de los preceptos del Decálogo 2063;
Antiguo Testamento y mandamientos del Decálogo, 2057, 2060-62, 2077;
La desobediencia a los mandamientos y el pecado, 1853, 1858;
Interpretación e inteligencia de los mandamientos, 2055-56, 2061, 2077;
La Ley del Evangelio y los mandamientos del Decálogo, 1968, 2053, 2074;
La ley natural y los mandamientos del Decálogo, 1955, 2049, 2070-71, 2080;
La ley antigua y los mandamientos del Decálogo, 1980;
Importancia de los mandamientos del Decálogo, 2065, 2076, 2078;
Necesidad de los preceptos del Decálogo, 2071;
Observancia de los mandamientos del Decálogo, 2052-53;
Los mandamientos del Decálogo como don de Dios, 2060;
La Sagrada Escritura y los mandamientos del Decálogo, 2056-63, 2078;
Significado de los mandamientos del Decálogo, 1724, 1962, 2033, 2057;
Significado de la palabra Decálogo, 2056, 2058;
Resumen de los diez mandamientos, 2051-52;
Las Tablas del Decálogo, 2058;
La Tradición de la Iglesia y los mandamientos del Decálogo, 2064-68, 2078;
Unidad del Decálogo, 2069, 2079;
La vida eterna y los mandamientos del Decálogo, 2052, 2075;
La voluntad de Dios expresada en los mandamientos del Decálogo, 2059, 2063.
Los diez mandamientos del Decálogo
Primer mandamiento, 2084-2141;
Segundo mandamiento, 2142-67;
Tercer mandamiento, 2168-95;
Cuarto mandamiento, 2197-2257;
Quinto mandamiento, 2258-2330;
Sexto mandamiento, 2331-2400;
Séptimo mandamiento, 2401-63;
Octavo mandamiento, 2464-2513;
Noveno mandamiento, 2514-33;
Décimo mandamiento, 2534-57.
El mandato del amor
Amar a Dios, 2083-2195;
Amar al prójimo, 2196-2557;
La caridad, 1822, 1889;
La caridad como mandato nuevo de Cristo, 782, 1823, 1970, 2074;
Los consejos evangélicos y el mandato nuevo de Cristo, 1973-74, 1986;
El Decálogo como explicación de los mandamientos, 16, 1697, 2067;
La ley antigua y el mandato del amor, 1968, 1984-85;
La observancia de los mandatos de Cristo, 1824;
El mandato del amor como primero de todos, 575, 1337, 2055.

Manifestación

La manifestación del advenimiento del Reino de Dios, 570;
Manifestación de Dios, de su poder, de su bondad y de su belleza, 294, 707, 2519;
La manifestación de Jesucristo, 486, 528, 535, 639, 660, 1224;
La manifestación del Espíritu Santo, 697, 951.
Mansedumbre/Mansos, 716, 736, 1716, 1832.

Maraña Tha, 451.

María

María, Madre de Cristo por obra del Espíritu Santo, 437, 456, 484-86, 723-26.
El culto a María
El culto a María en el año litúrgico, 1172, 1370;
Festividades litúrgicas de María, 2043, 2177;
La fe en María fundada en la fe en Cristo, 487;
Respeto del nombre de María, 2146;
La oración a María, 2675-79;
Veneración pero no adoración, 971.
La Iglesia y María
La Iglesia por María tiende a la perfección, 829;
Lugar de María en el misterio de la Iglesia, 773, 963-72;
María, ejemplar, realidad y tipo de la Iglesia, 967;
La maternidad espiritual de María, 501.

INDEX ANALYTICUS → M

María en la Economía de la Salvación La
  Anunciación, 484, 490;
    El consentimiento de María, 148, 490, 494;
    La Asunción de María, 966;
    La concepción por obra del Espíritu Santo, 437, 456, 484-86, 495, 723;
    La Inmaculada Concepción, 490-93;
    María, limpia de pecado, 411;
    María, Mediadora de la gracia, 969;
    Obra del Espíritu Santo, 721-26;
    La predestinación de María, 488-89, 508;
    La Virginidad de María, 496-98, 502-07;
    La Visitación de María a Isabel como visita de Dios a su Pueblo, 717.
María como ejemplo
    María, ejemplo del testimonio de la fe, 165, 273;
    María, ejemplo de obediencia a la fe, 144, 148-49, 494;
    María, ejemplo de oración en el Fiat y en el Magníficat, 2617, 2619;
    María, ejemplo de santidad, 2030;
    María, ejemplo de esperanza, 64;
    María, ejemplo de unión con su Hijo, 964.
Títulos de María
    Abogada, Auxiliadora, Ayuda, Mediadora, 969;
    Esclava del Señor, 510;
    Asunción al cielo, 966;
    Llena de gracia, 722, 2676;
    Imagen escatológica de la Iglesia, 967, 972;
    Inmaculada, 491-92;
    Madre de Cristo, 411;
    Madre de Dios, 466, 495, 509;
    Madre de la Iglesia, 963-70;
    Madre de los vivientes, 494, 511;
    Nueva Eva, 411;
    Odegetria, "la que nos muestra el camino", 2674;
    Panagían "Toda Santa", 493;
    Trono de la Sabiduría, 721;
    Siempre Virgen, 499-501.

Marido, cf. *Matrimonio*.

Mártires

Actas de los mártires, 2474;
Culto a los mártires, 957, 1173;
Modo de obrar de los mártires, 2113;
Significado del martirio, 2473.

Masturbación, 2352.

Matar

El aborto, 2270-75;
La eutanasia, 2276-79;
El homicidio voluntario, 2268-69;
La ira y el deseo de matar, 2302;
La legítima defensa, 2263-67;
La prohibición de matar en la Sagrada Escritura, 2259-62;
El suicidio, 2280-83.

Materialismo, 285, 2124.

Matrimonio, cf. *Divorcio, Sacramento/s;*

Lo propio del amor conyugal, 1643;
La castidad matrimonial, 2349;
La consumación del Matrimonio, 1640;
Los separados por divorcio que han de contraer civilmente nuevas nupcias, 1650;
Efectos del Matrimonio, 1638-42;
La fidelidad conyugal, 1646, 1648-49, 2364;
La libertad de contraer Matrimonio, 1625, 1628-29;
La grandeza del Matrimonio, 1603;
Los matrimonios mixtos y la disparidad de cultos, 1633-37;
El Matrimonio en el designio divino, 1601;
El Matrimonio en el orden de la creación, 1603-05;
El Matrimonio en la predicación del apóstol Pablo, 1616;
El Matrimonio en la predicación de Jesús, 1612-15;
El Matrimonio en la Sagrada Escritura, 1602;
El Matrimonio bajo la pedagogía de la Ley, 1609-11;
El Matrimonio bajo el régimen del pecado, 1606-08;
El Matrimonio como signo de la Alianza de Cristo con la Iglesia, 1617;
La nulidad del Matrimonio, 1629;
La renuncia al Matrimonio, 1618;
La sexualidad en el Matrimonio y su significado, 2360-62, cf. *Sexualidad;*
El vínculo matrimonial, perpetuo y exclusivo, 1638.
Fecundidad, 2366-72, 2373-79;
    Apertura a la fecundidad, 1652-54;
    La continencia periódica y el impedimento de la concepción, 2370;
    La fecundidad y la adopción de niños, 2379;
    Fecundidad y regulación de la natalidad, 2368;
    La fecundidad como colaboración al amor de Dios Creador, 2367;
    Los hijos como don de la fecundidad, 2378;

La esterilidad y las investigaciones biológicas, 2375-77;
La esterilidad y significado de la vida matrimonial, 1654;
La esterilidad como gran dolor, 2374.
Fines del Matrimonio
El bien de los esposos, 1660;
La colaboración a la obra del Creador, 372;
El Matrimonio, ordenado a la salvación de los otros, 1534;
El Matrimonio como vocación, 372, 1604-05;
Criar y educar a los hijos, 165, 253, 2366;
La transmisión de la vida, 372, 2363.
La indisolubilidad del Matrimonio, 1644-45;
El consentimiento matrimonial como elemento esencial, 1626;
El consentimiento matrimonial como fundamento de la indisolubilidad del matrimonio, 1601, 1627, 2367;
El consentimiento matrimonial, 1625;
La fidelidad al amor conyugal, 1646-48;
La indisolubilidad del Matrimonio en las palabras de Jesús, 1614-15;
La indisolubilidad del Matrimonio como exigencia del amor conyugal, 1644;
La nulidad del Matrimonio, 1629;
Significado y naturaleza del consentimiento matrimonial, 1627-28;
La transmisión de la fe en la iglesia doméstica, 1656;
La unidad del Matrimonio en la Antigua Ley, 1610-11;
El vínculo matrimonial, 1639-40.
El Matrimonio como sacramento, 1601-58;
Celebración del Matrimonio, 1621-24, 1627;
Principales efectos del Matrimonio, 1638-40, 2365;
Forma eclesiástica de celebrar el Matrimonio, 1630-31;
La gracia del sacramento del Matrimonio, 1641-42;
Matrimonios mixtos y disparidad de cultos, 1633-37;
El Matrimonio, elevado a la dignidad de sacramento, 1601;
Matrimonio y consagración, 1535;
Preparación para el Matrimonio, 1632.
Ofensas a la dignidad del Matrimonio, 2380-91;
El adulterio, 2380-81;
El divorcio, 2382-86;
El incesto, 2388;
La unión libre y el concubinato, 2390;
La poligamia, 1645, 2387;

La relaciones sexuales prematrimoniales, 2391.

Mediador, cf. *Cristo*;

María mediadora, 969.

Médico

Actos inmorales de los médicos, 2377, 2537;
El cuidado del cuerpo y la salud, 2288-89;
Jesucristo, médico de las almas y de los cuerpos, 1421, 1484, 1503-05;
Los secretos profesionales en la función del médico, 2491.

Medios de masas

Leyes contra el uso indebido de los medios de masas, 2498;
El uso indebido de los medios de masas, 2523;
El recto uso de los medios de masas, 2496.

Meditación, 2705-08;

Fines de la meditación, 2723;
Frutos de la meditación, 2706, 2708;
La meditación y el aumento en la inteligencia de la fe, 94-95;
La meditación como una de las tres mayores expresiones de la oración, 2699;
Métodos de la meditación, 2707;
Significado de la meditación, 2705;
Tiempos adecuados para la meditación, 2186.

Memoria

La memoria de los ángeles, 335;
La memoria de la creación, 2169;
Memoria de los difuntos, 958, 1032;
Memoria de Jesucristo y de su sacrificio, 1333, 1341-44, 1394;
La memoria de las maravillas de Dios, 1103;
La memoria de la pasión y resurrección de Cristo, 1163, 1167, 1354;
La memoria de los santos, 957, 1173, 1195;
El Espíritu Santo, memoria viva de la Iglesia, 1099.

Memorial

La Eucaristía, memorial de la Muerte y Resurrección de Cristo, 611, 1167, 1330, 1358, 1362-72, 1382;
Jesús instituyó el memorial de su propia y libre oblación, 610, 1323, 1337;
La liturgia como memorial de salvación, 1099;

El memorial de los acontecimientos salvadores de la Antigua Alianza, 1093, 2170.

Mentira

La condena de la mentira, 2485;
Definición y significado de la mentira, 2482;
El Diablo, padre de la mentira, 392, 2482;
La gravedad de la mentira, 2484, 2486;
La mentira del Tentador como comienzo del pecado, 215;
La mentira como ofensa a la verdad, 2483;
Modos de discernimiento de la verdad y la mentira, 1954, 2847.

Mérito, 2006-11;

Cristo como fuente de nuestros méritos, 1476, 2011;
Definición y significado del mérito, 2006;
Gracia y mérito, 1708, 2008-09, 2011, 2025-27;
El hombre, partícipe de los méritos de Cristo, 2008-09;
Los méritos de los santos, 956, 1476;
No hay mérito alguno por parte del hombre ante Dios, 2007.

Mesa

El altar como mesa del Señor, 1182, 1383;
Jesús, sentado a la mesa con los pecadores, 1443;
Significado de la bendición de la mesa, 2834.

Mesianismo

El milenarismo, 676;
El pseudo-mesianismo, 675.

Mesías, cf. *Cristo*;

La expectación de los cristianos ante la vuelta del Mesías, 840;
El descenso del Espíritu Santo sobre Jesús en el bautismo, 1286;
La expectación de Israel ante la venida del Mesías, 702, 711-16;
La gloria de Jesús como inauguración del Reino mesiánico, 664;
Jesucristo, Mesías, 436-40, 528-29, 535, 540, 547;
Primer anuncio del Mesías tras la caída del hombre, 410;
Significado de la palabra Mesías, 436, 695.

Miembros del Cuerpo de Cristo

Los cristianos como miembros del Cuerpo de Cristo, 521, 738-39, 793, 795-96, 1988;
La diversidad entre los miembros del Cuerpo de Cristo, 791, 873;
Divisiones entre los miembros del Cuerpo de Cristo, 821;
Hacerse miembro del Cuerpo de Cristo, 1213, 1267;
El Espíritu Santo como principio vital de los miembros del Cuerpo de Cristo, 798;
Unidad y comunión de los miembros del Cuerpo de Cristo, 790-91, 797, 947, 953, 1368, 1396, 1469.

Milagro/s

El don de hacer milagros, 2003;
Los milagros de Cristo y su identificación como signos, 548-49, 1335;
Los milagros de Cristo, signo de su divinidad, 515;
Los milagros de los discípulos de Cristo, 434;
Significado de los milagros de Cristo, 156, 547, 1335.

Ministerio

El ministerio apostólico, 553, 983, 1536;
El ministerio de interpretar y custodiar la Palabra, 119;
El ministerio de la Reconciliación, 981, 1442, 1461-62;
El ministerio eclesial, 874-79;
El ministerio ordenado, 1120, 1142, cf. *Sacerdote/Sacerdocio*;
Ministerios particulares, 1143;
El ministerio público de Jesús, 583;
Diversidad de ministerios, 873, 910;
El ejercicio del ministerio, 2039;
El ministerio catequético, la predicación de la Palabra, 9, 24, 132, 903.

Ministros, cf. *también ministros en cada sacramento*;

Los Apóstoles como "ministros de Dios", 859;
La elección de los ministros ordenados, 1579;
El ejercicio del servicio en los ministros ordenados, 1592;
Fines de las acciones de los ministros, 874;
La indignidad del ministro ordenado y la acción de Cristo, 1584;
Ministros de Cristo y de la Iglesia, 1553;
Los ministros ordenados como "imagen" de Cristo Sacerdote, 1142;
Los ministros ordenados como responsables de la formación para la oración, 2686;
Los ministros como "Siervos de Cristo", 876;

El sustento de los ministros de la Iglesia, 2122;
La vocación personal del ministro, 878.

Misa, cf. *Eucaristía.*

Misericordia

Aceptación y recibimiento de las misericordias de Dios, 1847, 2840;
Cristo quiso la misericordia, 2100;
La Iglesia distribuye la misericordia de Dios entre los hombres, 2040;
La Iglesia implora la misericordia divina, 1037;
Jesús manifestó la misericordia del Padre, 545, 589, 1439, 1846;
La justificación como signo máximo de la misericordia de Dios, 1994;
María, "Madre de misericordia", 2677;
La misericordia de Dios, 210-11, 270;
La misericordia como fruto de la caridad, 1829;
Las obras de misericordia que han de practicarse, 1473;
Los pecadores que rechazan la misericordia divina, 1864, 2091;
Significado y géneros de las obras de misericordia, 2447.

Misión/es

La misión conjunta del Hijo y del Espíritu Santo, 689-90, 702, 727, 737, 743, 2655;
La misión de Cristo, 430, 436, 438, 440, 534, 536, 606, 608;
La misión de los esposos, 2367;
La misión de los consagrados, 931-33;
La misión de los diáconos, 1570;
La misión de la Iglesia, 6, 730, 738, 768, 782, 811, 831, 849-56, 873;
La misión de los Obispos, 2068;
La misión de los laicos, 897-913;
La misión del Magisterio, 890;
La misión de los padres, 2226;
La misión de Pedro, 552;
La misión del Espíritu Santo, 244, 485, 716, 1108;
La misión de la Virgen María, 489, 969;
Las misiones de los Apóstoles, 2, 551, 858-60, 1122, 1223;
La misión a todas las gentes, 1122, 1533, 1565, 2044, 2419.

Misional/Misionero

Fuentes del entusiasmo misionero, 828, 851;
El mandamiento misionero, 849-50;
El esfuerzo misionero, 854.

Mistagogia, 1075.

Misterio

El misterio de Cristo, 280, 512-60, 639, 654, 1067;
El misterio de la creación, 287, 295-301;
El misterio de Dios, 42, 206, 234, 1028, 2779;
El misterio de la Iglesia, 770-76;
El misterio de la existencia del mal, 309, 385, 395;
El misterio de la fe, 2558;
El misterio del hombre, 359;
El misterio de la salvación del hombre, 122;
El misterio de la unidad de la Iglesia, 813-16.

Místico, cf. *Iglesia: La Iglesia como cuerpo místico de Cristo;*

Vida mística, 2014.

Mitología/mito, 285, 498.

Modo/s de pensar

Modos de pensar "de este mundo", 2727;
Modo cristiano de pensar, 2105;
Modo de pensar y diversidad de confesión religiosa en el Matrimonio, 1634.

Moral, cf. *Ley: La ley moral*

Moralidad

El amor hacia uno mismo como principio fundamental de la moralidad, 2264;
Circunstancias, intención y moralidad de las acciones, 1756;
Conciencia moral y dignidad de la persona, 1780, 1794;
La Iglesia y la moralidad, 2420;
Fuentes de la moralidad, 1750-54;
Juicio sobre la moralidad de los actos humanos, 1756, 1768;
La moralidad ha de ser observada y protegida, 2210, 2294, 2498;
La moralidad de las pasiones, 1762-70.

Moribundos, 2279, 2299.

Mortificación, 2015.

Muerte

"A la tarde te examinarán sobre el amor", 1022;

INDEX ANALYTICUS → M

Los cristianos en peligro de muerte, 1307, 1314, 1463, 1483, 1512;
La condición de pasar de la muerte a la vida, 1470;
Morir "con la señal de la fe", 1274;
Morir en Cristo Jesús, 1005-14;
Morir en pecado mortal, 1033;
La muerte transformada por Cristo, 1009;
La muerte eterna en el infierno, 1861;
La muerte cristiana, 1010-14, 2299;
La muerte y la resurrección, 992, 996;
La muerte como causa de meditación, 1687;
La muerte, consecuencia del pecado, 1008;
La muerte final de la vida, 1007;
Provocar la muerte de otros, 2261, 2269, 2277, 2296;
El respeto de los cuerpos de los difuntos, 2300;
La pena de muerte, 2267;
La preparación para la muerte, 1014;
Soportar la muerte por la fe, 1258;
La visión cristiana de la muerte expresada en la liturgia, 1012.
Interpretaciones cristianas de la muerte
    Cumplimiento de un nuevo nacimiento, 1682;
    Consecuencia del pecado, 400-03, 1008;
    La entrada en la vida eterna, 1020;
    La participación en la muerte del Señor, 1006;
    Sentido positivo de la muerte, 1010-14;
    Signo de la debilidad humana, 2448;
    Fin de la vida terrenal, 1007.
Más allá de la muerte
    El cuerpo y el alma, 1005;
    La resurrección de la carne, 990, 996-97;
    Destino del alma, 366;
    Destino de los justos, 989, 1027-29;
    La purificación final o purgatorio, 1030-32, 1472;
    Vivir en el cielo es "estar con Cristo", 1023-26;
    El Infierno, 1033-37, cf. Infierno;
    El juicio particular, 1021-22;
    Después de la muerte no hay lugar para la penitencia, 393;
    No hay "reencarnación" después de la muerte, 1013;
    El último juicio, 1038-41;
    La vocación a participar de la vida trinitaria, 265.
Muerte de Jesús, cf. Cristo: *Misterios de la vida de Cristo: La muerte de Cristo*;
    Descenso de Cristo a los infiernos, 632-35;
    Efecto de la muerte de Jesús, 1019;

Jesús aceptó su muerte, 609, 612;
Peculiaridades de la muerte de Jesús, 627;
La responsabilidad de la muerte de Jesús, 597;
Significado de la muerte de Jesús, 571, 599, 601, 605, 613-14, 624.

Mujer

El adulterio en la mujer, 2384;
Complementariedad, unión y cooperación entre el varón y la mujer, 378, 1605, 1614, 1616, 2333;
Creación de la mujer a imagen de Dios, 355, 369-70, 2335;
Defensa de la mujer, 1610;
Dignidad de la mujer, 1645, 2334, 2393;
Exigencias del amor del varón y la mujer, 2363;
Armonía perfecta entre el hombre y la mujer en el Paraíso terrenal, 376, 384;
La mujer consagrada, 918, 924;
La mujer como imagen de la Iglesia, 1368, 2853;
Mujer y poligamia, 2387;
Relaciones entre el varón y la mujer, 400, 1606-07;
Sentencia de la Iglesia Católica sobre la ordenación de las mujeres, 1577-78;
La sexualidad, ordenada al amor conyugal entre el hombre y la mujer, 2337, 2353, 2360-61, 2522;
La unión ilegítima entre el hombre y la mujer, 2353, 2390-91;
Mirar a una mujer "deseándola en el corazón", 2336;
Varón y mujer, 369, 371-72, 383, 400;
La vocación del hombre y la mujer, 373, 1603, 2207, 2331.

Mundo

Auxilios para el bien y la salvación del mundo, 799, 909, 928, 1941, 2044, 2438;
Cristo, Salvador del mundo, 457-58, 608, 728, 1355;
El destino del mundo, 314, 769, 1001, 1046, 1680;
La Iglesia "enviada" al mundo entero, 782, 863, 2105;
El fin del mundo, 681, 1001, 1243;
Moderación del afecto hacia los bienes de este mundo, 2545, 2548;
Mundo y creación, 216, 295, 325, 327, 337-49, 760, cf. *Creación/creado, Dios: Creador del universo y del hombre*;
Mundo y pecado, 310, 402, 408, 2844, 2852-54;

Un mundo nuevo y renovado, 655, 670, 916, 1042-50;
Un mundo reconciliado y recapitulado, 620, 2748;
El mundo manifiesta las "vías" para descubrir a Dios, 31-34;
Origen del mundo, 284-85;
La Providencia operante en el mundo, 303, 395;
Relación entre Dios y el mundo, 212, 300;
Relación entre el hombre y el mundo, 373, 377;
El Tercer Mundo, 2440.

Música Litúrgica, 1156-58.

Musulmanes, 841.

Myron, cf. *Crisma*.

Nación
El bien común y la organización de las naciones, 1911;
El bien común de la nación como objetivo, 2237, 2310;
Condena del exterminio de las naciones, 2313;
La justicia y solidaridad entre las naciones, 1941, 2241, 2437-42;
La economía divina para con las naciones, 56-57;
Amenazas a la paz entre las naciones, 2316-17;
La salvación divina alcanza a todas las naciones, 64, 543.

Naturaleza
Naturaleza creada
  Vivir en armonía con la naturaleza, 1676;
  Leyes de la naturaleza, 341;
  La naturaleza en el proyecto de Dios, 310;
  Origen de la naturaleza, 338.
Naturaleza divina
  Dios, uno por naturaleza, 200, 202, 253;
  El hombre, partícipe de la naturaleza divina, 460, 1212, 1265, 1692, 1721, 1812, 1988, 1996;
  La naturaleza divina de Jesús, 449, 465, 503;
  Tres Personas en una sola naturaleza, 245;
  Unidad de la naturaleza divina, 252, 650.
Naturaleza humana
  Cristo asumió la naturaleza humana, 461;
  Constitución de la naturaleza humana, 365;
  Destino de la naturaleza humana, 412;
  Exigencias de la naturaleza humana, 1879, 1891;
  Derechos y deberes de la naturaleza humana, 2104, 2106, 2273, 2467;
  La ley natural y la naturaleza humana, 1955-56;
  La naturaleza humana de Jesús, 467-68, 470, 473, 503, 612;
  La naturaleza humana, mortal, 1008;
  La naturaleza humana, fundamento de la autoridad, 1898;
  El pecado y la inclinación al mal de la naturaleza humana, 404-05, 407, 419, 978, 1250, 1426, 1707;
  Asociaciones que corresponden a la condición humana, 1882;
  Todos los hombre tienen una y la misma naturaleza, 1934;
  La vocación al Matrimonio está inscrita en la misma naturaleza humana, 1603;
  Heridas de la naturaleza humana, 1849.

Necesidad
El auxilio necesario a los que se encuentran en cualquier necesidad, 1351, 1883, 2440, 2444, 2447, 2829;
Los fieles ayuden a la Iglesia en sus necesidades, 2043;
Necesidad del Bautismo, 1256-61;
Necesidad de la Iglesia, 846;
Necesidad de la fe, 161;
Necesidad de la oración, 2638, 2744.

Niños
Los abusos sexuales sufridos por los niños, 2389;
La confesión de los niños, 1457;
La educación de los niños en la fe, 5, 2668;
La educación de los niños en el pudor, 2524;
La primera Comunión de los niños, 1244;
Los niños, súbditos del Reino de Dios, 559.

Noé
Alianza de Dios con Noé, 56, 58, 71.

Nombre
El nombre cristiano dado en el Bautismo, 2156-59, 2165;
El Nombre de Dios, cf. Dios;
El Nombre de Jesús, 432.

Norma, cf. *Ley: La ley moral, Regla moral*;
Cristo como norma de la Nueva Ley, 459;
Dios, norma de toda verdad, 2151;

Las normas morales establecidas por Dios, 396;
Las normas morales conservan siempre su validez, 1789, 1958;
Normas de vida familiar, 2223;
Conformarse a las normas morales, 1794;
Origen de las normas en el obrar, 1950, 1955, 1959;
La prudencia como norma recta en el hacer, 1806;
El Sermón de la Montaña como compendio de toda norma moral, 1966.

Novedad

La novedad del Reino de Dios, 2832;
La novedad de la muerte cristiana, 1010;
La novedad de la oración, 2599, 2614-15.

Novios

Castidad, continencia y fidelidad de los novios, 2350;
Los esponsales como preparación al Matrimonio, 1632.

Nubes

Significado de la nube en la Transfiguración de Jesús, 555;
Significado de la nube en la última aparición de Jesús, 659;
Significado de la nube en el Antiguo Testamento, 697, 1094.

Nueva alianza

El altar como Alianza, 1182;
Los Apóstoles como sacerdotes de la Alianza, 611, 859, 1337;
El cáliz de la Alianza, 612;
Cristo como Alianza definitiva de Dios, 73;
Cristo como único Sacerdote de la Alianza, 662, 1348, 1365, 1410;
La circuncisión de Jesús como signo de la Alianza, 527;
El culto dominical y la Alianza, 2176;
La Iglesia y la Alianza, 759, 778, 796, 839, 840;
La Eucaristía y la Alianza, 610, 611, 1339, 1365, 1410, 1846;
Ley antigua y Alianza, 577, 1964, 2056;
Lugar de culto y Alianza, 1179;
La muerte de Cristo como sacrificio pascual de la Alianza, 613;
La oración en la Alianza, 2565, 2607, 2614, 2771, 2787, 2801;
Los Profetas y la expectativa de la Alianza, 64;
Sacramentos y Alianza, 1091, 1116, 1129, 1222, 1541.

Nuevo nacimiento

El agua bautismal como signo del nuevo nacimiento, 694;
El Bautismo da la gracia del nuevo nacimiento, 683, 720, 1215, 1262;
La Iglesia como madre de nuestro nuevo nacimiento, 169;
Efectos del nuevo nacimiento, 526, 1279;
Jesús inaugura el nuevo nacimiento, 505;
La muerte como cumplimiento del nuevo nacimiento, 1682;
El misterio del nacimiento, 525-26;
La necesidad del nuevo nacimiento, 1250;
La oración del Señor significa el nuevo nacimiento a la vida divina, 2769;
Somos Pueblo de Dios por el nuevo nacimiento, 782;
La Virgen María coopera en el nuevo nacimiento de los fieles, 963.

Nuevo Testamento, cf. *Sagrada Escritura*;

Los Evangelios, corazón del Nuevo Testamento, 125-27;
Libros del Nuevo Testamento, 120;
Objeto del Nuevo Testamento, 124, 684;
Origen del Nuevo Testamento, 83, 105;
Unidad entre el Antiguo y el Nuevo Testamento, 128-30.

Obediencia

La obediencia de los bautizados a la propia vocación, 1269;
La obediencia de Cristo, 411, 475, 532, 539, 612, 615, 908, 1009;
Obediencia de la conciencia, 1790;
Obediencia y libertad, 1733;
Obediencia y pecado, 1850, 1862, 2515;
Obediencia de la fe, 143, 144-149, 1831, 2087, 2098, 2135, 2340, 2716, 2825;
Obediencia a las leyes establecidas, 2240;
La obediencia de los presbíteros, 1567;
La obediencia como consejo evangélico, 915, 2053;
La obediencia como respeto filial, 2216-17, 2251;
La obediencia de la Virgen María, 148, 494, 511;
El deber de la obediencia, 1900.

Obispo, cf. *Episcopado, Orden*;

El obispo como imagen viva de Dios Padre, 1549;
El obispo como sucesor de los Apóstoles, 77, 861-62;

El obispo de Roma, cf. Sumo Pontífice;
Obispo y presbítero, 1567;
Colaboradores del obispo, 927, 1562-68, 1570;
El Colegio episcopal, 857, 877, 879-87, 1577;
La ordenación episcopal, 1555-61, 1572;
La sede del obispo, 1184.
Funciones del obispo
    Es necesario tener en cuenta los oportunos consejos del obispo, 919, 1483, 1673;
    La función del obispo de una iglesia particular, 1560, 1594;
    El obispo preside la celebración eucarística, 1142, 1561;
    El obispo en la función de enseñar, 12, 85, 888, 1558, 1676, 2034, 2068;
    El obispo en la función de gobierno, 816, 873, 894-96;
    El obispo en la función de santificar, 893;
    El obispo consagra el santo crisma, 1297;
    El obispo, ministro de la Confirmación, 1299, 1312-13;
    El obispo ministro del Orden, 1538, 1569, 1576;
    El obispo, ministro de la reconciliación, 1462;
    Las funciones del obispo en la iniciación cristiana: en el Bautismo, en la Confirmación y en la Eucaristía, 1120-21;
    La responsabilidad del obispo en la Eucaristía, 1369.

Obispo de Roma, cf. *Sumo Pontífice*.

Objeción de conciencia, cf. *Rechazo de la obediencia*.

Oblación

La oblación de la Iglesia, 1368, 1553;
La oblación de la Eucaristía, 1362, 1414, 2643;
La oblación de Jesús, 529, 606-07, 610-11, 614, 616, 2824;
La oblación de sí mismo, 459, 2031, 2711;
La oblación de la Virgen María, 494, 2617, 2622.

Obligación, cf. *Deber/Deberes*;

La dispensa de las obligaciones anejas a la ordenación, 1583;
Obligación de responder a la caridad divina, 2093;
Obligación de confesar los pecados, 1457;
Obligación de los consagrados, 931;
Obligación de observar los consejos evangélicos, 915;
Obligación de defender la patria, 2310;
Obligación de participar en la liturgia de los domingos y días festivos, 1389, 2180-83;
Obligación de santificar el domingo y las festividades, 2187;
Obligación de obedecer a la fe, 2086-87;
Obligación de mejorar las instituciones y la vida misma, 1888;
Obligación de lajusticia, 2412, 2439, 2446;
Obligación de los laicos de ejercer el apostolado, 900;
Obligación de ayudar a la Iglesia en sus necesidades materiales, 2043;
Obligación de buscar la verdad y adherirse a ella, 2467, 2497;
Obligación de guardar celosamente la indisolubilidad del Matrimonio, 2364;
Obligaciones derivadas de los mandamientos, 2072;
El respeto al mundo creado y las obligaciones para con las generaciones venideras, 2456.

Obra/Obras

Obras de caridad y de misericordia, 1458, 1473, 1815, 1829, 1853, 2044, 2447;
Obras de la carne, 1852;
Obras de Cristo que lo muestran como el verdadero "santo de Dios", 438;
Las obras de Dios como camino para su conocimiento, 32, 176, 236, 286;
Las obras de Dios, 198, 214, 295, 339, 1328;
Las obras del Diablo, 394;
Las obras de los hombres, 679, 901;
Las obras de penitencia, 1430, 1460.

Odio

Condena del odio, 2262, 2302-03;
El odio a Dios y a Cristo, 2094, 2148;
El odio al hermano y el fratricidio, 1033;
El odio al mal y al enemigo, 1933;
El odio de Satanás, 395;
Origen del odio, 1765, 2539.

Ofertorio, 1333, 1350.

Óleo, cf. *Crisma, Sacramento/s, Unción*;
Consagración del óleo, 1297;
Significado y uso del óleo, 695, 1183, 1237, 1241, 1289, 1293-94.

Omisión

La omisión de curar a los enfermos, 2277;
El pecado de omisión, 1853.

INDEX ANALYTICUS ⟶ O

Opción preferencial, cf. *Amor-Amor de preferencia.*

Opinión pública, 2286, 2493, 2498, 2499.

Opresión, 1739, 2243, 2448.

Oración, cf. *Liturgia: Liturgia de las Horas, "Padre nuestro", Salmos;*
Definición de oración, 2559;
Dios llama a la oración, 2567;
Dios escucha nuestra oración, 1127, 2737;
Dios siempre da la facultad de orar, 2743;
Jesús escucha la oración, 2616;
Orar hoy y todos los días, 2659-60;
Orar como necesidad vital, 2744;
La oración a Jesús, 2616, 2664-69;
La oración a María, 971;
La oración al Padre, 2664, 2680, 2779-85, 2792;
La oración al Espíritu Santo, 2670-72;
La oración con María, 2673-79, 2682;
La oración del Señor, 2761, 2765;
La oración de la Iglesia, 276, 2623-25;
La oración eficaz, 2738-41;
Oración y búsqueda de Dios, 2566;
La oración de María, 2617-19, 2622;
La perseverancia en la oración, 2582, 2742;
Ritmos y momentos de oración, 2698.
Ayudas a la oración, 2041, 2695;
 La catequesis, 2688;
 El grupo de oración, 2689, 2695;
 La dirección espiritual, 2690;
 Los educadores, 2252, 2686, 2688-89, 2694;
 La familia cristiana, 2205, 2685;
 Lugares adecuados para la oración, 2691;
 Los santos como testigos de espiritualidad, 2683-84.
Dificultades de la oración, 2731, 2735-37, 2754;
 El fracaso en la oración, 2728;
 Las distracciones, 2729;
 Las objeciones al hecho mismo de orar, 2726-27;
 La oración no es escuchada, 2737;
 Lucha de la oración, 2725;
 Las tentaciones, 2732-33, 2755.
Expresiones y formas de oración, 2644, 2663, 2684;
 La adoración, 2096-97, 2628;
 La memoria, 1354;
 La plegaria de alabanza, 1352;
 La bendición, 2626-27;
 El gemido, 2630;
 La acción de gracias, 2637-38, 2648;
 La intercesión, 2634-36, 2647;
 Las alabanzas, 2639-43, 2649;
 La Liturgia de las Horas, 1174-78;
 La meditación, 2705-08, 2723;
 Orar en toda ocasión, 2633;
 La oración contemplativa, 2709-19, 2724;
 El Prefacio, 1352;
 La súplica: pedir, postular, llamar insistentemente, invocar, clamar, clamar junto a otros, competir en la oración, 2629-33, 2646;
 La vida de oración, 2697-99.
Las intenciones de la súplica y las intercesiones
 Pedir el Espíritu Santo, 2671;
 Por la llegada del Reino de Dios, 2816;
 Por los enfermos, 1499, 1510;
 Por los difuntos, 958, 1032;
 Para que nos veamos libres de todo mal, 2850-54;
 Por el ecumenismo, 821;
 Por el pan de cada día, 2828-37;
 Por el perdón, 2631, 2838-41.
Jesús enseña a orar, 2601, 2603-04, 2607;
 Pedir con filial audacia, 2610;
 Orar con fe y confianza, 2609-10;
 Jesús insiste en la conversión del corazón, 2608;
 Jesús enseña a orar con su propia oración, 2607;
 Jesús, ejemplo de oración, 520, 2601;
 La oración para cumplir la voluntad de Dios, 2611;
 Pedir en nombre de Jesús, 2614;
 Orar en vigilancia, 2612.
La oración en el Espíritu Santo, 2615;
 El Espíritu Santo intercede por nosotros, 688, 741;
 El Espíritu Santo, fuente de oración, 2652;
 El Espíritu Santo, Maestro de oración, 2670, 2672. La oración en la Antigua Alianza, 2568;
 La creación como fuente de oración, 2569;
 La oración de Abraham, 2570;
 La oración de Moisés, 2574-77, 2593;
 La oración de los Profetas, 2581-84, 2595;
 La oración de los salmos, 2585-89, 2596;
 La oración del rey David, 2578-80, 2594.
La oración de la Iglesia
 Orar en el nombre de Jesús, 2664, 2668, 2671, 2815;
 Todos perseveraban unánimes en la oración el día de Pentecostés, 2623;
 La oración dirigida a Jesús, 2665-69, 2680;

INDEX ANALYTICUS ⟶ O

La oración que acompaña la lectura de la Sagrada Escritura, 2653-54;
La oración litúrgica, 1073, 2655;
"Por Jesucristo nuestro Señor", 435;
La primera comunidad de Jerusalén, 2424-25.

La oración de Jesús
La acción del Espíritu Santo en la oración de Jesús, 2600;
Jesús aprendió de María a orar, 2599;
Jesús oraba al Padre, 2599;
La oración de la Hora de Jesús, 2746-51, 2758;
Oración de Jesús en su vida, 2598-2606, 2620.

Oración y vida cristiana, 2564-65;
El nombre de Jesús en el corazón de oración cristiana, 435, 2664;
La oración cristiana marcada con el título "Señor", 451;
Oración y vida consagrada, 2687;
La oración en la vida cristiana, 2659-60;
La relación filial con Dios en la vida cristiana, 2525, 2786-88;
Significado de la palabra Amén, 1061-65;
La tradición de la oración cristiana, 2650-51.

Parábolas sobre la oración
El amigo inoportuno, 2613;
El fariseo y el publicano, 2613;
La viuda inoportuna, 2613.

Propiedad del alma orante
La confianza, 2734;
La humildad como base de la oración, 2559;
La esperanza, 1820;
La vigilancia, 2730.

Oración de la comunidad, 2689, 2695.

Orden

Orden de la creación, 299, 341, 1608;
El orden internacional, 1885;
El orden político, 2246;
El orden social o público, 1909, 1940, 2032, 2266-67, 2298, 2304, 2424.

Orden Sacramental, 1536, cf. *Ministerio, Sacramento/s*;

Cristo como ministro del Orden, 1575;
La vocación de Dios al Orden sacramental, 1578;
Fines y significado del Orden, 1120, 1534, 2686;
Grados del Orden, 1593;
La manifestación del Orden, 1142;

El Orden y la consagración, 1538;
El Orden como transmisión de la sucesión apostólica, 1087;
El Orden, uno de los siete sacramentos, 1113, 1210;
Prefiguración del Orden, 1541;
Presencia de Cristo en el Orden, 1548-50;
Significado de la palabra Orden, 1537-38.

Celebración del sacramento del Orden
El obispo como ministro de la celebración, 1576;
Lugar y tiempo de la celebración, 1572;
Ritos de la celebración de los tres grados, 1573-74;
Signos de la consagración, 1538.

Efectos del sacramento del Orden
El poder de actuar como legado de Cristo, 1581;
Carácter indeleble del Orden, 1121, 1582-83;
La configuración con Cristo Sacerdote, 1585;
Los diáconos, fortalecidos con la gracia sacramental para servir al Pueblo de Dios, 1588;
La gracia de fortaleza del Obispo, 1586;
La gracia de fortaleza del presbítero, 1587;
Actuar en la persona de Cristo, 1142, 1548;
La indignidad del ordenado no impide que Cristo actúe, 1584;
Los poderes de perdonar los pecados, 1461.

Quién puede recibir el sacramento
Facultad de recibir el sacramento del Orden del llamado por Dios, 1578;
Facultad del bautizado célibe de recibir el sacramento del Orden (en la Iglesia latina), 1579;
Los diáconos permanentes casados, 1579;
La disciplina vigente en las Iglesias orientales, 1580;
El derecho de recibir el sacramento del Orden no le ha sido dado a nadie, 1578;
Facultad de los varones bautizados de recibir el sacramento del Orden, 1577.

Los tres grados del sacramento del Orden, 1536, 1554.

El Episcopado, cf. *Obispo*;
La consagración le otorga las funciones de santificar, enseñar y gobernar, 1558;
Necesidad de la intervención del Obispo de Roma para la ordenación legítima de un Obispo, 1559;
La plenitud del sacramento del Orden, 1557;

INDEX ANALYTICUS ⟶ O - P

Tradición de la misión de los Apóstoles, 1556;
El Presbiterado, cf. P*resbítero, Sacerdote/ Sacerdocio*;
Carácter indeleble, 1563;
Ordenación en el Orden del presbiterado, 1568;
Los sacerdotes participan de la misión universal de Cristo, 1565;
El sacerdocio supone los sacramentos de la iniciación cristiana, 1563;
Significado de la misión de los presbíteros, 1564;
Significado de la promesa de obediencia al Obispo, 1567;
La entrega del ministerio por el obispo, 1562;
La unción, 1563.
El diaconado, cf. *Diácono*;
    El carácter indeleble, 1570;
    El diácono, ordenado para el servicio del Obispo, 1569;
    La imposición de manos solamente por el Obispo, 1569.

Oriental, cf. *Iglesia, Liturgia*.

Ortodoxia, cf. *Iglesias Ortodoxas*.

Paciencia
"La caridad es paciente", 1825;
La paciencia de Dios, 2822;
La paciencia de la fe y la oración, 2613;
La paciencia en la familia, 2219;
Soportar con paciencia como obra de misericordia espiritual, 2447;
La paciencia como fruto del Espíritu Santo, 736, 1832.

Padre, cf. *Padres, Paternidad*.

Padre, Dios, 232-60;
El Padre, Primera Persona de la Santísima Trinidad, 198;
El significado de la invocación de Dios como Padre, 238-39;
Acciones de Dios Padre
    Acciones de Dios Padre hacia su Hijo Jesús, 648;
    Las acciones de Dios hacia los hombres, 219, 443, 845, 1050, 1153, 2466, 2714;
    Cristo, Palabra de Dios, 65;
    El clamor "Abba, Padre", 742, 2777;
    El designio de Dios Padre, 759;
    Dios, Padre de misericordia, 1439, 1449;
    Dios Padre, fuente y fin de toda liturgia, 1077-83;
    Dios uno, Padre de todos los hombres, 172, 239-40;
    Diálogo entre Dios Padre y los hombres, 104;
    Fuente y origen de toda divinidad, 245-46, 248;
    La Providencia divina hacia todos los hombres, 17, 305;
    La relación entre Dios Padre y Jesucristo, 151, 242, 454, 465, 467, 473, 482, 503, 532, 536, 590, 859;
    La relación entre el Espíritu Santo y Dios Padre, 689, 703, 729;
    La revelación de Dios Padre, 79, 516;
    La Trinidad y Dios Padre, 253-55, 258;
    La voluntad de Dios Padre, 541.
Acciones del hombre hacia Dios Padre
    El acceso del hombre a Dios Padre, 51, 683, 1204;
    Acción de gracias y alabanza a Dios Padre, 1359-61;
    Orar a Dios Padre, 1695, 2564, 2601, 2610, 2613, 2664, 2735-36, 2742, cf. "*Padre nuestro*";
    Las preces dirigidas a Dios Padre, 434, 1109, 1352-53, 2605;
    El cumplimiento de la voluntad del Padre, 2603, 2611.

"Padre nuestro" (la oración)
La oración "Padre nuestro" en el centro de las Escrituras, 2762-64;
La oración "Padre nuestro" como oración del Señor, 2765-66;
La oración "Padre nuestro" como oración de la Iglesia, 2767-72.
Partes de la oración del "Padre nuestro"
    "Padre", 2779-85, 2798;
    "Padre nuestro", 2786-93, 2801;
    "Que estás en el cielo", 2794-96, 2802;
    "Santificado sea tu nombre", 2807-15, 2858;
    "Venga a nosotros tu Reino", 2816-21, 2859;
    "Hágase tu voluntad…", 2822-27, 2860;
    "Danos hoy nuestro pan de cada día", 2828-37, 2861;
    "Perdona nuestras ofensas", 2838-45, 2862;
    "No nos dejes caer en tentación", 2846-49, 2863;
    "Y líbranos del mal", 2850-54.

Padres, cf. *Familia, Hijos*;

La cooperación y diálogo entre padres e hijos, 2230;
La educación de los hijos en la fe, 1656, 2206, 2222, 2225-26;
La familia como ámbito de educación de los hijos, 2224;
Los hijos como señal de la bendición divina, 1652, 2373;
El hijo ha de ser considerado por los padres como don, no como deuda, 2378;
"Honra a tu padre y a tu madre", 2196;
Jesús sometido a sus padres, 531, 583;
El derecho de los padres a elegir escuela para sus hijos, 2229;
Respeto a la vocación de los hijos, 2232-33;
Derechos y deberes de los padres, 1250, 2221-31;
Deberes de los hijos hacia los padres, 2214-20;
Deberes de los padres y adulterio, 2381;
Paternidad de Dios y paternidad humana, 239, 2214;
El mandamiento del amor hacia los padres, 2197, 2199, 2200;
La responsabilidad de los padres en la educación de los hijos, 1653, 2221, 2223;
La santificación de los padres, 902;
Técnicas inmorales de fecundación artificial, 2376.

Padres de la Iglesia, 11, 668.

Paganos, 522, 528, 781.

Palabra, cf. *Cristo*;
Cristo, Palabra hecho carne, 151, 241, 477;
Dios preserva lo que creó por la Palabra, 320;
El Misterio de la Encarnación de la Palabra, 461-63, 479;
"La Palabra se encarnó", 423, 456-60;
"En el principio era la Palabra", 291.

Palabra de Dios, cf. *Catequesis, Sagrada Escritura;*
El anuncio de la Palabra de Dios, 1102;
El Cristianismo como la religión de la Palabra de Dios, 108;
Cristo como Palabra de Dios, 65, 101-04;
Iconografía cristiana y Palabra de Dios, 1160;
Incorruptibilidad de la semilla de la Palabra divina, 1228;
La inteligencia de la Palabra de Dios, 85-86, 113, 1101;
La Liturgia de la Palabra de Dios, 1154, 1349;

Importancia de la Palabra de Dios en la Liturgia, 1100, 1153, 1184;
El alimento de la Palabra, 2835;
Las obras de la Palabra de Dios, 131, 162, 338, 1177, 1454, 1785;
La Sagrada Escritura y la Palabra de Dios, 81, 104, 124;
La única Palabra de Dios, 102;
Recibir la Palabra de Dios, 543, 764;
La Palabra de Dios como fuente de oración, 2587, 2653-54, 2716, 2769;
La Palabra de Dios en el origen de la existencia de toda criatura, 703;
La Palabra de Dios como verdad, 2465.

Palabra del hombre
La verdad de la palabra del hombre, 2500;
La verdad de la palabra del hombre en el juramento, 2151.

Paloma
El sentido de la paloma, 701;
El Espíritu Santo, Jesús y la paloma, 535.

Pan
La Comunión bajo la sola especie del pan, 1390;
La conversión del pan en Cuerpo de Cristo, 1106, 1353, 1375-76;
La fracción del pan, 1329, 1377;
Jesús, el pan vivo, 1406;
El maná del desierto como verdadero pan del cielo, 1094;
La multiplicación de los panes, 1335, 2828-37;
Los panes ázimos, 1334;
El pan de cada día, 1334, 2828-37, 2861;
El pan de la vida, 103, 1338, 1405, 2835;
Los signos del pan y del vino en la Eucaristía, 1333-36.

Papa, cf. Sumo Pontífice.

Parábola
Significado y fines de las parábolas, 546, 2607.
Varias parábolas
Parábola del amigo importuno, 2613;
Parábola del buen pastor, 1465;
Parábola del buen samaritano, 1465;
Parábola de los dos caminos, 1696;
Parábola de la levadura, 2660, 2832;
Parábola del hijo pródigo, 1439, 1465;
Parábola del juez justo, 1465;
Parábola de la oveja perdida, 605;

Parábola del pobre Lázaro, 633, 1021, 2463, 2831;
Parábola del fariseo y el publicano, 2613, 2839;
Parábola del sembrador, 2707;
Parábola de la semilla, 543;
Parábola del siervo compasivo, 2843;
Parábola de los talentos, 1880, 1937;
Parábola del último juicio, 1038;
Parábola de la viuda importuna, 2613;
Parábola de la cizaña, 681, 827.

Paráclito, cf. *Espíritu*.

Paraíso, cf. *Cielo*;
El paraíso en el designio de Dios, 1721;
El primer hombre en el Paraíso, 374-79, 1023;
Restitución del hombre al Paraíso, 736;
Significado del Paraíso, 1027.

Pareja (humana)
La fidelidad y la pareja, 2364;
Armonía de la pareja y complementariedad física, 2333;
El matrimonio y la pareja, 1603, 1624, 1636, 1642, 2363;
La esterilidad humana y la pareja, 2374, 2377.

Paro
El paro como atentado contra la dignidad humana y los peligros que de él derivan, 2436.

Parroquia, 2179, 2226.

Participación
La participación en las celebraciones litúrgicas, 1141, 1273;
La participación de Jesús en el poder y la autoridad de Dios, 668;
La participación en la Eucaristía, 1000, 1388, 2182;
La participación en la muerte y resurrección de Cristo, 1002, 1006;
La participación en la oración de Cristo, 1073;
La participación en el Sacrificio de Cristo, 618, 1372;
La participación en la vida divina, 375, 505, 541, 654, 759, 1212, 1726, 1997;
La participación de los laicos en la función real de Cristo, 908-13;
La participación de los laicos en la función profética de Cristo, 904-07;
La participación de los laicos en la función sacerdotal de Cristo, 901-03, 1546, 1591;
La participación ministerial en el sacerdocio de Cristo, 1554.

Participación en la vida social, 1882, 1897-1917.

Parusía, 1001, cf. *Plenitud de los tiempos*.

Pascua
El cumplimiento de la Pascua de Cristo, 731;
Cumplimiento pascual del Reino de Dios, 1403;
Títulos pascuales, 1169;
La celebración de la Pascua por los cristianos y por los judíos, 1096;
Consecuencias de la Pascua de Cristo, 1225, 1449;
Consumación de la Pascua, 1096, 1164;
Días para celebrar la Pascua, 1170;
La Eucaristía como memorial de la Pascua de Cristo, 1340, 1362-66;
El acontecimiento de la Pascua, 640;
Significado de la Pascua judía, 1363;
La última Pascua cristiana, 1680-83;
Última Pascua de la Iglesia, 677;
La unión de los fieles cristianos en la Pascua de Cristo, 793.

Pasión/es
El amor como pasión fundamental, 1765;
Consumación de las pasiones, 1769;
Definición, obras y origen de las pasiones, 1763-64;
El dominio de las pasiones, 908, 1804, 1809, 2339, 2341;
Moralidad de las pasiones, 1762-70;
La pasión aminora la culpabilidad, 1860;
Las pasiones no han de juzgarse en sí mismas como buenas o malas, 1767;
La servidumbre de las pasiones, 1792;
Prohibición de las pasiones desordenadas, 2536;
Motivos para el discernimiento de las pasiones, 1768.

Pasión de Cristo, cf. *Cristo*.

Pastoral
La acción pastoral común en los matrimonios mixtos, 1636;
Cuidado pastoral de la parroquia, 2179;
Fines de la misión pastoral, 857;

La función pastoral del ministerio, 890;
La necesaria discreción pastoral para sostener y apoyar la religiosidad popular, 1676;
El gobierno y la función pastoral de los obispos, 886, 896, 927, 1560;
La Palabra de Dios alimenta la predicación pastoral, 132.

Pastores de la Iglesia

Los obispos como pastores de la Iglesia, 862, 939, 1558;
Los laicos auxiliares de los pastores de la Iglesia, 900-01;
Funciones de los pastores de la Iglesia, 801, 857, 1551, 1632, 2033, 2038, 2663;
El párroco como pastor de su propia parroquia, 2179;
La función pastoral de Pedro y de los Apóstoles, 881;
Los pastores de la Iglesia, elegidos y enviados por Cristo, 816, 1575.

Paternidad

Los cónyuges, partícipes de la paternidad de Dios, 2367;
La paternidad de Dios, 239, 270, cf. Dios;
La paternidad divina, fuente de la paternidad humana, 2214;
La paternidad responsable, 2368.

Patria

La patria celestial, 117, 1525, 2795;
La patria terrenal y nuestros deberes hacia ella, 2199, 2239-40, 2310.

Patriarcas

Los Patriarcas del pueblo judío, 839;
Los Patriarcas como raíz de la Iglesia, 755;
La veneración de los Patriarcas en el Antiguo Testamento, 61.

Paz, 2304;

Ayudas a la paz, 1941, 2015, 2310.
La defensa de la paz, 2302-2317;
El Señor llama a la paz, 2302;
La educación de la conciencia y la paz, 1784;
Los que hacen la paz, 1716, 2442;
La paz terrenal como imagen de Cristo, 2305;
La paz como don de Dios, 1424, 1468;
La paz como fruto de la caridad, 1829;
La paz como fruto del Espíritu, 736, 1832;
La paz como fundamento del bien común, 1909;

Amenazas a la paz, 1938, 2315, 2317.

Pecado

El amor, más fuerte que el pecado, 2844;
La concupiscencia incita al pecado, 978;
Definición de pecado, 1849-50;
El pecado de los ángeles, 392-93;
El pecado en la Iglesia, 827;
El pecado como gravísimo mal, 1488;
La raíz del pecado, 1853;
La realidad del pecado, 385-87;
Responsabilidad del que coopera al pecado de otros, 186;
Satanás como causa del pecado, 2852;
Caminos para destruir el pecado, 943;
Profundos vínculos de Dios con el hombre y reconocimiento del pecado, 286-88.
Consecuencias del pecado
    Afecto desordenado hacia las criaturas, 1472;
    Muerte del Hijo de Dios, 312;
    Penas del pecado, 1472-73;
    La privación de la comunión con Dios, 1472;
    La privación de la semejanza con Dios, 705;
    Privación de la vida eterna, 1472;
    Lucha de la carne contra el espíritu, 2516;
    La vida del cristiano, debilitada, 1420;
    La vida del pecador, debilitada, 1459;
    Vicios e inclinaciones perversas, 1426, 1865.
Distinción de los pecados
    Distinción de los pecados según la gravedad, 1854;
    Distinción de los pecados según su objeto, 1853.
Interpretaciones del pecado
    Es un acto personal, 1868;
    El hombre abusa de la libertad que Dios le hadado, 1739;
    El mal moral ha entrado en el mundo, 311, 1869;
    Hay amenazas contra la unidad y la comunión en la Iglesia, 814, 1440;
    Entrada de la muerte en la historia de la humanidad, 400, 1006, 1008;
    Es una ofensa hecha al mismo Dios, 431, 1850;
    Es obra de la carne, 1852;
    El pecado ofende a la propia comunicación humana, 761, 953;
    ¿Qué es el llamado "pecado social"?, 1869;
    El abandono de Dios, 398;
    Los cismas, las herejías, la apostasía, 817.
La liberación del pecado, cf. *Penitencia y Reconciliación*;

El Bautismo libera del pecado, 977-78, 985, 1213, 1237, 1263-64;
Cristo, "el Cordero de Dios que quita el pecado del mundo", 523, 536, 608;
Cristo, "propiciación por nuestros pecados", 457, 604;
Cristo ha pagado por nuestros pecados, 615, 1708;
Cristo ha llevado a cabo la remisión de nuestros pecados, 987, 1741;
Dios "hizo a Cristo pecado por nosotros", 602-03;
Dios no abandona al hombre al poder del pecado, 410-11, 1609;
La ley divina es auxilio para los heridos por el pecado, 1949;
La oblación de Cristo por los pecados de la humanidad, 606-18;
La oración como camino para evitar el pecado, 2846;
La Penitencia y la Reconciliación, cf. *Penitencia y Reconciliación*;
La penitencia interior, camino para vencer al pecado, 211, 549, 1989-90, 1999, 2057, 2097;
Sólo Dios puede perdonar pecados, 270, 277, 430-31, 1441;
Caminos para obtener el perdón de los pecados, 1434-39;
La violencia y la variedad del pecado manifestadas en la pasión de Cristo, 1851.
Modos de pecar
  Modos de pecar contra el amor de Dios, 2094;
  Pecados de pensamiento, de acción o de omisión, 1853.
Pecados
  Actos sexuales fuera del Matrimonio, 2390;
  La blasfemia contra el Espíritu Santo, 1864;
  La blasfemia, 2148;
  El homicidio, 2268;
  La envidia, 2539;
  La ira, 2302;
  La malicia, 1860;
  La mentira, 2484;
  El odio, 2303;
  Pecados contra le fe, 2088-89;
  Pecados contra la esperanza, 2091;
  La transgresión de la obligación de participar en la Eucaristía los días de precepto, 2181;
  El sacrilegio, 2120.
Los pecados capitales
  Los pecados capitales generadores de otros pecados, 1866;
  "Pecados que claman al cielo", 1867.
El pecado mortal
  Condiciones: materia grave, 1858;
  el pleno conocimiento, 1859;
  el firme consentimiento, 1859;
  Consecuencias, 1855, 1861;
  Distinción entre el pecado mortal y el venial, 1854;
  Imputabilidad de la culpa, 1860;
  La muerte en pecado mortal, 1033, 1035;
  Penas eternas reservadas para los que mueren en pecado mortal, 1033;
  "El que no me ama permanece en la muerte", 1033;
  La remisión de los pecados mortales en la contrición perfecta, 1452, 1856.
El pecado venial
  Condiciones de materia, conocimiento y consentimiento, 1862;
  La confesión de los pecados veniales, 1458;
  Consecuencias del pecado venial, 1863.
El perdón sacramental de los pecados, cf. *Penitencia y Reconciliación*;
  El amor de Dios como causa del perdón de los pecados, 734;
  La autoridad de atar y desatar en el perdón de los pecados, 553, 976, 1441-45, 1461;
  La confesión y la absolución, 1424;
  Confesar los pecados según el precepto de la Iglesia, 2042;
  La purificación de las penas del pecado, 1475;
  La remisión de los pecados y la reconciliación con la Iglesia, 1443;
  La remisión de los pecados como efecto de la justificación, 2018;
  Los sacramentos de la remisión de los pecados, 1421, 1486, 1520;
  La Unción de los enfermos y la remisión de los pecados, 1520.

El pecado original

Causas de que Dios permita el pecado original, 412;
La desobediencia como origen del pecado original, 390;
El pecado original como prueba de la libertad del hombre, 396;
El pecado original como verdad de fe, 388-89;
Significado de la doctrina del pecado original, 389.

Pecador/es

Efectos del sacramento de la Penitencia en los pecadores, 1423, 1468-70;
Jesús invitaba a los pecadores, 545, 588;
Justificación de los pecadores, 1994;
La misericordia de Dios para con los pecadores, 1465, 1846;
La misericordia de Jesús con los pecadores, 589, 1443;
Todos los hombres "han sido constituidos pecadores", 402;
Todo pecador como autor de la pasión de Cristo, 598;
Justos y pecadores en la Iglesia, 827;
La penitencia que han de hacer los pecadores, 1459;
El poder de conceder el perdón a los pecadores, 979, 1444;
La purificación de los pecadores, 1475;
Último juicio de los pecadores, 1038;
Para reconocerse o ser reconocidos como pecadores, 208, 827, 1697, 2677, 2839;
Caminos para la reconciliación de los pecadores, 1449.

Pedagogía divina, 53, 708, 1950, 1964.

Pedro (Apóstol)

Obispo de Roma, cf. *Obispo de Roma;*
La fe de Pedro en Cristo, 153, 424, 440, 442;
Las funciones y misión de Pedro, 552, 642, 881;
Negación y conversión de Pedro, 1429, 1851;
Pedro, Cabeza de los Apóstoles, 552, 765, 880-81;
Pedro como testigo de la Resurrección de Cristo, 641-42.

Pena

Diversidad de penas en el purgatorio y en el infierno, 1031;
El pecado y su pena, 2061;
La pena, adecuada a la gravedad del delito, 2266;
La pena de muerte, 2267;
La vida moral y el temor del castigo divino, 1828, 1964, 2090.

Penitencia

Fines de la penitencia, 2043;
Formas de penitencia en la vida cristiana, 1434-39;
Obras de penitencia a favor de los difuntos, 1032;

La penitencia interior, 1430-33.

Penitencia y Reconciliación, cf. *Sacramento/s;*

Antes de recibir la Sagrada Comunión hay que recibir la absolución sacramental, 1415;
Edad para el perdón de los pecados, 1457;
El Bautismo y la remisión de los pecados, 535, 977-78;
La Eucaristía y el perdón de los pecados, 1393, 1395, 1436, 1846;
Fines del sacramento de la Penitencia y Reconciliación, 1425-26;
La Penitencia y la Reconciliación como sacramento, 1210;
La potestad de administrar el sacramento de la Penitencia y Reconciliación a los no católicos, 1401;
El precepto de recibir el sacramento de la Penitencia y Reconciliación, 1457, 2042;
El sacramento de la Penitencia y Reconciliación, instituido por Cristo, 1446;
El sacramento de la Penitencia y Reconciliación en casos gravísimos, 1463;
El sacramento de la Penitencia y Reconciliación, instituido para todos los hombres, 827, 1446;
Recibir la Penitencia y Reconciliación antes de la celebración del
Matrimonio, 1622;
El sacrificio de Cristo, fuente de perdón para los pecados de los hombres, 1851;
El sigilo sacramental de la Confesión, 1467, 2490;
Significado escatológico del sacramento de la Penitencia y Reconciliación, 1470;
La Unción de los enfermos y el perdón de los pecados, 1532.
Actos del penitente, 1491;
    Examen de conciencia, 1454, 1456.
Contrición, 1451-54;
    La contrición y la confesión sacramental, 1452;
    La contrición perfecta y la contrición imperfecta, 1492;
    La contrición como dolor "de corazón", 1451;
    La contrición, necesaria para obtener el perdón, 982, 1259, 1861, 1864;
    Después de la muerte ya no hay penitencia, 393;
    El Espíritu Santo dador de la gracia de la contrición, 1433.
Confesión, 1455-58;

Confesión individual y celebración comunitaria, 1482;
Confesión de los pecados y conversión, 1435;
La confesión de los pecados graves, necesaria para recibir el perdón, 1493;
La confesión personal es la forma más significativa de la reconciliación, 1484;
La confesión de las faltas veniales, 1493, 1863;
La necesidad de confesar pecados, 1448.
Absolución, 1480-84;
La absolución general, 1483;
La absolución al moribundo, 1020;
Celebración comunitaria y absolución individual, 1482;
Excomunión y absolución, 1449, 1481;
Fórmulas de absolución, 1449, 1481;
La liturgia bizantina y sus fórmulas de absolución, 1481;
Pecados graves y absolución, 1415, 1457, 1497;
La potestad de perdonar pecados, 553, 976, 1441-42, 1444-45, 1461.
Perdón y reconciliación, cf. *Perdón de los pecados*;
Dios "estaba reconciliando al mundo consigo por medio de Cristo", 433;
La Iglesia como lugar de reconciliación, 755;
La reconciliación con la Iglesia, 1443-45;
La reconciliación de todos los cristianos en la Iglesia de Cristo, 822;
El perdón como condición indispensable para la reconciliación, 2844;
Caminos de reconciliación, 981, 1449, 1455.
Satisfacción
Ha de ser impuesta por el confesor, 1460;
Fines de la satisfacción, 1494;
Formas de penitencia y sus fines, 1460;
La satisfacción como acto del penitente, 1491.
Denominaciones del Sacramento de la Penitencia y Reconciliación Sacramento de la confesión, 1424, 1455-58;
Sacramento de la conversión, 1423;
Sacramento de la indulgencia, 1424, 1446;
Sacramento de la penitencia, 1423;
Sacramento de Reconciliación, 1385, 1424, 1440;
Sacramento de la remisión, 1395;
Sacramento de la misericordia, 1422.
Celebración litúrgica o rito del sacramento de la Penitencia
Actos del penitente, cf. *Penitencia* y *Reconciliación*: *Actos del penitente*;
Acción del sacerdote, 1491;
Celebración comunitaria, 1482-83;
Ministro de la celebración, 1461-62, 1466;
Cambios experimentados en la celebración a lo largo de los siglos, 1447-48;
Estructura fundamental, 1448, 1480.
Efectos del sacramento de la Penitencia
Reconciliarse con Dios, 980, 1468;
Reconciliarse con la Iglesia, 980, 1422, 1469;
Recobrar la gracia, 1446, 1468;
Alcanzar la "resurrección espiritual", 1468;
Anticipar el último juicio, 1470;
Conceder la misericordia por la ofensa hecha a Dios, 1422.
Necesidad del sacramento de la Penitencia
Necesidad del sacramento de la Penitencia para recibir otros sacramentos, 1385;
Necesidad del sacramento de la Penitencia para hallar de nuevo la gracia de la justificación, 1446;
Necesidad del sacramento de la Penitencia para la reconciliación con Dios y con la Iglesia, 1484;
Necesidad del sacramento de la Penitencia para obtener el perdón de los pecados mortales, 1395.

Pensamiento

Pensamientos puros e impuros, 2520;
Interpretar rectamente los pensamientos del prójimo, 2478;
Rectitud de pensamiento en el hombre justo, 1807.

Pentecostés

Pentecostés, día de la efusión del Espíritu Santo, 696, 731, 1287, 2623;
Pentecostés, día de la manifestación pública de Cristo, 767, 1076;
Pentecostés, día de la plena manifestación de la Trinidad, 732.

Perdón, cf. *Penitencia y Reconciliación*;

La conversión y el perdón, 2608;
Efectos del perdón de los pecados, 1443, 1473;
La familia como escuela para conceder el perdón, 1657, 2227;
La gracia de Dios como origen del perdón, 2010;
La petición de perdón en la oración, 1425, 2631, 2838-45;
La potestad del perdón, 981;

Los sacramentos como camino hacia el perdón, 1434, 1437, 1452;
Es posible el perdón de todos los pecados, 982;
El perdón de Dios como signo de su omnipotencia, 277;
El perdón a quien nos ha injuriado, 2840, 2845;
El perdón negado a quien blasfema contra el Espíritu Santo, 1864.

Perdón de los pecados, cf. *Penitencia y Reconciliación*;
Bautismo y remisión de los pecados, 403, 977-80, 1226, 1263;
Cristo justifica a los hombres, 615, 1708;
Cristo realiza el perdón de los pecados, 987, 1741;
Cristo, "Cordero de Dios que quita el pecado del mundo", 523, 536, 608;
Cristo, "propiciación por nuestros pecados", 615, 1708;
Dios "hizo a Cristo pecado por nosotros", 602-03;
Potestad de la Iglesia de perdonar los pecados, 981;
Eucaristía y remisión de los pecados, 1393, 1846;
Formas de penitencia y caminos para obtener el perdón de los pecados, 1434-39;
Ofrenda de Cristo al Padre por nuestros pecados, 606-18;
La remisión de los pecados y el sacramento de la Penitencia, 1496;
El perdón de los pecados como don del amor de Dios, 734;
El perdón de los pecados como efecto de la justificación, 2018;
El perdón de los pecados como reconciliación con la Iglesia, 1443;
Los sacerdotes como instrumentos para el perdón de los pecados, 1421, 1486, 1520;
Sólo Dios puede perdonar los pecados, 430-31, 1441;
El Espíritu Santo y el perdón de los pecados, 984;
El Sacrificio de Cristo para el perdón de los pecados del hombre, 536, 545, 610, 613.

Peregrinación
La peregrinación de la Iglesia, 769;
La peregrinación del hombre por la tierra, 1013, 1419;
La peregrinación como forma de piedad y religiosidad, 1674, 2101;
Significado de la peregrinación, 2691;
Tiempos más adecuados para la peregrinación, 1438.

Pereza, cf. *Acidia*;
Pereza espiritual, 2094;
La pereza como pecado capital, 1866.

Perjurio
Consecuencias del perjurio, 2476;
Gravedad del perjurio, 1756, 2153, 2163;
Significado de la palabra perjurio, 2152.

Permisividad (Ánimo permisivo de costumbres), 2526.

Persecución
Persecución de Cristo, 530;
Persecución de la Iglesia, 675, 769, 1816.

Perseverancia
La perseverancia final y el premio eterno, 2016;
La perseverancia en la fe, 162;
La perseverancia en la oración, 2728, 2742-43.

Persona, cf. *Hombre, Sociedad*;
Comunicación a través de los medios y persona, 2492, 2494;
Constitución de la persona, 362;
Diferencias entre personas, 1946;
Identidad de la persona, 203, 2158;
Índole trascendente de la persona humana, 1295, 2245;
Integridad de la persona, 2338-45;
Derechos y deberes de la persona humana, 1738, 2070, 2108, 2270, 2273;
Trabajo y persona, 2428;
Respeto a la persona e investigación científica, 2292-96;
El respeto a la persona, 1907, 1929-33, 2212, 2297-98, 2477, 2479, 2524;
El respeto a las personas y a sus bienes, 2407-18;
La persona y el bien común, 1738, 1905, 1912-13;
Persona y sociedad, 1878-89, 1929;
La persona humana, destinada a la felicidad eterna, 1703;
La persona capaz, 1704;
La persona como imagen de Dios, 1730;
La persona como templo del Espíritu Santo, 364;
Persona y sexualidad, 2332, 2337;
Estado y persona, 2237.
La dignidad de la persona

INDEX ANALYTICUS ⟶ P

La dignidad de la persona y la justicia social, 1911, 1913, 1926, 1929, 1938, 2213, 2238, 2402;
La dignidad de la persona y la libertad religiosa, 1738, 1747, 2106;
La dignidad de la persona humana, 1700-1876;
Eutanasia y dignidad de la persona humana, 2277, 2324;
Exigencias de la dignidad de la persona humana, 1780, 1930, 1938, 1944, 2339, 2467;
Experimentos en la criatura humana y dignidad de la persona humana, 2295;
Fundamento de la dignidad de la persona humana, 225, 357, 1700, 1730, 1934, 2126;
Inseminación artificial y dignidad de la persona humana, 237;
Intervención genética y dignidad de la persona humana, 2275;
Respeto a la dignidad de la persona, 1935, 2158, 2235, 2267, 2297, 2304;
Dignidad de la persona humana y pecado, 1487, 2261, 2320, 2353, 2414;
Pornografía, prostitución, violación y dignidad de la persona humana, 2354-56.
Las personas divinas, cf. *Trinidad;*
Las acciones de las Personas manifiestan sus propiedades, 258, 267;
Cristo, Segunda Persona de la Trinidad, 466, 468, 470, 473, 477, 481, 483, 626;
Dios Padre, Primera Persona de la Trinidad, 198;
Distinción de las Personas, 254, 266, 689;
Relaciones entre las Personas, 255;
Significado de la palabra Personas en la Trinidad, 252;
Espíritu Santo, Tercera Persona de la rinidad, 245, 684-86, 731;
Unidad de naturaleza de las Tres Personas, 202, 253.

Pertenencia

Pertenencia a Cristo, 1272, 1296, 2182;
Sentido de pertenencia a la Iglesia, 1309.

Petición, 2734, cf. *Oración.*

Piedad

La piedad hacia la Virgen María, 971;
La piedad filial, 2215;

Piedad popular y catequesis, 1674, 2688;
La piedad como don del Espíritu Santo, 1303, 1831.

Plenitud

La caridad como plenitud de la ley, 2055;
Cristo como Mediador y plenitud de toda la Revelación, 65-67;
Cristo, plenitud de la ley moral, 1953;
Los consejos evangélicos como plenitud de la ley moral, 1974;
Oración en la plenitud de los tiempos, 2598, 2619;
La plenitud de Cristo, 423, 515;
La plenitud del Reino de Dios, 1042;
La plenitud de los tiempos, 422, 484, 717-30, 744, 2598-2619;
La plenitud de la vida cristiana, 5, 2013;
La salvación, plenitud de los tiempos, 824.

Pobres/Pobreza

El desprecio de las riquezas como modo de vida, 2544-45;
Cristo, pobre, 517, 525, 544, 1351, 2407;
Carrera de armamentos y el daño a los pobres, 2329;
La Eucaristía nos obliga hacia los pobres, 1397;
Los pobres de espíritu, 709, 716, 1716, 2544-47;
La pobreza como consejo evangélico, 915;
La pobreza como camino de Cristo y de la Iglesia, 544, 786, 852;
El Reino de los cielos y los pobres, 544;
Solidaridad de los paises ricos para con los pobres, 2439-40;
Solicitud, cuidado y amor a los pobres, 886, 1033, 1435, 1825, 1941, 2208, 2405, 2443-49.

Poder

"El poder de las llaves", 553, 981-83;
El poder del hombre, 943, 1731, 1861, 1884, 2002;
El poder de Jesucristo, 635, 649, 664, 668, 1441, 1503;
El poder del Espíritu Santo, 703, 798;
El poder del Estado, 1904, 2237, 2239, 2241, 2244;
El poder del Romano Pontífice y del Colegio Episcopal, 882-83;
El poder de las tinieblas y cómo nos libera de él el Bautismo, 1250.

Poder de Dios

La aparente impotencia de Dios, 272;
La fe y la omnipotencia de Dios, 273-74;

Manifestaciones del poder de Dios, 277, 296, 648, 1508, 2500;
La omnipotencia divina no es en modo alguno arbitraria, 271;
El poder de Cristo, 449, 649;
El poder de Dios en los sacramentos, 1128;
El poder del Espíritu Santo, 496, 1127, 1238, 2778;
Propiedades del poder de Dios, 268, 270;
La Sagrada Escritura proclama el poder de Dios, 269;
La Palabra de Dios como poder, 124, 131.

Poderes y potestades

Poderes ocultos, 2116-17;
Poderes que luchan contra el Reino de Cristo, 671;
Poderes de las tinieblas, 409, 680;
La victoria de la Iglesia sobre los poderes de la muerte, 552.

Poligamia

La poligamia en la antigua ley, 1610;
La poligamia, contraria a la igualdad de dignidad del hombre y de la mujer, 1645;
La poligamia como ofensa a la dignidad matrimonial, 2387.

Politeísmo, 2112.

Político

Acto de resistir a la opresión del poder político, 2243;
La autoridad política ejercida entre los debidos límites, 1923;
Los fieles cristianos que intervienen en política, 899, 2442;
La comunidad política y la Iglesia, 2244-46;
Distinción entre el servicio a Dios y el servicio a la comunidad política, 2242;
El dominio político de la opinión, 2499;
El juicio moral de la Iglesia sobre lo que pertenece al orden político, 2246;
Derechos humanos y autoridad política, 2273;
La oración por las autoridades políticas, 1900;
Regímenes políticos y bien común, 1901-04, 2237.

Popular, cf. nombres substantivos que se refieren a esto.

Pornografía, 2211, 2354, 2396.

Predestinación, 257, 600, 1007, 2012, 2782, 2823.

Predicación

Efectos de la predicación, 94;
Importancia de la predicación, 875, 1122;
La predicación apostólica, 76-77;
La predicación de Jesús, 1151, 1716;
La Resurrección de Cristo en nuestra predicación, 651;
La Palabra de Dios, alimento de la predicación, 32.

Prefiguraciones

La prefiguración del Bautismo en el Antiguo Testamento, 1217-22;
Prefiguración de la Eucaristía, 1335;
Prefiguración del sacerdocio en el Antiguo Testamento, 1544;
Prefiguraciones en la Antigua Alianza, 1223.

Preparación a recibir los sacramentos, cf. cada uno de ellos.

Presbítero, cf. *Sacerdote/Sacerdocio;*

El celibato de los presbíteros, 1580;
La ordenación de presbíteros, 1562-68, 1572;
El presbítero como colaborador del obispo, 1595;
El presbítero, imagen de Cristo, 1142;
El presbítero como ministro de los sacramentos, 1257, 1312, 1411, 1461-62, 1530, 1623;
El presbítero, sólo el varón bautizado, 1577;
Facultad del presbítero para el exorcismo, 1673.

Presbiterio, 1595;

Ministerio de los sacerdotes y presbiterio, 877;
Unidad del presbiterio, 1567-68.

Presencia de Cristo

Presencia de Cristo en la Eucaristía, 1374, 1378-79, 2691;
Presencia de Cristo en la Liturgia terrestre, 1088.

Presencia de Dios

El hombre consciente de la presencia de Dios y de sus efectos en la conciencia, 208, 2144;
Estar en la presencia de Dios, 2565;
Signos de la presencia de Dios, 1148.

Presentación de Jesús en el Templo, 529.

Presidir

Cristo preside toda celebración litúrgica, 1348;
Los diáconos que presiden las exequias, 1570;
Los obispos y los presbíteros, presidentes de la Eucaristía, 1142, 1411;
El obispo como presidente de una iglesia particular, 1369;
Facultad de los laicos para presidir ciertas ceremonias de bendición, 1669;
Facultad de los laicos para presidir oraciones litúrgicas, 903;
La sede de la presidencia de la asamblea, 1184.

Presunción

La presunción como pecado contra la esperanza, 2091-92.

Primado

El primado de Cristo, 7921;
El primado de Dios, 304;
El primado de la Iglesia Romana, 834;
El primado del Romano Pontífice, 882.

Primicias

Cristo como primicia entre los muertos, 655;
Los frutos del Espíritu Santo como primicias de vida eterna, 1832;
Los Magos como primicias de las naciones, 528;
María, primicia de la Iglesia, 972.

Procesión (acto de culto)

La Procesión con la Hostia consagrada, 1378;
La procesión como expresión de la religiosidad popular, 1674.

Proclamación de la Palabra de Dios, cf. *Palabra de Dios;*

Proclamación de la Palabra de Dios por los diáconos, 1570;
Importancia de la proclamación de la Palabra de Dios, 1154;
La proclamación de la palabra de Dios en la celebración eucarística, 1408.

Procreación

Los cónyuges, responsables de la procreación, 2372;
Regulación de la procreación, 2368, 2370;
Mortalidad de los métodos reguladores de la procreación, 2370;
La procreación de los hijos como fin del Matrimonio, 1652;
La procreación responsable, 2368;
Sexualidad y procreación, 2351-52;
Técnicas de procreación contrarias a la dignidad de la persona, 2377.

Profanar, 2120.

Profecía

La profecía de la ruina del Templo, 585;
La profecía del Siervo sufriente, 601;
La profecía como don, 2004.

Profesión

La primera profesión de la fe, 189, 978;
La profesión de los consejos evangélicos, 873, 915, 925, 944;
Profesión y trabajo, 2230, 2433;
La profesión de fe como primer grado de la iniciación cristiana, 1229;
La profesión de la fe, 14, cf. Fe;
La profesión de fe como vínculo de unidad de la Iglesia, 815.

Profeta/s

Acción del Espíritu Santo por medio de los profetas, 243;
Elias, padre de los profetas, 2582;
Juan Bautista, último de los profetas, 523, 719;
Oficio y misión de los profetas de Israel, 64, 201, 522, 762, 1964, 2581, 2595;
Los profetas como denunciadores, 2100, 2380;
Los profetas y el anuncio del Mesías, 522, 555, 702;
Los profetas, testigos del amor de Dios hacia Israel, 1, 218;
Los profetas como testigos de la justicia divina, 2543;
Significado e importancia de la oración de los profetas, 2584.

Progreso, cf. *Crecimiento;*

El progreso del hombre, 2461;
El progreso de las actividades económicas, 2426.

Prójimo

El amor a Dios y al prójimo como cumplimiento de la Ley de Dios, 1706;
El amor al prójimo, inseparable del amor de Dios, 1033, 1878;
Razón del respeto y del amor al prójimo, 678, 2212;
Formas de penitencia y amor al prójimo, 1434;

La justicia para con el prójimo, 1807, 1836;
El respeto por la obra creada y el amor al prójimo, 2415;
El respeto y el amor al prójimo como exigencia de la caridad, 1789, 1822, 1844;
Ofensas y pecados contra el amor al prójimo, 1459, 1849, 2302-03, 2409, 2477, 2485, 2539;
Obras de misericordia a favor del prójimo, 2447;
Los mandamientos y el amor al prójimo, 1962, 2052, 2067, 2401, 2464;
Hacernos cercanos y próximos a los demás, 1825, 1932;
Hay que considerar al prójimo como "otro yo", 1931;
La pureza de corazón como necesaria para recibir a otro como verdadero prójimo, 2519.

Promesas

Fidelidad de Dios a sus promesas, 212, 215, 422, 1063;
Promesas de Dios a Abraham, 705-06;
Promesas de Dios y oración de la fe, 2570-74, 2579;
Israel como depositario de las promesas divinas, 60;
Las promesas del Bautismo, 1185, 1254, 1298;
Las promesas de las Bienaventuranzas, 1716-17, 1725, 1967;
La promesa hecha a Dios o voto, 2101-03;
La promesa de la Resurrección de Jesús y su cumplimiento, 638, 653;
Promesa solemne y juramento, 2147, 2150, 2152;
La promesa del Espíritu Santo, 715, 729, 1287;
La promesa de la vida eterna, 2002;
Promesas de Dios y su cumplimiento, 484, 652, 1065, 2787;
La esperanza como confianza en el cumplimiento de las promesas, 1817;
El espíritu de la promesa, 705-06;
La tierra prometida, 1222.

Propiciación, 1992, cf. *Expiación*.

Propiciatorio, 433.

Propiedad privada

Destino universal de los bienes y propiedad privada, 2402-06, 2452;
El derecho a la propiedad privada, 2211, 2401, 2403, 2406, 2411;
El respeto a la propiedad privada, 2409.

Propósito

Propósito de no volver a pecar como acto penitencial, 1451, 1490;
Cumplimiento del propósito de reparar y cumplir la penitencia impuesta, 1491.

Prostitución, 2355.

Providencia, cf. *Dios*;

Definición de providencia, 302, 321;
Abandono filial y providencia, 305, 322, 2215, 2547, 2830;
La oración cristiana y la cooperación a la providencia, 2738;
La providencia como designio divino realizado, 302-05;
La providencia como guía, 1040;
La providencia y las causas segundas, 306-08;
La providencia y la colaboración de las criaturas, 306-07, 323;
La providencia y el mal, 309-14, 324, 395;
Testimonio de la providencia en la Sagrada Escritura, 303.

Proyecto de Dios, cf. *Dios: Designio (Proyecto) de Dios.*

Prudencia

El bien común exige prudencia, 1906;
Definición de prudencia, 1806, 1835;
La prudencia en el juicio moral y en el consejo, 1788;
La prudencia como virtud cardinal, 1805-06.

Pruebas

Distinción entre prueba y tentación, 2847;
La fe sometida a pruebas, 164, 272;
La fortaleza para soportar las pruebas, 1808;
Jesús, probado por Satanás, 538, 2119;
La consumación de la Iglesia en medio de grandes pruebas, 769;
Sobrellevar las pruebas, 901, 1508;
La esperanza como fuente de gozo en medio de la prueba, 1820;
La última prueba de la Iglesia, 675-77.

Publicano/s

Jesús y los publicanos, 588;
Parábola del fariseo y el publicano, 2613.

Pudor

Definición de pudor, 2521-22;
Pudor del cuerpo, 2523;

INDEX ANALYTICUS ⟶ P - R

El pudor como exigencia de la pureza, 2521, 2533;
El pudor como signo de la dignidad humana, 2524.

Pueblo de Dios, 781-86;

Todo lo que pertenece al pueblo de Dios, 836, 871;
La congregación del pueblo de Dios, 761-62, 776, 865;
Diversidad de culturas y de pueblos dentro del pueblo de Dios, 814;
Elección de Israel como Pueblo de Dios, 762;
La fe del pueblo de Dios, 93, 99;
La Iglesia como pueblo de Dios, 781-86;
Los judíos, los no cristianos y el pueblo de Dios, 781-86;
Los ministerios como ayuda al pueblo de Dios, 874;
Peculiaridades del pueblo de Dios, 782;
El pueblo profético de Dios, 785;
El pueblo real de Dios, 786;
El pueblo sacerdotal de Dios, 784;
El pueblo de Dios de la Vieja Alianza y el nuevo Pueblo de Dios, 840;
La universalidad del pueblo de Dios, 831, 885.

Pureza

La lucha por la pureza, 2520-27;
Exigencias y condiciones para conseguir la pureza, 2521, 2525, 2532-33;
La pureza de corazón necesaria para ver a Dios, 2519, 2531;
Pureza de intención y la mirada, 2520;
La pureza como don del Espíritu Santo, 2345;
El vínculo entre la pureza de corazón del cuerpo y de la fe, 2518.

Purgatorio, 1030-32, 1472, cf. *Comunión de los santos.*

Purificar

El Bautismo como purificación de los pecados, 2520;
La Iglesia ha de ser siempre purificada, 827, 1428;
La Eucaristía y su poder de purificar, 1393;
El Evangelio y su poder de purificación, 856, 2527;
La purificación final o Purgatorio, 1030-32, 1054;
La confesión de los propios pecados, indispensable para la purificación, 1847;

Purificar el corazón, 1723, 2517-19, 2532;
La purificación perfecta, 2813;
La purificación del ambiente social, 2525.

Raza

Discriminación por motivos de raza, 1935;
Idolatría de la raza, 2113.

Razón

El pecado es contrario a la razón, 1872;
Razón y conocimiento de Dios, 35-39, 47, 237, 286;
Razón y promulgación de leyes, 1902, 1976;
Razón y ley moral natural, 1954;
La razón y las pasiones, 1767;
La razón y las virtudes, 1804, 1806, 2341;
La razón hace al hombre semejante a Dios, 1730;
La razón humana y la fe, 50, 156-59, 274, 1706;
Razón, conciencia moral y juicio, 1778, 1783, 1796, 1798.

Realidades

Los laicos y su actuación en las realidades temporales, 898-99, 2442;
Las realidades espirituales y el modo de percibirlas, 1146,
Las realidades como camino para conocer a Dios, 32, 159, 1148;
Los seglares consagrados y su actuación en las realidades temporales, 929;
La simonía como compra y venta de las realidades temporales y espirituales, 2121.

Rebaño

La Iglesia como rebaño, 754, 764;
Los pastores del rebaño, 861, 881, 893, 1548, 1575, 1586.

Recapitulación, 515, 668, 2854.

Rechazo de la obediencia, cf. *Obediencia*;

El pecado como rechazo de la obediencia a Dios, 397, 1850, 1871;
Rechazo de la obediencia de Adán reparada por Cristo, 411, 532, 614-15;
Rechazo de la obediencia de Adán y del hombre y sus consecuencias, 399, 400-02, 1733, 2515;
Rechazo de la obediencia a la autoridad, 2242, 2256, 2313;
Rechazo de la obediencia moral, 1733, 1862, 2515.

INDEX ANALYTICUS → R

Recomendación del alma, 690, 1020.

Reconciliación, cf. *Penitencia y Reconciliación*.

Recto, cf. *Justo*/s.

Redención
Anunciación y promesa de la Redención, 55, 64, 601;
La Iglesia como instrumento de Redención de todos, 776;
Extensión de la obra redentora, 634;
María, sierva del misterio de la Redención, 494, 508;
La muerte de Cristo como sacrificio de Redención, 613, 616;
La Redención en el centro del mensaje cristiano, 571, 601;
La Redención por muchos, 605;
El sentido de la Redención se entiende solamente desde la fe, 573;
La vida de Cristo como misterio de Redención, 517, 635, 1067.

Redentor, cf. *Cristo*.

Reencarnación, 1013.

Reflexión, cf. *Meditación*;
Importancia de la reflexión personal, 1779;
La reflexión-oración, 2708.

Reforma, 406, 1400.

Regeneración cristiana
El Bautismo, baño de regeneración, 1213, 1215;
Efectos de la regeneración, 784, 872, 1262.

Regla moral, cf. *Ley, Norma*;
Cristo como regla moral para actuar, 2074;
La ley moral como norma de actuación, 1951;
La ley natural como regla moral, 1957, 1959;
"Regla de oro", 1789, 1970, 2510;
La Sagrada Escritura como fuente de toda norma moral, 75, 141.

Regulación de la procreación, 2368, 2370, 2372, 2399.

Reino de Dios, 1720, 2819;
Llamados al Reino de Dios, 526, 543-44, 2603;
Realización plena del Reino de Dios, 677, 1042, 1060;
"Venga a nosotros tu Reino", 2804, 2816-21, 2859;
La llegada del Reino de Dios y la vida de los cristianos, 2046;
La edificación del Reino de Dios, 395;
El anuncio del Reino de Dios, 543-46, 768;
"Ha llegado a nosotros el Reino de Dios", 541-42, 1503, 2612;
Bienaventuranzas y Reino de Dios, 1716, 1726, 2546;
"Las llaves del Reino", 551-53;
Condiciones para entrar en el Reino de Dios, 526, 543-44, 556, 577, 1215, 1427, 1470, 1716, 2544, 2556, 2826;
La Iglesia como Reino de Dios ya presente de modo misterioso, 763;
La Iglesia como semilla e inicio del Reino de Dios, 567, 669, 764, 768;
La exclusión del Reino de Dios y sus causas, 1852, 1861, 2450;
Familia y Reino de Dios, 2232-33;
Buscar ante todo el Reino de Dios, 305, 1942, 2632;
Ley y Reino de Dios, 1963;
Oración y Reino de Dios, 2632, 2646, 2660;
El progreso y el Reino de Dios, 2820;
El Reino de Cristo en este mundo aún no es definitivo, 671;
El Reino de Dios es eterno, 664;
Recibir el Reino de Dios, 764;
El Reino de Dios, obra del Espíritu Santo, 709;
Signos que expresan la llegada del Reino de Dios, 560;
Signos del Reino de Dios, 547-50, 670, 1505;
La esperanza del Reino de Dios, 1817;
La Transfiguración como anticipo del Reino de Dios, 554;
El triunfo del Reino de Cristo, 680;
Caminos para ampliar y extender el Reino de Dios, 853, 863;
La virginidad por el Reino de los cielos, 1579, 1599, 1618-19.

Reino de Satanás, 550, cf. *Demonio*.

Relaciones, cf. *Hombre, Sociedad*.

Religión/Religiones
Acto de religión, 1969;

La Iglesia y las religiones no cristianas, 842-43;
La búsqueda de Dios en todas las religiones, 2566;
La invocación de Dios como Padre en muchas religiones, 238;
La libertad de profesar la religión, 2137;
Religión y comunidad política, 2244;
El deber social de la religión, 2104-05, 2467;
Valores de la religión, 1807, 2095-96, 2117, 2125, 2135, 2144.

Religiosidad popular, 1674-75.

Religioso/a, cf. *Vida: Vida consagrada;*
Las familias religiosas, 917-18, 927;
El estado de vida religiosa, 916, 925-27;
El testimonio de los religiosos, 933.

Renovación
El bautismo "baño de regeneración y renovación del Espíritu Santo", 1215;
La renovación de la Iglesia, 670, 821, 827, 1428;
La renovación al fin de los tiempos, 1043;
Los santos como fuente y origen de renovación, 828.
Renuncia a las riquezas, 2544, 2556.

Reparación
Cristo ha reparado la desobediencia de Adán y la nuestra, 411, 615;
La Eucaristía como ofrenda en reparación de nuestros pecados, 1414;
El deber de la reparación, 2487;
La reparación de las culpas relacionadas con la verdad, 2509;
La reparación de las injusticias, 2412, 2454.

Respeto
La caridad, respeto del prójimo, 1789, 1825;
Respeto a la autoridad política, 1880, 1900;
Respeto a los bienes ajenos, 2408-14;
Respeto a los cristianos no católicos, 818;
Respeto a Dios, 209, 2101, 2148;
El respeto a la familia, 2206, 2214-17, 2219, 2228, 2251;
El respeto a la integridad de la creación, 2415-18;
Respeto a la ley natural, 2036;
Respeto a la libertad humana, 1738, 1884;
Respeto a la libertad religiosa, 2188;
Respeto al santo Nombre de Dios, 2144, 2148, 2149;
El respeto a los pecadores, 1466-67;
El respeto a los mandamientos de la ley divina y a los consejos evangélicos, 532, 579, 1986, 2053, 2200;
El respeto a las autoridades de la Iglesia, 1269;
El respeto a la propiedad privada, 2403;
El respeto al propio cuerpo, 1004;
El respeto al templo, 583-84;
El respeto a la verdad, 2488-92;
El respeto a la vida humana, 2259-83.
El respeto a la dignidad de la persona, 2284-2301;
El respeto al alma del otro (evitar el escándalo), 2284-87;
El respeto a la buena fama de las personas, 2477, 2507;
El respeto a la integridad corporal, 2297-98;
El respeto a los muertos, 2299-2301;
El respeto a las personas y a sus derechos, 1907, 1929-33, 1944;
Respeto a las personas e investigación científica, 2292-96;
El respeto a la salud, 2288-91.

Responsabilidad
La conciencia y la toma de responsabilidad, 1781;
Los obispos y la responsabilidad apostólica, 1594;
Libertad y responsabilidad, 1036, 1731-38;
Participación en la vida social y responsabilidad, 1913-17;
Pobreza y responsabilidad de las naciones ricas, 2439;
Pecado y responsabilidad, 1868;
Responsabilidad de las propias acciones, 1735, 1737, 1745-46, 1754;
La responsabilidad de los esposos en la transmisión de la vida, 2368;
La responsabilidad de los hijos hacia sus padres, 2218;
Responsabilidad del hombre como administrador del mundo, 373;
Responsabilidad de los padres hacia sus hijos, 2223, 2225;
Responsabilidad de los pecadores en la muerte de Jesús, 597-98;
La responsabilidad del Pueblo de Dios, 783.

Resurrección de Cristo, cf. *Cristo.*

Resurrección de los muertos
El alma y el cuerpo en la resurrección, 366;

"Creo en la resurrección de la carne", 1013;
La incineración y la fe en la resurrección de los muertos, 2301;
La Eucaristía como fuerza de resurrección, 1524;
La resurrección de los muertos como elemento esencial en la fe cristiana, 991;
Modos de resurrección de los muertos, 999-1000;
Oposiciones e incompresiones en lo referente a la resurrección de los muertos, 996;
Qué significa la resurrección de la carne, 990;
Qué es resucitar, 997;
Razones y fundamentos de la fe en la resurrección de los muertos, 993-95;
La resurrección de los muertos como obra de la Santísima Trinidad, 989;
La resurrección de todos los muertos, 998;
La progresiva revelación de la resurrección de los muertos, 992;
Cuándo resucitarán los muertos, 1001, 1038;
La Transfiguración de Cristo como signo de la resurrección de los muertos, 556.

Retribución divina (eterna), 1021-22, 2016.

Revelación

No habrá ninguna otra Revelación posterior, 66-67;
Capacidad del hombre para percibir la Revelación, 35-36;
Causa y fines de la Revelación, 52, 68;
Argumentos externos de la fe en la Revelación, 156;
La fe como respuesta a la Revelación, 142-43, 150, 176, 1814;
Cómo entiende el hombre la Revelación, 157-58;
Necesidad de la Revelación, 74, 1960;
La Revelación hecha a los "niños", 544;
La Revelación lleva a una mejor comprensión de las leyes y de la vida humana, 2419;
La Revelación de Dios expresada en las diversas lenguas de la humanidad, 101;
La Revelación "gradual", 53, 69;
La Revelación como luz para todo lo relacionado con la religión y las costumbres, 38;
La Revelación, fruto de la inspiración del Espíritu Santo, 105;
La Revelación como el camino más importante para el conocimiento de Dios, 50;
Revelaciones "privadas", 67;
La Sagrada Escritura y la Tradición como procedentes de la Revelación, 80-83;

El Antiguo y el Nuevo Testamento como auténtica Revelación, 129.
Argumentos de la Revelación
La Revelación de los nuevos cielos y de la tierra nueva, 1048;
Revelación del designio divino de salvación, 50-51;
Revelación de la Creación, 287, 337;
Revelación del Decálogo, 2060, 2071;
La Revelación de la misericordia divina con los pecadores, 1846;
La Revelación del hombre como imagen de Dios, 1701, 2419;
La Revelación de la realidad del pecado, 386-90;
La Revelación de la resurrección de los muertos, 992;
La Revelación de la verdad definitiva, esto es, de Jesucristo, 124;
Revelación de la virginidad de María, 502.
La Revelación de Dios
Revelación de Dios a Israel, 2085;
La Revelación de Dios en el Decálogo, 2059, 2070-71;
La Revelación de Dios como Dios único, 201-02;
La Revelación del Hijo, 152, 438, 647-48, 651;
La Revelación del Nombre de Dios, 203-14, 2143;
La Revelación de la omnipotencia divina, 272;
La Revelación del Padre, 151, 238-42, 2779;
La Revelación del Espíritu Santo, 243-48;
La Revelación de la Trinidad, 237, 732;
La vida de Cristo como consumación de la Revelación de Dios, 561;
La vida de Cristo como Revelación del Padre, 516.
La Revelación en la historia de la salvación
La Revelación en Abraham, 59;
La Revelación en Jesucristo, 65-67, 73;
La Revelación en el pueblo de Israel, 60-64, 72;
La Revelación después de la caída del hombre, 55;
La Revelación a nuestros primeros padres, 54, 70.
Transmisión de la Revelación
La Sagrada Escritura y la Tradición como dos modos de la transmisión de la Revelación divina, 81-82.
La Transmisión por medio de los Apóstoles y los Evangelios

INDEX ANALYTICUS → R - S

La transmisión por medio de la Iglesia, 78-79, 82;
La transmisión por medio de los Obispos, 77.

Revelación del Dios Trino

La Revelación del Dios Hijo, 240, 242;
La Revelación del Dios Padre, 238, 240;
La Revelación del Dios Espíritu Santo, 243-48;
La Revelación de la Trinidad, 244, 684, 732.

Riquezas

El amor a los pobres y el amor a las riquezas, 2445;
Las riquezas y la felicidad, 1723;
La pasión desordenada por las riquezas, 2356;
La libertad de corazón respecto de las riquezas, necesaria para entrar en el Reino de los cielos, 2544, 2556.

Ritos, cf. *Liturgia, Tradición;*

Cambios en los ritos, 1125;
Los ritos funerarios, cf. *Difunto;*
Ritos de los sacramentos, 1131, cf. cada uno de los sacramentos;
Variedad de ritos en la Iglesia universal, 1201, 1203, 1208.

Rosario, 971, 2678, 2708.

Sábado

El domingo como plena realización del sábado, 2175-76, 2190;
Doctrina de Jesús sobre el sábado, 582;
El descanso y la santificación del sábado, 2168-73, 2189;
El sábado en el corazón de la ley de Israel, 348;
El sábado como fin de la obra de los seis días, 345.

Sabiduría de Dios

Cristo crucificado como sabiduría divina, 272;
Las criaturas irradian la sabiduría de Dios, 339, 369;
Dios ha creado todo con sabiduría, 295, 299;
El hombre participa de la sabiduría divina, 1954;
La Ley moral es obra de la sabiduría divina, 1950;
La verdad de Dios como sabiduría de Dios, 216.

Sabiduría humana

La sabiduría humana como regalo de Dios, 283, 1303, 1831;
La sabiduría humana dimana del poder de Dios, 2500.

Sacerdote/Sacerdocio, cf. *Orden, Presbítero;*

Cristo Sacerdote, cf. *Cristo;*
La Iglesia como pueblo sacerdotal, 784, 941, 1119, 1591;
La Iglesia como reino de sacerdotes, 1546;
El sacerdocio ministerial o jerárquico de los obispos y sacerdotes, 1547;
Los ministerios particulares, 1143;
La participación en el sacerdocio de Cristo, 1544-47, 1546, 1551, 1554, cf. *Cristo;*
El sacerdocio común de todos los bautizados, 1141, 1143, 1268, 1273, 1546-47;
El sacerdocio del Antiguo Testamento, 1539-41, 1591;
Significado de la palabra sacerdote, 1554;
El sumo sacerdocio como plenitud del sacramento del Orden, 1557;
El único sacerdocio de Cristo, 1544-45;
La identidad del ministerio sacerdotal
  El ministerio del sacerdote íntimamente unido al sacerdocio de Cristo, 1544-45;
  "En nombre de toda la Iglesia" (In nomine totius Ecclesiae), 1552-53;
  El sacerdote actúa "in persona Christi", 1548;
  El sacerdocio como medio para edificar la Iglesia, 1547;
  El sacerdocio ministerial al servicio del sacerdocio común, 1120, 1547, 1592;
  El sacerdocio ministerial constituido a favor de la comunidad de la Iglesia y de todos los hombres, 1551;
  El auténtico sacerdocio del Nuevo Testamento, 1564;
  El vínculo del sacerdote con Cristo y los Apóstoles, 1120.
El ministerio sacerdotal
  Recibir el consentimiento de los esposos en el Matrimonio, 1630;
  La cooperación de los laicos en el ejercicio del ministerio sacerdotal, 900;
  Dimensión universal del ministerio sacerdotal, 1565;
  La debilidad humana del sacerdote, 1550;
  Función del sacerdote en la Liturgia de las Horas, 1175;
  Ámbito del ejercicio de su ministerio, 877, 1564;

885

INDEX ANALYTICUS → S

El sacerdote, ministro del sacramento de la Eucaristía consagrando el Pan y el Vino, 1142, 1411;
El sacerdote hace presente al obispo en las comunidades locales, 1567;
El sacerdote, cooperador del Obispo, 1562;
El sacerdote como ministro del Bautismo, 1256;
El sacerdote como ministro del sacramento de la Penitencia, 983, 1461-67, 1495;
El sacerdote como ministro del sacramento de la Unción de los enfermos, 1516, 1530.

Presbiterio, cf. *Presbítero*;
Carácter colegial de las relaciones entre el Obispo y su presbiterio, 877;
El presbiterio, sometido a la función del Obispo, 1562;
Unidad del presbiterio, 1568;
Un solo presbiterio junto al Obispo y con el Obispo y la obediencia de los presbíteros a su Obispo, 1567.

Sacramentales, 1667-76;
Definición y significado de los sacramentales, 1667, 1677;
Formas de los sacramentales, 1671-73, 1678;
Los laicos, presidentes de los sacramentales, 1669;
Valores de los sacramentales, 1668, 1670.

Sacramento/s, cf. cada uno de los sacramentos;

Derecho del bautizado a recibir los demás sacramentos, 1269;
Definición, significado y fines de los sacramentos, 774, 1084, 1131;
La Iglesia como sacramento, 747, 774-76, 780, 1045, 1108, 1140;
La Eucaristía, "sacramento de los sacramentos", 1211, 1324, 1374;
Fines de los sacramentos, 1123, 1680;
Fundamentos de los sacramentos en la vida de Cristo, 1115;
El número de los sacramentos, 11, 13, 1117;
La economía sacramental, 1076;
Presencia de Cristo en los sacramentos, 1088, 1127, 1509;
Los sacramentos, instituidos por Cristo, 1114;
Los sacramentos, necesarios para la salvación, 1129;
Los sacramentos, eficaces, 1127;
Los sacramentos, relacionados con los pasos de la vida natural, 1210;
Los sacramentos, prefigurados en los signos del Antiguo Testamento, 1150;
Sacramentos que no pueden repetirse, 698;
Los sacramentos como "obra capital" de Dios en el Nuevo Testamento, 1116;
Los sacramentos como virtud "que sale del cuerpo de Cristo", 1116;
Los sacramentos como acciones del Espíritu Santo, 1116;
La Palabra de Dios, necesaria para los sacramentos, 1122, 1133.

Dimensión eclesial de los sacramentos
Misión sacramental de la Iglesia, 738-40, 1132;
Importancia de los sacramentos en la catequesis litúrgica, 1074-75;
Los sacramentos son "de la Iglesia", "por ella" y "en favor de ella", 1118;
Los sacramentos otorgan a todos los miembros de Cristo los bienes del mismo Cristo, 947;
Los sacramentos aumentan la salvación en todos los miembros de Cristo, 798;
Los sacramentos como signo del perdón de Dios, 2839;
Los sacramentos como caminos de iniciación cristiana, 1212, 1275, 1425, 1533;
Los sacramentos como vínculos de la Iglesia, 815;
La comunión de los sacramentos nos conecta con Cristo, 950.

Doctrina de los sacramentos
Doctrina de los sacramentos de Cristo, 1114-16;
La doctrina de los sacramentos, "por la Iglesia" y "por medio de ella", 1117-21;
La doctrina de la fe en los sacramentos la alimentan, la fortalecen y la expresan, 1127-29;
La doctrina de gracia de salvación de los sacramentos, que ellos mismos significan, es comunicada por los mismos, 1127-29;
Doctrina de los sacramentos de la vida eterna que anuncian la gloria futura, 1130.

Efectos de los sacramentos
El Orden y el Matrimonio como sacramentos destinados a la salvación de los demás, 1534-35;
Los sacramentos destinados a fortalecer e incrementar la santidad, 1133, 2030;

Los sacramentos hacen a los cristianos "hijos de Dios", 1692;
Los sacramentos unen a Cristo, 790, 950;
Los sacramentos actúan *ex opere* operato, 1128;
Los sacramentos dan la gracia que significan, 1084, 1127, 1131;
Los sacramentos otorgan la gracia sacramental, 2003;
Los sacramentos perdonan los pecados, 987;
Sacramentos que imprimen "carácter" o signo, 1121;
Sacramentos que otorgan ayuda para nuestra curación, 1420-21;
Los sacramentos conceden el Espíritu Santo a los miembros de Cristo, 739;
Los sacramentos realizan la unidad de los cristianos, 1126.
El Santísimo Sacramento
    La adoración como culto al Santísimo Sacramento, 1178, 1183, 1418, 2691;
    Presencia real de Cristo en el Santísimo Sacramento, 1374.

Sacrificio/s
Ofrecer sacrificios a Dios, 901, 2099-2100;
Los sacrificios en el Antiguo Testamento:
    ofrenda del pan y del vino como oblación, 1334.
Sacrificio de Cristo
    El sacrificio de Cristo y el sacrificio de la Eucaristía como único sacrificio, 1367;
    El sacrificio de Cristo y la Virgen María, 964;
    El sacrificio de Cristo en la cruz por todos nosotros, 616-17;
    El sacrificio de Cristo da cumplimiento y supera del todo a los sacrificios del Antiguo Testamento, 1330;
    El sacrificio de Cristo, único y definitivo, 613-14, 1545;
    El sacrificio de Cristo como fuente del perdón de los pecados, 1851;
    Significado del sacrificio de Cristo, 545, 606;
    Todo ministerio sacerdotal encuentra su fuente y origen en el sacrificio de Cristo, 1566;
    El sacrificio de Cristo, el único perfecto, 2100.
El sacrificio eucarístico, cf. Eucaristía;
    Cristo ofrece el sacrificio eucarístico, 1410;
    La Eucaristía hace de nuevo presente el sacrificio de Cristo, 1330;
    Fines de la celebración del sacrificio eucarístico, 1382, 1414;
    La institución del sacrificio eucarístico, 1323;
    Importancia del sacrificio eucarístico, 1113;
    La participación del hombre en el sacrificio eucarístico de Cristo, 618, 1419;
    Presencia de Cristo en el sacrificio eucarístico, 2031;
    El sacrificio eucarístico de Cristo, fuente y culmen de la vida moral, 2031;
    El sacrificio de la Eucaristía como memorial del sacrificio de Cristo, 611, 1358, 1362-72.

Sacrilegio, 2118, 2120, 2139.

Sagrada Escritura, 81, cf. *Antiguo Testamento, Nuevo Testamento;*
Los autores de la Sagrada Escritura, inspirados por Dios, 106;
El canon de las Escrituras, 120, 138;
Cristo como plenitud de las Escrituras, 2763;
Cristo como objeto central de la Sagrada Escritura, 124, 127;
Composición de los Evangelios, 126;
Dios, autor de la Sagrada Escritura, 105, 136;
Los Evangelios y su importancia, 125, 127, 1391;
Fines y significado del Antiguo Testamento, 122;
Inspiración y verdad de la Sagrada Escritura, 106-07;
Lectura de la Sagrada Escritura, 1437, 2653;
Lugar especial de los tres primeros capítulos del Génesis, 289;
Importancia de la Sagrada Escritura en la Liturgia, 1096, 1100;
La oración del "Padre nuestro", centro de la Sagrada Escritura, 2763, 2774;
Sagrada Escritura y Tradición, 78, 80-83, 95, 97;
La Sagrada Escritura como vida de la Iglesia, 131-32;
La Sagrada Escritura, alimento de vida cristiana, 141;
La Sagrada Escritura como palabra de Dios, 104, 135;
La Sagrada Escritura nos enseña la verdad, 107;
Veneración de la Sagrada Escritura, 103;
El Antiguo Testamento como parte imprescindible de la Sagrada Escritura, 121, 123.
Interpretación de la Sagrada Escritura Exégesis de la Sagrada Escritura, 109, 119;
    Es necesario que se facilite permanentemente a los fieles el acceso a la Sagrada Escritura, 131;

Principio fundamental de la interpretación de la Sagrada Escritura, 111, 137;
Razones de la recta interpretación de la Sagrada Escritura, 112-14, 121-25;
Sentidos de la interpretación de la Sagrada Escritura: literal, espiritual, alegórico, moral, anagógico, 115-19;
El Espíritu Santo, intérprete de la Sagrada Escritura, 109-11;
El estudio de la Sagrada Escritura, 132-33;
Unidad entre el Antiguo y el Nuevo Testamento, 128-30.

Sagrado
Sentido de lo sagrado, 2144.

Sagrado Corazón, 478.

Salario
Salario justo, 2434.

Salmos
La colección de los cinco libros de los Salmos, 2585;
Definición de los salmos, 2596;
Diversas formas de expresión de los salmos, 2588;
Institución de los salmos, 1176;
Líneas principales de los salmos, 2589;
Importancia de los salmos, 2597;
La oración de los salmos nos enseña la fe y la esperanza en Dios, 2567;
Los salmos expresan el corazón "de los pobres", 716;
Los salmos y la Liturgia, 1156, 1177;
Los salmos como oración de la Asamblea, 2585-89;
Significado de los salmos, 2586-88.

Salud física
La oración por la salud, 1512;
Defensa de la salud pública, 2211;
"Curad enfermos" como función de la Iglesia, 1509;
El respeto de la salud, 2288-91;
La recuperación de la salud como efecto del sacramento de la Unción de los enfermos, 1532;
La salvación del embrión y la mejora del estado físico, 2275.

Salvación

Ayudas para la salvación del alma, 95;
La venida de Cristo "por la salvación de los hombres", 456-57, 519, 1019;
Los ángeles como mensajeros de la salvación divina, 331-32;
El Bautismo, necesario para la salvación, 1256-57, 1277;
Dios da la salvación al hombre, 54, 56, 218, 431, 781, 1058, 2575;
Dios quiere la salvación de todos en la verdad, 851;
La entrega de Cristo por la salvación de todos, 1811;
La Iglesia, instrumento y sacramento universal de salvación, 776, 780, 816;
Hay o no hay salvación sin el Bautismo, 1259, 1261;
El hombre necesita la salvación, 1949, 2448;
Libertad humana y salvación, 1739-42;
Los medios de salvación, 830, 980;
El ministerio de la Iglesia es para la salvación del hombre, 874;
La misión de salvación en la obra de los sacerdotes, 1565;
Importancia de las decisiones morales para la salvación, 1696;
Necesidad de la observancia de la ley natural para la salvación, 2036;
"La economía de salvación", 1066;
Todos necesitamos la salvación, 588;
Todas las cosas están ordenadas a la salvación, 313;
La obra de salvación, impedida por el Maligno, 2851;
Oración por la salvación, 2744;
Salvar la propia alma, 1889;
La Sagrada Escritura es para la salvación del hombre, 107, 122;
Los sacramentos, necesarios para la salvación, 1129;
El sacrificio de la cruz para la salvación del hombre, 600-02, 617;
La salvación sólo puede venir de Dios, 169, 620;
Salvación y comunión de los santos, 1477;
La salvación personal y de la sociedad está vinculada a la felicidad conyugal, 1603, 2250;
El servicio y el testimonio de la fe, necesarios para la salvación, 1816;
La esperanza de salvación en Israel, 64;
La esperanza de salvación, 2091;
Contraposición hecha por Pablo entre la universalidad del pecado y la universalidad de la salvación, 402;

La Virgen María colaboradora de la salvación de la humanidad, 511, 969.

Salvador, cf. *Cristo: Títulos de Cristo;*
Jesús, Salvador de todos los hombres, 389, 457, 594, 2812.

Sanedrín, 591, 596.

Sangre, cf. *Eucaristía, Transubstanciación;*
Bautismo de sangre, 1258;
"Esta es mi sangre", 610, 1365;
La sangre y el agua como símbolos de la Iglesia de Cristo, 766, 1225;
La sangre de los mártires como semilla de cristianos, 852.

Santidad
La caridad, alma de la santidad, 826;
La cruz, camino de santidad, 2015;
La fe como ayuda para obtener la santidad, 1709;
No hay santidad sin ascesis, 2015;
La purificación en el Purgatorio para alcanzarla santidad, 1030;
La santidad de Cristo, 459, 564, 2030;
La santidad de los fieles, 2045;
La santidad de Dios, 2809, cf. Dios;
La santidad de la Iglesia, 670, 824-25, 867, 1986;
La santidad en la comunión de los santos, 1475;
La santidad de María, 492;
La santidad como medida en la Iglesia, 828;
Estado de santidad original y pecado, 375, 405;
Vocación a la santidad, 2013-14, 2028.

Santificación
Llamados a la santificación, 2813;
La Iglesia es para la santificación de los hombres, 824, 827;
Elementos de santificación fuera de la Iglesia Católica, 819;
Función santificadora en los Obispos, 893;
La gracia como fuente de santificación de los hombres, 1989, 1995;
El trabajo humano como instrumento de santificación, 2427;
La Liturgia es para la santificación de la humanidad, 1070;
Los padres y su participación en la función de santificación, 902;
Los sacramentos, para la santificación de los hombres, 1123, 1152, 1668, 1677;

La santificación de los seglares consagrados, 928;
La santificación definitiva del hombre sólo es efectuada por el sacrificio de Cristo, 1540;
Santificación del día y de la noche mediante la Liturgia de las Horas, 1174;
La santificación de la Iglesia como misión del Espíritu Santo, 767;
La santificación de las fiestas, 2187;
La santificación en el Matrimonio, 1637;
La santificación de las realidades materiales, 1670;
La santificación como obra propia del Espíritu Santo, 703;
"Santificado sea tu Nombre", 2807-15, 2858;
El Espíritu Santo ha sido enviado para realizar toda santificación, 2818.

Santo/s
La comunión los santos, 957;
La Iglesia como comunión de los santos, 946-59, 960-62, 1331;
Las imágenes sagradas de los santos, 1161;
La intercesión de los santos, 956, 2683;
La memoria de los santos, 1173, 1195;
El nombre de un santo como nombre bautismal, 2156;
El precio de las buenas obras de los santos, 1477;
El Propio de los santos en el año litúrgico, 1172;
Los santos como ejemplos de santidad, 2030;
Los santos como origen de renovación en la Iglesia, 828;
La santidad de la Iglesia brilla en los santos, 867;
Significado de la canonización de los santos, 828;
La veneración de los santos, 61.

Santuario
Los santuarios como lugares adecuados para la oración, 2691;
La visita a los santuarios como forma de religiosidad popular, 1674.

Satanás, cf. *Demonio.*

Secreto en quienes tienen cargos de responsabilidad, 2491.

Secreto sacramental, 1467, 2490.

Seguimiento de Cristo, 520, 618;
Efectos del seguimiento de Cristo, 1694;

El seguimiento de Cristo en espíritu de verdad, 2466;
Seguimiento de Cristo en la vida consagrada, 916, 918, 923, 932, 1618;
Seguimiento de Cristo como modo de penitencia, 1435;
El seguimiento de Cristo, primera vocación del cristiano, 2232, 2253.

Sello, 698, cf. *Carácter sacramental;*
El sello bautismal, 1216, 1272-74, 2769;
El sello de Dios, obra del Espíritu, nos marca para la Redención, 1274;
El sello de la Confirmación, 1293, 1295-96, 1304;
El sello del Orden, 1121, 1582;
El sigilo sacramental de la Confesión, 1467, 2490.

Semejanza
El Bautismo en cuanto sacramento que confiere la semejanza con Dios, 1682;
Semejanza de las criaturas con Dios, 41;
Semejanza del hombre con Dios, 225, 705, 1604, 1701-09, 2319, 2331, 2784;
Semejanza entre la unidad de las Personas divinas y la unidad y fraternidad del género humano, 1878;
Caminos para restituir la semejanza, 734, 2572.

Sentencia
La libre opinión (sentencia) de los ciudadanos, 1901.

Sentido/s
El buen sentido del pueblo, 1676;
El sentido de la fe, 91-93, 785, 889;
El sentido moral, 1954;
Unir los sentidos a la oración interior, 2702;
El sentido religioso, 1676;
El sentido de lo sagrado, 2144;
Sentidos de la Escritura, 115-19;
El sentido de la vida, 282.

Señor, 446-51, cf. *Cristo.*

Seol, 633.

Separación de cónyuges, 283, cf. *Divorcio.*

Sepulcro
El altar como símbolo del sepulcro de Cristo, 1182;

El sepulcro vacío de Cristo, 640, 657.

Sepultura, 1690, 2300.

Sermón de la montaña
Doctrinas y mandamientos del sermón de la montaña, 2153, 2262, 2336, 2608, 2830;
La ley divina en el sermón de la montaña, 577, 1965-66, 1968;
El sermón de la montaña como guía espiritual y texto de meditación, 1454, 1724, 1966.

Servicio
La autoridad como servicio, 2235;
Los diáconos, ministros ordenados para el servicio, 1569-70, 1596;
Independencia de las criaturas y servicio, 340;
La Liturgia como servicio a Dios, 1069-70;
El servicio de los ángeles, 333;
El servicio a Dios y a las autoridades civiles, 2242; El servicio civil, 2311;
El servicio a la familia como ministerio de la vida, 1653;
Servicio de los laicos en la comunidad eclesial, 910;
Servicio a la patria, 2239, 2310;
El servicio como modo de seguir a Cristo, 852.

Sexualidad, cf. *Matrimonio;*
Castidad y sexualidad, 2337, 2395;
Dignidad de la sexualidad, 2362;
Diversidad y complementariedad de los sexos, 369-73, 1605, 2333;
Fecundidad y sexualidad, 2370;
El hombre, creado varón y mujer, 355, 383;
Integración de la sexualidad en la persona humana y castidad, 2337;
Importancia de la unión conyugal, 2335;
Igual dignidad del hombre y de la mujer, 369, 2334, 2393;
El mandamiento relacionado con la sexualidad, 2336;
Pudor y castidad, 2522;
La sexualidad en relación directa con la capacidad de amar, 2332;
La sexualidad desordenada, 2351-57, 2380, 2388-90;
La sexualidad afecta a todos los aspectos de la vida humana, 2332, 2362;
Significado de la sexualidad en el Matrimonio, 2360-63.

Siervo
El diácono como siervo de todos, 1570;

INDEX ANALYTICUS → S

Los ministros de la Iglesia como siervos de Dios, 876;
Parábola del siervo sin compasión, 2843.

Siervo (Cristo)

Cristo, Siervo de Dios, plenamente obediente, 539, 615;
Cristo, Siervo de todos, 786;
Misión redentora del Siervo paciente, 440, 601.

Signo/s, cf. *Símbolos*;

El agua como símbolo, 694;
El canto y la música como signos en la Liturgia, 1157-58;
La paloma como signo, 701;
La Iglesia como signo, 775;
La imposición de manos como signo, 699, 1507;
El pan y el vino como signos, 1333-36, ~ 1412;
La sangre como signo, 2260;
Signos adoptados por Cristo, 1151;
Signos destinados a percibir y explicar ciertas realidades espirituales, 1146-48;
Signos de contradicción en Jesús, 575;
Los signos en los sacramentales, 1667-68;
Signos litúrgicos, 1149, 1161, 1189;
Interpretación de los signos de los tiempos, 1788;
Signos del Antiguo Testamento, 1150;
El signo de la cruz, 2157;
La unción como signo, 695, 1293-94.

Signos (en los sacramentos)

Los sacramentos como signos, 1084, 1123, 1130-31, 1152;
Signos del Bautismo, 628, 694, 1235, 1238, 1241, 1243;
Signos de la Confirmación, 695, 1293-1301;
Signos del Orden, 1574.

Silencio

El silencio y la adoración como obsequio a Dios, 2628;
La oración como "símbolo del mundo futuro", 2717.

Símbolo de los Apóstoles, de la fe, 14, 184, 187-88, 197;

Composición del Símbolo, 186;
Cambios en el Símbolo a lo largo de los siglos, 192-93; Dios en el Símbolo, 199;
Partes de que se compone el Símbolo, 190-91;
Significado de la palabra Símbolo, 188;

El Símbolo de los Apóstoles, 194, 196, 2558;
Símbolo bautismal, 189;
Símbolo Niceno-Constantinopolitano, 195;
Símbolo de profesión de la fe, 187, 192;
Recitar el Símbolo, 197.

Símbolos

Gestos simbólicos de Cristo, 1151;
El hombre necesita de símbolos y gestos simbólicos, 1146, 1148, 1152;
Símbolos litúrgicos, 1145, 1150, 1189;
Símbolos del Antiguo Testamento, 522, 697.

Simonía, 2118, 2121.

Simplicidad

Simplicidad de Dios, 2589, 2713, 2778;
La simplicidad de la oración, 2589, 2713, 2778.

Sínodo, 887.

Soberbia, 1866, 2514;

Consecuencias de la soberbia, 2094, 2317, 2540, 2728;
Lucha contra la soberbia, 1784.

Sobrenatural

La bienaventuranza sobrenatural, 1722, 1727;
La comunión sobrenatural, 950;
La fe como virtud sobrenatural, 153, 179;
Fin sobrenatural del hombre, 367;
Sentido sobrenatural de la fe, 91-93;
Las virtudes teologales como actos sobrenaturales, 1812-13, 1840-41;
La vocación sobrenatural a la vida eterna, 1998.

Sobriedad, 1809, 2730.

Socialización, 1882-83.

Sociedad, cf. *Vida: La vida social*;

Sociedad y bien común, 1905-12, 1924, 1927;
La caridad como máximo mandamiento social, 1889, 1939;
"El Estado de derecho", 1904;
Iglesia y comunidad política, 2244-46, 2257;
Condiciones para el progreso de la sociedad, 2441;
El Decálogo aúna la vida social y la teologal, 2069;
Definición de la noción de sociedad, 1880;

891

INDEX ANALYTICUS — S

El divorcio como plaga social, 2385;
La doctrina social de la Iglesia, 2198, 2419-25;
La Iglesia como fermento de la sociedad, 854;
La familia como célula original de la vida social, 2207;
La persona humana como principio, sujeto y fin de la sociedad, 1881, 1892, 1929, 2459;
Derecho de la sociedad a una información veraz, 2494, 2512;
Justa jerarquía de valores en la sociedad, 1886-87, 1895;
La justicia social y el bien común, 1928, 1943;
La legítima defensa de la sociedad, 2266;
Medios de comunicación y sociedad, 2493-99;
La mentira, funesta para toda la sociedad, 2486;
Los cambios sociales y la conversión interior, 1888; Necesidad de la vida social, 1879, 1886, 1891;
El orden social, 2032; La participación en la vida social, 1882, 1893;
"El pecado social", 1869;
La persona humana y la sociedad, dependientes entre sí, 2344;
Progreso de la sociedad y aumento del Reino de Dios, 2820;
La pureza cristiana y la atmósfera social, 2525;
La "cuestión social", 1896, 2438, 2459;
El cuarto mandamiento ilumina las relaciones sociales, 2212;
Relaciones entre la sociedad y el Estado, 1883, 1885;
La salvación de la sociedad, 1603, 2250;
Concepto del hombre en la sociedad, 2244, 2257;
Necesidad de organizar la vida social, 2442.
Las autoridades, 1897-1904, 1918-23;
    Dios encarga funciones a cada uno según su propia capacidad, 1884;
    Diversas y libres formas de régimen político, 1884, 1901;
    El legítimo ejercicio de la autoridad, 1921;
    Necesidad y función de la autoridad en la sociedad, 1897-98;
    Obligación de defender y fomentar la libertad de expresión, 2498;
    Obediencia a la autoridad y su observancia, 1899, 2234.
Deberes de los ciudadanos, 2238-43, 2255-56;
    Tomar parte activa en la vida pública, 1915;
    Aceptar y recibir a los extranjeros, 2241;
    Otorgar a las autoridades los honores debidos, 1900;
    Colaborar con las autoridades para el bien común de la sociedad, 2239;
    Comunicar informaciones veraces, 2495;
    Desobedecer a las autoridades en todo aquello que atente a su propia conciencia, 2242;
    Resistir la opresión ejercida desde los poderes políticos, 2243;
    Edificar la sociedad, 2255;
    Pagar los impuestos, ejercer el derecho al voto y defender a su patria, 2240.
Deberes de la sociedad
    Facilitar el acceso a un puesto de trabajo, 2433;
    Proporcionar ayuda a las familias de los trabajadores, 2208-10;
    Derecho a respetar la vida, 2273;
    Deber de la religión y de respetar el derecho a la libertad religiosa, 2104-05;
    Permitir a cada uno ejercer libremente su propia vocación, 1907;
    Cuidar de la salud de los ciudadanos, 2288.

Sociedades

Condiciones para ayudar a las sociedades, 1928, 1943, 2211;
Derechos de la sociedad, 900;
Sociedades y economía, 2431;
Ayuda a las sociedades, 1882, 1893.

Sociedades de vida apostólica, 930.

Solidaridad

Apropiación de bienes y solidaridad entre los hombres, 2402;
La comunión de los santos y la mutua necesidad de los hombres, 953;
Definición de solidaridad, 1948;
Formas de solidaridad, 1940-41;
Necesidades mutuas entre las criaturas, 344;
Importancia de la solidaridad en la Iglesia, 1942;
Mutua necesidad entre los hombres, 361;
Oración y solidaridad, 2831;
El pecado atenta gravemente contra la solidaridad, 1849;
Solidaridad cristiana, 1942, 2850;
La solidaridad como consecuencia de la verdadera y justa comunicación, 2495;
La solidaridad como exigencia de la fraternidad, 1939;
La solidaridad como respeto a la dignidad humana, 2407.

Solidaridad entre naciones, 2437-42;

INDEX ANALYTICUS → S

Papel de los laicos en la organización de la vida social, 2442;
La solidaridad entre los pueblos como necesidad, 2438;
El deber de la solidaridad entre naciones, 2439.

Soplo
El soplo como imagen del Espíritu Santo, 691, cf. *Espíritu Santo*.

Suavidad, 153, 395, 736, 2219.

Subsidiaridad, 1883, 1885, 1894, 2209.

Substancia
Dios, tres Personas y una sola substancia, 200, 202, 255;
El Hijo, una sola substancia con el Padre, 465;
Significado de la noción de substancia, 252;
La substancia (esencia o naturaleza) designa el Ser de Dios, 252.

Sucesión apostólica, 861, 1087;
Razón de la sucesión apostólica, 77;
La sucesión apostólica pone a buen recaudo la comunión de los fieles, 1209;
La sucesión apostólica, vínculo de unidad de la Iglesia, 815.

Sufragio, 958, 1032, 1055, 1684-90.

Suicidio, 2280-83, 2325.

Sumisión (del hombre)
Rechazo de la sumisión al Sumo Pontífice (cisma), 2089; Sumisión del hombre a las legítimas autoridades, 2239-40;
Sumisión del hombre a Dios, 154, 341, 396, 1955.

Sumo Pontífice, 882;
Asistencia divina al Sumo Pontífice, 892;
El Colegio episcopal y el Sumo Pontífice, 880-87, 895, 1559;
La infalibilidad del Sumo Pontífice, 891;
Función, potestad y autoridad del Sumo Pontífice, 100, 882, 892, 937, 1463, 2034;
El Sumo Pontífice, asociado a la celebración en toda Eucaristía, 1369.

Superstición, 2110-11, 2138.

Súplica
Diversas formas de súplica, 2629;
La súplica como forma de oración, 2588;
Escuchar las súplicas, 2614.

Tabernáculo, 1183, 1379.

Tablas de los diez mandamientos, 2058, 2067.

Talentos, 1880, 1936-37, 2429.

Temor
El temor motivado por la presencia de Dios, 2144;
El temor de la condenación eterna, 1453;
El temor de Dios inspirado por el anuncio del juicio final, 1041;
El temor de Dios como don del Espíritu Santo, 1303, 1831;
El temor de Dios como motivo del respeto a los padres, 2217;
El temor, entre las principales pasiones, 1772;
Temor al mal, 1765.

Templanza
La castidad y la pureza, dependientes de la templanza, 2341, 2517, 2521;
Definición de templanza, 1809;
Frutos de la templanza, 1838, 2290;
Deseo de bienes temporales y templanza, 2407;
La templanza como virtud cardinal, 1805.

Templo
Cristo como verdadero templo de Dios, 1197;
La Iglesia como templo santo, 756;
La Iglesia como templo del Espíritu Santo, 364, 1197, 1265, 1695, 2684;
Jesús y el Templo, 576, 583-86, 593;
El Templo de Jerusalén, 2580;
El templo como presencia de Dios entre los hombres, 593.

Tentación
Acto de tentar a Dios, 2119;
Ayudas para resistir las tentaciones, 1808, 2157, 2340;
La idolatría como permanente tentación para la fe, 2113;
"No nos dejes caer en la tentación", 2846-49, 2863;
La oración, medio para evitar y vencer las tentaciones, 2612;
Las tentaciones de Jesús, 538-40;

Tentaciones en la oración, 2732-33, 2753, 2755.

Teofanía, 707.

Teología, 94.

Ternura
La ternura entre los cónyuges, 1611, 2350;
La ternura de Dios, 239, 295, 2335.

Terrorismo, 2297.

Testamento, cf. *Antiguo Testamento, Nuevo Testamento.*

Testigo
Los Apóstoles como testigos, 857;
La Confirmación, sacramento que nos convierte en testigos de Cristo, 1285, 1303;
Los esposos como testigos del amor de Dios, 1647-48;
La intercesión de los testigos que nos han precedido en el Reino, 2683;
Los laicos como testigos de Cristo, 904-05, 913, 942, 2242;
Qué significa ser testigo de Cristo, 995; Testigos de la fe, 165;
Los testigos en el Matrimonio, 1631;
Los testigos de la resurrección de Cristo, 642.

Testimonio
Efectos del testimonio, 30;
El martirio como supremo testimonio, 2473;
Importancia del testimonio, 2044;
El falso testimonio, 2464, 2476;
El deber de dar testimonio, 1816, 2087, 2471;
El testimonio de los cristianos, 2506;
El testimonio de los consagrados, 932-33;
El testimonio de la fe, 2472;
El testimonio en la educación de la fe, 2226;
El testimonio de los miembros de Institutos seculares, 929;
El testimonio del Resucitado en las primeras comunidades cristianas, 642;
El testimonio de los santos, 688; "Testimonio" como nombre de las Tablas de la Ley, 2058.

Tiempo
Creación y comienzo del tiempo, 338;
Dios y el tiempo, 205, 600;
El fin de los tiempos, 1042;
La plenitud de los tiempos, 484;
Los últimos tiempos, 715, 2819;
El tiempo de la Iglesia, 1076;
El tiempo litúrgico, 1163-65;
Tiempo de ocio, 2184, 2186-87, 2194;
El tiempo presente, 672;
La vida humana y el tiempo, 1007.

Tierra, 326, cf. *Mundo;*
La creación de la tierra, 198, 290, cf. *Creación/Creado;*
"Administración y gestión" de la tierra, 307, 373, 2402-03;
La tierra nueva, 1042-50;
La tierra prometida, 1222.

Tinieblas
La lucha del hombre contra el poder de las tinieblas, 409;
La fe libera de las tinieblas, 2466;
La luz y las tinieblas en el dualismo y maniqueismo, 285.

Tipología, 128, 130.

Tormentos, 2297-98.

Trabajo
La huelga como moralmente legítima, 2435;
Las luchas en el trabajo, 2430;
El trabajo manual de Jesús, 531, 533, 564;
El derecho de acceso al trabajo, 2211, 2433, 2436;
El salario justo, 2434;
El trabajo pastoral o apostólico, 893, 924;
La remuneración por el trabajo y la solidaridad, 1940;
El descanso del trabajo, 1193, 2172, 2184-88;
La responsabilidad del Estado en la actividad económica, 2431;
Significado del trabajo humano, 378, 901, 1609, 1914, 2427;
Valor del trabajo humano, 1638, 2428.

Tradición, 81;
El depósito de la fe contenido en la Sagrada Tradición y la Sagrada Escritura, 84, 97;
La Liturgia como elemento constitutivo de la Tradición, 1124;
La tradición apostólica, 75-79;
La Tradición y la Sagrada Escritura, 80-83, 95, 97, 113, 120;

INDEX ANALYTICUS → T

La tradición de la fe y la oración, 2651, cf. *Oración*;
La tradición oral en la composición del Evangelio, 126;
El valor único e idéntico de la Tradición, 174.

Transfiguración, 554-56, 568.

Transgresión
El pecado como transgresión, 1849;
La transgresión de los mandamientos, 2069.

Transmisión de la vida, 372, 2363, 2366, 2368, cf. *Matrimonio*.

Transubstanciación, 1373-77, 1423, cf. *Eucaristía*.

Trascendencia de Dios, 42, 212, 239, 300, 1028.

Trasplante de órganos, 2296.

Tribulación/ones
Las bienaventuranzas como ayuda en medio de la tribulación, 1717;
La tribulación, necesaria para entrar en el Reino de Dios, 556;
Tribulación y confianza filial, 2734;
La tribulación y la fortaleza, 1808;
Tribulación y esperanza, 1820.

Triduo Pascual, 1168.

Trinidad, cf. *Dios, Espíritu Santo, Hijo de Dios, Verbo*;
Dios uno y trino, 202;
La familia como imagen de la comunión trinitaria, 2205;
El "Filioque", 246-48, 264;
"Hipóstasis" o persona, 252;
La Liturgia como obra de la Trinidad, 1077-1109;
Noción de substancia, 252;
La economía divina como obra común de las tres divinas Personas, 257-60;
La oración como comunión con la Trinidad, 2655;
Presencia de la Trinidad en el hombre, 260;
"Teología" y "Economía", 236;
La Trinidad como misterio central de la fe, 232, 234, 237, 261;
Unidad de la Trinidad y unidad de la Iglesia, 813.
Expresión de la Trinidad
   En el Bautismo, 233, 265;
   En el enunciado de los dogmas, 251;
   En la Liturgia, 249, 1066.
Las Personas divinas
   En la unidad, 255, 689;
   Personas consubstanciales, 242, 253;
   Personas distintas entre sí, 254, 267.

Tristeza
La tristeza en la envidia, 2539-40, 2553;
La tristeza como impedimento para la oración, 2728;
La tristeza como pasión principal, 1772;
La tristeza, elemento saludable en la conversión del corazón, 1431.

Una, cf. *Iglesia: Atributos (Notas) de la Iglesia: Una*.

Unción
Cristo, ungido por el Espíritu Santo, 438, 690;
Efectos de la unción del Espíritu Santo a favor de los fieles, 91, 698, 786, 2769;
Significado de la unción, 1293-94;
Símbolo de la unción con el óleo, 695;
La unción en el Bautismo, 1241, 1291;
La unción en la Confirmación, 1242, 1289, 1291, 1295, 1300;
La unción en el Orden, 1574.

Unción de los enfermos, 1499-1525, cf. *Sacramento*.
La celebración del sacramento de la Unción en el rito Romano, 1513, 1517-19, 1531;
Para quién está destinado el sacramento de la Unción de los Enfermos, 1514-15, 1528-29;
Efectos del sacramento de la Unción, 1520-23, 1532;
Fines del sacramento de la Unción, 1511, 1527;
Ministro del sacramento de la Unción, 1530;
Preparación de los fieles para recibir el sacramento de la Unción, 1516;
El sacramento de la Unción a lo largo de la historia, 1512.

Unidad
La unidad de alma y cuerpo, 362-68;

INDEX ANALYTICUS → T - V

La unidad de los esposos, 1641, 1643;
La unidad divina en cuanto Dios Trino, 254-55, 1702, 1878, 1890;
La unidad de Cristo y de la Iglesia, 795;
La unidad de la Iglesia, 791, 813-19, 820-22, 1396, 1416;
La unidad del género humano, 360, 775, 1045;
La unidad interior del hombre, 409, 2338;
La unidad del Antiguo y Nuevo Testamento, 128-30, 140;
Varón y mujer como unidad entre dos, 371-73, 1605.

Universal, cf. sustantivos relacionados con este concepto.

Universo, cf. *Mundo*;
Dios, origen y fin del universo, 32, 269, 279, 317, 325;
La belleza del universo refleja la infinita belleza del Creador, 341, 1147;
El universo y el fin de los tiempos, 1047, 1060.

Uno, cf. *Dios: Títulos y atributos de Dios*.

Usura
Prestar dinero con interés desmesurado, 2269, 2449.

Valoración del bien y del mal, 1865.

Varón, cf. *Hombre*.

Veneración
Veneración y adoración de la Eucaristía, 1378;
Veneración de reliquias y religiosidad popular, 1674;
Veneración de las santas imágenes, 2132;
Veneración de los santos, 1090;
Veneración de la Palabra de Dios, 127, 1154.

Venial, cf. *Pecado*.

Ver a Dios, 707, cf. *Teofanía*;
Los hombres de corazón limpio verán a Dios, 1722, 2519, 2531;
Deseo del hombre de ver a Dios, 2548-50, 2557.

Verbo, cf. *Cristo*;
Cristo, Verbo hecho carne, 151, 241, 477;

Dios conserva por medio del Verbo todo lo creado, 320;
"En el principio existía el Verbo", 291;
El Misterio de la Encarnación del Verbo, 461-63, 479;
"El Verbo se hizo carne", 423, 456-60.

Verdad, 2468, 2505;
Definición de verdad, 2468, 2505;
Dios como verdad, 144, 214, 215-17, 2465;
La fe como asentimiento a la verdad, 150;
Jerarquía de la verdad, 90, 234;
El hombre es por naturaleza conducido a la verdad, 2467;
El hombre sólo encontrará la felicidad en la verdad de Dios, 27;
Jesús, "Camino, Verdad y Vida", 2614;
Vivir en la verdad, 2465-70, 2504-05;
El derecho a comunicar la verdad, 2488-92, 2510;
El derecho a la verdad, 2115, 2164;
Los libros inspirados enseñan la verdad, 107, 110, 136;
El Magisterio de la Iglesia, al servicio de la verdad, 890;
Medios de comunicación y verdad, 2497, 2499, 2512;
Abandono y rechazo de la verdad revelada, 2089;
Ofensas contra la verdad, 2464, 2475-87, 2509;
La Resurrección de Cristo como suprema verdad de la fe, 638;
El Espíritu Santo nos conduce a la verdad, 243, 2625;
Necesidad de denunciar a los Estados que falsifican la verdad, 2499;
El Símbolo como compendio de las principales verdades de la fe, 188;
"Dar testimonio de la verdad", 2471-73, 2506;
La verdad definitiva, contenida en el Nuevo Testamento, 124;
La verdad en las relaciones con los demás, 2464, 2469;
La verdad, liberadora, 1741;
La verdad revelada ha de ser entendida y extendida, 91, 94;
La verdad como camino de salvación, 851;
Verdad, belleza y arte sacro, 2500-03;
Respetar la verdad, 2488-92, 2511;
Buscar la verdad, 1260, 1954, 1960, 2104.

Vestido
El Bautismo como vestido de inmortalidad, 1216, 1243;
Vestido y pudor, 2522.

INDEX ANALYTICUS ⟶ V

Viático
La Eucaristía como Viático, 1331, 1392, 1517, 1524-25.

Vicario
La conciencia, "el primero entre todos los vicarios de Cristo", 1778;
El Obispo como vicario de Cristo, 894, 1560;
El Sumo Pontífice, Vicario de Cristo, 882.

Vicio, cf. *Avaricia, Envidia, Gula, Ira, Lujuria, Pereza, Soberbia;*
La enmienda de los vicios, 2302;
El origen de los vicios, 1865, 1876;
Vicios y virtudes, 1768, 1774, 2516;
Vicios o pecados capitales, 1866.

Víctima (Cristo), 457, 604, 1367, 1566.

Victoria
La victoria de Cristo sobre el pecado y sobre la muerte, 411, 420, 654, 1505;
La victoria de Dios sobre el mal al fin del mundo, 677;
Victoria de la Iglesia sobre los poderes de la muerte, 552;
La victoria de Jesús sobre Satanás, 539, 2853.

Vid, cf. *Vino/Viña/Vid.*

Vida
La enfermedad y el dolor afectan la vida humana, 1500;
Dar la vida por los amigos, 609;
El agua como fuente de vida y de fecundidad, 1218;
Cristo, punto de encuentro entre la vida y la muerte, 625;
Cambio de vida por la conversión, 1431;
La dignidad de la vida del cuerpo humano, 364;
"Yo soy la resurrección y la vida", 994;
Jesús, "Rey de la vida", 635;
Servir a la vida, principal deber del Matrimonio y de la familia, 1653;
La muerte como final de la vida terrestre, 1013;
Naturaleza sagrada de la vida humana, 2258, 2319;
Sólo Dios es el Señor de la vida, 2258;
La Palabra de Dios y su Espíritu en el origen de toda vida, 703;
Vida de Cristo, cf. *Cristo;*
La vida comparada con la muerte, 1007, 1012;
Vida de Dios, cf. *Dios;*
Vida de la Iglesia, cf. *Iglesia;*
Vida del hombre en el paraíso terrenal, 376;
La vida del hombre como lucha contra el mal, 386, 409, 1707.
Atentados contra la vida humana
  El aborto, 2271, 2322;
  La eutanasia, 2276-79;
  El homicidio voluntario, 2268-69;
  El infanticidio, 2271;
  Las intervenciones en el embrión humano, 2275;
  El suicidio, 2280-83.
Vida consagrada
  Consagración y misión, 931-33; Consejos evangélicos y su profesión, 914-16, 944;
  Definición de vida consagrada, 916;
  Reconocimiento por la Iglesia de la vida consagrada, 915;
  Formas diversas de vida consagrada, 917-19;
  Los institutos seculares, 928-29; Significado de la vida consagrada en la Iglesia, 932;
  Las sociedades de vida apostólica, 930;
  Las vírgenes y viudas consagradas, 922-24, 1537, 1672;
  La vida eremítica, 920-21;
  La vida religiosa, 925-27.
Vida conyugal, cf. *Matrimonio;*
  La vida conyugal, fundada por el Creador y dotada por Él de sus leyes, 1660;
  Vida conyugal y fecundidad, 1654, 1664;
  Vida conyugal y presencia de Cristo en ella, 1642.
La vida cristiana
  Los ángeles como ayuda para la vida cristiana, 336;
  El catecumenado como formación para la vida cristiana, 1248;
  La Eucaristía, "fuente y culminación de la vida cristiana", 1324, 1391-92;
  La familia como primera escuela de vida cristiana, 1657;
  La oración, elemento de especial relieve en la vida cristiana, 2701, 2745, 2764, cf. *Oración;*
  Los preceptos de la vida cristiana en el Sermón de la montaña, 1966;
  La religiosidad popular enriquece la vida cristiana, 1679;
  La Sagrada Escritura como alimento de la vida cristiana, 141;
  Los sacramentos como fundamento y auxilio de la vida cristiana, 1210, 1212-13;

La Santísima Trinidad como misterio central de la vida cristiana, 234;
Vida cristiana y comunión con las tres divinas Personas, 259;
La vida cristiana y el camino de perfección, 2015;
Vida cristiana y participación en la muerte y resurrección de Cristo, 1002.

Vida espiritual
Vida en el Espíritu, 1699, cf. *Espiritualidad/ Vida espiritual/ Nueva vida en Espíritu*.

La vida eterna
Las arras de vida eterna en los sacramentos, 1130;
El Bautismo "sello de vida eterna", 1274;
Cristo, Señor de la vida eterna, 679;
Creo en la vida eterna, 1020;
Dios será en la vida eterna "todo en todas las cosas", 1050, 1060;
Dios quiere dar al hombre la vida eterna, 55;
El pecado grave, impedimento para alcanzar la vida eterna, 1472;
"El que come mi carne... tiene la vida eterna", 1406, 1524;
"¿Qué he de hacer de bueno para alcanzar la vida eterna?", 2052, 2075;
La resurrección de los muertos y la vida eterna, 989-90, 994, 997-998, 1016;
Solamente Dios "tiene palabras de vida eterna", 1336;
La vida eterna de los bienaventurados como posesión plena de los frutos de la Redención, 1026;
La vida eterna como premio de los justos, 1038, 2002;
La vocación a la vida eterna como don gratuito de Dios, 1998.

La vida humana
Fines de la vida humana: Conocer a Dios, amarle y servirle, 1, 68;
El derecho a la vida, 2264, 2273;
El respeto a la vida humana y la legítima defensa, 2263-67, 2321;
Respeto a la vida humana y pena de muerte, 2266-67;
El respeto a la vida humana desde el momento de la concepción, 2270-75, 2322;
El respeto a la vida humana, 2559-83;
La paz y el respeto a la vida, 2304.

La vida moral
Definición de vida moral, 2047;
La fe, fuente de vida moral, 2087;
Impedimentos para la vida moral, 1740;
La ley natural, moderadora de la vida moral, 1955;
Pasiones y vida moral, 1767-70;
Virtudes y dones del Espíritu Santo como ayuda para la vida moral, 1804, 1808, 1830;
Vida moral y dignidad de la persona humana, 1706;
Vida moral y Magisterio de la Iglesia, 2032-40, 2049-51;
La vida moral se realizará del todo en la vida eterna, 1715;
La vida moral nos da libertad espiritual, 1828;
La vida moral como condición primaria para el anuncio del Evangelio, 2044;
La vida moral como condición para el incremento de la Iglesia y del Reino de Dios, 2045-46;
La vida moral como culto espiritual, 2031, 2047.

Vida nueva, divina, 684, cf. *Gracia*;
El Bautismo como fuente de nueva vida, 1254, 1279;
Catequesis de la vida nueva, 1697;
La comunión con la vida divina como fin de la creación, 760;
Dios quiere comunicar su vida divina a los hombres, 52, 541;
Frutos en la vida nueva en Cristo según el Espíritu, 740;
La gracia como participación de la vida divina, 375, 1997;
La Liturgia como fuente de vida nueva, 1071-72;
La vida divina, otorgada a los hombres en los sacramentos, 694, 1131;
La vida nueva merecida por Cristo para nosotros, 1708;
La vida nueva, recibida por la Iglesia en el Bautismo, 168, 628, 683;
Vida nueva y pecado, 1420;
La vida nueva abierta por la Resurrección de Cristo, 654;
La vida nueva, hecha posible por la venida del Espíritu Santo, 735;
La participación de la vida divina no procede de la voluntad de la carne, sino de Dios, 505.

La vida social
Bien común y vida social, 1906, 1911, 1924;
La caridad en la vida social, 1889;
El modo de gobierno de Dios ha de ser imitado en la vida social, 1884;

INDEX ANALYTICUS ⟶ V

La familia y la vida social, 2207, 2210;
La participación en la vida social, 1882, 1897-1917;
Revelación cristiana y vida social, 2419;
Vida social y protección de la vida privada, 1907;
La vida social, necesaria para el hombre, 1879, 1891;
Es necesario organizar la vida social, 2442.
La transmisión de la vida
Regulación de la natalidad, 2368, 2370;
La transmisión de la vida, ordenada por Dios, 372;
La transmisión de la vida como colaboración a la obra del Creador, 372, 2367, 2398;
La transmisión de la vida como objetivo del amor conyugal, 2363, 2366.

Vigilancia

Cristo nos invita a la vigilancia, 672;
Necesidad de la vigilancia, 1306;
El tiempo presente como tiempo de vigilia, 672;
La vigilancia en la custodia de la fe, 2088;
La vigilancia en los contenidos e informaciones de los medios de comunicación, 2496;
La vigilancia en la oración, 2612, 2699, 2799, 2849, 2863;
La vigilancia en los modos de pensar, 2727.

Vigilia Pascual, 281, 1217, 1254, 2719.

Vino/Viña/Vid

Cristo como Vid verdadera, 755;
La conversión del vino en la sangre de Cristo, 1375-76, 1413, cf. *Transubstanciación*;
"Yo soy la vid, vosotros los sarmientos", 787, 1988, 2074;
Los signos del pan y del vino en la Eucaristía, 1333-35.

Violación, 2356.

Violencia

Intereses que fomentan la violencia, 2316;
Gravedad de la violencia, 1858;
Renuncia a la violencia en defensa de la paz, 2306;
La mentira como forma de violencia, 2486;
Respeto a la vida humana y violencia, 2260, 2297;
La violencia en la pasión de Cristo, 1851;
La violencia sexual, 2356;

La violencia como consecuencia del pecado, 1869, 2534.

Virgen María, cf. *María*.

Virginidad

Virginidad y castidad, 2349;
La virginidad de María, 496-99, 502-03, 506, 510, 723;
La virginidad por el Reino de los Cielos, 922, 1618-20.

Virtud, cf. cada una de ellas;

La caridad como origen y forma de todas las virtudes, 25, 2346; La castidad como virtud, 2337, 2341, 2345, 2347, 2349;
Catequesis de las virtudes humanas y cristianas, 1697;
Definición de virtud, 1803-04;
La educación en las virtudes, 1784, 2223;
Los obstáculos en el ejercicio de las virtudes, 1863, 2284;
La solidaridad como virtud, 1942, 1948;
El Espíritu Santo obra por medio de las virtudes, 798;
La verdad como virtud, 2468-69;
Virtudes y dones del Espíritu Santo, 1831;
Las virtudes humanas, elevadas por la gracia, 1810-11;
Las virtudes como don del Bautismo, 1266.
Los dones del Espíritu Santo
Definición de los dones del Espíritu Santo, 1830;
Los frutos del Espíritu Santo, 1832;
Los siete dones del Espíritu Santo, 1831.
Virtudes humanas
Definición de las virtudes humanas, 1804, 1834;
La fortaleza, 1808, 1837;
La justicia, 1807, 1836;
La prudencia, 1806, 1835;
La templanza, 1809, 1838, 2290;
Las virtudes humanas, purificadas y elevadas por la gracia, 1810-11;
Las virtudes humanas ejercen la función de "quicio" o "eje", 1805;
Las virtudes morales, 1266, 1804, 1839.
Virtudes teologales
La caridad, 1822-29, 1844;
Definición y función de las virtudes teologales, 1812-13, 1840-41;
La fe, 153, 1814-16, 1842;.
La esperanza, 1817-21, 1843, 2090.

Vísperas, 1175.

Viuda, 922, 1537, 1672, 2349.

Vocación del hombre;
Los consejos evangélicos y la vocación personal, 1974;
La sociedad ha de procurar a cada uno la posibilidad de realizar su propia vocación, 1907, 2461;
Carácter comunitario de la vocación humana, 1878-85;
La santidad y el Evangelio como vocación de todos los discípulos de Cristo, 1533, 1962;
Última vocación del hombre, 1260;
La vocación de Abraham, 762;
La vocación al amor, 1604, 2331, 2392;
La vocación al apostolado cristiano, 863;
La vocación a la bienaventuranza divina, 1700, 1703, 1716-24;
Vocación a la castidad, 2337-59;
Vocación a la comunión con Dios, 27, 44;
La vocación a la cooperación con Dios en la creación, 307;
La vocación al culto divino y al servicio de la Iglesia, 1121;
La vocación al Matrimonio, 1603-04, 1607, 2331;
La vocación a construir el nuevo pueblo de Dios, 804, 831;
La vocación a la paternidad, 2369;
La vocación a la unión con Cristo, 521, 542;
La vocación a la vida eterna, 1998, 2820;
La vocación a la vida en el Espíritu Santo, 1699;
La vocación de los cristianos, realizada en la Iglesia, 2030; Respeto y ayuda a la vocación de los hijos, 1656, 2226, 2232;
La vocación del hombre, revelada por Cristo, 1701;
La vocación del hombre, destinada al beneficio de la sociedad, 1886;
La vocación del hombre, realizada por la vida en el Espíritu Santo, 1699;
La vocación del hombre a la fraternidad a semejanza de la unidad de las Personas divinas, 1878;
La vocación de los hombres a ser hijos adoptivos de Dios, 1;
Vocación de la humanidad, 1877;
Vocación de entrada en el Reino, 543;
La vocación de Israel, plenamente realizada por Cristo, 539;
Vocación de los laicos, 898-900, 2442;
La vocación de confesar y manifestar a Dios, 2085;
La vocación de María, 490;
La vocación de buscar a Dios, 30;
La vocación sacerdotal del Pueblo de Dios, 784;
La vocación sacerdotal, 1583;
La vocación del hombre y de la mujer en el designio divino, 373.

Voluntad de Dios, 51, 294-95, 541, 2059, 2822, cf. *Cristo, Dios.*

Voluntad del hombre
El dominio por el hombre de la propia voluntad, 1734, 1809;
La moralidad de los actos humanos y la voluntad, 1755;
Las pasiones y la voluntad, 1767-68;
La pecado y la voluntad libre, 1853; La virtud y la voluntad, 1834.

Voto (Religioso)
Dispensa de votos, 2103;
Definición del voto religioso, 2102;
Valor ejemplar del voto religioso, 2103.

Voz
La voz de la conciencia, cf. *Conciencia;*
La voz de Dios Padre, cf. *Dios.*

Yavé
El Nombre de Dios, revelado, 206, 210-13;
El Nombre de Jesús, 211, 446-47, 2566.

GLOSARIO

PREFACIO AL GLOSARIO DEL CATECISMO DE LA IGLESIA CATÓLICA

Ya antes de la promulgación del *Catecismo de la Iglesia Católica*, se pensó en hacer un Glosario para ayudar a aquellas personas que usaran el nuevo *Catecismo*. Este Glosario ha sido preparado por el Arzobispo William J. Levada, que formó parte del Comité Editorial de la Comisión Especial de la Santa Sede para el *Catecismo de la Iglesia Católica*. El Glosario ha sido revisado por el Comité (*ad hoc*) de la Comisión de la NCCB para la supervisión del uso del Catecismo, así como por el presidente y los auxiliares del Comité sobre la Doctrina de la NCCB.

El Glosario se ha preparado teniendo en cuenta el lenguaje que usa el *Catecismo*: los números entre paréntesis se refieren a los números del *Catecismo* en los que se encuentra la palabra, o se explica el concepto. El criterio seguido para la selección de palabras que se incluyen en el Glosario es doble: (1) definir palabras o términos técnicos, para ayudar así a los lectores que no los conocen, por medio de formación religiosa o sus estudios teológicos; y (2) manifestar los distintos significados, o usos que pueden tener dichas palabras o términos, haciendo notar a los lectores los diferentes usos de estas palabras en la Doctrina de la Iglesia. Las palabras de uso común y la mayoría de los nombres propios no se encuentran en el Glosario, así como los términos religiosos que no están presentes directa o indirectamente en el *Catecismo*.

Es importante recordar que este Glosario, lo mismo que los índices del *Catecismo*, son un instrumento que se añade para que los lectores encuentren una ayuda para el uso del *Catecismo*. Se ha de tener en cuenta que, aunque el Glosario es fiel a lo que dice el *Catecismo*, no participa de la aprobación del texto del *Catecismo* dado en la Constitución Apostólica *Fidei depositum* del Papa Juan Pablo II.

-A-

ABORTO: Terminación deliberada de un embarazo matando al bebé aun no nacido. El aborto directo, escogido como medio o como fin, es gravemente contrario a la ley moral. Este crimen contra la vida humana la Iglesia lo castiga con la pena canónica de la excomunión (2271-2272).

ABRAHAM: El hombre de fe y patriarca de Israel, con quien Dios hizo una alianza por la que le prometió darle una tierra donde vivir y una descendencia numerosa: un gran pueblo para el cual el Señor sería su Dios. A través de Abraham Dios formó el pueblo al que dio más tarde la ley, mediante una revelación a Moisés. Con la venida de Cristo, el pueblo de Israel servirían como la raíz a la cual serían injertados los Gentiles, mediante la fe en Jesucristo (59, 72, 145, 705, 762, 2570).

ABSOLUCIÓN: Elemento esencial del Sacramento de la Penitencia, en el cual el sacerdote, mediante el poder entregado por Jesucristo a la Iglesia, perdona los pecados del penitente (1424, 1442, 1449, 1453, 1480).

GLOSARIO → A

ACEDIA: Sinónimo poco usado de la palabra pereza, que es uno de los pecados "capitales" (1866). *Véase*: Pereza

ACÓLITO: Ministro litúrgico designado para ayudar en las celebraciones litúrgicas. Los diáconos y los sacerdotes reciben este ministerio antes de su ordenación. Los laicos pueden ser designados permanentemente para este ministerio del acolitado, mediante un rito de institución y bendición (903, 1672).

ADÁN: Según el relato de la creación hecho en el Génesis, es el primer hombre. De este relato la Iglesia ha aprendido que la humanidad fue creada originariamente en estado de santidad y justicia, y que los primeros padres del género humano lo perdieron, tanto para ellos mismos como para toda la humanidad, por el primer pecado que cometieron ("pecado original"). A Jesucristo se le llama "segundo" o "nuevo Adán" porque nos trajo la nueva creación al perdonar los pecados y restablecer la humanidad al estado de gracia y amistad con Dios, perdida con el pecado original (359, 375, 388, 390, 402-404, 504; cf. 635, 655).

ADORACIÓN: Reconocer a Dios como Dios, es decir Creador y Salvador, Señor y Dueño de todo cuanto existe. Tanto la Iglesia como las personas individuales adoran a Dios, que es el primer acto de la virtud de la religión, mediante el culto y la oración. El primer Mandamiento de la Ley nos obliga a adorar a Dios (2096, 2628; cf. 1083).

ADULTERIO: Infidelidad matrimonial, es decir tener relaciones sexuales entre dos personas, de las cuales al menos una está casada con otra persona. El sexto Mandamiento y el Nuevo Testamento prohíbe totalmente el adulterio (2380; cf. 1650).

ADVIENTO: Tiempo litúrgico de cuatro semanas de duración dedicado a la preparación para la venida de Jesucristo en la Navidad (524).

AGUA BENDITA: Agua que ha sido bendecida. Es uno de los sacramentales. Su aspersión, o su uso, nos recuerda el Bautismo y es un medio de santificación (1668).

ALABANZA: Forma de oración que se concentra en reconocer de una manera directa a Dios, dándole toda la gloria por ser Él quien es (2639). En la liturgia de la Eucaristía, toda la Iglesia se une a Cristo dando alabanza y acciones de gracias al Padre (1358). *Véase*: Doxología.

ALIANZA: Pacto solemne entre seres humanos, o bien entre Dios y los hombres, que implica unos compromisos o garantías mutuas. La Biblia nos habla de las alianzas con Noé, Abraham y Moisés como líder del Pueblo elegido, Israel. En el Antiguo Testamento o Alianza, Dios reveló su ley a través de Moisés, y preparó a su pueblo para la salvación mediante los profetas. En el Nuevo Testamento o Alianza, Cristo estableció una nueva y eterna alianza con el sacrificio de su muerte y su Resurrección. La economía cristiana es la nueva y definitiva Alianza, que nunca desaparecerá, y no habrá más revelación pública antes de la gloriosa manifestación de Nuestro Señor Jesucristo (56, 62, 66). *Véase*: Antiguo Testamento; Nuevo Testamento.

ALMA: Principio espiritual en los seres humanos. El alma es el sujeto de la conciencia de sí y de la libertad humana; cuerpo y alma forman una única naturaleza humana. Cada alma humana es individual e inmortal, creada directamente por Dios. El alma no muere con el cuerpo, sino que por la muerte se separa del cuerpo, y será unida de nuevo con él en la resurrección final (363, 366; cf. 1703).

ALTAR: Es el centro y punto focal de una iglesia, donde, durante la Misa, se ofrece el sacrificio de Cristo en la cruz, bajo signos sacramentales. Entre los Israelitas el altar era el lugar donde se ofrecían sacrificios a Dios. El altar cristiano representa dos aspectos del misterio de la Eucaristía, por

GLOSARIO ⟶ A

una parte como altar del sacrificio en el que Jesucristo, víctima sacrificial, se ofrece a sí mismo por nuestros pecados, y por otra parte como mesa del Señor donde Cristo se nos da así mismo como alimento celestial (1182, 1383).

AMÉN: Palabra del hebreo que significa "esto es verdad; es así; cúmplase así", manifestando estar de acuerdo con lo que se ha dicho. Las oraciones del Nuevo Testamento y de la Liturgia de la Iglesia, y los "Credos" acaban con la palabra "amén". Jesús, para resaltar su verdad y autoridad, lo utilizó al introducir sus declaraciones más solemnes (1061, 1345, 1396, 2856, 2865).

AMOR: *Véase*: Caridad.

ANÁFORA: Es la Plegaria Eucarística —la oración de acción de gracias y consagración— que es como el corazón y la cumbre de la celebración de la Misa (1352).

ANALOGÍA DE LA FE: Es la coherencia de las verdades de la fe entre sí y dentro del proyecto total de la Revelación (114).

ANÁMNESIS: "Memoria" que hace la Iglesia en la acción litúrgica de los actos salvíficos hechos por Dios a lo largo de la historia, que inspira acción de gracias y alabanza (1103). Cada Plegaria Eucarística contiene una anamnesis, o memorial, en el cual la Iglesia recuerda la Pasión, la Resurrección y el glorioso retorno de Jesucristo (1354, 1362).

ÁNGEL: Criatura espiritual, inmortal, que es persona, con inteligencia y voluntad libre, que glorifica sin cesar al Señor y le sirve como mensajero de su plan salvífico (329-331). *Véase*: Ángeles de la guarda.

ÁNGELES DE LA GUARDA (CUSTODIOS): Ángeles que tienen como misión proteger a cada ser humano e interceder por él (336). *Véase*: Ángel.

AÑO LITÚRGICO: Celebración a lo largo del año de los misterios del Señor: su nacimiento, vida, muerte y Resurrección, de tal forma que el año se convierte en el "año de gracia del Señor". De esta forma el ciclo del año litúrgico y las grandes fiestas constituyen el ritmo básico de la oración cristiana, y tiene el punto central en la Pascua de Resurrección (1168).

ANTICONCEPCIÓN ARTIFICIAL: Uso de medios mecánicos, químicos o médicos para prevenir que, como resultado de la unión sexual, tenga lugar la concepción; la contracepción va en contra de la apertura a la procreación, que el matrimonio requiere, así como de la verdad íntima del amor conyugal (2370).

ANTICRISTO: Es el "engañador" de quien habla el Nuevo Testamento; está asociado con el "misterio de iniquidad", que precederá a la segunda venida de Jesucristo. Con él la gente se apartará de la verdad para seguir un falso "mesianismo", por el cual el hombre se glorifica a sí mismo y a sus triunfos humanos, en lugar de glorificar a Dios y a su Mesías hecho hombre, en quien se realizará el Reino (675-677).

ANTIGUA ALIANZA: La antigua dispensación u orden, que Dios estableció con su pueblo elegido, Israel, mediante la revelación de la Ley a Moisés (1961). *Véase*: Alianza.

ANTIGUO TESTAMENTO: Los 46 libros de la Biblia, que narran la historia de la salvación desde la creación, a través de la antigua alianza con Israel, en preparación de la venida de Cristo como Salvador del mundo (120-121). *Véase*: Alianza; Biblia.

ANUNCIACIÓN: Visita que hizo el Ángel Gabriel a la Virgen María para comunicarle que iba a ser la Madre del Salvador. Al dar su consentimiento a la palabra de Dios, María se convirtió en la Madre de Jesús por obra del Espíritu Santo (484, 494).

APARICIÓN: Visión de un ser celestial —Jesucristo, María, un ángel, o un santo— por parte de gente en esta tierra.

GLOSARIO → A–B

Las apariciones de Jesús en su cuerpo glorioso tuvieron lugar entre la Pascua y su Ascensión a los cielos (641, 659).

APOSTASÍA: Es el rechazo total de la fe cristiana (2089; cf. 817).

APÓSTOL: Palabra que significa *enviado*, como Jesús fue enviado por el Padre, y como Él envió a algunos de sus discípulos, escogidos para que predicaran el Evangelio a todo el mundo. Él llamó a los Doce para que fueran sus apóstoles, testigos escogidos de su Resurrección y fundamento sobre el cual edificó la Iglesia (857). El oficio apostólico es algo permanente en la Iglesia, para asegurar que la misión divina encomendada por Jesús a los apóstoles continúe hasta el fin de los tiempos. Los obispos reciben el oficio de sucesores de los apóstoles con el sacramento del Orden Sagrado (860). *Véase*: Sucesión Apostólica.

APOSTOLADO: Actividad del cristiano que cumple con la naturaleza apostólica de toda la Iglesia, y trabaja para extender el reinado de Cristo por todo el mundo (863).

ARREPENTIMIENTO: *Véase*: Contrición; Penitencia.

ASCENSIÓN: Entrada de la humanidad de Jesucristo en la gloria divina, en el dominio celestial de Dios, cuarenta días después de su Resurrección (659, 665).

ASCESIS: Práctica de la penitencia, mortificación y desprendimiento para aumentar el dominio de sí mismo y progresar en la perfección, abrazando el camino de la Cruz (2015).

ASUNCIÓN: Dogma que declara que la Santísima Virgen María tiene una participación muy especial en la Resurrección de su Hijo, por la cual fue elevada en cuerpo y alma a la gloria celestial, una vez terminado el curso de su vida en la tierra (966).

ATEÍSMO: Negación teórica y práctica de la existencia de Dios. El ateísmo es un pecado contra la virtud de la religión que nos pide el primer mandamiento de la Ley de Dios (2124-2125).

AVARICIA: Inclinación o deseo desordenado de placeres o de posesiones. Es uno de los pecados capitales, está prohibido por el noveno y décimo mandamientos (2514, 2534).

AVEMARÍA: Oración que se conoce en latín como el *Ave María*. La primera parte contiene alabanzas a Dios por los dones que ha concedido a María, como Madre del Redentor; la segunda parte pide la intercesión maternal de María para los miembros del Cuerpo de Cristo, la Iglesia, de la que Ella es Madre (2676).

AYUNO: Abstenerse de comer y beber como manifestación de penitencia interior, a imitación de Jesucristo, que ayunó cuarenta días en el desierto. El ayuno es una práctica ascética recomendada por la Sagrada Escritura y en los escritos de los Santos Padres. Algunas veces la Iglesia lo manda con un precepto, especialmente durante el tiempo de Cuaresma (538, 1434, 2043).

-B-

BAUTISMO: Primero de los siete sacramentos, y "puerta" que da entrada a los demás sacramentos. El Bautismo es el primer y principal sacramento del perdón de los pecados porque nos une a Cristo, que murió por nuestros pecados y resucitó para nuestra justificación. El Bautismo, junto con la Confirmación y la Eucaristía, constituyen los sacramentos llamados "sacramentos de iniciación", por los cuales el fiel recibe la remisión del pecado original y de los personales; comienza una nueva vida en Cristo y en el Espíritu Santo; y se incorpora a la Iglesia, Cuerpo de Cristo. El rito del Bautismo consiste en la inmersión del candidato en el agua, o derramar agua sobre su cabeza, pronunciando al mismo tiempo la invocación a la Santísima Trinidad:

GLOSARIO → B-C

el Padre, el Hijo y el Espíritu Santo (997, 1213 y ss., 1275, 1278).

BEATÍFICA (VISIÓN): *Véase*: Visión Beatífica.

BENDICIÓN: Oración especial por la que se invoca el poder y protección de Dios sobre alguna persona, lugar, cosa o tarea. La oración de bendición reconoce que Dios es la fuente de todo bien. Algunas bendiciones conceden un estado permanente, por ejemplo: la consagración de personas a Dios, o reservar algunas cosas para el exclusivo uso litúrgico (1671, 2626).

BENDICIÓN NUPCIAL: Oración de bendición para los contrayentes del matrimonio, especialmente para la novia (1624).

BIBLIA: La Sagrada Escritura: los libros que contienen la verdadera revelación de Dios, y fueron escritos por autores humanos inspirados por el Espíritu Santo (105). La Biblia contiene cuarenta y seis libros del Antiguo Testamento y veintisiete del Nuevo Testamento (120). *Véase*: Antiguo Testamento; Nuevo Testamento.

BIENAVENTURANZA: Felicidad o gozo, especialmente la felicidad eterna del cielo, que se describe como la visión directa de Dios, o también, entrar en el descanso del Señor de aquellos que Él hace "participantes de la divina naturaleza" (1024, 1721).

BIENAVENTURANZAS: Las enseñanzas de Jesús en el Sermón de la Montaña sobre el significado y el camino hacia la verdadera felicidad (cf. *Mt* 5, 1-12; *Lc* 6, 20-23). Estas enseñanzas reflejan las promesas hechas al pueblo elegido desde Abraham; nos muestran el semblante de Cristo y nos describen su caridad. Es más, al dar luz sobre las acciones y las disposiciones características de la vida cristiana, nos describen la vocación a la que están llamados todos los fieles (1716).

BLASFEMIA: Palabras, pensamientos o acciones que significan desprecio de Dios, o de su Iglesia, o de personas o cosas dedicadas a Dios. La blasfemia se opone directamente al segundo mandamiento (2148).

-C-

CAÍDA: (1) Revelación que hace la Biblia sobre la realidad del pecado en la historia humana. La historia bíblica empieza con el pecado original, que fue libremente cometido por los primeros seres humanos. Este acontecimiento inicial se narra con un lenguaje figurado en el libro del Génesis, que describe este pecado como una "caída" del estado de amistad con Dios y de gracia, que habían recibido de Dios, no tan sólo para sí mismos, sino para todo el género humano (388, 390). (2) En la "caída" de los ángeles, la Escritura y la Tradición de la Iglesia ven el emerger de Satanás y del "demonio"; la "caída" de estos espíritus angélicos se debió a su rechazo libremente elegido de Dios y su Reino (391-392).

CALUMNIA: Declaración falsa que daña la reputación de otras personas y da ocasión a que se hagan juicios falsos sobre ellas (2477).

CANON DE LA MISA: Parte central de la Misa, también conocida como Plegaria Eucarística o "Anáfora", que contiene la oración de acción de gracias y de consagración (1352).

CANON DE LA SAGRADA ESCRITURA: La lista completa dada por la Iglesia de los libros sagrados de la Biblia (120).

CANONIZACIÓN: Solemne declaración hecha por el Papa de que un fiel cristiano, ya fallecido, puede ser propuesto como modelo e intercesor a los fieles cristianos, y ser venerado como un santo, basados en el hecho de que practicó en su vida las virtudes en grado heroico, o permaneció fiel a Dios hasta el martirio (828; cf. 957).

CARÁCTER SACRAMENTAL: Marca espiritual indeleble, consecuencia permanente de los sacramentos del

Bautismo, Confirmación y Orden Sagrado, y por el cual la persona recibe una nueva configuración permanente con Cristo y un estado específico en la Iglesia. La recepción de estos sacramentos no se puede repetir (1272, 1304, 1582).

CARIDAD: Virtud teologal por la cual somos capaces de amar a Dios sobre todas las cosas, por ser Él quien es, y a nuestro prójimo como a nosotros mismos, por amor a Dios (1822).

CARISMA: Don o gracia especial del Espíritu Santo, que directa o indirectamente beneficia a la Iglesia, dado para ayudar a una persona a llevar una vida cristiana, o para servir al bien común en la edificación de la Iglesia (799, 951).

CASTIDAD: Virtud moral que, bajo la virtud cardinal de la templanza, ayuda a lograr la integración de la sexualidad en la persona humana y por tanto a la unidad interior en su ser corporal y espiritual (2337). La castidad es uno de los frutos del Espíritu Santo (1832).

CASTIGO ETERNO: Castigo dado por el pecado mortal, del cual uno no se ha arrepentido y, por tanto, separa al pecador de la comunión con Dios por toda la eternidad. Condena al infierno de un pecador no arrepentido (1035).

CASTIGO TEMPORAL: Purificación del apego desordenado a las criaturas que es consecuencia del pecado aun después de la muerte. Hemos de purificarnos bien durante esta vida, mediante la oración y la conversión que procede de una ardiente caridad, o bien después de la muerte en el Purgatorio (1472).

CATECISMO: Sumario o resumen de uso fácil de la Doctrina Católica sobre la fe y la moral, destinado para ser utilizado en la catequesis (11).

CATECÚMENO: Persona que se está preparando para recibir el Bautismo. El Catecumenado es la formación de estos catecúmenos, en preparación para su Iniciación cristiana, y tiene como finalidad su conversión y que su fe madure dentro de la comunidad eclesial (1248). A los candidatos se les unge con el *óleo de los catecúmenos,* por el cual son fortalecidos en su conversión de la vida de pecado y en su renuncia a Satanás (1237).

CATEDRAL: Iglesia oficial del Obispo de una Diócesis. La palabra griega *cátedra* significa silla o trono. La "silla o trono" del obispo significa su autoridad para enseñar y gobernar, y está situada en la Iglesia principal, o "catedral" de la diócesis, de la que él es el pastor principal (cf. 1572).

CATEQUESIS: Educación en la fe de la Iglesia de los niños, jóvenes y adultos a través de la enseñanza de la Doctrina cristiana de una manera orgánica y sistemática, para hacerlos discípulos de Jesucristo. Los que llevan a cabo este ministerio se llaman catequistas (5, 426-427).

CATÓLICO: Es una de las cuatro marcas o notas de la Iglesia. Es un término tomado del Credo de Nicea. La Iglesia es católica, es decir universal, porque posee la plenitud de la presencia de Cristo y de los medios de salvación, y porque ha sido enviada por Jesucristo con una misión que abarca a toda la raza humana (750, 830).

CELIBATO: Estado o condición de los que han elegido no casarse por amor al Reino de los cielos, para darse así por completo a Dios y al servicio de su pueblo. En la Iglesia Latina, el celibato es obligatorio para los obispos y sacerdotes. En algunas Iglesias Orientales el celibato es un requisito tan sólo para los que van a ser ordenados obispos. Tanto en Oriente como en Occidente, quien ha recibido el sacramento del Orden no puede contraer matrimonio (1579, 1580).

CIELO: Vida eterna junto a Dios; una comunión de vida y amor con la Santísima Trinidad y todos los santos. El Cielo es el estado de felicidad suprema y eterna, el objetivo de las aspiraciones más profundas de la humanidad (1023).

CIRCUNCISIÓN: Rito prescrito en el judaismo y en algunas otras culturas, que consiste en cortar el prepucio del varón. La circuncisión era signo de la alianza entre Dios y el pueblo de Israel y prefiguraba el rito de iniciación cristiana del Bautismo. Jesús fue circuncidado a los ocho días de su nacimiento, de acuerdo con la ley judía (527).

CISMA: Rechazo de la sumisión al Sumo Pontífice, o de la comunión con los miembros de la Iglesia sujetos a él (2089).

COLEGIALIDAD: Principio según el cual todos los obispos de la Iglesia, teniendo al Papa como su cabeza, forman un solo "colegio", que sucede, en cada generación, al "colegio" de los doce Apóstoles, con Pedro a su cabeza, y que fue instituido por Jesucristo como el fundamento de su Iglesia. Este colegio episcopal, siempre junto con el Papa —nunca sin él—, tiene autoridad plena y suprema sobre la Iglesia universal (861, 880, 883).

COMUNIÓN: Santa Comunión, la recepción del Cuerpo y la Sangre de Cristo en la Eucaristía (1382). En un sentido más general, es nuestra fraternidad y unión con Jesucristo y los demás cristianos bautizados en la Iglesia, que tiene su fuente y cima en la celebración de la Eucaristía. En este sentido la Iglesia como comunión es la vocación más íntima de la Iglesia (959).

COMUNIÓN DE LOS SANTOS: La unidad en Cristo de todos los redimidos, los que están en la tierra y los que ya han muerto. La Comunión de los Santos se profesa en el Credo de los Apóstoles, donde también se ha interpretado como la unidad en las "cosas santas" (*communio sanctorum*), en especial la unidad en la fe y en la caridad, que se consigue mediante la participación en la Eucaristía (948, 957, 960, 1474).

CONCIENCIA: Voz interior en el ser humano, en cuyo corazón Dios ha inscrito su Ley. La conciencia moral es un juicio de la razón práctica sobre la moralidad de una acción humana. Mueve a la persona en el momento oportuno a hacer el bien y evitar el mal (1777-1778). El *examen de conciencia* está recomendado para la preparación antes de recibir el Sacramento de la Penitencia (1454).

CONCILIO ECUMÉNICO: Asamblea de todos los obispos del mundo, en el ejercicio de la autoridad colegial sobre toda la Iglesia. Un Concilio Ecuménico normalmente es convocado por el sucesor de S. Pedro, el Papa, o al menos es aprobado o aceptado por él como tal (884).

CONCUPISCENCIA: Apetitos o deseos humanos que están desordenados debido a las consecuencias temporales del pecado original, y que permanecen aun después del Bautismo, y nos causan una inclinación a pecar (1264, 1426, 2515).

CONFESIÓN: Elemento esencial del Sacramento de la Penitencia, o Reconciliación. Consiste en decir al sacerdote los pecados que uno ha cometido. Por extensión, se utiliza la palabra confesión para designar el Sacramento de la Penitencia (1455).

CONFESIÓN GENERAL CON ABSOLUCIÓN: Forma comunitaria del Sacramento de la Penitencia, en el cual, en caso de grave necesidad, el sacerdote puede dar a la vez la absolución a todas las personas que están presentes, después que ellos han hecho una confesión general, pero no individual, de sus pecados. Para que esta absolución sea válida, lo fieles han de tener la intención de confesar todos sus pecados en la siguiente recepción individual del Sacramento de la Penitencia (1483).

CONFIRMACIÓN: Uno de los Sacramentos de Iniciación a la Iglesia, junto con el Bautismo y la Eucaristía. La Confirmación completa la gracia del Bautismo con una efusión especial de los dones del Espíritu Santo, que sellan o "confirman" al bautizado en su unión con Cristo, y lo capacita para la participación activa en el culto y en la vida de apostolado de la Iglesia (1285).

CONSAGRACIÓN: Dedicación de una cosa o persona al servicio de Dios mediante una oración o una bendición. La Consagración en la Santa Misa es la parte de la Plegaria Eucarística, durante la cual el sacerdote dice las palabras que dijo el Señor en la Ultima Cena para la Institución de la Eucaristía, por las que se hacen sacramentalmente presentes el Cuerpo y la Sangre de Cristo —el sacrificio que El ofreció una vez para siempre— bajo las apariencias de pan y de vino (1352, 1353).

CONSEJO: *Véase*: Consejos Evangélicos; Dones del Espíritu Santo.

CONSEJOS EVANGÉLICOS: Tomado en general, son las enseñanzas de la Nueva Ley propuesta por Jesucristo a sus discípulos y que se dirigen a la perfección cristiana. En la Nueva Ley los preceptos se ordenan a apartar lo que no es compatible con la caridad; los consejos evangélicos se dirigen a alejar lo que pueda dificultar el aumento de la caridad, aunque no sea contrario a ésta (1973). La profesión pública de los consejos evangélicos de pobreza, castidad y obediencia es un elemento constitutivo del estado de vida consagrada en la Iglesia (915).

CONTEMPLACIÓN: Una forma de oración sin palabras, en la cual la mente y el corazón están fijos en la grandeza y bondad de Dios en adoración afectiva y amorosa; mirar a Jesús y los misterios de su vida con fe y amor (2628, 2715).

CONTRICIÓN: Dolor del alma y aborrecimiento del pecado cometido, junto con el firme propósito de no pecar más. La contrición es el acto más importante del penitente, y es necesaria para la recepción del Sacramento de la Penitencia (1451).

CONVERSIÓN: Cambio radical de orientación de toda una vida para huir del pecado y del mal, y dirigirse a Dios. Este cambio de corazón, o conversión, es un elemento central de la predicación de Jesucristo, del ministerio de evangelización de la Iglesia, y del Sacramento de la Penitencia o Reconciliación (1423, 1427, 1431; cf. 821).

CORO: Grupo de personas entrenadas especialmente para guiar el canto en las funciones litúrgicas (1143).

CREACIÓN: Acto por el cual Dios eterno dio comienzo a todo lo que existe fuera de Él. La palabra Creación también se refiere a todo el universo creado, o a la totalidad de lo que existe, que muchas veces se expresa con la fórmula "los cielos y la tierra" (290).

CREDO: Sumario breve y normativo, o profesión de la Fe Cristiana, por ej., el Credo de los Apóstoles, el Credo de Nicea. La palabra "Credo" viene del latín, y significa "yo creo", palabra con la que empieza el Credo. A los Credos también se les conoce como Símbolos de la Fe (187).

CREDO (SÍMBOLO) DE LOS APÓSTOLES: Síntesis o resumen de la fe cristiana, que se desarrolló a partir del credo o "símbolo" utilizado en el bautismo por la antigua Iglesia de Roma, sede de Pedro, primero de los apóstoles. Al Credo, o Símbolo de los Apóstoles, se le considera como un resumen fiel de la fe de los apóstoles (194).

CREDO DE NICEA (NICENO): Profesión de fe que se redactó en los dos primeros Concilios Ecuménicos (Nicea y Constantinopla, 325 y 381 D.C.), y es el Credo común a todas la Iglesias Orientales y Occidentales (195-196). *Véase*: Credo.

CREYENTE (EL CRISTIANO): Los que han sido incorporados por el Bautismo a Cristo y constituyen el Pueblo de Dios, la Iglesia (871). El término "fieles laicos" se refiere al laicado, es decir a todos los fieles, con excepción de los que han recibido el Sacramento del Orden y los que pertenecen al estado religioso aprobado por la Iglesia (897).

CRISMA: Oleo perfumado y consagrado por el obispo, que significa el don del Espíritu Santo. Se usa en las unciones de los sacramentos del Bautismo, Confirmación y Orden Sagrado (1241, 1289, 1291, 1294).

CRISMACIÓN: Nombre dado en las Iglesias Orientales al Sacramento de la Confirmación. El nombre se deriva del "crisma" o "myron" usado en la unción (1289).

CRISTIANO: Nombre derivado del de Cristo mismo. Se refiere a todos los que han sido ungidos con el don del Espíritu Santo en el Bautismo; por tanto, son los seguidores de Jesucristo, los miembros de la Iglesia cristiana. De acuerdo a los Hechos de los Apóstoles 11, 26, "fue en Antioquía donde los discípulos fueron llamados por primera vez cristianos" (1289).

CRISTO: Traducción al griego de la palabra hebrea *Mesíah,* que significa "ungido". Se convirtió en el nombre propio de Jesús, puesto que Él cumplió perfectamente la divina misión de ser Sacerdote, Profeta y Rey, que está significada en su unción como Mesías, "Cristo" (436). *Véase*: Jesucristo; Mesías; Unción.

CRUZ: Instrumento de ejecución en el que murió Jesús; símbolo del sacrificio único de Cristo, que es el único Mediador entre Dios y los hombres. Jesús invitó a sus discípulos a tomar su cruz y seguirle, para asociar a su sacrificio redentor a aquellos que eran los primeros beneficiados. Los católicos comienzan sus oraciones con la *Señal de la Cruz* "en el Nombre del Padre y del Hijo y del Espíritu Santo. Amén". Un objeto piadoso llamado *crucifijo* es una cruz con la imagen de Jesús clavado en ella (616, 618, 2166).

CUARESMA: Tiempo litúrgico que dura cuarenta días. Empieza el Miércoles de Ceniza y termina con la celebración del misterio Pascual (Triduo Pascual). En el año litúrgico de la Iglesia, la cuaresma es primeramente un tiempo penitencial, que recuerda los cuarenta días que Jesús pasó en el desierto en ayuno y oración (540, 1095, 1438).

CUERPO DE CRISTO: (1) El cuerpo humano que el Hijo de Dios asumió al ser concebido en el seno de María, y que ahora es glorificado en el Cielo (467, 476, 645). (2) Este mismo cuerpo y sangre, junto con su alma y divinidad, de nuestro Señor Jesucristo que está sacramentalmente presente, bajo las apariencias de pan y de vino, en la Eucaristía (1374). (3) A la Iglesia se le llama el Cuerpo (místico) de Cristo, por la íntima comunión que existe entre Jesús y sus discípulos; la metáfora de un cuerpo, que tiene por Cabeza a Jesucristo y cuyos miembros son los fieles, nos da una imagen que nos hace concentrar la atención en la unidad y la diversidad que se dan juntas en la Iglesia (787, 790, 1396).

CULTO: Adoración y honor dado a Dios. Es el primer acto de la virtud de la religión (2096). Se da a Dios culto público en la Iglesia con la celebración en la liturgia del Misterio Pascual de Cristo (1067).

-D-

DECÁLOGO: Significa literalmente: "diez palabras". Son los Diez Mandamientos dados por Dios a Moisés en el Monte Sinaí. Para ser fieles a la enseñanza de Jesús, el Decálogo ha de ser interpretado a la luz del gran mandamiento que El nos dio de amar a Dios y al prójimo (2055-2056). *Véase*: Mandamiento.

DEFINICIÓN DOGMÁTICA: Declaración solemne, hecha por un concilio ecuménico o por el Papa, de que una doctrina ha sido revelada por Dios y ha de ser creída por la Iglesia Universal. Estas definiciones son infalibles, y uno ha de adherirse a ellas con la obediencia de la fe (891).

DEMONIO: *Véase*: Diablo.

DEPÓSITO DE LA FE: La herencia de la fe contenida en la Sagrada Escritura y en la Tradición, entregada a la Iglesia desde el tiempo de los Apóstoles, de la cual el Magisterio saca todo lo que propone para ser creído como divinamente revelado (84; cf. 1202).

DERECHO CANÓNICO: Reglas (cánones o leyes) que contienen las normas para el buen orden dentro de la sociedad visible de la Iglesia. Estas leyes canónicas se aplican a todos y están contenidas en los Códigos de Derecho Canónico. El Código de Derecho Canónico más reciente para la Iglesia Latina Occidental fue promulgado en 1983 y en 1991 para las Iglesias Orientales (*Código de Cánones para las Iglesias Orientales*).

DESARROLLO DOCTRINAL: Crecimiento en la comprensión de la revelación hecha por Dios. Esta comprensión aumenta con la contemplación y el estudio de los fieles, la investigación teológica, y la predicación del Magisterio (94).

DESCENSO A LOS INFIERNOS: Uno de los artículos del Credo de los Apóstoles que se refiere a la victoria sobre la muerte y el pecado, que Cristo consiguió al "resucitar de entre los muertos". Jesús experimentó la muerte, como todos los hombres, y su Alma fue a reunirse con las otras almas en la morada de los muertos, a la cual bajó como Salvador, para proclamar el Evangelio a los espíritus que estaban detenidos allí, y liberar a los justos que le habían precedido (632).

DESESPERACIÓN: Abandonar toda certeza de salvación y de perdón de los pecados (2091).

DETRACCIÓN (MALEDICENCIA): Dar a conocer las faltas y pecados de otros a personas que no los sabían, sin tener un motivo objetivamente válido para hacerlo, con lo cual se causa un daño injusto a la reputación de la persona (2477).

DIABLO: Ángel caído, que pecó contra Dios al rehusar aceptar su Reinado. Satanás, el demonio, o el Maligno, y los demás diablos antes fueron ángeles buenos, creados con una naturaleza buena; pero se hicieron a sí mismos malos por sus propios actos (391, 1707; cf. 2851).

DIACONADO: *Véase*: Diácono.

DIÁCONO: Es el tercer grado de la jerarquía del Sacramento del Orden Sagrado, después del obispo y del sacerdote. El diácono se ordena para hacer un ministerio y servicio, y no para ejercer el sacerdocio. Los diáconos se ordenan para ayudar a los obispos y a los sacerdotes en la celebración de los divinos misterios, sobre todo la Eucaristía, en la distribución de la Sagrada Comunión, en la celebración y bendición de los matrimonios, en la proclamación del Evangelio y en la predicación, presidiendo en los funerales, y dedicándose a las diversas obras de caridad. Mientras que las Iglesias de Oriente habían mantenido siempre el orden del diaconado, en la Iglesia Occidental, el diaconado permanente fue restablecido por el Concilio Vaticano II (1569, 1571).

DÍAS DE FIESTA: Celebraciones que se dan cada año a lo largo del ciclo litúrgico, para conmemorar los misterios salvíficos de la Vida de Cristo, como una participación del Misterio Pascual, que se celebra cada año durante la Pascua de Resurrección: la Fiesta de las fiestas. También se celebran fiestas que conmemoran a María, la Madre de Dios, y a los santos. Esto ayuda a los fieles al darles ejemplos de los que han sido ya glorificados con Jesucristo (1169, 1173).

DÍAS DE PRECEPTO (DE OBLIGACIÓN): Días de las fiestas principales en que, junto con todos los domingos, los católicos tienen la obligación de participar en la Santa Misa. Es un mandamiento de la Iglesia (2042, 2180).

GLOSARIO ⟶ D-E

DIFAMACIÓN: *Véase*: Calumnia.

DIÓCESIS: "Iglesia particular", es decir una comunidad de fieles, en comunión en la fe y en los sacramentos, cuyo obispo ha sido ordenado según la sucesión apostólica. La diócesis normalmente está determinada por un territorio geográfico concreto; otras veces puede estar constituida por personas que tienen un mismo rito o idioma. En las Iglesias Orientales se llaman eparquías (833).

DIOS: Él ser divino infinito, uno en cuanto a su ser, y tres Personas distintas: el Padre, el Hijo y el Espíritu Santo. Dios se ha revelado a sí mismo como "Él que es", como verdad y amor, como creador de todas las cosas que existen, autor de la revelación divina, y fuente de toda salvación (198, 279).

DISCÍPULO: Se llaman sus discípulos los que aceptaron el mensaje de Jesús para seguirle. Jesús incorporó sus discípulos a su misma vida, les reveló el misterio del Reino y les hizo participantes de su misión, de su alegría, y de sus sufrimientos (767, 787).

DIVORCIO: Pretensión de que el vínculo indisoluble del matrimonio válido entre una mujer y un hombre puede ser roto. La disolución civil del contrato matrimonial (divorcio) no libera a las personas del vínculo matrimonial válido ante Dios; por tanto volver a contraer matrimonio es moralmente ilícito (2382; cf. 1650).

DOCTRINA/DOGMA: Enseñanzas reveladas por Jesucristo que han sido proclamadas mediante el ejercicio más pleno de la autoridad del Magisterio de la Iglesia. Los fieles están obligados a creer la verdad de los dogmas que el Magisterio define como contenidas en la divina Revelación (88).

DOMINGO: El "Día del Señor", el día de la semana por excelencia para celebrar la Eucaristía por la Iglesia. Cada Misa dominical conmemora la resurrección de Cristo en el primer Domingo de Pascua, y recuerda también el primer día de la Creación, para los que han sido hechos "una nueva creación en Cristo" (1166, 2174, 2180).

DONES DEL ESPÍRITU SANTO: Disposiciones permanentes que nos hacen dóciles a seguir las inspiraciones del Espíritu Santo. La lista tradicional de los siete dones del Espíritu Santo se deriva del texto de Isaías 11, 1-3: sabiduría, entendimiento, ciencia, consejo, fortaleza, piedad y temor de Dios (1830).

DOXOLOGÍA: Oración cristiana de alabanza y gloria a Dios, muchas veces dirigida especialmente a las Tres divinas Personas de la Santísima Trinidad. La oraciones litúrgicas terminan tradicionalmente con una doxología "al Padre, por el Hijo, en el Espíritu Santo". La doxología que se dice en la Misa al final del Padrenuestro, renueva las tres primeras peticiones de dicha oración, en forma de adoración y alabanza (2639, 2855).

-E-

ECLESIÁSTICO: Que pertenece o trata de la Iglesia (griego y latín *ecclesia*). Por tanto el gobierno eclesiástico es el gobierno de la Iglesia (857); una provincia eclesiástica es una agrupación de jurisdicciones de la Iglesia, o varias diócesis (887); un eclesiástico es alguien que tiene un oficio en la Iglesia.

ECONOMÍA: La estructura y organización de trabajo productivo o de una actividad en la sociedad, que forma la base para el soporte financiero y la estabilidad de personas, familias, y la sociedad. La moralidad déla actividad económica se juzga de acuerdo con el séptimo mandamiento; la actividad económica es uno de los puntos principales que ha tratado la doctrina social de la Iglesia (2426, 2430).

ECONOMÍA DE LA SALVACIÓN (ECONOMÍA DIVINA): Se deriva de la palabra griega (*oikonomía,* que quiere decir literalmente "gestión del hogar", "administración") y se refiere a la revelación de Dios y a la comunicación de sí mismo al mundo, que se realiza en el tiempo, para la salvación de toda la humanidad; por eso se habla de la economía de la salvación (258, 1066). Los Padres de la Iglesia distinguieron entre *"economía" y "teología";* la segunda se refiere al misterio de la vida interna de la Trinidad (236). Por otra parte, la economía de la salvación se refiere a la actividad de Dios al crear y gobernar el mundo, en especial con referencia a su plan de salvación del mundo en la persona y obra de Cristo, un plan que se lleva a cabo a través de su Cuerpo, la Iglesia, en su vida y sacramentos; de ahí que se hable de la "economía sacramental" (1076, 1093).

ECUMÉNICO (CONCILIO): *Véase*: Concilio Ecuménico.

ECUMENISMO: Fomentar el restablecimiento de la unidad entre todos los cristianos. Unidad que es un don de Jesucristo y a la cual la Iglesia se encuentra llamada por el Espíritu Santo. Para la Iglesia Católica, el Decreto sobre el Ecumenismo del Concilio Vaticano II da las directrices para toda la promoción ecuménica (816, 820-822).

ENCARNACIÓN: Él hecho de que el Hijo de Dios asumió una naturaleza humana y se hizo hombre, para llevar a cabo nuestra salvación mediante la misma naturaleza humana. Jesucristo, el Hijo de Dios, la Segunda Persona de la Santísima Trinidad, es verdadero Dios y verdadero hombre, no es en parte Dios y en parte hombre (461, 464).

ENCÍCLICA: Carta pastoral escrita por el Papa y enviada a toda la Iglesia, y a veces a todo el mundo, que expone la enseñanza de la Iglesia en alguna materia importante. Las Encíclicas son expresiones de magisterio papal ordinario (cf. 892).

ENSEÑANZA SOCIAL: Enseñanza de la Iglesia (doctrina social) basada en la verdad de la revelación sobre la dignidad humana, la solidaridad entre los hombres, y los principios de lajusticia y de la paz; los juicios morales sobre materias económicas y sociales que requiere dicha verdad revelada, así como sobre las exigencias de lajusticia y la paz (2419-2422).

ENVIDIA: Rencor o tristeza por la buena fortuna de alguien, junto con el deseo desordenado de poseerla. Es uno de los siete pecados capitales. Se opone al décimo mandamiento (2539).

EPARQUÍA: *Véase*: Diócesis.

EPÍCLESIS: Oración por la que se pide a Dios que envíe al Espíritu Santo para que las ofrendas, que se hacen en la Eucaristía, se conviertan en el Cuerpo y la Sangre de Jesucristo, y así, al recibirlos los fieles, puedan también ellos convertirse en una ofrenda viva a Dios. En cada sacramento se entiende por epíclesis la oración pidiendo por el poder santificador del Espíritu Santo de Dios (1105, 1127).

EPIFANÍA: Fiesta que celebra la *manifestación* de Jesucristo recién nacido al mundo como Mesías, Hijo de Dios, y Salvador del mundo. La fiesta de la Epifanía celebra la adoración de los Magos venidos de Oriente a Jesús, junto con el Bautismo de Jesús en el Jordán y las Bodas de Caná de Galilea (528; cf. 535).

EPISCOPAL/EPISCOPADO: Que pertenece al oficio de Obispo (del griego: *epíscopos*), y así se habla de consagración episcopal, Colegio episcopal, Conferencia episcopal (883, 887, 1557). "Episcopado" es el nombre colectivo dado a todos los que han recibido la ordenación sacramental como obispos.

ERMITAÑO (EREMITA): Persona que vive una vida eremítica. A través del silencio y la soledad, con oración constante y penitencia, el ermitaño, o anacoreta, hace voto, aunque no es necesario que sea público, de seguir los consejos evangélicos por amor a Dios y el deseo de la salvación del mundo (920).

ESCÁNDALO: Actitud o comportamiento que induce a otro a hacer el mal (2284).

ESCATOLOGÍA: La palabra griega eschatón que significa "último". La Escatología se refiere a todo el campo de la fe cristiana que habla de las "postrimerías", y de la venida de Jesucristo en el "último día": nuestro destino humano, la muerte, el juicio, la resurrección de los muertos, el cielo, el purgatorio, y el infierno. Todas estas realidades se mencionan en los artículos finales del Credo (1001, 1020-1050; cf. 2771).

ESCRITURA (SAGRADA): Los escritos sagrados del Antiguo y Nuevo Testamento (101). *Véase*: Biblia.

ESPERANZA: Virtud teologal por la cual se desea y confía recibir de Dios la vida eterna y la gracia para alcanzarla (1817).

ESPÍRITU SANTO: Tercera Persona de la Santísima Trinidad, el amor personal mutuo del Padre y el Hijo. También se le llama Paráclito (Abogado, el que viene en ayuda) y Espíritu de Verdad. El Espíritu Santo coopera desde el comienzo, con el Padre y el Hijo, en la obra de llevar a cabo el plan divino de nuestra salvación (685; cf. 152, 243).

EUCARISTÍA: La acción ritual y sacramental de acción de gracias a Dios que constituye la principal celebración litúrgica cristiana, y la comunión en el misterio Pascual de Cristo. La acción litúrgica llamada Eucaristía se la conoce también como Santo Sacrificio de la Misa. Es uno de los siete Sacramentos de la Iglesia; la Santísima Eucaristía completa la iniciación litúrgica (1322 y ss.). La celebración de la Eucaristía en el día de domingo está en el centro de la vida de la Iglesia (2177). *Véase*: Misa.

EUTANASIA: Acción u omisión de algo que, por sí mismo o por la intención, causa la muerte de una persona minusválida, enferma o moribunda. Algunas veces se pretende justificar dicho acto como medio para eliminar el sufrimiento de alguien. La eutanasia viola el quinto mandamiento de la ley de Dios (2277).

EVA: De acuerdo con la historia de la Creación dada en el Génesis, Eva es la primera mujer; esposa de Adán. Dios no creó al hombre como ser solitario; desde el principio Dios "los creó varón y mujer" (*Gn* 1, 29) (369, 375). A la Virgen María se le llama "Nueva Eva", la "madre de los vivientes" en el orden de la gracia, ya que Ella fue la Madre del Hijo eterno de Dios hecho hombre (511). *Véase*: Adán.

EVANGELIO: La "Buena Nueva" de la misericordia y amor de Dios revelada en la vida, muerte y Resurrección de Jesucristo. Este es el Evangelio o Buena Nueva que los Apóstoles, y la Iglesia a continuación de ellos, han de proclamar a todo el mundo (571, 1964). El *Evangelio* se entrega, en la tradición apostólica de la Iglesia, como la fuente de verdad totalmente salvadora y de comportamiento moral (75). Los cuatro *evangelios* son los libros escritos por los evangelistas Mateo, Marcos, Lucas y Juan Y que tienen como objeto central a Jesucristo, el Unigénito Hijo de Dios encarnado: su vida, sus enseñanzas, su Pasión y glorificación, y los comienzos de su Iglesia bajo la dirección del Espíritu Santo (124, 514).

EVANGELIO, LA LEY DEL: La Nueva Ley, preparada por la Antigua Ley en la Antigua Alianza, es la perfección, aquí en la tierra, de la ley divina, natural y revelada. Es obra de Cristo, expresada de manera especial en el Sermón de la Montaña, y obra del Espíritu Santo, y por su gracia viene a ser para nosotros la ley interior de la caridad (1965).

EVANGELISTA: Uno de los cuatro autores a los que se les atribuye haber escrito los Evangelios, es decir: Mateo, Marcos, Lucas y Juan (120, 125). Esta palabra también se utiliza para indicar a la persona que se dedica activamente a difundir y promover la fe cristiana.

EVANGELIZACIÓN: El anuncio de Cristo y de su buena nueva (en griego: *evangeliori*) por medio de la palabra y del testimonio de vida, para cumplir el mandato que dio Jesucristo (905; cf. 861).

EXAMEN DE CONCIENCIA: Reflexión personal y llena de espíritu de oración sobre nuestras palabras y obras a la luz del Evangelio, para determinar si hemos pecado contra Dios y cómo ha sido. La recepción del Sacramento de la Penitencia ha de prepararse con este examen de conciencia (1454).

EXCOMUNIÓN: Severa pena eclesiástica, que se aplica debido a crímenes muy graves contra la Religión Católica, impuesta directamente por la autoridad eclesiástica, o por el mero hecho de haber cometido la ofensa. La excomunión impide que el culpable del delito pueda recibir la Eucaristía o algún sacramento, así como que pueda ejercer cualquier oficio, ministerio o función eclesiástica (1463).

ÉXODO: La intervención de Dios en la historia por la cual liberó al pueblo hebreo de la esclavitud de Egipto, hizo una alianza con ellos, y los condujo a la tierra prometida. El Libro del Éxodo, segundo del Antiguo Testamento, narra este hecho salvífico (62). El pueblo judío conmemora el Éxodo durante la Pascua, que, para los cristianos, prefigura el "paso" de Jesucristo de la muerte a la vida, que celebramos en el memorial de la Eucaristía (1363).

EXORCISMO: Acto de la Iglesia, público y hecho con autoridad, en nombre de Jesucristo, para proteger o librar a una persona del poder del demonio (p. ej., la posesión diabólica) (1673). Una sencilla oración de exorcismo, que se hace en preparación del Bautismo, invoca la ayuda de Dios para superar el poder de Satanás y del espíritu del mal (1237).

EXPIACIÓN: El acto de redención y reparación por el pecado que Jesucristo nos consiguió con el derramamiento de su Sangre en la Cruz, por su amor lleno de obediencia "hasta el final" (*Jn* 13, 1) (433, 616, 1475). La expiación por los pecados continúa en el Cuerpo Místico de Cristo y en la Comunión de los Santos, tanto aquí en la tierra como en el Purgatorio, uniendo nuestros actos humanos de reparación a la acción redentora de Jesucristo.

EXTREMA UNCIÓN: *Véase*: Unción de enfermos.

-F-

FE: Es a la vez un don de Dios, y un acto humano, por el cual el creyente da su adhesión personal a Dios, que le invita a que responda, y da libremente su asentimiento a toda la verdad que Dios ha revelado. Esta revelación, hecha por Dios, es la que la Iglesia propone para que la creamos, y la profesamos en el Credo, la celebramos en los Sacramentos, la vivimos con nuestra conducta recta al cumplir el doble mandato de la caridad (tal como se expresa en los diez Mandamientos), y respondemos a ella en nuestra oración de fe. La fe es una virtud teologal, que Dios nos da con la gracia, y una obligación que tenemos y que procede del primer Mandamiento de la Ley de Dios (26, 142, 150, 1814, 2087).

FELICIDAD: Alegría y contento al recibir el cumplimiento de nuestra vocación como criaturas: participar de la divina naturaleza y de la visión de Dios. Dios nos puso en el mundo para conocerle, amarle, y servirle en esta vida, y así llegar a la felicidad del paraíso (1720).

FILIOQUE: Palabra que significa "y del Hijo" que fue añadida a la versión latina del Credo Niceno-Constantinopolitano, por la cual la tradición latina del Credo

GLOSARIO → F-H

confiesa que el Espíritu Santo "procede del *Padre y del Hijo*" (246).

FORNICACIÓN: Unión sexual entre un hombre no casado con una mujer tampoco casada. La fornicación es una falta grave contra el sexto Mandamiento de la Ley de Dios (2353).

FORTALEZA: Una de la cuatro virtudes morales cardinales, que da firmeza en las dificultades y perseverancia en hacer el bien (1808). La fortaleza (conocida con los nombres de fuerza, valor, o poder) "es también uno de los siete dones del Espíritu Santo (1299; cf. 712).

FRUTOS DEL ESPÍRITU SANTO: Perfecciones que el Espíritu Santo forma en nosotros como "los primeros frutos" de la eterna gloria. La Tradición de la Iglesia enumera doce Frutos del Espíritu Santo (1832).

-G-

GÉNESIS: El primer libro de la Biblia, que describe la Creación hecha por Dios del mundo y de la humanidad, el drama del pecado y la esperanza de la salvación (120; cf. 289, 337, 355).

GENUFLEXIÓN: Una reverential que se hace doblando la rodilla, especialmente para manifestar la adoración debida al Santísimo Sacramento (1378).

GRACIA: El don, libremente dado e inmerecido por nosotros, que Dios nos concede para que respondamos a nuestra vocación de convertirnos en hijos suyos. Se llama gracia santificante al don habitual por el cual Dios nos hace participar de su vida divina y amistad, es una disposición estable y sobrenatural que permite al alma vivir con Dios y actuar por amor a Él. Con la gracia actual, Dios nos da una ayuda para ajustar nuestras vidas a su voluntad. La gracia sacramental y las gracias especiales (carismas, la gracia de estado) son dones del Espíritu Santo que nos ayudan a vivir nuestra vocación cristiana (1996, 2000; cf. 654).

GRACIA SANTIFICANTE: Gracia que cura nuestra naturaleza humana herida por el pecado, dándonos una participación en la vida divina de la Trinidad. Es un don habitual y sobrenatural que continúa la obra de nuestra santificación, es decir haciéndonos "perfectos" santos y semejantes a Cristo (1999).

GULA: Utilizar desordenadamente de la comida y bebida. La gula es uno de los siete pecados capitales (1866).

-H-

HEREJÍA: Negación pertinaz, por una persona bautizada, de una verdad que ha de ser creída con fe divina y católica (2089; cf. 465).

HIJO DE DIOS: Título aplicado con frecuencia a Jesús en el Evangelio, que manifiesta su especial relación con el Padre. A la Segunda Persona de la Santísima Trinidad se le llama Hijo de Dios con referencia al Padre Eterno. La revelación de su filiación divina es el desarrollo principal y más importante de la historia de Jesús de Nazaret (441-445).

HIJO DEL HOMBRE: Título que el Señor se da a sí mismo en el Evangelio. Este título connota una relación con la figura escatológica del "Hijo del hombre que viene sobre las nubes con gloria" de la profecía de Daniel (Me 13, 26; *Dn* 7, 13) (440; cf. 661).

HIMNO: Poesía sagrada acompañada de música, que tiene como fin elevar el corazón del pueblo cristiano hacia Dios, especialmente durante la liturgia (1156).

HOMILÍA: Predicación hecha por un ministro ordenado para explicar las Escrituras proclamadas durante la Liturgia, y para exhortar al pueblo a que las acoja como lo que son, Palabra de Dios (132, 1100, 1349).

HOMOSEXUALIDAD: Atracción u orientación sexual hacia personas del mismo sexo, así como actos sexuales entre personas del mismo sexo. Los actos homosexuales son moralmente desordenados, puesto que violan el plan de Dios sobre la actividad sexual humana (2357).

HUMILDAD: Virtud por la cual el cristiano reconoce que Dios es el autor de todo bien. La humildad evita la ambición desordenada o soberbia, y es el fundamento para dirigirse a Dios en la oración (2559). La humildad voluntaria se puede describir como "pobreza de espíritu" (2546).

-I-

ICONO: Pintura religiosa tradicional en las Iglesias Orientales. La iconografía cristiana manifiesta en imágenes el mismo mensaje del Evangelio, que la Escritura comunica con palabras (1160).

ICONOCLASTA: Herejía que mantiene que la veneración de imágenes religiosas es ilícita. Los iconoclastas fueron condenados como infieles a la Tradición cristiana en el Segundo Concilio Ecuménico de Nicea en el año 787 (2131).

IDOLATRÍA: Divinización de la criatura en lugar de Dios; substituir a Dios por una persona (o cosa); adorar a la criatura (o el dinero, el placer, el poder) en lugar del Creador (2112).

IGLESIA: Nombre dado a la "convocación" o "asamblea" del Pueblo de Dios reunido de todos "los confines de la tierra". En el uso cristiano, la palabra "iglesia" tiene tres significados inseparables: el pueblo que Dios congrega en el mundo entero; la iglesia particular o local (diócesis); la asamblea litúrgica (sobre todo la Eucarística). La Iglesia vive de la Palabra y del Cuerpo de Cristo, y, de esta manera, ella misma viene a ser el Cuerpo de Cristo (752). En el Credo, profesamos que la única Iglesia de Cristo es: una, santa, católica y apostólica (811).

IGLESIA CATÓLICA: La Iglesia establecida por Jesucristo sobre el fundamento de los Apóstoles, y posee la plenitud de los medios de salvación que Él quiso dar: la confesión correcta y completa de la fe, la vida sacramental íntegra, y el ministerio ordenado en la sucesión apostólica (830).

IGLESIAS ORIENTALES: Iglesias del Este unidas a Roma (la Iglesia Occidental), pero que no son de rito Romano. Tienen sus tradiciones litúrgicas, teológicas y administrativas propias, como son las de los ritos Bizantino, Alejandrino o Copto, Siríaco, Armenio, Maronita, y Caldeo. La gran variedad de iglesias particulares con tradiciones diversas es testigo de la catolicidad de la única Iglesia de Cristo, que arraiga en todas las diversas culturas (1202-1203; cf. 835).

IGLESIAS ORTODOXAS: Iglesias Orientales que no están en plena comunión con la Iglesia Católica. Los cristianos de las Iglesias ortodoxas están separados de la Iglesia Católica (cisma). Al mismo tiempo están en una comunión imperfecta y a la vez muy profunda con la Iglesia Católica por tener el mismo Bautismo, la profesión del Credo, y la posesión de todos los Sacramentos en virtud a la sucesión apostólica de su sacerdocio (838, 1399).

IGLESIA PARTICULAR: *Véase*: Diócesis.

IMPEDIMENTO: Obstáculo que impide que una persona pueda ser elegida para hacer un acto, o para recibir un Sacramento, p. ej. el Orden Sagrado, o el Matrimonio (cf. 1635).

INCREDULIDAD: Voluntario rechazo a prestar asentimiento a la verdad revelada, o incluso menospreciar esta verdad (2089).

INDULGENCIA: Remisión ante Dios del castigo temporal debido al pecado,

GLOSARIO ⟶ I

cuya culpa ya ha sido perdonada. Un fiel cristianos debidamente dispuesto puede obtener una indulgencia, cumpliendo determinada condiciones, por mediación de la Iglesia, que, como administradora de la Redención, distribuye y aplica con autoridad el tesoro de las satisfacciones de Cristo y de los santos. Una indulgencia es parcial si libra parte de la pena temporal debida al pecado; es plenaria cuando libra de toda la pena temporal (1471).

INERRANCIA: Propiedad de los libros de la Sagrada Escritura por la cual éstos enseñan fielmente y sin error la verdad que Dios quiso consignar en las Escrituras, para nuestra salvación (107).

INFALIBILIDAD: Don que el Espíritu Santo dio a la Iglesia por el cual los pastores de la Iglesia —el Papa y los obispos en unión con él—, pueden proclamar definitivamente una doctrina en cuestiones de fe o moral para ser creída por los fieles (891). Este don está relacionado con el hecho de que es imposible que la totalidad de los fieles pueda equivocarse en materias de fe o moral (92).

INFIERNO: Estado de autoexclusión definitiva de la comunión con Dios y con los santos, reservada para los que rehusan libremente, hasta el fin de sus vidas, a creer y a convertirse de su vida de pecado (1033).

INICIACIÓN CRISTIANA: El fundamento de toda vida cristiana puesto por los sacramentos del Bautismo, Confirmación y Eucaristía. El proceso por el cual una persona no bautizada se prepara para ser miembro pleno de la Iglesia se llama catecumenado, que el Vaticano II ha restaurado para la Iglesia Latina. Las diversas fases y ritos se encuentran en el *Rito de Iniciación Cristiana para Adultos* (1212, 1230).

INMACULADA CONCEPCIÓN: Dogma proclamado por la Tradición cristiana y definido en 1854, que la Virgen María, desde el primer instante de su concepción —por gracia singular de Dios y en virtud de los méritos de Jesucristo— fue preservada de la mancha del pecado original (491).

INMORTALIDAD: Cualidad del alma espiritual humana por la cual sobrevive la muerte del cuerpo y permanece en la existencia para siempre, y se reunirá con el cuerpo en la resurrección final (366).

INSPIRACIÓN BÍBLICA: Don del Espíritu Santo, que ayuda al autor humano a escribir los libros de la Biblia, de tal manera que estos libros tienen a Dios por autor y enseñan con toda fidelidad, sin error, la verdad salvífica, que Dios ha querido manifestarnos (105).

INSTITUTO RELIGIOSO: Una sociedad cuyos miembros, de acuerdo con las leyes de la Iglesia, viven una vida consagrada a Cristo y vivida en común, mediante la profesión pública de los consejos evangélicos de pobreza, castidad y obediencia (925). *Véase*: Vida consagrada.

INSTITUTO SECULAR: Forma de vida consagrada en la cual el fiel cristiano, viviendo en el mundo, trata de alcanzar la perfección de la caridad y trabajar por la santificación del mundo, sobre todo desde dentro de él (928).

INTERCESIÓN: Forma de oración de petición en favor de los demás. La oración de intercesión nos lleva a rezar como Cristo, nuestro único Intercesor, rezó (2634).

INTERCOMUNIÓN: Participar, o compartir en la recepción de la Eucaristía o Comunión por cristianos que no están plenamente unidos, o en plena comunión con la Iglesia Católica (1398).

IRA: Es una pasión, que en sí misma no es pecado; pero si no es controlada por la razón, o bien se deja que endurezca por el resentimiento y el odio, se convierte en uno de los siete pecados capitales. Jesucristo enseñó que la ira es una ofensa contra el quinto mandamiento (1765, 1866, 2262).

IRRELIGIÓN: Vicio opuesto por defecto a la virtud de la religión. La irreligión nos aparta de dar a Dios lo que le debemos en justicia como criaturas que somos (2095, 2110).

ISRAEL: El pueblo judío, escogido por Dios para ser su pueblo, que tomó el nombre de Israel (Jacob), del cual descienden las doce tribus de Israel. Dios hizo que Israel fuera su pueblo sacerdotal durante el éxodo de la esclavitud que tuvieron bajo Egipto, cuando Dios hizo su primera Alianza con ellos y les dio su Ley por medio de Moisés (62).

-J-

JERARQUÍA: Los Apóstoles y sus sucesores, el colegio de los obispos, a quienes Jesucristo dio autoridad para enseñar, santificar y gobernar la Iglesia en su nombre (873).

JERARQUÍA DE VERDADES: El orden (jerarquía) de las verdades de la doctrina católica, en cuanto varían en su conexión con el misterio central y fundamento de la fe cristiana: el Misterio de la Santísima Trinidad (90, 234).

JESUCRISTO: El eterno Hijo de Dios, que nació de la Virgen María, fue crucificado y muerto, resucitó de entre los muertos y subió al cielo, y vendrá de nuevo con gloria a juzgar a vivos y muertos. Jesús, que en hebreo significa "Dios salva", fue el nombre que se le dio en la Anunciación; Cristo es un título que viene de la traducción al griego de la palabra hebrea *Mesías* que significa "ungido" (184 y ss.; 430, 436; cf. 727).

JUAN (BAUTISTA): Precursor o heraldo inmediato de Jesús. Juan identificó a Jesús como el mesiánico Cordero de Dios, y lo bautizó en el río Jordán. Juan, con poder profético, dio testimonio de Jesús con su predicación, con el bautismo de conversión que anunció, y finalmente con su martirio (523, 720).

JUICIO: Cada persona, en el momento de su muerte, recibe la retribución eterna de acuerdo con su fe y sus obras ("juicio particular") (1021-1022). El "Juicio Final" es el triunfo de Dios sobre la rebelión del mal, después de la sacudida cósmica final de este mundo que pasa. Precedido por la resurrección de los muertos, coincidirá con la segunda venida de Cristo en su gloria al final de los tiempos, manifestará el bien y el mal, y revelará el significado de la historia de la salvación y de la providencia de Dios mediante la cual lajusticia ha triunfado sobre el mal (677-679, 1021, 1038).

JUICIO FINAL: *Véase*: Juicio.

JUICIO TEMERARIO: Falta contra el octavo Mandamiento de la Ley de Dios, que comete quien admite como verdadero un defecto moral del prójimo, sin tener para ello fundamento suficiente (2477).

JUSTICIA: Virtud moral cardinal que consiste en la constante y firme voluntad de dar a Dios y al prójimo lo que les es debido (1807). *Justicia original* se refiere al estado de santidad en el cual Dios creó a nuestros primeros padres (375). La *justicia conmutativa* nos obliga a respetar los derechos de los demás; es parte del séptimo Mandamiento de la Ley de Dios; se distingue de la *justicia legal* que se refiere a lo que cada ciudadano debe a la comunidad, y de la *justicia distributiva* que regula lo que la comunidad debe a sus ciudadanos, en proporción a lo que han contribuido y a sus necesidades (2411). *Véase*: Justicia social.

JUSTICIA SOCIAL: Respeto por la persona humana y los derechos que se derivan de la dignidad humana, y la garantizan. La sociedad ha de proporcionar las condiciones que permiten a las personas obtener lo que se les debe, de acuerdo con su naturaleza y vocación (1928, 1931).

GLOSARIO — J-M

JUSTIFICACIÓN: La acción completamente gratuita de Dios, que nos libera del pecado y nos da "lajusticia de Dios por la fe en Jesucristo" (*Rm* 3, 22). La justificación no consiste tan sólo en el perdón de los pecados, sino también en la santificación y renovación del hombre interior (1987-1989).

-L-

LAICOS: Fieles que, habiendo sido incorporados a Cristo mediante el Bautismo, forman parte del Pueblo de Dios, la Iglesia. Los laicos participan según su condición en la función profética, sacerdotal y real de Cristo. Los laicos se distinguen del clero —que ha recibido el Orden Sagrado-y de los que viven vida consagrada (897).

LECCIONARIO/LECTOR: El *Leccionario* es el libro litúrgico oficial, que contiene las lecturas de la Sagrada Escritura usadas en la Liturgia de la Palabra, que son proclamadas por el *lector* (1154).

LEY MORAL: Regla de conducta establecida por la autoridad competente para el bien común. En términos bíblicos, la ley *moral* es una instrucción paternal de Dios, que señala al hombre los caminos que llevan a la felicidad y prohíbe los que llevan al mal. La ley *divina,* o eterna, puede ser bien *natural,* o revelada (*positiva*). La ley natural está inscrita en el corazón, y es conocida por la razón humana. La ley revelada se encuentra en la Ley Antigua (Antiguo Testamento), especialmente los diez Mandamientos, y en la Nueva Ley (Ley Evangélica), la enseñanza de Jesucristo, especialmente en el Sermón del Monte, que perfecciona la Ley Antigua (1950-1974).

LIMOSNA: Dinero o bienes dados a los pobres como un acto de penitencia o de caridad fraterna. Dar limosna, junto con la oración y el ayuno, se recomienda tradicionalmente para fomentar el estado de penitencia interior (1434; cf. 1969, 2447).

LITURGIA: El significado original de la palabra es "obra, quehacer público" o servicio hecho en nombre del pueblo, o en favor suyo. Con la liturgia, nuestro Supremo Sacerdote continúa la obra de nuestra Redención a través de la celebración por la Iglesia del misterio Pascual, mediante el cual Él consumó nuestra salvación (1067-1069).

-M-

MAGISTERIO: Oficio vital de enseñar que tiene la Iglesia, cuya finalidad es dar una interpretación auténtica a la palabra de Dios, bien en su forma escrita (Sagrada Escritura) como en su forma de Tradición. El Magisterio asegura la fidelidad de la Iglesia a la enseñanza de los apóstoles en materias de fe y de moral (85, 890, 2033).

MAGOS: Sabios que vinieron de Oriente a prestar homenaje al Salvador recién nacido (528).

MAL: Lo opuesto al bien o la ausencia del mismo. Una forma de mal, el mal físico, es debido al "estado de viatores (viajeros)" que van hacia la última perfección para la cual creó Dios el mundo, que incluye ahora la existencia de seres menos perfectos, junto a otros más perfectos, las fuerzas de la naturaleza que edifican y las que destruyen, la aparición de ciertos seres y su desaparición (310). A pesar de todo, el mal moral es consecuencia de elección libre de pecar, que tienen los ángeles y los hombres; esto lo permite Dios, que sabe cómo sacar bien del mal, y a la vez respeta la libertad de sus criaturas (311). Toda la revelación de la bondad de Dios en Cristo es su respuesta a la existencia del mal (309, 385, 1707). Al demonio se le conoce como el Maligno. *Véase*: Demonio.

MANDAMIENTO: Norma que regula las acciones morales y/o religiosas; en especial los *Diez Mandamientos* dados por Dios a Moisés. Jesús resumió todos los mandamientos en el doble mandamiento de amar a Dios y al prójimo (2052).

MANDAMIENTOS DE LA IGLESIA: *Véase*: Preceptos de la Iglesia.

MARÍA: La Madre de Jesús. Al ser la Madre de Jesús —Hijo de Dios y Segunda Persona de la Santísima Trinidad— según la carne, se le llama propiamente Madre de Dios (*Theotocos*) (148, 495). También se le llama "llena de gracia", así como "Madre de la Iglesia", y en la oración cristiana y en las devociones, "Nuestra Señora", la "Bienaventurada Virgen María" y la "Nueva Eva" (722, 726, 963). *Véase*: Virgen María.

MÁRTIR: Testigo de la verdad de la fe, en el cual el mártir (testigo) hasta llega a soportar la muerte para ser fiel a Jesucristo. De los que mueren por la fe antes de haber recibido el Bautismo se dice que han recibido el "Bautismo de sangre", por el cual todos sus pecados son perdonados y participan de la muerte y resurrección de Cristo (1258, 2473).

MATRIMONIO: Alianza o unión para toda la vida entre un hombre y una mujer, que se ordena al bien de los esposos, y a la procreación y educación de los hijos. Cuando se contrae válidamente entre dos bautizados, el matrimonio es un Sacramento (1601).

MEDIADOR/MEDIADORA: Alguien capaz de unir, o reconciliar a dos partes que están separadas, o bien opuestas, una a la otra. Así pues Jesucristo es el "único *mediador* entre Dios y los hombres" (*1 Tm* 2, 5). Con su ofrecimiento sacrificial se ha hecho el Sumo Sacerdote y único mediador, que nos ha conquistado el acceso a la gracia salvadora de Dios para la humanidad. Es más, también a la Virgen María se le llama *Mediadora,* en virtud de su cooperación en la misión salvadora de Cristo, que por sí mismo es el único mediador entre Dios y los hombres (618, 1544; cf. 970).

MEDITACIÓN: Ejercicio y forma de oración en la cual tratamos de comprender la revelación que Dios ha hecho de las verdades de fe, la finalidad de la vida cristiana, y cómo se ha de vivir, para adherirse y responder a lo que el Señor nos pide (2705).

MÉRITO: Recompensa que Dios promete y da a los que le aman y hacen buenas obras con la ayuda de la gracia. Nadie puede "merecer" la justificación, ni tampoco la vida eterna, ya que son un don gratuito de Dios; el origen de cualquier mérito que podamos tener delante de Dios se debe a la gracia de Cristo en nosotros (2006).

MESÍAS: Palabra hebrea que significa "ungido" (436). *Véase*: Cristo; Jesucristo.

MILAGRO: Signo o prodigio, como una curación, o el control de la naturaleza, que tan sólo puede atribuirse al poder divino. Los milagros de Jesús eran manifestaciones mesiánicas de la presencia del Reino de Dios (547).

MINISTERIO: Servicio u obra para la santificación hecha por las personas que han recibido el Sacramento del Orden, mediante la predicación de la Palabra, o la celebración de los Sacramentos (893, 1536); también, en determinados casos, puede hacerlo un laico (903). El Nuevo Testamento habla de variedad de ministerios en la Iglesia; el mismo Jesucristo es la fuente de todo ministerio en la Iglesia (873-874). Los obispos, sacerdotes y diáconos son ministros de la Iglesia, que han recibido el Sacramento del Orden (1548).

MISA: La Eucaristía, es decir la principal celebración sacramental de la Iglesia, establecida por Jesucristo en la última Cena, en la cual el misterio de nuestra salvación se renueva y realiza mediante la participación en la Muerte sacrificial y en la gloriosa Resurrección de Jesucristo. La Misa renueva el sacrificio pascual de Jesucristo como sacrificio ofrecido por la Iglesia. Se le llama "Misa" (del latín: *"missa"*) debido a la "misión" o "envío" con que termina la celebración litúrgica (1332;

GLOSARIO — M-N

cf. 1088, 1382, 2192). *Véase*: Eucaristía; Misterio Pascual.

MISERICORDIA: Generosidad, compasión, o tolerancia que alguien tiene con una persona que le ha ofendido (p. ej., la misericordia de Dios con nosotros pecadores) (1422, 1829). *Véase*: Obras de misericordia.

MISIÓN: (1) *Misiones Trinitarias:* Para cumplir el plan divino de redimir a la humanidad hecho por el Dios Uno y Trino, El Hijo y el Espíritu Santo fueron "enviados" al mundo: de ahí que se habla de "misiones" Trinitarias (en latín *"missus"* significa *"enviado"*) (257, 689). (2) *Misión Apostólica:* así como Jesús fue enviado por el Padre, también Él envió a sus apóstoles al mundo para que continuaran su propia misión salvadora (858). (3) *La Iglesia como misión:* También la Iglesia es misionera por su propia naturaleza y continúa la misión, u obra de Cristo, con la ayuda del Espíritu Santo, de acuerdo con el plan de Dios. La misión que tiene la Iglesia de hacer apostolado se lleva a cabo por el clero, los laicos y los religiosos, cada uno según su propio estado (849, 863, 913). Algunas veces se habla de actividad misionera refiriéndose más específicamente a la labor de evangelización inicial y al establecimiento de la Iglesia en lugares aún no cristianos.

MISTAGOGIA: Catequesis litúrgica, que intenta introducir al pueblo cristiano en el misterio de Cristo. De una forma más específica, es el periodo catequético que sigue inmediatamente a la recepción del Bautismo por adultos (1075).

MISTERIO PASCUAL/ SACRIFICIO: Obra de redención realizada por Cristo, llevada a cabo principalmente por su Pasión, muerte, Resurrección y gloriosa Ascensión, por la cual "con su muerte destruyó nuestra muerte y con su resurrección restauró nuestra vida" (1067; cf. 654). El misterio pascual se celebra, y se hace presente de nuevo en la liturgia de la Iglesia, y sus efectos salvíficos se comunican a través de los Sacramentos (1076), especialmente en la Eucaristía, que renueva el sacrificio pascual de Cristo como sacrificio ofrecido por la Iglesia (571, 1362-1372).

MOISÉS: El líder elegido por Dios para sacar a los Israelitas de la esclavitud de Egipto. Dios le reveló el Nombre Divino (Yahvé) y le dio la Ley en el monte Sinaí (incluyendo el Decálogo), mediante la cual selló una alianza con su pueblo de Israel (62, 204). En cuanto legislador, Moisés fue tipo de Cristo, el Legislador de la Nueva Ley.

MORALIDAD: Se refiere a los actos humanos en cuanto son buenos o malos. La libertad humana hace de la persona un "sujeto moral" o agente, capaz de juzgar sobre la moralidad (la bondad o maldad) de los actos que ha elegido. La moralidad de los actos humanos depende del objeto (o naturaleza) del acto, la intención o fin que se busca, y las circunstancias de la acción (1749; cf. 407).

MUNDO: La creación, o la Tierra, o bien el universo. Con frecuencia en la Sagrada Escritura se da el nombre de "mundo" a "todo lo que existe", que debe su existencia al acto creador de Dios. En la Biblia se califica de "bueno" a todo lo que Dios ha creado, y se dice de los seres humanos, que han sido creados "a su imagen y semejanza" (282, 295). En el Nuevo Testamento la palabra "mundo" se usa a veces para indicar las fuerzas que se oponen a la obra de Jesús y del Espíritu Santo. En este sentido significa el mundo que Jesús vino a redimir del pecado. El mundo alcanzará su meta y perfección final cuando sea renovado y transformado en "el nuevo cielo y la nueva tierra" en la plenitud de Reino de Dios (1043).

-N-

NACIMIENTO VIRGINAL: La concepción de Jesús en el seno de la Virgen María, por obra del Espíritu Santo. La confesión de la fe de la Iglesia en el nacimiento virginal afirma que Jesús fue concebido por obra del Espíritu Santo, sin intervención de varón (496). *Véase*: Virgen María.

NATURALEZA: El orden creado (341). La naturaleza humana, aunque herida y debilitada por los efectos del pecado original, sigue participando de la bondad de la obra creadora de Dios (405). Con la Encarnación la Segunda Persona de la Santísima Trinidad asumió nuestra naturaleza humana, tomando carne en el seno de la Virgen María (456). Al hablar de naturaleza divina nos referimos a la divina sustancia o esencia que es una; cada una de las tres distintas Personas de la Trinidad es enteramente Dios, que es un solo Dios por divina naturaleza (253).

NAVIDAD: Fiesta de la Natividad o nacimiento de Jesús (1171).

NOTAS (ATRIBUTOS) DE LA IGLESIA: Cuatro notas (atributos o marcas) de la Iglesia, que se mencionan en el Credo Niceno-Constantinopolitano: "creo en la Iglesia que es una, santa católica y apostólica" (811).

NUESTRA SEÑORA: *Véase*: María.

NUEVA ALIANZA: Nueva "dispensación", orden o Alianza establecida por Dios en Cristo Jesús, para continuar y perfeccionar la Antigua Alianza (cf. 612, 839). La Nueva Ley, o Ley Evangélica es la perfección, aquí en la tierra, de la Ley Divina, natural y revelada; esta Ley de la Nueva Alianza recibe el nombre de ley del amor, de la gracia y de la libertad (1965-1972). *Véase*: Alianza; Evangelio, La Ley del.

NUEVO TESTAMENTO: Los 27 libros de la Biblia escritos por los autores sagrados durante los tiempos apostólicos, que tienen como tema central a Jesucristo, el Hijo de Dios hecho hombre —su vida, enseñanzas, pasión y glorificación, así como los comienzos de la Iglesia. Las promesas y hechos prodigiosos que hizo Dios en la Antigua Alianza, y que se mencionan en el Antiguo Testamento, prefiguran y tienen su cumplimiento en la Nueva Alianza establecida por Jesucristo, y son mencionados en los sagrados escritos del Nuevo Testamento (124, 128). *Véase*: Biblia; Alianza.

-O-

OBEDIENCIA: (1) Sumisión a la autoridad de Dios, que pide que todos obedezcan la ley divina. La obediencia a la Iglesia es requerida en todas las cosas que se refieren a nuestra Salvación; también se ha de obedecer a la legítima autoridad civil en lo referente al bien común y al orden de la sociedad, ya que dicha autoridad tiene su origen en Dios (1897). El cuarto mandamiento pide que los hijos obedezcan a sus padres (2216).
(2) *Obediencia en la fe:* la primera obediencia mencionada es obediencia en la fe: escuchar y someterse libremente a la palabra de Dios (144). (3) *Obediencia de Jesucristo:* Jesucristo sustituyó, con su obediencia a la voluntad de su Padre —obediencia hasta la muerte—, la desobediencia del pecado, y así nos consiguió la gracia de la justificación y satisfizo por nuestros pecados (615).
(4) *Voto de obediencia:* Imitando la obediencia de Jesús, como consejo evangélico, los fieles pueden hacer voto de obediencia. El voto público, aceptado por la autoridad de la Iglesia, es uno de los elementos que caracteriza la vida consagrada (915).

OBISPO: Hombre que ha recibido la plenitud del Sacramento del Orden Sagrado, que lo hace miembro del Colegio Episcopal y sucesor de los Apóstoles. Es el pastor de una iglesia particular, la cual se le encomienda (1557; cf. 861, 886).

OBRAS DE MISERICORDIA: Actos de caridad mediante los cuales acudimos a ayudar a nuestros prójimos en sus necesidades corporales y espirituales (2447). Las obras de misericordia espirituales incluyen: enseñar, aconsejar, consolar, perdonar y sufrir con paciencia.

GLOSARIO — O-P

Las corporales incluyen: dar de comer al hambriento, vestir al desnudo, visitar a presos y enfermos, dar techo al que no lo tiene, y enterrar a los muertos (2447).

OFICIO DIVINO: Liturgia de las Horas, la oración pública de la Iglesia que santifica el curso entero del día y de la noche. Así Jesucristo continúa ejerciendo su sacerdocio a través de la oración de su pueblo sacerdotal (1174).

OFICIO DOCENTE: *Véase*: Magisterio.

OIKONOMIA: *Véase*: Economía.

ORACIÓN: Elevación de la mente y el corazón a Dios para alabar su gloria; una petición hecha a Dios de algún bien que deseamos, o dándole gracias por lo que hemos recibido, o intercediendo ante Dios por otras personas. Mediante la oración el cristiano experimenta la comunión con Dios a través de Cristo en la Iglesia (2559-2565).

ORACIÓN DOMINICAL: Título dado por los primeros cristianos a la oración que Jesús confió a sus discípulos y a la Iglesia (*Mt* 6, 9-13). Esta oración fundamental para el cristiano, recibe también el nombre de "Padrenuestro", que son las primeras palabras con las que comienza (2759).

ORDEN (SAGRADO): Sacramento por el cual la misión dada por Jesucristo a sus Apóstoles se continúa en la Iglesia, es decir, es el Sacramento del ministerio apostólico. Se confiere mediante la imposición de las manos. Tiene tres grados u "órdenes" distintas: episcopado, presbiterado y diaconado. Los tres confieren un carácter sacramental permanente (1536).

ORDENACIÓN: Rito por el que se confiere el Sacramento del Orden, en el cual el Obispo, con la imposición de las manos y la plegaria consecratoria, confiere el orden del episcopado, presbiterado, o diaconado, para que puedan ejercitar el poder sagrado que proviene de Cristo, en beneficio de la Iglesia (1538).

ÓRDENES RELIGIOSAS: *Véase*: Instituto Religioso; Vida Consagrada.

-P-

PADRE (DIOS): La primera persona de la Santísima Trinidad. Jesucristo reveló que Dios es Padre en un sentido nuevo: no tan sólo por ser el Creador de todo, origen de todas las cosas, sino también como Padre eterno en su relación con el Hijo Unigénito, que es eternamente engendrado por el Padre y consustancial con el Padre (240, 242).

PADRE NUESTRO: *Véase*: Oración dominical.

PADRES DE LA IGLESIA: Maestros y escritores eclesiásticos de los primeros siglos, cuyas enseñanzas dan testimonio de la Tradición de la Iglesia (78, 688).

PADRINO/MADRINA: Testigo que presenta a una persona para que sea bautizada, y toma sobre sí la responsabilidad de ayudar al recién bautizado —niño o adulto— en su camino de la vida cristiana (1255).

PALABRA DE DIOS: Todo el contenido de la revelación tal como se encuentra en la Sagrada Biblia y es proclamada por la Iglesia. En el Evangelio de S. Juan, "Palabra" de Dios significa el Hijo Unigénito de Dios, que es la plenitud de la revelación de Dios y que asumió una naturaleza humana (el Verbo encarnado) y se hizo hombre para salvarnos (65, 81, 101, 241, 461; cf. 2653).

PAPA: Sucesor de S. Pedro como Obispo de Roma y Sumo Pontífice de la Iglesia Católica universal. El Papa, como Vicario de Cristo y Pastor de toda la Iglesia, tiene una *primacía* de autoridad. Él recibe la asistencia divina, prometida por Cristo a la Iglesia, cuando define *infaliblemente* una doctrina de fe o de moral (880-882). *Véase*: Papado.

PAPADO: Suprema jurisdicción y ministerio del Papa como pastor de toda la Iglesia. Como sucesor de Pedro, y por tanto Obispo de Roma y Vicario de Cristo, el Papa es el principio perpetuo y visible de la unidad en la fe y comunión en la Iglesia (882). *Véase*: Papa.

PARÁBOLAS: Característica de la manera de enseñar de Jesús. Las parábolas son simples imágenes o comparaciones que exigen, al que las oye o lee, una elección radical que le invita a entrar en el Reino de Dios (546).

PARÁCLITO: Nombre dado al Espíritu Santo. Esta palabra fue utilizada por Jesús en el Nuevo Testamento (cf. Jn 14, 16), para indicar el don prometido del Espíritu como otro consolador y abogado, que continuará su misión entre los discípulos (692).

PARAÍSO: Descripción simbólica de la situación de nuestros primeros padres antes de la Caída, los cuales vivían en amistad con Dios y con la felicidad de lajusticia original y santidad (374, 384). Paraíso también significa el cielo, el estado de los que viven con Jesucristo para siempre en amistad y presencia de Dios (1023, 1721).

PARROQUIA: Comunidad estable de fieles que pertenecen a una iglesia particular o diócesis, y que el obispo ha encomendado su cuidado pastoral a un sacerdote, como su pastor propio (2179).

PARUSÍA: Aparición gloriosa de Nuestro Señor y Salvador Jesucristo como Juez de vivos y muertos al final de los tiempos; la segunda venida de Cristo, cuando la historia y toda la creación encuentren su cumplimiento (1001; cf. 668, 673).

PASCUA: La fiesta mayor y más antigua de la Iglesia, que celebra la Resurrección de Cristo de entre los muertos. La Pascua es "la fiesta de las fiestas", "la solemnidad de las solemnidades", "el Gran Domingo". Los cristianos se preparan para esta fiesta durante la Cuaresma y la Semana Santa. Normalmente los catecúmenos reciben los Sacramentos de Iniciación Cristiana (Bautismo, Confirmación, Eucaristía) durante la Vigilia Pascual (1169; cf. 647).

PASCUA/CORDERO PASCUAL: La muerte salvadora de Jesús y su memorial en la Eucaristía, asociadas con la fiesta judía de la Pascua, que conmemora la liberación del pueblo judío de morir en Egipto, al rociar los postes y el dintel de la entrada con la sangre del cordero, y al verlo el ángel de la muerte "pasó de largo". Por eso Jesús es reconocido en el Nuevo Testamento como el Cordero de Dios, que quita los pecados del mundo; Él es el Cordero Pascual, el símbolo de la redención de Israel en la Primera Pascua. La Eucaristía celebra la nueva Pascua, en la que Jesús "pasa" al Padre por su muerte y resurrección, anticipando de esta forma la última Pascua de la Iglesia en la gloria del Reino (571, 608, 671, 1334-1340).

PASIÓN: Padecimientos y muerte de Jesús (572, 602-616). El Domingo de Pasión, o de Ramos, es el comienzo de la Semana Santa, durante la cual tiene lugar la celebración litúrgica anual del misterio pascual de Cristo (560).

PASIONES (MORALES): Emociones, o impulsos de la sensibilidad, que nos inclinan a obrar el bien o el mal, como son el amor y el odio, la esperanza y el miedo, la alegría y la tristeza, y la ira (1763).

PASTOR/OFICIO PASTORAL: Ministerio de apacentar a los fieles en nombre de Cristo. El Papa y los obispos reciben el oficio pastoral, que han de ejercitar teniendo como modelo a Cristo, Buen Pastor. Estos comparten el ministerio pastoral con los sacerdotes, a los que confían una porción de la grey como pastores de una parroquia. (886, 1560, 2179).

PATRIARCA: Título dado a los venerables antepasados o "padres" de los pueblos semitas, Abraham, Isaac, y Jacob, que recibieron de Dios la promesa de la

GLOSARIO → P

elección (61, 205). En la jerarquía de la Iglesia, especialmente en las Iglesias Orientales, se da el nombre de patriarca al obispo que tiene jurisdicción sobre un mayor número de iglesias particulares de un rito determinado (patriarcado), o de una región, o de una misma tradición litúrgica (887).

PATRÍSTICA: Perteneciente a los escritos de los santos Padres de la Iglesia, que son testigos excepcionales de la tradición apostólica (78, 688). *Véase*: Padres de la Iglesia.

PAZ: Uno de los frutos del Espíritu Santo que se mencionan en Ga 5, 22-23 (736). Paz es la meta del vivir cristiano, como Jesús hizo notar, cuando dijo: "Bienaventurados los pacíficos, porque serán llamados hijos de Dios" (1716). El quinto Mandamiento nos pide que preservemos y trabajemos en favor de la paz, que fue definida por S. Agustín como "la tranquilidad del orden", y es obra de la justicia y efecto de la caridad (2304).

PECADO: Ofensa contra Dios, y a la vez contra la razón, la verdad y la recta conciencia. Es un pensamiento, palabra, obra u omisión deliberado, contrario a la ley eterna de Dios. Al valorar la gravedad del pecado tradicionalmente se distinguen en pecados mortales y veniales (1849, 1853, 1854).

PECADO MORTAL: Infracción grave de la Ley de Dios, que destruye la vida divina (gracia santificante) en el alma del pecador, y aparta al hombre de Dios. Para que un pecado sea mortal han de darse tres condiciones: materia grave, pleno conocimiento de la maldad del acto, y consentimiento deliberado de la voluntad (1855, 1857).

PECADO ORIGINAL: Pecado que cometieron los primeros seres humanos al desobedecer el mandato que Dios les dio, prefiriendo hacer su propia voluntad antes que cumplir la de Dios. Como consecuencia perdieron la gracia de la santidad original, y fueron sujetos a la ley de la muerte; el pecado se hizo universalmente presente en el mundo. Además de designar el pecado personal de Adán y Eva, el término pecado original describe el estado de naturaleza caída, que afecta a todos los nacidos en este mundo. Cristo, el "nuevo Adán" vino a redimirnos de este pecado (396-412).

PECADO SOCIAL: Consecuencia debida al pecado con el pasar del tiempo, que puede afectar a la sociedad y a sus instituciones, creando "estructuras de pecado", llamadas por analogía "pecado social" (1869).

PECADO VENIAL: Pecado que no destruye la vida divina en el alma, como ocurre con el mortal, aunque la hiere y la disminuye (1855). El pecado venial se da cuando no se observa con la necesaria moderación la ley moral en materia leve, o en materia grave, pero obrando sin completo conocimiento, o consentimiento (1862).

PECADOS CAPITALES: Pecados que engendran otros pecados y vicios. Normalmente se nombran siete: soberbia, avaricia, lujuria, ira, envidia, gula y pereza (1866).

PEDRO (SAN): Simón, a quien Jesús llamó Pedro o "Roca", sobre la cual Él edificaría su Iglesia (*Mt* 16, 16-19). El primero en confesar que Jesús era el Cristo, el Hijo del Dios vivo (442). Fue el primero entre los apóstoles, y su cabeza; el Papa es su sucesor como Obispo de Roma y Vicario de Cristo, así como Pastor de la Iglesia universal (552 y ss.; 765, 862, 881).

PENITENCIA: Penitencia *interior:* es la conversión del corazón hacia Dios y la ruptura con el pecado, lo cual implica la intención de cambiar la vida debido a la esperanza en la misericordia divina (1431). Los actos *externos de* penitencia incluyen el ayuno, la oración y la limosna (1434). La observancia de algunas prácticas penitenciales está ordenada por el cuarto precepto de la Iglesia (2043).

GLOSARIO → P

PENITENCIA, SACRAMENTO DE LA: Celebración litúrgica del perdón por parte de Dios de los pecados de un penitente, que de esta manera se reconcilia con Dios y con la Iglesia. Los actos del penitente —contrición, confesión de los pecados, y satisfacción o reparación—, junto con la absolución del sacerdote, son partes esenciales del Sacramento de la Penitencia (980, 1422, 1440, 1448).

PENITENTE/PENITENCIAL: Pecador que se arrepiente de sus pecados y busca el perdón (1451). En la Iglesia primitiva, los pecadores públicos pertenecían al "orden de los penitentes", que hacían penitencia pública por sus pecados, a veces durante años (1447). Los actos o prácticas penitenciales son las que disponen a alguien a la penitencia interior o a la conversión, o provienen de ellas; estos actos llevan a la celebración del Sacramento de la Penitencia y son consecuencia de ella (1434). *Véase*: Satisfacción (por el pecado).

PENTATEUCO: Los cinco primeros libros del Antiguo Testamento: Génesis, Éxodo, Levítico, Números y Deuteronomio (702; cf. 120).

PENTECOSTÉS: El "quincuagésimo" día al final de las siete semanas que siguen a la Pascua (Pascua de Resurrección en la dispensación cristiana). En el primer Pentecostés, después de la Resurrección y Ascensión de Jesús, el Espíritu Santo se manifestó, se entregó y comunicó como Persona Divina a la Iglesia, cumpliendo así el misterio pascual de Cristo, de acuerdo con su promesa (726, 731; cf. 1287). La Iglesia celebra cada año la memoria del acontecimiento de Pentecostés como el comienzo del nuevo "tiempo de la Iglesia", en que Cristo vive y actúa en y con su Iglesia (1076).

PEREZA: Falta culpable de esfuerzo físico o espiritual; acedia, ociosidad. Es uno de los pecados capitales (1866, 2094, 2733).

PERJURIO: Jurar en falso, o hacer una promesa bajo juramento sin intención de cumplirla. El perjurio es un pecado contra el segundo y octavo Mandamientos (2152, 2476).

PERSONA DIVINA: En griego "hipóstasis"; se usa este término para designar al Padre, al Hijo y al Espíritu Santo en sus relaciones mutuas y en la distinción real entre sí, dentro de la unidad de la Santísima Trinidad. Cada una de las tres divinas Personas son Dios (252). *Véase*: Trinidad.

PERSONA HUMANA: Individuo humano, hecho a imagen de Dios; no es algo, una cosa, sino alguien, una unidad de espíritu y materia, cuerpo y alma, capaz de conocer, de auto-poseerse, y de libertad, que puede entrar en comunión con otras personas —y con Dios— (357, 362; cf. 1700). La persona humana necesita vivir en sociedad: un grupo de personas ligadas orgánicamente por un principio de unidad, que supera a cada una de ellas (1879).

PIEDAD: Uno de los siete dones del Espíritu Santo, que lleva a tener devoción a Dios (1831). La piedad filial connota una actitud de reverencia y respeto de los hijos hacia sus padres (2215). Piedad también se refiere al sentido religioso del pueblo, y a sus expresiones en devociones populares (1674).

PLEGARIA EUCARÍSTICA: *Véase*: Canon de la Misa.

POBREZA: Condición de privaciones que experimentan los que son pobres, a quienes Jesús llamó "bienaventurados", y por quienes tuvo un amor especial (544). Imitando a Cristo, la Iglesia manifiesta su preocupación por los pobres al trabajar en favor de la justicia y de la solidaridad (2443). La pobreza es uno de los tres consejos evangélicos. La profesión pública del mismo en la Iglesia es un elemento constitutivo de la vida consagrada (915). La pobreza de espíritu

GLOSARIO → P

significa el desprendimiento de las cosas mundanas y la humildad voluntaria (2544-2546).

POLIGAMIA: Él hecho de tener, al mismo tiempo, más de una esposa. Es contrario a la unidad del matrimonio entre un hombre y una mujer, y además ofensivo a la dignidad de la mujer (1645, 2387).

PRECEPTOS DE LA IGLESIA: Leyes positivas (llamadas a veces mandamientos) dadas por las autoridades de la Iglesia, para garantizar que los fieles vivan un mínimo indispensable de espíritu de oración y esfuerzo moral, y así asegurar el crecimiento de su amor a Dios y al prójimo (2041).

PRESBITERIO: Parte del edificio de una Iglesia destinado a la celebración de los principales ritos del culto (cf. 1183).

PRESBÍTERO: "Anciano" o sacerdote, un miembro del orden sacerdotal; el presbiterado es uno de los tres grados del Sacramento del Orden Sagrado (1536, 1554). Los presbíteros o sacerdotes son colaboradores de los obispos y forman un tipo especial de colegio o "presbiterio" dedicado a ayudar a sus obispos en el servicio sacerdotal del Pueblo de Dios (1567). Mediante el ministerio de los sacerdotes, el único Sacrificio de Cristo en la Cruz se hace presente en el Sacrificio Eucarístico de la Iglesia (1554, 1562). Véase: Sacerdocio.

PRESENCIA REAL: Presencia única, verdadera, de Jesucristo en la Eucaristía bajo las especies o apariencias de pan y vino. La Iglesia invita a los fieles a que profundicen su fe en la presencia real de Jesucristo mediante la adoración y la comunión durante la liturgia Eucarística, y la adoración después de la celebración (1378-1379).

PRESENTACIÓN: Presentación y dedicación de Jesús a Dios que, de acuerdo con la Ley de Moisés sobre los primogénitos, hicieron María y José en el Templo (Lc 2, 22-39). En la Presentación, Simeón y Ana sintetizan la expectativa de Israel por el Mesías, tan largamente esperado, la luz de las naciones y gloria de Israel; pero también signo de contradicción (529). La *presentación de las ofrendas,* especialmente el pan y el vino, es un rito preparatorio para la liturgia Eucarística de la Misa (1346).

PRESUNCIÓN: Acto o disposición que se opone a la virtud de la esperanza. La presunción puede tomar la forma de una excesiva confianza en uno mismo, que lleva a no reconocer que la salvación viene de Dios; o también una confianza exagerada en la misericordia divina (2092).

PRIMADO: *Véase*: Papa

PROFESIÓN DE FE: Síntesis de la fe (credo o "símbolo de la fe"), que presenta un sumario de la fe profesada por los cristianos (187). *Véase*: Credo.

PROFETA: Persona enviada por Dios para formar al pueblo de la Antigua Alianza en la esperanza de la salvación. Los profetas con frecuencia son autores de algunos de los libros del Antiguo Testamento (702). Los libros proféticos constituyen la mayor parte del Antiguo Testamento en la Biblia (64, 120, 522, 2581). Juan el Bautista completa la obra de los profetas del Antiguo Testamento (721).

PROTESTANTE: Persona que cree en Jesucristo y ha sido bautizada; pero no profesa la fe católica en toda su integridad, sino que es miembro de una iglesia protestante o una comunidad eclesial, que tiene sus raíces en la Reforma, que empezó en el siglo dieciséis (cf. 838).

PROTO EVANGELIO: "Proto" significa el primero. La primera buena nueva: el pasaje del Génesis (3, 15), que por primera vez anuncia misteriosamente la promesa del Mesías y Redentor (410).

GLOSARIO → P-R

PROVIDENCIA: Disposiciones por las cuales Dios guía la obra de su creación hacia la perfección que ha de alcanzar; la protección y el gobierno de Dios sobre toda la creación (302).

PRUDENCIA: Virtud que dispone a una persona a percibir el bien y a elegir los medios rectos para conseguirlo. Una de las virtudes morales cardinales, que dispone al cristiano a vivir de acuerdo con la ley de Cristo. La pmdencia da la guía próxima para hacer el juicio de conciencia (1806).

PUEBLO DE DIOS: Sinónimo de Iglesia, tomado del pueblo del Antiguo Testamento que Dios escogió, Israel. Cristo instituyó la nueva y eterna Alianza, por la cual un nuevo Pueblo de Dios sacerdotal, profético y real participa de estos oficios de Cristo, y en la misión y servicio que se derivan de ellos (761, 783).

PURGATORIO: Estado de purificación final de las almas, después de la muerte y antes de entrar en el cielo. Estas almas han muerto en amistad con Dios; pero estaban sólo parcialmente purificadas. Purificación final de toda imperfección humana antes de poder entrar en la felicidad del cielo (1031; cf. 1472).

-R-

RACISMO: Injusta discriminación fundada en la raza de la persona; es una violación de la dignidad humana, y pecado contra la justicia (1935).

RECONCILIACIÓN (SACRAMENTO DE LA): Celebración sacramental en la que, por la misericordia y el perdón de Dios, el pecador es reconciliado con Dios y con la Iglesia, Cueipo de Cristo, herida por el pecado (1422, 1442-1445, 1468). *Véase*: Penitencia.

REDENTOR/REDENCIÓN: Jesucristo, redentor de la humanidad. Cristo pagó el precio de nuestro rescate con el sacrificio de su propia muerte, para librarnos de la esclavitud del pecado, consiguiendo así nuestra redención (571, 601; cf. 517, 1372).

REINO DE DIOS (DE LOS CIELOS): El reinado o el gobierno de Dios: "el reino de Dios es...justicia y paz y gozo en el Espíritu Santo" (*Rm* 17, 17). El Reino de Dios se acerca con la venida del Verbo Encarnado; se anuncia en el Evangelio; es el Reino mesiánico, presente en la persona de Jesús, el Mesías; permanece en medio de nosotros con la Eucaristía. Jesucristo dio a sus Apóstoles la misión de proclamar el Reino, y mediante el Espíritu Santo forma a su pueblo en un reino sacerdotal: la Iglesia, en la cual el Reino se encuentra misteriosamente presente, ya que Ella es la semilla y el comienzo del Reino de Dios en la tierra. En el Padrenuestro rezamos por su gloriosa aparición final ("venga a nosotros tu Reino"), cuando Cristo entregará el reino a su Padre (541-554, 709, 763, 2816, 2819).

RELIGIÓN: Conjunto de creencias y prácticas seguidas por los que se dedican al servicio y culto de Dios. Como la primera obligación de la virtud de la religión, el primer Mandamiento pide que creamos en Dios, que le demos culto y le sirvamos (2084, 2135).

REMISIÓN DE LOS PECADOS: Perdón de los pecados, que en nosotros se lleva a cabo mediante la fe y el Bautismo, como fruto del sacrificio redentor de Cristo en la Cruz (976, 1263). Jesucristo dio el poder de perdonar los pecados a sus Apóstoles, y a través de ellos a los ministros de la Iglesia (981). La remisión de los pecados cometidos después del Bautismo se efectúa sacramentalmente mediante el Sacramento de la Penitencia (o Reconciliación) (1446).

REPARACIÓN: Desagraviar por el mal hecho, o por una ofensa, especialmente por el pecado, que es una ofensa contra Dios. Con su muerte en la Cruz, el Hijo de Dios ofreció su vida por amor al Padre para reparar por nuestra desobediencia pecadora (614). Estamos obligados a

GLOSARIO → R-S

reparar por nuestros pecados hechos contra la justicia y la verdad, bien mediante la restitución de lo robado, o corrigiendo el daño hecho al buen nombre de otro (2412, 2487). *Véase*: Satisfacción (por el pecado).

RESTITUCIÓN: Devolver a su dueño lo que le ha sido injustamente quitado (2409, 2412).

RESURRECCIÓN DE CRISTO: Vuelta de Jesús a la vida corporal por su propio poder, al tercer día después de su muerte en la Cruz y su entierro en una tumba. La resurrección de Cristo es la verdad culminante de nuestra fe en Él (638).

RESURRECCIÓN DE LOS MUERTOS: Vuelta de los justos a la vida corporal en el último día, para vivir por siempre con Cristo resucitado. El artículo once del Credo cristiano dice: "Creo en la resurrección de los cuerpos". La resurrección de los cuerpos significa que no tan sólo el alma inmortal vivirá después de la muerte, sino que también nuestros "cuerpos mortales" (*Rm* 8, 11) volverán a vivir de nuevo (988).

REVELACIÓN: Comunicación que Dios hace de sí mismo, por la cual da a conocer el misterio de su plan divino, un don de auto comunicación que realiza a lo largo del tiempo mediante palabras y hechos, y de una manera más plena enviándonos a su divino Hijo, Jesucristo (50).

REVELACIONES PRIVADAS: Revelaciones hechas a lo largo de la Historia, que no añaden nada, ni forman parte del depósito de la fe, más bien ayudan al pueblo a que viva su fe de una manera más plena (67). Algunas de esta revelaciones privadas han sido reconocidas por la autoridad de la Iglesia, que no puede aceptar las llamadas "revelaciones de fe" que pretenden superar o corregir la Revelación hecha por Cristo, confiada a su Iglesia.

RITO LATINO: Las tradiciones litúrgicas, las leyes y las prácticas en la Iglesia Occidental, en cuanto son distintas de los ritos y prácticas de las Iglesias Orientales (1203).

RITOS: Diversas tradiciones litúrgicas en las cuales, la única fe católica y apostólica, se expresa y celebra en las diferentes culturas y países; por ej., en el Oeste, los ritos Romano y Ambrosiano (Latinos); en el Este, los ritos Bizantino, Copto (Alejandrino), Sirio, Armenio, Maronita y Caldeo (1201-1203). Las palabras "rito" y "ritual" a veces son intercambiables entre sí, como en el "rito sacramental" o el "ritual sacramental".

ROBO/HURTO: Tomar y retener injustamente la propiedad de otro, en contra de la voluntad razonable de su dueño (2408). El robo es una violación del séptimo mandamiento de la Ley de Dios: "No robarás".

ROSARIO: Oración en honor de la Santísima Virgen María, en la que se repite la oración predilecta del Avemaria en grupos de diez, cada grupo precedido por el Padrenuestro, concluyendo con el Gloria al Padre, acompañando estas oraciones con la meditación de los misterios de la vida de Cristo. La piedad medieval en la Iglesia Latina desarrolló el Rosario como sustituto popular de la Oración Litúrgica de las Horas (2678, 2708; cf. 1674).

-S-

SABBAT: Séptimo día (Sabbat), en el cual Dios descansó, después de completar el trabajo de la creación en "seis días", de acuerdo con el primer relato que nos da la Biblia. La creación, por tanto, está hecha con miras al Sabbat, el día que se ha de santificar para alabar y dar culto a Dios. De la misma forma que el séptimo día, o Sabbat, completa la creación primera, el "octavo día", Domingo, es el día de la semana en que Cristo resucitó de entre los muertos, y se celebra por los cristianos como el "día santo", —el día en que comenzó la "nueva creación"— (345-349). Por tanto la observancia cristiana

GLOSARIO → S

del Domingo cumple el mandamiento de recordar y santificar el día del Sabbat (2175).

SABIDURÍA: Don espiritual que nos hace capaces de conocer el propósito y plan de Dios; uno de los siete dones del Espíritu Santo (1831). También es el nombre dado a uno de los libros del Antiguo Testamento (120).

SACERDOCIO: (1) *De los fieles*: el Pueblo sacerdotal de Dios. Cristo hizo de su Iglesia un "Reino de sacerdotes", y da a los fieles una participación de su Sacerdocio, a través de los sacramentos del Bautismo y de la Confirmación (784, 1119, 1546). (2) *Ministerial:* el sacerdocio ministerial, que se recibe con el Sacramento del Orden, difiere en esencia y no sólo en grado del sacerdocio común de todos los fieles. Tiene como fin el servir al sacerdocio de los fieles edificando y guiando la Iglesia en nombre de Cristo, que es la Cabeza del Cuerpo (1547). *Véase*: Sacerdocio de Cristo; Presbítero.

SACERDOCIO DE CRISTO: Cristo es el único Sumo Sacerdote, según el orden de Melquisedec. Todo lo que el sacerdocio del Antiguo Testamento prefiguraba se cumple en Cristo, (cf. *Hb* 5, 10; 6, 20). Él se ofreció una vez por todas en la Cruz (*Hb* 10, 14), en un sacrificio perfecto. Su sacerdocio se hace presente de manera especial en la Iglesia a través del sacerdocio ministerial, que se confiere con el Sacramento del Orden Sagrado (1539, 1544, 1547, 1554).

SACRAMENTAL: Signos sagrados, que tienen un cierto parecido con los Sacramentos, mediante los cuales se significan y obtienen algunos efectos espirituales por intercesión de la Iglesia (1667).

SACRAMENTO: Signo eficaz de la gracia, instituido por Jesucristo y entregado a la Iglesia, mediante el cual se nos confiere la vida divina por obra del Espíritu Santo (774, 1131). Los sacramentos (llamados "misterios" en las Iglesias Orientales) son siete: Bautismo, Confirmación, Eucaristía, Penitencia, Unción de los enfermos, Orden Sagrado y Matrimonio (1210).

SACRIFICIO: Ofrecimiento ritual hecho a Dios por un sacerdote, en nombre del pueblo, como signo de adoración, acción de gracias, súplica y comunión (2099). El sacrificio perfecto fue el de la muerte de Cristo en la Cruz; con este sacrificio, Jesucristo llevó a cabo nuestra redención, como Sumo Sacerdote de la nueva y eterna Alianza (616). El sacrificio de Cristo en la Cruz se conmemora y se hace misteriosamente presente en el Sacrificio Eucarístico de la Iglesia (1357, 1544).

SACRILEGIO: Profanación o irreverencia hecha a personas, lugares o cosas que son sagradas, es decir, dedicadas a Dios; el sacrilegio cometido contra los Sacramentos y en especial la Eucaristía, es una ofensa gravísima contra el primer mandamiento (2120).

SAGRADO CORAZÓN: Símbolo del amor con el cual Jesucristo ama constantemente al Padre eterno y a todos los hombres sin excepción (478).

SAGRARIO/TABERNÁCULO: Arqueta que se utiliza en la iglesia para reservar la Eucaristía, y así poder dar la Comunión a los enfermos y moribundos. La reserva de la Eucaristía en el Sagrario se presta a las visitas privadas, llenas de devoción y adoración, de los fieles a Nuestro Señor, realmente presente en el Santísimo Sacramento (1183, 1379).

SALMO: Oración del libro de los Salmos del Antiguo Testamento, que fue compilado a lo largo de varios siglos; conjunto de oraciones en forma de himnos o de poesías. Desde el tiempo de Jesús los Salmos se han usado como la oración pública de la Iglesia (2585).

SALTERIO: El libro de los Salmos preparado para el uso litúrgico (2587).

GLOSARIO → S

SALVACIÓN: Perdón de los pecados y renovación de la amistad con Dios, que tan sólo la puede hacer Dios (169).

SALVADOR: Jesús (en hebreo significa "Dios salva"). El Hijo de Dios se hizo hombre para salvarnos; Él es el único salvador de la humanidad (430).

SANTA SEDE: Sede de la administración central de la Iglesia Católica universal; el nombre viene de la sede o diócesis del Papa, Obispo de Roma y sucesor de S. Pedro como Vicario de Cristo y pastor de la Iglesia universal (882).

SANTÍSIMO SACRAMENTO: Nombre que recibe la Santísima Eucaristía, especialmente las especies consagradas guardadas en el Sagrario para adorarlas, o para dar a los enfermos (1330).

SANTO: Persona que lleva una vida de unión con Dios con la gracia de Jesucristo y que recibe el premio de la vida eterna. La Iglesia recibe el nombre de la comunión de los santos, de las personas santas (823, 946; cf. 828). *Véase*: Canonización.

SANTUARIO: Ermita, templo o lugar de peregrinación (1674).

SATÁN/SATANÁS: El ángel caído, o demonio; el maligno (391, 395, 2851).

SATISFACCIÓN (POR EL PECADO): Acto por el cual el pecador desagravia por el pecado cometido, especialmente en reparación a Dios por las ofensas hechas contra Él. La penitencia dada por el confesor en el Sacramento de la Confesión es satisfacción. Toda verdadera satisfacción por el pecado ha de ser participación en la satisfacción que hizo Cristo por el pecado con su muerte en la Cmz (1459). *Véase*: Penitencia; Penitente; Reparación.

SECULAR (INSTITUTO): *Véase*: Instituto Secular.

SEGUNDA VENIDA DE CRISTO: *Véase*: Parusía.

SEMANA SANTA: Semana que precede al Domingo de Pascua y que comienza el Domingo de Ramos. En las liturgias orientales recibe el nombre de "la Gran Semana". Marca en la Iglesia la celebración anual del desarrollo de los acontecimientos de la Pasión, Muerte y Resurrección, culminando en el Misterio Pascual (1169).

SENSUS FIDEI: Sentido sobrenatural de la fe (*sensus fidei*) mostrado en el consentimiento universal en materias de fe y moral, que se manifiesta por todo el cuerpo de los fieles, bajo la guía del Magisterio (92).

SEÑAL DE LA CRUZ: Signo en forma de cruz hecho por los cristianos como oración en honor a la Santísima Trinidad, "en el Nombre del Padre y del Hijo y del Espíritu Santo" (2157; cf. 786).

SEÑOR: Al decir, o leer en voz alta el nombre que Dios reveló a Moisés (Yahweh) en el Antiguo Testamento, siempre se sustituía por el de Señor, ya que Yahweh se consideraba demasiado santo como para ser pronunciado. En el Nuevo Testamento este título se usa tanto para hablar de Dios Padre, como de Jesucristo, el Verbo encarnado —y esto es algo nuevo en la Escritura (209, 446).

SEPTUAGINTA: Traducción pre-cristiana de las Escrituras de la lengua hebrea al griego, hecha por especialistas judíos, y adoptada más tarde por los cristianos de habla griega (213).

SIGILO (SECRETO) DE LA CONFESIÓN: Obligación que tiene el confesor de guardar absoluto secreto sobre todo lo que el penitente le ha dicho en el Sacramento de la Penitencia; también se conoce como "sigilo, o secreto Sacramental" (1467).

GLOSARIO → S-T

SIMONÍA: Compra o venta de cosas espirituales, que tienen como dueño y señor absoluto a Dios (2121).

SÍNODO: Reunión de los obispos pertenecientes a una provincia eclesiástica o patriarcado (o también de todo el mundo, p. ej. el Sínodo de Obispos), para tratar de las necesidades doctrinales y pastorales de la Iglesia. El Sínodo diocesano es la asamblea de los sacerdotes y otros fieles, que ayudan al obispo dándole su consejo sobre las necesidades de la diócesis y proponiendo la necesaria legislación para ponerlo por obra (887, 911). Las palabras "sínodo" y "concilio" a veces son intercambiables.

SOBERBIA: Uno de los siete pecados capitales. Consiste en una estima de sí mismo, o amor propio indebido, que busca la atención y el honor y se pone uno en antagonismo con Dios (1866).

SOBRENATURAL: Que sobrepasa la capacidad de todas las cosas creadas; es algo que viene de la iniciativa gratuita de Dios. Nuestra vocación a la vida eterna es sobrenatural (1998; cf. 1722).

SUCESIÓN APOSTÓLICA: Transmisión de la predicación y de la autoridad apostólica desde los apóstoles a sus sucesores, los obispos, como un oficio permanente dentro de la Iglesia. Se hace mediante la imposición de las manos (77, 861).

SUICIDIO: Voluntario quitarse la vida a sí mismo; es un pecado gravísimo contra el quinto Mandamiento de la Ley de Dios. La persona humana no es ni el autor, ni el árbitro supremo de su vida, tan sólo Dios es el Dueño soberano (2280).

SUPERSTICIÓN: Atribuir ciertos poderes mágicos a prácticas u objetos, como amuletos y fetiches o agüeros. Depositar la confianza en estos poderes, en lugar de en Dios, constituye una ofensa contra el honor debido solamente a Dios, como nos pide el primer Mandamiento (2110).

-T-

TEMOR DE DIOS: Uno de los siete dones del Espíritu Santo, que fortalece nuestra admiración y reverencia ante Dios (1831).

TEMPLANZA: Virtud moral cardinal que modera la atracción que ejerce el placer y procura el equilibrio en el uso de los bienes creados. Asegura el dominio de la voluntad sobre los instintos, manteniendo los deseos naturales dentro de los limites apropiados (1809).

TEMPLO: Edificio para el culto construido por Salomón en Jerusalén como morada de Dios, para ejercer en ella los ritos sacerdotales de los sacrificios de la religión judía. Después de la conquista de Jerusalén por los romanos en el año 70 d.C., el segundo templo fue destruido y no ha sido reedificado jamás. Jesús reconoció el Templo como lugar de la morada de Dios, y casa de oración; hasta llegó a identificarse a sí mismo con el Templo, presentándose a sí mismo como la morada definitiva de Dios. El Espíritu Santo hace de la Iglesia "el templo del Dios vivo" (583, 797; cf. 2580).

TENTACIÓN: Sugerencia, bien externa a uno o bien interna, para actuar en contra de la recta razón y los mandamientos de la Ley de Dios. Jesús mismo fue tentado durante su vida terrena, puesto a la prueba, para manifestar a la vez la oposición entre Él y el demonio y el triunfo de su obra salvadora sobre Satanás (538).

TEOFANÍA: Revelación, o aparición visible de Dios, como en el caso de Moisés en el Sinaí (2059).

TEOLOGÍA: Estudio de Dios, basado en la revelación divina (236, 2033, 2038).

TESTAMENTO: Nombre dado a cada una de las dos partes importantes de la Biblia: sinónimo de "alianza", como en la antigua y nueva alianza. El Antiguo Testamento cuenta la historia de la salvación antes de la venida de Cristo (46 libros), y el Nuevo

GLOSARIO → T–U

Testamento desarrolla la obra salvadora de Jesús y los comienzos apostólicos de la Iglesia (27 libros) (120-121, 124). *Véase*: Alianza.

TIEMPO: *Véase*: Eternidad.

TIPOLOGÍA: Reconocimiento de personas, sucesos y cosas en el Antiguo Testamento, que prefiguraban el cumplimiento del plan de Dios en la persona de Cristo, y por tanto le sirven de "tipo" (o prototipo). La tipología del Antiguo Testamento, que se esclarece en el Nuevo Testamento, muestra la unidad dinámica del plan divino de salvación (128).

TRADICIÓN: Transmisión viva del mensaje del Evangelio en la Iglesia. La predicación oral de los apóstoles, y el mensaje de salvación escrito bajo la inspiración del Espíritu Santo (Biblia), se conservan y son transmitidos como el depósito de la fe a través de la sucesión apostólica en la Iglesia. Tanto la Tradición viva como las Escrituras tienen su fuente común en la revelación de Dios en Jesucristo (75-82). La tradiciones teológicas, litúrgicas, disciplinares y devocionales de las iglesias locales a un mismo tiempo contienen y se distinguen de la Tradición apostólica (83).

TRANSFIGURACIÓN: Suceso misterioso en el cual Jesús se transformó en su apariencia —a la vista de Pedro, Jaime y Juan-mientras hablaba con Moisés y Elías en una montaña. Por un instante Jesús mostró su gloria divina (554).

TRANSUBSTANCIACIÓN: Término escolástico usado para designar el cambio único del pan y el vino Eucarísticos en el Cuerpo y Sangre de Cristo. "Transubstanciación" significa que con la consagración del pan y del vino ocurre la conversión de toda la sustancia de pan en la sustancia del Cuerpo de Cristo, y de toda la sustancia del vino en la sustancia de la Sangre de Cristo aunque las apariencias o "accidentes" de pan y vino permanecen (1376).

TRIDUO: Celebración litúrgica de tres días de duración, como el Triduo Pascual (1168).

TRINIDAD: El misterio de un solo Dios en tres Personas divinas: el Padre, el Hijo y el Espíritu Santo. La verdad revelada de la Santísima Trinidad se encuentra en la raíz de la fe viva de la Iglesia, como se expresa en el Credo. El misterio de la Santísima Trinidad en sí mismo es inaccesible a la inteligencia humana y es objeto de fe, porque lo reveló Jesucristo, el Hijo divino del eterno Padre (232, 237, 249, 253-256). *Véase*: Persona Divina.

-U-

ÚLTIMA CENA: Ultima comida, una cena Pascual, que Jesús comió con sus discípulos la noche antes de morir. El paso de Jesús a su Padre por su muerte y su Resurrección, que es la nueva Pascua, se anticipa en la Ultima Cena y se celebra en la Eucaristía, que lleva a su cumplimiento la Pascua judía y anticipa la Pascua final de la Iglesia en la gloria del Reino. Por esta razón a la Eucaristía también se le llama "la Cena del Señor" (610-611, 1329, 1340).

UNCIÓN: Es símbolo del Espíritu Santo, que "ungiendo" a Jesús como el Mesías, dio cumplimiento a las profecías del Antiguo Testamento. Cristo (en hebreo "Messiah") significa el "ungido" por el Espíritu Santo. La unción es el signo sacramental de la Confirmación, que en las Iglesias Orientales se llama Crismación. En los ritos litúrgicos del catecumenado y en los sacramentos del Bautismo y Orden Sagrado también se hacen unciones (659). *Véase*: Cristo.

UNCIÓN DE ENFERMOS: Uno de los siete sacramentos, conocido también como el "sacramento de los moribundos". Se administra por el sacerdote a las personas bautizadas, que están en peligro de muerte debido a enfermedad o edad avanzada, mediante la oración y la unción del cuerpo con el óleo de los enfermos. Los efectos propios de este sacramento incluyen una gracia especial para la curación y consuelo del cristiano que sufre por los padecimientos de una enfermedad grave o de la vejez, y además el perdón de los pecados de quien lo recibe (1499, 1520, 1523, 1526-1532).

UNIDAD (DE LOS CRISTIANOS): *Véase*: Ecumenismo.

UNIÓN HIPOSTÁTICA: La unión de la naturaleza divina con la humana en la Persona (en griego: *hipóstasis*) divina del Hijo de Dios, Jesucristo (252, 468).

-V-

VENERACIÓN (DE LOS SANTOS): Muestra de devoción y respeto a María, los Apóstoles y los mártires, considerados por los fieles como testigos de la fe en Jesucristo. Más tarde, la veneración también se dio a aquellos que vivieron una vida de oración y abnegación, dando así testimonio de Cristo. Las virtudes de éstos fueron reconocidas y proclamadas públicamente en su canonización como santos (828). Dicha veneración se extiende con frecuencia a las *reliquias* o despojos de los que han sido reconocidos como santos; así como a muchos objetos e *imágenes* sagradas. Esta veneración se ha de distinguir claramente de la adoración y culto, que tan sólo se debe dar a Dios (1154, 1674, 2132).

VIA CRUCIS: Ejercicio de devoción que sigue el "camino de la Cruz" tras las huellas del Señor, siguiendo las paradas o "estaciones" que jalonan el recorrido que hizo Jesús desde el Pretorio en Jerusalén, hasta el Gólgota y el entierro, meditando sobre lo ocurrido. "Por su Santa Cruz ha redimido al mundo" (2669).

VIÁTICO: Cuando se da la Eucaristía a un moribundo. Es el alimento necesario para el "paso" de este mundo al Padre. Junto con la Penitencia y la Unción de enfermos, la recepción de la Eucaristía como Viático constituyen los "últimos sacramentos" del cristiano (1524).

VICARIO DE CRISTO: Título dado a S. Pedro, cabeza de los doce Apóstoles, y a sus sucesores, los Papas (882); "vicario" significa el que está o actúa en nombre de otro.

VICIO: Hábito adquirido con la repetición de un pecado, violando las normas propias de la moralidad humana. Los vicios frecuentemente están relacionados con los siete pecados capitales. El arrepentimiento por el pecado cometido y su confesión devuelven la gracia al alma; pero quitar la arraigada disposición a cometer el pecado o vicio, requiere mucho esfuerzo y sacrificio, hasta llegar a conseguir la virtud contraria (1866).

VIDA: Se refiere tanto al don de Dios de la vida humana creada, como a su vida divina, que nos da como gracia santificante. Por encima del significado ordinario de vida humana, Jesús usó la palabra "vida" para designar una participación en su misma existencia Trinitaria *divina*, que se hace posible a los que responden a su invitación de apartarse del pecado y abrir el corazón al amor inacabable de Dios. Vida *eterna* significa que este don va a durar para siempre, en la felicidad del Cielo. Este don de Dios comienza con la "vida" de fe y la "nueva vida" que da el Bautismo (1225), y es comunicada por la gracia santificante (1997). Alcanza su perfección en la comunión de vida y amor con la Santísima Trinidad en el Cielo (1023).

VIDA CONSAGRADA: Estado permanente de vida, reconocido por la Iglesia, al cual uno entra libremente como respuesta a una llamada de Cristo a la perfección, y caracterizado por la profesión de los consejos evangélicos de pobreza, castidad y obediencia (914). *Véase*: Voto.

VIDA EREMÍTICA: Vida que vive un ermitaño, apartándose del mundo para dedicar su vida a la alabanza de Dios y a la salvación del mundo, en el silencio de la soledad, de la oración constante, y la penitencia (920).

GLOSARIO ⟶ V-Y

VIDA ETERNA: Vivir para siempre con Dios en la felicidad del cielo al cual, las almas que mueren en estado de gracia y amistad con Dios, entran después de la Muerte (988, 1020). Al predicar sobre el Reino de los Cielos, Jesucristo llamó a todo el género humano a la vida eterna, que se anticipa ya ahora en la gracia de la unión con Él: "Esta es la vida eterna, que te conozcan a ti, único Dios verdadero, y a tu enviado, Jesucristo" (*Jn* 17, 3).

VIDA MONÁSTICA: Vida consagrada, que se caracteriza por la profesión pública de los votos religiosos de pobreza, castidad y obediencia, por una vida de comunidad permanente (en un monasterio) con la celebración de la Liturgia de la Horas en el coro (cf. 927).

VIDA RELIGIOSA: *Véase*: Vida consagrada.

VIRGEN MARÍA: La Madre de Jesús, a quien se venera como "siempre-virgen" por su virginidad perpetua (499).

VÍRGENES CONSAGRADAS: Mujeres que, con la aprobación de la Iglesia, han decidido adherirse solamente al Señor y vivir en estado de virginidad "por amor del Reino de los Cielos" y se consagran a vivir en este estado mediante un rito solemne (922).

VIRTUD: Disposición habitual y firme de hacer siempre el bien. Las virtudes morales se adquieren con el esfuerzo humano, ayudado por la gracia de Dios; las virtudes teologales son dones gratuitos de Dios (1803). *Véase*: Virtudes cardinales.

VIRTUDES CARDINALES: Cuatro virtudes humanas fundamentales (del latín, *cardo*: quicio, eje): prudencia, justicia, fortaleza y templanza. Las virtudes humanas son disposiciones estables de nuestro entendimiento y voluntad, que regulan nuestros actos, ordenan nuestras pasiones, y guían nuestra conducta según la razón iluminada por la fe (1805, 1834).

VIRTUDES TEOLOGALES: Dones gratuitos infundidos por Dios en las almas de los fieles para hacerlos capaces de obrar como hijos suyos y merecer la vida eterna. Las virtudes teologales son: la fe, la esperanza y la caridad (1813).

VISIÓN BEATÍFICA: Contemplación de Dios en su gloria celestial. Es un don de Dios, elemento integrante de la felicidad (o bienaventuranza) del cielo (1028, 1720).

VOCACIÓN: Llamada o destino que tenemos en esta vida y en el más allá. Dios creó a la persona humana para que le ame y sirva; ésta realiza su vocación al conseguir la felicidad eterna (1, 358, 1700). Jesucristo llama a todos los fieles a la perfección de la santidad (825). La vocación de los laicos consiste en buscar el Reino de Dios ocupándose de las casas temporales, ordenándolas según la voluntad de Dios (898). La vocación de los sacerdotes y religiosos es dedicarse al servicio de la Iglesia como sacramento universal de salvación (cf. 873, 931).

VOTO: Promesa libre y deliberada hecha a Dios, acerca de un bien posible y mejor, que se ha de cumplir en razón de la virtud de la religión (2102). Los votos religiosos, la profesión pública de los consejos evangélicos en la Iglesia, tienen un valor de ejemplo al dar testimonios del reino futuro (cf. 915).

-Y-

YAVÉ (YHWH): Nombre personal del Dios de Israel, revelado a Moisés en el Monte Sinaí. Significa "Yo soy el que soy" (205).

APÉNDICE: FUENTES DE LA ESCRITURA Y DE LA IGLESIA

Además de la Sagrada Escritura, el *Catecismo* frecuentemente hace referencia o cita varias fuentes de la Iglesia. Estas fuentes se dividen en nueve categorías:

- Escritura (el Antiguo Testamento y el Nuevo Testamento)
- profesiones de fe (credos)
- documentos de concilios ecuménicos
- documentos de concilios y sínodos particulares
- documentos pontificios (papales)
- documentos eclesiásticos
- Derecho Canónico
- documentos litúrgicos
- escritores eclesiásticos

El apéndice brinda una descripción general de estas fuentes, mientras que el "Índice de citas" ofrece una lista completa indicando dónde se citan estas fuentes en el *Catecismo*.

Así como el "Glosario", este apéndice es una herramienta de apoyo para la lectura del *Catecismo*. No forma parte del texto del *Catecismo* aprobado en la Constitución Apostólica *Fidei Depositum* de san Juan Pablo II.

SAGRADA ESCRITURA

De los 73 libros que comprenden la Biblia, 40 libros del Antiguo Testamento y los 27 libros del Nuevo Testamento se mencionan en el *Catecismo*. La siguiente lista de los libros de la Biblia muestra qué libros son citados y cuáles no. Véase el "Índice de citas" para una lista completa de referencias.

Antiguo Testamento

Génesis	Jueces
Éxodo	Rut (no se cita en el *Catecismo*)
Levítico	
Números	1 Samuel
Deuteronomio	2 Samuel
Josué	1 Reyes

APÉNDICE → FUENTES DE LA ESCRITURA Y DE LA IGLESIA

SAGRADA ESCRITURA

(*continuación*)

Antiguo Testamento

2 Reyes
1 Crónicas
2 Crónicas Esdras
Nehemías
Tobías
Judit
Ester
1 Macabeos (no se cita en el *Catecismo*)
2 Macabeos
Job
Salmos
Proverbios
Eclesiastés
Cantar de los Cantares
Sabiduría
Eclesiástico
Isaías
Jeremías
Lamentaciones
Baruc
Ezequiel
Daniel
Oseas
Joel
Amós
Abdías (no se cita en el *Catecismo*)
Jonás
Miqueas
Nahúm (no se cita en el *Catecismo*)
Habacuc (no se cita en el *Catecismo*)
Sofonías
Ageo (no se cita en el *Catecismo*)
Zacarías
Malaquías

Nuevo Testamento

Mateo
Marcos
Lucas
Juan
Hechos de los Apóstoles
Romanos
1 Corintios
2 Corintios
Gálatas
Efesios
Filipenses
Colosenses
1 Tesalonicenses
2 Tesalonicenses
1 Timoteo
2 Timoteo
Tito
Filemón
Hebreos
Santiago
1 Pedro
2 Pedro
1 Juan
2 Juan
3 Juan
Judas
Apocalipsis

APÉNDICE ⟶ FUENTES DE LA ESCRITURA Y DE LA IGLESIA

PROFESIONES DE FE

Son importantes declaraciones de las creencias cristianas fundamentales. Generalmente se conocen como "credos". Las profesiones de fe más importantes son el Credo de los Apóstoles y el Credo Niceno-Constantinopolitano. En el *Catecismo*, las profesiones de fe se citan con la sigla "DS", la cual es una abreviatura para "Denzinger y Schönmetzer", nombre de los editores de un manual que contiene documentos doctrinales de la Iglesia desde el tiempo de los apóstoles hasta el siglo XX. Además del Credo Niceno-Constantinopolitano, en el *Catecismo* se mencionan las siguientes profesiones de fe:

- Credos de las diferentes iglesias apostólicas de la antigüedad
- Fides Damasi
- Quicumque
- Credo de los Apóstoles

CONCILIOS ECUMÉNICOS

Un concilio ecuménico es una reunión solemne de obispos provenientes de todo el mundo (la palabra "ecuménico" literalmente significa "mundial"). El concilio es convocado por el papa (o aprobado por él, ya que algunos de los primeros concilios fueron convocados por alguna autoridad seglar como el emperador). En la historia de la Iglesia, después del Concilio de Jerusalén que se describe en los Hechos de los Apóstoles, ha habido veintiún concilios ecuménicos y el más reciente fue el Concilio Vaticano II (1962-1965). En el *Catecismo* se citan documentos de diecisiete concilios.

Aquí presentamos los concilios ordenados cronológicamente. Los documentos conciliares, que están conformados por bulas, constituciones y decretos, se mencionan en el *Catecismo* con sus número del DS (véase la nota en Profesiones de fe), con excepción de los documentos del Vaticano II. Véase el "Índice de citas" para una lista completa de los documentos conciliares citados en el *Catecismo*.

Fecha	Nombre	Decisiones importantes	Herejía confrontada
(325 d. C.)	**Concilio de Nicea**	• Redactó el Credo Niceno • Proclamó la divinidad de Jesús, de la misma naturaleza que el Padre (*homoousios*) • Estableció la fecha para la celebración de la Pascua	• Arrianismo

APÉNDICE → FUENTES DE LA ESCRITURA Y DE LA IGLESIA

CONCILIOS ECUMÉNICOS *(continuación)*

Fecha	Nombre	Decisiones importantes	Herejía confrontada
(381 d. C.)	**Concilio de Constantinopla I**	• Completó el Credo Niceno (Credo Niceno-Constantinopolitano) • Determinó el lenguaje que se debe utilizar para la Santísima Trinidad: tres personas distintas (*hypostasis*); una sola naturaleza, sustancia, esencia. • Afirmó la divinidad del Espíritu Santo	• Eunomianismo • Apolinarismo • Pneumatoma-quianismo (macedonianismo) • Modalismo (sabelianismo)
(431 d. C.)	**Concilio de Éfeso**	• Proclamó a María como Madre de Dios (*Theotokos*)	• Nestorianismo
(451 d. C.)	**Concilio de Calcedonia**	• Proclamó que Jesús es una sola persona con dos naturalezas (la divina y la humana)	• Monofisismo
(553 d. C.)	**Concilio de Constantinopla II**	• Confirmó que la persona de Jesús es la segunda persona de la Santísima Trinidad • Proclamó la virginidad perpetua de María • Confirmó que Jesús, Hijo de Dios, verdaderamente padeció en la carne y murió por nosotros.	• Nestorianismo • Monofisismo
(680-681 d. C.)	**Concilio de Constantinopla III**	• Afirmó que Jesús tiene dos voluntades, la humana y la divina	• Monotelismo • Monoenergismo
(787 d. C.)	**Concilio de Nicea II**	• Afirmó la licitud de la veneración de las imágenes sagradas	• Iconoclasia
(869-870 d. C.)	**Concilio de Constantinopla IV**	• Destituyó a Focio y restituyó a Ignacio como Patriarca legítimo de Constantinopla • Afirmó que todas las personas humanas poseen una sola alma racional	
(1123 d. C.)	**Concilio de Letrán I** (no se cita en el *Catecismo*)	• Puso fin a la investidura laica de los obispos (*disciplinaria*)	

APÉNDICE → FUENTES DE LA ESCRITURA Y DE LA IGLESIA

CONCILIOS ECUMÉNICOS (continuación)

Fecha	Nombre	Decisiones importantes	Herejía confrontada
(1139 d. C.)	**Concilio de Letrán II** (no se cita en el *Catecismo*)	• Formalizó la disciplina del celibato sacerdotal para la iglesia occidental (*disciplinaria*)	
(1179 d. C.)	**Concilio de Letrán III** (no se cita en el *Catecismo*)	• Estableció la elección papal a través del colegio de cardenales (*disciplinaria*)	
(1215 d. C.)	**Concilio de Letrán IV**	• Afirmó la "transubstanciación" para describir el cambio en la Eucaristía durante la Misa	• Catarismo (albigensianismo) • Enseñanzas de los valdenses • Enseñanzas de Joaquín de Fiore
(1245 d. C.)	**Concilio de Lyon I** (no se cita en el *Catecismo*)	• Destituyó al emperador del Sacro Imperio Romano, Federico II.	
(1274 d. C.)	**Concilio de Lyon II**	• Afirmó las doctrinas del purgatorio, infierno y Juicio final.	
(1311-1312 d. C.)	**Concilio de Vienne**	• Afirmó que el alma es la "forma" del cuerpo • Suprimió a los Caballeros Templarios • Promulgó decretos para la reforma de la moral y las costumbres. • Reformó la disciplina de la pobreza en la vida religiosa	• Libre espiritualismo
(1414-1418 d. C.)	**Concilio de Constanza**	• Puso fin al Gran Cisma de Occidente • Afirmó la autoridad y necesidad de la Iglesia y el Papa • Afirmó la presencia real de Cristo en la Eucaristía • Afirmó que los sacramentos administrados por los sacerdotes en pecado mortal son válidos	• Donatismo • Enseñanzas de John Wycliffe • Enseñanzas de Jan Huss

APÉNDICE ⟶ FUENTES DE LA ESCRITURA Y DE LA IGLESIA

CONCILIOS ECUMÉNICOS (continuación)

Fecha	Nombre	Decisiones importantes	Herejía confrontada
(1439-1445 d. C.)	**Concilio de Florencia**	• Afirmó que el Espíritu Santo procede del Padre y del Hijo (Filioque) • Afirmó la existencia del purgatorio y el infierno • Afirmó que los siete sacramentos son instrumentos de la gracia • Afirmó el primado del papa • Intentó restaurar la unión con los cristianos ortodoxos de la Iglesia Oriental	• Conciliarismo
(1512-1517 d. C.)	**Concilio de Letrán V**	• Afirmó la inmortalidad del alma humana • Condenó las prácticas usurarias	• Averroísmo latino • Galicanismo • Conciliarismo
(1545-1563 d. C.)	**Concilio de Trento**	• Reafirmó la palabra "transubstanciación" para describir la consagración de la Sagrada Comunión • Clarificó las enseñanzas de la Iglesia en materia de salvación y de los sacramentos en respuesta a la Reforma Protestante • Reformó las prácticas de la Iglesia a la luz de las críticas de la Reforma Protestante • Estableció el sistema de seminarios para la formación de sacerdotes • Estandarizó la liturgia con la publicación del Misal, el breviario y el ritual • Publicó un catecismo universal para instruir a los sacerdotes y a los fieles cristianos en la doctrina católica	• *Sola Scriptura* • *Sola fides* • Pelagianismo • Semi-pelagianismo • Conciliarismo • Doble predestinación • Antinomismo

APÉNDICE ⟶ FUENTES DE LA ESCRITURA Y DE LA IGLESIA

CONCILIOS ECUMÉNICOS (*continuación*)

Fecha	Nombre	Decisiones importantes	Herejía confrontada
(1869-1870 d. C.)	**Concilio Vaticano I**	• Explicó cómo entiende la Iglesia Católica la relación entre la fe y la razón • Afirmó la infalibilidad y la jurisdicción universal y ordinaria del papa	• Conciliarismo
(1962-1965 d. C.)	**Concilio Vaticano II**	• Proclamó a la liturgia como cumbre a la que tiende toda la acción de la Iglesia y abogó por una participación más consciente y activa de los seglares • Abogó por el estudio de la Sagrada Escritura y exhortó a los católicos a incorporarla a su vida espiritual • Estudió el papel de la Iglesia en la transmisión del mensaje de Cristo al mundo moderno • Trató el tema de la Iglesia como Pueblo de Dios, así como el papel de los seglares y el llamado universal a la santidad.	

APÉNDICE ⟶ FUENTES DE LA ESCRITURA Y DE LA IGLESIA

CONCILIOS Y SÍNODOS PARTICULARES

Un concilio o sínodo particular es una reunión de obispos de una determinada región. Los documentos de los siguientes concilios o sínodos que se mencionan a continuación en orden cronológico, están citados en el *Catecismo*. Véase el "Índice de citas" para mayor información. Los documentos conciliares generalmente llevan como referencia la sigla DS.

- Sínodo de Roma (382 d. C.)
- Sínodo de Cartago (418 d. C.)
- Sínodo de Orange II (529 d. C.)
- Sínodo de Constantinopla (543 d. C.)
- Sínodo de Braga I (561 d. C.)
- Sínodo de Toledo IV (633 d. C.)
- Sínodo de Toledo VI (638 d. C.)
- Sínodo Lateranense (649 d. C.)
- Sínodo de Toledo XI (675 d. C.)
- Sínodo de Toledo XVI (693 d. C.)
- Sínodo de Roma (745 d. C.)
- Sínodo de Friuli (796 o 797 d. C.)
- Sínodo de Quiercy (853 d. C.)

DOCUMENTOS PONTIFICIOS

Escritos de diversos papas sobre temas doctrinales y morales específicos se pueden encontrar en el *Catecismo*. Se trata de encíclicas, cartas apostólicas, exhortaciones apostólicas, discursos e informes, entre otros. Los documentos papales más antiguos citados en el *Catecismo*, generalmente contienen la sigla DS como referencia, mientras que los documentos más recientes contienen como referencia una abreviatura y el número de párrafo. Véase el "Índice de citas" en "Documentos pontificios" para un listado de los documentos citados en el *Catecismo*. Los escritos de los papas mencionados a continuación aparecen citados en este. Las fechas que aquí se mencionan indican el año en que cada papa ocupó el cargo.

Cronología de los papas con escritos que se citan en el *Catecismo*

Siglo IV
Dámaso I (366-384)

Siglo V
Inocencio I (402-417)
León Magno (440-461)
Anastasio II (496-498)

Siglo VI
Hormisdas (514-523)
Vigilio (537-555)
Pelagio I (556-561)

Siglo VII
Gregorio Magno (590-604)

Siglo IX
Nicolás I (858-867)

Siglo XIII
Inocencio III (1198-1216)

Siglo XIV
Juan XXII (1316-1334)
Benedicto XII (1334-1342)
Clemente VI (1342-1352)

APÉNDICE ⟶ FUENTES DE LA ESCRITURA Y DE LA IGLESIA

DOCUMENTOS PONTIFICIOS (continuación)

Siglo XVI
Pío IV (1559-1565)

Siglo XVIII
Pío VI (1775-1799)

Siglo XIX
Pío IX (1846-1878)

Siglo XX
León XIII (1878-1903)
Pío XI (1922-1939)
Pío XII (1939-1958)
Juan XXIII (1958-1963)
Pablo VI (1963-1978)

Siglo XXI
Juan Pablo II (1978-2005)
Francisco (2013-actualidad)

DOCUMENTOS ECLESIÁSTICOS

El *Catecismo* cita varios documentos de la Iglesia, incluyendo los extractos de otros catecismos, así como las instrucciones, decretos y cartas emitidas por las congregaciones del Vaticano (las "secretarías"). Véase el "Índice de citas" para una lista completa. Se citan los siguientes documentos, congregaciones y asambleas:

- *Catecismo* Romano (*Catecismo* del Concilio de Trento; 1566)
- Congregación para la Doctrina de la Fe (CDF)
- Congregación para el Clero: Directorio General para la Catequesis (DGC) (11 de abril de 1971)
- Congregación para el Culto Divino y la Disciplina de los Sacramentos
- Congregación para la Educación Católica
- Sínodo de Obispos (1985)
- Asambleas episcopales (1979)

APÉNDICE → FUENTES DE LA ESCRITURA Y DE LA IGLESIA

DERECHO CANÓNICO

El *Catecismo* contiene citas y referencias de la ley oficial de la Iglesia, generalmente tomadas del Código de Derecho Canónico emitido en 1983. Se hace referencia a los siguientes documentos. Véase el "Índice de citas" para una lista completa de dónde se citan en el *Catecismo*.

- Cánones Apostólicos
- Código de Derecho Canónico (Codex Iuris Canonici [CIC], 25 de enero de 1983)
- Código de Cánones de la Iglesia Oriental (Corpus Canonum Ecclesarium Orientalium [CCEO], 18 de octubre de 1990)

LITURGIA

El *Catecismo* contiene citas y referencias de las oraciones de la Misa, de la Liturgia de las Horas y de otras oraciones litúrgicas. Los ritos citados aparecen a continuación. Véase el "Índice de citas" para una lista completa.

Rito latino
- Misal Romano (MR; IGMR)
- Pontifical Romano
- Ritual Romano
- Liturgia de las Horas (LH)
- Oraciones

Ritos orientales
- Liturgia de san Juan Crisóstomo
- Liturgia bizantina
- Liturgia siriaca
- Fanquîth

APÉNDICE → FUENTES DE LA ESCRITURA Y DE LA IGLESIA

CRONOLOGÍA DE ESCRITORES ECLESIÁSTICOS

Los siguientes escritos y autores, ordenados aquí cronológicamente, se citan en el *Catecismo*. Véase el "Índice de citas" para una lista completa de estas obras.

Siglo II
Barnabé (siglo I o II)
Antigua homilía sobre el Sábado Santo (anónimo, c. siglo II)
Arístides (siglo II)
Epistula ad Diognetum (c. siglo II)
Hermas (siglo II)
San Teófilo de Antioquía (siglo II)
San Clemente de Roma (papa del 92 al 101)
San Ignacio de Antioquía (c. 35-107)
Didache XII Apostolorum (c.150)
San Policarpo de Esmirna (c. 70-156)
San Justino (c. 100-165)

Siglo III
San Ireneo de Lyon (c. 140-202)
San Clemente de Alejandría (c. 150-215)
San Hipólito de Roma (c. 170-235)
Tertuliano (c. 155-240)
Orígenes (c. 185-253)
San Cipriano de Cartago (c. 200-258)

Siglo IV
Constitutiones Apostolorum (c. siglo IV)
Egeria (c. siglo IV)
San Hilario de Poitiers (c. 315-367)
San Anastasio de Alejandría (c. 295-373)
San Basilio de Cesarea en Capadocia (c. 330-379)
San Cirilo de Jerusalén (c. 315-386)
San Gregorio Nacianceno (c. 330-389)
San Gregorio de Nisa (c. 335-394)
San Ambrosio (c. 337-397)
Evagrio Póntico (c. 345-399)

Siglo V
Sermo de die dominica (c. siglo V)
San Epifanio (c. 315-403)

San Juan Crisóstomo (c. 344-407)
San Jerónimo (c. 347-419)
San Agustín (354-430)
San Juan Casiano (c. 360-435)
San Cirilo de Alejandría (murió en el 444)
San Pedro Crisólogo (c. 380-450)
San León Magno (papa desde 440-461)
Próspero de Aquitania (c. 390-463)
Fausto de Riez (c. 400-490)

Siglo VI
Santa Cesárea la joven (siglo VI)
San Fulgencio de Ruspe (467-527)
San Cesáreo de Arlés (c. 470-542)
San Benito (c. 480-550)

Siglo VII
San Gregorio Magno (papa del 590 al 604)
San Máximo el Confesor (c. 580-662)

Siglo VIII
San Isaac de Nínive (murió en el c.700)
San Juan Damasceno (c. 645-749)

Siglo XII
Guigo el Cartujo (siglo XII)
San Anselmo de Canterbury (c. 1033-1109)
Hugo de San Víctor (1096-1141)
San Bernardo de Claraval (c. 1090-1153)

Siglo XIII
Nicetas (c. 1155-1217)
Santo Domingo (1170-1221)
San Francisco de Asís (c. 1181-1226)
San Buenaventura (c. 1217-1274)
Santo Tomás de Aquino (c. 1225-1274)

Siglo XIV
Juliana de Norwich (c. siglo XIV)
Santa Catalina de Siena (c. 1347-1380)

APÉNDICE → FUENTES DE LA ESCRITURA Y DE LA IGLESIA

Cronología de escritores eclesiásticos *(continuación)*

Siglo XV
La Imitación de Cristo (c. 1418)
San Simeón de Tesalónica (murió en 1429)
Santa Juana de Arco (1412-1431)
San Nicolás de Flüe (1417-1487)
Siglo XVI
Santo Tomás Moro (1478-1535)
San Ignacio de Loyola (1491-1556)
Santa Teresa (de Jesús) de Ávila (1515-1582)
San Juan de la Cruz (1542-1591)

Siglo XVII
Santa Rosa de Lima (1586-1617)
San Francisco de Sales (1567-1622)

San Juan Eudes (1601-1680)

Siglo XVIII
San Alfonso María de Ligorio (1696-1787)

Siglo XIX
San Juan María Vianney (el cura de Ars; 1786-1859)
Cardenal John Henry Newman (1801-1890)
Santa Teresa (del Niño Jesús) de Lisieux (1873-1897)

Siglo XX
Santa Isabel de la Trinidad (1880-1906)

NOTAS

NOTAS

NOTAS

NOTAS

NOTAS

NOTAS

NOTAS

NOTAS

NOTAS